Welti /Fuchs/Fuchsloch/Naegele/Udsching(Hrsg.)

Gesundheit, Alter, Pflege, Rehabilitation – Recht und Praxis im interdisziplinären Dialog

Festschrift für Gerhard Igl

Nomos

Die Deutsche Nationalbibliothek verzeichnet diese Publikation in der Deutschen Nationalbibliografie; detaillierte bibliografische Daten sind im Internet über http://dnb.d-nb.de abrufbar.

ISBN 978-3-8487-3435-1 (Print)
ISBN 978-3-8452-7770-7 (ePDF)

1. Auflage 2017

Vorwort

Gerhard Igl ist am 3. September 2017 70 Jahre alt geworden. Aus diesem Anlass ist ihm die vorliegende Festschrift gewidmet, in der Beiträge von vielen Weggefährtinnen und -gefährten seiner wissenschaftlichen und politisch beratenden Tätigkeit versammelt sind.

Gerhard Igl wurde in Berchtesgaden geboren und ist dort aufgewachsen. Nach dem Studium der Rechtswissenschaften und der Promotion an der Ludwig-Maximilians-Universität in München arbeitete er von 1975 bis 1985 unter der Leitung von Hans F. Zacher in der vorbereitenden Projektgruppe und dann am Max-Planck-Institut für ausländisches und internationales Sozialrecht in München. Von 1985 bis 1996 war er Professor am Fachbereich Rechtswissenschaft II der Universität Hamburg, von 1996 bis 2014 leitete er das Institut für Sozialrecht und Sozialpolitik in Europa (später Institut für Sozialrecht und Gesundheitsrecht) an der Christian-Albrechts-Universität zu Kiel.

Die Herausgeberin und die Herausgeber sowie die Autorinnen und Autoren sind dem Jubilar aus verschiedenen Phasen seines Wirkens verbunden und zu Dank für Kollegialität, Förderung und Freundschaft verpflichtet. Sie schätzen an ihm die Verbindung von wissenschaftlicher Neugier mit Präzision, Verlässlichkeit, Offenheit über die Grenzen der Disziplinen und Tätigkeitsfelder hinaus und praktischem Sinn. Er hat die Entwicklung des Sozialrechts und der Sozialpolitikforschung und eine die Grenzen des Sozialrechts überschreitende Befassung der Rechtswissenschaft mit Gesundheit, Alter, Pflege und Rehabilitation in Deutschland wesentlich vorangebracht. Dabei hat er stets den Kontakt zu den Akteuren der Praxis gesucht und gehalten. Zugleich hat er bleibende Beiträge zur Rechtsvergleichung und Internationalisierung des Sozialrechts geleistet.

Dies alles spiegelt sich in den Beiträgen zu dieser Festschrift. Ihre Abteilungen zur Sicherung bei Krankheit, zur Sicherung bei Pflegebedürftigkeit und im hohen Alter, zur Rehabilitation und Teilhabe, zum Sozialen Recht in Deutschland und der Europäischen Union, zu den Gesundheits- und Pflegeberufen und zur sozialen Sicherung in anderen Ländern repräsentieren die Breite und Tiefe von Gerhard Igls Schaffen in nahezu idealer Weise.

Obwohl seine Standorte sich im Verlauf seiner Tätigkeit immer weiter nach Norden bewegt haben, ist Gerhard Igl für alle erkennbar bayerisch geblieben und strahlt die den Bayern zugeschriebene Vitalität und Lebensfreude ebenso aus wie eine gewisse Beharrlichkeit, die im akademischen und politischen Alltag von großem Nutzen sein kann. Zugleich ist er durch kundige Neigung zu Musik, Kunst und Literatur stets ein Vorbild für eine auch den kulturellen Zeitströmen verbundene Wissenschaftlerpersönlichkeit.

Wir wünschen Gerhard Igl noch viele aktive und gute Jahre in Gesundheit. Dafür, dass die Phase nach dem Abschluss des Erwerbslebens für alle Menschen etwas besser wird und die Gesellschaft ihrer Verantwortung hier auch durch das Sozialrecht besser gerecht wird, hat sich Gerhard Igl als Rechtswissenschaftler mit großem Erfolg eingesetzt.

Wir danken dem GKV-Spitzenverband, der Deutschen Rentenversicherung Nord, der DAK Gesundheit, der Techniker Krankenkasse, der Berufsgenossenschaft Gesundheitsdienst und Wohlfahrtspflege und der Verwaltungs-Berufsgenossenschaft für Unterstützung bei der Ermöglichung dieser Festschrift.

Im Herbst 2017
Christine Fuchsloch, Maximilian Fuchs, Gerhard Naegele, Peter Udsching und Felix Welti

Inhalt

I.
Gerhard Igl

Ein Wissenschaftler des sozialen Rechtsstaats: Gerhard Igl[1]

Zum Wintersemester 2014/2015 ist Prof. Dr. Gerhard Igl an der Universität Kiel in den Ruhestand gegangen. Er ist der Zeitschrift für Sozialreform als Herausgeber und Autor verbunden. Gerhard Igl begann seine wissenschaftliche Tätigkeit mit dem Studium der Rechtswissenschaften und der Promotion an der Universität München zur rechtlichen Behandlung der industriellen Luftverunreinigung in Frankreich und der Bundesrepublik Deutschland (1976). Die Rechtsvergleichung, namentlich mit Frankreich und anderen frankophonen Ländern, blieb ein wissenschaftlicher Schwerpunkt von Gerhard Igl. 1975 begann er als erster Referent mit der Tätigkeit in der Projektgruppe für vergleichendes und internationales Sozialrecht unter der Leitung von Hans F. Zacher, die 1980 als Max-Planck-Institut für ausländisches und internationales Sozialrecht in München auf Dauer gestellt wurde[2] (heute: Max-Planck-Institut für Sozialrecht und Sozialpolitik). Die Initiative für ein verstärktes Engagement der Max-Planck-Gesellschaft bei der Erforschung des Sozialrechts war vom Präsidenten des Bundessozialgerichts, Georg Wannagat, ausgegangen – eine bemerkenswerte Parallele zu der 2014 vom Bundessozialgericht und seinem Präsidenten Peter Masuch initiierten Denkschrift „Grundlagen und Herausforderungen des Sozialstaats“, die eine verstärkte interdisziplinäre Forschung in diesem Feld anregen soll und in der auch Gerhard Igl Autor ist.

In der Zeit beim Max-Planck-Institut verfasste Gerhard Igl zahlreiche Schriften, hauptsächlich zum Sozialrecht frankophoner Staaten und des Europarats und zum deutschen Sozialrecht mit dem Schwerpunkt auf Behinderung und Pflegebedürftigkeit. Eine Summe dieser Arbeit war das „zweite Buch“ zur Pflegebedürftigkeit und Behinderung im Recht der sozialen Sicherheit der Bundesrepublik Deutschlands und Frankreichs (1987), von Zacher selbst als „Pionierleistung der Sozialrechtsvergleichung“ gewürdigt.

---

1 Erstmals veröffentlicht in: Zeitschrift für Sozialreform 2014, 225-232.

2 Vgl. dazu: Hans F. Zacher, Das Max-Planck-Institut für ausländisches und internationales Sozialrecht in: Bernhard Pfister/ Michael R. Will (Hrsg.), Festschrift für Werner Lorenz, 1991, S. 847-875.

Wichtig waren auch Publikationen im Umfeld der Verhandlungen des 52. Deutschen Juristentags 1978 zur Gestaltung sozialer Pflege- und Betreuungsverhältnisse und damit zu den Anfängen des öffentlich-rechtlichen und zivilrechtlichen Verbraucherschutzes durch die Heimgesetzgebung. Mit Rechtsvergleichung, internationaler und europäischer Einbindung und dem Recht der Pflege, Behinderung und Gesundheit sind auch wichtige Schwerpunkte der gesamten weiteren wissenschaftlichen Tätigkeit von Gerhard Igl umrissen. Die Tätigkeit in dem von Zacher geleiteten Institut, aus dem zahlreiche weitere Persönlichkeiten in Lehre und Forschung hervorgingen (zum Beispiel Maximilian Fuchs, Peter Trenk-Hinterberger und Eberhard Eichenhofer) und das viele Forscherinnen und Forscher aus der ganzen Welt mit der deutschen Sozialordnung in Verbindung brachte, sollte auch ein großes wissenschaftliches Netzwerk stiften, die Offenheit für Interdisziplinarität und den Blick für sozialpolitische Relevanz schärfen.

Von 1985 bis 1996 war Gerhard Igl als Professor am aus der reformierten Juristenausbildung hervorgegangenen Fachbereich Rechtswissenschaft II der Universität Hamburg tätig und gründete dort mit Karl-Jürgen Bieback von der damaligen Hochschule für Wirtschaft und Politik die Forschungsstelle Sozialrecht und Sozialpolitik. Von 1996 bis 2014 hatte er die Professur für Öffentliches Recht und Sozialrecht an der Christian-Albrechts-Universität zu Kiel inne und leitete dort das Institut für Sozialrecht und Sozialpolitik in Europa, zuletzt unter dem Namen Institut für Sozialrecht und Gesundheitsrecht. Gerhard Igl war dort maßgeblich am Aufbau einer stabilen Kooperation zuerst mit der LVA Schleswig-Holstein und der AOK Schleswig-Holstein, später mit mehreren Trägern der Rentenversicherung (später DRV Nord), Krankenversicherung (AOK Rheinland/Hamburg, IKK Nord, DAK, TK) und Unfallversicherung (Berufsgenossenschaft Gesundheitsdienst und Wohlfahrtspflege, Verwaltungs-BG) unter Einschluss von Lehrenden des Sozialrechts an der Universität Hamburg (Karl-Jürgen Bieback, Dagmar Felix, Judith Brockmann), der Hochschule für angewandte Wissenschaften Hamburg (Wolfgang Schütte), der Helmut-Schmidt-Universität der Bundeswehr (Margarete Schuler-Harms) und auch der Hochschulen Neubrandenburg und Wismar beteiligt, die seit 2008 im Sozialrechtsverbund Norddeutschland institutionalisiert ist. Eine starke Kooperation bestand auch mit dem Institut für Sozialmedizin der Universität zu Lübeck unter der Leitung von Heiner Raspe.

Ein Markenzeichen dieses Netzwerks sind jährliche Tagungen, die sich insbesondere mit Fragen der europäischen Einbindung des deutschen Gesundheitswesens, mit der aktuellen Entwicklung des Rechts der Rehabilitation und Teilhabe, der Pflege, der gesundheitlichen Prävention und des Alters sowie im Kontext dazu auch mit rechtsdogmatischen Querschnitthemen wie „Verbraucherschutz im Sozialrecht“ und „Konsensuale Handlungsformen im Sozialrecht“ befasst haben. Die Handschrift von Gerhard Igl wurde dabei deutlich in der Verbindung von wissenschaftlich solider und innovativer Rechtswissenschaft, interdisziplinärer Einbindung der Sozial-, Gesundheits- und Wirtschaftswissenschaften und gleichberechtigter Diskussion mit der Rechtspraxis. Die Diskussionen waren ertragreich für Wissenschaft und Praxis gleichermaßen, gerade weil sie weder wissenschaftliche Methodik als Selbstzweck zelebrierten noch im Stile des „Praktikerseminars“ auf Reflexion und Kritik verzichteten. Entsprechend entstanden hier, zunächst auch als Sonderbände der ZSR, dann in der von Gerhard Igl mit Dagmar Felix herausgegebenen Schriftenreihe „Sozialrecht und Sozialpolitik in Europa“, Tagungsbände, die die wissenschaftliche Diskussion voranbringen.

In seiner wissenschaftlichen Tätigkeit lehrte Gerhard Igl das Sozialrecht auf hohem wissenschaftlichem Niveau und zugleich mit dem berechtigten Anspruch, auf ein relevantes juristisches Tätigkeitsfeld vorzubereiten, der in der Einbindung von Praxisvertretern in die Lehre verdeutlicht wurde. Zuletzt wurde die sozialrechtliche Lehre dabei in Kiel in eine Schwerpunktausbildung zum Gesundheitsrecht eingebunden, die einer der Wege sein könnte, die Relevanz des Sozialrechts innerhalb der rechtswissenschaftlichen Fakultäten zu verdeutlichen. Aus diesem Ansatz ging auch ein Lehrbuch zum Gesundheitsrecht (in Kooperation mit Andreas Hoyer, Mathias Nebendahl, Frank Schäfer, Edzard Schmidt-Jortzig und Felix Welti) hervor, das gerade in zweiter Auflage erschienen ist.

Gerhard Igl betreute zahlreiche rechtswissenschaftliche Dissertationen, vor allem in den Bereichen des Krankenversicherungs-, Pflegeversicherungs-, Heim-, Rehabilitations- und Behindertenrechts. Zahlreiche ehemalige Mitarbeiterinnen und Mitarbeiter, Doktorandinnen und Doktoranden, finden sich heute an verantwortlicher Stelle der Sozialgerichtsbarkeit, bei der staatlichen und kommunalen Verwaltung und den Trägern der Sozialversicherung , vor allem in Schleswig-Holstein und Hamburg, in der Wissenschaft, in Verbänden oder in der Anwaltschaft.

Zusammen mit der Robert-Bosch-Stiftung begründete Gerhard Igl den Dissertationsverbund „Innovatives Gesundheitsrecht“, an dem sich zahlreiche Universitäten und Institutionen des deutschen Gesundheitswesens beteiligen und der strukturierte Doktorandenausbildung als ein Projekt zum gegenseitigen Nutzen von Wissenschaft und Praxis profiliert – entgegen landläufigen Engführungen, in denen der „wissenschaftliche Nachwuchs“ kontrafaktisch nur als „Nachwuchs der Wissenschaft“ in einem selbstreferenziellen System adressiert wird.

Als einer der ersten in der deutschen Rechtswissenschaft hat sich Gerhard Igl systematisch, interdisziplinär und rechtsvergleichend mit dem Recht des höheren und hohen Alters befasst, namentlich dem Recht der Langzeitpflege und des Verbraucherschutzes sowie der Altersdiskriminierung und der sozialen Dienste. Er engagiert sich seit langem als Mitherausgeber der Zeitschrift für Gerontologie und Geriatrie und in der Deutschen Gesellschaft für Gerontologie und Geriatrie und hat zahlreiche internationale Forschungskontakte zum Elder Law und Droit des personnes âgées begründet. Er ist – lange Zeit zusammen mit Dieter Giese – in der publizistischen und kommentierenden Aufarbeitung des Heim- und Einrichtungsrechts engagiert und war mit Thomas Klie und mit Ulrich Becker und Markus Roth an den ersten systematischen Darstellungen des Rechts der Älteren beteiligt.

Intensiv hat Gerhard Igl das Recht der nichtärztlichen Pflege- und Gesundheitsberufe bearbeitet. Hier bestand erheblicher wissenschaftlicher und politischer Nachholbedarf. Gerhard Igl hat nicht unwesentlich dazu beigetragen, dieses Thema in der Gesamtbetrachtung von Sozial-, Einrichtungs- und Berufsrecht mit den notwendigen Querverbindungen zur politischen, gesellschaftlichen und fachlichen Funktion der sich entwickelnden Professionen zu erschließen und die Fixierung auch des Sozialrechts auf die Rolle der ärztlichen Profession zu überwinden und den Schritt vom Medizinrecht zum weiter gefassten Gesundheitsrecht als Querschnittsmaterie zu gehen. Gesetzgebung und wissenschaftliche Diskussion haben von ihm wichtige Anregungen in Bezug auf die Rolle der Pflegeberufe bei der Bedarfsfeststellung und Qualitätsentwicklung und auf die Möglichkeit vorbehaltener Aufgaben und Berufskammern erhalten.

Gerade im jüngst von der Robert-Bosch-Stiftung unterstützten Memorandum „Kooperation der Gesundheitsberufe“ ist deutlich geworden, wie eng die Entwicklung der verantwortlichen Berufe mit der Entwicklung und Sicherung der Qualität sozialer und gesundheitlicher Dienstleistungen, einem weiteren Schwerpunkt der Arbeit von Gerhard Igl, zusammenhängt. Diese Verbindung wird auch hergestellt in der Arbeit des von Gerhard Igl mitbegründeten Vereines „Bundeskonferenz zur Qualitätssicherung im Gesundheits- und Pflegewesen“ (BUKO-QS).

Gerhard Igl ist – insbesondere auf den Ebenen des Europarates, der Bundesrepublik Deutschland und der Länder Hamburg und Schleswig-Holstein, aber auch international, namentlich in Frankreich, Luxemburg und Japan – in beratenden Gremien für die Politik tätig geworden, etwa im Kontext der Europäischen Sozialcharta, der Enquête-Kommission des Deutschen Bundestages zum Bürgerschaftlichen Engagement, der Altenberichterstattung des Bundes, der Kommission der Hamburgischen Bürgerschaft zur Weiterentwicklung des Abgeordnetenrechts und in verschiedenen Gremien zur Weiterentwicklung insbesondere des Heim- und Einrichtungsrechts, des Rechts der Gesundheits- und Pflegeberufe und der sozialen Sicherung bei Pflegebedürftigkeit in Bund und Ländern und im In- und Ausland, zudem in Schiedsstellen des Sozialrechts und als Vertrauensdozent der Friedrich-Ebert-Stiftung. Er ist präsent in den juristischen Fachgesellschaften wie dem Deutschen Sozialrechtsverband und der Gesellschaft für Rechtsvergleichung. Er ist für viele Akteure ein gefragter Ratgeber, gerade weil er sich nicht vereinnahmen lässt, es sei denn als Lobbyist einer wohl geordneten sozialen Rechtsstaatlichkeit. Damit gilt seine Aufmerksamkeit den sozialrechtlichen Themen gerade auch aus einer Nutzerperspektive, auch wenn die Befassung mit den Rechten von Leistungserbringern oder der Binnenstruktur von Leistungsträgern schnellere und lukrativere Aufmerksamkeit bringen könnte.

Die Christian-Albrechts-Universität zu Kiel hat sich entschieden, dass an der Rechtswissenschaftlichen Fakultät nach dem Eintritt von Gerhard Igl in den Ruhestand keine dem Sozialrecht gewidmete Professur mehr besetzt wird. Vergleichbare Strukturentscheidungen gegen das Sozialrecht als ein vermeintliches Randfach der rechtswissenschaftlichen Ausbildung hat es in den vergangenen Jahren an verschiedenen Universitäten gegeben. In ihrer Summe sind sie ein Grund zur Sorge. Betrachtet man, was Gerhard Igl mit einem im Grunde bescheiden ausgestatteten Institut in Kiel in den letzten 18 Jahren leisten konnte, wird deutlich, dass es für die Zukunft der Sozialrechtswissenschaft zuerst der Einsicht an den Universitäten in den Sinn einer Grundausstattung für Lehre und Forschung bedarf, ohne die auch Sonderprogramme nicht viel bewirken können. Sozialrecht bleibt als Gegenstand in der Rechtswissenschaft und in den Wissenschaften vom Sozialen unverzichtbar, wenn unsere Gesellschaft sich selbst verstehen und erneuern soll. Das Bewusstsein dafür wird Gerhard Igl sicher auch im offiziellen Ruhestand weiter umtreiben, am wissenschaftlichen Sozialrecht mitzuwirken.

Veröffentlichungsverzeichnis

Professor Dr. iur. Gerhard Igl, Universitätsprofessor a.D.
Stand: 26.09.2017

Herausgebertätigkeit

Soziale Sicherung im öffentlichen Dienst in der Bundesrepublik Deutschland, den Niederlanden, Schweden, Belgien und den Europäischen Gemeinschaften. Tagung der Gesellschaft für Rechtsvergleichung Frankfurt, M. 1981. Gemeinsame Verhandlungen der Fachgruppe für vergleichendes öffentliches Recht und der Fachgruppe für Arbeits- und Sozialrecht. Hrsg.: Zacher, Hans F.; Bullinger, Martin; Igl, Gerhard. Berlin: Duncker & Humblot 1982. 436 S. (Schriftenreihe für Internationales und Vergleichendes Sozialrecht, Bd. 7).

Arbeitsrechtliche Probleme der Unternehmenskonzentration. Berichte der Fachgruppe für vergleichendes Arbeits- und Sozialrecht auf der Tagung der Gesellschaft für Rechtsvergleichung in Bonn am 23. September 1983. Hrsg.: Birk, Rolf; Igl, Gerhard; Zacher, Hans F. Frankfurt am Main: Alfred Metzner 1986 (Arbeiten zur Rechtsvergleichung - Schriftenreihe der Gesellschaft für Rechtsvergleichung, Bd. 121). darin: Diskussionsbericht von Gerhard Igl, S. 149 - 151.

Dokumente der internationalen Altenpolitik, Band I: 1946 bis 1980, Band II 1981 bis 1993. Hrsg: Dieck, Margret; Igl, Gerhard; Schwichtenberg-Hilmert, Beate. Deutsches Zentrum für Altersfragen, Berlin 1993.

SGB XI als Herausforderung für die Kommunen. Dortmunder Beiträge zur angewandten Gerontologie. Band 4. Hrsg: Igl, Gerhard; Kühnert, Sabine; Naegele, Gerhard., Hannover 1995.

Perspektiven einer sozialstaatlichen Umverteilung im Gesundheitswesen, Soziologie und Sozialpolitik, Band 13. Hrsg.: Igl, Gerhard; Naegele, Gerhard, München 1999.

Europäische Union und gesetzliche Krankenversicherung. Status und Entwicklungen der Gesundheitspolitik in der EU. Wissenschaftliche Tagung des Instituts für Sozialrecht und Sozialpolitik in Europa der Christian-Albrechts-Universität zu Kiel und der AOK Schleswig-Holstein – Die Gesundheitskasse – 26./27. November 1998, Kiel. Sozialpolitik in Europa, Band 3. Wiesbaden 1999. Gleichzeitig erschienen als Heft 8, August 1999, S. 657-744, und Heft 9, September 1999, S. 745-820, der Zeitschrift für Sozialreform.

Das Gesundheitswesen in der Wettbewerbsordnung. Wissenschaftliche Tagung des Instituts für Sozialrecht und Sozialpolitik in Europa der Christian-Albrechts-Universität zu Kiel und der AOK Schleswig-Holstein – Die Gesundheitskasse – 25./26. November 1999, Kiel. Sozialpolitik in Europa, Band 4. Wiesbaden 2000. Gleichzeitig erschienen als Heft 4, April 2000, S. 277-376, und Heft 5, Mai 2000, S. 377-498, der Zeitschrift für Sozialreform.

Pflegeversicherung auf dem Prüfstand. Analysen und Perspektiven zum Vergütungs- und Leistungserbringungsrecht bei stationären Pflegeleistungen. Vincentz Verlag. Hannover, 2000. Hrsg. v. Igl, Gerhard/Klie, Thomas.

Die Verantwortung des sozialen Rechtsstaats für Personen mit Behinderung und für die Rehabilitation. Interdisziplinäre wissenschaftliche Tagung des Instituts für Sozialrecht und Sozialpolitik in Europa der Christian-Albrechts-Universität zu Kiel und der LVA Schleswig-Holstein, 23./24. November 2000, Lübeck. Sozialpolitik in Europa, Band 7. Wiesbaden 2001. Hrsg. v. Igl, Gerhard/Welti, Felix.

Das Heimgesetz. Kommentar zum Heimgesetz (HeimG), begründet von Otto Dahlem und Dieter Giese, hrsg. Von Dr. Dieter Giese und Dr. Gerhard Igl (seit November 2001).

Das Heimgesetz. Kommentar zum Heimgesetz (HeimG), begründet von Otto Dahlem und Dieter Giese, hrsg. Von Dr. Dieter Giese und Dr. Gerhard Igl (seit November 2001). Ab Oktober 2009: Heimrecht des Bundes und der Länder, 2 Bde. Hrsg. Von Igl, Gerhard (begründet von Otto Dahlem und Dr. Dieter Giese). Carl Heymanns Verlag. Ab Dezember 2012: 3. Bde, Zurzeit: 61. Lieferung April 2016. Luchterhand Verlag

G. Igl, D. Schiemann, B. Gerste, J. Klose (Hrsg.): Qualität in der Pflege. Betreuung und Versorgung von pflegebedürftigen alten Menschen in der stationären und ambulanten Altenhilfe. Schattauer Verlag Stuttgart 2002. ISBN 3-7945-2178-1, 427 Seiten.

Recht und Realität der Qualitätssicherung im Gesundheitswesen: Rehabilitationseinrichtung – Krankenhaus – stationäre Pflegeeinrichtung. Interdisziplinäre wissenschaftliche Tagung des Instituts für Sozialrecht und Sozialpolitik in Europa der Christian-Albrechts-Universität zu Kiel, der AOK Schleswig-Holstein und der LVA Schleswig-Holstein, 22./23. November 2001, Kiel. Sozialpolitik in Europa, Band 10. Wiesbaden 2002. Gleichzeitig erschienen als Heft 4, August 2002, S. 419 –562, der Zeitschrift für Sozialreform.

Gesundheitliche Prävention im Sozialrecht. Interdisziplinäre wissenschaftliche Tagung des Instituts für Sozialrecht und Sozialpolitik in Europa der Christian-Albrechts-Universität zu Kiel, der AOK Schleswig-Holstein und der LVA Schleswig-Holstein, 14./15. November 2002, Lübeck. Sozialpolitik in Europa, Band 12. Chmielorz: Wiesbaden 2003. Hrsg. v. Igl, Gerhard/Welti, Felix. Gleichzeitig erschienen als Heft 3, Mai/Juni 2003, 49. Jg., S. 337-552 der Zeitschrift für Sozialreform.

Recht der Rehabilitation und der Teilhabe. Zwischenbilanz zum SGB IX: Kritische Reflexion und Perspektiven, Zeitschrift für Sozialreform (ZSR), 50. Jg., 2004, Heft 4-5, hrsg. von Gerhard Igl und Felix Welti. Ebenso als: Recht der Rehabilitation und der Teilhabe. Zwischenbilanz zum SGB IX: Kritische Reflexion und Perspektiven, hrsg. von Gerhard Igl und Felix Welti, Sozialpolitik in Europa, Bd. 13, Chmielorz, Wiesbaden 2004.

Funktion und rechtliche Ausgestaltung zusätzlicher Alterssicherung. Reformen in der Schweiz, den Niederlanden, Großbritannien, Schweden und Deutschland mit ihren internationalen und gemeinschaftsrechtlichen Bezügen. Studien aus dem Max-Planck-Institut für ausländisches und internationales Sozialrecht, Band 34, Nomos Verlagsgesellschaft Baden-Baden, 2005. Hrsg. von Schlachter, Monika/Becker, Ulrich/Igl, Gerhard.

Der Schutz der Gesundheit und Teilhabe am Arbeitsleben behinderter, chronisch kranker und älterer Menschen. Zeitschrift für Sozialreform (Journal of Social Policy Research), Sonderheft 2005, Chmielorz Wiesbaden. Hrsg. von Igl, Gerhard/Welti, Felix.

Das Recht der älteren Menschen. Nomos Baden-Baden 2007. Hrsg. von Igl, Gerhard/ Klie, Thomas.

Reform der Pflegeversicherung – Auswirkungen auf die Pflegebedürftigen und die Pflegepersonen. Hrsg. von Igl, Gerhard/Naegele, Gerhard/Hamdorf, Silke. LIT Verlag Hamburg, 2007.

Verbraucherschutz im Sozialrecht. Sozialleistungsberechtigte als Verbraucher Nutzer und Mitgestalter sozialer Leistungen: Auf dem Weg zu einem eigenständigen Verbraucherschutz im Sozialrecht. Hrsg. von Igl, Gerhard. LIT Verlag Berlin, 2011.

Igl, Gerhard/Welti, Felix (Hrsg.): Gesundheitsrecht. Eine Einführung. Franz Vahlen, München 2012. 440 S.

Igl, Gerhard/Welti, Felix/Eßer, Michael (Hrsg.): Alter und Beschäftigungen, LIT Verlag Hamburg, 2015.

Bieback, Karl-Jürgen/ Bögemann, Christoph/Igl, Gerhard/Welti, Felix (Hrsg.): Der Beitrag des sozialrechts zur Realisierung des Rechts auf Gsundheit und des Rechts auf Arbeit für behinderte Menschen. LIT Verlag Berlin, 2016.

Mitherausgebertätigkeit bei Zeitschriften

Zeitschrift für Gerontologie und Geriatrie (seit 1995).

Recht der sozialen Dienste und Einrichtungen (seit 1998 - Bd. 40).

Zeitschrift für Sozialreform (seit 2010).

Mitherausgebertätigkeit bei Schriftenreihen

Sozialrecht und Sozialpolitik in Europa (zusammen mit Dagmar Felix), LIT Verlag Münster – Hamburg - London (seit 2007).

Schriften zum Sozialrecht (seit 2010).

Lehrbücher:

Zusammen mit Schulin, Bertram: Sozialrecht – Ein Studienbuch (Werner-Studien-Reihe), fortgeführt ab der 6. Aufl. von Igl, Gerhard, Düsseldorf 1999. 534 S.

Zusammen mit Schulin, Bertram: Sozialrecht – Ein Studienbuch (Werner-Studien-Reihe) (fortgeführt ab der 6. Aufl. von Igl, Gerhard), 7. Aufl. Düsseldorf 2002. 542 S.

Zusammen mit Welti, Felix: Sozialrecht – Ein Studienbuch (Werner-Studien-Reihe) 8. neu bearbeitete Aufl. Neuwied 2007, 427 S.

Igl, Gerhard/Welti, Felix (Hrsg.): Gesundheitsrecht. Eine Einführung. Franz Vahlen, München 2012. 440 S. (in Autorenschaft Igl: Kapitel 1, 2, 3 [§ 11], 4, 5 [§§ 19, 20, 21, 23, 24 A.], 6, 8, 9).

Igl, Gerhard/Welti, Felix (Hrsg.): Gesundheitsrecht. Eine Einführung. Franz Vahlen, München 2014. 486 S. (in Autorenschaft Igl: Kapitel 1, 2, 3 [§ 11], 4, 5 [§§ 19, 20, 21, 23, 24 A.], 6, 8, 9).

Monographien

Die rechtliche Behandlung der industriellen Luftverunreinigung in Frankreich und in der Bundesrepublik Deutschland. Berlin: E. Schmidt 1976, 202 S.

Einführung in das Recht der sozialen Sicherheit von Frankreich. Aus:Igl, Gerhard; Schulte, Bernd; Simons, Thomas: Einführung in das Recht der sozialen Sicherheit von Frankreich, Großbritannien und Italien. Berlin: Schweitzer 1977. IV, 478 S. (VSSR Beih. 1. S. 1-148).

Heimvertrag. Empfiehlt sich eine besondere Regelung des zivilrechtlichen Vertragsverhältnisses des Heimbewohners zum Heimträger im BGB? Aus:Bundesminister der Justiz (Hrsg.), Gutachten und Vorschläge zur Überarbeitung des Schuldrechts. Bd. 1, Köln: Bundesanzeiger Verlagsgesell. 1981. S. 951-1048.

Pflegebedürftigkeit und Behinderung im Recht der sozialen Sicherheit. Eine rechtsvergleichende Untersuchung für die Bundesrepublik Deutschland und Frankreich. Baden-Baden: Nomos 1987. 693 S.

Rechtsprobleme bei Pflegebedürftigkeit. Die Situation der Sicherung bei Pflegebedürftigkeit nach den Neuregelungen durch das Gesundheits-Reformgesetz, Köln 1989, 40 S., KDA-Schriftenreihe "vorgestellt", Folge 50.

Rechtsfragen des freiwilligen sozialen Engagements - Rahmenbedingungen und Handlungsbedarf. Stuttgart 1994, 113 S., Schriftenreihe des Bundesministeriums für Familie und Senioren, Bd. 26.

Das neue Pflegeversicherungsrecht – Soziale Pflegeversicherung (Sozialgesetzbuch – Elftes Buch), München 1995.

Rechtsfragen des freiwilligen sozialen Engagements - Rahmenbedingungen und Handlungsbedarf. 2. veränd. Aufl. Stuttgart 1996, 126 S., Schriftenreihe des Bundesministeriums für Familie und Senioren, Bd. 123.

Weitere öffentlich-rechtliche Regulierung der Pflegeberufe und ihrer Tätigkeit – Voraussetzungen und Anforderungen. München: Urban & Vogel 2008. 169 S.

Öffentlich-rechtliche Regulierung nichtärztlicher Gesundheitsfachberufe und ihrer Tätigkeit auf den Gebieten der Diätetik, der Medizintechnik, der Orthoptik und der Pharmazie. München: Springer 2010. 124 S.

Rechtliche Rahmenbedingungen für sektorübergreifende Kooperationen. Eine Expertise für die offene Kinder- und Jugendarbeit sowie offene Altenhilfe. Bertelsmann-Stiftung, Gütersloh 2016. 22 S.

Rechtliche Verankerung der Sozialen Arbeit im Gesundheitswesen. LIT VERLAG Berlin, 2017. S. XXI, 192.

Monographien in Zusammenarbeit

Lutte contre la pauverté. Détermination du montant des prestations d'assistance sociale dans différents Etats membres. Von: Faude, Michael; Igl, Gerhard; Schulte, Bernd; Simons, Thomas; Trenk-Hinterberger, Peter. Réd. finale: Igl, Gerhard. München: Projektgruppe für Internationales und Vergleichendes Sozialrecht 1979. 79 S.; Anhang. (Manuskript vervielfältigt).

Les prestations d'assistance sociale. En espèces et en nature, dans les états membres du Conseil de l'Europe et en Finlande. Rapport préparé par le groupe du programme de bourses de recherches coordonnées 1980-1981. Von: Berger, J.-M.; Görkmen, R.; Guerra, R.F.; Iacovides, J.; Igl, G.; = Social assistance benefits. Strasbourg: Conseil de l'Europe 1982. 90 S.

Arbeitsgruppe "BSHG - Reform". Vorschläge zur Fortentwicklung des Sozialhilferechts. - Grundsätze - Hilfe zum Lebensunterhalt –. 1. Aufl. – Baden-Baden: Nomos Verl.-Ges., 1991.

Einführung leistungsgerechter Entgelte bei der Hilfe in Einrichtungen nach dem Bundessozialhilfegesetz. Band 61 der Schriftenreihe des Bundesministeriums für Gesundheit. Baden-Baden: Nomos Verl.-Ges., 1995, 253 S. Von: Igl, Gerhard. Unter Mitarbeit von Krull, Gilvert/Scheurer, Ursula/Splettstößer, Maren.

Öffentlich-rechtliche Grundlagen für das Berufsfeld Pflege in Hinblick auf vorbehaltene Aufgabenbereiche, 1998, 69 S. Von: Igl, Gerhard, unter Mitarbeit von Welti, Felix.

Enquete-Kommission „Zukunft des bürgerschaftlichen Engagements“ Deutscher Bundestag (Hrsg.), Gerhard Igl unter Mitarbeit von Monika Jachmann und Eberhard Eichenhofer, Rechtliche Rahmenbedingungen bürgerschaftlichen Engagements. Zustand und Entwicklungsmöglichkeiten, Leske + Budrich, Opladen 2002, 594 S.

Igl, Gerhard/Jachmann, Monika/Eichenhofer, Eberhard, Ehrenamt und bürgerschaftliches Engagement im Recht – ein Ratgeber. Leske + Budrich, Opladen 2002, 338 S.

Kommentare

Kindergeld und Erziehungsgeld. Bundeskindergeldgesetz und Bundeserziehungsgeldgesetz. Textausgabe mit Erläuterungen. München: Beck 1986. XV, 137 S. (Beck'sche Gesetzestexte mit Erläuterungen).

Dahlem, Otto/Giese, Dieter/Igl, Gerhard/Klie, Thomas, Das Heimgesetz. Kommentar zum Gesetz über Altenheime, Altenwohnheime und Pflegeheime für Volljährige (Heimgesetz - HeimG). jetzt: Kommentar zum Heimgesetz (HeimG). Köln-Berlin-Bonn-München: Carl Heymanns 1974 ff. (ab 6. Nachlieferung 1984; Kommentierung §§ 4 - 4d; ab 26. Nachlieferung 2002: Kommentierung § 5, ab 27. Nachlieferung: Kommentierung §§ 6 – 10), zurzeit 33. Nachlieferung – Dezember 2003: Kommentierung §§ 12, 13, 15 [mit Klie], 25a, 26).

Ab Dezember 2009 alleinige Herausgeberschaft des Kommentars, jetzt in der Form: Heimrecht des Bundes und der Länder, 3. Bde., begründet von Dahlem, Otto und Giese, Dieter, herausgegeben von Igl, Gerhard. Köln-Berlin-Bonn-München: Carl Heymanns, aktuell 60. Nachlfg. März2016.

Kindergeld und Erziehungsgeld. Bundeskindergeldgesetz und Bundeserziehungsgeldgesetz. Ländervorschriften. Geltung in den neuen Bundesländern. Textausgabe mit Erläuterungen. 2. Aufl. München: Beck 1991. XIV, 161 S. (Beck'sche Gesetzestexte mit Erläuterungen).

Leistungen bei Pflegebedürftigkeit: Sozialleistungen, Beamtenrechtliche Leistungen, Privatversicherung, Steuerrecht, Ländervorschriften. Gesetzestexte mit Erläuterungen. München: Beck 1992. XV, 186 S. (Beck'sche Gesetzestexte mit Erläuterungen).

Kindergeld und Erziehungsgeld. Bundeskindergeldgesetz. Bundeserziehungsgeldgesetz. Ländervorschriften. EG-Recht und Abkommensrecht. Textausgabe mit Erläuterungen. 3. überarbeitete und ergänzte Aufl., München: Beck 1993. XVI, 183 S. (Beck'sche Gesetzestexte mit Erläuterungen).

bis 2012: Erdle, Helmut/Igl, Gerhard (Hrsg.): Recht der Gesundheitsfachberufe, Heilpraktiker und sonstigen Berufe im Gesundheitswesen, Normsammlung mit Erläuterungen, 2 Bde. Medhochzwei-verlag, Heidelberg (ab April 2011, 58. Nachlieferung, zurzeit 60. Nachlieferung). Neukommentierungen Igl: 30.1 HeilprG (S. 1-36), 30.1.1. DVHeilprG (S. 1-24).

ab 2012: Igl, Gerhard (Hrsg.): Recht der Gesundheitsfachberufe, Heilpraktiker und sonstigen Berufe im Gesundheitswesen, Normsammlung mit Erläuterungen, 2 Bde. Medhochzwei-verlag, Heidelberg (ab März 2012, zurzeit 81. Nachlieferung, Mai 2017).

Mitarbeit in Kommentaren

Kommentierung der §§ 11–26, 63–68 SGB V. In: von Maydell, Bernd Baron (Hrsg.), Gemeinschaftskommentar zum Sozialgesetzbuch - Gesetzliche Krankenversicherung (GK-SGB V), Neuwied: Luchterhand, 1989 ff., zuletzt 75. Erg. Lieferung Dezember 2000.

Kommentierung der Art. 72–79 VO (EWG) 1408/71. In: Nomos Kommentar zum Europäischen Sozialrecht. Baden-Baden: Nomos 1994.

1. Ergänzungslieferung der Kommentierung der Art. 72–79 VO (EWG) 1408/71. Kommentierung der Art. 72 – 79a VO (EWG) 1408/71

In: Fuchs, Maximilian (Hrsg.), Nomos Kommentar zum Europäischen Sozialrecht. Baden-Baden: Nomos 1998.

In: Fuchs, Maximilian (Hrsg.), Kommentar zum Europäischen Sozialrecht, 2. Aufl., Baden-Baden: Nomos 2000, S. 448-474.

In: Fuchs, Maximilian (Hrsg.), Nomos Kommentar zum Europäischen Sozialrecht. 3. Aufl., Baden-Baden: Nomos 2002, S. 476-503.

Kommentierung der Art. 72–79A VO (EWG) 1408/71. In: Fuchs, Maximilian (Hrsg.), Europäisches Sozialrecht. 4. Aufl., Baden-Baden: Nomos 2005, S. 471-499.

Kommentierung Kapitel 8 – Familienleistungen Art. 67–69 VO (EG) 883/2004. In: Fuchs, Maximilian (Hrsg.), Europäisches Sozialrecht. 5. Aufl., Baden-Baden: Nomos 2010, S. 368-377.

Kommentierung Kapitel 8 – Familienleistungen Art. 67–69 VO (EG) 883/2004. In: Fuchs, Maximilian (Hrsg.), Europäisches Sozialrecht. 6. Aufl., Baden-Baden: Nomos 2013, S. 427-438.

Sozialhilfe. In: Oetker, Hartmut/Preis, Ulrich (Hrsg.), Europäisches Arbeits- und Sozialrecht EAS, Teil B, Systematische Darstellungen, November 1997, B 9300.

Sozialhilfe. In: Oetker, Hartmut/Preis, Ulrich (Hrsg.), Europäisches Arbeits- und Sozialrecht EAS, Teil B, Systematische Darstellungen, November 2005, B 9300.

Ausbildungsförderungsrecht in der Europäischen Union. In: Oetker, Hartmut/Preis, Ulrich (Hrsg.), Europäisches Arbeits- und Sozialrecht EAS, Teil B, Systematische Darstellungen, August 1998, B 9400.

Ausbildungsförderungsrecht in der Europäischen Union. In: Oetker, Hartmut/Preis, Ulrich (Hrsg.), Europäisches Arbeits- und Sozialrecht EAS, Teil B, Systematische Darstellungen, November 2006, B 9400, S. 1-15.

§§ 1 bis 7 11, 18 SächsBeWoG. In: Heimrecht des Bundes und der Länder, 3. Bde., begründet von Dahlem, Otto und Giese, Dieter, herausgegeben von Igl, Gerhard. Köln-Berlin-Bonn-München: Carl Heymanns, aktuell 65. Nachlfg. Mai 2017.

Aufsätze – Beiträge in Festschriften/Sammelwerken

Neue Klageformen im Umweltschutzrecht? In: Baden-Württembergische Verwaltungspraxis 3(1976)5. S. 98-102.

Grundzüge des französischen Rechts der sozialen Sicherheit. In: Recht der internationalen Wirtschaft (RIW/AWD), 23(1977)6. S. 348-351.

Ein neues Instrument zum Schutz der Wanderarbeitnehmer: das Europäische Übereinkommen über die Rechtsstellung des Wanderarbeitnehmers. In: Recht der internationalen Wirtschaft (RIW/AWD), 23(1977)11. S. 443-446.

Teilreform der französischen Familienhilfen. In: Zeitschrift für das gesamte Familienrecht, (FamRZ), (1977)7. S. 443-446.

Übersicht über die französische Sozialversicherung. In: Internationale Wirtschaftsbriefe (IWB) (1977)18. S. 603-608.

Rechtserhaltung, Rechtsgestaltung und Rechtsdurchsetzung in sozialen Pflege- und Betreuungsverhältnissen. In: Zentralblatt für Sozialversicherung, Sozialhilfe und Versorgung (ZfS) 32(1978)7/8. S. 181-191.

Rechtliche Gestaltung sozialer Pflege- und Betreuungsverhältnisse. In: Vierteljahresschrift für Sozialrecht (VSSR) 6(1978)3. S. 201-255.

Soziale Pflege- und Betreuungsverhältnisse. In: Recht und Politik 14(1978)3. S. 123-126.

Anlagebezogener Umweltschutz in Frankreich. In:Internationale Wirtschaftsbriefe (IWB) (1978)10. S. 335-336.

Anlagenbezogener statt betriebsbezogener Umweltschutz in Frankreich. In: Recht der internationalen Wirtschaft (RIW/AWD) 24(1978)9. S. 573-578.

Die französische Konzeption der Unterbringung pflege- und betreuungsbedürftiger Personen in sozialen Einrichtungen. In: Archiv für Wissenschaft und Praxis der sozialen Arbeit (1979)1. S. 47-73.

Le concept d'hébergement dans les systèmes d'action sociale en France et en Allemagne fédérale. In: Revue trimestrielle de droit sanitaire et social, 15(1979)57. S. 1-23.

Das algerische Gesetz über das Allgemeine Arbeiterstatut. In: Recht der internationalen Wirtschaft (RIW/AWD) 25(1979)5. S. 315-320.

Die Rechtsbeziehungen zwischen dem Sozialleistungsberechtigten und dem Heimträger. In: Nachrichtendienst des Deutschen Vereins für öffentliche und private Fürsorge (NDV) 59(1979)8. S. 218-227, Aus: Gesetzliche Neuregelung sozialer Pflege- und Betreuungsverhältnisse. Studientagung Deutscher Verein für öffentliche und private Fürsorge (1979, Frankfurt, M.) Dokumentation. Bearb.: Ronge, Hans-Gerd. Frankfurt, M.: Eigenverl. d. Dt. Verein 1980. S. 12-36.

Bericht über die Verhandlungen der Sozialrechtlichen Abteilung des 52. Deutschen Juristentages. Thema: Empfiehlt es sich, soziale Pflege- und Betreuungsverhältnisse gesetzlich zu regeln? In: Vierteljahresschrift für Sozialrecht (VSSR) 7(1979)2/3. S. 231-237.

Neue Finanzierungsweisen in der Sozialversicherung. Die Diskussion in Frankreich. In: Deutsche Rentenversicherung (1979)6. S. 373-389.

Vorstellungen zur Gestaltung des Heimvertrages. In: Zeitschrift für Rechtspolitik (ZRP) 13(1980)11. S. 294-297.

Le bilan de la recherche juridique en RFA en ce qui concerne l'action sociale. In: Action sociale et medico-sociale dans différents pays de la Communauté Européenne. Association des Anciens Elèves de l'Ecole Nationale de la Santé Publique. Journées d'études. Strasbourg 1980. S. 43-48.

Der Heimvertrag als Modell sozialer Vertragsgestaltung. Aus:Von der bürgerlichen zur sozialen Rechtsordnung. 5. Rechtspolitischer Kongreß der SPD (1980, Saarbrücken). Dokumentation. T. 1. Hrsg.: Posser, Diether; Wassermann, Rudolf. Karlsruhe: C.F. Müller 1981. S. 207-223.

Soziale Entwicklung in Zeiten wirtschaftlicher Unsicherheit. Bericht über die XX. Weltkonferenz des ICSW (1980, Hongkong). In: Nachrichtendienst des Deutschen Vereins für öffentliche und private Fürsorge (NDV) 61(1981)2. S. 44-48.

Le statut général du travailleur en Algérie. Aus: Annuaire de l'Afrique du Nord 17(1978) S. 315-338. Paris: Centre National de la Recherche Scientifique 1980.

Soziale Sicherung der Behinderten. Aus: Die soziale Sicherung der Behinderten. Verhandlungen des Deutschen Sozialgerichtsverbandes. Verbandstagung. (1980, Mainz), Wiesbaden: Chmielorz 1981. S. 127-139.

Der Vertrag zwischen dem Wohnheim und seinen Bewohnern. In: Beitrag zu einer Rundfunksendung. Ausgestrahlt von RIAS I, Berlin Funkuniversität. 10. Dez. 1980. Thema: Über einige Reformen des Bürgerlichen Gesetzbuches. (Manuskript) 23 S.

Das Sozialrecht der Behinderten in Westeuropa: die Konzeption in Belgien, Frankreich, England und in der Bundesrepublik Deutschland. In: Zeitschrift für Sozialhilfe (ZfSH) 20 (1981) 6. S. 161-167.

Sozialpolitik, soziale Sicherheit und Sozialrecht in Algerien. In: Afrika-Spektrum 16 (1981) 1. S. 37-56.

Die Lage der Behinderten – eine Aufgabe des Sozialrechts. Anregungen aus der Rechtsvergleichung und weiterführende Gedanken. In: Zentralblatt für Sozialversicherung, Sozialhilfe und Versorgung (ZfS) 35 (1981) 9/10. S. 272-276.

Die Lage der Behinderten – eine Aufgabe des Sozialrechts. Stellungnahmen zum Thema aus der Sicht der Praxis, der Rechtsprechung und verschiedener wissenschaftlicher Disziplinen. (Beiträge zur Podiumsdiskussion). In: Zentralblatt für Sozialversicherung, Sozialhilfe und Versorgung (ZfS) 35 (1981) 9/10. S. 276-280.

Soziale Sicherung im öffentlichen Dienst. Tagung für Rechtsvergleichung. (1981, Frankfurt, M.) Bericht. (Vereinigte Arbeitssitzung der Fachgruppen für vergleichendes und öffentliches Recht und für Arbeits- und Sozialrecht). In: Zeitschrift für Beamtenrecht (ZBR) 29 (1981) 12. S. 372-376.

Soziale Sicherung im öffentlichen Dienst. In: Die öffentliche Verwaltung (DÖV) 34 (1981) 23. S. 913-915.

Die Lage der Behinderten – eine Aufgabe des Sozialrechts. Diskussionskreis mit Fachreferenten bietet Überblick im internationalen Vergleich. In: MPG-Spiegel (1981) 6. S. 32-37.

– mit Prigent, Marie-Annick: Probleme des sozialen Schutzes behinderter Kinder in Frankreich und in der Bundesrepublik Deutschland. In: Zeitschrift für Sozialhilfe (ZfSH) 21 (1981) 1. S. 1-14.

Vergleichendes öffentliches Recht und Arbeits- und Sozialrecht. Vereinigte Arbeitssitzung. In: Juristenzeitung (JZ) 37 (1982) 2. S. 78-79.

– mit Giese, Dieter: Über den Begriff "unvertretbare Mehrkosten" iSd § 3 Abs. 2 BSHG. Zur Kostenvergleichsproblematik bei Unterbringung in einer Einrichtung. In: Zeitschrift für Sozialhilfe (ZfSH) 21 (1982) 3. S. 65-75.

– Mit Prigent, Marie-Annick: Quelques problèmes de la protection sociale des enfants handicapés: analyse au regard de la situation en France et en République fédérale d'Allemagne. In: Revue de Droit Sanitaire et Social 18 (1982) 69. S. 137-156.

Leitlinien und Entwicklungen der neueren französischen Familienpolitik. In: Zeitschrift für das gesamte Familienrecht (FamRZ) 29 (1982) 9. S. 878-886.

Vergleichendes Öffentliches Recht und Arbeits- und Sozialrecht. Vereinigte Arbeitssitzung. Tagungsbericht zum Thema: Die soziale Sicherung im öffentlichen Dienst. In: Mitteilungen der Gesellschaft für Rechtsvergleichung. Dt. Landesgruppe des internationalen Verbandes der Rechtswissenschaft (1982) 19. S. 24-27.

– mit Prigent, Marie-Annick : Quelques problèmes de la protection sociale des enfants handicapés: analyse au regard de la situation en France et en République fédérale d'Allemagne. In: Handicaps et inadaptions. Les cahiers du C.T.N.E.R.H.I. (1982) 19. S. 67-82.

Der Heimvertrag als Regelungsgegenstand. In: Nachrichtendienst des Deutschen Vereins für Öffentliche und Private Fürsorge 63 (1983) 4. S. 110-118.

Zur Situation der Migranten. In: Veränderte demographische Entwicklung in Europa und ihre Auswirkungen auf die Sozialpolitik. In: Nachrichtendienst des Deutschen Vereins für Öffentliche und Private Fürsorge 64 (1984) 1. S. 28-29.

The situation of migrants. In: Changing population trends: The implications for social policy. Regional symposium of the International Council on Social Welfare (12,1983,Dublin). Proceedings. S. 160-169.

– mit Schulte, Bernd: Sozialrecht. Aus: Gewerkschaftsjahrbuch 1984. Daten – Fakten – Analysen. Hrsg.: Kittner, Michael. Köln: Bund-Verl. 1984. S. 415-440.

Vergleichendes Arbeits- und Sozialrecht. Tagung der Gesellschaft für Rechtsvergleichung vom 21. bis 24. September 1983 in Bonn, Bericht 8. In: Juristenzeitung (JZ) 39 (1984) 15/16. S. 729-731.

Vergleichendes Arbeits- und Sozialrecht. Tagung der Gesellschaft für Rechtsvergleichung vom 21. bis 24. September 1983 in Bonn. Bericht 8. In: Mitteilungen der Gesellschaft für Rechtsvergleichung. Deutsche Landesgruppe des Internationalen Verbandes der Rechtswissenschaft. 20 (1985). S. 34-39.

Reformvorschläge zum Versicherungsschutz bei Pflegebedürftigen. Aus: Medizinische und juristische Probleme älterer Menschen. Symposium der Kaiserin-Friedrich-Stiftung für Juristen und Ärzte (9, Berlin, 1983). Hrsg.: Heim, Wilhelm, Köln: Deutscher Ärzte-Verl. 1984. S. 39-56.

– mit Schulte, Bernd: Sozialrecht. Aus: Gewerkschaftsjahrbuch 1985. Daten - Fakten - Analysen. Hrsg.: Kittner, Michael. Köln: Bund-Verl. 1985. S. 485-520.

Rodzina w prawie socjalnym - porównanie miedzy RFN a Francja. In: Acta Universitatis Wratislaviensis (1985) 872. S. 69-83.

Das juristische Informationssystem JURIS. In: Computer und Recht. 1 (1985) 1. S. 53-55.

Sozialdatenschutz nach dem Sozialgesetzbuch – eine Übersicht über die wichtigste Rechtsprechung. In: Computer und Recht. 1 (1985) 2. S. 93-97.

Le système allemand de protection sociale, Forces et faiblesses. In: Futuribles (1985) 92-93. S. 141-152.

Die Steuerrechts-Datenbank LEXinform. In: Computer und Recht. 2 (1985) 1. S. 54-55.

Vorschläge zur Verbesserung des Schutzes pflegebedürftiger Personen - Konzepte, Entwicklung, Diskussion. In: Deutsche Rentenversicherung (1986) 1-2. S. 40-72.

Landesbericht Belgien. – Landesbericht Frankreich. In: Großjohann, Klaus u. Detlev Zöllner: Soziale Sicherung bei Pflegebedürftigkeit in europäischen Nachbarländern. Hrsg.: Gesellschaft für Sozialer Fortschritt e. V. Bonn 1984. S. 173-286.

Reformen und Diskussionen zur Finanzierung der Sozialversicherungssysteme in Westeuropa. Beispiele aus Frankreich und Belgien.- Die internationale Entwicklung. In: Die Sozialversicherung und ihre Finanzierung. Hrsg.: von Karl-Jürgen Bieback. Frankfurt/Main; New York: Campus-Verl. 1986. S. 86-140.

– mit Kaufmann, Otto: Le régime d'assurance maladie en République fédérale d'Allemagne. In: Bulletin de liaison et d'information 85 (3). S. 25-40.

Vergleichendes Handels- und Wirtschaftsrecht und vergleichendes Arbeits- und Sozialrecht. Tagung der Gesellschaft für Rechtsvergleichung vom 18. bis 20. 9. 1985 in Göttingen. Bericht 6. In: Juristenzeitung (JZ) 41 (1986) 7. S. 330-332.

– mit Schulte, Bernd: Sozialrecht. In: Gewerkschaftsjahrbuch 1986. Daten – Fakten – Analysen. Hrsg.: Kittner, Michael. Köln: Bund Verl. 1986. S. 489-519.

Bemerkungen zu einer Neuordnung der Sicherung bei Pflegebedürftigkeit. In: Sozialer Fortschritt 35 (1986) 9. S. 193-202.

Bestimmungselemente einer Rechtstatsachenforschung im Sozialrecht. In: Zeitschrift für Sozialhilfe und Sozialgesetzbuch 25 (1986) 10. S. 473-486.

Vergleichendes Handels- und Wirtschaftsrecht und vergleichendes Arbeits- und Sozialrecht. In: Mitteilungen der Gesellschaft für Rechtsvergleichung. Deutsche Landesgruppe des internationalen Verbandes der Rechtswissenschaft (21) 1986, S. 30-37.

Kindergeld. In: Recht der Jugend und des Bildungswesens 35 (1987) 1, S. 13-20.

Die Bedeutung von Rechtstatsachen für die Sozialhilfe. Aus: Bertram Schulin, Wolfgang Dreher (Hrsg.), Sozialrechtliche Rechtstatsachenforschung – Probleme und Perspektiven. Konstanz 1987, S. 111 - 122.

Rechtstatsachenforschung im Sozialrecht - ein Novum? Dargelegt am Beispiel des Sozialhilferechts. In: Nachrichtendienst des Deutschen Vereins für öffentliche und private Fürsorge (NDV) 67 (1987) 4, S. 130-137.

Generalreferat aus juristischer Sicht. Aus: Soziale Sicherung bei Pflegebedürftigkeit - Bestandsaufnahmen und Reformbestrebungen. Verhandlungen des Deutschen Sozialrechtsverbandes. Max-Planck-Institut für ausländisches und internationales Sozialrecht. Internationale Tagung Konstanz 9. und 10. Oktober 1986. Wiesbaden 1987. Schriftenreihe des Deutschen Sozialrechtsverbandes, Band XXIX, S. 231-251.

– mit Schulte, Bernd. Sozialrecht. In: Gewerkschaftsjahrbuch 1987. Daten – Fakten – Analysen. Hrsg.: Kittner, Michael. Köln: Bund Verl. 1987. S. 447-476.

Die rechtlichen Beziehungen zwischen Sozialhilfeempfänger, Einrichtungsträger und Sozialhilfeträger. In: Zentralblatt für Sozialversicherung, Sozialhilfe und Versorgung (41) 1987 (5), S. 129-138.

Altenhilfe und Sicherung bei Pflegebedürftigkeit – Vorschläge zur Neuordnung der Pflegesicherung und ihre Auswirkungen auf die Altenhilfe. In: heim und anstalt (18) 1987 (6), S. 176-184.

Die rechtlichen Beziehungen zwischen Sozialhilfeempfänger, Einrichtungsträger und Sozialhilfeträger. In: Das sogenannte Dreiecksverhältnis zwischen Sozialhilfeträger, Sozialhilfeempfänger, Einrichtungsträger. Dokumentation eines Kolloquiums vom 4. bis 5. November 1986 im Wittekindshof. Verlagswerke der Diakonie Stuttgart. 1. Aufl. 1987. S. 17-38.

Rechtliche Defizite in Heimverhältnissen. Aus: Margherita Zander (Hrsg.), Anders Altsein, Kritik und Perspektiven der Altenpolitik, Essen 1987, S. 28-30.

Das Dreiecksverhältnis im Sozialhilferecht. In: Theorie und Praxis der sozialen Arbeit (38) 1987 (9), S. 306-312.

Das Bundeskindergeldgesetz und das Bundeserziehungsgeldgesetz in Rechtsprechung und Literatur. In: Georg Wannagat (Hrsg.), Jahrbuch des Sozialrechts der Gegenwart, Band 9, 1987, S. 197-207.

Sozialrecht. Aus: Hoffmann-Riem/Koch (Hrsg.), Hamburgisches Staats- und Verwaltungsrecht 1988, S. 560-598.

– mit Schulte, Bernd. Sozialrecht. In: Gewerkschaftsjahrb1996uch 1988. Daten – Fakten – Analysen. Hrsg.: Kittner, Michael. Köln: Bund Verl. 1988. S. 424-453.

Der Begriff der Pflegebedürftigkeit im Recht der sozialen Sicherheit. In: Der medizinische Sachverständige 84 (1988) 3. S. 77-84.

Für eine integrierte Alterssicherung. In: Deutsche Rentenversicherung 1988. S. 581-600.

Eine unendliche sozialpolitische Geschichte: Die verschleppte Reform der Sicherung für den Pflegefall. In: Zentralblatt für Sozialversicherung, Sozialhilfe und Versorgung (ZfS) 42 (1988) 10, S. 289-299.

Entwicklungen und Probleme auf dem Gebiet des Heimgesetzes. In: RsDE (Beiträge zum Recht der sozialen Dienste und Einrichtungen) 1 (1988) 3, S. 1-26.

Einrichtungsinterne Pflegefallversicherung im Heimvertrag? In: ZfSH/SGB 27, 1988. 12, S. 617-626.

Das Bundeserziehungsgeldgesetz und das Bundeskindergeldgesetz in Rechtsprechung und Literatur. In: Georg Wannagat (Hrsg.), Jahrbuch des Sozialrechts der Gegenwart, Band 10, 1988, S. 223-235.

Familienlastenausgleichsrecht. Aus: von Maydell/Ruland (Hrsg.), Sozialrechtshandbuch (SRH), 1988, S. 1120-1147.

Die Freien Wohlfahrtsverbände. Aus: von Maydell/Kannengießer (Hrsg.), Handbuch Sozialpolitik, 1988, S. 182-189.

Die verschleppte Reform der Pflegesicherung. In: Altenpflege 14. 1988. 3, S. 128-132.

Auf der Suche nach einer Lösung. In: Altenpflege 14. 1989. 4, S. 213-218.

– mit Schulte, Bernd: Sozialrecht. In: Gewerkschaftsjahrbuch 1989. Daten – Fakten – Analysen. Hrsg.: Kittner, Michael. Köln: Bund Verl. 1989. S. 438-465.

Handicap et dépendance. In: Pour l'intégration. Publication de l'Association Régionale pour l'Intégration. Marseille 1989. S. 67-70.

Das Leid mit der Heimgesetz-Novellierung. In: RsDE (Beiträge zum Recht der sozialen Dienste und Einrichtungen), 1989, Heft 7, S. 47-63.

Das Bundeserziehungsgeldgesetz und das Bundeskindergeldgesetz in Rechtsprechung und Literatur. In: Georg Wannagat/Wolfgang Gitter (Hrsg.), Jahrbuch des Sozialrechts der Gegenwart, Band 11, 1989, S. 191-204.

– mit Schulte, Bernd: Sozialrecht. In: Gewerkschaftsjahrbuch 1990. Daten – Fakten – Analysen. Hrsg.: Kittner, Michael. Köln: Bund Verl. 1990. S. 459-486.

Das Sozialrecht der behinderten Personen. Aus: Bach, Heinz, Handbuch der Sonderpädagogik Bd. 10. Speck, Otto/Martin, Klaus-Rainer, Sonderpädagogik und Sozialarbeit, 1990, S. 209 - 222.

Das Gesundheitsreformgesetz im Praxistest. In: Geriatrie Praxis 4/90, S. 49 - 52.

Grenzen öffentlicher Beeinflussung sozialer Märkte. Gewerbliche Einrichtungsträger im Spannungsverhältnis zwischen Konkurrenz und Verwaltung. In: Altenheim 4/90, S. 166 - 174.

Das "Recht der älteren Menschen" – Ist es wünschenswert, für die älteren Menschen besondere rechtliche Vorkehrungen zu treffen? In: Zeitschrift für Gerontologie, Band 23, Heft 2, März/April 1990, S. 62-67.

Die Rolle des Sozialrechts in der Ausbildungsreform. Aus: Giehring, Heinz/Haag, Fritz/Hoffmann-Riem, Wolfgang/Ott, Claus (Hrsg.), Juristenausbildung - neu überdacht. 1. Aufl.; Baden-Baden: Nomos Verl.Ges., 1990, S. 255-276.

– mit Zoll, Jürgen, Das Sozialrecht in der ersten und zweiten juristischen Staatsprüfung. In: VSSR 1990, Heft 3, S. 191-231.

Sozialrecht und Verfassungsrecht in den Vereinigten Staaten - Ein Überblick anhand der Rechtsprechung des Obersten Gerichtshofes der Vereinigten Staaten von Amerika. In: Zeitschrift für ausländisches und internationales Arbeits- und Sozialrecht (ZIAS) 1990, Heft 4, S. 293-327.

Das Bundeserziehungsgeldgesetz und das Bundeskindergeldgesetz in Rechtsprechung und Literatur. In: Georg Wannagat/Wolfgang Gitter (Hrsg.), Jahrbuch des Sozialrechts der Gegenwart, Band 12, 1990, S. 189-208.

Die Begriffe "Pflegebedürftigkeit" und "Schwerpflegebedürftigkeit". In: Der medizinische Sachverständige (MED SACH) 87(1991)3, S. 88-92.

Die Absicherung des Pflegefallrisikos - Ist-Zustand und Defizite. Aus: Gesellschaft für Versicherungswissenschaft und -gestaltung e.V. (Hrsg.), Die Absicherung des Risikos der Pflegebedürftigkeit, Band 21, 1991, S. 37-66.

Heimgesetz: Gleiche Pflicht für alle! In: Altenheim 20(1991)6, S. 282 - 284.

– mit Otto Kaufmann: Frankreich. Aus: Zacher, Hans F. (Hrsg.), Alterssicherung im Rechtsvergleich, 1991, S. 225-272.

Familienleistungen. Einführender Diskussionsbeitrag. Aus: Schulte, Bernd/Zacher, Hans F., Wechselwirkungen zwischen dem Europäischen Sozialrecht und dem Sozialrecht der Bundesrepublik Deutschland. Colloquium des Max-Planck-Instituts für ausländisches und internationales Sozialrecht, München, zusammen mit dem Bundesministerium für Arbeit und Sozialordnung, Bonn, in Augsburg am 5. und 6. November 1990. 1991, S. 207-213.

La protection sociale complémentaire d'entreprise. In: La revue de l'économie sociale. La protection sociale complémentaire en entreprise. 1991, S. 39-59.

Das Bundeserziehungsgeldgesetz und das Bundeskindergeldgesetz in Rechtsprechung und Literatur. In: Georg Wannagat/Wolfgang Gitter (Hrsg.), Jahrbuch des Sozialrechts der Gegenwart, Band 13, 1991, S. 213-228.

Die Finanzierung von Sozialleistungen im Vergleich zwischen der Bundesrepublik Deutschland und anderen EG-Ländern. In: Sozialfinanzverfassung. 5. Sozialrechtslehrertagung, 6. bis 8. März 1991 in Göttingen, Schriftenreihe des Deutschen Sozialrechtsverbandes (SDSRV), Band 35, 1992, S. 129-165.

Arbeitsrechtlicher Schutz und sozialrechtliche Förderung Behinderter im Berufsleben in der Bundesrepublik Deutschland – Grundstrukturen und Instrumente. Aus: Ebsen, Ingwer (Hrsg.), Invalidität und Arbeitsmarkt. Die Kompensation teilweiser Leistungsminderung als Problem im sozialrechtlichen Schadensausgleich, 1992, S. 227 - 244.

Probleme der Pflegeleistungen in der Gesetzlichen Krankenversicherung. Aus: Bieback, Karl-Jürgen (Hrsg.), Das Gesundheits-Reformgesetz - Eine gescheiterte Reform der gesetzlichen Krankenversicherung?, 1992, S. 127 - 138.

Altern im gesellschaftlichen Umbruch – Anpassung des Rechts und die Folgen in den neuen Bundesländern. Teil I. Aus: Schütz, R.-M./Kuhlmey, A./Tews, H.P. (Hrsg.), Altern in Deutschland, 1992, S. 65 - 70.

Soziale Sicherung und Versorgung in Frankreich. In: Zeitschrift für internationales und ausländisches Sozialrecht (ZIAS) 6(1992)3, S. 233-275.

Qualitätssicherung der Pflege alter und behinderter Menschen gewinnt zunehmend an sozialpolitischer Bedeutung. Kein neues Problem. In: Selbsthilfe. Zeitschrift der Bundesarbeitsgemeinschaft Hilfe für Behinderte, 5/6 - 1992, S. 54 - 57.

Das Bundeserziehungsgeldgesetz und das Bundeskindergeldgesetz in Rechtsprechung und Literatur. In: Georg Wannagat/Wolfgang Gitter (Hrsg.), Jahrbuch des Sozialrechts der Gegenwart, Band 14, 1992, S. 199-210.

Familienleistungen. Aus: Eichenhofer, Eberhard (Hrsg.), Reform des Europäischen koordinierenden Sozialrechts. Osnabrücker Rechtswissenschaftliche Abhandlungen, Band 36. 1993, S. 109 - 115.

Rechtliche Fragen der Qualitätssicherung bei der Pflege alter und behinderter Menschen. In: RsDE (Beiträge zum Recht der sozialen Dienste und Einrichtungen), 1993, Heft 21, S. 31-45.

Pflegegesetz: Neue Kassen sollen künftig die Pflege sicherstellen. In: Geriatrie Praxis, Heft 7/8 1993, S. 16-18.

Der sachliche Anwendungsbereich von Systemen sozialer Sicherheit. Aus: von Maydell, Bernd Baron/Hohnerlein, Eva-Maria, Die Umgestaltung der Systeme sozialer Sicherheit in den Staaten Mittel- und Osteuropas. Fragen und Lösungsansätze. Schriftenreihe für Internationales und Vergleichendes Sozialrecht, Band 13, 1993, S. 89-117.

– zusammen mit Fuchsloch, Christine, Kinderziehungsleistungen mit Auslandsberührung. In: Die Sozialgerichtsbarkeit (SGb) 10(1993)9, S. 393-401.

– zusammen mit Gerhard Naegele, Qualitative Aspekte der Pflege-Versicherung. In: Soziale Sicherheit 42(1993)8/9, S. 236-242.

Rechtliche Instrumente der Qualitätssicherung in der Pflege. Aus: Klie, Thomas (Hrsg.), Pflegeversicherung und Qualitätssicherung in der Pflege. Dokumentation des Freiburger Pflegesymposiums vom 25. Juni 1993, Hamburg 1993, S. 65-79.

La solitude du grand âge. Aus: Insertions et solitudes. Actes du colloque des 5 et 6 mai 1992. Université Bordeaux I. Centre de Droit Comparé du Travail et de la Sécurité Sociale. Textes réunis par Isabelle Daugareilh et Jean-Pierre Laborde. Editions de la Maison des Sciences de l'Homme d'Aquitaine, 1993, S. 65-76.

Recht und Alter - ein diffuses Verhältnis. Aus: Festschrift für Werner Thieme zum 70. Geburtstag, hrsg. von Bernd Becker, Hans Peter Bull, Otfried Seewald, 1993, S. 747-767.

Das Bundeserziehungsgeldgesetz und das Bundeskindergeldgesetz in Rechtsprechung und Literatur. Aus: Georg Wannagat/Wolfgang Gitter (Hrsg.), Jahrbuch des Sozialrechts der Gegenwart, Band 15, 1993, S. 247-263.

Gibt es ein internationales Recht der alten Menschen? Aus: Dokumente der internationalen Altenpolitik, Band I: 1946 bis 1980, Band II 1981 bis 1993. Hrsg: Dieck, Margret; Igl, Gerhard; Schwichtenberg-Hilmert, Beate. Deutsches Zentrum für Altenfragen, Berlin 1993, S. 10 - 14.

Les structures étatiques et leur influence sur la Sécurité sociale. Aus: Colloque de recherche. Les comparaisons internationales des politiques et des systèmes de sécurité sociale. Paris 13 - 15 juin 1990. Colloque organisé par la Mission Interministérielle Recherche Expérimentation (M.I.R.E. - Ministère des Affaires Sociales et de l'Emploi) en coopération avec l'Association Internationale de la Sécurité Sociale (A.I.S.S.), 1994, S. 37-45.

Freiwilliges soziales Engagement und gesetzliche Unfallversicherung. Aus: Bundesministerium für Familie und Senioren (Hrsg.), Materialien zum Modellprogramm Seniorenbüro, Band 3, Praxishandbuch für Seniorenbüros, Teil 1, Bonn, April 1994, S. 49 - 53.

La rencontre du médical et du social en RFA. Aus: Les politiques de santé en France et en Allemagne (sous la direction de Bruno Jobert et de Monika Steffen), Observatoire européen de la protection sociale. Espace Social Européen. Dossier spécial N° 4, Supplément à Espace Social Européen N° 258, Paris 1994, p. 163 - 177.

Prospektive Pflegesätze im BSHG. In: Theorie und Praxis der sozialen Arbeit, Heft Nr. 8 August 1994, 45. Jg., S. 291-299.

Die Neuregelung des § 93 BSHG. In: Zeitschrift für Sozialhilfe und Sozialgesetzbuch (ZfSH/SGB) 33(1994)8, S. 393-409.

The Contingencies Covered by Social Security Systems. Aus: von Maydell, B./Hohnerlein E. M. (editors), The Transformations Of Social Security Systems In Central And Eastern Europe, Peeters Press, Leuven, 1994, p. 73 - 96.

Konfliktpotentiale und Auslegungsspielräume der §§ 93, 94 BSHG für behinderte Menschen und Leistungserbringer - Einzelfragen aus der Sicht der Eingliederungshilfe. In: Rechtsdienst der Lebenshilfe Nr. 3/94, August 1994, 2. Jg. S. 7 – 12. In: Finanzierung von Einrichtungen der Behindertenhilfe über prospektive Kostensätze. Tagungsreferate und -ergebnisse vom 22. und 23. Juni 1994. Hrsg.: Bundesvereinigung Lebenshilfe für geistig Behinderte e.V., 1. Aufl. 9/1994, S. 8 - 13.

Rechtliche Rahmenbedingungen des ehrenamtlichen Engagements. Aus: Bundesministerium für Familie und Senioren (Hrsg.) Modellprogramm Seniorenbüro. Materialien. Band 7: Aktives Leben im Alter. Dokumentation der Tagung vom 27.9.-29.9.1993 in Heidelberg zum Europäischen Jahr der Älteren Menschen und der Solidargemeinschaft der Generationen 1993. ISAB Köln-Leipzig, 1994, S. 106 - 114.

Das Recht auf Qualität? Rechtliche Rahmenbedingungen zur Herstellung Sicherung von Pflegequalität. In: Häusliche Pflege 3(1994)10, S. 642 - 649.

Die heutigen Rechtsgrundlagen für die geriatrische Rehabilitation. Aus: Dokumentation der Fachtagung "Rehabilitation im Alter. Eine sozial- und gesundheitspolitische Herausforderung." Krefeld, 17. Juni 1994, S. 85 - 96.

Der prospektive Pflegesatz im Krankenhausfinanzierungsgesetz, der Bundespflegesatzverordnung, im Pflegeversicherungsgesetz und dem Bundessozialhilfegesetz. Gemeinsamkeiten und Unterschiede, Perspektiven für die Zukunft. In: Finanzierung von Einrichtungen der Behindertenhilfe über prospektive Kostensätze. Tagungsreferate und -ergebnisse vom 22. und 23. Juni 1994. Hrsg.: Bundesvereinigung Lebenshilfe für geistig Behinderte e.V., 1. Aufl. 9/1994, S. 52 - 60.

La prise en charge de la dépendance des personnes âgées: les discussions et les solutions en Allemagne. In: Kessler, Francis (sous la direction), La dépendance des personnes âgées: Un défi pour le droit de la protection sociale. Actes du colloque international du Centre de Recherche de Droit Social de l'Université Robert Schuman, Strasbourg (Presses Universitaires de Strasbourg), 1994, p. 9 - 17.

Die heutigen Rechtsgrundlagen für die geriatrische Rehabilitation. In: Zeitschrift für Gerontologie 27(1994)5, S. 319 - 323.

Soziale Sicherung und steuerrechtliche Fragen der ehrenamtlichen Tätigkeit. In: Zeitschrift für Sozialhilfe und Sozialgesetzbuch (ZfSH/SGB) 33(1994)8, S. 561 - 581.

Die soziale Pflegeversicherung. In: NJW 1994, S. 3185 - 3194.

Entstehungsgeschichte der sozialen Pflegeversicherung - Eine Einführung. In: Vierteljahresschrift für Sozialrecht (VSSR) 1994, Heft 4, S. 261 - 264.

Das Bundeskindergeldgesetz und das Bundeserziehungsgeldgesetz in Rechtsprechung und Literatur. In: Georg Wannagat/Wolfgang Gitter (Hrsg.), Jahrbuch des Sozialrechts der Gegenwart, Band 16, 1994, S. 215-237.

Möglichkeiten für eine Qualitätssicherung von Leistungen in der Altenhilfe durch verbesserte rechtliche Rahmenbedingungen. In: Wachsende Aufgaben - Knapper werdende Ressourcen: Steuerung, Planung und Qualitätssicherung in der Altenhilfe. Dokumentation der Fachtagung am 24./25.01.1994 in Hamburg, hrsg. von Freie und Hansestadt Hamburg, Behörde für Arbeit, Gesundheit und Soziales, Landessozialamt, Hamburg 1994, S. 53 - 63.

Le droit social comparé: pourquoi et comment? In: Bulletin de droit comparé du travail et de la sécurité sociale. Université de Bordeaux I. Faculté de Droit, des Sciences sociales et politiques. COMPTRASEC 1994-1, p. 16 - 28.

Überblick über die gesetzlichen Neuregelungen in § 93 BSHG. In: Prospektive Pflegesätze im Bundessozialhilfegesetz, 1994, S. 29 - 54.

Die Leitprinzipien des neuen Pflegeversicherungsrechts. In: Zeitschrift für Gerontologie und Geriatrie, 1995, Heft 1, S. 67 - 70.

Die Rolle des Medizinischen Dienstes der Krankenversicherung bei der Begutachtung der Pflegebedürftigkeit in der Sozialen Pflegeversicherung (SGB XI). In: Zeitschrift für Gerontologie und Geriatrie, 1995, Heft 2, S. 140 - 143.

Die soziale Pflegeversicherung und ihre Auswirkungen auf die kommunale Sozialpolitik. Aus: Festschrift für Wolfgang Gitter, hrsg. von Meinhard Heinze und Jochem Schmitt, Wiesbaden 1995, S. 387 - 399.

Regelungstechnik heutiger Sozialgesetzgebung. In: 25 Jahre Sozialgesetzbuch - Anspruch und Wirklichkeit. Bundestagung des Deutschen Sozialrechtsverbandes e.V. 13. und 14. Oktober 1994 in Lübeck. Schriftenreihe des Deutschen Sozialrechtsverbandes (SDSRV) 40, 1995, S. 29 - 54.

zusammen mit Felix Welti: Die Leistungsinhalte der häuslichen Krankenpflege und ihre Abgrenzung von den Leistungen bei Pflegebedürftigkeit. In: VSSR 1995, Heft 2, S. 117 - 148.

Gesetzliche Rahmenbedingungen - Auswirkungen für die Pflegeberufe. In: Bundesausschuß der Länderarbeitsgemeinschaften der Lehrerinnen und Lehrer für Pflegeberufe/Bundesarbeitsgemeinschaft leitender Krankenpflegepersonen e.V. (Hrsg.), Ein Beitrag zur Gesundheitspolitik. Bildungsoffensive Pflege. Tagungsbericht der Gemeinsamen Arbeitstagung am 1. März 1995, Würzburg, S. 6 - 11.

Soziale Sicherung und steuerrechtliche Fragen der ehrenamtlichen Tätigkeit. In: Akademie für politische Bildung, Tutzing/Bayerisches Staatsministerium für Arbeit und Sozialordnung, Familie, Frauen und Gesundheit (Hrsg.), Ehrenamt - Krise oder Formenwandel? Tagungsdokumentation zur Fachtagung vom 20.-21. September 1994 in Tutzing, S. 101 - 144.

Die Pflegeversicherung - Strukturelle Auswirkungen und Konsequenzen für die Kommunen. aus: SGB XI als Herausforderung für die Kommunen. Dortmunder Beiträge zur angewandten Gerontologie. Band 4. Hrsg: Igl, Gerhard; Kühnert, Sabine; Naegele, Gerhard., Hannover 1995, S. 9 - 40.

Sozial-Wirtschaftsrecht ohne Wettbewerbsrecht? aus: Sozialrechtswissenschaft, Sozialpolitik, soziale Praxis. Dokumentation eines Symposions zu Ehren von Dieter Giese. Zusammengestellt von Ralf Mulot und Manfred Wienand. Schriften des Deutschen Vereins für öffentliche und private Fürsorge, 1995, S. 57 - 59.

Das Bundeskindergeldgesetz und das Bundeserziehungsgeldgesetz in Rechtsprechung und Literatur. In: Georg Wannagat/Wolfgang Gitter (Hrsg.), Jahrbuch des Sozialrechts der Gegenwart, Band 17, 1995, S. 237 - 247.

Rechtliche Aspekte der Qualitätssicherung bei der Pflege behinderter und alter Menschen. Diskussionsbeitrag Nr. 57 (November 1995). Studien- und Forschungsschwerpunkt Services Administration & Management (SAM) und Zentrum für Arbeit und Soziales. Universität Trier-Fachbereich IV. S. 27.

Zu einigen sozialrechtlichen und sozialpolitischen Problemen des neuen Pflegeversicherungsrechts. Aus: Fachinger, Uwe/Rothgang, Heinz (Hrsg.), Die Wirkungen des Pflege-Versicherungsgesetzes, Berlin 1995, S. 279 - 294.

Zum Stand der Dinge: Die Pflegeversicherung kurz vor der Einführung der zweiten Stufe - Versuch einer sozialpolitischen Zwischenbewertung. In: Zeitschrift für Gerontologie und Geriatrie (29) 1996 (2), S. 159 - 162.

Pflegeversicherung. Aus: von Maydell/Ruland (Hrsg.), Sozialrechtshandbuch (SRH), 2. Aufl., 1996, S. 1003 - 1041.

Familienlastenausgleichsrecht. Aus: von Maydell/Ruland (Hrsg.), Sozialrechtshandbuch (SRH), 2. Aufl., 1996, S. 1437 - 1468.

Förderung vor Hilfe - Hilfe vor Pflege - Rechtliche Grundlagen. Aus: Berghaus, Helmut C./Knapic, Karl-Hein7/Sievert, Uta (Hrsg.), Abschied vom Fürsorgedenken, thema 118, Kuratorium Deutsche Altershilfe, Köln 1996, S. 39 - 55.

Rechtliche Instrumente der Qualitätssicherung in der Pflege. Aus: Klie, Thomas (Hrsg.), Pflegeversicherung und Qualitätssicherung in der Pflege. Melsungen 1996, 2. erweiterte Aufl., S. 31 - 42.

Das Erste Änderungsgesetz zur sozialen Pflegeversicherung (SGB XI). In: NJW 1996, S. 3169 - 3173.

Das Bundeskindergeldgesetz und das Bundeserziehungsgeldgesetz in Rechtsprechung und Literatur. In: Georg Wannagat/Wolfgang Gitter (Hrsg.), Jahrbuch des Sozialrechts der Gegenwart, Band 18, 1996, S. 225 - 235.

Kommunale Sozialpolitik und Grundrisiken der Gesellschaft. In: Aus Politik und Zeitgeschichte. Beilage zur Wochenzeitung Das Parlament. B 50/96 6. Dezember 1996, S. 14 - 20.

Freiwilliges soziales Engagement und gesetzliche Unfallversicherung. Aus: Bundesministerium für Familie, Senioren, Frauen und Jugend (Hrsg.), Materialien zum Modellprogramm Seniorenbüro. Band 11. Praxishandbuch für Seniorenbüros. 1996. S. 114 - 118.

Co-ordination and New Forms of Social Protection. Aus: 25 Years of Regulation (EEC) No. 1408/71 on Social Security for Migrant Workers - - Past Experiences, Present Problems and Future Perspectives. Report from the European Conference on Social Security, Sweden, June 1996. Swedish National Social Insurance Board - European Commission, Stockholm 1997, p. 91 - 109.

Rechtliche Reflexe der Pflege. Aus: Bundesausschuss der Länderarbeitsgemeinschaften der Lehrerinnen und Lehrer für Pflegeberufe (Hrsg.), Bildung und Pflege, Stuttgart 1997, S. 43 - 48.

La prise en charge de la dépendance: quelques réflexions à partir de l'expérience allemande. Aus: Kessler, Francis (sous la direction de), La dépendance des personnes âgées. Droit sanitaire et social, collection dirigée par Elie Alfandari, 2e édition revue et augmentée, Editions Dalloz, Paris 1997, p. 91 - 98.

zusammen mit: Wolff, Ariane: Das Bundeskindergeldgesetz und das Bundeserziehungsgeldgesetz in Rechtsprechung und Literatur. In: Georg Wannagat/Wolfgang Gitter (Hrsg.), Jahrbuch des Sozialrechts der Gegenwart, Band 19, 1997, S. 267 - 287.

Probleme der europäischen Sozialrechtskoordinierung auf Grund von Veränderungen in den Sozialleistungssystemen der EU-Mitgliedstaaten. In: Festschrift für Otto Ernst Krasney zum 65. Geburtstag, hrsg. von Wolfgang Gitter, Bertram Schulin, Hans F. Zacher, 1997, S. 199 - 220.

Die Pflege und Betreuung demenzkranker Menschen auf der Grundlage des SGB XI und weiterer Leistungsgesetze. Aus: Vergeßt nicht die Verwirrten. Fachkongreß des Vereins zur Förderung der Altenhilfe in Tieseby e. V., 14. bis 16. Mai 1997 in Eckernförde, Dokumentation, 1997, S. 35 - 47.

Finanzierung und Aufbau von Kooperationsformen im Gesundheits- und Sozialwesen. Aus: 1. Forum "Brückenschlag" "Netzwerke pflegerischer Versorgung", 25. November 1996 in Kiel, Schriftenreihe Bd. 1, Norddeutsches Zentrum zur Weiterentwicklung der Pflege, S. 13 - 22.

Kommunale Sozialpolitik und Grundrisiken der Gesellschaft. In: das rathaus 2(51)1998, S. 60 - 64.

Pflegeversicherung als neuer Gegenstand sozialrechtlicher Regulierung. In: Sieveking, Klaus (Hrsg.), Soziale Sicherung bei Pflegebedürftigkeit in der Europäischen Union, Studien aus dem Max-Planck-Institut für ausländisches und internationales Sozialrecht, Band 20, Baden-Baden (Nomos), 1998, S. 19-34.

zusammen mit Falk Stadelmann: Die Pflegeversicherung in Deutschland. In: Sieveking, Klaus (Hrsg.), Soziale Sicherung bei Pflegebedürftigkeit in der Europäischen Union, Studien aus dem Max-Planck-Institut für ausländisches und internationales Sozialrecht, Band 20, Baden-Baden (Nomos), 1998, S. 37-47.

Benötigt das Sozialrecht Regelungen zum Sozial-Wirtschaftsrecht? - Überlegungen zur Fortentwicklung des Sozialgesetzbuchs. In: Verfassung, Theorie und Praxis des Sozialstaats. Festschrift für Hans F. Zacher zum 70. Geburtstag, hrsg. von Franz Ruland, Bernd Baron von Maydell, Hans-Jürgen Papier, Heidelberg (C. F. Müller), 1998, S. 281-296.

Neue Steuerungen im Spektrum der Gesundheits- und Pflegedienste für alte Menschen aus rechtlicher Sicht. In: Schmidt, Roland/Braun, Helmut/Giercke, Klaus Ingo/Klie, Thomas/Kohner, Monika (Hrsg.), Neue Steuerungen in Pflege und Sozialer Altenarbeit, Beiträge zur sozialen Gerontologie, Sozialpolitik und Versorgungsforschung, Band 6, Regensburg (Transfer Verlag), 1998, S. 5-24.

zusammen mit: Weber, Ariane: Das Bundeskindergeldgesetz und das Bundeserziehungsgeldgesetz in Rechtsprechung und Literatur. In: Georg Wannagat/Wolfgang Gitter (Hrsg.), Jahrbuch des Sozialrechts der Gegenwart, Band 20, 1998, S. 217 - 245.

Neue Arbeitsformen und sozialrechtlicher Veränderungsbedarf. In: Sozialer Fortschritt (47)1998(12), S. 287 - 293.

Die Risiken im Alter. In: Cramer, Jörg E./Förster, Wolfgang/Ruland, Franz (Hrsg.), Handbuch zur Altersversorgung. Gesetzliche, betriebliche und private Vorsorge in Deutschland. Fritz Knapp Verlag, Frankfurt am Main, 1998, S. 27 - 41.

Rechtlicher Rahmen der Qualitätssicherung in der Medizin nach dem SGB V. In: Zeitschrift für Gerontologie und Geriatrie (32)1999(1), S. 3 – 10.

Die Pflegeversicherung hat die Welt der Pflege verändert – Skizzen zu einigen Grundfragen der Umsetzung der Pflegeversicherung. Aus: Naegele, Gerhard/Schütz, Rudolf-M. (Hrsg.), Soziale Gerontologie und Sozialpolitik für ältere Menschen. Gedenkschrift für Margret Dieck., Westdeutscher Verlag, Opladen/Wiesbaden 1999, S. 317 – 332.

Die unbehelfliche Abgrenzung der Leistungen häuslicher Krankenpflege nach dem SGB V und häuslicher Pflege nach dem SGB XI. In: SGb. (48)1999(3), S. 111-119.

Mit Welti, Felix: Öffentlich-rechtliche Grundlagen für die Entwicklung vorbehaltener Aufgabenbereiche im Berufsfeld Pflege. In: VSSR 1999, Heft 1, S. 21-55.

Rechtswissenschaften. Aus: Jansen, Birgit/Karl, Fred/Radebold, Hartmut/Schmitz-Scherzer, Reinhard (Hrsg.), Soziale Gerontologie, Belz Verlag, Weinheim und Basel, 1999, S. 211-229.

Europäische Union und gesetzliche Krankenversicherung. Einführung. Aus: Europäische Union und gesetzliche Krankenversicherung. Status und Entwicklungen der Gesundheitspolitik in der EU. Wissenschaftliche Tagung des Instituts für Sozialrecht und Sozialpolitik in Europa der Christian-Albrechts-Universität zu Kiel und der AOK Schleswig-Holstein – Die Gesundheitskasse – 26./27. November 1998, Kiel. Sozialpolitik in Europa, Band 3. Wiesbaden 1999, S. 4-6.

Sozialrechtliche Grundlagen für die Erbringung von ambulanten Komplexleistungsprogrammen. Aus: Kunze, Heinrich/Kruckenberg, Peter/AKTION PSYCHISCH KRANKE (Hg.), Von institutions- zu personenzentrierten Hilfen in der psychiatrischen Versorgung, Band II, Ambulante Komplexleistungen – Sozialrechtliche Voraussetzungen zur Realisierung personenbezogener Hilfen in der psychiatrischen Versorgung, Band 116/2II, Schriftenreihe des Bundesministeriums für Gesundheit, Baden-Baden 1999, S. 209-243.

Mit Welti, Felix: Das Bundeserziehungsgeldgesetz, das Bundeskindergeldgesetz und der Familienleistungsausgleich im Einkommensteuergesetz in Rechtsprechung und Literatur. In: Georg Wannagat/Wolfgang Gitter (Hrsg.), Jahrbuch des Sozialrechts der Gegenwart, Band 21, 1999, S. 269-293.

Grundprobleme des Leistungsprogramms der Pflegeversicherung im ambulanten Bereich. In: VSSR 1999, Heft 4/5, S. 305 – 325.

Gibt es einen Königsweg zur berufsrechtlichen Festigung der Pflege? In: kinderkrankenschwester 19(2000)2, S. 61-68.

Zur Problematik der Altersgrenzen aus juristischer Perspektive. Aus: Kruse, Andreas/Pfendtner, Pirjo/Wahl, Hans-Werner (Hrsg.), Alternsforschung vor neuen gesellschaftlichen Herausforderungen. IV. Kongress der Deutschen Gesellschaft für Gerontologie und Geriatrie, 21.-23.9.1998, Zeitschrift für Gerontologie und Geriatrie, Supplement 1, Band 33, 2000, S. 57-70.

Mengensteuerung im Gesundheitswesen durch Begrenzungen des Zugangs für die Leistungserbringer am Beispiel der ambulanten und stationären „Bedarfsplanung“. In: MedizinRecht 18(2000)4, S. 157-164.

Die Verpreislichung sozialer und medizinischer Dienstleistungen im Vergleich. Aus: Igl, Gerhard/Klie, Thomas (Hrsg.), Pflegeversicherung auf dem Prüfstand. Analysen und Perspektiven zum Vergütungs- und Leistungserbringungsrecht bei stationären Pflegeleistungen. Vincentz Verlag. Hannover, 2000, S. 29-65.

Mit Klie, Thomas, Nationaler Akkreditierungsrat unumgänglich. In: Forum für Gesellschaftspolitik, Juni 2000, S. 162-164.

Sozialrechtslehre und Staats- und Verwaltungsrecht. Aus: Stand und Zukunft der Sozialrechtslehre. Bundestagung des Deutschen Sozialrechtsverbandes e.V., 8.-10. März 2000 in Regensburg. Schriftenreihe des Deutschen Sozialrechtsverbandes (SDSRV) Bd. 47, Chmielorz Verlag Wiesbaden 2000, S. 91-116.

Mit Welti, Felix: Das Bundeserziehungsgeldgesetz, das Bundeskindergeldgesetz und der Familienleistungsausgleich im Einkommensteuergesetz in Rechtsprechung und Literatur. In: Georg Wannagat/Wolfgang Gitter (Hrsg.), Jahrbuch des Sozialrechts der Gegenwart, Band 22, 2000, S. 227-252.

H. Raspe, C. Sulek, V. Héon-Klin, C. Matthis, G. Igl: Zur Feststellung von Bedarf an medizinischen Rehabilitationsleistungen unter erwerbstätigen Mitgliedern der Gesetzlichen Rentenversicherung. In: Gesundheitswesen 2001; 63: 49-55.

Wettbewerb – Markt – Bedarfsplanung – Rechtliche Rahmenbedingungen der Verantwortung für die Bereitstellung der pflegerischen Infrastruktur. In: Ministerium für Arbeit, Gesundheit und Soziales des Landes Schleswig-Holstein (Hrsg.), Pflegeversicherung braucht den Dialog. Dokumentation einer Tagung des Ministeriums für Arbeit, Gesundheit und Soziales des Landes Schleswig-Holstein am 05. November 1999 in Kiel, S. 1-23.

Wasem, Jürgen/Igl, Gerhard/Vincenti, Aurelio/Behringer, Angelika/Schagen, Udo/Schleiermacher, Sabine, Gesundheitswesen und Sicherung bei Krankheit und im Pflegefall, in: Bundesministerium für Arbeit und Sozialordnung und Bundesarchiv (Hrsg.), Geschichte der Sozialpolitik in Deutschland seit 1945, Band 2/1, Baden-Baden 2001, S. 461 – 528. (bearbeitet von Igl: Themenbereiche Krankenhausfinanzierung und Soziale Sicherung im Pflegefall).

Reformbedarf bezüglich der Heimmitwirkungsverordnung – Beiträge und Ergebnisse der Podiumsdiskussion. In: Bundesministerium für Familie, Senioren, Frauen und Jugend / Deutscher Verein für öffentliche und private Fürsorge (Hrsg.), Was ändert sich für die Heimaufsicht? Neue rechtliche Grundlagen und ihre praktischen Konsequenzen. Dokumentation des Fachkongresses vom 15. bis 16. Mai 2001 in Frankfurt am Main, 1. Aufl. Dezember 2001, S. 58-67.

Mit Welti, Felix: Das Bundeserziehungsgeldgesetz, das Bundeskindergeldgesetz und der Familienleistungsausgleich im Einkommensteuerrecht in Rechtsprechung und Literatur. In: Georg Wannagat/Wolfgang Gitter (Hrsg.), Jahrbuch des Sozialrechts der Gegenwart, Band 23, 2001, S. 321-348.

Das neue SGB IX: Rehabilitation und Teilhabe behinderter Menschen. In: informationsdienst altersfragen, Heft 1 / 2, Jan./Feb. 2002, 29. Jg., S. 1-3.

Rechtliche Reflexe der Pflege. Aus: Stöcker, Gertrud (Hrsg.), Bildung und Pflege. Eine berufspolitische Standortbestimmung Hannover 2002, S. 87 - 91.

Mit Klie, Thomas: Die jüngere Entwicklung der Qualitätsdiskussion in der Versorgung Pflegebedürftiger im Rahmen des SGB XI und in der häuslichen Krankenpflege. In: G. Igl, D. Schiemann, B. Gerste, J. Klose (Hrsg.): Qualität in der Pflege. Betreuung und Versorgung von pflegebedürftigen alten Menschen in der stationären und ambulanten Altenhilfe. Schattauer Verlag Stuttgart 2002. S. 3 – 17.

Vor- und Nachüberlegungen zum Thema „Recht und Realität der Qualitätssicherung im Gesundheitswesen". In: Zeitschrift für Sozialreform, 48. Jg., 2002, Heft 4, S. 422 – 424.

Rechtlicher Rahmen der Qualitätssicherung im Krankenhaus. In: Zeitschrift für Sozialreform, 48. Jg., 2002, Heft 4, S. 481 – 493. Rechtlicher Rahmen der Qualitätssicherung im Krankenhaus. In: Igl, Gerhard (Hrsg.), Recht und Realität der Qualitätssicherung im Gesundheitswesen: Rehabilitationseinrichtung – Krankenhaus – stationäre Pflegeeinrichtung. Sozialpolitik in Europa, Band 10. Wiesbaden 2002, S. 63 – 79.

Zusammen mit Reuter, Judith: Die rechtlichen Rahmenbedingungen des bürgerschaftlichen Engagements. In: Theorie und Praxis der sozialen Arbeit (TuP) 6/2002, S. 415 - 420.

Das Wohnen im Heim und der Heimvertrag. In: Gedächtnisschrift für Jürgen Sonnenschein, hrsg. von Joachim Jickeli, Peter Kreuz, Dieter Reuter, Berlin De Gruyter Recht, 2003, S. 479 – 488.

Sozialrechtliche Stellung mitmenschlich und bürgerschaftlich Engagierter – Bestandsaufnahme und Zukunftsperspektiven. In: SGb. 2002, S. 705 – 714; SGb. 2003, S. 6 – 12.

Mit Welti, Felix: Das Bundeserziehungsgeldgesetz, das Bundeskindergeldgesetz und der Familienleistungsausgleich im Einkommensteuerrecht in Gesetzgebung, Rechtsprechung und Literatur. In: Georg Wannagat/Wolfgang Gitter (Hrsg.), Jahrbuch des Sozialrechts der Gegenwart, Band 24, 2002, S. 201 – 230.

Mit Sibylle Dünnes: Das Recht auf Pflegekräfte des eigenen Geschlechts unter besonderer Berücksichtigung der Situation pflegebedürftiger Frauen, Rechtsgutachten, erstattet im Auftrag des Bildungs- und Forschungsinstituts zum selbstbestimmten Leben Behinderter – bifos e.V., Kassel, 2002, 61 S., veröffentlicht unter: www.bmfsfj.de/Anlage 24314/Rechtsgutachten.pdf.

Sozialrechtliche Stellung mitmenschlich und bürgerschaftlich Engagierter – Bestandsaufnahmen und Zukunftsperspektiven. In: Mitmenschliches und bürgerschaftliches Engagement im Sozialrecht. Schriftenreihe des Deutschen Sozialrechtsverbandes (SDSRV) 50, Wiesbaden 2003. S. 101 – 151.

Dritter Sektor, Sozialbereich und EG-Recht. In: Kötz/Rawert/Schmidt/Walz (Hrsg.): Non Profit Law Yearbook 2002. Carl Heymanns: Köln – Berlin – Bonn – München 2003. S. 21-45.

La prise en charge de la dépendance des personnes âgées: quelques observations à partir du cas allemand. In: Martin, Claude (sous la direction de): La dépendance des personnes âgées. Quelles politiques en Europe ?, Presses Universitaires de Rennes, Editions ENSP. Rennes 2003, p. 217 – 225.

Pflegeversicherung. Aus: von Maydell/Ruland (Hrsg.), Sozialrechtshandbuch (SRH), 3. Aufl., 2003, S. 1061- 1102.

Pflegebedürftigkeit und Behinderung im Recht der sozialen Sicherheit. In: Zeitschrift für ausländisches und internationales Sozialrecht (ZIAS), Heft 3-4, 17. Jg., 2003, S. 332 – 340.

Mit Reimann, Johannes: Das Bundeserziehungsgeldgesetz, das Bundeskindergeldgesetz und der Familienleistungsausgleich im Einkommensteuerrecht in Gesetzgebung, Rechtsprechung und Literatur. In: Georg Wannagat/Wolfgang Gitter (Hrsg.), Jahrbuch des Sozialrechts der Gegenwart, Band 25, 2003, S. 325 – 343.

Plate, Andreas/Steinhagen-Thiessen, Elisabeth/Igl, Gerhard: Geriatrie, aber wie? Planungskonzepte der Bundesländer für die geriatrische Versorgung. In: Krankenhaus Umschau 2/2004, 73. Jg., S. 108 - 110.

Mit Sibylle Dünnes: Das Recht auf Pflegekräfte des eigenen Geschlechts unter besonderer Berücksichtigung der Situation pflegebedürftiger Frauen. In: Beiträge zum Recht der sozialen Dienste und Einrichtungen (RsDE), Heft 56, 2004, S. 17 – 23.

Das SGB IX und seine Wirkungen auf das System des Sozialrechts. In: Zeitschrift für Sozialreform (ZSR), 50. Jg., 2004, Heft 4-5, Recht der Rehabilitation und der Teilhabe. Zwischenbilanz zum SGB IX: Kritische Reflexion und Perspektiven, hrsg. von Gerhard Igl und Felix Welti, S. 365 – 383.

Ebenso veröffentlicht in: Recht der Rehabilitation und der Teilhabe. Zwischenbilanz zum SGB IX: Kritische Reflexion und Perspektiven, hrsg. von Gerhard Igl und Felix Welti, Sozialpolitik in Europa, Bd. 13, Chmielorz, Wiesbaden 2004, S. 3 - 21.

Verfassungsrechtliche und gemeinschaftsrechtliche Probleme der finanziellen Förderung von Investitionskosten bei Pflegeeinrichtungen nach SGB XI und nach BSHG. In: Festschrift 50 Jahre Bundessozialgericht, hrsg. von: Matthias von Wulffen und Otto Ernst Krasney, Carl Heymanns Verlag. Köln – Berlin – München 2004. S. 645 – 672.

Alternsprozesse in multidisziplinärer Sicht: Rechtliche Fragen. In: Kruse, Andreas/ Martin, Mike (Hrsg.), Enzyklopädie der Gerontologie. Alternsprozesse in multidisziplinärer Sicht. Verlag Hans Huber, Bern – Göttingen – Toronto – Seattle, 2004, S. 593 – 612.

Why and how take care of long-term care? In: Kangwon Law Review, vol. 18, 2004(6) (The Institute of Comparative Legal Studies, Kangwon National University, South Corea), p. 85 – 99.

Sozialrechtliche Grundlagen für medizinische Rehabilitation in SGB V, VI und IX. In: Frieboes, Ralf-Michael/Zaudig, Michael/Nosper, Manfred (Hrsg.): Rehabilitation bei psychischen Störungen. Elsevier Urban & Fischer, München – Jena, 2005, S. 5 – 14.

Zusammen mit Welti, Felix: Integration von behinderten Menschen. In: Linzbach, Christoph/Lübking, Uwe/Scholz, Stephanie/Schulte, Bernd (Hrsg.): Die Zukunft der sozialen Dienste vor der Europäischen Herausforderung. Nomos, Baden-Baden, 2005, S. 297 – 317.

Evidenzbasierte Rehabilitation und Pflege im Spiegel des Sozialrechts. In: Zeitschrift für ärztliche Fortbildung und Qualität im Gesundheitswesen 99(2005)1, S. 25 – 33.

Sind Investitionskosten Bestandteil angemessener Vergütungen? In: bpa-Magazin. Informationsmagazin des Bundesverbandes privater Anbieter sozialer Dienste e.V., 02/2005, S. 6 – 7.

Brauchen wir eine Charta der Rechte hilfe- und pflegebedürftiger Personen? In: Recht der sozialen Dienste und Einrichtungen (RsDE), Heft 58, München 2005, S. 69 – 80.

Les droits des personnes handicapées en Allemagne: les changements apportés par la nouvelle législation. In : Revue française des affaires sociales (La Documentation française, Paris), 59e année, n° 2 avril-juin 2005, p. 125 – 156.

Mit Reimann, Johannes: Das Bundeserziehungsgeldgesetz, das Bundeskindergeldgesetz und der Familienleistungsausgleich im Einkommensteuerrecht in Gesetzgebung, Rechtsprechung und Literatur. In: Georg Wannagat/Wolfgang Gitter (Hrsg.), Jahrbuch des Sozialrechts der Gegenwart, Band 26, 2004, S. 283 – 300.

Wasem, Jürgen/Greß, Stefan/Vincenti, Aurelio/Behringer, Angelika/Igl, Gerhard, Gesundheitswesen und Sicherung bei Krankheit und im Pflegefall, in: Bundesministerium für Arbeit und Sozialordnung und Bundesarchiv (Hrsg.), Geschichte der Sozialpolitik in Deutschland seit 1945, Band 7, Baden-Baden 2005, S. 389 – 440. (bearbeitet von Igl: Themenbereiche Sicherung im Pflegefall, S. 428 - 440).

Die Zukunft der Pflegeversicherung vor dem Hintergrund von Bedarfen, Entbürokratisierung und Finanzierbarkeit. In: Klie, Thomas/Buhl, Anke/Entzian, Hildegard/ Hedtke-Becker, Astrid/Wallrafen-Dreisow, Helmut (Hrsg.): Die Zukunft der gesundheitlichen, sozialen und pflegerischen Versorgung älterer Menschen. Mabuse, Frankfurt am Main 2005. S. 55 – 71.

Kerschen, Nicole/Hajdu, Jozsef/Igl, Gerhard/Joël, Marie-Eve/Knipscheer, Kees/ Tomes, Igor, Long-term care for older people. In: Bulletin luxembourgeois des questions sociales 2005, volume 19, Long-term care for Older People. Conference organised by the Luxembourg Presidency with the Social Protection Committee of the European Union, Luxembourg, 12 and 13 May 2005, p. 9 – 147.

Wasem, Jürgen/Vincenti, Aurelio/Behringer, Angelika/Igl, Gerhard, Gesundheitswesen und Sicherung bei Krankheit und im Pflegefall, in: Bundesministerium für Arbeit und Sozialordnung und Bundesarchiv (Hrsg.), Geschichte der Sozialpolitik in Deutschland seit 1945, Band 3, Baden-Baden 2005, S. 439 - 487 (bearbeitet von Igl: Themenbereiche: Entwicklungen auf dem Gebiet der Krankenhausfinanzierung und der Krankenhauspolitik, S. 467 – 473, Sicherung im Pflegefall, S. 474 - 479).

Wirtschaftlichkeits- und Wirksamkeitsprüfungen von Pflegeleistungen in sozial- und verfassungsrechtlicher Perspektive. In: Wallerath, Maximilian (Hrsg.): Fiat iustitia. Recht als Aufgabe der Vernunft. Festschrift für Peter Krause zum 70. Geburtstag. Berlin 2006, S. 115-131.

Vergleichende Rechts- und Strukturfragen der Versorgung mit Leistungen der Langzeitpflege in Europa. In: REHACARE-KONGRESS-READER, REHACARE-Pflegekongress 2006, S. 23-34

Zusammen mit Klie, Thomas: Recht der älteren Menschen. In: Das Recht der älteren Menschen. Nomos Baden-Baden 2007. Hrsg. von Igl, Gerhard/Klie, Thomas, S. 17-47.

Vincenti, Aurelio/Behringer, Angelika/Igl, Gerhard, Gesundheitswesen und Sicherung bei Krankheit und im Pflegefall, in: Bundesministerium für Arbeit und Sozialordnung und Bundesarchiv (Hrsg.), Geschichte der Sozialpolitik in Deutschland seit 1945, Band 5, Baden-Baden 2006, S. 483- 529 (bearbeitet von Igl: Themenbereich: Sicherung im Pflegefall, S. 524 - 529).

Alter und Behinderung im Sozialrecht, in: Berghaus, Helmut C./Bermond, Heike/Milz, Heike (Hrsg.), Visionen und innovative Konzepte in Zeiten knapper Ressourcen, Kuratorium Deutsche Altershilfe, Köln 2007, S. 12 – 27.

Vergleichende Rechts- und Strukturfragen der Versorgung mit Leistungen der Langzeitpflege in Europa. In: Schönle, Paul W./Schmollinger, Martin (Hrsg.), Rehabilitation und Pflege. Bericht über den REHACARE Kongress „Pflege zu Hause – was tun? Das Spektrum de rRehabilitation nutzen!", Gentner Verlag, Stuttgart 2007, S. 293-308.

Qualitätsanforderungen in der Langzeitpflege: Wie hat eine rechtliche Rahmenordnung auszusehen? In: Die Sozialgerichtsbarkeit (SGb), Heft 7, 2007, S. 381 – 394.

Internationale und europäische Dimensionen der Langzeitpflege. In: Igl, Gerhard/ Naegele, Gerhard/Hamdorf, Silke (Hg.), Reform der Pflegeversicherung – Auswirkungen auf die Pflegebedürftigen und die Pflegepersonen. LIT Verlag Hamburg, 2007, S. 70-84.

Wasem, Jürgen/Greß, Stefan/Hessel, Franz/Vincenti, Aurelio/Igl, Gerhard, Gesundheitswesen und Sicherung bei Krankheit und im Pflegefall, in: Bundesministerium für Arbeit und Sozialordnung und Bundesarchiv (Hrsg.), Geschichte der Sozialpolitik in Deutschland seit 1945, Band 11, Baden-Baden 2007, S. 649-717 (bearbeitet von Igl: Themenbereich: Sicherung im Pflegefall, S. 694 - 717).

Mit Heinz Rothgang: Long-term Care in Germany. In: The Japanese Journal of Social Security Policy, vol. 6 no. 1, p. 54-84.

Sicherung des Existenzminimums bei Pflegebedürftigkeit. In: Schriftenreihe des Deutschen Sozialrechtsverbandes (SDSRV) 56, Berlin 2007, S. 47 – 69.

Grundsatzfragen der Alterssicherung – Sinn und Ausprägung der Rentenversicherung. In: Becker, Ulrich/Kaufmann, Franz-Xaver/Baron von Maydell, Bernd/Schmähl, Winfried/Zacher, Hans F. (Hrsg).: Alterssicherung in Deutschland. Festschrift für Franz Ruland zum 65. Geburtstag. Nomos Baden-Baden, 2007, S. 43 – 55.

Prüfung von Wirksamkeit und Wirtschaftlichkeit von Pflegeleistungen. In: SGb 01/2008, S. 1 – 7.

Wasem, Jürgen/Rotter, Isabelle/Focke, Axel/Igl, Gerhard: Verändertes Kodierverhalten als eine der ungeklärten Herausforderungen der DRG-Einführung. In: Klauber, Jürgen/Robra, Bernt-Peter/Schellschmidt, Henner (Hrsg.), Krankenhaus-Report 2007. Schattauer Stuttgart New York 2008. S. 49 59.

Wasem, Jürgen/ Vincenti, Aurelio/Igl, Gerhard/Behringer, Angelik: Gesundheitswesen und Sicherung bei Krankheit und im Pflegefall. In: Bundesministerium für Arbeit und Sozialordnung und Bundesarchiv (Hrsg.), Geschichte der Sozialpolitik in Deutschland seit 1945, Band 4, Baden-Baden 2008, S. 376-432 (bearbeitet von Igl: Themenbereich: Krankenhausfinanzierung und Krankenhauspolitik, S. 415-425, Sicherung im Pflegefall, S. 426-432.).

Pflegebedürftigkeit, Pflege und Pflegebedarf im rechtlichen Verständnis. In: Beiträge zum Recht der sozialen Dienste und Einrichtungen (RsDE), Heft 66, Köln – München 2008, S. 1 – 26.

Zusammen mit: Naegele, Gerhard: Strukturelle Weiterentwicklung der Pflegeversicherung – nach der Reform ist vor der Reform. In: Z Gerontol Geriat 41:79-80 (2008).

Pflegeversicherung. Aus: von Maydell/Ruland/Becker (Hrsg.), Sozialrechtshandbuch (SRH), 4. Aufl., Baden-Baden: Nomos, 2008, S. 876-910.

Rechts- und Strukturfragen der Versorgung mit Leistungen der Langzeitpflege in Europa. Aus: Zank, Susanne/Hedtke-Becker, Astrid (Hrsg.): Generationen in Familie und Gesellschaft im demographischen Wandel. Stuttgart: Kohlhammer, 2008, S. 36-51.

Alter und Behinderung im Sozialrecht. Aus: Hoyer, Andreas/Hattenhauer, Hans/Meyer-Pritzl, Rudolf/Schubert, Werner (Hrsg.) Gedächtnisschrift für Jörn Eckert. Baden-Baden: Nomos, 2008, S. 369-384.

Vincenti, Aurelio/Igl, Gerhard: Gesundheitswesen und Sicherung bei Krankheit und im Pflegefall, Aus: Bundesministerium für Arbeit und Sozialordnung und Bundesarchiv (Hrsg.), Geschichte der Sozialpolitik in Deutschland seit 1945, Band 6, Baden-Baden 2008, S. 517-564 (bearbeitet von Igl: Themenbereich: Sicherung im Pflegefall, S. 557-564).

Das Gesetz zur strukturellen Weiterentwicklung der Pflegeversicherung. In: NJW 31/2008, S. 2214-2219.

K 1200 Fachliche Standards und Expertenstandards für die Pflege im System der Qualitätsentwicklung nach §§ 113a, 113b SGB XI. Aus: Management Handbuch Pflege. Verlagsgruppe Hüthig Jehle Rehm GmbH, Heidelberg 2008, S. 1-19.

Fachliche Standards und Expertenstandards für die Pflege im System der Qualitätsentwicklung nach § 113a und § 113b SGB XI. In: Beiträge zum Recht der sozialen Dienste und Einrichtungen (RsDE), Heft 67, Köln – München 2008, S. 38-55.

Fachliche Standards und Expertenstandards für die Pflege im System der Qualitätsentwicklung nach § 113a und § 113b SGB XI. Aus: Frommelt, Mona/Roes, Martina/Schmidt, Roland (Hrsg.): Implementierung wissensbasierter Qualitätsniveaus, Heidelberg 2010, S. 1-18.

Weitere öffentlich-rechtliche Regulierung der Pflegeberufe und ihrer Tätigkeit. In: Die Schwester Der Pfleger 12/08, DBfK-AKTUELL, S. 1127-1129.

Zusammen mit Glendinning, Caroline: Long-term Care in Germany and the UK. Aus: Walker, Alan; Naegele, Gerhard (ed.), Social policy in ageing societies: Britain and Germany compared, Palgrave Macmillan, Hampshire, 2009, p. 202-232.

Bisherige Erfahrungen und Defizite der Pflegeversicherung und die Reform 2008 – aus sozialrechtlicher Sicht. Aus: Bieback, Karl-Jürgen (Hrsg.), Die Reform der Pflegeversicherung 2008. LIT VERLAG, Berlin, 2009, S. 41-68.

Zur Strukturierung des Rechts der Qualitätserstellung auf dem Gebiet der Gesundheitsdienstleistungen. In: Beiträge zum Recht der sozialen Dienste und Einrichtungen (RsDE), Heft 70, 2009, S. 4-6.

Bürgerengagement und Recht. Aus: Olk, Thomas/Klein, Ansgar/Hartnuß, Birger (Hrsg.): Engagementpolitik. Die Entwicklung der Zivilgesellschaft als politische Aufgabe. VS Verlag für Sozialwissenschaften, Wiesbaden 2010, S. 175-209.

Soziale Hilfe und soziale Förderung in Frankreich im Rahmen der „action sociale". Aus: Becker, Ulrich (Hrsg.): Rechtsdogmatik und Rechtsvergleich im Sozialrecht I. Nomos, Baden-Baden 2010, S. 265-271.

Umwelthaftungsrecht in Deutschland: Gegenwärtiger Stand, Erfolg und künftige Entwicklungsperspektiven. Aus: International Academic Conference 2010 – Legal Issues and Future Tasks of Environmental Liability. Environmental Law Center of KNU Comparative Legal Studies 8/2010S. 1-22.

Bereiche, Funktionen und Berechtigung gesetzlicher Höchstaltersgrenzen. Aus: Martinek, Michael/Rawert, Peter, Weitemeyer, Birgit (Hrsg.), Festschrift für Dieter Reuter zum 70. Geburtstag am 16. Oktober 2010. Walter de Gruyter: Berlin – New York 2010, S. 1009-1025.

Wahl, Hans Werner/ Oswald, Frank/Claßen, Katrin/Voss, Elke/Igl, Gerhard: Technik und kognitive Beeinträchtigung im Alter. Aus: Kruse, Andreas (Hrsg.): Lebensqualität bei Demenz? Zum gesellschaftlichen und individuellen Umgang mit einer Grenzsituation im Alter. Akademische Verlagsgesellschaft: Heidelberg 2010, S. 99-115.

Umwelthaftungsrecht in Deutschland: Gegenwärtiger Stand, Erfolg und künftige Entwicklungsperspektiven. Aus: KNU CLS Environmental Law Center (Hrsg.): Environmental Law and Policy, Vol 5, November 2010, S. 5-33.

Auswirkungen veränderter Versorgungsanforderungen an das Recht der Gesundheitsberufe. In: PADUA April 2011, S. 24-27.

Kuhlmey, Adelheid / Alscher, Dominik / Büscher, Andreas / Dielmann, Gert / Igl, Gerhard / Höpner, Heidi / Matzke, Ursula / Satrapa-Schill, Almut. In: PADUA April 2011, S. 28-33.

Intransparenter Wirrwarr bei den Transparenzberichten? In: Beiträge zum Recht der sozialen Dienste und Einrichtungen (RsDE), Heft 73, 2011, S. 47-63.

K 1800 Rechtliche Stellung von Fachkräften in der Pflege. Aus: Management Handbuch Pflege. Medhochzwei-Verlag. Heidelberg 2011, S. 1-20.

Rechtliche Stellung von Fachkräften in der Pflege – Anforderungen und Veränderungsbedarfe. Aus: Bettig/Frommelt/Schmidt (Hrsg.): Fachkräftemangel in der Pflege. Konzepte, Strategien, Lösungen. Medhochzwei-Verlag. Heidelberg 2011, S. 45-65.

Kriterien und Strukturen der Qualitätssicherung in der Kranken- und Pflegeversicherung: Gesetzliche Vorgaben und Ausgestaltung. In: Qualitätssicherung im Sozialrecht. Bundestagung des Deutschen Sozialrechtsverbandes e.V. 13./14. Oktober 2011 in Erfurt. Schriftenreihe des Deutschen Sozialrechtsverbandes (SDSRV) 61. Erich Schmidt-Verlag. Berlin 2012. S. 81-115.

Pflegeversicherung. Aus: von Maydell/Ruland/Becker (Hrsg.), Sozialrechtshandbuch (SRH), 5. Aufl., Baden-Baden: Nomos, 2012, S. 929-965.

Rechtliche Stellung von Fachkräften in der Pflege – Anforderungen und Veränderungsbedarfe. Aus: Greulich/Hellmann/Korthus/Thiele (Hrsg.): Management Handbuch Krankenhaus, 123. Aktualisierung, Juni 2012. Medhochzwei-Verlag. Heidelberg 2012, S. 1-20.

Altersgrenzen als altersspezifisches Regelungsinstrument. Aus: Becker, Ulrich / Roth, Markus: Recht der Älteren. Walter de Gruyter, Berlin / Boston, 2013. S. 165-191

Sozialrecht als Motor der Inklusion behinderter Menschen: Wie reagiert das Sozialrecht auf Alter und Behinderung und Behinderung und Alter? In: RdJB (Recht der Jugend und des Bildungswesens). 2013, Sonderheft: Antworten auf fünfunddreißig bisher unbeantwortete Fragen. S. 155-159.

Behinderung und Pflegebedürftigkeit im Alter – sind die sozialrechtlichen Reaktionen konsistent? In: Becker, Ulrich/Wacker, Elisabeth/Banafasche, Minou (Hrsg.): Inklusion und Sozialraum. Behindertenrecht und Behindertenpolitik in der Kommune. Nomos. Baden-Baden 2013, S. 119-133

Vorbehaltene Tätigkeiten im Zusammenhang mit Qualitätssicherung und Patientenschutz. In: MTA Dialog 3 (2015) Jahrgang 16. S. 21-25.

Sozial- und arbeitsrechtliche Regelungen zur Unterstützung der Vereinbarkeit von Beruf und Pflege. In: Zentrum für Qualität in der Pflege (Hrsg.), Vereinbarkeit von Beruf und Pflege, Berlin 2016, S. 16-23.

Lexikonbeiträge

in: Fachlexikon der sozialen Arbeit, 2. Aufl. 1986, Hrsg.: Deutscher Verein für öffentliche und private Fürsorge, Eigenverlag,

– Heimvertrag (S. 403).

– Soziale Pflege- und Betreuungsverhältnisse (S. 761 f.).

in: Ergänzbares Lexikon des Rechts - LdR vom 5. Januar 1988 - : Pflegefallrisiko 11/345. S. 1-6.

in: Ergänzbares Lexikon des Rechts - LdR 44 vom Februar 1990, 2. Bearbeitung -: Pflegefallrisiko 11/345. S. 1-8.

in: Ergänzbares Lexikon des Rechts - LdR 57 vom April 1992, 3. Bearbeitung -: Pflegebedürftigkeit 11/345. S. 1-8.

in: Ergänzbares Lexikon des Rechts - LdR 62 vom April 1993, 4. Bearbeitung -: Pflegebedürftigkeit 11/345. S. 1-8.

in: von Maydell, Bernd Baron (Hrsg.), Lexikon des Rechts. Sozialrecht, 2. Aufl., 1994, Pflegebedürftigkeit, S. 277 - 284.

in: Lade, Eckhard (Hrsg.), Ratgeber Altenarbeit, 1989,

– 5/2.1 Sicherung bei Schwerpflegebedürftigkeit nach dem Gesundheits-Reformgesetz, S. 1 - 7.

in: Fachlexikon der sozialen Arbeit, 3. Aufl. 1993, Hrsg.: Deutscher Verein für öffentliche und private Fürsorge, Eigenverlag,

– Familienpolitik, europäische (S. 335).

– Heimvertrag (S. 460-461).

– Soziale Pflege- und Betreuungsverhältnisse (S. 857).

in: von Maydell, Bernd Baron von (Hrsg.), Lexikon des Rechts. Sozialrecht, 2. überarbeitete und erweiterte Aufl., 1994,

– Pflegebedürftigkeit (S. 277-284).

in: Fachlexikon der sozialen Arbeit, 4. Aufl. 1997, Hrsg.: Deutscher Verein für öffentliche und private Fürsorge, Eigenverlag,

– Heimvertrag (S. 456 - 457).

– Soziale Pflege- und Betreuungsverhältnisse (S. 853 - 854).

in: Ergänzbares Lexikon des Rechts - LdR 92 vom Februar 1998, 5. Bearbeitung -: Pflegeversicherung 11/345. S. 1-12.

In: N. J: Smelser and Paul B. Baltes (editors) 2001 International Encyclopedia of the Social & Behavorial Sciences. Pergamon, Oxford, Social Insurance: Legal Aspects, pp. 14325-14327.

in: Fachlexikon der sozialen Arbeit, 5. Aufl. 2002, Hrsg.: Deutscher Verein für öffentliche und private Fürsorge, Eigenverlag,

– Heimvertrag (S. 451 - 453).

in: Fachlexikon der sozialen Arbeit, 6. Aufl., Hrsg.: Deutscher Verein für öffentliche und private Fürsorge, Nomos Baden-Baden, 2007.

– Heimvertrag (S. 454 - 456).

in: Ergänzbares Lexikon des Rechts - LdR 133 vom Oktober 2008, 6. Bearbeitung -: Pflegeversicherung 11/345. S. 1-16.

Das SGB IX im System des Sozialrechts. In: Blumenthal, Wolfgang / Schliehe, Ferdinand (Hrsg.), Teilhabe als Ziel der Rehabilitation. Heidelberg: Deutsche Vereinigung für Rehabilitation. 2009, S. 141-147.

Pflegeversicherung. In: Igl, Gerhard (Hrsg.), Verbraucherschutz im Sozialrecht. Sozialleistungsberechtigte als Verbraucher Nutzer und Mitgestalter sozialer Leistungen: Auf dem Weg zu einem eigenständigen Verbraucherschutz im Sozialrecht. LIT Verlag Berlin, 2011, S. 93-100.

Wirkungen des Berufsrechts. In: Robert Bosch Stiftung (Hrsg.), Ausbildung für die Gesundheitsversorgung von morgen. Stuttgart 2011. S. 83-88.

Entwicklung von Gesetzgebungs-, Verwaltungs- und Finanzierungszuständigkeiten des Bundes auf dem Gebiet des bürgerschaftlichen Engagements. In: Schliesky, Utz / Ernst, Christian / Schulz, Söhnke E. (Hrsg.), Die Freiheit des Menschen in Kommune, Staat und Europa. Festschrift für Edzard Schmidt-Jortzig, C. F. Müller, Heidelberg 2011, S. 559-579.

Ältere Menschen mit Behinderungen. Realisierung des Teilhabegedankens und Eingliederungshilfe. In: Schütte, Wolfgang (Hrsg.): Abschied vom Fürsorgerecht. Von der „Eingliederungshilfe für behinderte Menschen“ zum Recht auf soziale Teilhabe. LIT Verlag Berlin, 2011, S. 85-98.

Höchstaltersgrenzen im Recht. In: Wahl, Hans-Werner / Tesch-Römer, Clemesn / Ziegelmann, Jochen Philipp (Hrsg.): Angewandte Gerontologie. Interventionen für ein gutes Altern in 100 Schlüsselbegriffen. 2., vollständig überarbeitete und erweiterte Auflage, Kohlhammer Verlag Stuttgart, 2012. S. 154-159.

Diskriminierung im höheren Lebensalter: Bietet das Recht hinreichenden Schutz? In: Bäcker, Gerhard / Heinze, Rolf G. (Hrsg.), Soziale Gerontologie in gesellschaftlicher Verantwortung. Festschrift für Gerhard Naegele. Springer, Wiesbaden 2013, S. 167-184.

Gesundheitsberufe neu regeln. Rechtsexpertise. In: Robert Bosch Stiftung GmbH (Hrsg). Arbeitsgruppe der Robert Bosch Stiftung „Gesundheitsberufe neu denken, Gesundheitsberufe neu regeln". Robert Bosch Stiftung, Stuttgart 2013. S. 235 -431.

mit Jasmin Ludwig: Präzisierung der unionsrechtlichen Anforderungen an Heilberufe. In: MedR (2014) 32: 214-219.

Situation und aktuelle rechtliche Entwicklungen im Bereich der Gesundheitsberufe. Aus: Pundt, Johanne/Kälble, Karl (Hrsg.): Gesundheitsberufe und gesundheitsberufliche Bildungskonzepte. APOLLON University Press, Bremen, 2015, S. 107-137.

Igl, G., 2015. Social Insurance: Legal Aspects. In: James D. Wright (editor-in-chief), International Encyclopedia of the Social & Behavioral Sciences, 2nd edition, Vol 22. Oxford: Elsevier. pp. 362–364.

zusammen mit Satrapa-Schill, Almut: Die Gesundheitsberufe gestalten und fortentwickeln. In: Pro Alter, März/April 2015. S. 54-57.

Pflege aus rechtswissenschaftlicher Sicht: Die BSG-Rechtsprechung, ihre Folgen und der Dialog mit der Wissenschaft, in: Masuch, Peter/Spellbrink. Wolfgang/Becker, Ulrich/Leibfried, Stephan, (Hrsg.), Grundlagen und Herausforderungen des Sozialstaats. Bundessozialgericht und Sozialstaatsforschung. Richterliche Wissensgewinnung und Wissenschaft, Band 2, Erich Schmidt Verlag, Berlin 2015, S. 119-138.

Heilberuferecht in Bewegung – Entwicklungen bei den Gesundheitsfachberufen. In: Devetzi, Stamatia/ Janda, Constanze (Hrsg.), Freiheit – Gerechtigkeit – Sozial(es) Recht. Festschrift für Eberhard Eichenhofer. Nomos Verlagsgesellschaft, Baden-Baden 2015. S. 226-245.

Vorbehaltene Tätigkeiten im Zusammenhang mit Qualitätssicherung und Patientenschutz. In: MTA Dialog 3 (2015) Jahrgang 16. S. 21-25.

Sozial- und arbeitsrechtliche Regelungen zur Unterstützung der Vereinbarkeit von Beruf und Pflege. In: Zentrum für Qualität in der Pflege (Hrsg.), Vereinbarkeit von Beruf und Pflege, Berlin 2016, S. 16-23.

Rechtsfragen der Kooperation und Koordination der Berufe im Kontext der Langzeitpflege, In: Jacobs, Klaus / Kuhlmey, Adelheid / Greß, Stefan / Klauber, Jürgen / Schwinger, Antje (Hrsg.), Pflege-Report 2016. Schwerpunkt: Die Pflegenden im Fokus, Schattauer, Stuttgart 2016, S. 229-244.

Regelungsbedarf der rechtlichen Rahmenbedingungen für die hochschulische Ausbildung. Wie muss diese für die anderen als die ärztlichen Heilberufe gestaltet werden? In: pt (Zeitschrift für Physiotherapeuten), 3_2016. 68. Jg. S. 93-96.

Das Recht auf Gesundheit behinderter Menschen nach Art. 25 UN-BRK. In: Bieback, Karl-Jürgen/ Bögemann, Christoph/Igl, Gerhard/Welti, Felix (Hrsg.): Der Beitrag des Sozialrechts zur Realisierung des Rechts auf Gesundheit und des Rechts auf Arbeit für behinderte Menschen. LIT Verlag Berlin, 2016, 31-46.

Welche Änderungen bringt das geplante Pflegeberufsgesetz? Weit mehr als die einheitliche Grundausbildung. In: Klinik – Wissen – Management, Ausgabe 03/Juli 2016. S. 30-31

Das Recht und seine Funktion für die Gesundheitsberufe. In: Elfriede Brinker-Meyendriesch Frank Arens (Hg.): Diskurs Berufspädagogik. Pflege und Gesundheit. Wissen und Wirklichkeiten zu Handlungsfeldern und Themenbereichen. Wissenschaftlicher Verlag Berlin 2016. S. 420-431.

zusammen mit Heidi Höppner: Arbeitsteilung Gesundheitsberufe – Änderungen in den Aufgabenstellungen der Gesundheitsberufe und der Arbeitsteilung zwischen ihnen. In: Brandhorst, Andreas; Hildebrandt, Helmut; Luthe, Ernst-Wilhelm (Hrsg.): Kooperation und Integration – das unvollendete Projekt des Gesundheitssystems. Springer VS, Wiesbaden 2017. S. 467-487.

zusammen mit Daniela Sulmann: 10 Jahre Pflege-Charta. Zeit, Bilanz zu ziehen. In: Z Gerontol Geriat 2017, 287-293. In: Z Gerontol Geriat 50(4), 287-293 DOI 10.1007/s00391-017-1246-yZ Gerontol Geriat DOI 10.1007/s00391-017-1246-y. Published online: 17 may 2017.

zusammen mit Thomas Klie, Frank Oswald, Gisela Zenz: Rechtliche Aspekte des Alterns. In: Z Gerontol Geriat 2017, 273-274. In: Z Gerontol Geriat 50(4), 273-274 DOI 10.1007/s00391-017-1240-4Z Gerontol Geriat DOI 10.1007/ s00391-017-1240-4. Published online: 17 may 2017.

Die Rechte hilfe- und pflegebedürftiger Menschen. In: Die Schwester Der Pfleger 7/17, S. 60-62.

Buchbesprechungen in Zeitschriften

Literaturbericht zum Recht der sozialen Sicherheit und zur Sozialpolitik Frankreichs: Eine Auswahl grundlegender Werke. In: Vierteljahresschrift für Sozialrecht (VSSR), 5 (1977)1; S. 97-108.

Saint-Jours, Yves: Les relations du travail dans le secteur public. Paris: Librairie Générale de Droit et de Jurisprudence 1977. 450 S. In: Zeitschrift für Beamtenrecht (ZBR), 25(1977)4; S. 136.

Bourquin, Irène: "Vie ouvrière" und Sozialpolitik: Die Einführung der "Retraites ouvrières" in Frankreich um 1900. Ein Beitrag zur Geschichte der Sozialversicherung. Bern (u.a.): P. Lang 1977. 343 S. In: Zeitschrift für Sozialreform (ZSR), 24(1978)12; S. 780-784.

Rogalla, Dieter: Beamtenmitsprache im Neuner-Europa: Eine vergleichende Untersuchung zum Personalvertretungsrecht in den Zentralbehörden der Mitgliedstaaten und der Europäischen Gemeinschaft. Baden-Baden: Nomos-Verlagsges. 1978. 235 S. (Schriftenreihe Europäische Wirtschaft. Bd. 90) In: Die öffentliche Verwaltung (DÖV), 32(1979)17; S. 651.

Rolshoven, Hubertus: Pflegebedürftigkeit und Krankheit im Recht: Eine Analyse unter besonderer Berücksichtigung der Kostenträgerschaft. Berlin: Deutsches Zentrum für Altersfragen 1978. XXIII, 521 S. In: Vierteljahresschrift für Sozialrecht (VSSR), 7(1979)2/3; S. 291-292.

Faust, Gisbert F.: Altersversorgung durch Kollektivverträge in Frankreich: Rechtliche Grundprobleme eines nationalen Zusatzrentensystems. Bern (u.a.): Lang 1976. 222 S. In: Zeitschrift für Sozialreform (ZSR), 25(1979)11; S. 685-686.

Mariage et famille en question: L'evolution contemporaine du droit francais. Ed. Roger Nerson. Paris: Centre National de la Recherche Scientifique. T. 1: 1978. 239 S.; t. 2: 1979. 319 S.

Mariage et famille en question: L'evolution contemporaine du droit anglais. Sous la direction de H.A. Schwarz-Liebermann von Wahlendorf par P.M. Bromley (u.a.). Paris: Centre National de la Recherche Scientifique 1979. 152 S. In: Zeitschrift für das gesamte Familienrecht (FamRZ), 28(1981)1; S. 105-106.

Mariage et famille en question: L'evolution contemporaine du droit allemand. Sous la direction de H.A. Schwarz-Liebermann von Wahlendorf par U. Diederichsen (u.a.), Paris: Centre National de la Recherche Scientifique 1980. 256 S. In: Zeitschrift für das gesamte Familienrecht (FamRZ), 28(1981)6; S. 615-616.

Mrozynski; Peter: Rehabilitationsrecht. München: Beck 1979. 278 S. In: Vierteljahresschrift für Sozialrecht (VSSR), 7(1979)4; S. 393-394.

Ackermann, Walter: Soziale Sicherung in der Industriegesellschaft. Tendenzen u. Konsequenzen. Hrsg.: Institut f. Versicherungswirtschaft an d. Hochschule St. Gallen. Bern: P. Lang 1980. XIV, 311 S. (IVW-Schriftenreihe. Bd 5.). In: Zeitschrift für Sozialreform (ZSR), 27(1981)1; S. 55-57.

Kunz, Eduard; Ruf, Franz; Wiedemann, Edgar: Heimgesetz. Gesetz über Altenheime, Altenwohnheime u. Pflegeheime f. Volljährige (Heimgesetz - HeimG) Kommentar 2. Aufl. München: Beck 1979. XI, 236 S. In: Die öffentliche Verwaltung (DÖV), 33(1980)9; S. 349-350.

Namgalies, Brigitte: Das französische Arbeitsunfallrecht. Eine Darst. m. rechtsvergl. Hinweisen zum dt. Arbeitsunfallrecht. Berlin: Duncker & Humblot 1981. 204 S. (Studien aus d. Institut f. Internat. Recht an d. Univ. Kiel. 8.). In: Zeitschrift für Sozialreform (ZSR), 28(1982)10. S. 629-631.

Namgalies, Brigitte: Das französische Arbeitsunfallrecht. Eine Darst. m. rechtsvergl. Hinweisen zum dt. Arbeitsunfallrecht. Berlin: Duncker & Humblot 1981. 204 S. (Studien aus d. Institut f. Internat. Recht an d. Univ. Kiel. 8.). In: Die Sozialgerichtsbarkeit (SGb), 30(1983)4; S. 176.

Barta, Heinz: Kausalität im Sozialrecht. Entstehung und Funktion der sogenannten Theorie der wesentlichen Bedingung. 2 Bde. Berlin: Duncker & Humblot 1983. In: Histoire des accidents du travail. No. 15(1983). 1984. 2 S.

Kolb, Rudolf A.; Seidel, Ehrentraud: Rehabilitatonsrecht. Kommentar. Münster: Aschendorff 1985. VII, 412 S. (Aschendorffs Juristische Handbücher. Bd 89.). In: Zeitschrift für das gesamte Familienrecht (FamRZ), 33(1986)5. S. 427-428.

Mrozynski, Peter, Rehabilitationsrecht, 2., vollständig neubearbeitete und erweiterte Auflage, Verlag C.H. Beck, 1986.

Jürgens, Andreas, Pflegeleistungen für Behinderte, Band 11 der Schriftenreihe Sozialpolitik und Recht, hrsg. v. Johannes Baltzer, Carl Heymanns Verlag, 1986. In: Sozialer Fortschritt 1987, S. 115-116.

Dupeyroux, Jean-Jacques, Droit de la sécurité sociale, 10 éd. Paris 1986; Saint-Jours, Yves, Traité de la sécurité sociale (4 Bände), Paris. In: Zeitschrift für ausländisches und internationales Arbeits- und Sozialrecht (ZIAS) 1987, 215-219.

Peter A. Köhler, Sozialpolitische und sozialrechtliche Aktivitäten in den Vereinten Nationen. Baden-Baden: Nomos 1987. 1232 S. In: Sozialer Fortschritt 1987, S. 283-284.

Rolf Schuler, Das Internationale Sozialrecht der Bundesrepublik Deutschland. Grundlagen und systematische Zusammenschau des für die Bundesrepublik geltenden internationalen Sozialrechts. Studien aus dem Max-Planck-Institut für ausländisches und internationales Sozialrecht, Band 7, Nomos-Verlag Baden-Baden, 1988. 951 S. In: Sozialer Fortschritt 1989, S. 45-46.

Wiltraut Thust/Peter Trenk-Hinterberger, Recht der Behinderten. Eine systematische Darstellung für Praxis und Studium. 2., völlig neubearbeitete Auflage 1989, Beltz Verlag, Weinheim und Basel, 254 S. In: Sozialer Fortschritt 1990, S. 143-144.

Ramm, Thilo, Jugendrecht. Ein Lehrbuch.- München, Beck, 1990 XIX, 606 Seiten. In: Sozialer Fortschritt 1991, S. 177-178.

Kaufmann, Otto/Kessler, Francis/Köhler, Peter A., Le Droit social en Allemagne, Lamy 1991, 405 S., 370 FF. Collection Lamy Europe, Paris. In: DAngVers 1992, S. 329.

Degener, Theresia, Das ambulante Pflegerechtsverhältnis als Modell eines Sozialrechtsverhältnisses. Frankfurter Abhandlungen zum Sozialrecht, Band I, Peter Lang, Frankfurt am Main/Berlin/Bern/New York/Paris/Wien 1994,, 327 S. In: Recht der sozialen Dienste und Einrichtungen 1994, Heft 26, S. 60 - 61.

Volker Neumann/Bertram Schulin/Klaus Lachwitz/Peter Trenk-Hinterberger: Reform des Rehabilitationsrechts (Sozialgesetzbuch Buch IX). Anforderungen aus der Sicht geistig behinderter Menschen. Lambertus-Verlag, Freiburg im Breisgau 1992, 240 S. In: VSSR 1995 S. 56 - 58.

S. Günther Nagel et Christian Thalamy: Le droit international de la sécurité sociale. Que sais-je? (Band Nr. 2872). Presses Universitaires de France, 1994, 125 S. In: ZIAS 1995, S. 124 - 125.

Vogel, Georg/Schaaf, Michael, Soziale Pflegeversicherung/SGB XI. München, Beck 1995. XVI, 268 S., kart. DM 38,--. In: NJW 1996, S. 770.

Hauck, Karl/Wilde, Klaus u.a., Soziale Pflegeversicherung - SGB XI. In: VSSR 1996 (3), S. 238 - 239.

Schulz, Otto, Dr., Maastricht und die Grundlagen einer Europäischen Sozialpolitik, 1996. XIV. 223 S., Schriften zur europäischen Integration Band 1. Carl Heymanns Verlag KG, Köln. In: Sozialer Fortschritt 1997, S. 48 - 49.

Langosch, Jürgen, Ausgewählte Probleme im Verbandswesen der Sozialversicherung, Juristische Schriftenreihe, Bd. 63, Lit Verlag, Münster 1995, zugleich Diss. Hamburg 1995. In: Die Sozialgerichtsbarkeit 44(1997)4, S. 198 - 199.

Karl-Jürgen Bieback. Die mittelbare Diskriminierung wegen des Geschlechts. Ihre Grundlagen im Recht der EU und ihre Auswirkungen auf das Sozialrecht der Mitgliedstaaten. 1997, Nomos Baden-Baden. In: VSSR 1999, Heft 1, S. 77-78.

Kleemann, Georg, Verfassungsrechtliche Probleme der sozialen Pflegeversicherung und ihrer Finanzierung. Reihe: Beiträge zur Sozialpolitik und zum sozialrecht, Band 26, Verlag Erich Schmidt, Berlin 1998. In: VSSR 1999, Heft 4/5, S. 389-390.

Hauck/Wilde, Sozialgesetzbuch – SGB XI – Soziale Pflegeversicherung, Kommentar. Verlag Erich Schmidt, Berlin, Loseblattwerk, 14. Lieferung. Stand Februar 2000. In: VSSR 2000, Heft 2 S. 177-178.

Eichenhofer, Eberhard, Sozialrecht, Heidelberg, Müller, 2000 (Fälle und Lösungen). In: SGb. 2000, S. 504.

Eichenhofer, Eberhard, Sozialrecht der Europäischen Union, Berlin Bielefeld München, Erich Schmidt, 2001. In: SGb. 2001, S. 342.

Winfried Boecken/Franz Ruland/Heinz-Dietrich Steinmeyer (Hrsg.), Sozialrecht und Sozialpolitik in Deutschland und Europa, Festschrift für Bernd Baron von Maydell, Luchterhand. Neuwied, Kriftel, 2002, 872 S. In: Zeitschrift für Sozialreform 2003, Heft 2, S. 333- 335.

Perspektiven des Gesundheitswesens. Festschrift für Bernd Wiegand zum 65. Geburtstag am 26. April 2003, hrsg. v. Peter Becker; Gerhard Dalichau. – Wiesbaden. Chmielorz 2003. ISBN 3-87124-285-3, 304 Seiten, 75,00 €. In: SGb 2003, S. 423-424.

Landolt, Harry, Pflegerecht, Band I: Grundlagen des Pflegerechts – Eine Darstellung der begrifflichen, statistischen und volkswirtschaftlichen Grundlagen und des internationalen Pflegerechts. Stämpfli. Bern 2001. In: ZIAS 2004, S. 95.

Bieback, Karl-Jürgen, Sozial- und verfassungsrechtliche Aspekte der Bürgerversicherung. Nomos Baden-Baden 2005. In: NZS 2005, S. 587-588.

Meißner, Matthias, Familienarbeit in der Alterssicherung nach europäischem Sozialrecht. Centaurus Herbolzheim, 2005. In: FamRZ 2007, S. 1714.

Wenner, Ulrich, Das Vertragsarztrecht nach der Gesundheitsreform, C.H. Beck München 2008. In: Gesundheitsrecht (GesR) 9/2008, S. 503-504.

Udsching u.a., SGB XI, Soziale Pflegeversicherung. Kommentar, 3. Aufl., München (Verlag C.H. Beck) 2010, 719 S. In: Gesundheitsrecht (GesR) 3/2011, S. 189-190.

Delegation und Substitution – wenn der Pfleger den Doktor ersetzt – Arbeitsgemeinschaft Rechtsanwälte im Medizinrecht e.V. (Hrsg.). Springer 2010, 147 Seiten. In: Die Schwester Der Pfleger 51. Jg. 01/12, S. 100.

Penner, Andreas, Leistungserbringungswettbewerb in der sozialen Krankenversicherung. Zu den Grundsätzen eines liberalisierten Vergütungsrechts in der ambulanten Versorgung der GKV und der Basis-PKV. Bochumer Schriften zum Sozial- und Gesundheitsrecht, Band 8. Nomos-Verlagsgesellschaft Baden-Baden 2010. 707 S. in: NZS 5/2012, S. 175.

Bergmann, Karl-Otto/Pauge, Burkhard/Steinmeyer, Heinz-Dietrich (Hrsg.), Gesamtes Medizinrecht, 1. Aufl., Nomos-Verlagsgesellschaft Baden-Baden 2012. 1615 S. In:NZS 15/2012, S. 578-579.

Thomas Guttau, Nichtärztliche Heilberufe im Gesundheitswesen. Notwendigkeit, Zulässigkeit und Umsetzung einer verstärkten Einbeziehung unter besonderer Berücksichtigung des Heilpraktikergesetzes, Nomos, Baden-Baden 2013 (zugl. Bremen, Univ., Diss., 2012), Nomos Universitätsschriften Recht, Band 799, 184 S. In:NZS 5/2014, S. 174-175.

Sodan, Helge (Hrsg.), Handbuch des Krankenversicherungsrechts, C.H.Beck, München 2014, 2. Aufl. In:NZS 20/2014, S. 774-775.

Bieback, Karl-Jürgen, Sozial- und verfassungsrechtliche Aspekte der Bürgerversicherung, 2. überarbeitete und erweiterte Aufl., Baden-Baden, Nomos, 2014. In:NZS 17/2015, S. 660-661.

Quaas, Michael/Zuck, Rüdiger, Medizinrecht, 3. Aufl., München: CH:BECK, 2014. 1009 S. EUR 139,00. ISBN 978-3-406-62984-6. In: NZS 2015, S. 19.

Berchtold, Josef/Huster, Stefan/Rehborn, Martin (Hrsg.), Gesundheitsrecht SGB V/SGB XI, Baden-Baden, Normos Verlagsgesellschaft 2015. In:GesR 11/2015, S. 702-703.

Schnapp, Friedrich E. / Düring, Ruth (Hg.), Handbuch des sozialrechtlichen Schiedsverfahrens, 2. völlig neu bearbeitete und wesentlich erweiterte Auflage, 2016, 574 Seiten, 96,00 Euro, ISBN 978-3-503-16503-2, Erich Schmidt Verlag, Berlin. In:SGb 9/2016, 543-544.

Kunz, F., Gertz, H.-J. (Hrsg.), Straffälligkeit älterer Menschen. Springer, Berlin Heidelberg, 2015. In: Alter, Kriminalität, Strafe und Strafrecht, Zeitschrift für Gerontologie und Geriatrie, 49(7), 657-659, DOI, 10.1007/s00391-016-1122-1, http://www.springer.com/home?SGWID=0-0-1003-0-0&aqId=3112666&download=1&checkval=718f2b69059a76e82c1e766eea988116.

Becker, Ulrich/Kingreen, Thorsten (Hrsg.): SGB V. Gesetzliche Krankenversicherung. Kommentar. 5. neu bearbeitete Aufl., C.H. Beck, München 2017. In: MedR (2017) 35:274.

Buchbesprechungen in socialnet.de (Übersicht) (verkürzte Titelangaben – ausführliche Titelangaben in www.socialnet.de)

Claudia Achterfeld: Aufgabenverteilung im Gesundheitswesen (Gerhard Igl, 01/16).

Sonja Busse: Soziale Arbeit - eine rechtlich geregelte Sozialleistung [...] (Gerhard Igl, 05/14).

Olaf Deinert, Felix Welti (Hrsg.): Behindertenrecht (Gerhard Igl, 08/14).

Heinz-Uwe Dettling, Martin Altschwager u.a. (Hrsg.): Krankenhausrecht (Gerhard Igl, 12/15).

Deutscher Caritasverband (Hrsg.): Das neue SGB XI mit eingearbeitetem 1. Pflegestärkungsgesetz (Gerhard Igl, 01/15).

Frank Dickmann (Hrsg.): Heimrecht (Gerhard Igl, 01/16).

Björn Harich (Hrsg.): Handbuch der Grundsicherung für Arbeitsuchende (Gerhard Igl, 05/14).

Karl Hauck , Wolfgang Noftz (Hrsg.): SGB XI. Soziale Pflegeversicherung (Gerhard Igl, 01/09).

Sabine Knickrehm, Ralf Kreikebohm u.a. (Hrsg.): Kommentar zum Sozialrecht (Gerhard Igl, 09/15).

Franz Knieps, Hartmut Reiners: Gesundheitsreformen in Deutschland (Gerhard Igl, 08/15).

Ralf Kreikebohm, Wolfgang Spellbrink u.a. (Hrsg.): Kommentar zum Sozialrecht (Gerhard Igl, 09/13).

Adolf Laufs, Christian Katzenmeier u.a.: Arztrecht (Gerhard Igl, 01/16).

Rudolf Ratzel, Bernd Luxenburger (Hrsg.): Handbuch Medizinrecht (Gerhard Igl, 04/16).

Andreas Spickhoff: Medizinrecht (Gerhard Igl, 10/14).

Matthias von Wulfen, Bernd Schütze (Hrsg.): SGB X, Sozialverwaltungsverfahren und Sozialdatenschutz (Gerhard Igl, 03/14).

Antje Welke (Hrsg.): UN-Behindertenrechtskonvention mit rechtlichen Erläuterungen (Gerhard Igl, 04/15).

Rezensionsabhandlungen

Recht der sozialen Sicherheit in den USA (Eberhard Eichenhofer, Recht der sozialen Sicherheit in den USA, 1990), in: VSSR 1991, S. 317-320.

Urteilsbesprechungen

MHRG §§ 1, 10 (Altenheimverträge) BGH Urt. vom 29.10.1980 - VIII ZR 326/79. Anmerkung. In: Zeitschrift für Sozialhilfe (ZfSH) 20 (1981) 5. S. 147-148.

– mit Schuler, Rolf: Urteilsbesprechung und Anmerkung zum Urteil des 2. Senats des BSG v. 13. 12. 1984 - 2 RU 79/83. In: Die Sozialgerichtsbarkeit (SGb) 33 (1986) 3. S. 125-129.

Anmerkung zum Urteil des 10. Senats des BSG v. 24. 9. 1986 - 10 RKg 9/85. In: Die Sozialgerichtsbarkeit 34 (1987) 12. S. 521-522.

Anmerkung zum Urteil des BSG v. 11. 3. 1987 - 10 RKg 2/86 - In: SGb. 35 (1988) 6, S. 258-259.

Anmerkung zum Urt. des 10. Senats des BSG v. 11.1.1989 - 10 RKg 14/87 In: SGb. 1990, S. 124 - 126.

Anmerkung zum Urt. des 10. Senats des BSG v. 8.12.1993 - 10 RKg. 8/92. In: SGb. 1994, S. 492.

Anmerkung zum Urt. der 10. Kammer des SG Duisburg v. 28.4.1994 - S 10129/93 - In: SGb. 1996, S. 86 - 87.

Anmerkung zum Beschl. des Ersten Senats des BVerfG v. 12.3.1996 - 1 BvR 692/90 - In: SGb. 1997, S. 532 - 534.

Anmerkung zum Urteil des III. Zivilsenats des BGH vom 4.8.2000 – III ZR 158/99. In: SGb. 2001, S. 266 - 268.

Anmerkung zum Urteil des 3. Senats des BSG vom 30.10.2001 – B 3 KR 27/01 R. In: SGb. 2002, S. 700 - 701.

Anmerkung zum Beschluss des SG Schleswig vom 22.11.2005 – S 5 AS 455/05 ER. In: NordÖR 9/2006, S. 354-355.

Anmerkung zum Urteil des 3. Senats des BSG vom 3.8.2006 – B 3 KR 24/05 R. In: SGb 5/2007, S. 295-297.

Anmerkung zum Urteil des EuGH vom 14.10.2010, Rs. C-16/09 Gudrun Schwemmer ./. Agentur für Arbeit Villingen-Schwenningen – Familienkasse. In: ZESAR 2011/02, S. 92 - 95.

Anmerkung zum Urteil des 3. Senats des BSG vom 21.7.2011 – B 3 KR 14/10 R. In: SGb 3/2013, S. 189-191.

Anmerkung zum Urteil des 5. Senats des BSG vom 23.7.2015 – B 5 RE 17/14 R – In: SGb 6/2016, S. 354-356.

Sonstiges

Lyon-Caen, Gérard: Arbeitsrecht und Unternehmenskonzentration. Aus dem Franz. übertr. von Gerhard Igl. In: Recht der Arbeit 37 (1984) 5. S. 285-299.

Statement: Erläuterung der These 2: "Vorbeugung und Rehabilitation sind humaner und wirtschaftlicher als die Versorgung Pflegebedürftiger". In: Rehabilitation. Herausforderung an alle. Bundeskongreß für Rehabilitation 1987. Kongreßbericht. S. 248-249.

Rapport Allemagne Fédérale. In: Université de Perpignan - Centre de Recherche d'Economie Sociale, Du conflit et de la complémentarité des systèmes de responsabilité et de garantie en matière d'indemnisation des victimes d'accidents corporels. Rapport de recherche pour le Commissariat Général au Plan, Janvier 1989. S. 107-136.

Landesbericht Frankreich. In: Freie Wohlfahrtspflege im zukünftigen Europa. Herausforderungen und Chancen im Europäischen Binnenmarkt. Studie der Prognos AG im Auftrag der Bank für Sozialwirtschaft GmbH, 1991.

Council of Europe. MSS-6(95) 1-E. 6th Conference of European Ministers responsible for social security. Lisbon, 29-31 May 1995. The situation of dependence in relation to the protection afforded by social security. Strasbourg 1995. [auch in französischer Version: MSS-6(95) 1-F].

La situation de dépendance par rapport à la protection par la sécurité sociale. 6e Conférence des Ministres européens responsables de la sécurité sociale, Lisbonne, 19-31 mai 1995. Conseil de l'Europe, MSS-6(95) 1-F, Strasbourg 1995. 71 p.

Deutscher Bundestag, Drucksache 14/8822, Vierter Bericht zur Lage der älteren Generation in der Bundesrepublik Deutschland: Risiken, Lebensqualität und Versorgung Hochaltriger – unter besonderer Berücksichtigung demenzieller Erkrankungen, darin: S. 313 – 318, 322 – 342, 345 – 352 (zusammen mit Hans-Ludwig Schreiber und Siegfried Kanowski).

IGES/Igl/Wasem, Potentiale und Grenzen der Integration von Gesetzlicher Krankenversicherung (SGB V) und Sozialer Pflegeversicherung (SGB XI), in: Enquete-Kommission „Demographischer Wandel", Deutscher Bundestag (Hrsg.), Herausforderungen unserer älter werdenden Gesellschaft an den einzelnen und an die Politik, Band V, R.v. Decker, Heidelberg 2002, 78 S.

Bundesministerium für Familien, Senioren, Frauen und Jugend (Hrsg.): Identifizierung von Entbürokratisierungspotenzialen in Einrichtungen der stationären Altenpflege in Deutschland. Abschlussbericht des Kompetenzteams im Auftrag des Bundesministeriums für Familie, Senioren, Frauen und Jugend. Das Kompetenzteam: Werner Göpfert-Divivier, iSPO-Institut Saarbrücken, Ursula Mybes, Büro Mybes, Köln, Prof. Dr. Gerhard Igl, Institut für Sozialrecht und Sozialpolitik in Europa, Christian-Albrechts-Universität zu Kiel. Bonn 2006.

Grundsätzliche Anforderungen an eine Reform des Heimrechts. Bundestagsfraktion Bündnis 90/DIE GRÜNEN. Dokumentation des Fachgesprächs vom 08.05.2006 im Deutschen Bundestag. Zukunft des Heimrechts: Reform Ja – aber durch Föderalisierung?

Gemeinsame öffentliche Anhörung des Rechtsausschusses des Deutschen Bundestages und des Ausschusses für Innere Angelegenheiten des Bundesrates zur Föderalismusreform.

Stenografischer Bericht. 19. Sitzung. Berlin, Freitag, den 2. Juni 2006. Rechtsausschussprotokoll 19. Stellungnahme S. 119-122.

Altersgrenzen und gesellschaftliche Teilhabe. Gutachten erstattet im Auftrag des Bundesministeriums für Familie, Senioren, Frauen und Jugend, Juni 2009.

Gesetzeserfüllung bei Sozialversicherungsträgern – Zur Compliance öffentlich-rechtlicher Körperschaften. In: DAK – Hamburg Münchener (Hrsg.): SGB IX. Trends, Auswirkungen und Herausforderungen für die Gesetzliche Krankenversicherung. Tagungsband zur Veranstaltung am 4. März 2009 in Düsseldorf, 2009. S. 141-151.

Fördermöglichkeiten des Bundes bei lokalen und regionalen Infrastrukturvorhaben auf dem Gebiet des bürgerschaftlichen Engagements. Rechtsgutachten erstattet im Auftrag des Bundesministeriums für Familie, Senioren, Frauen und Jugend, Oktober 2009.

Dieter Giese: Urgestein des Sozialhilferechts. Nachruf. In: Beiträge zum Recht der sozialen Dienste und Einrichtungen (RsDE), Heft 70, 2009, S. 1-2.

Möglichkeiten eines Heilberufegesetzes. In: Deutscher Bildungsrat für Pflegeberufe (Hrsg.): Pflegebildung offensiv, Berlin, Februar 2010, S. 34-37.

Welche rechtlichen Möglichkeiten und Grenzen bestehen in Bezug auf interdisziplinäre Kooperation und Aufgabenverschiebung unter den Gesundheitsberufen?

Rechtsgutachten erstellt im Auftrag der Robert Bosch Stiftung, April 2010, 66. S. http://www.bosch-stiftung.de/content/language1/downloads/Gutachten_Prof._Dr._Igl.pdf.

Robert Bosch Stiftung (Hrsg.) Memorandum Kooperation der Gesundheitsberufe. Qualität und Sicherstellung der zukünftigen Gesundheitsversorgung. Stuttgart 2011 (Mitglied der Expertengruppe und der Verfasser des Memorandums; Gutachter).

Einführungsvortrag. In: Antidiskriminierungsstelle des Bundes (Hrsg.). Zu jung? Zu alt? Altersdiskriminierung als Herausforderung. Dokumentation des Fachkongresses am 18. September 2012 – Umweltforum Auferstehungskirche Berlin. Dezember 2012. S. 5 – 7.

Vortrag: Aus- und Weiterbildung für Jung und Alt: Gesundheitsberufe der Zukunft. In: SANACADEMIA (Hrsg.):WIR WERDEN ÄLTER. DIE Herausforderungen an das Gesundheitswesen von Heute und Morgen. 9.-14. Mai 2016, Villach, 59. Österreichischer Kongress für Krankenhausmanagement. Tagungsband, S. 82-90.

Deutscher Bundestag, Wortprotokoll der 96. Sitzung Ausschuss für Gesundheit Berlin, den 30. November 2016, 15.30 Uhr bis 18.00 Uhr, Öffentliche Anhörung zum Entwurf eines Gesetzes zur Stärkung der Heil- und Hilfsmittelversorgung (Heil- und Hilfsmittelversorgungsgesetz – HHVG) BT-Drucksache 18/10186. S. 21-22.

IGES Institut in Zusammenarbeit mit Gerhard Igl. Stefan Loos, Meilin Möllenkamp, Martin Albrecht, Gerhard Igl: Studie zu den Wirkungen des Patientenrechtegesetzes. Studienbericht für das Bundesministerium für Gesundheit, vertreten durch den Patientenbeauftragten der Bundesregierung, Berlin, November 2016.

IGES Institut in Zusammenarbeit mit Gerhard Igl. Monika Sander, Martin Albrecht, Verena Stengel, Meilin Möllenkamp, Stefan Loos, Gerhard Igl: Leistungsbewilligungen und –ablehnungen durch Krankenkassen. Studie für den Beauftragen der Bundesregierung für die Belange der Patientinnen und Patienten sowie Bevollmächtigten für Pflege, Berlin, Juni 2017. http://www.iges.com/kunden/gesundheit/forschungsergebnisse/2017/leistungsablehnung/index_ger.html

II.
Sicherung bei Krankheit in Deutschland

Häusliche Krankenpflege an der Schnittstelle von Kranken- und Pflegeversicherung

Eckhard Bloch

I. Einleitung

Prof. Dr. Gerhard Igl hat sich über mehrere Jahrzehnte hinweg mit den Rechtsfragen der Pflege beschäftigt und viel rechtswissenschaftliche Pionierarbeit für die Einführung der Pflegeversicherung in Deutschland geleistet[1]. Da die Soziale Pflegeversicherung als eigenständiger Zweig der Sozialversicherung ausgestaltet worden ist, bestehen Schnittstellen zur Krankenversicherung, die auch 20 Jahre nach Einführung der Pflegeversicherung noch der juristischen Klärung bedürfen. Ein Beispiel dafür ist die Abgrenzung von Leistungen der häuslichen Krankenpflege gemäß § 37 SGB V von den Pflegeleistungen gemäß SGB XI[2]. Im Folgenden sollen einige aktuelle Aspekte dieses Themas aus der Sicht einer Kranken- und Pflegekasse erörtert werden.

II. Grundsätze für die Abgrenzung von Leistungen der Kranken- und Pflegeversicherung

Gemäß § 27 SGB V haben Versicherte Anspruch auf Krankenbehandlung. Dazu gehören seit jeher häusliche Krankenpflege und Haushaltshilfe (§ 27 Abs. 1 Satz 2 Nr. 4 SGB V)[3]. Neuerdings gehört zur Krankenbehandlung ausdrücklich auch die palliative Versorgung der Versicherten (§ 27 Abs. 1

---

1 Siehe z. B. *Igl,* Bemerkungen zu einer Neuordnung der Sicherung bei Pflegebedürftigkeit, Sozialer Fortschritt 1986, 193.

2 Dazu bereits *Igl/Welti*, Die Leistungsinhalte der häuslichen Krankenpflege und ihre Abgrenzung von den Leistungen bei Pflegebedürftigkeit, VSSR 1995, 117.

3 Bereits vor Inkrafttreten des SGB V waren die häusliche Krankenpflege als Krankenhausersatz- oder vermeidungspflege in § 185 RVO und die Haushaltshilfe in § 185b RVO geregelt.

Satz 3 SGB V)[4]. Pflegebedürftige haben bei häuslicher Pflege Anspruch auf Grundpflege und hauswirtschaftliche Versorgung als Sachleistung (häusliche Pflegehilfe) gemäß § 36 SGB XI oder alternativ auf Pflegegeld gemäß § 37 SGB XI.

Bei der in § 37 SGB V geregelten häuslichen Krankenpflege ist zwischen der Krankenhausersatz- oder Krankenhausvermeidungspflege (Abs. 1) einerseits und der Pflege zur Sicherung der ärztlichen Behandlung (Abs. 2) andererseits zu unterscheiden. In beiden Fällen umfasst die häusliche Krankenpflege auch die ambulante Palliativversorgung (Abs. 3).

Neu ist der Leistungsanspruch des § 37 Abs. 1a SGB V[5], der den Versicherten auch ohne medizinische Behandlungspflege bei akuter schwerer Krankheit, insbesondere nach einem Krankenhausaufenthalt, Grundpflege und hauswirtschaftliche Versorgung als pflegerische Übergangsversorgung gewährt[6]. Die Abgrenzung zu den Leistungen nach dem SGB XI ist eindeutig, weil der Anspruch nach § 37 Abs. 1a SGB V nur eingreift, „soweit keine Pflegebedürftigkeit im Sinne des SGB XI vorliegt“[7]. Mit dem Dritten Pflegestärkungsgesetz (PSG III) soll dieser Leistungsanspruch ab 1.1.2017 nur für pflegebedürftige Versicherte ab dem Pflegegrad 2 ausgeschlossen sein[8]. Versicherte mit Pflegegrad 1 haben keinen Anspruch auf Pflegesachleistungen nach § 36 SGB XI, so dass es bei diesem Personenkreis keine Überschneidung mit den Leistungen der häuslichen Krankenpflege gibt.

Die Krankenhausersatz- oder -vermeidungspflege umfasst Behandlungspflege, Grundpflege und hauswirtschaftliche Versorgung des Versicherten. Damit sind auch die Leistungen der Pflegeversicherung abgedeckt und gemäß § 34 Abs. 2 Satz 1 SGB XI ruht der Anspruch auf Leistungen bei häuslicher Pflege, soweit nicht die Voraussetzungen der Ersatzpflege nach § 39 SGB XI erfüllt sind. Pflegegeld leistet die Pflegekasse über-

---

4 Eingefügt durch Art. 1 Nr. 1 des Gesetzes zur Verbesserung der Hospiz- und Palliativversorgung in Deutschland (Hospiz- und Palliativgesetz – HPG) vom 1. 12. 2015, BGBl. I, 2114.

5 Eingefügt durch Art. 6 Nr. 0 des Gesetzes zur Reform der Strukturen der Krankenhausversorgung (Krankenhausstrukturgesetz – KHSG) vom 10.12.2015, BGBl. I, 2229.

6 BT-Dr. 18/6586, 100f; BeckOK SozR/*Knispel* SGB V § 37 Rn. 22a; *Luthe* in Hauck/Noftz, SGB, 08/16, § 37 SGB V Rn. 95.

7 *Padé* in Schlegel/Voelzke, jurisPK-SGB V, 3. Aufl. 2016 (Stand: 25.08.2016), § 37 Rn. 66.3.

8 Art. 13 Nr. 2 des Gesetzentwurfs, BT-Dr. 18/9518, 35.

gangsweise weiter (§ 34 Abs. 2 Satz 2 SGB XI). Bei den Leistungen gemäß § 37 Abs. 1 SGB V ergeben sich also keine Schnittstellenprobleme im Verhältnis zur Pflegeversicherung[9].

Anders sieht es bei der Sicherungspflege nach § 37 Abs. 2 SGB V aus[10]. Bei Schaffung der sozialen Pflegeversicherung ging der Gesetzgeber zwar davon aus, dass Kranken- und Pflegeversicherung einen nahtlosen Versicherungsschutz gewährten[11]. Dennoch ergaben sich bald – unter der Geltung des § 37 Abs. 2 SGB V a. F. – Abgrenzungsprobleme. Krankenkassen lehnten unter Hinweis auf die Leistungspflicht der Pflegeversicherung verschiedene Leistungen im Rahmen der häuslichen Krankenpflege ab, so dass die Sozialgerichte darüber entscheiden mussten. Dabei ging es um z. B. das An- und Ausziehen von Kompressionsstrümpfen[12] oder die Grundpflege bei künstlicher Beatmung rund um die Uhr[13].

Das BSG stellte dazu fest, dass Maßnahmen der Behandlungspflege, die mit einer Verrichtung der Grundpflege in einem notwendigen zeitlichen Zusammenhang stehen, in die Leistungspflicht der Pflegeversicherung fielen und gerade nicht als Maßnahmen der häuslichen Krankenpflege von den Krankenkassen zu erbringen waren[14]. Diese Lösung hatte für die Versicherten den Nachteil, dass der in der finanziellen Höhe begrenzte Sachleistungsanspruch nach § 36 SGB XI vielfach nicht ausreichte, um die Kosten der Pflege zu decken, so dass die Versicherten den Restbetrag aus eigenen Mitteln aufbringen mussten[15].

Der Gesetzgeber erweiterte den Leistungsanspruch des § 37 Abs. 2 SGB V zunächst um das An- und Ausziehen von Kompressionsstrümpfen ab Kompressionsklasse II[16]. Im Jahr 2007 erhielt § 37 Abs. 2 SGB V – vor

---

9 *Waßer,* Schnittstellen zwischen Kranken- und Pflegeversicherung, KrV 2015, 89, 91.

10 Dazu *Udsching,* Schnittstellen von gesetzlicher Kranken- und sozialer Pflegeversicherung, ASR 2006, 54, 55 ff.; *Waßer,* KrV 2015, 89, 91 ff.

11 *Udsching,* jurisPR-SozR 15/2015 Anm. 2.

12 BSG 30.10.2001 – B 3 KR 2/01 R - SozR 3-2500 § 37 Nr. 3.

13 BSG 28.1.1999 – B 3 KR 4/98 R – BSGE 83, 254.

14 BSG 30.10.2001 – B 3 KR 2/01 R - SozR 3-2500 § 37 Nr. 3.

15 BSG 17.06.2010 – B 3 KR 7/09 R – BSGE 106, 173, 179.

16 Art. 1 Nr. 27 a) aa) des Gesetzes zur Modernisierung der gesetzlichen Krankenversicherung (GKV-Modernisierungsgesetz – GMG) vom 14.11.2003, BGBl. I, 2190.

dem Hintergrund der zwischenzeitlichen Rechtsprechung des BSG[17] – sodann seine heutige Fassung[18]. Der Gesetzgeber hat damit für alle verrichtungsbezogenen Maßnahmen der Behandlungspflege eine Doppelzuständigkeit von Krankenkassen und Pflegekassen geschaffen[19]. Bei Sachleistungsansprüchen werden in der Praxis die Leistungen der Krankenkasse in Anspruch genommen, weil der Anspruch aus § 37 Abs. 2 SGB V in der Höhe nicht begrenzt ist. Diese Doppelzuständigkeit besteht ebenso in den Fällen des § 37 Abs. 2 Satz 3 SGB V, der den besonders hohen Bedarf an medizinischer Behandlungspflege in einer stationären Einrichtung regelt[20].

III. Haushalt, Familie und sonstige Orte der Leistungserbringung

Bis zum Jahr 2007 beschränkte sich der Leistungsort für die Erbringung der häuslichen Krankenpflege nach dem Wortlaut des § 37 Abs. 1 Satz 1 SGB V a. F. auf den Haushalt der Versicherten oder ihrer Familie. Diese Beschränkung hatte sich nach Auffassung des Gesetzgebers im Hinblick auf das Ziel, vorschnelle stationäre Einweisungen zu vermeiden, als kontraproduktiv erwiesen[21]. Mit dem GKV-WSG[22] wurde der Haushaltsbegriff erweitert und die entsprechenden Regelungen des § 37 SGB V erhielten ihre heutige Fassung. Demzufolge erhalten Versicherte „in ihrem Haushalt, ihrer Familie oder sonst an einem geeigneten Ort, insbesondere in betreuten Wohnformen, Schulen und Kindergärten, bei besonders hohem Pflegebedarf auch in Werkstätten für behinderte Menschen" häusliche Krankenpflege (§ 37 Abs. 1 Satz 1, Abs. 2 Satz 1 SGB V).

---

17 Zur Entwicklung von Rechtsprechung und Gesetzgebung hinsichtlich § 37 Abs. 2 SGB V BSG 17.06.2010 – B 3 KR 7/09 R – BSGE 106, 173, 179 f.; *Udsching*, jurisPR-SozR 15/2015 Anm. 2.

18 Art. 1 Nr. 22 b) des Gesetzes zur Stärkung des Wettbewerbs in der gesetzlichen Krankenversicherung (GKV-Wettbewerbsstärkungsgesetz – GKV-WSG) vom 26.3.2007, BGBl. I, 378.

19 BSG 17.06.2010 – B 3 KR 7/09 R – BSGE 106, 173, 180 f.

20 BSG 17.06.2010 – B 3 KR 7/09 R – BSGE 106, 173, 180 f.

21 BT-Dr. 16/3100, 104.

22 Art. 1 Nr. 22 des Gesetzes zur Stärkung des Wettbewerbs in der gesetzlichen Krankenversicherung (GKV-Wettbewerbsstärkungsgesetz – GKV-WSG) vom 26.3.2007, BGBl. I, 378.

§ 1 Abs. 2 Satz 4 der Häuslichen Krankenpflege-Richtlinie[23] begründet den Anspruch auf häusliche Krankenpflege auch für Versicherte, die nicht nach § 14 SGB XI pflegebedürftig sind, während ihres Aufenthalts in teilstationären Einrichtungen der Tages- und Nachtpflege, wenn die Leistung aus medizinisch-pflegerischen Gründen während des Aufenthalts in der Einrichtung der Tages- oder Nachtpflege notwendig ist sowie in Kurzzeitpflegeeinrichtungen. Hat der Versicherte hingegen in einer stationären Einrichtung (Krankenhaus, Rehabilitationseinrichtung, Hospiz oder Pflegeheim) nach den gesetzlichen Bestimmungen Anspruch auf medizinische Behandlungspflege durch die Einrichtung, kann häusliche Krankenpflege nicht verordnet werden[24].

Die Aufzählung der „geeigneten Orte“ im Sinne des § 37 Abs. 1 Satz 1 und Abs. 2 Satz 1 SGB V ist nicht abschließend, wie aus dem Wort „insbesondere“ folgt[25]. Die Rechtsprechung musste in einer Reihe von Fällen die Leistungszuständigkeit in verschiedenen Einrichtungen klären und hat sich in neuester Zeit insbesondere mit der häuslichen Krankenpflege in Einrichtungen der Eingliederungshilfe[26], vollstationären Einrichtungen der Behindertenhilfe[27], Wohngemeinschaften von Pflegebedürftigen[28], betreuten Wohnformen[29] und Seniorenresidenzen[30] befasst.

Die Ausweitung des Anspruchsortes ist im Interesse der Versicherten grundsätzlich zu begrüßen, weil sie dem Ziel des Gesetzgebers entgegen kommt, den Patienten einen reibungslosen Übergang zwischen Akutver-

---

23 Richtlinie der Gemeinsamen Bundesausschusses über die Verordnung von häuslicher Krankenpflege in der Fassung vom 17.9.2009, zuletzt geändert am 17.12.2015, BAnz AT 18.3.2016 B3.

24 BT-Dr. 16/3100, 104; § 1 Abs. 6 Satz 1 Häusliche Krankenpflege-Richtlinie.

25 *Hellkötter-Backes* in LPK-SGB V, § 37 Rn. 8; *Luthe* in Hauck/Noftz, SGB, 08/16, § 37 SGB V Rn. 53; *Nolte* in Kasseler Kommentar Stand April 2011, § 37 SGB V Rn. 15c; *Padé* in Schlegel/Voelzke, jurisPK-SGB V, 3. Aufl. 2016 (Stand: 25.08.2016), § 37 Rn. 28; *Rixen* in Becker/Kingreen, SGB V, 4. Aufl. 2014, § 37 Rn. 3; *Wagner* in Krauskopf, Soziale Krankenversicherung, Pflegeversicherung, § 37 SGB V Rn. 9; *Weber*, Häusliche Krankenpflege nach SGB V in einer stationären Einrichtung der Eingliederungshilfe, NZS 2011, 650.

26 BSG 25.2.2015 – B 3 KR 11/14 R – BSGE 118, 122; BSG 22.4.2015 – B 3 KR 16/14 R – juris.

27 LSG Baden-Württemberg 21.7.2015 – L 11 KR 3901/14 – juris.

28 LSG Baden-Württemberg 21.7.2015 – L 11 KR 2010/14 – juris.

29 LSG Berlin-Brandenburg 11.5.2016 – L 9 KR 144/16 BER – juris.

30 LSG Rheinland-Pfalz 19.11.2015 – L 5 KR 5/15 – juris.

sorgung, Rehabilitation und Pflege zu ermöglichen[31]. Es stellt sich allerdings die Frage, ob die negative Anspruchsvoraussetzung des § 37 Abs. 3 SGB V, wonach der Anspruch auf häusliche Krankenpflege nur besteht, soweit eine „im Haushalt lebende Person" den Kranken in dem erforderlichen Umfang nicht pflegen und versorgen kann, nicht auch erweiternd ausgelegt werden muss. Das BSG lehnte eine solche erweiternde Auslegung im Jahr 2000 ab[32]. Diese Entscheidung erging allerdings vor der Erweiterung des Haushaltsbegriffes durch den Gesetzgeber im Jahr 2007.

Mit § 37 Abs. 3 SGB V macht der Gesetzgeber deutlich, dass die Leistungspflicht der Krankenkasse nur so weit geht, wie eine im Haushalt lebende Person, die kein Angehöriger sein muss, den Kranken nicht selbst pflegen kann[33]. Damit konkretisiert der Gesetzgeber den Vorrang der Selbsthilfe, wonach die häusliche Krankenpflege durch die GKV nur dann geleistet werden soll, wenn der Versicherte keine Hilfe aus seinem häuslichen Umfeld erhalten kann. § 1 Satz 2 SGB V weist den Krankenkassen u. a. die Aufgabe zu, die gesundheitliche Eigenkompetenz und Eigenverantwortung der Versicherten zu fördern[34]. Mit dieser Vorschrift wird der Grundgedanke der Eigenverantwortung der Versicherten für ihre Gesundheit stärker betont[35].

Noch deutlicher wird der Vorrang der häuslichen Pflege in § 3 Satz 1 SGB XI statuiert: Danach soll die Pflegeversicherung mit ihren Leistungen vorrangig die häusliche Pflege und die Pflegebereitschaft der Angehörigen und Nachbarn unterstützen, damit die Pflegebedürftigen möglichst lange in ihrer häuslichen Umgebung bleiben können. Angesichts dieser gesetzgeberischen Absicht ist der Begriff der „im Haushalt" lebenden Pflegeperson unter den heutigen Bedingungen zu eng gefasst.

Nach der Systematik des § 37 SGB V ist es geboten, geeignete Personen aus dem häuslichen Umfeld des Versicherten zur Pflege heranzuziehen, wenn diese zwar nicht im selben Haushalt, wohl aber im selben Haus oder in der unmittelbaren Nachbarschaft des Kranken wohnen. So ist es z.

31 BT-Dr. 16/3100, 90; *Joussen* in Kommentar zum Sozialrecht, hrsg. von Knickrehm/Kreikebohm/Waltermann, 4. Aufl. 2015, § 37 SGB V Rn. 10; *Ricken* in Eichenhofer/Wenner, SGB V, 2. Aufl. 2016, § 37 Rn 3f.

32 BSG 30.3.2000 – B 3 KR 23/99 R – BSGE 86, 101, 105.

33 BT-Dr. 11/2237, 177.

34 Eingefügt durch Art. 1 Nr. 1 des Gesetzes zur Stärkung der Gesundheitsförderung und der Prävention (Präventionsgesetz – PrävG) vom 17.7.2015, BGBl. I, 1368.

35 BT-Dr. 18/4282, 32.

B. nicht einzusehen, dass ein naher Verwandter des Kranken nicht erfasst wird, obwohl er in einer Einliegerwohnung desselben Hauses oder in einem Mehrfamilienhaus eine Etage höher als der Kranke wohnt. Die Laienpflege umfasst typischerweise nur einfachste Maßnahmen der Behandlungspflege, die von jedem Erwachsenen erbracht werden können[36], so dass sich die pflegende Person nicht wie bei einem Intensivpflegefall ständig im Haushalt des Kranken aufhalten muss. Erst recht ist es in Wohngemeinschaften vorstellbar, dass ein Mitglied der Wohngemeinschaft einfache Pflegeaufgaben für einen Mitbewohner übernimmt.

Der Wortlaut des § 37 Abs. 3 SGB V steht allerdings der hier vertretenen, erweiternden Auslegung der negativen Anspruchsvoraussetzung entgegen[37], so dass eine klarstellende Gesetzesänderung erforderlich ist.

IV. Qualitätssicherung

Die Versorgung der Versicherten mit häuslicher Krankenpflege erfolgt auf der Grundlage von Verträgen, die die Krankenkassen mit den ambulanten Pflegediensten abschließen (§ 132a SGB V). Dem Spitzenverband Bund der Krankenkassen obliegt es, mit den Spitzenorganisationen der Leistungserbringer gemäß § 132a Abs. 1 SGB V Rahmenempfehlungen über die einheitliche Versorgung mit häuslicher Krankenpflege abzugeben. Bislang liegen die Rahmenempfehlungen mit Stand vom 10.12.2013 vor[38]. Diese regeln die Rolle der verantwortlichen Pflegefachkraft, die für die vom ambulanten Pflegedienst angebotenen Leistungen der häuslichen Krankenpflege verantwortlich ist, das Verordnungs- und Genehmigungsverfahren sowie die Abrechnung und den Datenträgeraustausch.

Das SGB V sieht bislang für die häusliche Krankenpflege keine Qualitätsprüfungen vor, so dass Pflegedienste, die allein Leistungen nach dem SGB V und nicht auch Leistungen nach dem SGB XI erbringen, keiner Kontrolle durch die Krankenkassen oder den MDK unterliegen[39]. Angesichts des Missbrauchs von Leistungen im Bereich der ambulanten Pfle-

---

36 Vgl. BSG 22.4.2015 – B 3 KR 16/14 R – juris, Rn. 39.

37 BeckOK SozR/*Knispel* SGB V § 37 Rn. 10.

38 www.gkv-spitzenverband.de (abgerufen am 2.11.2016).

39 *Schiffer-Werneburg*, Kontrolle von Pflegeleistungen und häuslicher Krankenpflege, Soziale Sicherheit 2016, 414, 421.

ge[40] beabsichtigt der Gesetzgeber mit dem Dritten Pflegestärkungsgesetz (PSG III) eine Ergänzung des § 132a SGB V. Danach sind die Pflegedienste für den Bereich der häuslichen Krankenpflege verpflichtet, an Qualitäts- und Abrechnungsprüfungen gemäß dem ebenfalls neu zu schaffenden § 275b SGB V teilzunehmen[41]. Darüber hinaus sind die Leistungserbringer verpflichtet, der Krankenkasse intensivpflegerische Leistungen anzuzeigen, die sie für mindestens zwei Versicherte in einer organisierten Wohneinheit erbringen.

Der neue § 275b SGB V verweist in seinem Abs. 1 auf die Qualitätsprüfungen nach § 114 SGB XI. Gemäß § 114 Abs. 1 SGB XI erteilen die Landesverbände der Pflegekassen dem MDK im Umfang von 10 Prozent der in einem Jahr anfallenden Prüfaufträge einen Prüfauftrag. Die Prüfung erfolgt als Regelprüfung, Anlassprüfung oder Wiederholungsprüfung. Entsprechend veranlassen künftig die Landesverbände der Krankenkassen bei Leistungserbringern, mit denen die Krankenkassen Verträge nach § 132a SGB V geschlossen haben und die keiner Regelprüfung nach § 114 Abs. 2 SGB XI unterliegen, Regelprüfungen durch den MDK. Dafür gilt dann § 114 Abs. 2 und 3 SGB XI entsprechend (§ 275b Abs. 1 Satz 1 SGB V n. F.).

Der Spitzenverband Bund ist gefordert, das Nähere zu den Prüfungen und insbesondere die Abstimmung von Kranken- und Pflegekassen bei der Beauftragung von Prüfungen in Richtlinien zu regeln. § 275b Abs. 2 SGB V n. F. regelt die Zutrittsrechte des MDK zur Durchführung der Prüfungen. Die Erbringer von intensivpflegerischen Leistungen in stationsähnlichen Wohnformen werden ebenso wie stationäre Pflegeeinrichtungen grundsätzlich unangemeldet geprüft[42]. Werden Intensivpflegeleistungen in der Wohnung des Versicherten erbracht, darf der MDK die Wohnung ohne Einwilligung des Versicherten nur dann betreten, soweit dies zur Verhütung drohender Gefahren für die öffentliche Sicherheit und Ordnung erforderlich ist, d. h. insbesondere dann, wenn dem Versicherten durch unsachgemäße Pflege eine gesundheitliche Schädigung droht.

Zur Prüfung der in Pflegeeinrichtungen erbrachten Leistungen und deren Qualität nach § 114 SGB XI bestehen Richtlinien des GKV-Spitzen-

---

40 Dazu im Folgenden unter V).

41 Art. 13 Nr. 4 und 5 des Gesetzentwurfs, BT-Dr. 18/9518, 36.

42 *Schiffer-Werneburg*, Kontrolle von Pflegeleistungen und häuslicher Krankenpflege, Soziale Sicherheit 2016, 414, 421.

verbandes, die ihre Grundlage in § 114a Abs. 7 SGB XI finden[43]. Die QPR regeln die ambulante und stationäre Pflege in zwei getrennten Teilen. Teil 1 „Ambulante Pflege" regelt unter Ziffer 6 die Prüfinhalte und den Umfang der Prüfung. Entgegen der Überschrift der Richtlinien, die auf § 114 SGB XI und damit auf die Leistungen der Pflegeversicherung Bezug nimmt, bezieht Ziffer 6 Abs. 3 Satz 3 auch die Qualität der Leistungen der häuslichen Krankenpflege nach § 37 SGB V in die Regelprüfung ein. Dafür enthält § 114 Abs. 2 Satz 5 SGB XI eine gesetzliche Grundlage.

Verantwortlich für die Einhaltung der Qualitätsanforderungen sind die ambulanten Pflegedienste[44]. Die Prüfung umfasst auch die Abrechnung der ambulanten Pflegeleistungen und der häuslichen Krankenpflege (Ziffer 6 Abs. 4 QPR, der wiederum auf § 114 Abs. 2 Satz 6 SGB XI beruht). Das Bundesministerium für Gesundheit hat die QPR am 4.10.2016 genehmigt. Diese treten teilweise zum 15.10.2016 und teilweise zum 1.1.2017 in Kraft.

V. Bekämpfung von Fehlverhalten im Gesundheitswesen

Nicht nur die Qualität der Pflegeleistungen ist immer wieder Gegenstand der pflegefachlichen und politischen Diskussion, sondern auch der Missbrauch von Leistungen und insbesondere der Abrechnungsbetrug durch Leistungserbringer. Dabei gibt es zwei Grundmuster[45]: Entweder rechnen ambulante Pflegedienste nicht erbrachte Leistungen der häuslichen Krankenpflege ab, wobei oft gefälschte Nachweise verwendet werden. Oder ein ambulanter Pflegedienst rechnet tatsächlich erbrachte Leistungen ab, für die er angeblich Pflegefachkräfte eingesetzt hat, obwohl tatsächlich geringer qualifizierte und bezahlte Hilfskräfte eingesetzt worden sind.

Im Frühjahr 2016 erreichte die Diskussion um „betrügerische Pflegedienste" eine breite Öffentlichkeit, weil Medienberichte darauf hindeuteten, dass es nicht nur isolierte Betrugsfälle von einzelnen Pflegediensten

---

43 Qualitätsprüfungs-Richtlinien – QPR vom 6.9.2016, www.gkv-spitzenverband.de (abgerufen am 9.11.2016).

44 *Igl*, Kriterien und Strukturen der Qualitätssicherung in der Kranken- und Pflegeversicherung: Gesetzliche Vorgaben und Ausgestaltung, in Schriftenreihe des Deutschen Sozialrechtsverbandes, Band 61 (2012), 81, 113.

45 *Schiffer-Werneburg*, Kontrolle von Pflegeleistungen und häuslicher Krankenpflege, Soziale Sicherheit 2016, 414.

gibt, sondern dass die Krankenkassen im Bereich der häuslichen Krankenpflege teilweise mit Mitteln der organisierten Kriminalität geschädigt werden[46]. Dabei konzentrieren sich die Täter vorzugsweise auf Versicherte, die Leistungen der Intensivpflege benötigen, wie z. B. Koma- oder Beatmungspatienten.

Die Taten erfolgen nach einem bestimmten Muster: Ein Pflegedienst tritt an die Angehörigen heran und vereinbart mit ihnen einen „Deal“: Statt teurer Pflegefachkräfte, die rund um die Uhr den Patienten qualifiziert betreuen, werden nur billige Hilfskräfte eingesetzt, die lediglich ein paar Mal am Tag bei dem Patienten vorbeischauen. Gleichwohl rechnet der „Pflegedienst“ die vollen Kosten einer qualifizierten häuslichen Krankenpflege ab und beteiligt die Angehörigen des Versicherten an dem ergaunerten Gewinn. Dieser Gewinn ist sehr hoch, weil die Krankenkassen für ambulant versorgte Intensivpflegepatienten eine Vergütung in der Größenordnung von 20.000 Euro pro Monat bezahlen müssen. Für den betroffenen Patienten ist diese Betrugsmasche nicht selten lebensgefährlich und es soll dadurch auch schon zu Todesfällen gekommen sein[47].

Speziell bei Beatmungspatienten schafft die hohe Vergütung im Bereich der ambulanten Pflege Anreize für Fehlverhalten auf Seiten der Leistungserbringer. So werden Patienten in „Beatmungs-WGs“ zusammengelegt, um den Profit noch zu steigern, ohne dass eine qualitätsgesicherte Versorgung erfolgt[48]. In solchen Fällen wird der Pflegedienst kaum versuchen, die Patienten von der künstlichen Beatmung zu entwöhnen. Vor diesem Hintergrund stellt sich die grundsätzliche Frage, ob Intensivpflegepatienten nicht besser in einer stationären Pflegeeinrichtung aufgehoben wären[49]. Dort wäre eine qualitätsgesicherte Versorgung rund um die Uhr leichter sicherzustellen.

Eine weitere Vorgehensweise besteht darin, die Pflegebedürftigkeit von Versicherten vorzutäuschen, also Leistungen der häuslichen Krankenpfle-

---

46 Ausgangspunkt war der Artikel „Gefährliche Pfleger“ in der Welt am Sonntag vom 17.4.2016, der die Machenschaften von „russischen Pflegediensten“ offenbarte. Auch der Bayerische Rundfunk berichtete über entsprechende Ergebnisse seines Rechercheteams.

47 Welt am Sonntag vom 17.4.2016.

48 Ärzte Zeitung vom 14.11.2016, S. 6.

49 So äußert der Patientenbeauftragte der Bundesregierung, Karl-Josef Laumann: „Ich glaube, dass die Intensivpflege nicht in Privatwohnung gehört.“ (Ärzte Zeitung vom 14.11.2016, S. 6).

ge für Personen abzurechnen, die überhaupt keine Leistungen benötigen[50]. Auch wenn die Betrugsfälle meist nicht auf kriminelle Banden zurückzuführen sind, hat jedenfalls der Gesamtschaden durch Abrechnungsbetrug im Gesundheitswesen in den vergangenen Jahren deutlich zugenommen. So stiegen die registrierten Schäden von 41 Mio. Euro in 2014 auf 70 Mio. Euro im Jahr 2015 an[51]. Der den Kranken- und Pflegekassen durch Abrechnungsbetrug insgesamt entstehende Schaden wird auf etwa eine Milliarde Euro pro Jahr geschätzt[52].

Die Kranken- und Pflegekassen sind gesetzlich verpflichtet, Fehlverhalten im Gesundheitswesen zu bekämpfen (§ 197a SGB V, § 47a SGB XI). Im Bereich der häuslichen Krankenpflege fehlt es jedoch bislang an Kontrollmöglichkeiten. Zwar kann die Qualität der ambulanten Pflegeleistungen auf Grundlage der §§ 114, 114a SGB XI geprüft werden, doch besteht bislang keine Möglichkeit, ambulante Pflegedienste zu kontrollieren, die keine Pflegeleistungen nach dem SGB XI, sondern ausschließlich Leistungen der häuslichen Krankenpflege nach § 37 SGB V erbringen. Insoweit fehlt es an einer Rechtsgrundlage für Qualitätsprüfungen durch den MDK in den Büroräumen des Pflegedienstes und in der Wohnung des Patienten/Versicherten[53]. Diese Kontrolllücke nutzen bestimmte Pflegedienste für ihre betrügerischen Machenschaften bewusst aus[54].

Der Gesetzgeber hat erkannt, dass die gesetzlichen Rahmenbedingungen weiterentwickelt und ergänzt werden müssen, um Abrechnungsbetrug in der Pflege so weit wie möglich zu verhindern[55]. Daher werden mit dem Dritten Pflegestärkungsgesetz (PSG III) neue Rechte zur Prüfung der häuslichen Krankenpflege im Auftrag der Krankenkassen geschaffen[56], und zwar mit den oben bereits dargestellten §§ 132a und 275b SGB V n. F.

50 Bundeskriminalamt, Wirtschaftskriminalität – Bundeslagebild 2015, 10.

51 Bundeskriminalamt, Wirtschaftskriminalität – Bundeslagebild 2015, 10.

52 Bundeskriminalamt, Wirtschaftskriminalität – Bundeslagebild 2015, 10.

53 *Schiffer-Werneburg*, Kontrolle von Pflegeleistungen und häuslicher Krankenpflege, Soziale Sicherheit 2016, 414.

54 Welt am Sonntag vom 17.4.2016.

55 BT-Dr. 18/9518, 2.

56 BT-Dr. 18/9518, 4.

VI. Fazit

Bei der häuslichen Krankenpflege handelt es sich um eine wichtige Leistung der gesetzlichen Krankenversicherung an der Schnittstelle von Akutversorgung und Pflege, deren Bedeutung in den vergangenen Jahren noch zugenommen hat. Eine zentrale Funktion dieser Leistung besteht darin, Krankenhausaufenthalte zu vermeiden. Trotz der Abgrenzung zu den Pflegeleistungen nach dem SGB XI ist eine Ausweitung der Leistungen des § 37 SGB V festzustellen. Bei der Intensivpflege erscheint es allerdings zweifelhaft, ob diese im häuslichen Umfeld immer sinnvoll ist. Mit dem PSG III gibt der Gesetzgeber den Krankenkassen Möglichkeiten zur Qualitätssicherung und zur Bekämpfung von Fehlverhalten im Bereich der häuslichen Krankenpflege an die Hand. Bei den Leistungsvoraussetzungen sollte der Gesetzgeber sicherstellen, dass Personen aus dem Wohnumfeld des Versicherten zu den Pflegemaßnahmen herangezogen werden können, die ihnen möglich und zumutbar sind.

Rechtswege im Gesundheitsrecht

Thomas Flint

Es sei dem Sozialrichter vergönnt, beim Gesundheitsrecht zuerst an die Sozialgerichtsbarkeit zu denken. In der Tat ist in Angelegenheiten des Gesundheitsrechts der Rechtsweg zu den Gerichten der Sozialgerichtsbarkeit eröffnet. Aber die Sozialgerichtsbarkeit ist nicht zuständig für das Gesundheitsrecht.

I. Was alles ist Gesundheitsrecht?

Zur Klärung dieses Begriffs und Zuordnung von Lebensbereichen zum Gesundheitsrecht hat Gerhard Igl einen maßgeblichen Beitrag geleistet. Dabei hat er die Augen weit geöffnet und sich umgeschaut. Daraus ist – unterstützt durch seine Alltagsklugheit – ein lebenssatter Begriff des Gesundheitsrechts geworden, der ein System des Gesundheitsrechts erlaubt, das Grenzen von Disziplinen und Fächern, Rechtsgebieten und Zuständigkeiten überschreitet.[1]

Danach ist Gesundheitsrecht das Recht, das sich mit der menschlichen Gesundheit befasst. Es umfasst die Rechtsbereiche, die sich spezifisch mit dem Schutz der Gesundheit, der Herstellung von Gesundheit und dem Umgang mit beeinträchtigter Gesundheit befassen, also Gesundheitsförderung und Prävention, Kuration, Rehabilitation und Teilhabe, Pflege, Palliation. Gesundheitsrecht ist mehr als das, was im SGB V und SGB XI, was in den Büchern des Sozialgesetzbuchs geregelt ist. Zum Gesundheitsrecht gehören das Arztrecht als das Recht der personellen Akteure und das Medizinrecht als das Recht der praktischen Ausübung der Heilkunde, es umfasst die Institutionen und ihr Recht wie den öffentlichen Gesundheitsdienst, die Krankenhäuser, Vorsorge- und Rehabilitationseinrichtungen und Pflegedienste und -einrichtungen. Zum Gesundheitsrecht gehören neben dem Recht der gesundheitlichen Versorgung der Bevölkerung auch

1 *Igl*, in Igl/Welti (Hrsg.), Gesundheitsrecht, 2. Aufl 2014, RdNr 1-16.

weitere Aspekte des rechtlichen Umgangs mit gesundheitlicher Beeinträchtigung wie das Betreuungsrecht und das Behindertenrecht.

Die Vielfalt des Gesundheitsrechts erweist sich bei einer unvollständigen Aufführung nur der Schlagworte, die seine Darstellung zu Begriff und System des Gesundheitsrechts und das Inhaltsverzeichnis im Lehrbuch zum Gesundheitsrecht von Gerhard Igl enthalten: Gesundheitsförderung und Prävention, öffentlicher Gesundheitsschutz und Verbraucherschutz, Infektionsschutzrecht, Rettungswesen, Recht der medizinischen Behandlung (Krankenbehandlung), Krankenpflege, medizinische und berufliche sowie soziale Rehabilitation, Langzeitpflege, Palliativversorgung, Vertragsrecht, Haftungsrecht, Patientenrechte, Patienten- und Pflegeberatung, private Krankenversicherung, Beihilfe, gesetzliche Krankenversicherung, Leistungsrecht und Leistungserbringungsrecht, Vertragsarztrecht, Krankenhausrecht, Recht der Rehabilitationseinrichtungen, Recht der Pflegedienste und -einrichtungen, Zulassung und Vergütung sowie Qualitätssicherung, Heimrecht, Planungsrecht und Investitionsförderung, Berufsrecht, Arzneimittelrecht, Medizinprodukterecht, Apothekenrecht, Heil- und Hilfsmittelrecht, Schiedswesen, Gesundheitsstrafrecht, Ethik.

II. Quis iudicabit?

Die Gerichte der Sozialgerichtsbarkeit entscheiden nach § 51 Abs 1 Nr 2 Halbsatz 1 SGG über öffentlich-rechtliche Streitigkeiten in Angelegenheiten der gesetzlichen Krankenversicherung, der sozialen Pflegeversicherung und der privaten Pflegeversicherung (SGB XI), auch soweit durch diese Angelegenheiten Dritte betroffen werden. Dritte können als Hersteller unmittelbar betroffen sein durch Konkretisierungen des Wirtschaftlichkeitsgebots in der vertragsärztlichen Versorgung[2] oder als Versicherte aufgrund ihrer Inanspruchnahme auf Schadenersatz durch die Krankenkasse wegen gemeinschaftlicher Straftat mit einem vertragsgebundenen Leistungserbringer.[3] Zudem entscheiden die Gerichte der Sozialgerichtsbarkeit nach § 51 Abs 2 Satz 1 Alt 2 SGG auch über privatrechtliche Streitigkeiten in Angelegenheiten der gesetzlichen Krankenversicherung, auch so-

2 BSG 31.5.2006 - B 6 KA 13/05 R (Arzneimittelhersteller gegen Therapiehinweise des G-BA).

3 BSG 30.9.2015 - B 3 KR 22/15 B (Unrechtsabrede des Leistungsberechtigten mit Pflegedienst).

weit durch diese Angelegenheiten Dritte betroffen werden; dies gilt nach § 51 Abs 2 Satz 2 SGG für die soziale Pflegeversicherung und die private Pflegeversicherung (SGB XI) entsprechend. Privatrechtliche Streitigkeiten in Angelegenheiten der gesetzlichen Krankenversicherung können Rechtsbeziehungen der Leistungserbringer untereinander betreffen.[4] Nach dieser Rechtswegzuweisung entscheiden die Sozialgerichte nicht über Streitigkeiten in Angelegenheiten der privaten Krankenversicherung und der Beihilfe. Hierüber entscheiden die Gerichte der Zivilgerichtsbarkeit[5] und der Verwaltungsgerichtsbarkeit.[6]

Von dieser Rechtswegzuständigkeit der Sozialgerichtsbarkeit nach § 51 Abs 1 Nr 2 Halbsatz 1, Abs 2 SGG erfasst sind leistungsrechtliche Streitigkeiten zwischen Versicherten und Krankenkassen über den Zugang zu Leistungen der gesetzlichen Krankenversicherung und über den Umfang dieser Leistungen einschließlich der Streitigkeiten aus der knappschaftlichen Krankenversicherung und der Krankenversicherung der Landwirte.[7] Entsprechendes gilt für Streitigkeiten zwischen Versicherten und Pflegekassen über Leistungen der sozialen und der privaten Pflegeversicherung einschließlich der knappschaftlichen Pflegeversicherung und der Pflegeversicherung der Landwirte.[8] Auch erfasst von dieser Rechtswegzuständigkeit sind leistungserbringungsrechtliche Streitigkeiten aufgrund der Beziehungen zwischen Krankenkassen und Vertragsärzten, Psychotherapeuten, Vertragszahnärzten (Vertragsarztrecht)[9] einschließlich ihrer Vereinigungen und Verbände (vgl § 10 Abs 2 Satz 1 SGG) - und unter Einschluss der Zahntechniker[10]; zu diesen Streitigkeiten gehören auch Klagen gegen Entscheidungen und Richtlinien des Gemeinsamen Bundesausschusses, soweit diese Entscheidungen und die streitgegenständlichen Regelungen

4 BSG 29.3.2016 - B 1 KR 126/15 B (Vertragsarzt gegen Krankenhausträger auf Schadenersatz wegen Wettbewerbsverletzung).

5 BGH 27.4.2016 - IV ZR 372/15 (Rücktrittsrecht des Krankenversicherers bei grob fahrlässiger Verletzung vorvertraglicher Anzeigepflichten).

6 BVerwG 26.3.2015 - 5 C 9/14 (Beihilfebeschränkung für Medizinprodukte).

7 BSG 15.12.2015 - B 1 KR 30/15 R (kein Anspruch auf Versorgung mit Mistelpräparat); BSG 23.6.2016 - B 3 KR 21/15 R (kein Anspruch auf Versorgung mit Kontaktlinse).

8 BSG 18.2.2016 - B 3 P 5/14 R (kein Anspruch auf Gewährung eines Wohngruppenzuschlags).

9 BSG 28.10.2015 - B 6 KA 45/14 R (Wirtschaftlichkeitsprüfung - Arzneikostenregress).

10 BSG 28.10.2015 - B 6 KA 2/15 R.

der Richtlinien die vertragsärztliche Versorgung betreffen[11], Klagen in Aufsichtsangelegenheiten gegenüber dem Gemeinsamen Bundesausschuss, denen die vertragsärztliche Versorgung betreffende Entscheidungen und Regelungen der Richtlinien des Gemeinsamen Bundesausschusses zugrunde liegen[12], und Klagen aufgrund von Verträgen nach den §§ 73b und 73c SGB V[13] sowie Klagen im Zusammenhang mit der Teilnahme an der vertragsärztlichen Versorgung aufgrund von Ermächtigungen nach den §§ 116, 116a und 117 bis 119b SGB V[14], Klagen wegen der Vergütung nach § 120 SGB V[15] sowie Klagen aufgrund von Verträgen nach § 140a SGB V, soweit es um die Bereinigung der Gesamtvergütung nach § 140d SGB V geht (vgl § 10 Abs 2 Satz 2 SGG).[16] Hinzu kommen die Angelegenheiten der Vertragsärzte, Vertragszahnärzte und Psychotherapeuten (vgl § 12 Abs 3 Satz 2 SGG).[17]

Erfasst sind Klagen gegen Entscheidungen der Landesschiedsämter und gegen Beanstandungen von Entscheidungen der Landesschiedsämter nach dem SGB V[18], gegen Entscheidungen der Schiedsstellen nach § 120 Abs 4 SGB V[19] und der Schiedsstelle nach § 76 SGB XI[20], Aufsichtsangelegenheiten gegenüber Trägern der gesetzlichen Kranken- und Pflegeversicherung und ihren Verbänden[21], gegenüber den Kassenärztlichen und Kassenzahnärztlichen Vereinigungen sowie der Kassenärztlichen und Kassen-

11 BSG 13.5.2015 - B 6 KA 14/14 R (Streichung eines Medizinproduktes aus der Arzneimittel-Richtlinie).

12 BSG 11.5.2011 - B 6 KA 25/10 R (Anfechtung einer aufsichtlichen Beanstandungsverfügung zu Regelungen der Arzneimittel-Richtlinie).

13 BSG 25.3.2015 - B 6 KA 9/14 R (Rechtsschutz gegen von Schiedsperson festgesetzten Vertrag zur hausarztzentrierten Versorgung).

14 BSG 29.6.2011 - B 6 KA 34/10 R (Ermächtigung sozialpädiatrischer Zentren).

15 BSG 13.5.2015 - B 6 KA 20/14 R (Vergütungsfestsetzung für Leistungen eines sozialpädiatrischen Zentrums).

16 BSG 15.6.2016 - B 6 KA 22/15 R (Auszahlung einbehaltener Gesamtvergütung).

17 BSG 23.3.2016 - B 6 KA 33/15 R (Honorarverteilung).

18 BSG 13.8.2014 - B 6 KA 6/14 R (Schiedsspruch zur Vergütungsfestsetzung vertragsärztlicher Leistungen).

19 BSG 13.5.2015 - B 6 KA 20/14 R (Vergütungsfestsetzung für Leistungen eines sozialpädiatrischen Zentrums).

20 BSG 16.5.2013 - B 3 P 2/12 R (Vergütungsfestsetzung für stationäre Pflegeleistungen).

21 BSG 18.11.2014 - B 1 A 1/14 R (Versagung einer Satzungsgenehmigung - Krankenkasse).

zahnärztlichen Bundesvereinigung[22], bei denen die Aufsicht von einer Landes- oder Bundesbehörde ausgeübt wird (vgl § 29 Abs 2 Nr 1 und 2 SGG); Streitigkeiten zwischen gesetzlichen Krankenkassen oder ihren Verbänden und dem Bundesversicherungsamt betreffend den Risikostrukturausgleich[23], die Anerkennung von strukturierten Behandlungsprogrammen[24] und die Verwaltung des Gesundheitsfonds[25], Streitigkeiten betreffend den Finanzausgleich der gesetzlichen Pflegeversicherung, Streitigkeiten über Entscheidungen des Bundeskartellamts, die die freiwillige Vereinigung von Krankenkassen nach § 172a SGB V betreffen (vgl § 29 Abs 3 Nr 1, 2 und 4 SGG; vgl auch § 202 Satz 3 SGG); Klagen gegen die Entscheidung der gemeinsamen Schiedsämter nach § 89 Abs 4 SGB V[26] und des Bundesschiedsamts nach § 89 Abs 7 SGB V sowie der erweiterten Bewertungsausschüsse nach § 87 Abs 4 SGB V[27], soweit die Klagen von den Einrichtungen erhoben werden, die diese Gremien bilden; Klagen gegen Entscheidungen des Bundesministeriums für Gesundheit nach § 87 Abs 6 SGB V gegenüber den Bewertungsausschüssen und den erweiterten Bewertungsausschüssen sowie gegen Beanstandungen des Bundesministeriums für Gesundheit gegenüber den Bundesschiedsämtern, Klagen gegen Entscheidungen und Richtlinien des Gemeinsamen Bundesausschusses (§§ 91, 92 SGB V)[28], Klagen in Aufsichtsangelegenheiten gegenüber dem Gemeinsamen Bundesausschuss[29], Klagen gegen die Festsetzung von Festbeträgen durch die Spitzenverbände der Krankenkassen oder den Spitzenverband Bund der Krankenkassen[30] sowie Klagen gegen Entscheidungen der Schiedsstellen nach den §§ 129 und 130b SGB V (vgl § 29 Abs 4 SGG).

---

22 BSG 30.10.2013 - B 6 KA 48/12 R (Versagung einer Satzungsgenehmigung - KZV).
23 BSG 20.5.2014 - B 1 KR 3/14 R (Konvergenzbetrag im Risikostrukturausgleich).
24 BSG 21.6.2011 - B 1 KR 21/10 R (Versorgung von Brustkrebspatientinnen).
25 BSG 20.5.2014 - B 1 KR 2/14 R (Erstattung aus dem Gesundheitsfonds).
26 BSG 4.3.2014 - B 1 KR 16/13 R (Schiedsspruch des erweiterten Bundesschiedsamts nach § 115b Abs 3 SGB V).
27 BSG 27.6.2012 - B 6 KA 28/11 R (Beschlüsse des erweiterten Bewertungsausschusses).
28 BSG 17.11.2015 - B 1 KR 15/15 R (Mindestmengenregelung für Perinatalzentren); BSG 14.5.2014 - B 6 KA 29/13 R (Arzneimittel-Richtlinie; Interessenvertretung der Patienten).
29 BSG 11.5.2011 - B 6 KA 25/10 R (Beanstandung Arzneimittel-Richtlinie).
30 BSG 22.11.2012 - B 3 KR 19/11 R (Festbetragsfestsetzung für Hilfsmittel).

Erfasst von der Rechtswegzuständigkeit der Sozialgerichte nach § 51 Abs 1 Nr 2 Halbsatz 1, Abs 2 SGG sind zudem Streitigkeiten zwischen Pflegediensten und -einrichtungen und Pflegekassen.[31] Sie erfasst auch Streitigkeiten über den Zugang zur und die Beitragsplicht in der gesetzlichen Krankenversicherung, sozialen Pflegeversicherung und privaten Pflegeversicherung einschließlich der knappschaftlichen Krankenversicherung und der Krankenversicherung der Landwirte (Versicherungspflicht, -freiheit, -befreiung und -berechtigung, Beitragspflicht und -entrichtung).[32] Die Rechtswegzuweisung erfasst schließlich auch die Selbstverwaltungsangelegenheiten unter Beteiligung von Kranken- und Pflegekassen.[33]

Die Zuständigkeit der Sozialgerichtsbarkeit nach § 51 Abs 1 Nr 2 Halbsatz 1 SGG für öffentlich-rechtliche Streitigkeiten in Angelegenheiten der gesetzlichen Krankenversicherung gilt nach § 51 Abs 1 Nr 2 Halbsatz 2 SGG nicht für Streitigkeiten in Angelegenheiten nach § 110 SGB V aufgrund einer Kündigung von Versorgungsverträgen, die für Hochschulkliniken oder Plankrankenhäuser (§ 108 Nr 1 und 2 SGB V) gelten. Hierüber entscheiden - anders als über Abschluss und Kündigung von Versorgungsverträgen mit Krankenhäusern nach § 108 Nr 3 SGB V[34] - die Verwaltungsgerichte. Diese entscheiden auch über die landesrechtliche Anerkennung von Hochschulkliniken und über die Aufnahme von Krankenhäusern in den Krankenhausplan eines Landes[35] und über die Krankenhausfinanzierung und das Entgelt- und Pflegesatzrecht nach dem KHG, dem KHEntgG und der BPflV[36], während über die Vergütungsansprüche von Krankenhäusern gegen Krankenkassen für Krankenhausbehandlungen iS des § 39 SGB V von Versicherten in der gesetzlichen Krankenversicherung die Sozialgerichte entscheiden[37]; über die Einbeziehung von Privatkliniken in die krankenhausrechtlichen Entgeltbestimmungen der Plankran-

31 BSG 30.9.2015 - B 3 P 1/14 R (Anerkennungsbetrag nach § 87a Abs 4 SGB XI).

32 BSG 15.10.2014 - B 12 KR 17/12 R (Altershöchstgrenze in Krankenversicherung der Studenten); BSG 28.5.2015 - B 12 KR 15/13 R (Beitragsbemessung in Patchworkfamilie).

33 BSG 28.9.2010 - B 1 SF 1/10 R (Krankenkasse gegen Bundeskartellamt auf Auskunft).

34 BSG 28.7.2008 - B 1 KR 5/08 R; BSG 16.5.2012 - B 3 KR 9/11 R.

35 BVerwG 14.4.2011 - 3 C 17/10.

36 BVerwG 30.8.2012 - 3 C 17/11 (Förderung von Investitionskosten durch Baupauschalen); BVerwG 30.5.2013 - 3 C 16/12 (Festsetzung von Pflegesätzen/Mehrleistungsabschlägen durch Schiedsstelle).

37 BSG 17.11.2015 - B 1 KR 18/15 R (vollstationäre Radiojodtherapie).

kenhäuser entscheiden die Zivilgerichte.[38] Anderes als nach § 51 Abs 1 Nr 2 Halbsatz 2 SGG für Krankenhäuser gilt für Pflegeeinrichtungen; hier entscheiden die Sozialgerichte über die Ablehnung oder Kündigung von Versorgungsverträgen (§ 73 Abs 2 Satz 1, § 74 Abs 3 Satz 2 SGB XI)[39] und die Festsetzung von Pflegesätzen durch die Schiedsstelle (§ 85 Abs 5 Satz 3 SGB XI).[40]

Von der Zuständigkeit der Sozialgerichte nach § 51 Abs 1 Nr 2 Halbsatz 1, Abs 2 SGG ausgenommen sind nach § 51 Abs 3 SGG Streitigkeiten in Verfahren nach dem GWB, die Rechtsbeziehungen nach § 69 SGB V betreffen. Hierüber entscheiden die Zivilgerichte.[41] Hierzu gehören Verfahren in Streitigkeiten über Entscheidungen von Vergabekammern, die Rechtsbeziehungen nach § 69 SGB V betreffen (vgl § 207 SGG).[42]

Neben die Kernzuständigkeit der Sozialgerichtsbarkeit in Angelegenheiten des Gesundheitsrechts nach § 51 Abs 1 Nr 2 Halbsatz 1, Abs 2 SGB V treten weitere Rechtswegzuweisungen: Die Sozialgerichte entscheiden über öffentlich-rechtliche Streitigkeiten in Angelegenheiten der gesetzlichen Rentenversicherung einschließlich der Alterssicherung der Landwirte (§ 51 Abs 1 Nr 1 SGG) und damit insoweit auch über Gesundheitsleistungen (medizinische Rehabilitation).[43] Sie entscheiden über öffentlich-rechtliche Streitigkeiten in Angelegenheiten der gesetzlichen Unfallversicherung mit Ausnahme der Streitigkeiten aufgrund der Überwachung der Maßnahmen zur Prävention durch die Träger der gesetzlichen Unfallversicherung[44] (§ 51 Abs 1 Nr 3 SGG) und damit über die Vielfalt der Gesundheitsleistungen in diesem Sozialversicherungszweig.[45] Nach § 51 Abs 1 Nr 4a SGG entscheiden die Sozialgerichte über öffentlich-

38 BGH 21.4.2011 und 30.6.2011 - III ZR 114/10; vgl auch BVerfG 20.8.2013 - 1 BvR 2402/12, 1 BvR 2684/12.

39 BSG 17.3.2015 - B 3 P 1/15 S, B 3 P 1/15 B (Kündigung wegen Abrechnungsbetrug).

40 BSG 16.5.2013 - B 3 P 2/12 R (Vergütungsfestsetzung für stationäre Pflegeleistungen).

41 BGH 8.11.2011 - KVZ 14/11 (Fusionskontrolle Zusammenschluss von Krankenhäusern).

42 BKartA 23.11.2015 - VK 2-103/15 (spezialisierte ambulante Palliativversorgung).

43 BSG 20.10.2009 - B 5 R 44/08 R (Kompetenzkonflikt zwischen Rehabilitationsträgern).

44 Über diese Streitigkeiten entscheidet die Verwaltungsgerichtsbarkeit.

45 BSG 3.4.2014 - B 2 U 21/12 R (Kostenerstattungsstreit PKV-GUV; Notwendigkeit der Heilbehandlung).

rechtliche Streitigkeiten in Angelegenheiten der Grundsicherung für Arbeitsuchende und in diesem Rahmen auch über Gesundheitsleistungen.[46] Sie entscheiden nach § 51 Abs 1 Nr 6 SGG über öffentlich-rechtliche Streitigkeiten in Angelegenheiten des sozialen Entschädigungsrechts mit Ausnahme der Streitigkeiten aufgrund der §§ 25 bis 27j BVG (Kriegsopferfürsorge)[47], auch soweit andere Gesetze die entsprechende Anwendung dieser Vorschriften vorsehen, und damit über das Recht der sozialen Entschädigung bei Gesundheitsschäden (vgl § 10 Abs 1 Satz 1 SGG).[48] Sie entscheiden über öffentlich-rechtliche Streitigkeiten in Angelegenheiten der Sozialhilfe und des AsylbLG (§ 51 Abs 1 Nr 6a SGG) und damit sowohl über Gesundheitsleistungen im Rahmen der Sozialhilfe (Hilfen zur Gesundheit nach §§ 47 bis 52 SGB XII)[49] und des AsylbLG (§§ 4 und 6 AsylbLG)[50] als auch über die Aufwendungserstattung für Nothilfe leistende Erbringer von Gesundheitsleistungen (§ 25 SGB XII, § 6a AsylbLG).[51] Hinzu kommen im Rahmen der Sozialhilfe die über den Leistungsumfang der Pflegeversicherung nach dem SGB XI hinausgehenden Leistungen der Hilfe zur Pflege (§§ 61 bis 66 SGB XII).[52] Die Sozialgerichte entscheiden über öffentlich-rechtliche Streitigkeiten bei der Feststellung von Behinderungen und ihrem Grad sowie weiterer gesundheitlicher Merkmale, ferner der Ausstellung, Verlängerung, Berichtigung und Einziehung von Ausweisen nach § 69 SGB IX (§ 51 Abs 1 Nr 7 SGG), womit Bezug genommen ist auf das Schwerbehindertenrecht (vgl § 10 Abs 1 Satz 1 SGG).[53] Sie entscheiden über öffentlich-rechtliche Streitigkeiten, die aufgrund des Aufwendungsausgleichsgesetzes entstehen (§ 51 Abs 1 Nr 8 SGG), das

---

46 BSG 20.1.2016 - B 14 AS 8/15 R (Mehrbedarf wegen kostenaufwändiger Ernährung bei psychischer Zwangsstörung); BSG 29.4.2015 - B 14 AS 8/14 R (Krankenbehandlungskosten bei PKV-Selbstbehalt).

47 Über diese Streitigkeiten entscheidet die Verwaltungsgerichtsbarkeit; BVerwG 20.5.2014 - 5 C 33/13 (Kostenerstattungsstreit zweier Landkreise; Hilfe zur Pflege für Ehefrau des Beschädigten).

48 BSG 18.11.2015 - B 9 V 1/15 R (Besserung anerkannter Wehrdienstbeschädigungsfolgen).

49 BSG 27.5.2014 - B 8 SO 26/12 R ("Quasiversicherung").

50 BSG 20.12.2012 - B 7 AY 1/11 R (kein pauschaliertes Pflegegeld).

51 BSG 18.11.2014 - B 8 SO 9/13 R (tagesbezogener Anspruch auf Fallpauschale); BSG 30.10.2013 - B 7 AY 2/12 R (vor Einfügung § 6a AsylbLG: kein Nothelferanspruch).

52 BSG 28.2.2013 - B 8 SO 1/12 R (Arbeitgebermodell; Vorhaltung eines Assistenzzimmers).

53 BSG 11.8.2015 - B 9 SB 1/14 R (Merkzeichen G bei psychischen Gehstörungen).

insbesondere Erstattungen der Krankenkassen an Arbeitgeber für fortgesetztes Arbeitsentgelt im Krankheitsfall betrifft.[54] Durch weitere Gesetze im Sinne des § 51 Abs 1 Nr 10 SGG ist für Streitigkeiten der Rechtsweg zur Sozialgerichtsbarkeit - teils nur klarstellend - eröffnet, die auch Gesundheitsleistungen betreffen können: Hilfe für Frauen bei Schwangerschaftsabbrüchen in besonderen Fällen (§ 23 SchwKG), Leistungen bei Impfschäden (§ 68 Abs 2 IfSG), Krankenversorgung für Opfer nationalsozialistischer Verfolgung (§ 227a Abs 2 Satz 1 BEG).

Weitere Hinweise auf die Reichweite der Rechtswegzuständigkeit lassen sich dem SGG entnehmen: Die Sozialgerichte sind zuständig für die Feststellung, ob eine Gesundheitsstörung oder der Tod die Folge eines Arbeitsunfalls, einer Berufskrankheit oder einer Schädigung im Sinne des BVG ist (vgl § 55 Abs 1 Nr 3 SGG) - wenn nicht es um die Berufskrankheit und den Dienstunfall eines Beamten geht, denn dafür sind die Verwaltungsgerichte zuständig.[55] Die Sozialgerichte sind zuständig in Angelegenheiten, die auf Bundes- oder auf Landesebene festgesetzte Festbeträge betreffen (vgl § 57 Abs 4 SGG) und in Angelegenheiten nach § 130a Abs 4 und 9 SGB V (vgl § 57 Abs 5 SGG). Sie entscheiden über Fragen der Zulassung oder Ermächtigung nach Vertragsarztrecht (vgl § 57a Abs 1 SGG) und in Angelegenheiten, die die Wahlen zu den Selbstverwaltungsorganen der gesetzlichen Kranken- und Pflegekassen und ihrer Verbände oder die Ergänzung der Selbstverwaltungsorgane betreffen (vgl § 57b SGG). Sie entscheiden über Versicherungs-, Beitrags- und Umlagepflichten sowie die Anforderung von Beiträgen, Umlagen und sonstigen öffentlichen Abgaben einschließlich der darauf entfallenden Nebenkosten (vgl § 86a Abs 2 Nr 1 SGG), über Wahlen zu den Selbstverwaltungsorganen der Kassenärztlichen Vereinigungen oder der Kassenärztlichen Bundesvereinigungen oder eine Ergänzung der Selbstverwaltungsorgane (vgl § 131 Abs 4 SGG), über Beitragsansprüche von Unternehmen der privaten Pflegeversicherung nach dem SGB XI (vgl § 182a Abs 1 Satz 1 und 3 SGG).

Diese für sich genommen thematisch weit ausgreifenden Sonderzuweisungen zu den Sozialgerichten erhellen, was alles von dem, was zum Gesundheitsrecht gehört, nicht in deren Rechtswegzuständigkeit fällt. Und das ist viel. Von dieser Zuständigkeit nicht erfasst sind Streitigkeiten in

---

54 BSG 13.12.2011 - B 1 KR 3/11 R (Erstattungssatz).

55 BVerwG 10.12.2015 - 2 C 46/13 (Polyneuropathie durch organische Lösungsmittel).

Angelegenheiten des Vertragsrechts und des Haftungsrechts: über Behandlungsverträge zwischen Patient und Leistungserbringer (Arzt, Krankenhausträger) und über Leistungsstörungen im Rahmen dieser Verträge sowie über das Arzthaftungsrecht entscheiden die Zivilgerichte.[56] Zudem entscheiden diese in insolvenzrechtlichen Angelegenheiten.[57] In deren Rechtswegzuständigkeit fallen auch das Betreuungsrecht[58], der gewerbliche Rechtsschutz (insbesondere Wettbewerbsrecht)[59], das Kartellrecht.[60] Zuständig für das Gesundheitsstrafrecht sind die Strafgerichte.[61] Für arbeitsrechtliche Streitigkeiten unter Beteiligung von Erbringern von Gesundheitsleistungen sind zuständig die Gerichte der Arbeitsgerichtsbarkeit.[62] Über Streitigkeiten in Angelegenheiten des Steuerrechts unter Beteiligung von Erbringern von Gesundheitsleistungen entscheiden die Gerichte der Finanzgerichtsbarkeit.[63] Berufsrechtliche Streitigkeiten der Heil- und Heilhilfsberufe sind den Verwaltungsgerichten zugewiesen.[64]

Neben diesen zwar hoch ausdifferenzierten und kleinteiligen, aber doch recht klaren Abgrenzungen der Rechtswegzuständigkeiten gibt es Mehrfachzuständigkeiten verschiedener Gerichtsbarkeiten für einen gesundheitsrechtlichen Lebenssachverhalt, die zu Abgrenzungsschwierigkeiten und Zweifelsfällen führen können, welcher Gerichtsbarkeit ein gesundheitsrechtlicher Lebenssachverhalt oder ein Ausschnitt dieses Sachverhalts zugewiesen ist. Ärztliches Fehlverhalten kann zivilrechtliche Haftung auslösen[65], strafrechtliche Folgen nach sich ziehen[66], arbeitsrechtliche Konse-

---

56 BGH 14.1.2016 - III ZR 107/15 (Honorarrückzahlung für wahlärztliche Leistungen); BGH 22.3.2016 - VI ZR 467/14 (Beweislast bei Gesundheitsschädigung durch rechtswidrige Operation).

57 BGH 14.4.2016 - IX ZR 161/15 (Insolvenzverwalterhaftung). Und doch können insolvenzrechtliche Fragen prägend für sozialgerichtliche Entscheidungen sein: BSG 10.12.2014 - B 6 KA 45/13 R (Honoraransprüche im Insolvenzverfahren).

58 BGH 27.4.2016 - XII ZB 7/16 (Betreuung mit Einwilligungsvorbehalt bei Alkoholabhängigkeit).

59 BGH 24.7.2014 - I ZR 68/13 (Hörgeräteversorgung III).

60 BGH 9.7.2013 - KVR 56/12 (Hörgeräteakustiker).

61 BGH 29.3.2012 - GSSt 2/11 (Bestechung - Vertragsarzt kein Amtsträger).

62 BAG 26.1.2016 - 1 ABR 68/13 (Mitbestimmung bei Überwachungskameras in Klinikum).

63 BFH 18.3.2015 - XI R 38/13 (Steuerfreiheit privater Krankenhausbetreiber).

64 BVerwG 14.5.2013 - 3 B 13/13 (keine Revisionsinstanz im Land Berlin).

65 BGH 25.10.2011 - VI ZR 139/10 (grober Behandlungsfehler bei Myocardinfarkt).

66 BGH 7.7.2011 - 5 StR 561/10 (Körperverletzung mit Todesfolge und Tötungsvorsatz bei Schönheitsoperation).

quenzen haben[67], vertragsarztrechtlich kann es zum Entzug der Zulassung zur vertragsärztlichen Versorgung führen[68] und berufsrechtlich zum Widerruf der Approbation.[69] Ein Querschnittsthema dieser Art ist zB Korruption im Gesundheitswesen; diese kann zudem auch noch zu steuerrechtlichen Folgen führen.[70] Auch Kooperationen zwischen Erbringern von Gesundheitsleistungen und von diesen mit Angehörigen anderer Berufe sind ein solches Querschnittsthema.

In Streitigkeiten über die arzneimittelrechtliche Zulassung eines Arzneimittels entscheiden die Verwaltungsgerichte, über die Zulassung von Arzneimitteln zur Versorgung zulasten der gesetzlichen Krankenversicherung die Sozialgerichte. Die zivilrechtlichen Streitigkeiten in Angelegenheiten der privaten Krankenversicherung treten hinzu. Mangelhafte Arzneimittel, Medizinprodukte, Heil- und Hilfsmittel können die zivilrechtliche Haftung der Hersteller auslösen[71], strafrechtliche Folgen nach sich ziehen[72], auch arbeitsrechtliche Konsequenzen haben und zum Ausschluss des Herstellers oder seines Produkts von der Versorgung führen, worüber sowohl die Verwaltungs- als auch die Sozialgerichte zur Entscheidung aufgerufen sein können. Fälle aus dem Apothekenrecht haben sowohl die Sozial- als auch die Verwaltungsgerichte zu entscheiden.[73] So haben Versandapotheken beide Gerichtsbarkeiten beschäftigt.[74] Mit dem Arbeits- und Gesundheitsschutzrecht haben sich sowohl die Sozialgerichte (SGB V, SGB VII) als auch die Arbeits- und Verwaltungsgerichte zu befassen. Schließlich gibt es Querschnittsthemen, die den Sachbereich des Gesundheitsrechts wie andere Sachbereiche berühren und eine aufgefächerte Rechtswegzuständigkeit aufweisen, wie das Datenschutz- und In-

---

67 BAG 25.10.2012 - 2 AZR 495/11 (keine Kündigung Chefarzt wegen privaten Telefonaten im Operationssaal ohne vorherige Abmahnung).

68 BSG 17.10.2012 - B 6 KA 49/11 R (Abrechnungsverstöße; Aufgabe der "Wohlverhaltensrechtsprechung").

69 BVerwG 16.2.2016 - 3 B 68/14 (Subventionsbetrug).

70 BFH 14.5.2014 - X R 23/12 (Abzugsverbot für Bestechungsgelder).

71 BGH 9.6.2015 - VI ZR 284/12 und VI ZR 327/12 (Herzschrittmacher, Defibrillatoren).

72 BGH 27.4.2016 - 1 StR 281/15 (Inverkehrbringen gefälschter und bedenklicher Arzneimittel).

73 BSG 25.11.2015 - B 3 KR 16/15 R (Exklusivliefervertrag); BVerwG 19.9.2013 - 3 C 15/12 (Magnetschmuck).

74 BSG 24.1.2013 - B 3 KR 11/11 R (kein Anspruch auf Erstattung Herstellerrabatt für niederländische Versandapotheke); BVerwG 13.3.2008 - 3 C 27/07 (Versandhandel mit Arzneimitteln und Einschaltung eines Transportmittlers).

formationsfreiheitsrecht[75], Recht der Rehabilitation und Teilhabe behinderter Menschen[76], Verbraucherschutzrecht[77], Vergaberecht[78], Vollstreckungsrecht.[79]

Sind die fachgerichtlichen Rechtsschutzverfahren durchlaufen und ist dieser Rechtsweg erschöpft oder ist ein (zumutbarer) fachgerichtlicher Rechtsweg nicht eröffnet, entscheidet über das Gesundheitsverfassungsrecht das BVerfG. Das reicht vom Anspruch der Versicherten gegen die gesetzlichen Krankenkassen auf die Übernahme der Kosten nicht zugelassener Behandlungsmethoden[80] bis zur Feststellung, ob ein Pflegenotstand besteht[81], von der Kooperation von Rechtsanwälten mit Ärzten oder Apothekern[82] bis zur Umgestaltung der privaten Krankenversicherung.[83]

Das deutsche Gesundheitsrecht gibt es schließlich nicht ohne das Recht der Europäischen Union. Der EuGH war und ist in einer Vielzahl gesundheitsrechtlicher Streitigkeiten zur Entscheidung aufgerufen.[84]

In Angelegenheiten des Gesundheitsrechts entscheidet die Sozialgerichtsbarkeit, aber nicht sie allein. Vielmehr sind in diesen Angelegenheiten buchstäblich alle Gerichtsbarkeiten zuständig.

Was folgt daraus? Wer im Gesundheitsrecht Recht spricht und wer die Rechtsprechung zum Gesundheitsrecht wahrnehmen will, kann sich nicht mit der Wahrnehmung der Rechtsprechung der Sozialgerichtsbarkeit oder einer anderen Gerichtsbarkeit begnügen. Alle Akteure sind darauf ange-

---

75 BGH 9.7.2015 - III ZR 329/14 (Patient gegen Klinik); BSG 4.4.2012 - B 12 SF 1/10 R (Insolvenzverwalter gegen Krankenkasse).

76 BAG 16.2.2012 - 6 AZR 553/10 (Frage nach Schwerbehinderung); BFH 9.9.2015 - X R 2/13 (Gewerbesteuerpflicht Reha-Zentrum); BGH 16.6.2011 - VII ZB 12/09 (Pfändungsverbot PKW); BSG 8.3.2016 - B 1 KR 19/15 R (Persönliches Budget); BVerwG 19.6.2014 - 10 C 1/14 (Conterganstiftungsgesetz).

77 BGH 30.4.2014 - I ZR 170/10 (irreführende Werbung einer BKK); BVerwG 20.11.2014 - 3 C 27/13 (staatliche Warnung vor E-Zigaretten).

78 BKartA 3.9.2015 - VK 1-74/15 (Vergabeverfahren Patientenberatung).

79 BGH 21.7.2011 - V ZB 48/10 (Vollstreckungsschutz bei Gesundheitsgefährdung Schuldner).

80 BVerfG 10.11.2015 - 1 BvR 2056/12 (verfassungsunmittelbarer Anspruch auf nicht verordnungsfähiges Medizinprodukt).

81 BVerfG 11.1.2016 - 1 BvR 2980/14.

82 BVerfG 12.1.2016 - 1 BvL 6/13.

83 BVerfG 10.6.2009 - 1 BvR 706/08 ua.

84 EuGH 2.6.2016 - C-410/14 (Arzneimittelrabattvertrag); EuGH 9.7.2015 C-87/14 (Arbeitszeitgestaltung von Ärzten in Ausbildung); EuGH 5.3.2015 - C-503/13, C-504/13 (Produkthaftung).

wiesen, den Blick in die Landschaft zu weiten, auch wenn sie selbst nur ein kleines Feld beackern. Zu wünschen ist, dass die Akteure sich untereinander wahrnehmen. Gesichert ist dies nicht. Der Hang zur Binnenperspektive ist rational, denn er reduziert eine Komplexität, an der sich zuweilen verzweifeln lässt. Besserung verspräche hier nur weniger Ausdifferenzierung und Kleinteiligkeit im Rechts- und im Gerichtssystem. Doch das ist eine unrealistische Hoffnung.

So bleibt nur, gelassen anzunehmen, was ist, und damit zu arbeiten - so, wie es Gerhard Igl in allen seinen Rollen immer getan hat, ohne den Humor zu verlieren.

Stundung und Erlass von Richtgrößenregressen gegenüber Vertragsärzten

Silke Hamdorf

Die gesetzliche Krankenversicherung (GKV) ist wiederholt Gegenstand sozialpolitischer Diskussionen und wissenschaftlicher Beiträge auch des Instituts für Sozialrecht und Sozialpolitik in Europa der Christian-Albrechts-Universität zu Kiel gewesen, dessen Arbeit und Wirken der Jubilar geprägt hat. Zu dem Leistungskatalog der GKV gehören Arzneimittel. Dieser Versorgungsanspruch der Versicherten wird unter anderem durch das Wirtschaftlichkeitsgebot des § 12 SGB V[1] ausgestaltet. Die Begrenzungen, die es mit sich bringt, wirken sich nicht nur für die Versicherten, sondern auch die Leistungserbringer aus, zu denen die Vertragsärzte gehören. Dieser Beitrag beleuchtet die finanziellen Folgen von Richtgrößenregressen für Vertragsärzte, insbesondere für diejenigen, die zum Zeitpunkt der Festsetzung nicht mehr vertragsärztlich tätig sind.

I. Überblick und Situationsbeschreibung[2]

Richtgrößenregresse als Spezialfall einer Wirtschaftlichkeitsprüfung wurden mit Wirkung zum 1.1.2004 durch das GKV-Modernisierungsgesetz[3]

---

1 Soweit es sich nicht um bundesweit geltende Normen im Sozialgesetzbuch Fünftes Buch (SGB V) und Sozialgesetzbuch Viertes Buch (SGB IV) handelt, erfolgt die Betrachtung auf der Grundlage der für den Zuständigkeitsbereich der Kassenärztlichen Vereinigung Schleswig-Holstein von den Partnern der Gesamtverträge abgeschlossenen Vereinbarungen.

2 Dieser Beitrag legt die bis zum 31.12.2016 geltende Rechtslage zugrunde. Diese ist in der Praxis der zuständigen Prüfungsgremien und der Sozialgerichtsbarkeit aufgrund der jeweiligen Verfahrensdauern auch nach Inkrafttreten der Neuregelungen in §§ 106b durch das Gesetz zur Stärkung der Versorgung in der gesetzlichen Krankenversicherung (BGBl. I 2015, 1211) für Verordnungen bis zum 31.12.2016 anzuwenden.

3 Gesetz zur Modernisierung der gesetzlichen Krankenversicherung vom 14.11.2003 (BGBl. I, 2190).

eingeführt und lösten für den Bereich der Verordnung von Arzneimitteln die allgemeine Prüfung nach Durchschnittswerten ab. Richtgrößenregresse werden gegenüber einem Vertragsarzt festgesetzt, wenn dieser sein Richtgrößenvolumen, d. h. das auf das Kalenderjahr bezogene Volumen der je Vertragsarzt verordneten Leistungen nach § 31 SGB V[4], überschreitet. Die Prüfung einer Überschreitung des Richtgrößenvolumens obliegt nach § 106 Abs. 5a SGB V der Prüfungsstelle. Wenn das Richtgrößenvolumen um mehr als 25 v. H. überschritten wird und keine Vereinbarung nach § 106 Abs. 5 Satz 4 SGG V oder Richtgrößenvereinbarung nach § 106 Abs. 5d SGB V zustande kommen, stellt die Prüfungsstelle den sich ergebenden Mehraufwand zur Erstattung an die Krankenkassen fest[5]. Richtgrößenregresse sind nach der Rechtsprechung des BSG regelmäßig nicht dadurch ausgeschlossen, dass der Vertragsarzt zum Zeitpunkt der Prüfung nicht mehr vertragsärztlich tätig ist[6]. Der frühere Status als Vertragsarzt entfalte Nachwirkungen und den vertrags(zahn)ärztlichen Institutionen stünden nachwirkende Regelungsbefugnisse zu.

Wenn ein Regress gegen einen Vertragsarzt festgesetzt wurde, können die Krankenkassen ihre Rückforderung gegenüber der Kassenärztlichen Vereinigung (KV), der der Vertragsarzt angehört, nach § 106 Abs. 5c Satz 6 SGB V stunden oder erlassen. Diese Regelung wurde durch das Arzneimittelmarktneuordnungsgesetz zum 1.1.2011 eingeführt und betrifft das Außenverhältnis zwischen der KV und den Krankenkassen. Wenn die Krankenkassen von dieser Ermächtigung keinen Gebrauch machen, ergeben sich die Konsequenzen eines gegenüber einem Vertragsarzt festgesetzten Richtgrößenregresses aus § 106 Abs. 5c Satz 3 SGB V: Der Regressbetrag mindert die nach Maßgabe der Gesamtverträge an die jeweilige KV zu entrichtende Gesamtvergütung. § 106 Abs. 5c Satz 4 SGB V bestimmt, dass die KV in der jeweiligen Höhe Rückforderungsansprüche gegen den Vertragsarzt hat, die der an die KV zu entrichtenden Vergütung zugerechnet werden. Mit dieser Regelung überträgt der Gesetzgeber die finanziellen Folgen eines Richtgrößenregresses den KVen als Selbstverwaltungsorganen der Vertragsärzte. Das betrifft sowohl die Geltendmachung gegenüber dem Vertragsarzt als ihrem Mitglied als auch das Risiko der wirtschaftlichen Leistungsfähigkeit des Vertragsarztes. Die Vereinfachung wurde im Sinne des Vertragsarztes eingeführt, der den Regressbetrag da-

4 § 84 Abs. 6 Satz 1 SGB V.

5 § 106 Abs. 5a Satz 3 SGB V.

6 U. a. BSG 28.10.2015 – B 6 KA 45/14 R.

mit nicht mehr an eine Vielzahl von Krankenkassen einzeln zu erstatten hat[7]. Der Gesetzgeber geht ferner davon aus, dass die KVen das Risiko der wirtschaftlichen Leistungsfähigkeit des Vertragsarztes durch Rücklagen auffangen können[8]. Die Partner der Gesamtverträge im Zuständigkeitsbereich der KV Schleswig-Holstein haben eine entsprechende Regelung in § 15 der Prüfvereinbarung[9] aufgenommen, der angesichts der Gesetzeslage nur deklaratorische Bedeutung zukommt.

Für Richtgrößenprüfungen sieht § 106 Abs. 5 Satz 7 SGB V vor, dass die Klage gegen die Entscheidung des Beschwerdeausschusses – anders als der Widerspruch gegen die Entscheidung der Prüfungsstelle - keine aufschiebende Wirkung hat. Das führt dazu, dass die Krankenkassen ab dem Zeitpunkt der Entscheidung des Beschwerdeausschusses berechtigt sind, die Gesamtvergütung um die festgesetzten Beträge zu mindern und die KVen befugt sind, die Beträge gegenüber dem Vertragsarzt geltend zu machen. Sie müssen nicht zwingend die Bestandskraft der Entscheidung des Beschwerdeausschusses abwarten. Im Hinblick auf den mit einem sozialgerichtlichen Verfahren über mehrere Instanzen verbundenen Zeitverlust kann sich das Risiko der wirtschaftlichen Leistungsfähigkeit des Vertragsarztes erhöhen. Sollte sich in einem sozialgerichtlichen Verfahren herausstellen, dass der Richtgrößenregress bereits dem Grunde oder der Höhe nach rechtswidrig war, hat eine Rückabwicklung der Minderung der Gesamtvergütung zwischen der KV und den Krankenkassen zu erfolgen.

Den Rückforderungsbetrag setzt die KV in von der Prüfungsstelle entschiedener Höhe mittels eigenen Verwaltungsaktes gegen den Vertragsarzt fest. Widerspruch und Klage haben mangels anderslautender Regelungen nach § 86a Abs. 1 SGG aufschiebende Wirkung. Die KV kann nach § 86 Abs. 2 Nr. 5 SGG die sofortige Vollziehung anordnen. Vor allem dann, wenn die Krankenkassen den festgesetzten Richtgrößenregress der Höhe nach von der Gesamtvergütung einbehalten, kann die KV den Vorrang des öffentlichen Interesses der Gesamtheit der Vertragsärzte gegenüber dem Interesse des regressbelasteten Vertragsarztes bejahen, da eine den Regelungen unter § 86a Abs. 2 Nr. 1 SGG vergleichbare Fallkonstellation vorliegt.

---

7 BT-Dr. 15/1525, 117.

8 BT-Dr. 15/1525, 117.

9 Prüfvereinbarung gemäß § 106 SGB V vom 23.2.2010 mit Wirkung ab 1.1.2008.

II. Stundung oder Erlass

Die Geltendmachung des Regressbetrages durch die KV gegenüber dem noch an der vertragsärztlichen Versorgung teilnehmenden Arzt erfolgt in der Praxis mittels Aufrechnung gegen dessen Honoraransprüche[10]. Diese Möglichkeit entfällt für die KV, wenn der Arzt nicht mehr vertragsärztlich tätig ist und somit keinen Honoraranspruch mehr gegen die KV hat. Die KV muss dann nicht nur die Entscheidung über die Rückforderung erlassen, sondern den Arzt zur Zahlung auffordern und diese gegebenenfalls zwangsweise durchsetzen. Mit § 106 Abs. 5c Satz 5 SGB V ermöglicht der Gesetzgeber den KVen, die Rückforderung gegen den noch aktiven oder ehemaligen Vertragsarzt entsprechend § 76 Abs. 2 Nr. 1 und 3 SGB IV zu stunden oder zu erlassen, soweit der Vertragsarzt nachweist, dass ihn die Rückforderung wirtschaftlich gefährden würde. Diese Entscheidung steht in ihrem Ermessen („kann“). Bereits diese Regelung enthält den unbestimmten Rechtsbegriff der „wirtschaftlichen Gefährdung“.

Die entsprechende Anwendung von § 76 Abs. 2 Nr. 1 SGB IV gestattet es den KVen, Richtgrößenregresse nur dann nach Nr. 1 zu stunden, wenn die sofortige Einziehung mit erheblichen Härten für den Vertragsarzt verbunden wäre und der Anspruch durch die Stundung nicht gefährdet wird. Ferner erlaubt die entsprechende Anwendung von § 76 Abs. 2 Nr. 3 SGB IV den Erlass des Richtgrößenregresses nur dann, wenn deren Einziehung nach Lage des einzelnen Falles unbillig wäre. Die Stundung des Richtgrößenregresses steht unter der Voraussetzung einer erheblichen Härte für den Vertragsarzt, die sich aus der sofortigen Einziehung ergeben würde. Der Gesetzgeber hat somit einen weiteren unbestimmten Rechtsbegriff in die Gesamtprüfung der Voraussetzungen für eine Stundung aufgenommen. Der Erlass des Richtgrößenregresses erfordert, dass dessen Einziehung nach Lage des einzelnen Falles unbillig wäre. Auch das Tatbestandsmerkmal der Unbilligkeit ist ein unbestimmter Rechtsbegriff. Die KV und nachfolgend die Sozialgerichtsbarkeit im Rahmen der Überprüfung einer Entscheidung der KVen über einen Antrag des Vertragsarztes auf Stundung oder Erlass einer Forderung aus einem Richtgrößenregress müssen somit nach dem Wortlaut der Normen unbestimmte Rechtsbegriffe sowohl in § 106 Abs. 5c Satz 5 SGB V („wirtschaftliche Gefährdung“) als auch in § 76 Abs. 2 Nr. 1 SGB IV („erhebliche Härte“) und § 76 Abs. 2

---

10 BSG 28.8.2013 – B 6 KA 46/12 R.

Nr. 3 SGB IV („Unbilligkeit“) ausfüllen und gleichzeitig voneinander abgrenzen. Auch wenn mit allen Begriffen zuallererst wirtschaftliche und finanzielle Aspekte assoziiert werden, so erfordert die Vielschichtigkeit der vertragsärztlichen Regelungen und die Vielzahl möglicher Ursachen für wirtschaftliche Engpässe eine differenzierte Betrachtung. Wenn das Vorliegen aller Tatbestandsvoraussetzungen bejaht wird, ist die Entscheidung der KV ermessensfehlerfrei auszuüben. Die Mehrzahl unbestimmter Rechtsbegriffe im Rahmen der mehrschrittigen Prüfung und das der KV eingeräumte Ermessen sind vom Rechtsanwender gegeneinander abzugrenzen. Gleichzeitig erfordert dieser Umstand, den Tatsachenvortrag des Vertragsarztes für seinen Antrag zutreffend den jeweiligen Prüfungspunkten zuzuordnen. Der Beantwortung der Frage, ob und wie die Abgrenzung der Rechtsbegriffe und die Einordnung des Tatsachenvortrages in der sozialgerichtlichen Praxis gelingen kann oder nicht, widmen sich die nachfolgenden Ausführungen[11].

1. Nachweis einer wirtschaftlichen Gefährdung

Ausgangspunkt der Prüfung für eine Stundung oder einen Erlass ist § 106 Abs. 5c Satz 5 SGB V. Der Vertragsarzt muss nachweisen, dass ihn die Rückforderung wirtschaftlich gefährden würde. Für die Beantwortung der Frage, wann eine wirtschaftliche Gefährdung in diesem Sinne vorliegt, bietet der Gesetzgeber weder in dieser Norm noch in anderen Regelungen des SGB V Anhaltspunkte. Auch im SGB IV mit seinen gemeinsamen Vorschriften für die Sozialversicherung, die im dritten Abschnitt Regelungen über die Zahlungen des Gesamtsozialversicherungsbeitrags durch den Arbeitgeber umfassen, gibt es keine Definition. Die KV und nachfolgend die Sozialgerichte müssen den Begriff der „wirtschaftlichen Gefährdung“ somit ausfüllen. Die Auslegung unbestimmter Rechtsbegriffe durch die Verwaltung unterliegt grundsätzlich der vollen gerichtlichen Überprüfung. Das BSG gewährt den im Kassenarztrecht tätigen Institutionen und Gremien allerdings regelmäßig und teilweise sehr weite und gerichtlich nur eingeschränkt überprüfbare Gestaltungs- und Beurteilungsspielräume. Das

11 Diese Problematik hat die für Kassenarztrecht zuständigen Kammern und Senate der Sozialgerichtsbarkeit bundesweit offenbar bisher gar nicht oder nur in geringem Umfang beschäftigt; zumindest wurden zu diesem Thema bisher keine Entscheidungen bei juris veröffentlicht.

betrifft vor allem die Bewertung der Leistungen im EBM durch den (Erweiterten) Bewertungsausschuss, die Gestaltung von Honorarvereinbarungen durch die Partner der Gesamtverträge oder der Honorarverteilungsmaßstäbe der KVen[12], die Entscheidungen des Zulassungs- bzw. Berufungsausschusses[13] und die Entscheidungen der Beschwerdeausschüsse[14]. Die Freiheiten des Bewertungsausschusses sind gerechtfertigt durch den Umstand, dass die Gerichte ansonsten in die vertragliche Gestaltungsfreiheit der Träger des Bewertungsausschusses eingreifen müssten. Die eingeschränkte Überprüfung der Entscheidungen des Berufungsausschusses und des Beschwerdeausschusses beruht darauf, dass diese Gremien fachkundig besetzt sind. Es ist jedoch nicht ersichtlich, dass aus denselben Gründen auch in diesen Fällen den KVen bei der Auslegung des Begriffes der „wirtschaftlichen Gefährdung" ein nur eingeschränkt überprüfbarer Beurteilungsspielraum zuzubilligen ist. Diese Einzelfallentscheidungen sind nicht vergleichbar mit der Normsetzungsbefugnis für Honorarverteilungsregelungen. Die Auslegung durch die KV ist somit nicht aus Gründen der Vertragshoheit oder besonderen Fachkunde gerichtlich nur eingeschränkt überprüfbar.

Die „wirtschaftliche Gefährdung" ist sowohl Tatbestandsvoraussetzung für eine Stundung als auch für einen Erlass. Eine Stundung oder ein Erlass haben jedoch für die KV und die Gesamtheit ihrer Vertragsärzte unterschiedliche Folgen. Eine Stundung verschiebt die Zahlung an die KV und damit die von § 106 Abs. 5c Satz 4 SGB V vorgesehene Verfügbarkeit dieses Betrages für die Verteilung der Gesamtvergütung auf die Vertragsärzte. Ein Erlass führt dazu, dass dieser Betrag aus den von der betroffenen KV zu bildenden Rücklagen zu tragen ist, die entsprechend geschmälert werden und aus der nächsten von den Krankenkassen zu zahlenden Gesamtvergütung wieder aufgefüllt werden muss. Dieser Unterschied kann es rechtfertigen, bei einem Erlass höhere Anforderungen an die wirtschaftliche Gefährdung zu stellen als bei einer Stundung.

In beiden Fällen muss die wirtschaftliche Gefährdung nachgewiesen werden. Sie muss als Vollbeweis, also mit an Sicherheit grenzender Wahrscheinlichkeit, erbracht werden, die Glaubhaftmachung genügt nicht[15]. Die Beweislast für die wirtschaftliche Gefährdung liegt beim Vertragsarzt.

---

12 Grundlegend BSG 9.12.2004 – B 6 KA 44/03 R.
13 BSG 17.2.2006 – B 6 KA 6/15 R.
14 Grundlegend BSG 8.5.1985 – B 6 RKa 24/83.
15 *Engelhard* in Hauck/Noftz SGB V, § 106 Rn. 240.

Aus tatrichterlicher Sicht kann die subjektive Einschätzung des Vertragsarztes über seine wirtschaftliche Gefährdung nicht ausreichend sein. Zu fordern ist, dass der Vertragsarzt eine betriebswirtschaftliche Aufstellung eines Steuerberaters oder Wirtschaftsprüfers vorlegt, aus der sich nach Anwendung allgemein anerkannter betriebswirtschaftlicher Grundsätze eine wirtschaftliche Gefährdung seiner Praxis ergibt. Dabei dürfte der Richter seiner Verpflichtung zur Amtsermittlung nach § 103 SGG genügen, wenn er eine solche Feststellung nach einer Schlüssigkeitsprüfung ohne Überprüfung durch einen Sachverständigen anerkennt. Eine sachverständige Überprüfung könnte sich allenfalls in solchen Fällen aufdrängen, in denen das vom Steuerberater oder Wirtschaftsprüfer gefundene Ergebnis unter Berücksichtigung der einbezogenen Daten mathematisch nicht in sich schlüssig erscheint und die Daten nicht durch eigene Berechnungen des Richters einer mathematisch korrekten Lösung zugeführt werden können. Die Abgabe an einen Sachverständigen für Betriebswirtschaft seitens der KV oder des Gerichts kommt nur für die Auswertung der feststehenden Daten in Betracht. Die Erhebung der notwendigen Daten – (Honorar-)einkünfte und regelmäßige monatliche Ausgaben – obliegt der KV oder dem Richter. Soweit in die betriebswirtschaftliche Bewertung des Steuerberaters oder Wirtschaftsprüfers die private wirtschaftliche Situation des Vertragsarztes nicht bereits ohnehin einbezogen wurde, so ist diese ebenfalls bei der Prüfung einer wirtschaftlichen Gefährdung heranzuziehen.

Richtgrößenregresse sind ebenso wie sonstige Regresse wegen Verstößen gegen das Wirtschaftlichkeitsgebot den deliktischen Haftungstatbeständen aus den §§ 823 ff. BGB vergleichbar, auch wenn sie verschuldensunabhängig festgesetzt werden. Die Einhaltung aller im Zusammenhang mit der vertragsärztlichen Tätigkeit geltenden Normen und Vereinbarungen ist gleichfalls eine persönliche Pflicht des nach § 95 SGB V i.V.m. der Zulassungsverordnung für Vertragsärzte zur vertragsärztlichen Versorgung zugelassenen Arztes. Der Vertragsarzt haftet somit für Richtgrößenregresse auch mit seinem Privatvermögen.

Wenn Vertragsärzte mit einem Richtgrößenregress nach Aufgabe ihrer vertragsärztlichen Tätigkeit belastet werden, kommt es allein auf ihre persönliche wirtschaftliche Situation an. Ein durch den Verkauf einer Praxis erzielter Erlös ist dem Vermögen des Vertragsarztes zuzurechnen. Der antragstellende Vertragsarzt wird in beiden Fällen seine Vermögenssituation offenlegen müssen. Zu berücksichtigen sind ferner seine laufenden Einnahmen, die den laufenden Ausgaben gegenüber zu stellen sind. Dabei bedarf es einer wertenden Betrachtung, ob alle laufenden Ausgaben dem Grunde und der Höhe nach anzuerkennen sind oder nicht. Ohne eine solche Betrachtung könnte sich ein Vertragsarzt durch die frei gewählte Gestaltung seiner Lebensführung eines Richtgrößenregresses zu Lasten der noch praktizierenden Vertragsärzte wirtschaftlich entziehen.

Zu entscheiden ist, welche Grundsätze und Maßstäbe für die Bestimmung der angemessenen Lebensführung und damit der zu berücksichtigenden Ausgaben herangezogen werden. Das hiesige Rechtssystem kennt für verschiedene Sachverhalte und Lebenssituationen differenzierte Regelungssysteme über dem Betroffenen zu belassende oder zu gewährende Mindestbeträge.

a) Maßstäbe für die zwangsweise Geltendmachung von Forderungen

Mit der Pfändungstabelle auf der Grundlage von § 850c Zivilprozessordnung (ZPO) werden die Pfändungsfreigrenzen für Arbeitseinkommen festgesetzt, die dem Schuldner in Abhängigkeit von der Anzahl der unterhaltspflichtigen Personen die festgelegten Beträge belassen und gleichzeitig bestimmen, welcher überschreitende Betrag gepfändet und zur Tilgung der vollstreckbaren Schuld eingesetzt werden kann. Diese Beträge sind pauschalierend und werden bundesweit einheitlich festgesetzt. Die Maßstäbe zum Schutz des Vermögens können dann in Anlehnung an § 811 ZPO angewendet werden.

b) Maßstäbe für Leistungen der Grundsicherung

Die Regelungen über Leistungen der Grundsicherung nach den Sozialgesetzbüchern Zweites (SGB II) und Zwölftes Buch (SGB XII) enthalten ebenfalls pauschalierende Regelungen. Sie beschreiben das soziokulturelle Existenzminimum differenziert nach bundesweit einheitlich festgelegten Beträgen für die Leistungen zum Lebensunterhalt[16] und nach Leistungen für Kosten der Unterkunft und Heizung[17], die regional in unterschiedlicher Höhe festgelegt werden und im Einzelfall abweichende Bewertungen erlauben. Die unangepasste Heranziehung der Grenzwerte nach dem SGB II

16 § 20 SGB II; § 27a, 28 SGB XII.
17 § 22 SGB II; § 35 SGB XII.

oder SGB XII birgt das Problem in sich, dass die als anerkannter Bedarf für Kosten der Unterkunft und Heizung eingestellten Beträge nicht bundesweit einheitlich festgelegt werden, sondern regional unterschiedlich hoch sind. Sowohl die KV als auch die erkennende Kammer des Sozialgerichts müssten die örtlich geltende Mietobergrenze ermitteln und in die Bewertung einstellen. Modifizierend könnten auch die tatsächlichen Kosten der Unterkunft und Heizung des Vertragsarztes anerkannt werden, die zusammen mit den maßgeblichen Regelbedarfsstufen den Grenzbetrag festlegen, bei dessen Unterschreitung eine wirtschaftliche Gefährdung angenommen wird. Diese Berechnungen können jedoch nur klären, welche monatlichen Ausgaben zum Lebensunterhalt im Allgemeinen von den monatlichen Einnahmen abzuziehen sind. Nicht geklärt ist damit, ob dem Vertragsarzt auch Vermögensfreibeträge zuzugestehen sind und bejahendenfalls welche. Die Vermögensfreibeträge im SGB II und im SGB XII sind nicht identisch. Ein Leistungsanspruch nach dem SGB XII entsteht erst, wenn kein nach § 90 SGB XII einzusetzendes Vermögen vorhanden ist, wobei neben bestimmten Vermögensgegenständen als Barbetrag 1.600 EUR bzw. 2.600 EUR anrechnungsfrei verbleiben[18]. Die Freibeträge im SGB II sind dagegen altersabhängig (pro Lebensjahr 150 EUR) und somit insgesamt höher[19]. Daher ist noch zu entscheiden, ob das SGB II oder das SGB XII zur Auslegung herangezogen wird. Folglich hat sich der Rechtsanwender mit der Frage auseinander zu setzen, ob das Alter des Vertragsarztes – über oder unter 65 bzw. 67 Jahre – darüber entscheiden soll, ob das SGB II oder das SGB XII zur Auslegung der wirtschaftlichen Gefährdung herangezogen wird.

c) Ergebnis

Diese aufgezeigten Unwägbarkeiten und Wertungsfragen sprechen dagegen, für die Auslegung der wirtschaftlichen Gefährdung auf Maßstäbe der Leistungen der Grundsicherung abzustellen. Ferner entspricht die rechtliche und wirtschaftliche Situation eines mit einem Richtgrößenregress belasteten Vertragsarztes der rechtlichen und wirtschaftlichen Situation eines Schadensersatzschuldners im Sinne zivilrechtlicher Vorschriften. Vor-

---

18 § 1 Abs. 1 Verordnung zur Durchführung des § 90 Abs. 2 Nr. 9 des Zwölften Buches Sozialgesetzbuch.

19 § 12 SGB II.

zugswürdig ist es daher, im Zweifel auf die bundesweit einheitlich geltenden Regelungen für den Schutz von Einkommen nach der Pfändungstabelle und den Schutz des Vermögens nach § 811 ZPO abzustellen.

2. Stundung

Wenn die Prüfung zu dem Ergebnis führt, dass eine wirtschaftliche Gefährdung des Vertragsarztes durch den Richtgrößenregress zu bejahen ist, sind die Voraussetzungen für die Stundung oder den Erlass zu prüfen. Eine Stundung des ganzen Betrages oder in Form ratenweiser Zahlungen setzt nach § 76 Abs. 2 Nr. 1 SGB IV voraus, dass die sofortige Einziehung mit erheblichen Härten verbunden ist und die Einziehung der Forderung nicht gefährdet ist. Wenn eine wirtschaftliche Gefährdung des Vertragsarztes im beschriebenen Sinne bejaht wird, drängt sich die Frage auf, welche „erhebliche Härte" hinzukommen muss, um diese Tatbestandsvoraussetzungen mit abgrenzbarem Inhalt zu füllen. Für die Definition einer erheblichen Härte über finanzielle Parameter dürfte weder ein rechtliches Bedürfnis bestehen noch praktisch ein Anwendungsfall übrig bleiben. Das Nebeneinander von § 106 Abs. 5c Satz 5 SGB V und § 76 Abs. 2 Nr. 1 SGB IV kann nur dazu führen, dass bei einer gemeinsamen Betrachtung und Prüfung beider Normen für den Fall, dass der Regressbetrag in voller Höhe sofort geltend gemacht wird, eine wirtschaftliche Gefährdung eintreten würde. Die Zahlung des Regressbetrages müsste somit seitens der KV zu einem späteren Zeitpunkt oder in Höhe solcher Raten geltend gemacht werden, der bzw. die eine wirtschaftliche Gefährdung ausschließen. Die Geltendmachung kann auf einen Zeitpunkt verschoben werden, zu dem die Bezahlung durch Verwertbarkeit von Vermögensgegenständen, z. B. die Veräußerung der Praxis oder die Auflösung von Geldanlagen, möglich ist.

3. Erlass

Ein Erlass setzt nach § 76 Abs. 2 Nr. 3 SGB IV voraus, dass die Einziehung des Richtgrößenregresses nach Lage des einzelnen Falles unbillig wäre. Für den unbestimmten Rechtsbegriff der Unbilligkeit gelten die Erläuterungen zur „wirtschaftlichen Gefährdung" entsprechend. Die Auslegung durch die KV ist grundsätzlich gerichtlich voll überprüfbar. Dass der

Gesetzgeber die Einziehung als nach Lage des einzelnen Falles unbillig formuliert hat, führt nicht dazu, dass die Einzelfallbetrachtung die gerichtliche Überprüfung der Auslegung des Wortes „unbillig" nicht zulassen würde. Für die Frage, welche Umstände zur Annahme einer Unbilligkeit führen und welche nicht, lassen sich durchaus verallgemeinerungsfähige Maßstäbe festlegen. Solche sind nicht mehr die wirtschaftliche Situation der Praxis oder des Vertragsarztes, da diese bereits über das Tatbestandsmerkmal „wirtschaftliche Gefährdung" in die Prüfung einfließt. Über das Tatbestandsmerkmal „Unbilligkeit" können andere, vom Vertragsarzt vorgetragene, der KV bekannte oder im Wege der Amtsermittlung des erkennenden Gerichts nach Sichtung der Aktenlage festgestellten Umstände in die Bewertung einfließen. Solche können in der Person des Vertragsarztes liegen, z. B. seine Gesundheit oder die Anzahl der Richtgrößenregresse. Nicht berücksichtigt werden können zwischenzeitliche Gesetzesänderungen, die eine vormalige Rechtslage entschärfen wie z. B. die spätere Begrenzung der Festsetzung für erstmalige Richtgrößenregresse auf 25.000 EUR in § 106 Abs. 5c Satz 7 SGB V. Die Rechtmäßigkeit von Regressfestsetzungen und anderen Maßnahmen der Wirtschaftlichkeitsprüfung beurteilt sich nach ständiger Rechtsprechung des 6. Senats des BSG nach dem im jeweiligen Prüfungszeitraum geltenden Recht. Maßgeblich für die Prüfung der Wirtschaftlichkeit der Verordnungs- oder Behandlungsweise in Prüfzeiträumen, die vor Inkrafttreten einer Gesetzesänderung abgeschlossen waren, sind danach die zum früheren Zeitpunkt geltenden Rechtsvorschriften, soweit es die materiell-rechtlichen Vorgaben der Wirtschaftlichkeitsprüfung betrifft, es also um die Frage geht, nach welchen Grundsätzen diese Prüfung stattfindet und was ihr Gegenstand ist.[20]

III. Ermessen

Die Entscheidung über die Stundung oder den Erlass der Rückforderung steht im Ermessen der KV, § 106 Abs. 5c Satz 5 SGB V. Die Überprüfung dieser Ermessensentscheidung der KV erfolgt nach denselben Maßstäben wie die Überprüfung anderer behördlicher Ermessensentscheidungen. Sie ist auf Ermessensausfall, Ermessensüber- oder -unterschreitung und Er-

---

20 Zum Vorstehenden: BSG 17.2.2016, B 6 KA 44/15 B.

messensfehlgebrauch hin zu überprüfen. Die KV hat Entschließungs- und Auswahlermessen. Sie kann die Rückforderung ganz oder teilweise stunden oder erlassen. Dabei hat sie das Interesse der Gesamtheit der Vertragsärzte an dem wirtschaftlichen Ausgleich der Belastung der Gesamtvergütung mit dem Regress gegen die Interessen des Arztes an der Abwendung einer wirtschaftlichen Gefährdung abzuwägen. Wenn ihres Erachtens die Interessen der Vertragsärzteschaft die des Vertragsarztes überwiegen, so ist das rechtlich nicht zu beanstanden. Im Rahmen der Ermessensentscheidung, in welchem Umfang die Rückforderung gestundet oder erlassen wird, ist sie nicht verpflichtet, spätere Gesetzesänderungen zugunsten des Vertragsarztes zu berücksichtigen. Es ist ihr jedoch auch nicht verwehrt, spätere Reaktionen des Gesetzgebers auf die Auswirkungen seiner Regelungen zugunsten des Vertragsarztes in die Ermessenserwägungen einzustellen.

IV. Fazit

Die Voraussetzungen der Normen für die Stundung und den Erlass eines Richtgrößenregresses gegenüber dem Vertragsarzt sind voneinander abgrenzbar und bedürfen mehrschichtiger tatrichterlicher Feststellungen.

Die ab 1.1.2017 geltenden Neuregelungen im SGB V, in den „Rahmenvorgaben nach § 106 Abs. 2 SGB V für die Wirtschaftlichkeitsprüfung ärztlich verordneter Leistungen“ und in den regionalen Vereinbarungen für den jeweiligen Zuständigkeitsbereich einer KV bieten jedoch wiederum neue Möglichkeiten der Klärung sozialpolitischer und sozialrechtlicher Fragestellungen, denen sich sowohl Wissenschaftler wie der Jubilar als auch die Sozialgerichtsbarkeit werden stellen können bzw. müssen.

Der Strukturwandel des Gesundheitsrechts und die Herausbildung einer neuen Dimension der Selbstverwaltung in der gesetzlichen Krankenversicherung

Friedhelm Hase

I. Normsetzung durch Selbstverwaltungsorgane

1. Die Entfaltung einer untergesetzlichen Normativität in der gesetzlichen Krankenversicherung

Eine Vorsorge für Risiken des persönlichen Lebensbereichs, die in modernen, durch Privatrecht strukturierten Gesellschaften an sich in die Verantwortung des Einzelnen fällt[1], wird mit der „Arbeitergesetzgebung" des Kaiserreichs in einem spezifischen Sinne – und in genau zu bestimmenden Grenzen – auch *als öffentliche Aufgabe* anerkannt, die von besonderen Verwaltungseinrichtungen wahrzunehmen ist[2]. Die Verwirklichung der – „sozialen" – Vorsorge war von Beginn an als Selbstverwaltungsaufgabe konzipiert. Der Staat werde, wie es in der berühmten, von Bismarck am 17. November 1881 im Reichstag verlesenen Botschaft hieß, mit der „Versicherung der Arbeiter" den „engeren Anschluss" an die realen Kräfte des „christlichen Volkslebens" finden: Die Zusammenfassung letzterer „in der Form korporativer Genossenschaften unter staatlichem Schutz und staatlicher Förderung" solle „die Lösung auch von Aufgaben möglich machen, denen die Staatsgewalt *allein* in gleichem Maße nicht gewachsen

1 Dazu bereits *Paul Laband* mit der Feststellung, nach „dem Grundprinzip der privatwirtschaftlichen Erwerbs- und Gesellschaftsordnung" sei es „dem Einzelnen überlassen, für Fälle zeitweiser oder dauernder Erwerbsunfähigkeit oder außerordentlicher Bedürfnisse Fürsorge zu treffen. Die formellen Hilfsmittel dafür bietet das *Privatrecht* …", Das Staatsrecht des Deutschen Reiches, Bd. III, 5. Aufl. 1913 (Neudruck 1964), S. 286 ff., 289; im selben Sinne *Hans F. Zacher,* Verfassung und Sozialrecht, in: FS Dürig, 1990, S. 67, 70.

2 Zur Entstehung der Arbeiterversicherung etwa *Gerhard A. Ritter,* Der Sozialstaat, 1991, insbes. S. 62 ff.; *ders.,* Bismarck und die Grundlagen des deutschen Sozialstaates, in: FS Zacher, 1998, S. 789 ff.

sein würde"[3]. Tatsächlich sind Sozialversicherungsaufgaben seit der Gründungsgesetzgebung von öffentlich-rechtlich verfassten, vom Staat abgehobenen Verwaltungsorganisationen versehen worden[4], die soziale Selbstverwaltung, die sich in den Gremien der entsprechenden Einrichtungen entfaltet, hat im Wesentlichen bei Vertretern der Gewerkschaften und der Arbeitgeberverbände gelegen[5]. – In der Krankenversicherung ist innerhalb des im späten 19. Jahrhundert geschaffenen sozialversicherungsrechtlichen Systems schon bald eine *„gemeinsame Selbstverwaltung"* entstanden, deren Bedeutung in einer mehr als ein Jahrhundert überspannenden Entwicklung enorm gewachsen ist[6]: Auf verschiedenen Ebenen wirkt die Kassenseite in den Formen des öffentlichen Rechts mit Verbänden solcher „Leistungserbringer" zusammen, die in einem institutionellen Sinne in das sozialrechtliche Leistungsgeschehen einbezogen sind, das auf die Einlösung der (von den Versicherungsträgern grundsätzlich in natura zu erfüllenden) Behandlungsansprüche der Versicherten gerichtet ist. Diese spezielle Ausprägung der Selbstverwaltung ist vor allem insofern (auch in einer rechts- und staatstheoretischen Perspektive) von überragendem Interesse, als sie sich in einem außerordentlich dichten *untergesetzlichen* Regelungsgefüge niedergeschlagen hat[7], mit dem für den Bereich der gesetzlichen Krankenversicherung, man muss es so deutlich sagen, eine *neue Dimensi-*

3 Stenograph. Berichte über die Verhandlungen des Reichstages, V. Legislaturperiode, I. Session 1881/82, S. 1 ff.

4 Zur Selbstverwaltung in der Sozialversicherung näher *Harald Bogs,* Die Sozialversicherung im Staat der Gegenwart, 1973, S. 81 ff.; *Reinhard Hendler,* Die Funktion der sozialen Selbstverwaltung im gegenwärtigen Sozialstaat, in: SDSRV 34 (1991), S. 65 ff.; *Dieter Leopold,* Die Selbstverwaltung in der Sozialversicherung, 5. Aufl. 1996, insbes. S. 79 ff.; *Friedhelm Hase,* Soziale Selbstverwaltung, in: HStR VI, 3. Aufl. 2008, § 145 Rn. 1 ff.

5 Leopold (Fn. 4), S. 79 ff.

6 Dazu etwa *Robert Francke,* Normsetzung durch die „Gemeinsame Selbstverwaltung" nach dem SGB V, in: FS Schefold, 2001, S. 29 ff.; *Peter Axer,* Gesundheitswesen, in: HStR IV, 3. Aufl. 2006, § 95 Rn. 20 ff.

7 Näher dazu *Axer* Normsetzung der Exekutive in der Sozialversicherung. Ein Beitrag zu den Voraussetzungen und Grenzen untergesetzlicher Normsetzung im Staat des Grundgesetzes, insbes. S. 52 ff.; *Andreas Hänlein,* Rechtsquellen im Sozialversicherungsrecht. System und Legitimation untergesetzlicher Rechtsquellen des deutschen Sozialversicherungsrechts, insbes. S. 345 ff, 509 ff.; ferner etwa *Florian Becker,* Kooperative und konsensuale Strukturen in der Normsetzung, 2005, insbes. S. 598 ff., 695.

on des Rechts erschlossen worden ist[8]. Insoweit sind vor allem die Richtlinien anzuführen, die der – durch die Verschmelzung sektoral begrenzter Einrichtungen des früheren Rechts gebildete – Gemeinsame Bundesausschuss nach Maßgabe des SGB V erlässt[9], darüber hinaus insbesondere zwei- und mehrseitige Verträge, die auf Landes- wie auf Bundesebene von Kassen- und Leistungserbringerverbänden abzuschließen sind[10].

In dieser Selbstverwaltung ist, so lautet die These dieses Beitrags, eines der institutionellen Zentren eines grundlegenden Wandels des Rechts zu sehen, der nicht nur den Gesundheitssektor, sondern etwa auch das Umwelt- und das Risikoverwaltungsrecht, das Marktregulierungs- und das Telekommunikationsrecht betrifft: In Gesetzen werden allgemeine Zielvorgaben und vage oder sogar widersprüchliche Direktiven fixiert, weitreichende normative Entscheidungen sind – aufgrund weitgefasster Ermächtigungen – von exekutivischen Einrichtungen zu treffen, vielfach von solchen, die zu einer Selbstverwaltung berechtigt oder in ein komplexes selbstregulatives System eingebunden sind[11]. In der gesetzlichen Kranken-

8 Dazu bereits *Hase,* Die Komplexität des Wissens und die Legitimation rechtlicher Normsetzung: gesetzliche Entscheidung und untergesetzliche Regelbildung in der gesundheitlichen Versorgung, in: Benedikt Buchner/Karl-Heinz Ladeur (Hrsg.), Wissensgenerierung und -verarbeitung im Gesundheits- und Sozialrecht, 2016, S. 125 ff; zu Parallelentwicklungen in der sozialen Pflegeversicherung vgl. nur *Christoph Altmiks,* 20 Jahre Pflegeversicherung – 20 Jahre Pflegeselbstverwaltung auf Bundesebene, KrV 2014, 191 ff.; *Axer,* Instrumente der Qualitätssicherung in der Pflegeversicherung, KrV 2015, 97 ff.; *Gerhard Igl,* Pflegeversicherung, in: Bernd Baron von Maydell/Franz Ruland/Ulrich Becker (Hrsg.), Sozialrechtshandbuch, 5. Aufl. 2012, § 18, insbes. Rn. 98 ff.

9 Vgl. nur *Dominik Roters,* Die gebotene Kontrolldichte bei der gerichtlichen Prüfung der Richtlinien des Bundesausschusses der Ärzte und Krankenkassen, 2003 (Diss. Frankfurt/Main 2001), insbes. S. 52 ff.; *Hase,* Verfassungsrechtliche Bewertung der Normsetzung durch den Gemeinsamen Bundesausschuss, MedR 2005, 391 ff.; *Christian Zimmermann,* Der Gemeinsame Bundesausschuss. Normsetzung durch Richtlinien sowie Integration neuer Untersuchungs- und Behandlungsmethoden in den Leistungskatalog der GKV, 2012 (Diss. Köln 2011); *Udo Steiner,* Verfassungsrechtliche Anforderungen an die Begründung von untergesetzlichen Rechtsnormen, GesR 2013, 193 ff.

10 Dazu *Axer,* Das Kollektivvertragsrecht in der vertragsärztlichen Versorgung, in: Friedrich E. Schnapp/Peter Wigge (Hrsg.), Handbuch des Vertragsarztrechts, 2. Aufl. 2006, S. 236 ff.; zur Pflegeversicherung *Volker Neumann,* Normenvertrag, Rechtsverordnung oder Allgemeinverbindlichkeitserklärung? Verfassungsrechtliche Grenzen der vertraglichen Rechtsetzung in der gemeinsamen Pflegeselbstverwaltung und Alternativen, 2002.

11 *Hase* (Fn. 8), insbes. S. 129 ff.

versicherung sind die Grundlagen des Leistungsrechts in Begriffen kodifiziert, die so *offen* gehalten sind (die Leistungen müssen nach § 12 Abs. 1 Satz 1 SGB V „ausreichend, zweckmäßig und wirtschaftlich sein", „sie dürfen das Maß des Notwendigen nicht überschreiten"; nach § 2 Abs. 1 Satz 3 SGB V müssen sie hinsichtlich der „Qualität" und „Wirksamkeit" dem „allgemein anerkannten Stand der medizinischen Erkenntnisse" entsprechen), dass sie heute in einem relevanten Umfang nur bei weiterer *normativer* Konkretisierung in der Praxis anwendbar sind. Die Rechtsprechung des Bundessozialgerichts hat in diesem Zusammenhang – zur Charakterisierung des Behandlungsanspruchs des Versicherten – das Bild eines „Rahmenrechts" geprägt, mit dem nicht zuletzt die Notwendigkeit einer Spezifizierung blankettartig gefasster gesetzlicher Regelungen durch untergesetzliches Recht akzentuiert wird[12].

2. Selbstverwaltung als ungesicherte Form der Organisation und Ausübung öffentlicher Gewalt

Mit der Ausarbeitung einer strukturell in vieler Hinsicht neuartigen untergesetzlichen Normativität, die gleichsam systematisch auf den extrem beschleunigten Wandel und die wachsende Ungewissheit medizinischen Wissens eingestellt ist, hat die Selbstverwaltung in der gesetzlichen Krankenversicherung gerade in der allerletzten Zeit eine bemerkenswerte Kreativität und Leistungsfähigkeit bewiesen. Sie hat aber genau damit Reaktionen hervorgerufen, durch die offenbar geworden ist, in welchem Maße ihre *eigenen Grundlagen* einer Klärung bedürfen. Die Legitimität einer Rechtsetzung durch Einrichtungen wie den Gemeinsamen Bundesausschuss wird in der Literatur zum Teil schon seit Längerem bestritten[13], in einer neueren Entscheidung, die weithin nur obiter dicta enthält, hat insoweit auch der Erste Senat des Bundesverfassungsgerichts Zweifel angemeldet[14]. Die neuere Gesetzgebung schließlich scheint im Krankenversicherungsrecht kaum auf eine Stärkung der Selbstverwaltung gerichtet zu

---

12 Grundlegend BSGE 73, 271, 278 ff.; vgl. jetzt aber auch BSGE 117, 10, 12 ff.

13 Vgl. nur *Thorsten Kingreen,* Knappheit und Verteilungsgerechtigkeit im Gesundheitswesen, VVDStRL 70 (2011), S. 152 ff., 175 ff.

14 Beschluss vom 10. November 2015, BVerfGE 140, 229 ff.; vgl. auch *Ferdinand Kirchhoff,* Die Selbstverwaltung hat sich bewährt, Interview in der Deutschen Apothekerzeitung vom 23. Mai 2016, DAZ.online.

sein, gerade auch soweit sie Neuregelungen mit einem entsprechenden Titel versieht[15]. – Grundsätzliche Einwände gegen die in Rede stehende untergesetzliche Regelbildung werden in erster Linie auf das verfassungsrechtliche *Demokratiegebot* (Art. 20 Abs. 1 und 2 GG) gestützt: Diese Normgebung gehe über eine Regelung „eigener Angelegenheiten" durch „Betroffene" und damit über eine Realisierung des Selbstverwaltungsgedankens hinaus, der Sache nach werde zumindest zum Teil eine allgemeine Rechtsetzung ausgeübt, die dem Parlament und dem von ihm ermächtigten Verordnungsgeber vorbehalten sei. Letztlich wird dabei zumeist auf das Argument rekurriert, in personeller Hinsicht seien Selbstverwaltungsorgane nicht vom Volk legitimiert[16]. Mit solchen Diagnosen sind stets Abhilfevorschläge verbunden, etwa der, ministerielle Verordnungen an die Stelle des von Selbstverwaltungseinrichtungen geschaffenen Rechts zu setzen, bisweilen wird auch gefordert, die Normgebung der Selbstverwaltung einer umfassenden Fachaufsicht zu unterwerfen[17]. Die Ausweitung *staatlicher* Handlungs- und Einwirkungsmöglichkeiten scheint jedenfalls die *einzige* Perspektive zu sein, die sich aus den verfassungsrechtlichen Einwänden gegen die untergesetzliche Regelbildung ergibt.

Gegen eine auf das Demokratiegebot gestützte Kritik der Normsetzung ist natürlich nichts einzuwenden, wohl aber dagegen, dass

- Legitimationsfragen aufgeworfen werden, *bevor* eingehende Analysen oder auch nur genauere Beschreibungen des zu beurteilenden Gegenstands geleistet worden sind und
- die Selbstverwaltung an Legitimationskriterien gemessen wird, die allein auf die – ganz zu Unrecht als universelles Modell der administrativen Erledigung öffentlicher Aufgaben gesehene – Ministerialverwaltung zugeschnitten sind[18].

---

15 Im „GKV-elbstverwaltungsstärkungsgesetz" vom 21. Februar 2017 (BGBl. I, 2665) sind jedenfalls in erster Linie Regelungen enthalten, mit denen die staatliche Aufsicht ausgeweitet wird.

16 In diesem Sinne etwa *Kingreen,* Verfassungsrechtliche Grenzen der Rechtsetzungsbefugnis des Gemeinsamen Bundesausschusses im Gesundheitsrecht, NJW 2006, 877, 879 f.

17 Vgl. nur *Kirchhoff* (Fn. 14); *Kingreen,* Der Gemeinsame Bundesausschuss vor dem BVerfG: Das Tor liegt in der Luft!, MedR 35 (2017), 8, 13 ff.

18 Kritisch dazu bereits *Winfried Kluth,* Funktionale Selbstverwaltung, DV 35 (2002), 349, 358 ff.; *Diana Zacharias,* Das Prinzip der demokratischen Legitimation, Jura 2001, 446, 448 ff.; *Stefan Muckel,* Die Selbstverwaltung in der Sozialver-

Gerade dort, wo durch ein Verwaltungshandeln in einem so umfassenden Sinne *rechtliches Neuland* erschlossen wird, in dem dies bei der untergesetzlichen Normgebung in der gesetzlichen Krankenversicherung der Fall ist, setzen Bewertungen ein fundiertes *Verständnis* der jeweiligen Gegebenheiten voraus. Die damit aufgeworfenen Fragen aber sind alles andere als trivial.

II. Die Erzeugung von Regeln bei wachsender Komplexität und Instabilität medizinischen Wissens

Vieles spricht dafür, dass der anhaltende Aufschwung der untergesetzlichen Regelsetzung in tiefgreifenden Veränderungen des Verhältnisses zwischen rechtlicher *Normativität* und gesellschaftlicher *Faktizität,* das heißt in einer strukturellen Umbildung des Rechts selbst begründet ist. Recht dient stets der Ordnung des Verhaltens von Personen. In den meisten Rechtssätzen, die sich auf die medizinisch-gesundheitliche Versorgung beziehen, sind Fragen der *Wirksamkeit* und der *Unbedenklichkeit* bestimmter diagnostischer oder therapeutischer Maßnahmen (Mittel, Methoden) geregelt. Das Fachwissen, das hier für ein sachlich begründetes Urteil benötigt wird, stand parlamentarischen Körperschaften auch in früheren Zeiten nicht unmittelbar zu Gebote, die Gesetzgebung konnte aber *unterstellen,* dass *in der Gesellschaft* ein solches Wissen vorhanden ist: Wissen gilt im überkommenen Recht als eine universelle, relativ stabile Ressource, die in sozialen Prozessen „von selbst" entsteht und erhalten wird[19].

---

sicherung auf den Prüfstand des Demokratieprinzips, NZS 2002, 118, 120 ff., *Hase,* Soziale Selbstverwaltung, in: HStR VI, § 145 Rn. 6 ff.

19 Zu den Wissensgrundlagen des Rechts etwa *Burkard Wollenschläger,* Wissensgenerierung im Verfahren, 2009, insbes. S. 53 ff.; *Christian Quabeck,* Dienende Funktion des Verwaltungsverfahrens und Prozeduralisierung, 2010, insbes. S. 190 ff.; die Beiträge in: *Ino Augsberg* (Hrsg.), Extrajuridisches Wissen im Verwaltungsrecht, 2013; *Heiner Raspe,* Der „allgemein anerkannte Stand der medizinischen Erkenntnisse" – das Konzept der Evidence-Based-Medicine, GesR 2011, 449 ff.; *Karl-Heinz Ladeur,* Wissenserzeugung im und durch Recht – und das Problem der „evidenzbasierten Medizin", GesR 2011, 455 ff.; *ders.,* Regulierung des Gesundheitswesens unter den Bedingungen der „datenbasierten Medizin", MedR 2016, 686 ff.; Wissenserzeugung im Sozialrecht und der Aufstieg von „Big Data", in: Benedikt Buchner/Karl-Heinz Ladeur (Hrsg.), Wissensgenerierung und Verarbeitung im Gesundheits- und Sozialrecht, S. 89 ff.; *Hase,* Medizinische Bewertungen und normative Vorgaben des Rechts, ZEFQ 106 (2012), 168 ff.; *ders.,*

Dies schließt die Annahme ein, dass sich im Zuge von Kommunikation und Interaktion Bestände „gesicherter" („vorherrschender", „relevanter") Annahmen, Sichtweisen usw. herausbilden werden, die sich zumeist nur relativ langsam verändern, dass daher jederzeit ein Wissen aufgefunden und bestimmt werden kann, das gesellschaftlich oder in den jeweiligen Fachkreisen – mehr oder weniger – *anerkannt* ist. – In diesem Sinne ist auch im Medizin- und Gesundheitsrecht *vorausgesetzt* worden, dass die – durchweg auf die *Wirkungen* kurativer Maßnahmen und Methoden bezogenen – gesetzlichen Begriffe und Vorgaben insofern „anwendbar" sind, als sich das benötigte Wissen in den maßgeblichen Expertenkreisen selbst zu „tragfähigen" Einheiten zusammenschließt, die eindeutige Aussagen über reale Gegebenheiten erlauben. Besonders deutlich kommt dies in den Verweisen auf den „allgemein anerkannten Stand der medizinischen Erkenntnisse" zum Ausdruck, die in zahllosen rechtlichen Bestimmungen enthalten sind[20].

Die hier vorausgesetzte „Selbstorganisation" gesellschaftlichen Wissens ist aber im Gesundheitsbereich – wie in anderen sozialen Sektoren – in wachsendem Maße in Frage gestellt, und genau darauf scheint der enorme Aufschwung des untergesetzlichen Rechts letztlich zurückzuführen sein. Das weltweit extrem rasch anwachsende und sich permanent verändernde, weithin digitalisierte medizinische Wissen ist so *komplex, speziell* und *disparat* geworden, dass eine „spontane" – grundsätzlich von jedem Experten zu leistende oder doch nachzuvollziehende – Rückbindung auf gesicherte professionelle Erkenntnisse vielfach ausgeschlossen ist. Man kann dies vielleicht so ausdrücken, dass „die Medizin", von der zuvor eindeutige Antworten grundsätzlich auf alle bei der Anwendung des Rechts aufgeworfenen Fachfragen erwartet werden konnten, jetzt mit einer Vielzahl unterschiedlicher und nicht selten dissonanter, selbst innerhalb der Profession nicht oder nicht mehr ohne Weiteres verständlicher Stimmen

---

Sozialrecht und die Integration gesellschaftlichen Wissens, in: Peter Masuch u.a. (Hrsg.), Grundlagen und Herausforderungen des Sozialstaats – Denkschrift 60 Jahre Bundessozialgericht, Band 1, Eigenheiten und Zukunft von Sozialpolitik und Sozialrecht, 2014, S. 423 ff.; die Komplexität medizinischen Wissens und die Bedingungen rechtlicher Regelbildung und Entscheidungsfindung, in: Das Sozialrecht und seine Nachbardisziplinen. 13. Sozialrechtslehrertagung des Deutschen Sozialrechtsverbands e.V., 26./27. März 2015 in Kassel, 2015, S. 31 ff.

20 So in § 2 Abs. 1 Satz 3 SGB V (und in vielen weiteren Bestimmungen des Krankenversicherungsrechts), in § 16 Abs. 1 TPG, in §§ 5 Abs. 2, 25 Abs. 2, 25a Abs. 1 AMG.

spricht. – Dies wiederum hat zu einer grundlegenden Umorientierung der Medizin selbst geführt, in der vor allem Innovationen – neue Mittel, Methoden, Behandlungsweisen usw. – zunehmend *durch Organisation* erfasst, das heißt in geordneten Verfahren analysiert, bewertet und auf definierte Standards bezogen werden: Die „spontane Ordnung des Wissens", die auf einer fortlaufenden – impliziten oder virtuellen, im konkreten Konfliktfall aber durchaus auch zu explizierenden – „Rückkoppelung" allen fachlichen Urteilens und Handelns mit der *Anerkennung* im Kreis der Experten beruht, wird von einer fachlich-professionellen, auf Managementmethoden gestützten „Organisation des Wissens" überlagert oder abgelöst. Im deutschen Gesundheitssystem schlägt sich ein solches Wissensmanagement vor allem in medizinischen Orientierungsgrößen wie den Leitlinien der Wissenschaftlichen Fachgesellschaften nieder[21].

Hier aber setzt die untergesetzliche Normbildung an: Der extrem beschleunigte, vielfach chaotisch-disruptive Wandel medizinischen Wissens und kurativer Methoden, in den ein fachlich-professionelles Management bereits fortlaufend Ordnungsmuster und Strukturen „einzuziehen" sucht, soll durch sie in der Weise in *rechtliche* Programme eingestellt und auf das *Gesetz* bezogen werden, dass *dessen* Vorgaben optimal zu verwirklichen sind: Untergesetzliches Recht wird zum *Mittel*, durch das gesetzliche Bestimmungen auch bei rasch voranschreitender *Dezentrierung* des relevanten Fachwissens in der Praxis Wirksamkeit entfalten können. Insoweit ist hier (im Gesundheitssektor wie in anderen Bereichen) ein neuartiges dialogisch-interaktives Verhältnis, ein „Zusammenspiel" von gesetzlicher Steuerung und untergesetzlicher Rechtserzeugung entstanden, für das es bislang weder angemessene Begriffe noch hinreichend ausgearbeitete wissenschaftliche Konzepte gibt. Dem aber muss Rechnung getragen werden, wenn Fragen der verfassungsrechtlichen Legitimation des untergesetzlichen, von Selbstverwaltungseinrichtungen geschaffenen Rechts aufgeworfen werden sollen.

---

21 Dazu nur die Beiträge in: *Dieter Hart* (Hrsg.), Ärztliche Leitlinien. Empirie und Recht professioneller Normsetzung, 2000; Ärztliche Leitlinien im Medizin- und Gesundheitsrecht. Recht und Empirie professioneller Normbildung, 2005; *Judith Ihle,* Ärztliche Leitlinien, Standards und Sozialrecht, 2007 (Diss. Bremen 2006), insbes. S. 70 ff.; *Jochen Taupitz,* Medizinische Informationstechnologie, leitliniengerechte Medizin und Haftung des Arztes, AcP 211 (2011), 352 ff.

III. Gesetzliche Entscheidung und untergesetzliche Regelbildung

Zunächst ist festzuhalten, dass die Normgebung durch Einrichtungen der Selbstverwaltung in der gesetzlichen Krankenversicherung in vollem Umfang durch Vorgaben des Parlaments „gedeckt" ist. Mit allen Regelungen, die etwa der Gemeinsame Bundesausschuss nach § 92 SGB V trifft, werden Entscheidungen verwirklicht, die im Gesetz niedergelegt sind: Die Behandlungsansprüche der Versicherten sind in den §§ 20 ff. und 27 ff. SGB V spezifiziert, alle Leistungen sind an den Anforderungen des Wirtschaftlichkeitsgebots (§ 12 Abs. 1 SGB V) zu messen, in ihrer Qualität und Wirksamkeit müssen sie, wie schon erwähnt, dem allgemein anerkannten Stand der medizinischen Erkenntnisse entsprechen (§ 2 Abs. 1 Satz 3 SGB V). Diese Regelungen galten auch schon, *bevor* der Gemeinsame Bundesausschuss eingerichtet und zur Richtliniengebung ermächtigt worden ist, der Struktur nach vergleichbare Bestimmungen waren bereits in *früheren* gesetzlichen Ausgestaltungen des Krankenversicherungsrechts enthalten[22].

Welche Maßnahmen und Methoden bei der Behandlung bestimmter Krankheiten „zweckmäßig" sind und was dabei im Einzelnen „ausreichend" und „notwendig" ist, war früher – direkt – aufgrund allgemein gefasster gesetzlicher Vorgaben von den Leistungsträgern zu entscheiden, die in erster Linie die Einschätzung der in das Leistungsgeschehen einbezogenen Ärzte zugrunde zu legen hatten, deren Urteil wiederum im common general knowledge der Profession abgestützt war: In einem auf die Homogenität und Stabilität medizinischen Wissens eingestellten Krankenversicherungsrecht wurde unterstellt, dass die Entscheidung über den Behandlungsanspruch des Versicherten im Einzelfall mit Hilfe der ärztlichen Expertise aus dem Gesetz selbst herzuleiten sei. In diesem Sinne konnte das Gesetz grundsätzlich als „perfekte", abgeschlossene, aus sich heraus – unabhängig von den disparaten Anwendungsbedingungen und -zusammenhängen – geltende Regel gesehen werden, Rechts*setzung* und Rechts*anwendung* blieben grundsätzlich voneinander getrennt[23].

---

22 Vgl. nur § 182 Abs. 2 RVO: „Die Krankenpflege muss ausreichend und zweckmäßig sein, sie darf jedoch das Maß des Notwendigen nicht überschreiten".

23 Das klassische Naturgesetz kann vielleicht als ein Modell gesehen werden, auf das sich ein solches Verständnis des Verhältnisses von Rechts*gesetz* und Rechts*anwendung* bezieht; zu neuzeitlichen naturwissenschaftlichen Konzepten näher *Mi-*

Weil die fachliche Expertise aufgrund der Tendenz zur Dezentrierung eines immer rascher anschwellenden medizinischen Wissens aus sich heraus häufig keinen direkten und verlässlichen Zugang zu den im Gesetz abstrakt geregelten Fragen der Wirksamkeit und der Unbedenklichkeit medizinisch-kurativer Maßnahmen und Methoden mehr eröffnet, bedarf es einer untergesetzlichen Normgebung, die in der skizzierten Weise zwischen Rechtsetzung und Rechtsanwendung *„vermittelt“*: Ihre überaus anspruchsvolle Aufgabe besteht darin, in extrem komplexen und instabilen Regelungsbereichen – auf der Grundlage des weltweit verfügbaren, häufig nicht oder nicht eindeutig gesicherten, durch ein professionelles Management fortlaufend aufbereiteten Wissens – Bedingungen der *Anwendung* gesetzlicher Bestimmungen gleichsam *innerhalb der Normativität* selbst zur Geltung zu bringen („Verschleifung“ von Rechtsetzung und Rechtsanwendung)[24].

Aus alledem ergibt sich bereits, dass die Herausbildung und Aufwertung einer untergesetzlichen Normativität nicht auf eine Erweiterung der Regelungs- und Entscheidungsmacht hinausläuft, die im Rahmen des Krankenversicherungssystems ausgeübt wird. Dies darf bei der Beurteilung der verfassungsrechtlichen Legitimität des untergesetzlichen Rechts nicht außer Acht gelassen werden. Auch *bevor* es in der gesetzlichen Krankenversicherung als Rechtsnormen anerkannte Richtlinien im Sinne des § 92 SGB V gab, war dort aufgrund einer fachlichen (durch den „medizinischen Standard“ bestimmten) Beurteilung der Zweckmäßigkeit und Erforderlichkeit der jeweils in Betracht kommenden Behandlungsmaßnahmen verbindlich über die Ansprüche der Versicherten zu entscheiden. Mit der Ermächtigung des Gemeinsamen Bundesausschusses zur Rechtsetzung hat das Krankenversicherungsrecht die entsprechende öffentlich-rechtliche Regelungsmacht – nur – in einer neuen Weise strukturiert, es hat ihr eine neue, normative Dimension eröffnet. Die Legitimität der Entscheidungen, die von den Leistungsträgern nach früherem Recht aufgrund des damals verfügbaren medizinischen Wissens über die Ansprüche der Versicherten zu treffen waren, wurde niemals in Frage gestellt. Insofern ist es bemerkenswert, dass jetzt Bedenken gegen eine Weiterentwicklung des Rechts

---

chael Hampe, Eine kleine Geschichte des Naturgesetzbegriffs, 2007, insbes. S. 64 ff.

24 Dazu *Hase,* Medizinische Bewertungen und normative Vorgaben des Rechts, ZEFQ 106 (2012), 168 ff.; Die Komplexität des Wissens und die Legitimation rechtlicher Normsetzung (Fn. 8), insbes. S. 129 ff.

erhoben werden, deren Notwendigkeit sich zumindest im Grundsatz aus tiefgreifenden Veränderungen der Medizin und der gesundheitlichen Versorgungssysteme ergeben hat.

IV. Resümee und Ausblick

Am Beispiel der gesetzlichen Krankenversicherung wurde hier gezeigt, dass der untergesetzlichen, von Selbstverwaltungsorganen getragenen Normsetzung, die zum Teil als ein – von Verfassungsrechts wegen nur in bestimmten Grenzen zu duldender – Fremdkörper im parlamentarisch-demokratischen System gesehen wird, heute in extrem komplexen Verwaltungsbereichen geradezu eine Schlüsselrolle bei der Verwirklichung einer auf das Parlamentsgesetz zentrierten öffentlichen Regulierung zugewiesen ist: In Materien, die von sehr rasch anwachsendem, veränderlichem und inhomogenem Wissen geprägt sind, werden offenbar durch sie – durch die fortlaufende Rezeption, Ordnung und verbindliche (in hohem Maße experimentelle und insofern stets reversibel zu haltende) normative Bewertung der jeweils relevanten Erkenntnisse – Voraussetzungen dafür geschaffen, dass gesetzliche Regeln in der Rechts- und Verwaltungspraxis „anwendbar" bleiben, und zwar in dem Sinn, dass die vorgegebenen Programme effektive Wirksamkeit erlangen können[25]. Dies wiederum setzt die Anerkennung der – relativen – *Eigenständigkeit* der untergesetzlichen Normgebung voraus, die über institutionelle „Sensoren" verfügt, die zur Aufnahme, Bearbeitung und rechtlichen Beurteilung hochgradig spezialisierten und dynamischen Wissens erforderlich sind[26].

Dass die Unabhängigkeit der fachlichen Expertise respektiert werden muss, auf die sich die untergesetzliche Normsetzung stützt, sollte zumindest im Grundsatz aus sich heraus einleuchtend sein. Die rechtliche Eigenständigkeit der untergesetzlichen Normgebung ist aber nicht allein in diesem Gesichtspunkt begründet, soweit diese Normsetzung bei Organen der Selbstverwaltung liegt, muss vor allem auch der Spezifik der öffentlichen Aufgaben und Zwecke Rechnung getragen werden, auf deren Erfüllung die jeweilige Einrichtung festgelegt ist. Selbstverwaltungskörper sind

---

25 Dazu bereits *Hase* (Fn. 8), S. 125, 129 ff.

26 Exemplarisch ist hier das Institut für Qualität und Wirtschaftlichkeit im Gesundheitswesen anzuführen, das der Gemeinsame Bundesausschuss nach Maßgabe des § 139a SGB V gegründet hat.

durchweg geschaffen worden, um Belange, die sich aus der Entfaltung grundrechtlich gewährleisteter Freiheit ergeben, in einer öffentlich-rechtlichen Organisationsform, das heißt mit über die Grenzen der Privatrechtsordnung hinausreichenden Mitteln zur Geltung zu bringen. Daraus aber ist zu erschließen, dass an Selbstverwaltungsorgane gerichtete Normsetzungsermächtigungen stets den an die rechtlich in das jeweilige Regelungssystem integrierten Kräfte und Akteure adressierten „Auftrag" implizieren, ihre spezifischen, durch die öffentlich-rechtliche Organisation vermittelten Belange in den Prozess der praktischen Verwirklichung des einschlägigen Rechts einzubringen. Dies kann nicht als eine Form der Infiltration hoheitlicher Regelungsmacht durch gesellschaftliche Partikularinteressen hingestellt werden, es handelt sich vielmehr um einen bedeutsamen Aspekt der Dialektik, die das Konzept des Sozialstaats und insbesondere das Institut der öffentlich-rechtlichen Selbstverwaltung bestimmt.

Bindung der Schiedsämter und Schiedsstellen an die Richtlinien des Gemeinsamen Bundesausschusses oder Normverwerfungskompetenz der Schiedsämter und Schiedsstellen?

Martin Krasney

Gerhard Igl ist neben seinen beeindruckenden wissenschaftlichen Tätigkeiten ein ebenso fester Bestandteil in der gesundheitsrechtlichen Praxis. Er war und ist Mitglied in verschiedenen im SGB V und SGB XI vorgeschriebenen Schiedsstellen und Schiedsämtern auf Landes- und Bundesebene. So war er beispielsweise lange Jahre unparteiisches Mitglied des Bundesschiedsamtes für die vertragszahnärztliche Versorgung nach § 89 Abs. 4 SGB V. Damit prägt Gerhard Igl bereits seit Jahrzehnten sowohl als ausgewiesener und anerkannter Wissenschaftler als auch als zupackender und engagierter Praktiker maßgeblich die gesundheitliche Versorgung in Deutschland. Den Schiedsstellen und Schiedsämtern, in denen er tätig war und ist, kommt diese – nicht zu oft vorkommende - Kombination im besonderen Maße zu Gute. Der Festschriftbeitrag widmet sich der Frage, ob Gerhard Igl und „seine“ Schiedsstellen und Schiedsämter bei ihren Entscheidungen an die Richtlinien des Gemeinsamen Bundesausschusses gebunden sind.

I. Einführung und Anlass der Fragestellung

Aufgrund von zwei Entscheidungen des Landessozialgerichts Berlin-Brandenburg[1] besteht in der Praxis der Schiedsstellen und Schiedsämter (Schiedsstellen) sowie der die Schiedsstellen bildenden Vertragsparteien Unsicherheit darüber, inwiefern sie bei ihren Entscheidungen an die Richtlinien des Gemeinsamen Bundesausschusses (G-BA) gebunden sind. Das LSG Berlin-Brandenburg hat die Bindung der Schiedsstelle an die Richtli-

1 LSG Berlin-Brandenburg Beschlüsse vom 23.12.2015 – L 1 KR 550/15 KL ER und vom 22.5.2014 – L 1 KR 108/14 KL ER.

nien des G-BA verneint. Es hat der Schiedsstelle nach § 130b Abs. 5 SGB V darüber hinaus sogar noch die Pflicht auferlegt, die Richtlinien des G-BA zu überprüfen[2]. Infolge dieser Entscheidungen ist bereits in einzelnen Schiedsstellensitzungen die Frage diskutiert worden, ob die Schiedsstelle nun an die Beschlüsse (Richtlinien) des G-BA gebunden ist oder nicht. Mittlerweile hat allerdings der 9. Senat des LSG Berlin-Brandenburg die Bindungswirkung des G-BA Beschlusses auch für die Schiedsstelle nach § 130b Abs. 5 SGB V deutlich bejaht.[3] (Nach bejaht dann eine neue Fußnote)

Die Beschlüsse des LSG Berlin-Brandenburg ergingen zwar zu Entscheidungen der Schiedsstelle nach § 130b Abs. 5 SGB V („AMNOG-Schiedsstelle“). Die vom LSG Berlin-Brandenburg getroffenen Überlegungen lassen sich aber entsprechend auf alle anderen Schiedsstellen nach dem SGB V und SGB XI übertragen. Die grundsätzlichen Erwägungen des LSG Berlin-Brandenburg beruhen insofern nicht auf den Besonderheiten des Erstattungsbetragsverfahrens nach den §§ 35a, 130b SGB V („AMNOG-Verfahren“). Sie betreffen einen für alle Schiedsstellen entscheidenden Punkt: „Ist die Schiedsstelle an die Richtlinien des G-BA gebunden oder kann oder muss sie sogar gegebenenfalls von ihnen abweichen?“.

Der Festschriftbeitrag versucht diese Frage zu beantworten. Dafür beschreibt er zur besseren Verständlichkeit zunächst kurz das AMNOG-Verfahren (II.). Anschließend stellt er die gesetzlichen Grundlagen zur Bindungswirkung der G-BA Richtlinien dar (III.). Danach wird näher auf die beiden Beschlüsse des LSG Berlin-Brandenburg (IV.) und ihre bereits eingetretenen Auswirkungen auf die Schiedsstellenpraxis (V.) eingegangen. Schließlich wird unter dem Gliederungspunkt „Keine Normverwerfungskompetenz“ der Schiedsstellen die Ansicht vertreten, dass die Schiedsstellen entgegen der bisherigen Spruchpraxis des LSG Berlin-Brandenburg an die Richtlinien des G-BA gebunden sind (VI.).

Auf Grund der nachvollziehbaren Seitenvorgaben können die einzelnen Aspekte nicht abschließend behandelt werden. Bestenfalls wird die Problematik deutlich und gibt Anlass, sich mit den hier nur „angerissenen“ Argumenten weiter und tiefergehend auseinanderzusetzen.

---

2 LSG Berlin-Brandenburg 23.12.2015 – L 1 KR 550/15 KL ER.

3 LSG Berlin-Brandenburg 28.6.2017 – L 9 KR 213/16 KL.

II. Das AMNOG-Verfahren

Dem sogenannten „AMNOG-Verfahren“[4] unterliegen Arzneimittel mit neuen Wirkstoffen, die ab dem 1.1.2011 in Deutschland in den Verkehr gebracht werden. Der G-BA überprüft diese Arzneimittel in einem Nutzenbewertungsverfahren auf ihren Zusatznutzen gegenüber der zweckmäßigen Vergleichstherapie (1.). Anschließend verhandeln der GKV-Spitzenverband und der pharmazeutische Unternehmer für dieses Arzneimittel den Erstattungsbetrag (2.). Können sie sich nicht auf den Erstattungsbetrag einigen, setzt die Schiedsstelle nach § 130b Abs. 5 SGB V den Preis fest (3.).

1. Das Zusatznutzenbewertungsverfahren des G-BA (§ 35a SGB V)

Dem Zusatznutzenbewertungsverfahren (Nutzenbewertung) unterliegen Arzneimittel mit neuen Wirkstoffen[5], die ab dem 1.1.2011 in Deutschland in den Verkehr gebracht werden (§ 35a SGB V).

Die Nutzenbewertung des G-BA erfolgt in zwei Schritten. Zum einen die (wissenschaftliche) Nutzenbewertung (a.). Zum anderen der (tatsächliche) Nutzenbewertungsbeschluss (b.).

a) Die (wissenschaftliche) Nutzenbewertung durch den G-BA (§ 35a Abs. 2 SGB V)

Der erste Schritt ist die (wissenschaftliche) Nutzenbewertung. Mit ihr wird geprüft, ob und mit welcher Wahrscheinlichkeit[6] sowie in welchem Aus-

---

4 Das Nutzenbewertungsverfahren und das Erstattungsbetragsverfahren nach dem Gesetz zur Neuordnung des Arzneimittelmarktes in der gesetzlichen Krankenversicherung (Arzneimittelmarktneuordnungsgesetz-AMNOG) vom 22.12.2010, BGBl I S. 2262.

5 § 2 Abs. 1 AM-NutzenV. Danach gilt ein Arzneimittel solange als ein Arzneimittel mit einem neuen Wirkstoff, wie für das erstmalig zugelassene Arzneimittel Unterlagenschutz besteht. Dieser besteht grundsätzlich acht Jahre (Art. 14 Abs. 11 VO (EG) 726/2004) und ist von der zehnjährigen Marktexklusivität zu trennen (Art. 10 Abs. 1 VO (EG) 2001/83); dazu Meier in: Meier/von Czettritz/Gabriel/Kaufmann, Pharmarecht, § 4 Rn. 188 f.

6 § 7 Abs. 2 Sätze 2 und 7 AM-NutzenV.

maß[7] das zu bewertende (neue) Arzneimittel einen Zusatznutzen gegenüber der zweckmäßigen Vergleichstherapie hat[8]. Der G-BA kann die Nutzenbewertung selbst durchführen. Er beauftragt jedoch - wie es § 35a Abs. 2 Satz 1 SGB V ermöglicht - regelmäßig das Institut für Qualität und Wirtschaftlichkeit im Gesundheitswesen (IQWiG) mit der Durchführung dieser wissenschaftlichen Nutzenbewertung. Diese (wissenschaftliche) Nutzenbewertung ist eine gutachterliche und rechtlich nicht bindende Stellungnahme[9]. Sie ist innerhalb von drei Monaten durchzuführen und im Internet zu veröffentlichen (§ 35a Abs. 2 SGB V).

b) Der Beschluss des G-BA über den Zusatznutzen (§ 35a Abs. 3 SGB V)

Der zweite Schritt ist die Beschlussfassung des G-BA über den Zusatznutzen. Mit diesem Beschluss stellt er insbesondere den Zusatznutzen des (neuen) Arzneimittels verbindlich fest (§ 35a Abs. 3 Satz 3 SGB V). Darüber hinaus trifft der G-BA aber beispielsweise Feststellungen zur Anzahl der Patienten und zur Abgrenzung der für die Behandlung in Frage kommenden Patientengruppen (§ 20 Abs. 3 Nr. 2 VerfO-G-BA) und zu den Anforderungen an die qualitätsgesicherte Anwendung des bewerteten neuen Arzneimittels (§ 20 Abs. 3 Nr. 3 VerfO-G-BA). Der G-BA kann bei seinem Beschluss von der (wissenschaftlichen und gutachterlichen) Nutzenbewertung abweichen[10]. Er muss den Beschluss innerhalb von drei Monaten nach Veröffentlichung der Nutzenbewertung fassen (§ 35a Abs. 3 Satz 1 SGB V). Damit ist sichergestellt, dass das gesamte Nutzenbewertungsverfahren innerhalb von sechs Monaten abgeschlossen ist.

Während die Nutzenbewertung (erster Schritt) somit lediglich eine gutachterliche und nicht bindende wissenschaftliche Stellungnahme ist, ist der G-BA-Beschluss (zweiter Schritt) die verbindliche Feststellung über den Zusatznutzen und die sonstigen vom G-BA getroffenen Feststellungen

---

7 § 7 Abs. 2 Sätze 2 und 7 AM-NutzenV.

8 Die zweckmäßige Vergleichstherapie ist diejenige Therapie, deren Nutzen mit dem Nutzen des (neuen) Arzneimittels verglichen wird (§ 6 des 5. Kapitels der VerfO-G-BA). Diese zweckmäßige Vergleichstherapie bestimmt grundsätzlich der G-BA (§ 35a Abs. 1 Satz 9 SGB V).

9 BT-Drucks. 17/2413 S. 22.

10 BT-Drucks. 17/2413 S. 22.

(insbesondere zur Patientenzahl, zu den Anforderungen an die qualitätsgesicherte Anwendung und zu den Therapiekosten)[11].

Der Beschluss des G-BA ist Teil der Arzneimittelrichtlinie nach § 92 Abs. 1 Satz 2 Nr. 6 SGB V. Das ist in § 35a Abs. 3 Satz 6 SGB V ausdrücklich geregelt. Damit ist der Beschluss über die Nutzenbewertung eine untergesetzliche Normsetzung[12]. Er ist deshalb auch nach § 94 Abs. 2 SGB V im Bundesanzeiger bekannt zu machen.

2. Die Vereinbarung des Erstattungsbetrages (§ 130b SGB V)

Nach § 130b Abs. 1 Satz 1 SGB V sind der GKV-Spitzenverband und der jeweilige pharmazeutische Unternehmer verpflichtet, Erstattungsbeträge für Arzneimittel mit neuen Wirkstoffen zu vereinbaren.

Grundlage für die Vereinbarung des Erstattungsbetrages ist nach § 130b Abs. 1 Satz 1 SGB V der Nutzenbewertungsbeschluss des G-BA. Das Nutzenbewertungsverfahren nach § 35a SGB V dient damit ausschließlich der Vereinbarung des Erstattungsbetrages[13]. Der Beschluss des G-BA ist somit Voraussetzung und maßgebliches Kriterium zur Vereinbarung des Erstattungsbetrages. Daneben sind gem. § 130b Abs. 9 Satz 2 SGB V die anderen Preiskriterien (tatsächliche Abgabepreise in anderen europäischen Ländern und vergleichbare Arzneimittel) lediglich zu berücksichtigen. Die gesetzlichen Vorgaben setzt die Rahmenvereinbarung nach § 130b Abs. 9 SGB V um. Ferner ist dort deklaratorisch noch einmal geregelt, dass der G-BA Beschluss mit seinen Feststellungen gem. § 20 Abs. 3 VerfO-G-BA das entscheidende Kriterium ist (§ 5 Abs. 2 und § 6 Abs. 1 der Rahmenvereinbarung). Damit ist klargestellt, dass auch die Feststellungen des G-BA in seinem Beschluss nach § 35a SGB V zur Anzahl der Patienten und zu den Anforderungen an eine qualitätsgesicherte Anwendung für die Vereinbarung des Erstattungsbetrages maßgeblich sind.

Der G-BA Beschluss ist insofern sowohl nach den gesetzlichen als auch nach den rahmenvertraglichen Bestimmungen für die Vereinbarung des Erstattungsbetrages das maßgebliche Kriterium.

11 § 20 Abs. 3 VerfO-G-BA.
12 LSG Berlin-Brandenburg 15.5.2013 – L 7 KA 105/12 KL - juris Rn. 34.
13 BT-Drucks. 17/2413 S. 19 und S. 23.

3. Die Schiedsstelle nach § 130b Abs. 5 SGB V

Können sich die Vertragsparteien (GKV-Spitzenverband und der pharmazeutische Unternehmer) nicht auf den Erstattungsbetrag oder auf andere Vertragsbestandteile verständigen, setzt gem. § 130b Abs. 4 SGB V die Schiedsstelle die Vereinbarung fest. Die Einrichtung und die Zusammensetzung der Schiedsstelle ist in § 130b Abs. 5 SGB V geregelt. Für sie gilt über die Verweisung in § 130b Abs. 6 SGB V die auf der Grundlage des § 129 Abs. 10 SGB V erlassene Schiedsstellenverordnung entsprechend.

Die Schiedsstellen im SGB V sind anerkanntermaßen Behörden im funktionalen Sinn (§ 1 Abs. 2 SGB X)[14]. Dies gilt auch für die Schiedsstelle nach § 130b Abs. 5 SGB V[15]. Sie entscheidet in Angelegenheiten des öffentlichen Rechts (Erstattungsbetrag in der gesetzlichen Krankenversicherung). Ihre personelle Zusammensetzung ist vom Gesetzgeber in Grundzügen vorgegeben (§ 130b Abs. 5 SGB V). Die Einzelheiten ihrer Zusammensetzung, das Verfahren und die Kostenregelung sind durch das Gesetz sowie durch die Schiedsstellenverordnung[16] vorgegeben. Sie ist ferner auf einen dauerhaften Bestand angelegt und sie unterliegt der Rechtsaufsicht durch das Bundesministerium für Gesundheit (§ 130b Abs. 6 Satz 4 SGB V i.V.m. § 129 Abs. 10 Satz 1 SGB V). Von daher ist die Schiedsstelle nach § 130b Abs. 5 SGB V auch nach der gefestigten Rechtsprechung des BSG als Behörde im funktionellen Sinne nach § 1 Abs. 2 SGB X zu qualifizieren[17]. Infolgedessen übt die Schiedsstelle gegenüber den Betroffenen öffentliche Gewalt aus (Art. 20 Abs. 2 Satz 2 GG)[18]. Ihre Entscheidungen sind gegenüber den Vertragsparteien Verwaltungsakte nach § 31 SGB X. Sie ist bei ihrem Handeln somit auch nach Art. 20 Abs. 3 GG an Gesetz und Recht gebunden.

---

14 BSG 25.3.2015 – B 6 KA 9/14 R –juris Rn. 27; BSG 13.11.2012 – B 1 KR 27711 R – juris Rn. 13; BSG 25.11.2010 – B 3 KR 1/10 R; BSG 8.10.2015 – B 3 KR 7/14 R; LSG Berlin-Brandenburg 28.6.2017 – L 9 KR 213/16 KL; Schnapp in: Schnapp/Düring, Handbuch des sozialrechtlichen Schiedsverfahrens, Rn. 19; Wenner in: Eichenhofer/Wenner, SGB V, § 89 Rn. 14.

15 LSG Berlin-Brandenburg 3.3.2016 - L 1 KR 345/15 KL ER; LSG Berlin-Brandenburg 19.3.2015 - L 1 KR 499/14 KL ER.

16 Verordnung über die Schiedsstelle für Arzneimittelversorgung und die Arzneimittelabrechnung – Schiedsstellenverordnung vom 29.9.1994, BGBl I S. 2784.

17 BSG 25.11.2010 – B 3 KR 1/10 R – juris Rn. 19.

18 LSG Berlin-Brandenburg 28.6.2017 – L 9 KR 213/16 KL; Düring/Schnapp in: Schnapp/Düring, Handbuch des sozialrechtlichen Schiedsverfahrens, Rn. 59.

III. Die Bindungswirkung von G-BA Richtlinien

Unter II. 1. wurde dargestellt, dass der Nutzenbewertungsbeschluss des G-BA als Teil der Arzneimittelrichtlinie eine untergesetzliche Normsetzung ist. Er nimmt demnach auch insoweit an der Bindungswirkung von G-BA-Richtlinien teil.

Inwiefern die Richtlinien des G-BA und somit auch die Nutzenbewertungsbeschlüsse verbindlich sind, lässt sich klar beantworten. § 91 Abs. 6 SGB V bestimmt ausdrücklich, dass sie mit Ausnahme der Beschlüsse zu Entscheidungen nach § 136d SGB V für die Träger des G-BA sowie deren Mitglieder und für die Versicherten und die Leistungserbringer verbindlich sind.

Damit sind die Nutzenbewertungsbeschlüsse des G-BA bereits aufgrund der ausdrücklichen gesetzlichen Regelung für die Vertragsparteien nach § 130b SGB V (GKV-Spitzen-verband und pharmazeutische Unternehmer) verbindlich. Der GKV-Spitzenverband ist ein Träger des G-BA. Er ist somit ein Adressat der in § 91 Abs. 6 SGB V angeordneten Bindungswirkung der G-BA Richtlinien. Der pharmazeutische Unternehmer ist ebenfalls an die G-BA Richtlinien gebunden. Er ist Leistungserbringer im Sinne des § 91 Abs. 6 SGB V. Das ergibt sich zum einen aus § 140a Abs. 1 und Abs. 3 SGB V. Danach können Krankenkassen mit den in § 140a Abs. 3 SGB V genannten Leistungserbringern Verträge abschließen. In § 140a Abs. 3 Satz 1 Nr. 5 SGB V sind die pharmazeutischen Unternehmer dann ausdrücklich als Leistungserbringer genannt. Zum anderen ergibt sich vor allem aus den Regelungen in den §§ 130a, 130b, 130c und 131 SGB V, dass der Gesetzgeber die pharmazeutischen Unternehmer in das System der gesetzlichen Krankenversicherung eingebunden hat und als Leistungserbringer ansieht[19].

Die Schiedsstelle ist ebenfalls nach § 91 Abs. 6 SGB V an die Richtlinien des G-BA gebunden. Zwar ist die Schiedsstelle als Behörde im funktionalen Sinn nicht ausdrücklich in § 91 Abs. 6 SGB V genannt. Die Schiedsstelle tritt aber ebenso wie die anderen Schiedsstellen im SGB V an die Stelle der Vertragsparteien[20]. Sie hat somit die gleiche, aber auch nur die

---

19 So auch Bäune in: Eichenhofer/Wenner, SGB V, § 69 Rn 8; Becker/Kingreen in: Becker/Kingreen, SGB V, § 69 Rn. 25; Wendtland in: BeckOK, SGB V, § 69 Rn. 5.

20 Düring/Schnapp in: Schnapp/Düring, Handbuch des sozialgerichtlichen Schiedsverfahrens, Rn. 155.

gleiche Gestaltungsmacht und den gleichen, aber wiederum eben nur den gleichen Gestaltungsspielraum wie die Vertragsparteien, an deren Stelle sie tritt[21]. Damit unterliegt die Schiedsstelle aber auch den gleichen rechtlichen Begrenzungen wie die Vertragsparteien. Da die Vertragsparteien schon auf Grund der ausdrücklichen gesetzlichen Regelung in § 91 Abs. 6 SGB V an den G-BA-Beschluss gebunden sind, ist die Schiedsstelle im gleichen Umfang an den G-BA-Beschluss gebunden[22].

Mit der Regelung in § 91 Abs. 6 SGB V (Bindungswirkung der G-BA Beschlüsse) hat der Gesetzgeber die Rechtsprechung des BSG übernommen. Das Gericht hat die normative Wirkung der G-BA Richtlinien bereits lange vor der Einfügung des § 91 Abs. 6 SGB V in das SGB V anerkannt (untergesetzliche Normen)[23]. Von daher steht die Bindungswirkung der Nutzenbewertungsbeschlüsse auf einem doppelten Boden. Zum einen auf dem Boden des Gesetzes (§ 91 Abs. 6 SGB V). Zum anderen auf dem Boden der höchstrichterlichen Rechtsprechung.

An der Bindungswirkung des G-BA-Beschlusses auch gegenüber der Schiedsstelle nach § 130b Abs. 5 SGB V, ändert auch der durch das Dritte Gesetz zur Änderung arzneimittelrechtlicher und anderer Vorschriften[24] neu gefasste § 130b Abs. 4 Satz 2 SGB V nichts. Nach dieser Regelung entscheidet die Schiedsstelle unter freier Würdigung aller Umstände des Einzelfalles und berücksichtigt dabei die Besonderheiten des jeweiligen Therapiegebietes. Das bedeutet aber selbstverständlich nicht, dass sich die Schiedsstelle bei ihrer Entscheidung im rechtsfreien Raum bewegt. Schon auf Grund ihrer Eigenschaft als Behörde im funktionalen Sinn ist sie an Gesetz und Recht gebunden (Art. 20 Abs. 3 GG). Auch gibt der Wortlaut der Norm nichts dafür her, dass die Schiedsstelle bei ihren Entscheidungen einen weiteren Gestaltungsspielraum hat als die Vertragsparteien. Dementsprechend ist auch in der Begründung des Gesundheitsausschusses[25],

---

21 BSG 13.5.2016 – B 6 KA 20/14 R – juris Rn. 26; BSG 13.8.2014 – B 6 KA 6/14 R – juris Rn. 36; BSG 13.11.2012 – B 1 KR 27/11 R – juris Rn. 27; Düring, Das Schiedswesen in der gesetzlichen Krankenversicherung, S. 133 ff; Wenner in: Eichenhofer/Wenner, SGB V, § 89 Rn. 11 („was die Vertragspartner regeln dürfen, können auch die Schiedsämter festlegen").

22 So zur AMNOG-Schiedsstelle ausdrücklich auch v. Dewitz in: Beck-OK, SGB V, § 130b Rn. 33.

23 Dazu ausführlich Wiegand in: jurisPK-SGB V, § 92 Rn. 25 ff.

24 Gesetz vom 7.8.2013 - BGBl. I S. 3108.

25 Der Gesundheitsausschuss hat die Änderung des § 130b Abs. 4 Satz 2 SGB V empfohlen. Das Parlament ist dieser Empfehlung gefolgt.

ausgeführt, dass die Schiedsstelle bei der Festsetzung des Vertragsinhaltes die gleiche Gestaltungsfreiheit hat, wie die Vertragsparteien[26]. Die Änderung des § 130b Abs. 4 Satz 2 SGB ist damit lediglich eine Klarstellung und Bestätigung der ständigen Rechtsprechung des BSG und der im Schrifttum herrschenden Meinung.

Die Beschlüsse des G-BA binden die Vertragspartner nach § 130b Abs. 1 SGB V und die Schiedsstelle nach § 130b Abs. 5 SGB V somit insbesondere Kraft ausdrücklicher gesetzlicher Anordnung (§ 91 Abs. 6 SGB V). Demnach ist es unerheblich, ob die Beteiligten den G-BA Beschluss für richtig, falsch, unpraktisch oder für an der Versorgungswirklichkeit vorbeigehend ansehen. Sie sind nicht an den G-BA Beschluss gebunden, weil sie dem inhaltlich zustimmen. Sie sind an ihn gebunden, weil es das Gesetz so bestimmt. Die Kompetenz, die untergesetzlichen Normen des G-BA zu überprüfen, haben ausschließlich die Gerichte. Das im SGB V geregelte System der gesetzlichen Krankenversicherung wäre auch nicht mehr durchführbar, wenn die jeweiligen Krankenkassen, die Vertragsärzte oder die Leistungserbringer nicht an die G-BA-Richtlinien gebunden wären, weil sie diese – auf Grund ihrer eigenen Einschätzung - für rechtswidrig halten würden.

IV. Die Entscheidungen des 1. Senates des LSG Berlin-Brandenburg

Vor dem Hintergrund der in III. dargestellten (gesetzlichen) Bindungswirkung fallen zwei veröffentlichte Entscheidungen des 1. Senates des LSG Berlin-Brandenburg auf. Beide Entscheidungen sind Beschlüsse in einem einstweiligen Rechtschutzverfahren. In beiden Verfahren ging es um das Nutzenbewertungs- und Erstattungsbetragsverfahren (§§ 35a, 130b SGB V). In beiden Fällen hat sich das LSG zur Bindungswirkung der Schiedsstelle nach § 130b Abs. 5 SGB V an den Nutzenbewertungsbeschluss des G-BA geäußert.

In einem Beschluss vom 22.5.2014 hat das Gericht entschieden, dass die Schiedsstelle nach § 130b Abs. 5 SGB V auch zu prüfen habe, ob das Nutzenbewertungsverfahren des G-BA fehlerhaft gewesen sei[27]. Dies er-

---

26 BT-Drucks. 17/13370 S. 32.

27 LSG Berlin-Brandenburg 22.5.2014 – L 1 KR 108/14 KL ER – juris Rn. 116 ff.; nunmehr grundsätzlich anders LSG Berlin-Brandenburg 28.6.2017 – L 9 KR 213/16 KL.

gebe sich – unabhängig von der Frage nach der Normverwerfungskompetenz – daraus, dass die Schiedsstelle auch an die Verfassung gebunden sei (Art. 1 Abs. 3, Art. 20 Abs. 3 GG).

In einem Beschluss vom 23.12.2015 bestätigt das Gericht seine Rechtsprechung[28]. In der Entscheidung führt es aus, dass die Schiedsstelle zu prüfen habe, ob ein Erstattungsbetrag ausscheidet, weil kein neuer Wirkstoff im Sinne des Gesetzes vorliegt. Dies sei Teil der gesetzlichen Vorgaben.

Das Gericht räumt der Schiedsstelle damit nicht nur das Recht ein, zu prüfen, ob der G-BA das Nutzenbewertungsverfahren rechtmäßig durchgeführt hat. Es verpflichtet die Schiedsstelle vielmehr sogar dazu, zu prüfen, ob der G-BA sein Normsetzungsverfahren nach § 35a SGB V, § 92 Abs. 1 Satz 2 Nr. 6 SGB V zu Recht eingeleitet hat. Die Schiedsstelle wird demnach ermächtigt, keinen Erstattungsbetrag festzusetzen, weil sie der Ansicht ist, dass der G-BA das Nutzenbewertungsverfahren nicht hätte durchführen dürfen. Damit wird die in § 91 Abs. 6 SGB V gesetzlich angeordnete Bindungswirkung aufgehoben. Es ist zumindest bemerkenswert, dass das Gericht darauf nicht eingeht, obwohl es doch – zu Recht – die Bindung der Schiedsstelle an das Gesetz und die Verfassung hervorhebt (Art. 20 Abs. 3 GG)[29].

V. Die Reaktion der Schiedsstelle auf die Entscheidungen des LSG Berlin-Brandenburg

Die Schiedsstelle nach § 130b Abs. 5 SGB V hat die Rechtsprechung des LSG Berlin-Brandenburg bei ihrer Spruchpraxis bereits berücksichtigt. Als Behörde im funktionalen Sinne ist sie zwar grundsätzlich nur an die Entscheidungen der Gerichte im konkreten Einzelfall gebunden[30]. Es entspricht aber dem Verständnis der modernen und effizienten Verwaltung, dass diese insbesondere die Rechtsprechung der zuständigen Fachgerichte kennt und Grundsätze der Rechtsprechung, die über den konkreten Einzelfall hinaus von Bedeutung sind, beachtet. Auch wenn die Entscheidungen des LSG Berlin-Brandenburg im einstweiligen Rechtschutzverfahren er-

---

28 LSG Berlin-Brandenburg 23.12.2015 – L 1 KR 550/15 KL ER – juris Rn. 53.

29 LSG Berlin-Brandenburg 22.5.2014 – L 1 KR 108/14 KL ER – juris Rn. 119.

30 Zur Einzelfallentscheidung als dem wesentlichen Begriffsmerkmal der Rechtsprechung Grzeszick in: Maunz-Dürig, GG, Art. 20 V Rn. 106e.

gangen sind, sind die Ausführungen zur (vermeintlichen) Überprüfungskompetenz der Schiedsstelle hinreichend deutlich und abstrakt. Insofern ist es nachvollziehbar, dass die Schiedsstelle überlegt, ob die Ausführungen des Gerichtes über den konkret entschiedenen Einzelfall hinaus zu beachten sind.

Die Schiedsstelle nach § 130b Abs. 5 SGB V hat sich demgemäß mit der Rechtsprechung des LSG Berlin-Brandenburg auseinandergesetzt. Sie hat (wiederholt) entschieden: „Da die Schiedsstelle den G-BA-Beschluss bezüglich der Einteilung der Patientengruppen und der Zuordnung von zweckmäßigen Vergleichstherapien insgesamt als noch vertretbar ansieht, hat sie auch noch nicht abschließend entschieden, inwieweit sie bei einem von ihr etwaig insoweit für rechtswidrig erachteten G-BA-Beschluss gleichwohl einen Erstattungsbetrag ohne eine von ihr als rechtlich geboten angesehene implizite Korrektur des G-BA-Beschlusses festgesetzt hätte.“.

Die Schiedsstelle neigt somit zu der Ansicht, dass sie an den G-BA-Beschluss nicht gebunden ist. Denn sie hätte sonst die Vertretbarkeit der Entscheidung des G-BA nicht prüfen dürfen. Die von der Schiedsstelle angenommene Überprüfungskompetenz kann dann dazu führen, dass sie den G-BA-Beschluss insgesamt für unanwendbar hält und deswegen keinen Erstattungsbetrag festsetzt. Damit verwirft sie im Ergebnis aber ebenso wie das LSG Berlin-Brandenburg den § 91 Abs. 6 SGB V. Denn dieser ordnet die Bindungswirkung ausdrücklich an. Dies unabhängig davon, ob die Schiedsstelle, eine andere Behörde oder ein Leistungserbringer die Richtlinie für rechtswidrig hält oder nicht. Nunmehr liegen aber auch mehrere Entscheidungen des 9. Senates des LSG Berlin-Brandenburg vor, die – nach Ansicht des Verfassers – zu Recht die Bindungswirkung vollumfänglich bejahen. Die Schiedsstelle wird deswegen auch diese Rechtsprechung berücksichtigen müssen.

VI. Keine Normverwerfungskompetenz der Schiedsstelle

Folgt man der Rechtsprechung des 1. Senates des Landessozialgerichtes Berlin-Brandenburg, so hat die Schiedsstelle nicht nur das Recht, sondern vielmehr auch die Pflicht, die Richtlinien (Beschlüsse) des G-BA zu überprüfen. In der logischen Konsequenz bedeutet das dann, dass die Schiedsstelle den G-BA-Beschluss unberücksichtigt lassen kann, wenn sie der Ansicht ist, dass dieser rechtswidrig ist. Auf Grund der Rechtsnormqualität der Richtlinien des G-BA (untergesetzliche Normen) wird der Schiedsstelle damit eine Normverwerfungskompetenz eingeräumt.

Bereits aus § 91 Abs. 6 SGB V ergibt sich jedoch, dass die Schiedsstelle keine Normverwerfungskompetenz hat (1.). Aber auch darüber hinaus steht der Schiedsstelle (als Behörde) keine Normverwerfungskompetenz von untergesetzlichen Normen zu (2.).

1. Keine Normverwerfungskompetenz gegenüber § 91 Abs. 6 SGB V

Die Bindungswirkung der G-BA-Beschlüsse ist in § 91 Abs. 6 SGB V bestimmt. § 91 Abs. 6 SGB V gilt auch für die Schiedsstellen[31]. Würde man aber nunmehr der Schiedsstelle dennoch eine Prüfungskompetenz zusprechen oder ihr sogar eine Prüfungspflicht auferlegen, würde man im Ergebnis den § 91 Abs. 6 SGB V missachten. Überspitzt ausgedrückt würde man der Schiedsstelle die Kompetenz einräumen, den § 91 Abs. 6 SGB V zu verwerfen. Die Entscheidung, ob ein formelles Gesetz ganz oder teilweise verfassungswidrig ist, steht aber noch nicht einmal den Gerichten und damit erst recht nicht Behörden, sondern nur dem Bundesverfassungsgericht zu.

Insofern kommt es auch nicht mehr darauf an, ob die Verwaltung ansonsten ausnahmsweise untergesetzliche Normen verwerfen kann[32]. Denn der Gesetzgeber hat mit der speziellen Regelung in § 91 Abs. 6 SGB V positiv-rechtlich entschieden, dass die Träger des G-BA (hier der GKV-Spitzenverband) sowie die Leistungserbringer (hier die pharmazeutischen Unternehmer) und damit auch die Schiedsstelle, die an die Stelle der Vertragspartner tritt, keine Prüfungs- und Verwerfungskompetenz von G-BA-Beschlüssen haben[33].

2. Keine Normverwerfungskompetenz gegenüber untergesetzlichen Normen

Die Schiedsstelle ist als Behörde nach Art. 20 Abs. 3 GG an Gesetz und Recht gebunden. Gesetz im Sinne des Art. 20 Abs. 3 GG sind auch unter-

31 Dazu bereits unter III.

32 Dazu sogleich unter 2.

33 V. Dewitz in: Beck-OK, SGB V, § 130b Rn. 33.

gesetzliche Normen[34]. Die Bindung der Verwaltung an das Gesetz erfasst somit auch die untergesetzlichen Normen des G-BA. Die Schiedsstelle ist deswegen auch gem. Art. 20 Abs. 3 GG grundsätzlich an die Beschlüsse (Richtlinien) des G-BA gebunden.[35]

Fraglich ist, ob die Schiedsstelle dennoch ausnahmsweise eine Prüfungs- und Verwerfungskompetenz hat.

Im Verfassungs- und Verwaltungsrecht besteht über die Befugnisse der vollziehenden Gewalt gegenüber vermeidbar ungültigen untergesetzlichen Normen noch keine Einigkeit. Somit wird eine Normverwerfungskompetenz zum Teil bejaht. Nur so könne dem Vorrang der Verfassung Rechnung getragen werden[36]. Auf diesen Aspekt scheint auch das LSG Berlin-Brandenburg abzustellen. Nach anderer Ansicht hat die Verwaltung keine Normprüfungs- und Normverwerfungskompetenz. Dies wird vor allem mit der hierarchischen Ordnung der Verwaltung (Kompetenzverteilung) und der Rechtssicherheit begründet[37]. Insbesondere die Rechtsprechung zum Bauplanungsrecht lehnt eine Verwerfungskompetenz der Verwaltung ab[38]. Nach der hier vertretenen Ansicht spricht insbesondere die Regelung in § 47 VwGO (Normenkontrolle durch das OVG) dafür, dass der Gesetzgeber ein Normenkontrollverfahren durch die Verwaltung für untergesetzliche Normen gerade nicht wollte und deshalb die Möglichkeit zur ausschließlich gerichtlichen Überprüfung geschaffen hat.

Für die hier behandelten Schiedsstellenentscheidungen ist entscheidend, dass der Gesetzgeber mit den Regelungen zum Nutzenbewertungs- und Erstattungsbetragsverfahren die Kompetenzen klar abgegrenzt hat. Für das Nutzenbewertungsverfahren ist der G-BA zuständig. Seine Zuständigkeit endet mit dem Nutzenbewertungsbeschluss und damit mit der (untergesetzlichen) Normsetzung. Dagegen ist eine gesonderte Klage nicht zulässig (§ 35a Abs. 8 SGB V). Die gerichtliche Überprüfung des G-BA Beschlusses ist danach erst im Rahmen des Rechtschutzes gegen die Schieds-

34 Sachs in: Sachs, GG, Art. 20 Rn. 107; Grzeszick in: Maunz-Dürig, GG, Art. 20 VI Rn. 62.

35 LSG Berlin-Brandenburg 28.6.2017 – L 9 KR 213/16 KL.

36 Sachs in: Sachs, GG, Art. 20 Rn. 97 und 108.

37 Dazu Grzeszick in: Maunz-Dürig, GG, Art. 20 VI Rn. 50 mit Nachweisen zur Literatur und Rechtsprechung.

38 BVerwG 31.1.2001 – 6 CN 2/00; VGH Mannheim 11.5.2016 – 5 S 1443/14; OVG Münster 9.5.2016 – 2 B 999/15.NE; SG Marburg 2.9.2015 – S 16 KA 553/12 zum Beschluss des Bewertungsausschusses; a.A. z.B. VGH Kassel 20.12.1989 – 4 UE 2251/88.

stellenentscheidung möglich[39]. Den Vertragsparteien und damit der Schiedsstelle obliegt hingegen die Vereinbarung über den Erstattungsbetrag (§ 130b SGB V). In diese gesetzliche Kompetenzverteilung würde eingegriffen, wenn die Schiedsstelle das Recht oder die Pflicht hätte, den Nutzenbewertungsbeschluss des G-BA zu überprüfen. Es würde ferner zu dem sonderbaren und nicht vertretbaren Ergebnis führen, dass zwar die Gerichte den Beschluss des G-BA nicht gesondert prüfen können, wohl aber die Schiedsstelle. Dies ist mit dem gesetzlichen Konzept der Rechtschutzkonzentration zum Ende des Verfahrens nicht vereinbar. Unabhängig davon ist nicht erkennbar, dass die Schiedsstelle gegenüber dem G-BA auch nur ähnliche Möglichkeiten zur Feststellung des Zusatznutzens und eine höhere fachliche Kompetenz zur Bewertung des Zusatznutzens und der damit zusammenhängenden Fragen hat.

Aus alledem ergibt sich, dass die Schiedsstelle nicht die Kompetenz hat, den Nutzenbewertungsbeschluss des G-BA zu überprüfen.

VII. Ergebnis

Die Schiedsstellen sind nach § 91 Abs. 6 SGB V ebenso an die Beschlüsse (Richtlinien) des G-BA gebunden, wie die Vertragsparteien. Denn die Schiedsstellen treten an die Stelle der Vertragsparteien und sind damit ebenso wie diese an die Beschlüsse des G-BA gebunden.

Im Fall des Nutzenbewertungs- und Erstattungsbetragsverfahrens spricht – unabhängig von der Regelung in § 91 Abs. 6 SGB V – auch die vom Gesetzgeber in § 35a SGB V und § 130b SGB V vorgenommene Kompetenzverteilung dafür, dass eine Normprüfungs- und Normverwerfungskompetenz von Beschlüssen des G-BA durch die Schiedsstellen nicht zulässig ist. Unterstrichen wird dies durch das gesetzliche Konzept der Rechtschutzkonzentration zum Ende des Erstattungsbetragsverfahrens.

Auch aus fachlicher Sicht ist nicht erkennbar, unter welchem Gesichtspunkt die Überprüfung von G-BA-Beschlüssen gerechtfertigt sein soll.

---

39 BT-Drucks. 17/2413, S. 23.

Neue Wege in der ambulanten Versorgung: Geriatrische Schwerpunktpraxis (GSP) und Geriatrische Institutsambulanz (GIA) als Innovator einer spezialisierten Versorgung multimorbider Menschen im höheren Lebensalter?

Andreas Plate, Susanne Armbruster, Matthias Meinck

I. Einleitung

Dem besonderen Versorgungsbedarf multimorbider Menschen im höheren Lebensalter wurde in Deutschland durch den Auf- und Ausbau spezialisierter geriatrischer Versorgungsangebote in Krankenhäusern und Rehabilitationseinrichtungen Rechnung getragen. Dabei lag der Fokus primär auf stationären Strukturen. In den Bundesländern haben sich dabei unterschiedliche Schwerpunkte entwickelt.[1] Ambulante geriatriespezifische Strukturen waren in der hausärztlichen Versorgung (im weiteren als ambulante Versorgung bezeichnet) jedoch bisher faktisch nicht existent.

Dieser Beitrag will die derzeitige Ausgangssituation in der ambulanten geriatrischen Versorgung in Deutschland darstellen. Darauf aufbauend soll die neu geschaffene Möglichkeit spezialisierter geriatrischer Diagnostik durch Geriatrische Schwerpunktpraxen (GSP) und Geriatrische Institutsambulanzen (GIA) näher untersucht werden.

II. Ausgangssituation in Deutschland

Als zentrale Elemente geriatriespezifischer Versorgungsangebote gelten die Arbeit in einem multiprofessionellen geriatrischen Team unter Leitung eines geriatrisch (zusatz-)qualifizierten Facharztes, die Durchführung mul-

---

1 Siehe die grafische Darstellung beim Kompetenz-Centrum Geriatrie (KCG) unter https://kcgeriatrie.de/Info-Service_Geriatrie/Seiten/Versorgungsstrukturen.aspx und die jeweiligen Geriatriekonzepte unter https:// kcgeriatrie.de/Info-Service_Geriatrie /Seiten/Versorgungskonzepte_der_Bundesländer.aspx (Abruf: 20.1.2017). Das KCG ist eine gemeinsame Einrichtung des GKV-Spitzenverbandes und der Gemeinschaft der Medizinischen Dienste der Krankenversicherung.

tidimensionaler geriatrischer Assessments zum Behandlungsbeginn, ggf. auch im Verlauf, und am Ende sowie die im Einzelfall erforderliche integrative Verknüpfung kurativer und rehabilitativer Behandlungsanteile. Aufgrund der bei geriatrischen Patienten vorliegenden geriatrietypischen Multimorbidität und umfänglichen Risiken für Komplikationen und Folgeerkrankungen ergeben sich zudem eine Reihe von Besonderheiten in der medizinischen Versorgung, die sich in Anlehnung an Szecsenyi (2016) wie folgt von einer auf Einzelerkrankungen ausgerichteten Versorgung unterscheiden:

Einzelerkrankung	**Multimorbidität**
• krankheitsbezogene Perspektive	• patientenbezogene Perspektive
• krankheitsspezifische Diagnostik	• zusätzlich generische Diagnostik
• Prävention von Begleit- und • Folgeerkrankungen	• Dekompensation vermeiden: • Risikostratifizierung, Monitoring
• vorgegebene Zielparameter	• individuelle Zielparameter
• evidenzbasiertes Therapiekonzept (krankheitsspezifische Leitlinie)	• Behandlungspriorisierung
• arztzentrierte Kommunikation	• partizipative Entscheidungsfindung

Es kann von einem Anspruch des Fachgebiets Geriatrie ausgegangen werden, diese in Krankenhäusern und Rehabilitationseinrichtungen grundsätzlich bewährten Struktur- und Prozesselemente angemessen auf den ambulanten Sektor zu übertragen, was eine in Einzelaspekten erforderliche Adaptation jedoch nicht ausschließt. Die wichtigsten Struktur- und Prozesselemente werden nachfolgend genauer betrachtet.

1. Behandlung durch ein multiprofessionelles Team

Bisher erfolgt die ambulante Versorgung geriatrischer Patienten weitgehend segmentiert durch Vertragsärzte, Heilmittelerbringer, Pflegedienste, Beratungseinrichtungen usw. Zwar obliegt insbesondere hausärztlich tätigen Vertragsärzten die Koordination ambulanter medizinischer Behandlungsleistungen bei geriatrischen Patienten (z.B. im Rahmen einer kombinierten Heilmitteltherapie), jedoch sind wichtige Elemente der teambezogenen Ablauforganisation wie z.B. interdisziplinäre Fall-/Teambesprechungen oder der direkte persönliche Informationsaustausch derzeit in der ambulanten Regelversorgung nicht implementiert. Ganz vereinzelte Modellprojekte (z.B. im Rahmen der integrierten Versorgung) sind in der Teambildung bereits einige Schritte weitergegangen. Eigentlich sind in der ambulanten Versorgung strukturell alle notwendigen Leistungsangebote ambulant vorhanden, allerdings fehlt es bisher an ihrer tragfähigen Vernetzung und Zusammenarbeit, so dass eine Vielzahl von Schnittstellen an den Grenzen der jeweiligen Verantwortungsbereiche entlang Risiken für die Patienten bergen.

2. Behandlungsleitung durch einen geriatrisch qualifizierten Facharzt

Die Leitung eines multiprofessionellen geriatrischen Teams durch einen geriatrisch qualifizierten Facharzt setzt seine Verfügbarkeit voraus. Geriatrische Qualifikation wurde initial als Zusatzweiterbildung in den jeweiligen ärztlichen Weiterbildungsordnungen verankert. Nur in vier Bundesländern wurde ergänzend eine Option im Rahmen der Facharztausbildung geschaffen. Mit der Fachkunde Geriatrie wurde nur in Rheinland-Pfalz zudem eine geriatrische Weiterbildung mit deutlich geringerem Anforderungsumfang gerade für bereits vertragsärztlich tätige Ärzte geschaffen.

Gemäß Bundesarztregister (Stand 31.12.2015) nahmen jedoch insgesamt lediglich 1.054 Vertragsärzte und damit weniger als 1% der Vertragsärzte eine geriatrische Weiterbildung auf: 20% Fachkunde Geriatrie, 1% Facharzt für Innere Medizin und Geriatrie und 79% die Zusatzweiterbildung Geriatrie bzw. deren Vorläufer.[2] Auch wenn die Anzahl geriatrisch weitergebildeter Ärzte in der vertragsärztlichen Versorgung zugenommen hat (2012 lag sie noch bei 377 Ärzten)[3], verbleibt ihr Anteil weiterhin sehr gering. Der Erwerb einer geriatrischen Zusatzqualifikation erfolgt damit ganz überwiegend erst nach Abschluss der Facharztausbildung, und die Mehrheit dieser Ärzte ist im stationären Sektor tätig.[4]

Seitens der Bundesärztekammer wurde 2012 die primär auf die vertragsärztliche Versorgung ausgerichtete Fortbildung „Geriatrische Grund-

---

2 Abfrage KBV im Bundesarztregister zu den an der vertragsärztlichen Versorgung teilnehmenden Ärzten mit einer geriatrischen Weiterbildung nach Kassenärztlichen Vereinigungen.

3 *Lübke/Ziegert/Meinck,* Geriatrie: Erheblicher Nachholbedarf in der Weiter- und Fortbildung, Deutsches Ärzteblatt 2008, 105(21), S. A1120–A1122.

4 *Pippel/Ernst/Lübke,* Geriatrie: Weiter Bedarf an geriatrischem Nachwuchs. Vor allem im hausärztlichen Bereich werden geriatrische Zusatzqualifikationen immer notwendiger, Deutsches Ärzteblatt 2014, 111(33–34), S. A1412–A1413.

versorgung" mit einem Gesamtumfang von 60 Stunden aufgelegt. Mit Stand 2014 hatten bereits rund 380 Ärzte diese Fortbildung absolviert.

Für geriatrisch weitergebildete Vertragsärzte bestand bislang keine Möglichkeit, spezialisierte Leistungen abzurechnen, da diese im Einheitlichen Bewertungsmaßstab (EBM) nicht gesondert abgebildet waren. Somit bestanden weder besondere Anreize für spezialisierte ambulante geriatrische Leistungsangebote noch für den Erwerb geriatrischer Zusatzqualifikationen, mithin ein klassisches Zirkelproblem. Auch wenn nahezu jeder hausärztlich tätige Vertragsarzt u.a. geriatrische Patienten versorgt, verfügt demnach nur eine Minderheit über eine geriatrische Zusatzqualifikation. Dies dürfte die Etablierung zusätzlicher geriatriespezifischer Versorgungsangebote zukünftig personell weiter begrenzen.

3. Durchführung multidimensionaler geriatrischer Assessments

2005 erfolgte erstmals die Aufnahme des Hausärztlich-geriatrischen Basisassessments (GOP 03360) in den EBM. Besondere fachliche Anforderungen für die Durchführung wurden seinerzeit nicht definiert. In Fortbildungen wurden seitens der Kassenärztlichen Vereinigungen die Grundlagen für die Durchführung vermittelt. Obligater Leistungsinhalt für die Abrechnung sind ein persönlicher Arzt-Patienten-Kontakt, die Erhebung/das Monitoring motorischer, emotioneller und kognitiver Funktionseinschränkungen sowie die Beurteilung von Selbstversorgungsfähigkeit, Mobilität und Sturzgefahr mittels standardisierter Tests. Über Einsatz und Wirksamkeit ist jedoch wenig bekannt, da versorgungsnahe Studien hierzu nicht durchgeführt wurden. Mit zunehmender Verfügbarkeit erfolgt vermehrt die Delegation des Hausärztlich-geriatrischen Assessments auf nichtärztliche Praxisassistenten (NäPa). Die im klinischen Kontext übliche multiprofessionelle Erhebung der Assessments (z.B. Mobilität: Physiotherapie, Selbstversorgungsfähigkeit: Pflege) erfolgt in der hausärztlichen Versorgung aufgrund segmentierter Zuständigkeiten nicht. In diesem Kontext ist auf die Einführung von EBM-Pauschalen für NäPa in der Hausarztpraxis hinzuweisen, die im Jahr 2016 durch Partner der Bundesmantelverträge eingeführt wurden. Die Hausärzte, die einen NäPa beschäftigen, können eine Förderung (2.506 EUR pro Quartal) erhalten. Ferner sind Hausbesuche eines NäPa vergütet. Die Vertragsärzte benötigen für die Abrechnung eine Genehmigung ihrer Kassenärztlichen Vereinigung (KV), die NäPa eine Zusatzausbildung.[5]

4. Bedarfsweise Integration rehabilitativer Behandlungselemente

Dieses Element des spezialisierten geriatrischen Behandlungsansatzes erscheint bisher am wenigsten in der vertragsärztlichen Versorgung zur Anwendung zu kommen, sofern man medizinische Rehabilitationsleistungen gemäß § 40 SGB V in den Blick nimmt. Zum einen erfolgen nur sehr begrenzt Zuweisungen zu ambulanten und stationären geriatrischen Rehabilitationsmaßnahmen, ohne dass vorangegangene akute Gesundheitsprobleme im Krankenhaus behandelt wurden (z.B. Fraktur oder Schlaganfall).[6] Zum anderen wurden im Jahr 2004 resp. 2007 mit den Rahmenempfehlungen zur ambulanten bzw. mobilen geriatrischen Rehabilitation seitens der GKV recht umfängliche strukturelle Anforderungen an die Erbringung gestellt. Insbesondere Anforderungen an die Leitung entsprechender Rehabilitationseinrichtungen werden von den Hausärzten ganz überwiegend nicht erfüllt. Insofern erfolgt ambulante und ambulant-mobile geriatrische Rehabilitation bei Verordnung durch Vertragsärzte gemäß Rehabilitations-Richtlinie des G-BA in gesonderten, nicht von Vertragsärzten geleiteten Strukturen, die zudem nicht flächendeckend verfügbar sind. Bei Nichtvorhandensein solcher Einrichtungen übernehmen i.d.R. geriatrische Tageskliniken an Krankenhäusern sehr weitgehend die Erbringung ambulanter rehabilitativer Maßnahmen.

Bei einer erweiterten Perspektive kommen Leistungen gemäß Heilmittel-Richtlinie im Sinne von rehabilitativen Einzel- oder Kombinationsleistungen in Betracht. Von diesen Verordnungen wird bei geriatrischen Patienten umfänglich, integriert in die ambulante kurative Versorgung, Gebrauch gemacht. Die Heilmittel-Richtlinie wurde aufgrund der Vereinbarung für die geriatrische Diagnostik nach § 135 Abs. 2 SGB V zum 1.1.2017 angepasst. Im Rahmen der Umsetzung der spezialisierten geriatrischen Versorgung wird ebenso die Anpassung der Krankentransport-Richtlinie zwischen KBV und GKV-Spitzenverband diskutiert, um stark

5 Siehe EBM Katalog 03060 Zuschlag zu der Gebührenordnungsposition 03040, verfügbar unter http://www.kbv.de/html/online-ebm.php (Abruf 31.1.2017).

6 Siehe *Meinck/Lübke/Polak,* Rehabilitation vor Pflegebedürftigkeit im Alter: eine Analyse anhand von Routinedaten, Rehabilitation (Stuttgart) 2014, 53(2), S. 74–80.

motorisch oder kognitiv eingeschränkte Patienten zur Diagnostik zu transportieren.[7]

III. Die Geriatrische Institutsambulanz und die Geriatrische Schwerpunktpraxis

Die Bemühungen um eine spezialisierte ambulante vertragsärztliche geriatrische Versorgung waren in der Vergangenheit geprägt von einer Reihe lokal begrenzter Pilotprojekte.[8] Diese zielten in unterschiedlichem Umfang auf die Implementierung der bereits dargestellten vier zentralen geriatrischen Struktur- und Prozesselemente. Diese Pilotprojekte wurden jedoch bisher nicht in die Regelversorgung überführt.

Insgesamt folgen daraus Defizite bei der Versorgung von älteren multimorbiden Patienten. Der Gesetzgeber und die Selbstverwaltung wollten deshalb mit den Regelungen zur Geriatrischen Institutsambulanz (GIA) und zur geriatrischen Schwerpunktpraxis (GSP) eine strukturierte und koordinierte ambulante geriatrische Versorgung erreichen. Hierbei sollten bestehende Angebote, u.a. durch eine Ermächtigung, aufgegriffen und weiterentwickelt werden.[9]

1. Vorgaben für die Geriatrische Institutsambulanz – GIA

Mit dem Gesetz zur Einführung eines pauschalierenden Entgeltsystems für psychiatrische und psychosomatische Einrichtungen (PsychEntgG) wurde 2012 durch den neuen § 118a SGB V die Möglichkeit der GIA geschaffen.

---

7 Siehe Krankentransport-Richtlinie in der Fassung vom 22.1.2004, veröffentlicht im Bundesanzeiger Nr. 18 (S. 1342) vom 28.1.2004, in Kraft getreten am 1.1.2004, zuletzt geändert am 16.3.2017, veröffentlicht im Bundesanzeiger BAnz AT 26.5.2017 B3 vom 26.5.2017, in Kraft getreten am 27.5.2017.

8 Siehe z.B.: VERAH-Care – Kooperationsprojekt der Kassenärztlichen Vereinigung Mecklenburg-Vorpommern (KVMV) und der AOK Nordost, dem jetzt auch Haff-Net Management GmbH beigetreten ist: http://haffnet-online.de/kooperationen-vertrage/ (Abruf 12.3.2017). Ambulanter Geriatrischer Senioren-Rehakomplex GbR, Schönebeck: http://www.kvsa.de/fileadmin/user_upload/PDF/Praxis/Ambulanter_Geriatrischer_Reha_Komplex/agr_aok_vertrag_schoenebeck_anlage2.pdf (Abruf 14.3.2017).

9 Siehe BT-Dr. 17/9992, 20.

Hintergrund war eine Bundesratsinitiative, die auf die in einzelnen Regionen nicht ausreichend sichergestellte hausärztliche Versorgung geriatrischer Patienten abzielte. Die Ermächtigung geriatrischer Einrichtungen (zuerst nur Fachkrankenhäuser und Krankenhäuser) und der dort tätigen Ärzte sollte die Expertise und die dort vorhandenen geriatrischen Behandlungsteams in die ambulante geriatrische Versorgung einbinden.[10] Mit dem GKV-Versorgungsstärkungsgesetz (GKV-VSG) erfolgte 2015 bereits eine Erweiterung des § 118a auf geriatrische Rehabilitationseinrichtungen und die dort tätigen Ärzte.

Das GIA-Konzept ist im Grundsatz von psychiatrischen Institutsambulanzen (PIA) gemäß § 118 SGB V abgeleitet.[11] Jedoch erfolgt die unmittelbare Ausgestaltung beider Versorgungsangebote unterschiedlich. Für besonders schwere psychiatrische Fälle ist die PIA zur direkten ambulanten Behandlung ermächtigt. Eine Bedarfsprüfung ist zudem nicht vorgesehen.[12] Die GIA ist dagegen auf Diagnostik und Therapieempfehlung beschränkt und steht unter dem Vorbehalt, dass diese Leistungen vor Ort nicht gewährleistet sind, d.h., es besteht ein Bedarfsvorbehalt.

Die Vorschrift des § 118a Abs. 1 SGB V ermöglicht geriatrischen Krankenhäusern und Rehabilitationseinrichtungen als Institution und ebenso den dort tätigen Fachärzten mit geriatrischer Weiterbildung, persönlich ermächtigt zu werden. Entscheidend ist der Status als Leistungserbringer der GKV. Voraussetzung für die Erteilung einer auf zwei Jahre zu begrenzenden Ermächtigung ist eine fachärztliche geriatrische Leitung. Im Gegensatz zur PIA handelt es sich also bei der GIA nur um eine subsidiäre und somit bedarfsweise und zeitlich befristete Ermächtigung. Aufgrund der allgemeinen Ermächtigungsregeln nach § 116 SGB V wäre § 118a SGB V eigentlich entbehrlich gewesen.

Zwischen der Ermächtigung eines Arztes und der Einrichtung besteht im Wortlaut des § 118a Abs. 1 SGB V kein Rangverhältnis. Die Ermächtigung wird im pflichtgemäßen Ermessen durch den Zulassungsausschuss (§ 96 SGB V) erteilt. Dabei wird vor allem die vertragsärztliche Versorgung zu berücksichtigen sein, weil diese Vorrang vor einer GIA hat. Es

---

10 Siehe BT-Dr. 17/9992, 29 f.

11 Mittlerweile wurden vom Gesetzgeber Voraussetzungen für psychosomatische Institutsambulanzen geschaffen.

12 Siehe *Hänlein/Schuler*, Sozialgesetzbuch V, § 118 Rn. 12–18.

handelt sich um eine gebundene Zulassungsentscheidung gemäß dem Wortlaut des § 118a Abs. 1 S. 2 SGB V.[13]

Zur praktischen Umsetzung der definierten Leistungsinhalte erfolgte die Aufnahme von neuen GOP zum 1.7.2016 in den EBM für die spezialisierte geriatrische Diagnostik (siehe Tabelle 1). Dieses Leistungsspektrum steht inhaltsgleich den GIAs und den nach § 135 Abs. 2 SGB V (QS-V) zugelassenen Vertragsärzten zur Verfügung:

Tabelle 1: Spezialisierte geriatrische Diagnostik im EBM Abschnitt 30.13

GOP	*Bewertung*	*Leistung*	*Wer darf abrechnen?*
30980	194 Punkte, einmal im Krankheitsfall	Vorabklärung mit GSP/GIA	Hausarzt
30981	131 Punkte, einmal im Krankheitsfall	Vorabklärung mit Hausarzt	GSP/GIA
30984	882 Punkte, einmal im Krankheitsfall	Durchführung einer spezialisierten geriatrischen Diagnostik	GSP/GIA
30985	325 Punkte je weitere 30 min, bis zu zweimal im Krankheitsfall	Länger dauernde Durchführung der spezialisierten geriatrischen Diagnostik	GSP/GIA
30986	234 Punkte je weitere 30 min, bis zu zweimal im Krankheitsfall	Länger dauernde Durchführung der spezialisierten geriatrischen Diagnostik	GSP/GIA
30988	65 Punkte, einmal im Krankheitsfall	Therapieumsetzung gemäß Behandlungsempfehlung der GSP/GIA	Hausarzt

2. Vereinbarung nach § 118a SGB V zur GIA der Vertragspartner

Die Vereinbarung nach § 118a SGB V zwischen dem GKV-Spitzenverband und der Kassenärztlichen Bundesvereinigung im Einvernehmen mit der Deutschen Krankenhausgesellschaft definiert die Vorgaben für die Umsetzung der GIA.

Nach mehrjährigen Verhandlungen konnte keine Einigung zwischen den Partnern der Selbstverwaltung erreicht werden. Aus diesem Grund hat das Bundesschiedsamt gemäß § 89 Abs. 4 SGB V über die GIA-Vereinbarung entschieden.[14]

---

13 Siehe KassKomm/*Gampert*, SGB V, § 118a Rn. 4–5.

14 Siehe Vereinbarung nach § 118a SGB V (Geriatrische Institutsambulanzen – GIA), Deutsches Ärzteblatt 2015, 112 (42), S. A1742–A1745.

Ausgewählte Vorgaben der Vereinbarung werden nun näher untersucht, um diese im Kontext des Wortlautes des am 1.1.2013 in Kraft getretenen neuen § 118a SGB V zu setzen. In § 1 Abs. 1 GIA-Vereinbarung sind die geriatrischen Rehabilitationseinrichtungen und die dort angestellten Ärzte noch nicht aufgeführt, da diese erst mit dem GKV-VSG vom 16.7.2015 zusätzlich in den § 118a Abs. 1 S. 1 SGB V aufgenommen wurden. Eine Berücksichtigung in der GIA-Vereinbarung war daher nicht mehr möglich. In der nachgehend getroffenen Qualitätssicherungsvereinbarung erfolgte bereits die Verwendung des weiter gefassten Begriffs „ermächtigte Einrichtungen", was Rehabilitationseinrichtungen und die dort angestellten Ärzte im Grundsatz einschließt.

Eine Ermächtigung ist nach § 1 Abs. 1 S. 2 der Vereinbarung ausgeschlossen, wenn eine ausreichende geriatrische Versorgung durch die Vertragsärzte mit geriatrischer Qualifikation gewährleistet ist.

In § 1 Abs. 4 GIA-Vereinbarung wird ein Rangverhältnis zwischen geriatrischen Fachkrankenhäusern und Allgemeinkrankenhäusern mit selbstständiger Abteilung vor der persönlichen Ermächtigung von Krankenhausärzten mit geriatrischer Weiterbildung geschaffen. Gemäß § 3 GIA-Vereinbarung darf die GIA nur aufgrund einer Überweisung durch den behandelnden Hausarzt tätig werden und § 4 GIA-Vereinbarung schränkt den Leistungsumfang i.V.m. der Anlage 2 auf diagnostische Maßnahmen und Erstellen eines Therapieplans sowie die Koordination oder Beratung ein.

3. Geriatrische Schwerpunktpraxis gemäß der Qualitätssicherungsvereinbarung zur spezialisierten geriatrischen Diagnostik nach § 135 Abs. 2 SGB V

Unter Geriatrischer Schwerpunktpraxis (GSP) können vertragsärztliche Praxen verstanden werden, die in Kooperation mit Heilmittelerbringern die Voraussetzungen der Qualitätssicherungsmaßnahmen nach § 135 Abs. 2 SGB V (QS-V) erfüllen und damit zur Abrechnung der in Tabelle 1 aufgeführten GOP berechtigt sind.[15] Damit beschränkt sich die GSP im Sinne dieses Artikels aufgrund des gesetzlichen Rahmens auf die spezialisierte geriatrische Diagnostik. Dies zeigt auch ein Blick in § 1 Abs. 1 QS-V. Ziel der Selbstverwaltung war die Sicherstellung einer speziellen geria-

15 Verfügbar unter http://www.kbv.de/media/sp/Geriatrie.pdf (Abruf: 16.3.2016).

trischen Diagnostik mit einem daraus abgeleiteten Behandlungsplan für den überweisenden Vertragsarzt. Eine GSP als neue Form der Leistungserbringung ist zwar nicht explizit erwähnt, kann aber die gleichen Aufgaben wie eine GIA übernehmen. Die Vereinbarung nach § 118a SGB V (Geriatrische Institutsambulanz – GIA) verpflichtete die Vertragspartner, sowohl eine QS-V als auch eine Vergütungsregelung zu schaffen, die dann parallel für GIA und GSP ausgestaltet wurden.

Vertragsärzte, genauso wie ambulante Versorgungszentren, müssen eine Abrechnungsgenehmigung gemäß § 2 QS-V beantragen. Wesentliche Voraussetzung ist der Nachweis der geriatrischen Qualifikation des Vertragsarztes nach § 3 QS-V. Dieser Nachweis entspricht dem oben ausgeführten Nachweis für die GIA (ebenso ist die Voraussetzung für die Erbringung der Leistungen der GIA die fachliche Befähigung der Ärzte). Hierbei sind folgende fachliche Voraussetzungen zu erfüllen: Der Arzt muss Facharzt sein im Gebiet „Innere Medizin", „Allgemeinmedizin (Hausarzt)", „Neurologie" oder „Psychiatrie und Psychotherapie" mit der Schwerpunktbezeichnung „Geriatrie". Alternativ ist der Facharzt mit der Facharztbezeichnung „Innere Medizin und Geriatrie" oder die Zusatzbezeichnung „Geriatrie" als Nachweis der Qualifikation zulässig. In § 3 Abs. 2 QS-V sind weitere Möglichkeiten der Qualifizierung aufgeführt, die neben den vorgenannten Kriterien genügen.

§ 4 QS-V regelt den Umfang der spezialisierten geriatrischen Diagnostik und die verpflichtende Einbindung von Physio-, Ergotherapeuten oder Logopäden. Der Diagnostik geht eine abrechenbare Vorabklärung mit dem zuweisenden Hausarzt voraus. Am Ende der Diagnostik steht ein Behandlungsplan, der wiederum vom Hausarzt mit dem Patienten zusammen umgesetzt werden soll. § 5 QS-V gibt vor, dass die Kooperation mit den Therapeuten in unmittelbarer Nähe zu erfolgen hat. Um eine optimale Zusammenarbeit zu gewährleisten, sind nach § 6 QS-V multiprofessionelle Qualitätszirkel zu geriatrischen Themen durchzuführen. Die räumliche Ausstattung soll barrierefrei sein (§ 7 QS-V).[16]

Somit werden Prozess- und Strukturstandards für die GSP vorgegeben, die den interdisziplinären Ansatz der geriatrischen Versorgung für die

16 Siehe zum Thema Barrierefreiheit: *Welti,* Zugänglichkeit und Barrierefreiheit der gesundheitlichen Infrastruktur – rechtliche Anforderungen – Teil 3, Beitrag D8-2016, 2016, S. 1 (4) verfügbar unter http://www.reha-recht.de (Abruf: 19.3.2017).

Diagnostik gewährleisten. Die Leistungsinhalte sind identisch mit denen der GIA (siehe Tabelle 1 und Abbildung 1).

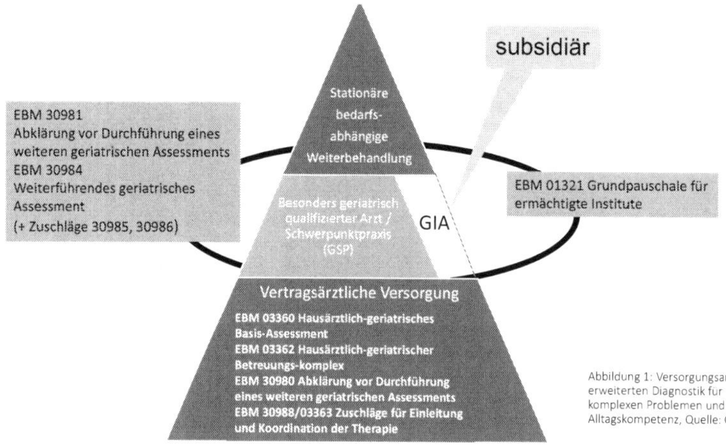

Abbildung 1: Versorgungsangebot zur erweiterten Diagnostik für Patienten mit komplexen Problemen und verminderter Alltagskompetenz, Quelle: Gibis, KBV 2017

4. Anträge bei den Bezirken der Kassenärztlichen Vereinigungen

Die geschaffene spezialisierte geriatrische Diagnostik bietet für Leistungserbringer sowohl in der ambulanten wie auch in der stationären Versorgung zahlreiche neue Möglichkeiten. Um eine erste Einschätzung der Umsetzung vorzunehmen, werden nachfolgend die ersten Antragszahlen für diese Versorgung dargestellt. Grundlage ist eine Abfrage der Kassenärztlichen Bundesvereinigung bei den Zulassungsgremien der Kassenärztlichen Vereinigungen (siehe Tabelle 2).

Die Abfrage orientiert sich an der gemäß QS-V geforderten Qualifikation der Ärzte:[17]

- § 3 Abs. 1: Fachärzte „Innere Medizin und Geriatrie" oder mit Zusatzbezeichnung Geriatrie oder ausgewählte Fachgruppen mit Schwerpunkt „Geriatrie",

17 Siehe Qualitätssicherungsvereinbarung nach § 135 Abs. 2 SGB V zu spezialisierter geriatrischer Diagnostik (Qualitätssicherungsvereinbarung Spezialisierte geriatrische Diagnostik) mit Wirkung vom 1.7.2016, www.kbv.de/media/sp/Geriatrie.pdf (Abruf 5.3.2017).

- § 3 Abs. 2: Fachärzte für „Innere Medizin", „Allgemeinmedizin (Hausarzt)" oder „Physikalische und rehabilitative Medizin" mit besonderer geriatrischer Qualifikation von mind. 160 Stunden, 12-monatiger Tätigkeit in geriatrischen Einrichtungen, 5-jähriger vertragsärztlicher Tätigkeit und Nachweis von 100 behandelten geriatrischen Patienten im Jahr vor Antragsstellung,
- § 11 Abs. 1: Übergangsregelung für Fachärzte, die u.a. an einem regionalen geriatrischen Strukturvertrag teilnahmen.

Tabelle 2: Anträge für die spezialisierte geriatrische Diagnostik

	Anzahl der erteilten Genehmigungen	*Anzahl der in Bearbeitung befindlichen Anträge*	*Anzahl der abgelehnten Anträge*
Geriatrische Institutsambulanzen	4	25	2
Vertragsärzte gemäß § 3 Abs. 1 QS-V	83	73	4
Vertragsärzte gemäß § 3 Abs. 2 QS-V	34	145	22
Vertragsärzte gemäß § 11 Abs. 1 QS-V	14	9	2
Gesamt	*135*	*252*	*30*

Quelle: KBV; Stand: 09/2016

Die Mehrzahl der Anträge wurde von Vertragsärzten gemäß § 3 Abs. 1–2 QS-V gestellt. Deutlich seltener waren Anträge für eine GIA. Genehmigungen wurden ganz überwiegend von Vertragsärzten ausgesprochen. Mit Stand vom 31.12.2016 haben laut Angabe der KBV 254 Vertragsärzte und 21 GIA eine Abrechnungsgenehmigung zur spezialisierten geriatrischen Diagnostik erhalten.[18]

IV. Fazit

Das System der deutschen Selbstverwaltung führt meist zu ausgewogenen Verhandlungsergebnissen. Hierbei erfolgen komplexe Abstimmungsprozesse, die gelegentlich langwierig sind und zu Blockaden führen können.

---

18 Siehe *Hillienhof*, Bundesweite Versorgungsstruktur etabliert, Deutsches Ärzteblatt 2017, 114(20), S. A986.

Ein Schiedsverfahren bietet in diesen Fällen zumindest die Möglichkeit, solche Blockaden konstruktiv zu überwinden. Diese Ausgangssituation trifft auf die vom Gesetzgeber intendierte ambulante, strukturierte und koordinierte geriatrische Versorgung zu.

Die Beschränkung von GSP und GIA auf die spezialisierte Diagnostik und die Erstellung eines Behandlungsplans für den zuweisenden Hausarzt birgt Probleme. Hier kann es zu Brüchen in der kontinuierlichen Behandlung kommen, wenn eine Kooperation mit dem Zuweiser vorgegeben ist und vergütet wird. Von Vorteil ist sicher die vorgesehene Vorabklärung zwischen Hausarzt und GSP bzw. GIA zu den diagnostisch abzuklärenden Fragen, um die Ausgangssituation des Patienten abzustimmen. Diese Leistung ist innovativ, weil sie ohne Patientenkontakt erfolgt. Die Schnittstelle zwischen Zuweiser und GSP bzw. GIA sollte daher genau beobachtet werden, damit eine Verbesserung in der Behandlung geriatrischer Patienten erreicht wird. Die gesetzlich vorgesehene Evaluation sollte genutzt werden, um die konkrete Umsetzung und deren praktische Auswirkungen aufzuzeigen.

Insgesamt ist die Einführung dieses spezialisierten Angebotes positiv zu sehen. Sie implementiert eine spezialisierte ambulante geriatrische Diagnostik, die zukünftig bedarfsorientiert weiterentwickelt und ggf. ausgebaut werden kann. Hierzu wurde von der KBV bereits ein erstes weiterführendes Konzept vorgelegt, das über die derzeitigen Aufgaben einer GSP im Sinne der QS-V deutlich hinausgeht.[19]

Die neuen Regelungen haben einen wichtigen Impuls im Vertragsarztbereich gegeben, was die Zahl von 254 Abrechnungsgenehmigungen für die Vertragsärzte Ende 2016 zeigt. Jedoch kennzeichnen die Antragszahlen nur eine erste Tendenz. Das große Interesse der Vertragsärzte an der GSP ist ein Schritt in die richtige Richtung. Ob es zu einem bedarfsbezogenen Einsatz der GSP in der Praxis kommen wird, ist jedoch noch offen.

Der Vorrang geriatrisch qualifizierter Vertragsärzte (GSP) gegenüber den stationären Kliniken (Krankenhaus oder Rehabilitationseinrichtung; GIA) schafft zweckmäßige Rahmenbedingungen, um die Versorgung im ambulanten Sektor kompetitiv weiterzuentwickeln. Für den Fall, dass der vertragsärztliche Sektor selbst die spezialisierte ambulante Diagnostik nicht anbieten kann, sind geriatrische Krankenhäuser oder Krankenhaus-

19 Siehe http://www.kbv.de/media/sp/KBV_Eckpunkte_SGV.pdf (Abruf 21.3.2017) und den Vereinbarungsentwurf unter http://www.kbv.de/media/sp/Vereinbarungsentwurf_zur_spezifischen_geriatrischen_Versorgung.pdf.

abteilungen gefordert, sich in die ambulante Versorgung durch eine GIA unterstützend einzubringen.

Zu loben ist der multiprofessionelle Ansatz in GSP und GIA, der endlich den Teamgedanken der Geriatrie, z.B. Kooperation mit Therapeuten und Logopäden, im ambulanten Versorgungssektor zumindest in der Diagnostik und Behandlungsplanung ansatzweise implementiert. Nichtärztliche Gesundheitsberufe könnten hierbei jedoch noch umfänglicher einbezogen werden wie auch Elemente eines unterstützenden Case-Managements.[20] GSP und GIA bewegen sich damit in sehr traditionellen Ansätzen, die dem bestehenden Vertragsarzt- und Kliniksystem folgen. In der Vergangenheit wurden bereits umfassende Vorschläge für neue Regularien für die Leistungserbringung und die Stärkung nichtärztlicher Gesundheitsberufe gemacht,[21] jedoch konnten sich diese Überlegungen bisher nicht durchsetzen. Geringe Impulse werden sich wohl auch für die bedarfsbezogene Einleitung rehabilitativer Behandlungselemente zur Vermeidung, Verzögerung sowie Verminderung von Pflegebedürftigkeit ergeben. Auch wenn GSP und GIA im Rahmen ihrer Leistungen qualifizierte Empfehlungen zum Einsatz von Heilmitteln sowie von Vorsorge- und Rehabilitationsmaßnahmen abgeben können, ist weiterhin eine gesonderte Verordnung durch den Hausarzt erforderlich. Zudem müssen ambulante und ambulant-mobile geriatrische Rehabilitationsangebote lokal auch verfügbar sein, was nicht in jeder Versorgungsregion gegeben erscheint. In diesem Zusammenhang ist ebenso auf die mangelnde Integration von Leistungen der Pflegeversicherung in das System von GIA und GSP hinzuweisen.

Dennoch ergibt sich ein insgesamt positives Gesamtbild für die neuen ambulanten Versorgungsmöglichkeiten: Geriatrisches Assessment und multiprofessionelle Teams etablieren sich in Anbindung an bereits geriatrisch qualifizierte Vertragsärzte, die zudem mehr Anerkennung erfahren

---

20 In diesem Zusammenhang ist die Delegationsvereinbarung der Partner der Bundesmantelverträge in der Vereinbarung über die Erbringung ärztlich angeordneter Hilfeleistungen in der Häuslichkeit der Patienten, in Alters- oder Pflegeheimen oder anderen beschützenden Einrichtungen gem. § 87 Abs. 2b S. 5 SGB V oder in hausärztlichen Praxen relevant. Siehe Delegations-Vereinbarung (Stand: 1.1.2015). Verfügbar unter: http://www.bundesaerztekammer.de/aerzte/gesundheitsfachberufe/delegation-aerztlicher-leistungen/ (Abruf 20.3.2017).

21 Robert Bosch Stiftung GmbH (Hrsg.), Arbeitsgruppe der Robert Bosch Stiftung „Gesundheitsberufe neu denken, Gesundheitsberufe neu regeln", Stuttgart 2013 (zitiert als: *Igl,* Gesundheitsberufe neu regeln. Rechtsexpertise S. 235–431).

und gesonderte Abrechnungsmöglichkeiten nutzen können. Die hausärztliche Versorgung erhält Unterstützung bei den zahlreichen Herausforderungen der medizinischen Versorgung geriatrischer Patienten. Dabei wurde ein koordinierender Ansatz gewählt, der die Behandlung gerade nicht vom primär betrauten Hausarzt weg verlagert, sondern diesen durch spezialisierte diagnostische Maßnahmen bedarfsbezogen unterstützen soll. Es bleibt abzuwarten, ob sich das in der Praxis auch bewähren wird.

Selbstverwaltung: Ein Auslaufmodell im Vertragsarztrecht? [1]

Olaf Rademacker

1. In ihrem Studienbuch Sozialrecht formulieren Igl und Welti[2] plastisch, dass sich das Sozialstaatsprinzip auch "organisatorisch" durch eine staatsferne mittelbare Sozialverwaltung "ausprägen" könne. In der funktionalen Selbstverwaltung trete ein "Wechselverhältnis des verantwortlichen Staates als Rechtsaufsicht und der gesellschaftlichen Kräfte" an die Stelle unmittelbarer politischer und exekutiver Steuerung. In öffentlichen Stellungnahmen vernimmt man ebenfalls in erster Linie Bekenntnisse zur Selbstverwaltung ua im deutschen Gesundheitswesen und im Vertragsarztrecht. So wird der Vizepräsident des Bundesverfassungsgerichts, Ferdinand Kirchhoff, in der Deutschen Apotheker Zeitung[3] mit den Worten zitiert: „Die Selbstverwaltung hat sich historisch bewährt“ und die Bundesregierung leitet den allgemeinen Teil der Begründung des Entwurfs eines GKV-Selbstverwaltungsstärkungsgesetzes[4] mit den Worten ein: "Die Selbstverwaltung ist ein tragendes Prinzip der gesetzlichen Krankenversicherung.“

Bei aller im Grundsatz geäußerten Zustimmung steht die Selbstverwaltung im Bereich der vertragsärztlichen Versorgung derzeit allerdings unter erheblichem Druck. Einer der Gründe dafür sind Konflikte innerhalb der Kassenärztlichen Vereinigungen und besonders in der Kassenärztlichen Bundesvereinigung (KBV), die in der Öffentlichkeit den Eindruck entstehen lassen, dass sich diese Körperschaften des öffentlichen Rechts jedenfalls nicht in erster Linie mit der Erfüllung der ihnen eigentlich obliegen-

---

1 Der Beitrag geht auf einen in den Schleswig-Holsteinischen Anzeigen veröffentlichten Vortrag zurück, den der Autor anlässlich des 5. Schleswig-Holsteinischen Sozialrechtstags am 13.9.2016 gehalten hat. Er berücksichtigt die weitere Entwicklung bis zum Inkrafttreten des Gesetzes zur Verbesserung der Handlungsfähigkeit der Selbstverwaltung der Spitzenorganisationen in der gesetzlichen Krankenversicherung sowie zur Stärkung der über sie geführten Aufsicht (GKV-Selbstverwaltungsstärkungsgesetz) vom 21.2.2017 (BGBl. I, 265) zum 1.3.2017.

2 8. Auflage 2007, S. 64.

3 DAZ vom 12.5.2016, S. 22.

4 BT-Drs. 18/10605, Begründung Allgemeiner Teil, S. 21.

den Aufgaben befassen.[5] In diesen Zusammenhang gehörte auch die Weigerung der KBV, Vorgaben aus dem GKV-VSG[6] in ihrer Satzung umzusetzen.

Nicht zuletzt als Reaktion auf die Konflikte mit und in der KBV hat die Bundesregierung gegen Ende des Jahres 2016 das GKV-Selbstverwaltungsstärkungsgesetzes[7] auf den parlamentarischen Weg gebracht; bereits am 1.3.2017 ist das Gesetz in Kraft getreten. Anders als nach der Bezeichnung vermutet werden könnte, geht es in dem Gesetz nicht um eine Stärkung der Selbstverwaltung im Sinne einer Erweiterung der Autonomie der Spitzenorganisationen. Im Mittelpunkt steht vielmehr die Stärkung von Kontroll- und Eingriffsmöglichkeiten des Bundesministeriums für Gesundheit (BMG). Dabei handelt es sich nach den letzten Erfahrungen mit der Selbstverwaltung der Vertragsärzte um ein jedenfalls im Grundsatz berechtigtes Anliegen, sodass nicht recht verständlich erscheint, weshalb sich die Bundesregierung scheut, dies durch die Bezeichnung des Gesetzes als Aufsichtsstärkungsgesetz offen zu benennen. So hat das BMG als Aufsichtsbehörde nach § 78b Abs. 1 SGB V die Möglichkeit erhalten, eine Person an die KBV zu entsenden, diese dort mit der "Wahrnehmung von Aufgaben" zu betrauen und ihr hierfür die erforderlichen Befugnisse zu übertragen solange und soweit die ordnungsgemäße Verwaltung dort gefährdet ist. Ziel der Entsendung kann die „Beratung und Unterstützung des Vorstandes oder der Vertreterversammlung“, die „Überwachung der Umsetzung von Aufsichtsverfügungen“ oder die „Prüfung von Schadensersatzansprüchen gegen Organmitglieder oder ehemalige Organmitglieder“ sein. Hintergrund dieser Neuregelung sind erkennbar Vorgänge aus der Vergangenheit, in deren Folge im BMG bereits Überlegungen zur Entsendung eines "Staatskommissars" an die KBV angestelt worden waren. Außerdem hatte das BMG im Jahr 2016 Strafanzeige gegen den ehemaligen

5 Vgl. zB: „Ärger ohne Grenzen – Schlammschlacht unter Kassenärzten“, Frankfurter Allgemeine vom 7.5.2015; „Hausdurchsuchung bei der Ärzteschaft“, Süddeutsche Zeitung vom 2.2.2016; Konflikt der Kassenärzte, Kassenärztin attackiert Gröhe, F.A.Z.-Online vom 16.10.2016.

6 Nach § 79 Abs. 3a S. 3 SGB V i.d.F. des Gesetzes zur Stärkung der Versorgung in der gesetzlichen Krankenversicherung (GKV-Versorgungsstärkungsgesetz – GKV-VSG) vom 16.7.2015, BGBl. I 2015, 1211 war die KBV u.a. verpflichtet bis spätestens zum 1.11.2015 das Nähere zur Stimmgewichtung von Haus- und Fachärzten in der Vertreterversammlung zu bestimmen, um die nach § 79a Abs. 3a S. 2 SGB V vorgesehene Parität der Stimmen umzusetzen.

7 S.o. Fn. 1.

Vorsitzenden der KBV Köhler erstattet. Gerichte hatten sich mit Schadensersatzansprüchen insbesondere gegen den ehemaligen Vorsitzenden der KBV zu befassen. Dabei ging es ua um „Mietkostenzuschüsse", die dieser neben seinem ordnungsgemäß nach § 79 Abs. 4 S. 9 SGB V[8] veröffentlichten Jahresgehalt erhalten haben soll.[9]

Auch gegenüber dem gemeinsamen Bundesausschuss (GBA) werden die Befugnisse der Aufsicht erweitert und der gerichtliche Rechtsschutz eingeschränkt – allerdings ohne dass dafür ein äußerer Anlass erkennbar wäre. So erhält die Aufsichtsbehörde die Möglichkeit, die Verfahrensordnung und die Geschäftsordnung des GBA - und damit die Bewertungsmaßstäbe für Richtlinienbeschlüsse - zu ändern, soweit der GBA einer entsprechenden Anordnung des Ministeriums nicht fristgerecht nachkommt (§ 91 Abs. 4 S. 5 bis 8 SGB V). Eine Beschränkung auf Rechtsverstöße ist insoweit - jedenfalls nach dem Inhalt der Gesetzesbegründung - ausdrücklich nicht vorgesehen.[10] Dies soll nach § 91 Abs. 4 S. 7 SGB V selbst dann gelten, wenn sich „die Erforderlichkeit der Änderung einer bereits genehmigten Regelung der Verfahrensordnung oder der Geschäftsordnung erst nachträglich ergibt." Der GBA äußert dazu die aufgrund von Erfahrungen aus der Vergangenheit[11] nachvollziehbare Sorge, dass das BMG als Aufsichtsbehörde etwa die Vorwegnahme erst später in Kraft tretender gesetzlicher Regelungen als zweckmäßig ansehen könnte.[12] Klagen gegen entsprechende Anordnungen und Maßnahmen der Aufsichtsbehörde sollen nach § 91 Abs. 4 S. 8 SGB V keine aufschiebende Wirkung haben, sodass sie im Grundsatz auch dann zunächst zu beachten sind, wenn das Ministerium die Grenzen seiner Befugnisse überschreitet.

Ursprünglich waren noch deutlich weitergehende Eingriffe in die Selbstverwaltung geplant. So hielt der im BMG erarbeitete Referentenentwurf eines Selbstverwaltungsstärkungsgesetzes[13] (im Folgenden: Ref-E)

---

8 IdF des GKV-Selbstverwaltungsstärkungsgesetzes; zuvor inhaltsgleich als S. 6.

9 Vgl dazu z.B. LG Berlin, Urteil vom 21.1.2016 - 67 O 60/15, Juris.

10 Vgl. dazu auch BSG 6.5.2009 - B 6 A 1/08 R, Rn. 49.

11 Vgl. nur den Sachverhalt, über den das LSG Berlin-Brandenburg mit Urteil vom 26.8.2015 - L 7 KA 44/11 KL, GesR 2016, 16 zu entscheiden hatte.

12 vgl. die im Internet auf der Seite des GBA veröffentlichte Stellungnahme der unparteiischen Mitglieder des G-BA vom 14.10.2016 zum Referentenentwurf eines GKV-Selbstverwaltungsstärkungsgesetzes, S. 5.

13 Referentenentwurf eines Gesetzes zur Stärkung der Handlungsfähigkeit und Aufsicht über die Selbstverwaltung der Spitzenorganisationen in der GKV (GKV-Selbstverwaltungsstärkungsgesetz), Bearbeitungsstand 22.9.2016.

bezogen auf die "Kontrolle der Mittelverwendung" durch die Kassenärztlichen Bundesvereinigungen (§ 78 Abs. 4 SGB V RefE) und den GBA (§ 91a Abs. 2 SGB V-RefE) zwar formal an der Beschränkung auf eine Rechtsaufsicht fest. Im Widerspruch dazu sollte jedoch geregelt werden, dass die „Rechtsaufsicht" in diesen Fällen „nicht auf eine Vertretbarkeitskontrolle beschränkt"" ist und dass die Aufsichtsbehörde, „bei unbestimmten Rechtsbegriffen Inhaltsbestimmungen zur Rechtsanwendung und Rechtsauslegung" erlassen kann. In der Sache hätte es sich damit eindeutig nicht mehr nur um eine Rechtsaufsicht gehandelt. Darüber hinaus sollten Klagen gegen solche Inhaltsbestimmungen unzulässig sein.

Die massive Kritik auch aus der Wissenschaft[14] dürfte dazu beigetragen haben, dass die letztgenannte Regelung nicht in den Regierungsentwurf übernommen worden ist. Auch die letztlich in Kraft getretenen Änderungen und dabei insbesondere die Erweiterung der Einflussmöglichkeiten des BMG auf die Ausgestaltung der Verfahrensordnung und damit die Beurteilungsmaßstäbe, die der GBA seinen Entscheidungen zu Grunde zu legen hat, sind jedoch geeignet, die Grenzen der Befugnisse zwischen GBA und BMG grundlegend zu verschieben. Bisher hatte die Rechtsprechung aus dem Wesen der Selbstverwaltung als "selbständige, fachweisungsfreie Wahrnehmung öffentlicher Aufgaben" abgeleitet, dass die Staatsaufsicht gegenüber den Trägern der Selbstverwaltung im Grundsatz und soweit nicht ausdrücklich davon abweichende Regelungen getroffen worden sind, auf eine Rechtsaufsicht begrenzt ist.[15]

2. Neben dem durch interne Konflikte selbst ausgelösten Druck auf die Selbstverwaltung entsteht eine erhebliche Verunsicherung durch die nun schon über viele Jahre anhaltende Diskussion um die demokratische Legitimation der Träger der Selbstverwaltung zum Erlass von Normen.[16] Ge-

---

14 Vgl. zB die Wiedergabe eines Vortrags von Axer unter der Überschrift „BMG wird Milliardär, Das SVSG bringt die Selbstverwaltung ´gestärkt´ auf die Palliativstation, Gesundheitspolitischer Informationsdienst Nr. 32 vom 6.10.2016, S 2ff.

15 Vgl. BSG 6.5.2009 - B 6 A 1/08 R, Rn. 43; BSG 16.11.2005 - B 2 U 14/04 R, Juris Rn. 19, beide m.w.N. Das gilt nicht nur für die Aufsicht über die Versicherungsträger nach §§ 87 ff. SGB IV und für die allgemeine Aufsicht über die Tätigkeit des GBA (§ 91 Abs. 8 i.V.m. §§ 67, 88, 89 SGB V), sondern - wie das BSG mit Urteil vom 6.5.2009 (B 6 A 1/08 R) entschieden hat - auch für die Frage der Beanstandung von Richtlinien des GBA nach § 94 SGB V.

16 vgl. z.B. Axer, Normsetzung der Exekutive in der Sozialversicherung, Tübingen 2000; Hänlein, Rechtsquellen im Sozialversicherungsrecht, Berlin, Heidelberg,

genstand dieser Diskussion ist in erster Linie nicht die KBV, sondern der GBA, den der Gesetzgeber in besonderem Maße zur Normsetzung ermächtigt hat. Für den Bereich der vertragsärztlichen Versorgung werden wichtige Gegenstände, die der GBA durch Richtlinien zu regeln hat, in § 92 Abs. 1 S. 2 SGB V aufgezählt. Eine immer größere Bedeutung kommt den Richtlinien des GBA aber auch im Bereich der stationären Versorgung[17] sowie sektorenübergreifend[18] zu.

Wenn die Kompetenz der Spitzenorganisationen in der gesetzlichen Krankenversicherung (GKV) auf Bundesebene zur Normsetzung verneint würde, wäre davon aber nicht nur die Normsetzung durch den GBA betroffen. So werden z.B. nach § 95d Abs. 6 SGB V bedeutsame Fragen zur Fortbildungspflicht von Vertragsärzten, das Verfahren des Fortbildungsnachweises sowie der Honorarkürzung bei der Verletzung von Fortbildungspflichten in Richtlinien der KBV geregelt. Diese Richtlinien sind in der Rechtsprechung des BSG als wirksam und – trotz des Fehlens einer entsprechenden ausdrücklichen gesetzlichen Vorgabe – als unmittelbar verbindlich für die einzelnen Vertragsärzte angesehen worden.[19] Richtlinien von Trägern der Rentenversicherung regeln Einzelheiten zu den Voraussetzungen für die Gewährung von Leistungen zur Rehabilitation (vgl. § 31 Abs. 2 S. 2 SGB VI). Ebenfalls erhebliche praktische Bedeutung haben etwa im Bereich der Pflegeversicherung die Begutachtungs-Richtlinien[20] und in der Krankenversicherung die "Beitragsverfahrensgrundsätze

---

2001; Holzner, Der Gemeinsame Bundesausschuss und die demokratische Legitimation, Anmerkungen zur Problematik demokratischer Legitimation gruppenpluraler Gremien am Beispiel des GBA, SGb 2015; ders, Konsens im Allgemeinen Verwaltungsrecht und in der Demokratietheorie, Tübingen 2016 ; Kingreen, Knappheit und Verteilungsgerechtigkeit im Gesundheitswesen, VVDStRL 70, 2011, S. 152, 177 ff.; Kluth, Die Berücksichtigung der Versicherteninteressen bei den Entscheidungen des Gemeinsamen Bundesausschusses, GesR 2015, 513; Roters, Die gebotene Kontrolldichte bei der gerichtlichen Prüfung der Richtlinien des Bundesausschusses der Ärzte und Krankenkassen, 2003; jeweils mit umfangreichen weiteren Nachweisen zum Schrifttum.

17 Vgl. § 136b ff. SGB V.

18 Vgl. § 136 Abs. 2 S. 1 SGB V.

19 BSG 11.2.2015 – B 6 KA 19/14 R, MedR 2015, 242, Rz 29 f.

20 Richtlinien zum Verfahren der Feststellung von Pflegebedürftigkeit sowie zur pflegefachlichen Konkretisierung der Inhalte des Begutachtungsinstruments nach dem Elften Buch des Sozialgesetzbuches (– BRi) vom 15.4.2016; gültig ab 1.1.2017.

Selbstzahler"[21] des Spitzenverbandes Bund der Krankenkassen", die u.a. die in § 240 SGB V geregelten Vorgaben zu den beitragspflichtigen Einnahmen freiwilliger Mitglieder der Krankenversicherung konkretisieren.

a) Mit besonderer Intensität wird die Diskussion aber bezogen auf die Wirksamkeit von Richtlinien des GBA geführt. Ein wesentlicher Grund dafür liegt in dem Umstand, dass die Richtlinien des GBA nach § 91 Abs. 6 SGB V nicht nur für die im GBA vertretenen Träger, sondern ebenso für deren Mitglieder und Mitgliedskassen sowie für die Versicherten und die Leistungserbringer verbindlich sind. Während in der Staatsrechtslehre im Grundsatz nicht umstritten ist, dass Träger der Selbstverwaltung Angelegenheiten, die sie selbst und ihre Mitglieder betreffen, im Rahmen der gesetzlichen Vorgaben selbst regeln können, löst die Befugnis von Trägern der Selbstverwaltung zur Normsetzung gegenüber Dritten erheblichen verfassungsrechtlichen Diskussionsbedarf aus. Anders als in typischen Selbstverwaltungskörperschaften nimmt im GBA nicht ein abgrenzbarer Kreis von Betroffenen eigene Interessen war, sondern mehrere Verbände mit teilweise gegenläufigen Interessen sind im GBA als eigenständige rechtsfähige[22] Einheit miteinander verbunden. Die damit zusammenhängenden Fragen sind inzwischen allerdings über viele Jahre auf hohem juristischen Niveau diskutiert und zum Gegenstand wissenschaftlicher Veröffentlichungen gemacht worden.[23] In der Rechtsprechung des BSG wird die Normsetzungskompetenz des GBA auch bezogen auf Richtlinien, die Rechte Dritter zum Gegenstand haben, im Grundsatz bereits seit dem Methadon-Urteil[24] aus dem Jahre 1996 - und damit seit mehr als zwei Jahrzehnten - ausdrücklich akzeptiert. Die wissenschaftliche Diskussion um diese Frage ist von den für Angelegenheiten der gesetzlichen Krankenversicherung zuständigen Senaten und dem für das Vertragsarztrecht zuständigen Senat des BSG aufmerksam verfolgt worden. Im Ergebnis wurde die demokratische Legitimation und Verfassungsmäßigkeit dieser Art

21 Einheitliche Grundsätze zur Beitragsbemessung freiwilliger Mitglieder der gesetzlichen Krankenversicherung und weiterer Mitgliedergruppen sowie zur Zahlung und Fälligkeit der von Mitgliedern selbst zu entrichtenden Beiträge vom 27.10.2008, zuletzt geändert am 10.12.2014; zur Rechtmäßigkeit vgl. 19.12.2012 - B 12 KR 20/11 R; BSG 18.12.2013 - B 12 KR 3/12 R.

22 § 91 Abs. 1 S. 2 SGB V.

23 S.o. Fn. 16.

24 BSG 20.3.1996 - 6 RKa 62/94.

der Rechtssetzung in der Rechtsprechung des BSG jedoch nicht mehr grundlegend in Zweifel gezogen.[25] Eine Prüfung der Rechtmäßigkeit von Richtlinien insbesondere hinsichtlich der Vereinbarkeit mit höherrangigem Recht findet indes selbstverständlich statt. So hat z.B. der 6. Senat des BSG jüngst eine Regelung in der Bedarfsplanungs-Richtlinie des GBA zur Einbeziehung sog. kleiner Arztgruppen in die Bedarfsplanung und die Frage der Rechtmäßigkeit einer in diesem Zusammenhang geregelten vorübergehenden Entscheidungssperre der Zulassungsgremien (sog. Moratorium) zwar im Grundsatz als rechtmäßig angesehen, die Bildung der für die Bewertung des Versorgungsgrades maßgebenden Verhältniszahlen aber nicht in allen Punkten gebilligt.[26] Der 1. Senat des BSG hat z.B. die durch den GBA getroffene Festsetzung der Mindestmenge von jährlich 14 in Perinatalzentren der obersten Kategorie zu behandelnden äußerst geringgewichtigen Früh- und Neugeborenen, nicht aber die Erhöhung auf jährlich 30 gebilligt.[27]

b) Anders als das BSG hat sich das BVerfG zur Frage der demokratischen Legitimation des GBA und damit der Wirksamkeit von dessen Richtlinien bisher nicht abschließend geäußert, obwohl dazu durchaus Gelegenheit bestanden hätte - etwa in der Entscheidung vom 17.12.2002[28] zur Rechtmäßigkeit der Festsetzung von Festbeträgen für Arzneimittel durch Krankenkassenverbände[29], denen wiederum Festlegungen des GBA zur Bildung von Arzneimittelgruppen nach § 35 Abs. 1 SGB V zu Grunde liegen. Dem sog. Nikolausbeschluss des BVerfG vom 6.12.2005[30] sowie einem Nichtannahmebeschluss vom 12.12.2012[31] war insoweit nur zu entnehmen, dass es für die konkrete Entscheidung auf die Verfassungsmäßigkeit einer Normsetzung durch den GBA nicht ankam und dass sich das BVerfG in dieser Frage bisher ausdrücklich nicht festgelegt hat.

Umso gespannter hat die interessierte Fachöffentlichkeit die Entscheidung des BVerfG über eine seit 2012 anhängige Verfassungsbeschwerde

25 Vgl. zB BSG 31.5.2006 – B 6 KA 13/05 R Rn. 57 ff; BSG 7.11.2006 – B 1 KR 24/06 Rn. 14; BSG 12.8.2009 – B 3 KR 10/07, Rn. 18; BSG 1.3.2011 – B 1 KR 10/10, Rn. 33; BSG 1.7.2014 – B 1 KR 15/13 R Rn. 14.

26 BSG 4.5.2016 - B 6 KA 24/15 R.

27 BSG 18.12.2012 – B 1 KR 34/12 R.

28 1 BvL 28/95, 1 BvL 29/95, 1 BvL 30/95.

29 Heute: Spitzenverband Bund der Krankenkassen.

30 1 BvR 347/98.

31 1 BvR 69/09.

gegen ein Urteil des 1. Senats des BSG[32] erwartet, in dem es gerade um die Frage der Normsetzungsbefugnis des GBA - hier bezogen auf die Einbeziehung von Medizinprodukten in die Versorgung - ging. Die hoch gesteckten Erwartungen wurden jedoch enttäuscht. Mit Beschluss vom 10.11.2015[33] verwarf das BVerfG die Verfassungsbeschwerde mit der Begründung als unzulässig, dass der Beschwerdeführer die Begründungsanforderungen nicht erfüllt habe. Dies hinderte das BVerfG allerdings nicht daran, in der Begründung seiner Entscheidung einige Andeutungen zu formulieren, die seitdem die Fachwelt beschäftigen. So bezeichnet das BVerfG die Formulierung "genereller und allgemeiner Zweifel an der demokratischen Legitimation des GBA als Institution", die in der Beschwerdebegründung geltend gemacht worden waren, als "durchaus gewichtig" und gibt zu bedenken, es sei "nicht ausgeschlossen, dass der Gemeinsame Bundesausschuss für eine Richtlinie hinreichende Legitimation besitzt, wenn sie zum Beispiel nur an der Regelsetzung Beteiligte mit geringer Intensität trifft, während sie für eine andere seiner Normen fehlen kann, wenn sie zum Beispiel mit hoher Intensität Angelegenheiten Dritter regelt, die an deren Entstehung nicht mitwirken konnten. Maßgeblich ist hierfür insbesondere, inwieweit der Ausschuss für seine zu treffenden Entscheidungen gesetzlich angeleitet ist." In einem Beschluss vom 6.10.2016[34], der die Mindestmengenfestlegung des GBA für Krankenhäuser als Voraussetzung für die Durchführung bestimmter Risikogeburten zum Gegenstand hatte, hat das BVerfG erneut die Zulässigkeit der Verfassungsbeschwerde verneint und in der Begründung auf „durchaus gewichtige Zweifel an der demokratischen Legitimation des Gemeinsamen Bundesausschusses als Institution“ hingewiesen.

Interpretationshilfe zu diesen vagen Formulierungen gibt der Vizepräsident und Vorsitzende des 1. Senats des BVerfG, Ferdinand Kirchhoff, in einem Interview, das er der Deutschen Apotheker Zeitung gegeben hat und in dem er auf die Frage, was er von der Forderung der Apotheker nach einem Platz im GBA hielte, antwortet: "Selbstverwaltung heißt Entscheidung der Betroffenen über ihre eigenen Angelegenheiten und schließt Fremdbestimmung aus. Wenn berufsrelevante Regeln erlassen werden, kann das nur durch das allgemein demokratisch legitimierte Parlament

32 BSG 3.7.2012 - B 1 KR 23/11 R; vgl. dazu auch F. Kirchhof, Die Entwicklung des Sozialverfassungsrecht, NZS 2015, 1, 4, 7.

33 1 BvR 2056/12.

34 1 BvR 292/16, Rn. 24.

oder durch ein Gremium unter Beteiligung der betroffenen Berufsgruppe geschehen."[35] Daraus kann wohl der Schluss gezogen werden, dass jedenfalls der Vizepräsident des BVerfG die in § 35 Abs. 1b S. 7, Abs. 2 SGB V geregelte Beteiligung insbesondere in Form der gesetzlich vorgeschriebenen Anhörung von Sachverständigen der Arzneimittelhersteller und der Berufsvertretungen der Apotheker nicht als ausreichend ansieht.

c) Viel schwieriger als eine Beschreibung der Problempunkte ist es allerdings, Lösungen für die in den genannten Entscheidungen des BVerfG angesprochenen verfassungsrechtlichen Fragen zu finden, jedenfalls wenn die in Deutschland über Jahrzehnte gewachsenen und meines Erachtens im Wesentlichen bewährten Strukturen des Gesundheitswesens nicht grundlegend in Frage gestellt werden sollen.
aa) Ein Lösungsansatz könnte darin bestehen, die Einwirkungsmöglichkeiten der Ministerialverwaltung auf den GBA zu erweitern. In diese Richtung weist das am 1.3.2017 in Kraft getretene GKV-Selbstverwaltungsstärkungsgesetz. Fraglich ist allerdings, ob damit tatsächlich ein Beitrag zur Lösung des Problems der demokratischen Legitimation des GBA geleistet werden kann. Zwar ist das BSG im Methadon-Urteil davon ausgegangen, dass ausreichende Einwirkungs- und Überwachungsmöglichkeiten der dem Parlament gegenüber verantwortlichen staatlichen Exekutive dazu beitragen können, die sachlich-inhaltliche Legitimation zu unterstützen.[36] Auf der anderen Seite können durch eine Erweiterung der Befugnisse der Aufsichtsbehörde aber auch wesentliche Rechtfertigungsgründe für das besondere Normsetzungskonzept in Frage gestellt werden. Durch die Übertragung der Normsetzung auf den GBA wird ein wirksames Mitspracherecht der Betroffenen geschaffen, verwaltungsexterner Sachverstand aktiviert und ein sachgerechter Interessenausgleich erleichtert.[37] Diese Rechtfertigungsgründe würden umso stärker in Frage gestellt, je mehr es letztlich die Ministerialverwaltung ist, die nach Maßgabe eigener inhaltli-

---

35 DAZ vom 12.5.2016, S. 22, 23 f.

36 BSG 20.03.1996 - 6 RKa 62/94, Juris Rn. 39; zu den Anforderungen an eine Selbstverwaltung vgl. auch BVerfG 5.12.2002 - 2 BvL 5/98, 6/98, BVerfGE 107, 59, 94; BVerfG 6.5.2014 - 2 BvR 1139/12, 2 BvR 1140/12, 2 BvR 1141/12, BVerfGE 136, 194 Rn. 168; Holzner, S. 149, 317 ff.

37 BSG 6.5.2009 – B 6 A 1/08 R, Juris Rn. 47, 50 aE; zur Selbstverwaltung vgl. BVerfG 5.12.2002 - 2 BvL 5/98, 6/98, BVerfGE 107, 59, 92; in diesem Sinne auch schon BSG 20.3.1996 - 6 RKa 62/94.

cher Vorstellungen im Einzelfall die untergesetzlichen Bestimmungen in der äußeren Gestalt von Richtlinien des GBA, aber ohne Bindung an die Voraussetzungen des Art. 80 Abs. 1 und 2 GG (Erlass von Rechtsverordnungen) erlässt. Deshalb erscheint es geboten, dem Selbstverwaltungsträger gerade bei der untergesetzlichen Normsetzung einen substanziellen Raum von Gestaltungsmöglichkeiten und von Weisungsfreiheit im Rahmen der gesetzlichen Vorgaben zu belassen.[38] Vor diesem Hintergrund muss befürchtet werden, dass jedenfalls die im GKV-Selbstverwaltungsstärkungsgesetz geregelte Erweiterung des Einflusses des BMG auf Entscheidungen des GBA eher zu einer Zuspitzung als zu einer Lösung der viel diskutierten verfassungsrechtlichen Fragen zur demokratischen Legitimation des GBA beitragen könnte.

bb) Ein anderer Weg, den Hinweisen aus der og Entscheidung des BVerfG Rechnung zu tragen, könnte darin bestehen, die Anhörungs- und Beteiligungsrechte, die das Verfahren der Normsetzung durch den GBA bereits jetzt vorsieht, zu Mitentscheidungsrechten auszubauen und z.B. die von Richtlinien des GBA betroffenen Apotheker und die Arzneimittelhersteller, aber auch die Patienten mit Stimmrechten im GBA auszustatten.

(1) Die Interessen von Patienten werden bereits nach geltendem Recht durch Patientenvertreter wahrgenommen. Diese haben bisher aber kein Stimmrecht. Wenn die Mitwirkungsrechte von Patienten im GBA gestärkt werden sollen, stellt sich jedoch mit noch größerer Dringlichkeit als bisher die Frage nach der Legitimation der Organisationen und der Personen, die diese Rechte im GBA wahrnehmen sollen. Durch eine unzulässige Berücksichtigung von Partikularinteressen[39] könnte die angestrebte Stärkung der demokratischen Legitimation des GBA anderenfalls in ihr Gegenteil umschlagen. In Teilen der Literatur wird bereits die bestehende Beteiligung der Patientenvertretung wegen des Fehlens einer umfassend organisierten Patientenschaft kritisch beurteilt und dies gilt erst Recht, soweit

---

38 BSG 6.5.2009 – B 6 A 1/08 R, Juris Rn. 47; vgl. Welti, Gibt es noch eine Selbstverwaltung in der gesetzlichen Krankenversicherung?, VSSR 3/2006, 133, 153; ähnlich auch Holzner, S. 231, mit dem Hinweis, dass der Einbezug verwaltungsexternen Sachverstands nicht durch weitreichende Befugnisse einer Fachaufsicht konterkariert werden dürfe.

39 Vgl. dazu BVerfG 6.5.2014 - 2 BvR 1139/12, 2 BvR 1140/12, 2 BvR 1141/12, BVerfGE 136, 194, Rn. 169.

eine Erweiterung der Beteiligungsrechte zu einem Mitentscheidungsrecht in Rede steht.[40] Eine Verbesserung der legitimatorischen Basis der Patientenvertreter ist mit Sicherheit möglich, aber jedenfalls mit Schwierigkeiten verbunden, auch weil die Rolle des "Patienten" - jedenfalls außerhalb des Feldes der chronischen Erkrankungen und Behinderungen - kaum geeignet ist, eine darauf aufbauende Repräsentationsstruktur zu entwickeln.[41]

(2) Soweit es um Möglichkeiten zur Mitentscheidung nicht von Patienten, sondern von Anbietern von Gesundheitsleistungen geht, stellen sich weitere juristische und auch gesundheitspolitische Fragen. Bisher haben die Anbieter z.B. von bestimmten Behandlungsverfahren keinen unmittelbaren Einfluss auf die Ausgestaltung des Leistungskatalogs in der GKV. Ein Eingriff in Art. 12 Abs. 1 GG liegt darin nicht. Wie das BVerfG ua in seiner Entscheidung zu den Festpreisen für Arzneimittel[42] dargelegt hat, gewährleistet dieses Grundrecht keinen Anspruch auf Erfolg im Wettbewerb oder auf Sicherung künftiger Erwerbsmöglichkeiten. Art. 12 Abs. 1 GG kann Krankenkassen daher grundsätzlich nicht verpflichten, den Anbietern von Gesundheitsleistungen ihre Produkte zu den von diesen festgelegten Preisen abzunehmen. Auch für die Ausgestaltung des Leistungskatalogs in der GKV sind in erster Linie die Interessen der Versicherten maßgeblich, die einerseits die im Falle der Erkrankung notwendigen Leistungen erhalten und andererseits – insbesondere wenn sie gesund sind – nicht über Ge-

---

40 Dierks/Höhna, Die Patientenvertretung im Gemeinsamen Bundesausschuss, A&R 2011, 99, 101 f.; Ebsen, Patientenpartizipation in der gemeinsamen Selbstverwaltung der GKV: Ein Irrweg oder ein Desiderat?, MedR 2006, 528, 531; Schlacke, Kontrolle durch Patientenbeteiligung im Medizin- und Gesundheitssystem, in: Schmehl/Wallrabenstein, Steuerungsinstrumente im Recht des Gesundheitswesens, Band 3, Tübingen 2007, 41, 58 f.; Pitschas, Mediatisierte Patientenbeteiligung im Gemeinsamen Bundesausschuss als Verfassungsproblem, MedR 2006, 451, 455 ff.; eine insgesamt positive Bilanz der Patientenbeteiligung im GBA ziehen Hess, Der G-BA – Bilanz der bisherigen Arbeit, Die Krankenversicherung 2005, 64 und Etgeton, Patientenbeteiligung in den Strukturen des Gemeinsamen Bundesausschusses, Bundesgesundheitsblatt 2009, 104; Meinhardt/Plamper/Brunner, Beteiligung von Patientenvertretern im Gemeinsamen Bundesausschuss, Bundesgesundheitsblatt 2009, 96, 102; ähnlich auch Gassner, Götterdämmerung des Gemeinsamen Bundesausschusses, NZS 2016, 121, 127.

41 Vgl. Welti, VSSR 3/2006, 133, 153 f.; Ebsen, MedR 2006, 528, 531; BSG, 14.5.2014 – B 6 KA 29/13 R, Rn. 28.

42 BVerfGE 106, 275, Juris Rn. 104; vgl. auch BVerfGE 24, 236 <251>; 34, 252 <256>.

bühr mit Beiträgen belastet werden möchten. Die wirtschaftlichen Interessen etwa der Hersteller von Arzneimitteln oder von Hilfsmitteln können deshalb nicht Maßstab für die Ausgestaltung des Leistungskatalogs der GKV sein. Dieses Verständnis findet seinen Ausdruck auch in der Rechtsprechung des BSG[43], nach der ein Anbieter von – bisher nicht vom Leistungskatalog umfassten – Behandlungsmethoden keine Betroffenheit in eigenen Rechten geltend machen kann, wenn er eine Erweiterung der Leistungen der GKV verlangt, sodass eine entsprechende Klage bereits unzulässig ist. Diese vorrangige Orientierung der Krankenversicherung an den Interessen von Versicherten kann durch Mitentscheidungsrechte der Anbieter von Behandlungsmethoden oder von Arzneimitteln in Frage gestellt werden.

3. Ganz im Gegensatz zu dem unsicheren verfassungsrechtlichen Fundament stehen die immer neuen Aufgaben, die Trägern der Selbstverwaltung und allen voran dem GBA durch Gesetz übertragen werden.[44] Eine Tendenz, die untergesetzliche Normsetzung auf das BMG als Verordnungsgeber zu übertragen, ist nicht im Ansatz erkennbar. Vielmehr beschränkt sich der Gesetzgeber aus gutem Grund auf die Festlegung des Rahmens und überlässt die Feinsteuerung des Versorgungsgeschehens Selbstverwaltungskörperschaften. Historisch hat sich die Selbstverwaltung in Deutschland auch bezogen auf die Aufgaben in der untergesetzlichen Normsetzung bewährt. Deshalb bleibt zu wünschen, dass die nun schon quälend langwierige Diskussion um die demokratische Legitimation von Selbstverwaltungsträgern zur Normsetzung zu einem konstruktiven Abschluss gebracht wird – entweder durch eine klärende Entscheidung des BVerfG oder – notfalls – durch eine Verfassungsänderung[45]. Ein für das deutsche Gesundheitswesen so großes und so wichtiges „Gebäude“ wie die Selbstverwaltung braucht ein auch verfassungsrechtlich solides Fundament.

---

43 BSG 21.3.2012 – B 6 KA 16/11 R, Rn. 30 ff. zur Aufnahme der hyperbaren Sauerstofftherapie in den Leistungskatalog der GKV; anders jedoch, wenn ein Anbieter geltend machen kann, bei der Erbringung von Leistungen, die Versicherte dem Grunde nach in der GKV beanspruchen können, gegenüber anderen Anbietern benachteiligt zu werden, BSG 14.5.2014 - B 6 KA 28/13 R, Rn. 31 ff. m.w.N.

44 Vgl. zuletzt die Einführung des § 137h SGB V mit dem Gesetz zur Stärkung der Versorgung in der gesetzlichen Krankenversicherung (GKV-Versorgungsstärkungsgesetz – GKV-VSG) vom 16.7.2015 (BGBl. I 1211).

45 Vgl Wiegand in: Schlegel/Voelzke, jurisPK-SGB V, 3. Aufl. 2016, § 92 SGB V Rn. 32.

Das bedeutet nicht, dass auf der Ebene des einfachen Gesetzesrechts keinerlei Handlungsbedarf bestünde. Selbstverwaltung darf nicht zum Selbstzweck werden und dort wo Grund zur Annahme besteht, dass die Akteure das nicht im Blick behalten, muss der parlamentarische Gesetzgeber seiner Verantwortung gerecht werden. Allerdings darf das nicht so weit gehen, dass den Trägern der Selbstverwaltung praktisch keine Spielräume mehr verbleiben.[46] Auch wenn es keine verfassungsrechtlichen Garantien für das bestehende System der Sozialversicherung geben kann[47], erscheint es bedenklich, wenn die Aufsicht so weit ausgedehnt wird, dass über dieses Instrument letztlich Rechtssetzung unter Umgehung der Voraussetzungen für den Erlass von Rechtsverordnungen (Art. 80 GG) ermöglicht wird. Aber auch unabhängig von verfassungsrechtlichen Vorgaben ist der Gesetzgeber gut beraten, nicht über das Ziel hinauszuschießen und die staatliche Aufsicht jedenfalls in Fragen, die das Versorgungsgeschehen in der gesetzlichen Krankenversicherung betreffen, auf eine Rechtsaufsicht zu beschränken. Anderenfalls würden die Vorteile der Normsetzung durch Träger der Selbstverwaltung in Frage gestellt, die eine Einbeziehung externen Sachverstands sowie einen sachgerechten Interessenausgleich in höherem Maße gewährleisten, als das bei der Rechtssetzung durch ein Ministerium der Fall sein kann.

---

46 Vgl. Hase, Begriff und Grundlagen der sozialen Selbstverwaltung, in: Isensee/Kirchhof, Handbuch des Staatsrechts der Bundesrepublik Deutschland, Band VI, Heidelberg 2008, S. 1186 f. m.w.N. in Fn. 69.

47 Vgl. Hase, aaO, S. 1185 ff.; Bieback, Soziale Selbstverwaltung – Geschichte und Programm, in: Rixen/Welskop-Deffaa, Zukunft der Selbstverwaltung, Wiesbaden 2015, S. 13 f., jeweils m.w.N.

Prinzipien der privaten Krankenversicherung

Frank L. Schäfer

I. Koordinatensystem

Das Recht der privaten Krankenversicherung (PKV-Recht), wie es sich in den §§ 192-208 VVG sowie in den §§ 146-160 VAG abbildet, ist ein heterogenes Gebilde, gewachsen aus politischen Kompromissen der Gesundheitspolitik.[1] Der Gesetzgeber kodifizierte die Materie nach der Liberalisierung des europäischen Versicherungsmarktes erst im Jahr 1994 im VVG. Die leitenden Rechtsprinzipien und grundlegenden Weichenstellungen dieser recht jungen Kodifikation wurden bislang nicht reflektiert. Die folgende Studie möchte dieses Fundament freilegen und zu Reformen anregen.

II. Prinzipien der Privatrechtversicherung

1. Privatautonomie

In seinem historischen Ausgangspunkt baut das PKV-Recht auf den Prinzipien des Privatrechts auf, da die Materie dem Privatversicherungsrecht als besonderes Schuldrecht entstammt. Oberstes Prinzip des Privatrechts und somit des PKV-Rechts ist die Privatautonomie, d.h. das Recht zur Selbstbestimmung über die eigenen privaten Rechtsverhältnisse, das sich wiederum in das Recht zur Selbstbestimmung über die eigene Person sowie in das Recht zum selbstbestimmten und eigenverantwortlichen Handeln aufgliedert.[2] Die Privatautonomie genießt damit im Privatrecht den-

---

1 Übersicht bei *Schäfer*, in: Igl/Welti (Hrsg.), Gesundheitsrecht, 2. Aufl., München, 2014, Rn. 638 ff., 647 ff., 652 ff. (zitiert als: *Schäfer*, in: Igl/Welti (Hrsg.), Rn.).

2 Siehe *Bruns*, Privatversicherungsrecht, München, 2015, § 7 Rn. 3 (zitiert als: *Bruns*, § Rn.).

selben Rang wie die Menschenwürde im öffentlichen Recht. Als oberstes Prinzip muss die Privatautonomie konkretisiert werden.[3]

2. Vertragsfreiheit

Die Vertragsfreiheit ist das wichtigste der aus der Privatautonomie abgeleiteten Prinzipien. Sie gliedert sich wiederum in drei Freiheiten auf: Freiheit des Vertragsabschlusses, des Vertragsinhalts und der Vertragsform. Der Basistarif (§ 193 V VVG), die Pflegepflichtversicherung (§ 110 I Nr. 1 SGB XI), die Kindernachversicherung (§ 198 VVG) und das Sozialrecht (§ 5 IX SGB V für gescheiterten Übertritt zur GKV) schränken die Abschlussfreiheit durch einen gesetzlichen Kontrahierungszwang zu Lasten des Versicherers ein. Allein die Kindernachversicherung lässt sich als Ausgestaltung der Privatautonomie rechtfertigen: Neugeborene Kinder können nicht selbst über ihren Versicherungsschutz entscheiden, so dass sich ihr Schutz nach den Eltern richten soll. Die anderen gesetzlichen Kontrahierungszwänge erklären sich nur prinzipienfremd jenseits der Privatautonomie. Sie stabilisieren aus öffentlich-rechtlichen Gründen des Gesundheitsschutzes die PKV als zweite Säule des Gesundheitssystems. Der Notlagentarif nach AVB/NLT 2013 erlangt sogar *ipso iure* bei Ruhen der Leistungen im Versicherungsverhältnis Wirkung.

Spiegelbildlich zum Kontrahierungszwang steht die Versicherungspflicht nach § 193 III VVG, § 23 SGB XI, welche Personen mit Wohnsitz in Deutschland subsidiär zur GKV bzw. zur sozialen Pflegeversicherung zum Abschluss einer Krankheitskostenvollversicherung (Pflichtversicherung) bzw. einer Pflegepflichtversicherung anhält. Die Versicherungspflicht wird im Fall der Krankheitskostenversicherung durch Kündigungsverbote abgesichert: Kündigt der Versicherungsnehmer ohne Nachweis einer neuen Versicherung, ist seine Kündigung unwirksam (§ 205 VI VVG). Auf der Gegenseite ist nach dem Gesetzeswortlaut jede Kündigung durch den Versicherer ausgeschlossen (§ 206 I 1 VVG). Ähnliches gilt gem. §§ 23 II, 27, 110 IV SGB XI für die Pflegepflichtversicherung. Auch die Versicherungspflicht lässt sich nur aus öffentlich-rechtlichen Gründen und nur prinzipienfremd gegenüber dem Privatrecht rechtfertigen.

---

3 Ähnlich *Bruns*, § 6 Rn. 1 ff.

Die Vertragsinhaltsfreiheit ist im Bereich des Normaltarifs das Wesensmerkmal der PKV geblieben (vgl. § 192 I VVG). Auch wenn dem Versicherungsvertrag die AVB des Versicherers inklusive dessen Tarife zugrunde liegen, ist der Vertragsinhalt auch Ausdruck der privatautonomen Entscheidung des Versicherungsnehmers, da er im Regelfall zwischen verschiedenen Normaltarifen des Versicherers wählen kann. Dasselbe gilt für die in § 192 III VVG beispielhaft aufgezählten Nebenleistungen im Bereich des *Managed Care*. Der Vertragsinhalt des Normaltarifs wird lediglich bei der Laufzeit (§§ 195 I, 196 I 2, III VVG), bei der Wartezeit (§ 197 VVG) sowie durch das Recht des Versicherungsnehmers auf Tarifwechsel beim selben Versicherer (§ 204 VVG) reguliert.

Dagegen basieren Basistarif (§ 152 VAG), Standardtarif (§ 257 IIa 1 Nr. 3 SGB V n.F., § 257 IIa 1 Nr. 2 SGB V a.F.) und Pflegepflichtversicherung (§ 110 SGB XI) durch den Verweis auf die Sozialversicherungen auf detaillierten gesetzlichen Vorgaben zum Leistungsumfang, so dass diese Tarife nicht als Beispiele für Privatautonomie fungieren können. Ähnliches gilt für den Notlagentarif (§ 153 VAG), für den der PKV-Verband als Beliehener den brancheneinheitlichen Tarif (AVB/NLT 2013) erstellt. Die studentische PKV geht einen Mittelweg: Hier ist die Vertragsabschlussfreiheit gewahrt, doch mangelt es durch die brancheneinheitlichen AVB (MB/PSKV 2009) ebenfalls an der Vertragsinhaltsfreiheit.

3. Gleichheit

Die Gleichheit ist ein weiteres Prinzip, das sich aus der Privatautonomie ableitet. Die in Art. 3 I GG verfassungsrechtlich verbürgte Gleichheit legt als Mindeststandard fest, dass alle natürlichen Personen gleichermaßen rechtsfähig sind (ebenso § 1 BGB). Nur wenn alle Menschen ohne Differenzierung rechtsfähig sind, kann sich die Privatautonomie als universales Prinzip frei entfalten. Gleiche Rechtsfähigkeit bedeutet freilich nicht, dass im PKV-Recht über Risikozuschläge, Leistungsausschlüsse und Vertragsablehnung (vgl. § 203 I 2 VVG) nicht zwischen guten und schlechten Gesundheitsrisiken beim Versicherten differenziert werden dürfte, da nur Gleiches gleich zu behandeln ist (§§ 146 II 1, 138 II VAG; speziell für den Versicherungsverein § 177 VAG).[4]

---

4 Siehe auch *Schäfer*, in: Igl/Welti (Hrsg.), Rn. 703.

Deshalb ist eine Differenzierung zwischen behinderten und nichtbehinderten Menschen nach derzeitiger Rechtslage erlaubt, auch wenn dieses Ergebnis sozialethisch bedenklich erscheint. Eine Behinderung stellt für sich betrachtet zwar regelmäßig kein relevantes Risiko dar, soweit sich die Tarife nicht auf eine Behinderung, sondern auf eine Krankheit als Versicherungsfall konzentrieren. Doch geht in der Vertragspraxis eine Behinderung zumeist mit einer risikorelevanten Krankheit einher, so dass die Behinderung mittelbar relevant ist. § 3 II AGG rechtfertigt hier die mittelbare Benachteiligung behinderter Menschen. Die Risikodifferenzierung ist auch mit Art. 3 III 2 GG, Europarecht sowie mit Art. 25 UN-BRK vereinbar.[5] Behinderte Menschen werden damit aber von der PKV nicht ausgeschlossen. Ihnen steht über den Kontrahierungszwang der Basistarif zur Verfügung.

Im Gegensatz dazu darf nach europarechtlichen Vorgaben nicht mehr zwischen Männern und Frauen differenziert werden, so dass in der PKV nur noch Unisextarife angeboten werden (§ 20 II 2 AGG, § 6 I 1 KVAV; vgl. auch § 23 III KVAV).[6] Geschlechtsabhängige Altverträge genießen Bestandsschutz, allerdings ist für die Zukunft nur noch ein Wechsel in Unisextarife möglich (§ 204 I 1 Nr. 1 a.E. VVG).

4. Ausgleich

Das Prinzip der ausgleichenden Gerechtigkeit ist das dritte, für das PKV-Recht wichtige privatrechtliche Prinzip.[7] Es beruht auf der aristotelischen *iustitia commutativa*. Die ausgleichende Gerechtigkeit lässt sich ebenfalls aus der Privatautonomie ableiten: Die Privatautonomie wäre ohne einen effektiven Schutz durch Restitution eine leere Hülse. Das Privatversicherungsrecht kommt mittels Äquivalenzprinzip (vgl. §§ 146 II 1, 138 II VAG, § 10 I 2 KVAV) dem Ideal der ausgleichenden Gerechtigkeit weitaus näher als das allgemeine Schuldrecht. Das versicherungsrechtliche Äquivalenzprinzip reicht sehr weit: Einnahmen des Versicherers (Prämi-

---

5 *Schäfer*, Rechtlicher Zugang behinderter Menschen zur PKV, in: Bieback u.a. (Hrsg.), Der Beitrag des Sozialrechts zur Realisierung des Rechts auf Gesundheit und des Rechts auf Arbeit für behinderte Menschen, Münster, 2016, S. 77, 84, m.w.N.

6 EuGH, Rs. 236/09, EuZW 2011, 301 – Test-Achats.

7 I.E. ebenso *Bruns*, § 6 Rn. 11 f.

en) und Ausgaben des Versicherers (Leistungen im Versicherungsfall, Vertragsabschluss- und Verwaltungskosten, Rückstellungen) müssen korrelieren.[8] Im Fall der PKV bestimmt sich die Prämienhöhe bei Vertragsschluss zunächst nach dem individuellen Risiko des Versicherten (§ 10 I 1 KVAV); Risikozuschlag und Leistungsausschluss dienen der individuellen Risikoanpassung. Bei Vertragsdurchführung zählt das kollektive Risiko der Beobachtungseinheit, welches dem Versicherten zuzuordnen ist (§§ 15, 16 KVAV). Eine individuelle Gefahrerhöhung, vornehmlich durch Erkrankung oder Älterwerden, berechtigt den Versicherer weder zur Prämienerhöhung noch zur Kündigung (§§ 194 I 2, 23 ff. VVG). Vielmehr ist der Versicherer nur bei einer kollektiven Gefahrerhöhung im Rahmen des § 203 II VVG zur Prämienerhöhung berechtigt. Hinzu kommt bei veränderten Verhältnissen des Gesundheitswesens und bei unwirksamen AVB das Recht des Versicherers, die AVB nebst Tarifbestimmungen anzupassen (§ 203 III, IV VVG i.V.m. § 164 VVG). Aus der Perspektive des Äquivalenzprinzips betrachtet, wird bei der Vertragsdurchführung damit die individuelle durch die kollektive ausgleichende Gerechtigkeit ersetzt. Letzteres Prinzip bleibt noch unter dem Schirm der *iustitia commutativa* und darf nicht mit der austeilenden Gerechtigkeit verwechselt werden.

§ 192 II VVG schützt ebenfalls die Äquivalenz, indem es dem Versicherer bei einem auffälligen Missverhältnis zwischen erbrachter Leistung und Entgelt bei der Kostenerstattung ein Kürzungsrecht einräumt. Auch das Verbot der Über- und Unterversicherung sowie der Mehrfachversicherung (§§ 194 I 1, 74 ff. VVG) sichert das Äquivalenzprinzip ab. Wie aus der fragmentarischen Regelung des § 192 II VVG folgt, existiert im PKV-Recht hingegen kein allgemeines Wirtschaftlichkeitsgebot. § 192 II VVG sichert keinen wirtschaftlichen Preis für Gesundheitsleistungen, sondern nur einen marktkonformen Preis.[9] Die Äquivalenz ist demnach formaler, nicht ökonomischer Natur.

---

8 *Kalis*, in: Sodan (Hrsg.), Handbuch des Krankenversicherungsrechts, 2. Aufl., München, 2014, § 44 Rn. 109 (zitiert als: *Kalis*, in Sodan (Hrsg.), § Rn.); MüKo VVG/ *Boetius*, 2. Aufl. 2017, Vorb. §§ 192-208, Rn. 803; *Schäfer*, in: Igl/Welti (Hrsg.), Rn. 682.

9 Grundlegend BGHZ 154, 154 (Alpha-Klinik).

III. Prinzipien der Sozialversicherung

1. Überblick

Das öffentliche Recht und mit ihm das Sozialversicherungsrecht ist von fundamental verschiedenen Prinzipien geprägt. Im Vordergrund steht nicht das Prinzip der Privatautonomie, obwohl es über die allgemeine Handlungsfreiheit (Art. 2 I GG) zu den Grundrechten zählt. Vielmehr wird der Diskurs im Bereich des Sozialversicherungsrechts von der Menschenwürde (Art. 1 I GG) und vom Sozialstaatsprinzip (Art. 20 I GG) bestimmt. Von der Warte der liberalen Privatrechtstheorie aus betrachtet, bedient sich der Sozialstaat zur Durchsetzung seiner Ziele bestimmter Mittel, die mit dem Privatrecht nur bedingt kompatibel sind.

2. Umverteilung

Aus prinzipienorientierter Sicht ist die austeilende Gerechtigkeit, die aristotelische *iustitia distributiva*, für das Sozialrecht und somit für das Sozialstaatsprinzip von herausragender Bedeutung. Distributive Mechanismen wie einkommens- statt risikoabhängige Beiträge, Steuersubvention und Umlagefinanzierung sind Bausteine eines Versorgungssystems, das nicht mehr auf dem mathematisch kalkulierbaren Äquivalenzprinzip, sondern auf situativen politischen bzw. fiskalischen Entscheidungen basiert. Bei der GKV spricht man daher von einer „Globaläquivalenz“,[10] bei der „sich leistungsstärkere Mitglieder an den Kosten des Krankenversicherungsschutzes von leistungsschwächeren Mitgliedern ihrer größeren Leistungsfähigkeit entsprechend beteiligen“[11]. Der „soziale Ausgleich“ der GKV[12] zwischen ihren Mitgliedern ist rechtsphilosophisch betrachtet nicht der ausgleichenden, sondern der austeilenden Gerechtigkeit zuzuordnen.

Die Distribution ist auch in das PKV-Recht in vielerlei Gestalt vorgedrungen. Allen Formen gemeinsam ist, dass sie vom Äquivalenzprinzip,

---

10 *Sodan*, in: Sodan (Hrsg.), § 1 Rn. 27.

11 BVerfGE 113, 167, 224.

12 BVerfGE 76, 256, 300 f.

also vom Grundsatz einer risikogerechten Prämie, abweichen.[13] Erstens ist das Ruhen der Leistungen nach § 193 VI VVG zu nennen. Kommt ein Versicherungsnehmer mit seiner Prämienzahlung in Rückstand (sog. Nichtzahler), greifen nicht die allgemeinen Normen des Verzugs mit den §§ 280 II, 286 ff. BGB, §§ 37 f. VVG, sondern spezielle Regelungen in § 193 VI-X VVG i.V.m. dem Notlagentarif nach AVB/NLT 2013 ein. Der Versicherungsnehmer schuldet zwar eine geringe Prämie und ist zu einem modifizierten Verzugszins verpflichtet. Doch steht der zahlungsunwillige Nichtzahler weiterhin unter einem, wenn auch eingeschränkten, Versicherungsschutz, wie ihn der Notlagentarif nach AVB/NLT 2013 konkretisiert, selbst wenn er seiner abgesenkten Prämienzahlungspflicht nicht nachkommt. Der zahlungsunfähige, weil hilfebedürftige Nichtzahler erhält nach den Gesetzesbuchstaben sogar den vollen Versicherungsschutz bis hin zum Einbettzimmer in der Privatklinik nebst Chefarztbehandlung, obwohl der Sozialversicherungsträger die fortbestehende volle Prämienschuld nur bis zur halben Höhe des Basistarifs begleicht.[14] In beiden Fällen wird das Äquivalenzprinzip massiv geschwächt: Im ersten Fall am stärksten durch eingeschränkte Versicherungsleistung trotz vollständigem Ausfall der Prämienzahlung, im zweiten Fall weniger stark durch volle Versicherungsleistung im regulären Tarif trotz partiellem Ausfall der Prämienzahlung.

Zweitens ist auf den Basistarif sowie auf die Pflegepflichtversicherung hinzuweisen. Risikozuschläge und Leistungsausschlüsse dürfen hier nicht vereinbart werden (§ 203 I 2 VVG, § 110 I Nr. 2 a) und d) bzw. III Nr. 2 und 3 SGB XI). Erschwerend kommt hinzu, dass die Prämienhöhe auf den Höchstbetrag der GKV bzw. der sozialen Pflegeversicherung limitiert ist (§§ 152 III 1 VAG, § 110 I Nr. 2 e) bzw. III Nr. 5 SGB XI). Das Äquivalenzprinzip wird ebenfalls geschwächt. An die Stelle des Äquivalenzprinzips tritt ein „Risikoausgleich" (§§ 154, 153 II 5 VAG, § 111 SGB XI), der andere Versicherer und alle Pflichtversicherten durch Prämienerhöhung einbezieht und somit durch Umverteilung erhöhter Risiken deutlich distributive Charakterzüge aufweist. Im Vergleich dazu wiegen im Standardtarif die Prämienbegrenzung und das daraus resultierende Ausgleichssystem

---

13 Pointiert MüKo VVG/*Boetius*, 2. Aufl. 2017, Vorb. §§ 192-208 VVG Rn. 1054 ff.: „Zerstörung des Äquivalenzprinzips", ferner Rn. 1277; ähnlich *Schäfer*, Notlage und Äquivalenz in der PKV, MedR 2015, 793, 798.

14 Details bei *Schäfer*, in: Igl/Welti (Hrsg.), Rn. 711 ff.

(§§ 257 IIa 1 Nr. 3 SGB V n.F., 257 IIa 1 Nr. 2, IIb SGB V a.F.) wegen der Fortführung der Risikozuschläge (Nr. 1 Abs. 7 TB/ST) weniger schwer.

3. Sozialbindung der PKV?

Die herrschende Meinung akzeptiert, dass die PKV einer Sozialbindung unterliegt, welche normativ auf dem Sozialstaatsprinzip des Art. 20 I GG bzw. auf Art. 14 I 2 GG beruhen soll.[15] Aus der Funktion der PKV als zweiter Säule des Gesundheitssystems wird ein staatlicher Auftrag zu ihrer sozialen Ausgestaltung abgeleitet. Auf dieser Prämisse soll die Sozialbindung der PKV weit über die in § 193 VI 5 VVG erwähnten, sozial hilfebedürftigen Personen hinausreichen. Sozialbindung bedeutet konkret, dass das PKV-Recht das Sozialstaatsprinzip durch Normen konkretisiert, die sich aus Sicht des liberalen Privatrechtsmodells als prinzipienfremde Einsprengsel darstellen. Die Literatur identifiziert beispielsweise das Kündigungsverbot zugunsten des Versicherungsnehmers oder den Basistarif als Ausdruck einer solchen Sozialbindung.[16]

Die Legitimation dieser Intervention durch das Sozialstaatsprinzip vermag nicht zu überzeugen. Die verfassungsrechtliche Aufgabe des Sozialstaats ist bei gebotener enger Auslegung keine umfassende Daseinsvorsorge im Sinne eines Wohlfahrtsstaates, sondern nur subsidiäre Hilfe für diejenigen, die von ihrer Privatautonomie keinen ausreichenden Gebrauch machen können. Nach dieser Prämisse begründet das Sozialstaatsprinzip auch kein subjektives Recht auf staatliche Gesundheitsversorgung im Gewand des Privatrechts. Vielmehr gebietet Art. 2 II 1 GG lediglich einen Mindeststandard zum Lebens- und Gesundheitsschutz bei der Ausgestaltung der PKV.[17]

---

15 BVerfGE 123, 186, 242 f.; 124, 25, 37; MüKo VVG/*Boetius*, 2. Aufl. 2017, Vorb. §§ 192-208 VVG Rn. 1349; Spickhoff/*Steiner*, Medizinrecht, 2. Aufl. 2014, Art. 20 GG Rn. 7; abschwächend *Rogler*, in: Rüffer u.a. (Hrsg.), Versicherungsvertragsgesetz: Handkommentar, 3. Aufl. 2015, § 192 VVG Rn. 2; kritisch *Sodan*, in: Sodan (Hrsg.), § 2 Rn. 48 ff.

16 MüKo VVG/*Boetius*, 2. Aufl. 2017, Vorb. §§ 192-208 VVG Rn. 722 ff.

17 Ähnlich Maunz/Dürig/*Di Fabio*, Grundgesetz-Kommentar, 77. Ergänzungslieferung 2016, Art. 2 Abs. 2 S. 1 GG Rn. 94; Spickhoff/*Steiner*, Medizinrecht, 2. Aufl. 2014, Art. 2 GG Rn. 14; weitergehend *Seewald,* Gesundheit als Grundrecht, Königstein, 1982.

Der Gesetzgeber ist nach diesen Prämissen nicht verpflichtet eine privatrechtliche Zwangsversicherung nach Art des Basistarifs zur Ergänzung der GKV einzuführen, welche das Leistungsniveau der GKV erreicht oder sogar übersteigt. Zur Wahrung des Kernbereichs des Art. 2 1 II GG genügte ein Auffangtarif, der unter dem derzeitigen Leistungsniveau des Notlagentarifs liegen könnte. Ebenso besteht kein Zwang zu einem absoluten Kündigungsverbot zugunsten des Versicherungsnehmers, wie es der Wortlaut des § 206 I VVG implementiert. Ganz im Gegenteil gefährdet diese Norm, wenn man sie nicht wie die Rechtsprechung ganz erheblich korrigiert,[18] die Symmetrie im vertraglichen Synallagma und damit die ausgleichende Gerechtigkeit als Prinzip des PKV-Rechts. Zwingend verfassungsrechtlich geboten sind allein die Anordnung einer subsidiären Versicherungspflicht in der PKV sowie die Kindernachversicherung.

IV. Verbraucherschutz

Der Verbraucherschutz[19] scheint auf einen ersten flüchtigen Blick nur ein Problem sektoraler Sondernormen, aber keine Frage von Rechtsprinzipien zu sein. Bereits die Suche nach verbraucherschützenden Normen im PKV-Recht gestaltet sich schwierig. Weder die §§ 192 ff. VVG noch die Musterbedingungen des PKV-Verbandes erwähnen Verbraucher oder Unternehmer. Dasselbe gilt grundsätzlich für das allgemeine Privatversicherungsrecht. Lediglich § 214 I 1 Nr. 1 VVG (Ombudsmann Private Kranken- und Pflegeversicherung) und § 4 VVG-Informationspflichtenverordnung (Produktinformationsblatt) nehmen auf den Verbraucher Bezug. Dieses Defizit könnte zu der falschen Schlussfolgerung verleiten, weder das spezielle PKV-Recht noch die auf das PKV-Recht anwendbaren allgemei-

---

18 BGH NJW 2012, 376; näher *Schäfer*, in: Igl/Welti (Hrsg.), Rn. 693.

19 Allgemein: *Brand*, Verbraucherschutz im Versicherungsrecht, in: Lorenz (Hrsg.), Karlsruher Forum 2011, Karlsruhe, 2012, S. 55 ff.; *Hoffmann*, Verbraucherschutz im deutschen Privatversicherungsrecht nach dem Wegfall der Vorabkontrolle Allgemeiner Versicherungsbedingungen, Karlsruhe, 1998; zur PKV: *Marschner*, Verbraucherschutz im Bereich der Versicherungsdienstleistungen: Krankenversicherung, in: Tamm/Tonner (Hrsg.), Verbraucherrecht: Rechtliches Umfeld, Vertragstypen, Rechtsdurchsetzung, Baden-Baden, 2. Aufl., 2016, S. 851 (878 ff.); *E. M. Müller*, Europäisches Verbraucherschutzrecht – Auswirkungen auf den Leistungsanspruch der Versicherten?, MedR 2016, S. 576 ff.

nen Normen des Versicherungsrechts hätten verbraucherschützende Funktion.

Das Gegenteil ist der Fall, wenn man sich Normen zuwendet, welche nicht dem Wortlaut, aber ihrem subjektiven Zweck oder zumindest ihrer objektiven Funktion nach verbraucherschützend wirken. Die Beschränkungen der Vertragsfreiheit nach dem VVG sind nur auf Großrisiken im Sinne des § 210 II VVG, d.h. vornehmlich nur auf mittelständische Unternehmen ab 250 Arbeitnehmern sowie auf Großunternehmen unanwendbar. Im Umkehrschluss erkennt das Versicherungsrecht allen anderen gewerbetreibenden und freiberuflichen Versicherungsnehmern als schwächeren Vertragspartnern den gesetzlichen Schutz zu,[20] da das Versicherungsrecht nicht zwischen Verbraucherverträgen und sonstigen Verträgen, sondern zwischen Massenrisiken und Großrisiken unterscheidet.[21] Unter die Beschränkungen der Vertragsfreiheit fallen alle expliziten Dispositionsverbote für halbzwingende Normen (z.B. §§ 18, 208 VVG) und die durch Auslegung zu ermittelnden Dispositionsverbote für zwingende Normen (bes. § 192 VII, VIII, § 193 VVG). Halbzwingende und zwingende Normen haben ihrerseits zumeist verbraucherschützenden Charakter.

Allerdings stellt die PKV in Abweichung von diesen Grundsätzen nach den Details des § 210 II VVG stets ein Massenrisiko dar. Die inhaltlich verbraucherschützenden Normen des PKV-Rechts sind somit auch dann anwendbar, wenn Versicherungsnehmer keine natürlichen Personen, sondern Unternehmen sind. Das erscheint folgerichtig, da selbst bei einer Gruppenversicherung durch ein Unternehmen die versicherten Personen stets Verbraucher sind. Im Ergebnis ist daher sowohl der gesetzlichen Systematik als auch der Natur der Sache nach jeder PKV-Vertrag ein Verbrauchervertrag im engeren Sinne. In anderen Worten zeichnet sich die PKV gegenüber anderen Versicherungssparten durch ihren immanent verbraucherschützenden Charakter aus. Dieser Verbraucherschutz ist Ausfluss der ausgleichenden Gerechtigkeit, weil er die ungleiche Position zwischen Versicherer und Versicherungsnehmer bzw. Versichertem ausgleichen soll.

Werfen wir noch einen Blick auf die Normen, welche die Dispositionsverbote schützen. Unter den allgemeinen verbraucherschützenden Normen des Versicherungsrechts sind die §§ 6 f. VVG für die Informations- und

20 MüKo VVG/*Looschelders*, 2. Aufl. 2017, § 210 Rn. 2.

21 *Armbrüster*, Privatversicherungsrecht, Tübingen, 2013, Rn. 327.

Beratungspflichten des Versicherers und § 8 VVG für das Widerrufsrecht des Versicherungsnehmers hervorzuheben. Im Gesetzesabschnitt zum PKV-Recht wird man folgenden Normen des VVG verbraucherschützende Wirkung zusprechen dürfen: § 192 VIII (Auskunftsanspruch), § 193 VI-X (Prämienverzug nebst Notlagentarif), § 194 I (Unanwendbarkeit bestimmter allgemeiner Versicherungsnormen), §§ 195-199 (grundsätzlich unbeschränkte Versicherungsdauer, Einschränkung der Befristung der Krankentagegeldversicherung, Wartezeiten, Kontrahierungszwang bei Kindernachversicherung und Anpassung des Versicherungsschutzes für Beihilfeempfänger bei Änderung des Beihilfebemessungssatzes), § 202 (weiterer Auskunftsanspruch), § 204 (Tarifwechsel), § 205 II-IV (außerordentliches Kündigungsrecht des Versicherungsnehmers bei Versicherungspflicht in der GKV bzw. bei Prämienerhöhung oder Leistungsabsenkung) und § 207 (Fortsetzung des Versicherungsverhältnisses bei Tod oder Verlegung des gewöhnlichen Aufenthaltsortes in das Ausland). Der Kontrahierungszwang zum Zugang in den Basistarif (§ 193 V VVG) sowie die umverteilenden Tarife sind dagegen nicht verbraucherschützend, da sie vom Prinzip der ausgleichenden Gerechtigkeit abweichen.

V. Nachhaltigkeit

Ein abschließender Punkt ist die Nachhaltigkeit des Versicherungsgeschäfts, an welches das PKV-Recht anknüpft.[22] Die Nachhaltigkeit ist zwar kein klassisches Rechtsprinzip, aber immerhin ein Handlungsmaßstab: Auf einen langen Zeithorizont hin betrachtet sollen die Prämien nicht stärker als die allgemeine Inflation ansteigen und der Versicherungsschutz nicht abnehmen, sondern im Gegenteil soll der Versicherungsschutz die neuesten medizinischen Behandlungsmethoden umfassen. Der Kostenanstieg bei den Versicherungsfällen, die Gesundheitsinflation, liegt statistisch betrachtet über der allgemeinen Inflationsrate. Besonders deutlich werden die Unterschiede, wenn man die Kosten für einzelne Versicherte nach Lebensabschnitten vergleicht: Die Krankenhauskosten steigen bei männlichen Versicherten von der Gruppe zwischen 41 und 45 Jahren bis

22 Vgl. *Bruns*, Nachhaltigkeit in der privaten Kranken- und Pflegeversicherung, JZ 2008, S. 209 ff.

zur Gruppe zwischen 76 und 80 Jahren um den Faktor 8,5 an.[23] Die Gründe für diese Differenz sind vielfältig. Umstritten ist, inwiefern Demografiewandel und medizinischer Fortschritt dazu beitragen.[24]

Zentrales Instrument zur Sicherstellung der Nachhaltigkeit in der PKV sind die Alterungsrückstellungen (vgl. §§ 18 ff. KVAV).[25] Im Jahr 2014 betrugen sie 206 Milliarden Euro.[26] Vereinfacht gesprochen werden die Altersrückstellungen zwischen dem 22. und 60. Lebensjahr aufgebaut und ab dem Jahr des 65. Geburtstages zur Prämiendämpfung bzw. Prämiensenkung eingesetzt (§ 150 VAG). Der Versicherungsnehmer zahlt deshalb in jungen Jahren mehr und im Alter weniger ein als er Leistungen aus der Versicherung erhält. Dem Idealbild nach sollen die Prämien dadurch weitestgehend konstant bleiben. Im Gegenzug ist eine Prämie mit einer Altersstaffelung verboten (§ 10 IV KVAV). Im Detail sind die allgemeine (§ 146 I Nr. 2 VAG, §§ 14 II 1 Nr. 2, 18 KVAV) und die besondere Alterungsrückstellung in Höhe von 10 Prozent der Bruttoprämie (§ 149 VAG, § 14 II 1 Nr. 1 KVAV) zu unterscheiden. Die Alterungsrückstellung fängt in der Praxis aber nur den Kostenanstieg ab, der durch das Älterwerden des Versicherten und des damit verbundenen höheren Gesundheitsrisikos verursacht wird. Die Gesundheitsinflation durch medizinischen Fortschritt oder durch Demografiewandel wird bei der Prämienkalkulation nicht präventiv berücksichtigt, so dass die Nachhaltigkeit der Prämie nicht vollständig gewährleistet ist.

Eine gewisse Milderung schaffen zwei weitere Elemente der Prämienberechnung: Erstens sind Sicherheitszuschläge (bei den Rechnungsgrundlagen nach § 2 III KVAV und allgemein in Höhe von 5 Prozent auf die Bruttoprämie nach § 7 KVAV) einzurechnen, welche drohende Differenzen zwischen Prämienberechnung und tatsächlichem Kostenverlauf ausgleichen sollen. Zweitens darf der Rechnungszins in der gegenwärtigen Niedrigzinsphase gestreckt in der Prämienerhöhung abgebildet werden (Zinstreppe gem. § 11 II KVAV).

---

23 *PKV-Verband*, Die Beitragskalkulation in der Privaten Krankenversicherung, 2016, S. 5.

24 Zur Diskussion MüKo VVG/*Boetius*, Vorb. §§ 192-208 Rn. 806 ff.

25 Dazu *Brand*, Demographiefestigkeit und Reformfähigkeit der privaten Krankenversicherung, in: Deutscher Sozialrechtsverband (Hrsg.), Das Sozialrecht für ein längeres Leben, Berlin, 2013, S. 127 ff.; *de lege ferenda* MüKo VVG/*Boetius*, 2. Aufl. 2017, Vorb. §§ 192-208 Rn. 178 ff.

26 *PKV-Verband*, Zahlenbericht der Privaten Krankenversicherung 2014, 2015, S. 21.

VI. Conclusio: Liberale Reform der PKV

Das PKV-Recht hat im klassischen Privatversicherungsrecht sowie im liberalen Privatrecht seinen historischen Ausgangspunkt. Prinzipieller Kernpunkt eines „reinen“ PKV-Modells ist das Äquivalenzprinzip, das die ausgleichende Gerechtigkeit nahezu perfekt umsetzt. Gesundheitspolitische Reformen jüngeren Datums, allen voran das GKV-WSG, haben neue Prinzipien in das PKV-Recht eingeführt, die aus dem Bereich des Sozialversicherungsrechts und somit aus dem öffentlichen Recht stammen. Besonders der Basis- und der Notlagentarif haben das Äquivalenzprinzip massiv zugunsten einer Umverteilung der Risiken durchbrochen. In der Folge vermischen sich im PKV-Recht nach derzeitiger Rechtslage privatversicherungsrechtliche und sozialversicherungsrechtliche Elemente so stark, dass man diese Versicherungssparte nur noch mit intellektuellen Klimmzügen dem Privatversicherungsrecht zuschlagen kann. Zu Ende gedacht tritt uns das PKV-Recht nach seiner aktuellen Ausgestaltung durch Gesetze und AVB als Hybridversicherung an der Schnittstelle von VVG und SGB gegenüber.

Diese Entwicklung ist kein Naturgesetz, sie entspringt keinem zwingenden verfassungsrechtlichen Auftrag aus dem Sozialstaatsprinzip. Im Gegenteil gebietet es die Nachhaltigkeit des Versicherungsgeschäfts, die PKV auf ihre klassischen Prinzipien zurückzuführen. Allein die Einführung der subsidiären Versicherungspflicht in der PKV sollte zum Schutz des Art. 2 II 1 GG beibehalten werden. Andere Reformen sind hingegen korrekturbedürftig, wobei beim Basis- und Notlagentarif der Handlungsbedarf besonders groß erscheint.

Der Basistarif sollte wegen seiner massiven Abweichungen vom Äquivalenzprinzip abgeschafft und durch eine Fortentwicklung des Standardtarifs ersetzt werden, da der letztere Tarif anders als der Basistarif immerhin erhöhte Risiken bei der Prämienkalkulation berücksichtigt. Dazu müsste der Standardtarif für Neukunden ab 2009 geöffnet und zur Erstversicherung ausgeweitet werden. Für besonders hohe Risiken, z.B. für behinderte Menschen, sollte eine andere Lösung gesucht werden. Für solche Risiken ist die GKV vorzugswürdig, da die Sozialversicherung bereits jetzt steuersubventioniert wird und die ausgewogene Lastenverteilung deshalb gebietet, dass dieser Vorteil mit einer größeren sozialen Verpflichtung verbunden wird. Diskussionsbedürftig wäre ferner, ob die Versicherungspflicht durch einen Kontrahierungszwang ergänzt werden sollte. In jedem Fall sollte das dem Wortlaut nach bestehende absolute Kündigungsverbot des § 206 I 1 VVG korrigiert werden.

Der Notlagentarif verstößt in einem noch größeren Umfang gegen das Äquivalenzprinzip, er sollte daher ebenfalls abgeschafft werden. Vom Restbereich des § 193 VI-X VVG darf höchstens die Abmilderung des allgemeinen Verzugsrechts für sozial Hilfebedürftige verbleiben, da der Sozialversicherungsträger hier die Prämien immerhin bis zur halben Höhe des maximalen Satzes im Basistarif übernimmt und somit das Äquivalenzprinzip weniger stark beeinträchtigt wird. Alternativ ist die gesetzliche Überführung der sozial hilfebedürftigen Nichtzahler in die GKV anzuraten.

Rechtliche Aspekte einer teilhabeorientierten Heilmittelversorgung

Peter Trenk-Hinterberger

I. Teilhabeorientierte Heilmittelversorgung

Heilmittel (vor allem Physiotherapie, Ergotherapie und Logopädie[1]) werden zu Lasten der Gesetzlichen Krankenversicherung (GKV) in der Gesundheitsversorgung vor allem zur Behandlung, Beseitigung oder Bewältigung von akuten und chronischen Krankheiten und Behinderungen sowie ihrer Folgen im Rahmen der Krankenbehandlung (§§ 27 ff. SGB V) geleistet.[2] Diese Heilmittelversorgung ist als Maßnahme der Krankenbehandlung bislang in der Regel durch das medizinisch-kurative Paradigma geprägt: Heilmittel zielen nach diesem Paradigma - weitgehend ohne Teilhabeorientierung - primär auf Körperfunktionen und Körperstrukturen, die geschädigt oder beeinträchtigt sind. So finden sich etwa im Heilmittelkatalog der Heilmittel-Richtlinie (HeilM-RL) des Gemeinsamen Bundesausschusses (G-BA) im Bereich der Physiotherapie und der Logopädie ausschließlich Ziele auf der funktionellen Ebene (z.B. "Wiederherstellung, Besserung der gestörten Beweglichkeit und der gestörten Muskelfunktion"), im Bereich der Ergotherapie allenfalls als nebensächlicher Annex zur kurativen Ausrichtung einige wenige Ziele auf der Ebene der Teilhabeaktivitäten (z.B. "Selbständigkeit in der Selbstversorgung -Ankleiden/ Hygiene").[3]

---

1 Das SGB V (§ 32) gibt keine Definition des Heilmittels. Nach § 2 Abs. 1 der Heilmittel-Richtlinie (HeilM-RL) des Gemeinsamen Bundesausschusses (G-BA) sind Heilmittel „persönlich zu erbringende medizinische Leistungen" in Gestalt der Maßnahmen der Physikalischen Therapie, der Podologischen Therapie, der Stimm-, Sprech- und Sprachtherapie sowie der Ergotherapie (abrufbar unter www.g-ba.de); vgl. auch BSG 4.4.2006 - B 1 KR 12/04 R).

2 Zu den Ausgaben für Heilmittel in der GKV vgl. nur *Brechtel/Kossack/Grandt* (Hrsg.), Barmer GEK - Heil- und Hilfsmittelreport 2016, Siegburg 2016. Außer Betracht bleiben im Folgenden u.a. die Private Krankenversicherung und das Beihilferecht.

3 Zur HeilM-RL vgl. Fn. 1.

Demgegenüber wird zunehmend – insbesondere von der Deutschen Vereinigung für Rehabilitation – die Ansicht vertreten, dass Heilmittel auch der Förderung der selbstbestimmten Teilhabe dienen sollen, wobei eine solche teilhabeorientierte Heilmittelversorgung nicht nur im Rahmen der kurativen Behandlung (z.B. in Krankenhäusern), sondern auch in anderen Settings (also den Orten und dem Kontext der Erbringung von Heilmitteln) erfolgen muss und dazu die notwendigen organisatorischen und leistungsrechtlichen Voraussetzungen zu schaffen sind.[4] Nach dieser Ansicht sollen Heilmittel wesentlich auch auf die Förderung von selbstbestimmter Teilhabe zielen, wobei Konzept und Ziele der Internationalen Klassifikation der Funktionsfähigkeit, Behinderung und Gesundheit (ICF) zugrunde zu legen sind: Selbstbestimmte Teilhabe in diesem Sinne liegt dann vor, wenn eine Person sozial inkludiert ist, also individuelle und umweltbezogene Faktoren es ihr ermöglichen, die ihr wichtigen und ihrer Lebenssituation entsprechenden Positionen selbstbestimmt auszuwählen, einzunehmen und auszufüllen. Eine daran (teilhabe)orientierte Heilmittelerbringung zielt demnach auf den Alltagbezug bei persönlichen Verrichtungen des täglichen Lebens (wie Essen, Anziehen, Toilettengang etc.), auf den Lebensweltbezug (im häusliches Umfeld, am Arbeitsplatz, in der Schule) sowie auf Beratung, Anleitung und gemeinsame Teilhabeplanung im Hinblick auf Bezugspersonen, damit mehr Fähigkeiten und Aktivitäten zu größeren Entscheidungsspielräumen und höheren Chancen auf Selbstbestimmung und Teilhabe führen. Aus der Orientierung an der ICF folgt zudem das Erfordernis einer multiprofessionellen, interdisziplinären und teamorientierten Arbeitsweise[5], eines einheitlich gestalteten (auch trägerübergreifenden) Bedarfsfeststellungsverfahrens, eines umfassenden Einbezugs von Teilhabeaspekten in die Aus-, Fort- und Weiterbildung der therapeutischen Heilmittel-Fachberufe, einer verstärkten Beteiligung der Betroffenen, einer sozialräumlichen Einbettung der Heilmittelversorgung so-

---

4 Eingehend dazu Deutsche Vereinigung für Rehabilitation (DVfR): Zur Bedeutung der Heilmittel für die Förderung der Teilhabe unter Berücksichtigung des Auftrags therapeutischer Fachberufe – ein Beitrag zur aktuellen Diskussion - Expertise der DVfR, Februar 2016, erarbeitet vom Ad-hoc-Ausschuss "Heilmittelversorgung" der DVfR (Leitung: *Matthias-Schmidt-Ohlemann* und *Peter Trenk-Hinterberger*). Die folgenden Ausführungen orientieren sich an dieser Expertise.

5 Zu multiprofessionellen Kooperation sowie zur Aus-, Fort- und Weiterbildung von Gesundheitsberufen vgl. *Igl*, Gesundheitsberufe neu regeln: Rechtsexpertise, in: Robert Bosch Stiftung (Hrsg.), Gesundheitsberufe neu denken, Gesundheitsberufe neu regeln, Stuttgart 2013, 235 ff.

wie einer Ausrichtung dieser Versorgung am Setting (also am Ort und am Kontext der Erbringung von Heilmitteln; dazu unten II.2.).

Eine solche Teilhabeorientierung der Heilmittelversorgung ist nicht nur (wie oben skizziert) fachlich begründet, sondern auch rechtlich geboten:

II. Rechtliche Grundlagen teilhabeorientierter Heilmittelversorgung

1. Gesetzliche Vorgaben

Das SGB IX rückt das Ziel der gleichberechtigten Teilhabe von Menschen mit Behinderungen am Leben in der Gesellschaft in den Vordergrund (§ 1 Satz 1 SGB IX[6]) und verdeutlicht zugleich die teilhabebezogene Dimension medizinischer, therapeutischer und pflegerischer Maßnahmen: Nach § 43 SGB IX gelten die in § 42 Abs. 1 SGB IX für die Leistungen zur medizinischen Rehabilitation genannten Ziele auch bei Leistungen der Krankenbehandlung (einschließlich der Versorgung mit Heilmitteln, §§ 27 Abs. 1 Satz 2 Nr. 4, 32 SGB V und § 42 Abs. 2 Nr. 4 SGB IX). Ziele der Leistungen zur medizinischen Rehabilitation sowie der Krankenbehandlung sind demnach: Behinderungen einschließlich chronischer Krankheiten abzuwenden, zu beseitigen, zu mindern, auszugleichen, eine Verschlimmerung zu verhüten oder Einschränkungen der Erwerbsfähigkeit und Pflegebedürftigkeit zu vermeiden, eine Verschlimmerung zu verhüten sowie den vorzeitigen Bezug von laufenden Sozialleistungen zu vermeiden oder laufende Sozialleistungen zu mindern. Insofern wird mit dem SGB IX das kurative Paradigma der Krankenbehandlung nach dem SGB V – also auch der Heilmittelversorgung – durch das Paradigma der Leistungen zur Teilhabe nach dem SGB IX überlagert bzw. ergänzt. Dies hat zur Folge, dass die für die Krankenbehandlung geltenden Vorschriften des SGB V in jeder Phase dieser Behandlung daraufhin geprüft werden müssen, inwieweit sie jeweils im Sinne der Teilhabeorientierung des SGB IX anzuwenden sind.[7] Dies gilt immer dann, wenn es um die Belange behinderter oder chronisch kranker Menschen geht, und immer dann, wenn Behinderungen oder Chronifizierungen einzutreten drohen.

---

6 SGB IX zitiert im Folgenden i.d.F. vom 1.1.2018.

7 Vgl. auch § 39 Abs. 1 Satz 3 SGB V und BT-Dr. 14/5074, 117 ("Die Rehabilitation soll von Anfang an integraler Bestandteil der medizinischen Versorgung sein.").

Ferner ist zu bedenken, dass die nach dem individuellen Bedarf erforderlichen Leistungen funktionsbezogen festzustellen und auszurichten sind. Erfasst werden (unter Bezug auf die ICF) damit die beim Leistungsberechtigten im Zeitpunkt der Feststellung vorliegenden Probleme und Ressourcen im Hinblick auf Schädigungen im Bereich der körperlichen Funktionen sowie im Hinblick auf Aktivitäten und Teilhabe. Schließlich müssen für die Koordination von gebündelten Leistungen, die auf Teilhabe zielen und interdisziplinär, multiprofessionell und multidimensional zu gestalten sind, geeignete Strukturen (insbesondere ein geeignetes Bedarfsfeststellungsverfahren, wie z.B. nach § 13 SGB IX) bestehen.

Eine solche Sichtweise entspricht auch der übergreifenden Leitvorstellung der UN-BRK von der vollen, wirksamen und gleichberechtigten Teilhabe (Art. 1 S. 2 UN-BRK). Ferner normiert Art. 26 Abs. 1 Satz 2 Buchst. a) UN-BRK die Verpflichtung der Vertragsstaaten (und aller seiner Organe), umfassende Habilitations- sowie Rehabilitationsdienste und -programme so zu organisieren, zu stärken und zu erweitern, dass diese Leistungen und Programme auf der Grundlage einer interdisziplinären Bewertung der individuellen Bedürfnisse und Stärken durchgeführt werden. Dieses Postulat impliziert zudem, dass auch bei der Heilmittelversorgung Vertreter unterschiedlicher Fachrichtungen zu beteiligen sind mit dem Ziel, in einem interdisziplinären, multiprofessionellen und multidimensionalen diagnostischen und therapeutischen Prozess die Probleme und Ressourcen des Einzelnen im Hinblick auf Schädigungen im Bereich der körperlichen Funktionen sowie im Bereich der Aktivitäten und der Teilhabe zu erfassen.

2. Versorgung mit Heilmitteln in unterschiedlichen Settings

Die unterschiedlichen Orte und Kontexte ("Settings"), in denen Heilmittel (einzeln oder in multiprofessioneller und interdisziplinärer Teamarbeit) eine Rolle spielen, sind - je nach Ausrichtung des Settings - nicht nur für die Analyse der jeweiligen (kurativen und/oder teilhabeorientierten) Ziele bei der Heilmittelversorgung ausschlaggebend. Ein solches „Setting-Konzept“ (nachfolgend a)) kann zudem Ansätze dafür liefern, wie die Leistungs- und Finanzierungszuständigkeit in den jeweiligen Settings gestaltet werden kann (unten b)).

a) Arten der Settings

aa) In medizinischen Settings mit kurativem Schwerpunkt (z.B. in Krankenhäusern oder in Praxen niedergelassener Heilmittelerbringer), die weitgehend durch eine medizinisch-kurative Ausrichtung geprägt sind, zielen Heilmittel primär auf die beeinträchtigten Körperfunktionen; eine möglichst hohe Teilhabeorientierung wird in der Regel nicht oder (noch) nicht ausreichend realisiert.

bb) In medizinischen Settings mit rehabilitativem Schwerpunkt (z.B. in stationären Einrichtungen der medizinischen Rehabilitation), steht die Behandlung der Krankheit und ihrer Symptome (verbunden mit definierten trägerspezifischen Rehabilitationszielen) im Vordergrund.

cc) In integrativen Settings (z.B. in Förderkindergärten und -schulen, Berufsbildungs- und förderungswerken, Werkstätten für behinderte Menschen (WfbM)), in denen die Förderung der Teilhabe (z.B. an der schulischen oder beruflichen Lebenswelt) dominiert, sind bestimmte Leistungsträger (z.B. Bundesagentur für Arbeit, Schulträger) für die Sicherstellung und Finanzierung der "Hauptleistung" (z.B. der Teilhabe am Arbeitsleben in einer WfbM, der schulische Teilhabe in einer Förderschule) zuständig. Im Einzelfall kann auch eine therapeutische Einzelbetreuung mit kurativer Zielsetzung erfolgen (z.B. weil es für die Betroffenen wegen der ganztägigen Betreuung in der Regel keine zumutbare Möglichkeit gibt, therapeutische Leistungen nach dem Schulbesuch oder nach dem Arbeitsende in der Praxis eines niedergelassenen Therapeuten zu erhalten).

dd) In isolierten Settings (z.B. in Regelkindergärten, Regelschulen) gibt es in aller Regel konzeptionell und systematisch keine Heilmittelversorgung; diese findet allenfalls über (externe) niedergelassene Therapeuten statt, wobei der medizinisch-kurative Aspekt bestimmend ist und allenfalls am Rande Aspekte der Teilhabeförderung Beachtung finden. In diesen Settings sind bestimmte Leistungsträger (z.B. Schulträger) als Träger einer Leistung (z.B. der Leistungen zur schulischen Bildung in einer Regelschule) für die Sicherstellung und Finanzierung dieser „Hauptleistung“ zuständig.

Therapeutische Fachkräfte (z.B. Ergotherapeuten, Logopäden) können zudem in den integrativen und isolierten Settings (oben cc) und dd)) als -nichtselbständig Beschäftigte tätig sein, z.B. in einem (interdisziplinären) begleitenden Dienst im Rahmen der Teilhabe am Arbeitsleben (§ 10 Abs. 2 WVO; § 51 Abs. 1 Satz 2 Nr. 1 SGB IX), ferner in einem interdisziplinären Team in Schulen, Pflegeeinrichtungen und Wohneinrichtungen,

- als externe Dienstleister im Rahmen eines interdisziplinären Settings tätig sein (ohne vom Träger dieses Settings nichtselbständig beschäftigt zu sein), z.B. in Schulen, Einrichtungen der beruflichen Rehabilitation sowie Pflege- oder Wohneinrichtungen.
- externe Dienstleister ohne Einbezug in ein interdisziplinäres Setting tätig sein, z.B. in Wohnheimen für behinderte Menschen, Alten- und Pflegeheimen, Einrichtungen der beruflichen Rehabilitation, wobei eine Kooperation mit dem Personal des Settings nicht erfolgt.

b) Leistungsgeschehen als Bündelung von Zielen und Leistungen in den Settings

Ein und dieselbe Behandlung durch ein und denselben Therapeuten kann - wie dargestellt -kurative, rehabilitative und teilhabebezogene Ziele gleichzeitig berücksichtigen. Die Komplexität des Leistungsgeschehens ergibt sich dann aber nicht nur aus dem Fall oder dem Setting, sondern vor allem aus seiner Verwaltung. Es handelt sich letztlich um eine durch das gegliederte Sozialleistungssystem (mit seinen unterschiedlichen Leistungs- und Finanzierungsträgern) bedingte Trennung von Zielen, die gemeinsam zu verfolgen sind und für die eine sachgerechte rechtliche Lösung bestehen muss, die sicherstellt, dass Leistungen mit den genannten Zielen den am Leistungsgeschehen beteiligten Leistungsträgern entsprechend ihrer Aufgabe und Zuständigkeit zugeordnet werden, aber zugleich eine Bündelung von Leistungen mit den genannten Zielen "aus einer Hand" möglich ist (auch was die Finanzierung solcher Leistungsbündelung betrifft). Dies setzt geeignete gesetzliche und untergesetzliche Regelungen voraus, die es z.B. ermöglichen, dass eine Kooperation der jeweils zuständigen Leistungsträger (und zugleich Finanzierungsträger) durch Vereinbarungen über die Art der Leistungen, die Vergütungsmodalitäten und die Verfahrensfragen sowie durch Verträge des Trägers des Settings mit den jeweiligen Leistungsträgern stattfinden kann. Auf diese Weise könnte (unter Wahrung der jeweiligen Aufgaben- und Finanzierungszuständigkeiten der betroffenen Leistungsträger) eine Verknüpfung zwischen den beteiligten Zuständigkeitssektoren und damit eine gebündelte Leistungserbringung ermöglicht werden, um die genannten Ziele zu erreichen. Eine so gestaltete Leistungsbündelung könnte flexibel den Erfordernissen des jeweiligen Settings angepasst werden, in dessen Rahmen die Heilmittelerbringung erfolgt. Dabei ginge es im Hinblick auf eine solche Leistungserbringung in einem bestimmten Setting nicht darum, einem Leistungsträger (und zugleich Finanzierungsträger) Leistungen zur Sicherstellung und Vergütung zuzuweisen, die nicht zu seinem Aufgaben gehören und für die er nicht zuständig ist, sondern darum, dass die betroffenen Leistungsträger (und zugleich Finanzierungsträger)

- ihre Kooperationspflicht (§§ 14 ff. SGB IX) wahrnehmen,
- dabei die ihnen (je nach therapeutischem Ziel) zuzuordnenden Leistungen ermitteln, quantifizieren und einen Weg finden, wie sie diese entsprechend vergüten (z.B. in Gestalt von Pauschalen, Anteilen von Pauschalen oder in jeweils den beteiligten Leistungsträgern zuzuordnenden Entgelten) und
- der Heilmittelerbringer bzw. der Träger des Settings mit den zuständigen Leistungsträgern Verträge schließt und dadurch eine geeignete (gebündelte) Leistungserbringung und Finanzierung erreicht wird.

Zu bedenken wäre allerdings, ob nicht (über den rechtlichen Rahmen hinaus, auf dessen Grundlage eine teilhabeorientierte Heilmittelversorgung in den angeführten Settings bereits jetzt erfolgt) im Leistungsrecht de lege ferenda eine Regelung vorgesehen werden sollte, die die Möglichkeit einer Leistungs- und Finanzierungsbündelung bei der teilhabeorientierten Heilmittelversorgung vorsieht.

3. Leistungsrechtlichen Zuordnung in den Settings

a) Medizinische Settings mit kurativem Schwerpunkt

Erfolgt die im Rahmen eines solchen Settings, wären (unter Beachtung des § 43 SGB IX) die teilhabeorientierten Anteile der Heilmittelerbringung als Teil der Krankenbehandlung anzusehen und damit dem für die Krankenbehandlung zuständigen Sozialleistungsträger zuzuordnen (in der Regel dem Träger der GKV). Dabei wäre u.a. (gegebenenfalls gesetzlich) zu regeln,

- welche teilhabeorientierten Ziele/Bestandteile des Heilmittels noch zum Leistungsspektrum der GKV gehören (z.B. Beratung im Hinblick auf Kommunikationshilfen), nicht aber zu „den Leistungen zur Teilhabe am Arbeitsleben oder den Leistungen zur allgemeinen sozialen Eingliederung", die außerhalb dieses Leistungsspektrums liegen (vgl. § 43 Abs. 1 Nr. 1 SGB V),

- welche teilhabeorientierten Ziele/Bestandteile von Heilmitteln in die HeilM-RL (und in den Heilmittelkatalog) des G-BA aufzunehmen wären,
- wie eine flexiblere Gestaltung der Orte der Heilmittelerbringung (hinsichtlich der Tätigkeit von niedergelassenen Therapeuten) in der HeilM-RL des G-BA berücksichtigt werden und wie eine Zusammenarbeit in ambulanten interdisziplinären und multiprofessionellen Teams in dieser Richtlinie etabliert werden könnten,
- wie beim Zusammentreffen von kurativen und teilhabeorientierten Zielen/Bestanteilen von Heilmitteln (z.B. in Gestalt des Einbezugs von Kontextfaktoren wie Veränderung der Wohnsituation und der Berufstätigkeit oder der Handhabung von Hilfsmitteln in der Lebenswelt außerhalb des medizinischen Settings) eine Bündelung von Leistungen gestaltet werden könnte, die von unterschiedlichen Leistungsträgern zu erbringen sind (z.B. GKV einerseits und Träger der Leistungen zur Teilhabe am Arbeitsleben bzw. zur Teilhabe am Leben in der Gemeinschaft andererseits), und zwar im Rahmen dieses Settings „wie aus einer Hand" (etwa in der Person des Therapeuten),
- wie sichergestellt werden könnte, dass notwendige Leistungen nicht wegen begrenzter Heilmittelbudgets in der vertragsärztlichen Versorgung unterbleiben.

Schließlich wäre in diesem Zusammenhang zu beachten, dass durch die erforderliche multiprofessionelle und interdisziplinäre Teamarbeit sowie durch die Beteiligung von Bezugspersonen (oben I.) im Rahmen der Heilmittelerbringung ein besonderer Aufwand entsteht (z.B. durch die multiprofessionelle und interdisziplinäre Teilhabeplanung sowie die in diesem Rahmen erforderlichen Fallkonferenzen und die Beteiligung an regionalen Netzwerken), der untrennbarer Bestandteil der Leistung „teilhabeorientierte Heilmittelerbringung" ist. Für diesen besonderen Aufwand wären adäquate Leistungen ("Korridorleistungen"[8]) und eine Finanzierung zu finden, z.B. im Bereich des Krankenhauses in Gestalt des Einbezugs des ge-

---

8 So die "Leistungen zur Sicherung der Interdisziplinarität" nach § 46 Abs. 3 S. 2 SGB IX.

nannten besonderen Aufwands in die pauschalierte Vergütung oder im Bereich der niedergelassenen Therapeuten durch entsprechende Vergütungsvereinbarungen mit den zuständigen Leistungsträgern.

b) Medizinische Settings mit rehabilitativen Aspekten

Bei einer Heilmittelerbringung im Rahmen dieses Settings (auch zur teilhabeorientierten Krankheitsbewältigung) sind teilhabeorientierte Bestandteile der Heilmittelerbringung (z.B. im Hinblick auf soziale und kommunikative Fähigkeiten, Aktivierung von Selbsthilfepotentialen, Aktivitäten des täglichen Lebens im vertrauten Umfeld) als Teil der Leistungen zur medizinischen Rehabilitation i.S.d. § 42 SGB IX anzusehen und dann dem für die medizinische Rehabilitation zuständigen Sozialleistungsträger zuzuordnen. Dies ist in der Regel bei den Leistungen zur medizinischen Rehabilitation insbesondere nach SGB V, VI und VII bereits der Fall (vgl. § 42 Abs. 3 SGB IX). Darüber hinaus wäre (gegebenenfalls gesetzlich) zu regeln,

- welche teilhabeorientierte Ziele/Bestandteile der Heilmittel noch zu den trägerspezifischen Rehabilitationszielen/dem Leistungsspektrum des jeweiligen Trägers der medizinischen Rehabilitation gehören (und damit eine leistungs- und vergütungsrechtliche Zuordnung zu dem für die medizinische Rehabilitation zuständigen Sozialleistungsträger erfolgt) sowie
- welche teilhabeorientierten Bestandteile des Heilmittels (z.B. im Hinblick auf die Rückkehr auf einen besonders auszugestaltenden Arbeitsplatz) zum Leistungsspektrum eines anderen Sozialleistungsträgers gehören (z.B. der Bundesagentur für Arbeit) und wie dann eine Bündelung von Leistungen unterschiedlich zuständiger Sozialleistungsträger im Rahmen dieses medizinischen Settings „wie aus einer Hand“ (etwa durch die Person des Therapeuten) und eine dementsprechende Vergütung zu gestalten sind.

Zudem wäre auch hier eine adäquate Finanzierungsform für die "Korridorleistungen" erforderlich (s. oben a), wobei sich anbietet, dass der für die medizinische Rehabilitation zuständige Leistungsträger die Kosten für diese Leistungen trägt.

c) Integrative Settings

In diesen Settings sind bestimmte Leistungsträger (z.B. Bundesagentur für Arbeit, Sozialhilfeträger, Schulträger) als Träger einer Leistung (z.B. der Leistungen zur Teilhabe am Arbeitsleben, der Leistungen zur Teilhabe am Leben in der Gemeinschaft, Leistungen zur schulischen Bildung) für die Sicherstellung und Finanzierung dieser Leistung (die man als „Hauptleistung“ bezeichnen kann) zuständig. Zudem kann aber – was in der Praxis nur teilweise und unsystematisch erfolgt – gemeinsam (gebündelt) mit dieser Leistung im Rahmen des jeweiligen Settings

- eine kurative Heilmittelversorgung (z.B. durch nichtselbständig beschäftigte Therapeuten einer WfbM, einer Wohneinrichtung für behinderte Menschen, einer Förderschule) erforderlich sein,
- eine teilhabeorientierte Leistung neben der Hauptleistung (gebündelt) notwendig werden (z.B. durch nichtselbständig beschäftigte Therapeuten eines Berufsbildungswerks oder einer Förderschule), die dann je nach Zielrichtung einem anderen Leistungsträger (als dem Träger der „Hauptleistung“) leistungs- und vergütungsrechtlich zuzuordnen ist (z.B. Heilmittelversorgung mit Ausrichtung auf soziale Teilhabe von Teilnehmenden in Einrichtungen der beruflichen Rehabilitation, etwa hinsichtlich interpersoneller Beziehungen oder des Gebrauchs von Kommunikationsgeräten). Hält man es für erforderlich, dass in integrativen Settings eine kurative und zugleich eine teilhabebezogene Heilmittelversorgung in multiprofessioneller und interdisziplinärer Kooperation als Standard erfolgt (und z.B. nicht nur durch externe Therapeuten, die zu Einzeltherapien ohne Einbezug in die genannte Kooperationsweise in die Einrichtung kommen), müssen rechtliche Lösungen für eine solche Bündelung von Leistungen (und von Finanzierungswegen) kurativer und teilhabeorientierter Natur gefunden werden. Dies könnte z.B. dadurch erfolgen, dass
- die Träger der genannten integrativen Settings als „vergleichbare Einrichtungen“ im Sinne des § 124 Abs. 3 SGB V angesehen werden und damit als Leistungserbringer nach §§ 124, 125 SGB V auch Leistungen mit einer kurativen und teilhabeorientierter Zielsetzung – gebündelt im multiprofessionellen und interdisziplinären Team – erbringen können. Dabei wäre u.a. sicherzustellen, dass als (stationäre) „vergleichbare Einrichtungen“ nicht nur solche anzusehen sind, in denen Patienten un-

tergebracht und verpflegt werden können,[9] und dass die Anforderungen an eine „Praxisausstattung" gemäß § 124 Abs. 3 i.V.m. § 124 Abs. 2 Nr. 3 SGB V nicht überzogen werden dürften, sondern an die Gegebenheiten des Settings angepasst sein müssten[10],

- eine flexiblere Gestaltung der Leistungsorte für eine Heilmittelerbringung mit kurativer Ausrichtung ermöglicht wird (also nicht nur die Praxis von niedergelassenen Therapeuten als Leistungsort in Betracht kommt, sondern z.B. auch der Leistungsort Förderschule oder WfbM),
- eine Erweiterung des kurativen Schwerpunkts der Heilmittelerbringung um settingspezifische teilhabeorientierte Zusatzbedarfe erfolgt, wobei eine Erweiterung des Leistungsspektrums der GKV zu prüfen wäre (mit einer entsprechenden Berücksichtigung in der HeilM-RL und im Heilmittelkatalog des G-BA),
- bei einer teilhabeorientierte Heilmittelversorgung neben der Hauptleistung (z.B. durch nichtselbständig beschäftigte Therapeuten einer WfbM), die dann je nach Zielrichtung einem anderen Leistungsträger (z.B. der Bundesagentur für Arbeit als dem Träger der „Hauptleistung") zuzuordnen ist, eine Bündelung von Leistungen der jeweils zuständigen Leistungsträger im Rahmen des Settings „wie aus einer Hand" (gebündelt im multiprofessionellen und interdisziplinären Team) möglich sein muss;
- zudem wäre auch hier eine adäquate Finanzierungsform für die "Korridorleistungen" zu finden (s. oben a), wobei sich anbietet, dass der im integrativen Setting für die Hauptleistung zuständige Leistungsträger die Kosten für diese Leistungen trägt.

d) Isolierte Settings

Sind in solchen Settings bestimmte Leistungsträger (z.B. Schulträger) als Träger einer Leistung (z.B. der Leistungen zur schulischen Bildung in der Regelschule) für die Sicherstellung und Finanzierung dieser Leistung (die

9 Zu den Voraussetzungen des § 124 Abs. 3 SGB V vgl. BSG 19.9.2013 - B 3 KR 8/12 R.

10 So zur Praxisausstattung die Zulassungsempfehlungen des GKV-Spitzenverbandes i.d.F. vom 1.3.2012 (www.gkv-spitzenverband.de). Zu den §§ 124, 125 SGB V vgl. z.B. BSG 27.3.1996 - 3 RK 25/95 (zur Raumhöhe einer therapeutischen Praxis).

man als „Hauptleistung“ bezeichnen kann) zuständig, so kann aber gemeinsam mit dieser Leistung im Rahmen des jeweiligen Settings

- eine kurative Heilmittelversorgung (z.B. durch nichtselbständig beschäftigte Therapeuten einer Regelschule oder durch externe Therapeuten, die in den Räumen der Regelschule tätig werden) erforderlich sein,
- eine teilhabeorientierte Leistung neben der Hauptleistung notwendig werden (z.B. durch nichtselbständig beschäftigte Therapeuten einer Pflegeeinrichtung oder durch externe Therapeuten, die in den Räumen des Settings tätig werden), die dann je nach Zielrichtung einem anderen Leistungsträger (als dem Träger der „Hauptleistung“) leistungs- und vergütungsrechtlich zuzuordnen ist (z.B. Heilmittelversorgung mit Ausrichtung auf soziale Teilhabe, etwa hinsichtlich interpersoneller Beziehungen oder den Gebrauch von Kommunikationsgeräten). Erfolgt auch in isolierten Settings eine kurative und zugleich eine teilhabebezogene Heilmittelversorgung in multiprofessioneller und interdisziplinärer Kooperation als Standard (und z.B. nicht nur durch externe Therapeuten, die zu Einzeltherapien ohne Einbezug in die genannte Kooperationsweise in die Einrichtung kommen), müssen rechtliche Lösungen für eine solche Bündelung von Leistungen (und von Finanzierungswegen) kurativer und teilhabeorientierter Natur gefunden werden. Dies wäre dann möglich, wenn
- die Träger der genannten isolierten Settings als „vergleichbare Einrichtungen“ im Sinne des § 124 Abs. 3 SGB V angesehen werden und damit als Leistungserbringer nach §§ 124, 125 SGB V auch Leistungen mit einer kurativen und teilhabeorientierter Zielsetzung gebündelt in der Person der nichtselbständig beschäftigten Therapeuten erbringen können;
- eine flexiblere Gestaltung der Leistungsorte für eine Heilmittelerbringung mit kurativer Ausrichtung ermöglicht wird (also nicht nur die Praxis von niedergelassenen Therapeuten als Leistungsort in Betracht kommt, sondern z. B. auch die Schule oder die Einrichtung der stationären Pflegehilfe),
- eine Erweiterung des kurativen Schwerpunkts der Heilmittelerbringung um settingspezifische teilhabeorientierte Zusatzbedarfe erfolgt, wobei eine Erweiterung des Leistungsspektrums der GKV zu prüfen wäre (mit einer entsprechenden Berücksichtigung in der HeilM-RL und im Heilmittelkatalog des G-BA),

- bei einer teilhabeorientierte Heilmittelversorgung neben der Hauptleistung (z.B. durch nichtselbständig beschäftigte Therapeuten einer Regelschule), die dann je nach Zielrichtung einem anderen Leistungsträger (z.B. dem Schulträger als dem Träger der Hauptleistung) zugeordnet wird, eine Bündelung von Leistungen der jeweils zuständigen Leistungsträger im Rahmen des Settings „wie aus einer Hand“ (gebündelt im multiprofessionellen und interdisziplinären Team) ermöglicht wird:
- zudem wäre auch hier eine adäquate Finanzierungsform für die "Korridorleistungen" zu finden (s. oben a), wobei sich anbietet, dass der für das isolierte Setting in der Hauptsache zuständige Leistungsträger die Kosten für diese Leistungen trägt.

e) Individualanspruch auf teilhabeorientierte Heilmittelversorgung

Entscheidend wäre aber in allen Bereichen, dass bereits der individuelle Anspruch des Nutzers gegen einen Anspruchsverpflichteten (z.B. gegen den Träger der GKV) auch auf eine teilhabeorientierte Heilmittelleistung gerichtet sein kann.[11] Dafür würde sich eine klarstellende gesetzliche Regelung anbieten. Auf der Grundlage eines so gestalteten individuellen Anspruchs müssten dann die jeweiligen Leistungsträger dem berechtigten Betroffenen auf der Ebene der Bereitstellung der Leistung (in dem jeweiligen Setting) auch eine teilhabeorientierte Heilmittelleistung als Einzelleistung verschaffen (z.B. aufgrund gesetzlicher Regelung und auf der Grundlage von Vereinbarungen) oder selbst gewähren (z.B. als Schulträger durch von ihm beschäftigte therapeutische Fachkräfte).

---

11 Vgl. auch die Diskussion zur Teilhabeorientierung von Hilfsmitteln in der GKV (und zum Individualanspruch auf Hilfsmittel, die möglichst umfassend Teilhabe ermöglichen): Das BSG will einen Anspruch auf eine solche Teilhabeorientierung im Rahmen des „mittelbaren Behinderungsausgleichs“ nur in sehr engen Grenzen anerkennen (vgl. nur BSG 25.2.2015 - B 3 KR 13/13 R); in Teilen der Literatur wird hingegen gefordert, dass bei der Hilfsmittelversorgung die selbstbestimmte Teilhabe und dabei auch die individuellen Kontextfaktoren (v.a. Familie, Wohnung und Wohnort) zu berücksichtigen sind (vgl. nur *Welti*, Hilfsmittelrecht ist nicht immer klar strukturiert, SuP 2009, 683; *Henning*, Hilfsmittelversorgung zum Ausgleich einer Behinderung in der gesetzlichen Krankenversicherung – Kritik an der BSG-Rechtsprechung zum mittelbaren Behinderungsausgleich hinsichtlich des Grundbedürfnisses der Mobilität, SGb 2015, 83.

III.
Sicherung bei Pflegedürftigkeit und im hohen Alter in Deutschland

Verhandlungen über Leistungen und Entgelte im SGB XI – Probleme der Regulierung

Karl-Jürgen Bieback

In der Mitte der achtziger Jahre des vorigen Jahrhunderts, als sich Gerhard Igls und mein beruflicher Weg am Fachbereich Einphasige Juristenausbildung der Universität Hamburg kreuzten, kam keiner an Gerhard Igl vorbei, der sich wissenschaftlich um die Pflegeversicherung oder den Sozialrechtsvergleich[1] bemühte. Ein Thema aus der Pflegeversicherung will ich hier aufgreifen, konnte ich doch auch später mit ihm immer wieder in diesem Feld fruchtbar zusammenarbeiten. Und auch die Perspektive schließt sich an ihn an: Anfang dieses Jahrhunderts löste ich ihn als Vorsitzenden der Schiedsstelle SGB XI für Hamburg ab.

I. Regulierung des Markts für pflegerische Dienstleistungen im SGB XI

Als später Zweig der Sozialversicherung baute das SGB XI auf den Erfahrungen auf, die vor allem im SGB V und dem BSHG (SGB XII) mit der Steuerung des Leistungsangebots über den Staat, den Markt und die Verbände gemacht worden waren.[2] Es verzichtete auf keines dieser Elemente, gab aber dem Markt erheblich mehr Raum als im SGB V und BSHG (BT-Drs. 12/5262 S. 83).

1. Etablierung eines Marktes für das Angebot von Pflegeleistungen

Es gibt einen Rechtsanspruch auf Zulassung (§ 72 Abs. 3 Satz 1 SGB XI), die Gleichstellung aller Einrichtungen, soweit sie die Mindestanforderungen erfüllen (§ 11 Abs. 2 SGB XI); um Preise und Leistungen muss statt

---

1 *Gerhard Igl*, Pflegebedürftigkeit und Behinderung im Recht der sozialen Sicherheit, 1987.

2 *Enquete-Kommission* „Strukturreform der gesetzlichen Krankenversicherung", Endbericht, BT-Drs. 11/6380, S. 279 ff.

kollektiv mit jeder Einrichtung einzeln (§§ 85 Abs. 1, 89 Abs. 2 Satz 2 SGB XI) und prospektiv verhandelt werden; eine institutionelle Förderung gibt es nicht mehr (§ 82 Abs. 1, Abs. 5 SGB XI). Statt der dualen Finanzierung des stationären Sektors mit verbindlicher Landesplanung, wie sie das Krankenhausrecht prägt, gibt es eine monistische Finanzierung der Pflegedienstleister. Investitionskosten werden über besondere Zuschläge zu den sonstigen Entgelten finanziert, auf die die Förderung des Landes angerechnet werden muss (§ 82 Abs. 3 und 4 SGB XI). Deutlich hob der Gesetzgeber bei den Eckpunkten des neuen Systems hervor, was er nicht wollte:[3] „Ein Selbstkostendeckungsprinzip nach dem Vorbild des Krankenhausfinanzierungsgesetzes ist nicht vorgesehen". Wer je das alte System der Klein-Klein Kontrolle kannte, gar in einer Schiedsstelle miterleben durfte, nahm das erleichtert zur Kenntnis.

2. Marktregulierung im SGB XI von 1994

a) Der unvollkommene Markt

Der Austauschprozess auf dem Markt für Pflegedienste findet zwischen den Pflegebedürftigen und den Leistungserbringern statt. Aber die Pflegebedürftigen können mangels Transparenz kaum rational über ihre Nachfrage entscheiden und bei der Aushandlung der Vertragsbedingungen fehlt es ihnen an Erfahrungen und Entscheidungs- sowie Verhandlungsmacht.[4] Es sei dazu nur an die unterschiedlichsten „Pflegeskandale" erinnert. Deshalb greift die staatliche Regulierung massiv ein. Einmal in das individuelle Vertragsverhältnis durch den Verbraucherschutz des WBVG, sodann durch die Heimaufsicht der Länder, wie auch durch die Erhöhung der Transparenz bei Preisen und Leistungen (§§ 84 Abs. 3, 89 Abs. 1, Preisvergleichslisten § 72 Abs. 5, Pflegeheimvergleich § 92a SGB XI). Zudem soll der Preiswettbewerb zwischen den Einrichtungen nicht zu Lasten der Qualität gehen, weshalb in den vielen folgenden Novellen des SGB XI ständig wachsende, reformierte Elemente der Qualitätssicherung etabliert

3 BT-Drs. 12/5262, S. 84 r. Sp. Ähnlich auch für andere Gesetze: BT-Drucks 12/3608, S. 130 ff. zum GSG und BT-Drucks 12/5510 S. 10 ff. zu § 93 BSHG.

4 Vgl. nur *Gerhard Igl* in: *Igl/Klie*, Pflegeversicherung auf dem Prüfstand, 2000, S 29, 54; *Magdalena Michl*, Verbraucherschutz durch aufsichtsrechtliche Vertragskontrollen im Heim- und Pflegewohnrecht, 2015, S. 67 ff., 94 – 105.

wurden.[5] Gerhard Igl hat sehr früh[6] den sozial- und pflegepolitischen Prozess der Qualitätssicherung wissenschaftlich wie praktisch-politisch vorangetrieben.

b) Intensive Regulierung des Systems der Verhandlung von Leistungen und Preisen

Wegen der Verhandlungsasymmetrien verhandeln statt der Pflegebedürftigen die Pflegekassen und die Sozialhilfeträger Preise und Leistungen. Das ist eine „Notlösung". Denn die Pflegekassen werden von der Höhe der Entgelte nicht getroffen, da sie nur Teil-Leistungen und die nur als Pauschalen zahlen („Teilkasko"). Sie haben sogar die Abschlusskompetenz (§ 87 SGB XI) für Unterkunft und Verpflegung, obwohl sie diese Kosten gar nicht begleichen. Von der Höhe der Entgelte sind allerdings die Sozialhilfeträger direkt betroffen, so dass ihnen sehr bald ein Widerspruchsrecht eingeräumt wurde, wenn sie bei den Verhandlungen von den Pflegekassen überstimmt werden (§ 85 Abs. 5 S. 2 SGB XI 1996). In der Praxis nehmen sie deshalb eine dominante Stellung ein. Dabei „repräsentieren" sie idR nur zwischen 5 bis 15% der Leistungsempfänger und tragen bei ihnen meist nur einen Teil der Kosten.

Aber auch in dieser Form hat das Verhandlungssystem erhebliche Defizite. Da die Kostenträger vereint auftreten (§§ 85 Abs. 2, 89 Abs. 2 SGB XI), haben sie gegenüber der einzelnen Einrichtung ein strukturelles Übergewicht. Die Pflegedienste besitzen keine Alternative zum Vertragsschluss; denn andere Partner/Abnehmer können sie nicht finden; eine Leistungsverweigerung ist sinnlos. Schließlich treten sie als „Bittsteller" auf, die bei steigenden Kosten eine Anpassung der Entgelte verlangen müssen und das Risiko der Zeitverzögerung durch Verhandlungen tragen. Andererseits sind auch die Pflegekassen und Sozialhilfeträger schwach. Sie können als Außenstehende das Preis-Leistungsverhältnis kaum beurteilen und sind auf Daten der Leistungserbringer angewiesen. Daraus re-

---

5 *Jutta Kaltenegger*, Lebensqualität in stationären Pflegeeinrichtungen fördern, 2016. Allg. *Gerhard Naegele*, 20 Jahre Verabschiedung der Gesetzlichen Pflegeversicherung. Eine Bewertung aus sozialpolitischer Sicht, Friedrich-Ebert-Stiftung 2013, S. 36 ff. und 44.

6 *Gerhard Igl*, Das neue Pflegeversicherungsrecht, 1995, 108 – 113.

sultiert die wenig marktkonforme[7] Befugnis zur immer mehr ausgebauten Wirtschaftlichkeitsprüfung einer Einrichtung (§ 79 SGB XI) intensiven Kontrolle durch den MDK (§ 114 f. SGB XI).

Als Markt-Ergänzung und -Korrektur installierte das SGB XI Konditionenkartelle, Verbändeverträge (§ 75 SGB XI) und Rahmenregelungen der Pflegesatzkommission (§ 86). Sie setzen wichtige Standards der Leistungen fest, vor allem Richtwerte für die Personalmenge in der Pflege, Hauswirtschaft und Leitung. Noch direkter sollten die staatlichen Verordnungen über die Standards der Leistungen und Entgelte (§ 83 SGB XI) und über die Gebühren (§ 90 SGB XI) Verhandlungsparameter bestimmen; sie wurden aber nie erlassen. Im Gegensatz zur GKV wird die Sicherstellung der Versorgung den Kassen (§ 12 SGB XI) übertragen, während die Strukturverantwortung (an sich) bei den Ländern bleibt. Die Planung der Länder (§ 9 SGB XI) wiederum kann die Kapazitäten nicht wie im Krankenhauswesen regeln, da dies dem Anspruch auf Zulassung widerspricht[8] und „Überkapazitäten" den gewünschten Wettbewerb gerade steigern können. Der Steuerung durch die Verbände misstraute das SGB XI – wohl wegen Erfahrungen mit Blockaden im SGB V - und sieht zahlreiche Interventionsmöglichkeiten vor (§§ 17, 53 a, 80 Abs. 5, 83 und 112 ff. SGB XI), von denen allerdings wenig Gebrauch gemacht wurde.

Um Pattsituationen zu vermeiden gibt es in Anlehnung an Vorbilder im SGB V und SGB XII eine Zwangsschlichtung. Da die Schiedssprüche gerichtlich kontrollierbar sind (§ 85 Abs. 5 S. 3 SGB XI), entscheiden letztlich die Gerichte über die Anwendung der vielfältigen, widersprüchlichen Regelungen. Und das hat gravierende Rückwirkungen auf die Verhandlungen der Parteien und die Verfahren der Schiedsstellen.

II. Weiterentwicklung des Marktregimes in der Entgeltfestsetzung

1. Umsetzung des Marktmodells durch das BSG 2000

Die erste Entscheidung des BSG von 2000[9] berief sich zu Recht auf ein „Markt- und Wettbewerbskonzept" für das Vergütungsregime des SGB XI

---

7 So zu Recht BSG 14.12.2000 - B 3 P 19/00 R, BSGE 87, 199, Rn. 24.

8 BSG 7.10.2015 – B 8 SO 19/14 R, SozR 4-3500 § 75 Nr 8, Rn. 22 m.w.N.; BSG 28.6.2001 – B 3 P 9/00, BSGE 88, 215; BVerwGE 13.5.2004 – 3 C 2/04, juris.

9 BSG Fn. 7, Rz. 12 ff, 19 ff.

und den Abschied vom Selbstkostendeckungsprinzip. Zur Überprüfung der Wirtschaftlichkeit der geforderten Entgelte orientierte es sich an Marktpreisen und hielt dazu den in der Rechtsprechung des BVerwG[10] entwickelten „externen Vergleich“, in den alle Einrichtungen des Einzugsbereichs einzubeziehen seien, für „die Methode der Wahl“. Bei einer Abweichung der Forderungen vom Durchschnittsentgelt, sei eine Reduktion der Forderung gerechtfertigt. Höhere Kosten und Entgeltforderung mit der Zahlung von Tarifentgelt zu begründen, sei in einem Wettbewerbssystem nicht zu akzeptieren.

2009 änderte sich die Rechtsprechung wesentlich. Was waren die Gründe?

2. Probleme der Entgeltverhandlungen

1. Das System des SGB XI war und ist widersprüchlich. So sollten Pflegeeinrichtungen „eine leistungsgerechte Vergütung“ und ein „angemessenes Entgelt für Unterkunft und Verpflegung“ erhalten, so dass ein „Pflegeheim bei wirtschaftlicher Betriebsführung...seinen Versorgungsauftrag erfüllen“ kann (§§ 82 Abs. 1, § 84 Abs. 2 SGB XI). Das ist mit einem Wettbewerbsmodell nicht kompatibel, das keine Entgelte garantieren kann, sondern dem Spiel von Angebot und Nachfrage überlässt. Diese völlig vagen Begriffe öffnen zahlreiche Interpretationsmöglichkeiten, von denen das BSG 2009 dann auch Gebrauch machte.

2. Da der Wettbewerb nicht zu Kostensenkungen führte, wurden auf Betreiben der Länder schon 1996 in § 85 Abs. 3 S. 2 SGB XI die Einrichtungen verpflichtet, alle Kosten nachzuweisen (BT-Drs. 13/4688 und BR-Drs. 228/96).

3. Da ca. 80% der laufenden Kosten der Einrichtungen Personalkosten sind, setzt der Wettbewerb die Einrichtungen mit höheren Lohnkosten stark unter Druck. Dies sind immer die Einrichtungen in öffentlicher Hand und der kirchlichen Sozialverbände, die tarifvertraglich oder tarifvertragsähnlich gebunden sind. Darauf reagierten 2001 und 2008 neue Regelungen, wonach Leistungs- und Qualitätsmerkmale zu vereinbaren und die Besonderheiten der Einrichtungen zu berücksichtigen sind, der externe Vergleich auszudifferenzieren ist und geringeres Gewicht haben soll (§ 84

10 BVerwG 1.12.1998 – 5 C 17/97, BVerwGE 108, 47, 55 ff.

Abs. 2 Satz 7 und Abs. 5 SGB XI). Damit war dem Wettbewerbsmodell des BSG von 2000 die Basis genommen, das ausdrücklich davon ausging, die Leistungen der Pflege seien hinreichend standardisiert und gleich, um einen Wettbewerb (allein) um den Preis zuzulassen,[11]

4. Das verweist auf eine weitere gravierende Fehlfunktion des Pflegemarkts. Alle empirischen Veröffentlichungen zur Entwicklung der Altenpflege in Deutschland stellen einen hohen Mangel an Pflegepersonal fest.[12] Dennoch führt der Wettbewerb um Arbeitskräfte nicht zu Lohnerhöhungen;[13] Mecklenburg-Vorpommern hat im Bund den höchsten Personalmangel und das zweitniedrigste Lohnniveau.[14] Darauf reagierte der Gesetzgeber 2008, indem eine Einrichtung nur zugelassen werden soll, wenn sie „ortsübliches" Arbeitsentgelt zahlt (§ 72 Abs. 3 Satz 1 Nr. 2 a.F. SGB XI); 2009 wurde im Altenpflegesektor ein Mindestlohn eingeführt (§§ 10 – 13 AEntG), der seitdem das Mindestniveau festlegt (§ 72 Abs. 3 n.F.).

3. Schwenk in der Rechtsprechung des BSG 2009

Der 3. Senat des BSG nimmt 2009[15] all dies zum Anlass, nunmehr der Kosten- und Leistungsstruktur der einzelnen Einrichtung bei der Entscheidung der Schiedsstelle und damit auch der Aushandlung zwischen den Parteien ein stärkeres Gewicht beizumessen. Er macht intensive Vorgaben für das Verfahren (Rz. 22 ff). In einem ersten Prüfungsschritt seien die voraussichtlichen zukünftigen Kosten für die von der Einrichtung zu erbringenden Leistungen abzuschätzen und auf ihre Plausibilität hin zu prüfen. Hierzu habe die Einrichtung Nachweise über ihre Kosten zu erbringen. Dazu gehöre auch ein Gewinn-/Risikozuschlag, dessen nachvollziehbare Berechnung das BSG nur andeutet. In einem zweiten Schritt seien

11 BSG Fn. 7, Rn. 24.

12 Allg. *Sachverständigenrat Gesundheitswesen*, Gutachten 2012, S. 91 ff. und Gutachten 2014 S. 484, 486/7.

13 Erklärungen bei *Lena Hipp ua.*, Nicht überall gleich geschätzt. Für die unterschiedliche Bezahlung von sozialen Dienstleistungen gibt es viele Ursachen, WZB Mitteilungen 149/2015 S. 14 ff.

14 *IAB*, Viel Varianz. Was man in den Pflegeberufen in Deutschland verdient, 2015 S. 15; Sachverständigenrat Gesundheitswesen Fn. 12.

15 BSG 29.1.2009 - B 3 P 7/08 R - BSGE 102, 227 = SozR 4-3300 § 85 Nr 1. Im Text nach Rn. zitiert.

dann die plausiblen Forderungen auf ihre „Angemessenheit" und Wirtschaftlichkeit (§ 84 Abs. 2 SGB XI) dadurch zu überprüfen, dass sie mit den Entgelten anderer Einrichtungen verglichen werden (externer Vergleich Rz. 28). Eine Einrichtung oberhalb des unteren Drittels der Entgelte vergleichbarer Einrichtungen (Rechtsgedanke aus § 35 Abs. 5 Satz 4 SGB V) müsse nachweisen, dass ihre Forderung wirtschaftlich und angemessen ist (Rz. 37, 40, 43). Das sei sie, wenn die Forderung durch Tariferhöhungen oder Besonderheiten der Leistungen gerechtfertigt ist. Das Gebot „ortsübliche" Löhne zu zahlen bedeute unter Verweis auf die Materialien,[16] der Gesetzgeber wolle „eine Vergütungsspirale nach unten zu Lasten der Pflegequalität und auf Kosten einer unter das ortsübliche Maß abgesunkenen Arbeitsvergütung vermeiden" (Rn. 35)[17].

4. Stimmigkeit des Konzepts des BSG?

(1) Verwundern muss, dass zwei wesentliche Neuerungen im Vertragsrecht des SGB XI nicht in das Konzept des BSG eingebaut wurden. Nach Ansicht des BSG seien im externen Vergleich alle Pflegeeinrichtungen eines bestimmten Bezirks einzubeziehen, „ohne dass es auf deren Größe oder sonstige äußere Beschaffenheit ankommt" (Rn. 37).[18] Dabei stellte § 84 Abs. 2 Satz 7 (jetzt Satz 8) SGB XI ausdrücklich das Gegenteil fest. Für den Vergleich unterschiedlich großer Einrichtungen gaben die Gesetzesmaterialien sogar Hinweise auf Relationen und Grenzen (BT-Drs. 16/7439 S. 71). Ebenso fehlt jeglicher Ansatz, wie mit den Qualitätsprüfungen (§ 114, 114 a und 115 SGB XI) umzugehen ist. Wenn diese ohne Rückwirkung auf die Festsetzung der Entgelte bleiben sollen, wäre das zu begründen.

(2) Schwierigkeiten bereitet die Aussage des 3. Senats (Rz. 24), eine Vergütung sei nur dann leistungsgerecht, wenn sie neben den (voraussichtlichen) Gestehungskosten auch einen Zuschlag enthält für eine angemessene Vergütung des Unternehmerrisikos, der Vergütung für den zusätzlichen persönlichen Arbeitseinsatz sowie eine angemessene Verzin-

16 PflegeWEG von 2008 BT-Drs. 16/7439, S 67 zu Nr. 40. Buchst. c, aa, S. 71 zu Nr. 50. Buchst. a, bb.

17 BSG 16.5.2013, B 3 P 2/12 R, BSGE 113, 258-270, Rn. 17; ebenso: BSG 17.12.2009 - B 3 P 3/08 R, BSGE 105, 126, Rn. 56 und 63.

18 Ebenso: BSGE 17.12.2009 Fn. 17, Rn. 63; BSG 2013 Fn. 17, Rn. 19.

sung des Eigenkapitals. Welche Maßstäbe gibt es? Der Verzugs-Zinssatz in § 44 Abs. 1 SGB I von 4% ist für heutige Verhältnisse sehr hoch. Und kann man Pflegeeinrichtungen die durchschnittliche Bruttoumsatzrendite aller Unternehmen Deutschlands[19] zukommen lassen, wie es einige Schiedsstellen tun? Was bedeutet es, dass die Pflegeeinrichtungen angesichts meist liquider Schuldner kein hohes Zahlungsrisiko tragen und das allgemeine Zinsniveau extrem zurückgegangen ist? 2000 bezweifelte das BSG noch zu Recht, angemessene Lösungen für die Bestimmung des Gewinns finden zu können.[20]

Über einen Gewinnzuschlag kann man nur entscheiden, wenn untersucht wird, ob in den speziellen Kostenpositionen schon ein Gewinnzuschlag enthalten, gar „versteckt" ist. Das führt zwangsläufig zu strikteren Darlegungs- und Untersuchungspflichten bei der Prüfung der „Plausibilität" und Angemessenheit.

(3) Die Begründung für die Schwelle von einem Drittel mit dem Verweis auf die Maßstäbe für die Festsetzung der Festbeträge bei Arzneimitteln kann nicht überzeugen, geht es doch um vollkommen anders strukturierte Märkte und Regelungsziele. Wenn man eine feste Grenze für notwendig hält, hätte man auch den Bezugspunkt „Durchschnitt" halten und dann je nach Abstand vom Durchschnitt die Anforderungen an die Darlegung der Wirtschaftlichkeit und das Ausmaß der Abschläge modifizieren können.

(4) Das BSG ergänzt die gesetzlich geforderte Wirtschaftlichkeit um die Angemessenheit zu „wirtschaftlich angemessen" (Rn. 36). Es macht deutlich, dass hier wohl eine relativ lockere Prüfung über eine „Gesamtbewertung" gelten soll. Als „wirtschaftlich angemessen anzusehen" sei eine Forderung, die sich aus der Bindung an Tarifverträge und tarifvertragsähnliche Festsetzung „ergebe" oder z. B. „aus besonders personalintensiven Betreuungserfordernissen, aus besonderen Leistungsangeboten zugunsten der Heimbewohner oder einem in der Pflegequalität zum Ausdruck kommenden höheren Personalschlüssel" wie „auch aus Lage und Größe einer Einrichtung, wenn sich daraus wirtschaftliche Nachteile gegenüber der Lage oder dem Zuschnitt anderer Einrichtungen ergeben und der Sicherstellungsauftrag der Pflegekassen ohne die vergleichsweise teure Einrichtung nicht erfüllt werden kann" (Rn. 36).

---

19 Deutsche Bundesbank Monatsbericht Dez. 2015, S. 35 ff.: 4,5% in 2014.
20 BSG 2000 Fn. 7, Rn. 24.

(5) Wie sollen die Verhandlungspartner und dann die Schiedsstelle verfahren, wenn sie keine Rechtfertigung für die neuen Forderungen finden, die Forderungen also nicht „wirtschaftlich-angemessen" sind? Nach dem alten System wären pauschale Kürzungen der Entgelte und eine Verringerung des Abstands zum Durchschnitt möglich gewesen. Dies ist nach Ansicht das BSG 2013 nicht möglich; ansonsten bleibt es aber vage.[21] Immerhin seien die wesentlichen Argumente für die Kürzung „nachvollziehbar" darzulegen und es „wäre eine vergleichsweise Kürzung"[22] zulässig.

5. Auf dem Weg in das Kostenerstattungssystem

Seit der Entscheidung des BSG von 2009 sind weitere punktuelle gesetzgeberische Korrekturen erfolgt. Seit 2012 betont § 84 Abs. 2 S. 4 SGB XI, dass die Pflegesätze einem Pflegeheim bei wirtschaftlicher Betriebsführung ermöglichen müssen, „seine Aufwendungen zu finanzieren", was das BSG[23] als eine Bestätigung seiner Rechtsprechung ansah. Ab 2015 gilt die Zahlung von tarif- und tarifvertragsähnlichen Entgelten immer als wirtschaftlich (§ 84 Abs. 2 Satz 5 nF SGB XI). Das sollte die Rechtsprechung des BSG bestätigen und „ein deutliches Signal setzen, dass in der Pflege überall angemessene Löhne zu zahlen sind und eine Weitergabe des Kostendrucks an das Personal - gerade vor dem Hintergrund des Fachkräftemangels - nicht legitim ist".[24]

Damit ist die Richtung hin zu einem Kostenerstattungssystem mit gleichzeitiger detaillierter Prüfung der Kosten vorgezeichnet. Ob eine Entgeltforderung wegen Erhöhung der Tarifentgelte angemessen ist, lässt sich nur annehmen, wenn die Eingruppierung richtig ist und daraufhin überprüft wird, und wenn tatsächlich nachgewiesen ist, dass nach Tarif gezahlt wird (§ 84 Abs. 7 SGB XI 2015). Die Inanspruchnahme externer Dienstleister in der Hauswirtschaft dürfte idR nur wirtschaftlich angemessen sein, wenn eine Ausschreibung erfolgt ist. Werden externe Dienstleister eingesetzt, die Töchter des „Mutterunternehmens" sind, stellt sich die Frage ob das Mutterunternehmen über die eine Tochter, den externen Dienst-

---

21 BSG 2013 Fn. 17, Rn. 24; LSG B-W 11.11.2011 – L 4 P 1629/10 KL, juris Rn. 69.
22 BSG 2013 Fn. 17, Rn. 24.
23 BSG 2013 Fn. 17, Rn. 16.
24 BR BT-Drs. 18/2379 S. 10 Nr. 14 zum neuen Satz 5 in § 84 Abs. 2 SGB XI. Ansonsten BT-Drs. 18/2909, S. 44 zu Art. 1 Nr. 24a. neu und 26a. neu.

leister, auch Gewinne realisiert und ob und wie sich das auf die Berechnung des Gewinnzuschlags der anderen Tochter, der Einrichtung, auswirkt.[25]

III. Fazit

1. Der Marktzugang ist zwar noch frei, aber die Bestimmung der wesentlichen Elemente von Leistungen und Entgelten erfolgt überhaupt nicht mehr marktmäßig. In Hinblick auf die Qualität der Leistung und vor allem auf die Löhne der Beschäftigten hat der Gesetzgeber ausdrücklich die Folgen eines Wettbewerbs im Pflegemarkt regulieren, teils verhindern teils abmildern wollen. Wenn die gesetzlichen Regelungen von 2008 die Preisfestsetzung stärker an die Besonderheiten der einzelnen Einrichtungen binden wollen, wird der Wettbewerbs- und Angleichungsdruck des Marktes entschärft.

2. Auch wenn das BSG 2009 sagt, es ginge nur um eine Modifikation des Marktprinzips, das weiterhin gelte (Rn. 36),[26] hat es – wie der Gesetzgeber - den Abschied vom Marktmodell bei der Festsetzung der Entgelte und Leistungen eingeleitet. Angesichts der zahlreichen Strukturprobleme dieses Marktes ist das nicht verwunderlich. Nur welches Steuerungskonzept tritt an seine Stelle? Was jetzt herrscht, ist ein normativer Torso, Stückwerk.

Wer soll die Risiken und die Kosten des freien Zugangs zum Markt tragen? Kann man zumindest noch einen Wettbewerb innerhalb der unterschiedlichen Unternehmenssektoren, vor allem innerhalb jenes mit Tarifbindung inszenieren? Dann müsste man aber wohl den externen Vergleich modifizieren, was auf der Basis der alten Rechtsprechung möglich war, von Gesetzes wegen auch geboten ist, die Rechtsprechung aber ablehnt. Dies erst bei der Prüfung der „Angemessenheit" durch Einzelnachweise wieder einzufangen, setzt vergleichende Informationen über einzelne Elemente des Leistungsprozesses voraus, von denen man annimmt, sie seien bei einer bestimmten Einrichtung nicht wirtschaftlich. Das führt zu einer weiteren intensiven Kostenkontrolle.

---

25 Dafür, aber noch vage BSG 7.10.2015 Fn. 8, Rn. 23.

26 Bekräftigt in: BSG 17.12.2009 Fn. 17, Rn. 63; BSG 2013 Fn. 17, Rn. 19.

Wie kann ein „Kostenerstattungssystem" aussehen, das einerseits Wirtschaftlichkeit und andererseits möglichst viel Spielraum für die Einrichtungen gewährleistet? Dazu nur eine Aufzählung: Gebührenordnung auf Landesebene, zumindest für die ambulante Pflege; ausdifferenzierterer externer Vergleich mit Neutralisierung bestimmter Parameter (Tarifbindung); Zu- und Abschläge für bestimmte Qualitätselemente; System rein pauschaler Prüfungen und pauschaler Abschläge für „Unwirtschaftlichkeit", wie sie das BSG ansatzweise zuzulassen scheint.

3. Die Vorgaben der Rechtsprechung für die Vertragsparteien und die Schiedsstelle sind sehr eng. Eine Rolle spielt dabei sicherlich, dass nach ganz herrschender Meinung die Entscheidung der Schiedsstelle ein Verwaltungsakt ist. Und der muss rechtlich überprüfbar sein, ob er „Recht und Gesetz" einhält. Im SGB XI (und SGB VIII und SGBXII, demnächst auch SGB IX) zieht die Schiedsstelle ihre Legitimation aber nicht aus der Gemeinsamen Selbst*verwaltung*,[27] sondern aus der öffentlich-rechtlich eingebundenen Vertrags*autonomie* der Parteien. Die Besetzung mit Vertretern beider Seiten und dem Zwang, hier eine Mehrheit zu finden, macht dies deutlich. Deshalb ist der „Ermessens-" Spielraum auch anders und weiter als beim allgemeinen Verwaltungsermessen.[28] Parteien und Schiedsstelle müssen sehr weite Spielräume bei der Interpretation der vagen Gesetzesnormen, der Gewinnung von Maßstäben und der Ausgestaltung des Verfahrens haben, um sinnvolle Kompromisse finden zu können.

4. Die ökonomische und sozialwissenschaftliche Analyse[29] konstatiert schon seit langem für die gesamten sozialen Dienstleistungen den Wandel von korporatistischer Kooperation zu neuer effizienzorientierter Dienstleistungserbringung im regulierten Wettbewerb. Die hier vorgenommene Analyse macht deutlich, wie schwierig es ist, in diesem Hybridmodell wirksame Steuerungselemente zu implementieren. Nur lassen die Struktur und Funktionsweise des Marktes für Pflegeleistungen und das Soziale, um das es geht, wohl keine andere Wahl.

---

27 So und eher am SGB V orientiert: *Friedrich E. Schnapp*, Grundzüge des Schiedswesens im Sozialrecht, in: *ders/Ruth Düring* (Hrsg.), Handbuch des sozialrechtlichen Schiedsverfahrens. 2. Aufl. 2016, S. 31 ff. Nach BSG 23.7.2014 – B 8 SO 2/13 R, BSGE 116, 227, Rn. 9 ff. leitet die Schiedsstelle ihre Rechte allein von den Parteien ab, ist aber „hoheitlicher" Vertragshelfer.

28 *Friedrich E. Schnapp*, Fn. 27.

29 *Heinz-Jürgen Dahme/Norbert Wohlfahrt*, Soziale Dienstleistungspolitik – eine kritische Bestandsaufnahme, 2014.

Arbeitsrechtliche Pflegezeiten und deren sozialversicherungsrechtliche Absicherung – Entwicklungen und Perspektiven

Judith Brockmann

Das Recht der Pflege gehört seit frühesten Zeiten zu den Forschungsinteressen von Gerhard Igl.[1] Insofern ist es naheliegend, ihm an dieser Stelle einige Überlegungen zur Rechtsstellung von Pflegepersonen im Arbeitsrecht und deren sozialversicherungsrechtlicher Absicherung zu widmen. Konflikte im Zusammenhang mit der Vereinbarkeit von Pflege- und Berufstätigkeit reichen bis weit vor die Einführung der Pflegeversicherung zurück. Allerdings ist das derzeitige System der gesetzlichen Pflegeversicherung darauf angelegt, dass ein relevanter Anteil von Pflegeleistungen selbst beschafft, das heißt durch Privatpersonen übernommen wird.[2] Gleichwohl hat der Gesetzgeber erst mehr als ein Jahrzehnt nach Schaffung des SGB XI Aktivitäten entfaltet, um das Problem im Arbeitsrecht zu adressieren. Zunächst wurden 2008 im Pflegezeitgesetz[3] sowohl eine Freistellung von Beschäftigten[4] zur Angehörigenpflege als auch eine Freistellung wegen einer kurzzeitigen Arbeitsverhinderung aufgrund von Pflegebelangen geschaffen. In diesem Zusammenhang wurden auch Regelungen zur sozialen Sicherung von Pflegepersonen ins SGB XI aufgenommen. 2011 kam die Familienpflegezeit nach dem Familienpflegezeitgesetz[5] hinzu.

Weshalb der Gesetzgeber innerhalb kurzer Zeit zwei Formen der Freistellung von der Arbeitsleistung zur Ermöglichung von Angehörigenpflege in zwei verschiedenen Gesetzen geregelt hat, ist kaum sachlich begründbar. Dieses Vorgehen ist unter dem Aspekt „guter" Gesetzgebung

---

1 Nachweise bei *Welti*, ZSR 2014, 325 ff.

2 Eingehend *Schütte*, Freiwillige Pflege: Angehörige und sozial Engagierte – Kritik des Pflegegeldes, in: Igl/Naegele/Hamdorf (Hrsg.), Reform der Pflegeversicherung – Auswirkungen auf die Pflegebedürftigen und die Pflegepersonen, Hamburg 2007, S. 152 ff.

3 Gesetz über die Pflegezeit (PflegeZG) vom 28.5.2008, BGBl. I S. 874, 896.

4 Der Beschäftigtenbegriff des § 7 Abs. 1 PflegeZG umfasst nicht nur Arbeitnehmer/innen, sondern auch Auszubildende und arbeitnehmerähnliche Personen.

5 Gesetz über die Familienpflegezeit (FPfZG) vom 6.12.2011, BGBl. I S. 2564.

durchaus kritikwürdig und in der Vergangenheit mitursächlich für verschiedene Anwendungsprobleme und (vermeidbare) Rechtsfragen gewesen.[6]

Nachdem die Familienpflegezeit ein Schattendasein fristete[7] und das Instrument als in der Praxis nahezu gescheitert angesehen werden konnte,[8] wurde das FPfZG inzwischen grundlegend reformiert. Im Zuge der jüngsten Reform durch das Gesetz zur besseren Vereinbarkeit von Familie, Pflege und Beruf[9] ist jedenfalls in entscheidenden Punkten mit Wirkung zum 1.1.2015 eine Harmonisierung beider Gesetze erfolgt. In diesem Zusammenhang und mit dem Zweiten Pflegestärkungsgesetz[10] wurden außerdem relevante Änderungen der Vorschriften zur sozialen Sicherung von Pflegepersonen verabschiedet.[11] Auch, wenn die arbeitsrechtlichen Regelungen im Vergleich zur früheren Rechtslage vereinfacht wurden, bestehen Zweifel daran, ob sie geeignet sind, flächendeckend einen relevanten Beitrag zur besseren Vereinbarkeit von Pflege- und Berufstätigkeit zu leisten. Statistiken oder empirische Forschung über die Inanspruchnahme von arbeitsrechtlichen Pflegezeiten sind nicht verfügbar.[12] Auch die vor-

---

6 Kritisch auch *Göttling/Neumann*, Das neue Familienpflegezeitgesetz, NZA 2012, 119, 126; *Thüsing/Pötters*, Das Gesetz zur besseren Vereinbarkeit von Familie, Pflege und Beruf, BB 2015, S. 181, 183; *Sievers*, Neue Freistellungsansprüche im Familien- und Pflegezeitrecht, jM 2015, 160, 161, 165 f.

7 *Lembke* in: Henssler/Willemsen/Kalb, Arbeitsrecht Kommentar, 7. Aufl. 2016, § 1 PflegeZG Rn. 6 unter Verweis auf BT-Drs. 17/12330, BT-Drs. 18/3124, 28 f. sowie BT-Drs. 18/5880, 1 f.

8 Zur Rechtslage bis 2015 eingehend *Brockmann,* Arbeitsrechtliche Pflegezeitregelungen und soziale Absicherung von Pflegepersonen, in: Alewell (Hrsg.), Rechtstatsachen und Rechtswirkungen im Arbeits- und Sozialrecht, Mering 2013, S. 105 ff. m.w.N.

9 Gesetz zur besseren Vereinbarkeit von Familie, Pflege und Beruf vom 23.12.2014, BGBl. I S. 2462.

10 Zweites Gesetz zur Stärkung der pflegerischen Versorgung und zur Änderung weiterer Vorschriften (Zweites Pflegestärkungsgesetz) vom 21.12.2015, BGBl. I S. 2424.

11 § 141 Abs. 4-7 SGB XI enthalten Übergangsregelungen bezüglich der sozialen Sicherung von Pflegepersonen ab 1.1.2017 im Zusammenhang mit der Überleitung von Pflegestufen in Pflegegrade; zu letzteren siehe auch den Überblick bei *Udsching*, Das Zweite Pflegestärkungsgesetz, jurisPR-SozR 6/2016 Anm. 1.

12 Antwort der Bundesregierung auf die Kleine Anfrage verschiedener Abgeordneter und der Fraktion BÜNDNIS 90/DIE GRÜNEN (BT-Dr. 18/8854) zum Stand der Umsetzung des Gesetzes zur besseren Vereinbarkeit von Familie, Pflege und Beruf, BT-Drs. 18/9111, 4.

liegenden Daten zur Inanspruchnahme des Pflegeunterstützungsgeldes nach § 44a SGB XI und des Darlehens nach §§ 3 ff. FPfZG sind lückenhaft[13] und lassen nur Tendenzen erkennen, deren Verallgemeinerbarkeit fraglich ist. Im Oktober 2015 hat der nunmehr in § 14 FPfZG vorgesehene Beirat für die Vereinbarkeit von Pflege und Beruf seine Arbeit aufgenommen und wird erstmals 2019 einen Bericht mit Handlungsempfehlungen vorlegen. So steht zu hoffen, dass die Rechtstatsachen im Bereich von Erwerbstätigkeit und Angehörigenpflege künftig Gegenstand wissenschaftlicher Betrachtungen sein und besser zugänglich werden.[14]

Im Folgenden sollen die Rechtsentwicklung und der Status quo in wesentlichen Punkten skizziert und kritisch hinterfragt werden. Dabei wird es insbesondere um die Frage gehen, ob die geltenden Regelungen geeignet sind, das vielfach geforderte bürgerschaftliche bzw. familiäre Engagement in der Pflege zu ermöglichen bzw. zu befördern und einen substanziellen Beitrag zur besseren Vereinbarkeit von Pflege- und Erwerbstätigkeit zu leisten.

A. Arbeitsrechtliche Freistellungen und Entgeltersatz

I. Kurzzeitige Arbeitsverhinderung und Pflegeunterstützungsgeld

Die Regelung zur kurzzeitigen Arbeitsverhinderung soll Angehörigen ermöglichen, kurzfristig der Arbeit fernzubleiben, um Pflegebedarfe abdecken oder Pflegearrangements schaffen zu können.[15] Die Regelung enthält einen Anspruch aller Arbeitnehmer, unabhängig von der Unternehmensgröße. Problematisch war bislang der Ausgleich des Entgeltverlusts, da § 2 Abs. 3 S. 1 PflegeZG ausdrücklich keinen Entgeltfortzahlungsanspruch enthält. Daher entfällt der Vergütungsanspruch für die Dauer der Freistellung in der Regel, es sei denn, dass er – ausnahmsweise – im Rahmen von

13 BT-Drs. 18/9111 (Fn. 12), 4 ff.

14 Zur problematischen Datenlage schon *Brockmann*, in: Alewell (Hrsg.), S. 105ff m.w.N. Der vom BMSFJ für die zweite Jahreshälfte 2016 angekündigte Evaluationsbericht ist – soweit ersichtlich – nicht zugänglich. Gleiches gilt für den Bericht, auf den in der Begründung zum PSG II Bezug genommen wurde, BT-Drs. 18/3124, S. 26.

15 Gesetzesbegründung zum Entwurf eines Gesetzes zur strukturellen Weiterentwicklung der Pflegeversicherung, BT-Dr. 16/7439, S. 90.

§ 616 BGB[16] oder aufgrund kollektivarbeitsrechtlicher Regelungen in Tarifverträgen oder Betriebsvereinbarungen[17] aufrecht erhalten bleibt. Diese Situation wird nunmehr durch Einführung des § 44a Abs. 3 SGB XI abgemildert. Danach haben pflegende Angehörige für die Dauer der Freistellung wegen kurzzeitiger Arbeitsverhinderung einen Anspruch auf Pflegeunterstützungsgeld gegen den Pflegeversicherungsträger, bei dem die pflegebedürftige Person versichert ist.[18] Der Anspruch besteht nur, wenn keine vorrangigen Ansprüche auf Entgeltfortzahlung oder sonstige sozialversicherungsrechtliche Entgeltersatzleistungen bestehen. Die Anspruchsdauer beträgt höchstens zehn Arbeitstage je pflegebedürftiger Person, bei mehreren Anspruchstellern wird der Anspruch aufgeteilt. Die Berechnung richtet sich nach den Vorschriften über die Berechnung des Kinderkrankengeldes nach dem SGB V.

Einerseits erscheint die Regelungstechnik des Verweises in § 44 Abs. 3 S. 3 SGB XI auf § 45 Abs. 2 S. 3-5 SGB V begrüßenswert, weil ein vorhandenes Berechnungsmodell genutzt wird. Allerdings ergibt sich daraus ein Problem im Hinblick auf Personen in geringfügigen Beschäftigungsverhältnissen.[19]. Auch sie haben Anspruch auf eine Freistellung wegen kurzzeitiger Arbeitsverhinderung nach § 2 PflegeZG.[20] Nach § 45 Abs. 2 S. 3 SGB V ist die Anspruchshöhe ausgehend vom beitragspflichtigen Arbeitsentgelt zu berechnen, ein solches gibt es bei geringfügiger Beschäftigung aber gerade nicht. Hier muss also eine andere Berechnungsgrundlage etabliert werden. Es gibt – auch unter Gleichbehandlungsgesichtspunkten – nämlich keinen sachlichen Grund, geringfügig beschäftigte pflegende Angehörige von der Leistung auszuschließen. Denn das Pflegeunterstüt-

---

16 Dies ist problematisch, s. nur ErfK/*Preis*, 17. Aufl., § 616 BGB, Rn. 9 und MüKo BGB/*Henssler*, § 616 BGB, Rn. 34a.

17 Dazu *Reuyß*, Freistellungen zur Pflege und Betreuung, 3. Aufl., Düsseldorf 2015.

18 Landwirtschaftliche Unternehmer erhalten stattdessen Betriebshilfe nach § 44a Abs. 6 SGB XI.

19 Diese gelten – ob zu Recht, erscheint sehr fraglich – als besonders „vereinbarkeitsfreundlich“; kritisch auch *Fuchsloch*, Die Vereinbarkeit von Familie und Beruf als Herausforderung für das Sozialrecht in Deutschland, NZA-Beilage 2014, 59, 62 f.

20 Auch wenn angesichts der bekannten arbeitsrechtlichen Vollzugsdefizite bei geringfügiger Beschäftigung dessen Realisierung unwahrscheinlich ist; grundsätzlich *Waltermann*, Abschied vom Normalarbeitsverhältnis, in: Deutscher Juristentag e.V. (Hrsg.), Verhandlungen des 68. Deutschen Juristentages, Berlin 2010, Band I: Gutachten /Teil B, B 32; *Voss/Weinkopf*, Niedriglohnfalle Minijob, WSI-Mitt. 2012, 5, 9 f. je m.w.N.

zungsgeld wird nicht abhängig von Beiträgen der Pflegeperson, sondern aufgrund der Versicherung des Pflegebedürftigen geleistet. Insoweit erscheint für die Fälle geringfügiger Beschäftigungsverhältnisse eine Nachbesserung erforderlich.[21]

II. Pflegezeiten

Die gesetzlichen Regelungen enthalten zwei unterschiedliche Freistellungsmodelle zur Ermöglichung von Angehörigenpflege, nämlich die im PflegeZG geregelte Pflegezeit und die im FPfZG geregelte Familienpflegezeit. Nachdem sich beide Modelle zunächst stark voneinander unterschieden, weil die Pflegezeit von jeher als Rechtsanspruch ausgestaltet und die Familienpflegezeit ursprünglich ein verhandlungsbasiertes freiwilliges Arrangement war, für welches das FPfZG lediglich Rahmenbedingungen vorsah, haben sich Voraussetzungen und Gestaltung der beiden Pflegezeiten bei allen Unterschieden im Detail nunmehr angenähert. Inhaltlich unterscheiden Pflege- und Familienpflegezeit sich im Wesentlichen dadurch, dass erstere wahlweise in einer vollständigen oder teilweisen Freistellung für die Dauer von maximal sechs Monaten besteht (§ 4 PflegeZG),[22] während letztere eine befristete Verminderung der Arbeitszeit auf mindestens durchschnittlich 15 Stunden wöchentlich für höchsten 24 Monate vorsieht. Sie können bis zu einer Gesamtdauer von 24 Monaten miteinander kombiniert werden.[23]

Im Folgenden kann nur auf ausgewählte Aspekte eingegangen werden, die nach der aktuellen Rechtslage kritisch zu beurteilen sind.

1. Pflege naher Angehöriger

Der Anspruch auf die Freistellungen besteht im Hinblick auf die Pflege einer bestimmten Person. Er ist nicht bezogen auf das Arbeitsverhältnis, sodass es durchaus möglich ist, dass Beschäftigte mehrere Pflegezeiten

---

21 Denkbar wäre etwa ein Verweis auf § 249b SGB V.

22 Darüber hinaus sehen § 3 Abs. 5 und 6 PflegeZG besondere Freistellungen zur Pflege minderjähriger naher Angehöriger und zur Begleitung naher Angehöriger in der letzten Lebensphase vor.

23 Vgl. § 4 Abs. 1 S. 4 PflegeZG und § 2 Abs. 2 FPfZG.

beanspruchen, vorausgesetzt, dass sie unterschiedliche Personen pflegen. Bei den Pflegebedürftigen muss es sich um nahe Angehörige im Sinne des § 7 PflegeZG handeln, auf den auch § 2 Abs. 3 FPfZG verweist. Der Begriff ist in § 7 Abs. 3 PflegeZG legal definiert. Im Rahmen der jüngsten Reform ist die Regelung neu gefasst worden. Nach der Gesetzesbegründung sollte damit die Gleichstellung von Lebenspartnern mit Eheleuten klargestellt werden. Redaktionell ist dies nur unvollständig gelungen, obgleich gesetzgebungstechnisch bessere Möglichkeiten zur Verfügung gestanden hätten[24]: Zwar wurden die bislang verwendeten Begriffe „Schwägerinnen und Schwager“ durch die Formulierung „Ehegatten/Lebenspartner der Geschwister, Geschwister des Ehegatten/Lebenspartners“ ersetzt. Allerdings wurde der Begriff „Schwiegereltern“ beibehalten, ohne dass insoweit ergänzt wurde, dass es sich hierbei um Eltern der Eheleute oder Lebenspartner handelt. So muss die Vorschrift angesichts der gesetzgeberischen Intention und unter Gleichbehandlungsgesichtspunkten allerdings verstanden werden.[25] Insoweit besteht erneut Klarstellungsbedarf.

2. Schwellenwerte

Im Hinblick auf die Unternehmensgröße ist die Reichweite der Regelungen über Pflegezeit und Familienpflegezeit begrenzt. Während der Anspruch nach dem PflegeZG eine größere Reichweite hat und gegenüber Arbeitgebern mit mehr als 15 Beschäftigten[26] besteht, besteht der Anspruch auf Familienpflegezeit nur gegenüber Arbeitgebern mit mehr als 25 Beschäftigten, wobei zu ihrer Berufsbildung Beschäftigte nicht berücksichtigt werden. Die Einführung unterschiedlicher Schwellenwerte führt zu einem abgestuften Anspruchssystem und verkompliziert die Rechtsanwendung unnötig. Ob sie arbeitgeberseitig tatsächlich entlastend wirkt, ist eine offene Frage. Außerdem scheint sie zur Lösung von Vereinbarkeitskonflikten kaum sachgerecht: Wenn davon ausgegangen werden kann, dass nach wie vor ca. 15 % aller sozialversicherungspflichtig Beschäftigten in Kleinstunternehmen und 19 % in Kleinunternehmen beschäftigt

---

24 *Thüsing/Pötters*, BB 2015, 181, 183.

25 *Thüsing/Pötters*, BB 2015, 181, 183; *Müller*, Änderungen im (Familien-)Pflegezeitrecht 2016/2017, BB 2016, 1138, 1139.

26 Zu beachten ist, dass bei der Berechnung der Schwellenwerte die Auszubildenden im PflegeZG mitzählen, nicht aber im FPfZG, dazu *Sievers*, jM 2015, 160, 161.

sind,[27] so haben schätzungsweise ein Fünftel bis ein Viertel der sozialversicherungspflichtig Beschäftigten keinen Rechtsanspruch auf Pflegezeiten. Dies ist im Hinblick auf die Pflegebedarfe kaum begründbar.

3. Finanzielle Förderung

Vor der Reform war keinerlei Ausgleich des Entgeltverlusts während der Pflegezeit nach dem PflegeZG vorgesehen. Wenn keine kollektivarbeitsrechtlichen Regelungen oder individuellen Arrangements z.B. durch Mobilisierung von Arbeitszeitkonten getroffen werden konnten, war eine Pflegezeit wirtschaftlich nur möglich, wenn entsprechende finanzielle Ressourcen bestanden. Das FPfZG sah in seiner ursprünglichen Fassung eine komplexe Kombination aus Arbeitszeitkonto und öffentlicher Förderung zum teilweisen Ausgleich des mit der Arbeitszeitreduzierung einhergehenden Entgeltverlusts durch ein Darlehen an den Arbeitgeber vor. Diese Regelung erzeugte einen unverhältnismäßigen Aufwand, der für die fehlende Umsetzung in der Praxis mitursächlich gewesen sein dürfte. Der Ausgleich wurde nunmehr grundlegend umgestaltet und für die Freistellungen im Rahmen von Pflege- und Familienpflegezeiten nach beiden Gesetzen vereinheitlicht. Während der Freistellung besteht nach Maßgabe des § 3 FPfZG ein Anspruch der Beschäftigten auf Gewährung eines zinslosen öffentlichen Darlehens bis zur Höhe der Hälfte der Entgeltdifferenz, die sich aus der Vergütung vor und während der Freistellung ergibt. Der Anspruch ist (auch in den Fällen einer vollständigen und geringeren Freistellung nach § 3 PflegeZG) beschränkt auf den Betrag, der bei einer Reduzierung der Arbeitszeit nach dem FPfZG zu gewähren wäre. Stets ist das Darlehen vorrangig vor bedürftigkeitsabhängigen Sozialleistungen in Anspruch zu nehmen.[28] Es darf bezweifelt werden, ob mit dem geltenden Darlehensanspruch eine finanzielle Förderung erfolgt, die die Inanspruch-

27 Statistisches Bundesamt, Unternehmensregister, Stand 29.2.2016, abrufbar unter https://www.destatis.de/DE/ZahlenFakten/GesamtwirtschaftUmwelt/UnternehmenHandwerk/Unternehmensregister/Tabellen/UnternehmenBeschaeftigtengroessenklassenWZ08.html (3.1.2017).

28 Ansonsten würde bei Vorliegen der übrigen Voraussetzungen u.U. ein Anspruch auf Grundsicherung nach §§ 19 ff. SGB II bestehen, weil die Pflegesituation gem. § 10 Abs. 1 Nr. 4 SGB II zu berücksichtigen wäre.

nahme der bestehenden arbeitsrechtlichen Regelungen wirtschaftlich ermöglicht.[29]

B. Zur sozialen Sicherung von Pflegepersonen

Bei der Übernahme von Pflege besteht keine umfassende Absicherung in der Sozialversicherung. Vielmehr gibt es ein Mosaik unterschiedlicher Sicherungsmechanismen für die einzelnen Zweige der Sozialversicherung. Maßgeblich für die Einbeziehung in die verschiedenen Zweige der Sozialversicherung ist der Begriff der Pflegeperson i.S.d. § 19 SGB XI. Es kommt darauf an, dass eine Person Pflegebedürftige im Umfang von mindestens 10 Stunden wöchentlich, regelmäßig verteilt auf mindestens zwei Tage in der Woche, pflegt.[30]

Darüber hinaus wird im Folgenden deutlich, dass es vornehmlich darum geht, Nachteile abzumildern, die durch die Übernahme von Pflege zulasten eigener Erwerbstätigkeit der Pflegeperson und damit zusammenhängender sozialer Sicherung entstehen. Dies soll kurz anhand der Absicherung gegen Krankheit und Pflegebedürftigkeit sowie in der Renten- und Arbeitslosenversicherung skizziert werden.[31] Dafür ist es relevant, ob die Pflegeperson Pflegeunterstützungsgeld bezieht oder sich in einer Pflegezeit nach dem PflegeZG befindet.

I. Bezieher von Pflegeunterstützungsgeld

Während des Bezugs von Pflegeunterstützungsgeld wird durch bereichsspezifische Regelungen dafür gesorgt, dass keine Unterbrechung des Versicherungsverlaufs eintritt.

In der gesetzlichen Rentenversicherung besteht für die Dauer des Leistungsbezugs gem. § 3 S. 1 Nr. 3 SGB VI Versicherungspflicht. Die Beitragsbemessung erfolgt gem. § 166 Abs. 1 Nr. 2 f SGB VI auf der Basis von 80 % des Pflegeunterstützungsgeldes.

---

29 Dazu noch unten unter C.3.

30 Für den Fall der Pflege mehrerer Pflegebedürftiger s. § 44 Abs. 6 SGB XI.

31 Zum Unfallversicherungsschutz für Pflegepersonen eingehend *Felix*, in diesem Band S. 223 ff.

Ebenfalls versicherungspflichtig sind die Bezieher von Pflegeunterstützungsgeld gem. § 26 Abs. 2 Nr. 2b SGB III in der Arbeitslosenversicherung. Für die Beitragsberechnung ist gem. § 345 Nr. 6b SGB III ein Betrag in Höhe von 80 % des während der Freistellung ausgefallenen, laufenden Arbeitsentgelts maßgeblich. Sowohl in der Renten- wie der Arbeitslosenversicherung werden die Beiträge in der Regel je hälftig von dem Bezieher des Pflegeunterstützungsgeldes und dem Pflegeversicherungsträger der pflegebedürftigen Person getragen. [32]

Im Hinblick auf die Krankenversicherung besteht nach § 44a Abs. 4 SGB XI antragsabhängig Anspruch auf Zuschüsse zur privaten oder gesetzlichen Krankenversicherung in der Regel in Höhe der Hälfte des Beitrages, da die Beiträge gem. § 249c SGB V in der Regel hälftig von Unterstützungsgeldempfänger und Pflegekasse zu tragen sind.[33] In der Pflegeversicherung sind Pflegepersonen während des Leistungsbezugs gem. § 56 Abs. 5 SGB XI beitragsfrei.

II. Sonstige Pflegepersonen

1. Rentenversicherung

Nicht erwerbsmäßig tätige[34] Pflegepersonen i.S.d. § 19 SGB XI, die Pflegebedürftige mit mindestens Pflegegrad 2 mit Leistungsanspruch nach dem SGB XI pflegen und nicht mehr als 30 Stunden wöchentlich erwerbstätig sind, sind gem. § 3 S. 1 Nr. 1a und S. 4 SGB VI in der gesetzlichen Rentenversicherung pflichtversichert.[35] Die Beitragsberechnung erfolgt

---

32 S. § 170 Abs. 1 Nr. 2e SGB VI (für die knappschaftliche Rentenversicherung s. § 170 Abs. 2 S. 1 SGB VI.) sowie §§ 347 Nr. 6b, 349 Abs. 4a SGB III.

33 Die Zahlung erfolgt gem. § 176 Abs. 1 und 2 SGB XI durch den Pflegeversicherungsträger.

34 Zum Begriff s. *Udsching* in: Udsching, SGB XI, 4. Aufl. 2015, § 19 Rn. 9 ff. sowie *Pfitzner*, BeckOK-SozR, 42. Ed. 2016, § 19 SGB Rn. 6 ff. je m.w.N. Nach § 3 S. 2 SGB VI gilt eine Pflegeperson auch dann als nicht erwerbsmäßig tätig, wenn sie ein Arbeitsentgelt für die Pflegetätigkeit erhält, welches nicht höher ist als das Pflegegeld nach § 37 SGB XI. Allerdings wird das Bestehen von Vergütungsansprüchen bei der Pflege naher Angehöriger nur selten angenommen werden können, instruktiv LAG Köln 11. 9.2015 – 4 Ta 181/15 (juris) mit Anm. *Göhle-Sander*, jurisPR-ArbR 50/2015 Anm. 5.

35 Für den Sonderfall der berufsständischen Versorgung s. § 44 Abs. 2 SGB XI.

nunmehr gestaffelt nach dem Pflegegrad der pflegebedürftigen Person und dem Umfang der von dieser in Anspruch genommenen Leistungen aus der Pflegeversicherung.[36] Die Beiträge trägt gem. § 170 Abs. 1 Nr. 6 der Pflegeversicherungsträger der pflegebedürftigen Person.[37] Es bleibt abzuwarten, wie der neue Berechnungsmodus sich auf das Niveau der Alterssicherung auswirkt.[38]

2. Kranken- und Pflegeversicherung

Im Fall einer Pflegezeit nach dem PflegeZG mit vollständiger Freistellung oder geringfügiger Beschäftigung[39] erhalten die Pflegepersonen auf Antrag Zuschüsse zur Kranken- und Pflegeversicherung, und zwar für eine (freiwillige) Versicherung in der gesetzlichen oder privaten Krankenversicherung und die damit zusammenhängende Pflegepflichtversicherung.[40] Vorrangig ist allerdings die Möglichkeit einer Familienversicherung zu nutzen. Der Anspruchsumfang entspricht dem Mindestbeitrag für in der gesetzlichen Krankenversicherung freiwillig Versicherte nach § 240 Abs. 4 S. 1 SGB V und § 57 Abs. 4 SGB XI und ist auf die tatsächliche Höhe der Beiträge beschränkt.

3. Arbeitslosenversicherung

Nunmehr besteht für alle Pflegepersonen i.S.d. § 19 SGB XI nach § 26 Abs. 2b SGB III Versicherungspflicht in der Arbeitslosenversicherung, wenn sie unmittelbar zuvor versicherungspflichtig waren, eine als Arbeits-

---

36 Als beitragspflichtige Einnahme werden 18,9 % bis 100 % der Bezugsgröße zugrunde gelegt, s. im Einzelnen den Katalog in § 166 Abs. 2 SGB VI; dort und in Abs. 3 der Vorschrift finden sich auch Aufteilungs- bzw. Zusammenrechnungsvorschriften für Mehrpersonenkonstellationen.

37 Zur Beitragszahlung s. § 176a SGB VI.

38 Zu den Effekten der bisherigen Regelungen *Czaplicki*, Pflege zahlt sich aus – Der Beitrag nichterwerbsmäßiger Pflege zur Alterssicherung, SF 2016, 105 ff.

39 Der Anspruch besteht nicht, wenn das Arbeitsverhältnis endet, vgl. LSG Bayern, 25.2.2015 – L 2 P 25/13 (juris).

40 Dies gilt auch für eine Versicherung nach § 5 Abs. 1 Nr. 13 SGB V und § 2 Abs. 1 Nr. 7 KVLG sowie bei der Postbeamtenkrankenkasse oder der Krankenversorgung der Bundesbahnbeamten, s. § 44a Abs. 1 S. 2 SGB V.

beschaffungsmaßnahme geförderte Beschäftigung ausgeübt haben oder Anspruch auf eine laufende Entgeltersatzleistung nach dem SGB III hatten. Der Beitrag wird gem. § 345 Nr. 8 SGB III auf Basis eines beitragspflichtigen Entgelts in Höhe von 50 % der monatlichen Bezugsgröße berechnet und vom Pflegeversicherungsträger getragen und gezahlt.[41]

Sämtliche Pflegepersonen i.S.d. § 19 SGB XI können zur Rückkehr in das Erwerbsleben nach der Pflegetätigkeit gem. § 44 Abs. 1 S. 7 SGB XI, §§ 81 ff. SGB III im Rahmen der beruflichen Weiterbildung besonders gefördert werden. § 81 Abs. 3 S. 2 SGB III bestimmt, dass Zeiten der Pflegetätigkeit insofern besonders zu berücksichtigen sind. Diese Regelung ist angesichts der Minderung von Beschäftigungschancen im Anschluss an eine Freistellung zu Pflegezwecken[42] konsequent.

C. Errungenschaften und Entwicklungsbedarfe

I. Kurzzeitige Arbeitsunterbrechung und Pflegeunterstützungsgeld

Im Hinblick auf die kurzzeitige Arbeitsunterbrechung ist es gelungen, einen arbeitsrechtlichen Anspruch für Beschäftigte unabhängig von der Unternehmensgröße zu schaffen, für den darüber hinaus ein adäquater Anspruch auf sozialversicherungsrechtliche Entgeltersatzleistungen besteht. Gleichzeitig verhindern die Einführung der Versicherungspflicht in der Renten- und Arbeitslosenversicherung und der Anspruch auf Beitragszuschüsse zur Krankenversicherung eine Unterbrechung im Versicherungsverlauf. Damit werden einerseits Nachteile in der sozialen Sicherung vermieden, andererseits wird der administrative Aufwand der Durchführung gering gehalten. Insofern können die Regelungen – mit Ausnahme der Unsicherheiten beim Anspruch auf Pflegeunterstützungsgeld für geringfügig Beschäftigte – als gelungen betrachtet werden.

---

41 S. §§ 347 Nr. 10, 349 Abs. 4a SGB III.

42 *Keck*, Was kommt nach der Pflege? Die Pflege eines Angehörigen senkt Beschäftigungschancen von Pflegepersonen nachhaltig, SF 2016, 112, 117 f.

II. Beschränkung auf Pflege naher Angehöriger vs. Arbeitszeitsouveränität

Die soziale Sicherung von Pflegepersonen erfolgt nach den Änderungen durch das PSG II weitestgehend unabhängig von dem Verwandtschaftsverhältnis zur gepflegten Person. Dies ist zu begrüßen. Im Fokus der arbeitsrechtlichen Regelungen steht nach wie vor die Ermöglichung von Angehörigenpflege. Nicht erfasst ist das Engagement in der Pflege im sonstigen sozialen Umfeld.[43] Im Hinblick auf die vielfältigen bestehenden Bedarfe der Arbeitszeitflexibilisierung, die ihren Grund zwar auch in der Angehörigenpflege haben, sich darauf aber bei weitem nicht beschränken,[44] fragt sich, ob nicht eine echte, weniger bereichsspezifische Regelung vorzugswürdig wäre. Zu denken ist hier an Vorschläge wie den eines Wahlarbeitszeitgesetzes.[45] Für diesen Fall bliebe es freilich bei der Notwendigkeit, Regelungen zum Entgeltausgleich für sozialpolitisch gewünschte Konstellationen der Arbeitszeitreduzierung zu schaffen. Dies ist mit dem Elterngeld im Hinblick auf die familiäre Kinderbetreuung bereits der Fall und wäre in ähnlicher Weise für die Pflegezeiten zu diskutieren.[46]

---

43 Kritisch *Mückenberger*, Arbeit vom Menschen her denken: Was wäre heute unter „Humanisierung der Arbeit" zu verstehen?, in: Hoffmann/Bogedan (Hrsg.), Arbeit der Zukunft: Möglichkeiten nutzen – Grenzen setzen, Frankfurt a.M. 2015, S. 247, 255 f. m.w.N.

44 *Nassibi/Wenckebach/Zeibig*, Geschlechtergleichstellung durch Arbeitszeitsouveränität – Arbeits- und sozialrechtliche Regulierung für Übergänge im Lebenslauf, djbz 2012, 111 ff. sowie schon *Igl/Jachmann/Eichenhofer*, Ehrenamt und bürgerschaftliches Engagement im Recht, Opladen 2002, insbes. S. 225 ff.

45 Deutschlands Zukunft gestalten, Koalitionsvertrag zwischen CDU, CSU und SPD, 18. Legislaturperiode, 2013, https://www.bundesregierung.de/Content/DE/_Anlagen/2013/2013-12-17-koalitionsvertrag.pdf?__blob=publicationFile (3.1.2016), S. 11 und 70; djb-Kommission für Arbeits-, Gleichstellungs- und Wirtschaftsrecht, Konzept für ein Wahlarbeitszeitgesetz, djbZ 2015, 121-129, aktualisierte Fassung unter https://www.djb.de/themen/wahlarbeitszeit/wazg-konzept/ (3.1.2016) sowie jetzt auch BMAS (Hrsg.), Weissbuch Arbeiten 4.0, Diskussionsentwurf, Berlin Januar 2017, S. 115 ff.

46 S. hierzu exemplarisch den Antrag „Zeit für mehr – Damit Arbeit gut ins Leben passt" verschiedener Abgeordneter und der Fraktion BÜNDNIS 90/DIE GRÜNEN 4.7.2016, BT-Drs. 18/9007.

III. Ausgleich des Entgeltverlusts während der Pflege- und Familienpflegezeit

Positiv kann bewertet werden, dass die vorhandenen Instrumente zum Ausgleich des Entgeltverlusts für Pflege- und Familienpflegezeiten angeglichen und als Ansprüche ausgestaltet worden sind. Andererseits ist die Reichweite des Entgeltersatzes, wenn man ihn überhaupt so bezeichnen kann, durchaus beschränkt, denn anders als beispielsweise mit dem Elterngeld wird keine nicht rückzahlbare Sozialleistung gewährt, sondern ein öffentliches Darlehen. Dies bedeutet, dass bei erfolgreicher Beantragung eines Darlehens, mit Ausgleich der Hälfte des Entgeltverlusts, dem pflegenden Angehörigen drei Viertel des vorherigen Einkommens zur Verfügung stehen. Dies verringert, insbesondere im Vergleich zur ursprünglichen Regelung im FPfZG, den administrativen Aufwand im Arbeitsverhältnis. Allerdings findet kein – etwa dem Elterngeld vergleichbarer – Ausgleich des Entgeltverlusts statt. Die „Sozialleistung besteht (…) in der Zinslosigkeit“[47] des Darlehens und das in Null-Zins-Zeiten. Der Einkommensverlust wird vollumfänglich von der Pflegeperson getragen, lediglich durch die Darlehensgewährung in zeitlicher Hinsicht durch Umverteilung abgemildert. Ob die – freilich freiwillige – Weitergabe des Pflegegeldes an die Pflegeperson geeignet ist, so insgesamt einen hinreichenden Einkommensausgleich herbeizuführen,[48] hängt von der Höhe des Arbeitsentgelts und der Höhe des Pflegegeldes ab.[49]

---

47 *Igl,* Sozial- und arbeitsrechtliche Regelungen zur Unterstützung der Vereinbarkeit von Beruf und Pflege, in: Zentrum für Qualität in der Pflege (Hrsg.), ZQP-Themenreport – Vereinbarkeit von Beruf und Pflege, Berlin 2016, S. 23.

48 Zur Bedeutung des Pflegegeldes in der Angehörigenpflege auch *Schütte*, in: Igl/Naegele/Hamdorf (Hrsg.), S. 152, 155 m.w.N.

49 In Fällen der Angehörigenpflege ist das weitergegebene Pflegegeld nach §§ 3 Nr. 36, 33 Abs. 2 EStG einkommensteuerfrei, dies gilt nicht bei der Pflege sonstiger Pflegebedürftiger. Zur (Nicht-)Anrechnung auf laufende Leistungen nach § 11 Abs. 1 SGB II s. § 1 Abs. 1 Satz 1 Nr. 4 Alg II-VO 2008, dazu LSG Hessen, ZFSH/SGB 2015, 211ff. sowie jüngst LSG Hamburg 8.9.2016 – L 4 AS 569/15 (juris) mit Anm. *Plagemann*, BeckRS 2016, 106875.

D. Fazit

In keinem anderen Bereich des Individualarbeitsrechts war der Gesetzesgeber in den letzten Jahren so aktiv wie im (Familien-)Pflegezeitenrecht. Dabei scheint der Grat zwischen Aktivität und Aktionismus ein feiner zu sein. Die jüngsten Reformen haben in Teilen zu Vereinfachungen und vereinzelt zu Klarstellungen geführt. Positiv hervorzuheben ist die Schaffung kohärenter Rahmenbedingungen auf arbeits- und sozialrechtlicher Ebene für die kurzzeitige Arbeitsverhinderung. Zur flächendeckenden Ermöglichung privater Pflegearrangements besteht allerdings sowohl in arbeitsrechtlicher Hinsicht als auch im Hinblick auf den Ausgleich des Entgeltverlusts durch adäquate Entgeltersatzleistungen großes Entwicklungspotenzial, sodass einmal mehr gilt: nach der Reform ist vor der Reform.[50] Schließlich wird die Nutzung der gesetzlichen Möglichkeiten wesentlich von der Information der Berechtigten abhängen.[51]

50 Ähnlich *Sievers*, jM 2015, 160,166.

51 Siehe nur *Hesse*, Soziale Situation der Pflegepersonen: Was bleibt nach den Pflegestärkungsgesetzen I und II zu tun?, SF 2016, 103 ff.

Qualitätsentwicklung und -sicherung in der Pflege

Andreas Büscher

Die Qualität der pflegerischen Versorgung ist seit Einführung der Pflegeversicherung zu einem wichtigen sozialpolitischen, juristischen und pflegewissenschaftlichen Thema geworden. Zwar gab es bereits auf internationaler Ebene – angestoßen durch die Weltgesundheitsorganisation – konzeptionelle Vorarbeiten, die außerhalb der Pflegeberufe geführte Diskussion gewann jedoch erst durch die Pflegeversicherung an Kontur und Gewicht. Die Einführung der Pflegeversicherung und die darin ausgesprochene Verpflichtung zur Qualitätssicherung gingen mit der Notwendigkeit einher, unabhängig von der Medizin Regelungen zur Qualität der Pflege zu treffen und entsprechende Definitionen zu entwickeln. Die Pflege wurde zu einem eigenständigen Bereich des Sozialversicherungssystems, zwar zunächst eng begrenzt durch einen somatisch bestimmten Begriff der Pflegebedürftigkeit, aber dennoch unabhängig von ärztlicher Einflussnahme und Definitionsmacht, die vor allem für die Pflege im Krankenhaus bedeutsam war und immer noch ist (Büscher 2015). Allerdings konnte zum Zeitpunkt der Einführung der Pflegeversicherung nicht auf umfangreiche (pflege)wissenschaftlich gestützte Konzepte zurückgegriffen werden, sondern es war erforderlich, vielfältige Neuregelungen zu treffen. Die konkrete Ausgestaltung von Vorschriften zur Qualitätssicherung wurde an die Selbstverwaltung aus Kostenträgern und Leistungserbringern delegiert, die Maßstäbe und Grundsätze zur Sicherung und Weiterentwicklung der Pflegequalität vereinbarten (Igl 2007).

Mit dem 20. Geburtstag der Pflegeversicherung im Jahr 2016 hätte man davon ausgehen können, dass auch die Diskussion zur Qualität der pflegerischen Versorgung das Stadium der Volljährigkeit erreicht hat. Ein Blick in die Bestimmungen des zweiten Pflegestärkungsgesetzes offenbart jedoch einen sehr umfangreichen Bedarf an neu zu entwickelnden Verfahren zur Prüfung und Darstellung der Pflegequalität. Die Notwendigkeit, die Qualitätsentwicklung und -sicherung in der Pflege in zentralen Bereichen neu auszurichten, kann als Erkenntnis interpretiert werden, dass die bisherigen Bestimmungen zur Qualität in der Pflege unzureichend sind und der Neujustierung und Erweiterung bedürfen. Auch die Auseinandersetzung um Schutzpflichten des Staates gegenüber pflegebedürftigen Menschen (Moritz 2013) sowie eine oftmals mit sehr kraftvollen Begrifflichkeiten arbeitende Berichterstattung in den Medien über Probleme im Pflegesektor (Büscher 2014b) verdeutlichen, dass es offensichtlich erhebliche Probleme mit der Qualität der Pflege gibt. Somit ist es bislang nur bedingt gelungen, die Normsetzungen zur Entwicklung und Sicherung der Qualität in der Pflege einerseits und die wissenschaftlichen und fachlichen Vorstellungen zur Qualität andererseits in ein Verhältnis miteinander zu setzen, das eine zufriedenstellende Qualität der pflegerischen Versorgung für Menschen, die der pflegerischen Hilfe bedürfen, ermöglicht. Im folgenden Beitrag sollen verschiedene Aspekte der Qualitätsdiskussion betrachtet und ein Ausblick auf zukünftige Perspektiven gewagt werden. Dabei erfolgt eine Orientierung an einigen der von Igl (2012) dargelegten Dimensionen zur Erstellung von Qualität:

- Entwicklung von Qualitätsanforderungen
- Herstellung der Verbindlichkeit von Qualitätsanforderungen
- Umsetzung von Qualitätsanforderungen in die Praxis
- Überwachung der Einhaltung von Qualitätsanforderungen (Qualitätsprüfung)

Qualität der Pflege

Hinter der „Qualität in der Pflege" verbergen sich eine Vielzahl von Annahmen und Vorstellungen, die nicht immer deckungsgleich sind. Vielfach wird unter der Qualität der Pflege das professionelle Handeln der beruflich tätigen Pflegekräfte verstanden. Aus der professionellen Perspektive sind damit immer alle Bereiche angesprochen, in denen Menschen eine pflegerische Versorgung erhalten: Krankenhäuser, Alten- und Pflegeheime, ambulante Pflegedienste, Einrichtungen der Behindertenhilfe, teilstationäre und Rehabilitationseinrichtungen. In der politischen und rechtlichen Perspektive sind oftmals die in den jeweiligen Sozialgesetzbüchern maßgeblichen Bestimmungen entscheidend.

Eine erweiterte Perspektive wird eingenommen, wenn von der Qualität der pflegerischen Versorgung gesprochen wird, die neben den Pflegeberufen auch das professionelle Handeln anderer Berufsgruppen umfasst. Zudem können darunter auch die immer noch häufigste Versorgungsform – die Pflege innerhalb von Familien durch Angehörige – sowie andere informelle Hilfearrangements verstanden werden. Jede dieser Betrachtungsweisen hat für sich eine Berechtigung und bedarf zur Qualitätsentwicklung und -sicherung einer fachlichen, in der Regel auch einer politischen und juristischen Bearbeitung. Vor jeglichem Bemühen sollte jedoch der Versuch stehen, einen Qualitätsbegriff zu definieren, der den Ausgangspunkt weiterer Überlegungen bildet. Dieser Versuch wurde für die Qualität der Pflege in Deutschland bislang nur unzureichend unternommen. Anzusiedeln wäre der Qualitätsbegriff auf einem Kontinuum, welches Raum lässt für subjektive, nutzerorientierte Sichtweisen („Qualität entsteht im Auge des Betrachters") und objektivierbare Maßstäbe, die sich an der DIN EN ISO-Definition orientieren, nach der Qualität der Grad ist, in dem ein Satz inhärenter Merkmale Anforderungen erfüllt. Mit Bezug zum Gesundheitswesen differenziert Hensen (2016) zwischen dem eigentlichen Betrachtungsgegenstand „Qualität der Gesundheitsleistungen" und dem dazugehörigen Umfeld, der „Qualität in der Gesundheitsversorgung". Diese Betrachtungsweise kann auch für die Qualität in der stationären Pflege herangezogen werden. Für die häusliche pflegerische Versorgung bietet sich eine auf fünf Bereiche erweiterte Perspektive an, unter denen die zukünftige Qualitätsdiskussion zu führen ist (Büscher/Klie 2014):

- Qualität professionellen Pflegehandelns
- Partizipative Aushandlung und Vereinbarung von Zielen und Maßnahmen in Hilfeplänen
- Individuelle Pflegebedürftigkeit und Teilhabe als Ausgangspunkt zur Einschätzung von Pflegequalität
- Objektive und subjektive Parameter der Lebensqualität
- Lokale Infrastruktur

Die Qualität professionellen Pflegehandelns bezieht sich auf professionelles Handeln. Die anderen Perspektiven verdeutlichen, dass die Qualität der pflegerischen Versorgung vielfältige weitere Aspekte umfasst. Die Notwendigkeit zur Aushandlung und Vereinbarung entsteht dadurch, dass im Zusammenspiel professioneller und familiärer Helfer aus dem Umfeld der pflegebedürftigen Menschen bestimmt wird, was gute Pflege für den einzelnen Menschen bedeutet. Sie leitet sich daraus ab, dass sich vielfach unterschiedliche Vorstellungen und Interessen zwischen den Angehörigen eines Pflegehaushalts und ihren professionellen Helfern ergeben. Entscheidend für die Bewertung der Qualität der Pflege sind zudem das Ausmaß der Pflegebedürftigkeit und der Beeinträchtigung der Teilhabe sowie objektive und subjektive Parameter der Lebensqualität. Nicht zuletzt hängt die Qualität der pflegerischen Versorgung ab von der lokalen Infrastruktur und den dort verfügbaren Informations-, Beratungs- und Unterstützungsangeboten sowie den Möglichkeiten der gemeinschaftlichen Hilfen.

Entwicklung von Qualitätsanforderungen

Vor diesem Hintergrund wird deutlich, dass die seit Einführung der Pflegeversicherung diskutierten Anforderungen an die Qualität der Pflege sich vorrangig auf die Qualität der professionellen Dienstleistungen und der sie erbringenden Institutionen beziehen. Tatsächlich beziehen sie sich dem Grunde nach mehr auf die leistungserbringenden Institutionen als die in ihnen handelnden Personen. Wie einleitend kurz erwähnt, obliegt die Festlegung der Qualitätsanforderungen in erster Linie den Vertragsparteien im SGB XI, die Maßstäbe und Grundsätze zur Qualität der Pflege vereinbart haben, sowie den Institutionen, die mit der Prüfung der Pflegeeinrichtungen beauftragt wurden, den Medizinischen Diensten der Krankenversicherung, den Prüfinstanzen der Privaten Pflegeversicherung sowie den Heimaufsichtsbehörden (Igl 2012). Entsprechend können die jeweiligen Prüfkriterien als maßgebliche Festschreibungen der Qualitätsanforderungen angesehen werden. Die Begründung für die starke Rolle, die den Vertragsparteien und Prüfinstanzen für die Festschreibung von Qualitätsanforderungen zugesprochen wurde, lag in der mangelnden Wissenschaft und Forschung zur Pflege, letztlich der mangelnden Professionalisierung der Pflege. Lässt sich diese Einschätzung für den Zeitraum der Einführung der Pflegeversicherung noch gut begründen, so ist sie für spätere Festlegungen, wie z.B. die Gründung des Qualitätsausschusses im PSG II, weniger schlüssig.

Durch das Pflegeweiterentwicklungsgesetz wurde den Vertragsparteien die Verantwortung für die Entwicklung von Expertenstandards nach § 113a SGB XI übertragen. Expertenstandards können als eine Form der Festlegung von Qualitätsanforderungen angesehen werden und es ist der Gesetzesbegründung zu entnehmen, dass Expertenstandards aufgrund der guten Erfahrungen mit den durch das Bundesministerium für Gesundheit geförderten Expertenstandards des Deutschen Netzwerks für Qualitätsentwicklung in der Pflege (DNQP) Eingang in die Pflegeversicherung gefunden haben. Die durch die Vertragsparteien erarbeitete Verfahrensordnung zur Entwicklung von Expertenstandards weist einen hohen Überschneidungsgrad zum Methodenpapier des DNQP zur Entwicklung von Expertenstandards auf. Das methodische Vorgehen wurde entsprechend nicht in erster Linie durch die Vertragsparteien entwickelt, sondern bedient sich pflegewissenschaftlicher Vorarbeiten des DNQP. Betrachtet man die Bilanz in der Entwicklung von Expertenstandards – zwischen 2008 und Anfang 2017 wurde noch kein Expertenstandard nach § 113a SGB XI veröffentlicht, lediglich einer entwickelt, während das DNQP im gleichen Zeitraum sieben Expertenstandards aktualisiert und drei entwickelt hat, dann muss die Intention des § 113 a SGB XI als verfehlt bewertet werden. Berücksichtigt man weiterhin, die mehrfach geäußerte Auffassung (Igl 2010; Axer 2015), dass nicht nur über den § 113 a SGB XI der aktuelle Stand der wissenschaftlichen Erkenntnisse zur Qualität der Pflege konkretisiert werden kann, dann stellt sich die Frage nach der künftigen Notwendigkeit des § 113 a SGB XI.

Dies gilt insbesondere, da sich mittlerweile durchaus einige fachlich begründete Qualitätsanforderungen finden lassen:

- die Expertenstandards des Deutschen Netzwerks für Qualitätsentwicklung in der Pflege (DNQP) zu den Themen Dekubitusprophylaxe, Entlassungsmanagement, Schmerzmanagement bei akuten Schmerzen, Sturzprophylaxe, Kontinenzförderung, Pflege von Menschen mit chronischen Wunden, Ernährungsmanagement, Schmerzmanagement bei chronischen Schmerzen sowie der im Oktober 2017 vorgestellte Expertenstandard zur Pflege von Menschen mit Demenz,
- die Qualitätsniveaus der Bundeskonferenz zur Qualitätssicherung im Gesundheits- und Pflegewesen (BUKO-QS) zu den Themen Mobilität und Sicherheit bei Menschen mit demenziellen Einschränkungen, Orale Nahrungs- und Flüssigkeitsversorgung von Menschen in Einrichtungen der Pflege und Betreuung sowie zu Aspekten persönlicher Lebensführung und Teilhabe bei Menschen mit Betreuungs- und Pflegebedarf (BUKO-QS 2008),
- die vom BMG herausgegebenen „Rahmenempfehlungen zum Umgang mit herausforderndem Verhalten bei Menschen mit Demenz in der stationären Altenhilfe" (BMG 2006)
- Leitlinien, die nach dem Verfahren der Leitlinienentwicklung durch die Arbeitsgemeinschaft Wissenschaftlich-Medizinischer Fachgesellschaften (AWMF) entwickelt wurden und einen starken Bezug zur Pflege aufweisen, z.B. die Leitlinie zur Vermeidung von freiheitseinschränkenden Maßnahmen (Köpke et al. 2009)

Mit der durch das PSG II initiierten Gründung des Qualitätsausschusses Pflege, der aus der ehemaligen Schiedsstelle hervorgegangen ist, hat der Gesetzgeber die Entwicklung von Qualitätsanforderungen in der Hand der Selbstverwaltungspartner belassen. Zwar müssen diese sich bei der Erfüllung ihrer Aufgaben wissenschaftlicher Expertise bedienen, behalten aber die letztliche Entscheidungskompetenz. Mittelfristig werden als weitere Akteure zur Entwicklung von Qualitätsanforderungen die Pflegekammern sicher eine Rolle spielen. Die Gründung der Pflegekammer in Rheinland-Pfalz und die gesetzlich vorbereiteten Gründungen der Pflegekammern in Schleswig-Holstein und Niedersachsen werden eine durch die Berufsgruppe der Pflege initiierte Entwicklung von Qualitätsanforderungen mit sich bringen, von der sich bislang nicht absehen lässt, wie hoch die Übereinstimmung mit den durch die Selbstverwaltung formulierten Qualitätsanforderungen sein wird.

Herstellung von Verbindlichkeit bei den Qualitätsanforderungen

Igl (2012) hat auf einige grundlegende Verfahren zur Herstellung von Verbindlichkeit bei den Qualitätsanforderungen hingewiesen. Ob die darüberhinausgehende gesetzlich festgeschriebene Verpflichtung zur Einführung der Expertenstandards nach § 113 a SGB XI nennenswerte positive Effekte auf die Qualität der Pflege haben wird, darf bezweifelt werden. Die Verpflichtung zur Anwendung von Qualitätsinstrumenten impliziert, dass die Instrumente sehr stark zu operationalisieren sind, da ihre Anwendung andernfalls nicht geprüft werden kann. Das Ziel des Einsatzes von Qualitätsinstrumenten sollte jedoch eine Verbesserung der Versorgungsqualität pflegebedürftiger Menschen sein. Die Impulse für das fachliche Handeln, z. B. zum Thema des bislang einzigen Expertenstandards nach § 113 a SGB XI – der Mobilitätsförderung und -erhaltung pflegebedürftiger Menschen – drohen im institutionellen Streit um die Operationalisierung in den Hintergrund zu geraten.

Umsetzung von Qualitätsanforderungen in die Praxis

Die Erarbeitung und Veröffentlichung von Qualitätsanforderungen allein führt nicht unmittelbar zu deren Umsetzung in die Praxis. Aus Implementierungsprojekten zur Einführung von Expertenstandards und aus der internationalen Literatur liegen einige Erkenntnisse für die Umsetzung von Qualitätsanforderungen in die Praxis vor (Moers et al. 2014, Damschroder et al. 2009). Dazu gehören vor allem einrichtungsspezifische Bedingungen und die Rolle von Projektbegleitern. Als wichtige Rahmenbedingung kann die kundige Unterstützung durch das Management der jeweiligen Einrichtung angesehen werden, zu der die Herstellung und Förderung von Akzeptanz für eine Veränderung der bestehenden Praxis gehören. Ein zweiter wichtiger Faktor sind die für die Umsetzung benannten Projektverantwortlichen, die den Dreh- und Angelpunkt der Implementierung bilden. Sie übernehmen in der Praxis die Aufgabe der Facilitation, also der Ermöglichung der Einführung einer Innovation (Rycroft-Malone 2010). Ihnen obliegen Steuerungs- und Vermittlungsaufgaben im mono- und interdisziplinären Kontext und sie stellen ein Bindeglied zwischen Pflegefachkräften, Pflegeleitungen und Angehörigen anderer Berufsgruppen dar, die am Implementierungsprozess beteiligt sind. Sie benötigen kommunikative und fachliche Kompetenzen und ihre komplexen Aufgaben zeigen deutlich die Notwendigkeit auf, gut und in der Regel akademisch qualifizierte Personen für diese Aufgaben zu gewinnen.

Überwachung der Einhaltung von Qualitätsanforderungen

Durch das Pflegeweiterentwicklungsgesetz wurden die Regelungen zur Überwachung der Einhaltung von Qualitätsanforderungen verschärft. So sollten die Qualitätsprüfungen durch die MDK fortan regelmäßig einmal jährlich (und nicht mehr lediglich anlassbezogen) erfolgen und die Ergebnisse der Qualitätsprüfungen in einer für die Nutzer verständlichen Form veröffentlicht werden. Zu diesem Zweck wurden die Pflege-Transparenzvereinbarungen (PTV) für den ambulanten und stationären Bereich abgeschlossen. Durch diese Maßnahmen wurde die Rolle der MDK weiter gestärkt. Allerdings wurden die Transparenzvereinbarungen intensiv und sehr kritisch diskutiert (z. B. Weidner et al. 2011). Als kontrovers gilt nach wie vor, welche Kriterien zur Beurteilung von Pflegequalität, vor allem der Lebens- und Ergebnisqualität herangezogen werden sollen und welche Kriterien geeignet sind, die Pflegequalität für die Öffentlichkeit verständlich auszudrücken. Auch die bereits seit längerem konstant gute Durchschnittsnote von 1,2 (DCS 2015), die auf Basis der Qualitätsprüfungen vergeben wird, bietet Anlass zu Kritik, die dazu geführt hat, dass durch das zweite Pflegestärkungsgesetz das Ende der Transparenzvereinbarungen eigeläutet wurde. Stattdessen hat der neu gebildete Qualitätsausschuss nach § 113b mit Unterstützung der qualifizierten Geschäftsstelle unabhängige wissenschaftliche Einrichtungen oder Sachverständige zu beauftragen,

- Instrumente für die Prüfung der Qualität der stationären Leistungen und die Qualitätsberichterstattung zu entwickeln,
- ein bundesweites Datenerhebungsinstrument und bundesweite Verfahren für die Übermittlung und Auswertung der Daten einschließlich einer Bewertungssystematik der Daten zu entwickeln,
- Instrumente für die Prüfung der Qualität der ambulanten Pflege zu entwickeln und zu pilotieren
- Module für die Befragung von Pflegebedürftigen als ergänzende Informationsquelle für die Bewertung von Lebensqualität zu entwickeln
- die Verfahren wissenschaftlich zu evaluieren und
- ein Konzept für eine Qualitätssicherung in neuen Wohnformen zu entwickeln.

Die geforderten Entwicklungsarbeiten stehen noch am Anfang. Die grundlegende Neuausrichtung bietet die Chance, Prozesse der professionellen und institutionellen Qualitätsentwicklung besser mit den Anforderungen des externen Qualitätssicherungs- und -prüfgeschehens zu verzahnen und somit Impulse zu setzen, die eine gute Qualität der pflegerischen Versorgung für ihre Adressaten gewährleistet. Es ist eine der Grundannahmen der Qualitätslehre, dass Qualität nicht von außen in eine Organisation hineingeprüft werden kann, sondern dass sie auf Basis transparent formulierter Qualitätsziele „hergestellt" werden muss. Entsprechend sollten Leistungserbringer darum bemüht sein, ihre Prozesse so zu gestalten, dass die Qualitätsziele erreicht werden können. Der externen Qualitätssicherung und/oder -kontrolle kommt eine andere Funktion zu. Ihre Kriterien setzen Impulse für die internen Prozesse. Qualitätsprüfungen sind retrospektiv auf bereits durchgeführte Prozesse der Leistungserbringung ausgerichtet und die externen Maßnahmen können beratenden oder korrigierenden Einfluss auf die internen Prozesse nehmen. Nicht zuletzt dient die externe Qualitätskontrolle der Sicherstellung der Einhaltung von Mindestanforderungen und dem Schutz der Nutzer von Pflegeleistungen.

Ausblick

Die Qualität der Pflege wird in den nächsten Jahren ein wichtiges Thema bleiben. Neben den politischen Anforderungen zur Neuentwicklung von Qualitätsprüf- und -darstellungsverfahren wird der durch die demographischen Veränderungen bedingte Anstieg pflegebedürftiger Menschen dafür sorgen, dass der Qualität der pflegerischen Versorgung hohe Aufmerksamkeit gewidmet wird. Für die zukünftige Entwicklung von Qualitätsanforderungen sollte der Versuch unternommen werden, sich von der sektoralen Betrachtungsweise zu lösen. Pflege findet nicht nur im Rahmen des SGB XI statt. Sie hat auch einen entscheidenden Beitrag in der Krankenhausversorgung und in anderen Bereichen. Entsprechend wäre es ratsam, die Entwicklung von Qualitätsanforderungen zwischen den Sektoren zu harmonisieren. Ob es dazu eines eigenen Institutes für die Qualität in der Pflege bedarf, wie bereits vor längerer Zeit durch die BUKO-QS gefordert (Igl 2012), oder ob diese Aufgabe durch das Institut für Qualität und Transparenz im Gesundheitswesen (IQTiG) – durch eine mit hoher Autonomie ausgestattete Abteilung für die Qualität in der Pflege – übernommen werden könnte oder ob es einer Institution bedarf, die auch die Aspekte der Teilhabe und Sozialhilfe mit berücksichtigt (Igl 2005) wird zu diskutieren sein.

Nicht vergessen werden sollte bei den intensiven Diskussionen um die professionelle Leistungserbringung die Pflege durch Familienangehörige und andere informelle Helfer. Die Pflegeversicherung sieht für die Sicherstellung der Qualität in diesem Bereich die Vorhaltung eines Unterstützungs- und Beratungsangebots vor. Einen unmittelbaren Kontakt mit dem System der Pflegeversicherung gibt es jedoch nur im Rahmen der Begutachtung der Pflegebedürftigkeit durch die Medizinischen Dienste oder im Rahmen der Beratungsbesuche nach § 37 Abs. 3 SGB XI, die ursprünglich nur von ambulanten Pflegediensten, mittlerweile auch von anderen Akteuren durchgeführt werden. Diese Beratungsbesuche qualitätsvoll zu gestalten, ist für die Institutionen und Personen, die sie durchführen, eine hohe Herausforderung. Die Diskussion um adäquate fachliche Konzepte dazu hat begonnen (ZQP 2016), eine inhaltliche Verständigung und Festlegung steht jedoch noch aus.

Literatur

Axer, P. (2015): Instrumente der Qualitätssicherung in der Pflegeversicherung – Zugleich zu den Unterschieden in der Qualitätssicherung zwischen Kranken und Pflegeversicherung. In: KrV 03.15, 97-103

BMG (Hg.) (2006): Rahmenempfehlung zum Umgang mit herausforderndem Verhalten von Menschen mit Demenz in der stationären Altenhilfe. Berlin: BMG

Bundeskonferenz zur Qualitätssicherung im Gesundheits- und Pflegewesen (BUKO-QS) (2008): Einführung in das Modellvorhaben Qualitätsentwicklung in der Pflege und Betreuung.

Büscher, A. (2014): Die gesellschaftliche Auseinandersetzung um die Pflege. In: Nachrichtendienst des Deutschen Vereins für öffentliche und private Fürsorge e.V. (NDV) 94(9): 391-395

Büscher, A. (2015). (Patienten)-Sicherheit im Langzeitpflegebereich. In: Gausmann, P.; Henninger, M.; Koppenberg, J. (Hg.). Patientensicherheitsmanagement (S. 529-538). Berlin: De Gruyter.

Büscher, A./Klie, T. (2014): Qualität in der häuslichen Pflege. Ansätze zu einer lebensweltorientierten Weiterentwicklung. In: Nachrichtendienst des Deutschen Vereins für öffentliche und private Fürsorge e.V. (NDV) 94(10): 452-455

Damschroder, L.J.; Aron, D.C.; Keith, R.E.; Kirsh, S.R.; Alexander, J.A.; Lowery, J.C. (2009). Fostering implementation of health services research findings into practice: a consolidated framework for advancing implementation science. Implementation Science 2009, 4:50.

Daten-Clearingstelle Pflege – DCS (2015): Newsletter der DCS Pflege. Monat Dezember 2015.

GKV-Spitzenverband (2009): Vereinbarung nach § 113a Abs. 2 Satz 2 SGB XI über die Verfahrensordnung zur Entwicklung von Expertenstandards zur Sicherung und Weiterentwicklung in der Pflege vom 30. März 2009.

Hensen, P. (2016): Qualitätsmanagement im Gesundheitswesen. Grundlagen für Studium und Praxis. Wiesbaden: Springer

Igl, G. (2005): Die Zukunft der Pflegeversicherung vor dem Hintergrund von Bedarfen, Entbürokratisierung und Finanzierbarkeit. In: Klie, T.; Buhl, A.; Entzian, H.; Hedtke-Becker, A.; Wallrafen-Dreisow, H. (Hg.): Die Zukunft der gesundheitlichen, sozialen und pflegerischen Versorgung älterer Menschen. Frankfurt am Main: Mabuse, S. 55-71

Igl, G. (2007): Qualitätsanforderungen in der Langzeitpflege: Wie hat eine rechtliche Rahmenordnung auszusehen? Eine historische, rechtliche und rechtspolitische Analyse. In: Die Sozialgerichtsbarkeit 7/07, 381-394

Igl. G. (2010): Fachliche Standards und Expertenstandards für die Pflege im System der Qualitätsentwicklung nach §§ 113a, 113b SGB XI. In: Frommelt, M./Roes, M./Schmidt, R. (Hg.): Implementierung wissenschaftsbasierter Qualitätsniveaus. Heidelberg: medhochzwei Verlag, 1-18

Igl, G. (2012): Kranken- und Pflegeversicherung: Gesetzliche Vorgaben und Ausgestaltung. In: Schriftenreihe des Deutschen Sozialrechtsverbandes e.V.: Qualitätssicherung im Sozialrecht. Bundestagung des Deutschen Sozialrechtsverbandes e.V., 13./14. Oktober 2011 in Erfurt. Berlin: Erich Schmidt Verlag, S. 81-115

Moers, M.; Schiemann, D.; Stehling, H. (2014). Expertenstandards implementieren – Spezifika gelingender Einführungsprozesse. In: Schiemann, D.; Moers, M.; Büscher, A. (Hrsg). Qualitätsentwicklung in der Pflege. Konzepte, Methoden und Instrumente (S. 70-101). Stuttgart: Kohlhammer.

Moritz, S. (2013): Staatliche Schutzpflichten gegenüber pflegebedürftigen Menschen, Baden-Baden: Nomos

Köpke, S.; Gerlach, A.; Möhler, R.; Haut, A.; Meyer, G. (2009): Leitlinie FEM – Evidenzbasierte Praxisleitlinie. Vermeidung von freiheitseinschränkenden Maßnahmen in der beruflichen Altenpflege. Universität Hamburg, Universität Witten/Herdecke

Rycroft-Malone, J. (2010). Promoting Action on Research Implementation in Health Services (PARIHS). In: Rycroft-Malone, J.; Bucknall, T. (Hrsg). Models and Frameworks for Implementing Evidence-Based Practice: Linking Evidence to Action (S. 109-135). Oxford, UK: Wiley-Blackwell.

Weidner, F.; Laag, U.; Brühl, A. (2011): Evaluation der Umsetzung der Pflege-Transparenzvereinbarung ambulant (PTVA) durch den MDK in Rheinland-Pfalz. Köln/ Vallendar: dip/PTHV

ZQP (2016): Qualitätsrahmen für Beratung in der Pflege. Berlin: ZQP

Pflegepersonen und gesetzliche Unfallversicherung. Und es gibt sie doch: Zum Erfordernis einer Mindestpflegezeit

Dagmar Felix

I. Einleitung

Bei der Schaffung der gesetzlichen Pflegeversicherung hat der Gesetzgeber nicht nur die Pflegebedürftigen selbst, sondern vielmehr auch diejenigen Personen in den Blick genommen, die nicht erwerbsmäßig pflegebedürftige Menschen in ihrer häuslichen Umgebung pflegen.[1] Die bis dahin eher lückenhafte Absicherung[2] von zumeist *„Ehefrauen, Müttern und Töchtern"*[3] wurde vom Gesetzgeber als *„unverzichtbarer Baustein"* bei der Errichtung einer *„neuen Kultur der Pflege und des Helfens"* gewertet.[4]

In § 19 SGB XI[5] wurde der Begriff der Pflegeperson definiert und dabei an eine Mindestpflegezeit von wenigstens 14 Stunden wöchentlich geknüpft. Die Zielsetzung des Gesetzgebers spiegelt sich in der Einweisungsvorschrift des § 44 SGB XI wider. Diese Vorschrift verdeutlichte von Beginn an die als bedeutsam angesehenen Bereiche: Neben den Aspekten der Altersvorsorge[6] und der *„Rückkehr in das Berufsleben"*[7] war auch der Unfallversicherungsschutz der Pflegepersonen ein Anliegen des Gesetzgebers. Es handelt sich dabei um eine Variante der so genannten unechten Unfallversicherung – geht es doch um eine staatliche Entschädigung für ein von der Gesellschaft gewolltes Tun, nämlich die Pflege von

---

1 Allgemein zur Absicherung der Pflegepersonen *Gitter*, VSSR 1996, 1 ff.; *Leube*, NZS 1995, 343 ff.; *Leube*, SGb 1998, 97 ff.

2 Hierzu *Wagner*, in: Krauskopf, Soziale Krankenversicherung, Pflegeversicherung, 91. EL März 2016, § 44 SGB XI Rn. 2.

3 BT-Drs. 12/5262, 65.

4 BT-Drs. 12/5262, 67, 77.

5 In den folgenden Ausführungen geht es häufig um ältere Gesetzesfassungen; unter III. sind vor allem die bis Ende 2016 geltenden Normen maßgeblich. Zu den aktuellen Reformen vgl. unter IV.

6 Hierzu BT-Drs. 12/5262, 116.

7 Vgl. BT-Drs. 12/5262, 116.

anderen.[8] Die Pflegepersonen sind seither vollumfänglich in den Schutz des SGB VII einbezogen, können also im Fall eines Arbeitsunfalls[9] oder einer Berufskrankheit[10] sämtliche Leistungen der gesetzlichen Unfallversicherung beanspruchen.

Während das Bundessozialgericht (BSG) den Begriff der Pflegebedürftigkeit von Beginn an insgesamt eher restriktiv ausgelegt hat,[11] war es im Kontext der unfallversicherungsrechtlichen Absicherung der Pflegepersonen genau umgekehrt: Hier war das Gericht stets bemüht, einen möglichst weitgehenden Schutz zu gewährleisten.[12] Im Jahr 2004 verneinte das BSG dann – entgegen der überwiegenden Auffassung in der Literatur – das Erfordernis eines zeitlichen Mindestpflegeaufwands für den Bereich der gesetzlichen Unfallversicherung.[13]

Nicht zuletzt die jüngste Gesetzgebung gibt Anlass, diese Rechtsprechung noch einmal kritisch zu hinterfragen. Durch Art. 6 des Zweiten Pflegestärkungsgesetzes[14] wurde § 2 Abs. 1 Nr. 17 SGB VII neu gefasst – und diese Neufassung bedeutet eine klare Abkehr von der durch die Rechtsprechung geschaffenen Rechtslage. Der Gesetzgeber spricht insoweit von einer „Klarstellung“.[15] Es wird zu zeigen sein, dass ein Unfallversicherungsschutz für jede noch so geringe Pflegetätigkeit vom Gesetzgeber nie gewollt war. Die aktuelle Kritik an der Neufassung[16] kann insofern ebenso wenig überzeugen wie die Entscheidung des BSG.

---

8 Zur unechten Unfallversicherung *Ricke*, in: Kasseler Kommentar zum Sozialversicherungsrecht, 89. EL 2016, Vorbemerkungen zu SGB VII Rn. 3b.

9 Vgl. BSG SozR 4-2700 § 2 Nr. 3 auch zum Wegeunfall.

10 Zu denkbaren Fallgestaltungen in der Pflege *Wagner*, in Krauskopf, Soziale Krankenversicherung, Pflegeversicherung, 91. EL März 2016, § 44 SGB XI Rn. 37.

11 Vgl. nur BSGE 82, 27.

12 Vgl. etwa schon BSG SozR 3-2200 § 539 Nr. 52 (Unfallversicherungsschutz auch bei Pflegetätigkeiten außerhalb des häuslichen Bereichs) oder auch BSG SozR 4-2700 § 2 Nr. 16 (keine Bezugnahme auf § 15 Abs. 3 SGB XI).

13 Hierzu ausführlich unter II.

14 PSG II vom 21.12.2015, BGBl. I 2015, 2424.

15 BT-Drs. 354/15, 166.

16 So *von Koppenfels-Spies*, SGb 2016 (Heft 6), I.; kritisch auch *Schlaegel*, SGb 2016, 684.

II. Zu Entstehungsgeschichte und Umsetzung von § 44 SGB XI

§ 44 SGB XI wurde durch Art. 1 PflegeVG geschaffen.[17] Der Gesetzgeber spricht von einer Einweisungsvorschrift, die „*Hinweise*" gibt, „*in welchen Bereichen des Sozialgesetzbuches Vorschriften zur Verbesserung der sozialen Sicherung der Pflegepersonen einzufügen oder zu ändern sind.*"[18] Genannt wurden die gesetzliche Renten- und Unfallversicherung; zudem begründete die Norm in ihrer ursprünglichen Fassung einen Anspruch auf Unterhaltsgeld nach Maßgabe von § 46 AFG. Wer in den Genuss dieser sozialen Absicherung kommen sollte, bestimmte § 19 SGB XI: Adressiert waren „*Personen, die nicht erwerbsmäßig einen Pflegebedürftigen im Sinne des § 14 wenigstens 14 Stunden wöchentlich in seiner häuslichen Umgebung pflegen*".

§ 44 SGB XI hat letztlich keinen eigenen materiell-rechtlichen Inhalt,[19] weil spezielle Normen in den verschiedenen Bereichen des SGB die Absicherung gewährleisten sollten. Die in den weiteren Artikeln des PflegeVG in § 44 SGB XI enthaltenen „*Hinweise*" wurden sogleich konkretisiert: Neben Modifikationen des SGB VI und des SGB III kam es auch zu einer Ergänzung von § 538 Abs. 1 RVO, durch die die Pflegepersonen in den Schutz der gesetzlichen Unfallversicherung einbezogen wurden.

Sowohl § 44 SGB XI selbst als auch die speziellen Regelungen des SGB wurden wiederholt geändert oder neu gefasst. Maßgeblich für die Unfallversicherung ist seit der Schaffung des SGB VII § 2 Abs. 1 Nr. 17 SGB VII, der die Versicherung kraft Gesetzes von Pflegepersonen normiert.

III. Die Entscheidung des Bundessozialgerichts aus dem Jahr 2004

Die Rechtsstellung der Pflegeperson im Recht der gesetzlichen Unfallversicherung war Gegenstand der grundlegenden Entscheidung des BSG vom 7.9.2004.[20]

---

17 Vom 26.5.1994 (BGBl. I, 1014).

18 Vgl. BT-Drs. 12/5262, 116 – damals noch zum Entwurf von § 40 SGB XI.

19 *Philipp*, in: Knickrehm u.a., Kommentar zum Sozialrecht,. 4. Aufl. 2015, § 44 SGB XI Rn. 1.

20 BSG SozR 4-2700 § 2 Nr. 3. Vgl. auch schon BSG SozR 3-2200 § 539 Nr. 52.

Klägerin in diesem Rechtsstreit war eine Frau, die ihren Vater in einem zeitlichen Umfang von 10,5 Stunden wöchentlich gepflegt hatte. Auf dem Heimweg von der Pflegetätigkeit hatte sie einen Unfall erlitten und begehrte dessen Anerkennung als Arbeitsunfall. Der Unfallversicherungsträger hatte dies mit Hinweis auf die fehlende Mindestpflegezeit von 14 Stunden abgelehnt und war in dieser Rechtsansicht vom Sozialgericht[21] und Landessozialgericht[22] bestätigt worden. Das BSG sah das allerdings anders und stellte fest, dass die wöchentliche Mindestpflegezeit von 14 Stunden für die gesetzliche Unfallversicherung[23] nicht relevant sei.[24]

Mit dieser Einschätzung widersprach das BSG der „*einhelligen Auffassung*" in der unfallversicherungsrechtlichen Literatur.[25] Diese sah einen Unfallversicherungsschutz nur dann als gegeben an, wenn die Pflegetätigkeit wenigstens 14 Stunden wöchentlich betrug.[26] Eine Erklärung für diese Diskrepanz war vom BSG schnell gefunden: Die in der Literatur vertretene Ansicht gehe „*offenkundig auf die frühere Gesetzeslage zurück, nach der die Zeitvorgabe in der Tat Teil des in § 19 SGB XI definierten Rechtsbegriffs der Pflegeperson war*".[27] Insofern sieht das BSG gar keinen wirklichen Widerspruch zwischen seiner Sicht und der Literatur: Hätten die betroffenen Autoren die Neufassung des § 19 SGB XI schon berücksichtigt, würden sie die Rechtslage wohl – so offenbar das Gericht – genauso eingeschätzt haben. Dass die angesprochene Neufassung der Norm bereits 1996 erfolgt war, die zitierten Literaturstellen allerdings überwiegend aus dem Jahr 2004 stammten, vermochte das Gericht dabei nicht zu irritieren.

Die Neufassung von § 19 SGB XI war damit ein entscheidendes Argument des BSG. Ob dieses Argument überzeugt, lässt sich nur anhand einer Auseinandersetzung mit der Genese der Norm beantworten. § 19 SGB XI bestand ursprünglich aus einem Satz. Pflegepersonen waren danach Personen, die nicht erwerbsmäßig einen Pflegebedürftigen im Sinne des § 14 SGB XI wenigstens 14 Stunden wöchentlich in seiner häuslichen Umgebung pflegen. Dieser Wortlaut der Norm machte es unmöglich, die Min-

---

21 SG für das Saarland 22.8.2002 – S 3 U 74/02 – n.v.

22 LSG für das Saarland 26.2.2003 – L 2 U 157/02 – juris.

23 Für die gesetzliche Rentenversicherung sieht das Gericht das anders (BSGE 109, 126).

24 BSG SozR 4-2700 § 2 Nr. 3 Rn. 15.

25 In diesem Sinne BSG SozR 4-2700 § 2 Nr. 3 Rn. 17.

26 Es sei an dieser Stelle auf die ausführlichen Nachweise in der Entscheidung des BSG (SozR 4-2700 § 2 Nr. 3 Rn. 17) verwiesen.

27 BSG SozR 4-2700 § 2 Nr. 3 Rn. 17 a.E.

destpflegezeit zu ignorieren, denn sie war Teil der Legaldefinition des Begriffs „*Pflegeperson*". Durch das Erste Gesetz zur Änderung des Elften Buches Sozialgesetzbuch und anderer Gesetze (1. SGB XI-ÄndG)[28] wurde § 19 SGB XI allerdings im Jahr 1996 neu gefasst. Die Norm wurde in zwei Sätze gegliedert. In der Ausgangsfassung wurden die Wörter „*wenigstens 14 Stunden wöchentlich*" gestrichen; angefügt wurde ein Satz 2, der bestimmt: „*Leistungen zur sozialen Sicherung nach § 44 erhält eine Pflegeperson nur dann, wenn sie eine pflegebedürftige Person wenigstens 14 Stunden wöchentlich pflegt.*" Diese Neufassung des § 19 SGB XI sollte ausweislich der Gesetzesmaterialien der „*begrifflichen Klarstellung*" dienen.[29] Für das BSG war die Rechtslage eindeutig: Klarstellung könne „*in diesem Zusammenhang nur bedeuten, dass – auch ursprünglich – die Mindestpflegezeit von 14 Stunden wöchentlich nur im Hinblick auf die soziale Sicherung nach § 44 SGB XI von Bedeutung sein sollte…*"; für den Begriff der Pflegeperson sollte sie „*keine Bedeutung*" haben.[30] Ob schon die ursprüngliche Fassung des § 19 SGB XI „*wegen einer dem gesetzgeberischen Willen nicht entsprechenden Fassung des Gesetzes*" anders ausgelegt hätte werden können, lässt das Gericht offen – jedenfalls nach dem Inkrafttreten der Neufassung des § 19 SGB XI im Jahr 1996 könne „*nach Wortlaut und Entstehungsgeschichte kein Zweifel bestehen, dass für den Begriff der Pflegeperson allein die Definition in Satz 1 der Vorschrift maßgebend ist.*"[31] Das Gericht folgert hieraus, dass die in Satz 2 von § 19 SGB XI genannte Mindestpflegezeit für die gesetzliche Unfallversicherung keine Bedeutung haben konnte.

Diese Bewertung der Entstehungsgeschichte ist – gelinde gesagt – überraschend. Vergegenwärtigt man sich noch einmal die Entstehungsgeschichte der sozialen Absicherung durch die §§ 44 und 19 SGB XI (hierzu unter II.), stellt sich zunächst die Frage, ob der Gesetzgeber wirklich unterschiedliche Regelungen für die Rentenversicherung einerseits und die Unfallversicherung andererseits treffen wollte. Auf den ersten Blick könnte man das annehmen, denn die speziellen Regelungen, die bei der Schaffung der Pflegeversicherung die Versicherteneigenschaft in der Renten- und Unfallversicherung begründen sollten, unterschieden sich bereits sprachlich voneinander. § 3 Nr. 1a SGB VI nahm nicht Bezug auf § 19

28 Vom 14.6.1996, BGBl. I, 830.
29 BT-Drs. 13/3696, 12.
30 BSG SozR 4-2700 § 2 Nr. 3 Rn. 19.
31 BSG SozR 4-2700 § 2 Nr. 3 Rn. 19 a.E.

SGB XI, sondern griff dessen Wortlaut auf: Versicherungspflichtig sind Personen in der Zeit, „*in der sie einen Pflegebedürftigen im Sinne des § 14 des Elften Buches nicht erwerbsmäßig wenigstens 14 Stunden wöchentlich in seiner häuslichen Umgebung pflegen*". Bei § 538 Abs. 1 Nr. 19 RVO ist der Gesetzgeber einen anderen Weg gegangen. Hier waren „*Pflegepersonen im Sinne des § 19 des Elften Buches Sozialgesetzbuch bei der Pflege eines Pflegebedürftigen im Sinne des § 14 des Elften Buches Sozialgesetzbuch*" adressiert. Obwohl unterschiedliche Formulierungen gewählt wurden, bestand hinsichtlich der Versicherteneigenschaft von Pflegepersonen in der gesetzlichen Rentenversicherung einerseits und der gesetzlichen Unfallversicherung andererseits jedoch kein Unterschied: In beiden Zweigen der Sozialversicherung war die Mindestpflegezeit von 14 Stunden Voraussetzung für den Versicherungsschutz. Vor diesem Hintergrund kann die Neufassung von § 19 SGB XI im Jahr 1996 aber nicht diejenige „Klarstellung" sein, die das BSG vor Augen hat, denn der Wegfall der Mindestpflegezeit wäre ja eine grundlegende Neuerung gegenüber der ursprünglichen Rechtslage und keine bloße „Klarstellung".

Die Rezeption der Gesetzesmaterialien durch das BSG kann in diesem Kontext insgesamt nicht überzeugen. Es ist schlicht nicht zutreffend, dass sich in den maßgeblichen Drucksachen „*keinerlei Hinweis*" darauf finden ließe, „*dass im Rahmen von § 539 Abs. 1 Nr. 19 RVO nur Pflegepersonen mit einem wöchentlichen Pflegeaufwand von wenigstens 14 Stunden in der gesetzlichen Unfallversicherung geschützt sein sollten*".[32] Die Mindestpflegezeit von 14 Stunden wird dort vielmehr ausdrücklich genannt.[33] Und dass der Begründung des Gesetzentwurfs der SPD zur Einführung einer gesetzlichen Pflegeversicherung „*kein Anhaltspunkt für eine solche Einschränkung zu entnehmen ist*"[34], dürfte angesichts der Tatsache, dass dieser Entwurf nie umgesetzt wurde, keine Bedeutung zukommen. Der Gesetzgeber hat auch in keiner Weise zu erkennen gegeben, dass er von seiner ursprünglichen Zielsetzung – soziale Absicherung von Personen, die

32 So aber BSG SozR 4-2700 § 2 Nr. 3 Rn. 20.

33 BT-Drs. 12/5262, 161, wo ausdrücklich betont wird, dass die Mindestpflegezeit „*Voraussetzung für den Versicherungsschutz in der Unfallversicherung*" sei. So auch *Wagner*, in: Krauskopf, Soziale Krankenversicherung, Pflegeversicherung, 91. EL März 2016, § 44 SGB XI Rn. 29; kritisch insoweit auch *Keller*, jurisPR-SozR 11/2005 Anm. 4 unter C.: „*Die Aussage des BSG … überzeugt nicht*".

34 So BSG SozR 4-2700 § 2 Nr. 3 Rn. 20 a.E. unter Hinweis auf BT-Drs. 12/1156, 41.

sich in einem bestimmten Umfang um den Pflegebedürftigen kümmern – abweichen wollte. § 539 RVO wurde nach der Neufassung des § 19 SGB XI nicht angepasst; der Wortlaut der Regelung wurde später in das SGB VII übernommen. Wenn § 2 Abs. 1 Nr. 17 SGB VII ganz allgemein auf § 19 SGB XI verwies, mochte das für den Begriff der Pflegeperson relevant sein, eine Änderung der Rechtslage war dabei aber nicht gewollt.

Vor diesem Hintergrund ist auch der Hinweis auf das Vorliegen einer dynamischen Verweisung[35] letztlich nicht weiterführend. Unabhängig von der Frage, ob eine solche hier wirklich vorliegt, ließ sich die in Satz 2 von § 19 SGB X enthaltene Aussage nicht ausblenden – gerade weil § 2 Abs. 1 Nr. 17 SGB VII auf den gesamten § 19 SGB XI verwies. § 19 Satz 2 SGB XI bestimmte ausdrücklich, dass eine Pflegeperson Leistungen zur sozialen Sicherung nach § 44 nur dann erhalten sollte, wenn sie eine oder mehrere pflegebedürftige Personen wenigstens 14 Stunden wöchentlich pflegt. Deutlicher konnte der Gesetzgeber eigentlich nicht sagen, was er möchte. Aber auch das sieht das BSG anders – es sei nämlich „*bereits zweifelhaft, ob der Unfallversicherungsschutz der Pflegeperson von dieser Regelung erfasst*“ würde.[36] Schon auf den ersten Blick ist diese Aussage überraschend, denn die Einbeziehung von Pflegepersonen in die Unfallversicherung findet sich in genau derjenigen Norm, die überschrieben ist mit „*Leistungen zur sozialen Sicherung der Pflegepersonen*“. Bereits eine erste unbefangene und an der Gesetzessystematik orientierte Auslegung spricht damit gegen die Einschätzung des BSG. Sinn und Zweck der Regelung ist eine soziale Absicherung für einen bestimmten Typus von Pflegeperson – nämlich derjenigen, die einen bestimmten Mindestpflegeeinsatz erbringt. Blieb nur noch der Wortlaut der Norm – und genau hier setzt nun das BSG an: Die Einbeziehung der Pflegepersonen in die gesetzliche Unfallversicherung sei als „*Rechtsposition*“ „*schon vom Wortsinn her*“ nicht von § 44 SGB XI erfasst, weil es sich dabei nicht um eine Leistung

35 *Keller*, jurisPR-SozR 11/2005 Anm. 4, der der Entscheidung des BSG deshalb – wenn auch mit sehr vorsichtiger Wortwahl („… *neige ich dazu* …“) widerspricht; *Riebel*, in: Hauck/Noftz/Keller, SGB VII Gesetzliche Unfallversicherung, Stand 2012, K § 2 Rn. 262a. Grundlegend zur Verweisung als Mittel der Gesetzgebungstechnik *Karpen*, Die Verweisung als Mittel der Gesetzgebungstechnik, Köln 1970.

36 So BSG SozR 4-2700 § 2 Nr. 3 Rn. 22.

handele.[37] Leistungen im Sinne der Norm seien nur die Beiträge, die an die gesetzliche Rentenversicherung gezahlt werden müssten.[38]

Diese Auslegung des Begriffs der „Leistungen“ ist allerdings kaum zu begründen. Das Sozialrecht kennt den in § 11 SGB I definierten Begriff der Sozialleistung: Gegenstand der sozialen Rechte sind die im SGB vorgesehenen Dienst-, Sach- und Geldleistungen. Diese Vorstellung von Leistung liegt aber § 44 SGB XI offensichtlich nicht zugrunde, denn § 11 SGB I beschreibt diejenigen Leistungen, die ein sozialrechtlicher Leistungsträger dem einzelnen Bürger zur Erfüllung der in den besonderen Teilen des SGB konkretisierten sozialen Rechte erbringt.[39] Bei diesem Verständnis von Leistung wären auch die vom BSG in den Blick genommenen Beitragszahlungen an die gesetzliche Rentenversicherung nicht erfasst – erst recht dann, wenn sie gemäß § 44 Abs. 1 S. 1 SGB XI von privaten Pflegeversicherungsunternehmen erbracht werden. Schließlich käme auch niemand auf die Idee, die sozialrechtliche Beitragsentrichtung durch den Arbeitgeber als Sozialleistung zu bewerten, auch wenn dadurch der soziale Schutz des Arbeitnehmers realisiert wird. Wenn es aber nicht um Sozialleistungen im Sinne von § 11 SGB I geht, liegt § 44 SGB XI offenbar ein eigenes Verständnis von *„Leistung zur sozialen Sicherung“* zugrunde. Und es gibt auch keinen Grund anzunehmen, der Gesetzgeber hätte in § 44 SGB XI eine unzutreffende Überschrift gewählt,[40] denn bei einer Auslegung der Norm, die nicht auf ein bestimmtes Ergebnis abzielt, lässt sich der Versichertenstatus nach Maßgabe des SGB VII sehr wohl als Leistung in diesem Sinne verstehen: Die Pflegeperson ist – beitragsfrei – in den sozialen Schutz einbezogen. Diese „Wohltat“[41] ist eine der Maßnahmen, die der Gesetzgeber zur sozialen Absicherung vorgesehen, mittels der Einweisungsvorschrift des § 44 SGB XI angestoßen und unter den weiten Begriff der Leistung gefasst hat.[42]

---

37 So BSG SozR 4-2700 § 2 Nr. 3 Rn. 22.

38 BSG SozR 4-2700 § 2 Nr. 3 Rn. 22.

39 So *Mönch-Kalina*, in: Schlegel/Voelzke, jurisPK-SGB I, 2. Aufl. 2011, Stand 12.8.2013, § 11 Rn. 22.

40 So aber offenbar BSG SozR 4-2700 § 2 Nr. 3 Rn. 22 a.E.

41 Der Schutz bei den kommunalen Unfallversicherungsträgern wird beitragsfrei gewährt.

42 Insofern überrascht es nicht, dass gerade im Kontext der Versicherungspflicht von einer „Leistung der Pflegeversicherung“ die Rede ist (so *Gürtner*, in: Kasseler Kommentar zum Sozialversicherungsrecht, 89. EL März 2016, § 3 SGB VI Rn. 4).

Die Entscheidung des BSG aus dem Jahr 2004 überzeugt damit insgesamt nicht. Weder die damalige Neufassung von § 19 SGB XI noch der Wortlaut des § 44 SGB XI standen der Geltung der Mindestpflegezeit auch für die gesetzliche Unfallversicherung entgegen.

IV. Zur Neufassung von § 2 Abs. 1 Nr. 17 SGB VII zum 1.1.2017

Angesichts der bislang gewonnenen Erkenntnisse kann es nicht überraschen, dass der Gesetzgeber das Zweite Pflegestärkungsgesetz[43] nunmehr zu einer erneuten Klarstellung nutzt – und dieses Mal ist es wirklich eine Klarstellung dessen, was schon immer gewollt war.

Durch Art. 6 dieses Gesetzes wurde § 2 Abs. 1 Nr. 17 SGB VII mit Wirkung vom 1.1.2017[44] neu gefasst. Er begründet den Unfallversicherungsschutz für „*Pflegepersonen im Sinne des § 19 Satz 1 und 2 des Elften Buches bei der Pflege eines Pflegebedürftigen mit mindestens Pflegegrad 2 im Sinne der §§ 14 und 15 Abs. 3 des Elften Buches*". Auch die versicherte Tätigkeit wird konkreter als bisher umschrieben; sie umfasst „*pflegerische Maßnahmen in den in § 14 Abs. 2 des Elften Buches genannten Bereichen sowie Hilfen bei der Haushaltsführung nach § 18 Abs. 5a S. 3 Nr. 2 des Elften Buches*".

In § 19 Satz 2 SGB XI wird die Mindestpflegezeit von 14 Stunden auf zehn Stunden wöchentlich abgesenkt, wobei sich diese Zeit auf regelmäßig mindestens zwei Tage in der Woche verteilen muss.[45] § 44 SGB XI normiert den Unfallversicherungsschutz nunmehr – noch immer unter der Überschrift „*Leistungen zur sozialen Absicherung für Pflegepersonen*" – in einem neuen Absatz 2a, der bestimmt, dass Pflegepersonen im Sinne des § 19 SGB XI, die einen Pflegebedürftigen mit mindestens Pflegegrad 2 pflegen, während der pflegerischen Tätigkeit nach Maßgabe des § 2 Abs. 1 Nr. 17 SGB VII in den Versicherungsschutz der gesetzlichen Unfallversicherung einbezogen sind.

Dass mit der Einführung des neuen Pflegebedürftigkeitsbegriffs auch die soziale Sicherung der Pflegepersonen neu zu regeln war, liegt auf der Hand.[46] Der Gesetzgeber hat die Gesetzesreform aber auch zu einer Kor-

---

43 PSG II vom 21.12.2015, BGBl. I 2015, 2424.
44 Art. 8 Abs. 2 PSG II.
45 Art. 2 Nr. 11 des PSG II.
46 BT-Drs. 354/15, 125.

rektur der Rechtsprechung des BSG genutzt und betont wie bereits bei der Schaffung des SGB XI, dass die – nun reduzierte – Mindestpflegezeit auch für die gesetzliche Unfallversicherung maßgeblich sein soll.[47] Durch die ausdrückliche Bezugnahme auf beide Sätze des § 19 SGB XI werde klargestellt, dass die Versicherungspflicht in der Unfallversicherung eine auch zeitliche Mindestpflege voraussetzt.[48] Die im SGB XI getroffenen Wertungen seien auch für das Recht der gesetzlichen Unfallversicherung maßgeblich.[49] Dass es im Laufe der letzten beiden Jahrzehnte anders gekommen ist, hat offenbar auch den Gesetzgeber überrascht.

Die ab 1.1.2017 geltende Fassung der maßgeblichen Normen dürfte eindeutig sein und auch dem BSG keine abweichende Sicht der Dinge ermöglichen.[50]

V. Mindestpflegezeit als Fremdkörper im Recht der gesetzlichen Unfallversicherung?

Obwohl die unfallversicherungsrechtliche Literatur vor der Entscheidung des BSG einhellig der Ansicht war, dass die Mindestpflegezeit auch für den Unfallversicherungsschutz erforderlich sei,[51] wurde die Entscheidung von 2004 begrüßt.[52] Allerdings wurde die Rechtsprechung nicht hinterfragt, sondern zumeist schlicht wiedergegeben.[53] Heute ist nur vereinzelt

---

47 BT-Drs. 354/15, 125.

48 BT-Drs. 354/15, 166. Die detailreichen Vorgaben in sonstiger Hinsicht (Pflegegrad, konkret zu berücksichtigende Maßnahmen) dürften auch im Übrigen die Rechtsprechung des BSG teilweise hinfällig werden lassen (zur Bedeutung der Wertungen des SGB XI auch insoweit BT-Drs. 354/15, 166).

49 BT-Drs. 354/15, 166.

50 Vgl. zum gebotenen Vertrauensschutz insoweit aber § 141 Abs. 7 SGB XI.

51 Hierzu BSG SozR 4-2700 § 2 Nr. 3 Rn. 17.

52 Vgl. etwa *Riebel*, SGb 2005, 603 ff.; *Günther-Nicolay*, NZS 2006, 17 ff.; *Schlaeger*, SGb 2013, 199, 200.

53 Vgl. etwa *Lilienfeld*, in: Kasseler Kommentar zum Sozialversicherungsrecht, 89. EL 2016, § 2 Rn. 100, *Marschner*, in: Beck'scher Online-Kommentar Sozialrecht, 41. Edition § 2 SGB VII Rn. 71.

noch von einem „umstrittenen" Thema die Rede;[54] nur ganz wenige üben ausdrücklich Kritik an der Einschätzung des BSG.[55]

Die weitgehende Akzeptanz der Rechtsprechung könnte möglicherweise auch damit zusammenhängen, dass das BSG die „*Forderung nach einem zeitlichen Mindestumfang der Pflegetätigkeit*" als Abweichung „*von einem sonst durchgehend befolgten Prinzip der Unfallversicherung*" gewertet hatte.[56] In genau diese Richtung geht die aktuelle Kritik an der Neufassung des Gesetzes zum 1.1.2017. Die neue Regelung füge sich „*überhaupt nicht in das System der gesetzlichen Unfallversicherung*" ein und weiche von einem „*wichtigen Grundprinzip der gesetzlichen Unfallversicherung*" ab.[57]

In der Tat unterscheidet sich die gesetzliche Unfallversicherung in grundlegender Weise von den anderen Sozialversicherungszweigen. Das zeigt sich schon im Kontext der Versicherungspflicht der Beschäftigten. Während in den übrigen Bereichen nur ein beitragspflichtiges Beschäftigungsverhältnis den Versicherungsstatus begründet, setzt § 2 Abs. 1 Nr. 1 SGB VII für das Unfallversicherungsrecht nicht einmal voraus, dass überhaupt ein Arbeitsentgelt gezahlt wird. Auch der zeitliche Umfang der Beschäftigung ist für das Unfallversicherungsrecht unbeachtlich – das SGB VII kennt keine Versicherungsfreiheit für geringfügige Beschäftigungen. Auch für die so genannte „Wie-Beschäftigung" nach Maßgabe von § 2 Abs. 2 SGB VII genügt eine kurze Hilfe[58], und zahlreiche der sonstigen die Versicherungspflicht begründenden Verrichtungen sind ihrer Art nach häufig von geringer zeitlicher Dauer.[59]

Das angemahnte „Prinzip" ist allerdings keinesfalls so konsequent durchgehalten worden wie man glauben möchte. Dass der Versichertensta-

---

54 *Schmitt*, in: Schmitt SGB VII 4. Aufl. 2009 § 2 Rn. 152, der dem Gericht aber letztlich zustimmt.

55 So etwa *Riebel*, in Keller/Hauck/Noftz, SGB VII Gesetzliche Unfallversicherung, Stand 2012, K § 2 Rn. 262a; *Leube*, ZfS 2006, 48 ff.; *Richter*, in: Becker/Franke/Molkentin, SGB VII, 4. Aufl. 2014, Rn. 199; eher kritisch auch *Richter*, in: LPK SGB VII, 3. Aufl. 2011, § 2 Rn. 199.

56 BSG SozR 4-2700 § 2 Nr. 3 Rn. 21.

57 So *von Koppenfels-Spies*, SGb 2016, (Heft 6), I. Kritisch auch *Schlaeger*, SGB 2016, 684.

58 Hierzu *Bieresborn*, in: Schlegel/Voelzke, jurisPK-SGB VII, 2. Aufl. 2014 Stand 13.5.2016, § 2 Rn. 381 m.w.N.

59 Vgl. etwa § 2 Abs. 1 Nr. 13 SGB VII – eine Hilfeleistung oder Rettung kann in wenigen Sekunden abgeschlossen sein.

tus von zusätzlichen Voraussetzungen abhängig gemacht wird, ist keine Ausnahme. So sieht etwa § 5 SGB VII eine Versicherungsbefreiung nur für solche landwirtschaftlichen Unternehmer vor, deren Unternehmen 0,25 Hektar nicht übersteigt. Und das Gesetz sieht sehr wohl auch zeitliche Voraussetzungen vor: Gemäß § 2 Abs. 1a SGB VII sind Personen versichert, die nach Erfüllung der Schulpflicht auf der Grundlage einer schriftlichen Vereinbarung im Dienst eines geeigneten Trägers im Umfang von durchschnittlich mindestens acht Wochenstunden und für die Dauer von mindestens sechs Monaten als Freiwillige einen Freiwilligendienst aller Generationen unentgeltlich leisten. Der Gesetzgeber hat den Anwendungsbereich der Norm durch Festlegung eines Mindestumfangs der Freiwilligentätigkeit begrenzt – und genau das wollte er bei der sozialen Absicherung der Pflegepersonen auch tun.[60] Zudem liegt es im Gestaltungsspielraum des Gesetzgebers, vermeintliche „Prinzipien" in einem Rechtsgebiet aus sachlichen Gründen zu durchbrechen. Jenseits der Vorgaben höherrangigen Rechts steht es ihm frei, einen Versichertenstatus in einem Zweig der Sozialversicherung einzuräumen. Und wenn er dies tut, hat er die Freiheit und unter Berücksichtigung der finanziellen Auswirkungen im Übrigen auch die Pflicht, die Voraussetzungen im Einzelnen festzulegen.[61] Auch in anderen Rechtsgebieten werden „Prinzipien" durchbrochen. Man denke hier nur an die gesetzliche Krankenversicherung: Hier ist die Ursache einer Krankheit – grundsätzlich – ohne Belang; und doch hat der Gesetzgeber mit § 52 SGB V diesen Grundsatz durchbrochen.[62] Hinsichtlich bestehender und vermeintlich in Stein gemeißelter Prinzipien ist daher auch im Sozialrecht Vorsicht geboten.

Die Neufassung von § 2 Abs. 1 Nr. 17 SGB VII zum 1.1.2017 stellt keinen Fremdkörper im Unfallversicherungsrecht dar. Der Gesetzgeber wollte nie jeden, der eine von Inhalt und Umfang her beliebige Pflegetätigkeit ausübt, sozial absichern; vielmehr ging es ihm darum, die *„notwendige Initialzündung auszulösen, die in unserer Gesellschaft für die Pflegebedürftigen eine neue Kultur des Helfens entstehen lässt.*"[63] Wenn er in diesem

60 BT-Drs. 12/5262, 161.

61 Entsprechende Gründe für eine Differenzierung müssen allerdings vor Art. 3 Abs. 1GG Bestand haben; das allerdings ist im Kontext der Mindestpflegezeit unproblematisch zu bejahen.

62 Hierzu *Krauskopf*, in: Krauskopf, Soziale Krankenversicherung, Pflegeversicherung, 91. EL März 2016, § 52 Rn. 1.

63 BT-Drs. 12/5262, 77.

Kontext ein Mindestengagement des Einzelnen voraussetzt, ist das auch von der Rechtsprechung zu respektieren.

VI. Fazit

Die Mindestpflegezeit der Pflegepersonen – es hat sie immer gegeben und es wird sie auch in Zukunft geben. Das Unfallversicherungsrecht war mit dieser Thematik allerdings seit dem Jahr 2004 aufgrund der letztlich nicht überzeugenden Entscheidung des BSG nicht befasst. Das wird sich aufgrund der – späten – Klarstellung des Gesetzgebers und der damit verbundenen Neufassung der einschlägigen Normen zum 1.1.2017 jedoch ändern. Den praktischen Problemen, die die Feststellung der Mindestpflegezeit mit sich bringen kann,[64] muss sich in Zukunft auch das Unfallversicherungsrecht stellen. Die Erfahrungen aus anderen Rechtsgebieten, in denen der Gesetzeswortlaut jedenfalls insoweit[65] keinerlei Auslegungsspielraum eröffnet hatte, werden insoweit hilfreich sein.

Der Gesetzgeber will mit seiner Reform erreichen, dass die Wertungen des Pflegeversicherungsrechts in den anderen Zweigen des Sozialrechts – und nun endlich auch im Unfallversicherungsrecht – Berücksichtigung finden.[66] Nicht nur die Mindestpflegezeit wird im Übrigen ein grundlegendes Umdenken erfordern, auch die Frage der zu berücksichtigenden Tätigkeiten dürfte neu gestellt werden.[67]

---

64 Hierzu *Pfitzner*, in: Beck'scher Online Kommentar Sozialrecht, 41. Edition, Stand 1.4.2016, § 19 SGB XI Rn. 4d ff.

65 Zur Frage anrechenbarer Zeiten allerdings BSGE 106, 126.

66 So ausdrücklich BT-Drs. 354/15, 166.

67 Vgl. etwa BSG SozR 4-2700 § 2 Nr. 16. Dass Maßnahmen überwiegend dem Pflegebedürftigen zugutekommen (hierzu Lilienfeld in: Kasseler Kommentar zum Sozialversicherungsrecht, 89. EL März 2016, § 2 SGB VII Rn. 101), wird zukünftig nicht mehr gefordert.

Zu wünschen bleibt, dass die höchstrichterliche Rechtsprechung die Zielsetzung des Gesetzgebers und den ihm zustehenden Gestaltungsspielraum zukünftig akzeptiert. Es ist nicht die Aufgabe des Richters, dem Schutz von Pflegepersonen die aus seiner Sicht gebotene Anerkennung und Erweiterung zu verschaffen[68] – denn das ist allein Sache der Legislative.

68 In diesem Sinne *Günther-Nicolay*, NZS 2006, 17, 19, die bezogen auf die Ausführungen des BSG – fälschlicherweise – feststellt: „*Nur diese Auffassung steht letztlich im Einklang mit gesetzgeberischen Intentionen.*“

Kommunale Versorgungsszenarien für ältere Menschen: Brauchen wir neue Qualitätsindikatoren?

Stefan Görres

I. Um was geht es?

„Unser Dorf soll schöner werden“: Ein bekannter Wettbewerb zwischen Kommunen. Weniger bekannt und umgesetzt ist ein Wettbewerb der Regionen und Kommunen um die Gestaltung demografiefester Versorgungsszenarien. Angesichts der absehbaren Konsequenzen des demographischen Wandels – höherer Anteil älterer Menschen, Zunahme der Anzahl an Pflegebedürftigen, Abnahme der familiären und professionellen Ressourcen für Pflege – stehen Kommunen gegenwärtig vor der Herausforderung, ihre Versorgungsstrukturen zukunftsfähig zu gestalten. Diese Aufgabe kann nur dann für alle Beteiligten zufriedenstellend gelöst werden, wenn Kommunen einerseits begreifen, dass eine Optimierung der Versorgungsstrukturen innerhalb einer Kommune inzwischen keine Utopie, sondern eine blanke Notwendigkeit ist. Und andererseits müssen sie sich deutlicher positionieren dadurch, dass sie sich wesentlich stärker als bisher ihrer Verantwortung gegenüber einer zunehmend älter werdenden Gesellschaft bewusst werden.

Hintergrund für diese „Strategie einer Rekommunalisierung“ ist die Tatsache, dass die Kommunen durch ein hohes Maß an regionaler Unterschiedlichkeit [1] und – die älteren Menschen betreffend - eine hohe Variationsbreite von Lebenslagen und Bewältigungsstilen – kurz – eine Vielfalt des Alters und Alterns gekennzeichnet sind. Einer damit einhergehenden höchst individuell ausgeprägten Bedarfs- und Bedürfnispalette steht in der Regel eine geringe Variationsbreite von etablierten Standardangeboten vor allem in der gesundheitlichen und pflegerischen Versorgung gegenüber. Bedeutsam ist das deshalb, weil die Eigenverantwortung und Selbstbe-

1 *Bertelsmann Stiftung*, Demographischer Wandel verstärkt Unterschiede zwischen Stadt und Land, 2015, unter: https://www.bertelsmann-stiftung.de/de/themen/aktuelle-meldungen/2015/juli/demographischer-wandel-verstaerkt-unterschiede-zwischen-stadt-und-land/ [Stand: 27.10.2016].

stimmung älterer Menschen immer dann akut gefährdet ist, wenn Standardangebote und -antworten nicht in der Lage sind, die jeweils individuelle Situation der Betroffenen aufzunehmen und damit die vorhandene Vielfalt abzubilden.

Kommunen sind als kleinste politische Einheit *die* zentrale Plattform für Versorgungsszenarien mit detaillierten Kenntnissen der Strukturen, der Akteure und der örtlichen Lebensverhältnisse. Diese Kleinräumigkeit und Ortsbezogenheit legen es nahe, dass sich die Kommunen bei der Planung einer sozialraumorientieren Versorgungsstruktur als federführender Akteur profilieren. Dazu gehören die aktive Gestaltung einer modernen kommunalen Seniorenpolitik mit deregulierter Verantwortung und maßgeschneiderten Konzepten sowie eine wirkungsorientierte Steuerung. Allerdings gibt es keine Einheitslösungen und auch keinen Königsweg zur Sicherung der öffentlichen Daseinsvorsorge und zur Gestaltung zukunftsfähiger Angebote. Vielmehr müssen in Bezug auf den demografischen Wandel individuelle Regelungen und Lösungen auf lokaler Ebene gesucht werden, denn dort können die Handlungserfordernisse am verlässlichsten erkannt und am besten gebündelt werden[2].

Im Zuge der Auseinandersetzung mit der demografischen Herausforderung und den daraus prognostizierten Konsequenzen haben inzwischen einige Kommunen innovative Strategien entwickelt, um ihre Gesundheits- und Pflegeinfrastruktur zukunftsfähig zu machen und sich den wandelnden Bedarfen und Bedürfnisse ihrer älteren Bürger/innen anzupassen. Auch wenn diese Strategien sich von Kommune zu Kommune unterscheiden und verschiedenartige Schwerpunkte haben, weisen sie dennoch bestimmte gemeinsame Merkmale auf. Die Rede ist von demografiefesten und/oder demenzfreundlichen Kommunen. Sie können als das gebündelte und vernetzte Produkt kommunalspezifischer Ressourcen begriffen werden, die erst durch ein gleichberechtigtes Zusammenspiel nachhaltige Wirkungen für eine Erneuerung der gesundheits- und pflegbetreuungsbezogenen Versorgungsstrukturen entfalten können.

Es ist nur konsequent, bei diesem Szenario auch die Qualitätsfrage neu und anders zu stellen. Gilt diese bisher ausschließlich den einzelnen versorgenden Einrichtungen in den klassischen Settings, bedarf der Fokus auf das Versorgungsnetzwerk Kommune einer anderen und breiteren Perspek-

---

2 *Deutscher Städtetag*, Demographischer Wandel. Herausforderungen, Chancen und Handlungsmöglichkeiten für die Städte. Arbeitspapier des Deutschen Städtetages, Köln und Berlin, 2006.

tive, bei der die gesamte Kommune mit ihren Versorgungs- und Pflegepotenzialen im Fokus der Qualität steht. Hier versagen die gängigen Qualitätsindikatoren. Wir brauchen also neue Qualitätsindikatoren, die nicht nur die einzelne Einrichtung nach bestimmten Qualitätskriterien betrachten, sondern die vernetzte Gesundheits- und Pflegeproduktion einer ganzen Kommune.

II. Begründung

Längst besteht Konsens darüber, dass der demografische Wandel in den nächsten Jahrzehnten alle Städte und Regionen betreffen wird – abhängig von der jeweiligen wirtschaftlichen Entwicklungsdynamik. Dabei kommt es nach den Erkenntnissen des Arbeitspapiers des Deutschen Städtetages zu unterschiedlichen lokalen Ausprägungen hinsichtlich der drei Strukturkomponenten: Bevölkerungsrückgang, Alterung und Heterogenisierung. Vor allem ist die Zunahme der über 75-Jährigen eine der wichtigsten Entwicklungen, mit denen sich alle Städte und Gemeinden – eher früher als später – beschäftigen müssen. Die Entwicklung der Zahl der über 75-Jährigen – also der Bevölkerungsteile, deren Pflegebedarf mit zunehmendem Alter ansteigt – liegt bei plus 54 Prozent im Osten und plus 19 Prozent im Westen Deutschlands. In einigen Kommunen der alten und vor allem der neuen Bundesländer zeigen sich bereits Tendenzen einer Überalterung. Mit der Chance auf ein hohes Alter steigt zugleich das Risiko der Hilfs- und Pflegebedürftigkeit[3] und ist in vielen Städten und Gemeinden bereits bis zum Jahr 2020 mit deutlichen Nachfrageveränderungen im Pflegebereich verbunden. Dies aus mehreren Gründen:

- alleinlebende Ältere können nicht ohne weiteres auf familiäre Hilfs-, Betreuungs- und Pflegeleistungen zurückgreifen.
- Die professionelle Pflege hat nicht nur ein Nachwuchs-, sondern auch ein Imageproblem.
- Die Pflege zu Hause wird durch mangelnde finanzielle Absicherung, geringe gesellschaftliche Anerkennung, schlechte Vereinbarkeit von Beruf und Pflege sowie Überforderungspotentiale für die pflegenden Angehörigen erschwert.

3 *Jacobs/Kuhlmey/Greß/Schwinger* (Hrsg.), Pflege-Report 2016. Schwerpunkt: Die Pflegenden im Fokus, Stuttgart, 2016.

- Für sogenannte vulnerable ältere Menschen finden sich flächendeckende Versorgungsstrukturen nur noch in Ansätzen.
- Die wirtschaftliche Absicherung im Alter zeigt sich ebenso wie die Lebensphase Alter(n) differenziert – insbesondere Frauen und Menschen mit einer diskontinuierlichen Erwerbsbiographie sind von einer Altersarmut bedroht.

Diese und weitere Entwicklungen werden nicht nur an Bedeutung gewinnen, sondern zu einem erhöhten Steuerungsbedarf führen[4]. Denn angesichts der weit reichenden Folgen des demografischen Wandels sind gerade die Kommunen dazu aufgefordert, für ihre jeweilige Situation passende Handlungsstrategien und konkrete Gestaltungslösungen i.S. langfristiger und strategisch geleiteter integrierter Handlungskonzepte incl. der entsprechenden Steuerungsinstrumente zu entwickeln. Der Umgang mit den Prozessen des demografischen Wandels verlangt von den Kommunen systematisches Beobachten (Monitoring), langfristige Prognosen (unabhängig von den Wahlperioden) und konzeptionelle Politikentwürfe für die Region, die Kommunen und ihre Teilräume. Er verlangt aber auch die Entwicklung anderer Planungs- und Umsetzungsmuster als sie bis jetzt – überwiegend – gebräuchlich waren[5].

Gemessen daran sind die Städte und Gemeinden in Deutschland noch nicht ausreichend auf die Herausforderungen einer alternden Gesellschaft und die Vielfalt des Alters und Alterns vorbereitet und stehen noch ganz am Anfang. Insofern zeigt eine Befragung des Deutschen Städtetages von 59 Städten auch eher ambivalente Ergebnisse[6]: Kein Zweifel besteht bei der Beurteilung der Wichtigkeit integrierter Handlungskonzepte zur Beeinflussung der Folgen des demografischen Wandels. Nur von drei Kommunen werden sie für nicht erforderlich erachtet. Allerdings verfügt lediglich etwas mehr als die Hälfte der befragten Kommunen über Analysen zur Singularisierung und Heterogenisierung in Folge des demografischen Wandels. Selbst wer einen Einwohnerrückgang erwartet, ist deshalb nicht auch schon über die Auswirkungen informiert. Dies ist nur bei zwei Drittel der Fall. Weniger als ein Drittel kann Konzepte für die Singularisie-

---

4 *Görres/Reif/Biedermann/Borchert/Habermann/Köpcke/Meyer/Rothgang*, Optimierung des Pflegeprozesses durch neue Steuerungsinstrumente, Zeitschrift für Gerontologie und Geriatrie 2006, 159

5 *Deutscher Städtetag.*

6 *Deutscher Städtetag.*

rung, Heterogenisierung und Beeinflussung der Geburtenentwicklung aufweisen. Es gibt aber auch eine ganze Reihe positiver Befunde: Acht von zehn Städten liegen spezifische Analysen zur erwarteten demografischen Alterung und zur Geburtenentwicklung vor; bei sieben von zehn sind die räumlichen Auswirkungen bekannt. Im Vorfeld erstellte Stadtteil(Ortsteil-)Entwicklungspläne liegen bei immerhin über vier Fünftel der Städte vor. Unter diesen weist etwas mehr als die Hälfte ein entsprechendes Handlungskonzept zum demografischen Wandel auf. Über (Stadt-)Entwicklungspläne verfügen sechs von zehn Kommunen, darunter wiederum führen bereits zwei Drittel Maßnahmenvorschläge zum demografischen Wandel auf. Acht von zehn Städten liegen spezifische Analysen zur erwarteten demografischen Alterung und zur Geburtenentwicklung vor; bei sieben von zehn sind die räumlichen Auswirkungen bekannt. Ein eigenständiges „Demografisches Leitbild" wurde in jeder fünften Kommune erstellt, ein weiteres Fünftel beabsichtigt dies. Entsprechend einprägsame Slogans oder Leitbilder können jedoch nur wenige Kommunen nennen. 20 Städte (36 %) nannten „Best Practice-Beispiele" zur Gestaltung des demografischen Wandels, jedoch nur drei Kommunen ein entsprechendes Zukunftsinvestitionsprogramm.

Deutlich wird, dass Kommunen bei der Lösung dieser Aufgaben neue und kreative Wege gehen müssen, da die derzeitigen Bewältigungsstrategien, wie die Hoffnung auf Besserung der Rahmenbedingungen oder die Aufstockung des Personals- und Finanzvolumens im Gesundheits- und Sozialwesen, für sich alleine genommen wenig zukunftsweisend und erfolgversprechend oder oft auch nicht finanzierbar sind. Eine Entlastung der derzeitig diffizilen Situation durch Erhöhung der Steuern und/oder Sozialversicherungsbeiträge kann keine tragfähige Lösung für die Zukunft sein. Weder auf kommunaler noch auf staatlicher Ebene kann in naher Zukunft mit einer deutlichen Besserung der finanziellen Situation gerechnet werden. Es besteht also dringender Handlungsbedarf innerhalb der Kommunen. Um dem Nachzukommen, versammeln sich z.B. in einem Netzwerk der Körber-Stiftung[7] Vertreterinnen und Vertreter aus unterschiedlichen Städten und Gemeinden in Deutschland, die in ihren Kommunen die Themen Alter und Demografie mitverantworten und u.a. den Fragen nachgehen, wie Kommunen in Deutschland demografiefest werden können?

7 *Körber-Stiftung*, Netzwerk Demografiefeste Kommune, 2015, unter: https://www.koerber-stiftung.de/gesellschaft/netzwerk-demografiefeste-kommune.html [Stand: 27.10.2016].

Wie sie ihre Angebote an den demografischen Wandel anpassen können? Welche Rolle dabei den Kompetenzen des Alters zukommt? Und wie Kommunen die Potenziale des Alters weiter stärken können? Weitere Netzwerke wie SONG[8], oder auch einzelne Städte agieren ähnlich: z.B. die Stadt Leverkusen, die Stadt Arnsberg im Sauerland, der Landkreis Borken sowie der Landkreis Segeberg.

III. Merkmale neuer Qualitätsindikatoren

Aus den vielfältigen Erfahrungen dieser Netzwerke und Kommunen lassen sich gemeinsame und übergreifende Merkmale generieren, die als Vorläufer und Merkmale neuer Qualitätsindikatoren betrachtet werden können. Diese Merkmale sind:

- Sozialraumorientierung,
- Neue Leitbilder des Alter(n)s,
- Optimierung des Welfare Mix und
- Optimierung der pflegerischen Versorgung.

1. Sozialraumorientierung

Das Konzept des Sozialraumes umfasst mehrere Dimensionen: Der Sozialraum ist Planungsraum, Steuerungsfaktor, Interventionsrahmen, Erbringungsort, Einzugsbereich und individuelle Lebenswelt zugleich. Das Konzept setzt eine Aufteilung in überschaubare Einheiten sowohl in Städten als auch Gemeinden voraus und konzentriert sich auf die Gestaltung von Lebensbedingungen, damit Menschen in diesen Räumen entsprechend ihrer Bedürfnisse zufrieden(er) leben können. Lebensräume, das können Quartiere, Stadtteile, Ortschaften sein, sind gemeinsamer Bezugspunkt und konkretes Einzugsgebiet der darin Lebenden und bedeuten insbesondere für ältere Menschen, aufgrund der zumeist langen Wohndauer, Heimat[9]. Heimat befriedigt das Bedürfnis nach sozialer Zugehörigkeit, Ein-

---

8 *Kuratorium Deutsche Altershilfe*, Netzwerk soziales neu gestalten (SONG), 2016, unter: http://www.kda.de/netzwerk-song.html [Stand: 27.10.2016].

9 *Kluschatzka/Wieland* (Hrsg.), Sozialraumorientierung im ländlichen Kontext, Wiesbaden, 2009.

bindung und Anerkennung (sense of community), das Bedürfnis nach Beeinflussung, Gestaltung und Handlungsmöglichkeit (sense of control) und das Bedürfnis nach Sinnstiftung, Vertrautheit und einbettenden Erzählungen (sense of coherence)[10]. Auf dieser Basis kann die kommunale Sozialpolitik Handlungsstrategien entwickeln, die sich als Querschnittsaufgabe direkt an die relevanten Bedarfe, Potentiale und Ressourcen der (älteren) Menschen richten, die in einem sozial konstruierten Sozialraum ihre Heimat gefunden haben[11]. Die Differenziertheit der Sozialräume, auch innerhalb einer Kommune, erfordert eine Akzentuierung bei der Entwicklung dieser Strategien. Dies kann nur mit einer umfassenden Bedarfsanalyse (Community Assessments) gelingen. Sie geht weit über das konservative Verständnis von Pflegeplanung, die sich auf die zahlenmäßige Erfassung von stationären und ambulanten Pflegeeinrichtungen beschränken, hinaus. Sie gestaltet den demografischen Wandel, indem sie die Infrastrukturen des Alltags, der Hilfen vor und während der Pflegebedürftigkeit sowie der Selbsthilfepotentiale an die Zukunft anpasst[12]. Hierbei werden Fragen der (pflegerischen) Versorgungsstruktur zum Gegenstand eines breiten kommunalpolitischen Diskurses, der sich auf empirische Daten und fachliche Expertise stützt. Innovative Bedarfsanalysen können die Nutzungsstruktur (Differenzierung nach der Art der Inanspruchnahme von Pflegeleistungen), die Infrastruktur (Datenerhebung zu den Einsatzstunden der ambulanten Dienste und hauswirtschaftlichen Hilfen, zu den Angeboten an unterstützenden/alternativen Wohnformen) sowie die Bevölkerungsstruktur (Differenzierung nach Alterskohorten, Darstellung des sogenannten Pflegepotenzials, d.h. das Verhältnis zwischen den Hochaltrigen (80+) zu den 40- bis 60-Jährigen) gleichermaßen in den Blick nehmen und darüber hinaus Vergleiche verschiedener Sozialräume ermöglichen.

---

10 *Mitscherlich*, „Heimat ist etwas, was ich mache“. Eine psychologische Untersuchung zum individuellen Prozess von Beheimatung, Pfaffenheim, 2000.

11 *Naegele*, Kommunen im demographischen Wandel. Thesen zu neuen An- und Herausforderungen für die lokale Alten- und Seniorenpolitik, Zeitschrift für Gerontologie und Geriatrie 2010, 98; *Klie,* Alter und Kommune. Gestaltung des demographischen Wandels auf kommunaler Ebene, Zeitschrift für Gerontologie 2010, 91.

12 *SPD-Bundestagsfraktion*, „Für eine umfassende Pflegereform: Pflege als gesamtgesellschaftliche Aufgabe stärken“, Orientierungspapier zur Reform der Pflegeversicherung, Download aus Grieshaber-Medien, Bonn, 2011.

2. Neue Leitbilder des Alter(n)s

Hergeleitet vom Grundgesetz sind Kommunen als kleinste politische Einheiten verpflichtet, entsprechende Versorgungsstrukturen für ihre hilfs- und pflegebedürftigen Bürger vorzuhalten[13]. Innerhalb dieser (sozial-)politischen Zuständigkeit vollzieht sich derzeit in den Kommunen ein Paradigmenwechsel: Die Abwendung von einer planerischen Altenhilfe bzw. –pflege anhand von Richtwerten und die Hinwendung zu einer partizipativen Gestaltung der kommunalen Seniorenpolitik. Sie bedeutet heute eine soziale Politik für das Alter und ein Leben im Alter. Dieses moderne Leitbild des Alter(n)s macht die Potentiale und Ressourcen der aktiven Älteren sicht- und nutzbar und löst das unzutreffende Defizit-Modell des Alter(n)s ab. Das Alter(n) ist keine homo-, sondern heterogene Lebensphase, innerhalb dessen sich das Alter(n) sozial differenziert: es gibt die aktiven Älteren, die weniger aktiven Älteren, die bereits Unterstützung und Hilfe bzw. Pflege benötigen und die meist inaktiven Hochaltrigen. Gerade die Älteren, die ein selbständiges, von Unterstützung unabhängiges Leben führen und die weitestgehend über Zeit, Gesundheit, Geld und Kompetenzen verfügen, sind die Sympathieträger/innen für das neue Leitbild des Alter(n)s - das „active ageing". Sie sind i.S. eines bürgerschaftlichen Engagements dazu aufgerufen, nicht nur für das eigene möglichst gute Alter(n), sondern auch für das bessere Alter(n) sozial, gesundheitlich oder ethisch-kulturell benachteiligter Menschen zu „sorgen".

3. Optimierung des Welfare Mix

Um eine angemessene, den individuellen Bedürfnissen und Bedarfen entsprechende Versorgung hilfs- und pflegebedürftiger Menschen innerhalb einer Kommune zu gewährleisten, bedarf es eines stabilen und gut abgestimmten Welfare Mix. In der pflegerischen Versorgung älterer Menschen tragen verschiedene Akteure mit jeweils unterschiedlichen Funktionen und Intentionen zur Produktion eines Welfare Mix bei:

---

13 *Klie/Pfundstein*, Kommunale Pflegeplanung zwischen Wettbewerbs-neutralität und Bedarfsorientierung. Am Beispiel der Pflegestrukturplanung des Landes Rheinland-Pfalz, Zeitschrift für Gerontologie und Geriatrie 2010, 91.

- der private, informelle Sektor (z.B. Familien, Freunde, Bekannte, Nachbarn),
- der privatwirtschaftliche Sektor (z.B. ambulante Pflegedienste),
- der Staat, der u.a. durch Kommunen repräsentiert wird und
- der dritte Sektor (z.B. organisierte, gemeinnützige Initiativen, freie Träger der Wohlfahrtspflege u.a.).

Ein optimaler Welfare Mix berücksichtigt die divergierenden Strukturprinzipien und Handlungslogiken der beteiligten Akteure und basiert auf Verhandlungs- und Abstimmungsprozessen im Sinne einer Beziehungsgestaltung zwischen den Beteiligten (Public-Private-Partnership). Ein Welfare Mix kann dann als gelungen bezeichnet werden, wenn eine Beziehungskonstellation erreicht wurde, von der alle Akteure profitieren. Die Herstellung einer sogenannten „win-win-Situation" ist jedoch schwieriger geworden, weil sich die jeweiligen Strukturprinzipien und Handlungslogiken der beteiligten Akteure verändert haben und somit auch die Prämissen, unter denen soziale Wohlfahrt produziert wird. Um dies zu ändern, gilt es, das (traditionelle) Prinzip der Reziprozität und neuerdings auch wieder der Subsidiarität in Bezug auf informelle Hilfe- und Unterstützungsleistungen im privaten Sektor stark zu machen. Dies betrifft insbesondere die pflegenden Angehörigen und ihre Leistung, die gegenwärtig zumeist auf emotionaler Verbundenheit und nicht auf moralischer Verpflichtung beruht. Dies gilt aber auch für das Engagement der Ehrenamtlichen, Selbsthilfegruppen etc., von denen der dritte Sektor lebt. Auch sie benötigen entsprechende materielle und immaterielle Anerkennung, um sich nachhaltig entfalten zu können. Als besonders fragil erscheint in diesem Kontext das Engagement (semi-)privater Hilfeinstanzen zur Versorgung hilfe- und pflegebedürftiger Menschen: Die Erbringung und Finanzierung von Pflege- und Betreuungsleistungen wird nach wie vor vom Gesetzgeber gesteuert: Geleistet wird eine standardisierte medizinisch-pflegerische Versorgung gemäß dem Pflegeversicherungsgesetz. Diese Dyade schafft keine Anreize für eine „neue Kultur des Helfens", in der private bzw. ehrenamtlich von Familien, Freunden, Bekannten, Selbsthilfegruppen, Bürgervereinen usw. erbrachte Hilfs- und Unterstützungsleistungen gefördert und gestützt werden. Sowohl der private als auch der dritte Sektor bekommen nicht die gebührende (öffentliche) Anerkennung und Aufmerksamkeit für das, was sie am Rand des Geschäftsbereiches Pflege leisten[14]. Das ist jedoch die Voraussetzung für den Aufbau eines innovativen und stabilen Welfare Mix: Ein gelungener, d.h. stabiler Welfare Mix ist ein Aushandlungs- und Abstimmungsprozess, in dem hilfe- und pflegebedürftige ältere Menschen, pflegende Angehörige, freiwillige Helfer/innen, professionell Pflegende und Kostenträger ihren jeweils spezifischen Beitrag leisten. Dazu gehört auch ein neues Denken über Pflegearrangements: Pflege ist nicht nur eine Angelegenheit der Professionellen und Jüngeren, sondern kann auch von den „fitten“ Älteren auf ehrenamtlicher Basis geleistet werden, die damit ihren Wunsch nach einer sinnvollen Aufgabe einlösen.

4. Optimierung der pflegerischen Versorgung

Die derzeitige pflegerische Versorgung älterer Menschen ist durch einen suboptimalen Ressourceneinsatz, vielfältige Versorgungsdiskontinuitäten und Schnittstellenprobleme sowie durch eine unzureichende Bedarfsgerechtigkeit gekennzeichnet. Dies führt zu kostenrelevanten Fehl-, Unter- und Überversorgungen und auch zu einer potentiellen Überlastung der pflegenden Angehörigen. Um den zukünftigen Herausforderungen einer zunehmend (differenziert) alternden Gesellschaft gerecht zu werden, kann sich die pflegerische Versorgung älterer Menschen nicht länger ausschließlich auf die Privatheit konzentrieren, sondern muss als gemeinschaftliche Aufgabe innerhalb einer Kommune/eines Sozialraumes begriffen werden. Um den Erhalt und die Förderung von subjektiver Gesundheit und Lebensqualität im Alter – trotz objektiv vorhandener Krankheiten und Einschränkungen - sowie den Wunsch nach dem Verbleib und der pflegerischen Versorgung in der gewohnten häuslichen Umgebung entsprechen zu können, müssen innerhalb der Kommunen bestimmte Weichen für die Zukunft gestellt werden, damit eine optimale pflegerische Versorgung für ältere Menschen nachhaltig gestaltet werden kann. Die vielleicht wichtigste Weichenstellung besteht in der Überwindung der vielfältigen Grenzen innerhalb der Versorgungsstruktur, die einer Kooperation und Koordination der verschiedenen Beteiligten und Institutionen entgegenstehen. Für Kommunen bzw. Sozialräume besteht die Chance darin, in einem kleinen

---

14 *Evers*, Auf dem Weg zu einem neuen Wohlfahrtsmix? Pflege im Alter und der mögliche Beitrag zur Bürgergesellschaft, Publikation der inbas-sozialforschungs GmbH, Frankfurt/Main 2002

und überschaubaren Rahmen Korridore für eine bessere Zusammenarbeit der verschiedenen Professionen und Institutionen zu schaffen. Insbesondere im kleinräumigen Rahmen lassen sich diese Zielsetzungen viel effektiver und effizienter umsetzen.

IV. Neue Qualitätsindikatoren brauchen Steuerung

Die Gestaltung einer modernen kommunalen Seniorenpolitik erfordert ein geeignetes Steuerungsinstrumentarium, das sich auf die konkreten Wirkungen der pflegerischen Versorgungsprogramme konzentriert. Zudem braucht eine wirkungsorientierte Steuerung entsprechende Qualitätskriterien und -indikatoren, die messen, ob die Ressourcen, die in eine vernetzte Infrastruktur investiert werden, auch das bewirken, was für ältere Menschen erreicht werden soll. Mit einer wirkungsorientierten Steuerung soll einem Defizit begegnet werden, indem Verfahren der Zielvereinbarung, der Bewertung sowie der Steuerung durch Erfolgsparameter anhand eindeutiger und definitiver Indikatoren verwendet werden. Das Innovative an ihr ist, dass bei der Planung, Durchführung und Kontrolle aller Aktivitäten zur Herstellung einer pflegespezifischen Dienstleistung nicht nur das Ergebnis, sondern auch der Weg zum Ergebnis im Fokus der Steuerung und Kontrolle steht[15]. Wirkungsorientierte Steuerung bedeutet in diesem Kontext, dass die Art und Weise der Leistungserbringung sowohl für die unmittelbar Beteiligten, als auch für die mittelbar Beteiligten (Gesellschaft/Umwelt) überprüf-/nachvollziehbar gestaltet wird. Dieser Gestaltungsprozess fordert und fördert bei allen Beteiligten Motivation, Mitwirkungs- und Verantwortungsbereitschaft, Flexibilität sowie Kreativität. Diese „Qualitäten“ werden bei jedem Akt der Leistungserbringung neu justiert und reflektiert. Dies ist auch der Gewinn für Kommunen, die eine wirkungsorientierte Steuerung implementierten: Es entwickelte sich ein partizipativer Diskurs über eine neue Form der Qualitätsentwicklung.

---

15 *Görres/Reif/Biedermann/Borchert/Habermann/Köpcke/Meyer/Rothgang*, Gerontologie und Geriatrie 2006, 159

V. Schlussfolgerungen

Eine Vielzahl veränderter gesellschaftlicher und struktureller Rahmenbedingungen sprechen dafür, dass innovative Versorgungsszenarien für die Zukunft unabdingbar sind. Dabei bekommt die sozialräumliche Perspektive einen höheren Stellenwert als die herkömmliche singuläre organisations- bzw. einrichtungsbezogene Perspektive sie hat. Zukunftsweisend ist die Produktion und Messung von erbrachten Gesamtleistungen von Kommunen.

Einzellösungen sind nur bedingt zukunftsfähig

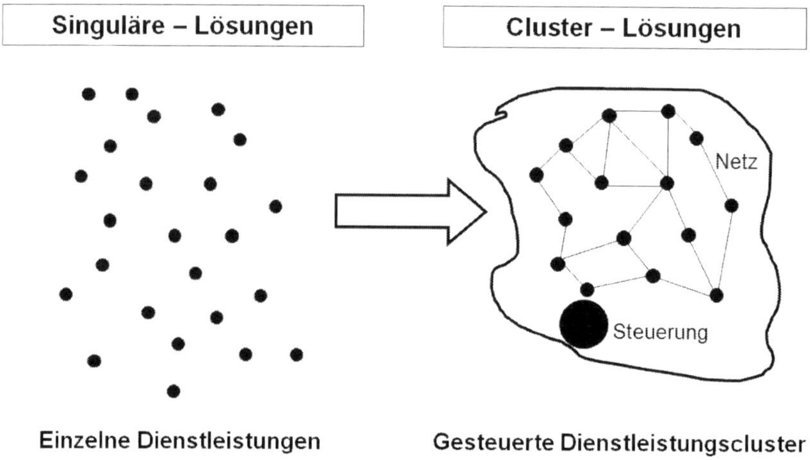

Quelle: Prof. Dr. Stefan Görres

Wenn es um Qualitätsmessung und -management von kommunalen Netzwerken anhand darauf bezogener Qualitätsindikatoren geht, liegt der Schwerpunkt zukünftig also nicht auf einzelnen einrichtungsbezogenen Parametern, sondern auf ganzen Versorgungsclustern (vgl. Abbildung). Diesbezügliche Indikatoren-Modelle unterstützen einerseits verantwortliche Akteure auf kommunaler Ebene darin, die Qualität des Versorgungssystems auf kommunaler Ebene besser einschätzen und messen zu können. Andererseits sind sie die Grundlage oder Voraussetzung für Steuerungsprozesse und Entscheidungsfindungen wenn es darum geht, Versorgungsangebote zu optimieren, aufeinander abzustimmen und demografiefest zu gestalten. Dazu brauchen wir neue Qualitätsindikatoren.

Literaturverzeichnis

Bertelsmann Stiftung, Demographischer Wandel verstärkt Unterschiede zwischen Stadt und Land, 2015, unter: https://www.bertelsmann-stiftung.de/de/themen/aktuelle-meldungen/2015/juli/demographischer-wandel-verstaerkt-unterschiede-zwischen-stadt-und-land/ [Stand: 27.10.2016]

Deutscher Städtetag, Demographischer Wandel. Herausforderungen, Chancen und Handlungsmöglichkeiten für die Städte. Arbeitspapier des Deutschen Städtetages, Köln und Berlin 2006

Evers, Auf dem Weg zu einem neuen Wohlfahrtsmix? Pflege im Alter und der mögliche Beitrag zur Bürgergesellschaft, Publikation der inbas-sozialforschungs GmbH, Frankfurt/Main 2002

Görres/Reif/Biedermann/Borchert/Habermann/Köpcke/Meyer/Rothgang, Optimierung des Pflegeprozesses durch neue Steuerungsinstrumente, Zeitschrift für Gerontologie und Geriatrie 2006, Bd. 39, 159-164, Darmstadt, Steinkopff-Verlag

Jacobs/Kuhlmey/Greß/Schwinger (Hrsg.), Pflege-Report 2016. Schwerpunkt: Die Pflegenden im Fokus, Stuttgart 2016, Schattauer

Klie, Alter und Kommune. Gestaltung des demographischen Wandels auf kommunaler Ebene, Zeitschrift für Gerontologie und Geriatrie 2010, Bd. 43, Heft 2, S. 91-97, Heidelberg, Springer Verlag

Klie/Pfundstein, Kommunale Pflegeplanung zwischen Wettbewerbs-neutralität und Bedarfsorientierung. Am Beispiel der Pflegestrukturplanung des Landes Rheinland-Pfalz, Zeitschrift für Gerontologie und Geriatrie 2010, Bd. 43, Heft 2, S. 91-97, Heidelberg, Springer Verlag

Kluschatzka/Wieland (Hrsg.), Sozialraumorientierung im ländlichen Kontext, Wiesbaden 2009, VS Verl. für Sozialwiss.; GWV Fachverlage GmbH

Körber-Stiftung, Netzwerk Demografiefeste Kommune, 2015, unter: https://www.koerber-stiftung.de/gesellschaft/netzwerk-demografiefeste-kommune.html [Stand: 27.10.2016]

Kuratorium Deutsche Altershilfe, Netzwerk soziales neu gestalten (SONG), 2016, unter: http://www.kda.de/netzwerk-song.html [Stand: 27.10.2016]

Mitscherlich, „Heimat ist etwas, was ich mache". Eine psychologische Untersuchung zum individuellen Prozess von Beheimatung, Pfaffenheim 2000, Centaurus Verlag & Media

Naegele, Kommunen im demographischen Wandel. Thesen zu neuen An- und Herausforderungen für die lokale Alten- und Seniorenpolitik, Zeitschrift für Gerontologie und Geriatrie 2010, Bd. 43, Heft 2, S. 98-102, Heidelberg, Springer Verlag

SPD-Bundestagsfraktion, „Für eine umfassende Pflegereform: Pflege als gesamtgesellschaftliche Aufgabe stärken", Orientierungspapier zur Reform der Pflegeversicherung, Download aus Grieshaber-Medien, Bonn 2011

Langzeitpflege und die Kommunen - Von der Notwendigkeit einer Strukturreform Pflege und Teilhabe

Thomas Klie

1. Errungenschaft Pflegeversicherung

Gerhard Igl gehört zu den Sozialrechtswissenschaftlern, die die Einführung der Pflegeversicherung aber auch deren Umsetzung und ihren Reformbedarf stets maßgeblich begleitet, mit wichtigen Impulsen versehen und durch eigene und von ihm begleitete wissenschaftliche Arbeiten und Forschungsprojekte wissenschaftlich flankiert haben[1]. Schon bei der Einführung der Pflegeversicherung war es ihm und Kollegen aus der BUKO QS ein Anliegen, die Bedeutung der Kommunen für eine zukunftsorientierte Sicherung der Langzeitpflege zu betonen und ihnen einen strategisch bedeutsamen Platz in der Landschaft der Pflegesicherung zu sichern[2]. Tatsächlich sind die Kommunen in ihrer ihnen durch das SGB XI zugeordneten Funktion randständig geworden. Die gemeinsame Selbstverwaltung hat die Steuerung der Pflegesicherung weitgehend in der Hand, nicht nur mit überzeugenden Effekten. Der nachfolgend dargestellte Politikvorschlag einer Strukturreform Pflege und Teilhabe greift die Desiderate der aktuellen Pflegepolitik auf und weist den Kommunen wieder eine wesentlich stärkere Funktion zu. Teile der Reformvorschläge wurden in das Pflegestärkungsgesetz III aufgenommen, die 7. Altenberichtskommission[3], die sich mit der Bedeutung einer lokalen Politik für ältere Menschen zu beschäftigen hatte, hat sich die Reformvorschläge weithin zu eigen gemacht. In 60 Modellkommunen soll – durchaus im Sinne einer Systemkonkurrenz – die neue Steuerungskompetenz von Kommunen experimentiert werden. Eine Bund-Länder-Arbeitsgruppe hat eine zunächst als Optionsregelung konzipierte Modellklausel unter Beteiligung der kommunalen Spitzenverbände zu einem Vorschlag Modellkommunen zu fördern umgewandelt. In

1 Igl/ Klie: Pflegeversicherung auf dem Prüfstand, Hannover 2000.
2 Igl/ Kühnert/ Naegele (Hg.): Das SGB XI als Herausforderung für die Kommunen, Hannover 1995.
3 BMFSFJ: 7. Altenbericht der Bundesregierung, Berlin 2016.

ihnen sollen Wege experimentiert werden, wie die Kommunen in ihrer unabweisbaren Bedeutung der Sicherung der Pflege und Teilhabe gewürdigt und gestärkt werden können. Jenseits und nach Modellphasen kann dies nicht ohne eine größere Reform gelingen, die auf der Basis einer belastbaren Analyse der aktuellen Versorgungssituation auf ein konsistentes Gesamtsystem hin steuert, das nicht Halt macht vor bislang „gepflegten" Segmentierungen und Zuständigkeitsgrenzen. Die Strukturreform Pflege und Teilhabe bietet einen sowohl pragmatischen als auch weitreichenden Reformvorschlag an.

2. Reformbedarf der Pflegeversicherung

In der pflegerischen Langzeitversorgung wurden in den vergangenen Jahren viele Reformschritte angestoßen, aber dennoch nur ein Teil der bestehenden Herausforderungen beantwortet. Das gilt auch nach der „großen Pflegereform", die im Kern die Einführung eines neuen Pflegebedürftigkeitsbegriffes beinhaltet. Notwendig bleibt eine auf die Architektur der pflegerischen Versorgung und Pflege zielende Strukturreform, der eine Perspektive einer bedarfsgerechten und integrierten pflegerischen Gesamtversorgung sowie einer qualifizierten Pflege zugrunde liegt und die auf Stärkung der Teilhabe und Gemeinwesen-/ Quartiersorientierung setzt, so fordert es auch der Sachverständigenrat zur Begutachtung der Entwicklung im Gesundheitswesen[4].

Die alltäglichen Probleme, mit denen alte, behinderte und pflegebedürftige Menschen zu kämpfen haben, lassen sich – angesichts des demografischen und sozialen Wandels – allein mit einer Weiterentwicklung der Pflegeversicherung nicht lösen. Der Grund liegt im gegliederten System der sozialen Sicherung: Die Versorgung von Menschen mit Pflegebedarf ist segmentiert in Leistungen der gesundheitlichen, hauswirtschaftlichen und pflegerischen Unterstützung sowie der sozialen Teilhabe. Die gesetzlichen Leistungsansprüche verteilen sich weithin unabgestimmt auf:

---

4 SVR – Sachverständigenrat zur Begutachtung der Entwicklung im Gesundheitswesen: Bedarfsgerechte Versorgung – Perspektiven für ländliche Regionen und ausgewählte Leistungsbereiche. Gutachten (Kurzfassung) Bonn/Berlin 2014.

- die Pflegeversicherung mit einem Teilleistungsanspruch bei Pflegebedürftigkeit;
- die Krankenversicherung mit einem umfassenden Sachleistungsanspruch bei Krankheit und Behinderung;
- die Eingliederungshilfe für behinderte Menschen mit Leistungen zur Teilhabe als steuerfinanzierter Anspruch, der zum Teil nach Bedürftigkeitskriterien eingelöst wird;
- freiwillige kommunale Leistungen und die Gestaltung des örtlichen Umfeldes, die ein Pflegesetting häufig erst „rund" machen.

Diese Leistungsvielfalt ist für die betroffenen Menschen gerade in komplexen Fällen oftmals nicht überschaubar und hat gerade bei hohem Hilfebedarf zur Folge, dass notwendige Leistungen zum Teil gar nicht oder häufig zu spät und unkoordiniert nebeneinander erbracht werden. Damit werden Chancen vertan, auf Pflege angewiesene Menschen und ihre Angehörigen präventiv und rehabilitativ darin zu unterstützen, ihr Leben im gewohnten sozialen Umfeld bis zum Tode aufrechtzuerhalten[5].

3. Neue Bedeutung lokaler Antworten

Nach übereinstimmender Expertenmeinung verlangen die Herausforderungen des demografischen und sozialen Wandels nach einer Initiative für mehr Selbstbestimmung, Selbstorganisation und Selbständigkeit vor Ort[6]. Unter Betonung der familiären und zivilgesellschaftlichen Ressourcen und als Teil einer zukunftsorientierten Pflegepolitik müssen professionelle Pflege, persönliche Hilfen und Beratung das selbstbestimmte Wohnen in der gewählten Umgebung unterstützen, dem Ziel der Sicherung von Autonomie folgen und präventiv ausgerichtet sein. Es sind Versorgungskonzepte und Modelle gefragt, die regional unterschiedlich ausfallen müssen, um den jeweils unterschiedlichen „Gesichtern" des demografischen Wandels, den unterschiedlichen Strukturen und Kulturen gerecht zu werden und besonders in ländlichen Gemeinden und Regionen drohende Unterversorgungserscheinungen[7] zu vermeiden. Es gilt eine bedarfsgerechte

---

5 Vgl. Klie: DAK Pflegereport 2016. Hamburg/Freiburg 2016.

6 Vgl. z. B. Unterstützung und Hilfe im Alter – Themenpapier des Deutschen Landkreistages 29./30.11.2010; BMFSFJ 2016: ebd.

7 Vgl. Rothgang/ Müller et al.: Themenreport „Pflege 2030": Was ist zu erwarten – was ist zu tun?, Gütersloh 2012.

Langzeitversorgung sicherzustellen – und zwar im Mix aus familiären, nachbarschaftlichen, professionellen, anderen beruflichen Hilfen und Freiwilliger – und dies sektorenübergreifend, unter Beachtung der jeweiligen Lebenswelt. Dies gelingt nur oder regelhaft am besten und effektivsten vor Ort, wohnort-/quartiersnah unter Beachtung des regionalen/kommunalen Bedingungsgefüges.[8]

Dieser Befund ruft nach einer starken kommunalen Rolle, die die Phase der „Entpflichtung und Selbstentpflichtung der Kommunen" [9] beendet. Ein solcher Politikentwurf verlangt zugleich Augenmaß. Die Errungenschaft, dass das Lebensrisiko Pflege in der Sozialversicherung abgesichert wird, soll nicht aufgegeben werden. Geht man von einer Weiterentwicklung des bestehenden Systems und nicht von einem radikalen Systemwechsel aus, so hat man es mit zwei maßgeblichen Akteuren zu tun, die ihre spezifischen Stärken und Schwächen aufweisen. Den Kassen fehlt aufgrund der Entwicklung zu immer größeren regionalen und zunehmend überregionalen Einheiten der Ortsbezug. Ein Kooperationsmodell erscheint daher als eine realistische Reformoption, möglicherweise sogar die Einzige, die das Problem der Kooperationsmängel und Versorgungslücken wirksam beheben kann. Beide Akteure können ihre spezifischen Stärken zur Geltung bringen. Dies ist bei der Sozialversicherung die bundesweit oder zumindest regional einheitliche Gestaltung von Leistungsvoraussetzungen, Verfahren, Leistungen und Qualitätssicherung. Bei den Kommunen ist dies die ortsbezogene Planung, Gestaltung und Organisation der Hilfen. Die Rolle der Kommunen verbindet die originäre infrastrukturellen Aufgaben, die Stadt- und Dorfentwicklung, die Verkehrsplanung mit der kommunalen Pflegestrukturplanung. Das Care Management muss eine kommunale Aufgabe werden. Kommunale Aufgabe ist es, Lebensweltbezüge und örtlich kulturelle Bezüge herzustellen, soziale Eingebundenheit zu organisieren, die Hilfen durch Nachbarschaft, Freundeskreise und ehrenamtliche Dienste zu unterstützen und zu fördern und so zu einem gelingenden Alltag beizutragen. Ihnen fällt es zu, den Hilfe-Mix zwischen professionellen und freiwilligen Hilfen zu organisieren. Dies ist der erfolgskritische Faktor schlechthin in einer Gesellschaft, in der die Familien kleiner werden und nicht mehr unbedingt an einem Ort zusammenbleiben. Angesichts der Mobilität brauchen diejenigen, denen keine familiäre Un-

8 Vgl. Fußnote 1.

9 Gohde: In Würde alt werden: Herausforderungen für das Zusammenleben, in: Pro Alter 45 (2013), S. 10–15.

terstützung vor Ort mehr zur Verfügung steht, neue soziale Formen der Unterstützung[10]. Die Aufgaben der Kommunen als Sozialleistungsträger verbinden sich damit und erleichtern es, Verbundkonzepte wirksam werden zu lassen, wenn diese Aufgaben als gestalterische Chance begriffen werden.

4. *Reformpaket*

Wie muss nun aber ein Reformpaket aussehen, das die lokale Gestaltung vor Ort ermöglicht, fördert und den Ansprüchen der betroffenen Menschen gerecht wird?[11] Es muss der Tatsache ins Auge sehen, dass Pflege nicht alleine in einem Sozialversicherungsgesetz geregelt werden kann, sicherlich über kleinteilige Leistungsergänzungen[12] hinausgehen muss, und es darf nicht dem Irrtum verfallen, mit der Einführung des neuen Pflegebedürftigkeitsbegriffs hätten die gesetzgeberischen Instanzen ihr Soll erfüllt. Der neue Begriff ist wichtig, er schlägt gewissermaßen die Schneise für das Verständnis von Care- und Teilhabeorientierung, aber er leistet für sich genommen noch nicht die notwendigen Impulse für Koordination und örtliche Verbundlösungen. Neben der Verbindung von Pflege und Teilhabe muss die Reform auch das Zusammenspiel gesundheitlicher und pflegerischer Leistungen umfassen. Ein Reformkonzept hat daher, über die Reform des Begriffs hinaus, mehrere Elemente zu enthalten, die ihre Durchschlagskraft erst im Zusammenwirken der Bestandteile erreichen. Es sind dies:

- Die Neubestimmung der Schnittstellen zwischen Pflegeversicherung, Krankenversicherung und steuerfinanzierten Teilhabeleistungen (Eingliederungshilfe) mit Hilfe der Abgrenzung von Cure- und Care Bestandteilen in der Lebenswelt der Pflege.
- Die Versorgung von Menschen mit Pflegebedarf in dem gegliederten System der sozialen Sicherung kennt Leistungen der gesundheitlichen, hauswirtschaftlichen, pflegerischen Unterstützung und sozialen TEILHABE. Als CURE werden medizinische, pflegerische und therapeuti-

10 Vgl. ausführlich BMFSFJ (2016) 7. Altenbericht.

11 Im Einzelnen Hoberg/ Klie/ Künzel: Strukturreform Pflege und Teilhabe, Freiburg 2013.

12 Siehe unter 1. und Fußnote 1.

sche Maßnahmen verstanden, die von professionellen Akteuren im Gesundheitswesen zur Prävention, Kuration, Rehabilitation und Palliation angeboten, geleistet und verantwortet werden.
Zu CARE zählen alle Formen der Sorge und Versorgung, die für den Lebensalltag erforderlich sind – personenbezogene Leistungen zur unterstützenden Alltagsgestaltung, hauswirtschaftlichen Basisversorgung, Grundpflege und Förderung der sozialen Teilhabe.
CURE-Leistungen liegen im Bereich der gesetzlichen Krankenversicherung (GKV), die CARE-Leistungen sind der Pflegeversicherung und ergänzend einem Bundesleistungsgesetz bzw. der Sozialhilfe zuzuordnen. Während CURE-Leistungen stärker den begleitenden und fachlich steuernden Aspekt einbeziehen, sollen CARE-Leistungen konsequent auf die Ressourcensituation der jeweiligen Haushalte ausgerichtet werden, primär die Sorgefähigkeit erhalten und qualifizieren, sie jedoch nicht ersetzen.

- Änderungen der Finanzierungstechniken, die die neu gezogenen Schnittstellen unterstützen und dazu passende Anpassungen des Leistungsrechts.
  Je nach Steuerungsfunktion der Leistungen ist eine andere Finanzierungstechnik gefragt: Im CURE-Bereich das Sachleistungsprinzip mit Vollfinanzierung und mit einer Ergänzung der Leistungsfinanzierung von Tätigkeiten und Zeiten mit Steuerungsfunktionen (Pflege- und Hilfeplanung, Anleitung, Monitoring, Aushandlung). Der Bereich der CARE-Leistungen soll nicht weiter als Sachleistung ausgestaltet werden. Der beträchtliche Unterstützungsbedarf muss im Sozialgesetzbuch (SGB) XI leistungsrechtlich besser ausgestattet werden. Demgegenüber sind Eigenleistungen einschließlich einer Sockelfinanzierung mit Basiseigenleistung vorzusehen. Dies muss mit der anstehenden Reform des Leistungsrechts der TEILHABE, abgestimmt werden, da PFLEGE bei einem teilhabeorientierten Pflegebedürftigkeitsbegriff zu den Teilhabeleistungen gehört. Gleichzeitig muss das Verhältnis zur ergänzenden Sozialhilfe in der Form der Hilfe zur Pflege und der Eingliederungshilfe geklärt werden, um Abgrenzungs- und Zuständigkeitsprobleme aufzuheben. Da das Pflegeversicherungssystem ein Teilleistungssystem ist und auch bleiben soll, hat die Sozialhilfe weiterhin eine ergänzende Funktion.
- Die Schaffung von gesetzlichen Grundlagen für die Durchsetzung einer integrierten Steuerung vor Ort, die von den Kommunen im Zusammenwirken mit den anderen Beteiligten moderiert wird.

Ein Hilfesystem muss den Defiziten begegnen, die seine Effizienz unterlaufen. Die Mängel, um die es derzeit in der Praxis geht, zeigen sich in den Bereichen Aufmerksamkeit (für den Pflegeverlauf), Abklärung und Koordination. CURE und CARE brauchen daher leistungsträgerübergreifend sowohl ein weiterentwickeltes Begutachtungswesen als auch eine Infrastruktur für den Aufbau von Care und Case Management.

5. Reformstrategie

Für die Umsetzung dieser drei Reformansätze braucht es ein Bündel an Verbesserungen und neuen Maßnahmen, die auch die Frage berücksichtigen, warum die in den Leistungsgesetzen teilweise bereits vorhandenen Impulse von den zuständigen Stellen bislang nicht umgesetzt werden.

Wir haben uns daran gewöhnt, dass die Pflege – scheinbar als Ganzes – über das Teilleistungssystem des SGB XI definiert wird. Um diesen Konstruktionsfehler zu korrigieren soll die Pflege insgesamt übergreifend im SGB I beschrieben werden. Pflegeleistungen sollen überdies die fünfte Leistungsgruppe der Teilhabeleistungen im SGB IX werden. Dadurch wird die Pflegeversicherung Reha-Träger für die pflegerischen CARE-Leistungen und damit verbindlich in die Kooperationsnormen des SGB IX eingebunden. Auch das Prinzip der sozialräumlichen Koordinierung sollte – als eine zu delegierende Aufgabe der Länder – im SGB I benannt werden.

Leistungsrechtliche Unterschiede zwischen ambulanten und stationären Leistungen provozieren Strategien, die nicht am Bedarf der Betroffenen orientiert sind. Gleiche Maßstäbe und Verfahren müssen gelten bei der medizinischen Krankenpflege, der Finanzierung der Pflegehilfsmittel, der Finanzierung der Pflegeprozessteuerung in ambulanten und stationären Settings und der Leistungen der Pflegeversicherung für behinderte Menschen in ambulanten und stationären Wohnformen. Bei allen gibt es derzeit unterschiedliche Finanzierungen und sogar Kostenträgerschaft, je nachdem, ob der Betroffene zu Hause oder in einer Einrichtung wohnt.

Den Durchbruch schafft aber erst ein Umbau der leistungsrechtlichen Architektur des SGB XI. Die als Sachleistung ausgestalteten Leistungsansprüche sollten wertgleich in Geldbudgets (Sachleistungsbudgets) umgewandelt werden. Diese erlauben es Pflegebedürftigen, frei zwischen (lizenzierten, qualitätsgesicherten) Dienstleistern zu wählen. Das setzt eine

Hilfe- bzw. Versorgungsplanung voraus und ist das entscheidende Instrument, um eine am Einzelfall orientierte Kombination aller Leistungen verschiedener Kostenträger zu erreichen. Die Höhe des Budgets ist so auszugestalten, dass die Eigenbeteiligung bei zunehmendem Hilfebedarf prinzipiell gleich bleibt. Die Möglichkeit, die Gesamtleistung der Pflegeversicherung bei Bedarf für bestimmte Leistungskombinationen angemessen zu erhöhen, muss allerdings erhalten bleiben. Die unterschiedliche Höhe von Pflegegeldleistungen und Pflegesachleistungen kann unberührt bleiben.

Zwei dieser Elemente werden von der Cure/ Care Überlegung berührt und betreffen Abgrenzung und Zusammenspiel pflegerischer und gesundheitlicher Versorgung, die eine Fülle von Problemzonen aufweist. Mangelnde Prävention und Reha, um einen Problemschwerpunkt herauszugreifen, sind ein Dauerthema.[13] Verlagert man die medizinische Behandlungspflege in stationären Einrichtungen aus dem SGB XI ins SGB V, wird die Fachpflege (neben „Behandlungspflege vor allem Steuerung des Pflegeprozesses) einheitlich dem CURE-Bereich und damit konsequent als Sachleistung dem SGB V zugeordnet.[14] Dadurch werden einerseits vor allem Hürden bei der flexiblen Gestaltung unterschiedlicher Formen der Pflege in Gruppen (in Quartier, Wohngemeinschaft, Heim) beseitigt und andererseits ein finanzielles Interesse der Krankenkassen an stationären Versorgungsformen aufgehoben. Dies kann beitragssatz- und wettbewerbsneutral organisiert werden.[15] Derselbe Gedanke gilt für die Finanzierung der Steuerung der medizinisch-pflegerischen Prozesse durch die Fachkräfte, die einheitliche GKV-Leistung werden sollte.

Das dritte wesentliche Element betrifft das Verhältnis von Pflegeversicherung und Sozialhilfe. Pflege und Eingliederungshilfe laufen aufeinander zu, nicht nur wegen der UN-Konvention über die Rechte von Menschen mit Behinderungen und der Diskussion über den Pflegebedürftigkeitsbegriff. Beide Bereiche stehen vor zwei gleichartigen Herausforderungen, der Demografie und neuen Ansprüchen auf Teilhabe Selbstbestimmung und Selbständigkeit. Mit dem neuen Pflegebedürftigkeitsbegriff, der an den Kompetenzeinschränkungen ansetzt und stärker teilhabeorientiert ist als bisher, haben die bisherigen Abgrenzungsversuche nach Begriff, Ziel und Zweck der Pflege- bzw. Eingliederungshilfeeinrichtung

---

13 Vgl. Rothgang et al.: Barmer GEK Pflegereport 2013, Schriftenreihe zur Gesundheitsanalyse Bd. 23, Siegburg 2013, S. 204ff, 220.

14 Hoberg/ Klie / Künzel.: ebd.

15 S. a.a.O. S. 28f.

keine rechtssystematische Grundlage mehr. Das mit dem Bundesteilhabegesetz eingeführte Prinzip in Hinblick auf die Personenzentrierung die begriffliche Unterscheidung zwischen ambulanten und stationären Leistungen aufzuheben, führt dazu, dass es – rechtlich gesehen – keine Einrichtungen mehr und nur noch Fachleistungen gibt. Das lässt eigentlich nur die Lösung zu, Pflege als Teilhabeleistung aufzufassen und neue pragmatische Regeln für das Zusammentreffen der beiden Leistungsbereiche zu schaffen.

Die bisherigen Regelungen der §§ 71 Abs. 4 und 43a SGB XI laufen mittelfristig leer. Konsequenz ist, dass Leistungen der Pflegeversicherung auch behinderten Menschen zustehen müssen, wenn sie einen Pflegebedarf haben – unabhängig von der gewählten Wohnform. Sie sollten die ambulanten Leistungen nach § 36 SGB XI erhalten. Das würde die Sozialhilfe um 1,4 Mrd. Euro entlasten und die Pflegekassen entsprechend belasten. Diesen Schritt ist man im Gesetzgebungsverfahren zum Bundesteilhabegesetz und dem PSG III nicht gegangen.

Ein wesentlicher Kern der Reform ist die rechtliche und tatsächliche Absicherung der Kooperation zwischen den Sozialleistungsträgern, um die personenbezogene integrierte Hilfeplanung und Leistungserbringung zu erreichen. Dazu sollten die Kooperationsnormen im SGB IX gebündelt werden, nicht nur für Eingliederungshilfe und Rehabilitation, sondern auch für die Pflege. Teilhabeorientierte Pflege gehört mit zu den Reha-Leistungen. Wenn dies nicht gesetzlich normiert wird, werden die Bemühungen um Reha vor Pflege weiterhin nicht wirklich erfolgreich verlaufen. Leider ist der Bundesgesetzgeber im Bundesteilhabegesetz diesen dringenden Empfehlungen nicht gefolgt.

Gleichzeitig sind eine inhaltliche Weiterentwicklung und vor allem die Schaffung von mehr Verbindlichkeit der auf Koordination und Kooperation ausgerichteten Normen erforderlich. Die einzelnen Elemente sind die folgenden.

Vor allen Normierungen steht die Verbesserung der sozialen Aufmerksamkeit, eine Aufgabe, die unmittelbar die kommunale Koordinierung anspricht. Es bedarf sowohl zivilgesellschaftlicher Akteure als auch einer verfügbaren lokalen Infrastruktur von fachlich ausgerichteten Agenturen, die Wissen, Haltung und Kultur vermitteln, an die aber auch Handlungsbedarf im Sinne „öffentlicher Hilfen" adressiert werden kann, wie beispielsweise in der Kinder- und Jugendhilfe.

Die Gleichzeitigkeit eines Neuen Begutachtungsassessment (NBA) in der Pflege mit dem Impuls einer Bedarfsfeststellung nach bundeseinheitlichen Kriterien in der Teilhabe legt die Forderung nach einer übergreifenden Assessment-Agentur auf Landesebene nahe, in der Medizinischer Dienst der Krankenkassen (MDK), Bundesagentur für Arbeit (BA), Deutsche Rentenversicherung (DRV) und kommunale Arbeitsgemeinschaften zusammenwirken um den Bedarf an, Pflege, medizinischer Rehabilitation und den Bedarf an TEILHABE sowie Teilhabe am Arbeitsleben jenseits der Schemata leistungsrechtlicher Zuständigkeiten festzustellen und auch die verfügbaren Ressourcen und Netzwerke auszuschöpfen. Auch von Schritten in Richtung einer Assessmentagentur hat der Gesetzgeber in den aktuellen Reformschritten abgesehen.

Eine solche wäre die Basis für eine gemeinsame Hilfeplanung mit klarer Federführung des überwiegend Zuständigen. Nach im SGB X und IX vorhandenen gesetzlichen Mustern sollte dieser gegenüber dem Betroffenen als Beauftragter in der Phase der Hilfeplanung und Bewilligung auftreten. Die eigentlich „Zuständigen“ müssen dabei im Innenverhältnis zur „Zuarbeit“ verpflichtet werden. Zur Achtung der Selbstbestimmung der Betroffenen, ihrer Präferenzen und individuellen Bedarfe gehört die partizipative Aushandlung von Zielen, Maßnahmen, Hilfen und einer Einwilligung nach erfolgter Aufklärung. Individuelle Ansprüche auf Fallabklärung, Beratung, Leistungen eines Piloten im SGB V, XI und Bundesteilhabegesetz/ SGB XII müssen dies gesetzlich absichern.

Die Koordination der Leistungen muss Dienste, Partner, Angehörige und Nachbarn einbeziehen und ist nur nahe am Klienten effektiv. Dazu ist auf individueller Ebene eine „Pilotfunktion“ erforderlich, die die Betroffenen im unüberschaubaren Wald der Akteure auf den richtigen Pfaden zu den Leistungen führt, die er braucht.

Die „Spinne im Netz“ und gleichzeitig das Instrument kommunaler Moderation und Koordination wären nach Vorschlag der AG Strukturreform „Servicestellen für Pflege und Teilhabe“, zu denen die Pflegestützpunkte einerseits und die SGB IX Beratungsstellen andererseits weiterentwickelt werden könnten, um ihre strukturellen Probleme zu überwinden.

Auf institutioneller Ebene müssen Beratung und Koordination in der Region (Kreis- und Landesebene) zusammengeführt und in die kommunale Daseinsvorsorge als Pflichtaufgabe eingebettet werden, damit die CURE- und CARE-Aufgaben übergreifend bearbeitet werden. Nur in kommunaler Verantwortung können die widersprüchlichen Steuerungen von wettbewerbsorientierter Krankenversicherung, einheitlich und gemeinsam handelnder Sozialer Pflegeversicherung, wettbewerbsorientierten Leistungserbringern und einheitlichen Fürsorgeleistungen überwunden werden. Zusätzlich zu den beschriebenen kommunalen Handlungsaufgaben geht es um die sozialräumliche Koordination in Dörfern, Quartieren und Stadtteilen, bei der alle Lebensbereiche und Infrastrukturen in ihrem Zusammenhang gebündelt werden können.

Das betrifft die Handlungsfelder von:

- SGB V – ambulante und stationäre Krankenversorgung;
- SGB IX – Assistenzdienste, Teilhabesachleistungen;
- SGB XI – Pflegedienste, stationäre und teilstationäre Pflegeeinrichtungen, Wohngruppen, Freiwilligendienste;
- SGB XII – Altenhilfe, Hilfe zur Weiterführung des Haushalts.

Unterstützt werden sollte dies durch Abstimmungen auf Landesebene im Rahmen der Zuständigkeiten bei Planung und Förderungen, zum Beispiel der Landeskrankenhausplanung, der Landespflegeplanung, der Koordination Freiwilligendienste sowie im Rahmen der Stadt- und Dorfentwicklung. Die kommunale Federführung muss bei ausbleibenden Selbstverwaltungslösungen als Auffangzuständigkeit geschaffen werden.

6. Gestaltungswillen von Bund, Ländern und Kommunen

Das beschriebene Reformpaket würde, einen entsprechenden Gestaltungswillen nicht nur in der Bundesregierung, sondern auch bei Ländern, Kommunen und den anderen Akteuren erfordern. Die Neigung, die Dinge zunächst ressortbezogen zu sehen und in kleinen Schritten anzugehen, ist bei einer Koalitionsregierung mit unterschiedlichen Farben bei den hauptsächlich betroffenen Ressorts groß. Das zeigte sich auch im Gesetzgebungsverfahren zum Bundesteilhabe- und Pflegestärkungsgesetz III.

Der Ansatz, der im PSG III mit großer Vorsicht aufgegriffen wurde, besteht darin, Modellkommunen über eine gesetzliche Experimentierklausel die Möglichkeit zu eröffnen, die beschriebenen Koordinationsaufgaben wahrzunehmen und dazu die Aufgaben der Beratung und des Case und Care Management zu übernehmen, die von den Pflegekassen überwiegend nicht in der gesetzlich vorgesehenen Weise erfüllt werden[16], und übergreifende Koordinierungsstellen zu schaffen, die in Weiterentwicklung der

---

16 GKV-Spitzenverband (Hg.): Pflegeberatung, Schriftenreihe Modellprogramm zur Weiterentwicklung der Pflegeversicherung Bd. 10, Berlin 2012.

Pflegstützpunkte auf den Bereich der Teilhabe erweitert werden.[17] Eine starke kommunale Rolle würde erst durch die Zuständigkeit für die Beratung und die Koordinierung der gemeinsamen Hilfeplanung (mit Mitwirkungspflicht aller) geschaffen, deren Gewicht dadurch zu stärken wäre, dass sie für die Leistungsgewährung einen verbindlichen Charakter erhält.

7. *Schlussbemerkung*

Die fachliche Einsicht in die Notwendigkeit, die kommunale Handlungsebene in der Langzeitpflege zu stärken, findet in einer korporatistisch geprägten Pflegepolitik mit ihren Akteuren, zu denen auch Teile der Pflegewissenschaft gehören, auf Bundesebene ihre Widerstände. Sehr deutlich zeigte sich im Gesetzgebungsverfahren zum PSG III, wie seitens des GKV SV machtpolitisch gegen eine Stärkung der Rolle der Kommunen interveniert wurde. Umso wichtiger erscheint es, dass landes- und kommunalpolitische Akteure sowie die Senioren- und Behindertenorganisationen konzertiert ihren Einfluss geltend machen. Die Modellkommunen werden in jedem Fall eine wichtige Werkstatt für ein Empowerment der Rolle der Kommunen im SGB XI darstellen, in denen sich sozialräumliche Konzepte und die Kommunen in ihrer Governance-Kompetenz und Regiefunktion zu bewähren hätten.

---

17 Vgl. Postel/ Schmolz: Startschuss für „Modellkommunen Pflege“ in Baden-Württemberg, in: Case Management 3/2016.

Gerichtliche Durchsetzung von Leistungsansprüchen aus der sozialen und privaten Pflegeversicherung

Peter Kummer

I. Einleitung

Am 31.12.2015 gehörten von den ca. 82,2 Millionen Einwohnern Deutschlands rund 71,12 Millionen der sozialen Pflegeversicherung und 9,36 Millionen der privaten Pflegepflichtversicherung an. Das sind rund 97,91 %. Zum gleichen Zeitpunkt bezogen 2.843.184 Leistungen aus der gesetzlichen Pflegeversicherung (2.665.109 aus der sozialen Pflegeversicherung und 178.075 aus der privaten Pflegepflichtversicherung).[1]

Die soziale Pflegeversicherung ist im Elften Buch Sozialgesetzbuch (SGB XI) geregelt. Der Inhalt der privaten Pflegeversicherung ist durch die ab 1.1.2017 geltenden Allgemeinen Versicherungsbedingungen (MB/PPV) festgelegt. Das gilt sowohl für den Begriff der Pflegebedürftigkeit (vgl. § 14 SGB XI bzw. MB/PPV 2017 § 1 Abs. 2), die Einordnung in fünf Pflegegrade nach der Schwere der gesundheitlich bedingten Beeinträchtigung der Selbstständigkeit und der Fähigkeiten (§ 15 Abs. 1-3 SGB XI bzw. MB/PPV 2017 § 1 Abs. 1 und 3) und für das Leistungsrecht (vgl. z.B. §§ 28, 36, 37, 38a, 41, 42 SGB XI bzw. MB/PPV 2017 § 4 und § 5). Die Regelung der sozialen und der privaten Pflegeversicherung stimmen inhaltlich weitgehend überein (vgl. dazu § 23 Abs. 1 Satz 2 SGB XI).

Dass es nach dem bis zum 31.12.2016 geltenden, trotz des Bemühens des Gesetzgebers um klare, in der Praxis gut handhabe Regelungen zu zahlreichen Rechtsstreitigkeiten gekommen ist, machen die Statistiken deutlich: Im Jahre 2015 sind bei den Sozialgerichten auf dem Sachgebiet der Pflegeversicherung 7715 neue Rechtsschutzbegehren eingegangen, darunter 7493 Klagen und 222 Anträge auf einstweiligen Rechtsschutz. Die Landessozialgerichte hatten im Jahre 2015 476 Neuzugänge zu ver-

---

1 Bundesministerium für Gesundheit, Zahlen und Fakten zur Pflegeversicherung – basierend auf der Geschäftsstatistik der Pflegekassen und Geschäftsstatistik der Pflege-Pflichtversicherung zum 31.12.2015.

zeichnen, darunter allerdings lediglich vier – erstmalig gestellte – Anträge auf Gewährung vorläufigen Rechtsschutzes.[2] Das zum 1.1.2017 durch das 2. Pflegestärkungsgesetz (PSG II) vom 21.12.2015 (BGBl. I 2424) wesentlich geänderte Pflegeversicherungsrecht wird aller Voraussicht nach wieder zahlreiche Zweifelsfragen aufwerfen, die von den Gerichten der Sozialgerichtsbarkeit geklärt werden müssen.

Der vorliegende Beitrag dient nicht der Klärung materiell-rechtlicher Probleme, die die Änderung des Begriffs der Pflegebedürftigkeit, die nunmehr vorgesehene Einordnung der Pflegebedürftigen in einen der fünf Pflegegrade – statt der bisher drei Pflegestufen – und die weitgehende Änderung des Leistungsrechts mit sich bringen. Vielmehr soll die prozessuale Vorgehensweise bei der Durchsetzung der Leistungsansprüche erörtert werden. Dabei sind gravierende Unterschiede zu beachten, je nachdem, ob ein in der sozialen Pflegeversicherung Versicherter oder ein Versicherungsnehmer der privaten Pflegeversicherung auf Leistungen klagt, einen Antrag auf vorläufigen Rechtsschutz stellt oder die Pflegekasse bzw. die private Pflegeversicherung Leistungen zurückfordert.

II. Prozessführungsbefugnis/Aktiv- und Passivlegitimation

Die Prozessführungsbefugnis, d.h. das Recht, einen Prozess als richtiger Beteiligter im eigenen Namen zu führen,[3] gehört zu den allgemeinen, in jeder Lage des Verfahrens, auch in der Revisionsinstanz, von Amts wegen zu prüfenden Prozessvoraussetzungen.[4] Derjenige, der materiell berechtigt ist, ist auch als Beteiligter (§ 69 Nr. 1 SGG) für das gerichtliche Verfahren aktiv legitimiert.[5]

Für das soziale Pflegeversicherungsrecht gilt: Inhaber der Leistungsansprüche nach den §§ 36 ff. SGB XI sind die Pflegebedürftigen, nicht die

2 Statistisches Bundesamt, Fachserie 10 Reihe 2.7 Rechtspflege Sozialgerichte 2015, S. 94 und S. 98.

3 Vgl. BGH 18.3.2014, MDR 2014, 773-774 = ZfBR 2014, 463-467 (als Inhaber des streitgegenständlichen Anspruchs); Hdb SGG – *Udsching/Groth*, VI Rn. 35; *Straßfeld*, in: Roos/Wahrendorf (Hrsg.), § 70 Rn. 41.

4 BAG 1.9.2010, BAGE 135, 255; BAG 28.5.2014 – 5 AZR 423/12 –;Hdb SGG – *Udsching/Groth*, VI Rn. 35.

5 Bayer. LSG 28.6.2012, NZS 2013, 30, 31; *Straßfeld*, in: Roos/Wahrendorf (Hrsg.), § 70 Rn. 44.

Pflegepersonen.[6] Das macht schon der Gesetzeswortlaut bei den meisten der genannten Vorschriften deutlich (z.B. § 36 und § 38a SGB XI: „Pflegebedürftige… haben… Anspruch auf…“). In der privaten Pflegepflichtversicherung ist Inhaber der Leistungsansprüche der Versicherungsnehmer, unabhängig davon, ob er selbst der Pflegebedürftige ist oder eine mitversicherte Person, z.B. die Ehefrau, der Sohn oder die Tochter.[7] Dagegen hat die Pflegeperson und nicht der Pflegebedürftige die Prozessführungsbefugnis, wenn es um die Versicherungspflicht der Pflegeperson (§ 3 Abs. 1 Nr. 1a des Sechsten Buch Sozialgesetzbuch – SGB VI – in der ab 1.1.2017 geltenden Fassung des Artikels 5 Nr. 1a PSG II) in der gesetzlichen Rentenversicherung und/oder die Zahlung bzw. die Höhe der zu zahlenden Beiträge geht. Die Klage muss sich gegen den zuständigen Träger der gesetzlichen Rentenversicherung richten. Die Pflegekasse bzw. das private Versicherungsunternehmen, bei der bzw. dem die Pflegepflichtversicherung durchgeführt wird, ist für derartige Streitigkeiten nicht passiv legitimiert, obwohl sie nach § 44 Abs. 1 Satz 1 SGB XI in der ab 1.1.2017 geltenden Fassung von Art. 2 Nr. 27 PSG II (vgl. auch Art. 8 Abs. 2 PSG II) bzw. MB/PPV 2017 E für Pflegepersonen Beiträge an den zuständigen Träger der gesetzlichen Rentenversicherung zahlen müssen.[8]

Gegen wen der Versicherte bzw. Versicherungsnehmer Klage erheben muss, wenn es zwischen ihm und der Pflegekasse bzw. dem privaten Versicherungsunternehmen zum Streit über die medizinische Behandlungspflege im Rahmen der häuslichen Pflege kommt, hing bisher nach der Rechtsprechung des BSG zu § 14 Abs. 4 SGB XI a. F. von den Umständen des Einzelfalles ab.[9] In seinem Urteil vom 17.3.2005[10] kam der 3. Senat zu dem Ergebnis: Pflegebedürftige, die Anspruch auf häusliche Krankenpflege gegenüber der Krankenkasse und auf Leistung der sozialen Pflege-

6 Siehe dazu Bayer. LSG 28.6.2012, NZS 2013, 30, 31 für den Anspruch auf Pflegegeld.

7 Vgl. BSG 17.5.2000, SozR 3-3300 § 39 Nr. 2 und BSG 13.3.2001, SozR 3-3300 § 38 Nr. 2.

8 Vgl. dazu BSG 22.3.2001 – B 12 P 3/00 R – Breithaupt 2001, 687 und BSG 23.9.2003, NZS 2004, 369-371 = SGb 2003, 728-729 = Breithaupt 2004, 199-204.

9 BSG 12.11.2003 – B 3 P 5/02 R – SozR 4-3300 § 14 Nr. 3 = Breithaupt 2004, 712-714; BSG 19.2.1998 – B 3 P 3/97 R – SozR-3300 § 14 Nr. 2 = BSGE 82, 27-37 = Breithaupt 1999, 10-19 = NZS 1998, 525-529 = SGb 1999, 138-142; zur Abgrenzung Pflegeversicherung zur Krankenversicherung LSG Ba.-Württ. 15.5.2009, NZS 2010, 100.

10 BSG 17.3.2005 – B 3 KR 9/04 R – SozR 4-3300 § 14 Nr. 4 = BSGE 94, 192-205.

versicherung haben, besitzen bei verrichtungsbezogenen Maßnahmen der Behandlungspflege ein Wahlrecht, ob sie eine Zuordnung der Behandlungspflege zur Grundpflege wünschen oder nicht; sie üben dieses Wahlrecht aus, wenn sie Pflegegeld, Pflegesachleistung oder Kombinationsleistung bei der Pflegekasse beantragen. Nach dem Urteil des BSG vom 8.10.2014[11] gehören krankheitsspezifische Pflegemaßnahmen sowohl zu den bei der Feststellung der Pflegebedürftigkeit zu berücksichtigenden pflegerischen Maßnahmen als auch zu den behandlungspflegerischen Maßnahmen im Sinne der häuslichen Krankenpflege. Werde die Verrichtung der Grundpflege durch eine Maßnahme der Behandlungspflege ersetzt, bestehe ein untrennbarer Zusammenhang. Maßnahmen, die eine fachlich qualifizierte Behandlung erforderten und nur von entsprechend qualifizierten Krankenpflegekräften oder Ärzten erbracht werden könnten, seien daher nicht im Rahmen der Pflegemaßnahmen zu berücksichtigen. Für solche Hilfeleistungen seien den Pflegebedürftigen gegebenenfalls zusätzlich häusliche Krankenpflege bzw. ärztliche Behandlung zu gewähren.[12] Es bleibt abzuwarten, ob das BSG nach der grundlegenden Änderung der sozialen Pflegeversicherung (vgl. § 14 SGB XI a. F. und § 14 n. F.) seine differenzierende Rechtsprechung fortsetzt.

Die Prozessführungsbefugnis kann auch auf einer gesetzlichen[13] oder einer gewillkürten[14] Prozessstandschaft beruhen. In der privaten Pflegepflichtversicherung spielt Letzteres eine erhebliche Rolle. In Rechtsstreitigkeiten über Ansprüche auf Leistungen ist die Postbeamtenkrankenkasse aufgrund gewillkürter Prozessstandschaft aktiv[15] und passiv legitimiert, obgleich sie selbst nicht materiell verpflichtet ist, sondern lediglich aufgrund vertraglicher Vereinbarung mit Versicherungsunternehmen für deren Mitglieder die private Pflegeversicherung durchführt.[16]

11 BSG 8.10.2014 – P 3 P 4/13 R – SozR 4-3300 § 14 Nr. 8 = NZS 2015, 192.

12 Siehe dazu auch BSG 25. 8. 2009 – B 3 KR 25/08 R – NZS 2010, 568 – nur Leitsatz – (Inanspruchnahme eines Pflegedienstes zur Verabreichung von Injektionen).

13 Vgl. BGH 1.7.2014, NZS 2014, 701 unter Hinweis auf § 179 Absatz 1a Satz 2 SGB VI; vgl. dazu *Straßfeld*, in: Roos/Wahrendorf (Hrsg.), § 70 Rn. 50, 52-54.

14 Vgl. BSG 5.3.2014, SozR 4-2600 § 229 Nr. 2 = SGb 2014, 258; siehe dazu *Straßfeld*, in: Roos/Wahrendorf (Hrsg.), § 70 Rn. 50, 55-58.

15 Vgl. BSG 19.4.2007 – B 3 P 6/06 R – SozR 4-3300 § 23 Nr. 6 = BSGE 98, 205 = NZS 2008, 211.

16 BSG 30.3.2000 – B 3 P 21/99 R – SozR 3-3300 § 77 Nr. 3 = BSGE 86, 94-101.

III. Klagearten

Unterschiede bei der gerichtlichen Durchsetzung von Leistungsansprüchen zeigen sich besonders bezüglich der Klagearten (§§ 54, 55, 88 und 131 Abs. 1 Satz 3 sowie Abs. 3 SGG). Zur Geltendmachung der Leistungsansprüche in der sozialen Pflegeversicherung stehen – je nach Fallgestaltung – praktisch alle Klagearten zur Verfügung.

Leistungsansprüche aus der sozialen Pflegeversicherung werden vornehmlich mit der Anfechtungs- und Leistungsklage (§ 54 Abs. 1 und 4 SGG)[17] gerichtlich geltend gemacht. Insoweit gelten keine prozessrechtlichen Unterschiede zur Durchsetzung von Leistungsansprüchen aus anderen Zweigen der Sozialversicherung. Beispiele aus der höchstrichterlichen Rechtsprechung: Anfechtungs- und Leistungsklage auf höheres Pflegegeld[18], auf Erbringung krankheitsspezifischer Pflegemaßnahmen[19] oder häuslicher Pflege[20].

Die isolierte Anfechtungsklage (§ 54 Abs. 1 Satz 1 SGG)[21] ist zulässige Klageart, wenn die Pflegekasse den Bescheid, durch den Leistungen aus der sozialen Pflegeversicherung bewilligt worden sind, aufgehoben hat, sei es, dass sich der Zustand des Pflegebedürftigen wesentlich gebessert hat (vgl. § 48 SGB X), sei es, dass der begünstigende Verwaltungsakt von Anfang rechtswidrig war (vgl. § 45 SGB X). Hat die Anfechtungsklage Erfolg, muss z.B. das Pflegegeld aufgrund der ursprünglichen Bewilligung weitergezahlt werden. Denn die Bewilligung der Leistungen der sozialen Pflegeversicherung nach einer bestimmten Pflegestufe, ab 1.1.2017 nach einem bestimmten Pflegegrad, stellt einen Verwaltungsakt mit Dauerwirkung dar.[22] Auch gegen einen Bescheid, mit dem die Bewilligung von

---

17 Zu den Voraussetzungen der kombinierten Anfechtungs- und Leistungsklage siehe *Keller*, in: Meyer-Ladewig/Keller/Leitherer, § 54 Rn. 38; Hdb SGG – *Udsching*, IV Rn. 70 und 71.

18 BSG 10.10.2000 – B 3 P 2/00 R – SozR 3-3300 § 34 Nr. 4 = Breithaupt 2001, 452.

19 BSG 27. 8. 1998 – B 10 KR 4/97 R – SozR 3-3300 § 14 Nr. 7 = BSGE 82, 276-283 = Breithaupt 1999, 153-161.

20 BSG 29.4.1999 – B 3 P 15/98 R – SozR 3-3300 § 34 Nr. 1 = Breithaupt 1999, 1061.

21 Zu den Voraussetzungen der isolierten Anfechtungsklage siehe Hdb SGG – *Udsching*, IV Rn. 4.

22 Vgl. dazu BSG 7.7.2005 – B 3 P 8/04 R – SozR 4-1300 § 48 Nr. 6 = SozR 4-3300 § 15 Nr. 2 = BSGE 95, 57-66.

Leistungen aus der sozialen Pflegeversicherung aufgehoben und Geldleistungen zurückgefordert werden, genügt die isolierte Anfechtungsklage.[23]

In der privaten Pflegepflichtversicherung können die Versicherungsnehmer und die Postbeamtenkrankenkasse als Prozessstandschafterin für die privaten Versicherungsunternehmen nur von der echten Leistungsklage (§ 54 Abs. 5 SGG)[24] und, wenn der Grundsatz des effektiven Rechtsschutzes (Art. 19 Abs. 4 des Grundgesetzes – GG –) es erfordert, von der Feststellungsklage (§ 55 SGG) Gebrauch machen. Die anderen Klagearten kommen bei einem Streit über Leistungsansprüche nach den Allgemeinen Versicherungsbedingungen (vgl. MB/PPV 2017 § 4) nicht in Betracht, weil die privaten Versicherungsunternehmen nicht befugt sind, Verwaltungsakte zu erlassen[25].

Beispiele für Klagen im Bereich der privaten Pflegepflichtversicherung aus der Rechtsprechung des BSG: echte Leistungsklage (§ 54 Abs. 5 SGG) des Versicherungsnehmers auf Kostenerstattung für häusliche Pflege[26], für Ersatz- bzw. Verhinderungspflege bei Erholungsurlaub der Pflegeperson[27], auf höhere Leistungen wegen einer Änderung der Verhältnisse[28] sowie isolierte, auf § 812 BGB gestützte Leistungsklage der Postbeamtenkrankenkasse in gewillkürter Prozessstandschaft für Versicherungsunternehmen gegen Versicherungsnehmer auf Rückzahlung zu Unrecht bezogenem Pflegegeldes.[29] Ausnahmsweise kann der Versicherungsnehmer auch eine Feststellungsklage (§ 55 SGG) erheben, wenn er ein berechtigtes Interesse daran hat, vorab gerichtlich klären zu lassen, ob eine Leistungs-

---

23 Vgl. dazu BSG 26.2.1973 – 12/3 RK 79/71 – BSGE 35, 228, 230; BSG 14.5.2014 – B 11 AL 8/13 R – und BSG 17.7.2014 – B 14 AS 25/13 R –.

24 Siehe dazu *Bieresborn/Scholz*, in: Roos/Wahrendorf (Hrsg.), § 54 Rn. 237 unter Hinweis auf BSG 29.5.1996 – 3 RK 23/95 – BSGE 78, 233 = SozR 3-2500 § 109 Nr. 1.

25 Vgl. dazu BSG 17.5.2000 – B 3 P 8/99 R – SozR 3-3300 § 39 Nr. 2 = NZS 2001, 147; BSG 14.12.2000 – B 3 P 1/00 R – SozR 3-3300 § 40 Nr. 3; BSG 17.5.2000 – B 3 P 9/99 R – SozR 3-3300 § 39 Nr. 3; BSG 13.5.2004 – B 3 P 7/03 R – SozR 4-3300 § 23 Nr. 2 und BSG 22.4.2015 – B 3 P 8/13 R – SozR 4-3300 § 23 Nr. 7.

26 BSG 30.3.2000 – B 3 P 21/99 R – SozR 3-3300 § 77 Nr. 3.

27 BSG 17.5.2000 – B 3 P 8/99 R – SozR 3-3300 § 39 Nr. 2 = NZS 2001, 147.

28 BSG 13.5.2004 – B 3 P 7/03 R – SozR 4-3300 § 23 Nr. 2; BSG 22.7.2004 – B 3 P 6/03 R – SozR 4-3300 § 23 Nr. 3.

29 BSG 19.4.2007 – B 3 P 6/06 R – SozR 4-3300 § 23 Nr. 6 = BSGE 98, 205 = NZS 2008, 211.

pflicht der privaten Versicherung besteht, z.B. wenn er sich ein kostspieliges Hilfsmittel beschaffen will.[30]

IV. Vorverfahren

Da die privaten Pflegeversicherungsunternehmen – wie schon hervorgehoben – keine Verwaltungsakte erlassen dürfen, bedarf es in der privaten Pflegepflichtversicherung auch – anders als in der sozialen Pflegeversicherung für die Anfechtungs- und Verpflichtungsklage (vgl. § 78 SGG) – nicht als Klagevoraussetzung der Durchführung des Vorverfahrens.

V. Klagefrist

Aus dem gleichen Grund ist die Regelung über die einmonatige Klagefrist in § 87 Abs. 1 Satz 1 SGG auf Klagen, die Leistungsansprüche aus der privaten Pflegeversicherung zum Gegenstand haben, nicht anwendbar.[31] Insoweit genügt es, dass der Kläger die Leistung zunächst bei dem Versicherungsunternehmen geltend macht und das Unternehmen sie endgültig ablehnt, sodass der Rechtschutz nur noch durch Beschreiten des Klageweges gewährt werden kann.[32] Ist diese Voraussetzung erfüllt, gilt in der privaten Pflegepflichtversicherung in der Regel eine Klagefrist von sechs Monaten. Sie beginnt erst zu laufen, nachdem der Versicherer dem Versicherungsnehmer gegenüber den erhobenen Anspruch unter Angabe der mit Ablauf der Frist verbundenen Rechtsfolge schriftlich abgelehnt hat.[33]

VI. Beweisaufnahme

Die Tatsacheninstanzen haben im sozialgerichtlichen Verfahren den Sachverhalt von Amts wegen zu erforschen (§ 103 Satz 1 Halbsatz 1 SGG).

---

30 BSG 10.11.2005 – B 3 P 10/04 R – SozR 4-3300 § 40 Nr. 2.

31 BSG 17.5.2000 – B 3 P 9/99 R – SozR 3-3300 § 39 Nr. 3 und v. 22.4.2015 – P 3 P 8/13 R – SozR 4-3300 § 23 Nr. 7.

32 BSG 17.5.2000 – B 3 P 8/99 R – SozR 3-3300 § 39 Nr. 2 = NZS 2001, 147.

33 BSG 17.5.2000 – B 3 P 9/99 R – 3300 § 39 Nr. 3; BSG 22.4.2015 – P 3 P 8/13 R – SozR 4-3300 § 23 Nr. 7.

Der Umfang der Aufklärungspflicht richtet sich nach der materiell-rechtlichen Auffassung des Gerichts, selbst wenn diese unzutreffend ist.[34] Dabei hat das Gericht, unter Ausschöpfung aller Aufklärungsmöglichkeiten[35] – unter Umständen auch durch Schätzung (§ 202 Satz 1 SGG in Verbindung mit § 287 ZPO)[36] des Zeitaufwands aufgrund einer Anhörung der Pflegeperson[37] oder durch Prognose bezüglich der voraussichtlichen Dauer der Pflegebedürftigkeit für mindestens sechs Monate (vgl. § 14 Abs. 1 Satz 3 SGB XI)[38] –, den entscheidungserheblichen Sachverhalt festzustellen. Für die Beweisaufnahme sind gemäß § 118 Abs. 1 SGG die in dieser Vorschrift genannten Bestimmungen der ZPO entsprechend anzuwenden. Medizinische Fragen – wie sie die Gerichte der Sozialgerichtsbarkeit im Streit über Leistungsansprüche häufig zu klären haben, weil diese vom Vorliegen der Pflegebedürftigkeit und dem Pflegegrad abhängen (vgl. § 14 und § 15 und z.B. §§ 28a, 36, 37 und 39 SGB XI n. F.) – müssen die Richter, wenn sie nicht selbst über die erforderliche Sachkunde verfügen, in aller Regel mithilfe medizinischer Sachverständige klären.[39] In der sozialen Pflegeversicherung und in der privaten Pflegepflichtversicherung werden – jedenfalls vor einer Entscheidung über einen Erstantrag – entsprechende Gutachten von dem Medizinischen Dienst der Krankenversicherung (MDK) bzw. dem Medizinischen Dienst der Privaten (MEDICPROOF) eingeholt. Sie können als Grundlage für die Gerichtsentscheidungen gewählt werden.[40] Ob die Tatsachengerichte ein weiteres Gutachten einholen, steht grundsätzlich in ihrem Ermessen (vgl. § 118 Abs. 1 Satz 1 SGG

---

34 *Kummer*, Verfahren, X Rn. 56 unter Hinweis auf BSG SozR § 103 SGG Nr. 7 und SozR 3-2500 § 13 Nr. 9.

35 Vgl. dazu BSG 18.4.2001 – B 9 VG 3/00 R – BSGE 88, 96, 97 = SozR 3-3800 § 2 Nr. 10; BSG 17.12.1997 – 9 RVi 1/95 – SozR 3-3850 § 52 Nr. 1.

36 *Aussprung*, in: Roos/Wahrendorf (Hrsg.), § 128 Rn. 26; *Keller*, in: Meyer-Ladewig/Keller/Leitherer, § 128 Rn. 3g.

37 BSG 26.5.2003 – B 3 P 6/02 R – SozR 4-3300 § 15 Nr. 1 = NZS 2004, 206-209 = SGb 2003, 195-198; siehe auch BSG 29.11.1956 – 2 RU 121/56 – BSGE 4, 147, 149 und BSG 20. 4. 1994 – 3/12 RK 31/92 – BSGE 74, 117, 128 f.

38 Vgl. dazu BSG 17.3.2005 – B 3 P 2/04 R – SozR 4-3300 § 14 Nr. 6 = NZS 2006, 40-41; BSG 17.5.1989 – 10 RKg 19/88 – BSGE 65, 84, 86; *Keller*, in: Meyer-Ladewig/Keller/Leitherer, § 128 Rn. 9f.

39 Zur Notwendigkeit, Sachverständigengutachten einzuholen, siehe BFH 7.1.2015 – I B 42/13 – m. w. Nachw. –.

40 *Müller*, in: Roos/Wahrendorf (Hrsg.), § 103 Rn. 24 unter Hinweis auf BSG 4.3.2014 – B 1 KR 113/12 B –; *Kühl*, in: Breitkreuz/Fichte (Hrsg.), § 103 Rn. 8 unter Hinweis auf BSG 8.12.1988 – 2/9b RU 66/87 –.

i. Vbdg. m. § 412 Abs. 1 ZPO). Das gilt für die Berufungsrichter selbst dann, wenn die erste Instanz bereits ein Gutachten eingeholt hat. Das Gericht ist allerdings nur verpflichtet, ein weiteres Gutachten einzuholen, wenn sich ihm, z.B. wegen Mängel des vorliegenden Gutachtens[41] eine weitere Sachaufklärung aufdrängen muss.[42]

Bis zum Urteil des BSG vom 22.4.2015[43] gab es bezüglich der Tatsachenfeststellungen eine Besonderheit. Das BSG[44] war zuvor unter Bezugnahme auf die MB/PPV 1996 und § 64 Abs. 1 Satz 3 Versicherungsvertragsgesetz (VVG a. F.) davon ausgegangen, dass bei Streitigkeiten über Ansprüche aus der privaten Pflegeversicherung Versicherer und Versicherungsnehmer an die Feststellungen eines nach Maßgabe der Allgemeinen Versicherungsbedingungen tätig gewordenen Sachverständigen zum Grad der Pflegebedürftigkeit gebunden sind, soweit diese nicht offenbar von der wirklichen Sachlage abweichen. Diese Rechtsprechung ist mit der Entscheidung vom 22. 4. 2015 aufgegeben worden. Das BSG hat dazu ausgeführt: Die Feststellungen, die die von der Beklagten beauftragten Gutachter getroffen hätten, seien für die Gerichte nicht verbindlich. Bei Zweifeln können die Tatsacheninstanzen der Sozialgerichtsbarkeit also den Sachverhalt, der für die Feststellung der Pflegebedürftigkeit (§ 14 SGB XI n. F.) oder die Ermittlung des Grades der Pflegebedürftigkeit (§ 15 SGB XI n. F.) zu Grunde zu legen ist, selbst weiter aufklären, z.B. den Kläger selbst hören[45], Zeugen (§ 118 Abs. 1 Satz 1 SGG i. Vbdg. m. §§ 373 ff. ZPO) oder sachverständige Zeugen (§ 118 Abs. 1 Satz 1 SGG i. Vbdg. m. § 404 ZPO), z.B. den behandelnden Arzt, vernehmen, das sogenannte Pflegetagebuch als Beweismittel heranziehen[46] oder auf Antrag des Versicherungsnehmers nach § 109 SGG einen bestimmten Arzt anhören.[47]

---

41 Vgl. BVerwG 31.3.2015 – BVerwG 4 B 6 15 –; Müller, in: Roos/Wahrendorf (Hrsg), § 103 Rn. 28; Kühl, in: Breitkreuz/Fichte (Hrsg.), § 103 Rn. 10.

42 So *Keller*, in: Meyer-Ladewig/Keller/Leitherer, § 128 Rn. 7f unter Hinweis auf BSG SozR 1500 § 103 Nr. 24.

43 BSG 22.4.2015 – P 3 P 8/13 R – SozR 4-3300 § 23 Nr. 7.

44 BSG 22. 8. 2001 – B 3 P 21/00 R – BSGE 88, 262, 267 = SozR 3-3300 § 23 Nr. 5 und – B 3 P 4/01 R – BSGE 88, 268, 273 = SozR 3300 § 23 Nr. 6.

45 Vgl. dazu BSG 13.8.2002 – B 2 U 33/01 R – HVBG – Info 2002, 2818.

46 Zum Beweiswert des Pflegetagebuchs siehe BSG 28.5.2003 – B 3 P 6/02 R – SozR 4-3300 § 15 Nr. 1 und BSG 7.7.2005 – B 3 P 8/04 R – SozR 4-3300 § 15 Nr. 2 = BSGE 95, 57-66 = SGb 2006, 320-324.

47 Zu den Voraussetzungen für einen solchen Antrag siehe BSG 13.3.1956 – 9 RV 226/54 – BSGE 2, 255, 256; siehe ferner BSG 24.6.1969 – 10 RV 282/66 – BSGE

Unter bestimmten Voraussetzungen darf sich das Gericht bei der Würdigung des Beweisergebnisses auch bei Streitigkeiten über Leistungsansprüche aus der sozialen oder privaten Pflegeversicherung auf dem Beweis des ersten Anscheins[48] und, wenn sich – nach Ausschöpfung aller Möglichkeiten der Sachaufklärung – die entscheidungserhebliche Tatsache nicht feststellen lässt, auf den Grundsatz der objektiven Beweislast stützen.[49]

VII. Rechtsmittelverfahren

Hinsichtlich der Berufungsbeschränkung durch § 144 Abs. 1 SGG, der Beschwerde gegen die Nichtzulassung der Berufung (§ 144 Abs. 2 SGG i. Vbdg. m. § 145 SGG), der Berufung (§§ 151-159 SGG), der Beschwerde gegen die Nichtzulassung der Revision (§§ 160 und 160a SGG), der Sprungrevision (§§ 161-163 SGG) und der Revision (§§ 164-171) ergeben sich aus dem Rechtsmittelrecht keine Besonderheiten. Jedoch müssen die Landessozialgerichte und das BSG bei ihren Entscheidungen die schon erörterten Unterschiede für Klagen auf Leistungen aus der sozialen Pflegeversicherung und der privaten Pflegepflichtversicherung von Amts wegen beachten, weil es sich dabei zum größten Teil um Sachurteils-(Prozess-)voraussetzungen handelt. Dabei hat der Vorsitzende, wenn sich ein prozessualer Mangel beheben lässt, im Rahmen der ihm obliegenden Hinweispflicht (vgl. §§ 106 Abs. 1 und 112 Abs. 2 Satz 2 SGG) darauf hinzuwirken, dass die Beteiligten sich über erhebliche Tatsachen vollständig erklären sowie angemessene und sachdienliche Anträge stellen, z.B. dass

---

29, 278, 284 f. = SozR § 40 VwGO Nr. 12; Antragsbeispiel mit eingehenden Erläuterungen bei *Kummer*, Formularbuch, Kapitel 19 Rn. 1, S. 432 ff.

48 BSG 4.2.1998 – B 9 VG 5/96 R – BSGE 81, 288, 293 = SozR 3-3800 § 1 Nr. 2; siehe zum Beweis des ersten Anscheins auch BSG 7.7.2005 – B 3 P 8/04 R – SozR 4-3300 § 15 Nr. 2 = BSGE 95, 57-66 = SGb 2006, 320; HdbSGG – Udsching, III Rn. 28; Aussprung, in: Roos/Wahrendorf (Hrsg.), § 128 Rn. 4).

49 BSG 7.7.2005 – B 3 P 8/04 R – SozR 4-3300 § 15 Nr. 2 = BSGE 95, 57-66 = SGb 2006, 320-324; zum Grundsatz der objektiven Beweislast s. BSG 24.10.1957 – 10 RV 945/55 – BSGE 6, 70, 72 = NJW 1958, 39; BSG 31.10.1969 – 2 RU 40/67 – BSGE 30, 121, 123 = SozR § 128 SGG Nr. 83; Müller, in: Roos/Wahrendorf (Hrsg.), § 103 Rn. 45.

der Kläger statt der bisher gewählten Klageart zu einer anderen Klageart übergeht, damit das Rechtsbegehren nicht scheitert.[50]

VIII. Vorläufiges Rechtsschutzverfahren

Eine unterschiedliche Anwendung der Vorschriften des SGG über den vorläufigen Rechtsschutz ergibt sich vor allem daraus, dass die privaten Versicherungsunternehmen nicht befugt sind, Verwaltungsakte zu erlassen.[51]

1. Private Pflegepflichtversicherung

Aus diesem Grunde finden die §§ 86a und 86b Abs. 1 SGG auf Entscheidungen der privaten Versicherungsunternehmen weder vor der Klageerhebung noch in den sich anschließenden Rechtsstreitigkeiten vor den Gerichten der Sozialgerichtsbarkeit Anwendung. Hat ein privates Versicherungsunternehmen mit seiner Leistungsklage auf Rückforderung von Leistungen in erster oder zweiter Instanz Erfolg (vgl. dazu § 154 Abs. 1 SGG für die Berufung und § 165 SGG i. V. m. § 154 Abs. 1 SGG für die Revision), besteht für den beklagten Versicherungsnehmer lediglich die Möglichkeit, bei dem Vorsitzenden des Rechtsmittelgerichts einen Antrag auf Aussetzung der Vollstreckung der angefochtenen Gerichtsentscheidung zu stellen. Dieser muss im Rahmen des ihm eingeräumten Ermessensspielraums (§ 199 Abs. 2 Satz 1 SGG: „kann“) die Umstände des Einzelfalles berücksichtigen und die Interessen des klagenden Pflegeversicherungsunternehmens und des beklagten Versicherungsnehmers gegeneinander abwägen,[52] z.B. die Erfolgsaussichten des Rechtsmittels, die wirtschaftlichen Verhältnisse des Beklagten und seine Möglichkeit, später, falls die Rechtsmittel-

50 Vgl. HdB SGG – Udsching, VII Rn. 112-115; Kummer, Verfahren, XI Rn. 6-9; derselbe, DAngVers 1984, 346, 363 ff. m Nachw. aus der Rspr und der Lit.

51 Siehe dazu die in Fußnote 25 zitierte Rspr. des BSG.

52 Hk-SGG/*Groß*, § 199 Rn. 12; *Kummer*, Formularbuch, Kapitel 72 Rn. 17, S. 1401; a. A. *Breitkreuz* in: Breitkreuz/Fichte (Hrsg.), § 199 Rn. 13, der das „kann“ in § 199 Abs. 2 SGG als „Kompetenz“-Kann ansieht.

entscheidung zu seinen Ungunsten ausgeht, die Zahlung noch leisten zu können.[53]

Lehnt das private Pflegeversicherungsunternehmen eine in den Allgemeinen Versicherungsbedingungen vorgesehene Leistung ab, kann der Versicherungsnehmer – schon vor Klageerhebung (§ 86b Abs. 3 SGG) – bei dem Gericht der Hauptsache (vgl. § 86b Abs. 2 Satz 3 SGG) den Erlass einer einstweiligen Anordnung beantragen. Das Gericht darf auf Antrag u. a. eine einstweilige Anordnung zur Regelung eines vorläufigen Zustands in Bezug auf ein streitiges Rechtsverhältnis treffen, z.B. den zuständigen Leistungs- bzw. Versicherungsträger, etwa das private Versicherungsunternehmen, vorläufig zur Leistung verpflichten, wenn eine solche Regelung zur Abwendung wesentlicher Nachteile nötig erscheint (§ 86b Abs. 2 Satz 2 SGG).[54] Das gilt selbst dann, wenn, z.B. beim Rechtsstreit über die Zahlung von Pflegegeld, mit der vorläufigen Regelung dem Ergebnis der Hauptsachenentscheidung vorgegriffen wird.[55] Die Durchbrechung des Verbots der Vorwegnahme der Hauptsachenentscheidung ist im Hinblick auf Art. 19 Abs. 4 GG allerdings nur dann als zulässig anzusehen, wenn die sonst zu erwartenden Nachteile für den Antragsteller unzumutbar und im Hauptsacheverfahren nicht mehr zu beseitigen wären[56] und ein hoher Grad an Wahrscheinlichkeit für den Erfolg des Antragstellers in der Hauptsache spricht.[57]

---

53 Vgl. Hk-SGG/*Groß*, § 199 Rn. 12; *Wahrendorf*, in: Roos/Wahrendorf (Hrsg.), § 199 Rn. 26; *Kummer*, Formularbuch, Kapitel 72 Rn. 23, S. 1404 und Rn. 26, S. 1405 mit Musterbeispiel für einen solchen Antrag.

54 *Kummer* in: von Maydell/Ruland/Becker (Hrsg.), Sozialrechtshandbuch [SRH], 5. Aufl., 2012, Baden-Baden, § 12 Rn. 203; LSG NRW, Breithaupt 2005, 74, 77 ff.; Thür. LSG 29.9.2012 – L 4 AS 674/12 B ER –.

55 Vgl. dazu *Wahrendorf*, in: Roos/Wahrendorf (Hrsg.), § 86b Rn. 201; *Kummer*, SRH, § 12 Rn. 204 unter Hinweis auf zahlreiche Entscheidungen der Landessozialgerichte und den Meinungsstand in der Literatur.

56 BVerfG, 3. Kammer des Ersten Senats, 12.5.2005 – 1 BvR 569/05 –; BVerfG, 27.7.2016, NZS 2016, 863; Hk-SGG/*Binder*, § 86b Rn. 46 unter Hinweis auf BVerfG 17.2.1972 – 2 BvR 820/72 – BVerfGE 34, 160, 163.

57 LSG NRW, Breithaupt 2002, 765, 767 ff. (hinsichtlich der Leistungen der Krankenbehandlung); Thür. LSG, SGb 2002, 332 – nur Leitsätze –; eingehend zu dieser Problematik LSG Nieders.-Brem., NZS 2007, 557 f.; Schl.-H. LSG 22.8.2014, NZS 2014, 939; siehe dazu auch *Wahrendorf*, in: Roos/Wahrendorf (Hrsg.), § 86b Rn. 190.

2. Soziale Pflegeversicherung

Versicherte erhalten die Leistungen der sozialen Pflegeversicherung nur auf Antrag (vgl. § 33 Abs. 1 Satz 1 SGB XI). Lehnt die zuständige Pflegekasse (§§ 21a Abs. 2 SGB I, 46 Abs. 1 SGB XI) den Leistungsantrag (vgl. dazu § 21a Abs. 2 Satz 1 SGB I und § 33 Abs. 1 Satz 1 SGB XI)[58] ab und hat der Widerspruch keinen Erfolg, besteht nach den §§ 86a und 86b Abs. 1 SGG keine Möglichkeit, während des Widerspruchsverfahrens oder des gerichtlichen Verfahrens in erster Instanz vorläufigen Rechtsschutz zu erhalten. Vielmehr kann der Antragsteller in einem solchen Falle lediglich – allerdings auch schon vor Klageerhebung (§ 86b Abs. 3 SGG – einen Antrag auf Erlass einer einstweiligen Anordnung bei dem Gericht der Hauptsache mit dem Ziel stellen, dass die beklagte Pflegekasse verpflichtet wird, die Leistung vorläufig teilweise oder ganz zu gewähren (vgl. § 86b Abs. 2 Satz 2 und Abs. 3 SGG). Der Antrag wird aber nur Erfolg haben, wenn die dafür oben unter VIII 1. genannten Voraussetzungen erfüllt sind.

Verurteilt das Gericht der Hauptsache die beklagte Pflegekasse zur Erbringung der beantragten Leistung, ist die Gerichtsentscheidung gemäß § 199 Abs. 1 Nr. 1 SGG vorläufig vollstreckbar. Legt die Pflegekasse ein Rechtsmittel ein, kann der Vorsitzende des Gerichts der Hauptsache (in der Regel des Berufungsgerichts) durch einstweilige Anordnung die Vollstreckung aussetzen (§ 199 Abs. 2 Satz 1 SGG).

58 Zur Doppelnatur des Antrags vgl. BSG 13.5.2004 – B 3 P 7/03 R – SozR 4-3300 § 23 Nr. 2.

Die Rolle der Kommunen in der pflegerischen Versorgung der Bevölkerung aus sozialpolitischer Sicht

Gerhard Naegele

1. Die gewachsene Bedeutung Rolle der Kommunen als Akteure der Sozialpolitik im demografischen Wandel ...

Der demografische Wandel lässt sich insbesondere in den folgenden vier Dimensionen beschreiben: (1) Rückgang der Gesamtbevölkerung, (2) Stagnation der Geburtenraten auf niedrigem Niveau, (3) Zunahme des kollektiven Alterns der Bevölkerung mit besonders hohen Steigerungsraten in der Gruppe der sehr alten Menschen sowie (4) weiter anhaltende ethnisch-kulturelle Differenzierung der Bevölkerung, die zunehmend auch das Alter erreicht (Hüther & Naegele (Hrsg.) 2012). Insbesondere die Alterung der Gesellschaft geht mit erheblichen strukturellen Veränderungen in der Morbiditätsstruktur einher, deren wichtigste Indikatoren die Zunahme von chronisch-degenerativen Erkrankungen, Multimorbidität und Pflegebedürftigkeit sind (Naegele 2012). In der Folge sind die gesundheitlichen, pflegerischen und sozialen Versorgungssysteme mit neuen, in diesem Ausmaß und dieser Qualität bislang unbekannten Herausforderungen konfrontiert, und es stellt sich zunehmend die Frage nach neuen innovativen Antworten. Diese betreffen die kommunale Ebene und ihre bisherigen *rechtlich kodifizierten* Zuständigkeiten in ganz besonderer Weise.

In diesem Beitrag geht es um die Funktion der Kommunen im pflegerischen Versorgungskontext vor Ort. Die kommunale Ebene ist der Ort, an dem sich die Alterung der Bevölkerung und die damit verbundenen sozialpolitischen Herausforderungen konkret stellen. Hier leben die Menschen, hier werden sie bei Pflegebedürftigkeit versorgt (davon 2/3 zu Hause), hier erwarten sie ganz konkret und unmittelbar - berechtigterweise – die ihnen zustehenden Leistungen. So bestätigen jüngere Repräsentativbefragungen, dass ältere Menschen hierzulande in allererster Linie die Kommunen – und damit den örtlichen Kontext – im Auge haben, wenn es um die Befriedigung ihrer sozialen Bedarfslagen geht (Generali Zukunftsfonds & Institut für Demoskopie Allensbach 2013). Dabei geht es längst nicht mehr nur um die unmittelbar Betroffenen, also um ältere Menschen selbst, um chronisch Kranke oder um Pflegebedürftige, sondern zunehmend auch um die Angehörigen und übrigen sozialen Netzwerke, denen immer häufiger die Funktion einer „zweiten Zielgruppe" zukommt (Naegele 2014).

2. ... findet eine nur unzureichende Entsprechung in der kodifizierten kommunalen Versorgungsverantwortung für Gesundheit, Krankheit und Alter

Die Kommunen sind als „Orte der (sozialen) Daseinsvorsorge" in erster Linie zuständig, wenn es um die Gestaltung von *Lebenslagen und -verhältnissen* (Preller 1962) und daraus resultierender *sozialpolitischer Handlungsbedarfe* (Bäcker, Naegele et al. 2011) im örtlichen Kontext geht. Die Verfassung und die sie mittragenden Föderalismus- und Subsidiaritätsprinzip geben dazu klare Verantwortungszuweisungen:

„Den Gemeinden muss das Recht gewährleistet sein, alle Angelegenheiten der örtlichen Gemeinschaft im Rahmen der Gesetze in eigener Verantwortung zu regeln." (Art. 28 Abs. 2, S. 1) (Prinzip der Allzuständigkeit)

Was alles zur *sozialen Daseinsvorsorge*[1] der Kommunen zählt, ist nicht vorgegeben und gilt im Allgemeinen als Gegenstand gesellschaftlicher und politischer Auseinandersetzungen (Deutscher Bundestag 2016). Dabei – wie auch in neueren Veröffentlichungen angelegt (z.B. Burgi 2013) – bietet sich eine am Konzept der *Lebenslage* orientierte Auslegung an, ergänzt um – aus verfassungsrechtlicher Sicht - die im Sozialstaatsprinzip angelegte Forderung nach „Gleichheit der Lebensverhältnisse" (Bäcker, Naegele et al. 2011). Im demografischen Wandel gehört die gesundheitliche und pflegerische Versorgung der Bevölkerung zweifelsfrei zur sozialen Daseinsvorsorge[2] (Deutscher Bundestag 2016). Dazu bedarf es einer auch rechtlich gestärkten Positionierung der Kommunen als haupt- und letztverantwortliche Akteure einer lokalen Demografiepolitik (Hüther &

1 Hier angelehnt an die Prägung durch *Ernst Forsthoff* (1938), der für eine Erweiterung des staatlichen Aufgabenbereichs aufgrund einer erhöhten sozialen Bedürftigkeit des einzelnen vor dem Hintergrund eines verringerten selbstbestimmten Lebensraumes in städtischen Lebensweisen argumentiert hat (http://kommunalwiki.boell.de/index.php/Daseinsvorsorge; Zugriff am 22.10.2016).

2 So auch Burgi (2013), der die „Zuständigkeit für alle Anliegen der örtlichen Gemeinschaft" auch für die gesundheitliche Versorgung der eigenen Bevölkerung sieht, obwohl in den einzelnen Sozialgesetzen (SGB V und XI) nicht hinreichend ausgewiesen.

Naegele 2012; Naegele et al. 2015) im Kontext der neuen Gemeinschaftsaufgabe „Anpassung der Sozialräume an die Bedürfnisse einer alternden Gesellschaft" (Deutscher Städtetrag 2015).

Derzeit bewegen sich – speziell in den zentralen Bereichen Gesundheit und Pflege – die bestehenden Bearbeitungs- und Lösungsansätze zumeist im Sozialversicherungssystem und in den hier festgelegten Zuständigkeiten (z.B. Kassenärztliche Vereinigungen, Krankenhausgesellschaften, Kranken- und Pflegekassen). Demgegenüber ist die Rolle der Kommunen eng begrenzt und vergleichsweise gering „verrechtlicht". In der Konsequenz sind Kommunen heute nur in wenigen Feldern als eigenständige Akteure der gesundheitlich-pflegerischen Versorgung präsent (z.B. als Krankenhausträger, Träger von Gesundheitsämtern, in Pflege – allerdings mit stark rückläufiger Beteiligung – als Träger eigener Einrichtungen und Dienste (exemplarisch für NRW vgl. Naegele & Schmitz 2010)) und nur in wenigen Bundesländern (wie NRW) mit koordinierender Funktion: (Beispiele Gesundheits- und Pflegekonferenzen) (Heinze et al 2011).

Diese auffällige Abstinenz der Kommunen in der Praxis der gesundheitlich-pflegerischen Versorgungsverantwortung spiegelt beides wider: die derzeitige Rechts- wie die politische Interessenlage der mit dem Sicherstellungsauftrag befassten Pflegekassen (zugleich in ihrer „Doppelrolle" als Kostenträger; Strünck 2000) sowie der mit ihnen vertraglich verknüpften Einrichtungsträger. Dies war aber nicht immer so. Bis 1994/95, den Jahren der Einführung der Pflegeversicherung, waren die Kommunen für alle Pflegebedürftigen, die nicht selbst für die Kosten ihrer pflegerischen Versorgung aufkommen konnten, zuständig; zwar hauptsächlich in ihrer Funktion als Sozialhilfeträger, aber *de facto* eingebunden in die ihnen verfassungsrechtlich aufgegebene Zuständigkeit für die „*Anliegen der örtlichen Gemeinschaft*". Dazu gehörte auch die Planung der Infrastruktur, um die es in der derzeitigen Diskussion vor allem geht (s.u.).

Heute positionieren sich viele Kommunen in der Pflege primär als „Restkostenfinanzierer" (Deutscher Städtetag 2015) in ihrer Rolle als Sozialhilfeträger (z.Zt. Im Heimsektor mit etwa einem Drittel der Fälle), und nicht – entsprechend dem sozialen Daseinsvorsorgeauftrag – als eine die Pflegestruktur entsprechend der örtlichen Bedarfslage steuernde und mit organisierende *Daseinsvorsorgeinstanz.* Erst das Pflege-Weiterentwicklungsgesetz (2008) und die mit ihm eingeführten *Pflegestützpunkte* können als Beginn ernsthafter Bemühungen zur Revitalisierung dieser Rolle interpretiert werden; wenngleich auch hier die flächendeckende Verbreitung verhindert wurde und sich die Landschaft bestehender Pflegestützpunkte heute quantitativ wie qualitativ sehr heterogen präsentiert (KDA 2010). Aus sozialpolitischer Sicht muss die rechtlich kodifizierte Versorgungsverantwortung der Kommunen für die Pflege als defizitär eingeordnet werden; als nicht mit dem *Daseinsvorsorge*auftrag vereinbar, bei dem es um die *sozialpolitische Gestaltung von Lebenslagen vor Ort* geht (Naegele 2015). Somit besteht ein eklatanter Widerspruch zu der im SGB XI (§ 8) postulierten *„gesamtgesellschaftliche Aufgabe" Pflege*:

> *„Die Länder, die Kommunen, die Pflegeeinrichtungen und die Pflegekassen wirken unter Beteiligung der Medizinischen Dienste eng zusammen, um eine leistungsfähige, regional gegliederte, ortsnahe und aufeinander abgestimmte Versorgung zu gewährleisten ... Das Nähere zur Planung und zur Förderung der Pflegeeinrichtungen wird durch Landesrecht bestimmt".*

3. Erforderlich ist die Revitalisierung der kommunalen Daseinsvorsorgeverantwortung auch in der Pflege[3]

Allerdings haben sich bis heute nur wenige Bundesländer aufgemacht, um die Kommunen in ihrer pflegerischen Versorgungsverantwortung zu stärken. Die deutliche Zurückhaltung vieler Länder bei der örtlichen Pflegeberichterstattung und -planung (Ausnahme NRW), bei den Pflegestützpunkten sowie die geringe Verbreitung der Kommunen als Träger von Pflegeinfrastruktur sind wenig überzeugende „Leuchttürme" für das Föderalismusprinzip. Angemessen wäre eine *sozialpolitische* Begründung: Demnach ist Pflegebedürftigkeit eine komplexe und mehrdimensionale Lebens- und Bedarfslage weit über die im SGB XI vorgenommene enge Eingrenzung auf „pflegerische Versorgungsbedarfe" hinaus (Jacobs et al. (Hrsg.) 2015) und berührt traditionelle kommunale Politikfelder im Umfeld der Pflege in wichtigen kommunalen Selbstverwaltungsaufgaben etwa von Alten-, Familien- und Wohnungsbaupolitik. Dies wurde erst kürzlich mit der längst überfälligen Ausweitung des Pflegebedürftigkeitsbegriffs (PSG II und III) im Sozialrecht anerkannt; warum in der Konsequenz nicht auch in der Zuweisung von Zuständigkeiten? Hier wird für eine auch sozialrechtlich eindeutige Ausweitung der kommunalen Daseinsvorsorgever-

3 Kurz nach Fertigstellung dieses Beitrags erschien der 7. Bundesaltenbericht (Deutscher Bundestag 2016). Dessen Berücksichtigung war nicht (mehr) möglich, hätte aber eher zu einer weiteren Bekräftigung der hier vertretenen Positionen und Forderungen geführt.

antwortung auf die Pflege plädiert, und zwar im Sinne der „Gemeinschaftsaufgabe“ gemeinsam mit den Kassen und Einrichtungsträgern, aber in gleichberechtigter Funktion.

Das *Setting Kommune* als Ort einer *ganzheitlichen* pflegerischen Versorgung ist auch deshalb besonders geeignet, weil speziell hier die Lebenslage-relevanten örtlichen Wohn- und Lebensbedingungen unterschiedlicher Zielgruppen in vergleichsweise großer Anzahl in unterschiedliche Maßnahmen (z.B. Beratung, Wohnraumanpassung, Gesundheitsförderung) verschiedener Akteure einbezogen werden können. Insbesondere für chronisch kranke und/oder nur eingeschränkt selbständig lebende ältere Menschen und ihre pflegenden Angehörigen besitzt die unmittelbare Wohnumgebung, der Stadtteil, das „Quartier“, in dem sie leben, als *Lebenswelt* zentrale Bedeutung für Aktivitäts-, Gesundheitserhalt, soziale Bindungen, informelle soziale Sicherheit und insgesamt für Lebensqualität (Naegele 2010). In einer kleinräumig-lebensweltlichen Betrachtung sollte es dabei um „Quartierslösungen“ gehen, allerdings im Rahmen einer kommunalen Gesamtverantwortung, denn nur so können Über-, Unter- und Fehlversorgungen vermieden werden.

4. Ansätze für eine Stärkung der Kommunen in der örtlichen pflegerischen Versorgungsverantwortung

Im Folgenden sollen an zwei unterschiedlichen, aber eng zusammenhängenden Handlungsfeldern bestehende Spielräume für eigenständige kommunale Pflegeverantwortung aufgezeigt und daraus sozialpolitische Schlussfolgerungen gezogen werden. Die Beispiele beziehen sich zum einen auf die örtliche Gestaltung innovativer Versorgungskonzepte und zum anderen auf die Stärkung des kommunalpolitischen Instrumentariums zur Sicherstellung der kommunalen Steuerungs- und Planungsverantwortung.

4.1. Kommunen als Gestalter „pflegefreundlicher Sozialräume“ auf lokaler Ebene - Das Konzept der sorgenden Gemeinschaften/caring communities

Die in der sozialen Arbeit seit langem geforderte *Sozialraumorientierung* (z.B. Merten (Hrsg.) 2002) gilt in diesem ersten Beispiel als Grundprinzip für eine neue „Versorgungskultur" („Sorgekultur"; Klie 2015), die – folgt man den Vertretern dieses Konzeptes, und folgt man der siebten Altenberichtskommission (Deutscher Bundestag 2016) - als „erforderliche Anpassung der Sozialräume an die Bedürfnisse einer alternden Gesellschaft" (Deutscher Städtetag 2015) interpretiert werden kann und die eine aktive kommunalpolitische Initiierung und dauerhafte Absicherung voraussetzt. Die „Pflege der Zukunft" wird in dieser Konzeptualisierung, der auch die 7. Altenberichtskommission folgt, als „Pflege im Quartier und in der Kommune" begriffen, die dahinter stehenden neuen Leitbilder sind „Inklusion" und „barrierefreies Lebensumfeld" im sozialen Nahraum, „Quartiers- und Gemeinwesenorientierung", „caring communities", sorgende Gemeinschaften" oder Schaffung einer „Sorgekultur". Als *sorgende Gemeinschaften* gelten neben Familien- und Verwandtschaftsnetzwerken insbesondere solche, die sich aus dem Zusammenwirken von Angehörigen, Freunden, Professionellen und bürgerschaftlichem Engagement ergeben:

> *„Ziel ist die Aufrechterhaltung eines selbstbestimmten Lebens wesentlich durch eine entsprechende Gestaltung räumlich-dinglicher, sozialer und infrastruktureller Kontexte*" (KDA 2011).

Als erforderlich dafür gelten *„integrierte, wohnquartiersbezogene pflege- und teilhabeförderliche lokale Strukturen und Netzwerke*", die im Rahmen einer am Subsidiaritätsprinzip orientierten kommunalen Alten-, Familien- und Generationenpolitik herzustellen und nachhaltig auszugestalten sind. Kommunale Alten- und Pflegepolitik wird als ämter-/ressortübergreifende Querschnittsaufgabe angesehen. Innerhalb derer gilt die Bereitstellung und Ausgestaltung entsprechend teilhabeförderlicher lokaler Strukturen und Netzwerke als primäre Aufgabe der Kommunen, denen explizit die Rolle einer *steuernden* „Versorgungsinstanz" zugewiesen wird (Deutscher Bundestag 2016). Dem entspricht, dass Sozialraumorientierung insgesamt neue Akteurs-/Beteiligungs-/Organisationsstrukturen und deren systematische, zielorientierte Vernetzungen erfordert; mit dem klaren Nebenziel, das für viele Kommunen verwaltungsintern wie ressortübergreifend bestehende klassische „Silodenken" (*Heinze*) zu überwinden. Dazu bedarf es zunächst einer politischen Legitimation, am besten basierend auf von den örtlichen Akteuren gemeinsam entwickelten und festgelegten Leitbildern einer caring community, zu denen auch mehr ehrenamtliches Engagement und der Aufbau generationenübergreifender Netzwerke gehören. Die *steuernde Rolle der Kommunen* betrifft insbesondere die Initiierung und Sicherstellung von Nachhaltigkeit. Angesprochen sind neben der Finanzausstattung („Sorgende Gemeinschaften sind nicht umsonst zu haben, sind kein „kommunales Sparmodell") die Herstellung von Bereitschaft, Bewusstsein und politischer Legitimation, die Verbesserung der Daten- und Informationslage, eine möglichst kleinräumig angelegte Alten- und Pflegeberichterstattung mit einer darauf bezogenen Bedarfsabschätzung, die Bereitstellung von Personal, die Absicherung intrakommunaler bzw. ggf. auch überregionaler Kooperation sowie der Einbezug neuer und weiterer Akteure, so z.B. aus der Zivilgesellschaft, der Wohnungswirtschaft und der Sozialversicherungsträger (Naegele 2016).

Herstellung und nachhaltige Absicherung sorgender Gemeinschaften in der Pflege sind hoch voraussetzungsvolle Aufgaben im Kontext eines komplexen kommunalpolitischen Handlungsbedarfs. Zudem gilt, die Vielfalt der örtlich anzutreffenden Lebenslagen strategisch einzubeziehen, um sozialen Ausschluss zu verhindern bzw. Einheitlichkeit der Lebensverhältnisse herzustellen. Dazu sind eindeutig festgelegte, über einen unmissverständlich und politisch definierten und idealerweise rechtlich kodifizierten sozialen Daseinsvorsorgeauftrag resultierende abgeleitete kommunalpolitische Zuständigkeiten unerlässlich, denen sich dann die Handlungskonzepte unterordnen müssen. Das fängt bereits bei der Zielgruppenfestlegung an: Für welche Pflegebedarfe sind sorgende Gemeinschaften überhaupt geeignet (z.B. schwere Demenzen)? Wer garantiert die Sicherstellung ergänzender materieller, infrastruktureller und wohnlicher Rahmenbedingungen? Wie wird der Einbezug sozial benachteiligter Quartiere garantiert, wer investiert in sie? Marktmäßige Lösungen müssen hier ebenso versagen wie freiwillige und/oder selbst organisierte „Verabredungen": Die steuernde, ordnende und Nachhaltigkeit garantierende, auf klaren politisch-rechtlichen Vorgaben und demokratischen Entscheidungsprozessen beruhende „Hand der Kommunen" ist gefordert. Dies gilt erst Recht, wenn es um die Bearbeitung inhaltlicher Herausforderungen geht (Naegele 2014; 2016): Wie identifiziert man „Quartiere" und grenzt sie voneinander ab? Wie werden potenzielle Gegensätze zwischen kleinräumiger Orientierung und gebietsübergreifenden Versorgungserfordernissen und -verpflichtungen gelöst? Gibt es überhaupt gewachsene lokale „Gemeinschaften" (z.B. angesichts Zunahme stark segregativer Tendenzen)? Für städtische Räume gilt bekanntlich eine weit verbreitete Wohnsegregation nach sozialem Status („Milieubindung") (innerhalb derer allerdings gegenseitige Sorgekultur durchaus erwartet werden kann). Wie präsentieren sich „sorgende Gemeinschaften" im ländlichen Raum? Moderne Gesellschaften zeichnen sich durch ein klar abgegrenztes Nebeneinander von Individualität und Solidarität aus: Wer organisiert solidarische Strukturen dort, wo es noch keine gibt? Fragen, die kommunalpolitisch möglichst mehrheitlich getragene Antworten erfordern!

4.2. Kommunen als rechtlich und politisch verantwortliche Planungs- und Steuerungsinstanz

Im Grundsatz schon bei der Einführung der Pflegeversicherung 1994/5 wurden eine Stärkung der Planungs- und Steuerungsverantwortung und eine entsprechend ausgestaltete Rechtsverbindlichkeit der Kommunen eingefordert (Naegele 2014). Exemplarisch sei auf ein Positionspapier des *Deutschen Vereins* im Vorfeld der Pflegestärkungsgesetze (2013) hingewiesen, der wie folgt für eine Anpassung des Pflegesystems an veränderte gesellschaftliche Strukturen plädiert hat:

- Kommunale Entscheidungs- und Planungsprozesse sind auf die Ziele „Gestaltung teilhabe- und pflegegerechter Kommunen“ und „Stärkung der Selbsthilfepotenziale“ auszurichten.
- Die Planung sollte unter Beteiligung aller anderen relevanten örtlichen Planungsbereiche erfolgen.
- Dazu sollten rechtliche Verfahren geschaffen werden.
- Die Koordination relevanter Akteure ist sicherzustellen (z.B. über Pflegekonferenzen G.N.).

Weiter noch ging der *Deutsche Städtetag* (2015), der sich wie folgt positioniert hat:

> *„Angesichts der immensen Anforderungen durch den demografischen Wandel reicht es nicht aus, die Entwicklung der pflegerischen Infrastruktur allein dem Marktgeschehen zu überlassen. Es müssen Regelungen systematisch und sektorübergreifend entwickelt werden, damit Kommunen, denen faktisch die Letztverantwortung im Rahmen ihres kommunalen Daseinsvorsorgeauftrags zukommt, ihre Aufgaben im Rahmen ihres grundgesetzlichen Auftrags auch wahrnehmen können. ... Es ist ... unabdingbar, die Einflussmöglichkeiten der Kommunen auf die Versorgungsstrukturen zu stärken, damit ein integrierter Planungsansatz realisiert werden kann. Hierzu bedarf es nicht nur einer gesetzlichen Verankerung des Planungsauftrags mit den notwendigen Instrumenten, die Planung auch umzusetzen“* (Deutscher Städtetag 2015: 6).

Vor allem NRW hat schon sehr früh reagiert. Schon die Landespflegegesetze der 1990er Jahren sahen u.a. bereits die Einrichtung von örtlichen Pflegekonferenzen mit Koordinierungs- und Steuerungsaufgaben unter der

Leitung der Kommunen[4] vor; allerdings ohne bindende Entscheidungsbefugnisse. Auch gab es bis 2000 für die Verbindung von Pflegeplanung und Investitionskostenförderung eine entsprechende Verpflichtung der Kommunen, die aber bereits 2000 aufgrund der Rechtsprechung von BSG, BVerwG und EU-Recht mit Verweis auf die Behinderung des Wettbewerbs wieder außer Kraft gesetzt wurde. Sie hatte die davor gültige Planung auf der Grundlage fixer Richtwerte durch ein vom Verfasser maßgeblich mitentwickeltes, örtlich ausgerichtetes, indikatorengestütztes *dynamisches* Planungsmodell für insgesamt 6 Versorgungsbereiche (MAGS NRW & FfG (Hrsg.) 1995) ersetzt: Einbezogen waren hauswirtschaftliche Dienste, häusliche Kranken- und Altenpflege, Tagespflege, Kurzzeitpflege, stationäre Pflege sowie gerontopsychiatrische Versorgung.

Während sich seither die Pflegebedarfsplanung bundesweit von einem regulierenden Bedarfsanspruch verabschiedet und hin zu einer primär beobachtenden Querschnittsplanung entwickelt hat (Burgi 2013), ist NRW inzwischen wieder zur (allerdings freiwilligen) örtlichen Bedarfsplanung zurückgekehrt, an der sich derzeit (Februar 2017) etwa ein Drittel der kreisfreien Städte und Kreise beteiligen (darunter mehrheitlich kreisfreie Städte).

- Mit dem 2014 in Kraft getretenen Gesetz zur Entwicklung und Stärkung einer demographiefesten, teilhabeorientierten Infrastruktur zur Weiterentwicklung und Sicherung der Qualität von Wohn- und Betreuungseinrichtungen für ältere Menschen und für Menschen mit Behinderungen (GEPA/neues WTG 2014) obliegt den Kommunen (kreisfreie Städte und Kreise) nunmehr der Sicherstellungsauftrag der Angebotsstruktur entsprechend der örtlichen Bedarfsstruktur (§ 4). Der örtliche Planungsauftrag der kreisfreien Städte und Kreise umfasst gemäß § 7 (1) die Bestandsaufnahme der Angebote, (2) die Feststellung, ob qualitativ und quantitativ ausreichende Angebote zur Verfügung stehen und (3) die Klärung der Frage, ob und gegebenenfalls welche Maßnahmen zur Herstellung, Sicherung oder Weiterentwicklung von Angeboten erforderlich sind (insb. komplementäre Hilfen, Wohn- und Pflegeformen sowie zielgruppenspezifische Angebotsformen). § 8 sieht die

4 Den Vorschlägen der Bundeskonferenz für Qualitätssicherung in der Pflege folgend, deren prominentestes Gründungsmitglied und bis zu ihrer Auflösung 2015 langjähriger erster Vorsitzender Gerhard Igl war (vgl. BUKO QS 2004).

Einrichtung einer kommunalen Konferenz Alter und Pflege nach dem Vorbild der bereits zuvor bestehenden Pflegekonferenzen vor.

Damit kann NRW als führend in der bisherigen Praxis einer „echten" Stärkung der Funktion der Kommunen in der Pflege gelten[5]. Demgegenüber ist auf Bundesebene mit dem neuen PSG III (Pflegestärkungsgesetz III) keine „echte" Lösung erfolgt, sondern nur eine, die als „weit hinter den Erwartungen zurückgeblieben" gelten kann. Zwar wurde 2013 im Koalitionsvertrag eine Bund-Länder-Arbeitsgruppe unter Leitung des Bundesministeriums für Gesundheit eingerichtet, mit dem Auftrag, zu klären,

> *„wie die Rolle der Kommunen bei der Pflege noch weiter gestärkt und ausgebaut werden kann. Insbesondere soll geklärt werden, wie die Steuerungs- und Planungskompetenz für die regionale Pflegestruktur gestärkt werden kann."*

Die im Sommer 2015 vorgelegten Vorschläge (BMG 2015) sind dann wie folgt in das zum 1.1.2017 in Kraft getretene Pflegestärkungsgesetz III eingeflossen:

- Kommunale Pflegestrukturplanung wird als *optionales* Instrument der Länder im SGB XI aufgeführt.
- Bessere Abstimmung vor Ort durch Verpflichtung der Pflegekassen, sich an Pflegeausschüssen zu beteiligen. Sie sollen Empfehlungen (aber nur *„einvernehmlich getroffene"*; was wegen manifester Interessengegensätze nicht per se erwartet werden kann) der Ausschüsse, die sich auf die Verbesserung der Versorgungssituation beziehen, künftig bei Vertragsverhandlungen einbeziehen.
- Ausweitung der kommunalen Pflegeberatungsmöglichkeiten und – rechte. Kommunen haben für die Dauer von 5 Jahren Initiativrecht zur Einrichtung von Pflegestützpunkten, wenn sie sich angemessen an den entstehenden Kosten beteiligen.
- In 60 Kommunen sind modellhafte kommunale Pflegeberatungsstellen („Modellkommunen") mit neuen Rechten vorgesehen (die bisher den Pflegekassen vorbehalten waren). Modellhaftes Ziel ist die Pflegeberatung „aus einer Hand".

---

5 Auch Rheinland-Pfalz und das Saarland haben inzwischen innovative Wege eingeschlagen, indem sie Pflegeberatung und Pflegeplanung systematisch verbunden und auf der örtlichen Ebene angesiedelt haben (Klie 2015).

5. Nach der Reform ist (auch nach dem PSG III erneut wieder) vor der Reform!

Die Forderung nach Stärkung der Rolle der Kommunen in der Pflege ist nicht nur dem demografischen Wandel geschuldet, sondern entspricht nach neuerer Rechtsauffassung (Burgi 2013) auch ihrem Daseinsvorsorgeauftrag. Sozialpolitisch lässt sie sich mit dem Lebenslagekonzept (Naegele 2015) begründen. Eine „echte" Realisierung, die insbesondere an der effektiven Beteiligung der Kommunen an der pflegerischen Versorgungsverantwortung festzumachen wäre, würde aber die Machtverhältnisse der Kostenträger entscheidend beschneiden. Von daher verwundert es nicht, dass auch das neue PSG III dies wieder verhindert hat, indem die Ausweitung des Daseinsvorsorgeauftrags der Kommunen auf die Pflegeinfrastruktur erneut am Widerstand der Pflegekassen gescheitert ist. Die Ausweitung der Beratungskompetenzen erscheint vor diesem Hintergrund nicht als eine wirkliche Stärkung. Ob die „Modellkommunen" als „Verzögerungstaktik" gelten können, wie von vielen kritisiert, wird sich zeigen. Vielleicht macht es doch Sinn, so wie es z.B. die Bundesarbeitsgemeinschaft der Seniorenorganisationen (BAGSO) aktuell fordert, für ein Bundesaltenhilfestrukturgesetz (nach dem Vorbild des JHG) zu werben. Dies würde auch der pflegerischen Alltagsrealität entsprechen, nach dem Pflege als multikomplexe Bedarfslage anzuerkennen ist, die integrierte und ganzheitliche Konzepte (nicht nur nach dem SGB XI) erfordert. In diesem Zusammenhang sei abschließend aus einem bereits 1993 gemeinsam mit Gerhard Igl geschriebenen Aufsatz zur Einführung der Pflegeversicherung und zur Pflegepolitik in Deutschland (Igl & Naegele 1993) zitiert:

> „*Nach der Reform ist vor der Reform*".

Weiterführende und verwendete Literatur:

Bäcker, G. & Naegele, G. et al. (2011): Sozialpolitik und soziale Lage. 5. Auflage, 2 Bände: VS Verlag für Sozialwissenschaften: Wiesbaden.

Deutscher Bundestag (2016): Siebter Bericht zur Lage der älteren Generation in der Bundesrepublik Deutschland: Sorge und Mitverantwortung in der Kommune – Aufbau und Absicherung zukunftsfähiger Gemeinschaften. Berlin: Bundestagsdrucksache 18/10210 vom 02.11.2016

Deutscher Verein für öffentliche und private Fürsorge (Hrsg.) (2013): Pflegesystem an gesellschaftliche Strukturen anpassen. Berlin: Vervielfältigung.

BMG, Bundesministerium für Gesundheit (2015): Empfehlungen der Bund-Länder-Arbeitsgruppe zur Stärkung der Rolle der Kommunen in der Pflege. Berlin.

Bogumil, J., Gerber, S. & Schickentanz, M. (2012): Handlungsmöglichkeiten einer kommunalen Demografiepolitik. In Hüther, M. & Naegele, G. (Hrsg.): Demografiepolitik. Herausforderungen und Handlungsfelder. Wiesbaden: Springer VS: 259-282.

BUKO QS (Bundeskonferenz zur Qualitätssicherung im Gesundheits- und Pflegewesen) (Hrsg.) (2004): 10 Jahre Bundeskonferenz zur Qualitätssicherung im Gesundheits- und Pflegewesen e.V. Heidelberg: C.F. Müller Verlag.

Burgi, M. (2013): Kommunale Verantwortung und Regionalisierung von Strukturelementen in der Gesundheitsversorgung. Nomos: Baden-Baden.

Deutscher Städtetag (Hrsg.) (2015): Für eine echte Stärkung der Kommunen in der Pflege. Positionspapier des Deutschen Städtetages. Köln.

Deutscher Städtetag (Hrsg.) (2016): Pflege für alte Menschen aus einer Hand – Spielräume für Kommunen vergrößern. Köln: Pressestatement.

Deutscher Verein für öffentliche und private Fürsorge (Hrsg.) (2013): Pflegesystem an gesellschaftliche Strukturen anpassen. Berlin: Vervielfältigung

Generali Zukunftsfonds & Institut für Demoskopie Allensbach (Hrsg.): Generali Altersstudie 2013. Frankfurt/M.: Fischer.

Heinze, R., Naegele, G. & Schneiders, K. (2011): Wirtschaftliche Potenziale des Alters. Stuttgart: Kohlhammer, Urban: Grundriss Gerontologie, 11.

Hüther, M. & Naegele, G. (Hrsg.): Demografiepolitik. Herausforderungen und Handlungsfelder. Wiesbaden: Springer VS.

Jacobs, K., Kuhlmey, A., Greß, S. & Schwinger, A. (Hrsg.): Pflegereport 2015. Schwerpunkt: Pflege zwischen Heim und Häuslichkeit. Stuttgart: Schattauer.

KDA, Kuratorium Deutsche Altershilfe (2010): Was leisten Pflegestützpunkte? Konzeption und Umsetzung. Bearbeitung: Michell-Auli, P., Strunck-Richter, G. & Tebest, R. Köln: KDA-Eigenverlag.

KDA (Hrsg.) (2011): Das KDA-Quartierskonzept. Pro Alter, September/Oktober 2011.

Klie, T. (2015): Wege in eine sorgende Gesellschaft? In Landeszentrale für politische Bildung Baden-Württemberg (Hrsg.): Der Bürger im Staat: 2/3-2015.

Igl, G. & Naegele, G. (1993): Neue Aspekte in der Pflege? Zur vorgesehenen Qualitätssicherung im Pflege-Versicherungsgesetz. Soziale Sicherheit, 8-9: 236-243.

Merten, T. (Hrsg.) (2002): Sozialraumorientierung. Zwischen fachlicher und rechtlicher Machbarkeit, Weinheim, München: Juventa.

MAGS NRW & FfG (Hrsg.) (1995): Bedarfsplanung in der kommunalen Altenpolitik und –arbeit in NRW, 2 Bände, Düsseldorf, MAGS Eigenverlag.

Naegele, G. (2010): Kommunen im demographischen Wandel. Zeitschrift für Gerontologie und Geriatrie, 45, 2: 98-102.

Naegele, G. (2012): Gesundheitliche Versorgung in einer alternden Gesellschaft. In Hüther, M. & Naegele, G. (Hrsg.): Demografiepolitik. Herausforderungen und Handlungsfelder. Wiesbaden: Springer VS: 245-258.

Naegele, G. (2014): Zwanzig Jahre Verabschiedung der Gesetzlichen Pflegeversicherung – eine Bewertung aus sozialpolitischer Sicht. WISO-Diskurs. Herausgegeben von der Friedrich-Ebert-Stiftung. Bonn: Eigenverlag.

Naegele, G. (2015): Lebenslagen im Alter im demografischen Wandel. In Romahn, H. & Rehfeld, D. (Hrsg.): Lebenslagen – Beiträge zur Gesellschaftspolitik. Marburg: Metropolis: 761-88.

Naegele, G. (2016): Sorgebedarfe und Teilhabechancen in einer alternden Gesellschaft. „Care ist mehr". Vortrag bei der Evangelischen Kirche im Rheinland. Düsseldorf, 2. Februar 2015. Vortragsmanuskript.

Naegele, G., Kühnel, M. & Olbermann, E. (2015): Demografie-Konzepte der Kommunen in NRW – Qualititative Bestandsaufnahme und Beispiele „guter Praxis". FfG/VdK (Hrsg.): Düsseldorf/Dortmund.

Naegele, G. & Schmitz, K. (2010): Evaluierung des Landespflegegesetzes NRW (LPG). Forschungsbericht der TU Dortmund: Dortmund.

Preller, L. (1962): Sozialpolitik. Theoretische Ortung: Tübingen: Mohr & Siebeck.

Strünck, Christoph (2000): Pflegeversicherung – Barmherzigkeit mit beschränkter Haftung. Institutioneller Wandel, Machtbeziehungen und organisierte Anpassungsprozesse. Opladen: Leske + Budrich.

Beratungspflichten und Infrastruktur im Pflegerecht

Reza F. Shafaei

A. Besonderer Beratungsbedarf im Pflegerecht

Eine zentrale und in einem komplexen System sozialer Sicherheit mit erheblichen Schwierigkeiten verbundene Zielsetzung des Sozialrechts ist die optimale Realisierung der Leistungsansprüche. Die Sozialleistungssysteme sind in mehrere Zweige gegliedert, die in der Regel nach abzusichernden Lebensrisiken aufgeteilt sind und sich teilweise überschneiden. Die Voraussetzungen für die Einbeziehung in die verschiedenen Sozialleistungsbereiche sind ebenfalls differenziert und auf die einzelnen Leistungsbereiche abgestellt.

Ein weiterer Umstand, der der optimalen Leistungsrealisierung entgegenwirkt, ist die dem Sozialrecht innewohnende Dynamik. Beim Sozialrecht handelt es sich um eine sich permanent verändernde Materie. Dies gilt zwar prinzipiell für die gesamte Rechtsordnung, jedoch zeigen sich die Probleme der „aktualisierenden" Gesetzgebung auf dem Gebiet des Sozialrechts in besonderer Deutlichkeit.

Für jeden Bürger, der seine Leistungsansprüche optimal realisieren will, ist die durch Fülle und Dynamik der Rechtsmaterie bedingte Komplexität ein tatsächliches Hindernis. Um dieses Hindernis zu überwinden, sind die Bürger in erster Linie auf Informationen angewiesen. Sie müssen wissen, welche Leistungen ihnen überhaupt zustehen und wie sie diese gegenüber der Sozialverwaltung durchsetzen können. Das für die optimale Leistungsrealisierung notwendige Wissen wiederum ist bei den meisten Bürgern nicht umfassend vorhanden.

Die Situation verschärft sich in der Regel, wenn es um die Realisierung der Leistungsansprüche pflegebedürftiger Menschen geht. Pflegebedürftige Menschen sind in vielen Fällen in ihrer Möglichkeit, die erforderlichen Kenntnisse selbst zu erlangen, auf Grund ihrer gesundheitlichen Beeinträchtigungen eingeschränkt. Pflegebedürftigkeit erschwert häufig die selbständige Kompensation von Wissensdefiziten. Das Gebot der optimalen Leistungsrealisierung verlangt daher nach besonderen Instrumenten zur Reduktion des tatsächlich bestehenden Wissensdefizits.

Die besonderen Instrumente zur Reduktion des informationellen Defizits der pflegebedürftigen Menschen sind in erster Linie die spezifischen Beratungstatbestände im SGB XI, welche die allgemeinen Informationspflichten der §§ 13 bis 15 SGB I ergänzen und konkretisieren. Die Beratungspflichten werden zudem durch eine gesetzlich verankerte Infrastruktur der Beratung institutionalisiert.

B. Beratungsrelevante Neuregelungen im Pflegerecht

Mit dem Dritten Gesetzes zur Stärkung der pflegerischen Versorgung und zur Änderung weiterer Vorschriften (Drittes Pflegestärkungsgesetz – PSG III) vom 23. Dezember 2016[1] traten zum 01.01.2017 im Pflegerecht verschiedene Änderungen in Kraft, welche die Beratungspflichten und die Beratungsstruktur inhaltlich und systematisch teilweise neu regeln.

Das PSG III setzt im Wesentlichen die gemeinsamen Empfehlungen einer Bund-Länder-Arbeitsgruppe zur Stärkung der Rolle der Kommunen in der Pflege um.[2] Der Auftrag der Arbeitsgruppe bestand hauptsächlich darin, die kommunale Steuerungs- und Planungskompetenz für die regionale Pflegestruktur zu stärken, die Kommunen stärker in die Strukturen der Pflege verantwortlich einzubinden und die Sozialräume so zu entwickeln, dass pflegebedürftige Menschen so lange wie möglich in ihrem gewohnten Umfeld verbleiben können. Als ein zentrales Instrument für die Verbesserung der pflegerischen Versorgung vor Ort wurde u.a. eine stärkere Verzahnung der kommunalen Beratung im Rahmen der Daseinsvorsorge und im Rahmen der Rolle der Kommunen als Sozialleistungsträger mit den Beratungsangeboten und Beratungsaufgaben der Pflegekassen erachtet.[3] Die durch das PSG III eingeführte neue Beratungsstruktur ist im Lichte dieser allgemeinen Zielsetzung zu würdigen.

C. Aufklärung und Auskunft (§ 7 SGB XI)

Unter der Überschrift „Aufklärung, Auskunft“ konkretisiert § 7 SGB XI die in § 13 SGB I normierten Aufklärungspflichten für die soziale Pflege-

1 BGBl. I 2016, S. 3191.
2 www.sozialpolitik-aktuell.de/tl_files/.../Pflege_kommunen.pdf.
3 BR-Drs. 410/16, S. 3.

versicherung.[4] Während § 7 Abs. 1 SGB XI im Wesentlichen die allgemeine vorbeugende Aufklärung zur Vermeidung von Pflegebedürftigkeit regelt, befasst sich § 7 Abs. 2 SGB XI hauptsächlich mit der Unterrichtung und Aufklärung in Fällen, in denen Pflegebedürftigkeit konkret droht oder schon eingetreten ist.

§ 7 Abs. 1 SGB XI ist weitgehend § 1 S. 4 SGB V nachgebildet. In der Begründung zu der ursprünglichen Gesetzesfassung wurde dementsprechend hervorgehoben, dass die Pflegekassen die Aufgabe haben, durch Aufklärung und Beratung eigenverantwortliches Handeln der Versicherten zu fördern, das der Vermeidung, Beseitigung und Minderung von Pflegebedürftigkeit dient. Zu diesem Zweck haben auch die Pflegekassen auf eine gesunde Lebensführung sowie auf eine frühzeitige Beteiligung an gesundheitlichen Vorsorgemaßnahmen hinzuwirken.[5] Wie in der Parallelnorm des SGB V steht diese Verpflichtung der Pflegekassen in engem Zusammenhang mit der Eigenverantwortung des Versicherten nach § 6 SGB XI. Trotz des eingeschränkt formulierten Wortlauts des § 7 Abs. 1 SGB XI ist die Pflicht zur Aufklärung und Auskunft auf die (prophylaktische) Unterstützung einer vorbeugenden Lebensweise nicht beschränkt. Andenfalls wäre sie mit der allgemeinen Aufklärungspflicht des § 13 SGB I deckungsgleich. Vielmehr besteht die Pflicht auch dann, wenn die Pflegebedürftigkeit bereits eingetreten oder konkret zu befürchten ist.

Im Sinne einer Konkretisierung der Beratungspflicht nach § 14 SGB I wies die bis 2015 geltende Fassung des § 7 SGB XI den Pflegekassen auch Beratungsaufgaben zu. Zum 01.01.2016 wurden die §§ 7, 7a durch das PSG II dahingehend geändert, dass die Beratungsaufgabe ausschließlich der speziellen Pflegeberatung durch Pflegeberaterinnen und Pflegeberater im Sinne des § 7a SGB XI zugeordnet wurde. Die den Pflegekassen nach der aktuell geltenden Fassung noch verbliebenen Aufgaben (Aufklärung und Auskunft) können auch durch Mitarbeiterinnen und Mitarbeiter ohne Qualifikation als Pflegeberater/in wahrgenommen werden.[6]

§ 7 Abs. 2 SGB XI in der durch das PSG II geänderten Fassung verpflichtet die Pflegekassen, die Versicherten und ihre Angehörigen und Lebenspartner in den mit der Pflegebedürftigkeit zusammenhängenden Fragen, insbesondere über die Leistungen der Pflegekassen sowie über die Leistungen und Hilfen anderer Träger, in für sie verständlicher Weise zu

4 BT-Drs. 18/5926, S. 83.
5 Vgl. BT-Drs. 12/5262, S. 91 zu § 7 Abs. 1.
6 Vgl. BT-Drs. 18/5926, S. 83.

informieren und darüber aufzuklären, dass ein Anspruch besteht auf die Übermittlung des Gutachtens des MDK oder eines anderen von der Pflegekasse beauftragten Gutachters sowie der gesonderten Präventions- und Rehabilitationsempfehlung gemäß § 18a Absatz 1 SGB XI.

Nach § 7 Abs. 2 Satz 2 SGB XI haben der behandelnde Arzt, das Krankenhaus, die Rehabilitations- und Vorsorgeeinrichtungen sowie die Sozialleistungsträger – mit Einwilligung des Versicherten – unverzüglich die zuständige Pflegekasse zu benachrichtigen, wenn sich der Eintritt von Pflegebedürftigkeit abzeichnet oder wenn Pflegebedürftigkeit festgestellt wird. Die in diesem Zusammenhang stehende datenschutzrechtliche Norm des § 7 Abs. 2 Satz 3 SGB XI a.F. wurde durch das PSG III zum 01.01.2017 aufgehoben.

Die zuständige Pflegekasse informiert gemäß § 7 Abs. 2 Satz 3 SGB XI die Versicherten unverzüglich nach Eingang eines Antrags auf Leistungen insbesondere über ihren Anspruch auf die unentgeltliche Pflegeberatung nach § 7a SGB XI, den nächstgelegenen Pflegestützpunkt nach § 7c SGB XI sowie die Leistungs- und Preisvergleichsliste nach § 7 Abs. 3 SGB XI. Zudem gibt die zuständige Pflegekasse Auskunft über die in ihren Verträgen zur integrierten Versorgung nach § 92b Abs. 2 SGB XI getroffenen Festlegungen, insbesondere zu Art, Inhalt und Umfang der zu erbringenden Leistungen und der für die Versicherten entstehenden Kosten und veröffentlicht diese Angaben auf einer eigenen Internetseite.

Eine wesentliche Erweiterung und Präzisierung der Unterstützung des Pflegebedürftigen stellt § 7 Abs. 3 SGB XI dar, der zunächst durch das PSG II mit Wirkung zum 01.01.2016 zur besseren Lesbarkeit neu gefasst und dessen Satz 1 durch das PSG III mit Wirkung zum 01.01.2017 erneut wie folgt umformuliert wurde: *„Zur Unterstützung der pflegebedürftigen Person bei der Ausübung ihres Wahlrechts nach § 2 Absatz 2 sowie zur Förderung des Wettbewerbs und der Überschaubarkeit des vorhandenen Angebots hat die zuständige Pflegekasse der antragstellenden Person auf Anforderung unverzüglich und in geeigneter Form eine Leistungs- und Preisvergleichsliste zu übermitteln; die Leistungs- und Preisvergleichsliste muss für den Einzugsbereich der antragstellenden Person, in dem die pflegerische Versorgung und Betreuung gewährleistet werden soll, die Leistungen und Vergütungen der zugelassenen Pflegeeinrichtungen, die Angebote zur Unterstützung im Alltag nach § 45a sowie Angaben zur Person des zugelassenen oder anerkannten Leistungserbringers enthalten."* Ebenfalls durch das PSG III wurde dem Absatz 3 folgender Satz angefügt: *„Die Landesverbände der Pflegekassen erarbeiten Nutzungsbedingungen* *für eine zweckgerechte, nicht gewerbliche Nutzung der Angaben nach Satz 1 durch Dritte; die Übermittlung der Angaben erfolgt gegen Verwaltungskostenersatz, es sei denn, es handelt sich bei den Dritten um öffentlich-rechtliche Stellen.“*

D. Pflegeberatung (§ 7a SGB XI)

§ 7a ist der zentrale Beratungstatbestand im Pflegerecht. Die Pflegeberatung, die mit dem Pflege-Weiterentwicklungsgesetz eingeführt und mit dem PSG II zum 01.01.2016 modifiziert wurde, beschränkt sich nicht auf mögliche Ansprüche nach dem SGB XI. Sie soll sich vielmehr auf alle für den Pflegebedürftigen in Betracht kommenden bundes- oder landesrechtlich vorgesehenen Sozialleistungen sowie auf alle sonstigen Hilfsangebote erstrecken, die auf die Unterstützung von Menschen mit Pflege-, Versorgungs- oder Betreuungsbedarf ausgerichtet sind (Legaldefinition der Pflegeberatung gemäß § 7a Abs. 1 Satz 1 SGB XI). Dabei hebt die Gesetzesbegründung hervor, dass es nicht allein auf die Breite des vermittelten Wissens ankommen dürfe, wichtig sei vielmehr, dass die Betroffenen in die Lage versetzt werden, aus den verschiedensten Angeboten unterschiedlicher Träger die für sie am besten passenden Leistungsangebote nach ihren Bedarfen und Wünschen zusammenstellen zu können.[7]

Aufgabe der Pflegeberatung ist es gemäß § 7a Abs. 1 Satz 3 SGB XI insbesondere, 1. den Hilfebedarf unter Berücksichtigung der Ergebnisse der Begutachtung durch den MDK sowie, wenn die anspruchsberechtigte Person zustimmt, die Ergebnisse der Beratung in der eigenen Häuslichkeit nach § 37 Abs. 3 SGB XI systematisch zu erfassen und zu analysieren, 2. einen individuellen Versorgungsplan mit den im Einzelfall erforderlichen Sozialleistungen und gesundheitsfördernden, präventiven, kurativen, rehabilitativen oder sonstigen medizinischen sowie pflegerischen und sozialen Hilfen zu erstellen, 3. auf die für die Durchführung des Versorgungsplans erforderlichen Maßnahmen einschließlich deren Genehmigung durch den jeweiligen Leistungsträger hinzuwirken, 4. die Durchführung des Versorgungsplans zu überwachen und erforderlichenfalls einer veränderten Bedarfslage anzupassen, 5. bei besonders komplexen Fallgestaltungen den

7 BT-Drs. 18/5926, 84.

Hilfeprozess auszuwerten und zu dokumentieren sowie 6. über Leistungen zur Entlastung der Pflegepersonen zu informieren.

Für die Durchführung der Pflegeberatung werden mit den im Zuge der PSG-Reformen erlassenen Pflegeberatungs-Richtlinien (§ 17 Abs. 1a SGB XI) einheitliche, fachlich fundierte Vorgaben eingeführt, die für alle Pflegeberaterinnen und Pflegeberater und sonstige Beratungsstellen, die Pflegeberatungen im Sinne des § 7a SGB XI durchführen, unmittelbar verbindlich sind.

Nach § 7a Abs. 3 Satz 1 SGB XI ist die Anzahl von Pflegeberatern und Pflegeberaterinnen so zu bemessen, dass die Aufgaben der Pflegeberatung im Interesse der Hilfesuchenden zeitnah und umfassend wahrgenommen werden können. In der ursprünglichen Gesetzesbegründung wurde ein Betreuungsschlüssel von 1:100 Fällen genannt[8], der tatsächlich zu keinem Zeitpunkt erreicht wurde. Nunmehr delegiert der Gesetzgeber gemäß § 7 a Abs. 3 Satz 3 SGB XI dem Spitzenverband Bund der Pflegekassen die Aufgabe, bis zum 31.07.2018 Empfehlungen zur erforderlichen Anzahl, Qualifikation und Fortbildung von Pflegeberaterinnen und Pflegeberatern abzugeben.

Materiell-rechtlich verantwortlich für die Pflegeberatung sind stets die Pflegekassen, wobei eine Übertragung dieser Aufgabe auf die Landesverbände der Pflegekassen oder eine Beauftragung anderer Leistungsträger gem. §§ 88 ff. SGB X ebenso wie eine Übertragung von Pflegeberatungsaufgaben auf Dritte zulässig sind, wobei gemäß § 7 a Abs. 1 Satz 10 SGB XI in allen Konstellationen die Unabhängigkeit der Beratung sicherzustellen ist.

Aus § 7 a SGB XI ergibt sich ein subjektiver und einklagbarer Anspruch auf individuelle Beratung und Hilfestellung durch eine Pflegeberaterin oder einen Pflegeberater. Die Pflegekassen sind verpflichtet, Pflegeberatung anzubieten bzw. alternativ Beratungsstellen zu benennen, wobei die weiteren Konkretisierungen in § 7 b SGB XI enthalten sind.

Auch kommunale Träger werden seit dem Inkrafttreten des PSG II als Beratungsstelle gemäß § 7 b Abs. 2 a SGB XI anerkannt, wenn sie als Leistungsträger der Hilfe zur Pflege nach dem SGB XII oder als Träger der örtlichen Altenhilfe Pflegeberatung nach § 7 a SGB XI durchführen. Beratungsgutscheine, die nach § 7 b SGB XI ausgestellt werden, können auch bei diesen kommunalen Trägern eingelöst werden. Gleichzeitig wer-

---

8 BT-Drs. 17/7439, S. 48.

den diese Leistungsträger auch verpflichtet, die Empfehlungen nach § 7 a Abs. 3 Satz 3 SGB XI und die Pflegeberatungs-Richtlinien zu beachten. Die örtlichen Pflegekassen werden verpflichtet, mit den kommunalen Trägern vertragliche Vereinbarungen über eine Vergütung dieser Pflegeberatung zu treffen.

E. Beratungsgutscheine (§ 7 b SGB XI)

Der durch das Pflege-Neuausrichtungs-Gesetz (PNG) zum 30.10.2012 eingeführte und den Beratungsanspruch nach § 7 a ergänzende § 7 b SGB XI geht von der gesetzgeberischen Annahme aus, dass in der Verwaltungspraxis der Pflegekassen die Betroffenen trotz des bereits in § 7 a SGB XI normierten Beratungsanspruchs nicht hinreichend über die Beratungsmöglichkeiten informiert werden und eine frühzeitige Beratung bislang nicht in dem sachlich gebotenen Maße gewährleistet wird.[9]

Zur Sicherstellung einer zeitnahen Beratung verpflichtet der Gesetzgeber daher die Pflegekassen, einen Beratungsgutschein auszustellen, soweit ihrerseits nicht innerhalb von zwei Wochen ein konkreter Beratungstermin angeboten werden kann. Da die Beratung der Versicherten als eine Pflicht der Pflegekassen ausgestaltet ist, bringt § 7 b Abs. 2 zum Ausdruck, dass den Pflegekassen die Verantwortung dafür obliegt, dass auch eine Beratung durch Dritte den Anforderungen der §§ 7 und 7 a SGB XI genügt. Konkret muss sichergestellt sein, dass die Beratungsstellen ihre Aufgaben neutral und unabhängig wahrnehmen.[10]

Die Verantwortlichkeit der Pflegekasse umfasst sowohl die inhaltliche Ausgestaltung der Beratung als auch die hinreichende Qualifikation der Pflegeberaterinnen und Pflegeberater. Hierzu hat die Pflegekasse gemäß § 7 b Abs. 2 Satz 2 SGB XI allein oder gemeinsam mit weiteren Pflegekassen vertragliche Vereinbarungen mit Beratungsstellen abzuschließen.

Zum 01.01.2017 wurde schließlich durch das PSG III der neue § 7 nach § 7 b Abs. 2a mit folgendem Inhalt eingefügt: *„Sofern kommunale Gebietskörperschaften, von diesen geschlossene Zweckgemeinschaften oder nach Landesrecht zu bestimmende Stellen 1. für die wohnortnahe Betreuung im Rahmen der örtlichen Altenhilfe oder 2. für die Gewährung der*

9 Vgl. BT-Drs. 17/9369, S. 35.
10 BT-Drs. 17/9369, S. 35.

Hilfe zur Pflege nach dem Zwölften Buch. Pflegeberatung im Sinne von § 7a erbringen, sind sie Beratungsstellen, bei denen Pflegebedürftige nach Absatz 1 Satz 1 Nummer 2 Beratungsgutscheine einlösen können; sie haben die Empfehlungen nach § 7a Absatz 3 Satz 3 zu berücksichtigen und die Pflegeberatungs-Richtlinien nach § 17 Absatz 1a zu beachten. Absatz 2 Satz 1 findet keine Anwendung. Die Pflegekasse schließt hierzu allein oder gemeinsam mit anderen Pflegekassen mit den in Satz 1 genannten Stellen vertragliche Vereinbarungen über die Vergütung. Für die Erhebung, Verarbeitung und Nutzung der Sozialdaten gilt § 7a Absatz 6 entsprechend.“

F. Pflegestützpunkte (§ 7c SGB XI)

Die Regelung in § 7 c SGB XI über „Pflegestützpunkte“ wurde als § 92 c SGB XI zum 01.07.2008 durch das Gesetz zur strukturellen Weiterentwicklung der Pflegeversicherung (Pflege-Weiterentwicklungsgesetz) vom 28. Mai 2008[11] eingeführt, dessen Absätze 1 bis 4 und 7 bis 9 durch das PSG II zum 01.01.2016 unverändert von der jetzigen Vorschrift des § 7c SGB XI übernommen worden sind. Nicht in den neuen § 7 c SGB XI übernommen hat der PSG-II-Gesetzgeber die Absätze 5 und 6 des früheren § 92 c SGB XI zur Anschubfinanzierung, da alle Länder mit Ausnahme von Sachsen und Sachsen-Anhalt von den Ende 2011 ausgelaufenen Regelungen Gebrauch gemacht hatten.[12]

§ 7 c SGB XI ermöglicht die Errichtung von Pflegestützpunkten zur wohnortnahen Beratung, Versorgung und Betreuung von Versicherten der Pflege- und Krankenkassen. Ziel ist es, die pflegerische Infrastruktur zu fördern sowie eine vernetzte Versorgungsstruktur auf- und auszubauen, in der notwendige Hilfs- und Unterstützungsangebote aller Sozialversicherungs- und Sozialleistungsträger koordiniert und aufeinander abgestimmt geleistet werden können.

Zu den Aufgaben der Pflegestützpunkte gehören nach § 7 c Abs. 2 Satz 1 Nr. 1 bis 3 SGB XI *„1. umfassende sowie unabhängige Auskunft und Beratung zu den Rechten und Pflichten nach dem Sozialgesetzbuch und zur Auswahl und Inanspruchnahme der bundes- oder landesrechtlich*

11 BGBl. I 2008, S. 874.
12 Vgl. BT-Drs. 18/5926, S. 88.

vorgesehenen Sozialleistungen und sonstigen Hilfsangebote einschließlich der Pflegeberatung nach § 7a in Verbindung mit den Richtlinien nach § 17 Absatz 1a, 2. Koordinierung aller für die wohnortnahe Versorgung und Betreuung in Betracht kommenden gesundheitsfördernden, präventiven, kurativen, rehabilitativen und sonstigen medizinischen sowie pflegerischen und sozialen Hilfs- und Unterstützungsangebote einschließlich der Hilfestellung bei der Inanspruchnahme der Leistungen, 3. Vernetzung aufeinander abgestimmter pflegerischer und sozialer Versorgungs- und Betreuungsangebote.“

Der PSG-III-Gesetzgeber hat den Ansatz einer umfassenden Beratung in einem Pflegestützpunkt zum 01.01.2017 weiter ausgebaut und den kommunalen Trägern, die für die Hilfe zur Pflege nach dem SGB XII bzw. die Altenhilfe zuständig sind, bis zum 31. Dezember 2021 ein Anrecht darauf eingeräumt, sich per Vereinbarung an der Einrichtung eines Pflegestützpunktes zu beteiligen. Die kommunalen Träger sind dann neben der Pflegekasse und der Krankenkasse Träger des Pflegestützpunktes und müssen sich an den Kosten für den Betrieb des Pflegestützpunktes beteiligen.

Die Träger der Pflegestützpunkte sollen Dritte in die Arbeit der Pflegestützpunkte einbinden. Aus diesem Grund wurde § 7 c Abs. 2 Satz 6 Nr. 3 SGB XI zwecks der besseren Einbeziehung schon vorhandener kommunaler Strukturen um Einrichtungen in der Kommune erweitert, bei denen es sich um nicht gewerbliche, gemeinwohlorientierte Einrichtungen mit öffentlich zugänglichen Angeboten und insbesondere Selbsthilfe stärkender und generationenübergreifender Ausrichtung handeln muss.

Zudem verfolgt der Gesetzgeber das Ziel, die Einrichtung der Pflegestützpunkte und die Arbeit in den Pflegestützpunkten zu vereinfachen. Daher normiert § 7 c Abs. 6 SGB XI den verpflichtenden Abschluss von Rahmenverträgen auf Landesebene für die Arbeit und die Finanzierung der Pflegestützpunkte; an diesen beteiligen sich auch die für die Hilfe zur Pflege zuständigen Sozialhilfeträger und die kommunalen Spitzenverbände. Hierdurch soll die Einrichtung von Pflegestützpunkten erleichtert und der Verhandlungsaufwand zwischen den Trägern der Pflegestützpunkte reduziert werden, da bereits Vorgaben zur Arbeit und Verantwortlichkeit in den Pflegestützpunkten und insbesondere zur Finanzierung der Pflegestützpunkte getroffen werden und nicht mehr für einzelne Pflegestützpunkte verhandelt werden müssen.[13] Die vertraglichen Regelungen sollen

13 BT-Drs. 410/16, S. 39.

sich nach dem Willen des Gesetzgebers auf die Strukturierung der Zusammenarbeit mit weiteren Beteiligten (Care-Management), die Organisationsstruktur, die Personalausstattung, die Raum- und Sachausstattung des Pflegestützpunkts, die Arbeitsweise und den Aufgabenzuschnitt der einzelnen Mitarbeiterinnen und Mitarbeiter, die Erreichbarkeit der Beratung, die Berücksichtigung des besonderen Unterstützungsbedarfs spezieller Zielgruppen und die Öffentlichkeitsarbeit beziehen. Darüber hinaus sollen klare Regelungen zur Zuständigkeit für die Aufgabenerfüllung und Koordinierung innerhalb des Pflegestützpunktes, zur Zuständigkeit für die Qualitätssicherung und für die Auskunftspflicht gegenüber den Trägern des Pflegestützpunktes einerseits und den zuständigen Aufsichtsbehörden andererseits (Länder und Bundesversicherungsamt) in die Rahmenverträge aufgenommen werden.[14]

Schließlich wurde durch das PSG III die Ermächtigung der Landesregierungen neu eingeführt, Schiedsstellen einzurichten, die, wenn erforderlich, Rahmenverträge für die Arbeit und Finanzierung der Pflegestützpunkte festsetzen.

G. *Modellvorhaben zur kommunalen Beratung Pflegebedürftiger und ihrer Angehörigen (§§ 123, 124 SGB XI)*

Zur besseren Einbeziehung der kommunalen Leistungsträger in die Beratungsstruktur führt der Gesetzgeber in den §§ 123, 124 SGB XI Modellvorhaben zur Beratung von Pflegebedürftigen und deren Angehörigen ein, die insbesondere die Übernahme der Pflegeberatung nach den §§ 7 a bis 7 c SGB XI, der Beratung in der eigenen Häuslichkeit nach § 37 Abs. 3 SGB XI und der Durchführung von Pflegekursen nach § 45 SGB XI in eigenen Beratungsstellen umfassen. Die Modellvorhaben bezwecken, die Zusammenarbeit zwischen Pflegeberatung und weiteren Beratungsaufgaben der Kreise und kreisfreien Städte, insbesondere im Rahmen der Hilfe zur Pflege, Eingliederungshilfe und der Altenhilfe zu verbessern.[15]

Es steht ein Gesamtkontingent von 60 Modellvorhaben bundesweit zur Verfügung. In jedem Land können so viele Modellvorhaben genehmigt werden, wie dem Land nach dem Königsteiner Schlüssel zustehen. Die

14 BT-Drs. 410/16, S. 55.
15 BT-Drs. 410/16, S. 75.

kommunalen Träger müssen bei der zuständigen obersten Landesbehörde die Zulassung des Modellvorhabens beantragen. Nach Genehmigung eines Modellvorhabens durch die zuständigen Landesbehörden schließt der kommunale Träger mit den Landesverbänden der Pflegekassen eine Vereinbarung. Mit dem Inkrafttreten der Vereinbarung geht die Verantwortung für die übernommenen Aufgaben im Bereich der örtlichen Zuständigkeit der Beratungsstelle auf den kommunalen Träger über. Der kommunale Träger muss die aufgewendeten Mittel je Haushaltsjahr gegenüber der obersten Landesbehörde und den am Vertrag beteiligten Landesverbänden der Pflegekassen darlegen. Anträge zur Durchführung von Modellvorhaben können bis zum 31. 12.2019 gestellt werden. Die Modellvorhaben sind auf fünf Jahre zu befristen. Näheres über die konkreten Voraussetzungen, Ziele, Inhalte und Durchführung der Modellvorhaben ist in einer Empfehlung des GKV-Spitzenverbands zu regeln, die bis zum 30.06.2017 beschlossen sein muss.

Vorgesehen ist zudem in § 124 SGB XI eine wissenschaftliche Begleitung und Auswertung aller Modellvorhaben durch unabhängige Sachverständige. Die Auswertung schließt einen Vergleich mit den Beratungsangeboten der sozialen Pflegeversicherung und der privaten Pflege-Pflichtversicherung jeweils außerhalb der Modellvorhaben ein. Darüber hinaus ordnet der Gesetzgeber einen bundesweiten Austausch der Akteure der Modellvorhaben an; der GKV-Spitzenverband muss wiederum einen Beirat zur Begleitung der Modellvorhaben im Einvernehmen mit dem Bundesministerium für Gesundheit einrichten.

H. Beratungsbesuche im häuslichen Umfeld (§ 37 Abs. 3 SGB XI)

Nach der geltenden Fassung enthält § 37 Abs. 3 SGB XI nunmehr die Verpflichtung, dass Pflegebedürftige, die Pflegegeld beziehen, bei Pflegegrad 2 und 3 halbjährlich einmal, bei Pflegegrad 4 und 5 vierteljährlich einmal eine Beratung in der eigenen Häuslichkeit durch eine Fachkraft abzurufen haben. Die Beratung soll insbesondere der Sicherung der Qualität der häuslichen Pflege dienen. Wenn die Beratungseinsätze vom Pflegebedürftigen nicht angefordert werden, ist das Pflegegeld angemessen zu kürzen und im Wiederholungsfall zu entziehen. Diese Beratungsbesuche können auch von Beratungspersonen der kommunalen Gebietskörperschaften, die die erforderliche pflegefachliche Kompetenz aufweisen, durchgeführt werden.

Der Einfluss der Rechtsprechung auf die Entwicklung neuartiger sozialer Sicherungssysteme – insbesondere der sozialen Pflegeversicherung

Peter Udsching

I. Einleitung

Das System der sozialen Sicherheit in der Bundesrepublik Deutschland wurde in den letzten dreißig Jahren um wichtige Bausteine ergänzt. Die Entwicklung dreier neuartiger Systeme durfte der Verfasser als Richter des Bundessozialgerichts mitgestalten: die Sozialversicherung der selbständigen Künstler und Publizisten durch das Künstlersozialversicherungsgesetz (KSVG)[1], die Absicherung des durch den Eintritt von Pflegebedürftigkeit entstehenden Unterstützungsbedarfs und zuletzt die Grundsicherung für Arbeitsuchende. Charakteristisch für die Arbeit des für das Sozialrecht zuständigen Revisionsgerichts war in den ersten Jahren nach dem Inkrafttreten dieser neuartigen Regelungsmaterien jeweils die Notwendigkeit, die Auslegung unbestimmter Rechtsbegriffe zu strukturieren, die als Anspruchsvoraussetzungen für die Gewährung des Risikoschutzes oder die Inanspruchnahme von Leistungen zentrale Bedeutung hatten.

Dies war etwa für das KSVG der Begriff „Kunst", von dem sowohl die Zugehörigkeit zum versicherten Personenkreis als auch die Pflicht, Abgaben zu entrichten, abhängt und auf diese Weise die neu geschaffene soziale Sicherung für Künstler und Publizisten finanzierbar zu machen. Die Qualifizierung einer Leistung als „künstlerisch" bedeutet für die einen, eine hälftige Mitfinanzierung der Kosten für Renten-, Kranken- und später auch Pflegeversicherung zu erlangen, die anderen Solo-Selbständigen trotz vergleichbarer Schutzbedürftigkeit sonst grundsätzlich versagt wird. Für andere, nämlich die Verwerter von Leistungen selbständiger Leistungserbringer entsteht durch die Qualifizierung als Kunst über den eigentlichen Werklohn hinaus eine Abgabepflicht, die die Funktion des Ar-

1 Gesetz über die Sozialversicherung der selbständigen Künstler und Publizisten (Künstlersozialversicherungsgesetz) vom 27. Juli 1981 (BGBl. I S. 705).

beitgeberanteils am Beitrag der Sozialversicherung übernimmt. Um eine allgemeingültige Definition von Kunst hatten sich zuvor schon andere oberste Bundesgerichte und das BVerfG[2] mit zweifelhaftem Erfolg bemüht. Die bis in die jüngste Zeit fortentwickelte Einzelfallkasuistik des BSG[3] lässt eine Tendenz zur Ausweitung des ursprünglich avisierten Anwendungsbereichs erkennen, die aber letztlich die Abgrenzung zu den nicht erfassten Lebensbereichen, wie Handwerk[4] (Stichwort „Kunsthandwerk"), Technik[5] oder Sport[6] nicht abgemildert, sondern eher verschärft hat[7].

In dem 2005 völlig neu konzipierten Sicherungsbereich der Grundsicherung für Arbeitsuchende (SGB II, vulgo „Hartz IV") war von mehreren unbestimmten Rechtsbegriffen vor allem derjenige, der die Grenze bestimmte, bis zu der die Unterkunftskosten vom Träger der Grundsicherung zu übernehmen sind, Gegenstand zahlloser Rechtsstreitigkeiten und Quelle von nicht vorhergesehenen immensen Kostensteigerungen[8]. Das Gesetz sieht vor, dass die Bedarfe für Unterkunft und Heizung in Höhe der tatsächlichen Aufwendungen übernommen werden, soweit diese „angemessen" sind (§ 22 Abs. 1 SGB II). Die Schranke der Angemessenheit lag zuvor schon der entsprechenden Regelung im BSHG zugrunde[9] und war über Jahrzehnte hinweg von der verwaltungsgerichtlichen Rechtsprechung praktiziert worden. Die Sozialgerichte erhöhten lediglich die Anforderungen an den Nachweis der Verfügbarkeit und Anmietbarkeit einer Wohnung, deren Kosten der Grundsicherungsträger für angemessen hielt, weil das BVerfG zwischenzeitlich die Mahnung ausgesprochen hatte: Schätzungen pauschaler Werte ins Blaue hinein ohne gesicherte empirische

2 vgl. etwa BVerfGE 67, 213, 224 f.; 75, 369, 377.

3 Vgl. hierzu *Schriever*, in: Festschrift 50 Jahre Bundessozialgericht (Hrsg. v. Wulffen/Krasney), Köln 2004, S. 709 ff.

4 BSGE 82, 164 (Feintäschner); BSG SozR 3-5425 § 25 Nr. 11 (Gemäldefotografie).

5 BSG SozR 4-5425 § 2 Nr. 5 (Web-Designer).

6 BSGE 82, 107 (Fallschirmspringer); BSGE 83, 160 (Berufsringer).

7 Etwa durch die Einbeziehung der Web-Designer in den versicherten Personenkreis (s.o. Fn. 5) wird aus dem Kreis der neuen Solo-Selbständigen in der digitalen Arbeitswelt 4.0 ein einzelner Tätigkeitsbereich privilegiert.

8 Vgl. hierzu *Udsching*, Grundkonzeptionen des SGB II, Soziales Recht 2015, 77, 81 f.

9 Sie war unter Geltung des BSHG in § 3 Abs. 1 der RegelsatzV enthalten, der über § 22 BSHG zur Anwendung kam; vgl. BVerwG, NJW 2001, 386; *Schmidt*, NVwZ 1995, 1041 ff.

Grundlage seien zur Erfassung der sozialen Wirklichkeit unzureichend[10]. Eine Befriedung des Kleinkriegs, an dem auch die Kommunen durch Blockaden gegenüber Ermittlungsversuchen der Instanzgerichte beteiligt waren, ist der Rechtsprechung nicht gelungen.

II. Einfluss der Rechtsprechung auf die Entwicklung der Pflegeversicherung

Im Gegensatz zu den zuvor kurz skizzierten neuartigen Sozialleistungsbereichen bilden im SGB XI unbestimmte Rechtsbegriffe keine zentralen Probleme. Versicherter Personenkreis, Leistungsvoraussetzungen und Leistungsinhalt sind eindeutig festgelegt. Probleme erwuchsen der höchstrichterlichen Rechtsprechung zunächst aus dem Umstand, dass die Absicherung des Pflegerisikos vom Gesetzgeber eher tastend vorsichtig in mehreren Einzelschritten umgesetzt wurde. Der erste Regelungsrahmen, noch im seinerzeit neu geschaffenen SGB V, war eher konturlos und enthielt mit der Voraussetzung „Hilfebedarf in sehr hohem Maße“ für die Zuordnung zum leistungsberechtigten Personenkreis einen unbestimmten Rechtsbegriff, dessen Konturen in Richtlinien der Spitzenverbände der Krankenkassen festgelegt wurden, die für die Gerichte allerdings nicht verbindlich waren. Die Zurückhaltung des Gesetzgebers ließ in der Rechtsprechung die Entwicklung von systematischen Grundpositionen zu, die später nach eindeutigen Festlegungen des Gesetzgebers im SGB XI revidiert werden mussten.

1. Abgrenzung des für Leistungsansprüche relevanten Risikos der Pflegebedürftigkeit

a) Vorläufer der Pflegeversicherung

§ 53 SGB V i.d.F. vom 20.12.1988[11] sah Leistungen wegen Schwerpflegebedürftigkeit nur vor, wenn bei den Verrichtungen im Ablauf des täglichen Lebens ein Hilfebedarf in sehr hohem Maße bestand. Gerhard Igl, der schon zu dieser Zeit als Sachkenner der Absicherung des Risikos der

---

10 BVerfG, Urteil v. 9. Februar 2010 – 1 BvL 1/09, BVerfGE 125, 175.

11 SGB V = Art. 1 des Gesetzes v. 20. Dezember 1988, BGBl. I S. 2477.

Pflegebedürftigkeit allseits geschätzt wurde[12], konnte sich in dieser frühen Phase mit seinem Vorschlag[13], als "in sehr hohem Maße" pflegebedürftig einen Ausschnitt von pflegebedürftigen Personen anzusehen, der - bezogen auf eine Skala von 1 bis 100 - etwa im Bereich des oberen Drittels dieser Skala (ab 66,6) anzusiedeln sei, nicht durchsetzen. Sein Ziel, für einen möglichst einheitlichen Verwaltungsvollzug leicht handhabbare Kriterien zugrunde zu legen, wurde danach jedoch mit einer Entscheidung des 4. Senats des BSG[14] auf ähnliche Weise verfolgt. Das zuvor vom 1. Senat ausgesprochene Verdikt[15], die Abgrenzung dürfe nicht schematisch vorgenommen werden, blieb unbeachtet; die hierin liegende Abweichung von einem tragenden Rechtssatz hätte die Anrufung des Großen Senats notwendig gemacht, was aber unterblieb.

Der 4. Senat stellte ausgehend von den Richtlinien der Spitzenverbände einen Katalog von 18 Verrichtungen des täglichen Lebens zusammen. Die Grenze für das vom Gesetz geforderte „sehr hohe Maß“ legte er bei einem Hilfebedarf bei 14 Verrichtungen fest (das entspricht 80 % von 18); bei einem Hilfebedarf bei 9 bis 14 Verrichtungen sollte ein Leistungsanspruch dann bestehen, wenn die Versorgung des Pflegebedürftigen mit bestimmten Erschwernissen verbunden war[16]. Man bezeichnete diesen Fall als Gleichstellungssachverhalt. Der 3. Senat[17] setzte diese Rechtsprechung fort. Als eindeutiges Beispiel für einen Gleichstellungssachverhalt galt die Hilfe zur Aufrechterhaltung von Vitalfunktionen. Sie sollte nach Auffassung des 3. Senats der Grundpflege zugerechnet werden, obwohl sie in dem aus den Richtlinien der Spitzenverbände entwickelten Verrichtungskatalog nicht enthalten war. Die Hilfe bei Vitalfunktionen wurde quasi als der Hilfe bei Verrichtungen übergeordnet angesehen, weil ohne sie die

12 Bahnbrechend sein Beitrag auf der internationalen Tagung des Deutschen Sozialrechtsverbandes und des Max - Planck - Instituts für ausländisches und internationales Sozialrecht am 9./10.10.1986 in Konstanz, SDSRV Band XXIX, S. 231 ff.

13 *Igl*, Rechtsprobleme bei Pflegebedürftigkeit - Die Situation der Sicherung bei Pflegebedürftigkeit nach den Neuregelungen durch das Gesundheits-Reformgesetz, Rechtsgutachten für das Kuratorium Deutsche Altershilfe, Wilhelmine-Lübke-Stiftung,1989.

14 BSGE 73, 146, NZS 1994, 130.

15 BSG, Urteil v. 8. Juni 1993 – 1 RK 17/92 –, BSGE 72, 261.

16 Als Beispiele wurden aufgeführt: Abbau geistiger, seelischer Kräfte/ hoher zeitlicher Hilfebedarf/ besondere körperliche oder seelische Erschwernisse/ außergewöhnliche Belastung der Pflegeperson.

17 Ab 1993 für Leistungen bei Pflegebedürftigkeit zuständig.

Unterstützung bei Verrichtungen gar nicht möglich sei. Abgeleitet wurde diese Deduktion auch aus dem Gleichheitssatz: dieser sei verletzt, wenn eher unbedeutende Hilfeleistungen wie etwa die Mund- und die Haarpflege bei der Bemessung des Hilfebedarfs berücksichtigt würden, Hilfeleistungen zur elementaren Lebensführung aber nicht. Der maßgebende Fall betraf die Hilfe zur Aufrechterhaltung des Atmens bei einem Kleinkind, das an Mukoviszidose litt. Die Entscheidung, die noch auf der Grundlage des § 53 SGB V a.F. zu treffen war, erging am 17.4.1996; demnach zu einem Zeitpunkt, zu dem das SGB XI bereits seit mehr als einem Jahr in Kraft war. Durch die Konstruktion des Gleichstellungssachverhaltes war ein relativ weiter Begriff der Pflegebedürftigkeit entstanden, der vor allem die Freiheit eröffnete, ohne Beschränkung auf den engen Verrichtungskatalog besondere Erschwernisse und außergewöhnliche Belastungen der Pflegesituation zu berücksichtigen.

b) Zäsur durch den Übergang auf das SGB XI

Mit dem SGB XI führte der Gesetzgeber im Gesetz selbst (§ 14 Abs. 4 SGB XI) einen dezidiert engen Katalog maßgebender Verrichtungen ein. Die Erkenntnis, dass er damit eine uneingeschränkte Begrenzung der für die Feststellung von Pflegebedürftigkeit maßgebenden Hilfeleistungen auf einen abgeschlossenen Katalog von Verrichtungen erreichen wollte und nur der dort bestehende Hilfebedarf berücksichtigt werden sollte, verursachte vor dem Hintergrund der vorangegangenen Entwicklung eine gewisse Ratlosigkeit[18]. Sollten die Schwere der Störungen und der Betroffenheit des Hilfebedürftigen oder das Ausmaß der Belastung für die Pflegepersonen im häuslichen Bereich jegliche Bedeutung verlieren? Ratlosigkeit verursachte vor allem der Blick in die Begründung zum Regierungsentwurf des SGB XI[19]. Der enthielt etwa die Aussage, dass der Aufsichtsbedarf, der bei einer schweren Abbauerkrankung des Gehirns besteht,

---

18 Vgl. hierzu *Udsching*, Rechtsfragen bei der Bemessung des Pflegebedarfs, VSSR 1996, 271, 277: Die Publikation entstand in der Zeit zwischen dem Urteil vom 17.4.1996 und den ersten Entscheidungen zum SGB XI im Februar 1998.

19 BT-Drucks. 12/5262, S. 96 – 98; vgl. *Igl*, Die unbehelfliche Abgrenzung der Leistungen häuslicher Krankenpflege nach dem SGB V und häuslicher Pflege nach dem SGB XI, SGb 1999, 111, 116, 118; *Udsching*, SGB XI, 4. Aufl. 2015, § 14 Rn. 6 m.w.N.

einen umfassenden Pflegebedarf rund um die Uhr begründe. An anderer Stelle findet sich dann allerdings der Hinweis, für die Feststellung von Pflegebedürftigkeit und die Zuordnung zu einer Pflegestufe komme es nur auf die erforderliche Anleitung und Beaufsichtigung an, die für eine Katalogverrichtung benötigt werde. Mit dem Regierungsentwurf zum 1. SGB XI-ÄndG[20] wurde Mitte 1996 die schwere Demenz als Beispiel für die Erforderlichkeit eines außergewöhnlich hohen und intensiven Pflegeaufwandes aufgeführt (§ 43 Abs. 3 SGB XI), obwohl der in diesen Fällen zumeist ununterbrochen bestehende Hilfebedarf nur zum Teil den Katalogverrichtungen zugeordnet werden konnte. Selbst die Auguren des MDK äußerten sich seinerzeit insoweit widersprüchlich[21].

Dass der Gesetzgeber mit dem engen Verrichtungskatalog bei der häuslichen Pflege u.a. auch eine Abgrenzung zu den Leistungspflichten der GKV im Rahmen der häuslichen Krankenpflege erreichen wollte, verfing als Gegenargument kaum, weil die betroffenen Fälle, die seinerzeit zur Entscheidung anstanden, allesamt unter die Subsidiaritätsklausel des § 37 Abs. 3 SGB V fielen. Im Ergebnis wurden die Haushaltsangehörigen zur Entlastung der GKV herangezogen, ohne dass ihre Leistungen, die zumeist eine Erwerbstätigkeit der Pflegeperson unmöglich machten, bei der Feststellung des Hilfebedarfs als Voraussetzung für Leistungen der Pflegeversicherung berücksichtigt wurden. Dies traf zum einen Eltern behinderter Kinder; zum anderen die pflegenden Angehörigen von Personen, die in ihrer Alltagskompetenz eingeschränkt waren und nicht ohne Betreuung leben konnten. Von den vielfältigen Ursachen für eine aufwändige häusliche Pflegesituation sollten bestimmte erst gar nicht berücksichtigt werden. Die größte Bedeutung kam in diesem Zusammenhang den kognitiven und psychischen Ursachen zu, die bei der Orientierung am Verrichtungskatalog weitgehend ausgeschlossen blieben.

Auch Einschränkungen von Vitalfunktionen waren bei Beachtung der Abgeschlossenheit des Verrichtungskatalogs allein nicht mehr maßgebend. Das löste etwa beim Beispiel Mukoviszidose eine geradezu makabre Zuordnungsdiskussion aus: Ist das notwendige Abhusten am Morgen noch als Hilfe beim Aufstehen anzusehen, wenn es für den Betroffenen notwendig ist, um „in die Gänge" zu kommen oder welcher anderen Verrichtung kann man es gegebenenfalls zuordnen? Die Frage, ob der Ausschluss be-

20 BT-Drucks. 13/4521, S. 14, zu Nr. 18 Buchst. b).
21 Vgl. etwa das Beispiel bei *Udsching*, VSSR 1996, 271, 279, Fn. 37.

stimmter Ursachen für die Entstehung von Hilfebedürftigkeit bei einer Zwangsversicherung, die die gesamte Bevölkerung gegen das Risiko zusätzlicher Kosten beim Eintritt von Pflegebedürftigkeit zumindest so weit absichern sollte, dass Sozialhilfebedürftigkeit vermieden werden konnte, verfassungsgemäß war, wurde von den Gerichten nie beantwortet.

c) Verfassungsmäßigkeit der Einschränkung des versicherten Risikos?

Nach der letzten Entscheidung zu § 53 SGB V a.F., die auf eine weite Auslegung des Verrichtungskatalogs schließen lassen konnte, waren die erst nach längerer Bedenkzeit im Februar 1998 getroffenen Entscheidungen zum SGB XI[22], in denen sich der 3. Senat des BSG auf die Beschränktheit des Verrichtungskatalogs in § 14 Abs. 4 SGB XI einließ, für viele enttäuschend. Die Urteile sind in den Medien, überwiegend kritisch aufgenommen worden. Gerhard Igl ist dem 3. Senat seinerzeit beigesprungen[23], indem er deutlich machte, dass die Urteilsschelte eher den Gesetzgeber treffen müsse, der die Leistungen von Haushaltsangehörigen bei behandlungspflegerischen Maßnahmen im Rahmen der häuslichen Pflege bei der Bemessung des Pflegebedarfs im Rahmen des SGB XI nicht berücksichtigt wissen wollte. Dass der Senat trotz spürbarer Bedenken, die gesetzgeberische Lösung noch als verfassungsrechtlich tragbar angesehen hat, indem er auf die nachrangige Eintrittspflicht der Sozialhilfe verwies, hat Igl kritisiert, weil das Gericht unter Heranziehung des Gleichbehandlungssatzes im Hinblick auf existenznotwendige Leistungen zumindest eine willkürliche Ausgestaltung des Leistungsrechts von SGB V und SGB XI hätte prüfen müssen[24]. Auch aus aktueller Sicht hat er diese Kritik aufrecht erhalten[25].

Diesen Vorwurf muss man jedoch an das BVerfG weiter leiten, das auf Verfassungsbeschwerden hin, die vom BSG aufgeworfenen verfassungsrechtlichen Zweifel – auch fünf Jahre später! – nicht aufgegriffen hat, son-

---

22 BSG, Urteile vom 19. Februar 1998, u.a. B 3 P 3/97 R , BSGE 82, 27; NZS 1998, 525; SGb 1999, 138.

23 *Igl*, SGb 1999, 111 ff.

24 *Igl*, SGb 1999, 111, 119.

25 *Igl*, Pflege aus rechtswissenschaftlicher Sicht, in: Masuch/Spellbrink/Becker/Leibfried, Grundlagen und Herausforderungen des Sozialstaats - Denkschrift 60 Jahre Bundessozialgericht, Berlin 2014, S. 119, 126.

dern noch nicht einmal eine Befassung des Senats mit dieser Frage für erforderlich hielt. Man glaubte die Problematik mit einem schlichten Vergleich mit der privaten Teilkaskoversicherung in einer Kammerentscheidung abtun zu können[26]. Die Leichtfertigkeit, mit der das BVerfG die Ungleichbehandlung von somatisch und psychisch-kognitiv betroffenen Pflegebedürftigen abgetan hat, war eine wesentliche Ursache für die quälend lange Dauer der politischen Diskussion um die Einführung eines umfassenden neuen Begriffs der Pflegebedürftigkeit als Leistungsvoraussetzung der Pflegeversicherung, weil hierdurch der Handlungsdruck auf den Gesetzgeber erheblich gemindert wurde.

2. Festlegung der Vergütung von Pflegeleistungen

Trotz des der Höhe nach begrenzten Leistungsniveaus der Pflegeversicherung, das in der Regel den Einsatz eigener finanzieller Mittel bei der Vergütung pflegerischer Maßnahmen erforderlich macht, hat der Gesetzgeber für die Versicherten der Pflegekassen das Sachleistungsprinzip aus der GKV übernommen, um die Betroffenen zumindest bis zur Höhe der gesetzlich festgelegten Leistungsgrenzen von eigenen Zahlungs- bzw. Vorleistungspflichten zu entlasten und um ihre Rechtsposition im Verhältnis zu den Erbringern von Pflegeleistungen zu stärken; indem die Pflegekassen bzw. deren Verbände beim Aushandeln der Pflegesätze, die vom Betroffenen jenseits der Leistungshöchstgrenzen ja aus eigenen Mitteln finanziert werden müssen, eine quasi treuhänderische Vertretung des Pflegebedürftigen übernehmen. Eigene finanzielle Interessen können von den Trägern der Pflegeversicherung beim Aushandeln von Vergütungsvereinbarungen mit den Trägern der Pflegeeinrichtungen kaum verfolgt werden, weil ihre finanzielle Gesamtverantwortung von vornherein durch die in den §§ 36 ff SGB XI festgelegten Höchstgrenzen limitiert wird. Diese unterschreiten durchgängig die Höhe der tatsächlichen Kosten der pflegerischen Versorgung, so dass sich Erhöhungen der Vergütung allein auf die Kostentragungspflicht der Pflegebedürftigen selbst, der Sozialhilfeträger und mittelbar der unterhaltspflichtigen Angehörigen auswirken. Nur bei

---

26 BVerfG, Nichtannahmebeschlüsse vom 22. Mai 2003 – NZS 2003, 535; ZFSH/SGB 2003, 548; vgl. hierzu die Kritik von *Baumeister*, NZS 2004, 191 und *Welti*, in: Igl/Naegele/Hamdorf, Reform der Pflegeversicherung, 2007, S. 193, 203.

ihnen, nicht aber bei den Pflegekassen, kann ein gesteigertes Interesse an einer möglichst knappen Finanzierung der Pflegeeinrichtungen bestehen.

Nach dem Inkrafttreten des SGB XI fiel den Pflegekassen eine Rolle zu, die für Sozialversicherungsträger bis dahin fremd war: gemeinsam mit den Sozialhilfeträgern übernahmen sie den Prozess der Ermittlung und Festlegung der Vergütung, den bis dahin die Sozialhilfeträger allein gesteuert hatten. Maßgebend war grundsätzlich das Selbstkostendeckungsprinzip, das in der Praxis durch ein hohes Maß an Intransparenz gekennzeichnet war. Die für die regionale Preisfestsetzung zuständigen Kommunen befanden sich zumindest im Bereich der stationären Pflege in einer für die Pflegebedürftigen und ihre unterhaltspflichtigen Angehörigen unheilvollen Doppelrolle: einerseits dominierten sie häufig als Heimbetreiber die regionalen Versorgungsangebote und waren an möglichst hohen Pflegesätzen interessiert, die teilweise durch extensive Zuordnung von Personalkosten aufgebläht wurden; andererseits war der weit überwiegende Teil der stationär versorgten Pflegebedürftigen zumindest ergänzend auf Sozialhilfeleistungen angewiesen. Diese wurde den Kommunen jedoch durchweg vom überregionalen Träger der Sozialhilfe aus Haushaltsmitteln der Länder erstattet, so dass ein Eigeninteresse an möglichst niedrigen Pflegesätzen eher schwach ausgeprägt war.

Diese Vorgaben muss man beachten, wenn man das Vorgehen der Rechtsprechung analysiert, ein für beide Seiten des Pflegeprozesses sachgerechtes Vergütungssystem zu finden. Die maßgebende rechtliche Vorgabe im SGB XI war wiederum äußerst unbestimmt: Die Pflegeeinrichtung kann eine leistungsgerechte Vergütung beanspruchen. Der Pflegesatz ist danach so zu bemessen, dass einem Pflegeheim bei Beachtung der Grundsätze der Wirtschaftlichkeit und der Beitragssatzstabilität und bei Einhaltung der vereinbarten Mindestqualität die Erfüllung des individuellen Versorgungsauftrags möglich ist. Die Ermittlung der leistungsgerechten Vergütung sollte nach Auffassung des 3. Senats des BSG[27] - wegen der im SGB XI zum Ausdruck kommenden Entscheidung des Gesetzgebers für eine marktorientierte Pflegeversorgung - in erster Linie über die Feststellung von Marktpreisen erfolgen (so genannter externer Vergleich). Da der Gesetzgeber des SGB XI die Sicherstellung einer ausreichenden und wirtschaftlichen Versorgung der Versicherten mit Pflegeeinrichtungen in erster Linie von einem funktionierenden Wettbewerb unter den Pflege-

27 BSGE 87, 199, 202 ff; SozR 3-3300 § 85 Nr 1.

einrichtungen erwartete, sollten die Gestehungskosten des Anbieters in der Regel nicht als maßgebende Berechnungsgröße herangezogen werden. Hierfür verwies der Senat auch auf die Tatsache, dass die Pflegekassen durch den Gesetzgeber verpflichtet wurden, den Wettbewerb durch die Führung von Preisvergleichslisten zu fördern (§ 72 Abs. 5 S 1 SGB XI).

Maßgebend beeinflusst wurde die Wahl des „Marktpreismodells" auch dadurch, dass sich das BVerwG[28] in Bezug auf Vergütungsregelungen in der Sozialhilfe fast zeitgleich vom Selbstkostendeckungsprinzip verabschiedet und den externen Vergleich als Bemessungsverfahren in Erwägung gezogen hatte. Für das Marktpreismodell sprach zudem, dass das SGB XI (§ 11 Abs. 1 Satz 1 SGB XI) wie das SGB V bei der Vergütung ärztlicher Leistungen von einem einheitlichen Qualitätsstandard ausgeht, den alle Leistungserbringer gleichermaßen zu erfüllen haben. Diese Vorgabe legte bei stationären Pflegeeinrichtungen mit vergleichbarem Bewohner- bzw. Patientenkollektiv die Schlussfolgerung nahe, dass auch in diesem Bereich wie bei der Vergütung medizinischer Leistungen in der GKV langfristig ein einheitliches Preisniveau anzustreben sei.

Rückschauend betrachtet blieben bei diesen Überlegungen einige Aspekte unbeachtet, die für die Festsetzung der Höhe angemessener Vergütungen in der Praxis nicht außer Acht gelassen werden können. Unterschätzt wurden aus heutiger Sicht vor allem die unterschiedlichen Wettbewerbsbedingungen zwischen tarifgebundenen und nicht tarifgebundenen Einrichtungen, die durch das Inkrafttreten der Pflegeversicherung erst allmählich an Dynamik gewannen, weil sich die Zahl und Marktmacht privater Anbieter, die nicht tarifgebunden sind, zunehmend vergrößerte.

Durch die Änderungen des SGB XI im Zuge des PQsG[29] hatten sich danach auch die normativen Grundlagen für die Bemessung der Pflegevergütung nachhaltig geändert. Die seinerzeit eingeführten Leistungs- und Qualitätsvereinbarungen versprachen objektivierbare Grundlagen für einrichtungsindividuelle Pflegesätze. Nach § 80a Abs. 2 Satz 3 SGB XI i.d.F. des PQsG sollten die entsprechenden Vereinbarungen bei Pflegesatzverhandlungen „als Bemessungsgrundlage für die Pflegesätze" unmittelbar verbindlich sein. Der Gesetzgeber beabsichtigte hiermit zugleich eine Klarstellung, dass er die von der BSG – Rechtsprechung angestrebte Verein-

---

28 BVerwGE 108, 47; ZFSH/SGB 1999, 281.

29 Gesetz zur Qualitätssicherung und zur Stärkung des Verbraucherschutzes in der Pflege (Pflege-Qualitätssicherungsgesetz, PQsG) vom 9.9.2001, BGBl. I S. 2320.

heitlichung der Vergütung nicht guthieß[30]. Für den 3. Senat war danach eine Modifizierung der fast ein Jahrzehnt bestehenden und in der Praxis heftig bekämpften Rechtsprechung[31] unumgänglich. Zwar behielt er den externen Vergleich zur abschließenden Angemessenheitskontrolle bei, schaltete ihm jedoch eine Erfassung der Gestehungskosten der Einrichtung und deren Berücksichtigung nach einer Plausibilitätskontrolle vor. Das modifizierte Verfahren ermöglichte es zugleich, zwischen tarifgebundenen und nicht tarifgebundenen Einrichtungsträgern zu differenzieren und auf diese Weise den zwischenzeitlich entstandenen Wettbewerbsdruck, etwa auf tarifgebundene gemeinnützige Träger, der zugleich zu einem regional unterschiedlich ausgeprägten Lohndumping geführt hatte, ein wenig zu mildern[32].

3. Sicherstellung einer menschenwürdigen Pflege

Mit dem erstmals im PQsG[33] enthaltenen elften Kapitel des SGB XI unternahm der Gesetzgeber den Versuch, die Sicherstellung einer menschenwürdigen Pflege mit Hilfe des Instrumentariums der Pflegeversicherung durch Vereinbarungen der Partner der Selbstverwaltung zu erreichen, obwohl diese naturgemäß völlig gegensätzliche Interessen verfolgen und das Leistungsrecht nur eine begrenzte Teilsicherung gegen die mit dem Eintritt von Pflegebedürftigkeit verbundenen Zusatzkosten vermittelt. Das SGB XI verpflichtete allerdings von Beginn an die Leistungserbringer, die Pflege nach dem allgemein anerkannten Stand medizinisch-pflegerischer Erkenntnisse durchzuführen. Diese für den Bereich der Langzeitpflege seinerzeit völlig inhaltsleere Formel hatte man aus der GKV übernommen[34], obwohl entsprechende fachlich konsentierte Qualitätsstandards fehlten.

---

30 Vgl. BT-Drucks. 14/5395, S. 37; vgl. hierzu auch *Hänlein*, Externer Vergleich und ortsübliche Vergütung in der stationären Pflege, Freiburg im Breisgau 2010, S. 19.

31 Vgl. *Igl*, in: Masuch/Spellbrink/Becker/Leibfried, Grundlagen und Herausforderungen des Sozialstaats - Denkschrift 60 Jahre Bundessozialgericht, S. 119, 130 f.

32 Eine sachgerechte Lösung setzt allerdings voraus, dass die Kostenträger die tatsächliche Zahlung von Tariflöhnen auch dort berücksichtigen, wo sie auf arbeitsvertraglicher Grundlage ohne tarifvertragliche Bindung erfolgt.

33 S.o. Fn. 29.

34 Nach § 2 Abs. 1 Satz 3 SGB V muss die Qualität der Leistungen dem allgemein anerkannten Stand der medizinischen Erkenntnisse entsprechen und den medizinischen Fortschritt berücksichtigen.

Ein System zur Überwachung des normativ beschriebenen Standards war zunächst ebenfalls nicht vorgesehen.

Da die öffentliche Meinung, nicht nur in der Boulevardpresse, sondern selbst in vermeintlich wissenschaftlichen Darstellungen[35], nach Qualitätskontrolle und Transparenz verlangte, reagierte der Gesetzgeber trotz weiterhin fehlender fachlicher Grundlagen insbesondere in dem 2008 in Kraft getretenen Pflege-Weiterentwicklungsgesetz[36] mit einem Geflecht sanktionsbewerter externer Qualitätskontrollen und Publikationspflichten von Prüfergebnissen im Internet. Die fachlichen Lücken sollten wegen der ausbleibenden Einigung der sogenannten Selbstverwaltung dann parallel durch eine Schiedsstelle festgelegt werden (§ 113a SGB XI). Stürmische Proteste der Pflegeeinrichtungen und ihrer Verbände gegen hektisch normierte Maßnahmen zur Verbesserung der Transparenz der Pflegequalität in Einrichtungen (§ 115 Abs. 1a SGB XI), in denen vor allem die fehlende Aussagekraft von Prüfergebnissen geltend gemacht wurden, die auf der Basis von Stichproben mit einer geringen Zahl nach dem Zufallsprinzip ausgewählter Probanden zustande kamen, fanden letztlich auch bei der Rechtsprechung kein Gehör. Mit Urteil vom 16.5.2013[37] akzeptierte der 3. Senat in einem obiter dictum den schwerwiegenden Grundrechtseingriff, obgleich die Validität der zur Bewertung der Pflegequalität herangezogenen Kriterien auch nach Einschätzung des Gerichts nach wie vor unzulänglich und fachlich höchst umstritten ist.

Das Gericht befand sich allerdings auch in einer nicht beneidenswerten Konfliktsituation: auf der einen Seite stand ein gesetzgeberisches Konzept, dass die als notwendig erkannte staatliche Kontrollaufgabe trotz unzulänglicher Validität der Verfahren zur Prüfung der Pflegequalität umzusetzen versuchte; auf der anderen die Wahrung individueller Grundrechtspositionen. Der Verfasser stimmt mit dem Jubilar überein[38], dass dem als unzulänglich erkannten gesetzgeberischen Konzept vor allem im Hinblick auf das begrenzte Ziel des massiven Eingriffs nicht der Vorrang eingeräumt werden durfte. Denn die Transparenz der Prüfergebnisse dient nicht dem

35 *Moritz*, Staatliche Schutzpflichten gegenüber pflegebedürftigen Menschen, 2013.

36 Pflegeversicherungs-Weiterentwicklungsgesetz (PflWG vom 28.5.2008, BGBl. I S. 874).

37 BSG, Urteil v. 16.5.2013, B 3 P 5/12 R, SozR 4-3300 § 115 Nr. 2.

38 *Igl*, in: Masuch/Spellbrink/Becker/Leibfried, Grundlagen und Herausforderungen des Sozialstaats – Denkschrift 60 Jahre Bundessozialgericht, S. 119, 134; *Udsching*, Anm. zum Urteil v. 16.5.2013, SGb 2014, 509 ff.

Schutz der aktuell Pflegebedürftigen, sondern allein der Information künftiger Nutzer von Pflegeeinrichtungen.

Auf der Grundlage unzulänglicher fachlicher Erkenntnisse muss die richterliche Entscheidungsfindung langfristig ohne befriedende Wirkung bleiben. Die dem Informationsbedürfnis der Bevölkerung dienende Qualitätskontrolle hätte so lange auf Zwangsmaßnahmen zur Durchsetzung von Transparenz verzichten sollen, wie keine validen messbaren Kriterien für die Kontrolle der Ergebnisqualität vorliegen.

III. Resümee

Die Rechtsprechung des Bundessozialgerichts hat in den vergangenen Jahrzehnten die Entwicklung neuartiger sozialer Sicherungssysteme vor allem dadurch nachhaltig beeinflusst, dass sie Grundlagen für einen am Gleichheitssatz orientierten Verwaltungsvollzug neuer Regelungssysteme erarbeitet hat. Dies gilt weitgehend auch für die hier im Fokus stehende Pflegeversicherung. Eine Ausnahme bildet die Qualitätssicherung in der Pflege. Im Gegensatz zu anderen Bereichen des Gesundheitsrechts, in denen die staatliche Steuerung bemüht sein muss, die Finanzierbarkeit der Versorgung angesichts des rasanten Zugewinns an neuen wissenschaftlichen Erkenntnissen zu erhalten, hat die Langzeitpflege nicht mit einem Übermaß an neuen Erkenntnissen zu kämpfen, sondern mit einem Mangel an nachvollziehbaren Methoden zur Bewertung von qualitätvoller pflegerischer Versorgung.

Stationär vor ambulant?

Johannes Zacher

1 Einleitung, Fragestellung

Ambulant vor stationär ist seit Beginn der Einführung der Pflegeversicherung das politische Programm für die pflegerische Versorgung. Diese Maxime wurde programmatisch ins Sozialgesetzbuch XI an prominenter Stelle in die ersten Paragrafen aufgenommen. Die Pflegeversicherung ist als Unterstützung der Selbsthilfe angelegt und nicht als Ersatz. Alle seither stattgehabten Reformen der Pflegeversicherung fügten Schritt für Schritt Maßnahmen hinzu, die die pflegenden Angehörigen in ihrer Aufgabe unterstützten. Dies umfasst den schrittweisen Aufbau von Information und Beratung, die Förderung ambulant betreuter Wohngruppen, die Unterstützung ehrenamtlicher Aktivitäten, die vorsichtige Individualisierung häuslicher Dienstleistungen durch niederschwellige Betreuungsangebote. Gleichzeitig wurde die Vergütung der stationären Pflege im Verhältnis zur ambulanten Pflege schrittweise schlechter gestellt. Auch kamen immer neue Qualitätsanforderungen in Form von Dokumentation, Prüfungen und deren Veröffentlichung auf die stationäre Pflege zu. Dies führte einerseits zu einer Diskreditierung der stationären Pflege als potentiell hoch fehleranfällig bis gefährlich und andererseits zu einer Verteuerung der stationären Pflege, die aber mangels Erhöhung der Leistungssätze voll auf die Zuzahlungen durch die Bewohner wirkte und damit einen Heimeinzug unattraktiv machte.

Unter den vielfältigen Wurzeln und Zielvorstellungen, die zu diesem Prinzip führten, sollten sicher zwei Ziele mit der Ambulantisierung erreicht werden: zum einen sollen die Kosten überschaubar bleiben, zum anderen und vor allem aber wurde die Ressource Personal als ein Engpassfaktor angesehen. Im Hinblick auf diese nachvollziehbaren Bedenken soll hier geprüft werden, wie tragfähig das Konzept der überwiegenden Versorgung in der eigenen Häuslichkeit ist. Um die Frage zu beantworten, werden insbesondere demografische Fakten und betriebswirtschaftliche Kalkulationen herangezogen.

2 Demografische Betrachtung:

Die demografischen Effekte könnten großen Einfluss auf die Entscheidung ambulant oder stationär haben. Unbestritten ist eine steigende Anzahl Pflegebedürftiger. Wie aber entwickeln sich die Anzahl der pflegenden Familienmitglieder und die Anzahl der Fachkräfte? Einerseits scheint es unausweichlich, dass die Fachkräfte zurückgehen, sowohl wegen der generell schwächeren Kohorten jüngerer Jahrgänge, als auch wegen der abnehmenden Chance, Kräfte für die Pflege zu gewinnen im harten Konkurrenzkampf verschiedener Branchen. Letzteres hängt bekanntermaßen mit Arbeitsbedingungen und Bezahlung zusammen und mit der oben geschilderten systematischen Diskreditierung der stationären Pflege, dem Prototyp für das Berufsbild. Andererseits ist auch die häusliche Pflegebereitschaft bedroht, insbesondere durch berufliche Inanspruchnahme der jüngeren Generationen.

2.1 Überraschende Entwicklungen

Die Politik hat das Experiment ambulant vor stationär trotz der genannten Widersprüche gewagt und hat überraschenden Erfolg in der Anhebung der Zahl der häuslichen Pflegesettings erreicht, wenn man bereit ist, die folgenden Entwicklungen den gesetzlichen Verbesserungen für die ambulante Pflege im Pflege-Weiterentwicklungsgesetz aus dem Jahre 2008 zuzuschreiben. Tatsächlich steigen im Zeitraum nach 2007[1] die Heimeinzüge deutlich langsamer an, als vorher. Die häuslichen Versorgungssettings haben dagegen - wider alle Argumente bezüglich abnehmender Pflegebereitschaft - zugenommen. Die Veränderungsraten in der folgenden Tabelle zeigen eindeutig eine Trendwende zugunsten der ambulanten Pflege.

Zeiträume	1999 – 2007	2007 -2015
Zunahme ambulante Pflege	7%	35%
Zunahme stationäre Pflege	24%	10%

Eigene Berechnungen mit Zahlen der Pflegestatistik des statistischen Bundesamtes

1 Die Zahlen der Pflegestatistik des statistischen Bundesamtes wurden nur in ungeraden Jahren erhoben.

In absoluten Zahlen bedeutet das, dass die ambulante Pflege zwischen 2007 und 2015 von 1,54 Mio. auf 2,08 Mio. Pflegebedürftige gesteigert werden konnte. Es kamen also 539.000 neue häusliche Pflegesettings dazu. Der stationäre Sektor nahm dagegen nur von 709.000 auf 783.000 um 74.000 Versorgte zu. Die Entwicklung kann auch an der Heimquote abgelesen werden. Der in Heimen gepflegte Anteil an allen Pflegebedürftigen war bis 2007 auf 32% angewachsen. Bis 2015 ist die Quote bereits wieder auf 27% gesunken.

Wie kann das sein? Es wird nicht auseinanderdividierbar sein, wieviel dazu die Maßnahmen der Reformen des Pflegegesetzes beigetragen haben. Sicher ist aber ein anderer Effekt dafür wesentlich verantwortlich. Die pflegenden Angehörigen stammen nämlich gar nicht aus den jüngeren Kohorten, die mit den Anforderungen aus der Arbeitswelt konfrontiert sind. Vielmehr kommen sie überwiegend aus der Altersgruppe der 55 bis 80 jährigen. Gerade diese Gruppe aber wächst dank des Babyboom-Effekts gerade stark an. Nicht ausschließen darf man auch, dass ein Teil des Zuwachses häuslicher Settings durch ausländische Haushalts- und Pflegehilfen unterstützt wird und dass auch deren Zahl angestiegen ist. Darüber gibt es allerdings keine verlässlichen Angaben; ihnen alleine ist die Steigerung keinesfalls zuzuordnen.

2.2 Grenzen des häuslichen Pflegepotentials

Welche Schlüsse lassen sich aus dem gezeigten Erfolg für das Verhältnis von ambulant zu stationär ziehen? Ist es möglich, tatsächlich langfristig auf einen positiven demografischen Effekt zu setzen, der der häuslichen Versorgung zugutekommt? Die Zahlen der Bevölkerungsvorausberechnung[2] zeigen, dass ein Zuwachs der Babyboomer in der Altersgruppe der 55-80 Jährigen (untere dunkelgraue Bereiche in Abbildung 1), also der potentiell pflegenden Angehörigen noch 10 Jahre anhält. Es lässt sich auch ablesen, dass diese Altersgruppe auch erst im Jahre 2050 wieder auf das heutige Niveau absinkt. Das könnte ein sicheres Potential bedeuten, wenn man unterstellt, dass es sozial und kulturell bei der heute gezeigten Pflege-

2 13. koordinierte Bevölkerungsvorausberechnung mit der Annahmen G1 L2 W2, das heißt mit den Annahmen einer vorsichtigen Einschätzung der Geburtenrate, einer weiter steigenden Lebenserwartung und bereits mit der Berücksichtigung eines höheren Wanderungssaldos.

bereitschaft bleibt oder diese gar weiter steigerbar ist. Neben der Freude an sinnvoller Betätigung im rüstigen Alter (vgl. Dörner 2014) und neben der steigenden Anerkennung und Unterstützung für die häuslich Pflege muss auch der finanzielle Anreiz gesehen werden: je geringer die Einkommen der Menschen zwischen 55 und Renteneintritt ausfallen und je ärmer die Rentner (in der Rolle der pflegenden Angehörigen) durch steigende Altersarmut werden, desto höher ist die Bereitschaft, Angehörige zuhause zu pflegen und damit die Rente des Pflegebedürftigen, das Pflegegeld und ein eventuelle dadurch erhalten bleibendes Erbe als willkommene Stärkung des Haushaltseinkommens anzusehen.

Abbildung 1 eigene Berechnungen an Hand der Daten der 13. koordinierten Bevölkerungsvorausberechnung

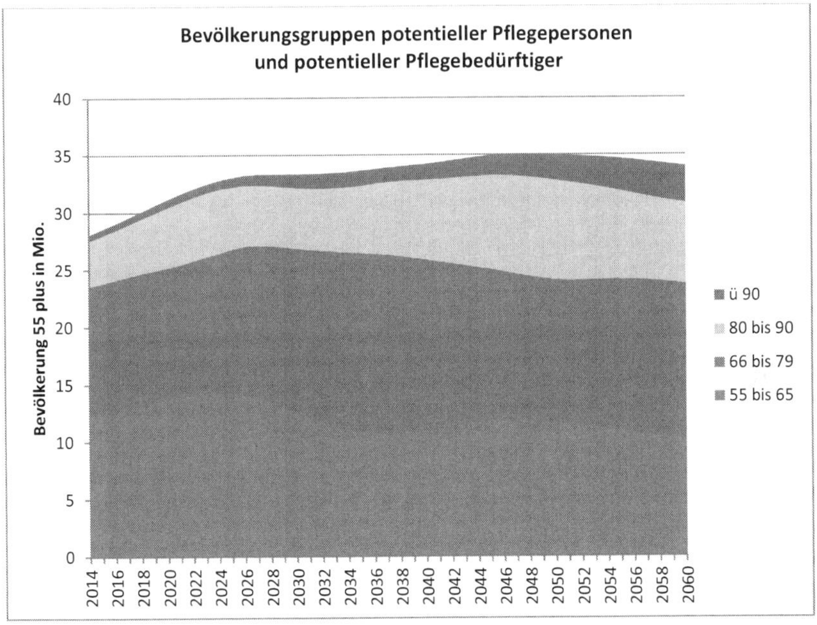

Die pflegenden Angehörigen können also als relativ stabiles Potential interpretiert werden, auch wenn die Gruppe der jüngeren Pflegenden (55 – 65 Jahre) in 10 Jahren wieder abnimmt und nur die älteren potentiell pflegenden Angehörigen (66 – 79 Jahre) zunehmen. Das alarmierende Problem aber liegt darin, dass gleichzeitig die Gruppe der Pflegebedürftigen mit wesentlich höheren Steigerungsraten anwächst. Die Wahrscheinlichkeit, pflegebedürftig zu werden, liegt bis 80 Jahre bei unter 10%. Zwischen 80 und 90 Jahren steigt sie auf ca. 28%; bei über 90 jährigen auf über 60%[3]. Aus diesen Quoten, deren Senkung aus Gründen des medizinischen Fortschritts erhofft wird (Kompressionsthese) aber die bisher nicht eingetreten ist, multipliziert mit den jeweils prognostizierten Bevölkerungszahlen ergibt sich bis 2050 eine mögliche Steigerung der Anzahl der Pflegebedürftigen um ca. 80 %. Demgegenüber ist die Steigerung der Altersgruppen mit Potential zum pflegenden Angehörigen mit 10% wenig beruhigend. Wenn dann auch noch der Anteil der in Heimen zu pflegenden Personen auf dem heutigen Stand bei knapp 800.000 Pflegebedürftigen eingefroren werden soll, dann steigt die Zahl der zu Hause zu Pflegenden gar von 2 Mio. auf vielleicht annähernd 4 Mio. Menschen. Das bedeutet: kommen heute auf einen häuslichen Pflegebedürftigen ca. 12 Personen aus der potentiell für die Übernahme der Pflege bereiten Altersgruppe von 55 bis 80 Jahren, so sinkt diese Zahl bis 2050 kontinuierlich auf 6, also die Hälfte. Die vorgestellte Relation fällt dabei noch betont positiv aus, denn aus den Altersgruppen der potentiell Pflegenden sind nur die herausgerechnet, die selbst bereits pflegebedürftig sind. Unter der Einstufungsschwelle gibt es aber noch viele Menschen, die zwar selber noch nicht im erforderlichen Umfang der Unterstützung bedürfen, um als pflegebedürftig eingestuft zu werden, aber die aus den verschiedensten Gründen dennoch nicht in der Lage sind, pflegebedürftige Menschen zu versorgen. Auch die verwandtschaftlichen und nachbarschaftlichen Verhältnisse sind nicht so gestreut, dass stets die passenden Paarungen von Pflegenden und Pflegebedürftigen zusammenkommen, von der persönlichen Neigung und Bereitschaft noch ganz abgesehen.

---

3 Unter Berücksichtigung sowohl der unterschiedlichen Bevölkerungsgewichte als auch Pflegeprävalenzen von Männern und Frauen. Für die Prävalenzraten vgl. den Pflegereport Barmer GEK 2015, S. 80f.

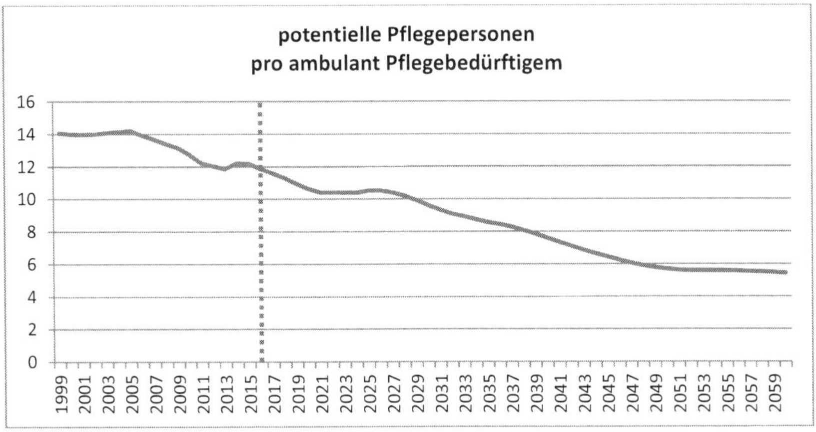

Der Zuwachs an Pflegebedürftigen überkompensiert also den Zuwachs an pflegebereiten Alterskohorten deutlich. Es darf als absolut unwahrscheinlich bezeichnet werden, die Anzahl der pflegebereiten Haushalte in den nächsten 25 Jahren zu verdoppeln bzw. um 2 Mio. zu erhöhen, wenn es in den letzten 16 Jahren gerade eben gelungen ist, die Zahl der pflegebereiten häuslichen Situationen um 600.000 Settings anzuheben[4]. Es wird also nicht möglich sein, den Zuwachs an Pflegebedürftigen in der eigenen Häuslichkeit zu pflegen[5].

3 *Wirtschaftliche Betrachtung*

Nach der Frage, ob in der Gesellschaft überhaupt die personellen Ressourcen im privaten Sektor hätte, um die personale Pflegeleistung in eigenen Haushalten sicherzustellen, muss die Frage geprüft werden, ob die häusliche Pflege immer auch die wirtschaftlich günstigere Lösung ist.

Für direkte pflegerische Leistungen stehen in der stationären Pflege durchschnittlich eine Stunde Pflege pro Person und Tag zur Verfügung. Außerdem ist in der Nacht eine Kraft für 30 bis 40 Bewohner da. Das errechnet sich aus den Pflegeschlüsseln und schwankt je nach Pflegestufe

---

4 Auch der Freiwilligensurvey gibt keine Hoffnung, dass sich die Anzahl der engagierten exorbitant steigern ließe.

5 Vgl. auch Lehr, die zumindest seit 2003 auf diese Grenzen hinweist, z.B. in Lehr, Ursula: Demografischer Wandel in: Oswald et al. 2006, S. 164.

und Bundesland ein wenig. In dieser Zeit werden in der stationären Pflege sowohl die Grundpflege mit Körperreinigung, Körperpflege, An- und Auskleiden, die Hilfestellung bei der Einnahme von Mahlzeiten, die Begleitung bei Toilettengängen als auch die medizinischen Anwendungen, die Hilfe bei der Mobilisierung und die Anregungen zur sozialen Teilhabe geleistet. Das ist möglich, weil in der stationären Pflege die Arbeit rationell und in Teams erbracht wird. Die räumlichen Bedingungen und die Arbeitsteilung, sowie Synergieeffekte bei der Versorgung mehrerer Bewohner machen es möglich, dass alle Bewohner an 24 Stunden jeweils zeitnah die benötigte Unterstützung erhalten. In der häuslichen Pflege ist eine tägliche Pflegeleistung von einer Stunde durch professionelle Pflegedienste nicht über den ganzen Tag verteilt abrufbar, sondern nur zu festgelegten Zeiten, in der Regel ist dies an zwei halben Stunden am Tag möglich. Dies stellt keine vergleichbare Dichte und Vielfalt an Versorgung dar. Viele Tätigkeiten, insbesondere Hilfe bei der Nahrungsaufnahme, Toilettengänge und Mobilisierung müssen durch Angehörige bewerkstelligt werden. Die Kosten für die Pflegeleistung in der stationären Pflege betragen im Mittel 62 €[6]. Darin sind bereits ca. die Hälfte des hauswirtschaftlichen Personals enthalten sowie der Materialkosten, Energiekosten etc. Demgegenüber betragen die Kosten für eine Stunde häusliche Pflege ca. 55€. Darin ist die Anfahrt enthalten, aber außer der Präsenz der Pflegekraft und dem was diese in dieser Zeit tun kann, ist damit nichts bezahlt. In der häuslichen Situation kann aber mit einem ähnlichen Zeit- und Geldaufwand eine wesentlich geringere Wirkung entfaltet werden und eine wesentliche geringere Sicherheit hergestellt werden als in der stationären Pflege.

Die Kosten der Miete liegen in der stationären Pflege bei 200 € bis 700 € im Monat mit einem Schwerpunkt bei 500 € bis 600 € für neuere Gebäude. Dafür stehen neben dem privaten Bereich diverse Gemeinschaftsräume zur Verfügung. Alle Räume sind für den pflegerischen Bedarf ausgerüstet. Für alleine lebende Pflegebedürftige ergibt sich hier kein genereller Kostenunterschied zwischen einer häuslichen Versorgung und einem Aufenthalt in der stationären Pflege.

Auch im hauswirtschaftlichen Bereich kommt die häusliche Versorgung nur dann günstiger, wenn der Pflegebedürftige in eine Hausgemein-

---

6 Aus den Angaben der bundesweiten Pflegestatistik 2015 mit Gewichtung der Häufigkeit der Pflegestufen; S 23 Statistisches Bundesamt (Destatis) Pflegestatistik 2015.

schaft eingebunden ist, in der die hauswirtschaftlichen Tätigkeiten, insbesondere die Zubereitung von Mahlzeiten, bereits für die anderen Familienmitglieder erforderlich ist und der Pflegebedürftige daran partizipieren kann. Wenn Dienstleistungen in Anspruch genommen werden müssen, etwa von einer Sozialstation, ist die häusliche Einzelproduktion weit teurer und aufwendiger als die rationelle Zubereitung und individuelle Anpassung in einer stationären Versorgungsform. An den Entgelten für Essen auf Rädern zum Beispiel lässt sich diese Relation leicht ablesen.

Auf der Kostenseite ergibt sich immer dann eine Ersparnis, wenn Angehörige Versorgungsleistungen unentgeltlich übernehmen. Ist dies nicht der Fall, dann ist auch für den Sozialhilfeträger eine häusliche Versorgung mit professionellen Dienstleistern nicht günstiger als eine Versorgung im Heim. Ein Vergleich in Zahlen ist nicht generalisierbar, denn in der stationären Einrichtung wird der Beitrag der Sozialhilfeträger als Hilfe zur Pflege(Bundesamt für Statistik 2015) komplett erfasst, während sich die Unterstützung in der häuslichen Versorgung aus diversen Positionen zusammensetzt: Grundsicherung, Wohngeld, Hilfe zur Pflege (Staat & Gesellschaft - Wohngeld - Statistisches Bundesamt (Destatis)).

Aus Sicht der Pflegekassen kippt die Relation ambulant zu stationär zunehmend. Im ambulanten Bereich gibt es zusätzliche Leistungen der Pflegekasse wie Tagespflege, Kurzzeitpflege, Versicherungsbeiträge für pflegende Angehörige, Zuschläge für Bewohner in ambulant betreuten Wohngruppen. Damit liegen die Ausgaben für die ambulante Pflege bei Ausschöpfung der Möglichkeiten höher als in der stationären Pflege.

Die räumlichen und technischen Bedingungen in der häuslichen Pflege sind in vielen Haushalten sehr schwierig. Die Überforderung von Hauptpflegepersonen wird in Kauf genommen. Sie verursacht ihrerseits wirtschaftliche Schäden, die insbesondere zu Lasten der Krankenversicherung gehen.

Aus wirtschaftlicher Sicht fehlen also ebenfalls abschließende und schlüssige Argumente für ein einseitiges Eintreten für die ambulante Versorgung. Eine wirklich günstigere Lösung ergibt sich nur dort, wo Pflegebedürftige nur die geringen Beträge für selbstbeschaffte Pflegehilfen abrufen. Das sind zur Zeit ca. 45 % der Pflegebedürftigen. Sie spielen für den wirtschaftlichen Vergleich nur dann eine Rolle, wenn man den Zuwachs der Pflegebedürftigen überwiegend dorthin steuern möchte. Diese Versorgungsart ist nur für zwei Gruppen wirklich interessant: für Haushalte, die reich genug sind, eine ausländische Haushaltshilfe zu beschäftigen und das Pflegegeld als Finanzierungshilfe nehmen; und für solche, die wegen

Altersarmut im Pflegegeld einen Zuverdienst sehen. Für beide stellt sich nicht die Frage der Entscheidung zwischen professioneller ambulanter und stationärer Versorgung.

Zwischenergebnis

Die Untersuchung der Nachhaltigkeit in Bezug auf Zahl pflegender Angehöriger und die Untersuchung des Kostenvergleichs haben ergeben, dass eine Vorteilhaftigkeit ambulanter Versorgung nicht ersichtlich ist. Weitere Abwägungen wie die vertraute Umgebung in der Häuslichkeit versus erhöhtem Risiko für Einsamkeit, Vernachlässigung und Gewalt würden ebenfalls nicht zu einer steten Präferenz für die ambulante Versorgung führen. Die politische Präferenz mag mehrere Quellen haben. Da mögen das Interesse der Industrie an Fachkräften, der Wunsch nach Senkung der beobachtbaren Verantwortung für Pflegebedürftige in Heimen und das durch jahrelange Verunglimpfung der Heimpflege mittlerweile verstärkte Wählerinteresse an häuslicher Versorgung eine Rolle spielen. Wirtschaftlich und demografisch nachhaltig ist eine politische Strategie, die sich auf Privathaushalte verlässt, offensichtlich nicht.

4 Lösungsmodelle

Was sind die Auswege?

- Die häusliche Pflege mit noch weit mehr Leistungen unterstützen, insbesondere durch ambulante Pflegedienste/Sozialstationen? (Allerdings haben die dieselbe Wachstumsbremse in der Pflegefachkraftgewinnung wie die stationären Pflegedienste)
- Die Heime doch wieder ausbauen; dabei insbesondere große Zahlen weltweit anzuwerbender Pflegekräfte ins Land zu holen. Man bräuchte (noch ohne den Abbau der bestehenden Pflegekräfte einzurechnen) für 2,2 Mio Pflegebedürftige ca. 360.000 zusätzliche Pflegefachkräfte, selbst wenn man eine Absenkung der Fachkraftquote auf 40 % erwartet)
- Das Legalisieren und Fördern osteuropäischer Haushaltshilfen, die dann auch pflegerische Tätigkeiten übernähmen. (Hier bräuchte man dann über 4 Mio. Haushaltshilfen, wenn sich immer zwei abwechseln).
- Die von den neueren Fassungen des Pflegeversicherungsgesetzes durchaus positiv gesehenen ambulant betreuten Wohngemeinschaften könnten ein großer Lösungsbeitrag sein. Diese würden vom privaten

Markt gestellt; sie böten damit Vielfalt und Individualität; die öffentliche Hand (Infrastrukturverantwortung der Länder § 9 SGB XI) hielte sich zurück. Die strengen Vorgaben, die für Heime gelten, gelten hier nicht.

All dies sind Fortsetzungen bekannter Wege, die erhebliche Grenzen aufweisen. Worin bestünden denn aber neue Wege? Die Vorteile von Heimen, von rationellen Versorgungsleistungen, von kurzen Wegen, von hoher Sicherheit und vielfältigen Beschäftigungsangeboten müssen genutzt werden können und kombiniert werden können mit dem Engagement der Angehörigen und Ehrenamtlichen. An die Stelle verstreut wohnender Senioren träten Wohnformen, die besser für Serviceleistungen, Kontaktpflege und Teilhabe geeignet sind[7]. Dies sind Formen, in denen die Angehörigen und Engagierten einbezogen sind, aber nicht in der häuslichen Situation alleingelassen. Dies sind Wohnformen mit geteilter Verantwortung.

Das Problem ist nicht die Existenz von Heimen (Claßen et al. 2014, S. 55f), das Problem ist die Unterteilung in Schwarz und Weiß: In Heimen liegt die komplette Verantwortung für alle Elemente der Versorgung beim Träger der Einrichtung. Solange der Träger alleine dafür verantwortlich ist und haftet, wird er sich immer für die vorsichtige beschützende Variante entscheiden müssen.[8]. Würden dagegen Fachkräfte und Angehörige gemeinsam entscheiden, würden sie auch noch technische Ortungssysteme zulassen, beschränkte sich die Verantwortung auf die Protokollierung abwägender Gespräche, gäbe es viel mehr Varianten der Freiheit (Zacher 2010, S. 99f). Diese Gedanken hat bereits vor 10 Jahren die Buko (Bundeskonferenz für Qualität in Pflege und Betreuung e.V.) die vom hier zu Ehrenden wesentlich mit geprägt wurde, beforscht und beworben (Bundeskonferenz zur Qualitätssicherung im Gesundheits- und Pflegewesen 2006, S 195 ff). Neue gemeinschaftliche Wohnformen würden Sicherheit bieten, ohne beschränkend sein zu müssen. Einzelne ambulant betreute Wohngemeinschaften sind wichtig für das Sammeln von Erfahrungen. Sie ersetzen aber nicht die großzügige Errichtung von Wohn-, Versorgungs- und Begegnungsmöglichkeiten für eine senioren- und demenzgerechte Lebensform. Eine bedeutende Rolle könnten offene Übergänge zwischen seniorengerechtem Wohnen, betreutem Wohnen, begleiteten Wohngemein-

7 Zur gegenwärtig sehr schlechten Eignung privater Wohnungen für Pflegebedürftige vgl. Pohlmann 2011, S. 139, sowie: Kremer-Preiß 2011.

8 Igl 2011.

schaften und stationären Gruppen bilden (Claßen et al. 2014, S. 53), statt stets im Pflegeversicherungsgesetz und den Ausführungsgesetzen der Länder darauf zu achten, die Trennung von stationär und ambulant zu manifestieren. Die Lösung liegt nicht in einer Abschaffung und Schmähung von Heimen[9], sondern in deren Öffnung und Differenzierung; in der Möglichkeit verschiedener Ambulantisierungsgrade innerhalb größerer Wohnprojekte; im Beibehalten öffentlicher Verantwortung und entsprechender Investitionen in kumulierte Wohnformen; nicht im Verstecken der Pflegebedürftigen in eine überforderte, zerstreute Privatheit[10].

In geeigneten Wohnungen mit variabler Unterstützung auf kurzen Wegen können die verbleibenden Ressourcen der unterstützungsbedürftigen Senioren besser gefördert werden (Lehr 2007, S. 303 ff). Angehörige können leichter Unterstützung bieten und sich bei guten baulichen und räumlichen Bedingungen auf eine körperlich schonende und im Sozialen reichere Unterstützung konzentrieren (Cremer et al. 2013, S. 224f). Für professionelle Dienstleister im Bereich Hauswirtschaft ist es leichter, kostengünstige Angebote zu machen, da eine größere Kundenzahl ohne Fahrtwege dies erlaubt. Von den günstigeren Angeboten profitieren die Bewohner und werden dies leichter und niederschwelliger in Anspruch nehmen[11]. Gefährdungen und Versorgungsmängel werden schneller entdeckt. Die ärztliche Versorgung wird wieder dichter. Hausbesuche werden wieder eher denkbar, wenn viele Patienten in einem Haus leben oder wenn die Anlage gar ein Arztzimmer hat.

Es zeigt sich, dass die Lösung nicht darin besteht, ambulant gegen stationär auszuspielen, sondern beide Ansätze zu integrieren und fließende Übergänge zu ermöglichen. Unterschätzt wird der Bedarf an notwendiger Infrastruktur, die erst vorhanden sein muss, damit Beiträge des Marktes und Beiträge der Angehörigen ihre Wirkung entfalten können. Es zeigt sich dabei vor allem, dass es umfangreicher seniorengerechter Wohnanlagen bedarf, in denen die Verbindung von Individualität, Versorgungsbeiträgen durch Angehörige und professioneller Versorgung gegeben ist. An-

---

9 Vgl. dazu Wahl und Oswald in: Lebensqualität in der stationären Altenpflege mit INSEL 2014, S. 14 ff.

10 Vgl. „Die hohle Rhetorik der Eigenverantwortung im Kontext sozialstaatlicher Verteilungskonflikte“ in: Kaufmann 2015.

11 Zur Integration der bürgerschaftlichen und professionellen Dienste: Cremer et al. 2013, S 229 ff; und natürlich Klie u.a. in: Netzwerk: Soziales neu gestalten (Hrsg.) 2009.

ders wird der Pflegebedarf nicht zu bewältigen sein – schon gar nicht in vereinzelten Privathaushalten.

5 Literaturverzeichnis

Barmer GEK (2015): Barmer-GEK-Pflegereport. Siegburg

Bundesamt für Statistik (Hg.) (2017): Hilfe zur Pflege 2015

Bundeskonferenz zur Qualitätssicherung im Gesundheits- und Pflegewesen (2006): Strategien der Qualitätsentwicklung in Pflege und Betreuung. Genesis, Strukturen und künftige Ausrichtung der Qualitätsentwicklung in der Betreuung von Menschen mit Pflege- und Hilfebedarf. Heidelberg

Claßen, Katrin; Oswald, Frank; Doh, Michael; Kleinemas, Uwe; Wahl, Hans-Werner; Tesch-Römer, Clemens (2014): Umwelten des Alterns. Wohnen, Mobilität, Technik und Medien

Cremer, Georg; Goldschmidt, Nils; Höfer, Sven (2013): Soziale Dienstleistungen. Ökonomie, Recht, Politik. Tübingen

Dörner, Klaus (2014): Helfensbedürftig. Heimfrei ins Dienstleistungsjahrhundert. 3. Aufl. Neumünster

Igl, Gerhard (Hg.) (2011): Verbraucherschutz im Sozialrecht. Sozialleistungsberechtigte als Verbraucher, Nutzer und Mitgestalter sozialer Leistungen: auf dem Weg zu einem eigenständigen Verbraucherschutz im Sozialrecht. Berlin, Münster

Kaufmann, Franz-Xaver (2015): Sozialstaat als Kultur. Wiesbaden: Springer VS (Sozialpolitik und Sozialstaat, / Franz-Xaver Kaufmann ; 2).

Kremer-Preiß, Ursula (Hg.) (2011): Wohnen im Alter. Marktprozesse und wohnungspolitischer Handlungsbedarf ; ein Projekt des Forschungsprogramms "Allgemeine Ressortforschung" des Bundesministeriums für Verkehr, Bau und Stadtentwicklung (BMVBS), Heft 147, Bonn

Lehr, Ursula (2007): Psychologie des Alterns. 11., korrigierte Aufl. Wiebelsheim

Netzwerk: Soziales neu gestalten (Hrsg.) (2009): Zukunft Quartier - Lebensräume zum Älterwerden, Band 2 Eine neue Architektur des Sozialen. Sechs Fallstudien zum Welfare Mix

Lebensqualität in der stationären Altenpflege mit INSEL. Konzeption, praxisnahe Erfassung, Befunde und sozialpolitische Implikationen ; INSEL - Instrument zur praxisnahen Erfassung von Lebensqualität (2014). Berlin, Münster

Oswald, Wolf D.; Lehr, Ursula; Sieber, Cornel; Kornhuber, Johannes (Hg.) (2006): Gerontologie. Medizinische, psychologische und sozialwissenschaftliche Grundbegriffe. 3. Aufl. Stuttgart

Pohlmann, Stefan (2011): Sozialgerontologie. München

Staat & Gesellschaft - Wohngeld - Statistisches Bundesamt. Online verfügbar unter https://www.destatis.de/DE/ZahlenFakten/GesellschaftStaat/Soziales/Sozialleistungen/Wohngeld/Wohngeld.html, zuletzt geprüft am 15.10.2016.

Statistisches Bundesamt (Destatis): Pflegestatistik 2013 - Pflege im Rahmen der Pflegeversicherung - Deutschlandergebnisse, zuletzt geprüft am 01.11.2016.

Zacher, Johannes (2010): Zukunftsweisende Qualitätssicherung in der Versorgung demenzkranker Menschen. In: Frommelt, Mona; Roes, Martina; Schmidt, Roland (Hrsg.): Implementierung wissensbasierter Qualitätsniveaus. Heidelberg; S. 91–105

Mensch-Technik-Interaktion (MTI) als Chance zur Erweiterung der Teilhabe älterer Menschen im Stadtquartier

Susanne Wallrafen und Helmut Wallrafen

1. Die Lebenswelt von Seniorinnen und Senioren

Während Wissenschaftlerinnen und Wissenschaftler die Gesellschaft als „immer altersindifferenter" beschreiben, zeigt die Realität immer noch eine starke Abhängigkeit von den Rahmenbedingungen der Lebenswelt (Stadt-Land-Gefälle) und den finanziellen Abhängigkeiten (Rentenhöhe und Krankenkassenleistungen).

Uns geht es darum älteren Menschen, die wir als Individuen ernst nehmen, die Möglichkeit der Partizipation in einer überschaubaren Welt – dem Quartier - zu geben. Im Jahr 1990 las sich dies wie folgt: „In gemütlichen, innerhalb vieler Jahrzehnte gewachsenen Stadtteilen oder Gemeinden wird Hilfeabhängigkeit und -notwendigkeit weniger deutlich, denn man kennt sich, beobachtet und kontrolliert sich, aber weiß sich auch zu helfen." (Brechmann / Wallrafen-Dreisow, 1990, S. 19) Heute sind Artikel in Zeitschriften mit „Aufmarsch der Hightech-Rentner" betitelt und es ist die Rede von der „Innovationspeitsche für die Wirtschaft… Denn die Alten sind fitter, kaufkräftiger und anspruchsvoller denn je." (Buchhorn 2016, S. 91).

Wenn wir das Quartier als die (engere) Lebenswelt des älteren Menschen begreifen und ihm die Möglichkeit der Teilhabe bieten wollen, dann müssen wir ihn als „Nutzer" und „Kunden" verstehen. Je mehr seine sozialen Netzwerke durch das Älterwerden kleiner werden, umso mehr kann das Quartier die Chance vielfältiger sozialer Alternativen und Dienstleistungsangebote bieten. „Letztlich geht es um eine reflektierte Verwendung z.B. des Begriffs Kunde. Es geht um das Ernstnehmen des Nachfragers einer Dienstleistung, der aber sehr häufig, aufgrund seiner altersbedingten körperlichen Einschränkungen in einer Abhängigkeit zum Dienstleister steht." (Wallrafen, H. in: Wallrafen-Dreisow / Weigel, 2004 S. 16) Zum Ernstnehmen gehört auch das Zuhören können, welches vor allem im – später vorgestellten - Lebensweltmodell in den Aktivitätsbereichen Konsum und Gesundheit eine wichtige Rolle spielt. Spricht man mit älteren

Menschen, dann sehen sie sich nur noch bedingt als Kunden. Auch die Fachöffentlichkeit fremdelt mit dem Kundenbegriff, obwohl er uns gerade auch beim Thema Mensch-Technik-Interaktion, die ja eine Chance für die Erweiterung der Teilhabe im Quartier bieten soll, weiterhelfen kann.

Sehr treffend hat der Amerikaner John Guaspari den Begriff des Kunden und dessen Zufriedenheit beschrieben: „Qualität muss als Ganzes behandelt werden – als ein integriertes Ganzes, das viel, viel mehr ist als die Summe seiner Teile. Vor allem: Hören Sie auf das, was Ihre Kunden Ihnen über Qualität zu sagen haben. Ihre Kunden sind am besten in der Lage, Ihnen etwas über Qualität zu sagen, weil das das einzige ist, das sie wirklich kaufen. Nur weil Kunden vielleicht nicht in der Lage sind, sich präzise auszudrücken, dürfen sie nicht annehmen, dass ihre Aussagen keinen Wert haben. Vielleicht können Ihre Kunden Ihnen auch keine präzise Definition von Qualität liefern, aber eines ist klar: Sie wissen es, wenn sie es sehen und fühlen.“ (Guaspari 1989, S. 27). Es liegt also in der Hand der verschiedensten Akteure, die Kundenorientierung wirklich ins Zentrum des Handelns zu stellen.

Natürlich ist die Befriedigung immaterieller Bedürfnisse wie emotionale Sicherheit, Geborgenheit und Rücksicht auf Eigenheiten (die im Alter deutlich zunehmen) hoch sensibel zu betrachten und hat schon einen fast intimen Charakter, aber: Ihre Befriedigung wird häufig unbewusst, aber auch immer mehr bewusst erwartet.

„Wenn wir also die Qualität der Dienstleistungen im Quartier definieren wollen, müssen die objektiven Eigenschaften der Dienstleistungen den individuellen Bedürfnissen von Nutzen sein.“ (Wallrafen in: Wallrafen-Dreisow / Weigel, 2004, S. 17). In Zeiten knapper finanzieller Ressourcen ist es natürlich kein Zufall, dass in der Altenarbeit alle von „Ergebnisqualität“ reden, aber Normierung gesetzlich verankert wird. „Warum rufen in Zeiten fehlender Finanzen eigentlich alle nach Standards und Normen? Können diese überhaupt losgelöst vom Zwang der Wirtschaftlichkeit - also rein menschlich und fachlich - entwickelt werden? Hängt die Verdrängung menschlicher Vielfalt nicht eher mit unserer gesellschaftlichen Orientierungslosigkeit zusammen?“ (Wallrafen-Dreisow / Weigel 2007, S. 19). Es ist für viele Akteure natürlich leichter sich hinter Gesetzen und Ordnungen zu verstecken, wenn es z.B. um die soziale Teilhabe von älteren und hier insbesondere von pflegebedürftigen Menschen geht. Dann haben wir zwar die objektiven Eigenschaften, sie dienen aber nicht mehr dem subjektiven Nutzen und würdigen definitiv nicht die Individualität der Menschen.

Während die bundesdeutsche Outcome-Forschung vielleicht seit zehn Jahren eine Rolle spielt, sind wir mit der medizinischen Qualitätsdiskussion nach Donabedian (1966) zur Differenzierung nach Struktur-, Prozess- und Ergebnisqualität quasi groß geworden. Das „Quality Health Outcomes Model" (vgl. Mitchell et al 1998, S. 43-46) begann mit der stärkeren Berücksichtigung des Pflegebedürftigen als eigenständigen Einflussfaktor. In der Bundesrepublik wurden diese Einflussfaktoren von und „deren unverzichtbarer Anteil bei der Bestimmung von Ergebnisqualität" (Gebert / Kneubühler 2001, S. 261 ff. und Roth / Schnabel 2002, S. 23 ff.) erst später, aber dafür umso nachhaltiger festgestellt.

Ohne hier auf den neuen Pflegebedürftigkeitsbegriff des PSG II eingehen zu wollen, stellt sich die Frage, ob wir ab dem Jahr 2017 nun endlich die Umsetzung der seit Jahrzehnten geforderten Teilhabe erreichen? Wir wagen dies vor dem Hintergrund unzureichender Refinanzierung zu bezweifeln. Vor allem für Menschen in vollstationären Altenpflegeeinrichtungen spielt die Teilhabe eine wichtige Rolle. Deren Umsetzung ist aber neben einer Sozialraumgestaltung und deren technisierter Nutzbarkeit natürlich von den finanziellen Möglichkeiten der älteren Menschen abhängig. Grundsätzlich sind im SGB XI § 40 Abs. 1 bis 3 neben Pflegehilfsmittel auch „technische Hilfen" Pflichtleistungen der Pflegekassen. Deren Verständnis von Teilhabeakzeptanz für Heimbewohnerinnen und -bewohnern hört aber häufig an der Außentüre eines Altenheimes auf. Alle Bemühungen um Quartierskonzepte bleiben unbefriedigend, wenn die Hilfen nicht grundsätzlich den Wünschen und Bedürfnissen eines jeden einzelnen alten Menschen entsprechen. „Je eingeschränkter er körperlich infolge einer Erkrankung oder Behinderung ist, desto stärker ist auf die freie Entfaltung seiner Persönlichkeit zu achten. Er ist dabei auch als vollwertiges Mitglied und mit Lebenskompetenz und Erfahrung ausgestatteter Mensch zu achten […]" (Wallrafen-Dreisow et al. 1995, S. 11). Wenn wir einerseits Altenheime völlig zu Recht als Dienstleistungszentrum in einem begrenzten Quartier beschreiben, wie wir es bereits 1995 mit dem Buch „Vom Pflegeheim zum Altenwohnhaus" versucht haben, dann muss man heute auch der Realität Rechnung tragen, dass mehr als 80 Prozent der Bewohnerinnen und Bewohnern solcher Einrichtungen aus dem unmittelbaren Wohnumfeld stammen. „Einen ganz wichtigen Stellenwert nimmt dabei die Lebensgeschichte ein, denn hinter einem alten Menschen liegt ein volles, langes Leben mit allen Erfahrungen, die er gemacht hat und die ihn geprägt haben." (ebd. S. 57). Sie möchten also auch weiterhin in „ihrem Quartier" leben, dort Menschen treffen und Angebote jedweder Art nutzen. Seit Einführung der Pflegeversicherung haben wir sicherlich schon Meilensteine auf dem Weg hin zu neuen Konzeptionen durch die Professionalisierung der Altenarbeit umgesetzt. Es bedarf nun aber weiterer Umstrukturierungen, die sich nicht alleine auf Quartiersentwicklungen und einem „neuen Pflegebedürftigkeitsbegriff" beschränken dürfen. Diese neuen Gedanken der stärkeren Berücksichtigung individueller Bedürfnisse bei Pflegebedarf werden häufig als Utopien bezeichnet, damit verworfen und zugleich als unrealistisch, phantastisch, weltfremd oder finanziell nicht realisierbar diskriminiert. Utopien zu entwickeln heißt aber nicht etwa, ein Wolkenkuckucksheim einzufordern, sondern mit seinen Ideen über das im Moment Mögliche und Machbare hinauszugehen und dabei Verwirklichungschancen zu entdecken. Wie auch die sozialen Utopien der Vergangenheit zeigen, sind sie immer Antizipation einer bestimmten Entwicklung, der „Traum nach vorn", die Hoffnung wünschenswerter Veränderung. Ohne Utopien gäbe es auch in der Altenarbeit keinen Glauben an gesteckte Ziele. Als wir Anfang der 80er Jahre die Tagespflegeeinrichtungen in der Bundesrepublik fast zeitgleich an verschiedenen Orten konzipiert haben, fand man diese Gedanken in keinem Gesetz und es gab keine Finanzierbarkeit. Heute sind Tagespflegeeinrichtungen so selbstverständlich und anerkannt, dass kaum noch jemand an die Schwierigkeiten der Entwicklung vor gerade einmal 30 Jahren denken mag. Genau so wird es mit der Mensch-Technik-Interaktion sein. Sie wird auch die Teilhabemöglichkeiten älterer Menschen revolutionieren. Ob dies zum Positiven sein wird, hängt entscheidend davon ab, ob und wie es uns gelingt „die objektiven Eigenschaften" der Technik zum „subjektiven Nutzen" eines jeden einzelnen Menschen zu machen.

2. Mensch-Technik-Interaktion (MTI) – eine theoretische Annäherung

Navigationsgeräte, Fahrassistenzsysteme wie Einparkhilfe, Spurassistent oder Abstandswarnsystem im Automobilsektor, Tablets oder Smartphones, Roboter die Assistenzfunktionen übernehmen, das Telefonieren via Skype über den gesamten Globus oder Fitness-Armbänder, um nur einige Beispiele zu nennen, sind mittlerweile keine Science-Fiction Visionen mehr. Sie sind Realität und halten mehr und mehr Einzug in unser Leben. All das sind Beispiele für Mensch-Technik-Interaktion (MTI), ein relativ neues interdisziplinäres Teilgebiet der Informatik. Zentral ist das Zusammenspiel von Mensch und Technik, bis hin zur Gebrauchstauglichkeit neuer Technologien, also von Hard- und Software.

Gerade in den letzten zwei Jahrzehnten hat sich unser Umgang mit Technik stark verändert, betrachtet man die Entwicklung der mobilen Telefonie, der Vernetzung, der assistiven Systeme oder der Nutzung von interaktiven Technologien. Wir werden immer technischer. Die Technisierung, die der Soziologe Werner Rammert als einen Vorgang beschreibt, der natürliche und / oder soziale Prozesse derartig schematisiert, dass sie in eine „wiederholbare Abfolge von klar beschreibbaren Operationen überführt werden" (Rammert 1989, S. 155), nimmt Einzug in unseren Alltag, in unsere Lebenswelt. Die technischen Entwicklungen erlauben es uns heute, mobil und vernetzt zu arbeiten, aber auch zu leben. Mensch und Technik rücken also mehr und mehr zusammen, sind sogar immer mehr miteinander verbunden.

Interaktive Technologien unterstützen den Menschen – ob jung, alt oder gehandicapt. Die Interaktion zwischen Mensch und Technik wird zunehmend natürlich und menschlich. Dazu muss Technik menschliches Handeln in seiner Komplexität erfassen, verarbeiten und umsetzen. Technik fungiert also mehr und mehr als ein Assistent, erkennt die Wünsche und Bedürfnisse des Menschen.

Setzt man den alten Menschen in den Fokus von MTI, so bieten die Entwicklungen im Bereich Ambient Assisted Living (AAL) die signifikantesten Beispiele technischer Verbesserungen aus der MTI-Forschung. Hier werden technische Produkte konkret für das häusliche Wohnen (im Alter) und den Haushalt entwickelt, die „ein hohes Maß an Bedienkomfort und Sicherheit bieten und somit insbesondere Personen mit Funktionseinbußen neue Möglichkeiten eröffnen" (Claßen / Oswald et al. 2014, S. 85). Sie werden auch bereits gezielt eingesetzt – und das vermehrt in professionellen Bereichen wie seniorengerechten Wohnanlagen oder Altenheimen – um das selbstbestimmte Leben trotz altersbedingter kognitiver und physischer Einschränkungen beizubehalten, ja sogar verbessern zu können. Fast alltägliche Beispiele hierfür sind z.B. Sensorik im Raum, die Stürze an einen Hausnotruf melden, die elektronische Herdabschaltung oder die elektrischen Rollläden an Fenstern.

Dass derartige Technologien einen erheblichen Beitrag zur selbstbestimmten Teilhabe und damit zur Erhaltung der Lebensqualität insbesondere älterer Menschen mit altersbedingten Einschränkungen leisten, zeigen unter anderem die Studien im Rahmen des Projektes Technik, Alter, Lebensqualität (vgl. ebd., S. 94).

Doch technische Innovationsansätze beziehen sich mittlerweile nicht nur auf das häusliche Wohnumfeld. Vielmehr strebt die aktuelle Forschung nun auch Technologielösungen im öffentlichen Raum an, betrachtet man allein die aktuellen Forschungsbemühungen um „intelligente“ Mobilität und darüber hinaus die Smartisierung von Städten. Wir entwickeln uns mehr und mehr zu einer technologischen „Innovationsgesellschaft“ (vgl. Häußing 2014, S. 327).

Das Bundesministerium für Bildung und Forschung hat sich zur Aufgabe gesetzt, Mensch-Technik-Interaktionsforschung in allen Lebensbereichen weiter voranzubringen und zu optimieren. „Technik zum Menschen bringen“, so heißt das Forschungsprogramm, das nicht nur technische, sondern auch soziale Innovationen fokussiert und weiter entwickeln soll. Die Forschungsprojekte beschäftigen sich neben den Schwerpunkten der intelligenten Mobilität und Medizintechnik auch mit der Entwicklung der digitalen Gesellschaft (vgl. BMBF 2015).

Die Selbstbestimmung älterer Menschen wird wesentlich davon bestimmt, ob sie sich sicher in ihrer jeweiligen Umgebung bewegen können. Nachlassende Fähigkeiten zur Interaktion mit der Umgebung schränken die soziale und kulturelle Teilhabe Älterer jedoch ein. Dies führt nicht selten zur sozialen Isolation, die oftmals unbemerkt bleibt. An dieser Stelle eröffnen Methoden der Mensch-Technik-Interaktion vielfältige neue Möglichkeiten altersbedingte Einschränkungen auszugleichen. Derartige technische Assistenzsysteme erleichtern es, Dinge korrekt wahrzunehmen und unterstützen situationsgerechtes Verhalten.

Das Funktionieren einer alternden Gesellschaft hängt maßgeblich davon ab, inwiefern es gelingt, die stetig wachsende Zahl älterer Menschen gut zu integrieren und auch bei Unterstützungsbedürftigkeit wieder am Leben teilhaben zu lassen (vgl. Frevel 2013). Eine Voraussetzung dafür ist, dass alte Menschen die Möglichkeit haben, sich außerhalb der eigenen vier Wände, im öffentlichen Raum, selbstbestimmt und vor allem sicher zu bewegen und so verschiedene soziale Interaktionen eingehen können.

Dass das Wohlbefinden des alternden Menschen stark davon abhängig ist, inwiefern er Zugang zu seinem Quartier hat, sich sicher bewegen und auf Versorgungsstrukturen zurückgreifen kann, bestätigt die Studie von Oswald und Konopik (vgl. Oswald/ Konopik 2015, S. 401 ff.). „Im hohen Alter werden die eigene Wohnung und das Quartier aufgrund des langen Aufenthalts und zahlreicher wohnbezogener Aktivitäten immer wichtiger. [...] Viele Aktivitäten finden in der näheren Umgebung statt, etwa 70% davon in einem Umkreis von ca. 5 km rund um die Wohnung, und die fußläufige Erreichbarkeit spielt eine große Rolle." (ebd., S. 401). Im Mittelpunkt stehen die Anforderungen der Menschen im urbanen Raum.

3. Die Entwicklung altersgerechter Quartiere

Dass die Lebenswelt sich für ältere Menschen fast zwangsläufig in „ihrem Quartier" abspielt, haben wir eingangs bereits beschrieben. Nach ersten quartiersbezogenen Projekten in den 80er und 90er Jahren ist das Thema in den vergangenen knapp fünf Jahren – vor allem dank mehrerer Publikationen des Kuratoriums Deutsche Altershilfe (KDA) – wieder aktuell geworden. Das Bundesland Nordrhein-Westfalen hat 2015 ein Modellprojekt „Entwicklung altengerechter Quartiere NRW" initiiert, bei dem nun nahezu alle Kreise und kreisfreien Städte aktiv eingebunden sind. Wir hoffen eingangs deutlich gemacht zu haben, dass sich die Situation – bezogen auf die Fragestellung MTI – für Menschen, die in ihrer eigenen Häuslichkeit leben und für Menschen, die in vollstationären Pflegeeinrichtungen leben, nur unwesentlich unterscheiden und betrachten deshalb im Folgenden die Situation auch nicht differenziert.

Die Möglichkeit am soziokulturellen Leben im Quartier / in der Gemeinde teilzuhaben, ist von großer Bedeutung, denn die Menschen erfahren Sinnstiftung und Identität über die Einbindung in Gemeinschaft, Familie, Vereine und im Quartier (vgl. Rüßler et al. 2015, S. 9).

Quartiersarbeit findet in Mönchengladbach z.B. in verschiedenen Stadtteilen statt. Umso wichtiger ist es, dass es eine gesamtstädtische Konzeption gibt, die von den Bedürfnissen der im Quartier lebenden Menschen ausgeht und nicht von Träger- und Verbandsinteressen dominiert wird. Das KDA hat in seinen diesbezüglichen Analysen eindeutig den Ansatz der „Quartiersentwicklung aus Klientensicht" beschrieben (vgl. Michell-Auli / Sowinski 2012, S. 80 f.).

Für das Vorgehen sollte die jeweilige Stadtplanung / Einrichtung der Altenhilfe zunächst zu den folgenden drei Eckpunkten recherchieren:

1. *Bedarfsanalyse:* Zur Entwicklung eines entsprechenden Ansatzes kann prinzipiell mit einer Bedarfsanalyse begonnen werden.
   - Welche Bedarfe haben die älteren Menschen in Bezug auf ihre Lebensqualität? (Bedarfslagen im Bereich der Grundbedürfnisse, Gesundheit sowie beim Wohnen spielen in diesem Zusammenhang

keine Rolle. Erfragt werden können z.B. die Themenbereiche: Mobilität, Konsum, Freizeit und Kultur und Gemeinschaft).

2. *Quartiersanalyse:* Hier wird erhoben, welche Angebote im Quartier vorhanden sind, welche Netzwerke es bereits gibt und wer die wichtigen Schlüsselpersonen sind.
   - *Welche Angebote gibt es im Quartier, die die genannten Bedarfe der Nutzer befriedigen? An welchen Angeboten wird bereits teilgenommen, wie und warum? Zu wem bestehen bereits Kooperationen? Wie profitieren die Menschen davon?*
3. *Angebotsanalyse:* Aus der Bedarfsanalyse können die benötigten Angebote abgeleitet werden. Es ist für Heimbewohnerinnen und -bewohner zu prüfen, ob entsprechende Angebote außerhalb des Altenheims wahrgenommen werden können oder ob ein internes Angebot benötigt wird. Daraus kann eine Liste der potenziellen und benötigten Angebote innerhalb und außerhalb des Altenheimes erstellt werden.

Damit ist eine Grundlage dafür gelegt, welche Angebote etabliert werden und ob diese Angebote im Altenheim für die Öffentlichkeit geöffnet oder ob die Angebote des Quartiers mit genutzt werden. So können im Anschluss einzelne Vorhaben entsprechend geplant und umgesetzt werden. Hierzu gilt es die Netzwerke und Akteure im Quartier gezielt mit einzubeziehen.

Die Sozial-Holding der Stadt Mönchengladbach hat unter anderem als Träger der sieben städtischen Altenheime in den vergangenen Jahren systematisch Verbindungen in das Gemeinwesen gesucht, entwickelt und gelebt. Die Einrichtungen sind offene Häuser, die es als ihren Auftrag verstehen, die Arbeit transparent zu machen und Beziehungen und Zusammenarbeit aktiv zu gestalten.

Der Mensch mit seinen Wünschen und Bedarfen, der in der eigenen Häuslichkeit, in einer stationären Einrichtung oder in Form von Wohnen mit Service lebt, steht hier im Zentrum des Modells. Der Aktivitätsradius ist zwar für jeden Menschen individuell, wird jedoch in Abhängigkeit von altersbedingten Funktionseinbußen, alltäglichen Mobilitätsmustern, genutzten Hilfs- und Transportmitteln erfahrungsgemäß mit zunehmendem Alter kleiner (vgl. Oswald / Konopik 2015).

Wir haben uns dabei an den gewohnten Lebenswelten älterer Menschen orientiert, die wir unter Berücksichtigung der Selbstbestimmung und Teilhabe in vier Aktivitätsbereiche zusammengefasst haben. Diese sind: Gesundheit, Konsum, Gemeinschaft und Kultur. Die weiter oben beschriebenen drei Eckpunkte (Bedarfs-, Quartiers- und Angebotsanalyse) sind die Grundlage aller weiteren Bemühungen. Da die körperlichen und funktionalen Einschränkungen im Alter jedoch die Möglichkeit der Partizipation erheblich erschweren, müssen vier grundlegende Aspekte gegeben sein, damit die alten Menschen den Weg aus ihren eigenen vier Wänden suchen: Sicherheit, Mobilität, Attraktivität und Funktionalität. Dies sind wichtige Motivationsfaktoren, die bei der Umsetzung zur Teilhabe am städtischen Leben durch MTI mit städtebaulichen Objekten Berücksichtigung finden müssen, wenn sie nicht sogar die Grundlage aller Forschungsarbeit sind.

4. MTI im öffentlichen Raum - ein noch offener Forschungsbereich

Genau hier setzt das Forschungsprojekt UrbanLife+ des Bundesministeriums für Bildung und Forschung (BMBF) an. Dabei lautet die Fragestellung: Inwieweit kann durch Mensch-Technik-Interaktion (MTI) die soziale Teilhabe älterer Menschen im öffentlichen, urbanen Raum verbessert werden? UrbanLife+ verknüpft die MTI Forschung mit städtebaulichen Anforderungen und Herausforderungen, wobei die Anforderungen des Menschen im Quartier / in der Stadt im Fokus stehen. Denn Ziel ist es, die Sicherheit - insbesondere das Sicherheitsempfinden des Einzelnen - im öffentlichen Raum durch MTI-Innovationen zu verbessern.

UrbanLife+ nutzt MTI-Lösungen, damit ältere Menschen ihren sicheren Aktionsradius im öffentlichen Raum, konkret im Quartier, erweitern können. Inwieweit das gelingt, hängt nicht nur von den kognitiven, physischen und koordinativen Fähigkeiten des Einzelnen und seinen Hilfsmitteln ab, sondern auch davon, dass die Umgebung das Handeln des Einzelnen wahrnehmen und in geeigneter Weise darauf reagieren kann. Dazu werden Lösungen entwickelt, um städtebauliche Objekte wie Straßenlaternen, Stadtmobiliar wie Sitzbänke, Ampeln, Hinweisschilder oder Bushaltestellen in smarte städtebauliche Objekte zu überführen (vgl. Kötteritzsch / Koch / Wallrafen, S. 2016). Die Übertragung von MTI-Lösungen in den städtebaulichen Raum eröffnet vielfältige neue Möglichkeiten, um Aktivitäten älterer Menschen unterstützen zu können.

Umgesetzt werden die technischen Entwicklungen in Mönchengladbach konkret in zwei Stadtquartieren. Hier sollen auf ausgewählten signifikanten Strecken mit Hilfe von Demonstratoren innovative MTI-Entwicklungen erprobt werden. Ziel ist es, ein Gesamtkonzept zu entwickeln, welches am Ende auf alle Quartiere (oder Stadtteile) in Mönchengladbach, und ggf. auch auf andere Kommunen übertragbar ist: Es wäre dann ein Konzept für seniorengerechte Quartiersentwicklung mittels MTI.

Die Sozial-Holding der Stadt Mönchengladbach als größter Heimträger der Stadt mit sieben Altenheimen in verschiedenen Quartieren fungiert im Projekt als Praxispartner, aber auch wissenschaftlich als Experte für den alten Menschen - quasi als Schnittstelle und Verknüpfung von Theorie und Praxis. Wissenschaftlich erarbeiten drei Universitäten auf verschiedenen Forschungsgebieten (Wertschöpfungsketten im Bereich der Wirtschaftsinformatik, Vernetzung von Assistenzsystemen, MTI-Forschung) die MTI-Innovationen. Ein weltweit agierendes Stadtplanungs- und Entwicklungsunternehmen ergänzt das interdisziplinäre Team. Gemeinsam mit Mönchengladbacher Unternehmen und Institutionen, die als Umsetzungspartner „vor Ort“ im Projekt an kleinen Einsatzprojekten zur konkreten Erprobung im Echtbetrieb beteiligt sind, sollen Lösungen gefunden werden, die zum einen die Bedarfe der Einzelnen in den Fokus nehmen, aber gleichzeitig auch im Gesamtkonzept zu smarten, seniorenfreundlichen Quartieren allumfassend Berücksichtigung finden.

UrbanLife+ verfolgt das zentrale Ziel, die Selbstbestimmung und Teilhabe von Seniorinnen und Senioren im öffentlichen Raum auf ein der häuslichen Situation vergleichbares Niveau zu heben. Entscheidend dafür ist, dass Personen mit altersbedingten Einschränkungen auch bei allen im Stadtquartier erforderlichen Interaktionen mit der städtebaulichen Umgebung technisch wirksam unterstützt werden können.

Praktische Lösungsansätze, die wir dabei konkret umsetzen werden, sind beispielsweise Straßenlampen, die ihre Helligkeit dem Sehvermögen des Einzelnen anpassen, Ampelanlagen, die die Dauer der Grünphase auf die Gehgeschwindigkeit des Passanten ausrichten, Leitsysteme, die zur nächsten Ruhemöglichkeit führen, individuelle Routenführung an Gefahrenstellen vorbei und entlang des individuell erforderlichen barrierefreien Weges oder smarte Anzeigetafeln in öffentlichen Gebäuden, auf denen Wege und Aktionen geplant werden können.

Ob derartige Lösungsansätze dazu führen, dass Menschen mit Einschränkungen die eigenen vier Wände eher verlassen und damit die soziale Teilhabe und das Sicherheitsempfinden verbessert werden können (wie es auch im PSG II nun vorgesehen ist), wird im Projektverlauf untersucht und evaluiert. Entwickelt wurde bereits ein Safety-Modell, ein Erklärungsmodell zur Verbesserung der objektiven und subjektiv empfundenen Sicherheit des Einzelnen.

Entwickeln die Wissenschaftler MTI-Technologien, die zunächst im Labor, dann im Feld auf aufgesuchten Strecken definierter Szenarien erprobt werden, werden das Safety-Modell und das Lebensweltmodell zu Grunde gelegt. Veränderungen von Einstellungen und Verhalten der Untersuchungsgruppen werden messbar gemacht. Auf dieser Basis können die Lösungsansätze weiterentwickelt werden.

Inwieweit diese Lösungen im öffentlichen Raum und das Gesamtkonzept zur seniorengerechten Quartiersentwicklung Anwendung finden, hängt sicher auch in hohem Maße davon ab, ob diese Technologien Akzeptanz bei der Zielgruppe finden. In diesem Zusammenhang müssen auch ethische und datenschutzrechtliche Herausforderungen diskutiert und gelöst werden.

Zentrale Erfolgskriterien sind dabei auch, wenn wir den älteren Menschen mit seinen altersbedingten Einschränkungen fokussieren, inwieweit die Technik einfach bedienbar (usable) und ob sie überhaupt zugänglich ist. Lösung kann es - zumindest zum heutigen Zeitpunkt - nicht sein, dass zur Nutzung der MTI-Technologien im öffentlichen Raum, ein Smartphone, Tablet oder vergleichbares Gerät erforderlich ist, um diese Technologien überhaupt nutzen zu können. Das würde zu einer sozialen Ausgrenzung führen - und das steht im Widerspruch zum Kernthema, der Verbesserung sozialer Teilhabe aller!

Literatur:

Behr / Brechmann / Voiß / Wallrafen-Dreisow (1995): Vom Pflegeheim zum Altenwohnhaus. Fischer Taschenbuch Verlag, Frankfurt/Main.

Brechmann / Wallrafen-Dreisow (1990): Ambulante Altenhilfe. Curt R. Vincentz Verlag, Hannover.

Buchhorn (2016): Aufmarsch der Hightech-Rentner. In: Manager Magazin, Juli 2016. Manager Magazin Verlagsgesellschaft, Hamburg.

Bundesministerium für Bildung und Forschung (Hrsg.) (2015): Technik zum Menschen bringen. Forschungsprogramm zur Mensch-Technik-Interaktion. BMBF, Bonn.

Claßen / Oswald / Doh / Kleinemas / Wahl (2014): Umwelten des Alterns. Wohnen, Mobilität, Technik und Medien. Verlag W. Kohlhammer, Stuttgart.

Frevel (2013): Herausforderung demographischer Wandel. Springer, Berlin.

Gebert / Kneubühler / Latzel (2001): Qualitätsbeurteilung und Evaluation der Qualitätssicherung in Pflegeheimen: Plädoyer für ein gemeinsames Lernen. Verlag H. Huber, Bern.

Guaspari, J. (1989): Ich weiss es, wenn ich's sehe: eine moderne Fabel über Qualität. Königsteiner Wirtschaftsverlag, Königstein/Taunus.

Häußling (2014): Techniksoziologie. Nomos Verlagsgesellschaft, Baden-Baden.

Hummel (1988): Öffnet die Altersheime! Gemeinwesenorientierte, ganzheitliche Sozialarbeit mit alten Menschen. Belz Verlag, Weinheim und Basel.

Hummel / Steiner-Hummel (1990): Gemeinwesenorientierte Konzepte in der Altenpflege: Wege aus der Zitadelle. Curt R. Vincentz Verlag, Hannover.

Kötteritzsch / Koch / Wallrafen, S. (2016): Expand your comfort zone! Smart urban objects to promote safety in public spaces for older adults. UbiComp/ISWC 2016 Adjunct, September 12-16, 2016. Heidelberg.

Michell-Auli / Kremer-Preiß (2013): Quartiersentwicklung – KDA-Ansatz und kommunale Praxis. Kuratorium Deutsche Altershilfe, Köln.

Michell-Auli / Sowinski (2012): Die fünfte Generation: KDA-Quartiershäuser: Ansätze zur Neuausrichtung von Alten-und Pflegeheimen. Kuratorium Deutsche Altershilfe, Köln.

Mitchel / Ferketich / Jennings (1998): Quality health outcomes model. *Image: The Journal of Nursing Scholarship*, *30*/1, S. 43–46.

Oswald / Konopik (2015): Bedeutung von außerhäuslichen Aktivitäten n Nachbarschaft und Stadtteilidentifikation für das Wohlbefinden im Alter. In: Zeitschrift für Gerontologie und Geriatrie, 5/2015, S. 401–407. Springer, Heidelberg.

Rammert (1989): Technisierung und Medien in Sozialsystemen - Annäherungen an eine soziologische Theorie der Technik. In: Weingarten, P. (Hrsg.): Technik als sozialer Prozess. S. 128-173. Suhrkamp, Frankfurt/Main.

Roth / Schnabel (2002). Qualität in Pflegeheimen. Expertise im Auftrag des Bundesministeriums für Familie, Senioren, Frauen und Jugend. Forschungsgesellschaft für Gerontologie an der Universität Dortmund. Dortmund.

Rüßler / Köster / Stiel / Heite (2015): Lebensqualität im Wohnquartier. Ein Beitrag zur Gestaltung alternder Stadtgesellschaften. Verlag W. Kohlhammer, Stuttgart.

Wallrafen-Dreisow / Weigel (Hrsg.) (2004): EFQM in Einrichtungen der Altenhilfe. Messen - Bewerten - Besser werden. Verlag W. Kohlhammer, Stuttgart.

Wallrafen-Dreisow / Weigel (2007): Der Qualitätsbericht. Transparenz schafft Vertrauen. Vincentz Network, Hannover.

IV.
Rehabilitation und Teilhabe bei Behinderung in Deutschland

Das Bundesteilhabegesetz im Lichte des rechtsstaatlichen Gebots der Normenklarheit und -bestimmtheit

Minou Banafsche

I. Einleitung

Das am 16.12.2016 – und damit fast auf den Tag genau zehn Jahre nach Verabschiedung der UN-BRK durch die Generalversammlung der Vereinten Nationen am 13.12.2006[1] – im Bundesrat beschlossene „Gesetz zur Stärkung der Teilhabe und Selbstbestimmung von Menschen mit Behinderungen (Bundesteilhabegesetz – BTHG)" vom 23.12.2016[2] tritt in fünf Stufen in Kraft – beginnend mit dem Tag nach seiner Verkündung, dem 30.12.2016, im Weiteren am 01.01.2017, am 01.01.2018, am 01.01.2020 und am 01.01.2023 (Art. 26 BTHG). Zum SGB IX ist am 30.12.2016 Art. 2 BTHG „Änderung des Neunten Buches Sozialgesetzbuch (Übergangsrecht zum Jahr 2017)" in Kraft getreten (Art. 26 Abs. 2 BTHG). Gleichzeitig mit Inkrafttreten der Teile 1 und 3 des Art. 1 BTHG „Sozialgesetzbuch Neuntes Buch – Rehabilitation und Teilhabe von Menschen mit Behinderungen – (Neuntes Buch Sozialgesetzbuch – SGB IX)" am 01.01.2018 (im Folgenden: SGB IX n. F.) tritt das SGB IX in der Fassung des Art. 2 BTHG außer Kraft (Art. 26 Abs. 1 BTHG); das Eingliederungshilferecht – Teil 2 SGB IX n. F. – tritt ganz überwiegend erst am 01.01.2020 in Kraft (Art. 26 Abs. 4 Nr. 1 BTHG).

Allein die große Menge an durch die Reform des Rehabilitationsrechts notwendig werdenden Änderungen – verursacht vor allem durch die Überführung der Eingliederungshilfe in das SGB IX n. F. – in Verbindung mit der zeitlichen Staffelung ihres Inkrafttretens machen das BTHG zu einem komplexen Regelwerk. Regelungen wie die des Art. 25 BTHG zur Umsetzungsunterstützung kommen erschwerend hinzu. So gestattet es Art. 25 Abs. 2 dem Bundesministerium für Arbeit und Soziales (BMAS) mit Wirkung vom 30.12.2016 (Art. 26 Abs. 2 BTHG), „im Einvernehmen mit den

1 Resolution 61/106.
2 BGBl. I 2016, 3234.

Ländern die *Ausführung* der Leistungen zur Eingliederungshilfe [zu] untersuchen und die Träger der Eingliederungshilfe bei der *Umsetzung* der neu eingeführten Regelungen [zu] begleiten [Hervorhebungen durch die Verfasserin]“ (S. 1), die allerdings erst am 01.01.2020 in Kraft treten. Die daraus gewonnenen Erkenntnisse „sollen ab dem 01.01.2020 mit den Erkenntnissen der Evidenzbeobachtung in der Eingliederungshilfe zusammengeführt werden“ (S. 2). Schon an dieser Stelle muss sich das BTHG die Frage entgegenhalten lassen, ob es sich von dem selbstgesteckten Ziel, die Transparenz des Rehabilitationsgeschehens zu verbessern[3], entfernt.[4]

Hier will der Beitrag ansetzen und sich mit der systematischen Verortung des SGB IX n. F. im sozialleistungsrechtlichen Gefüge einerseits wie der Binnensystematik andererseits befassen. Sodann sollen – in Ansehung des in der Entwurfsbegründung formulierten Ziels, den Menschen mit seinen behinderungsspezifischen Bedarfen in den Mittelpunkt zu stellen[5] – die (Neu-)Regelungen zum leistungsberechtigten Personenkreis fokussiert werden. Die Ergebnisse sollen abschließend – gemessen an dem aus dem Rechtsstaatsprinzip des Art. 20 Abs. 3 GG abzuleitenden Gebot der Normenklarheit und -bestimmtheit – einer Bewertung unterzogen werden.[6]

II. Die (Binnen-)Systematik des SGB IX n. F.

Ursprünglich wollte man mit dem SGB IX einer Zersplitterung der einschlägigen Rechtsvorschriften bei den einzelnen Trägern entgegenwirken und an den Nahtstellen der verschiedenen Leistungsbereiche und Leistungszuständigkeiten sachgerechte Abgrenzungs- und Verknüpfungsregelungen schaffen.[7] „Anstelle von Divergenz und Unübersichtlichkeit im bestehenden Rehabilitationsrecht [sollten] Bürgernähe und verbesserte Effizienz auf der Basis eines gemeinsamen Rechts und einer einheitlichen Pra-

---

3 Siehe die Begründung zum Entwurf eines Gesetzes zur Stärkung der Teilhabe und Selbstbestimmung von Menschen mit Behinderungen (Bundesteilhabegesetz – BTHG), BT-Dr. 18/9522, 191.

4 Kritisch auch *Welti/Nebe/Kohte/Wansing*, Bundesteilhabgesetz – Editorial, RP Reha 4/2016, 3.

5 So bezogen auf die Eingliederungshilfe BT-Dr. 18/9522, 191, 197.

6 Stand des Beitrages ist der 15.01.2017.

7 Siehe die Begründung zum Entwurf eines Sozialgesetzbuchs – Neuntes Buch – (SGB IX) Rehabilitation und Teilhabe behinderter Menschen, BT-Dr. 14/5074, 93.

xis der Rehabilitation und der Behindertenpolitik [treten].“[8] Dem verleiht § 7 SGB IX normativ Ausdruck, der „einerseits den Gegebenheiten des [...] ‚gegliederten Systems‘ Rechnung [trägt], in dem die einschlägigen Sozialleistungen durch verschiedene Sozialleistungsträger erbracht werden, in deren spezifische Systemzusammenhänge sie eingebunden sind“ (vgl. S. 2)[9], und andererseits „Regelungen zu Inhalt und Zielsetzungen der einschlägigen Sozialleistungen“ im Interesse der Betroffenen so weit wie möglich vereinheitlicht (vgl. S. 1).[10] Waren diese Regelungen im RehaAnglG von 1974 nur als „Grundsätze“ konzipiert (§ 9 Abs. 1), wurden sie mit dem SGB IX, das in § 7 S. 1 von „Vorschriften“ spricht – vorbehaltlich abweichender Regelungen in den Einzelleistungsgesetzen[11] – verbindlich gestellt.[12] Daran ändert sich durch das BTHG nichts (§ 7 Abs. 1 S. 1 und 2 SGB IX n. F.). Vielmehr wird mit § 7 Abs. 2 SGB IX n. F. das Verhältnis des Teils 1 SGB IX n. F. zu den Einzelleistungsgesetzen „wesentlich geschärft“[13], indem die Kapitel 2 bis 4 zur Einleitung der Rehabilitation (§§ 9 bis 11), Bedarfsermittlung (§§ 12 und 13) und Koordinierung der Leistungen (§§ 14 bis 24) vorbehaltlos gelten (S. 1) und S. 2 darüber hinaus einen qualifizierten Regelungsvorbehalt i. S. d. Art. 84 Abs. 1 S. 5 und 6 GG[14] bzgl. des 4. Kapitels statuiert.

Aufgebrochen wird das bisherige System des Rehabilitationsrechts allerdings durch § 7 Abs. 1 S. 3 SGB IX n. F. Mit Teil 2 SGB IX n. F. – dem Eingliederungshilferecht – verliert das SGB IX seinen – dem SGB I, dem SGB X und dem SGB IV vergleichbaren –im Wesentlichen leistungsbereichsübergreifenden Charakter[15]. Daher bedurfte es der Klarstellung in § 7 Abs. 1 S. 3 SGB IX n. F., wonach „das Recht der Eingliederungshilfe

8 Beschlussempfehlung und Bericht des Ausschusses für Arbeit und Sozialordnung, BT-Dr. 14/2913, 4; darauf verweist BT-Dr. 14/5074, 92.

9 Vgl. bereits § 6 Abs. 1 und § 9 Abs. 1 des Gesetzes über die Angleichung der Leistungen zur Rehabilitation (RehaAnglG) vom 07.08.1974 (BGBl. I 1974, 1881).

10 BT-Dr. 14/5074, 100.

11 Siehe BT-Dr. 14/5074, 100. Dass in § 7 S. 1 SGB IX von „Vorschriften“ die Rede ist, spricht dafür, dass nicht kodifizierte Strukturprinzipien den Abweichungsvorbehalt nicht auslösen. M. w. N. *Welti*, in: Lachwitz/Schellhorn/Welti (Hrsg.), HK-SGB IX, 3. Aufl., Köln 2010, § 7 Rn. 8 f.

12 BT-Dr. 14/5074, 94, 100.

13 BT-Dr. 18/9522, 229.

14 Siehe dazu die Begründung zum Entwurf eines Gesetzes zur Änderung des Grundgesetzes, BT-Dr. 16/813, 15.

15 Vgl. BT-Dr. 14/5074, 94.

im Teil 2 […] ein Leistungsgesetz im Sinne der Sätze 1 und 2 [ist].“ Die Wahl des SGB IX als Regelungsort wäre aber keineswegs zwingend gewesen.[16] Alternativ hätte angesichts der mit der Herauslösung der Eingliederungshilfe aus dem bedürftigkeitsabhängigen Regelungsregime der Sozialhilfe (nicht aus der Fürsorge[17]) erreichten „Beförderung“ zu einem System der „gehobenen Fürsorge“[18] beispielsweise eine Zusammenlegung mit der Kinder- und Jugendhilfe erwogen werden können. Das hätte rechtssystematisch den Vorzug gehabt, dass den Ländern der mit der Verpflichtung zur Regelung eigenständiger – parallel zur Sozial- und Jugendhilfe verlaufender – Trägerstrukturen (§ 94 SGB IX n. F.), inklusive der Bildung einer gesonderten Schiedsstelle (§ 133 SGB IX n. F.), verbundene Verwaltungsaufwand erspart geblieben wäre;[19] daneben hätte die Diskussion über die Eingliederungshilfe für Kinder und Jugendliche[20] ein Stück weit vorangebracht werden können[21]. Dem Ziel der Komplexitätsreduktion[22] wäre das gewiss zuträglich gewesen.

Unabhängig vom Regelungsort wurden das Eingliederungshilferecht und der Teil 1 SGB IX n. F., u. a. die danach vorbehaltlos für alle Leistungsgesetze geltenden Regelungen der Kapitel 2 bis 4, nur unzureichend aufeinander abgestimmt. Augenscheinlich sind Überschneidungen zwischen § 8 zum Wunsch- und Wahlrecht und § 104 zu den Leistungen nach der Besonderheit des Einzelfalls, zwischen § 12 i. V. m. den §§ 32 bis 35

16 Zum Entstehungsprozess des BTHG BT-Dr. 18/9522, 189 f.

17 BT-Dr. 18/9522, 197 (anders aber auf S. 196, wo pauschal von einer „Herausführung der Eingliederungshilfe aus dem ‚Fürsorgesystem‘“ die Rede ist).

18 Zwischen „allgemeinen Hilfssystemen“ zur Existenzsicherung und „Förderungssystemen“ zur Hebung der Lebensbedingungen und Chancen unterscheidet *Zacher*, Abhandlungen zum Sozialrecht, hrsg. v. von Maydell/Eichenhofer, Heidelberg 1993, S. 272.

19 Dazu *Vorholz*, Bundesteilhabegesetz: Die Sicht der kommunalen Leistungsträger, RP Reha 4/2016, 9, 13.

20 Dazu *Banafsche*, Die „große Lösung“ als gleichheitsrechtliches Gebot – Verfassungsrechtliche Grenzen des dualen Systems der Eingliederungshilfe für Kinder und Jugendliche, in: Becker/Wacker/Banafsche (Hrsg.), Inklusion und Sozialraum – Behindertenrecht und Behindertenpolitik in der Kommune, Baden-Baden 2013, S. 169 ff.

21 Der aktuelle Diskussionsstand ist abrufbar auf der Homepage der Internationalen Gesellschaft für erzieherische Hilfen (IGFH) e. V.: http://www.igfh.de/cms/nachrichten/informationen-zur-reform-sgb-viii-%E2%80%93-vorbereitung-eines-neuen-gesetzes-zur-st%C3%A4rkung-von (11.01.2017).

22 Vgl. BT-Dr. 18/9522, 192.

und § 106 zur Beratung und Unterstützung sowie den §§ 19 bis 23 zum Teilhabeplan und den §§ 117 bis 122 zur Gesamtplanung. Mit dem Normzweck des § 7 Abs. 1 S. 1 SGB IX n. F., Regelungen, die für mehrere Sozialleistungsbereiche einheitlich sein können [nach Maßgabe des Abs. 2 gar müssen], den Grundregeln des Sozialgesetzbuches gemäß nur an einer Stelle zu treffen,[23] ist diese Regelungstechnik schwerlich kompatibel.

III. Die (Neu-)Regelungen zum leistungsberechtigten Personenkreis als Beispiele nicht gelungener Rechtsetzung

Das BTHG hat – bezogen auf die Definition von Behinderung und den Anspruch auf Leistungen der Eingliederungshilfe – den leistungsberechtigten Personenkreis betreffende (Neu-)Regelungen hervorgebracht, die weder in sich noch im Verhältnis zueinander die gebotene Konsistenz aufweisen.

1. Der Behinderungsbegriff des § 2 Abs. 1 SGB IX n. F.

Mit der weitgehenden Übernahme des Behinderungsbegriffs des Art. 1 UAbs. 2 UN-BRK[24], konkret des dort verankerten Wechselwirkungsmodells und des Genügens einer möglichen Teilhabebeeinträchtigung, durch § 2 Abs. 1 S. 1 SGB IX n. F. hat der Gesetzgeber der vom UN-Ausschuss für die Rechte von Menschen mit Behinderungen in dessen am 13.04.2015 verabschiedeten „Abschließenden Bemerkungen über den ersten Staatenbericht Deutschlands[[25]]“[26] geäußerten Kritik insoweit abgeholfen, die darauf abzielte, die Definition von Behinderung „mit den allgemeinen Prinzipien und Bestimmungen des Übereinkommens in Einklang zu bringen, insbesondere in Bezug auf Fragen der Nichtdiskriminierung und den voll-

---

23 So zu § 7 Satz 1 SGB IX BT-Dr. 14/5074, 100.

24 Zu dessen Verankerung in Art. 1 UN-BRK siehe nur *Degener*, Menschenrechtsschutz für behinderte Menschen – Vom Entstehen einer neuen Menschenrechtskonvention der Vereinten Nationen, VN 2006, 104, 106.

25 Abrufbar unter http://www.institut-fuer-menschenrechte.de/fileadmin/user_upload/PDF-Dateien/Pakte_Konventionen/CRPD_behindertenrechtskonvention/crpd_state_report_germany_1_2011_de.pdf (04.01.2017).

26 CRPD/C/DEU/CO/1.

ständigen Übergang zu einem menschenrechtsbasierten Modell"[27].[28] Die Diskussion darüber, ob § 2 Abs. 1 S. 1 SGB IX dem hinreichend Rechnung trage, weil er die Grundentscheidung der ICF für das „bio-psycho-soziale Modell" von Behinderung[29] ausweislich der Entwurfsbegründung zum SGB IX[30] in sich aufgenommen habe[31], oder ob Wortlaut und Normzweck des § 2 Abs. 1 S. 1 SGB IX eine BRK-konforme Auslegung nicht mehr zuließen[32], hat sich gleichsam insoweit erledigt.

a) Die Abweichung von dem für das Lebensalter typischen Zustand („Regelwidrigkeit")

Festgehalten wurde allerdings an dem Merkmal der „Regelwidrigkeit" (§ 2 Abs. 1 S. 2 SGB IX n. F.). Schwierigkeiten bei der Auslegung ergeben sich im Abgleich von Normwortlaut und Entwurfsbegründung. Heißt es in der Entwurfsbegründung, dass eine Beeinträchtigung „nur" vorliege, wenn der Körper- und Geisteszustand von dem für das Lebensalter typischen Zustand abweiche,[33] so dass Behinderung die „Regelwidrigkeit" notwendig voraussetzt, ergibt sich das nicht aus S. 2 selbst. Zwar lässt sich dem noch entnehmen, dass bei „Regelwidrigkeit" stets vom Vorliegen einer Beeinträchtigung i. S. d. S. 1 auszugehen ist; das gestattet aber mangels

27 CRPD/C/DEU/CO/1, Bemerkung Nr. 8 (a) [zitiert nach der nichtamtlichen Übersetzung der Monitoring-Stelle zur UN-BRK, abrufbar unter http://www.institut-fuer-menschenrechte.de/fileadmin/user_upload/PDF-Dateien/UN-Dokumente/CRPD_Abschliessende_Bemerkungen_ueber_den_ersten_Staatenbericht_Deutschlands.pdf (04.01.2017)].

28 Vgl. auch BT-Dr. 18/9522, 188.

29 DIMDI/WHO (Hrsg.), ICF – Internationale Klassifikation der Funktionsfähigkeit, Behinderung und Gesundheit (deutschsprachige Fassung), Genf 2005, S. 23 ff.

30 BT-Dr. 14/5074, 98.

31 Beispielhaft und m. w. N. zum Diskussionsstand *Coseriu*, Behinderung und Rehabilitation aus richterlicher Sicht des BSG: Zur Bedeutung der Sozialstaatsforschung, in: Masuch/Spellbrink/Becker/Leibfried (Hrsg.), Grundlagen und Herausforderungen des Sozialstaats – Bundessozialgericht und Sozialstaatsforschung, Bd. 2, Berlin 2015, S. 687 (697 ff.); siehe auch BT-Dr. 18/9522, 192, 227, wonach es sich lediglich um eine Neufassung in Gestalt einer deklaratorische Anpassung zum Zwecke der Klarstellung handelt.

32 Siehe etwa *Banafsche*, Die UN-Behindertenrechtskonvention und das deutsche Sozialrecht – eine Vereinbarkeitsanalyse anhand ausgewählter Beispiele (Teil I), SGb 2012, 373, 374 f.; vgl. BAGE 147, 60, Rn. 57 ff., 63 ff.

33 BT-Dr. 18/9522, 227.

des Wortes „nur“ in S. 2 nicht den zwingenden Gegenschluss, dass die Annahme einer Beeinträchtigung ohne die „Regelwidrigkeit“ *generell* ausgeschlossen sein soll.[34] Solange also eine Anpassung des Wortlauts des S. 2 nicht erfolgt, wäre es methodisch unzulässig, ihm die Lesart der Entwurfsbegründung vorzuziehen, und wäre die Abweichung von dem für das Lebensalter typischen Zustand als – Ausnahmen zugänglicher – Regelfall der Beeinträchtigung zu begreifen. Dem steht offenbar auch die Entwurfsbegründung nicht entgegen, wenn sie ihr Verständnis von S. 2 so begründet, dass ausgeschlossen werden solle, dass z. B. alterstypische Erkrankungen „in der Regel“ als Behinderung anerkannt würden.[35] Denn das ließe sich gleichermaßen erreichen, wenn man das Wort „nur“ in der Entwurfsbegründung striche. Damit würde nicht zuletzt die angemessene Berücksichtigung von Besonderheiten im konkreten Einzelfall gewährleistet.[36] Die wortlautbezogene Lesart hätte zudem den positiven Effekt, dass der in der Entwurfsbegründung nicht durchgehend, aber im Verhältnis zur bloßen „Neufassung“[37], soweit ersichtlich, überwiegend verwandte Terminus der „Neudefinition“[38] seine volle Rechtfertigung erführe.

b) Der Verbindlichkeitsgrad

Schwer nachvollziehbar ist es ferner – einmal abgesehen von der im Unterschied zu dem soeben erörterten Problem geringen praktischen Relevanz –, welche Rolle das BTHG dem Behinderungsbegriff des SGB IX im „gegliederten System“ zumisst. Nach der noch geltenden Rechtslage ist es umstritten, ob mit § 19 Abs. 1 SGB III und § 53 Abs. 1 S. 1 SGB XII eigenständige Begriffsdefinitionen von Behinderung implementiert wur-

---

34 Zum Instrument des Gegenschlusses *Rüthers/Fischer/Birk*, Rechtstheorie mit Juristischer Methodenlehre, 9. Aufl. München 2016, Rn. 899 f.

35 BT-Dr. 18/9522, 227.

36 Zum Altern als individuellem Prozess beispielhaft *Welti*, in: Deinert/Welti (Hrsg.), SWK-BR, Baden-Baden 2014, Behinderung Rn. 17.

37 BT-Dr. 18/9522, 227.

38 BT-Dr. 18/9522, 192 und ebenfalls 227 („definiert […] neu“).

den[39] oder § 2 Abs. 1 SGB IX „Behinderung" leistungsbereichsübergreifend einheitlich definiert[40].

Der BTHG-Gesetzgeber hat sich durch die unterbliebene Einbeziehung des § 2 in § 7 Abs. 2 S. 1 SGB IX n. F. zwar bewusst gegen eine für alle Rehabilitationsträger vorbehaltlos geltende Regelung entschieden.[41] Der damit verfolgten Intention, es gem. § 7 Abs. 1 S. 2 SGB IX n. F. im Verantwortungsbereich der Einzelleistungsgesetze zu belassen, „ob *bei Vorliegen* einer Behinderung *auch* die für den Rehabilitationsträger jeweils geltenden Leistungsvoraussetzungen erfüllt sind [Hervorhebungen durch die Verfasserin]" [42], stünde § 7 Abs. 2 S. 1 SGB IX n. F. aber nicht entgegen, weil der Tatbestand der Behinderung gem. § 2 Abs. 1 S. 1 und 2 SGB IX n. F. als Anspruchsvoraussetzung von den ihn modifizierenden einzelgesetzlich statuierten persönlichen Leistungsvoraussetzungen abtrennbar ist. Dafür spricht der explizite Verweis des § 19 Abs. 1 SGB III[43] und des § 53 Abs. 1 S. 1 SGB XII (mit Wirkung ab dem 01.01.2020 i. V. m. § 99 SGB IX n. F.), ebenso des § 99 SGB IX in der Fassung des Art. 25a BTHG auf den Behinderungsbegriff des § 2 Abs. 1 SGB IX (n. F.). Die Entwurfsbegründung zum BTHG weist, wie oben angedeutet, in eben diese Richtung („bei Vorliegen […] auch").

Eine Ausdehnung des Geltungsbereichs des § 7 Abs. 2 S. 1 SGB IX n. F. auf § 2 SGB IX n. F. hätte § 7 Abs. 1 S. 2 SGB IX n. F. demnach nicht in dessen Wirkung beeinträchtigt. Gleiches gilt für Kapitel 1 im Übrigen, das keine Vorgaben zu Zuständigkeit und Voraussetzungen für die Leistungen zur Teilhabe enthält[44], so dass Kollisionen mit § 7 Abs. 1 S. 2 SGB IX n. F. nicht zu befürchten wären. § 7 Abs. 2 S. 1 SGB IX n. F. auf Kapitel 1 zu erstrecken, hätte den Vorteil gehabt, der Bedeutung des Kapitels 1, welches gerade die Leitlinien der Selbstbestimmung und Teilhabe festschreibt, tatsächlich gerecht zu werden und dem § 2 SGB IX n. F. als

---

39 Für das SGB III etwa *Kruse/Reinhard*, in: Banafsche/Körtek/Kruse/Lüdtke/Reinhard/Ross/Schaumbrg/Schön/Winkler, LPK-SGB III, 2. Aufl., Baden-Baden 2015, § 19 Rn. 2; *Kloster*, in: Mutschler/Schmidt-De Caluwe/Coseriu (Hrsg.), Sozialgesetzbuch III – Großkommentar, 6. Aufl., Baden-Baden 2017, § 19 Rn. 14.

40 Siehe nur *Welti*, in: HK-SGB IX, § 2 Rn. 8, 10.

41 BT-Dr. 18/9522, 192, 227, 229.

42 BT-Dr. 18/9522, 227.

43 § 19 SGB III erfährt durch Art. 5 i. V. m. Art. 26 Abs. 1 S. 1 BTHG keine Änderung.

44 Das gilt auch für § 6 Abs. 3 SGB IX n. F., der die Zuständigkeit der Jobcenter für die Leistungen zur Teilhabe am Arbeitsleben gem. S. 2 unberührt lässt.

zentraler Norm im rehabilitationsrechtlichen Gefüge mehr Gewicht zu verleihen.

2. Der leistungsberechtigte Personenkreis gem. Art. 25a § 99 BTHG

Art. 25a § 99 BTHG war in der Entwurfsfassung des BTHG (BTHG-E) in abgewandelter Form als Art. 1 § 99 normiert und hätte – mit Ausnahme des Abs. 5 – gem. Art. 26 Abs. 4 Nr. 1 BTHG-E am 01.01.2020 in Kraft treten sollen. Im Zuge des Gesetzgebungsverfahrens war Art. 1 § 99 nach umfangreicher Kritik[45] geändert und durch einen Verweis auf § 53 Abs. 1 und 2 SGB XII in der am 31.12.2019 geltenden Fassung ersetzt worden; zugleich wurde Art. 25a BTHG eingefügt, der – wenn überhaupt – frühestens am 01.01.2023 in Kraft treten wird (vgl. Art. 26 Abs. 5 BTHG).[46] Da die Änderung des § 53 SGB XII aber elementarer Bestandteil der „personenzentrierten Ausrichtung der Eingliederungshilfe“[47] ist, die ihrerseits wesentlich der Verwirklichung des einleitend genannten Ziels, den Menschen mit seinen behinderungsspezifischen Bedarfen in den Mittelpunkt zu stellen, zu dienen bestimmt ist, soll Art. 25a § 99 BTHG nachfolgend gleichwohl Gegenstand der Erörterung sein.

a) Die Harmonisierung des Art. 25a § 99 BTHG mit § 2 SGB IX n. F.

Da Maßstab für die (mögliche oder nachgewiesene) Teilhabebeeinträchtigung nach § 2 SGB IX n. F. und Art. 25a § 99 BTHG gleichsam die ICF ist, wäre es sinnvoll gewesen, die dort ausgewiesenen teilhaberelevanten Domänen respektive Lebensbereiche[48] statt in der speziellen Norm des Art. 25a § 99 Abs. 4 BTHG in § 2 SGB IX n. F. zu regeln. Irritierend sind außerdem die voneinander insoweit abweichenden Wortlaute des Art. 25a § 99 Abs. 1 S. 1 BTHG und des § 2 Abs. 1 S. 1 und 2 SGB IX n. F., als

---

45 Einen guten Überblick geben die schriftlichen Stellungnahmen zur öffentlichen Anhörung von Sachverständigen in Berlin am 07.11.2016 zum Entwurf eines BTHG – BT-Drucksache 18/9522, Ausschuss-Dr. 18(11)803.

46 Siehe Beschlussempfehlung und Bericht des Ausschusses für Arbeit und Soziales zu dem Gesetzentwurf der Bundesregierung – Drucksachen 18/9522, 18/9954, 18/10102 Nr. 16, BT-Dr. 18/10523.

47 BT-Dr. 18/9522, 199.

48 DIMDI/WHO (Hrsg.), S. 19 f.

Art. 25a § 99 Abs. 1 S. 1 BTHG Personen nach § 2 Abs. 1 S. 1 und 2 SGB IX n. F. adressiert, „deren Beeinträchtigungen die Folge einer Schädigung der Körperfunktion und -struktur einschließlich der geistigen und seelischen Funktionen sind […].“ Begründet wird der Passus damit, dass es der Einbeziehung der medizinischen Befunde und Diagnosen bedürfe, um den derzeitigen Behinderungsbegriff [des § 53 Abs. 1 S. 1 SGB XII] in der neuen Definition [des Art. 25a § 99 Abs. 1 S. 1 BTHG] abzubilden; das seien in Orientierung an der ICF die Schädigungen von Körperfunktionen und -strukturen[49].[50] Deren bedarf es aber auch nach § 2 Abs. 1 SGB IX n. F., der Menschen erfasst, die körperliche, seelische, geistige oder Sinnesbeeinträchtigungen „haben“ (S. 1); S. 2 verwendet ebenfalls den Indikativ („abweicht“)[51]. Prägnanter wäre deshalb die folgende Formulierung gewesen: „Eingliederungshilfe ist Personen nach § 2 Abs. 1 S. 1 und 2 zu leisten, die in erheblichem Maße in ihrer Fähigkeit zur Teilhabe an der Gesellschaft eingeschränkt sind.“ Sowohl die rechtlich nicht notwendige Wortlautdivergenz zwischen § 2 Abs. 1 S. 1 und 2 SGB IX n. F. und Art. 25a § 99 Abs. 1 S. 1 BTHG als auch die mit der Rezeption des körperzentrierten Ansatzes der ICF durch Art. 25a § 99 Abs. 1 S. 1 BTHG (vgl. zuvor Art. 1 § 99 Abs. 1 S. 1 BTHG-E[52]) hervorgerufenen Konflikte hätten auf diese Weise vermieden werden können.

b) Die Leistungsvoraussetzung „in erheblichem Maße“

Ausgehend von der eingliederungshilferechtlichen Anspruchsnorm des § 53 Abs. 1 S. 1 SGB XII, der gemäß Personen leistungsberechtigt sind, wenn sie durch eine Behinderung i. S. d. § 2 Abs. 1 S. 1 SGB IX wesentlich in ihrer Fähigkeit, an der Gesellschaft teilzuhaben, eingeschränkt sind, proklamiert die Entwurfsbegründung zum BTHG die Abkehr von der Defizitorientierung u. a. durch Abschaffung des Merkmals der „Wesentlich-

49 DIMDI/WHO (Hrsg.), S. 17, wonach sich der Begriff „Körper“ „auf den menschlichen Organismus als Ganzes [bezieht]“ und „aus diesem Grund […] mentale (geistige und seelische) Funktionen unter ‚Körperfunktionen‘ subsumiert [werden]“.

50 BT-Dr. 18/9522, 276.

51 Zur Auslegung des § 2 Abs. 1 S. 2 SGB IX n. F. siehe oben III.1.a).

52 Hier war der Passus „einschließlich der geistigen und seelischen Funktionen“ noch gar nicht enthalten.

keit".[53] Die Substitution der „Wesentlichkeit" durch das „erhebliche Maß" vermag indes für sich genommen eine Abkehr von der Defizitorientierung nicht zu begründen. Vielmehr hängt es von normativen Orientierungshilfen zur Interpretation der unbestimmten Rechtsbegriffe – „wesentlich" und „in erheblichem Maße" – sowie der Anwendungspraxis ab, ob die Defizitorientierung überwunden werden kann.

Mit Art. 25a § 99 BTHG jedenfalls wird ein effektiver Beitrag zur Operationalisierung des Merkmals „in erheblichem Maße" nicht geleistet. Im Gegenteil wurden die in Art. 1 § 99 BTHG-E enthaltenen Konkretisierungen entfernt.[54] Hatte es in der Entwurfsfassung geheißen, eine Einschränkung in erheblichem Maße liege vor, wenn die Ausführung von Aktivitäten „in mindestens fünf Lebensbereichen nach Absatz 2" nicht ohne personelle oder technische Unterstützung möglich oder „in mindestens drei Lebensbereichen" auch mit personeller oder technischer Unterstützung nicht möglich sei (Abs. 1 S. 2), wurde die Angabe „mindestens fünf" durch „eine größere Anzahl" und die Angabe „mindestens drei" durch „eine geringere Anzahl" ersetzt (Art. 25a § 99 Abs. 1 S. 2 BTHG). Die Folgeänderung „in weniger als den nach Absatz 1 Satz 2 *bestimmten* [Hervorhebung durch die Verfasserin] Lebensbereichen" in Abs. 2 S. 2 ergibt aktuell keinen Sinn.

Um dem perspektivisch abzuhelfen, stellt nun Abs. 7 zur näheren Bestimmung der „größeren" und „geringeren" Anzahl nach Abs. 1 S. 2 (Nr. 1) sowie des Verhältnisses von der Anzahl der Lebensbereiche zum Ausmaß der jeweiligen Einschränkung nach Abs. 1 S. 3 (Nr. 2) und der Inhalte der Lebensbereiche nach Abs. 4 (Nr. 3) ein weiteres – noch zu schaffendes – Bundesgesetz in Aussicht. In der Konsequenz tritt Art. 25a BTHG nur dann am 01.01.2023 in Kraft, wenn bis zu diesem Zeitpunkt das erwähnte Bundesgesetz verkündet wurde (Art. 26 Abs. 5 S. 1 BTHG). Das BMAS erhält gem. Art. 25 Abs. 5 S. 1 BTHG den Auftrag, „in den Jahren 2017 und 2018 die rechtlichen Wirkungen von Artikel 25a § 99 auf den leistungsberechtigten Personenkreis der Eingliederungshilfe [zu untersuchen] und […] dem Bundestag und dem Bundesrat bis zum 30. Juni 2018 einen Bericht über das Ergebnis der Untersuchung [vorzulegen]." Wie eine Untersuchung der „rechtlichen Wirkungen" einer nicht wirksamen Norm vonstattengehen soll, bleibt offen. Dessen ungeachtet soll

---

53 BT-Dr. 18/9522, 275.
54 BT-Dr. 18/10523, 85.

Art. 25a § 99 BTHG unter Berücksichtigung der aus dieser Untersuchung gewonnenen Erkenntnisse[55] ab dem Jahr 2019 in durch das BMAS in den Jahren 2017 bis 2021 geförderte Projekte zur modellhaften Erprobung der zum 01.01.2020 in Kraft tretenden Verfahren und Leistungen nach Art. 1 Teil 2 BTHG einbezogen werden (Art. 25 Abs. 3 S. 1 und 2 BTHG).

Für die inhaltliche Ausgestaltung der Lebensbereiche nach Art. 25a § 99 Abs. 4 BTHG (Abs. 7 Nr. 3) wird das Art. 25a § 99 BTHG konkretisierende Bundesgesetz „*voraussichtlich* [Hervorhebung durch die Verfasserin] eine Ermächtigung zum Erlass einer Rechtsverordnung mit Zustimmung des Bundesrates vorsehen.“[56] Theoretisch denkbar wäre es also, dass zur Ermittlung des eingliederungshilfeberechtigten Personenkreises künftig Vorschriften aus zwei unterschiedlichen Gesetzen und einer Rechtsverordnung heranzuziehen wären.

Spätestens an dieser Stelle muss die dem BTHG einleitend entgegengehaltene Frage, ob es sich von dem selbstgesetzten Ziel, die Transparenz des Rehabilitationsgeschehens zu verbessern, entferne, mit „Ja“ beantwortet werden. Das vorliegend aufgezeigte gesetzgeberische Handeln ist einzig unter dem Gesichtspunkt nicht als negativ zu bewerten, dass dann, wenn es bei der Verkündung des Art. 25a § 99 BTHG konkretisierenden Bundesgesetzes zu Verzögerungen kommen sollte und Art. 25a § 99 BTHG nicht zum geplanten Zeitpunkt in Kraft treten könnte, es mithin bei der alten Rechtslage bliebe, mangels durch Art. 25a § 99 BTHG gemäß dem oben Gesagten veritabel zu erwartender Verbesserungen nichts verloren wäre. Das gilt umso mehr, als die heutige Praxis, wie es die Entwurfsbegründung selbst ausweist, den Begriff der „Wesentlichkeit“ bereits im Einklang mit der ICF auslegt und ihn in diesem Sinne operationalisiert.[57] Eine Dauerlösung kann das freilich nicht sein.

IV. Resümee

Die aufgezeigten (binnen)systematischen Schwächen – z. B. die mangelhafte Harmonisierung der Teile 1 und 2 SGB IX n. F. – sowie das geringe Maß an Planungssicherheit und Verlässlichkeit, welches in Art. 25a § 99 i. V. m. Art. 26 Abs. 5 BTHG eine besondere Ausprägung erfahren hat, aber

---

55 BT-Dr. 18/10523, 83.
56 BT-Dr. 18/10523, 85.
57 Vgl. BT-Dr. 18/9522, 277.

auch anderweitig zu beklagen ist – bzgl. etwa der fehlenden Übereinstimmung von Normwortlaut und Entwurfsbegründung, das Merkmal der „Regelwidrigkeit" gem. § 2 Abs. 1 S. 2 SGB IX n. F. betreffend –, machen das BTHG für den Rechtsanwender und Normadressaten zu einer nur schwer verständlichen Materie und schüren Zweifel an seiner Vereinbarkeit mit dem rechtsstaatlichen Gebot der Normenklarheit und -bestimmtheit.

Besagtes Gebot soll nach der der Judikatur des BVerfG sicherstellen, dass der betroffene Bürger „die Rechtslage anhand der gesetzlichen Regelung so konkret erkennen [kann], dass er sein Verhalten danach auszurichten vermag."[58] Soweit die praktische Bedeutung einer Regelung vom Zusammenspiel der Normen unterschiedlicher Regelungsbereiche abhänge, müssten „die Klarheit des Normeninhalts und die Voraussehbarkeit der Ergebnisse der Normanwendung gerade auch im Hinblick auf dieses Zusammenwirken gesichert sein."[59] Als dergestalt „unterschiedliche Regelungsbereiche" sind auch der Teil 1 SGB IX n. F. als leistungsbereichsübergreifender Rahmen und das Eingliederungshilferecht als Leistungsanspruchsgesetz zu begreifen; die partiell nicht erfolgte Abstimmung tangiert somit in der Tat das Bestimmtheitsgebot. Die Anforderungen an die Bestimmtheit und Klarheit der Norm dienten, so das BVerfG, ferner dazu, „die Verwaltung zu binden und ihr Verhalten nach Inhalt, Zweck und Ausmaß zu begrenzen"; dafür müssten „hinreichend klare Maßstäbe für Abwägungsentscheidungen bereitgestellt werden."[60] Schließlich müssten die Gerichte in die Lage versetzt werden, „die Verwaltung anhand rechtlicher Maßstäbe zu kontrollieren."[61]

Ob die – in der Diktion der Begründung zur Beschlussempfehlung des Ausschusses für Arbeit und Soziales zum BTHG-E – „richtungsweisende Regelung" des Art. 25a § 99 BTHG zum leistungsberechtigten Personenkreis[62] brauchbare Bewertungs- und Entscheidungsmaßstäbe für Verwaltung und Rechtsprechung bereithalten wird, wenn das die Norm konkretisierende Bundesgesetz und die dazugehörige Rechtsverordnung verkündet sein werden, ist zum jetzigen Zeitpunkt völlig offen. Noch handelt es sich um nicht mehr als eine im Kern leere Normhülse. Hier wird das BTHG dem eigenen Anspruch, die Eingliederungshilfe zu einem modernen Teil-

58 M. w. N. BVerfGE 108, 52, 75; vgl. bereits BVerfGE 31, 255, 264.
59 BVerfGE 108, 52, 75.
60 Beispielhaft BVerfGE 110, 33, 54; vgl. bereits BVerfGE 8, 274, 325.
61 BVerfGE 110, 33, 54.
62 BT-Dr. 18/10523, 84.

haberecht weiterzuentwickeln[63], nicht gerecht. Entsprechend verhält es sich mit dem Behinderungsbegriff des § 2 Abs. 1 S. 1 und 2 SGB IX n. F., mit dem das BTHG „dem neuen gesellschaftlichen Verständnis nach einer inklusiven Gesellschaft im Lichte der UN-BRK“ Rechnung tragen will.[64] Schenkte man der Entwurfsbegründung Glauben, dass die Anpassung des § 2 Abs. 1 S. 1 SGB IX n. F. an den Wortlaut des Art. 1 UAbs. 2 UN-BRK hinsichtlich der Übernahme des Wechselwirkungsmodells lediglich eine Klarstellung und das Merkmal der „Regelwidrigkeit“ in S. 2 zwingend seien[65], änderte sich gegenüber der alten Rechtslage nichts und wäre § 2 SGB IX n. F. demgemäß ungeeignet, das ihm zugeschriebene innovative Potenzial zu entfalten. Dessen unbeschadet birgt die durch die Entwurfsbegründung generierte Abweichung vom Wortlaut des S. 2 trotz seines methodisch klaren Vorrangs[66] die Gefahr, Unsicherheiten bei der Rechtsanwendung zu befördern. Kommt es nicht vor Inkrafttreten des Teiles 1 SGB IX n. F. zu einer Normänderung, werden damit Verwaltung und Gerichte umzugehen haben.[67]

Das gute Zeugnis, welches der Jubilar weiland dem SGB IX als einem Gesetz, das „Subjektstellung, Nutzer- und Kundenrolle des Leistungsberechtigten“ stärke[68], ausgestellt hatte, muss dem BTHG in der bestehenden Form verwehrt werden.

---

63 BT-Dr. 18/9522, 191.

64 Vgl. BT-Dr. 18/9522, 191.

65 BT-Dr. 18/9522, 227.

66 Siehe oben III.1.a).

67 Vgl. auch *Coseriu*, in: Masuch/Spellbrink/Becker/Leibfried (Hrsg.), S. 687 (706), mit der Prognose, das BTHG werde die Sozialgerichte lange Zeit beschäftigen.

68 *Igl*, Das SGB IX im System des Sozialrechts, in: Blumenthal/Schliehe (Hrsg.), Teilhabe als Ziel der Rehabilitation – 100 Jahre Zusammenwirken in der Deutschen Vereinigung für Rehabilitation e. V., Heidelberg 2009, S. 141 (145).

Rechtsetzung, Rechtsimplementierung und Glaubwürdigkeit am Beispiel des Teilhaberechts

Harry Fuchs

1. Zur Glaubwürdigkeit des Staates gegenüber seinen Bürgern

"Als altmodischer Jurist bin ich fest davon überzeugt, dass eine Gesellschaftsordnung das Recht und die Durchsetzung des Rechts benötigt, um die Mitglieder dieser Gesellschaft vor Willkür zu schützen und ihnen Sicherheit und Wohlergehen zuzusagen. Als kundigem Juristen ist mir wohl bekannt, dass die Beachtung von Recht und Gesetz bei den Bürgern nicht immer problemlos ist – wäre das anders, benötigten wir keine Gerichte, und vor allem benötigten wir dann kein Strafrecht. Es ist mir auch wohl bekannt, dass der Staat und seine Gewaltträger, hier in Sonderheit die Exekutive, nicht selten Probleme mit dem Gesetzesvollzug haben. Wenn aber der gleiche Staat, dessen legislative Gewalt die Gesetze beschließt, in der exekutiven Gewalt diese Gesetze missachtet, und dies trotz des klaren Verfassungsauftrags des Vorrangs des Gesetzes, was nichts anderes heißt, als dass die bestehenden Gesetze zu beachten sind – wenn dieser gleiche Staat in einer seiner Funktionen, der Exekutive, es sich leisten will, dass er die andere Funktion, die Legislative, missachtet, dann verliert dieser Staat die Glaubwürdigkeit gegenüber seinen Bürgern, denen gegenüber er die Gesetze zurecht durchsetzen will. Eine solche Erosion an Glaubwürdigkeit sollte sich aber kein Staat leisten wollen."

Das ist ein Zitat von Gerhard Igl aus seinem Vortrag "Gesetzeserfüllung bei Sozialversicherungsträgern – Zur Compliance öffentlich-rechtlicher Körperschaften".[1] Gerhard Igl reflektiert in seinem Beitrag sein "rechts- und gesundheitspolitisches Unbehagen", das eine Dissertation über die Implementierungsdefizite bei der Umsetzung des Neunten Sozial-

1 Gerhard Igl, Vortrag gehalten am 4.3.2009 in der Veranstaltung "SGB IX – Trends, Auswirkungen und Herausforderungen für die gesetzliche Krankenversicherung", durchgeführt in Düsseldorf von der DAK-Unternehmen Leben und der Hamburg-Münchener Krankenkasse.

gesetzbuches (SGB IX) im Bereich der gesetzlichen Krankenversicherung verursacht.

2. Anspruch und Wirklichkeit des Neunten Sozialgesetzbuches

2.1 Entwicklung und Ziele des SGB IX

Der Deutsche Bundestag hatte die Bundesregierung 1990 mit der Beschlussfassung über den Schlussbericht der Enquete-Kommission "Strukturreform der gesetzlichen Krankenversicherung" aufgefordert, das bis dahin auf die verschiedenen Teile des Sozialgesetzbuches verstreute Rehabilitationsrecht zu vereinheitlichen und in einem Sozialgesetzbuch zusammenzufassen.[2] Nachdem der Deutsche Bundestag seine Aufforderung in einem Entschließungsantrag vom 22.2.2000[3] wiederholt hatte, legte die Bundesregierung am 16.1.2001 den Entwurf des Neunten Buches Sozialgesetzbuch vor, der am 11.5.2001 vom Deutschen Bundestag verabschiedet wurde.

Mit dem SGB IX verfolgte der Gesetzgeber unter Beibehaltung des gegliederten Systems das Ziel der Weiterentwicklung des Rechts der Rehabilitation und Teilhabe behinderter Menschen und der Zusammenfassung dieses Rechts in einem Buch des Sozialgesetzbuchs insbesondere durch die Beseitigung der Divergenz und Unübersichtlichkeit des alten Rechts.[4] Dazu wurden die verschiedenen Rehabilitationsträger auf der Grundlage harmonisierter Rechtsvorschriften verpflichtet, zielgerichtet zusammenzuarbeiten. Das SGB IX ist ebenso bereichsübergreifend wirksam wie die Regelungen des Ersten, des Vierten und des Zehnten Sozialgesetzbuches.[5]

Kernanliegen des SGB IX war es, einen gemeinsamen, trägerübergreifenden Rahmen für das gesamte Recht der Leistungen zur Teilhabe durch Koordination und Kooperation der Rehabilitationsträger sowie durch und Konvergenz der Teilhabeleistungen herzustellen. Der Gesetzgeber erwartete, dass auf der Basis des SGB IX durch Koordination, Kooperation und Konvergenz ein gemeinsames Recht und eine einheitliche Praxis der Rehabilitation und der Behindertenpolitik erreicht würden. Er ging dabei von

2 BT-Drs. 11/6380 vom 12.2.1990, S. 49, Ziffer 77.
3 BT-Drs. 14/2913 vom 22.2.2000.
4 BT-Drucks. 14/5074, S. 92.
5 BT-Drucks. 15/4575, S. 21; BT-Drucks. 14/5074, S. 94.

einer weit gehenden Einheitlichkeit des Leistungsrechts aus.[6] Der behinderte, pflegebedürftige und chronisch kranke Mensch soll – völlig losgelöst von der Zuständigkeit und Leistungsverpflichtung eines Rehabilitationsträgers sowie der Ursache für den individuellen Rehabilitationsbedarf – aus gegebenem Anlass von jedem zuständigen Rehabilitationsträger die nach Art, Umfang sowie Struktur- und Prozessqualität gleich wirksame und bedarfsgerechte Rehabilitationsleistung erhalten.

Diesem Zweck dient der gegenüber dem RehaAnglG[7] erweiterte, in § 7 SGB IX beschriebene Anwendungsbereich des SGB IX. Nach § 7 Satz 1 SGB IX gelten für alle Rehabilitationsträger ausschließlich die Vorschriften des SGB IX, soweit sich aus den für den jeweiligen Rehabilitationsträger geltenden Leistungsgesetzen nichts Abweichendes ergibt. Nach Satz 2 richten sich Zuständigkeit und Voraussetzungen nach den für den jeweiligen Rehabilitationsträger geltenden Leistungsgesetzen.[8]

2.2 Implementierungsdefizite

Die Vorschriften des SGB IX gelten mithin – trotz der für die jeweiligen Träger fortbestehenden Bestimmungen in den spezifischen Büchern des SGB – weitgehend unmittelbar für das Leistungs- und Leistungserbringungsrecht aller Rehabilitationsträger.[9]

Dennoch reklamieren und praktizieren die Rehabilitationsträger auch nach Inkrafttreten des Gesetzes zum Teil unverändert den Vorrang des für sie jeweils geltenden spezifischen Leistungsrechts. Die Begründungen dafür sind so vielfältig wie unzutreffend.

Durch die Bezugnahme auf Abweichungen in dem für den jeweiligen Rehabilitationsträger geltenden Leistungsrecht in § 7 Satz 1 darf nicht etwa geschlossen werden, dass damit das jeweilige Leistungsrecht ohne Einwirkungen durch das SGB IX weiterhin anzuwenden ist. Es ist zunächst immer zu prüfen, ob das spezifische Recht überhaupt zu der anstehenden

---

6 BT-Drucks. 14/5074, S. 100.

7 §§ 6, 9 Rehabilitations-Angleichungsgesetz (RehaAnglG), in Kraft ab 1.10.1974, außer Kraft getreten durch das SGB IX am 01.07.2001.

8 Mrozynski, Rz. 8 zu § 7; Bieritz-Harder, RsDE Nr 59, S. 42 (44); Neumann, Handbuch SGB IX, 2004, § 4 Rn. 7; Fuchs in Bihr/Fuchs/Krauskopf/Ritz, § 17 SGB IX, Rn. 3.

9 Vgl. statt vieler: Neumann in Handbuch SGB IX, § 4, Rn. 7.

Fragestellung eine Regelung enthält und wenn ja, ob es sich dabei tatsächlich im Verhältnis zum SGB IX um Abweichungen handelt. Mit Blick auf die durch das SGB IX zugleich vollzogene weitgehende Angleichung der spezifischen Leistungsgesetze sind Abweichungen in dem für die Träger geltenden spezifischen Recht tatsächlich eher die seltene Ausnahme.

Vor diesem Hintergrund führte die während der 15. Wahlperiode des Deutschen Bundestages bestehende Arbeitsgruppe "Menschen mit Behinderungen" der Regierungskoalition im Oktober 2003 eine öffentliche Anhörung zum Stand der Umsetzung des SGB IX durch. Dabei stellte sie fest, dass „sich aber durch die Ausgestaltung seit Inkrafttreten des Gesetzes zum 1.7.2001 immer noch Probleme (ergeben), die sich insbesondere bei der Kooperation der Rehabilitationsträger sowie der Koordination und Konvergenz des Leistungsgeschehens zeigen". Darauf verweist auch der umfangreiche Bericht der Bundesregierung über die Lage behinderter Menschen und die Entwicklung ihrer Teilhabe.

Der Deutsche Bundestag erkannte danach die Implementierungsdefizite relativ früh und forderte die Bundesregierung auf, auf der Grundlage des geltenden Leistungsrechts wirksame Maßnahmen zu ergreifen, um die Ziele des SGB IX, insbesondere das Ziel einer umfassenden Teilhabe behinderter Menschen *unabhängig von Trägerzuständigkeiten* noch besser umzusetzen. Im Einzelnen wird die Bundesregierung aufgefordert, u. a.

1. die gesetzlich vorgeschriebene Koordinierung von Leistungen und die Kooperation der Rehabilitationsträger einzufordern [...] und zu prüfen, ob Abstimmungsprobleme – wie bei den Regelungen zum Persönlichen Budget – durch die Erbringung unterschiedlicher Sachleistungen in Form von Komplexleistungen vermieden werden können;
2. zu prüfen, ob und ggfls. durch welche Schritte die Zusammenarbeit der Rehabilitationsträger bei der gezielten Umsetzung des SGB IX im Rahmen der gemeinsamen Empfehlungen hinreichend konkret und verbindlich weiterentwickelt werden kann.

Die Koalitionsarbeitsgruppe identifizierte dabei offensichtlich nicht das gegliederte System der deutschen sozialen Sicherung, sondern das Handeln der Institutionen und der dort Verantwortlichen als Ursache der unverändert vorhandenen Schnittstellenprobleme. Sie stellte dazu fest: „Aufgabe eines modernen Sozialstaates ist es, für alle Menschen eine menschenwürdige Lebenswelt zu organisieren. *Die Strukturen der Selbstverwaltung und des Föderalismus müssen an diesem Anspruch gemessen werden.* Das SGB IX hat die Divergenz und Unübersichtlichkeit des Rehabilitationsrechts weitgehend beendet. *Doch ist bei der Umsetzung deutlich geworden, dass der notwendige Anpassungsbedarf*[10] *im Rahmen einer Weiterentwicklung des Sozialrechts aufzuarbeiten ist.*“ Als Ausblick der Politik wird ausgeführt: “Angesichts der unterschiedlichen Zuständigkeiten der verschiedenen Institutionen wird geprüft, wie der Zersplitterung des Systems der sozialen Sicherung *entgegen gewirkt werden kann und statt dessen Kooperation und Koordination fortentwickelt werden können.*“ Und weiter: „Für diese Legislaturperiode gilt nach Auffassung der Koalitionsarbeitsgruppe Menschen mit Behinderungen, dass auf der Grundlage des geltenden Leistungsrechts *daher umgehend wirksame Maßnahmen ergriffen und Instrumente entwickelt werden müssen, um die Ziele des SGB IX,* insbesondere das Ziel einer umfassenden Teilhabe behinderter Menschen unabhängig von Trägerzuständigkeiten, noch *besser umzusetzen.*“

2.3 Ursachen für die Implementierungsdefizite

Felix Welti beschreibt die Ursachen für die Implementierungsdefizite u. a. wie folgt:

- Die Beharrungskraft bisheriger Verwaltungspraxis und organisationsspezifisch unterschiedlicher Orientierungen wurde unterschätzt.
- Kein Rehabilitationsträger hat sich die Umsetzung des SGB IX zum vorrangigen Anliegen gemacht.
- Auch die Rechtsprechung hat nur eindeutige Kollisionsregeln, insbesondere zur Zuständigkeitsklärung, aufgegriffen. Bei der Auslegung des Leistungsrechts hat sie sich die nach Fachkammern gegliederte Sozial- und Verwaltungsgerichtsbarkeit aber fast immer für die Strukturprinzipien der speziellen Gesetze entschieden und gegen die allgemeinen Prinzipien des SGB IX.
- Für die Organe der sozialen und kommunalen Selbstverwaltung und für die Aufsichtsbehörden der Leistungsträger war das SGB IX nicht vorrangiger Maßstab der Kontrolle von Erfolg und Rechtmäßigkeit des Verwaltungshandelns. Darüber hinaus fehlte es an Institutionen, für die die Umsetzung des SGB IX Hauptaufgabe gewesen wäre.

---

10 Gemeint ist: bei den Rehabilitationsträgern.

- Der Bundesarbeitsgemeinschaft für Rehabilitation fehlte es an Macht. Diese hätten ihr nur ihre Mitglieder leihen können, der Gesetzgeber hatte sie auf eine moderierende Rolle beschränkt.
- Die regionalen Arbeitsgemeinschaften wurden gar nicht erst gegründet. Damit konnten gerade die Träger der Sozialhilfe nirgendwo zwingend in die gewünschte Kooperation und Koordination eingebunden werden. Ein Gesetz, dessen Ziele ganz wesentlich die regionale Infrastruktur brauchen, kann ohne Unterbau in den Ländern nur schwer ins Werk gesetzt werden.

Die Ziele des Gesetzgebers sind nicht verwirklicht, wenn sie als Normen im Gesetzblatt stehen. Das gilt umso mehr, wenn ein Ziel wie die Teilhabe und Inklusion behinderter Menschen nicht mehr in einem überschaubaren Teilsystem des Sozialstaats durch spezielle Einrichtungen verwirklicht wird, sondern in den allgemeinen Institutionen umgesetzt werden soll.[11]

Nach Felix Welti lässt sich die Zurückhaltung der Rehabilitationsträger, insbesondere der Krankenkassen bei der Implementierung des SGB IX auf verschiedene Weise erklären. *Sie orientierten* sich nicht primär an der Erkenntnis und Umsetzung eines gesetzlichen Auftrags für eine an der Teilhabe am Leben in der Gesellschaft ausgerichtete Versorgung, sondern vielmehr auch an wirkungsmächtigen internen und externen Erwartungen, Rationalitäten und Rationalitätsmythen.[12] "Sie sind, nicht anders als andere Organisationen der öffentlichen Verwaltung, eben nicht nur eine bürokratische Maschine, die verwirklicht, was der demokratisch legitimierte Gesetzgeber ihr aufgetragen hat [...]. Weder die Aufsichtsbehörden als Wächter der gesetzlichen Ziele noch die Verwaltungsräte als Vertreter der Betroffenen sind bislang in besonderer Weise initiativ geworden, um die Versorgungsstrukturen der Rehabilitation im Sinne des SGB IX weiterzuentwickeln. Wirkungsmächtiger scheinen vielmehr Orientierungen in der Verwaltung selbst. Mit *Luhmann* kann zunächst festgestellt werden, dass die einmal begründeten Handlungsmuster von Systemen sehr stabil sind."[13]

---

11 Felix Welti, Das neue Teilhaberecht – oder wo stehen wir und wie geht es weiter mit den Rechtsgrundlagen für Menschen mit Behinderungen? Vortrag, gehalten am 17. Februar 2014, Berlin, Kleisthaus.

12 *Harry Fuchs*, Vernetzung und Integration im Gesundheitswesen am Beispiel der medizinischen Rehabilitation, 2008, 319 ff.

13 Felix Welti, Vortrag "Versorgungsstrukturrecht des SGB IX - Anwendung im Bereich der GKV", gehalten am 4.3.2009 in der Veranstaltung "SGB IX - Trends,

Die Frage, warum sich Sozialleistungsträger als öffentlich-rechtliche Körperschaften und Sachwalter solidarischer Interessen ihrer Mitglieder/der Ihnen anvertrauten Menschen zu Organisationen verändern, die gesetzliche Vorgaben nicht mehr konsequent umsetzen und dabei auch die Interessen ihrer Mitglieder/der ihnen anvertrauten Menschen nur noch bedingt zur Maxime des Handelns machen, sucht nach Antworten.

Der Verfasser referiert dazu in seiner Dissertation, zu der das einleitende Zitat von Gerhard Igl geäußert wurde, einen organisationssoziologischen Erklärungsansatz, nach dem das Handeln von – zumal konkurrierenden Organisationen – nicht mehr allein durch die ihnen gestellte Aufgabe (z. B. Vollzug von Gesetzen), sondern auch durch die Umwelt und ihre Bedingungen geprägt ist. Dabei geht es nicht nur um Macht und Ressourcen, sondern auch um politische Macht und institutionelle Legitimation sowie um soziale wie auch ökonomische Wettbewerbsfähigkeit. Indem Organisationen in ihren sichtbaren Prozessen Konformität mit den Einflüssen aus ihrer Umwelt demonstrieren, sichern sie sich Legitimität und Ressourcen unabhängig davon, welche Ergebnisse diese Prozesse zeitigen. Übertragen auf Sozialleistungsträger heißt das auch, dass sie ihre Legitimität nicht mehr allein aus den für sie geltenden gesetzlichen Regelwerken, sondern daneben auch aus ihrer Umwelt beziehen, in der sie ihren gesetzlichen Auftrag ausführen.

Danach kann z. B. Konformität mit Regeln aus dem Wettbewerb wegen der in diesem Bereich erwarteten Anerkennung selbst dann ein erstrebenswertes Ziel sein, wenn sich dies auf Prozesse der Träger zur Durchführung gesetzlicher Aufgaben negativ auswirkt.

Gerhard Igl stellt in seinem zitierten Beitrag fest, dass die Probleme, die sich mit den Implementierungsdefiziten darstellen, nicht mit Mitteln der Rechtsaufsicht zu lösen sind. Ob sie mit Mitteln der Fachaufsicht zu lösen ist, kann nach seiner Auffassung dahingestellt bleiben. "Wenn man versucht, das Problem genau zu definieren und zu lokalisieren, wird deutlich, dass die traditionellen Instrumente zur Durchsetzung von Rechtsstaatlichkeit hier wenig hilfreich sind."[14]

Die Selbstverwaltungskörperschaften können und werden ihre institutionelle Inkonsistenz jedoch nicht aus eigener Kraft aufarbeiten können.

Auswirkungen und Herausforderungen für die gesetzliche Krankenversicherung", durchgeführt in Düsseldorf von der DAK-Unternehmen Leben und der Hamburg-Münchener Krankenkasse.

14 Gerhard Igl, vergl. Fußnote 1, aaO.

Der Deutsche Bundestag hat in seiner Entschließung[15] zum Bericht der Bundesregierung über die Lage behinderter Menschen 2004 den weiterhin vorhandenen gesetzgeberischen Handlungsbedarf erkannt und festgestellt, dass „insbesondere eine weitere Stärkung der Kooperation, der Koordination und der Konvergenz erforderlich ist […]. Die Träger der sozialen Sicherungssysteme stehen in einer gemeinsamen Verantwortung mit dem Bund, den Ländern und den Gemeinden, hierfür die Voraussetzungen in den Strukturen wie auch in der tatsächlichen Leistungserbringung zu schaffen." Er sieht die Verantwortung der Rehabilitationsträger für die Defizite bei der Umsetzung des SGB IX: „Die Rehabilitationsträger sind dazu verpflichtet, in Ergänzung der gesetzlichen Regelungen gemeinsame Empfehlungen über die für eine reibungslose und koordinierte Zusammenarbeit wichtigen Fragen zu vereinbaren. *Die bisher vereinbarten gemeinsamen Empfehlungen sind nicht hinreichend konkret, um in der Praxis eine wirksame Hilfestellung sein zu können.* Die Verabredungen der Träger müssen sehr viel stärker den Grundgedanken des SGB IX Rechnung tragen und entsprechend Wirkung entfalten. Anderenfalls sind strukturspezifische Maßnahmen[16] notwendig. Dabei ist in die Bildung eines wirksamen und entscheidungsfähigen Gremiums unter Mitwirkung der Vertreterinnen und Vertreter chronisch kranker und behinderter Menschen einzubeziehen."[17]

2.4 Gesetzgeberischer Handlungsbedarf

Danach hat die Politik für ihren Teil den dringenden Handlungsbedarf erkannt und schon 2005 Lösungsansätze entwickelt und Arbeitsaufträge an die Bundesregierung erteilt, die durch die vorgezogene Neuwahl 2006 jedoch nicht weiter verfolgt wurden.

Mit dem Inkrafttreten der UN-Behindertenrechtskonvention (UN-BRK) am 26.3.2009 entstand ein weiterer gesetzgeberischer Handlungsbedarf zur Anpassung des Sozialgesetzbuchs an die Anforderungen der UN-BRK.

---

15 Entschließungsantrag der Fraktionen SPD und BÜNDNIS 90/DIE GRÜNEN; BT-Drucks. 15/5463 vom 11.5.2005.

16 Gemeint ist hier: durch den Gesetzgeber.

17 BT-Drucks. 15/5463 S. 3.

Letztlich versprach der Koalitionsvertrag für die 18. Legislaturperiode des Deutschen Bundestages das Herauslösen des Behindertenrechts aus dem Fürsorgesystem und die Weiterentwicklung zu einem modernen Teilhaberecht.

Unabhängig von diesem Handlungsbedarf vereinbarten Bund und Länder 2003 am Rande eines Vermittlungsverfahrens die Weiterentwicklung des Eingliederungshilferechts. D. h., parallel und unbeachtlich des gerade zwei Jahre zuvor in Kraft getretenen trägerübergreifenden Teilhaberechts des SGB IX von 2001. Ziel der Vereinbarung von 2003 war ein sehr (Sozialhilfe-)trägerspezifisches, nämlich "die seit Jahren signifikant steigenden Empfängerzahlen und Kosten in der Eingliederungshilfe gemeinsam aufzuarbeiten und Lösungen zu entwickeln."[18]

Behinderte Menschen werden dabei als Kostenfaktor ("steigende Empfängerzahlen") angesehen, ihre Lebenssituation tritt dahinter offenkundig bis zur Bedeutungslosigkeit zurück. Dies zeigt auch die Feststellung des Justitiars des Landschaftsverbandes Rheinland[19] im Rahmen des Rehabilitationswissenschaftlichen Kongresses 2016, dass die Träger der Sozialhilfe nur zu Leistungen verpflichtet seien, die ein "Minimum an Teilhabe" gewährleisten. Nichts kann den Geist des am 1.12.2016 vom Deutschen Bundestag verabschiedeten Bundesteilhabegesetzes (BTHG) besser ausdrücken.

3. *Bundesteilhabegesetz*

Das SGB IX von 2001 hat die Selbstbestimmung und die Stellung behinderter Menschen gegenüber den Kostenträgern gestärkt und die Lebenssituation behinderter Menschen u. a. dadurch erleichtert, dass für sie die Schnittstellen des gegliederten Sozialleistungssystems überwunden werden sollten. Die zu Letzterem vorgeschriebene Koordination und Kooperation der Träger sowie die Verpflichtung zur Konvergenz der Leistungen wurde von den Trägern - wie dargestellt - weitgehend nicht vollzogen.

---

18 Referentenentwurf, Begründung S. 215.

19 Franz Dillmann, Leiter der Abteilung Recht im Dezernat Soziales des Landschaftsverbandes Rheinland, Köln, im Diskussionsforum "Teilhabegesetz" auf dem 25. Rehabilitationswissenschaftlichen Kolloquium am 26.2.2016 in Aachen.

Anstatt darauf zur Durchsetzung der entsprechenden Regelungen mit dem BTHG zu reagieren, werden stattdessen mit dem BTHG wesentliche Teile des SGB IX von 2001 wie

- die Stellung des SGB IX, Teil 1, als Leitgesetz für die besonderen Leistungsgesetze,
- die Verpflichtung zur trägerübergreifend einheitlichen, an der ICF-orientierten Bedarfsfeststellung,
- die institutionelle Vernetzung der Trägerzusammenarbeit und des Case-Managements durch gemeinsame Servicestellen,
- die konsequente Orientierung der Leistungen auf die Förderung der Teilhabe am gesellschaftlichen Leben u. a.,
- die trägerübergreifende Erbringung von Leistungen zur Teilhabe aus einer Hand, insbesondere mittels des Persönlichen Budgets,

zurückgenommen oder eingeschränkt und damit die durch die Träger zu verantwortenden Implementierungsdefizite noch nachträglich legitimiert.

Die in der Begründung nachzuvollziehende Entwicklungsgeschichte des BTHG belegt, dass es

- zu keiner Zeit um die Vollendung der Zusammenfassung des Teilhaberechts in nur einem Teil des Sozialgesetzbuches durch Integration der restlichen, 2001 noch im SGB XII verbliebenen sozialhilferechtlichen Regelungen in das SGB IX verbunden mit der Verbesserung der Lebensverhältnisse behinderter Menschen,
- sondern um die Beibehaltung und den Ausbau abweichenden, fürsorgerechtlichen Sonderrechts der Sozialhilfe für behinderte Menschen und vor Allem
- primär um die Kostenentlastung von Ländern und Kommunen durch die Erschwerung des Leistungszugangs zur Verringerung der "signifikant steigenden Empfängerzahlen" und die Absenkung des Leistungsniveaus durch sogen. strukturelle Maßnahmen im Leistungsbereich

ging. Das schon im SGB IX von 2001 eingeführte Prinzip der "Leistungsgewährung aus einer Hand" wird durch das mit dem BTHG eingeführte, zu einer parallelen Sachbearbeitung bei verschiedenen Trägern führende "Antragssplitting" sogar ausdrücklich aufgehoben, obwohl der 9. Sozialgerichtstag dazu eindringlich öffentlich und gezielt bei den Parlamentariern interveniert und die uneingeschränkte Beibehaltung des Prinzips der

Leistungen aus einer Hand gefordert hat.[20] Dies führt insbesondere beim Persönlichen Budget zu parallelen Verfahren und Entscheidungsprozessen und im Ergebnis zu Parallel-Budgets, wenn neben Leistungen der Sozialversicherungsträger auch nur eine Leistung zur Sozialen Teilhabe des künftigen Trägers der Eingliederungshilfe benötigt wird.

Darüber hinaus wurden auch Vorgaben des Koalitionsvertrages, wie das Herauslösen behinderte Menschen aus dem Fürsorgesystem, nicht umgesetzt. Juristisch war klar, dass mit dieser Vorgabe verfassungsrechtlich nur eine Reform innerhalb des Fürsorgesystems machbar war. Aber auch innerhalb des Fürsorgesystems wäre eine weitgehende Reform im Sinne eines modernen Teilhaberechts möglich gewesen. Tatsächlich betont die Begründung zum BTHG jedoch durchgängig, dass die Wesensmerkmale des bisherigen Fürsorgerechts beibehalten werden müssen, weil es sich weiterhin um steuerfinanzierte Leistungen handele und die Eingliederungshilfe das unterste soziale Auffangnetz für behinderte Menschen bilde.

Nach Auffassung des Deutschen Instituts für Menschenrechte erhebt die Bundesregierung mit dem BTHG zwar den Anspruch, die UN-BRK in großem Maßstab zu berücksichtigen und umzusetzen. Tatsächlich seien die entsprechenden Aussagen jedoch "jeweils nur zum Teil bzw. punktuell zutreffend."[21] Diese Sprachregelung kann ohne weiteres auf die Verbesserung der Bedarfsfeststellung und die Koordinierung der Leistungen übertragen werden.

Das SGB IX in der Fassung des BTHG von 2016 stärkt insbesondere die neuen Träger der Eingliederungshilfe und schwächt im Verhältnis dazu die Stellung behinderter Menschen und ihre Selbstbestimmung.

Das BTHG gibt die mit dem Gesetz von 2001 vorgegebene trägerübergreifende Einheitlichkeit des Teilhaberechts in einem Sozialgesetzbuch auf. Stattdessen wird in den Teilen 1 und 2 des SGB IX von 2016 in hohem Maße leistungs- wie verfahrensrechtlich unterschiedliches Teilhaberecht geschaffen. Dies verursacht bei gleichem Bedarf deutlich unterschiedliche Leistungen und im Ergebnis auch unterschiedliche Lebensverhältnisse behinderter Menschen, je nachdem, ob ein Träger der Sozialversicherung nach dem Teil 1 oder ein Träger der Eingliederungshilfe nach dem Teil 2 zuständig und leistungsverpflichtet ist.

---

20 Pressemitteilung des 9. Sozialgerichtstags vom 17.11.2016.

21 Stellungnahme des Instituts für Menschenrechte zum Regierungsentwurf BTHG, September 2016, S. 4, 8.

4. Erosion der Glaubwürdigkeit

Die Implementierungsdefizite des SGB IX, die nachträgliche Legitimation des Handelns der dafür verantwortlichen Sozialleistungsträger durch die Aufgabe von Zielen und Vorgaben des SGB IX von 2001 durch den Gesetzgeber, aber auch das gesamte Gesetzgebungsverfahren zum Bundesteilhabegesetz sind geeignet, die Glaubwürdigkeit von Staat und Politik weiter zu erodieren.

Das Bundesministerium für Arbeit und Soziales (BMAS) hebt hervor, dass das BTHG vorab mit den Betroffenen und Institutionen in einer *hochrangige* „Arbeitsgruppe Bundesteilhabegesetz" nach dem Grundsatz der Selbstvertretung der Menschen mit Behinderungen „Nichts über uns ohne uns" in einem breit angelegten ("partizipativen") Beteiligungsprozess erörtert worden sei.[22] Tatsächlich thematisierten die Vorlagen des BMAS fast ausschließlich die von den Interessen der Sozialhilfeträger geprägten Vorschläge der Bund-Länder-Arbeitsgruppe, während die Vertreter behinderter Menschen mit ihren Anforderungen und Themen in einem Zeitraum von Juli 2014 bis April 2015 in insgesamt neun Sitzungen nicht signifikant durchdrangen. Dies drückt sich auch darin aus, dass sich die Mitglieder der Arbeitsgruppe nur bei 4 von 19 behandelten Themen auf ein einvernehmliches Ergebnis verständigen konnten, wobei selbst die zunächst konsentierten Themen seit Kenntnis des Arbeitsentwurfs höchst streitig sind.

Die Vertreterin[23] der Interessenvertretung Selbstbestimmt Leben in Deutschland e. V. bewertet den partizipativen Beteiligungsprozess und den Referentenentwurf heute wie folgt:

"Aber statt mit einem neuen Gesetz Teilhabechancen zu erweitern, ist der Entwurf für ein reines Spargesetz vorgelegt worden, das nicht nur den Kreis der Leistungsberechtigten einschränkt, sondern auch bei den Leistungen selbst kürzen will. Qualität oder gar Menschenrechte spielen dabei keine Rolle. Minimale Verbesserungen muss man mit der Lupe suchen. Wäre dieser Entwurf ohne den breiten Beteiligungsprozess vorgelegt worden, dann wären sich die Behindertenverbände in ihrer strikten Ablehnung einig, da bin ich mir sicher. Aber statt sich über das Ablenkungsmanöver

---

22 Referentenentwurf, Begründung 2, 217.

23 Dr. Sigrid Arnade, ISL, in einem am 6.5.16 veröffentlichten Kommentar, http://www.kobinet-nachrichten.org/de/1/nachrichten/33671/Hat-das-Stockholm-Syndrom-Behindertenverb%C3%A4nde-befallen.htm.

der Beteiligung zu ärgern und die für nichts und wieder nichts vergeudete Lebenszeit zu bedauern, halten die meisten Verbände trotz der vorgelegten ernüchternden Fakten daran fest, für ein gutes Teilhabegesetz eintreten zu wollen - frei nach dem Motto ‚da haben wir so viel Arbeit reingesteckt, das kann doch nicht umsonst gewesen sein.‘ Hat das BMAS uns mit dem Beteiligungsprozess in Geiselhaft genommen, so dass wir uns mit der Regierung mehr solidarisieren als mit unseren Mitgliedern? Kolleginnen und Kollegen, vergesst die vergangenen zwei Jahre und werft einen unvoreingenommenen Blick auf den Entwurf. Dann kann unsere Botschaft an das BMAS doch nur lauten: ‚So nicht, nicht mit uns! Nehmt die wenigen vorgesehenen Verbesserungen und realisiert sie durch eine Änderung des SGB IX. Tretet den Rest in die Tonne!‘"

Hiermit wird eine große Diskrepanz zwischen der - insbesondere auch durch den partizipativen Beteiligungsprozess - politisch geförderten Erwartungshaltung betroffener Menschen und dem vom Beginn des Gesetzgebungsprozesses im Jahre 2003 an angestrebten, auf Kostensenkung ausgerichteten Ziel und der daran orientierten Wirklichkeit des Bundesteilhabegesetzes deutlich, die Politikverdrossenheit schürt.

Nimmt man dazu noch zur Kenntnis, dass die legislative Gewalt sich in diesem Gesetzgebungsverfahren - bewusst oder unbewusst - in hohem Maße die Ziele, Interessen und Zuarbeit der Exekutive zu eigen gemacht hat, gewinnt das eingangs zitierte, auf das Verhältnis zwischen Exekutive und Legislative bezogene "rechts- und gesundheitspolitische Unbehagen" eine noch größere Bedeutung.

Schulbegleitung und Eingliederungshilfe/Jugendhilfe – Gibt es einen schleswig-holsteinischen Sonderweg?

Mathias Nebendahl

I. Einleitung

In § 4 SchulG SH sind die pädagogischen Ziele der Schule nach Maßgabe des schleswig-holsteinischen Landesrechtes aufgeführt. § 4 Abs. 13 Satz 1 SchulG SH legt der Schule die Verpflichtung auf, Schülerinnen und Schüler mit Behinderungen besonders zu unterstützen. Satz 2 konkretisiert dies, indem benannt wird, dass das Ziel einer inklusiven Beschulung dabei im Vordergrund steht. Das Land Schleswig-Holstein will mit dieser Regelung die gleichberechtigte Teilhabe von behinderten Menschen im Rahmen der Schulbildung durch Inklusion sicherstellen. Behinderte Kinder und Jugendliche sollen unabhängig von ihrer Behinderung in das Regelschulsystem aufgenommen werden, um dadurch zu erreichen, dass auch Kinder und Jugendliche mit Behinderungen innerhalb des Regelschulsystems die für ihre Bildung und ihre Persönlichkeitsentfaltung notwendige Förderung erfahren[1].

Die inklusive Beschulung behinderter Kinder und Jugendlicher erfordert häufig den Einsatz die behinderten Menschen assistierender Schulbegleiter[2], der dem behinderten Schüler Unterstützung zur Bewältigung der schulischen Anforderungen gewähren soll, um so die integrative Beschulung zu ermöglichen oder zu erleichtern. Schulbegleitung wird abhängig von der Behinderung des Schülers während der gesamten Schulzeit oder auch nur zu einzelnen Schulstunden gewährt. Die Inhalte der assistierenden Tätigkeit sind ebenfalls nach Maßgabe der Behinderung des Schülers unterschiedlich. Sie können sich auf schlichte begleitende oder manuelle

---

1 Bericht der Landesregierung SH zur landesweiten Umsetzung von Inklusion in der Schule vom 16.06.2011, Lt-DrS 17/1568; zum integrativen Schulunterricht unter Berücksichtigung von Art. 24 Behindertenrechtskonvention, vgl. Krajewski, Ein Menschenrecht auf integrativen Schulunterricht, JZ 2010, 120.

2 Synonym gebraucht werden die Begriffe des Integrationshelfers oder des Schulassistenten.

Hilfestellungen erstrecken, wie beispielsweise die Begleitung auf dem Weg von und zur Schule, beim Wechsel von Klassenräumen oder anderen Unterrichtsorten einschließlich des Transportes der Schulmaterialien. Die Hilfestellungen können sich auch auf lebenspraktische Verrichtungen beziehen, wie die Hilfe beim An- und Ausziehen, dem Essen oder beim Toilettengang. Denkbar sind auch Hilfestellungen im Zusammenhang mit der Integration in die Klassengemeinschaft (Verhinderung von Streitigkeiten mit anderen Schülern) bis hin zu unterstützenden Aufgaben bei der Teilnahme am Unterricht im Sinne der Motivation des Schülers, der Erläuterung der vom Lehrer gestellten Aufgaben oder der Vermeidung von Ablenkungen des behinderten Schülers. Letztlich bezweckt die Schulbegleitung, es dem behinderten Schüler zu ermöglichen, dem in § 4 Abs. 13 SchulG SH gewählten Ziel inklusiver Beschulung zur Geltung zu verhelfen.

In jüngerer Zeit haben sich durch zwei Eilentscheidungen des LSG Schleswig-Holstein vom 17.02.2014[3] und vom 15.04.2014[4] gerade im Hinblick auf die Schulbegleitung Zweifel ergeben, ob sich dieses gesetzgeberische Ziel effektiv erreichen lässt. Das LSG Schleswig-Holstein hat in beiden Entscheidungen jeweils Anträge auf die Gewährung von Schulbegleitung zu Lasten des Trägers der Eingliederungshilfe zurückgewiesen. Aus § 4 Abs. 13 SchulG SH (damals § 4 Abs. 11 SchulG a.F.) würde folgen, dass der Schleswig-Holsteinische Landesgesetzgeber die inklusive Beschulung zum Kernbereich der pädagogischen Arbeit der Schule gemacht habe, was wiederum die Zuständigkeit des Trägers der Eingliederungshilfe für die Schulbegleitung in großem Umfang beseitigen würde. Da viele Schulen aufgrund der vorhandenen – knappen - Ressourcen gar nicht in der Lage sind, die erforderliche Schulbegleitung sicherzustellen, droht in diesen Fällen die inklusive Beschulung des behinderten Schülers aufgrund nicht mehr finanzierbarer Schulbegleitung gefährdet zu werden.

3 LSG Schleswig-Holstein vom 17.02.2014 – L 9 SO 222/13 B ER -.

4 LSG Schleswig-Holstein vom 15.04.2014 – L 9 SO 36/14 B ER -; in der Entscheidung vom 13.01.2017 – L 9 SO 185/16 B ER – kündigt das LSG Schleswig-Holstein an, seine Rechtsauffassung im Hinblick auf die Entscheidung des BSG vom 09.12.2016 – B 8 SO 8/15 R – SozR 4-3500, § 53 Nr. 5, überdenken zu wollen.

II. Schulbegleitung als Bestandteil der Eingliederungshilfe/Jugendhilfe

1. Die maßgebliche Anspruchsgrundlage

Ein schulrechtlicher Leistungsanspruch auf Gewährung von Schulbegleitung für behinderte Schüler besteht nicht. Er folgt insbesondere nicht aus § 4 Abs. 13 SchulG SH. § 4 SchulG SH enthält nämlich nicht etwa individualrechtliche Leistungsansprüche, sondern beschreibt unter der amtlichen Überschrift „pädagogische Ziele" den Auftrag der Schule. Die Regelung enthält Programmsätze und Zielvorgaben für die Ausgestaltung der Schule. Die Zielsetzungen richten sich an alle an der Organisation von Schule Beteiligten, mithin gleichermaßen an das Land, die Schulträger, also insbesondere die Kommunen, aber auch freie Träger, Lehrer, Eltern und Schüler selbst. Nach den Regelungen in § 4 Abs. 1 bis 13 SchulG SH ist die Schule selbst und die Ausgestaltung von Schule von allen an der Organisation von Schule Beteiligten in einer Weise vorzunehmen, dass die in den einzelnen Normen genannten Ziele eine größtmögliche Zielverwirklichung erreichen. Das gilt auch für das Ziel der inklusiven Beschulung. Demgegenüber können die Vorschriften keine unmittelbaren Leistungsansprüche eines Einzelnen begründen. Dies scheitert zum einen daran, dass ein Anspruchsschuldner in keinem der Absätze des § 4 SchulG SH genannt ist, mithin normativ gar nicht festgelegt ist, wer einen möglichen Anspruch zu erfüllen hätte. Zum anderen ist eine nähere Leistungsausgestaltung in den einzelnen Vorschriften nicht vorgesehen. Dies gilt insbesondere für den Fall der Schulbegleitung. Zwar sieht § 4 Abs. 13 SchulG SH die Verpflichtung (aller an Schule Beteiligter) vor, Schülerinnen und Schüler mit Behinderungen besonders zu unterstützen, wobei das Ziel einer inklusiven Beschulung im Vordergrund steht. Es handelt sich jedoch um einen auf eine Zieleffektuierung gerichteten Programmsatz, nicht aber um einen leistungsrechtlichen Individualanspruch.

Demgegenüber kann sich ein entsprechender sozialhilferechtlicher bzw. jugendhilferechtlicher Leistungsanspruch aus § 53 Abs. 1, § 54 Abs. 1 Satz 1 SGB XII ergeben. Für seelisch behinderte Kinder und Jugendliche richtet sich der Anspruch nach § 35a Abs. 1, 3 SGB VIII i.V.m. § 54 Abs. 1 Satz 1 SGB XII gegen den zuständigen Träger der Jugendhilfe. Demgegenüber ergibt sich aus § 10 Abs. 4 Satz 2 SGB VIII bei geistig und/oder körperlich behinderten Kindern und Jugendlichen ein Vorrang der Eingliederungshilfe, so dass sich ein eventueller Anspruch unmittelbar aus § 53 Abs. 1, § 54 Abs. 1 Satz 1 SGB XII gegen den örtlichen Träger der Sozialhilfe ergeben kann.

2. Die Lehre vom Kernbereich der pädagogischen Arbeit der Schule

Es entspricht allgemeiner Auffassung und wird durch § 54 Abs. 1 Satz 1 Nrn. 1 und 2 SGB XII bestätigt, dass Maßnahmen der sozialhilferechtlichen und der jugendhilferechtlichen Eingliederungshilfe nicht „vor dem Schultor" enden. Im Gegenteil stellt § 12 EinglHV i.V.m. § 54 Abs. 1 Satz 1 Nr. 1 SGB XII klar, dass Maßnahmen der Eingliederungshilfe auch die in § 12 Nrn. 1 bis 3 EinglHV aufgezählten Maßnahmen umfassen. Es handelt sich um heilpädagogische sowie sonstige Maßnahmen, die erforderlich und geeignet sind, den behinderten Menschen den Schulbesuch im Rahmen der allgemeinen Schulpflicht zu ermöglichen oder zu erleichtern, um Maßnahmen der Schulbildung, die erforderlich und geeignet sind, den behinderten Menschen eine im Rahmen der allgemeinen Schulpflicht üblicherweise erreichbare Bildung zu ermöglichen sowie um Hilfen zum Besuch einer Schule unterschiedlicher Schulformen.

Ausgehend von diesem bundesrechtlichen Regelungssystem entspricht es der übereinstimmenden Auffassung sowohl des BSG[5] und des BVerwG[6], die auch in der sozialgerichtlichen Instanzrechtsprechung[7] geteilt wird sowie der veröffentlichten Literatur[8], dass die Leistungsverant-

---

5 Grundlegend BSG vom 22.03.2012 – B 8 SO 30/10 R -; vgl. auch BSG vom 15.11.2012 – B 8 SO 10/11 R – und jüngst BSG vom 09.12.2016 – B 8 SO 8/15 R – SozR 4-3500, § 53 Nr. 5.

6 BVerwG vom 18.10.2012 – 5 C 21/11 – (Nr. 37 des Juris-Entscheidungsabdruckes).

7 LSG Nordrhein-Westfalen vom 20.12.2013 – L 9 SO 429/13 B ER -; LSG Baden-Württemberg vom 18.07.2013 – L 7 SO 2915/12 –; vom 03.06.2013 – L 7 SO 1931/13 ER-B; vom 07.11.2012 – L 7 SO 4186/12 ER-B; LSG Hessen vom 26.04.2012 – L 4 SO 297/11 B ER –; aus der älteren Rechtsprechung LSG Niedersachsen-Bremen vom 25.11.2010 – L 8 SO 193/08 -; LSG Baden-Württemberg vom 28.06.2007 – L 7 SO 414/07 -; LSG Sachsen vom 03.06.2010 – L 7 SO 19/09 B ER -; in diesem Punkt auch noch zustimmend LSG Schleswig-Holstein vom 17.02.2014 – L 9 SO 222/13 B ER -; LSG Schleswig-Holstein vom 15.04.2014 – L 9 SO 36/14 B ER -.

8 Siebel-Hoffmann, Sozialhilferechtliche Schulbegleitung als Unterstützung der Inklusion?, SchlHA 2014, 471 (473); Kingreen, Finanzierungsverantwortung für die Schulbegleitung an öffentlichen Regelschulen in Schleswig-Holstein, Gutachten Juli 2014, Seite 8; Hechler/Plischke, Keine Eingliederungshilfe für schulische Maß-

wortung des Trägers der Sozialhilfe bzw. – bei seelisch behinderten Kindern und Jugendlichen – des Jugendhilfeträgers nach § 35a SGB VIII nur dann durch die „Verantwortung von Schule“ verdrängt wird, wenn es um Maßnahmen geht, die den Kernbereich der pädagogischen Arbeit der Schule betreffen. Einigkeit besteht auch, dass Maßnahmen, die nicht der pädagogischen Arbeit der Schule zuzuordnen sind, selbst dann, wenn sie im Rahmen von Schule stattfinden, die Leistungsverantwortung des Sozialhilfeträgers bzw. Jugendhilfeträgers nicht entfallen lassen[9]. Maßnahmen, die die pädagogische Arbeit der Schule betreffen, nicht aber deren Kernbereich, fallen gleichermaßen in die Zuständigkeit des Jugendhilfeträgers bzw. des Trägers der Sozialhilfe wie auch der Schule. Die Verantwortung der jugend- bzw. sozialhilferechtlichen Eingliederungshilfe entfällt nach dem Nachranggrundsatz in § 2 Abs. 1 SGB XII nur dann, wenn ein vorrangig Leistungsverpflichteter vorhanden ist, der die Leistungen auch tatsächlich gewährt. Der eingliederungshilferechtliche Anspruch auf Gewährung von Schulbegleitung kann dementsprechend in diesem Bereich nur entfallen, wenn die Schule oder ein sonstiger Dritter die Schulbegleitung tatsächlich zur Verfügung stellt, was in aller Regel an den knappen Ressourcen der Schule scheitert.

3. Die Festlegung des Kernbereichs der pädagogischen Arbeit der Schule

Für den eingliederungshilferechtlichen Leistungsanspruch auf Schulbegleitung kommt es entscheidend darauf an, was den Kernbereich der pädagogischen Arbeit der Schule ausmacht, in dem die jugendhilferechtliche

---

nahmen der Inklusion, die den Kernbereich der pädagogischen Arbeit der Schule berühren, Diskussionsforum Rehabilitations- und Teilhaberecht, 15/2014 vom 24.06.2014; Riehle, Kernbereich der pädagogischen Arbeit und Schulbegleitung, ZFSH SGB 2014, 78.

9 Vgl. dazu BVerwG vom 18.10.2012 – 5 C 21/11 -, Rn. 37 des Juris-Entscheidungsabdruckes; BSG vom 08.12.2016 – B 8 SO 8/15 R –, Rn. 22 des Juris-Entscheidungsabdruckes; vom 22.03.2012 – B 8 SO 30/10 R -, Rn. 21 des Juris-Entscheidungsabdruckes; BSG vom 15.11.2012 – B 8 SO 10/11 R -, Rn. 15 des Juris-Entscheidungsabdruckes; LSG Nordrhein-Westfalen vom 20.12.2013 – L 9 SO 429/13 B ER -, Rn. 27 des Juris-Entscheidungsabdruckes jeweils m.w.N.; im Ansatz ebenso: LSG Schleswig-Holstein vom 17.02.2014 – L 9 SO 222/13 B ER -, Rn. 43 des Juris-Entscheidungsabdruckes; LSG Schleswig-Holstein vom 15.04.2014 – L 9 SO 36/14 -, Rn. 10 des Juris-Entscheidungsabdruckes.

und sozialhilferechtliche Eingliederungshilfe durch die Zuständigkeit der Schule verdrängt wird, und ob Maßnahmen der Schulbegleitung in diesen Kernbereich fallen.

a) Die Auslegungsperspektive

Die weit überwiegende Auffassung geht davon aus, dass der Kernbereich der pädagogischen Arbeit der Schule bundesrechtlich durch § 54 Abs. 1 Satz 1 Nr. 1 SGB XII i.V.m. § 12 EinglHVO zu bestimmen ist[10].

Das LSG Schleswig-Holstein vertritt demgegenüber die abweichende Auffassung, dass der Kernbereich der pädagogischen Arbeit der Schule nicht bundes- sondern landesrechtlich zu bestimmen sei[11]. Die Auffassung des LSG Schleswig-Holstein ist allerdings aus kompetenzrechtlichen Gründen nicht begründbar. Bei der interpretatorisch zu beantwortenden Rechtsfrage geht es nämlich um die Reichweite der Leistungsansprüche des Berechtigten gegen den Träger der Sozialhilfe bzw. der Jugendhilfe aus § 53 Abs. 1, § 54 Abs. 1 Satz 1 Nr. 1 SGB XII i.V.m. § 12 EinglHVO, ggf. i.Vm. § 35a Abs. 1, Abs. 3 SGB VIII, also um die Reichweite einer bundesrechtlichen Anspruchsnorm, die der Bundesgesetzgeber in Ausübung der konkurrierenden Gesetzgebungszuständigkeit aus Art. 74 Abs. 1 Nr. 7 GG erlassen hat. Kompetenzrechtlich ist ein Landesgesetzgeber gar nicht in der Lage, den bundesgesetzlich festgelegten Umfang eines Leistungsanspruches im Rahmen der sozialhilferechtlichen oder jugendhilferechtlichen Eingliederungshilfe durch landesgesetzliche Regelung einzuschränken. Eine landesgesetzliche Norm, die dies unternehmen würde, wäre wegen des Vorranges des Bundesrechtes nichtig.

---

10 Vgl. dazu BVerwG vom 18.10.2012 – 5 C 21/11 -, Rn. 19 des Juris-Entscheidungsabdruckes; BSG vom 09.12.2016 – B 8 SO 8/15 R –, Rn. 22 des Juris-Entscheidungsabdruckes; vom 22.03.2012 – B 8 SO 30/10 R -, Rn. 21 des Juris-Entscheidungsabdruckes; BSG vom 09.12.2016 – B 8 SO 8/15 R – (Pressemitteilung); LSG Nordrhein-Westfalen vom 20.12.2013 – L 9 SO 429/18 B ER -, Rn. 29 des Juris-Entscheidungsabdruckes.

11 So LSG Schleswig-Holstein vom 17.02.2014 – L 9 SO 222/13 B ER -; LSG Schleswig-Holstein vom 15.04.2014 – L 9 SO 36/14 B ER –; so auch SG Rostock vom 28.10.2013 – S 8 SO 80/13 ER -, Rn. 21 des Juris-Entscheidungsabdruckes; zweifelnd LSG Schleswig-Holstein vom 13.01.2017 – L 9 SO 185/16 B ER –; so auch Siebel-Hoffmann, SchlHA 2014, 471 (473); Riehle, ZFSH SGB 2014, 78 (79).

Dem kann nicht entgegengehalten werden, dass die ausschließliche Gesetzgebungskompetenz für Schule und Bildung nach Art. 70 Abs. 1 GG bei den Bundesländern liegt[12]. Die ausschließliche Landesgesetzgebungskompetenz bezieht sich nur auf schulrechtliche Regelungsgegenstände. Selbstverständlich liegt es deshalb in der Kompetenz des Landesgesetzgebers, das Schulsystem insgesamt, seine pädagogischen Ziele und selbstverständlich auch das in § 4 Abs. 13 SchulG SH normierte Ziel der besonderen Unterstützung von Schülerinnen und Schülern mit Behinderungen im Wege inklusiver Beschulung zu normieren. Die Regelung beschränkt sich jedoch auf den schulrechtlichen Kontext, nicht aber auf den Umfang eines eingliederungshilferechtlichen Leistungsanspruches. Dementsprechend regelt das SchulG SH auch die Organisation von Schule sowie die pädagogischen Ziele des Gesetzgebers. Der Landesgesetzgeber hat aber weder eine Differenzierung zwischen einem Kernbereich der pädagogischen Arbeit und der sonstigen pädagogischen Arbeit normiert, noch es durch schulgesetzliche Regelungen unternommen, den bundesrechtlichen Eingliederungshilfeanspruch näher auszugestalten, insbesondere zu beschränken.

Selbst wenn man aber dem SchulG SH eine Aufteilung in einen Kernbereich der pädagogischen Aufgaben der Schule und in sonstige pädagogische Aufgaben entnehmen würde – was nach dem oben Ausgeführten vom Gesetzgeber weder beabsichtigt noch tatsächlich möglich ist – würde diese Begrenzung lediglich schulgesetzliche Relevanz entfalten. Eine solche Aufteilung würde sich demgegenüber nicht auf den bundesrechtlich geregelten Anspruch auf Gewährung von sozialhilferechtlicher oder jugendhilferechtlicher Eingliederungshilfe auswirken können, weil dieser auf bundesrechtlicher Grundlage und damit bundeseinheitlich zu interpretieren ist. Die abweichende Sichtweise hätte zur Folge, dass für den Bereich der Schulbegleitung die bundeseinheitlich gleiche Anspruchsausgestaltung im Bereich der Eingliederungshilfe aufgelöst werden würde und dem Landesgesetzgeber für den Bereich der Schulbegleitung die Kompetenz einzuräumen wäre, den bundesrechtlichen Leistungsanspruch auf sozialhilferechtlicher oder jugendhilferechtlicher Grundlage im Sinne einer dem Landesgesetzgeber vorbehaltenen Öffnungsklausel auszugestalten. Eine solche Öffnung der vom Bundesgesetzgeber ausgeübten Gesetzgebungskompetenz

12 So auch ausdrücklich BSG vom 09.12.2016 – B 8 SO 8/15 R –, Rn. 24 des Juris-Entscheidungsabdruckes; anders aber Siebel-Hoffmann, SchlHA 2014, 471 (473); Riehle, ZFSH SGB 2014, 78 (79).

nach Art. 74 Abs. 1 Nr. 7 GG für landesgesetzliche Regelungen enthält jedoch weder § 53 Abs. 1, § 54 Abs. 1 Satz 1 Nr. 1 SGB XII noch § 35a Abs. 1 und 3 SGB VIII.

Soweit das LSG Schleswig-Holstein von einer landesgesetzlichen Regelungskompetenz zur Ausgestaltung des bundesrechtlichen Eingliederungshilfeanspruches ausgeht, wird eine rechtsdogmatisch nachvollziehbare Begründung nicht benannt. In der Entscheidung vom 17.12.2014[13] wird die von der Rechtsprechung des BSG[14] und des BVerwG[15] abweichende Auffassung überhaupt nicht begründet. In der Entscheidung vom 15.04.2014[16] wird die Abweichung von der genannten höchstrichterlichen Rechtsprechung zwar begründet. Auch dort erörtert das Gericht allerdings nicht die kompetenzrechtliche Fragestellung, inwieweit der Landesgesetzgeber den bundesgesetzlich geregelten Anspruch eines Eingliederungshilfeberechtigten beschränken kann, sondern behauptet lediglich, dass ein pädagogischer Kernbereich der Arbeit der Schule vorhanden sei, der variabel und flexibel sei und durch den Landesgesetzgeber auszugestalten sei. Damit wird verkannt, dass es in der vorliegenden Problemkonstellation um die Fragestellung geht, ob ein bundesrechtlich bestehender Anspruch des behinderten Menschen gegen den Träger der Sozialhilfe oder der Jugendhilfe unter Hinweis darauf, dass ein Schulgesetz eine bestimmte inklusionsfördernde Zielsetzung enthält, verweigert werden kann. Dies ist nicht durch Beschränkung des bundesrechtlichen Anspruches möglich, sondern allein dadurch, dass der Landesgesetzgeber ausdrücklich Leistungsansprüche des behinderten Menschen begründet. In diesem Fall würde – zumindest dann, wenn der verpflichtete Hoheitsträger diese Ansprüche auch erfüllt – aufgrund des Nachranges der Eingliederungshilfe nach § 2 Abs. 1 SGB XII der eingliederungshilferechtliche Leistungsanspruch durch den landesgesetzlich begründeten Leistungsanspruch verdrängt werden. Einen derartigen Leistungsanspruch enthält das SchulG SH jedoch nicht.

---

13 LSG Schleswig-Holstein vom 17.12.2014 – L 9 SO 222/13 B ER -.

14 BSG vom 22.03.2012 – B 8 SO 30/10 R -.

15 BVerwG vom 18.10.2012 – 5 C 21/11 -.

16 LSG Schleswig-Holstein vom 15.04.2014 – L 9 SO 36/14 B ER -, Rn. 21 des Juris-Entscheidungsabdruckes.

b) Der Inhalt des Kernbereiches der pädagogischen Arbeit der Schule

Richtigerweise ist der Inhalt des Kernbereiches der pädagogischen Arbeit der Schule aus den in § 54 Abs. 4 Satz 1 Nr. 1 SGB XII i.V.m. § 12 EinglHV Festlegungen zu entwickeln. Danach unterfallen dem Kernbereich der pädagogischen Arbeit der Schule auf jeden Fall nicht die in § 12 Nrn. 1 bis 3 EinglHV genannten Maßnahmen und Hilfen, insbesondere also heilpädagogische sowie sonstige Maßnahmen, die erforderlich und geeignet sind, den behinderten Menschen den Schulbesuch im Rahmen der allgemeinen Schulpflicht zu ermöglichen oder zu erleichtern, oder die erforderlich und geeignet sind, den behinderten Menschen eine im Rahmen der allgemeinen Schulpflicht üblicherweise erreichbare Bildung zu ermöglichen.

Hieraus folgt zugleich, dass sich der Kernbereich der pädagogischen Arbeit der Schule nicht in der Weise abgrenzen lässt, dass alles das, was die Pädagogik betrifft, in die Verantwortung der Schule fällt und alles das, was „nicht pädagogisch ist“, dem Eingliederungshilfeträger zugeordnet wird. Die Unzulässigkeit einer solchen Differenzierung ergibt sich bereits aus dem Umstand, dass nur Maßnahmen, die den „Kernbereich“ der pädagogischen Arbeit betreffen, der Zuständigkeit der Eingliederungshilfe entzogen sind. Neben dem Kernbereich gibt es danach auch noch einen sonstigen Bereich pädagogischer Arbeit, der von der Eingliederungshilfe umfasst wird. Dies entspricht auch der Regelung in § 12 Nr. 1 EinglHV, die ausdrücklich heilpädagogische Maßnahmen erwähnt.

Richtigerweise wird man vielmehr den Kernbereich der pädagogischen Arbeit der Schule aus einem Gegenschluss zu den in § 12 EinglHV erwähnten Maßnahmen entwickeln müssen. Nicht vom Kernbereich umfasst, sind danach diejenigen Maßnahmen, die dazu dienen, behinderten Menschen den Schulbesuch im Rahmen der allgemeinen Schulpflicht zu ermöglichen oder zu erleichtern oder Maßnahmen, die dem behinderten Menschen ermöglichen sollen, das im Rahmen der allgemeinen Schulpflicht üblicherweise Erreichbare zu erwerben[17].

Außerhalb des Kernbereiches der pädagogischen Arbeit der Schule liegen daher all diejenigen Maßnahmen, die erforderlich und geeignet sind, diejenigen behinderungsspezifischen Defizite auszugleichen, die den be-

17 BSG vom 09.12.2016 – B 8 SO 8/15 R – Rn. 25 des Juris-Entscheidungsabdruckes.

hinderten Menschen – im Vergleich zum nicht behinderten Menschen – den Schulbesuch im Rahmen der allgemeinen Schulpflicht oder das Erreichen der üblicherweise erreichbaren Bildung erschweren. Zum Kernbereich der pädagogischen Arbeit der Schule gehören dementsprechend die üblicherweise von den Lehrkräften gegenüber oder zusammen mit den Schülern ergriffenen Maßnahmen der Bildungsvermittlung in den verschiedenen Schulformen, um die für den erfolgreichen Abschluss notwendigen Kenntnisse zu vermitteln. Hierzu gehört die Auswahl des Lehrstoffes im Rahmen der Lehrpläne, die Auswahl der Methodik zur Wissensvermittlung, die konkrete Aufgabengestaltung etc., und zwar auch dann, wenn die Lehrkraft ihre Aktivität im Hinblick auf den behinderten Schüler modifiziert.

Demgegenüber werden vom Kernbereich der pädagogischen Arbeit der Schule nicht Maßnahmen erfasst, die lediglich dazu dienen sollen, den Erfolg der Arbeit der Lehrkraft abzusichern und die Rahmenbedingungen dazu zu schaffen, dass der behinderte Mensch die pädagogische Arbeit des Lehrers aufnehmen, verarbeiten und letztlich die Schule sinnvoll besuchen und im Rahmen der allgemeinen Schulpflicht die üblicherweise erreichbare Bildung erreichen kann. Dies gilt bundesweit einheitlich und wird nicht durch landesspezifische Schulgesetzgebung erweitert oder begrenzt.

Hieraus folgt wiederum, dass ein Schulbegleiter, der den behinderten Menschen in die Lage versetzen soll, den pädagogischen Anweisungen des Lehrers zu folgen, nicht im Kernbereich der pädagogischen Arbeit der Schule tätig wird, sondern gerade außerhalb dieses Kernbereiches daran mitwirkt, dass der behinderte Mensch den von der Lehrkraft im Rahmen des Kernbereichs der pädagogischen Arbeit der Schule mit der von der Lehrkraft angewandten Methodik vermittelten Lehrstoff einschließlich der von der Lehrkraft zur Wissensvermittlung entwickelten Aufgaben verfolgen kann[18]. Ein Schulbegleiter wird deshalb nicht nur dann nicht im Kernbereich des pädagogischen Auftrags der Schule tätig, wenn er Assistenzleistungen zum Erreichen der Schule oder der einzelnen Schulräume bzw. Unterrichtsorte erbringt oder den behinderten Schüler bei lebenspraktischen Verrichtungen, dem An- und Ausziehen, dem Wechseln der Schuhe,

18 Vgl. dazu auch BSG vom 22.03.2012 – B 8 SO 30/10 R -, Rn. 21 des Juris-Entscheidungsabdruckes; LSG Nordrhein-Westfalen vom 20.12.2013 – L 9 SO 429/13 B ER -, Rn. 29 des Juris-Entscheidungsabdruckes jeweils m.w.N.; so jetzt auch ausdrücklich BSG vom 09.12.2016 – B 8 SO 8/15 R –, Rn. 27 des Juris-Entscheidungsabdruckes.

dem Essen oder dem Toilettengang unterstützt bzw. für die Integration des Schülers in die Klasse durch „streitvermeidende Maßnahmen“ etc. Sorge trägt, sondern auch dann, wenn er selbst pädagogische Aktivitäten ergreift, um den Schüler in die Lage zu versetzen, dem Unterricht der Lehrkraft zu folgen und damit die behinderungsbedingten Defizite des Schülers ausgleicht oder abmildert, die den behinderten Schüler im Vergleich zum nicht behinderten Mitschüler erschweren, dem Unterrichtsangebot der Lehrkraft zu folgen.

III. Zusammenfassung

Als Ergebnis steht fest, dass der Gesetzgeber des SchulG SH den sozial-, bzw. jugendhilferechtlichen Begriff des Kernbereiches des pädagogischen Auftrages der Schule in Schleswig-Holstein nicht landesgesetzlich in einer Weise definiert hat, dass der eingliederungshilferechtliche Leistungsanspruch eingeschränkt wird. Der schleswig-holsteinische Landesgesetzgeber hat weder eine solche Definition vorgenommen, noch wäre er hierzu rechtswirksam in der Lage gewesen. Vielmehr ist der Umfang des jugendhilferechtlichen bzw. sozialhilferechtlichen Anspruchs auf Gewährung einer Schulbegleitung bundesweit einheitlich nach bundesrechtlichen Maßstäben zu bestimmen. Deswegen entzieht sich die Definition des Kernbereiches der pädagogischen Arbeit der Schule im eingliederungshilferechtlichen Regelungskontext der landesgesetzlichen Regelung. Der Anspruchsumfang ist ausschließlich bundesrechtlich auf der Grundlage von § 54 Abs. 1 Satz 1 Nr. 1 SGB XII i.V.m. § 12 EinglHVO zu bestimmen. Der eingliederungshilferechtliche Leistungsanspruch umfasst regelmäßig Maßnahmen der Schulbegleitung, weil diese in ihrer konkreten Ausgestaltung nicht in den Kernbereich der pädagogischen Arbeit der Schule fallen.

Ein schleswig-holsteinischer Sonderweg zur Abgrenzung des Leistungsanspruches auf Gewährung einer Schulbegleitung gegen den Jugendhilfeträger oder den Sozialhilfeträger besteht daher nicht und ist vom Schulgesetzgeber des Landes Schleswig-Holstein auch nicht beschritten worden.

Die durch die dargestellte Rechtsprechung des LSG Schleswig-Holstein entstandene praktische Problematik für die eine Schulbegleitung benötigenden behinderten Kinder ist zwischenzeitlich dadurch entschärft worden, dass sich das Land und die kommunalen Spitzenverbände am 18.12.2016 auf ein Moratorium „Empfehlungen des Ministeriums für

Schule und Berufsbildung, des Ministeriums für Soziales, Gesundheit, Wissenschaft und Gleichstellung und den kommunalen Landesverbänden zum Zusammenwirken von Schulbegleitung/Schulischer Assistenz an den Grundschulen“ verständigt haben, die ein kooperatives Zusammenwirken von Schule und Sozialleistungsträgern bei der Unterstützung behinderter Schülerinnen und Schüler vorsehen.

Kernbereich – Randbereich – nichtpädagogischer Bereich. Zur Zuständigkeitsabgrenzung zwischen Eingliederungshilfe und Schule bei der Gestellung persönlicher Assistenz für behinderte Schüler

Johannes Reimann[1]

1. Einleitung

Seelisch behinderte oder von einer seelischen Behinderung bedrohte Kinder und Jugendliche erhalten nach § 35a SGB VIII i. V. m. §§ 53, 54 Abs. 1 Nr. 1 SGB XII und geistig und/oder körperlich behinderte oder von einer solchen Behinderung bedrohte Kinder und Jugendliche erhalten nach §§ 53, 54 Abs. 1 Nr. 1 SGB XII unter den dort näher bezeichneten Voraussetzungen Hilfen zur angemessenen Schulbildung, „insbesondere im Rahmen der allgemeinen Schulpflicht und zum Besuch weiterführender Schulen einschließlich der Vorbereitung hierzu."

Häufiger Leistungsgegenstand im Rahmen der Hilfen zur angemessenen Schulbildung nach § 35a SGB VIII und §§ 53, 54 Abs. 1 Nr. 1 SGB XII ist die Gestellung einer persönlichen Assistenz für behinderte Schüler, für die sich nach anfänglicher Begriffsunschärfe[2] zwischenzeitlich weitgehend der Terminus der „Schulbegleitung" eingebürgert hat.

---

1 Der Autor war von 2002 bis 2005 wissenschaftlicher Mitarbeiter am Lehrstuhl für Öffentliches Recht und Sozialrecht der Christian-Albrechts-Universität zu Kiel (Prof. Dr. Gerhard Igl) und von 2007 bis 2010 in der schleswig-holsteinischen Landesverwaltung, u. a. im Justiziariat des Bildungsministerium tätig. Seit 2010 ist er Referent für Soziales, Jugend und Familie beim Schleswig-Holsteinischen Landkreistag in Kiel.

2 Die Rede war und ist gelegentlich immer noch zum Beispiel vom „Integrationshelfer" oder „Integrationsbegleiter", „Schulassistent", Integrationsbegleiter o. ä.; vgl. hierzu und zur Begriffsdefinition im Allgemeinen auch *Banafsche*, Schulbegleitung in Bayern zwischen Schul- und Sozialrecht in BayVBl. 2014, 42, 43 sowie *Deutscher Verein für öffentliche und private Fürsorge e. V.*, Empfehlungen des Deutschen Vereins: Von der Schulbegleitung zur Schulassistenz in einem inklusiven Schulsystem, B I 2.

Wohl auch vor dem Hintergrund der – wenngleich mit unterschiedlicher Intensität – wachsenden Bemühungen der im föderalen Kompetenzgefüge des Grundgesetzes für die Bildung zuständigen Länder um eine integrative Beschulung behinderter Schüler in allgemeinbildenden Schulen und im Lichte der UN-Behindertenrechtskonvention um die Schaffung eines „inklusiven"[3] Schulsystems, spielt nicht nur die persönliche Unterstützung von behinderten oder von einer Behinderung bedrohten Schülern eine verstärkte Rolle, sondern es gerät auch die Frage in den Fokus der politischen und juristischen Aufmerksamkeit, wie und durch wen diese Hilfen auszugestalten sind.

Auffällig ist, dass die Gewährung von Schulbegleitung durch die Systeme der öffentlichen Fürsorge, also die Jugend- und Sozialhilfe, in den vergangenen Jahren erheblich zugenommen hat. Bei den Kreisen und kreisfreien Städten in Schleswig-Holstein, die als örtliche Sozialhilfeträger (§ 1 Abs. 1 Satz 1 i. V. m. Abs. 2 AG-SGB XII-SH) für die Leistungen der Eingliederungshilfe für geistig und/oder körperlich behinderte Schüler zuständig sind, hat sich die „Falldichte", also die Zahl Hilfefälle pro 1.000 Einwohner zwischen 7 und 18 Jahren von 2011 bis 2015 von 3,79 auf 6,06 erhöht, das bedeutet also, dass 6 von 1.000 Kindern im schulpflichtigen Alter Eingliederungshilfeleistungen nach dem SGB XII zur Schul- und Ausbildung erhalten.[4]

Im Folgenden soll an Hand der aktuellen Verwaltungspraxis und Rechtsprechung der Verwaltungs- und Sozialgerichtsbarkeit in Schleswig-Holstein und auf Bundesebene und deren Besprechung in der Literatur erörtert werden, wie weit der Anspruch auf Gestellung einer „Schulbegleitung" reicht und wie er sich zu den Aufgaben abgrenzt, die „der Schule", also den Ländern als Verantwortlichen für die Unterrichtsversorgung und den – meist kommunalen – Schulträgern als Verantwortlichen für die so genannte „äußere Schulverwaltung" abgrenzt.

Zur Abgrenzung der Zuständigkeit von Schule und Eingliederungshilfe hat sich in der Rechtsprechung weitgehend das Kriterium des „Kernbereichs der pädagogischen Arbeit (der Schule)" herausgebildet, um den Be-

---

3 Zur Verwendung des Begriffs der „inclusion" in der englischsprachigen Originalversion der UN-BRK vgl. u. a. *Siebel-Huffmann,* Sozialhilferechtliche Schulbegleitung als Unterstützung der Inklusion in SchlAnz. 2014, 471, 472.

4 Vgl. Con_Sens, Benchmarking Eingliederungshilfe für Menschen mit Behinderung in Schleswig-Holstein, Leistungen der Eingliederungshilfe für Menschen mit Behinderung in Schleswig-Holstein, Bericht 2015, S. 29, 30.

reich zu bestimmen, für den die Schule zuständig ist. Darüber hinaus wird in Rechtsprechung und Literatur eine so genannte gemischte Zuständigkeitssphäre angenommen, bei der entweder zwar eine vorrangige Zuständigkeit der Schule und mithin nur eine Leistungspflicht des Jugend- oder Sozialhilfeträgers unter den Voraussetzungen des Nachrangs der Jugend- und Sozialhilfe oder aber eine „gemeinsame“ Zuständigkeit angenommen wird. Eine etwaige nachrangige Zuständigkeit der Schulen wirft wiederum die Fragen nach der Vorleistungspflicht der Jugend- und Sozialhilfe und von möglichen Rückgriffsansprüchen gegen die vorleistungspflichtigen „Träger“ der schulischen Ausbildung auf.

Einvernehmen besteht schließlich weitgehend wiederum darüber, dass für bestimmte Aufgaben im nichtpädagogischen Bereich die Jugend- und Sozialhilfeträger allein zuständig sind.

2. Kernbereich der pädagogischen oder schulischen Arbeit

Zunächst besteht in Rechtsprechung und Literatur weitgehend Einigkeit darüber, dass es Aufgabe der Schule ist, auch bei Schülern mit (drohender) Behinderung die Aufgaben im so genannten Kernbereich der pädagogischen Arbeit der Schule selbst abzudecken.[5] Dabei werden in Rechtsprechung und Literatur die Begriffe der des Kernbereiches der „pädagogischen“ und der „schulischen“ Arbeit weitgehend synonym verwendet.

Uneinigkeit besteht hingegen darüber, ob dieser Kernbereich der pädagogischen oder schulischen Arbeit aus jugend- und sozialhilferechtlicher Sicht – also bundeseinheitlich – zu bestimmen ist oder ob die rechtliche (und tatsächliche) Ausgestaltung des schulischen Angebotes für Kinder und Jugendliche mit besonderen Bedürfnissen durch die Länder insofern einen Einfluss hat. Vertreten wird darüber hinaus vereinzelt die These, auch im Kernbereich der pädagogischen oder schulischen Arbeit gebe es eine nachrangige Zuständigkeit der Jugend- und Sozialhilfe, wenn und soweit die Schule die ihr obliegenden Aufgaben tatsächlich nicht erfüllt.

Bereits der Wortlaut von § 54 Abs. 1 Nr. 1 SGB XII – auf den § 35a SGB VIII als Rechtsfolge verweist – stellt klar, dass der Anspruch behinderter oder von Behinderung bedrohter Schüler auf *Hilfen* zur angemesse-

---

5 Vgl. BSG, NVwZ-RR 2012, 968, 971; LSG Schleswig, 17.02.2014, L 9 SO 222/13 B ER; LSG Schleswig, 15.04.2014, L 9 SO 36/14 B ER; für die Jugendhilfe: BVerwG, NJW 2013, 1111, 1114.

nen Schulbildung gerichtet ist.[6] Damit ist im Gesetz angelegt, dass die Schulbildung selbst nicht Gegenstand der jugend- oder sozialhilferechtlichen Leistung ist, sondern eben „nur" die Hilfe hierzu. Dabei kommt es nicht darauf an, welche Lernziele der Schüler tatsächlich erreichen kann; der Begriff der „Angemessenheit" in § 54 Abs. 1 Nr. 1 SGB XII bezieht sich auf den Schüler.[7] Mit anderen Worten liegt auch eine „angemessene Schulbildung" iSd § 54 Abs. 1 Nr. 1 SGB XII vor, wenn der Inhalt der tatsächlich für den behinderten Schüler erreichbaren Schulbildung auf Grund eines an die Behinderung angepassten Lernziels von dem allgemeinen Lehrplan für Schüler ohne Behinderung abweicht.

Ausgehend von dieser Erkenntnis haben sowohl das Bundesverwaltungsgericht für den Anwendungsbereich der Jugendhilfe als auch das Bundessozialgericht für den Bereich der Sozialhilfe klargestellt, dass der so genannte Kernbereich der pädagogischen oder schulischen Arbeit nicht Gegenstand der Leistung nach § 35a SGB VIII bzw. §§ 53, 54 Abs. 1 Nr. 1 SGB XII sein kann. Das Bundessozialgericht führt in seiner so genannten „Montessori-Entscheidung" vom 22.03.2012[8] hierzu aus, dies ergebe sich zum einen daraus, dass § 54 Abs. 1 Satz 1 Nr. 1 SGB XII ausdrücklich anordnet, die Bestimmungen über die Ermöglichung der Schulbildung im Rahmen der allgemeinen Schulpflicht sollten unberührt bleiben. Die schulrechtlichen Verpflichtungen stünden mithin grundsätzlich neben den sozialhilferechtlichen, ohne dass sie sich gegenseitig beeinflussten. Zum anderen normiere § 54 Abs. 1 Nr. 1 SGB XII lediglich Hilfen, also unterstützende Leistungen, überlasse damit die Schulbildung selbst aber den Schulträgern[9].

Hinsichtlich der in seiner Entscheidungszuständigkeit liegenden Leistungen nach § 35a SGB VIII hat sich das Bundesverwaltungsgericht der Rechtsprechung des Bundessozialgerichts zum Ausschluss des Kernbereichs der schulischen Arbeit aus der Leistungspflicht des Jugendhilfeträ-

---

6 So auch *Siebel-Huffmann* in SchlAnz 2014, 471, 473, der allerdings aus dem Wort „Hilfen" keine eindeutige Bestimmung des Inhalts der Leistung zu entnehmen vermag.

7 *Bieritz-Harder* in LPK-SBG XII, § 54 Rn. 53; das Bundessozialgericht spricht insoweit von einem „individualisierten Förderverständnis", vgl. BSG, NVwZ-RR 2012, 968, 971.

8 BSG, NVwZ-RR 2012, 968, 971.

9 Den Begriff „Schulträger" benutzt das Bundessozialgericht hier offensichtlich nicht im aufgabenrechtlichen Sinne, sondern meint die für die Schulbildung verantwortlichen Verwaltungsträger der Länder und Kommunen.

gers angeschlossen. Eine die Eingliederungshilfe verdrängende, weil ausschließlich von der Schule zu erbringende Leistung komme in Betracht, wenn der Kernbereich der pädagogischen Arbeit der Lehrer der Schule betroffen sei.[10]

Kingreen hat in einem Rechtsgutachten für die Landesregierung und die kommunalen Landesverbände in Schleswig-Holstein ebenso herausgestellt, dass der Kernbereich der pädagogischen Arbeit der Schule nicht zu der Leistungspflicht der Jugend- und Sozialhilfeträger gehöre.[11]

Hingegen wird im Schrifttum die Auffassung vertreten, für den Anspruch auf Hilfen zur angemessen Schulbildung nach §§ 35a SGB VIII, 53, 54 Abs. 1 Nr. 1 SGB XII komme es allein darauf an, welche Hilfen von der Schule tatsächlich erbracht werden; alle übrigen für den Schulbesuch erforderlichen personellen Unterstützungsleistungen seien – jedenfalls im Rahmen des jugend- und sozialhilferechtlichen Nachrangs - von den Sozialleistungsträgern zu übernehmen.[12]

Dieser Auffassung, die in der Literatur[13] indes in der Minderheit geblieben ist, kann nicht gefolgt werden. Es ist zwar zutreffend, dass die Schüler keinen subjektiv-öffentlich-rechtlichen Leistungsanspruch gegen „die Schule" haben[14]. Dieser Umstand kann indes nichts daran ändern, dass der jugend- und sozialhilferechtliche Anspruch sich nur auf *Hilfen* zur angemessenen Schulbildung erstreckt und mithin die Schulbildung selber – also den Kernbereich der pädagogischen Arbeit der Schule – nicht umfasst. Das Bundessozialgericht hat insoweit zutreffend festgestellt, dass die schulrechtliche – objektiv-rechtliche – Verpflichtung der zuständigen Behörden einerseits und die von einem subjektiv-öffentlich-rechtlichen Rechtsanspruch erfassten Hilfen zur angemessenen Schulbildung andererseits nebeneinander stehen und sich nicht gegenseitig beeinflussen.[15] Eine Leistungspflicht über den gesetzlich normierten Anspruch hinaus kommt

10 BVerwG, NJW 2013, 1111, 1114; vgl. auch *Kepert/Vondung* in LPK-SGB VIII, § 10 Rn. 35 m. w. N.

11 *Kingreen*, Finanzierungsverantwortung für die Schulbegleitung in öffentlichen Regelschulen in Schleswig-Holstein, veröffentlicht als Umdruck 18/3549 des Schleswig-Holsteinischen Landtages, S. 7, 10.

12 *Welti*: Verantwortlichkeit für angemessene Vorkehrungen und Barrierefreiheit in der Bildung in RdJB 2015, 34, 42.

13 Vgl. hierzu statt vieler: *Bieritz-Harder*, in LPK-SBG XII, § 54 Rn. 53.

14 So auch *Nebendahl*, Schulbegleitung und Eingliederungshilfe/Jugendhilfe – Gibt es einen schleswig-holsteinischen Sonderweg?, in dieser Festschrift, II 1.

15 BSG, NVwZ-RR 2012, 968, 971.

insofern auch dann nicht in Betracht, wenn eine objektiv gebotene Unterstützung außerhalb des Jugend- und Sozialhilferechts tatsächlich nicht besteht. Das vom Bundessozialgericht zutreffend beschriebene – nicht nur rechtliche, sondern auch tatsächliche - Nebeneinander von Leistungen der Jugend- und Sozialhilfe in Form der Schulbegleitung einerseits und personeller Unterstützung der Schulen andererseits führt vor dem Hintergrund der unterschiedlichen Gesetzgebungskompetenz für beide Bereiche und dem Umstand, dass auf schulische Unterstützung in der Regel kein subjektiver Rechtsanspruch der Schüler besteht, in der (Rechts-)Praxis immer wieder zu Verwerfungen, die aber wohl so lange fortbestehen werden, wie beide Systeme nicht durch gesetzliche Regelungen – im Sinne eines inklusiven Bildungssystems - zusammengeführt werden.

3. *Inhalt und Reichweite des Kernbereiches des pädagogischen bzw. schulischen Arbeit*

Nachdem in der Rechtsprechung und weitgehend auch in der Literatur mithin grundsätzlich klargestellt ist, dass der Kernbereich der pädagogischen Arbeit der Schule von der Leistungspflicht der Jugend- und Sozialhilfeträger nach §§ 35a SGB VIII i. V. m. §§ 53, 54 Abs. 1 Nr. 1 SGB XII ausgeschlossen ist, stellt sich die Frage nach der Definition des Kernbereichs der pädagogischen bzw. schulischen Arbeit.

Das Landessozialgericht Schleswig-Holstein hat in einer bundeweit diskutierten Entscheidung vom 17.02.2014[16] die Frage aufgeworfen – und im Ergebnis bejaht – ob die Bestimmungen des Landesschulrechts Auswirkungen auf die Reichweite des Kernbereiches der pädagogischen Arbeit haben. Es hat dazu die Vorschrift des § 4 Abs. 13 des Schleswig-Holsteinischen Schulgesetzes herangezogen. Dort ist bestimmt, dass Schüler mit Behinderung besonders zu unterstützen sind, wobei das Ziel der inklusiven Bildung im Vordergrund steht. Das Landessozialgericht schließt hieraus, dass der Landesgesetzgeber den Kernbereich der pädagogischen Arbeit sehr weit habe fassen wollen und leitet aus dem Unterstützungsgebot beispielsweise her, dass die Schule mit einem für behinderte Kinder geeignete Bodenbelag ausgestattet sein müsse und es widrigenfalls zum Kern-

16 LSG Schleswig, 17.02.2014, L 9 SO 222/13 B ER; aufgegriffen in LSG Schleswig, 15.04.2014, L 9 SO 36/14 B ER.

bereich der pädagogischen Arbeit der Schule gehöre, den beim Betreten und Verlassen des Klassenraumes erforderlichen Schuhwechsel zu übernehmen.

Das Bundessozialgericht[17] vertritt hingegen die Auffassung, dass der Kernbereich der pädagogischen Arbeit der Schule nicht unter Auslegung der schulrechtlichen Bestimmungen, sondern der jugend- und sozialhilferechtlichen Regelungen und mithin bundesrechtlich zu bestimmen ist. In einer jüngeren Entscheidung hat das Gericht diese Auffassung auch in Kenntnis der gegenteiligen Ansicht des Landessozialgerichts Schleswig-Holstein noch einmal bekräftigt.[18]

Die auf den ersten Blick widersprüchlichen Entscheidungen des für die Sozialhilfe zuständigen obersten Bundesgerichts einerseits und des Landessozialgerichts Schleswig-Holstein andererseits liegen auf den zweiten Blick möglicherweise nicht wirklich konträr. Dem Bundessozialgericht ist insoweit zuzugeben, dass die Sozialgerichte nur über den jugend- und sozialhilferechtlichen Leistungsanspruch zu entscheiden und diesen nach bundesrechtlichen Vorgaben – einheitlich – zu definieren haben. Dem Bund steht die Gesetzgebungskompetenz für das Recht der öffentlichen Fürsorge im Rahmen der konkurrierenden Gesetzgebung zu (Art. 72 i. V. m. Art. 74 Abs. 1 Nr. 7 GG)[19], von der er auch Gebrauch gemacht hat; die Länder führen nach Art. 83 GG die Gesetzes des Bundes als eigene Angelegenheiten aus, dürfen die bundesrechtliche normierten Leistungsansprüche aber nicht beschränken.[20] Den ausführenden Behörden der Länder und – im Streitfalle – den Gerichten kommt es insoweit nur zu, die entschei-

---

17 BSG, NVwZ-RR 2012, 968, 971.

18 BSG, 09.12.2016, B 8 SO 8/15 R n. v.; so auch *Nebendahl*, II 3 b.

19 *Siebel-Huffmann* in SchlAnz 2014, 471, 473 rechtfertigt hingegen die Entscheidung des LSG Schleswig mit dem umgekehrten Hinweis auf die Gesetzgebungskompetenz der Länder für die (inklusive) Bildung. Dieser Hinweis geht allerdings insofern fehl, als die Auslegung eines Bundesgesetzes vor diesem Hintergrund gerade nicht von davon abhängen darf, wie die Länder ihre Gesetzgebungskompetenz genutzt haben.

20 Ob eine aus dem der Gesetzgebungskompetenz für das Recht der öffentlichen Fürsorge nach Art. 72 GG hergeleitete Erweiterung des jugend- und sozialhilferechtlichen Anspruches auf Hilfen zur angemessenen Schulbildung in Betracht kommt, erscheint ebenfalls zweifelhaft. Es spricht vielmehr Wesentliches dafür, dass der Bundesgesetzgeber von der Regelungsmöglichkeit des Gegenstandes jedenfalls unter dem Gesichtspunkt der öffentlichen Fürsorge abschließend Gebrauch gemacht hat; anders mag es im Hinblick auf zusätzliche Leistungen im Bereich des Schulrechts liegen, für das die Länder zuständig sind.

dungserheblichen bundesgesetzlichen unbestimmten Rechtsbegriffe – „angemessene Schulbildung“ und „Hilfe“ – auszulegen und dabei – wie dargelegt – inzident zu entscheiden, was in diesem Sinne (nicht) zur Schulbildung selbst gehört. Diese Frage hat neben einem rechtlichen indes auch einen tatsächlichen Gehalt: Für die Bestimmung dessen, was „Schulbildung“ im Sinne des § 54 Abs. 1 Nr. 1 SGB XII ist, benötigen die Behörden und Gerichte auch in abstrakt-genereller Hinsicht Anhaltspunkte. Im Rahmen der ihnen obliegenden Aufklärungspflicht haben sie zu klären, welche Unterstützungsleistungen tatsächlich – regelmäßig und bei typisierender Betrachtung – zur „Schulbildung“ iSd § 54 Abs. 1 Nr. 1 SGB XII und mithin zum Kernbereich der pädagogischen bzw. schulischen Arbeit gehören, zu denen die Jugend- und Sozialhilfe wiederum „Hilfe“ leistet. Neben anderen tatsächlichen Erkenntnisgrundlagen[21] drängt sich insofern die Heranziehung der schulrechtlichen Bestimmungen der Länder auf, um zu ermitteln, was typischerweise Gegenstand der schulischen Bildung selber ist. Die Gerichte dürfen und müssen dabei schon auf Grund der verfassungsrechtlich normierten Bindung „der vollziehenden Gewalt an Recht und Gesetz“ (Art. 20 Abs. 3 GG) unterstellen, dass die zuständigen Behörden der Länder und Kommunen bzw. die Schulen bei der Ausführung ihrer Aufgaben diese gesetzlichen Vorgaben auch tatsächlich umsetzen und bei der Bestimmung dessen, was durch die Schule an Unterstützungsleistungen erbracht wird, berücksichtigen. Eine Bestimmung des „Inhaltes“ der „Schulbildung“ iSd § 54 Abs. 1 Nr. 1 SGB XII ohne Berücksichtigung der tatsächlichen, durch Landesrecht ausgestalteten Verhältnisse erscheint praktisch kaum vorstellbar.[22] So vermag das Bundesrecht kaum einheitlich festzulegen – und dies wird auch vom Bundessozialgericht und vom Bundesverwaltungsgericht nicht behauptet – welches Curriculum ein (behinderter) Schüler im Rahmen seiner (angemessenen) Schulbildung zu absolvieren hat, beispielsweise wie viele Wochenstunden Mathematikunterricht in welcher Klassenstufe zum Lehrplan gehören oder ob eine Unterrichts“stunde“ 45 oder 60 Minuten dauert.

Festzuhalten bleibt, dass die Rechtsanwendung von § 35a SGB VIII und §§ 53, 54 Abs. 1 Nr. 1 SGB XII nur nach bundeseinheitlichen Maßstäben erfolgen kann, die zuständigen Behörden und Gerichte aber im Rahmen

---

21 Z. B. Bildungspläne, Unterrichtsbesuche.

22 So auch *Siebel-Huffmann* in SchlAnz 2014, 471, 473, der die Heranziehung des Landesschulrechts zur Ausgestaltung des sozialrechtlichen Anspruchs allerdings – wie das LSG Schleswig – schon auf normativer Ebene vornehmen will.

der ihnen obliegenden tatsächlichen Aufklärungspflicht Feststellungen dazu zu treffen haben, was nach den konkreten landesrechtlichen Bestimmungen jeweils Inhalt der „angemessenen Schulbildung“ ist, zu denen die Jugend- und Sozialhilfe Hilfe zu leisten hat. Insofern neigt auch das Landessozialgericht Schleswig-Holstein in einer neueren Entscheidung dazu, „seine bisherige Rechtsprechung zu überdenken und nicht mehr zwingend daran festzuhalten, dass die im SchulGSH festgeschriebene Verpflichtung zur inklusiven Beschulung nahezu deckungsgleich mit dem Kernbereich der pädagogischen Arbeit zu sehen ist“.[23]

4. Hilfen zur angemessen Schulbildung

Das Bundessozialgericht und das Bundesverwaltungsgericht haben sich bisher auf eine negative Abgrenzung dergestalt beschränkt, dass zum Kernbereich der pädagogischen Arbeit der Schule – und mithin nicht zu den Hilfen zur angemessenen Schulbildung – die Vermittlung des Unterrichtsstoffes gehöre und zwar auch dann, wenn der Stoff - und /oder die Vermittlung - auf Grund der Behinderung des Schülers anzupassen sind. [24] *Siebel-Huffmann*[25] subsummiert auf Grundlage der – inzwischen teilweise revidierten - Rechtsprechung des Schleswig-Holsteinischen Landessozialgerichts und unter Heranziehung des Schleswig-Holsteinischen Schulgesetzes unter den Kernbereich der pädagogischen Arbeit Wissensvermittlung, Training sozialen Verhaltens, Vermittlung kultureller Offenheit, Vermittlung von Schlüsselkompetenzen und die „Befähigung zum wertvollen Individuum der Gesellschaft“.[26]

Aus dem Umstand, dass nach der zutreffenden Rechtsprechung des Bundessozialgerichts und des Bundesverwaltungsgerichts die Leistungspflicht für Hilfen zur angemessenen Schulbildung nach §§ 53, 54 Abs. 1 Nr. 1 SGB XII bundesrechtlich zu definieren ist, folgt aber auch die – bisher von der Rechtsprechung allenfalls im Rahmen von Einzelfällen beantwortete – Frage, was insofern „positiv“ Gegenstand der sozialrechtlichen Leistung der Schulbegleitung ist.

---

23 LSG Schleswig, 13.01.2017, L 9 SO 86/16 B ER, n. v.

24 BSG, NVwZ-RR 2012, 968, 971; hierauf Bezug nehmend: BVerwG, NJW 2013, 1111, 1114; vgl. auch *Siebel-Huffmann* in SchlAnz 2014, 471, 473.

25 *Siebel-Huffmann* in SchlAnz 2014, 471, 473.

26 *Siebel-Huffmann* in SchlAnz 2014, 471, 473.

Der Verband der bayerischen Bezirke als kommunaler Spitzenverband der Bezirke als Träger der Eingliederungshilfe nach § 53 SGB XII in Bayern hat hierzu - im Benehmen mit dem Bayerischen Staatsministerium für Unterricht und Kultus - für seine Mitglieder Aufgaben definiert, die Schulbegleiter im Rahmen der Hilfen zur angemessenen Schulbildung klassischerweise wahrnehmen (können).[27] Danach tragen Schulbegleiter dazu bei, den Eingliederungshilfebedarf von Schülern mit Behinderung im Schulalltag zu decken. Art und Umfang der Assistenzleistungen richten sich nach dem individuellen Hilfebedarf, der durch den körperlich bzw. geistig/seelischen Entwicklungsstand der Schüler und deren lebenspraktische, sozial-emotionale, motorische und kognitive Kompetenzen bestimmt wird. Als Aufgaben der Schulbegleiter werden genannt: Lebenspraktische Hilfestellungen, einfache pflegerische Tätigkeiten, Hilfen zur Mobilität, Unterstützung im sozialen und emotionalen Bereich, Krisen vorbeugen/in Krisen Hilfestellung leisten sowie Unterstützung bei der Kommunikation mit Lehrkräften und Mitschülern. Festgehalten wird – im Einklang mit der Rechtsprechung des Bundessozialgerichts -, dass Schulbegleiter keine „Zweitlehrkräfte", Nachhilfelehrkräfte, Hausaufgabenbetreuer oder Assistenten der Lehrkräfte bei der Vermittlung des Unterrichtsstoffs sind. Die schulpädagogische und didaktische Verantwortung für die Vermittlung obliegt nach den Empfehlungen ausschließlich den Lehrkräften – und damit nicht den Schulbegleitern. Dabei ist es gegebenenfalls auch Aufgabe der Lehrkräfte, den Unterrichtsstoff so aufzuarbeiten (und anzupassen), dass der Schüler entsprechend seinem Förderplan lernzieldifferenziert lernen kann; für die Anpassung und Reduzierung des Lernstoffs ist der Schulbegleiter nicht zuständig. Er unterstützt die Schüler lediglich im Rahmen der beschriebenen Aufgabenbereiche in motorischer, kommunikativer oder emotionaler Hinsicht. Der pädagogische Auftrag zur Erziehung der Schüler ist Aufgabe der Lehrkräfte; das soll auch für die Herstel-

---

27 Verband der bayerischen Bezirke / Bayerisches Staatsministerium für Unterricht und Kultus (Hrsg.): Einsatz von Schulbegleitern an allgemeinen Schulen (Regelschulen) bei der Beschulung von Schülerinnen und Schülern mit Behinderung iSd § 54 Abs. 1, Satz 1 Nr. 1 SGB XII (12. Buch des Sozialgesetzbuches – Sozialhilfe) ; veröffentlicht unter: http://www.inklusion.schule.bayern.de/download/418/bezirke.schulbegleiter.regelschulen.pdf.

lung der Klassenordnung und das Einwirken auf die Klassengemeinschaft gelten, um die Akzeptanz der Schüler mit Behinderung zu verbessern.[28]

Diese und vergleichbare Empfehlungen können freilich allenfalls im Rahmen der Selbstbindung der Verwaltung unter dem Gesichtspunkt der Gleichbehandlung eine – gewisse – Außenwirkung entfalten; eine Bindung für die Gerichte begründen sie ebenso wenig, wie einen unmittelbaren subjektiv-öffentlich-rechtlichen Anspruch der behinderten Schüler auf bestimmten Hilfen.

Letztlich bleibt es insofern bei dem „rechtlichen Spagat", dass die „Schulbildung" landesrechtlich und die „Hilfen" iSd § 54 Abs. 1 Nr. 1 SGB XII hierzu bundesrechtlich bestimmt werden. Dieser Umstand führt zwangsläufig dazu, dass die Gestaltung eines „lückenlosen" Unterstützungssystem für behinderte Schüler durch die Schule und die Jugend- und Sozialhilfe „wie aus einer Hand" erschwert, wenn nicht gar unmöglich gemacht wird und mag Anlass auch zu gesetzgeberischen Reformüberlegungen geben.

5. *Nachrang der Eingliederungshilfe*

Die jugend- und sozialhilferechtlichen Leistungen der Eingliederungshilfe nach § 35a SGB VIII und §§ 53, 54 Abs. 1 Nr. 1 SGB XII sind gegenüber Verpflichtungen anderer nachrangig.

Nach § 10 Abs. 1 SGB VIII werden Verpflichtungen anderer, insbesondere der Schule, durch die Regelungen des SGB VIII nicht berührt. Die Vorschrift regelt also gleichsam das Rangverhältnis von Jugendhilfemaßnahmen zur Leistungen und Verpflichtungen anderer.[29]

Der Hinweis in § 10 Abs. 1 Satz 1 SGB VIII, dass „insbesondere" Leistungen und Verpflichtungen „der Schule" vorgehen, ist rein deklaratorischer Natur; der Gesetzgeber hielt insofern offenbar eine Klarstellung für erforderlich, weil es im Schnittbereich der Zuständigkeiten zwischen Schule und Jugendhilfe besonders häufig zu Überschneidungen kommt.[30]

Für die Sozialhilfe ist der Nachrang in § 2 SGB XII normiert. Dort ist bestimmt, dass Sozialhilfe nicht erhält, wer die erforderliche Leistung von

---

28 Zu den Empfehlungen und zu Kritik hieran vgl. auch *Banafsche* in BayVBl. 2014, 42, 43.

29 *Kepert/Vondung* in LPK-SGB VIII, § 10 Rn. 1.

30 *Kepert/Vondung* in LPK-SGB VIII, § 10 Rn. 35.

anderen, insbesondere von Angehörigen oder Trägern anderer Sozialleistungen erhält.

Unbestritten ist zunächst, dass der Nachranggrundsatz der Jugend- und Sozialhilfe in deren ausschließlichen Zuständigkeitsbereichen und auch in der gemischten Zuständigkeit von Jugend- oder Sozialhilfeträger einerseits und Schule andererseits Platz greift.[31] Das bedeutet, dass die Jugend- und Sozialhilfeträger (auch) in diesem Bereichen keine Leistungen erbringen, wenn die Hilfe tatsächlich bereits von der Schule – oder von anderen – gewährt wird und im Umkehrschluss (bei nicht wesentlich geistig und/oder körperlich behinderten Schülern nach § 53 Abs. 1 Satz 2 SGB XII nach pflichtgemäßem Ermessen) zur Leistung verpflichtet sind, wenn die Schule die zur angemessenen Schulbildung notwendige Hilfe tatsächlich nicht gewährleistet.

Nicht unumstritten ist hierbei die Frage, ob der Jugend- und Sozialhilfeträger auch im Kernbereich der pädagogischen Arbeit der Schule Leistungen erbringen muss, wenn die Schule die ihr insoweit obliegenden gesetzlichen Aufgaben und Verpflichtungen tatsächlich nicht erfüllt.

Sowohl das Bundesverwaltungsgericht[32] als auch das Bundessozialgericht[33] verneinen dies eindeutig und verweisen darauf, dass der Kernbereich der pädagogischen Arbeit allein in den Zuständigkeitsbereich der Schule falle und mithin jugend- und sozialhilferechtlichen Leistungen nicht zugänglich sei.

Das Schleswig-Holsteinische Oberverwaltungsgericht vertritt in einer jüngeren Entscheidung hingegen offenbar eine andere Auffassung.[34] Es hat in einem von ihm zu entscheidenden Verfahren des einstweiligen Rechtsschutzes die Frage, ob die begehrte Hilfe dem pädagogischen Kernbereich oder (auch) der Leistungspflicht des Jugendhilfeträgers unterfalle, ausdrücklich offen gelassen und den Jugendhilfeträger allein unter Hinweis auf die tatsächlich ausbleibende Hilfe durch die Schule zur (vorläufigen) Leistung verpflichtet. Noch weiter gehen zwei nicht veröffentlichte Entscheidungen des Sozialgerichts Lübeck[35], die selbst bei einer ausdrücklichen Zuordnung der begehrten Unterstützung zum Kernbereich der

31 BSG, NVwZ-RR 2012, 968, 971.

32 BVerwG, NJW 2013, 1111, 1114.

33 BSG, NVwZ-RR 2012, 968, 971.

34 OVG Schleswig, 08.06.2016, 3 MB 22/16 n. v.

35 SG Lübeck, 16.08.2016, S 46 SO 147/16 ER n. v. ; SG Lübeck, 14.09.2016, S 46 SO 187/16 ER n. v.

pädagogischen Arbeit der Schule eine Leistungspflicht des Sozialhilfeträgers annehmen und zur Begründung ausdrücklich feststellen, dass der Sozialhilfeträger die tatsächlich nicht erfüllte Verpflichtung der Schule zu kompensieren habe.

Auch in der Literatur wird vereinzelt die Auffassung vertreten, dass der Jugend- und Sozialhilfeträger letztlich alle notwendigen Hilfen zu erbringen habe, die die Schule tatsächlich nicht erbringt.[36]

Dieser Auffassung kann nicht gefolgt werden: Wie bereits dargelegt, gehören Unterstützungsmaßnahmen im Kernbereich der pädagogischen Arbeit der Schule überhaupt nicht zum Leistungsspektrum der Eingliederungshilfe im Rahmen der Jugend- und Sozialhilfe.[37] Insofern kann sich eine Zuständigkeit der Sozialleistungsträger auch nicht aus dem Nachranggrundsatz ergeben.[38] Dieser normiert nämlich nur, dass Leistungen nach dem Jugend- und Sozialhilferecht nicht gewährt werden, wenn der entsprechende Bedarf bereits anderweitig kompensiert ist, nicht aber, dass bei nicht realisierbaren Leistungen oder Verpflichtungen anderer, die dem Grunde nach überhaupt nicht Gegenstand jugend- oder sozialhilferechtlicher Leistungen sind, ebenfalls nachrangig Jugend- oder Sozialhilfe gewährt werden kann oder gar muss. Mit anderen Worten: Eine Hilfe, die nicht Gegenstand der Jugend- oder Sozialhilfe ist, kann auch dann von dieser nicht verlangt werden, wenn sie tatsächlich niemand anderes erbringt, obgleich sie – möglicherweise – notwendig ist.

Anders als beim Kernbereich der pädagogischen Arbeit der Schule, der einer Leistungsgewährung durch die Jugend- und Sozialhilfe nicht zugänglich ist, verhält es sich bei weiteren pädagogischen Leistungen, die zwar grundsätzlich auch in die Zuständigkeit der Schule – hier häufig tatsächlich in diejenige des kommunalen Schulträgers[39] - fallen , für die aber bei Nichtbereitstellung durch die hierzu objektiv-rechtlich verpflichtete Behörde eine – nachrangige – Zuständigkeit des Jugend- oder Sozialhilfeträgers nach §§ 35a SGB VIII i. V. m. §§ 53, 54 Abs. 1 Nr. 1 SGB XII greift. Das Bundessozialgericht hat hierzu klargestellt, dass pädagogische Leistungen nicht von vorn herein aus dem Leistungsspektrum der Eingliederungshilfe zur angemessenen Schulbildung nach § 54 Abs. 1 Nr. 1

---

36 *Welti* in RdJB 2015, 34, 42.

37 *Siebel-Huffmann* in SchlAnz 2014, 471, 473.

38 So auch *Siebel-Huffmann* in SchlAnz 2014, 471, 474.

39 Wie etwa die Beförderung behinderter Kinder auf dem Schulgelände, vgl. ausdrücklich § 48 Abs. 1 Satz 1 Nr. 4 i. V. m. Abs. 2 Nr. 8 2. Hs. SchulG-SH.

SGB XII herausfallen. Deswegen könnten von der Leistungspflicht des Sozialhilfeträgers auch Maßnahmen umfasst sein, die zum Aufgabenbereich der Schulverwaltung gehören, soweit es sich nicht um Maßnahmen aus dem Kernbereich der pädagogischen Arbeit handelt.[40] Anders als bei den Maßnahmen aus dem Kernbereich der pädagogischen oder schulischen Arbeit greife insoweit allerdings der jugend- und sozialhilferechtliche Nachranggrundsatz, der den Jugend- und Sozialhilfeträger zur Leistungserbringung verpflichte, wenn die Schule ihrer – vorrangigen – Verpflichtung nicht gerecht werde.

Kingreen geht noch weiter und stellt fest, dass außerhalb des Kernbereichs der pädagogischen Arbeit sowohl der sozial- bzw. jugendhilferechtlichen Eingliederungshilfe im Rahmen der Schulbegleitung als auch eine Zuständigkeit der Schule in Betracht komme.[41] Er nimmt mithin eine parallele oder gemischte Zuständigkeitssphäre beider Systeme an, also eine originäre Zuständigkeit sowohl der Schule als auch der Eingliederungshilfe nach dem SGB VIII und dem SGB XII. Hierbei stellt sich die Frage nach dem Nachrang der Leistungen nach dem Jugend- und Sozialhilferecht konsequenterweise nicht, weil auch deren zuständige Träger in eigener Zuständigkeit und nicht „nur“ nachrangig tätig werden.

6. Anspruchsüberleitung und Rückgriff

Erbringt der Jugend- oder Sozialhilfeträger nachrangig Leistungen der Eingliederungshilfe zur angemessenen Schulbildung in Form der Schulbegleitung, stellt sich (für ihn) die Frage, ob er wegen dessen vorrangiger Leistungspflicht die eigentlich zuständigen Schulbehörden in Regress nehmen kann.

Das Bundessozialgericht[42] hat ebenso wie auch in einer jüngeren Entscheidung das Schleswig-Holsteinische Oberverwaltungsgericht[43] - letzteres entgegen seiner früheren Rechtsprechung[44] - die im sonstigen pädagogischen Bereich nachrangig leistenden Jugend- und Sozialhilfeträger auf einen möglichen Rückgriff gegenüber den vorrangig verpflichteten Schul-

40 BSG, NVwZ-RR 2012, 968, 971.

41 *Kingreen*, S. 9.

42 BSG, NVwZ-RR 2012, 968, 971.

43 OVG Schleswig, 09.06.2016, 3 MB 22/16 n. v.

44 OVG Schleswig, 15.12.1995, 3 L 86/95.

behörden auf Grundlage von § 95 SGB VIII bzw. § 93 SGB XII verwiesen, ohne dies indes näher auszuführen.

Auch *Welti*[45]verweist hieran anknüpfend auf die Möglichkeit einer Anspruchsüberleitung durch den nachrangig leistenden Jugend- oder Sozialhilfeträger auf die Schulen.

Diese Auffassungen verwundern insofern, als Voraussetzung für eine solche Anspruchsüberleitung bereits dem Wortlaut nach wäre, dass der behinderte Schüler (auch) gegen die Schule einen Anspruch auf eine bestimmte Hilfe hätte und sie nicht nur nach den für die Schulen geltenden Vorschriften zur Gewährung einer entsprechenden Unterstützung objektiv-rechtlich verpflichtet ist. Anhaltspunkte hierfür ergeben sich aus dem Landesschulrecht indes nur wenige.

7. Fazit und Ausblick

Ein lückenloses Ineinandergreifen von schulischer Förderung behinderter Schüler durch die Schulen einerseits und von Hilfen zur angemessene Schulbildung durch die Jugend- und Sozialhilfe andererseits scheitern vor allem an der unterschiedlichen Ausgestaltung der schulischen Förderung durch die hierfür zuständigen Länder und dem Umstand, dass auf schulische Unterstützung auch für behinderte Schüler wohl kein subjektiv-öffentlich-rechtlicher Anspruch gegen die Schule besteht einerseits und der grundsätzlich bundeeinheitlich vorzunehmenden Definition der von der Jugend und Sozialhilfe zu gewährenden Hilfen zur angemessen Schulbildung andererseits.

Einen interessanten Abhilfevorschlag in Form der Implementierung (zusätzlicher) subjektiv-rechtlicher-Förderansprüche behinderter Schüler gegen die Landesschulbehörden hat *Kingreen*[46] in einem Rechtsgutachten für den Kommunalverband für Jugend und Soziales Baden-Württemberg unterbreitet. Eine solche Lösung, bei der „die Schule" einen wesentlich(er)en Teil der Unterstützung für behinderte Schüler übernimmt, würde auch am ehesten dem in der UN-Behindertenrechtskonvention hinterlegten inklusiven Bildungssystem gerecht.

45 *Welti* in RdJB 2015, 34, 43 f.

46 *Kingreen*, Schulbegleitung behinderter Kinder in allgemeinen Schulen; Bestand und Reformperspektiven – Rechtsgutachten für den Kommunalverband für Jugend und Soziales Baden-Württemberg.

Auch der Deutsche Verein für öffentliche und private Fürsorge hat Vorschläge zur Überführung der Schulbegleitung in ein inklusives System vorgelegt.[47]

47 *Deutscher Verein für öffentliche und private Fürsorge e. V.*, Empfehlungen des Deutschen Vereins: Von der Schulbegleitung zur Schulassistenz in einem inklusiven Schulsystem.

Heranziehung von Einkommen und Vermögen für Teilhabeleistungen – Diskriminierung wegen der Behinderung oder bloß eine Maßnahme steuerungsorientierter Sozialpolitik?

Oliver Tolmein

Die Subsidiarität ist eine der Grundlagen des Sozialhilferechts, aber auch von Grundsicherungsleistungen allgemein. § 2 Abs. 1 SGB XII formuliert das unmissverständlich klar und deutlich: „Sozialhilfe erhält nicht, wer sich vor allem durch Einsatz seiner Arbeitskraft, seines Einkommens und seines Vermögens selbst helfen kann oder wer die erforderlichen Leistungen von anderen […] erhält."[1] In § 19 SGB XII wird der Subsidiaritätsgrundsatz mit Blick auf das Kriterium der Leistungsberechtigung konkretisiert und differenziert. Hilfe zum Lebensunterhalt nach dem 3. Buch wird demnach nur Personen geleistet, die ihren notwendigen Lebensunterhalt nicht oder nicht ausreichend insbesondere aus ihrem eigenen Einkommen (vgl. § 82 SGB XII) und Vermögen[2] bzw. dem des Lebensgefährten oder dem der Ehepartnerin bestreiten können. Für Eingliederungshilfe und Hilfe zur Pflege nach dem 5. bis 9. Buch wird dagegen darauf abgestellt, ob den Leistungsberechtigten (und ihren Ehegatten oder Lebenspartnern) die Aufbringung der Mittel „zuzumuten ist" – ein ersichtlich anderes, stärker wertendes Kriterium. Das wird auch in § 87 Abs. 1 SGB XII deutlich, der den Begriff der „Zumutbarkeit" für Menschen mit einer bestimmten Schwere der Behinderung für Leistungen nach dem 5. bis 9. Kapitel des SGB XII konkretisiert. Nachdem in § 87 Abs. 1 Satz 2 SGB XII die allgemeine Regel aufgestellt wird, dass für den Einkommenseinsatz „insbesondere die Art des Bedarfs, die Art oder Schwere der Behinderung oder der

1 Und folgt damit der, allerdings abstrakter formulierten, Vorgängervorschrift des § 2 BSHG.

2 Der Vermögensbegriff wird im SGB XII selbst und auch in der Durchführungsverordnung des § 90 Abs. 2 Nr. 9 SGB XII nicht definiert. Das BSG fasst Vermögen als alle beweglichen und unbeweglichen Güter und Rechte in Geld oder Geldeswert; umfasst werden auch Forderungen bzw. Ansprüche gegen Dritte, soweit sie nicht normativ dem Einkommen zuzurechnen sind (vgl. BSG v. 18.03.2008 - B 8/9b SO 9/06 R – juris; BSG v. 25.08.2011 - B 8 SO 19/10 R – juris).

Pflegebedürftigkeit, die Dauer und Höhe der erforderlichen Aufwendungen, sowie besondere Belastungen“ zu berücksichtigen sind, wird in Satz 3 für die Heranziehung des Einkommens Pflegebedürftiger der Pflegegrade 4 und 5 (vor 2017: „schwerstpflegebedürftige Menschen“) und „blinder Menschen“ eine konkrete Höchstgrenze gezogen. Demnach gilt, dass der Einsatz des Einkommens über der Einkommensgrenze in Höhe von mindestens 60 vom Hundert nicht zuzumuten ist. Auf Basis unterschiedlicher Richtlinien der Länder über die Anwendung dieser Vorschrift werden vielerorts stets 40 Prozent des Einkommens über der Einkommensgrenze[3] herangezogen, in manchen Regionen bleiben dagegen in etlichen Konstellationen auch 100 Prozent des Einkommens frei (vgl. auch SG Mannheim vom 13.10.2016, Az.: S 8 SO 653/13).

Hinsichtlich der Heranziehung des Vermögens gilt nach § 90 Abs. 1 SGB XII eine noch strengere Regel. Aber auch hier wird in § 90 Abs. 3 SGB XII – in dem Fall durch eine Härtefall-Regelung – eine Grenze gezogen, die für Leistungen nach dem 5. bis 9. Kapitel wiederum privilegiert wird: Demnach dürfen hier weder eine „angemessene Lebensführung“, noch die Aufrechterhaltung einer angemessenen Alterssicherung wesentlich erschwert werden.

§ 92 Abs. 2 SGB XII führt dieses Konzept der Heranziehung von Einkommen und Vermögen bis zur Zumutbarkeits- bzw. Härte-Grenze fort, indem dort für acht Maßnahmekomplexe eine Nicht-Zumutbarkeits-Regelung festgeschrieben wird: Demnach ist beispielsweise für die Hilfe zu einer angemessenen Schulbildung, aber auch bei Leistungen zur Teilhabe am Arbeitsleben oder bei heilpädagogischen Maßnahmen für Kinder, die noch nicht eingeschult sind, nur die Aufbringung für die Kosten des Lebensunterhalts zuzumuten, nicht aber die Kosten für die Leistung selbst. Die privilegierten Leistungen ermöglichen Menschen mit Behinderungen jeweils eine Teilhabe im elementaren Bereich. Bemerkenswert sind zudem die in § 92 Abs. SGB XII normierten Nr. 4 und Nr. 8, die die Frage der Zumutbarkeit nicht nur von der Art der Leistung, sondern auch noch vom Leistungsort (besondere bzw. besondere teilstationäre Einrichtungen für behinderte Menschen) abhängig machen – und damit inklusiv erbrachte Leistungen gegenüber Leistungen, die in exkludierenden Einrichtungen erbracht werden schlechter stellen. Schon das BSG hat festgestellt, dass

3 Grundbetrag 818 Euro (zweifaches der Regelbedarfsstufe 1 nach Anl. zu § 28 SGB XII) zzgl. angemessener Kosten der Unterkunft und Familienzuschlag (je 286 Euro für Partner und unterhaltsberechtigte und Unterhalt beziehende Person).

der Gesetzgeber den Katalog der Privilegierungstatbestände selbst weder begründet noch näher erläutert hat, allerdings erkennbar sei, dass der Schwerpunkt der zu erbringenden Leistung nicht allein oder vorrangig bei der allgemeinen Teilhabe am Leben in der Gemeinschaft, sondern zumindest gleichwertig bei den von ihnen verfolgten beruflichen, schulischen, ausbildungsbezogenen und medizinischen Zielen liegen soll.[4] Das erklärt allerdings nicht ausreichend, warum andere Leistungen, bei denen Teilhabe am Leben in der Gemeinschaft und zumindest gleichwertig mitverfolgte Bildungszielsetzungen zusammenwirken, nicht privilegiert werden sollen.

Ergebnis dieser Regelungen ist, dass die Rechtsprechung derzeit zwar die Schulbegleitung in allgemeinen Schulen während der reinen Unterrichtszeit einkommens- und vermögensunabhängig erfolgen lässt, nicht aber in offenen Ganztagesschulen.[5] Auch für Schüler, die am Konfirmandenunterricht teilnehmen und dafür den Schulbegleiter nutzen, greift § 92 Abs. 2 SGB XII nicht.[6] Er hat auch keine positiven Auswirkungen für gehörlose Menschen, die einen akademischen Beruf ergreifen wollen und deswegen für ein Studium an einer Hochschule Gebärdensprach-Dolmetscher-Leistungen in Anspruch nehmen müssen, weil an keiner Hochschule in Deutschland in Gebärdensprache studiert werden kann.[7] Gleiches gilt für Leistungen der Hilfe zur Pflege oder auch der persönlichen Assistenz, soweit sie die Teilhabe am Leben in der Gemeinschaft ermöglichen soll - durch die Regelung des § 92 Abs. 2 SGB XII werden sie nicht erfasst. Die Konsequenzen reichen weit. In besonderem Maße werden Menschen mit schweren Behinderungen, die einen Assistenzbedarf haben, der von den Leistungen der Pflegeversicherung nicht abgedeckt werden kann und die es geschafft haben, auf dem ersten Arbeitsmarkt eine entlohnte Beschäftigung zu finden, zum Einsatz von Einkommen für Leistungen der Eingliederungshilfe oder von Hilfe zur Pflege herangezogen werden.

Gegen diese lange Zeit nicht in Frage gestellte Heranziehung von Einkommen und Vermögen von Menschen mit Behinderungen für Sozialhil-

---

4 BSG, Urteil vom 20. September 2012 – B 8 SO 15/11 R – = BSGE 112, 67-74.

5 So Landessozialgericht für das Land Nordrhein-Westfalen, Urteil vom 24. August 2016 – L 12 SO 435/14 –, juris (die Entscheidung ist nicht rechtskräftig, eine Nichtzulassungsbeschwerde beim BSG ist anhängig).

6 LSG Niedersachsen-Bremen, Urteil vom 25. Februar 2016 – L 8 SO 52/14 –, juris.

7 LSG Hamburg, Urteil vom 24. September 2015 – L 4 SO 40/14 –, juris, Revision anhängig beim BSG, B 8 SO 25/15 R.

fe-Leistungen des 6. und 7. Buches, also nicht der Leistungen für die Hilfe zum Lebensunterhalt bzw. für die Grundsicherung, regte sich nach der Ratifizierung der UN-BRK zunehmend Kritik[8], die sich rechtlich insbesondere auf die Artikel 27 und 28 stützte. In mehreren Gerichtsverfahren wurden seitdem in unterschiedlichen Konstellationen vorwiegend sozialgerichtliche, vereinzelt aber durch Beamte und Richterinnen auch verwaltungsgerichtliche Verfahren geführt, um in einzelnen Verfahren der Einkommens- bzw. der Vermögensanrechnung konkret, aber auch grundsätzlich entgegenzutreten.[9] Eine höchstrichterliche Entscheidung, die sich umfassend mit der Problematik befasst, auch unter Einbeziehung der Regelungen der UN-BRK, steht aber noch aus.

Dagegen haben sich unterdessen sowohl der UN-Behindertenrechtsausschuss anlässlich der Prüfung des 1. Staatenberichts der Bundesrepublik

---

8 Vgl. Petition 2600 auf change.org (https://www.change.org/p/recht-auf-sparen-und-f%C3%BCr-ein-gutes-teilhabegesetz-jetzt-sch%C3%A4uble-und-nahles); Rickli, Larissa/Wiegmann, Anne. Gutachten Begründung einer einkommens- und vermögensunabhängigen Eingliederungshilfe anhand der UN-BRK, Humboldt Law Clinic Grund- und Menschenrechte in Kooperation mit ISL, Sozialrecht aktuell 2014, 45; Axmann, Jenny. Einsatz von Vermögen als Diskriminierung im Sinne der UN-Behindertenrechtskonvention, RdLH 2013, 94; Poser, Nancy. Arm in der Robe, Betrifft Justiz, 2013, 109.

9 Beispielsweise: Sächsisches LSG, Urteil vom 17. April 2013 – L 8 SO 84/11 –, juris („*Art. 20 UN BRK verpflichtet die Vertragsstaaten nicht, behinderten Menschen die Beschaffung und Unterhaltung eines Kraftfahrzeuges bedürftigkeitsunabhängig zu finanzieren.*“); SG Karlsruhe, Urteil vom 21. Mai 2013 – S 1 SO 1369/12 –, juris („*Das aus Einkünften aus eigener Erwerbstätigkeit angesparte Bankvermögen eines Empfängers von Hilfe zur Pflege ist grundsätzlich als Vermögen bedarfsmindernd zu berücksichtigen. Dies stellt für den Hilfeempfänger weder eine Härte dar, noch führt die Vermögensanrechnung zu einer behinderungsspezifischen Diskriminierung iS der UN-Behindertenrechtskonvention.*“). Diese mehrfach zitierte Entscheidung wurde allerdings nicht rechtskräftig, sondern vor dem LSG Baden-Württemberg mit einem Vergleich abgeschlossen, der die Beklagte wegen formaler Mängel der Einkommensanrechnungsbescheide zur Rückzahlung des überwiegenden Teils der herangezogenen Gelder verpflichtete (mündliche Verhandlung vom 20.10.2016, L 7 SO 4082/13); LSG Niedersachsen-Bremen, Urteil vom 25. Februar 2016 – L 8 SO 52/14 –, juris („*Die grundsätzliche Abhängigkeit des Eingliederungshilfeanspruchs von der wirtschaftlichen Leistungsfähigkeit ist verfassungsrechtlich zulässig und insbesondere mit dem Benachteiligungsverbot nach Art. 3 Abs. 3 S. 2 GG vereinbar. Die UN-BRK steht der grundsätzlichen Berücksichtigung von Einkommen und Vermögen ebenfalls nicht entgegen.*“); LSG Hamburg vom 24.9.2015, L 4 SO 40/14, Revision anhängig beim BSG, B 8 SO 25/15 R.

Deutschland zur Umsetzung der UN-BRK, als auch in der Folge der Gesetzgeber mit der Problematik befasst. In den vom 13. Mai 2015 abschließenden Bemerkungen (CRPD/C/DEU/CO/1) wird mit Blick auf Artikel 19 (Unabhängige Lebensführung und Einbeziehung in die Gemeinschaft) in Anmerkung Nr. 41 kritisch angemerkt: „Der Ausschuss [...] ist ferner besorgt darüber, dass das Recht, mit angemessenem Lebensstandard in der Gemeinschaft zu leben, insoweit beeinträchtigt ist, als der Zugang zu Leistungen und Unterstützungsdiensten einer Bedürftigkeitsprüfung unterliegt und [infolgedessen] nicht alle behinderungsbedingten Aufwendungen abgedeckt werden." Ähnlich wird in der Anmerkung Nr. 51 zu Artikel 28 (Angemessener Lebensstandard und sozialer Schutz) festgehalten: „Der Ausschuss ist besorgt darüber, dass Menschen mit Behinderungen zusätzliche behinderungsbedingte Aufwendungen selbst tragen, insbesondere Aufwendungen für eine unabhängige Lebensführung." Daher wird die Bundesrepublik Deutschland unter Nr. 52 aufgefordert „eine Prüfung des Umfangs vorzunehmen, in dem Menschen mit Behinderungen ihr persönliches Einkommen verwenden um ihre Bedarfe zu decken und unabhängig zu leben", zudem müssten ihnen soziale Dienstleistungen geboten werden, „die ihnen den gleichen Lebensstandard ermöglichen, wie Menschen ohne Behinderungen mi vergleichbarem Einkommen."

Im neuen Bundesteilhabegesetz waren deswegen Regelungen, die in erster Linie für die Eingliederungshilfe das aktuelle, „dem Fürsorgegedanken verpflichtete Anrechnungsverfahren"[10] abschaffen sollten, auch in der öffentlichen Debatte von erheblicher Bedeutung und in hohem Maße umstritten.[11] Im Ergebnis hat sich der Gesetzgeber dafür entschieden, in mehreren Stufen ein neues Verfahren einzuführen, das nicht mehr dem „Fürsorgegedanken" verpflichtet sein soll, stattdessen, wie sich aus § 92 SGB IX n.F. (ab 2020) ergibt, als „Beitragsmodell" qualifiziert wird.[12]

Grundsätzlich werden dabei auch weiterhin sowohl das durch § 135 SGB IX n.F. definierte Einkommen, das einen bestimmten, nach § 136 SGB IX n.F. (ab 2020) zu ermittelnden Betrag überschreitet, als auch das in § 139 SGB IX n.F. erwähnte Vermögen nach Maßgabe des § 140 SGB IX n.F. zur (Mit-) Finanzierung der Teilhabeleistungen herangezo-

10 BT-Drs. 18/9522, S. 5.

11 Vgl. Wortprotokoll der 92. Sitzung des Ausschusses für Arbeit und Soziales, 7.11.2016, Protokoll 18/92, S. 1534 ff., 1542, 1544; Ausschussdrucksachen 18 (11) 801, 18 (11) 803, S. 10 f.

12 Auf die verschiedenen Zwischenstufen soll hier nicht eingegangen werden.

gen. § 138 Abs. 1 SGB IX n.F. privilegiert dabei, wie bislang § 92 Abs. 2 SGB XII, bestimmte Leistungen, für die dann kein Beitrag aufzubringen sein wird. Außerdem ist mit § 103 SGB IX n.F. eine komplizierte, in ihren Auswirkungen nicht zu unterschätzende, Regelung für Menschen getroffen worden, die sowohl Pflege als auch Eingliederungshilfe in Anspruch nehmen: Die nach § 91 SGB IX n.F. grundsätzliche nachrangige (neue) Eingliederungshilfe wird dann – wenn der Bezieher der Hilfe noch nicht das Rentenalter erreicht hat – zur vorrangigen Leistung, die auch die Leistungen der Hilfe zur Pflege im Rahmen des SGB XII umfasst. Ob Leistungen als Hilfe zur Pflege oder als Eingliederungshilfe, die auch Hilfe zur Pflege umfasst, gewährt werden, entscheidet darüber, ob bei der Anrechnung von Einkommen und Vermögen die für die Leistungsberechtigten weniger günstigen Regelungen des SGB XII zur Anwendung kommen oder die günstigeren des neuen SGB IX.

Allerdings haben sich sowohl die Berechnungsweise, als auch Freibetragshöhen und der Kreis der Beitragsverpflichteten geändert. Vor allem werden, anders als bisher, Lebens- und Ehepartner der Leistungsberechtigten und evtl. Beitragsverpflichteten für Teilhabeleistungen nicht mehr mit ihrem Einkommen und Vermögen herangezogen. Das Einkommen wird künftig einkommenssteuerrechtlich ermittelt, was auch für die Leistungsberechtigten zu einer Vereinfachung führt. Ob ggf. ein Beitrag aus dem Einkommen zu zahlen ist, ergibt sich dann aus § 136 n.F. SGB IX, unter anderem aus der Art des Einkommens sowie aus der Anzahl unterhaltsberechtigter Personen im Haushalt. Dabei ist festzuhalten, dass schon die Bezieher knapp durchschnittlicher Einkommen (29.600 Euro jährlich = 85 Prozent der jährlichen Bezugsgröße nach § 18 Abs. 1 SGB IV) zu den Aufwendungen der Eingliederungshilfe herangezogen werden. Familien werden dabei angesichts der vergleichsweise niedrigen Freibeträge aus § 136 Abs. 3 und 4 SGB IX n.F. in Relation dazu stärker belastet, jedenfalls keineswegs, wie es zu erwarten gewesen wäre, durch großzügige Kinderfreibeträge privilegiert. Eine Regelung, die der in § 87 Abs. 1 S. 3 SGB XII a.F. vergleichbar wäre, die die Heranziehung von maximal 40 Prozent des Einkommens über der Einkommensgrenze erlaubt ist.

Auch die Regelungen zur Verwertung des Vermögens betreffen nur noch die leistungsberechtigte Person bzw. bei minderjährigen Kindern die im Haushalt lebenden Eltern bzw. den Elternteil. Anders als bislang wird also das Vermögen des Ehe- und Lebenspartners nicht (mehr) herangezogen. Außerdem ist der Vermögensfreibetrag für die Leistungsberechtigten gegenüber dem nach altem Recht geltenden Freibetrag in Höhe von 2.600

Euro in § 139 SGB IX deutlich auf einen Betrag von 150 Prozent der jährlichen Bezugsgröße nach § 18 Abs. 1 SGB IV (etwa 50.000 Euro) hochgesetzt worden. Gleichzeitig gibt es in § 139 SGB IX n.F. aber nicht mehr die Öffnungsklausel des § 90 Abs. 3 S 2 SGB XII, die in Fällen besonderer Härte und mit Blick auf die möglich bleibende angemessene Lebensführung ermöglicht, das Vermögen nicht oder in geringerem Umfang heranzuziehen. Diese Regelung wird aber nicht unnötig, weil der nicht heranzuziehende Vermögensbetrag insgesamt bis etwa 50.000 Euro heraufgesetzt worden ist, ein Betrag, der im Vergleich zu den bislang freigelassenen 2.600 Euro beeindruckend hoch klingt, mit Blick auf das durchschnittliche Bruttovermögen pro Haushalt von 240.000 Euro, sowie das durchschnittliche Erbe von 363.000 Euro (Beträge 2015, Statistisches Bundesamt) dagegen eher bescheiden wirkt. Dieser Betrag kann nach persönlicher Lage und besonderen, ggf. auch behinderungsbedingten Bedürfnissen, durchaus deutlich zu niedrig sein. Er ist beispielsweise geringer als die Kosten eines behindertengerecht umgebauten Kraftfahrzeuges, das sich mit einem E-Rollstuhl befahren lässt. Die Sicherstellung einer angemessenen Altersvorsorge ist mit einem Betrag in dieser Höhe nicht möglich.

Wie genau sich die neuen Vorschriften zur Einkommens- und Vermögensanrechnung auswirken werden, welche Folgen sie über die Grenzen der verschiedenen Sozialgesetzbücher, insbesondere der SGB IX, XI und XII hinaus haben werden, ist schwer zu prognostizieren. Die Bundesregierung hat herausgestrichen, dass insbesondere die Menschen mit Behinderungen, die niedrige Einkommen beziehen, aber doch einen Eigenanteil leisten müssen, künftig entlastet werden sollen.[13] An anderer Stelle – den § 66a SGB XII zum Vermögensbeitrag bei Pflegebedürftigkeit erläuternd – wird deutlich gemacht, dass die Anrechnungsmodalitäten Anreize setzen sollen: Arbeitseinkommen wird in dieser Regelung künftig gegenüber Renteneinkommen oder Einkommen aus Kapitalanlagen privilegiert: „Es wird damit ein zusätzlicher Anreiz geschaffen, eine Erwerbstätigkeit aufzunehmen und so dem Teilhabegedanken Rechnung zu tragen."[14]

Unabhängig von den Fragen danach, ob solche Steuerungsversuche sinnvoll und effizient sind oder welche Folgen die Einkommens- und Vermögensanrechnung für die Einzelnen und die Gesellschaft insgesamt haben, stellt sich die Frage, ob die Einkommens- und Vermögenanrechnung

13 BT-Drs. 18/9522, S. 301.
14 BT-Drs. 18/9522, S. 328.

legitim ist oder ob sie dem Regelwerk der UN-BRK zuwider läuft. Dabei ist einerseits zu bedenken, dass die UN-BRK keine direkte Aussage zur Heranziehung von Einkommen und Vermögen trifft. Sie untersagt aber jede Form von Diskriminierung wegen der Behinderung – und sie setzt dieses Verbot in Artikel 28 Abs. 1 UN-BRK in direkten Zusammenhang mit dem angemessenen Lebensstandard, der als Recht charakterisiert wird. In den Anmerkungen des UN-Behindertenrechtsausschusses zu Artikel 28 zeigt sich der Ausschuss besorgt darüber, dass Menschen mit Behinderungen zusätzliche behinderungsbedingte Aufwendungen selbst tragen müssen, insbesondere die Aufwendungen für eine unabhängige Lebensführung. Das sind in besonderem Maße die Kosten der Assistenz, diene diese nun der Eingliederungshilfe oder der Hilfe zur Pflege. Für Teilhabe am Leben in der Gemeinschaft sind diese bei Menschen mit einem schweren Pflegegrad unverzichtbar. Der Ausschuss empfiehlt daher eine Prüfung des Umfangs vorzunehmen, in dem Menschen mit Behinderungen ihr persönliches Einkommen verwenden, um ihre Bedürfnisse zu decken und unabhängig zu leben. Das heißt keineswegs, dass der Ausschuss davon ausgeht, dass ein gewisser Eigenanteil verbleiben könne. Im folgenden Satz wird nämlich vorgeschlagen soziale Dienstleistungen anzubieten, die den Leistungsberechtigten den gleichen Lebensstandard ermöglichen wie Menschen ohne Behinderungen mit vergleichbarem Einkommen. Diesem Maßstab wurden die bisherigen Regelungen nicht gerecht – auch die neuen Regelungen werden ihn nicht erfüllen.

Das liegt daran, dass die UN-BRK und der Behindertenrechtsausschuss bei der Konkretisierung der dort formulierten Anforderungen hervorheben, wie die Vergleichsgruppe beschaffen sein muss, will man eine Benachteiligung prüfen. Die Rechtsprechung hat in Verfahren, in denen in Zusammenhang mit Einkommens- und Vermögensanrechnung seitens der Kläger geäußert wurde, hier liege eine Diskriminierung vor, zumeist darauf abgestellt, dass die Verpflichtung zum vorrangigen Einsatz des Vermögens im Sozialhilferecht alle Hilfesuchenden in gleicher Weise und unabhängig vom Vorhandensein einer Behinderung trifft.[15] Das trifft zwar

15 „Orientiert daran stellt die vorrangige bedarfsdeckende Berücksichtigung von Vermögenswerten oberhalb eines Vermögensfreibetrages im Rahmen der Hilfe zur Pflege nach den Bestimmungen des Siebten und Elften Kapitels SGB XII keine Diskriminierung des Klägers wegen seiner Behinderung (Art. 5 Abs. 2 UN-BRK) dar. Denn die Verpflichtung zur vorrangigen Bedarfsdeckung durch den Einsatz vorhandenen Vermögens im Sozialhilferecht (§ 2 Abs. 1 SGB XII) trifft alle Hilfe-

grundsätzlich für Sozialhilfe-Leistungen zu. Diese Position reflektiert aber nicht, dass sowohl Teilhabeleistungen als auch Pflege-Assistenz schon eine andere Struktur haben, als Leistungen der Hilfe zum Lebensunterhalt. Diesem Unterschied hat der Gesetzgeber auch in der Vergangenheit in gewisser Weise dadurch Rechnung getragen, dass Leistungen der Teilhabe und der Pflegeassistenz, auch wenn sie im Rahmen der Sozialhilfe getragen worden sind, hinsichtlich der Anrechnung von Einkommen und Vermögen anders behandelt worden sind, nämlich privilegiert. Diese Teilhabe- und Pflegeleistungen werden nämlich ausschließlich von Menschen mit Behinderungen in Anspruch genommen – so dass es hier nicht unbedingt naheliegend ist, für die Prüfung einer eventuellen Diskriminierung Menschen mit und Menschen ohne Behinderung, die Sozialhilfe beziehen, gegeneinander antreten zu lassen. Zu unterschiedlich ist nämlich die Lage eines nichtbehinderten, einkommenslosen Single, der leistungsberechtigt für Hilfen zum Lebensunterhalt nach dem SGB XII ist und der verheirateten Biologin, die zwei Kinder und eine gut bezahlte Stelle als Akademische Rätin hat, aber Pflege und Eingliederungshilfe benötigt und dafür mit einem Teil ihres Einkommens und Vermögens selber aufkommen soll. Deswegen ist die Lage eines Betroffenen mit Behinderung zu vergleichen mit der Lage derselben Person unter der Fiktion, dass sie nicht behindert wäre und deswegen keine Eingliederungshilfe und Pflege benötigte. Auch der Vergleich mit anderen Menschen, die gleiche berufliche und familiäre Voraussetzungen mitbringen, aber keine Behinderung haben, wäre sinnvoll möglich.

Am Beispiel der Konstellation die dem Verfahren BSG (B 8 SO 25/15 R) zugrunde liegt, lässt sich dieser Aspekt verdeutlichen:

Die Eltern und Großeltern des gehörlosen Klägers legten für ihn und seinen hörenden Bruder im Rahmen ihrer Möglichkeiten während der

---

suchenden und Leistungsempfänger in gleicher Weise und unabhängig vom Vorhandensein einer Behinderung. Soweit die vom Kläger angegriffenen Regelungen in § 90 Abs. 1 und 2 Nr. 9 SGB XII sowie der hierzu erlassenen Durchführungsverordnung zugleich auch behinderte Menschen i.S.d. Art. 3 Abs. 3 Satz 2 GG oder des Art. 1 Abs. 2 UN-BRK trifft, ist sie wegen des Gestaltungsspielraums des nationalen Gesetzgebers bei der Ausgestaltung von Sozialhilfeleistungen und deren Anforderungen gerechtfertigt. Denn es ist nicht zu beanstanden, dass der Gesetzgeber im Rahmen des Sozialhilferechts die - steuerfinanzierten - Leistungen an die Hilfesuchenden - auch - davon abhängig macht, dass diese ihren Bedarf nicht aus ihrem eigenen Einkommen und Vermögen ganz oder teilweise decken können.“ (SG Karlsruhe, Urteil vom 21. Mai 2013 – S 1 SO 1369/12 –, juris).

Schulzeit Gelder an. Sie wollten den beiden Söhnen bzw. Enkeln damit die weitere Ausbildung erleichtern und ermöglichen, dass sie in einem evtl. Studium ihren Lebensunterhalt zumindest in der Anfangsphase weitgehend würden sicherstellen können. Nachdem der Kläger im Sommer 2010 die Allgemeine Hochschulreife erworben hat, bewarb er sich zum Wintersemester 2010/2011 an der Universität Hamburg für das Studienfach Mathematik mit dem angestrebten Abschluss Bachelor of Science. Er wurde angenommen und konnte sich dort einschreiben. Grundsätzlich haben nach den Hochschulgesetzen der Länder Deutsche im Sinne des Artikel 116 des Grundgesetzes einen Anspruch auf Immatrikulation, wenn sie die für den gewählten Studiengang erforderliche Hochschulzugangsberechtigung besitzen und kein Versagungsgrund vorliegt (so z.B. § 36 HmbHG). Weitere Anforderungen werden an sie nicht gestellt. Insbesondere müssen sie keine Kosten tragen, die nicht gesetzlich oder in Hochschulsatzungen allgemein verbindlich für alle Studierenden geregelt sind (am Beispiel des Klägers: in Hamburg ist von allen Studierenden ein Verwaltungskostenbeitrag nach § 6a HmbHG zu tragen, ggf. können auch nach § 6 b Abs. XX HmbHG aufgrund von Hochschulsatzungen Gebühren für besondere Leistungen und Benutzung der Einrichtungen erhoben werden. Bis zum Wintersemester 2012/2013 wurden an der Universität Hamburg allgemeine Studiengebühren erhoben).

Dem Kläger allerdings ist ein Studium an deutschen Hochschulen aufgrund dort vorhandener Barrieren grundsätzlich nicht ohne den Einsatz erheblicher finanzieller Mittel, die allerdings in keiner Satzung und in keinem Hochschulgesetz verlangt werden, möglich: es gibt kein Lehrangebot an deutschen Hochschulen, das in Deutscher Gebärdensprache angeboten werden würde (sieht man vom Studiengang Gebärdensprachen an der Universität Hamburg und Deaf Studies an der Humboldt-Universität Berlin ab) und auch kein Lehrangebot einer deutschen Universität, in dem von Seiten der Hochschule Gebärdensprachdolmetscher lautsprachlich abgehaltene Lehreveranstaltungen übersetzen.

Der Kläger hat also, wie auch alle anderen gehörlosen Studierenden und anders als sein hörender Bruder, ohne weitere finanzielle Belastung keine Möglichkeit an einer deutschen Universität tatsächlich ein Studium zu absolvieren, da die Absolvierung eines Studiums ohne Teilnahme an Lehrveranstaltungen nicht sinnvoll ist und die Teilnahme an Lehrveranstaltungen voraussetzt, dass man diese auch verstehen kann. Ohne Übersetzung in die Gebärdensprache oder ggf. Schriftmitteilung ist Lautsprache für gehörlose Menschen aber nicht zu verstehen. Das gilt grundsätzlich, insbesondere aber wenn es um komplexe Inhalte geht, wie sie im Hochschulstudium üblich sind. Lippenablesen ist schon in der direkten 1:1 Kommunikation kein adäquates und zuverlässiges Kommunikationsmittel, in Seminaren und Vorlesungen, in denen die Lehrenden nicht auf einzelne Studierende Rücksicht nehmen, bestimmte Sätze langsam sprechen oder mehrfach wiederholen können, verbietet es sich von selbst.

Anders als hörende Menschen, die andere Lautsprachen sprechen, haben Menschen, die nicht hören können, auch nicht die Möglichkeit anstelle der Deutschen Gebärdensprache die Deutsche Lautsprache zu erlernen.

Da die Universität Hamburg dieses Studienfach nicht in Deutscher Gebärdensprache, die der Kläger zur Kommunikation verwendet, unterrichtet, benötigte er Gebärdensprachdolmetscher (GSD), um den Lehrveranstaltungen in seinem Studienfach folgen zu können. Es gibt auch keine andere deutsche Hochschule, die Mathematik oder ein anderes zum Bachelor auf Science führendes Studienfach in Deutscher Gebärdensprache (DGS) unterrichtet. Daher stellte er einen Antrag auf Eingliederungshilfe in Form von Kommunikationsassistenz bei der Beklagten, der abgelehnt wurde, weil auf dem Sparkonto des Klägers 15.000 Euro lagen, die zuerst für Dolmetscher aufgebracht werden sollten und nicht für die allgemeinen Lebenshaltungskosten, wie es vom Kläger und den Menschen, die ihm diesen Betrag zugedacht hatten, geplant worden war. Nachdem das Vermögen des Klägers bis auf den Betrag unter der Schongrenze verwertet worden war, erhielt er GSD-Kosten bewilligt.

Der Fall des Klägers in diesem Verfahren lenkt den Blick auf Artikel 1 der UN-BRK, dem zu entnehmen ist, dass zu den Menschen mit Behinderungen Menschen zählen, die langfristig wirkende Beeinträchtigungen haben, die sie in Wechselwirkung mit verschiedenen Barrieren an der vollen wirksamen und gleichberechtigten Teilhabe an der Gesellschaft hindern können.[16]

Die (mögliche) Beeinträchtigung der Teilhabe ist also ein konstitutives Merkmal für die beim Kläger attestierte Behinderung. Dass die Teilhabe beeinträchtigt ist, liegt nicht in erster Linie an der Beeinträchtigung des Betroffenen, sondern am Vorhandensein von Barrieren, in diesem konkre-

16 Der Behinderungsbegriff der UN-BRK, die 2010 bereits ratifiziert war, findet trotz des anderslautenden, aber nicht entgegenstehenden Behinderungsbegriffs des § 2 SGB IX a.F. Anwendung. Das ergibt sich insbesondere aus der Rechtsprechung des EuGH in den Rechtssachen C-335/11 und C-337/11, die das Konzept des Europäischen Behinderungsbegriffes verfechten.

ten Fall einem universitären Unterricht, der nur in Lautsprache angehalten wird. Diese Barrieren könnten beseitigt werden – durch das Angebot von Lehr-Veranstaltungen in Gebärdensprache. Andernfalls muss die Teilhabe durch angemessene Vorkehrungen nach Artikel 2 UN-BRK ermöglicht werden. Angemessene Vorkehrungen sind in diesem Fall die Übersetzung der lautsprachlichen Veranstaltungen, die für das erfolgreiche Absolvieren des Studiums erforderlich sind. Das Vorenthalten angemessener Vorkehrungen wird von der UN-BRK nach Artikel 2 als Diskriminierung bezeichnet. Die angemessenen Vorkehrungen liegen damit im Verantwortungsbereich des Staates, der für das Angebot einer universitären Bildung zuständig ist, der aber nicht dafür gesorgt hat, dass dieses Angebot barrierefrei ist. Durch die Gewährung von Teilhabeleistungen, die auch im Einsatz von Gebärdensprachdolmetscherleistungen bestehen können, verhindert der Staat bzw. in diesem Fall das Bundesland, das für die Bildungsleistung zuständig ist, Diskriminierung durch Vorenthalten angemessener Vorkehrungen. Gestaltet er die angemessenen Vorkehrungen aber insbesondere durch Erhebung eines Beitrages aus dem Einkommen und ggf. Vermögen des Menschen mit Behinderung so aus, dass sie den Teilhabeberechtigten zugleich belastet, erscheint das wiederum als widersprüchliches Handeln, das seinerseits eine Diskriminierung darstellt. Der Leistungsberechtigte konnte das geschenkte und gesparte Geld nicht wie sein nichtbehinderter Bruder für die Lebenshaltungskosten im Studium einsetzen, sondern war gezwungen es vorab für Hilfeleistungen auszugeben, die ihm ermöglichten, das Studium zu betreiben. Für den Lebensunterhalt musste er dann zusätzlich arbeiten.

Insoweit erweist sich das Bundesteilhabegesetz, das von Menschen mit Behinderungen einen Beitrag verlangt, den sie bei entsprechender Leistungsfähigkeit erbringen müssen, als falsch orientierte Lösung, die weiterhin eine Diskriminierung von Empfängern von Teilhabeleistungen bewirkt. Das erscheint besonders unbefriedigend, weil die entsprechenden Beiträge selbst im Bereich von Einkommen und Vermögen, das im unteren Mittelfeld angesiedelt ist, erhoben werden und somit auch als Sperre wirken können, die Menschen mit Behinderungen davon abbringt Teilhabeleistungen zu beanspruchen.

V.
Soziales Recht in Deutschland

Altersvorsorge in Zeiten einer EZB-Niedrigzinspolitik – eine Chance für die Politik und die gesetzliche Rentenversicherung?

Volker Eckhoff

I. Die Attraktivität der gesetzlichen Rentenversicherung als Altersvorsorge

Maßgeblich für die Attraktivität einer Altersvorsorge in der Form der gesetzlichen Rentenversicherung ist für Arbeitnehmer das zu erwartende Sicherungsniveau. Dieses war in der Bundesrepublik Deutschland in den ersten zwölf Jahren nach dem Zweiten Weltkrieg niedrig[1]. Mit einer Rentenreform im Jahr 1957 („große Rentenreform") wurde das Sicherungsniveau durch eine Erhöhung der Renten um durchschnittlich 65% (!)[2] angehoben und die Finanzierung von einem Kapitaldeckungsverfahren auf ein umlagefinanziertes System umgestellt. Zudem bedurfte es ab diesem Zeitpunkt zur einzelnen Rentenerhöhung keines Parlamentsgesetzes mehr, die Anpassung orientierte sich an der volkswirtschaftlichen Entwicklung (sog. Dynamisierung)[3].

Für die dynamische Berechnung der Rentenleistungen wurde ab 1957 in periodischen Abständen die Entwicklung der Löhne und Gehälter abgebildet. Berechnungsgrundlage war dabei das durchschnittliche Bruttojahresarbeitsentgelt aller Versicherten der Rentenversicherungen der Angestellten und der Arbeiter im Mittel der letzten drei Jahre[4]. Durch das Gesetz zur Reform der gesetzlichen Rentenversicherung vom 18. Dezember

---

1 Vgl. Bundeszentrale für politische Bildung (bpp), www.bpb.de/politik/innenpolitik/rentenpolitik/141491/ nachkriegsgeschichte-und-die-entwicklung-bis-1990, aufgerufen am 17.10.2016.

2 *Frerich/Frey*, Handbuch der Geschichte der Sozialpolitik, Band 3, Sozialpolitik in der Bundesrepublik Deutschland bis zur Herstellung der Deutschen Einheit, 2. Auflage, München – Wien 1996, S. 48.

3 *Frerich/Frey*, S. 48.

4 BVerfG 3.6.2014 - 1 BvR 79/09, Rn. 3.

1989 (Rentenreformgesetz 1992 - RRG 1992) [5] wurde das Rentenversicherungsrecht als Sechstes Buch (SGB VI) in das Sozialgesetzbuch eingefügt. Dabei wurde die Rentenberechnung völlig neu geregelt, die Grundprinzipien der mit der Rentenreform 1957 eingeführten Dynamisierung der Renten wurden aber im Wesentlichen beibehalten.

Durch das Leistungsniveau und die Dynamisierung stellte die Rente nicht nur ein Zuschuss zum Lebensunterhalt im Alter dar, sondern ihr kam eine Lohnersatzfunktion zu, welche es ermöglichte, den erworbenen Einkommens- und Lebensstandard im Wesentlichen aufrecht zu erhalten.

Die nachfolgenden rentenpolitischen Weichenstellungen haben allerdings dazu geführt, dass die gesetzliche Rentenversicherung für Arbeitnehmer das Alleinstellungsmerkmal einer Lebensstandardsicherung im Alter verloren hat. Das Rentenniveau sinkt und es wird weiter sinken.

Aufgrund des Gesetzes zur Reform der gesetzlichen Rentenversicherung und zur Förderung eines kapitalgedeckten Altersvorsorgevermögens (AVmG)[6] geht ein fiktiver Altersvorsorgeanteil für eine private Versicherung in die Rentenanpassung ein. Wegen des Gesetzes zur Ergänzung des Gesetzes zur Reform der gesetzlichen Rentenversicherung und zur Förderung eines kapitalgedeckten Altersvorsorgevermögens - Altersvermögensergänzungsgesetz (AVmErG)[7] wirkt sich eine Erhöhung des Beitragssatzes rentenmindernd aus. Ein Nachhaltigkeitsfaktor (Gesetz zur Sicherung der nachhaltigen Finanzierungsgrundlagen der gesetzlichen Rentenversicherung - RV-NachhaltigkeitsG)[8]soll sicherstellen, dass sich die Rentenerhöhungen verringern, wenn die Anzahl der Beitragszahler im Vergleich zur Anzahl der Rentenbezieher sinkt. In der derzeitigen demographischen Situation bedeutet dies für die Zukunft ein Absinken des Rentenniveaus.

Durch das RV-NachhaltigkeitsG wurde, quasi als Auftrag an eine zukünftig amtierende Regierung, in § 154 Abs. 3 S. 1 Nr. 2 SGB VI lediglich eine unverbindliche Untergrenze für das Sicherungsniveau vor Steuern in der Höhe von 46% bis zum Jahr 2020 oder 43% bis zum Jahr 2030 definiert („Die Bundesregierung hat den gesetzgebenden Körperschaften geeignete Maßnahmen vorzuschlagen, wenn…unterschreitet“).

Dieses in § 154 Abs. 3 SGB VI genannte Sicherungsniveau ermittelt sich dabei aus dem Verhältniswert einer jahresdurchschnittlichen verfüg-

5 BGBl. I 1989, 2261.
6 BGBl. I 2001, 1310.
7 BGBl. I 2001, 403.
8 BGBl I 2004, 1791.

baren Standardrente (Anm. d. Verf.: von 45 Versicherungsjahren bei durchschnittlichem Arbeitsentgelt) vor Steuern, aber nach Abzug des Beitragsanteils zur Kranken- und Pflegeversicherung und dem verfügbaren Durchschnittsentgelt vor Steuern, aber nach Abzug des Arbeitnehmeranteils zur Sozialversicherung einschließlich des durchschnittlichen Aufwands zur zusätzlichen Altersvorsorge. Ausweislich des Rentenversicherungsberichtes des Jahres 2016 ergab sich für das Jahr 2015 ein Sicherungsniveau von 47,7% netto vor Steuern. Das Bruttorentenniveau, also das Verhältnis einer Brutto-Standardrente im Verhältnis zu den durchschnittlichen Bruttoentgelten desselben Jahres, betrug hingegen nur 44,1%[9].

Interessant ist dabei die Entwicklung des Sicherungsniveaus über die vergangenen Jahrzehnte: So betrug das Standardrentenniveau (brutto) nach der Rentenreform des Jahres 1957 noch 57,3% bei einem durchschnittlichen Jahresarbeitsentgelt von umgerechnet 2.578 EUR (5.042,13 DM), verminderte sich bis 1990 auf 50,2 % und begann dann kontinuierlich auf 44,3% bei einem (vorläufig berechnetem) durchschnittlichen Arbeitsentgelt von 36.267 EUR in 2016 zu sinken[10]. Für das Jahr 2016 bedeutet dies eine Rente von 16.104 EUR jährlich bzw. 1.342 EUR brutto (1.200 EUR netto) monatlich[11].

Die Wirklichkeit sieht jedoch anders aus und zeigt sich nicht in der theoretischen Standardrente des § 154 Abs. 3 SGB VI. Tatsächlich wird von der weit überwiegenden Anzahl der Versicherten der gesetzlichen Rentenversicherung das Durchschnittsentgelt nicht erwirtschaftet. Die durchschnittlichen Entgeltpunkte je Versicherungsjahr[12] betrugen zum Beispiel bei der Regelaltersrente (als Regelaltersrente ist sie der „Regelfall der Rente“ nach §§ 35, 235 SGB VI) und einem Rentenbeginn im Jahr 2015 (Erfüllung der persönlichen Voraussetzung für diese Rente war dann die Vollendung des 65. Lebensjahres und eine Anhebung um vier Kalen-

9 Bundesministerium für Arbeit und Soziales, Bericht der Bundesregierung, Rentenversicherungsbericht 2016, http://www.bmas.de/SharedDocs/Downloads/DE/PDF Pressemitteilungen/2016/rentenversicherungsbericht2016.pdf;jsessionid=6CF2997 E909283B6F7E7BF63992DCDFE?__blob=publicationFile&v=1,aufgerufen am 17.11.2016.

10 Deutsche Rentenversicherung Bund (Hrsg.), DRV Schriften Band 22, Rentenversicherung in Zeitreihen, Oktober 2016, S. 258 und Fn. 11.

11 Fn. 10.

12 Ermittelt aus dem Verhältnis des individuellen Bruttoentgelts zum Durchschnittsentgelt.

dermonate) nur 0,7420 EP[13]. Der durchschnittliche Zahlbetrag der Regelaltersrenten betrug demnach nur 592[14] EUR (Männer: 802 EUR[15] und Frauen: 455 EUR[16]). Zum Vergleich: der durchschnittliche Bedarf für eine Grundsicherung im Alter nach dem SGB XII wird für das Jahr 2015 nach dem Statistischen Bundesamt mit 718 EUR beziffert[17].

Damit wird das im Versicherungsprinzip begründete und verfassungsrechtlich gebotene Abstandsgebot der Rentenversicherung zur Sozialhilfe in vielen Fällen nicht mehr gewahrt, die Rentenversicherung hat - zumindest bei weiblichen Rentenbezieherinnen - fast wieder ein Sicherungsniveau von vor der Rentenreform des Jahres 1957 erreicht. Dieses zeigt sich auch darin, dass die Grundsicherungsfälle im Falle des Bezugs einer Rente von 2003 bis 2015 von 1,2% auf 2,7% gestiegen sind[18], wobei im Jahr 2015 rund 1/3 mehr Frauen als Männer davon betroffen waren[19]. Zugleich nahm die Zahl der Beschäftigten im Niedrigeinkommensbereich zu. Bei einem Schwellenwert von 50% des Durchschnittsentgelts der Rentenversicherung gab es von 2004 bis 2013 in diesem Bereich einen Zuwachs von 10,70 Millionen auf 11,51 Millionen Arbeitnehmer[20]. Auch diese Entwicklung lässt erwarten, dass zukünftige Renten niedrig ausfallen werden.

II. Das Schließen der Versorgungslücke und der politische Zeitgeist

Dieses sinkende Sicherungsniveau soll nach dem Willen des Gesetzgebers für zukünftige Generationen durch die Förderung einer zusätzlichen kapitalgedeckten Altersvorsorge („Riester-Rente“) sowie durch eine betriebliche Altersversorgung vermindert werden. Durch staatliche Zulagen, der Möglichkeit des Sonderausgabenabzugs sowie der steuer- und beitragsfreien Prämienzahlung soll die Bereitschaft der Arbeitnehmer erhöht werden, eine private Vorsorge zu treffen.

---

13 Rentenversicherung in Zeitreihen, S. 134.
14 Rentenversicherung in Zeitreihen, S. 201.
15 Rentenversicherung in Zeitreihen, S. 202.
16 Rentenversicherung in Zeitreihen, S. 203.
17 www.destatis.de/DE/ZahlenFakten/GesellschaftStaat/Soziales/Sozialleistungen/Sozialhilfe/Grundsicherung/Tabellen/06_BQ2_2015_Empf_DurchschnBetrVerschMerkmale.html, aufgerufen am 15.10.2016.
18 Rentenversicherung in Zeitreihen, S. 275.
19 Rentenversicherung in Zeitreihen, S. 274.
20 Deutsche Rentenversicherung Bund (Hrsg.), Heft 3, Oktober 2016, S. 172.

Die Bundesregierung erklärte hierzu in ihrem Rentenversicherungsbericht des Jahres 2016:

> *Der Rückgang des Sicherungsniveaus vor Steuern macht deutlich, dass die gesetzliche Rente zukünftig alleine nicht ausreichen wird, um den Lebensstandard des Erwerbslebens im Alter fortzuführen. In Zukunft wird der erworbene Lebensstandard nur erhalten bleiben, wenn die finanziellen Spielräume des Alterseinkünftegesetzes und die staatliche Förderung genutzt werden, um eine zusätzliche Vorsorge aufzubauen*[21].

Bei der Auswahl geeigneter Vorsorgelösungen kommt zunächst die private Altersvorsorge durch eine zertifizierte und geförderte private Alterssicherung gemäß Altersvermögensgesetz in Betracht[22]. Hier kommen Vorsorgelösungen in Form von Kapitalmarkt-, Versicherungs- und Bankprodukten in Frage, denen eines gemeinsam ist: Es handelt sich bei allen genannten Produkten um Zusagen, welche - entsprechend der Intention des Altersvermögensgesetzes - im Kapitaldeckungsverfahren erwirtschaftet werden[23]. Die Versicherungsleistung wird ausschließlich durch Vergangenheitsgrößen bestimmt, nämlich durch die Höhe der in der Vergangenheit gezahlten Beiträge und der erzielten Rendite. Zudem findet nach dem Rentenbeginn eine Dynamisierung bzw. Anpassung der auszuzahlenden Beträge nicht mehr statt[24].

Als weitere Möglichkeit kommt die betriebliche Altersversorgung in Betracht. Dabei stehen fünf Durchführungswege zur Verfügung. Die interne, unmittelbare Finanzierung, in der Form der Direktzusage durch einen Arbeitgeber oder eine externe, mittelbare Finanzierung über einen Versorgungsträger (Unterstützungskasse, Direktversicherung, Pensionsfonds, Pensionskasse).

---

21 Bundesministerium für Arbeit und Soziales, Rentenversicherungsbericht 2016,S. 12, http://www.bmas.de /Shared Docs/ Downloads/DE /PDF-Pressemitteilungen/2016/rentenversicherungsbericht2016.pdf?__blob= publicationFile&v=1, aufgerufen am 18.11.2016.

22 Gesetz zur Reform der gesetzlichen Rentenversicherung und zur Förderung eines kapitalgedeckten Altersvorsorgevermögens (Altersvermögensgesetz – AvmG), BGBl. I 2001, 1310.

23 Eine Ausnahme stellt lediglich die durch das „Gesetz zur verbesserten Einbeziehung der selbstgenutzten Wohnimmobilie in die geförderte Altersvorsorge (Eigenheimrentengesetz - EigRentG) dar. Die Zulagen fließen hier als zusätzliche Tilgung in den Darlehensvertrag, BGBl. I 2008, 1509.

24 Deutsche Rentenversicherung Bund (Hrsg.), DRV Schriften Band 104, Oktober 2014, Die Dynamisierung von Alterseinkommen, S. 27 ff.

Bis auf die Direktzusage finanzieren sich alle nach dem Kapitaldeckungsverfahren, und die Rentenhöhe orientiert sich damit ebenfalls an der Höhe der gezahlten Prämien sowie an der erzielten Rendite.

Die oben dargestellten Möglichkeiten der zusätzlichen Altersvorsorge sind alle Ausdruck einer die theoretische Ökonomie wenigstens zwei Dekaden dominierende Aussage, wonach eine private, kapitalgedeckte Alterssicherung der staatlichen, umlagefinanzierten Alterssicherung eindeutig überlegen sei und dem Einzelnen eine höhere Rendite ermögliche. Dabei wird davon ausgegangen, dass bei einem kapitalgedeckten Alterssicherungssystem bei einem realen Zinsertrag von 2% (auf ein ausfinanziertes Deckungskapital) die Beiträge langfristig um 50 bis 60% niedriger als bei einem umlagefinanzierten Alterssicherungssystem ausfallen würden[25].

III. Die Rendite der privaten Altersvorsorge

Nur: Dieser Zinsertrag ist in Zeiten einer EZB-Niedrigzinspolitik nicht zu erzielen. Diese Erwägungen sind allein dem Zeitgeist geschuldet und führen im Ergebnis zu einer Privatisierung und Entstaatlichung der Altersvorsorge und zu einem weiteren Sinken des Sicherungsniveaus.

Der Begriff „Kapitaldeckung" ist in der Alterssicherung auch eher irreführend. *Schmähl* weist zutreffend darauf hin, dass von einer „kapitalmarktabhängigen Alterssicherung" zu sprechen sei[26]. Im Gegensatz zur Umlagefinanzierung der gesetzlichen Rentenversicherung ist die private Altersvorsorge von einem gut funktionierenden Kapitalmarkt mit attraktivem Zinsumfeld abhängig. Nachdem die Europäische Zentralbank in den letzten Jahren radikale Zinskorrekturen vorgenommen hat, liegen die An-

---

25 *Seybold*, Die Alterssicherung der verkammerten freien Berufe, Diss., Technische Universität Darmstadt, 2007, S. 61 m.w.N.; allgemein zur Rentabilität: *Börsch-Supan*, Rentabilitätsvergleiche im Umlage- und Kapitaldeckungsverfahren, Konzepte; empirische Ergebnisse, sozialpolitische Konsequenzen, Institut für Volkswirtschaftslehre, Universität Mannheim, Beiträge zur angewandten Wirtschaftsforschung, 2000, S. 5, https://ub-madoc.bib.uni-mannheim.de/1026/1/585.pdf, aufgerufen am 2.11.2016.

26 *Schmähl*, Ökonomische Grundlagen sozialer Sicherung, in: Maydell,/Ruland (Hrsg.), Sozialrechtshandbuch, Neuwied 1996, S. 125 ff. S. 161; *Schmähl*, Politikberatung und Alterssicherung: Rentenniveau, Altersarmut und das Rentenversicherungssystem, Vierteljahresheft zur Wirtschaftsforschung, DfW Berlin, 80. Jahrgang, Januar 2011, 159 (161).

lagezinsen bei historisch niedrigen Werten. Der Leitzins lag im Jahr 2016 bei 0,00%[27] und birgt enorme Risiken für kapitalgedeckte Vorsorgeverträge. Der gesetzlich vorgegebene Höchstwert für den Rechnungszins nach § 88 Abs. 3 S. 1 Nr. 1 des Gesetzes über die Beaufsichtigung von Versicherungsunternehmen (VAG)[28], der für private Vorsorgeprodukte nicht überschritten werden darf, liegt seit dem 1. Januar 2017 bei 0,9%. Er ist für die Dauer des Versicherungsvertrages bindend.

Der Auszahlungsbetrag umfasst dann im Wesentlichen nur noch die eigenen Prämien sowie die gezahlten staatlichen Zulagen und ggf. Überschussbeteiligungen. Überschussbeteiligungen ergeben sich aber im Wesentlichen aus Sicherheitszuschlägen in der Ermittlung der Prämien, z.B. durch das Ansetzen einer höheren Lebenserwartung in der Kalkulation der Prämie als es auf der Basis empirischer Befunde notwendig wäre[29]. Damit hat der Versicherte die Überschussbeteiligung sowieso selbst gezahlt.

Im Jahr 2014 wurden für private Vorsorgeverträge staatliche Zulagen in der Höhe von 3.094.120.000 EUR gewährt[30] und damit - wegen der fehlenden Zinsen - bei den Versicherungsunternehmen praktisch nur „geparkt". Zudem nimmt die Zahl der Zulageempfänger nach dem Altersvermögensgesetz im unteren Einkommensbereich ab: Bei einem Jahreseinkommen von 10.000 EUR bis 20.000 EUR sank die Zahl der Zulageempfänger kontinuierlich von 2011 auf 2013 von 20,4% auf 18,8% aller Zulageempfänger, während die Anzahl der Empfänger von einem Jahreseinkommen von 50.000 EUR und mehr von 11,1% auf 13% stieg[31]. Es steht die Vermutung im Raum, dass den Empfängern niedriger Einkommen einfach die finanziellen Mittel für eine zusätzliche Vorsorge fehlen.

In den Fällen der betrieblichen Altersvorsorge im Durchführungsweg der Leistungszusage sorgt der Niedrigzins beim Arbeitgeber dafür, dass die Rechnungszinsen zur Bewertung der Pensionsverpflichtungen sukzes-

---

27 Vgl. Deutsche Bundesbank, EZB-Zinssätze, http://www.bundesbank.de/Redaktion /DE/Standardartikel/Bun desbank/Zinssaetze/ezb_zinssatz.html , aufgerufen am 08.09.2016.

28 Gesetz über die Beaufsichtigung der Versicherungsunternehmen (Versicherungsaufsichtsgesetz - VAG), BGBl. I 2015, S. 434 ff.

29 Beispiel nach DRV-Schriftenreihe, Band 104, S. 33.

30 Rentenversicherung in Zeitreihen, S. 278.

31 www.deutsche-rentenversicherung.de/Allgemein/de/Inhalt/5_Services/03_broschu eren_und_mehr/03_zeit schriften /rv_ aktuell/2015/heft_3.pdf?__blob=publication File&v=3, aufgerufen am 22.10.2016.

sive fallen und damit seine Pensionsverpflichtungen stark ansteigen[32]. Arbeitnehmer mit betrieblicher Altersvorsorge ohne den Durchführungsweg der Leistungszusage müssen unter Umständen sogar einen „Eingriff in erdiente Besitzstände" fürchten[33].

IV. Die Rendite der gesetzlichen Rentenversicherung

Die fehlende Kapitalbildung und die Finanzierung der Leistungen aus den laufenden Beiträgen macht die Leistungsfähigkeit des Umlageverfahrens unabhängig von Zins- und Währungsrisiken. Während der Erwerbsphase wird die zu erwartenden Rente bereits von der Dynamisierung bestimmt. Der maßgebende aktuelle Rentenwert erhöht sich bereits in dieser Phase. Die Höhe der laufenden Rente ist abhängig von der Wachstumsrate der Erwerbstätigen sowie vom Arbeitseinkommen und vom Beitragssatz zur Rentenversicherung. Eine Verzinsung der eingezahlten Beiträge findet nicht statt, die „Beitragsrendite" hängt folglich von der Wachstumsrate der Erwerbstätigen und der Entwicklung der Pro-Kopf-Löhne ab[34].

In einer Modellrechnung zur Ermittlung der Rendite in der Deutschen Rentenversicherung geht diese von einem Versicherten aus, der von Anfang 1971 bis Ende 2015 - also 45 Jahre lang - immer ein Durchschnittsentgelt erhielt und dafür auch Beiträge zur Rentenversicherung gezahlt hat. Für diesen Zeitraum haben der Versicherte und sein Arbeitgeber rund 194.000 Euro als Gesamtsumme aller Beiträge gezahlt. Der Versicherte erhält daraus im Jahr 2016 eine monatliche Rente von rund 1.370 Euro, die regelmäßig dynamisiert wird. Zusätzlich erhält er einen Zuschuss zur Krankenversicherung. Die Rendite beträgt in diesem Modellfall etwa drei Prozent[35]. Diese Rendite ändert sich auch dann nicht, wenn, wie

---

32 Vgl. Allianz Global Investors GmbH, Pensionsverpflichtungen im Niedrigzinsumfeld, S. 2, www.allianzgloba linvestors.de/MDBWS/doc/Pensionsverpflichtungen-im-Niedrigzins.pdf, aufgerufen am 22.10.2016; *Kaind*, Rechnungszins – Niedrige Zinsen lassen Pensionsrückstellungen stark steigen, GENIOS WirtschaftsWissen Nr. 04 vom 09.04.2013, GENIOS Verlag (Hrsg.), S. 3.

33 Vgl. BAG 17.4.1985 – 3 AZR 72/83, NZA 1986, Heft 2, S. 41 ff.

34 Vgl. *Seibold*, S. 56 f.

35 Deutsche Rentenversicherung - Rendite in der Rentenversicherung deutlich positiv, www.deutsche-rentenversicherung.de/Allgemein/de/Inhalt/5_Services/rententi pp/2016_07_19_rendite_in_rentenversicherung_ deutlich_positiv.html, aufgerufen am 20.10.2016.

bei den Regelaltersrenten, die durchschnittlich erzielten Entgeltpunkte z.B. im Jahr 2014 nur 0,722 betrugen.

Die derzeitige Niedrig- bzw. Nullzinsphase erweist sich damit als Problem für sämtliche kapitalgedeckte Alterssicherungssysteme, nicht aber für ein umlagenfinanziertes Modell.

V. Derzeitiger freiwilliger Zugang zur gesetzlichen Rentenversicherung für Beschäftigte

Der Zugang zur freiwilligen Versicherung in die gesetzliche Rentenversicherung findet sich im SGB VI. Freiwillige, laufende Beitragszahlungen, dürfen gem. § 7 Abs. 1 SGB VI nur Personen leisten, welche nicht versicherungspflichtig sind. Beschäftigte bzw. Arbeitnehmer sind nach § 1 S. 1 Nr. 1 SGB VI versicherungspflichtig und somit von dem Recht zur freiwilligen Versicherung ausgeschlossen. Lediglich spezielle Nachzahlungsvorschriften ermöglichen die freiwillige Zahlung von Beiträgen in speziellen Lebenslagen auch für Versicherte, z.B. zum Ausgleich bei der vorzeitigen Inanspruchnahme einer Rente wegen Alters (187a SGB VI) oder zum Ausgleich eines Malus (Abschlags) im Rahmen eines Versorgungsausgleichs (§ 187 SGB VI). Für eine laufende zusätzliche Versicherung müssen sich Arbeitnehmer also - auch in einer Niedrigzinsphase - einem kapitalgedeckten Versicherungssystem zuwenden, wollten sie freiwillig vorsorgen.

VI. Ein historischer Rückblick sei an dieser Stelle erlaubt

Ab dem 01.06.1949 bis zum Rentenreformgesetz 1992 konnten durch freiwillige oder pflichtversicherte Personen Höherversicherungsbeiträge zur gesetzlichen Rentenversicherung gezahlt werden[36]. Als eigenständige Zusatzleistung neben der gesetzlichen Rente nahmen diese Höherversicherungsbeiträge nicht an Anrechnungsvorschriften (z.B. wegen anderweitigen Einkommens) teil und erhöhten als Steigerungsbeträge abhängig vom

---

36 BGBl. I S. 188, Vgl. Deutscher Bundestag, Drucksache 11/4124, Rentenreformgesetz 1992, S. 198, http://dip21.bundestag .de/dip21/btd /11/041/1104124.pdf , aufgerufen am 08.09.2016; KomGRV – 49. Erg.-Liefg. November 2005, § 269 Rn. 2.

Lebensalter im Zeitpunkt ihrer Zahlung die gesetzliche Rente pro Monat zwischen 0,83% und 1,67%. Damit war ein jährlicher Steigerungsbetrag zwischen 10% und 20% möglich[37]. Ihre Konstruktion war eng an das Versicherung- bzw. Äquivalenzprinzip angelehnt: Maßgebend für die Beitragsrendite war das Versicherungsrisiko im Zeitpunkt der Beitragszahlung. Je älter der Versicherte im Zeitpunkt der Beitragszahlung war, desto geringer war die Beitragsrendite[38]. Eine zusätzliche Dynamisierung nach Rentenbeginn fand nicht statt. Die finanziellen Mittel wurden zudem gesondert verwaltet[39].

Das Recht zur Zahlung von Höherversicherungsbeiträgen wurde im Rahmen des Rentenreformgesetzes 1992 zum 31. Dezember 1991 beschränkt. Im Rahmen des Rentenreformgesetzes 1999 konnten ab 01. Januar 1998 keine Höherversicherungsbeiträge mehr gezahlt werden.

In dem Entwurf zum RRG 1992[40] wurde die Beendigung der Höherversicherung pauschal damit begründet, dass sie wegen ihres versicherungsmathematischen Ansatzes nicht den Prinzipien des Rentenversicherungsrechts entsprechen würde[41]. In dem Entwurf zum Renten reformgesetz von 1999 wurden mehrere Gründe genannt, die für die Abschaffung sprächen: Die Höherversicherung beruhe auf einer Leistungsberechnung mit Sterbetafeln aus dem Jahr 1953 und spiegele damit nicht aktuelle Verhältnisse wider. Die Zahlungen aus der Höherversicherung würden zusammen mit dem Beginn der Renten wegen Alters geleistet. Abschläge aus der vorzeitigen Inanspruchnahme wurden jedoch nicht bei der Leistung der Höherversicherung angewendet. Durch diese Unterschiede würden in der Höherversicherung höhere Renditen erzielt. Damit bestünde die Gefahr, dass sich die Höherversicherung nicht mehr selbst finanzieren könne und Gelder aus der gesetzlichen Rentenversicherung für die Deckung verwendet werden müssten[42].

---

37 Vgl. *Siepe*, Zusätzliche Altersvorsorge für Arbeitnehmer in der gesetzlichen, Rentenversicherung S. 27.

38 Kommentar zum Recht der gesetzlichen Rentenversicherung, Sozialgesetzbuch, Sechstes Buch, Gesetzliche Rentenversicherung (KomGRV) 49. Erg.-Liefg. November 2005, § 269, Rn. 2.

39 KomGRV – 49. Erg.-Liefg. November 2005, § 269 , Rn. 2.

40 Oben Fn. 4.

41 BT-Drucksache 11/4124, S. 198.

42 Vgl. BSGE 88, 43, Rn. 28.

VII. Die Anforderungen an eine reformierte freiwillige Versicherung, Versuch einer Neuformulierung

Die Arbeitnehmer wären durch eine attraktive Ausgestaltung möglichst früh an die gesetzliche Versicherung heranzuführen (Stichwort: demographischer Wandel), und zugleich sollte das sinkende Einkommensniveau berücksichtig werden (Stichwort: Niedrigeinkommensbereich). Die Rendite müsste auch bei einem Einkommen in Höhe der Hälfte des erzielten Durchschnittseinkommens der Rentenversicherung und einer „regelmäßigen und verantwortungsbewussten" zusätzlichen Höherversicherung eine Rente oberhalb des Grundsicherungsniveaus garantieren. Eine allgemeine Kostenminimierung könnte dadurch erreicht werden, dass die Versicherung auf den Angaben fußt, die bereits gespeichert sind bzw. werden. Diese sind das Lebensalter und das jeweilige Bruttoeinkommen. Zudem ist die Rentenversicherung nicht gewinnorientiert. Sowohl die Einnahmen als auch ein Bundeszuschuss würden nicht in einen gesonderten Haushalt fließen. Diese Form der Höherversicherung sollte sich explizit nicht selbst finanzieren. Ein Bundeszuschuss in entsprechender Höhe würde die bisher gezahlten Zulagen für die private Altersvorsorge ersetzen. Wie alle Renten wären die Leistungen einer freiwilligen Versicherung zu dynamisieren, womit die Bezieher das Risiko der volkswirtschaftlichen Entwicklung, aber nicht das Zinsrisiko tragen würden. Ein Sonderausgabenabzug fände nicht statt.

In Anbetracht der aktuellen Entwicklungen sollte der § 7 des SGB VI daher neu formuliert werden:

> § 7 Abs. 1 SGB VI
> *Personen können sich für Zeiten der Vollendung des 16. Lebensjahres an freiwillig versichern (freiwillige Versicherung) oder neben einem Beschäftigungsverhältnis zusätzlich freiwillig versichern (Höherversicherung).*
> *§ 70 Abs. 5 SGB VI*
> *Im Falle der freiwilligen Versicherung oder der Höherversicherung wird die Beitragsbemessungsgrundlage (§ 70 Abs. 1) zur Ermittlung der Entgeltpunkte um den Faktor nach Anlage 21 erhöht*[43]*. Der Faktor nach Anlage 21 ergibt sich aus dem Zeitpunkt des Beginns der freiwilligen Versicherung in Abhängigkeit zum Lebensalter des Versicherten sowie aus dem aus einer parallel*

43 Dieser Faktor wäre versicherungsmathematisch zu ermitteln. Ein niedriges Lebensalter ergäbe einen relativ hohen Faktor, gleiches würde für ein relativ geringes Arbeitsentgelt gelten. Beides ist bekannt und führt nicht zu nennenswerten Verwaltungskosten.

ausgeübten Beschäftigung erzielten bzw. mangels einer Beschäftigung nicht erzielten Arbeitsentgelt. Im Falle der Unterbrechung der freiwilligen Versicherung ist das Lebensalter neu festzustellen.

VIII. Die Gesetzgebungskompetenz des Bundes

Die Gesetzgebungskompetenz für eine Reform der freiwilligen Versicherung folgt aus Art. 74 Abs. 1 Nr. 12 des Grundgesetzes (GG). Hiernach erstreckt sich die konkurrierende Gesetzgebung des Bundes u.a. auf die Sozialversicherung einschließlich der Arbeitslosenversicherung. Dabei stellt sich, wegen der Anknüpfung an das Lebensalter des Versicherten im Zeitpunkt der Beitragszahlung (Versicherungsprinzip), die Frage, wie „sozial" eine „Versicherung" nach dem Kompetenztitel des Art. 74 Abs. 1 Nr. 12 GG sein muss.

Das Bundesverfassungsgericht geht in seiner ständigen Rechtsprechung davon aus, dass das gesamte Sozialversicherungsrecht von den zwei grundsätzlichen Prinzipien, dem Solidarprinzip sowie dem Versicherungsprinzip, geprägt sei[44]. Unbestritten ist in diesem Zusammenhang, dass unter dem Kompetenztitel des Art. 74 Abs. 1 Nr. 12 GG solidarische Gesichtspunkte von Bedeutung sein müssen[45]. Eine in der Organisationsform der Sozialversicherung durchgeführte Versicherung, deren Beiträge sich ausschließlich nach der Höhe des Risikos bemessen, also mit anderen Worten, in jedem Einzelfall genauso hoch sind wie die Versicherungsprämien, die eine Privatversicherung erheben würde, fällt nicht mehr unter den verfassungsrechtlichen Begriff der Sozialversicherung[46].

Maßgebend für die Beitragsrendite ist im hier vorgeschlagenen Fall zwar auch das Versicherungsrisiko im Zeitpunkt der Beitragszahlung (höhere Rendite bei niedrigem Lebensalter), allerdings überwiegt durch die Erhöhung der Beitragsbemessungsgrundlage für Geringverdiener sowie durch die Dynamisierung der Leistung nach Rentenbeginn eindeutig der soziale Ausgleich. Die Gesetzgebungskompetenz wäre damit gegeben.

---

44 Vgl. nur BVerfG, 28.04.1992 - 1 BvL 51/86 et al., in BVerfGE 87, 1 (34); BVerfG, 08.02.1994- 1 BvR 1237/85, in: BVerfGE 89, 365 (377).

45 Vgl. BVerfGE 21, 362 (378); BVerfGE 59, 36 (49f.); BVerfGE 79/87 (101); BSG 20.12.1957; BSGE 6, 213 (227).

46 *Papier/Möller*, Die Rolle des Solidarausgleichs in der gesetzlichen Unfallversicherung, NZS 1998, 353 (354).

IX. Vereinbarkeit mit dem Grundrechten und dem Recht der Europäischen Union

Juristische Personen des Privatrechts sind nach Art. 19 Abs. 3 GG Träger jener Grundrechte, die nicht begrifflich eine natürliche Person als Träger voraussetzen. Private Versicherungsunternehmen könnten somit einwenden, dass das Angebot einer freiwilligen Versicherung durch juristische Personen des öffentlichen Rechts, die nicht nur einen sozialen Ausgleich bezweckt, sie in ihren Grundrechten aus Art. 12 Abs. 1 GG (Berufsfreiheit) und Art. 14 Abs. 1 GG (Eigentum) tangiert. Hier ist aber festzustellen, dass bei einem Eingriff in die Berufsfreiheit durch das Schaffen einer Konkurrenzsituation lediglich das Umfeld der beruflichen Betätigung betroffen ist und die vom Bundesverfassungsgericht geforderte „berufsregelnde Tendenz“[47] nicht zu erkennen ist. Hinsichtlich eines möglichen Rückganges privater Vorsorgeverträge bedeutet dieses, dass private Versicherungsunternehmen keinen konkreten Vermögensgegenstand erworben haben, Chancen, Hoffnungen und Erwartungen werden von Art. 14 Abs. 1 GG aber nicht geschützt[48].

Nach der Rechtsprechung des Eropäischen Gerichtshofes zu Art. 81 EGV gilt ein gesetzliches System dann nicht als ein Unternehmen im Sinne des Wettbewerbsrechts „wenn es einen sozialen Zweck verfolgt“[49], das Versicherungssystem „als Umsetzung des Grundsatzes der Solidarität angesehen werden kann“ und es „staatlicher Aufsicht unterliegt“[50].

Kennzeichnend für die vorgeschlagene Verfahrensweise ist - durch einen Bundeszuschuss und die Dynamisierung - gerade der soziale Zweck als Ausfluss des Sozialstaatsprinzips, so dass sie mit dem Recht der Europäischen Union vereinbar ist.

Insgesamt zeigt sich, dass eine Abkehr von der Entstaatlichung der Altersversorgung für Arbeitnehmer lukrativ, rentenpolitisch geboten und rechtlich möglich ist. Es ist die Chance für die Politik zu einem Paradigmenwechsel gegen den Zeitgeist der Ökonomie!

---

47 Vgl. nur BVerfGE 15, 235 (235), 42, 374 (384).

48 *Papier* (Hrsg.) in: Maunz/Düring, Grundgesetzkommentar, Art. 14, Rn. 100-110 m.w.N., Juli 2010.

49 EuGH 22.01.2002, C-218/00, Rn. 34 ff.; EuGH 05.03.2009, C-350/07, Rn. 38.

50 EuGH 22.01.2002, C-218/00, Rn. 38 ff.; EuGH 05.03.2009, C-350/07, Rn. 43.

Staatliche Existenzsicherung von Trennungskindern – eine Quadratur des Kreises?

Christine Fuchsloch

Im Juli 2016 wurde zum wiederholten Mal die Grundsicherung für Arbeitsuchende novelliert.[1] Unter dem ausdrücklichen, sogar in den Titel des Gesetzes aufgenommenen Begriff der „Rechtsvereinfachung“ finden sich Regelungen, die insbesondere zu einem einfacheren Verwaltungsvollzug führen sollen. Dazu gehören unter anderem die Verlängerung des Bewilligungszeitraums, neue Regelungen zur Einkommensanrechnung, eine Ausweitung der Leistungen für Studierende und veränderte Verwaltungsvorgaben. Ob der angestrebte Bürokratieabbau tatsächlich eintreten wird, ist mehr als zweifelhaft.[2]

Dennoch ist das Gesetz insofern erfreulich, als es noch viel schlechter hätte kommen können. Denn im letzten Moment sind die geplanten Regelungen zur gesetzlichen Festschreibung und Ausweitung der temporären Bedarfsgemeinschaften[3] von Kindern getrennt lebenden Eltern im parlamentarischen Verfahren gestrichen worden. Es bleibt also beim Schweigen des Gesetzes und reinem Rechtsprechungsrecht zur Existenzsicherung von Kindern im SGB II-Bezug. Dadurch bleibt Raum für sachgerechtere Lösungsansätze als die vorgeschlagene taggenaue und hochbürokratische Aufteilung des Sozialgeldes für Kinderumgangstage in den jeweiligen Elternhaushalten, korrespondierend mit einer jeweiligen Leistungskürzung. An diesem Gesetzgebungskrimi war Gerhard Igl zwar nicht fachlich beteiligt, aber er hätte ihm gefallen. Ist er doch kein Wissenschaftler im Elfenbeinturm, sondern mischt sich gerne ein und hält mit seiner Meinung auch bei umstrittenen Gesetzesvorhaben nicht hinterm Berg. Die Geschichte der verhinderten gesetzlichen Verfestigung der temp BedG ist vom Gesetzge-

1 Neuntes Gesetz zur Änderung des Zweiten Buches Sozialgesetzbuch – Rechtsvereinfachung vom 26.7.2016 (BedGBl. I 2016, 1824); im Folgenden: 9. SGB II-ÄndG.

2 Vgl. hierzu beispielhaft *Stellungnahme der Personalräte* der Jobcenter vom 24.8.2016; www.harald-thome.de/media/files/9.-ndG_JC-Persor-te-24.08.16.pdf.

3 Im Folgenden: temp BedG.

bungsverfahren her bemerkenswert, die materiellen Probleme und diskutierten Lösungsansätze sind es erst recht.

I. Weshalb ist das Thema brisant?

Das Sachproblem ist schnell beschrieben. Es geht um das Existenzminimum von Kindern in der Grundsicherung, deren Eltern getrennt leben und die tageweise beim einen und anderen Elternteil leben. Wer soll die staatliche Leistung des Sozialgeldes für das (minderjährige) Kind in welcher Höhe erhalten und darüber verfügen können? Sollen die Leistungen im Haushalt der Mutter tageweise oder pauschal gekürzt werden, wenn und soweit sich das Kind umgangsweise oder während der Ferien auch länger beim Vater aufhält? Soll es einen Zuschlag geben? Was ist, wenn nur ein Elternteil hilfebedürftig ist? Wer soll in Streitfällen eine Entscheidung über den Anspruch auf Sozialgeld treffen? Was ist, wenn mehrere Jobcenter betroffen sind?

Diese Fragen sind auch deshalb so heikel, weil die sozialrechtlichen Verteilungsregelungen hier eng mit dem Familienrecht, und zwar dem Unterhaltsrecht, zusammenhängen. Es geht nicht nur um die Grundsicherung von Kindern, sondern auch um Familienmodelle und die finanzielle Teilhabe von Alleinerziehenden (oft sind es die Mütter) und von Umgangsberechtigten (oft sind es die Väter), die durchaus im Widerstreit stehen können. Bei staatlichen Regelungen zum Kindesumgang in der Grundsicherung geht es außerdem um Fragen, die unter den unterschiedlichsten Blickwinkeln wie der Armut von Alleinerziehenden, Sozialisierung von Scheidungsfolgekosten, Chancen(un)gleichheit von Hartz IV-Kindern oder Diskriminierung von Vätern bei Scheidungen diskutiert werden können.

Auch quantitativ ist die sozialrechtliche Absicherung von Kindern in Alleinerziehendenhaushalten und in Patchworkfamilien kein Nischenthema. Statistisch entfallen auf 1.000 Eheschließungen 360 Ehescheidungen. In absoluten Zahlen betrachtet wurden im Jahr 2013 rund 170.000 Ehen geschieden, die Hälfte aller Scheidungen betraf Familien mit minderjährigen Kindern.[4] Daneben stellen nichteheliche Lebensgemeinschaften mit Kindern, bei denen eine Trennung nicht förmlich erfasst wird, eine zuneh-

4 *Statistisches Bundesamt*, Jahrbuch 2015, Tabelle 2.6.9.

mende Familienform dar. Im Bundesländervergleich gibt es dabei erhebliche Unterschiede: In Berlin, Sachsen-Anhalt und Sachsen ist der Anteil der Ehepaare an allen Familien mit minderjährigen Kindern am niedrigsten (jeweils 51 %). In Baden-Württemberg ist ihr Anteil mit 78 % am höchsten.[5] Nichteheliche Lebensgemeinschaften mit Kindern bestehen am häufigsten in Sachsen-Anhalt und Sachsen auf (jeweils 23 % aller Familien), in Rheinland-Pfalz dagegen am seltensten (6 % aller Familien). Die meisten Alleinerziehenden leben in Berlin; hier gibt es fast ein Drittel (32 %) Ein-Eltern-Familien mit minderjährigen Kindern.

Alleinerziehende mit minderjährigen Kindern stellen aber auch im Bundesdurchschnitt eine zunehmende Familienform dar, sie machen inzwischen fast ein Viertel aller Familien mit Kindern aus.[6] Von den deutschlandweit 1,6 Millionen Alleinerziehenden (mit mindestens einem Kind unter 18 Jahren) sind rund 90 % Mütter und 10 % Väter. Da es sich bei den statistischen Erhebungen lediglich um Zeitpunktbetrachtungen handelt, ist die tatsächliche Bedeutung der alleinigen Hauptverantwortung für Kinder im Lebensverlauf jedoch noch höher, d.h. die tatsächliche Zahl der Väter und vor allem Mütter, die innerhalb ihres Lebens mindestens einmal phasenweise alleinerziehend sind, ist deutlich höher als 25 %.[7]

Alleinerziehende sind überproportional von Einkommensarmut betroffen. Rund 40 % der Haushalte von Alleinerziehenden in Deutschland und damit knapp viermal so viel wie der Durchschnitt aller Haushalte beziehen Leistungen nach dem SGB II. Ein-Eltern-Familien besitzen zwar im Vergleich zu anderen Eltern in Paarhaushalten eine hohe Erwerbsneigung und sind bei einem Zusammenleben mit älteren Kindern häufig vollzeiterwerbstätig. Dennoch reicht das Einkommen einschließlich des staatlichen Kindergelds, der privaten Unterhaltszahlungen oder der Leistungen nach dem Unterhaltsvorschussgesetz oft nicht aus, um den Bedarf der ganzen Familie zu decken, weshalb auch ihr Anteil unter Aufstockern[8] besonders hoch ist.[9] Gleichzeitig besitzen die der Existenzsicherung vorgelagerten

---

5 *Statistisches Bundesamt*, Pressemitteilung Nr. 367 vom 20.10.2014; www.destatis.de/DE/PresseService/Presse/Pressemitteilungen/2014/10/PD14_367.

6 *Statistisches Bundesamt*, Jahrbuch 2015, Tabelle 2.6.3.; Hochrechnung für 2014 auf Grundlage des Mikrozensus 2011. Erfasst werden als Familien alle Eltern-Kind-Gemeinschaften einschl. Stief-, Pflege- und Adoptivkindern ohne Altersbegrenzung.

7 Ausf. *IAB Forschungsbericht* 8/2013, S. 11 ff.

8 Also der ergänzende Bezug von Grundsicherungsleistungen zum Erwerbseinkommen.

9 Vgl. *WSI*, Auswertung GenderDatenPortal 2013, Grafik 4.

Sicherungssysteme einen zu kleinen Anwendungsbereich, um für Familien den Bezug von Leistungen des Grundsicherungsrechts bei einem niedrigen Einkommen zu verhindern. Kritikwürdig ist hier vor allem der bürokratisch ausgestaltete Kinderzuschlag, der nur dann greift, wenn innerhalb eines engen Einkommenskorridors Bedürftigkeit nach dem SGB II vermieden wird.

II. Wie sieht die bisherige Lösung der Rechtsprechung aus?

Anlässlich von Streitigkeiten über den Kinderbedarf während der Umgangszeiten beim Vater hat das Bundessozialgericht (BSG) die Konstruktion einer temp BedG für Kinder in Trennungsfamilien entwickelt und ausgeformt. Dies geschah aus der Notwendigkeit heraus, dass im SGB II für jede einzelne Person nur eine Pauschale zur Sicherung des Lebensunterhalts in „seiner BedG" vorgesehen ist und dies in Trennungsfällen zu einer Bedarfsunterdeckung des Kindes während des Umgangs führen kann. Es musste daher eine verfassungskonforme Lösung für einen engen Anwendungsbereich gefunden werden. Die Alternative besteht jedenfalls nicht darin, die Umgangskontakte aus finanziellen Gründen zu minimieren oder gar zu unterlassen, denn das Umgangsrecht des nichtsorgeberechtigten Elternteils hat ebenso wie die elterliche Sorge des anderen Elternteils Verfassungsrang. Ausgangspunkt ist hierbei der Schutz von Art. 6 Abs. 2 Satz 1 GG; die Ausübung dieses Rechts durch den Umgangsberechtigten muss im Falle seiner Hilfebedürftigkeit nach dem SGB II dem Grunde nach mit Mitteln der Existenzsicherung ermöglicht werden.[10]

> Wichtig ist, dass die höchstrichterlich entschiedenen Fallkonstellationen den Mangelfall zum Gegenstand hatten, in dem im Haushalt des Umgangsberechtigten das Existenzminimum des Kindes nicht gedeckt werden konnte. Bezog der umgangsberechtigte Vater Grundsicherungsleistungen, so konnte er zwar zumindest nach einer ausdrücklichen Entscheidung des Bundesverfassungsgerichts (BVerfG) und einer darauf folgenden Gesetzesnovelle[11] Leistungen für seine eigenen Fahrtkosten als Umgangskosten im Rahmen der Härtefallklausel erhalten. Das Jobcenter gewährte jedoch keine Mittel für das physische Existenzminimum des Kindes während der Umgangszeit. War der kindliche Bedarf – so die Argumentation der Behörden – doch schon im Haushalt des

---

10 Vgl zur früheren Sozialhilfe: BVerfG 25.10.1994, NJW 1995, 1342.

11 BVerfG 9.2. 2010, NJW 2010, 505; Einfügung von § 21 Abs. 6 SGB II durch Gesetz vom 27.5.2010 (BGBl. I 2010, 671).

> anderen Elternteils vollständig gedeckt. Die Sozialgerichte hatten in diesen Fallgestaltungen zunächst versucht, eine Art Mehrbedarf aus der Sozialhilfe[12] für die Kosten anzunehmen, die durch den Aufenthalt des Kindes und die Kosten des Umgangs entstehen. Das BSG sah darin eine dem anzuwendenden Gesetz und den klaren Motiven des Gesetzgebers widersprechende unzulässige Erhöhung des Regelsatzes für Kinder. Um das Problem des Mangels dennoch zu lösen, hat das BSG einen Anspruch des Kindes auf Sozialgeld für die während der Umgangszeiten bestehende »zeitweise BedG« im Haushalt des Umgangsberechtigten entwickelt. Es ist im Gesetzgebungsverfahren zum 9. SGB II-ÄndG zu Recht darauf hingewiesen worden, dass es falsch ist, wenn der Eindruck vermittelt wird, die Rechtsprechung fordere eine tageweise bescheidmäßige Aufteilung des Sozialgeldes der Kinder für alle Fälle von Patchworkfamilien. Ausdrücklich betont das BSG in der zentralen Entscheidung aus dem Jahr 2006: »*Es ist zudem aber auch nicht Aufgabe des SGB II, bis in jede Einzelheit für eine Verteilung der für das Existenzminimum der einzelnen Personen notwendigen Gelder zwischen allen Beteiligten zu sorgen. Der Gesetzgeber darf vielmehr typisierend davon ausgehen, dass Zuordnungsprobleme innerhalb familienhafter Beziehungen von den betroffenen Personen im Rahmen bestehender Bedarfsgemeinschaften gemeistert werden. Dabei darf er auch einen gegenseitigen Willen, füreinander einzustehen, voraussetzen, der über bestehende Unterhaltspflichten hinausgeht. Dies gilt insbesondere bei fortbestehenden Sorgerechtsbeziehungen zwischen geschiedenen Ehegatten.*“[13]

Erst in jüngeren Entscheidungen hat das BSG bei seiner richterrechtlichen Ausformung der temp BedG auf eine Ausschließlichkeit in zeitlicher Hinsicht abgestellt,[14] gleichzeitig ist im Falle individuell nachgewiesenen Mehrbedarfs auch eine Erhöhungsmöglichkeit nicht ausgeschlossen worden.[15] Die Konsequenz einer Leistungskürzung für die Tage, in denen sich das Kind nicht in der Haupt-BedG aufhält, ist daraus allerdings verwaltungsmäßig nicht gezogen worden. Weder wurde standardmäßig durch die Jobcenter abgefragt, wann sich das Kind beim Umgangsberechtigten oder andern Personen aufhält, noch wurde dies kontrolliert. Erst recht kam niemand auf die Idee, dass eine Leistungskürzung bei dem Alleinerziehendenhaushalt im SGB II-Bezug eintreten könnte, wenn der Umgangsbe-

---

12 Beispielhaft SG Duisburg 20.3.2006 - S 2 (27) AS 97/05, www.justiz.nrw; Nachinstanz BSG 7.11.2006, NZS 2007, 383.

13 BSG 7.11 2006, NZS 2007, 383 - juris Rn. 29.

14 BSG 12.6.2013, SGb 2014, 456 - juris Rn. 21: „Hält sich ein Kind umgangsbedingt wechselnd in zwei Bedarfsgemeinschaften auf, die nicht personenidentisch sind, bestehen zwei Ansprüche auf Leistungen für Regelbedarfe, die unterschiedlich hoch sein können und sich in zeitlicher Hinsicht ausschließen“.

15 BSG 12.6.2013, SGb 2014, 456 - juris Rn. 20.

rechtigte selbst überhaupt keine Leistungen der Grundsicherung erhält. Relevanz hatte die Rechtsprechung also nur für Streitfälle von getrennt lebenden Eltern, die beide im Leistungsbezug standen und sich nicht selbst über die Geldmittel für das Kind verständigen konnten. Hier konnte es zu einer tagegenauen „Spitzabrechnung" der Aufenthaltstage des Kindes beim Sozialgeld durch die jeweiligen Leistungsträger kommen, was zu langen und umständlichen Bescheiden führte. Dass dieses Verfahren wenig verwaltungsfreundlich war, räumte das BSG selbst ein, sah jedoch auf der Grundlage des bisherigen Rechts keinen Ansatz für eine andere richterrechtliche Lösung.

III. Was passierte im parlamentarischen Verfahren?

Der Gesetzgeber hat es bisher nicht geschafft, eine adäquate Regelung für die Existenzsicherung von Trennungskindern zu finden. Der gescheiterte Versuch eines abgekürzten Gesetzgebungsverfahrens im Rahmen des 9. SGB II-ÄndG war der Tragweite der Probleme nicht angemessen. Grundsätzlich werden Gesetzesvorlagen unter anderem durch die Bundesregierung nach einer internen Ressortabstimmung und nach einer Stellungnahme des Bundesrats in den Bundestag eingebracht.[16] Im Idealfall haben alle Beteiligten genügend Zeit, sich fachlich mit den einzelnen Vorschlägen zu beschäftigen. Im Parlament erfolgt dann die inhaltliche Befassung in den Ausschüssen und es finden bei bedeutenden Gesetzesänderungen Sachverständigenanhörungen statt, die oft durch öffentlichen Diskussionen begleitet werden. Erst dann wird ein Gesetz in 2. und 3. Lesung durch den Bundestag beschlossen. Durch dieses gestufte Verfahren wird eine fundierte und differenzierte Meinungsbildung der Öffentlichkeit und vor allem des Parlaments ermöglicht.

Manchmal wird dieser Prozess jedoch drastisch abgekürzt. Erst im letzten denkbaren Moment des Gesetzgebungsverfahrens werden wirklich brisante Änderungen eingebracht. Das Zauberwort hierfür lautet „*Formulierungshilfe*".

Betrachtet man die parlamentarischen und vorparlamentarischen Unterlagen zum 9. SGB II-ÄndG, findet sich zum kritischen und vieldiskutierten Punkt der temp BedG nichts beziehungsweise nichts Erhellendes.

---

16 Vgl. Art. 76 GG.

Zwar sollte zunächst nach einem ersten Referentenentwurf des Bundesministeriums für Arbeit und Soziales (BMSA) das Sozialgeld bei Trennungskindern zwischen den Eltern halbiert werden, wenn eine nach der Begründung großzügig zu verstehende annähend gleiche Sorgeverantwortung vorliegt. In dem maßgeblichen Referentenentwurf des BMAS zum 9. SGB II ÄndG vom 2. Dezember 2015 und vor allem in der vom Kabinett verabschiedeten Fassung des Gesetzentwurfs vom 3. Februar 2016 finden sich jedoch weder diese noch andere Regelungen zur Sozialgeldteilung von Trennungskindern. Auch der dem Bundesrat vorgelegte und der nach dessen Stellungnahme[17] in den Bundestag eingebrachte Gesetzentwurf[18] enthält keinen Vorschlag zur Neuregelung des Sozialgeldanspruchs von Kindern mit Umgangsrecht zum getrennt lebenden Elternteil. Im parlamentarischen Verfahren lud der federführende Ausschuss für Arbeit und Soziales zu einer öffentlichen Sachverständigenanhörung zu dem Gesetzentwurf der Bundesregierung,[19] dem Antrag der Fraktion DIE LINKE[20] und dem Antrag der Fraktion BÜNDNIS 90/DIE GRÜNEN[21] ein. In keiner dieser Drucksachen wird eine Sozialgeldteilung vorgeschlagen oder auch nur erwähnt. Dennoch haben die meisten der angeforderten und der ohne Aufforderung eingereichten Stellungnahmen (vorsorglich) auf eine denkbare Neuregelung Bezug genommen und diese z. T. scharf kritisiert. [22] Hintergrund war, dass parallel zum parlamentarischen Verfahren im BMAS ein weiterer Vorschlag zur temp BedG mit einer entsprechenden Verbändeanhörung[23] im März 2016 vorbereitet wurde. Konkret war die gesetzliche Einführung zweier fiktiver BedG mit einer expliziten Kürzungsregelung für die Tage vorgesehen, an denen sich das Kind nicht im jeweiligen Elternhaushalt aufhält. Am 30. Mai 2016, also am Tag der Anhörung des zuständigen Bundestags-Ausschusses zum 9. SGB II-ÄndG, stand das Thema Leistungskürzungen für Alleinerziehende im Mittelpunkt der medialen Aufmerksamkeit, obwohl formal diese Änderung noch gar

17 BR-Dr. 66/16.
18 BT-Dr. 18/8041.
19 BT-Dr. 18/8041.
20 BT-Dr. 18/8076.
21 BT-Dr. 18/8077.
22 Vgl die sehr transparente und umfassende Zusammenstellung der Ausschussdrucksache 18(11)647 vom 26.5.2016 auf der homepage des Bundestages.
23 Beispielhaft Stellungnahme des Juristinnenbundes zur gesetzlichen Verankerung einer fiktiven BedG anlässlich der Verbändeanhörung durch das BMAS vom 31. März 2016; www.djb.de/Kom/K4/st16-06/.

nicht eingebracht war. Zu verdanken war diese Aufmerksamkeit zunächst einer breit angelegten Kampagne von 16 Verbänden,[24] die in einem gemeinsamen Brief am Tag der Sachverständigenanhörung öffentlichkeitswirksam eine Umgangspauschale für Kinder getrennter Eltern statt Leistungskürzungen bei Alleinerziehenden forderte.[25] Außerdem übergab eine ehemalige Alleinerziehende[26] medienwirksam der Ausschussvorsitzenden Kerstin Griese und den anderen Ausschussvertretern der Fraktionen über 39.000 Unterschriften, die sie gegen eine gesetzliche Verankerung von Kürzungsregelungen bei Umgangstagen gesammelt hatte. Es ist wahrscheinlich in erster Linie dieser öffentlichen Aufmerksamkeit zu verdanken, dass im weiteren Verlauf fraktionsübergreifend von den internen Vorschlägen Abstand genommen wurde. Darüber berichtete das Parlament im Juni 2016 wie folgt:

> *„Zurückgenommen wurden Änderungen für Alleinerziehende, die Leistungen nach dem SGB II erhalten. Hier war ursprünglich vorgesehen, dass der Regelsatz des minderjährigen Kindes, das sich wechselweise in beiden Haushalten der getrennt lebenden Eltern aufhält, entsprechend der Anwesenheitstage im jeweiligen Haushalt aufgeteilt wird."*[27]

Aus meiner Sicht gibt es aus diesem Verfahren zwei Lehren. Erstens: Die parlamentarische Demokratie funktioniert gut und es ist keineswegs ehrenrührig, im parlamentarischen Verfahren von einer wenig durchdachten Neuregelung Abstand zu nehmen. Zweitens: Gesetzliche Neuregelungen, die kritische, schwierige und gesellschaftlich bedeutsame Themen betreffen, müssen in einem sorgfältigen parlamentarischen Verfahren vollständig und transparent behandelt werden. Formulierungshilfen, die erst in einem späteren Gesetzgebungsverfahren diskret eingefügt werden, sind dafür ungeeignet. Sie können nicht nur die Parlamentarier in den Ausschüssen in unangenehme und unangemessene Situationen bringen, sie schüren vor allem das Misstrauen der Öffentlichkeit.

---

24 Vom Verband alleinerziehender Mütter und Väter und bis zur Evangelischen Arbeitsgemeinschaft Familie und dem Familienbund der Katholiken.

25 „Kann ich mir Umgang mit dem Vater leisten?" Verbände fordern Umgangspauschale für Kinder statt Leistungskürzungen bei Alleinerziehenden, exemplarisch unter www.vamv.de oder www.djb.de/Kom/K4/pm16-13.

26 *Petri-Satter* http://www.lokalkompass.de/muelheim/politik/petitionen-und-was-sie-bewirken-teil-3-d663542.

27 „heute im bundestag" am 22.6.2016.

IV. Wie sind die bisherigen Vorschläge zu einer gesetzlichen Neureglung zu bewerten?

1. Teilung des Auszahlungsanspruchs

Den ersten Vorschlag zur gesetzlichen Verankerung der temp BedG hat die Bund-Länderarbeitsgruppe zur Rechtsvereinfachung[28] im Jahr 2014 entwickelt. Danach sollte ein Kind künftig nur einer Haupt-BedG zugeordnet werden und – bei Nichteinigung der getrennt lebenden Eltern über die Aufteilung des Sozialgeldes – dem umgangsberechtigten Elternteil ein Auszahlungsanspruch zugebilligt werden, wodurch Änderungsbescheide überflüssig werde sollten.[29] Der Vorschlag hatte mehrere Schwachstellen. Unklar war, gegen wen sich der Auszahlungsanspruch richten soll und wo Einwendungen zu prüfen sind. Außerdem können die konkreten Geldleistungen für das Kind vor allem wegen der Anrechnung des elterlichen Einkommens in den BedG unterschiedlich hoch sein. Schließlich wäre das Verwaltungsverfahren zur temp BedG in das bisher unkomplizierte Auszahlungsverfahren verlagert worden und dies ohne Zuwachs an Klarheit. Zu Recht ist dieser Vorschlag nicht weiterverfolgt worden.

2. Fiktive Bedarfsgemeinschaften mit tageweiser Leistungskürzung

Ein weiterer ausgearbeiteter Entwurf zur Neuregelung der temp BedG wurde vom BMAS im März 2016 vorgelegt. Kern des Vorschlags war die Einführung zweier fiktiver BedG des Kindes mit beiden Elternteilen. Gleichzeitig sollte der kindliche Sozialgeldanspruch auf maximal 30 Tage insgesamt begrenzt werden. Statt einer exakten kalendarischen Zuordnung sollte nur die Gesamtzahl der tatsächlichen Aufenthaltstage des Kindes beim jeweiligen Elternteil pro Monat ermittelt werden. Die Verwaltungsvereinfachung sollte darin bestehen, dass ein Neubescheid nur noch nötig sei, wenn sich die Anzahl der Anwesenheitstage, nicht jedoch das Datum ändere.

---

28 Es handelte sich um eine durch die Konferenz der Arbeits- und Sozialminister (ASMK) eingesetzte Arbeitsgruppe, die Vorschläge aus der Praxis zur Rechtsvereinfachung aufgreifen, prüfen und anstoßen sollte.

29 Schlussbericht der Bund-Länder-Arbeitsgruppe zur Vereinfachung des passiven Leistungsrechts SGB II vom 2.7.2014, Anlage Nr. 23.

Eine fingierte Zugehörigkeit des minderjährigen Kindes zu zwei BedG wäre ein dogmatischer Fremdkörper im System der BedG. Dies zeigt sich auch an den schwierigen Antragsrechten für einmalige Leistungen. Die Verwaltungsvereinfachung des Vorschlags wäre minimal gewesen, da sich schon bei den weitverbreiteten Wochenendumgängen je nach kalendarischer Zuordnung die Anzahl der Tage pro Monat ändert.[30] Da Anspruch auf Leistungen für jeden Kalendertag besteht, müsste den Bescheiden der Jobcenter zudem entnommen werden können, an welchen Tagen sich das Kind wo aufgehalten hat und zwar nach einem Verständigungsverfahren der örtlich unterschiedlichen zuständigen Träger. Zu Recht wurde die Befürchtung geäußert, dass es bei Umsetzung des Vorschlags nicht weniger, sondern noch mehr Bescheide gegeben hätte, zumal gleichzeitig regelhaft eine zunächst vorläufige Entscheidung über die Erbringung der Leistungen angeordnet wurde.[31]

3. Zwingende Kürzung des Sozialgeldes in der Hauptbedarfsgemeinschaft

Trotz der Kritik hielt das BMAS mit leichten Korrekturen an dem Konzept der fiktiven BedG fest und konkretisierte die Kürzung für die jeweiligen Tage,[32] an denen sich das Kind in der anderen fiktiven BedG aufhält.

Zentraler Kritikpunkt in der Öffentlichkeit war, dass überhaupt eine Leistungskürzung in den Haushalten von Alleinerziehenden in der Grundsicherung wegen des Umgangs zum anderen Elternteil erfolgen soll. Der Änderungsantrag zementiere so nicht nur eine in der Rechtsprechung entwickelte Notlösung des BSG für bestimmte Mangelfälle, die Konstruktion werde auch noch zum Nachteil der Leistungsberechtigten ausgeweitet. Beanstandet wurde, dass künftig sogar dann eine Kürzung im Haushalt der Alleinerziehenden für die Umgangszeiten erfolgen muss, wenn beim Umgangsberechtigten gar kein Leistungsanspruch nach SGB II besteht.[33]

---

30 Es macht z. B. bei einem 14tägigen Wochenendumgang einen Unterschied, ob kalendarisch zufällig in den Monat fünf Wochenenden – wie im November 2017 – oder vier Wochenenden – wie im Oktober 2017 – fallen, ganz zu schweigen von Feiertagen und Ferien.

31 So der schließlich auch zum Gesetz gewordene § 41a SGB II; bisher war ein Ermessen hinsichtlich der Vorläufigkeit eröffnet (§ 40 SGB II iVm § 328 SGB III).

32 Maßgeblich war der Tagesbeginn, angeknüpft wurde also an die Übernachtung.

33 Vgl. Hintergrundpapier des djb: Sind die Gründe für die Einführung einer zeitgleichen Bedarfsgemeinschaft im Haushalt des umgangsberechtigten Elternteils und

Zwar gab es - höchstrichterlich akzeptiert - auch bisher schon in einzelnen Mangelfällen beim SGB II-Leistungsbezug beider Elternteile eine Kürzung des Sozialgelds der Kinder für Umgangstage. Diese „Spitzabrechnung“ hatte praktische Bedeutung jedoch nur in Streitfällen. Die Neuregelung hätte zu einer Verschlechterung insbesondere für Alleinerziehende geführt, da es keine Verwaltungspraxis gab, nach der die Jobcenter das Sozialgeld in Ein-Eltern-Familien generell entsprechend der Umgangszeiten gekürzt haben. Leistungen wurden bisher jedenfalls dann nicht gekürzt, wenn der andere Elternteil nicht im Leistungsbezug stand. Mit der gesetzlichen Verankerung der vorgeschlagenen Regelungen und der ausnahmslosen fiktiven Zuordnung eines Kindes zu zwei BedG hätte zukünftig jedoch die Verwaltung das Gesetz umsetzen müssen, was vor allem Alleinerziehende schlechter gestellt hätte.

V. Mehrbedarf als sachgerechte Alternative

1. Ausgestaltung

Es gibt Alternativmodelle zur temp BedG für den Bedarf von Trennungskindern, die bedarfsgerechter und unbürokratischer sind. Seit Anfang 2015 existiert der Vorschlag eines pauschalen Mehrbedarfs für die Existenzsicherung des Kindes während des Umgangs, der sogenannte Umgangsmehrbedarf als systemkonforme Lösung innerhalb des Grundsicherungsrechts.[34] Nachgebildet ist der Vorschlag anderen Zuschlägen im SGB II, die spezifische pauschalierungsfähige Mehrbedarfe erfassen. Dazu gehören Zuschläge für Alleinerziehende, der Mehrbedarf für Schwangere, für Menschen mit Behinderungen und Zuschläge für besonders kostenaufwändige Ernährung.[35] Grundgedanke ist jeweils, dass bestimmte typisierte Bedarfe vom Regelbedarf nicht erfasst werden und dieser Mehrbedarf durch einen pauschalen Zuschlag befriedigt wird. Auch durch das Leben in zwei Haushalten entsteht für ein Kind ein Zusatzbedarf im Haushalt des Umgangsberechtigten, der schon wegen der Fixkosten nicht den Einsparungen entspricht, die im Haushalt des Hauptverantwortlichen auftreten können.

---

die Leistungskürzung im Haushalt des alleinerziehenden Elternteils stichhaltig? vom 25.5.2016.

34 Vgl. *Dern/Fuchsloch*, SozSich 2015, 269-274.

35 § 21 Abs. 2 bis 5 SGB II.

Durch einen Umgangsmehrbedarf könnten die Mehrkosten im Haus des Umgangsberechtigten kompensiert und so das Existenzminimum des Kindes in beiden Elternhaushalten sichergestellt werden. Methodisch denkbar wäre ein Zuschlag für das minderjährige Kind, der an den umgangsberechtigten Elternteil ausgezahlt würde. Besonders unbürokratisch wäre es, den Mehrbedarf als Anspruch des umgangsberechtigten Elternteils auszugestalten. Da es ohnehin auf die wirtschaftliche Situation des Umgangsberechtigten ankommt, wäre eine solche Konzeption zielgenau und könnte auch im Übrigen die Situation im Haushalt des Umgangsberechtigten[36] erfassen.

Bei der Ausgestaltung des Zuschlags ist eine große Bandbreite zwischen einfacher Pauschalierung als Festbetrag und differenzierenden Pauschalen je nach Alter des Kindes denkbar. Die Ziele der konkreten Bedarfsdeckung einerseits und der Planbarkeit und Verwaltungsvereinfachung andererseits stehen dabei in einem gewissen strukturellen Widerspruch. Da der Bedarf von Kindern je nach Altersstufen unterschiedlich ist, was die letzte statistisch ausdifferenzierte Erhebung zu den Regelsätzen wieder einmal nachdrücklich gezeigt hat, dürfte viel für eine altersbezogene Differenzierung mit dynamischer Anknüpfung an die Kinderregelsätze sprechen. Gemessen an den klassischen Umgangskontakten[37] erscheint ein Mehrbedarf in Höhe von 20 Prozent des Sozialgeldsatzes des Kindes angemessen, was ab 2017 einem Mehrbedarf von rund 60 EUR entsprechen würde.[38]

3. Vorteile eines Mehrbedarfs

Die Vorteile einer solchen Lösung liegen auf der Hand. Da es insgesamt teurer ist, in zwei Familien zu leben als in einer, ist der Mehrbedarf ein geeignetes Instrument zur Bedarfsdeckung. Aus Kindeswohlperspektive spricht viel für eine Trennung der finanziellen Verantwortlichkeiten der Eltern. Für das ohnehin oft angespannte Verhältnis zwischen getrennt lebenden Eltern wäre es entlastend, sich nicht wegen finanzieller Leistungskürzungen über Umgangstage streiten zu müssen. Die gesetzliche Ausge-

---

36 Anzurechnendes Einkommen und Vermögen, die Höhe der Kosten der Unterkunft, ev. abweichende Bedarfe oder Zuschläge.

37 Jedes zweite Wochenende bestimmte Feiertage und die Hälfte der Ferien.

38 Ausführlich zu der Bemessung Dern/Fuchsloch, SGb 2017, 61-68.

staltung eines Mehrbedarfs hat den Vorteil, dass eine Ausweitung des Umgangs durch einen Elternteil nicht zu finanziellen Einbußen in der BedG des anderen Elternteils führt. Fehlanreize werden so vermieden. Im Haushalt des hauptverantwortlichen Elternteils entsteht Planungssicherheit hinsichtlich der Fixkosten und für Einsparungen. Vorteile gibt es auch bei Modellen, in denen die Elternverantwortung tatsächlich paritätisch geteilt wird, weil dem tatsächlich erhöhten Bedarf entsprechend zusätzliche Mittel zur Verfügung stehen. Der Vorteil einer Pauschale besteht zudem darin, dass die Eigenverantwortlichkeit und Flexibilität gefördert werden. Das Modell käme im Vergleich zum aktuellen Zustand auch getrenntlebenden Eltern mit großzügigeren Umgangsregelungen zu Gute, da der erhöhte Bedarf anerkannt würde. Im echten Wechselmodell wäre der Mehrbedarf wie jetzt schon der Alleinerziehendenzuschlag zu teilen. Schließlich wäre die Verwaltung deutlich entlastet, da in Konfliktfällen, bei denen beide Eltern im Leistungsbezug stehen, die bürokratische und streitanfällige taggenaue Spitzabrechnung nach Umgangstagen entfiele. Eine klare gesetzliche Regelung würde zudem den unbefriedigenden Rechtszustand beseitigen, dass in einem wichtigen Bereich sozialer Rechte diese alleine durch Richterrecht ausgeformt sind. Mit einer echten Neukonzeption könnte der Gesetzgeber auch seinem Gestaltungsauftrag für Kinder im Hartz IV-Bezug nachkommen.

Das sozialhilferechtliche Dreiecksverhältnis

Christian Grube

I. Einleitung

Vor 15 Jahren hat Gerhard Igl mich gebeten, einen Vortrag zum Thema „Rechtscharakter der Zuordnung von Hilfeempfängern zu Gruppen für Hilfeempfänger mit vergleichbarem Hilfebedarf" auf einer Fachtagung zu halten.[1] Damals (2002) war die einschlägige Vorschrift, die diese Worte enthielt, der § 93a Abs. 2 Satz 3 BSHG (jetzt in § 76 Abs. 2 Satz 3 SGB XII nahezu wortgleich[2]), noch relativ neu.[3] Von einer gefestigten Rechtspraxis für das Verständnis der Vorschrift konnte noch nicht ausgegangen werden.[4] Die Rechtsprechungsdichte der damals zuständigen Verwaltungsgerichtsbarkeit war relativ niedrig und nicht mit der heutigen Lage vergleichbar, die von einer intensiven Rechtsprechung der Sozialgerichte zum Leistungserbringungsrecht der Sozialhilfe geprägt ist.[5] Die „Hilfebedarfsgruppen" meines damaligen Themas sind bis in die Gegenwart ein wesentlicher Baustein im Leistungserbringungsrecht, das im Rah-

---

1 S. den Abdruck des Vortrags in RsDE 52 (2003), 25 ff.; vgl. ferner den Problemaufriss zu der Tagung von Igl, RsDE 52 (2003) 1 f.

2 Zukünftig nach dem Bundesteilhabegesetz v. 23. 12. 2016, BGBl. I S. 3224: § 125 Abs. 3 Satz 3 SGB IX und § 76 Abs. 2 Satz 3 SGB XII (Art. 13 BTHG).

3 Sie ist am 1. Januar 1999 in Kraft getreten; Art. 17 des Gesetzes zur Reform des Sozialhilferechts vom 23. Juli 1996, BGBl. I S. 1088.

4 Gerhard Igl hat den Übergang vom Kostenerstattungsprinzip zur prospektiven Vergütung von Anfang an wissenschaftlich begleitet, s. etwa sein Gutachten, Einführung leistungsgerechter Entgelte bei der Hilfe in Einrichtungen nach dem Bundessozialhilfegesetz, hrsg. vom Bundesministerium für Gesundheit, 1995.

5 Auch die Rechtsprechung zum Leistungserbringungsrecht der gesetzlichen Pflegeversicherung hat in den letzten Jahren weite Wege zurückgelegt und das Leistungserbringungsrecht der Sozialhilfe durchaus beeinflusst; vgl. etwa BSG, Urt. v. 14. 12. 2000, B 3 P 19/00 R, Urt. v. 29.1.2009, B 3 P 7/08 R; zu den Auswirkungen auf das Leistungserbringungsrecht des SGB XII vgl. nur etwa, Sächsische LSG, Urt. v. 1. 4. 2015, L 8 SO 86/12 KL.

men des sozialhilferechtlichen Dreiecksverhältnisses abläuft.[6] Der Begriff des sozialhilferechtlichen Dreiecksverhältnisses tauchte auch in der Rechtsprechung der Verwaltungsgerichtsbarkeit bereits auf, wenn es um Verfahren der Leistungserbringung ging.[7] Die rechtsdogmatische Deutung des sozialhilferechtlichen Dreiecksverhältnisses, die das Bundessozialgericht heute entwickelt hat[8], unterscheidet sich deutlich von dem, was zuvor herrschende Meinung in der Verwaltungsgerichtsbarkeit war. Dies ist ein eindrucksvoller Beleg dafür, was der Wechsel der Gerichtszuständigkeit von den Verwaltungsgerichten zu den Sozialgerichten für das Sozialhilferecht bewirken kann. Im Folgenden wird das „neue Verständnis" des sozialhilferechtlichen Dreiecksverhältnisses dargestellt und vor allem wird auch auf die daraus folgenden Konsequenzen für die Rechtsbeziehungen in diesem Dreieck eingegangen. Diese Konsequenzen haben große praktische Bedeutung; sie sind kein dogmatisches „Glasperlenspiel", sondern betreffen wichtige Fragen der Rechtsanwendung. So lässt sich etwa die Frage, ob das (neue)[9] Vergaberecht auf Verträge nach § 75 Abs. 3 SGB XII anzuwenden ist, nur entscheiden, wenn zuvor das sozialhilferechtliche Dreiecksverhältnis und seine Rechtsbeziehungen geklärt werden. Ferner hängt die dogmatische Deutung der Rechtsbeziehungen auf den drei Schenkeln des Dreiecks davon ab, wie dieses Geflecht an Rechtsbeziehungen zu erklären ist. Die folgenden Ausführungen beziehen sich ausdrücklich nur auf das Dreiecksverhältnis im Sozialhilferecht.[10]

II. Das sozialhilferechtliche Dreiecksverhältnis

1. Grundlagen

Das sozialhilferechtliche Dreiecksverhältnis beschreibt das Verhältnis von drei Beteiligten an dem Geschehen der Leistungserbringung. Dieses Ver-

---

6 Zur Problematik der Hilfebedarfsgruppen vgl. nur LSG Baden-Württemberg, Urt. v. 17. 2. 2016, L 2 SO 2697/15; SG München, Urt. v. 13. 10. 2015, S 52 SO 98/14.

7 Vgl. VGH Baden-Württemberg, Urt. v. 23. 11. 1988, 6 S 2157/88; BVerwG, Beschl. v. 26. 10. 2004, 5 B 50/04.

8 Durch das Urteil v. 28. 10. 2008, B 8 SO 22/07 R.

9 Vgl. Vergaberechtsmodernisierungsgesetz v. 17. 2. 2016; BGBl. I S. 203 ; dazu etwa Glahs/Rafii, Sozialrecht aktuell 2016, 169.

10 Zu den grundlegenden Veränderungen des Gegenstands von „Sozialhilfe" durch das Bundesteilhabegesetz s. unten unter III.

hältnis wird zumeist in Form eines Dreiecks bildlich dargestellt, wobei es reizvoll wäre, darüber zu spekulieren, ob es ein gleichschenkeliges Dreieck ist, oder andere Formen haben müsste. Auf jeden Fall ist das Dreieck an den Ecken geschlossen, es ist ein echtes Dreieck, bei dem alle Schenkel miteinander im Verhältnis stehen.[11] Kein Schenkel kann isoliert gewürdigt werden; alle drei Schenkel bedingen sich in einer bestimmten Weise.

Das Rechtsverhältnis zwischen dem Sozialhilfeträger und dem Leistungsberechtigten wird als Grundverhältnis bezeichnet. Das Verhältnis zwischen dem Sozialhilfeträger und dem Leistungserbringer ist das Leistungsverschaffungsverhältnis und das Verhältnis zwischen dem Leistungsberechtigten und dem Leistungserbringer wird als Erfüllungsverhältnis bezeichnet. Diese drei Bezeichnungen haben sich eingebürgert[12]; sie sind auch ausreichend aussagekräftig.

Die Geschlossenheit des Dreiecks und die Abhängigkeit aller drei Rechtsverhältnisse voneinander ergibt sich aus den folgenden rechtlichen Umständen: Das Grundverhältnis, in dem die Bewilligung einer Sozialhilfeleistung erfolgt, darf nicht isoliert von den beiden anderen Rechtsverhältnissen beurteilt werden. Der Schenkel „Erfüllungsverhältnis“ kommt vielmehr hinzu, da eine Leistungsverpflichtung des Leistungsträgers nur gegeben ist, wenn im Erfüllungsverhältnis eine zivilrechtliche Verpflichtung des Leistungsberechtigten gegenüber dem Leistungserbringer besteht. Schuldet der Leistungsberechtigte nichts, hat er auch keinen sozialhilferechtlichen Bedarf.[13] Auch der Schenkel „Leistungsverschaffungsverhältnis“ hat hier bereits seine rechtliche Bedeutung. Denn eine Bewilligung für die Hilfe in einer Einrichtung oder durch einen Dienst setzt regelmäßig ferner voraus, dass der Sozialhilfeträger mit dem entsprechenden Leistungserbringer bereits die Vereinbarungen auf der Leistungsverschaffungsseite geschlossen hat.[14] Das Grundverhältnis kann also auch insofern nicht isoliert behandelt werden.

Das Leistungsverschaffungsverhältnis strukturiert die Leistung im Grundverhältnis vor und wirkt sich insofern auf dieses Verhältnis aus. Die

11 Anders für das „unechte“ Dreiecksverhältnis nach § 17 SGB II, Luthe in: Hauck/Noftz, SGB II, § 17 Rn. 90.

12 S. etwa die Beiträge von Pattar, Coseriu und Jaritz, aus den Vorträgen beim 44. Kontaktseminar des Deutschen Sozialrechtsverbandes, 2012, in Kassel, in Sozialrecht aktuell 2012, 85, 99 und 105; dazu auch Eicher, SGb 2013, 127.

13 BSG, Urt. v. 25. 9. 2014, B 8 SO 8/13 R.

14 Ausnahme: § 75 Abs. 4 SGB XII.

Leistungsvereinbarung nach § 75 Abs. 3 SGB XII bezieht sich zwar noch nicht auf einen konkreten Hilfefall, sondern beschreibt allgemein, was der Leistungserbringer zu leisten in der Lage ist. Die Vergütungsvereinbarung bezieht sich spiegelbildlich auf die vereinbarten Leistungen. Das Leistungsverschaffungsverhältnis hat aber im konkreten Leistungsfall auch unmittelbare Auswirkungen auf das Erfüllungsverhältnis, denn nach § 15 Abs. 2 WBVG müssen die zivilrechtlichen Vereinbarungen des Leistungserbringers mit dem Verbraucher, der auf Leistungen der Sozialhilfe angewiesen ist, den Vereinbarungen im Leistungsverschaffungsverhältnis entsprechen.[15] Anders gesagt: Die Vereinbarung im Erfüllungsverhältnis muss sich an dem Leistungsverschaffungsverhältnis ausrichten. Wie man sich im Dreieck auch dreht, ob links oder rechts herum, stets ist der eine Schenkel des Dreiecks vom anderen abhängig oder beeinflusst ihn.

2. Rechtliche Konsequenzen

a) Sachleistungsverschaffung

Das Bundessozialgereicht hat in seiner grundlegenden Entscheidung vom 28 Oktober 2008[16] in dem sozialhilferechtlichen Dreiecksverhältnis ein „Sachleistungsprinzip" gesehen „in der Gestalt einer Sachleistungsverschaffung in einem vorgegebenen gesetzlichen Rahmen, der zwar nicht wie im Recht der Gesetzlichen Krankenversicherung ausgestaltet ist, sich dem aber nähert." Die Leistung des Sozialhilfeträgers ist demnach keine Geldleistung. Dies wurde unter Geltung des Bundessozialhilfegesetzes ganz überwiegend anders gesehen; danach war es eine Geldleistung, mit der der Leistungsberechtigte seine Verpflichtung begleichen sollte. Der Umstand, dass das Geld zumeist direkt an den Leistungserbringer floss, wurde lediglich als Abkürzung des Zahlungsweges gedeutet.[17]

15 Für das zivilrechtliche Verhältnis des Leistungsberechtigten zu einem sozialen Dienst soll sich die Bindung an die Vereinbarungen im Leistungsverschaffungsverhältnis aus § 32 SGB I ergeben, vgl. BSG, Urt. v. 2. 2. 2012, B 8 SO 5/10 R, Rn. 15.

16 B 8 SO 22/07 R.

17 Vgl. BVerwG, Beschl. v. 10. 8. 2007, 5 B 179/06; Beschl. v. 21. 6. 2010, 5 B 48/09.

b) Der direkte Zahlungsanspruch des Leistungserbringers

Der 8. Senat des BSG hat den Sachleistungsverschaffungsanspruch des Leistungsberechtigten auf „Übernahme der Vergütung“ (§ 75 Abs. 3 Satz 1 SGB XII) in Abkehr von der Rechtsprechung des BVerwG als einen Anspruch gedeutet, der darauf gerichtet ist, dass die Schuld des Leistungsberechtigten, die er gegenüber dem Leistungserbringer aus dem zivilrechtlichen Vertrag hat, kumulativ übernommen wird. Diese Schuldübernahme, die durch den bewilligenden Verwaltungsakt erklärt wird, verleiht dem Leistungserbringer einen eigenen Zahlungsanspruch gegenüber dem Sozialhilfeträger. Es handelt sich um einen privatrechtsgestaltenden Verwaltungsakt mit Drittwirkung.[18]

Es war umstritten, in welchem Rechtsweg dieser Anspruch letztlich durchzusetzen ist. Da es um das Verhältnis zwischen dem Leistungserbringer und dem Sozialhilfeträger geht, wurde vielfach angenommen, ein Streit in diesem Rechtsverhältnis sei im Rechtsweg vor den Sozialgerichten auszutragen. Der 8. Senat des BSG[19] weist indes zu Recht darauf hin, dass die Schuldübernahme, durch die der Anspruch des Leistungserbringers erst begründet worden ist, sich auf die zivilrechtliche Schuld des Leistungsberechtigten bezieht und durch die Schuldübernahme die Rechtsnatur dieser Schuld nicht verändert wird. Daher sei der Rechtsweg zu den Zivilgerichten gegeben. Dieser konsequenten Ansicht ist zuzustimmen. Auch der BGH hat sich dem ausdrücklich angeschlossen.[20]

Die Rechtsprechung, wonach der Leistungsberechtigte einen Sachleistungsverschaffungsanspruch besitzt und der Leistungserbringer durch den Schuldbeitritt des Sozialhilfeträgers einen Zahlungsanspruch erhält, ist nicht unbestritten geblieben.[21] Auch die Frage des richtigen Rechtswegs zur Durchsetzung des Zahlungsanspruchs war streitig.[22] Für die Praxis der Gerichte, die sich ausnahmslos dem BSG und dem BGH angeschlossen haben, ist diese Frage allerdings als geklärt zu betrachten.

---

18 So auch der BGH, Urt. v. 31. 3. 2016, III ZR 267/15, Rn. 20.

19 Beschl. v. 18. 3. 2014, B 8 SF 2/13 R; Beschl. v. 30. 9. 2014, B 8 SF 1/14 R.

20 Urt. v. 7. 5. 2015, III ZR 304/14; v. 31. 3. 2016, III ZR 267/15; für eine Klage der Pflegekasse gegen einen Familienentlastenden Dienst ist allerdings der Sozialgerichtsweg gegeben, BSG; Beschl. v. 21. 7. 2016, B 3 SF 1/16 R.

21 S. die heftige Kritik von Ladage, SGb 2013, 553.

22 Vgl. nur Flint, in Grube/Wahrendorf, SGB XII, 5. Aufl., § 75 Rn. 42a, der den Sozialrechtsweg für gegeben erachtet, da das Entgelt maßgeblich vom sozialhilferechtlichen Leistungs- und Leistungserbringungsrecht „geprägt“ sei.

c) Rückforderung bei Aufhebung des Verwaltungsaktes im Grundverhältnis

Der Bewilligungsbescheid nebst der Kostenübernahmeerklärung im Grundverhältnis ist die notwendige Voraussetzung für den Anspruch des Leistungserbringers aus der Schuldübernahme. Da ein Bewilligungsbescheid auch wieder aufgehoben werden kann, weil er sich etwa als rechtwidrig erwiesen hat, stellt sich die Frage, was dies für das rechtliche Schicksal der bereits von dem Sozialhilfeträger an den Leistungserbringer geleisteten Zahlungen bedeutet. Im Erfüllungsverhältnis bleibt der Hilfeempfänger gegenüber dem Leistungserbringer weiterhin in der zivilrechtlichen Zahlungsverpflichtung des Heimentgelts. Im Grundverhältnis wird der Verwaltungsakt nach Maßgabe der §§ 44 ff. SGB X aufgehoben. Der Hilfeempfänger muss die Sachleistung durch Zahlung in Geld erstatten (§ 50 Abs. 1 Satz 2 SGB X). In einem vom OLG Oldenburg[23] und dem BGH[24] entschiedenen Fall hatte der Hilfeempfänger auf Grund einer einstweiligen Anordnung eine Leistung der Eingliederungshilfe zugesprochen erhalten. Im späteren Klageverfahren wurde die Klage des Hilfebedürftigen abgewiesen, woraufhin der Sozialhilfeträger die vorläufige Bewilligung aufhob und von dem Leistungserbringer die Rückzahlung der geleisteten Zahlungen forderte. Das OLG Oldenburg wies die Klage ab und meinte, der Sozialhilfeträger könne nur im Grundverhältnis zum Leistungsberechtigten etwas zurückverlangen. Die Verkoppelung der drei Schenkel des Dreiecks und ihre Abhängigkeit voneinander hat das OLG damit aufgehoben. Der BGH sah dies anders und gab der Klage des Sozialhilfeträgers statt. Der BGH folgt auch in dieser Entscheidung bis ins Detail ausdrücklich der Rechtsprechung des BSG. Folglich geht auch der BGH vom einem Schuldbeitritt aus, der durch den die Leistung bewilligenden Verwaltungsakt mit Drittwirkung begründet worden ist und dessen Wirksamkeit vom Schicksal des Bewilligungsbescheids abhängt. Durch die erfolgte rückwirkende Aufhebung der Sozialhilfebewilligung sei der Rechtsgrund für die an den Leistungserbringer geleisteten Zahlungen nachträglich entfallen (§ 812 Abs. 1 Satz 2 Alt. 1 BGB).

Diese Entscheidung hat die Leistungserbringer erheblich irritiert und verunsichert. Der entschiedene Fall weist allerdings insofern eine Beson-

23 Urt. v. 16. 7. 2015, 14 U 22/15.
24 Urt. v. 31. 3. 2016, III ZR 267/15.

derheit auf, als der Leistungserbringer wusste, dass die Bewilligung auf unsicherem Boden stand, da sie nur auf Grund einer einstweiligen Anordnung zu gesprochen war. Guten Glauben an den Bestand des Bewilligungsbescheids konnte der Leistungserbringer daher nicht begründen. Dies wirkt sich auf den Entreicherungseinwand aus, den der ungerechtfertigte Bereicherte ansonsten geltend machen kann. Trotz der unsicheren Lage hinsichtlich des Bestands des Bewilligungsbescheids hatte der Leistungserbringer aber keine Möglichkeit, sich gegen das Risiko des Zahlungsausfalls abzusichern, denn er darf von einem Sozialhilfeempfänger gemäß § 14 Abs. 4 WBVG keine Sicherheiten im zivilrechtlichen Leistungsverschaffungsverhältnis verlangen, und nach § 76 Abs. 1 Satz 2 SGB XII ist er zur Aufnahme des Leistungsberechtigten verpflichtet.

Die Aufhebung des Bewilligungsbescheids nach den Vorschriften der §§ 44 ff. SGB X muss rechtmäßig erfolgen. Vor allem kommt insoweit etwaiges Vertrauen des Begünstigten zum Tragen. Der begünstigte Sozialhilfebezieher hat aber möglicher Weise kein Interesse daran, den Aufhebungsbescheid anzugreifen, da er seine Leistungen bereits erhalten hat und der Erstattungsforderung nach § 50 Abs. 1 Satz 2 SGB X gelassen entgegensieht. Der Leistungserbringer kann seinerseits den Aufhebungsbescheid nicht angreifen, da er nicht Adressat des Bescheids ist. Selbst ein rechtswidriger Aufhebungsbescheid entfaltet die beschriebene Wirkung, wenn er bestandskräftig geworden ist. Mithin tut sich eine gewisse Machtlosigkeit für den Leistungserbringer auf. Er ist lediglich durch den Entreicherungseinwand (§ 818 Abs. 3 BGB) gegen den Anspruch des Sozialhilfeträgers geschützt. Dieser Einwand setzt aber guten Glauben voraus (§ 819 BGB).

Wie neben der Aufhebung der Bewilligung der Leistung die Aufhebung des Schuldbeitritts erfolgen muss, wird in dem Urteil des BGH nicht näher erläutert. Der Leistungserbringer hat offenbar keine Möglichkeit, sich gegen die Aufhebung des Schuldbeitritts zu wehren, wenn im Grundverhältnis der Bewilligungsbescheid aufgehoben worden ist.

Wer das Risiko der Zahlungsunfähigkeit des Hilfeempfängers tragen muss, bleibt nach dem Urteil des BGH eine weiterhin zu diskutierende Frage. Man könnte einem Leistungserbringer zumuten, dieses Risiko zu tragen, wenn er sich seine Vertragspartner aussuchen könnte und sich Sicherheiten geben lassen dürfte. Beides ist aber nicht der Fall. Es zeigt sich, dass die enge Verklammerung der drei Schenkel des Dreiecks zu Folgeproblemen führt, die nicht bestanden haben, als man dem Leistungserbringer keinen eigenen Zahlungsanspruch gegenüber dem Sozialhilfeträger zugestanden hat und im Grundverhältnis zum Leistungsberechtigten von einem Geldanspruch ausging, mit dessen Hilfe der Leistungsberechtigte seine zivilrechtliche Schuld gegenüber dem Leistungserbringer begleichen konnte. Eine Lösung des Konflikts könnte darin bestehen, die Verklammerung zwischen den Schenkeln des Dreiecks wieder etwas zu lockern und etwa in die Leistungsvereinbarungen einzelvertraglich (oder im Rahmenvertrag) aufzunehmen, dass der Leistungserbringer nicht nach § 812 BGB herangezogen werden kann, wenn der Bewilligungsbescheid aus dem Grundverhältnisses aufgehoben wird.

III. Ausblick: Bundeteilhabegesetz

Das Bundesteilhabegesetz[25] wird das Leistungserbringungsrecht der Sozialhilfe in wesentlichen Punkten verändern. Zuerst ist auf den Umstand hinzuweisen, dass die Eingliederungshilfe nach den heutigen §§ 53 ff. SGB XII ab 2020 nicht mehr zur Sozialhilfe gehört, sondern als Teil 2 des neuen SGB IX[26] ein eigenständiges Leistungssystem wird. Die Bezeichnung „Eingliederungshilfe" ist für Teil 2 des SGB IX zwar beibehalten worden, aber die Eingliederungshilfe ist in diesem Teil abschließend neu geregelt; vor allem ist in Kapitel 8 (§§ 123 ff. SGB IX) das Vertragsrecht normiert. Das Vertragsrecht der Sozialhilfe, das sich ab 2020 im Wesentlichen nur noch auf die Hilfe zur Pflege nach §§ 61 ff. SGB XII beziehen wird, bleibt zwar numerisch in den §§ 75 ff. SGB XII (neu)[27], ist aber in den Grundsätzen den §§ 123 ff. SGB IX angepasst. Man wird es ab 2020 mit zwei Vertragsrechten zu tun haben, wobei derzeit offen ist, wen die Länder als Träger der Eingliederungshilfe bestimmen (§ 94 Abs. 1 SGB IX). Offen ist auch, ob die Schiedsstelle nach § 81 SGB XII (neu) mit der Schiedsstelle für die Eingliederungshilfe (§ 133 SGB IX) identisch sein wird.

Was das sozialhilferechtliche Dreiecksverhältnis bzw. das (zukünftige) eingliederungshilferechtliche Dreiecksverhältnis angeht, soll nur auf drei Veränderungen durch das neue Recht eingegangen werden.

---

25 Vom 23. 12. 2016, BGBl. I S. 3234.

26 Das SGB IX wird im Folgenden immer in der Fassung des BTHG zitiert.

27 Aufgrund Art. 13 BTHG.

1. Zahlungsanspruch des Leistungserbringers

Die eine Veränderung betrifft den Zahlungsanspruch des Leistungserbringers aus der Schuldübernahme des Leistungsträgers. In § 123 Abs. 6 SGB IX und in § 75 Abs. 6 SGB XII (neu) lautet es insoweit übereinstimmend: „Der Leistungserbringer hat gegen den Träger der Eingliederungshilfe (bzw. Sozialhilfe) einen Anspruch auf Vergütung der gegenüber dem Leistungsberechtigten erbrachten Leistungen (der Eingliederungshilfe)."

Man könnte meinen, dass mit dieser Ergänzung der Vorschrift nur klargestellt werden sollte, was das BSG schon entschieden hat, wobei allerdings die Worte „erbrachte Leistungen" auf einen tatsächlichen Umstand hindeuten und auch nicht sicher ist, wer die Leistungen erbracht haben muss. Was dazu in der Gesetzesbegründung[28] zu lesen ist, ist aber einigermaßen verblüffend und verwirrend. In der Begründung wird ausgeführt, dass im sozialhilferechtlichen Dreiecksverhältnis mit den dabei bestehenden Rechtsbeziehungen der Leistungserbringer nach bisher geltender Rechtslage keinen unmittelbaren Zahlungsanspruch gegen den Leistungsträger habe. Erst die Leistungsbewilligung nebst Schuldbeitritt führe nach der Rechtsprechung des BSG zu einem Zahlungsanspruch des Leistungserbringers. Die Begründung weist dann darauf hin, dass auch schon vor der Entscheidung des BSG zum Schuldbeitritt die Zahlung des Leistungsträgers aus Praktikabilitätsgründen unmittelbar an den Leitungserbringer gegangen sei. Dies solle nun rechtlich widergespiegelt werden, und zwar durch den zitierten Absatz 6, wonach der Leistungserbringer einen unmittelbaren Zahlungsanspruch erlange. Dann heißt es unvermittelt und ohne nähere Begründung, dass der Zahlungsanspruch öffentlich-rechtlicher Natur sei, so dass der Rechtsweg zu den Sozialgerichten führe. Der Zahlungsanspruch umfasse nur die vom Träger der Eingliederungshilfe zu erbringenden[29] Leistungen.

Der Bundesrat[30] hielt die gesamte Regelung für überflüssig, da über die Rechtsfigur des Schuldbeitritts ein unmittelbarer Zahlungsanspruch bereits jetzt gegeben sei. Aufschlussreich ist, was die Bundesregierung dazu in

28 BT-Drs. 18/9522, S. 294.

29 Die Worte „zu erbringende Leistungen" dürften falsch sein, denn der Zahlungsanspruch des Leistungserbringers entsteht erst, wenn ein zivilrechtlicher Anspruch gegenüber dem Hilfeempfänger begründet ist.

30 BT-Drs. 18/9954, S. 26, zu Ziff. 46.

ihrer Gegenäußerung[31] ausführt: Es bedürfe dieser Regelung, „damit nicht erst durch die Annahme eines Schuldbeitritts ein unmittelbarer Zahlungsanspruch des Leistungserbringers abgeleitet werden muss.“

Damit wäre alles Frühere auf den Kopf gestellt. Ein öffentlich-rechtlicher Zahlungsanspruch ohne Notwendigkeit eines Schuldbeitritts könnte nur aus dem Leistungsverschaffungsverhältnis herrühren. Das Leistungsverschaffungsverhältnis kann aber keine individuellen Zahlungsansprüche begründen, denn es betrifft nur abstrakt mögliche Leistungen, die erst noch im Grundverhältnis bewilligt werden müssen. Was mit dem Wort „unmittelbar“ gemeint ist, ist unklar; vermutlich ein Zahlungsanspruch, der nicht auf einer Schuldübernahme beruht, nicht durch sie vermittelt wird, sondern als eine Art Gegenleistung aus der Vergütungsvereinbarung erscheint.

Dadurch würde das Leistungsverschaffungsverhältnis, also der Schenkel des Dreiecks zwischen Leistungsträger und Leistungserbringer, eine andere Bedeutung erlangen, die sich auch auf die Vorschrift über die Kürzung der Vergütung auswirken könnte, da in der Kürzungs-Vorschrift (§ 129 SGB IX) von vertraglichen Verpflichtungen des Leistungserbringers die Rede ist, und bisher aus einer Leistungsvereinbarung keine schuldrechtsähnliche Verpflichtung des Leistungserbringers abgeleitet wurde. [32]

2. Wirtschaftlichkeitsprüfung, Vergütungskürzung

Die zweite Veränderung betrifft den Wegfall der heutigen Prüfungsvereinbarung nach § 75 Abs. 3 Nr. 3 SGB XII, die durch eine Prüfung durch den Leistungsträger abgelöst wird (§ 128 SGB IX; § 78 SGB XII – neu). Es findet ein Übergang von einem kooperativen Geschehen zu einem hoheitlichen Eingriff statt. Geprüft werden kann auch jetzt schon, aber die Kürzungsmöglichkeit ist neu. Sie ist erkennbar dem § 115 Abs. 3 SGB XI nachgebildet worden und enthält damit dieselben Rechtsprobleme, die das BSG[33] bezüglich dieser Vorschrift gesehen hat. Dabei ist die Kürzungsvorschrift noch unbestimmter gefasst als § 115 Abs. 3 SGB XI, da nicht so genau geregelt ist, was die gesetzlichen und vertraglichen Verpflichtungen

31 BT-Drs. 18/9954, S. 67, zu Ziff. 46.

32 Ausführlich dazu Bay. LSG, Urt. v. 4. 2. 2016, L 18 SO 89/14.

33 Urt. v. 12. 9. 2012, B 3 P 5/11 R.

sind, an die die Kürzung ansetzt. Im SGB XI ist dies in § 84 Abs. 5 und 6 genauer geregelt worden.

Die Schiedsstellen nach § 133 BTHG (jetzt § 80 SGB XII) werden eine neue Zuständigkeit erhalten, weil sie über den Kürzungsbetrag entscheiden müssen, wenn insoweit keine Einigung zwischen den Vertragsparteien zustande kommt.

3. Rahmenverträge

Die dritte Veränderung betriff die Rahmenverträge (§ 131 SGB IX, § 80 SGB XII – neu), wobei nur die Regelung in den Blick genommen werden soll, die nur für das Vertragsrecht der Eingliederungshilfe, aber nicht für die verbleibende Sozialhilfe gilt. Es ist die Regelung in § 131 Abs. 1 Satz 2 Nr. 3 SGB IX, wonach der Rahmenvertrag „die Höhe der Leistungspauschale nach § 125 Abs. 3 Satz 1 (bestimmt).“ In § 125 Abs. 3 Satz 1 SGB IX heißt es, dass „mit der Vergütungsvereinbarung …Leistungspauschalen …festgelegt (werden).“ Nach dieser Regelung werden die Leistungspauschalen aber zwischen den Vertragsparteien „vereinbart“; eine Bestimmung der Pauschalen durch einen Rahmenvertrag steht dem entgegen. Sollte ein Rahmenvertrag dennoch die „Höhe“ von Leistungspauschalen „bestimmen“, wäre dies ein Eingriff in das Vertragsrecht, der besonderer gesetzlicher Rechtfertigung bedürfte, die bisher nicht ersichtlich ist.

Fazit

Die Zukunft des Leistungserbringungsrechts der Eingliederungshilfe ist mit einigen Unsicherheiten belastet. Es wird abzuwarten sein, wie die Rechtsprechung, die sich u. a. mit dem Zahlungsanspruch des Leistungserbringers, der Kürzung von Vergütungen und der Verbindlichkeit von Rahmenverträgen wird befassen müssen, auf das neue Recht reagiert. Daher bleibt das Leistungserbringungsrecht in mancher Hinsicht auch weiterhin „ein Buch mit sieben Siegeln.“[34]

---

34 So Gerhard Igl, in: Igl/Welti, Gesundheitsrecht, 2012, S. 46, Rn. 143.

Sozialpartnerschaft und soziale Selbstverwaltung – bewährt und reformbedürftig[1]

Karl-Heinz Köpke

1 Vorbemerkungen

Deutschland ist ein demokratischer und sozialer Bundesstaat. Dieses grundgesetzliche Primat wird durch Sozialgesetze ausgefüllt, zuvorderst durch das Sozialgesetzbuch (SGB) Erstes Buch (I) – Allgemeiner Teil – vom 11. Dezember 1975. Sein Auftrag ist es, *„zur Verwirklichung sozialer Gerechtigkeit und sozialer Sicherheit Sozialleistungen einschließlich sozialer und erzieherischer Hilfen zu gestalten"*. Die Erfüllung dieser Aufgaben ist in den weiteren Büchern des Sozialgesetzbuchs – SGB II bis SGB XII – geregelt; sie entstanden in den Folgejahren bis 2003.

Die Ausführung dieser Gesetze obliegt den Sozialversicherungsträgern als rechtsfähigen Körperschaften des öffentlichen Rechts mit Selbstverwaltung. Dies geschieht durch Versicherte und Arbeitgeber in eigener Verantwortung.

Dieses Verfahren besteht seit über hundert Jahren. Es hat durch alle gesellschaftlichen und politischen Turbulenzen hindurch, abgesehen von den Jahren 1933 bis 1945 und der Zeit der DDR, Bestand gehabt. Seine Akteure haben das soziale Bild von Staat und Gesellschaft geprägt.

2 Soziale Selbstverwaltung und Sozialpartnerschaft

Der Sinn sozialer Selbstverwaltung ist es, die Interessen von Versicherten und Arbeitgebern mit der Verwaltung zu verbinden. Auf diese Weise werden der Verwaltung die Bedürfnisse der Versicherten nahegebracht. Dies schafft eine konsensorientierte Grundlage für eine wirkungsvolle, konfliktarme Umsetzung der Sozialgesetze.

---

1 Titel in Anlehnung an eine Kooperationsveranstaltung der Gesellschaft für Sozialen Fortschritt e.V. mit dem Deutschen Gewerkschaftsbund (DGB) und der Bundesvereinigung der Deutschen Arbeitgeberverbände (BDA) am 31. März 2014 in Berlin.

Dieses System erfüllt grundsätzlich seinen Zweck. Es schützt nahezu die gesamte Erwerbsbevölkerung vor Krankheit und Pflegebedürftigkeit, Unfall, Invalidität, Arbeitslosigkeit und für das Alter.

Als Beispiele für die Gestaltungsbereitschaft und -fähigkeit von Versicherten und Arbeitgebern als Selbstverwaltung können aus der jüngeren Zeit die Neuordnung der gesetzlichen Rentenversicherung[2] und die Modernisierung der gesetzlichen Unfallversicherung[3] genannt werden. Es gilt – eingeschränkt – auch für die gesetzliche Krankenversicherung[4]. Gemeinsames Handeln von Politik und Sozialpartnern bei der Schaffung eines modernen Rechts behinderter Menschen kann gleichermaßen genannt werden, beginnend mit der Bildung der Bundesarbeitsgemeinschaft für Rehabilitation e.V. (BAR) (1969), dem Reha-Angleichungsgesetz (1974) und dem SGB IX – Rehabilitation und Teilhabe behinderter Menschen (2001) bis zum Bundesteilhabegesetz (BTHG)[5].

Dieses gemeinsame Bemühen um soziale Gerechtigkeit und Sicherheit vollziehen 370.000 hauptamtlich Beschäftigte[6] in mehr als 200 Versicherungsträgern[7] mit nahezu 20.000 Selbstverwaltern[8] in der gesetzlichen Kranken-, Pflege-, Unfall- und Rentenversicherung einschließlich der Arbeitsförderung.

Die soziale Selbstverwaltung ist aber auch entwicklungsbedürftig und -fähig. Darin stimmen Politik und Sozialpartner überein. Wichtigen Aspekten geht eine neuere Studie im Auftrag der Hans-Böckler-Stiftung an

---

2 Gesetz zur Organisationsreform der gesetzlichen Rentenversicherung vom 9. Dezember 2004, BGBl. I, 3242.

3 Gesetz zur Modernisierung der gesetzlichen Unfallversicherung vom 30. Oktober 2008, BGBl. I, 2130.

4 Sie wurde zwar seit 1989 mehrfach reformiert. Dies traf und trifft aber weiterhin wegen teilweise erheblicher Veränderungen (Einführung von Wettbewerb, Beschränkung von Selbstverwaltung u.a.) auf Kritik.

5 Gesetz zur Stärkung der Teilhabe und Selbstbestimmung von Menschen mit Behinderung (Bundesteilhabegesetz – BTHG) vom 23. Dezember 2016, BGBl. I, 3234. In seinen wesentlichen Teilen in Kraft ab 1. Januar 2018. Vgl. dazu auch Abschnitt 4.3.

6 Statistisches Bundesamt, Fachserie 14, Reihe 6, 2012, S. 74.

7 Bundeswahlbeauftragter für die Sozialversicherungswahlen 2011, Schlussbericht 2012 (BWB 2012), S. 19.

8 Eigene Berechnungen nach einschlägigen Materialien (u.a. GVG, BWB 2012, Bundesagentur für Arbeit).

der Universität Kassel nach[9]. Sie nimmt die gesamte Sozialversicherung einschließlich der gesetzlichen Arbeitsförderung in den Blick. Ihre Grundlage bilden Erfahrungen von 24 repräsentativ ausgewählten Versicherten- bzw. Arbeitnehmer- und Arbeitgebervertretern in den Organen der Versicherungsträger[10].

Indes ist nichts so beständig wie der Wandel. Deshalb bleibt die soziale Ausgestaltung der Sozialversicherung, einschließlich ihres Vollzugs, eine ständige Herausforderung für die gesamte Gesellschaft, insbesondere die Mandatsträger der sozialen Selbstverwaltung.

3 Sozialpartnerschaft in der Bewährung

Die Sozialversicherung steht vor großen Herausforderungen. Sie stellen zwar kein sozialrechtliches oder sozialpolitisches Spezifikum dar, können dort aber existentielle Auswirkung haben. Herausfordernd wirken vor allem eine zunehmende „Überjustizialisierung“[11] und Komplexität, wachsende Undurchschaubarkeit der Vollzugs- und Gestaltungsregelungen sowie der Zugangs- und Entscheidungswege. Auch der Abbau von Selbstverwalter-Kompetenzen löst Besorgnis aus. All dies hat bereits die Fach-[12] und die politische[13] Ebene erreicht. So wächst die Gefahr, dass der in einem Versicherten gründende Ursprung für die soziale Sicherung aus dem Blick gerät. Den Versicherten trotzdem sozial und gerecht zu behan-

9 Köpke, K.-H., Welti, F.: Soziale Selbstverwaltung und Rehabilitation – Untersuchung von Optimierungsmöglichkeiten in der Sozialversicherung. Düsseldorf 2017.

10 Die Interviewpartner waren im Durchschnitt 62,5 Jahre alt und 17,5 Jahre als Selbstverwalter tätig.

11 Vgl. Noftz, W.: Blick hinauf im Zorn – Instanzgerichtliche Reaktionen auf revisionsgerichtliche Rechtsprechung, Neue Zeitschrift für Sozialrecht, 1999, S. 57-77.

12 Vgl. z. B. Kretschmer, H.-J.: Der langsame Abschied von der solidarischen Sozialversicherung? Sozialgerichtsbarkeit 2015, 357 f.; Welti. F.: Das Gesetz zur Stärkung der Gesundheitsförderung und der Prävention – was bringt das neue Präventionsgesetz? Gesundheit und Pflege (GuP) 2015, 211-216; Höder, J., Deck, R.: Informationstexte für Rehabilitanden sind schwer verständlich. Rehabilitation 2015; 54; 178-181; Schaeffer, D.: Gesundheitskompetenz in Deutschland, Universität Bielefeld, Mai 2016.

13 Vgl. z. B. Wodarg, W.: Kooperation statt Wettbewerb der Kassen, Soziale Sicherheit 2008, 414 f.; BWB 2012, S. 215 ff., bes. S. 224.

deln erweist sich selbst für engagierte Nichtfachleute des Sozialrechts – und das sind Selbstverwalter – mehr und mehr als schwer umsetzbar.

Bedenklich sind auch Umfang und Gehalt der gesetzlichen Materialien und die wachsenden qualitativen und zeitlichen Anforderungen an Selbstverwalter. Gesetzliche Regelungen müssen nach einer Entscheidung des Bundesverfassungsgerichts (BVerfG) so gefasst sein, *„dass der Betroffene seine Normunterworfenheit und die Rechtslage so konkret erkennen kann, dass er sein Verhalten danach auszurichten vermag“*[14]. So stehen Selbstverwalter in der Pflicht, dies zu erkennen und zu verstehen und daraus angemessene Folgerungen abzuleiten. Ob Selbstverwalter dem (noch) entsprechen können, erscheint zumindest zweifelhaft[15].

Herausforderungen ergeben sich auch daraus, dass die Zahl der Selbstverwalter permanent geringer wird. Der dadurch zunehmende Handlungsaufwand für aktive Selbstverwalter spiegelt sich in ihren Erfahrungsberichten wider. Nicht selten wird nämlich über eine anhaltende Informationsflut bei nicht vermehrbarer Zeit geklagt[16].

Soziale Selbstverwaltung und Politik sollten diese Herausforderungen aufgreifen. Denn beide brauchen weiter ein starkes Fundament. Dann kann eine auf Sozialpartnerschaft gründende soziale Selbstverwaltung auch zukünftig Sicherheit geben.

4 Soziale Selbstverwaltung vor aktuellen Herausforderungen

4.1 Listenträger und Sozialpartner als Gestalter

Verbände von Arbeitnehmern und Arbeitgebern haben im Arbeits- und Wirtschaftsleben über ihre Rolle als Tarifvertragspartei hinaus weitere Funktionen. Sie sind für Parteien und Parlamente Ansprechpartner bei der Gestaltung von Sozialpolitik.

Eine besondere Rolle spielen diese Verbände als Listenträger für die Wahl bzw. Berufung von Mitgliedern in die Entscheidungsorgane. Nach

---

14 Beschluss des Ersten Senats des BVerfG vom 09. April 2003, 1 BvL 1/01 und 1 BvR 1749/01, Rz. 56.

15 Vgl. dazu Kirchhof, F.: Normenflut – Dilemma ohne Ausweg? Kongress Junge Juristen und Wirtschaft, Wandlungen in Technik und Wirtschaft als Herausforderungen des Rechts, Köln 1985, S. 257-267.

16 Wegen Einzelheiten wird insoweit auf die HBS-Studie verwiesen.

dem SGB IV – ähnlich im SGB III – haben sie das Recht, Kandidatenlisten bei den Krankenkassen, Berufsgenossenschaften und Unfallkassen, bei der gesetzlichen Rentenversicherung und der Bundesagentur für Arbeit einzureichen. Die von ihnen aufgestellten Kandidatinnen und Kandidaten werden in Sozialwahlen für sechs Jahre gewählt bzw. berufen.

Die Aufgaben als Listenträger werden vor allem von Gewerkschaften und anderen selbständigen Arbeitnehmervereinigungen[17] sowie Vereinigungen von Arbeitgebern, insbesondere vom Deutschen Gewerkschaftsbund (DGB) mit seinen Mitgliedsgewerkschaften und der Bundesvereinigung der Deutschen Arbeitgeberverbände (BDA) mit ihren zugehörigen Arbeitgeberverbänden wahrgenommen. Sie haben Verfahren entwickelt, nach denen unter Berücksichtigung der in Massenorganisationen vorfindlichen Wege zur Meinungsbildung und Entscheidungsfindung die Gewinnung, Auswahl, Benennung, Betreuung und Schulung von Selbstverwaltern geregelt ist.

Die Listenträger bleiben für die gesamte Wahlperiode Ansprechpartner für die Selbstverwalterinnen bzw. Selbstverwalter und für die Verwaltung der Träger. Daraus ergibt sich ihre Aufgabe, mit dem jeweiligen Versicherungsträger zusammen Selbstverwalter zu betreuen und zu qualifizieren.

Diese strukturellen Gegebenheiten beim Vollzug von Sozialleistungen hat der Bundeswahlbeauftragte für die Sozialversicherungswahlen (BWB) so gefasst: *„Die gesellschaftliche Bedeutung der sozialen Selbstverwaltung darf nicht unterschätzt werden. Sie ist Bestandteil der gelebten Sozialpartnerschaft in unserem Land“*[18].

Diesen Herausforderungen zu begegnen, werden nachfolgend Handlungsfelder aufgezeigt.

4.2 Förderung der Selbstverwaltung durch Listenträger

Listenträger könnten beispielsweise die Rolle einer Selbstverwalterin bzw. eines Selbstverwalters beschreiben. Bereits dies könnte fördernd wirken. Dies wäre auch eine Gelegenheit, die Zusammensetzung der Gremien nach Geschlecht, Alter und regionaler Herkunft zu prüfen und ggf. nach-

---

17 Beispielsweise in der Rentenversicherung bei Ersatzkassen und einigen Betriebskrankenkassen.
18 BWB 2012, S. 213.

zubessern. Ein Hinweis auf eine Selbstverpflichtung zur Teilnahme an Bildungsmaßnahmen könnte hier eine sinnvolle Ergänzung sein[19].

Die Qualifizierung von Selbstverwaltern sollte darin ein eigenständiges Thema sein. Denn sie ist von zentraler Bedeutung. Ähnlich sieht das der BWB[20]. Kritisch äußert er sich allerdings zum Fehlen expliziter gesetzlicher Freistellungsregelungen für die Qualifizierung. Dies führe *„bei den Betroffenen zu Unsicherheit, ob sie die Freistellung [...] mit Erfolg beantragen können.“*[21] Ein solcher Mangel hemmt die Bildungsbereitschaft – eine große, aber lösbare Herausforderung für die Sozialpartner, mittels austarierter Rahmenbedingungen der Qualifizierung von Selbstverwaltern – auch ohne den Bundesgesetzgeber – den Weg zu ebnen.

Dabei können Regelungen anderer Bereiche hilfreich sein. So hat z. B. die Bundesagentur für Arbeit vorgegeben, dass *„den Mitgliedern [...] der Selbstverwaltungsorgane [...] Fortbildungsmaßnahmen anzubieten“*[22] sind. Dies sollten auch andere Träger prüfen.

Ähnliches gibt es im Kredit- und Finanzdienstleistungswesen[23]. Da dieses Feld gleichermaßen auf einer komplexen Rechtsmaterie beruht, könnten dessen Erfahrungen auch für die Sozialversicherung von Nutzen sein – Bildungsurlaubsregelungen in den Bundesländern[24] wären eine weitere Informationsquelle.

Selbstverwaltungsarbeit kann durch sichtbare Anerkennung ihrer Arbeit zusätzlich gefördert werden; ein Feld, das dringend der Aufwertung bedarf, auch um Abwendungstendenzen[25] entgegenzuwirken.

Gemeinsames Handeln dürfte vor allem zu den Themen Gesundheit, Beschäftigungs- bzw. Erwerbsfähigkeit nicht ausgeschöpft sein und sollte

---

19 BWB 2012, S. 23.

20 BWB 2012, S. 23, 173 und 220.

21 BWB 2012, S. 221.

22 Satzung der Bundesagentur für Arbeit i.d.F. vom 08. Februar 2016 Art. 9 Abs. 9.

23 Nach § 25 des Kreditwesengesetzes (KWG) wird von den Kredit- und Finanzinstituten eine Verpflichtung erwartet, *„den Mitgliedern [*in den Aufsichtsgremien*] die Fortbildung zu ermöglichen, die zur Aufrechterhaltung der erforderlichen Sachkunde notwendig ist.“*.

24 Regelungen gibt es mit Ausnahme von Sachsen und Bayern in allen Bundesländern.

25 So etwa Antworten potentieller Selbstverwalter, dort könne man ja doch nichts bewegen.

deshalb weiter vorangetrieben werden. Es wäre nichts Ungewöhnliches[26]. In den Handlungsfeldern nach dem SGB IX bieten sich – aufbereitet in der BAR – zahlreiche weitere Anknüpfungspunkte an. DGB und BDA hatten dies bereits in einem Papier zur Zusammenarbeit der Reha-Träger[27] vermerkt und bis hin zur öffentlichen Anhörung zum BTHG[28] wiederholt dargelegt. Dies spiegeln auch Aussagen von Interviewpartnern. Angeregt wurde dabei im Übrigen auch die Einrichtung einer – gemeinsamen – Bildungsakademie zur Qualifizierung und Stärkung von Selbstverwalterinnen und Selbstverwaltern[29].

Dies alles bietet insbesondere den Listenträgern Chancen, das Wirken von sozialer Selbstverwaltung zu verbessern.

4.3 Unterstützung auf der politischen Ebene

In der Koalitionsvereinbarung von 2013 hatten CDU, CSU und SPD bekundet, die Selbstverwaltung zu stärken. Das 5. und 6. SGB IV-Änderungsgesetz haben dazu nichts Nennenswertes gebracht. Ob das Gesetz zur Stärkung der Handlungsfähigkeit der Selbstverwaltung in den GKV-Spitzenverbänden (GKV-SVSG) dieser Aussage gerechter werden kann, wird sich zeigen müssen[30]. An kritischen Stimmen fehlt es nicht.

Offen ist aus der Koalitionsvereinbarung auch die Zusage, *„Schnittstellen der verschiedenen Sozialgesetzbücher zueinander […] besser mitein-*

---

26 Andere Beispiele sind etwa die Gründung der BAR im Jahre 1969 und – aus jüngerer Zeit - die Stellungnahme zum Sozialwahlbericht 2011 des BWB, eine Veranstaltung von DGB und BDA mit der Gesellschaft für sozialen Fortschritt am 31. März 2014, eine trägerübergreifende Tagung von Selbstverwaltern aus KV, UV und RV am 16. Dezember 2014 und eine Gemeinsame Empfehlung für die Entschädigung der Mitglieder der Selbstverwaltungsorgane […] vom 1. Oktober 2015.

27 Zusammenarbeit der Reha-Träger verbessern! vom 1. September 2015.

28 Öffentliche Anhörung im Ausschuss für Arbeit und Soziales des Deutschen Bundestages am 07. November 2016, BT-Ausschuss-Drucksache 18 (11) 801, 18 (11) 796 vom 03. November 2016.

29 Tarifvertraglich geregelte Einrichtungen könnten u. U. als Ansatzpunkt dienen, so etwa in den Bereichen Chemie, Metall, Bau und Verkehr u.ä.

30 Nach der 2. und 3. Lesung am 26. Januar 2017 im Bundestag verabschiedet, soll es noch in 2017 in Kraft treten.

ander [zu] *verzahnen.*"[31] Indes steht noch das BTHG[32] an, das nach seinem Inkrafttreten reale Chancen zur Einlösung dieser Zusage bietet. Zentrale Triebfeder ist die Übernahme bzw. Angleichung der Grundsätze der UN-BRK in bzw. an den deutschen Rechtsraum, insbesondere in der Rehabilitation und Teilhabeförderung. Dazu zielt es z.B. auf Leistungen *„aus einer Hand"*, eine bessere Zusammenarbeit der Träger und eine präzisere bzw. erweiterte Aufgabenbeschreibung der BAR. Auf dieses Gesetz stützen sich jetzt die Erwartungen und Chancen für eine wirksamere Arbeit der Selbstverwaltung.

Auch der Schlussbericht des BWB enthält prüfwürdige Vorschläge.[33] Dazu zählt neben neuen Kompetenzen in der GKV, der GUV und der GRV vor allem die Schaffung eines *„klar geregelten gesetzlichen Anspruchs auf Freistellung zum Zwecke der Weiterbildung."*[34]

Vorschläge für eine gestärkte Selbstverwaltung haben auch die Sozialpartner erarbeitet[35]. Sie sollten von der Politik geprüft und beschieden werden. Dies wäre gleichermaßen ein Beitrag zur Anerkennung ihrer Arbeit und würde überdies bei Versicherten und Arbeitgebern das Ansehen von sozialer Selbstverwaltung fördern.

Einen Beitrag könnten Parteien und Parlamente im Übrigen dadurch leisten, dass zentrale Aussagen des BVerfG *„erkannt und gelebt"* werden[36]. Das hat auch der BWB aufgegriffen. Im Schlussbericht hat er dargelegt, Gesetz- und Verordnungsgeber *„sollten und könnten dies [...] in einer Weise tun, in der die Bürgerinnen und Bürger nachvollziehen können, was von ihnen verlangt wird."*[37] Dazu ist bislang kaum etwas in die Öffentlichkeit gedrungen. Vielleicht nützt es, mit dem bedeutenden Staatsrechtler Lorenz von Stein daran zu erinnern, dass es *„die Rolle der Verwaltung* [ist], *zwischen Gesetz und Gesellschaft zu vermitteln"*[38]. Soziale

---

31 Koalitionsvertrag, Abschnitt 2.3, S. 74.

32 Vgl. Fn. 5.

33 BWB 2012, S. 211 ff.

34 BWB 2012, S. 220.

35 Insbesondere in dem Beschluss des DGB-Bundeskongresses „Soziale Selbstverwaltung – weiterentwickeln und stärken" vom Mai 2014 und den „Reformvorschlägen für die soziale Selbstverwaltung" der BDA vom Juni 2014 finden sich zahlreiche Hinweise.

36 Vgl. Fn. 14.

37 BWB 2012, S. 224.

38 Zit. n. Welti, F.: Lorenz von Stein und das Recht auf eine gute Sozialverwaltung. Quellen zur Verwaltungs- und Verfassungsgeschichte Nr. 34. Kiel 2013, 27.

Selbstverwaltung ist dazu weiter bereit, erwartet aber auch angemessene Schritte von Politik und Verwaltung.

4.4 Unterstützung durch Versicherungsträger

Zur Verwirklichung von sozialer Gerechtigkeit und sozialer Sicherheit erbringen 370.000 hauptamtlich Beschäftigte[39] in etwa 200 Versicherungsträgern[40] Sozialleistungen nach den einzelnen Büchern des SGB. Die hochqualifizierte Fachkompetenz ihrer Mitarbeiterinnen und Mitarbeiter bildet das Fundament für die sozialstaatsgerechte Umsetzung durch rund 20.000 ehrenamtliche Selbstverwalter[41]. Dies erfordert von allen Akteuren einen sensiblen, verantwortungsvollen Umgang miteinander und in der Sache. Unbehagen, das unter Hinweis auf eine *„Übermacht der Verwaltung"* in den Interviews sichtbar wurde, unterstreicht das Gebot, dass *„die hauptamtliche Verwaltung* [...] *der ehrenamtlichen Selbstverwaltung Raum* [geben muss], *um Verknüpfungen zwischen den gesetzlichen Aufgaben [...] und den Betrieben und örtlichen Gemeinschaften herzustellen"*[42]. Die Befragung von Selbstverwaltern hat allerdings gezeigt, dass die Zusammenarbeit zwischen Verwaltung und Selbstverwaltung durchaus als vertrauensvoll und kooperativ geschildert wird. Ob dies als ausreichend anzusehen ist oder einer Fortentwicklung im Sinne einer Verbesserung bedarf, sollte vertiefend untersucht werden[43].

Die Sozialversicherung erfüllt unbestritten ihren Auftrag und gibt den Versicherten soziale Sicherheit in Gerechtigkeit. Damit dies sichergestellt bleibt, ist es erforderlich, die Qualifikation und Befähigung von Selbstverwaltern mehr noch als die zentrale Aufgabe aller Träger zu verstehen. Dies sollte immer wieder in Erinnerung gerufen werden. So wie DGB und BDA dies getan haben[44]. Sie halten es für notwendig, *„dass seitens der*

---

39 Vgl. Fn. 6.

40 Vgl. Fn. 7.

41 Vgl. Fn. 8.

42 Welti, Felix: Behinderung und Rehabilitation im sozialen Rechtsstaat. Tübingen 2005, S. 361.

43 Eine auf Bitten des Verwaltungsrats der Bundesagentur für Arbeit 2014 durchgeführte Untersuchung der Schnittstelle zwischen Verwaltungsausschuss und Geschäftsführung der Agenturen für Arbeit kann nützliche Hinweise geben.

44 Gemeinsame Empfehlung von DGB und BDA für die Entschädigung [...] in der Sozialversicherung (§ 41 SGB IV), zuletzt vom 01. Oktober 2015.

Sozialversicherungsträger für die Mitglieder und die stellvertretenden Mitglieder der Selbstverwaltungsorgane geeignete Fortbildungsmaßnahmen durchgeführt werden, um sie in ihrer ehrenamtlichen Tätigkeit angemessen zu unterstützen". Dies geschieht auch. Listenträger führen ergänzende Schulungen bzw. Tagungen durch. Befragte nannten dazu eine Reihe von Beispielen, etliche bemerkten indes, *„wegen Freistellungsproblemen, fehlender Zeit und mangelndem Interesse"* nicht teilgenommen zu haben. Ob damit den Bildungserfordernissen insgesamt angemessen entsprochen wird, erscheint fraglich. Es macht Sinn, dies genauer unter die Lupe zu nehmen.

Neben der Qualifizierung sollte mehr für die Wertschätzung der Selbstverwaltung getan werden. Es wäre angebracht, wenn sich Versicherungsträger – gemeinsam mit den Listenträgern – dazu stärker einbringen würden. Sie könnten zum Beispiel Anregungen für eine selbstverwaltungsgeprägte Öffentlichkeitsarbeit entwickeln. Selbstverwalter könnten aufbauend weitere Überlegungen anstellen. Bundesagentur für Arbeit[45] und Deutsche Rentenversicherung Bund[46] haben beispielsweise zur Positionierung der Selbstverwaltung ihre Satzung genutzt. Weitergehend hat die Bundesagentur für Arbeit durch die Satzung das Büro der Selbstverwaltung (BdS) in ihre Struktur[47] eingeordnet.

Anderen Trägern steht es offen, dies gleichermaßen zu prüfen.

Zur Förderung und Unterstützung der Selbstverwalter können auch organisatorische Maßnahmen beitragen, aus der Befragung etwa die Anregung, Sitzungsunterlagen *„mit den Augen eines Selbstverwalters"* zu erstellen. Oder eine strukturierte Hinführung zu entscheidungsrelevanten Fakten mit einem gestrafften Vorblatt. *„Eine vom Hauptamt unabhängige professionelle gutachterliche Beratung"* könnte dies ggf. unterstützen[48].

---

45 Die Position der Selbstverwaltung wird in der Satzung (Kapitel 1 Artikel 1–7) direkt ausgewiesen. Vgl. auch Fn 22.

46 Wesentliche Teile der Satzung (§§ 5–40) enthalten auch Regelungen zu den Selbstverwaltungsorganen.

47 Gemäß Kapitel 2 Artikel 10 der Satzung wird zur Unterstützung des Verwaltungsrats in der Zentrale ein Büro der Selbstverwaltung eingerichtet, das den fachlichen Weisungen der/des Vorsitzenden und der/des stellvertretende/n Vorsitzende/n des Verwaltungsrats unterliegt.

48 BWB 2012, S. 220. Nr. 5; S. 221 Nr. 6.

5 Reformansätze für eine optimierte Selbstverwaltung

Selbstverwaltung braucht zu ihrer vollen Entfaltung eine kompetente Qualifikation ihrer Mitglieder sowie überzeugendes Handeln ihrer Organe, vor allem aus der Sicht eines bzw. einer Versicherten im Geflecht der ICF[49].

Ihre Wirksamkeit wird daran zu messen sein, inwieweit ihre Ergebnisse als angemessen und gerecht empfunden werden. So wird es darauf ankommen, dass eine Entscheidung über eine Leistung – etwa präventiver oder rehabilitativer Art – nachvollzogen und verstanden wird. Dies hängt außer von der Sachkompetenz der Verwaltung von der sozialen und lebensweltlichen Befähigung der Organmitglieder ab. Förderlich wäre es auch, wenn ein Verwaltungsrat oder eine Vertreterversammlung in ihrer Zusammensetzung die Gesamtheit aller Versicherten widerspiegeln würde. Ein solcher Träger ist auf gutem Weg, wenn er zum Beispiel auch – oft unterrepräsentierte – Kandidatinnen berücksichtigt. Den Empfehlungen des Bundeswahlbeauftragten[50] ist dahingehend zuzustimmen.

Des Weiteren wird es zur Akzeptanz ihres Handelns auf den Informationsstand der Selbstverwaltung ankommen. Dazu gehört vor allem auch ein Wissen um die Wirkungsweise präventiver oder rehabilitativer Instrumente in der betrieblichen Anwendung. Die Qualifikation der Selbstverwalter braucht auch deshalb hohe Priorität. Es sollte darauf geachtet werden, dass sich Selbstverwalter permanent fortbilden[51]. Derartige Weiterbildungsmaßnahmen sind unerlässlich.

Einen anderen wichtigen Beitrag liefert möglichst einvernehmliches Handeln und Entscheiden des Gremiums. Übereinstimmung in der Beurteilung einer gefährdeten oder eingeschränkten Erwerbs- bzw. Beschäftigungsfähigkeit sowie über den angemessenen Weg zu ihrer Sicherung oder Wiederherstellung tragen dazu bei, dass selbstverwaltetes Handeln „ankommt“. Dies setzt voraus, dass stets die gesamte Persönlichkeit des Versicherten reflektiert wird, gleich aus welches Trägers Sicht. Der *„Blick über den Tellerrand“* sollte fester Bestandteil eines versichertenorientierten Verwaltungshandelns sein. Daran mangelt es so manches Mal.

---

49 Mit der ICF (International Classification of Functioning, Disability and Health) wird der Zustand der funktionalen Gesundheit einer Person vor ihrem gesamten Lebenshintergrund, einschließlich Förderfaktoren und Barrieren, beschrieben.

50 BWB 2012, S. 24.

51 BWB 2012, S. 23.

6 Folgerungen

Die soziale Sicherheit gerät in Gefahr, wenn ihre Wirksamkeit nicht ständig erneuert und eingefordert wird. Gefahren drohen durch Überregulierung sowie Verkomplizierung und Undurchschaubarkeit des gesamten gesellschaftspolitischen Geflechts. Es nimmt nicht selten Formen an, die die Menschen eher verunsichern als ihnen die notwendige Verlässlichkeit zu geben. So wachsen die Zweifel, ob Grundgesetz und Sozialgesetzbuch noch ausreichend im Blick sind.

Diese Gefahren binden im Alltag derartige Kräfte, dass kaum Zeit für die Würdigung übergeordneter Ziele bleibt. Es scheint, dass sich Beharrung auf Bestehendem und Sicherung des Herkömmlichen zur Leitschnur trägerseitigen Handelns entwickeln. Der Versicherte als Motiv und Auslöser sozialer Sicherung droht, im Hintergrund zu verschwinden. Diese Bürde wird den Trägern aufgeladen, Selbstverwaltung allerdings in Zahl und Rechten sukzessiv abgebaut.

Dies alles löst Unbehagen aus, findet auch besorgte und mahnende Stimmen in Forschung, Wissenschaft, Politik und Gesellschaft[52]. Einige von ihnen sind vorstehend genannt worden. Diese Stimmen dürfen nicht ungehört verhallen.

Grund für Resignation gibt es trotzdem nicht. Positive Strömungen machen Mut und geben Zuversicht. Dazu gehört die verbesserte Umsetzung des Menschenbildes der UN-BRK, von Grundgesetz und Sozialgesetzbuch. Wenn Letzteres im BTHG herausgebildet wird, kann soziale Sicherheit in sozialer Gerechtigkeit, weiter verwirklicht werden.

Der sozialen Selbstverwaltung wächst damit eine Aufgabe zu, die sie mit den Möglichkeiten des - durch das BTHG präzisierte - SGB IX [53] in hohem Maße fordert, der sie sich in Sozialpartnerschaft aber durchaus mit Aussicht auf Erfolg stellen sollte. Zum Nutzen der von ihnen vertretenen Versicherten und Arbeitgeber und letztlich der gesamten Gesellschaft.

---

52 Auf die Abschnitte 3 und 4.1 sei verwiesen.

53 Besonders im Teil 1 Kapitel 8, § 39-41 BTHG.

Ältere Arbeitnehmer – gestern gejagt, morgen gefragt?

Ursula Lehr und Gerhard Naegele

1. Demografie, Arbeitsmarkt und Lebensläufe im Wandel

Alan Walker hat bereits Anfang dieses Jahrtausends erstmals von einem „Arbeit- und Alter – Paradox“ gesprochen: Die Menschen werden älter, als es Generationen vor ihnen waren, sie sind dabei gesünder – sowohl objektiv wie subjektiv („Verjüngung des Alters“), sind im Durchschnitt berufsfachlich qualifizierter und verfügen zudem über mehr und zudem polyvalentere berufliche (Schlüssel-)Erfahrungen. Und trotzdem gingen die Menschen jahrelang immer früher in die Rente. In Deutschland ist die Lebenserwartung mittlerweile auf fast 78 Jahre bei Männern und fast 84 Jahre bei Frauen gestiegen, noch deutlich länger ist die sog. fernere Lebenserwartung etwa einer/s 60jährigen, und noch länger die gesunde fernere Lebenserwartung für Mitglieder der oberen Sozialschichten, unter denen sich viele höher- und hochqualifizierte ältere Beschäftigte befinden. Die Frage ist zwangsläufig: Warum wurden – und werden z.T. immer noch - ältere Arbeitnehmer dennoch immer früher aus dem Erwerbsleben ausgegliedert?

Deutschland ist – wie im Grundsatz alle Industrienationen – eine alternde Gesellschaft und liegt weltweit - gleich hinter Japan - sogar an der Spitze. Daran hat auch die jüngste Zuwanderungswelle von zumeist jüngeren Flüchtlingen nichts Grundlegendes geändert. Dass in Deutschland bald doppelt so viele über 60jährige wie unter 20jährige leben, ist seit langem bekannt[1]; - dass aber aktuell auf einen über 75jährigen nur etwa 10 Personen kommen, die jünger als 75 (!) sind und es 2040 sogar nur rund 5 sein werden, das wird kaum ernsthaft wahrgenommen. In unserer alternden Welt ist der 3-Generationen-Vertrag immer häufiger zudem zu einem 4- oder gar 5-Generationen-Vertrag geworden. Zugleich ändern sich die „Altersschwellen“ rapide: Zum einen wird eine Ausdehnung des Jugendalters

---

1 Darauf hat bereits die Enquete-Kommission Demographischer Wandel, in dem die beiden Autoren mitgewirkt haben, Anfang dieses Jahrtausends in ihrem Abschlussbericht hingewiesen (Deutscher Bundestag 2002).

konstatiert (späterer Berufseintritt), andererseits in der Arbeitswelt ein relativ früher Beginn des „Seniorenalters". Bis 35 Jahre zählt man heute zur Jugend, ab 50 in vielen Betrieben und Branchen bereits zu den „älteren Arbeitnehmern". Und ab 55 ist man häufig „zu alt", um einen neuen Job zu bekommen, vor allem, wenn man arbeitslos geworden ist.

Alle vorliegenden Bevölkerungsvorausberechnungen signalisieren übereinstimmend ein steigendes Altern des Erwerbspersonenpotentials und ein weiteres „Altern der Belegschaften". Schon jetzt ist ein Fachkräftemangel auf breiter Front erkennbar. Zu den ganz zentralen Fragen in diesem Zusammenhang zählen: Wie wird sich unsere Arbeitswelt verändern, und wie sind die Beschäftigungschancen älterer Arbeitnehmer davon berührt? Eine zweite, noch brisantere Herausforderung betrifft die umlagefinanzierten sozialen Sicherungssysteme: Fälschlicherweise wird der demografische Wandel von vielen (auch sog. Experten) hauptverantwortlich für den steigenden Druck auf die Renten-, Kranken- und Pflegekassen gemacht. Zwar war und ist richtig, dass immer häufiger und immer früher Beitragszahler die Sozialversicherungssysteme verlassen/haben/mussten und immer mehr immer länger Leistungen aus ihnen zu beziehen. Der demografische Wandel ist jedoch nicht der richtige und schon gar nicht der alleinige Adressat für diese Kritik. Warum schaffen bzw. verbessern wir nicht die Voraussetzungen dafür, dass Menschen länger im Erwerbsleben bleiben können und auch wollen? Dann würde sich auch der in diesem Zusammenhang so oft missverständlich interpretierte „Altenquotient" in einem deutlich günstigeren Licht präsentieren (Bäcker, Naegele et al. 2011), wären die sozialen Sicherungssysteme weniger belastet, würden sich demografisch bedingte Arbeitskräfteknappheit und Fachkräftemangel zweifellos entschärfen.

Die bisher übliche Dreiteilung des Lebenslaufs in eine Ausbildungs-, Erwerbs- und Altersphase ist zwar im Grundsatz erhalten geblieben – auch mit den dafür klassischen Rollenzuweisungen (der Jugend gehört die Bildung und Ausbildung, dem Erwachsenenalter die Arbeit und dem Alter die Freizeit) -, bedarf aber angesichts des demografischen Wandels einer grundlegenden Strukturreform. Benötigt wird eine neue Verteilung von Lernen, Arbeit und „freie Zeit" über den gesamten Lebenslauf (Riley 1982). Die *Neuorganisation der Lebensarbeitszeit* ist eine dringend gebotene Antwort auf den demografischen Wandel und auf eine längere Lebenszeit (Naegele et al. 2003). Statt wie bisher ein sequentielles Hintereinander ist nunmehr ein integriertes Nebeneinander der Phasen und der Rollenausübungen gefordert, für letzteres werden aber erst einmal neue und modernere Vorgaben und Rollenmuster benötigt, etwa im Sinne von active ageing (Walker 2010). Dieses Nebeneinander muss zudem auf den gesamten Lebenslauf zielen; und zwar für Männer und Frauen gleichermaßen und ohne die für Frauen typischen Unterbrechungen bzw. langen Phasen von Teilzeit, die weder hinreichend fachlich qualifizieren noch berufliche Aufstiegswege eröffnen und schon gar nicht ausreichende eigene Rentenansprüche zulassen (Lehr 1972; 1984; 1987). Auch berufsbegleitendes, lebenslanges Lernen gehört zu den zentralen Antworten auf alternde Gesellschaften, bei immer noch völlig unzureichenden Ermöglichungsstrukturen hierzulande. Das Konzept des active ageing ist übrigens schon von Beginn an als eine präventive, den gesamten Lebenslauf einbeziehende Herausforderung konzeptualisiert worden (Walker 2010).

Noch bis etwa 1970 wurde von den meisten Menschen das Ende der Berufstätigkeit befürchtet; man sprach vom "Pensionsschock" oder gar vom "Pensionierungstod"; man fühlte sich endgültig "abgestellt". Heute wird das Berufende von vielen Menschen herbeigesehnt und als Beginn einer neuen Lebensphase erlebt, als Beginn einer "späten Freiheit" (Rosenmayr 1983). Im Sinne des active ageing werden zudem immer häufiger gesellschaftlich nützliche Aktivitäten (wie z.B. zivilbürgerschaftliches oder politisches Engagement) angestrebt. Andererseits nehmen bei vielen Wunsch und Bereitschaft zu, aber auch in wachsendem Umfang finanzielle Gründe, „trotz Rente“ weiter zu arbeiten/zu müssen.

Für beides gilt gleichermaßen eine wichtige Voraussetzung: die Bedingungen müssen „stimmen“. Nachhaltiges bürgerschaftliches Engagement im Alter ist heute zumeist an wichtige Voraussetzungen wie jüngeres Alter, gute Gesundheit, hohe Schulbildung und ausreichendes Einkommen gebunden (Generali Zukunftsfonds & Institut für Demoskopie Allensbach 2013) gebunden. „Arbeit trotz Rente“ wiederum ist – wie überhaupt erst einmal die zudem heraufgesetzte Regelaltersgrenze zu erreichen („Rente mit 67“) - derzeit fast nur gesunderen und/oder besonders qualifizierten Älteren möglich (Naegele 2016). Für beide Bereiche des „active ageing“ sind die Chancen somit sozial ungleich verteilt.

Beide Autoren haben sich schon sehr früh für flexible Berufsaustrittsformen ausgesprochen, wenn auch aus unterschiedlicher Perspektive, aber im Ziel vereint (Bäcker & Naegele 1992; 1993; Lehr 1984): Aber noch immer dominiert der abrupte Übergang. Demgegenüber wird gerade im demografischen Wandel mehr Flexibilität, d.h., die Möglichkeit, früher aufzuhören, aber auch länger im Beruf weiterzuarbeiten, dringend benötigt, obwohl de facto bislang nur spärlich umgesetzt und schon gar nicht hinreichend sozial abgesichert. Es ist eine offene Frage, ob dem neuen „Flexirentengesetz“ mit seinen komplexen Voraussetzungen und sogar für die Fachfrau/den Fachmann kaum verständlichen Zugangswegen hier endlich ein nennenswerter Durchbruch gelingt (Bäcker & Naegele 2017).

2. Die Herausforderungen einer „graying labour world“ in den Betrieben – was ist zu tun?

In alternden Gesellschaften gibt es auch eine alternde Berufswelt, d.h. die absolute wie relative Erhöhung von Zahlen und Anteilen älterer Arbeitnehmer, noch befördert dadurch, dass die "post-war-baby-boomer", die starken Jahrgänge der 1955-1965 Geborenen, bald ausscheiden. Die geringer werdende Anzahl von jüngeren Arbeitskräften könnte zwar die Beschäftigungschancen Älterer erhöhen. Zu fragen ist zunächst, ob man in Zukunft erst in einem höheren Alter der Gruppe der "älteren Arbeitnehmer" zugeordnet wird. Denn eine solche Zuordnung (und damit eine Abwertung – oder auch eine Hochschätzung Älterer) ist von der Arbeitsmarktlage abhängig, die derzeit günstigere Entwicklungsperspektiven für Ältere – zumindest theoretisch – erwarten lässt. Sie erfolgt außerdem häufig auch berufs- sowie betriebs- und tätigkeitsspezifisch, ggf. auch geschlechtsspezifisch sowie insgesamt epochalspezifisch (Naegele 1992). In manchen Branchen zählt man heute bereits mit 45, spätestens aber mit 50, zur Gruppe der "älteren Mitarbeiter". Diese "inoffizielle Altersgrenze" bedeutet vielfach einen Ausschluss von Weiterbildungsmaßnahmen, einen Ausschluss von Personalentwicklungsmaßnahmen und – in der Konsequenz – eine Zuordnung zu einer "Problemgruppe". Allerdings steigen mit der Erhöhung der Altersgrenzen auch die administrativen Zuordnungskriterien, mit zu erwartenden Auswirkungen auf betriebliche Zuordnungsprozesse.

In Zukunft wird es darauf ankommen, mehr in die Arbeits- und Beschäftigungsfähigkeit (Oldenbourg & Ilmarinen 2010) Älterer, d.h. in ihr Humankapital, zu investieren, damit möglichst viele „in Würde“ in den angestammten Betrieben und auf ihren Arbeitsplätzen auch bei heraufgesetzten Altersgrenzen verbleiben, d.h. in der Arbeit alt werden zu können (BMFSFJ 2012; Naegele 2016). Es kann als bestätigt gelten, dass Veränderungen von gesetzlichen Altersgrenzen und/oder finanzielle Anreize allein wenig bewirken, wenn sie nicht abgesichert sind durch ein Bündel von betrieblichen Fördermaßnahmen. „Die Entscheidung für oder gegen die Alterserwerbsarbeit fällt in erster Linie in den Betrieben und ist dort zu beeinflussen“ (Naegele 1988). Die Instrumente dafür sind weitgehend bekannt (Walker & Naegele 2013), auch ihre positiven Auswirkungen auf subjektive Selbsteinschätzung und Produktivität (Eitner & Naegele 2013). Allerdings sind bundesdeutsche Betriebe noch weit davon entfernt von dem, was möglich und notwendig wäre. Zudem sind typische Verteilungsmuster von „guter Praxis“ zu beachten (z.B. mehr verbreitet in Großbetrieben und in gewerkschaftlich stark organisierten Branchen) (ebenda). Neuerdings gibt es in ausgewählten Branchen Demografietarifverträge, die zusätzliche Bewegung in die Landschaft gebracht haben (so z.B. in der Eisen- und Stahlindustrie, der Metall- und Elektroindustrie, Chemie und Kunststoffindustrie oder bei der Bundesbahn) (BMA 2014).

Üblicherweise wird in diesem Zusammenhang zwischen betrieblichem *Alters*- und *Alterns*management unterschieden. Ersteres zielt auf Maßnahmen zugunsten der besonderen Anforderungen und Bedürfnisse bereits älterer Beschäftigter, letzteres dagegen stärker präventiv auf die (risikofreie) Gestaltung der Erwerbsbiografie und ist damit auf den späteren Lebenslauf bezogen (Kistler 2008). Allerdings sind Differenzierungen zu beachten (z.B. nach Branche, Betriebsgröße, Beschäftigtengruppen). Es gibt keine „Standardlösungen“ (Naegele 2015; 2016). Als zentrale Handlungsfelder lassen sich benennen:

- Arbeitsorganisation und Arbeitsgestaltung (incl. Ergonomie und altersgemischte Teambildung)
- Tätigkeits-/Belastungswechsel
- Laufbahn-/Karrierewechsel/Entwicklungsplanung (Frerichs 2016)
- Lage und Dauer der Arbeitszeit/Lebensarbeitszeitgestaltung (incl. Rentenübergangsgestaltung); insbesondere mit Ziel der Gestaltung der work-life balance (Fagan et al. 2012)
- Qualifizierung, Qualifikationssicherung/lebenslanges Lernen
- Gesundheitsmanagement (Gesundheitsförderung und –schutz, Risikostrukturanalysen)
- Führung und Unternehmenskultur/Leitbildentwicklung/neue betriebliche Altersbilder.

Im 6. Altenbericht der Bundesregierung wird explizit für eine *lebenszyklusorientierte Personalpolitik* geworben (Flueter-Hoffmann 2010; BMFSFJ 2012). Damit ist eine Personalpolitik gemeint, die auf den unterschiedlichen Stufen der Erwerbsbiografie solche Risiken zu begrenzen und zu bekämpfen versucht, die zu problematischen „Fernwirkungen“ in den späteren Erwerbsphasen führen (können) und dann die alterstypische Arbeits- und Beschäftigungsfähigkeit einschränken. Ziel ist, bei Beibehaltung der Orientierung betrieblicher Personalarbeit am betrieblichen Bedarf dies stärker im Rahmen einer eher individualisierenden, am Lebenslauf orientierten Herangehensweise zu tun.

Insgesamt handelt es sich um ein Personalmanagementsystem, das sich „strategisch an den arbeits- und lebenszyklischen Bedürfnissen der Beschäftigten ausrichtet und dabei alle Lebensphasen von der Berufswahl bis zum Ausstieg aus dem Beruf abdeckt. … Zwar wird ein solches System auch künftig nicht auf Altersgrenzen verzichten können … Es ist jedoch eher möglich, starre und somit lebensfremde und zudem wissenschaftlich kaum begründbare Zuordnungen zu vermeiden und stattdessen personalpolitische Maßnahmen stärker an die individuellen Berufs- und Lebenszyklen der Mitarbeiterinnen und Mitarbeiter anzupassen, die heute überdies sehr viel variabler geworden sind" (BMFSFJ 2012: 123). In einer sehr viel stärker flexiblen Art stellt sich das Konzept zum einen auf die beruflichen und privaten Herausforderungen der Mitarbeiter und zum anderen auf stärker übergeordnete gesellschaftliche Erfordernisse im Kontext von lebenslangem Lernen und bürgerschaftlichem Engagement ein und orientiert sich dabei an neueren aus der Gerontologie stammenden Modellen zur Überwindung der klassischen Dreiteilung des Lebenslaufs durch stärkere, auf die Bedürfnisse der einzelnen Lebensphasen bezogene Integration der wichtigen Lebensbereiche Arbeit, Familie/Privatleben, Bildung sowie außerfamiliales Engagement (Riley & Riley 1994).

3. Zur beruflichen Leistungsfähigkeit älterer Arbeitnehmer

Es war insbesondere die psychogerontologische Grundlagenforschung, der wir differenziertes Wissen über alterstypische Veränderungen in der beruflichen Leistungsfähigkeit verdanken, und die auch in die neuen Konzepte von Arbeits- und Beschäftigungsfähigkeit (Oldenbourg & Ilmarinen 2010) eingeflossen sind. Bezeichnend ist, dass die Erforschung der beruflichen Leistungsfähigkeit, gefördert durch die *Nuffield-Foundation*, zu Beginn der 50iger Jahre in England in Zeiten blühender Wirtschaft begann (Belbin 1953; 1955; 1966). *Belbin* bekam den Auftrag, Arbeitsbedingungen zu erforschen, unter denen 50- und 60-jährige weiterarbeiten können; ebenso Trainingsmethoden für ältere Mitarbeiter zu erproben, denn die englische Industrie war damals auf die älteren Arbeitnehmer angewiesen.

Diese Situation scheint sich (einige Jahrzehnte später) in Deutschland zu wiederholen. Viele Studien belegen, dass man bei „älteren Mitarbeitern" lange Zeit zu Unrecht von einer Leistungsminderung ausging, von sinkender Arbeitsproduktivität (Thomae & Lehr 1973; Lehr, Dreher & Schmitz-Scherzer 1970), von einem Rückgang sowohl der Körperkräfte als auch der intellektuellen Fähigkeiten, von erhöhten Fehlzeiten, einer geringeren Mobilität und erschwerten Anpassungsfähigkeit, ebenso von einer geringeren Bereitschaft zur Weiterbildung, von geringem Selbstvertrauen und von Unsicherheit, und vor allem von einer fehlenden Innovationsfähigkeit. Es gibt nachweislich keinen alternsbedingten Abbau der beruflichen Leistungsfähigkeit, wohl aber einen alternstypischen Wandel in einzelnen Dimensionen (Lehr 2007).

Physische Leistungsfähigkeit

Die sich häufenden Fälle von Minderung der Erwerbsfähigkeit werden oft als Beweis körperlicher und psychischer Überforderung herangezogen und nicht selten im Hinblick auf ein schon im jüngeren Alter festgestelltes Nachlassen der körperlichen Leistungsfähigkeit gedeutet. Über die Gründe dieses „vorzeitigen Verbrauchtseins" lässt sich spekulieren: Überforderungen am Arbeitsplatz, Belastungen im privaten Bereich oder ein weniger gesundheitsbewusster Lebensstil mögen eine Rolle spielen, wie auch der Wunsch, das Berufsleben vorzeitig zu beenden. Eine nachlassende körperliche Leistungsfähigkeit ist nicht primär altersbedingt zu sehen, sondern ist durch eine Vielzahl exogener Faktoren zu erklären. Dies unterstreicht die große, interindividuelle Variabilität der körperlichen Leistungsfähigkeit Gleichaltriger. Auch wenn körperliche Kräfte mit zunehmendem Lebensalter nachlassen, in den meisten Fällen sind die für die berufliche Tätigkeit notwendigen Kräfte noch vorhanden. Arbeitsmediziner können entsprechende Beispiele für viele Funktionsbereiche aufzählen.

Weiterhin gibt es empirische Evidenz dafür, dass jene Tätigkeiten, die ein großes Ausmaß an Körperkraft verlangen, mehr und mehr abnehmen und durch Tätigkeiten, die geistige Funktionen beanspruchen, ersetzt werden. *Riley* sprach schon 1982/1985 von einer Entwicklung der Herausforderungen der Arbeitswelt vom „muscle work" zu „brain-work", was wiederum stärker vom Ausbildungsstand und Trainingsfaktoren abhängig ist als vom Lebensalter. Anderseits lässt sich in den letzten Jahren eine Zunahme im psychischen Belastungsempfinden mit dem Alter feststellen (Naegele 2015).

Psychische Leistungsfähigkeit

Zu den empirisch ebenfalls nicht bestätigten Mythen zählen weiterhin die von der generell bei Älteren geringeren beruflichen Leistungsfähigkeit im psychischen Bereich sowie von der nachlassenden Anpassungsfähigkeit an neue Bedingungen am Arbeitsplatz (Olbrich, 1990). Nach einer kritischen Analyse der einschlägigen Literatur kamen *Dittmann-Kohli* und *van der Heiden* schon 1996 zu dem Schluss, „dass es keinen oder nur einen sehr geringen Zusammenhang zwischen Alter und Produktivität gibt" (S. 323).

Eine differenziertere Betrachtung etwaiger Alternsveränderungen im intellektuellen Bereich (Thomae 1968; Lehr 1972) im Hinblick auf die Lernfähigkeit (Löwe 1970) wie auch auf die psychomotorischen Fähigkeiten macht deutlich, dass dem kalendarischen Alter eine sehr geringe Bedeutung zukommt, dass hingegen innerhalb ein- und derselben Altersgruppe erhebliche Leistungsunterschiede sichtbar werden. Der Ausbildungsstand, das berufliche Training, Selbstvertrauen und Motivationsfaktoren gewinnen hier an Bedeutung. Schließlich konnte man zeigen, dass die erbrachten Leistungen auch von den Leistungserwartungen der Umwelt mitbestimmt werden. Zudem gilt: Im technischen Bereich mag Jungsein von Vorteil sein, im sozialen Bereich jedoch überwiegen die Fähigkeiten der Älteren.

Verschiedene Untersuchungen belegen, dass Ältere häufiger ein größeres berufliches Engagement erkennen lassen als Jüngere, dass sie über soziale Verknüpfungen besser Bescheid wissen, dass sie in vielen Bereichen einen größeren Überblick haben und dass sie sich in bestimmten Bereichen ein „Expertenwissen" erworben haben, das man bei Jüngeren vergeblich sucht (Lehr 2007; Kruse 2010). Als positiv für Ältere gelten weiterhin eine Leichtigkeit im Umgang mit komplexen Sachverhalten und größeren Gesamtkonzepten, ein herabgesetztes Erleben von Eigenbetroffenheit in potenziell belastenden Situationen, eine erhöhte Toleranz in Bezug auf alternative Handlungsstile, eine Nutzung von Strategien der Energieeinsparung im Sinne einer Entscheidungs- und Handlungsökonomie; man erreicht etwas „mit weniger Aufwand". Positiv sind auch eine bessere Einschätzung eigener Fähigkeiten und deren Grenzen. Schließlich werden Entscheidungen und Schlussfolgerungen von Älteren mit mehr Bedacht, mit größerer Vorsicht und nüchternem Realismus getroffen. Ältere sind zudem eher in der Lage, gleichzeitig Möglichkeiten und Grenzen zu sehen und beide zu berücksichtigen, sie haben mehr Sinn für das „Machbare". Auch gibt es geringere psychische Belastungen, die durch Probleme im privaten Bereich bedingt sind, d.h. weniger familiäre Sorgen um die Kinder und weniger Partnerschaftskonflikte.

In der Konsequenz zeigt sich, dass es wenig sinnvoll ist, von Alternsveränderungen im Sinne eines bloßen „Besserwerdens" oder „Schlechterwerdens" zu sprechen. Es gilt, den Prozess der qualitativen Veränderung hervorzuheben. Der vielleicht verringerten Geschwindigkeit im Auffassen und dem vielleicht etwas verzögerten Reagieren stehen ein überlegenes handwerkliches Können, größere Beständigkeit, die Bereitschaft zur Verantwortungsübernahme und eine höhere Loyalität gegenüber dem Unternehmen (Olbrich 1990) gegenüber. Auch die Annahme einer generell negativen Einstellung älterer Arbeitnehmer neuen Technologien gegenüber konnte in vielen Studien widerlegt werden (Ansley 1988; Rott 1988; Staufer 1992; Sterns & Sterns 1996). Dies gilt auch für ihre vermeintlich mangelnde Innovationsfähigkeit. Kreativität, Mut zum Experimentieren, Erfindungsgabe, Innovation brauchen aber eine gewisse Sicherheit, die allerdings durch das derzeit weitverbreitete negative Image älterer Arbeitnehmer nun einmal nicht gegeben ist. Ein lebenslanges Training vorausgesetzt, gilt in vielen Berufen: gerade mit zunehmendem Alter gewinnt man einen größeren Überblick, wächst die Fähigkeit zur Zusammenschau, neigt man dazu, mehrere Einflussgrößen gleichzeitig zu überschauen und adäquat einzuordnen, neigt man zum vorsichtigen Abwägen, zur Besonnenheit und trifft dann klare, wohlüberlegte Entscheidungen. Wir brauchen die Älteren in der Wirtschaft, in der Politik, in der Verwaltung. Aber wir brauchen auch die Ideen der Jüngeren, ihre Dynamik, ihren Schwung, ihr Drängen nach Veränderung. Wir brauchen auch in der Arbeitswelt das Miteinander der Generationen.

Lernfähigkeit

Der bekannte Satz „Was Hänschen nicht lernt, lernt Hans nicht mehr" ist aufgrund der Ergebnisse psychologisch-gerontologischer Forschung mit Nachdruck zurückzuweisen. Die Lernfähigkeit im Erwachsen- und späteren Alter wird beeinflusst von den Möglichkeiten des Trainings während des ganzen Lebenslaufs, außerdem von der Lernmotivation (die wiederum einerseits von der Leistungserwartung der Umwelt mitbestimmt ist, andererseits aber von einem Angebot, das den eigenen Interessen entgegenkommt), nicht jedoch von der Anzahl der Lebensjahre. Ältere Menschen können genau so effektiv lernen wie Jüngere, wenngleich sie in manchen Bereichen anders lernen.

Die vielfältigen Ergebnisse experimenteller Studien zur Lernfähigkeit im Alter lassen sich wie folgt zusammenzufassen: Ältere lernen bei sinnlosem (bzw. ihnen sinnlos erscheinendem) Material schlechter; bei sinnvollem Material; d.h. bei Einsichtigwerden des Sinnzusammenhangs, sind ihre Leistungen mit denen Jüngerer durchaus vergleichbar. Lernen im Ganzen ist leichter als Lernen in Teilen. Zu schnell gebotener Lehrstoff behindert Ältere mehr als Jüngere, bei Eliminierung des Zeitfaktors nivellieren sich die Unterschiede. Älteren fehlt es oft an einer gewissen Lerntechnik, man spricht von „Codierungsschwäche" („Eselsbrücken bauen"). Codierungsstrategien lassen sich jedoch erlernen. Ältere lernen leichter, wenn der gebotene Lehrstoff übersichtlich gegliedert ist. Von besonders starkem Einfluss sind die Lernaktivität (sich selbst etwas aktiv zu erarbeiten und nicht mundgerecht vorgesetzt zu bekommen) und die Lernmotivation. Die innere Bereitschaft, einen Stoff aufzunehmen und sich mit ihm auseinander zu setzen, ist entscheidend. Schlechtere „Lernleistungen" bei Älteren sind häufig weniger ein Zeichen nachlassender „Lernfähigkeit", sondern ein Zeichen von Unsicherheit, von mangelndem Zutrauen zu sich selbst, das Gelernte zu reproduzieren. Es sei festgestellt: Wir brauchen keine besondere Qualifizierung Älterer, weil sie ein bestimmtes Lebensalter erreicht haben, sondern weil wir es versäumt haben, sie vom 40., 45. Lebensjahr an berufsbegleitend weiterzubilden!

4. Ausblick

Wir leben in einer alternden Welt. Wir werden älter, sind dabei gesünder und leistungsfähiger. Auch Wirtschaft und Industrie werden in Zukunft auf ältere Mitarbeiter nicht verzichten können. Eine älter werdende Gesellschaft wird nur dann zu einem Problem, wenn man ein negatives Altersbild generalisiert und dies dazu noch mit einem angeblich "zu erwartenden Leistungsabfall" begründet. So verschleudern Betriebe Humankapital, was letzten Endes mehr Verluste als Gewinn bringt. Eine älter werdende Gesellschaft wird auch dann zu einem Problem, wenn man sich nicht rechtzeitig darauf einstellt, wenn man Kostensteigerungen bei der

Alterssicherung allein auf die zunehmende Langlebigkeit zurückführt und dabei nicht bedenkt, dass viele Älteren in der Lage und bereit wären, länger berufstätig zu sein und ihre wertvollen Expertenkenntnisse bereitzustellen, wenn der Arbeitsmarkt dies erlauben würde. Allerdings verlangt eine Zeit des rapiden technischen und sozialen Wandels eine ständige berufs- und lebensbegleitende Weiterbildung - evtl. einhergehend mit einer Verkürzung der Grundausbildung.

Verwendete und weiterführende Literatur

Bäcker, G. & Naegele, G. (1992): Heiß geliebt – aber dennoch verschmäht. Der gleitende Ruhestand in Theorie und Praxis. Zeitschrift für Sozialreform.

Bäcker, G. & Naegele, G. (1993): Alternde Gesellschaft und Erwerbstätigkeit. Modelle zum Übergang vom Erwerbsleben in den Ruhestand. Köln: Bund-Verlag.

Bäcker, G., Naegele, G., Bispinck, R. & Hofemann, K. (2011): Sozialpolitik und Soziale Lage in der Bundesrepublik Deutschland. Wiesbaden: VS Verlag für Sozialwissenschaften.

Bäcker, G. & Naegele, G. (2017): Gleitender Altersübergang statt starrer Altersgrenzen? Ein Blick zurück nach vorn. In: Bäcker, G., Dribbusch, H., Klenner, Ch. & Schulten, T. (Hrsg.): Lohn-, Tarif- und Verteilungspolitik im 21. Jahrhundert. Hamburg: VSA.

BMA (Bundesministerium für Arbeit und Soziales) (2014): Initiative Neue Qualität der Arbeit (INQUA) (Hrsg.): Tarifverträge zur Gestaltung der Qualität der Arbeit, ein aktueller Überblick über Vereinbarungen zu alternsgerechten und demografiefesten Arbeitsbedingungen. Berlin.

BMFSFJ Bundesministerium für Familie, Senioren, Frauen und Jugend (2012): 6. Altenbericht: Altersbilder in der Gesellschaft. BT-Drucksache 17/3815. Berlin: Bundestagsdruckerei.

Deutscher Bundestag (Hrsg.) (2002): Enquete Kommission Demografischer Wandel: Herausforderungen unser älter werdenden Gesellschaft an den einzelnen und die Politik. Abschlussbericht: Zur Sache, 3. Berlin.

Eitner, C. & Naegele, G. (2013): Fremd- und Selbstbilder vom Altern in der Arbeitswelt. In: Jahrbuch Sozialer Protestantismus, 6: Alternde Gesellschaft. Gütersloh: Gütersloher Verlagshaus.

Fagan, C., Lyonette, C., Smith, M. & Saldana-Tejeda, A. (2012): The influence of working time arrangements on work-life integration or "balance": A review of the international balance. International Labour Office (ILO): Conditions of work and employment series. 32. Travail. Geneva.

Flüter-Hoffmann. C. (2010): Der Weg aus der Demografie-Falle – Lebenszyklus-orientierte Personalpolitik. In: Naegele, G. (Hrsg.) (2010): Soziale Lebenslaufpolitik. Wiesbaden: VSVerlag für Sozialwissenschaften.

Frerichs, F. (2016): Altern in der Arbeitswelt. Perspektiven der Laufbahngestaltung. Wiesbaden: SpringerVS.

Generali Zukunftsfonds & Institut für Demoskopie Allensbach (2013): Generali Altersstudie 2013. Wie ältere Menschen leben, denken und sich engagieren. Frankfurt/M.: Fischer.

Havighurst, R.J., Munnichs, J.M., Neugarten, B. & Thomae, H. (eds.): (1969): Adjustment to retirement: a cross-national study. Assen: Van Gorcum.

Kistler, E. (2008): Was ist dran am demographischen Popanz? In Bogedan, C., Müller-Schoell, T. & Ziegler, A. (Hrsg.): Demographischer Wandel als Chance, Erneuerung gesellschaftlicher Solidaritätsbeziehungen. Hamburg: VSA.

Lehr, U. (1968): Probleme der Anpassung an die Pensionierung unter psychologischem Aspekt. In: Schubert, R. (Hrsg.): Flexibilität der Altersgrenze. Darmstadt: Steinkopff-Verlag.

Lehr, U. (1969): Die Frau im Beruf. Frankfurt/a.M.: Athenäum Verlag.

Lehr, U. (1970): Die Frau im Betrieb. In: Mayer, A. & Herwig, B. (Hrsg.): Betriebspsychologie, 2. Auflage. Göttingen: Verlag für Psychologie Hogrefe.

Lehr, U. (1984): Arbeitszeitverkürzung – ist das human? Gesellschaftspolitische Schriftenreihe. Arbeitgeberverband der Metallindustrie. Köln.

Lehr, U. (1987): Zur Situation der älterwerdenden Frau. München: C.H. Beck Verlag.

Lehr, U., Dreher, G. & Schmitz-Scherzer, R. (1970): Der ältere Arbeitnehmer im Betrieb. In: Mayer, A. & Herwig, B. (Hrsg.): a.a.O.

Löwe, H. (1970): Einführung in die Lernpsychologie des Erwachsenenalters. Berlin: Volk und Wissen.

Naegele, G. (1988): Die Entscheidung für oder gegen die Alterserwerbsarbeit fällt in den Betrieben und ist dort zu beeinflussen: Soziale Sicherheit.

Naegele, G. (1992): Zwischen Arbeit und Rente. Augsburg: MARO-Verlag.

Naegele, G. (2015): Altes und Neues zur Erwerbsarbeit Älterer. In: Igl, G., Welti, F. & Eßer, M. (Hrsg.): Alter und Beschäftigungen. Arbeitssituationen, Lebensentwürfe und soziale Sicherung der über 50jährigen. Berlin: LIT-Verlag.

Naegele, G. (2016): Der demografische Wandel hat längst die Arbeitswelt erreicht – und was ist passiert ? In: Hoose, F., Beckmann, F. & Schönauer, A.-L. (Hrsg.): Fortsetzung folgt. Kontinuität und Wandel von Wirtschaft und Gesellschaft. Wiesbaden: SpringerVS.

Naegele, G. et al. (2003): A new organization of time over working life – Results from a European Foundation Research project of the same name. In: Naegele, G. (Hrsg.): Soziale Lebenbslaufpolitik. Wiesbaden: VS Verlag für Sozialwissenschaften.

Oldenbourg, R. & Ilmarinen, J. (2010): Für eine lebenslaufbezogene Arbeitsfähigkeitspolitik. In: Naegele, G. (Hrsg.): a.a.O.

Riley, M.W. (1982): Ageing and social change. In: Riley, M.W.R., Abeles, P. & Feifelbaum, M.S. (eds.): Ageing from birth to death: Socioperspectoral perspectives Bd. II. Boulder, CA: Westview Press.

Riley, M.W. & Riley, J.W. (1994): Individuelle und gesellschaftliche Potenziale des Alterns. In: Baltes, P.B., Mittelstraß, J. & Staudinger, U. (Hrsg.): Alter und Altern: Ein interdisziplinärer Studientext zur Gerontologie. Berlin – New York: Walter de Gruyter.

Rosenmayr, L. (1983): Die späte Freiheit. Berlin: Severin und Siedler.

Thomae, H. (1968): Altersgrenze und psychische Leistungsfähigkeit. In: Schubert, R. (Hrsg.): Flexibilität der Altersgrenze. Darmstadt: Steinkopff-Verlag.

Thomae, H. & Lehr, U. (1973): Berufliche Leistungsfähigkeit im mittleren und höheren Erwachsenenalter. Göttingen: Otto Schwartz & Co.

Walker, A. & Naegele, G. (2013): Age management in organizations in the European Union. In: Malloch, M., Cairns, L., Evans, K. & O`Conner, B.N. (eds.): The SAGE Handbook of workplace learning. London: SAGE publications.

Walker, A. (2010): The emergence and application of active ageing in Europe. In: Naegele, G. (Hrsg.): a.a.O.

Interdisziplinarität im pädagogischen und juristischen Alltag – Das Beispiel der Hilfe zur Erziehung nach § 27 SGB VIII

Ingo Richter

Gerhard Igl und ich haben in der zweiten Hälfte der 1980er Jahre am Fachbereich Rechtswissenschaft II der Universität Hamburg mehrere Jahre lang gemeinsam den Schwerpunkt „Sozialverwaltung“ durchgeführt. Gemeinsam heißt, dass er die Kranken-, Renten- und Unfallversicherung betreut hat und ich die Arbeitslosenversicherung und die Sozialhilfe; das Team-Teaching hatte der Fachbereich nämlich damals bereits weitgehend aufgegeben, d.h. aufgeben müssen. Wir unterrichteten also getrennt, und wir brachten aufgrund des Credos des Fachbereichs – jeder auf seine Art – die Sozialwissenschaften in unseren Unterricht mit ein, d.h. wir eigneten uns – als Nicht-Soziologen – die sozialwissenschaftlichen Kenntnisse durch die Lektüre von Büchern an, luden auch mal den einen oder anderen Praktiker aus den Bereichen der Sozialversicherung in den Unterricht ein, und die Studentinnen und Studenten gingen ja selber dann in ihre verschiedenen Praktika in der Sozialverwaltung, wo wir sie „begleiteten“. War dies Interdisziplinarität? Ich meine: Ja! Wir wussten es damals nicht besser und haben es nach bestem Wissen und Gewissen versucht, und die Ergebnisse waren ja nicht schlecht, wenn ich die Absolventinnen und Absolventen des Fachbereichs II betrachte. Gerhard Igl und ich haben dann im Frühlingssemester 1990 – kurz nach dem Mauerfall! – in einem Schwerpunktprogramm „Arbeits- und Sozialrecht“ der Faculte de Droit der Universität Bordeaux III unterrichtet, - auf Französisch, und zwar in der durch und durch traditionellen französischen Juristenausbildung, d.h. ohne die Einbeziehung von Sozialwissenschaften und Praxis. Dann trennten sich unsere Wege, und ich übernahm 1993 die Leitung des Deutschen Jugendinstituts in München, wo mir die Interdisziplinarität sozialpädagogischer und juristischer Arbeit auf eine ganz andere Art und Weise begegnete, nämlich als Problem der sozialpädagogischen Alltagspraxis, denn das Deutsche Jugendinstitut ist ein wissenschaftliches politik- und praxisbezogenes Institut

Ein Fall: *Julia ist 12 Jahre alt. Ihre nicht-eheliche Mutter hat das alleinige Sorgerecht, weil ihr nicht- ehelicher Vater wegen mehrerer Raubüberfälle im*

> *Knast sitzt. Julia hat zwei Halbbrüder, die 14 und 16 Jahre alt sind und die ebenfalls bei der Mutter leben. Julias Mutter arbeitet als Gelegenheitsprostituierte, und zwar vor allem abends in ihrer Wohnung, wo sie die Freier empfängt. Die Mutter beantragt Hilfe zur Erziehung und insbesondere die Aufnahme von Julia in ein Heim. Sie fühlt sich durch die Erziehung der drei Kinder überfordert, und zwar insbesondere weil ihre beiden Söhne sich nichts mehr sagen lassen und sie wegen ihrer Arbeit als Prostituierte ständig scharf angreifen. Das Jugendamt holt ein psychologisches Gutachten ein, in dem eine Gefährdung von Julia festgestellt wird. Auf der Hilfeplankonferenz im Jugendamt herrscht keine Einigkeit. Die Mutter besteht auf einer Heimeinweisung, unterstützt durch das Gutachten. Die beiden Brüder sagen, sie würden Julia beschützen und verhindern, das sie den Weg in die Prostitution geht; die Mutter wolle sie nur während ihrer Arbeit aus dem Wege räumen. Die Klassenlehrerin sagt, dass Julia nicht auffällig sei und in der Klasse gut mit komme. Das Jugendamt lehnt den Antrag auf Hilfe zur Erziehung und die Einweisung in ein Heim mit der Begründung ab, dass Julia genügend Resilienz bewiesen habe und dass die Brüder sie beschützen und vor der Prostitution bewahren würden; im übrigen beruft sich das Jugendamt auf die elternrechtsfreundliche Rechtsprechung des Bundesverfassungsgerichts.*

Die rechtlichen Voraussetzungen für die Gewährung von Hilfe zur Erziehung ergeben sich aus § 27 Abs. 1 SGB VIII:

> *„Ein Personensorgeberechtigter hat bei der Erziehung eines Kindes oder eines Jugendlichen Anspruch auf Hilfe (Hilfe zur Erziehung), wenn eine dem Wohl des Kindes oder des Jugendlichen entsprechende Erziehung nicht gewährleistet ist und die Hilfe für seine Entwicklung geeignet und notwendig ist“.*

Danach besteht also ein Anspruch auf Hilfe zur Erziehung nur, wenn eine dem Wohl des Kindes entsprechende Erziehung durch die Personensorgeberechtigten nicht gewährleistet und wenn die Hilfe geeignet und notwendig ist. Ob diese Voraussetzungen vorliegen, entscheidet das Jugendamt nach Beratungen einer sog. Hilfeplankonferenz über einen Hilfeplan nach § 36 SGB VIII durch Verwaltungsakt.[1] Bei den Hilfen zur Erziehung nach § 27 SGB VIII ist nach § 36 SGB VIII die Durchführung einer sog. Hilfeplankonferenz und die Aufstellung eines Hilfeplans zwingend. Da sowohl der Leistungsberechtigte wie der Leistungsadressat, also in unserem Fall

---

1 Kunkel in LPK-SGB VIII § 27 Rn. 14; Schmid-Obkirchner in Wiesner, SGB VIII § 27 Rn. 69, obwohl sie den Begriff des Verwaltungsaktes im Falle von personenbezogenen Dienstleistungen angesichts der „Dynamik und Eigenart“ des Hilfeprozesses eigentlich für ungeeignet hält und deshalb den Begriff eines „prozessoffenen Verwaltungsaktes“ übernimmt, sich aber letztlich der Qualifizierung der Entscheidung als Verwaltungsakt nicht entzieht.

die Mutter wie die Tochter, nach § 14 SGB I in Verbindung mit § 36 Abs. 1 Satz 1 SGB VIII über die „Inanspruchnahme einer Hilfe" zu beraten sind, handelt es sich bei der Entscheidung über die Hilfegewährung um einen mitwirkungsbedürftigen Verwaltungsakt i.S. von §§ 60 ff. SGB X. Dabei darf sich die „Beratung" i.S. von § 14 SGB VIII nicht auf beschränken, Fragen der Leistungsberechtigten bzw. Leistungsadressaten zu beantworten, sondern es soll sich um eine „offensive Erfüllung des Beratungsanspruches", um eine „Koproduktion" von Entscheidungen handeln.[2] Die Entscheidung selber, also der Verwaltungsakt, bleibt freilich der Fachkraft, also dem Jugendamt vorbehalten; es geht nicht um ein „Aushandeln" der Entscheidung zwischen den Beteiligten.[3] Aus diesem Grunde kann sich zwar der Leistungsberechtigte bzw. der Leistungsadressat nach § 13 SGB X von einem Bevollmächtigten begleiten lassen, vertreten lassen können sie sich jedoch nicht, da die Beratung persönlich zu erfolgen hat. Es handelt sich auch nicht um einen „Anwalt des Kindes" im Sinne von § 50 FGG, der auf das familienrechtliche Verfahren beschränkt ist.[4]

Nach § 36 Abs. 2 Satz 1 SGB VIII soll die Entscheidung „über die im Einzelfall angezeigte Hilfeart" im „Zusammenwirken mehrerer Fachkräfte" getroffen werden, und „mehrere Fachkräfte" sind stets mindestens zwei.[5] Dieser Sollvorschrift liegen zwei Zielsetzungen zugrunde, nämlich 1. das sog. Vieraugenprinzip, das der Verhinderung von Missbrauch aufgrund von Abhängigkeitsverhältnissen dienen soll, und 2. die Qualitätsverbesserung und Transparenz von Entscheidungsprozessen.[6] Mit den Fachkräften sind hier zunächst einmal die Fachkräfte des Jugendamtes selber gemeint, also die Fachkräfte im Sinne der Legaldefinition des § 72 SGB VIII. Es kann sich dabei sowohl um Fachkräfte der gleichen Fachrichtung handeln wie auch um Fachkräfte verschiedener Fachrichtungen im gleichen Jugendamt, also um eine interdisziplinäre Kooperation innerhalb desselben Amtes.[7] In aller Regel wird es sich dabei um die Beteili-

2 Münder u.a. FK-SGBVIII, § 36 Rn. 8 ff.

3 Schmid-Obkirchner in Wiesner, SGB VIII § 36 Rn. 11 ff., die ausdrücklich vor einer vermeintlichen „Gleichordnung der Aushandlungspartner" warnt, die die „Asymmetrie im Verhältnis von Professionellen und Laien" verdeckt.

4 Kunkel in LPK –SGB VIII § 36 Rn. 37.

5 Münder u.a. FK-SGB VIII, § 36 Rn. 42.

6 Schmid-Obkirchner in Wiesner, SGB VIII, § 36 Rn. 46.

7 Schmid-Obkirchner in Wiesner, SGB VIII § 36 Rn. 46.

gung des Allgemeinen Sozialdienstes (ASD) handeln, weil dieser die familiäre Situation am besten überblickt; es kann sich aber im Hinblick auf die finanziellen Voraussetzungen und Konsequenzen auch um eine Beteiligung der „Wirtschaftlichen Jugendhilfe" handeln, insbesondere wenn es um die Berechung der Kosten geht, etwa bei Kostenbeteiligung oder im Falle des Mehrkostenvorbehalts nach § 36 Abs. 1 Satz 4 SGB VIII.[8] Auch eine Beteiligung des Dienstvorgesetzten, also des Leiters des Jugendamtes, ist nicht ausgeschlossen, der jedoch in der Hilfeplankonferenz nicht im Rahmen der Dienstaufsicht tätig wird, die ihm im Falle eines Falles aufgrund seines Letztentscheidungsrechtes immer noch verbleibt. Zu einer interdisziplinären Zusammenarbeit im Rahmen des Hilfeplanverfahrens kommt es aber eigentlich erst dann, wenn externe Fachkräfte hinzu gezogen werden, wenn es sich um eine sog. „Helferkonferenz" [9] handelt, zu der – je nach Sachlage – Erzieherinnen und Erzieher, Lehrerinnen und Lehrer, Psychologen, Ärzte, Psychotherapeuten, Polizisten, Richter, Mitarbeiter des Arbeitsamtes u.a. hinzugezogen werden können. Hier schimmert noch ein wenig die Idee des „Runden Tisches" durch, die Idee, dass alle Beteiligten zum Besten des Betroffenen zusammenwirken sollen. Die Vorschrift spricht davon, dass die Entscheidung „im Zusammenwirken" getroffen werden soll; sie sagt nicht, wer die Entscheidung letztlich trifft. Auch wenn man der Auffassung ist, dass hier eine gemeinsame Entscheidung zu treffen ist,[10] ändert dies nichts daran, dass die Verantwortung für die Entscheidung über die Gewährung der Hilfe nach § 27 SGB VIII letztlich eine Entscheidung der Fachkraft im Jugendamt ist.[11] Der Verwaltungsakt nach § 27 SGB VIII über die Gewährung der Hilfe beruht also auf einem Hilfeplan, der das zu dokumentierende Ergebnis einerseits einer Betroffenenanhörung und andererseits einer interdisziplinären Kooperation ist.

Der Begriff des Kindeswohls in § 27 KJHG ist ein unbestimmter Rechtsbegriff, der der Auslegung und Anwendung auf den Einzelfall be-

---

8 Münder u.a. warnen freilich davor, die Entscheidung an die „wirtschaftliche Jugendhilfe" zu delegieren, was sie für rechtswidrig halten, a.a.O. § 36 Rn. 45.

9 Münder u.a. FK-SGB VIII, § 36 Rn. 42.

10 Kunkel in LPK – SGB VIII § 36 Rn. 34; Münder u.a. berichten, dass in der Praxis unterschiedliche Formen zu finden sind, a.a.O. Rn. 44.

11 Über das rechtliche Verhältnis von Hilfeplan und Verwaltungsakt herrscht zwar Streit, s. Kunkel in LPK – SGB VIII § 36 Rn. 42; letztlich kann es aber keinem Zweifel unterliegen, dass rechtlich gesehen das Hilfeplanverfahren ein behördeninternes Verfahren ist, s. Schmid-Obkirchner in Wiesner, SGB VIII § 36 Rn. 63 ff.

darf. Die Auslegung und die Anwendung auf den Einzelfall liegen in den Händen des Jugendamtes, also von Sozialpädagogen. Der Begriff des Kindeswohls hat sich mehr und mehr zum Schlüsselbegriff des modernen Kindschaftsrechts und des Kinder- und Jugendhilferechts sowie des Strafrechts entwickelt. Art. 3 der UN-Kinderkonvention von 1989 lautet:

> „Bei allen Maßnahmen, die Kinder betreffen, gleichviel ob sie von öffentlichen oder privaten Einrichtungen der sozialen Fürsorge, Gerichten, Verwaltungsbehörden oder Gesetzgebungsorganen getroffen werden, ist das Wohl des Kindes ein Gesichtpunkt, der vorrangig zu berücksichtigen ist."

Die amtliche (schwächere) Fassung dieses Artikels lautet:

> „the best interest of the child shall be a primary consideration"

Der Begriff des Ranges taucht im Original nämlich nicht auf, und die Rangordnung von Gesetzen ist ein dem deutschen Recht eigenes Prinzip, das durchaus im Unterschied zum anglo-amerikanischen Verhandlungsprinzip zu sehen ist.

Art. 5 der UN-KK stellt jedoch klar, dass die Vertragsstaaten bei ihren Maßnahmen zum Schutz des Kindeswohls die Rechte und Pflichten der Eltern achten,

> *„die das Kind bei der Ausübung der in diesem Übereinkommen* anerkannten Rechte in einer seiner Entwicklung entsprechenden Weise angemessen leiten und führen"

wofür sie nach Art. 18 der UN-KK gemeinsam in erster Linie verantwortlich sind, und wobei

> „das Wohl des Kindes ihr Grundanliegen ist."
> („The best interests of the child will be their basic concern.")

Es ist durchaus bemerkenswert, dass für die Eltern im Gegensatz zu den privaten und staatlichen Einrichtungen und Behörden nach Art. 3 eine indikative und keine imperative Formulierung gewählt wurde.

Das deutsche Recht hat nun die Verpflichtungen aus dem internationalen Recht dergestalt umgesetzt, dass das Elternrecht nach Art. 6 Abs. 2 GG nach absolut herrschender Meinung zum Wohl des Kindes auszuüben ist:

> *„Die verfassungsrechtliche Gewährleistung des Elternrechts gilt in erster Linie dem Schutz des Kindes. Sie beruht auf dem Grundgedanken, dass in aller Regel Eltern das Wohl des Kindes mehr am Herzen liegt als irgendeiner an-*

deren Person oder Institution....In der Beziehung zum Kind muss dessen Wohl die oberste Richtschnur der elterlichen Pflege und Erziehung sein."[12]

Was jedoch das Wohl des Kindes ist, das sagt der Gesetzgeber nicht, und zwar mit gutem Recht, denn es ist in aller erster Linie das Recht der Eltern, zu bestimmen, was das Wohl des Kindes ist (s.o. das Zitat des Bundesverfassungsgerichtes).

„*Es gehört nicht zur Ausübung des Wächteramtes* (des Staates, d.Verf.), *gegen den Willen der Eltern für eine bestmögliche Förderung der Fähigkeiten des Kindes zu sorgen.*"[13]

Das Bundesverfassungsgericht hat in diesem Beschluss seine ständige Rechtsprechung zur Frage, unter welchen Voraussetzungen Kinder von den Eltern getrennt werden dürfen, bestätigt.[14] Man wird dieser Aussage zum Elternrecht nicht widersprechen können, wohl aber der Anwendung auf den konkreten Fall. Das Amtsgericht hatte, gestützt auf ein psychologisches Gutachten, eine Gefährdung des Kindeswohls festgestellt und die Rückübertragung des Sorgerechts, das einer Mutter von zwei Kindern entzogen worden war, abgelehnt und das Oberlandesgericht hatte diese Entscheidung bestätigt. Man mag ja das psychologische Gutachten kritisieren, denn die Gutachterin meinte, dass die Gefährdung der Kinder erst beseitigt sei, wenn die Mutter ihre eigene Psychotherapie beendet habe. Das mag man ja bezweifeln! Es handelt sich jedoch nicht um eine verfassungsrechtliche Frage, denn die Gutachterin und das Amtsgericht haben nicht über die „bestmögliche Förderung" der Kinder entschieden, sondern über ihre Gefährdung, und dabei handelt es sich um eine fachliche und eine fachgerichtliche, nicht aber um eine verfassungsrechtliche Frage. Das Bundesverfassungsgericht hat sich wieder einmal über die fachgerichtliche Beurteilung eines Sachverhaltes hinweg gesetzt, und zwar nur um die „Besserwisserei" der fachlichen Gutachter zu rügen.

Da die Eltern in einem pluralistischen Staat über das „Wohl ihres Kindes" jedoch völlig unterschiedlicher Meinung sein können, kann es von Gesetzes wegen überhaupt keine Definition des Kindeswohls geben. Es herrscht vielmehr von Verfassungs wegen ein Definitionsverbot, weil die Definitionsmacht bei den Eltern liegt.

---

12 BVerfGE 61, 358, 371 f. – Behinderte Eltern.

13 BVerfG 20.1.2016 – 1 BvR 2742/15.

14 Wiesner, Wann darf der Staat Kinder von ihren Eltern trennen? Recht der Jugend und des Bildungswesens, 2016 S. 171.

Der Gesetzgeber hat aus diesem Grund Negativdefinitionen gewählt, und zwar für die Trennung der Kinder von der Familie in Art. 6 Abs. 3 GG:

> *„wenn die Erziehungsberechtigten versagen oder wenn die Kinder aus anderen Gründen zu verwahrlosen drohen."*

oder für die Einschränkung oder Entziehung des elterlichen Sorgerechts in § 1666 BGB:

> *„Wird das körperliche, geistige oder seelische Wohl des Kindes gefährdet, ..."*

oder für die Verletzung der Fürsorge- und Erziehungspflicht in § 171 StGB:

> „Wer seine Fürsorge- und Erziehungspflicht gegenüber einer Person unter 16 Jahren gröblich verletzt und dadurch den Schutzbefohlenen in die Gefahr bringt,...wird ... bestraft."

oder eben zur Begründung des Anspruchs auf Hilfe zur Erziehung in § 27 SGB VIII:

> „Wenn eine dem wohl des Kindes oder des Jugendlichen entsprechende Erziehung nicht gewährleistet ist."

Alles negative Bestimmungen! Der Familienrichter, der Strafrichter und der Verwaltungsrichter, sie sind alle dazu berufen, zu entscheiden, wenn das Wohl des Kindes und seine Erziehung gefährdet sind. Und so auch das Jugendamt, wenn es über die gesetzlichen Voraussetzungen für die Gewährung von Erziehungshilfe entscheiden soll.

„Das Jugendamt", das ist zunächst einmal eine einzelne Sozialarbeiterin bzw. ein einzelner Sozialarbeiter. Sein bzw. ihr Blick in die sozialpädagogische Literatur hilft wenig weiter, denn die beiden führenden Handbücher kennen den Begriff des Kindeswohls überhaupt nicht.[15] Dennoch gibt es nicht nur eine breite pädagogisch-psychologische theoretische Literatur, wie auch empirische Forschung zum Thema „Kindeswohl" [16]; praktisch

---

15 Otto und Thiersch, Handbuch Soziale Arbeit, 5. Auflage, 2015; Kreft und Mielenz, Wörterbuch Soziale Arbeit, 5. Auflage 2005.

16 Insbesondere die umfangreichen grundlegenden Untersuchungen von Goldstein u.a. zur Zusammenarbeit von Juristen und Psychoanalytikern in Goldstein, The best interst of the child, 3 volumes, 1973 – 1986, die in Deutschland kaum rezipiert worden sind, sowie z.B. die Untersuchungen von Simitis u.a. über die Vormundschaft in Deutschland aus den siebziger Jahren, s. Simitis, Kindeswohl, 1979.

für Sozialarbeiterinnen ist vielleicht eine Liste von Fegert aus dem Jahre 2002:

> *„1. Liebe, Akzeptanz und Zuwendung: Der Mangel an emotionaler Zuwendung kann zu schweren körperlichen und psychischen Depriviationsfolgen bis hin zum psychosozialen Minderwuchs und „failure to thrive (nicht organisch bedingten* Gedeihstörungen) führen.
> 2. Stabile Bindungen: Bindungsstörungen zeigen sich bei kleinen Kindern zunächst in Auffälligkeiten der Nähe-Distanz-Regulierung und können später zu massiven Bindungsstörungen führen.
> 3. Ernährung und Versorgung: als Folgen einer Mangel- und Fehlernährung treten Hunger und Gedeihstörungen und langfristig körperliche sowie kognitive Entwicklungsbeeinträchtigungen auf.
> 4. Gesundheit: Mängel im Bereich der Gesundheitsfürsorge führen zu vermeidbaren Erkrankungen mit unnötig schwerem Verlauf, z.B. infolge von Impfmängeln, Defektheilungen etc.
> 5. Schutz vor Gefahren von materieller und sexueller Ausbeutung: psychisch können diese Belastungen zu Anpassungs- bzw. posttraumatischen Störungen führen, die durch eine Fülle von Symptomen und teilweise langfristige Erkrankungsverläufe gekennzeichnet sind.
> *6. Wissen, Bildung und Vermittlung hinreichender Erfahrung: Mängel in diesen Bereichen führen zu Entwicklungsrückständen bis hin zur Pseudodebilität.“*[17]

Dies ist vielleicht für das Jugendamt eine hilfreiche Checkliste, wenn es um die Defizitanalyse geht. Die Hilfeplankonferenz nach § 36 SGB VIII berät über die Maßnahmen, auch wenn dies ohne Rückgriff auf die Ursachen, also die Gefährdung des Kindeswohls, nicht gehen wird, aber von Gesetzesauftrag wird das nicht umfasst. Die Sozialarbeiterin kann sich von Experten beraten lassen, kann Gutachten in Auftrag geben,[18] aber um was für Gutachten kann es denn überhaupt gehen? Meist wird eine Psychologin als Gutachterin hinzu gezogen, aber auch Psychologen bedürfen zur Beurteilung des Kindeswohl weiteren Sachverstandes, - von medizinischer Seite, von pädagogischer Seite, auch soziologisch oder medien- oder arbeitswissenschaftlich, je nach Falllage. Der Auftrag der Sozialarbeiterin ist es, eine Mangelsituation festzustellen, aus der sich ein erzieherischer Bedarf ergibt,[19] und zwar muss es sich dabei um einen Mangel handeln,

---

17 Fegert in Salgo u.a., Verfahrenspflegschaft für Kinder und Jugendliche, 2002, S. 207.

18 Münder u.a. FK-SGB VIII Vor § 50 Rn. 9 mit vielen Hinweisen auf die sozialpädagogische Literatur.

19 Schmid-Obkirchner in Wiesner, SGB VIII § 27 Rn. 20 ff.

den die Eltern nicht selber beheben können, denn es geht angesichts des Elternrechtes nicht darum, die bestmöglichen Maßnahmen zur Förderung des Kindeswohls festzustellen und zu fördern (s.o. BVerfG).

Grundlage der Entscheidung im Falle von Julia ist also eine Gefahrprognose, also die Prognose, ob das körperliche, geistige und seelische Wohl von Julia gefährdet wird, wenn sie in der Familie verbleibt, also immer wieder mit der Prostitution ihrer Mutter konfrontiert wird. Es wird hier nicht so sehr um das körperliche und das geistige Wohl, sondern um das „seelische Wohl“ gehen, denn von einer körperlichen Vernachlässigung von Julia ist in dem Fall nicht die Rede, und Julia wird sich mit der Prostitution als familalem und sozialem Phänomen bereits auseinander gesetzt haben müssen, vor allem durch die Intervention der Brüder. Als „seelisches Wohl“ wird man wohl die psychische Gesundheit im weitesten Sinne verstehen können, die gefährdet ist, wie Münder u.a. es genannt haben:

> *„wenn durch die soziale, psychosoziale oder individuelle Sozialisationssituation, in der sich der Minderjährige befindet, konkret benennbare Schädigungsfolgen wahrscheinlich eintreten werden“*[20]

Dass Prostitution in der Familie ein kinder- und jugendgefährdender Tatbestand ist, gehört zum sozialarbeiterischen Alltagswissen, so dass es insoweit einer interdisziplinären Kooperation nicht bedarf. In der Checkliste (s.o.) würde man sie unter Nr. 2 und 5 einordnen können, auch wenn es im Falle von Julia noch nicht um ihre eigene Prostitution geht. Dabei müssen die Schädigungsfolgen konkret benannt werden, damit schichtspezifische Vorurteile ausgeschlossen werden können.[21] Es wäre deshalb völlig unangemessen und ein sozialpädagogisches Fehlverhalten, über die Prostitutionsgefahr mit der Bemerkung hinweg zu gehen, dass Prostitution „in einem solchen Milieu“ sowieso üblich sei. Zum sozialpädagogischen Alltagswissen gehört auch, dass Kinder und Jugendliche, die in Prostitutionsmilieus aufwachsen, eher selber zur Prostitution neigen als andere Kinder und Jugendliche, dass die Prostitution der Mutter ein Weg in die Prostitution der Tochter ist.[22]

Ein Blick in die sozialpädagogische Literatur wird die Sozialarbeiterin jedoch veranlassen, die Frage der Resilienz psychologisch begutachten zu

---

20 Münder u.a. FK-SGB VIII § 27 Rn. 6.

21 Münder a.a.O.

22 Bergdoll und Wurms, Prostitution, in Kreft und Mielenz, Wörterbuch Soziale Arbeit, 5. Auflage, 2005, S. 666.

lassen;[23] wenn es dafür im Amt Zeit und Geld gibt. Das Aufwachsen in einem Prostitutionsmilieu spricht zunächst einmal gegen die Chance, dass Julia selber gegen die eigene Prostituierung Widerstand entwickelt, denn die Entwicklung von Widerstandsfähigkeit ist stark milieubedingt, und Julia ist möglicherweise mit 12 Jahren der Gefahr der Prostitution noch nicht ausgesetzt, auch wenn es durchaus andere Entwicklungen gibt. Andererseits hängt die Resilienz stark von sozialen Netzwerken insbesondere von familiären und freundschaftlichen Beziehungen ab, denn Resilienz kann ein Gruppenphänomen sein, muss es aber nicht.[24] Letztlich geht es aber um nicht stabile, sondern u.U. auch um situative Persönlichkeitsmerkmale, die sich nur durch ein psychologisches Gutachten werden klären lassen. Wenn das Jugendamt nach einem solchen Gutachten der Auffassung ist, dass Julia genügend Resilienz entwickelt hat und wenn es der Schutzfunktionserklärung der Brüder Glauben schenkt, so handelt es sich dabei um eine reine sozialpädagogische Aussage, die das Jugendamt in seiner sozialpädagogischen Verantwortung trifft.

Wenn die Mutter die Ablehnung ihres Antrages auf Hilfe zur Erziehung rechtlich angreifen will, dann muss sie gegen die Entscheidung des Jugendamtes Widerspruch einlegen. Dann wird die Entscheidung noch einmal überprüft, und zwar zunächst durch das Jugendamt selber und dann durch die vorgesetzte Behörde, also die Stadt oder den Kreis.[25] Bei dieser Prüfung wird sowohl die Rechtmäßigkeit als auch die Zweckmäßigkeit der Entscheidung überprüft, also auch die Gefahrprognose des Jugendamtes. Auch diese Entscheidung liegt ausschließlich in Händen von Sozialpädagogen, die in sozialpädagogischer Verantwortung handeln.

Wenn auch diese Überprüfung zuungunsten der Mutter ausgeht, wenn also die Hilfe zur Erziehung auch im Widerspruchsverfahren abgelehnt wird, dann kann die Mutter Klage vor dem Verwaltungsgericht erheben.[26] Vor dem Verwaltungsgericht wird die Mutter wiederum vortragen, dass sie sich durch die Erziehung überfordert fühlt und deshalb der Hilfe bedarf. Sie wird dagegen nicht vortragen, dass die Erziehung von Julia aufgrund ihrer Arbeit als Prostituierte gefährdet ist. Der Richter ist jedoch an

---

23 Gabriel, Resilienz in Otto-Thiersch, Handbuch Soziale Arbeit, 5. Auflage, 2015 S. 1342.

24 Gabriel a.a.O.

25 Zum Widerspruchsverfahren im einzelnen s. Kunkel in LPK-SGB VIII Anh. 5 Rn. 48 ff.

26 Zum Klageverfahren s. ebenfalls Kunkel a.a.O. Rn. 66 ff.

den Vortrag der Klägerin nicht gebunden, sondern hat den gesamten Sachverhalt von Amts wegen zu untersuchen. In diesem Zusammenhang muss der Richter insbesondere entscheiden, ob das Wohl von Julia gefährdet ist, wenn sie in der Familienwohnung verbleibt. Der unbestimmte Rechtsbegriff „Kindeswohl" muss also von dem Verwaltungsrichter ausgelegt und im Einzelfall auf Julia angewandt werden. Hierbei ist der Richter nicht an die Beurteilung des Jugendamtes gebunden, denn das Jugendamt besitzt keinen Beurteilungsspielraum, sondern seine Auslegung und Anwendung des Begriffes unterliegt der vollen juristischen Nachprüfung. So jedenfalls haben die Verwaltungsgerichte zunehmend gegen den anhaltenden Widerstand der Sozialpädagogen entschieden.[27] Auch einige Gerichte haben sich diesen Widerständen angeschlossen und mit dem Prognosecharakter und der kooperativen Entscheidung über den Hilfeplan argumentiert, [28] sich aber letztlich damit nicht durchsetzen können. Der Richter kann und muss seinen Fachverstand an die Stelle des Fachverstandes des Jugendamtes setzen; der Jurist muss also eine fachliche Frage beantworten, über die eine ausgebildete Fachkraft – u.U. bereits unter Hinzuziehung von externem Sachverstand - bereits entschieden hat. Auch das Gericht wird nochmals weiteren externen Sachverstand bemühen, insbesondere weil die Parteien es beantragen werden; es liegen deshalb vermutlich zwei weitere psychologische Gutachten, ergänzt um Weiteres (s.o.) vor. Wenn der Richter zu der Auffassung gelangt, dass das seelische Wohl von Julia gefährdet ist, weil er den Aussagen der Brüder keinen Glauben schenkt und weil er Julia selber keinesfalls für so gefestigt hält, dass die den Gefahren der Prostitution widerstehen kann, dann wird er der Mutter Hilfe zur Erziehung zusprechen.

Die Entscheidung über das Kindeswohl ist eine interdisziplinäre Entscheidung, auch wenn insoweit der Richter das letzte Wort hat. Die Entscheidung des Jugendamtes über die Gewährung von Hilfe zur Erziehung und ihre Überprüfung durch das Verwaltungsgericht betrifft zunächst jedoch nur die Voraussetzungen der Hilfegewährung, die Gefährdung des Kindeswohls, die ohne Beurteilungsspielraum des Jugendamtes vom Verwaltungsgericht voll nachgeprüft wird, auch wenn sich der Richter dabei

---

27 Zu dieser Kontroverse Schmid-Obkirchner in Wiesner, SGB VIII § 27 Rn. 65 ff.; Münder u.a. FK-SGB VIII § 27 Rn. 55 ff.

28 Nachweise bei Münder u.a.FK-SGB VIII § 27 Rn. 57 f. und Schmid-Obkirchner in Wiesner SGB VIII § 27 Rn. 65 ff.

auf den sozialpädagogischen Sachverstand des Jugendamtes und auf weiteren externen Sachverstand verlässt und auch verlassen muss.

Es folgt die Entscheidung über die zu gewährende Hilfe, hier über die beantragte Einweisung in ein Heim nach § 34 SGB VIII.

> „Hilfe zur Erziehung in einer Einrichtung über Tag und Nacht (Heimerziehung) oder in einer sonstigen betreuten Wohnform soll Kinder und Jugendliche durch eine Verbindung von Alltagsleben mit pädagogischen und therapeutischen Angeboten in ihrer Entwicklung fördern."

In dieser Beziehung besitzt das Jugendamt einen gewissen Ermessensspielraum, auch wenn dies von Juristen bestritten wird,[29] denn die Hilfe zur Erziehung soll nach § 27 Abs. 1 SGB VIII in der Form einer Heimeinweisung geleistet werden, wenn sie geeignet und notwendig ist. Über die Eignung und Notwendigkeit entscheidet zunächst allerdings das Jugendamt im Hilfeplanverfahren, d.h. im Rahmen seines sozialpädagogischen Sachverstandes (s.o). Das Jugendamt wird aufgrund seines Sachverstandes die Eignung möglicherweise verneinen, nämlich dann, wenn es keinen Vertrag mit einem geeigneten Heim über die Unterbringung gefährdeter Mädchen geschlossen hat, und es wird deshalb möglicherweise eine Vollzeitpflege nach § 33 SGB VIII oder eine sozialpädagogische Familienhilfe nach § 31 SGB VIII für geeigneter halten, wodurch die Notwendigkeit einer Heimeinweisung infrage gestellt wird. Insbesondere die sozialpädagogische Familienhilfe kann auf große Erfolge gerade im Zusammenhang mit Prostitution in der Familie verweisen; [30] sie setzt jedoch die Mitwirkung der Mutter voraus, die in diesem Falle nur schwer zu erlangen sein wird. In jedem Falle muss die Eignung der verschiedenen Hilfen zur Erziehung nach §§ 28 ff. SGB VIII geprüft werden.[31]Aus finanziellen Gründen darf die Hilfe jedoch nicht verweigert werden,[32] auch wenn die Höhe der Heimkosten in der fachlichen und politischen Diskussion seit langem „ein heißes Eisen" ist. Beide Entscheidungen können vom Richter ebenso wie das Vorliegen einer Gefährdung voll nachgeprüft werden, d.h. auch hier wird das Jugendamt den Richter davon überzeugen müssen, dass

29 Zur Kontrolldichte in diesem Fall Schmid-Obkirchner in Wiesner SGB VIII § 27 Rn. 65 ff.; Münder u.a. FK-SGB VIII § 27 Rn. 58, die sich ebenfalls gegen ein Ermessen aussprechen.

30 Helmig, Sozialpädagogische Familienhilfe in Birtsch, Münstermann und Trede, Handbuch Erziehungshilfen, 2001, S. 541 ff.

31 Kunkel in LPK – SGB VIII § 27 Rn. 22 ff.

32 Schmid-Obkirchner in Wiesner SGB VIII § 27 Rn. 61.

die Heimeinweisung aus sozialpädagogischen Gründen ungeeignet ist und sich stattdessen eine Pflege anbietet. Auch wenn diese beiden Voraussetzungen sozialpädagogisch geklärt und richterlich geprüft worden sind, verbleibt dem Jugendamt ein Ermessensspielraum, denn die Heimeinweisung soll ja nur erfolgen, sie muss nicht zwingend erfolgen. Das Jugendamt soll zudem das Wunsch- und Wahlrecht des Kindes bzw. des Jugendlichen nach § 5 SGB VIII berücksichtigen, was mit einem gewissen Entscheidungsspielrum verbunden ist.[33] Wenn sich das Jugendamt nun gegen die Heimeinweisung entscheidet, ist die juristische Nachprüfung nach § 114 VwGO darauf beschränkt, ob der Zweck der Heimeinweisung erfüllt werden kann. Wenn das Jugendamt dies immer noch verneint, setzt sich sein sozialpädagogischer Sachverstand gegen die juristische Beurteilung durch das Gericht durch.

Der Fall zeigt, dass bei Entscheidungen über die Gewährung von Hilfe zur Erziehung, insbesondere bei Entscheidungen über eine Unterbringung in einem Heim interdisziplinäre Entscheidungen von Sozialpädagogen und Juristen – gegebenenfalls unter Mitwirkung weiterer Sachverständiger – gefällt werden müssen, und zwar insbesondere über die Gefährdung des Kindeswohls wie über die Eignung und Notwendigkeit einer Heimunterbringung. Es fragt sich allerdings, worauf die Verwaltungsgerichte ihren Sachverstand gründen, wenn sie die sozialpädagogischen Entscheidungen des Jugendamtes überprüfen. Insofern kann man hier von einer „hinkenden Interdisziplinarität" sprechen: Der Fachverstand liegt beim Jugendamt, aber letztlich trägt die letzte Entscheidungsverantwortung ein unabhängiger Richter.

---

33 Münder u.a. FK-SGB VIII § 27 Rn. 30 ff.

Solidarität – Notwendigkeit und aktuelle Herausforderungen

Franz Ruland

I. Solidarität

In einer Zeit, in der die Mitmenschlichkeit nahezu überall mehr und mehr verloren geht, ist es angebracht, über Solidarität nachzudenken über ihre Notwendigkeit und über ihre aktuellen Herausforderungen. Solidarität ist als Folge der gegenseitigen Abhängigkeit ein Wesenselement zwischenmenschlicher Beziehungen[1]. Sie beruht auf gemeinsamen Wertorientierungen und beschreibt das Zusammengehörigkeitsgefühl in einer Gruppe, die Mitverantwortlichkeit des Einzelnen für die Anderen in ihr. Solidarisches Verhalten zielt in einem Staat, einer Partei, einem Verein auf deren bzw. dessen Erfolg und bedeutet loyalen Einsatz für das jeweils gemeinsame Ziel. Solidarität meint insbesondere die Bereitschaft, anderen in Not zu helfen, und die Mitmenschlichkeit, die Nächstenliebe, die Barmherzigkeit, die dem zu Grunde liegt. Solidarität ist die – auch auf „Schwestern“ übertragene – „fraternité“ in der Forderung nach: liberté, égalité, fraternité. Solidarität heißt auch, den anderen im Respekt vor seiner Persönlichkeit und Würde teilhaben zu lassen, ihm die Chance der Entwicklung seiner Individualität zu geben bzw. zu belassen. Gefordert ist diese Solidarität insbesondere zugunsten der Behinderten, aber auch der Personen, die auf Sozialhilfe angewiesen sind oder die berechtigt bei uns Asyl suchen.

Die Solidargemeinschaften sind vielfältig, z.B. der familiäre Unterhaltsverband[2], die Betriebe als Träger der Lohnfortzahlung oder der betrieblichen Altersversorgung, die Kommunen als Träger insbesondere der Sozialhilfe, der Staat mit seinen vielfältigen Leistungen, die (Sozial-)Versicherungsträger und die karitativen Institutionen. Die Solidargemeinschaften sind, wie schon diese Aufzählung zeigt, in hohem Maße unterschiedlich. Sie ergänzen sich oder sind – meist in einem komplizierten Verhältnis –

---

1 Zum Thema Solidarität bereits *Ruland*, DRV 2000, 733 ff.; *ders.*, NJW 2002, 3518 f.; *ders.*, in: Deutsche Rentenversicherung Bund (Hrsg.), Das Soziale in der Alterssicherung, DRV - Schriften Band 66, 2006, S. 53; s.a. *ders.*, NZS 2009, 473.

2 Dazu *Ruland*, JuS 2005, 973 ff.

subsidiär, denken wir nur an das komplizierte Verhältnis zwischen Unterhalt und Sozialhilfe. Die Solidargemeinschaften sind im Wandel. So hat z.B. der Staat viele Solidarfunktionen der Familie übernommen, die Alterssicherung erfolgt weitestgehend über die staatlichen, betrieblichen oder privaten Vorsorgesysteme. Die Verantwortung der Familie konzentriert sich auf ihre Kernfunktion, auf die Beziehung Eltern – Kinder. Die private Vorsorge sollte wegen der Absenkung des Rentenniveaus Verantwortungsbereiche der Rentenversicherung übernehmen, ist aber inzwischen vieler Gründe wegen selbst zu einem Unsicherheitsfaktor geworden, weshalb immer häufiger darüber nachgedacht wird, die „Riester-Rente" wieder abzuschaffen[3].

II. Solidarität – Individualität – Eigenverantwortlichkeit

Zwischen Individualität, verstanden als die Freiheit, das eigene Leben in der Gesellschaft zu gestalten, und Solidarität bestehen enge Zusammenhänge: „Ich helfe, damit mir einmal geholfen wird" oder anders formuliert: „Einer für Alle und Alle für Einen". Diese wechselseitige Einstandspflicht, mithin also potentieller Eigennutz sind nicht zu verachtende Triebfedern der Solidarität. „Solidarität rechnet mit Solidarität"[4]. Je arbeitsteiliger die Gesellschaften werden und je schneller sie sich wandeln, umso mehr nimmt die Abhängigkeit von anderen zu, umso dichter liegen Glück und Unglück, Erfolg und Misserfolg beieinander. Daher kann keiner ausschließen, selbst einmal auf Hilfe angewiesen zu sein. Solidarität sichert individuelle Freiheit ab.

Eigenverantwortlichkeit geht der Solidarität vor. Wer sich selbst helfen kann, ist weder sozialhilfe- noch unterhaltsbedürftig. Das ist Inhalt des Subsidiaritätsprinzips. Deshalb wäre das derzeit wieder diskutierte „bedingungslose Grundeinkommen"[5] unsolidarisch, es wurde in der Schweiz zu-

---

3 Z.B. *Bode*, in: Masuch/Spellbrink/Becker/Leibfried (Hrsg.), Grundlagen und Herausforderungen des Sozialstaats – BSG und Sozialstaatsforschung, Bd. 2, 2015, S. 82; s.a. *Ruland*, NZS 2016, 721 (725 f.).

4 *Isensee*, in: *ders.* (Hrsg.), Solidarität in Knappheit, 1998, S. 103.

5 Dazu etwa Opielka: Grundeinkommen statt Hartz IV. Zur politischen Soziologie der Sozialreformen, Blätter für deutsche und internationale Politik 2004, 1081 ff.; *Straubhaar* (Hrsg.), Bedingungsloses Grundeinkommen und Solidarisches Bürgergeld – mehr als sozialutopische Konzepte, 2008; *Werner*, Einkommen für alle, 2007.

recht abgelehnt. Auch der Hilfebedürftige muss solidarisch sein. Primär ist seine Verpflichtung, durch Arbeit für sich selbst aufzukommen. Solidarität heißt auch, „nicht zum Nachteil und nicht auf Kosten anderer zu leben".

Solidarität kann wegen der Eigenverantwortlichkeit individuelle Vorsorge für typische Risiken erwarten, um damit kollektive Einstandspflichten so gering wie möglich zu halten. Der Sozialstaat, der mit der Sozialhilfe gesamtgesellschaftliche Solidarität garantiert, hat trotz der als Grundrecht geschützten individuellen Handlungsfreiheit Vorsorge zur Pflicht zu machen[6], weil das persönliche Risiko häufig unterschätzt und seine Absicherung hinter anderen, aktuell als wichtiger bewerteten Notwendigkeiten zurückgestellt wird. Die Sozialversicherung ist auch geschaffen worden, um die Armenfürsorge bzw. die Sozialhilfe zu entlasten, zuletzt 1994 die Pflegeversicherung. Heute geht es vor allem um die Einbeziehung der nicht obligatorisch abgesicherten, aber vielfach von Armut bedrohten Selbständigen in die Rentenversicherung[7].

Die Sozialversicherung lässt individuelle Vorsorge zur Pflicht werden. In den Versicherungen ist der Zusammenhang zwischen Individualität und Solidarität am stärksten ausgeprägt. Mit den Beiträgen wird ein Anspruch auf Leistungen erworben. Je mehr diese auf Beiträgen und eigener Vorsorge und umso weniger sie auf sozialem Ausgleich beruhen, desto intensiver schützt sie das Grundgesetz als Eigentum[8]. Sozialversicherungssysteme bringen Individualität und Solidarität in Übereinstimmung. Sie verbinden staatliche und individuelle Verantwortung: Der Staat organisiert die Vorsorge, der Einzelne betreibt sie.

Die Solidarität mit den Schwächeren, mit Randgruppen bindet auch diese in die Gesellschaft, in den Staat mit ein, dient dem Gemeinwohl. Ohne Solidarität als Investition in den sozialen Frieden blieben diese ausgeschlossen und gefährdeten die gesellschaftliche Stabilität. Sozialer Frieden spart Kosten: Kosten für Kriminalitätsbekämpfung, für Arbeitskämpfe und andere politische Auseinandersetzungen. Andere Länder zahlen dafür

---

6 Vgl. BVerfGE 103, 197 (221); 34, 62 (70); 29, 221 (237, 242); 10, 354 (363 ff.).

7 Vgl. BT-Dr. 18/10762; 6304; *Ruland*, ZRP 2009, 165 ff.; ders., SGb 2008, 572 ff.; s. a. *Kreikebohm/Kolakowski/Kockert/Rodewald*, Die rentenpolitische Agenda 2030, 2016, S. 62 ff.; *Neumann*, SGb 2010, 463 ff.; *Rische*, RVaktuell 2008, 7 ff.

8 BVerfGE 117, 272 (292); 112, 368 (396); 100, 1 (34); 58, 81 (109); 53, 257 ff; st. Rspr; *Ruland*, NZS 2010, 121 (125 f.).

einen hohen Preis[9]. Die Gesellschaften müssen sich entscheiden, welche Kosten ihnen wichtiger sind, die der Solidarität oder die der Repression.

Auch die Sozialversicherung geht auf solche Erwägungen zurück. Sie wurde notwendig, nachdem die „großen Depression" nach 1873 die Armut der Bevölkerung und innenpolitisch den Druck weiter verschärfte. *Bismarck* wollte mit ihr die Arbeiterschaft mit dem neu gegründeten Reich versöhnen und sie gleichzeitig der aufkommenden Sozialdemokratie entfremden. Die Sozialistenverfolgung auf der einen und die Sozialgesetzgebung auf der anderen Seite waren eine Kombination von „Zuckerbrot und Peitsche"[10]. Die Sozialversicherung war und ist auch ein Element zur Stabilisierung des politischen Systems.

III. Missbrauch und Selbstverschulden

Solidarität missbraucht, wer Hilfe ohne Not in Anspruch nimmt oder seine Hilfsbedürftigkeit selbst herbeiführt. Doch ist zu differenzieren: Wer ohne Not Sozialhilfe in Anspruch nimmt, dem kann sie verweigert werden; hat er sie zu Unrecht erhalten, muss er sie zurückzahlen. Ist jemand in Not, weil er nicht arbeitet, obwohl er es zumutbar tun könnte, hat er an sich keinen Anspruch auf Hilfe. Doch darf der Staat auch ihn nicht verhungern lassen, die Hilfe ist aber auf das Unerlässliche beschränkt[11].

Die Sozialversicherung fragt nur danach, ob ein von ihr zu sicherndes Risiko eingetreten ist. Die Ursache interessiert grundsätzlich nicht. Wer, weil zu schnell gefahren, verunglückt und erwerbsunfähig wird, erhält eine Erwerbsminderungsrente ebenso wie der, der schwer erkrankt ist. Bei Problemen des selbst herbeigeführten Risikos geht es z.B. darum, ob dem erkrankten Raucher Leistungen der Krankenversicherung selbst dann zustehen, wenn er weiterraucht. Ein anderes Beispiel war die 1972 eröffnete Möglichkeit, ohne die notwendigen Abschläge vorzeitig in Rente gehen zu können. Dieser teure politische Fehler musste korrigiert werden. Es war unverantwortlich, dass 2014 mit der „Rente ab 63“ dieses Rad wieder ein Stück zurückgedreht wurde.

---

9 Dazu etwa *Rifkin*, Der europäische Traum, 2006, S. 91.

10 Dazu etwa *Gall*, Bismarck, 1980, S. 642 ff; *Saul*, ZVersWiss 1980, 182; *Stolleis*, ZVersWiss 1980, 155 (157 f.).

11 § 26 SGB XII.

IV. Solidarität auch als Pflicht

„Handeln aus Solidarität und Handeln aus Rechtspflicht sind … so verschieden wie Feuer und Wasser“[12]. Wer so trennt, übersieht, dass freiwillige Hilfe, so wertvoll sie ist und bleibt, keine verlässliche Sicherheit bietet, weil auf sie kein Rechtsanspruch besteht. Sie muss in Not als Almosen erbettelt werden. Die Rechtsordnungen haben früh erkennen müssen, dass Solidarität nur als „Bürgertugend“ Armut nicht verhindern kann. Das Recht muss als Konfliktsordnung Solidaritätspflichten regeln[13]. Erst der Rechtsanspruch auf Hilfe vermittelt die Sicherheit, sie wenn notwendig auch zu erhalten. Diese Sicherheit belässt oder eröffnet selbst dem, der auf Sozialhilfe angewiesen ist, einen wenn auch engen Rahmen individueller Freiheit und Gestaltung. Deshalb dürfen, so auch das BVerfG[14], Hilfebedürftige nicht auf freiwillige Leistungen des Staates oder Dritter, etwa der „Tafeln“, verwiesen werden.

Je enger die personale Beziehung und je größer daher die Verantwortlichkeit für einander ist, umso umfassender ist die zur Pflicht gemachte Solidarität. Sie reicht vom Teilen im gesteigerten familiären Unterhalt zwischen den Ehegatten bis hin zu dem in der Steuerzahlung aufgegangenen Mitfinanzieren der Sozialhilfe für bedürftige Mitbürger. Auf dieser untersten Ebene beinhaltet Solidarität die Gewährung von Leistungen, die zur Sicherung eines menschenwürdigen Existenzminimums unbedingt erforderlich sind. Dieser Anspruch folgt aus der den Grundrechten vorgegebenen Würde des Menschen (Art. 1 I GG) und ist gesetzlich durch entsprechende Leistungsansprüche zu beziffern[15]. Er ist ein Menschenrecht und steht, so das BVerfG, auch Ausländern zu, die sich hier aufhalten[16]. Nur bei unterschiedlichem Bedarf darf bei der Existenzsicherung nach dem Aufenthaltsstatus differenziert werden.

Während die Individualität durch die Grundrechte umfassend geschützt ist, ist die Solidarität im Grundgesetz nicht ausdrücklich angesprochen.

---

12 *Denninger,* KritV 1995, 7 (21).

13 *Ruland,* in: Söllner/Gitter/Waltermann/Giesen/Ricken (Hrsg.), Gedächtnisschrift für Meinhard Heinze, Beck-Verlag, 2005, S. 731.

14 BVerfGE 132, 134 (160); 125, 175 (223).

15 BVerfGE 132, 134 (159 ff.); 125, 175 (223 ff.); 120, 125 (155, 166); 99, 246 (261); 91, 153 (172); 87, 153 (172).

16 BVerfGE 132, 134 (159).

Sie ist eine „Verfassungserwartung"[17], zumal das Grundgesetz die „Sozialstaatlichkeit" als Staatsziel vorgibt, das Eigentum einer Gemeinwohlbindung unterwirft und im Kompetenzkatalog mit der Fürsorge, der Sozialversicherung und der Versorgung die wichtigsten Institutionen gesellschaftlicher Solidarität[18] aufführt und mit dem Schutz der Menschenwürde einen Anspruch auf eine (subsidiäre) Mindestsicherung einräumt.

In der „Charta der Grundrechte der Europäischen Union", die eine Vielzahl von auch sozialen Grundrechten enthält, ist die Solidarität als einer der Grundwerte der Europäischen Union benannt[19]. Dadurch hat sich auch für die nationalen Rechtsordnungen Solidarität vom moralischen zum verfassungsrechtlichen Grundwert gewandelt. Er begründet selbst aber weder Rechte noch Pflichten, wird jedoch in den einzelnen sozialen Grundrechten konkretisiert und beinhaltet eine Auslegungsmaxime.

V. Solidarische Finanzierung der Solidarität

Nicht nur die Vorteile, auch die Lasten gesamtgesellschaftlicher Solidarität müssen gerecht verteilt sein. Eine Inanspruchnahme der Solidarität ist nur zulässig für solidarische Zwecke. Solidaritätspflichten, die nicht alle vergleichbar treffen, gefährden ihre Akzeptanz und damit die Bereitschaft zur Solidarität.

Belastet werden die Bürger durch Steuern und Beiträge. Diese Finanzierungsquellen sind nicht beliebig austauschbar. Dies folgt aus den verfassungsrechtlich vorgegebenen Gesetzgebungs- und Ertragskompetenzen und auch daraus, dass Steuern und Sozialversicherungsbeiträge die Bürger ganz unterschiedlich belasten. Besteuert werden alle Einkünfte, gleich welcher Art, mit einem bis auf 42% progressiv ansteigenden Steuersatz, ab 250.731 Euro im Jahr beträgt er 45%. Beiträge zur Sozialversicherung werden dagegen grundsätzlich nur von Arbeitseinkommen erhoben, höchstens bis zu den Versicherungspflicht- oder Beitragsbemessungsgrenzen. Der Rentenbeitragssatz ist einheitlich, derzeit 18,7%.

---

17 *Isensee*, in: Isensee/Kirchhof (Hrsg.), Handbuch des deutschen Staatsrechts, Bd. 5, 1992, S. 357, 456.

18 Nach *Wieacker* hat das Grundgesetz mit dem Bekenntnis zum Sozialstaat das „Pathos der wirtschaftlichen Freiheit durch das Pathos der sozialen Solidarität verdrängt", Industriegesellschaft und Privatrechtsordnung, 1974, S. 93.

19 Art. 27 ff. der Charta der Grundrechte der Europäischen Union.

Fällt eine Aufgabe in die gesamtgesellschaftliche Verantwortung, ist sie durch Steuern zu finanzieren. Wird sie dennoch – wie so oft – der Sozialversicherung aufgebürdet, müssen sich Personen und Einkünfte, die nicht sozialversicherungspflichtig sind, an der Finanzierung der entsprechenden Aufgabe nicht beteiligen. Personen, deren steuerliche Leistungsfähigkeit z.B. wegen großer Kinderzahl eingeschränkt ist, werden stärker belastet, weil es die Verschonungen des Steuerrechts nicht auch im Beitragsrecht der Sozialversicherung geben kann. Wird eine gesamtgesellschaftliche Aufgabe wie z.B. der Familienlastenausgleich – etwa die Erweiterung der „Mütterrente" 2014 – aus Beiträgen der Versicherten finanziert, führt dies zu einer Umverteilung von unten nach oben und ist ordnungspolitisch falsch. Das BSG hat 2015 zu Recht einen niedrigeren Rentenbeitrag für Personen abgelehnt, die Kinder erziehen[20]. Der notwendige Ausgleich muss über die Steuer erfolgen.

Die gesetzliche Krankenversicherung wird unsolidarisch finanziert. Da sie Sachleistungen gewährt, ihre Beiträge aber einkommensbezogen sind, findet in ihr ein erheblicher sozialer Ausgleich hin zu den Personen mit niedrigem Einkommen statt. Personen aber mit einem Einkommen von 2016 mehr als 4.700 Euro im Monat sind versicherungsfrei, müssen sich an diesem sozialen Ausgleich nicht beteiligen. Seine Kosten trägt allein die Mittelschicht.

VI. Solidarität der Generationen

Die „Solidarität der Generationen" verteilt sich auf Familie und Gesellschaft. Die Familien erziehen die Kinder, häufig von Großeltern unterstützt. Die Alten erhalten Rente oder Pension und später Leistungen der Pflegeversicherung, ergänzt durch persönliche Hilfen des Ehegatten und der Kinder. Die, die keine Kinder erziehen, sparen sich die Leistungen an die nachwachsende Generation, obwohl sie durch sie im Alter versorgt werden. Deshalb brauchen wir einen effektiveren Kinderlastenausgleich. Alle Altersvorsorgesysteme – betriebliche Altersversorgung, Beamtenversorgung oder die private Vorsorge – sind trotz ihrer jeweils unterschiedlichen Finanzierung auf die nachwachsenden Generationen angewiesen,

20 BSG, NZS 2016, 391 ff.; dazu *Ruland*, NZS 2016, 361 ff.; zuvor schon BSG, SozR 4-2600 § 157 Nr. 1.

nicht nur die Rentenversicherung. Die Generation der Erwerbstätigen zahlt Beiträge oder Steuern, mit denen die laufenden Renten oder Pensionen finanziert werden. Die Beitragszahler erwerben damit den Anspruch, dass im Alter ihre Renten von den dann Erwerbstätigen bezahlt werden.

Es kann in der Alterssicherung – wie auch sonst im Recht – keine volle Gleichbehandlung der Generationen in ihrer zeitlichen Abfolge geben. Das zu verteilende Sozialprodukt ist nicht zu allen Zeiten gleich. Eine Gleichbehandlung der Generationen würde zudem voraussetzen, dass sich das Recht nicht ändert und z.B. Beitragssatz und Leistungsniveau immer gleich bleiben. Jedes Reagieren auf gesellschaftliche Veränderungen wäre ausgeschlossen. Das Recht wäre demokratischer Entscheidung und Gestaltung entzogen. Es gäbe keinen sozialpolitischen Fortschritt auf der einen und keine notwendigen Korrekturen bei sich verschlechternden Rahmenbedingungen auf der anderen Seite.

„Generationengerechtigkeit" nur auf den Beitragssatz zur Rentenversicherung und das Rentenniveau zu verkürzen, wäre auch viel zu eng. Es ließe die geschichtlichen Lasten, die jede Generation zu tragen hat, die Zahl der Kinder, die sie hinterlässt, das Wissen und die Kultur, die Umwelt, die Infrastruktur, den Reichtum und die Schulden, die sie „vererbt", und vieles andere außen vor[21]. Es gibt, das sagt auch das Verfassungsrecht, keinen Anspruch auf Gleichbehandlung über die Zeit hinweg; es kann ihn auch nicht geben, weil er jede Veränderung ausschließen und das Bestehende zementieren würde.

Doch müssen wir darauf achten, dass der Preis für das Altern unserer Bevölkerung auf möglichst viele Generationen verteilt wird; auch die jetzige hat mit gekürzten Zuwächsen ihrer Versorgung ihren Anteil zu tragen. Weil sie wegen der gestiegenen Lebenserwartung Rente oder Pension länger bezieht, ist das auch nicht unbillig. Nach allen Prognosen der zukünftigen wirtschaftlichen Entwicklung nimmt die Arbeitsproduktivität weiterhin zu. Auch in Zukunft können sich die Arbeitnehmer für den Lohn einer Stunde Arbeit immer mehr leisten. Die Lohn- und Renteneinkommen werden sich „real" weiter erhöhen. Dies entschärft nicht nur die Frage nach der Zukunft der Alterssicherung, sondern auch die nach der ihr zugrunde liegenden Generationensolidarität und -gerechtigkeit.

---

21 *Ruland*, in: Haerendel (Hrsg.), Gerechtigkeit im Sozialstaat, 2012, S. 127 ff.

VII. Solidarität innerhalb der EU

Die EU stützt sich – so die Präambel ihres Vertrages – auf den Wunsch der Mitgliedstaaten, die „Solidarität zwischen ihren Völkern unter Achtung ihrer Geschichte, ihrer Kultur und ihrer Traditionen" zu stärken. Angestrebt wird eine „Entwicklung der gegenseitigen politischen Solidarität der Mitgliedstaaten". *Habermas* hat mehrfach darauf hingewiesen, dass, wenn sich eine Verfassungsgemeinschaft über den Organisationskern eines Staates hinaus ausdehnt, auch die Solidarität der Bürger, für einander einzustehen, mitwachsen muss[22]. Die Basis hierfür ist dadurch gelegt, dass neben die nationale Staatsangehörigkeit die „Unionsbürgerschaft" getreten ist, die Bürger der anderen Mitgliedstaaten daher unsere „Mitbürger" sind – wenn auch anderen Rechts. Dabei geht es um mehr als den „Solidaritätsfonds" der EU für Naturkatastrophen.

Um die Freizügigkeit innerhalb der EU abzusichern, gibt es umfassende, komplizierte Regeln, die die nationalen Systeme sozialer Sicherung koordinieren. Sie bleiben aber in nationaler Kompetenz. EU-Bürger, die hier arbeiten und über ausreichende Existenzmittel verfügen, sind gleich zu behandeln. Dies gilt auch, wenn sie, nachdem sie hier mindestens ein Jahr gearbeitet haben, arbeitslos werden. Werden sie im ersten Jahr arbeitslos, haben sie Ansprüche auf Sozialleistungen für längstens 6 Monate. EU-Bürger, die hier weder arbeiten noch arbeiten wollen, haben trotz des Grundsatzes der Gleichbehandlung keine Ansprüche auf Sozialhilfe oder Arbeitslosengeld II und können zum Verlassen des Landes aufgefordert werden[23]. Es soll keinen „Sozialtourismus" geben. Auch EU-Bürger, die bei uns auf Arbeitsuche sind, haben der Gesetzeslage nach keinen Anspruch auf Arbeitslosengeld II oder Sozialhilfe. Das ist, so der EuGH im September 2015, mit dem höherrangigen Europarecht vereinbar – die Solidarität dürfe nicht überstrapaziert werden[24]. Demgegenüber hat das BSG im Dezember 2015 gegen den Wortlaut des Gesetzes, aber unter Berufung auf die Rechtsprechung des BVerfG zum Menschenrecht auf das Existenzminimum entschieden, dass EU-Bürger, deren Aufenthalt sich in Deutschland nach mehr als 6 Monaten verfestigt hat, grundsätzlich Anspruch auf

22 Blätter für deutsche und internationale Politik 2014, 85 ff.; 2011, 37 (47 ff.).

23 Dazu zuletzt *Thym*, NZS 2016, 441 ff.

24 EuGH, Alimanovic, C 67/14, EU:C:2015:597 = NJW 2016, 555; dazu *Ascher*, BayVBl. 2016, 541 ff.; *Eichenhofer*, ZESAR 2016, 36 ff.; *Kingreen*, NVwZ 2015, 1503 ff.; s.a. *Devetzi/Schreiber*, ZESAR 2016, 15 ff.

Sozialhilfe hätten[25] – wenn das so käme: geschätzte Kosten über 1 Mrd. Euro. Einige Sozialgerichte haben dem widersprochen[26]; außerdem hat der EuGH seine Rechtsprechung im Februar 2016 bestätigt[27]. Der Gesetzgeber hat inzwischen gehandelt. Gefordert wird nunmehr ein vorangegangener gewöhnlicher Aufenthalt im Bundesgebiet von mindestens fünf Jahren[28].

Die aktuelle Krise der EU erschwert die Einsicht, dass ein Mehr an Solidarität in Europa auch ein Mehr an demokratischen Strukturen und dazu führende organisatorische Veränderungen voraussetzt. Dabei geht es nicht nur um die Rechte des Europäischen Parlaments, es geht auch darum, dass es speziell für den Euro-Raum, der ja nicht das gesamte Europa umfasst, weder eine abgestimmte Finanz- und Wirtschaftspolitik noch ein demokratisch legitimierte parlamentarische Vertretung gibt.

VIII. Solidarität mit Flüchtlingen

Die große Zahl der Flüchtlinge stellt uns vor eine besondere solidarische Herausforderung. Es ist eine Solidarität mit Fremden, die weder Deutsche noch Unionsbürger sind. Es geht um reine *Mit*menschlichkeit. Grundsätzlich endet unsere Solidarverpflichtung an den Grenzen unseres Staates bzw. an den EU-Außengrenzen. Grenzüberschreitende Solidarität ist freiwillig, von den Staaten erbracht als Entwicklungshilfe, von den Menschen über Spenden oder im persönlichen Einsatz, z.B. der bewundernswerten „Ärzte ohne Grenzen". Erst wenn der Fremde sich in unserem Staatsgebiet aufhält, entstehen Solidarverpflichtungen. Das BVerfG hat betont, dass die im Grundgesetz garantierte Menschenwürde migrationspolitisch nicht relativiert werden darf. Deshalb ist das Aufenthaltsrecht – wie überall – auch bei uns sehr restriktiv. Anders als in vielen Ländern gibt es in Deutschland immer noch kein Einwanderungsgesetz, das regelt, wer zu uns darf und wer nicht.

---

25 BSG, NZS 2016, 552 ff.

26 Vgl. die Nachweise bei LSG NRW, NZS 2016, 595 (596).

27 EuGH, Garcia-Nieto, C-299/14, EU:C:2016:114 = NJW 2016, 1145; dazu *Epiney*, NVwZ 2017, 846.

28 § 7 Abs. 1 S. 4 SGB II, § 23 Abs. 3 S. 7 SGB XII i.d.F. des Gesetzes zur Regelung von Ansprüchen von Personen in der Grundsicherung für Arbeitssuchende nach dem zweiten Buch Sozialgesetzbuch und in der Sozialhilfe nach dem Zwölften Buch Sozialgesetzbuch v. 22. Dezember 2016 (BGBl. I, 3155).

Für eine Gruppe ist dies entschieden: die politisch Verfolgten. Sie genießen Asyl, ein Recht, das im Grundgesetz, in der europäischen Grundrechtscharta, in der Genfer Konvention von 1951 und auch in der Allgemeinen Erklärung der Menschenrechte der Vereinten Nationen verankert ist[29]. Wer als politisch Verfolgter anerkannt ist, darf bleiben, hier arbeiten und hat Anspruch auf Sozialhilfe. Steht die Anerkennung noch aus, hat der Asylbewerber sich in ihm zugewiesenen Aufnahmeeinrichtungen aufzuhalten, nur in besonderen Fällen das Recht zu arbeiten und in den ersten 15 Monaten Anspruch nur auf Leistungen, die selbst gegenüber der Sozialhilfe nochmals sehr eingeschränkt sind. Der notwendige Bedarf z.B. an Kleidung, Ernährung, Unterkunft oder Gesundheitspflege wird durch Sachleistungen oder Wertgutscheine gedeckt. Auch der zusätzliche notwendige persönliche Bedarf soll durch Sachleistungen gedeckt werden, nur, wenn sie nicht mit vertretbarem Verwaltungsaufwand möglich sind, durch sehr niedrige Geldleistungen[30]. Nach 15 Monaten können sie Leistungen der Grundsicherung erhalten. Wer nur wegen dieser Leistungen einreist, hat auf sie keinen Anspruch. Wer sich nicht an Auflagen hält, bekommt selbst sie nur gekürzt oder gar nicht.

Auf den einzelnen Flüchtling bezogen, ist unsere Solidarverpflichtung somit überschaubar und an der unteren Grenze dessen, was Verfassungs- und EU-Recht vorgeben. Das Problem ist der große Zustrom, 2015 waren es über 1 Million Flüchtlinge. 2016 waren es wohl weniger als 200.000; wir profitieren von den geschlossenen Grenzen auf der Balkan-Route und dem notwendigen, aber gleichwohl problematischen Abkommen mit der Türkei. Bei der großen Zahl der Flüchtlinge geht es nicht allein um die Kosten, es geht mehr noch um die Sorge um unsere kulturelle Identität und um die Sorge vor Anschlägen wie in Paris, London, Brüssel oder nun auch bei uns in Berlin. Unsere Gesellschaft ist tief gespalten. Ein großer Teil ist – war? – Träger einer „Willkommenskultur", die einerseits weltweit Erstaunen und Anerkennung gefunden hat, die andererseits auch als Einladung, zu uns zu kommen, missverstanden wurde. Ein anderer Teil schweigt und sorgt sich, der rechte Rand organisiert Proteste und der rechte Mob zündet Unterkünfte an. Wir müssen aber trotz allem – auch unserer Vorsichtsmaßnahmen – unsere Mitmenschlichkeit bewahren, solidarisch

---

29 Dazu jüngst *Hailbronner/Thym*, JZ 2016, 753 ff.

30 Alleinstehende in Aufnahmeeinrichtungen erhalten 2017 monatlich 135 Euro, Kinder zwischen 76 und 83 Euro; außerhalb der Aufnahmeeinrichtungen sind es 216 Euro bzw. 133 bis 198 Euro; vgl. § 3 AsylbLG.

bleiben. Wir schulden dies der Achtung vor der Würde der Menschen, denen Krieg, Verfolgung oder Vertreibung eine Rückkehr in ihre Heimat verwehren. Umgekehrt müssen sich auch die Flüchtlinge solidarisch zeigen und alles tun, damit ihre Integration in unsere Gesellschaft und unseren Arbeitsmarkt gelingt.

Zu den vielen Krisen kommt eine tiefe Enttäuschung über Europa, das in der Flüchtlingspolitik völlig versagt. Vor allem die östlichen Mitgliedstaaten, nun aber auch Österreich, verweigern Flüchtlingen die Aufnahme, bauen Zäune, obwohl auch sie EU-rechtlich, aber auch völkerrechtlich Asyl und entsprechende Leistungen gewähren müssten. Vergessen wir aber nicht, dass auch wir, als vor allem Griechenland, Italien, die Türkei und der Libanon mit den Flüchtlingsströmen nicht fertig wurden, uns weggeduckt und wir, da wir das Grundrecht auf Asyl denen verweigerten, die aus sicheren Herkunftsländern kamen, das Problem vor allem diesen Ländern aufgebürdet haben. Fakt ist, dass das sich aus zahlreichen europäischen Rechtsvorschriften ergebende Gemeinsame Europäische Asylsystem, insbesondere auch die – von den Grenzstaaten stets als unfair empfundene – Dublin-Verordnung zur Zuständigkeit für die Registrierung der Flüchtlinge gescheitert ist[31]. Die EU-Kommission unternimmt derzeit einen neuen Anlauf, um doch noch zu einer gesamteuropäischen Lösung zu kommen. Die Chancen sind nicht sehr groß. Aus einem erneuten Fehlschlag kann sich die viel weiter gehende Gefahr ergeben, dass an dieser Krise Europa insgesamt scheitert, dass der Nationalismus stärker wird und auch deshalb Länder wie Ungarn oder Polen sich zunehmend von Demokratie und Rechtsstaatlichkeit verabschieden. Auch bei uns haben sich viele Wähler bei den letzten Landtagswahlen von dem Protest und nicht von der Vernunft leiten lassen. Solidarität bedeutet aber auch, Verantwortung für die Gesellschaft zu übernehmen.

IX. Deutschland – eine solidarische Gesellschaft?

Zum Schluss die Frage, ob Deutschland eine solidarische Gesellschaft ist. Es sind – dazu reichen ein paar Zahlen – erhebliche Zweifel angebracht. Dabei ist Deutschland keineswegs unsolidarisch[32]. Denken wir an die gro-

---

31 Zu den Gründen *Hailbronner/Thym*, JZ 2016, 753 (758 ff.).

32 Zur Solidarität über den Finanzausgleich: *Federer/Meyer*, Finanzielle Solidarität im Bundesstaat, 2017.

ße Solidarität, die Flüchtlingen entgegen gebracht wird, und an das hohe Spendenaufkommen für caritative Zwecke, 2015 waren es rund 5,5 Mrd. Euro. Auch wurden 2014 in Deutschland rund 850 Mrd. Euro für Sozialleistungen ausgegeben, knapp 30% des Bruttoinlandsprodukts; im Vergleich dazu betrugen die Ausgaben im Bundeshaushalt rund 300 Mrd. Euro. Aber es sind nicht nur die Kosten dieser Solidarität sondern auch die Einkommen und die Vermögen sehr ungerecht verteilt.

Von den rund 850 Mrd. Euro Sozialausgaben entfielen nahezu zwei Drittel auf die Sozialversicherungen. Die meisten Selbständigen, die Beamten und Einkommen aus Vermögen und ab den Versicherungspflicht- bzw. Beitragsbemessungsgrenzen (2017: 76.200 Euro) sind von diesen Solidarpflichten weitgehend freigestellt. Allerdings bestritten 2014 die oberen 50% der Steuerpflichtigen – dies sind Personen bereits ab rund 28.000 Euro steuerpflichtigem Einkommen im Jahr – 95% des Einkommensteueraufkommens, auf die unteren 50% entfielen die restlichen 5%; die oberen 10% ab rund 76.500 Euro zahlten über 55% und das oberste 1% ab rund 205.000 Euro rund 23% der gesamten Einkommensteuer[33]. Doch ist die Umverteilungswirkung der Lohn- und Einkommensteuer begrenzt, da ihr Anteil am Steueraufkommen 2014 nur rund 35% ausmachte, der Anteil der indirekten Steuern sich jedoch auf 48% belief[34]. Die direkten Steuern belasten aber Personen mit niedrigem Einkommen wegen ihres höheren Konsumanteils im Verhältnis wesentlich stärker. Das Steuerrecht trägt daher nur sehr begrenzt zu einer solidarischen Umverteilung bei. Sehr umstritten ist die Besteuerung des Kapitals durch die Abgeltungsteuer mit einheitlich 25%. Bezieht man die Sozialabgaben mit ein, ist das Steuer- und Abgabenrecht eher unsolidarisch.

20,6% unserer Bevölkerung waren 2014 von Armut oder sozialer Ausgrenzung bedroht, das waren 16,5 Mio. Menschen, 5% waren arm[35]. Die betroffenen Singles hatten weniger als 987 Euro im Monat zur Verfügung, Familien mit zwei Kindern weniger als 2.058 Euro[36]. Etwas mehr als 1,1 Mio. Personen bezogen laufende Sozialhilfe oder Grundsicherung im Alter, zwei Drittel in Pflegeeinrichtungen[37] – ein für europäische Verhältnisse niedriger Satz. Im Durchschnitt der EU lag die Armutsgefährdungs-

33 BFM, Datensammlung zur Steuerpolitik, 2015, S. 22.

34 Fn. 33, S. 11.

35 Stat. Bundesamt, Pressemitteilung vom 5.11.2015 – 407/15.

36 Stat. Bundesamt, Leben in Europa 2014, 2016, S. 23.

37 Stat. Bundesamt, Datenreport 2016, S. 320 f.

quote bei etwas über 24%[38], besonders hoch in Griechenland und Rumänien[39]. Es bestehen aber deutliche Unterschiede im Armutsrisiko zwischen den alten und neuen Bundesländern: Mit 13% ist die Armutsrisikoquote in Westdeutschland rund 7 Prozentpunkte niedriger als in Ostdeutschland[40]. Das Altersprofil der Armut hat sich verändert: Waren zuvor die Älteren diejenigen mit dem größten Armutsrisiko, sind es heute mehr Kinder und junge Menschen; ihr Armutsrisiko hat sich seit 2000 um 12 Prozentpunkte auf 40% erhöht[41].

In Deutschland gingen 2012 nach dem Sozialbericht 2015 der OECD 24% des Gesamteinkommens an die oberen 10%, die 90% teilten sich die restlichen 76%[42]. Die ärmsten 25% der Haushalte hatten 2014 10,5% der verfügbaren Einkommen. Nach den Zahlen des DIW vom September 2015 bezogen die oberen 1% 13% des Gesamteinkommens[43]. Die Einkommensungleichheit ist, nachdem sie bis 2003 deutlich zugenommen hatte, seit 2005 relativ konstant geblieben. Im Vergleich der 34 OECD-Länder liegt Deutschland im Mittelfeld.

Nach den Zahlen der OECD besaßen 2012 die reichsten 10% der Deutschen fast 60% des gesamten Nettohaushaltsvermögens; im OECD-Durchschnitt waren es 50%. Diese Zahlen decken sich mit denen der Bundesregierung[44]. Die ärmsten 60% kamen hingegen lediglich auf 6% des gesamten Vermögens. Nach den Zahlen des DIW hält das reichste 1% unserer Bevölkerung 24% des Gesamtvermögens. Meist sind die großen Vermögen ererbt, beruhen also nicht auf eigener Leistung. Wegen der Nichtberücksichtigung des impliziten Renten- und Pensionsvermögens – 2010 auf über 4,3 Billionen Euro geschätzt[45] – wird jedoch der Wohlstand insbesondere der Mittelschicht deutlich unterschätzt. Doch sind – nicht zu vergessen – an der Finanzierung der Renten die reichsten 10% nahezu nicht beteiligt. Die Schere zwischen arm und reich geht in nahezu allen Ländern, auch bei uns, selbst in der Niedrigzinsphase immer weiter auseinander.

---

38 Vgl. Fn. 35.
39 Zahlen von Statista.
40 Fn. 37, S. 321.
41 Dazu ausf. Bertelsmann Stiftung, Kinderarmut in Deutschland, 2016.
42 OECD, In It Together: Why Less Inequality Benefits All ...Deutschland, 2015.
43 *Grabka/Westermeier*, DIW Wochenbericht 2014 Nr. 9, S. 151 ff.
44 Vgl. 5. Armuts- und Reichtumsbericht, BT-Drucks. 18/11980, S. 89.
45 *Frick/Grabka*, Wochenbericht DIW 2010, Nr. 3, S. 8 (ohne Hinterbliebenenversorgung).

Rezepte, gegenzusteuern, gibt es zahlreiche. Die OECD hat den gezielten Einsatz von Erbschaftsteuern, die stärkere Besteuerung von Vermögen und die Harmonisierung der Besteuerung von Kapital- und Arbeitseinkommen vorgeschlagen. Die Diskussion um das „Für-und-Wider" kommt auch bei uns langsam in Gang[46]. Einfach ist es nicht, so findet selbst die Abgeltungsteuer prominente Befürworter[47]. Frankreich z.B. versucht mit einer Solidaritätssteuer auf Vermögen („impôt de solidarité"[48]) gegenzusteuern – wegen der vielen Ausnahmen wenig erfolgreich. Bei uns werden eine stärkere Besteuerung der Vermögen oder der Erbschaften mit dem Argument abgewehrt, sie führe nur zur Kapitalflucht. Wären die Staaten, die alle vor dem gleichen Problem stehen, solidarisch, könnte man mit einer Vereinheitlichung der nationalen Steuerrechte wirksam gegensteuern. Notwendig scheint auch eine stärkere Steigerung der Bildungsausgaben, denn in kaum einem anderen Land beeinflusst die soziale Herkunft Bildung und Einkommen so stark wie in Deutschland[49]. Die ohnehin schon geringe Mobilität zwischen den Schichten hat in letzter Zeit noch weiter abgenommen.

Es muss gehandelt und die Struktur unserer Gesellschaft wieder solidarischer werden: Ihre fortschreitende Spaltung in arm und reich ist eine Entwicklung, die uns sehr beunruhigen muss. Der Sozialstaat des Grundgesetzes zielt auch auf eine gerechtere Vermögensverteilung[50], ein Ziel, von dem wir uns immer mehr entfernen. Das gefährdet nicht nur die Wirtschaftsentwicklung, es gefährdet viel mehr noch unsere Demokratie: Wir brauchen uns nicht zu wundern, wenn die 50%, die nichts besitzen, auch nicht zur Wahl gehen oder – noch schlimmer – Rattenfängern hinterherlaufen. Vergessen wir nicht: Demokratie und Solidarität hängen eng zusammen.

---

46 Ausgelöst insbesondere durch *Piketty*, Das Kapital im 21. Jahrhundert, 3. Aufl., 2014, S. 627 ff.; Deutsche Bundesbank, Monatsbericht März 2016, S. 61 ff.; Behringer/Theobald/van Treeck, Einkommens- und Vermögensverteilung in Deutschland: Eine makroökonomische Sicht, IMK-Report 99, 2014; *Fratzscher*, Wirtschaftsdienst 2016, Sonderheft, S. 4 ff.; *Fuest*, FAZ v. 12.2.2016; *Hengsbach*, in: Schneider (Hrsg.), Kampf um die Armut, 2015, S. 109 f.; s.a. *Berger*, Wem gehört Deutschland?, 4. Aufl., 2014, S. 17 ff.

47 *Fuest/Spengel*, Wirtschaftsdienst 2016, 83 ff.

48 Zu ihr *Piketty* (Fn. 46), S. 726.

49 *Fratzscher*, Wirtschaftsdienst 2016, Sonderheft, S. 4 (5 f.).

50 Dazu *Zacher*, Abhandlungen zum Sozialrecht, 1993, S. 37 ff.

Kann die Sprache des sozialen Rechtsstaats verständlich sein?[1]

Felix Welti

I. Einleitung

Gerhard Igl ist die Kommunikation über Recht in einer möglichst verständlichen Sprache stets ein Anliegen gewesen, in der Ausbildung der Studierenden und des wissenschaftlichen Nachwuchses ebenso wie im Gespräch mit nicht juristisch und nicht wissenschaftlich gebildeten Personen über Recht. Sich auch außerhalb enger Fachkreise verständlich machen zu können, hat er nicht als Zumutung verstanden, sondern als Pflicht des öffentlich besoldeten Wissenschaftlers und als Chance, selbst mehr aus dem Gespräch über Recht zu lernen.

Verständliche Sprache bewegt Menschen, seit es Gesetze, Verwaltung und Gerichte gibt. Viele sind unzufrieden, weil sie meinen, Gesetze, Bescheide und Urteile nicht verstehen zu können. Die Gerichte haben oft mit Streitfällen zu tun, die wohl vermieden werden könnten, wenn Gesetze oder Bescheide besser verstanden würden.[2] So alt wie diese Beschwerden sind die Gründe zur Verteidigung:[3] Das Gesetz muss abstrakt und offen sein, weil es viele Fälle regelt. Gerichte und Behörden sind an das Gesetz gebunden, also auch an dessen Sprache. Damit sie recht- und zweckmäßig handeln, müssen sie eine Fachsprache benutzen.[4] Sie müssen viele Fälle in knapper Zeit behandeln. Könnte es sein, dass Verständlichkeit eine überzogene Erwartung ist, die niemand erfüllen kann?

---

1 Gekürzte Fassung eines am 7.12.2015 auf Einladung der Bürgerbeauftragten Schleswig-Holstein in Kiel gehaltenen Vortrags. Für Recherchen danke ich Dipl.-Jur. Maren Giese.

2 *Bernard Braun/ Petra Buhr/ Armin Höland/ Felix Welti*, Gebührenrecht im sozialgerichtlichen Verfahren, 2008, S. 178 ff.; *Harald Walther*, Kommunikation vor Gericht – Das Problem der Sprache im Recht, ZKM 2010, 7 (9).

3 *Ole Schröder/ Christian Würdemann*, Verständlichere Gesetzessprache – Institutionalisierung der Sprachprüfung im Gesetzgebungsverfahren, ZRP 2007, 231 (231).

4 *Heiner Lück*, Von der Unverständlichkeit des Rechts. Die historische Dimension aus rechtsgeschichtlicher Sicht in: Verständlichkeit als Bürgerrecht?, Eichhoff-Cyrus/Antos (Hrsg.), 2008, S. 37.

Sozialrecht wird benötigt, um Rechte auf Existenzminimum, Gesundheit, Arbeit und Teilhabe zu sichern. Leistungsberechtigte und Leistungsträger müssen sich über diese Rechte erst verständigen. Ausgerechnet dem Sozialrecht und seinen Behörden wird jedoch von Fachleuten wie Laien gleichermaßen besondere Unverständlichkeit bescheinigt.[5] Liegt das nur an den höheren Ansprüchen an dieses Recht?

Moderne Gesellschaften sind auf ständige Kommunikation angewiesen. Es wird erwartet, dass Menschen in Demokratie und Rechtsstaat Gesetzen und Bescheiden nicht nur gehorchen, sondern auch mit ihnen einverstanden sind, und wenn nicht, ihnen widersprechen. Einverständnis wie Widerspruch setzen gleichermaßen Verständnis voraus. Wenn das nicht möglich wäre, wären dann auch die Regeln von Demokratie und Rechtsstaat eine Illusion?

Die Soziologie und die Philosophie des Sozialstaats geben darauf ganz unterschiedliche Antworten. So betont die Theorie des kommunikativen Handelns von *Jürgen Habermas*, dass Demokratie und Sozialstaat durch den Diskurs der ganzen Gesellschaft über Rechtsetzung und Rechtsanwendung erst im Gang gehalten werden.[6] Die Systemtheorie von *Niklas Luhmann* sieht unsere Gesellschaft aus verschiedenen Teilsystemen bestehend, die sich durch je stimmige Codes selbst herstellen und die miteinander kaum kommunizieren.[7] Danach haben zum Beispiel Politik, Verwaltung und Wirtschaft je eigene Codes. Selbst wenn sie die gleichen Wörter benutzen, können sie sich doch wegen unterschiedlicher Ziele kaum verständigen. Dem Recht allerdings hat auch *Luhmann* verbindende Funktion zwischen den Systemen zugeschrieben[8]. Sollte also ausgerechnet die Rechtssprache für die so verschiedenen Systeme anschlussfähig sein, weil das Recht gebraucht wird, um für alle verbindliche Entscheidungen herzustellen?

---

5 *Matthias Schmid*, Ein Blick in die moderne Werkstatt der Gesetzgebung in: Verständlichkeit als Bürgerrecht?, Eichhoff-Cyrus/Antos (Hrsg.), 2008, S. 245; *Markus Nussbaumer*, Der Verständlichkeit einer Anwältin! in: Verständlichkeit als Bürgerrecht?, Eichhoff-Cyrus/Antos (Hrsg.), 2008, S. 304f.

6 *Jürgen Habermas*, Faktizität und Geltung, 1994, S. 187 ff.; *ders.*, Die Einbeziehung des Anderen, 1996, S. 301 ff.

7 *Niklas Luhmann*, Soziale Systeme, 1987, S. 30 ff.

8 *Luhmann*, Das Recht der Gesellschaft, 1995, S. 156 ff.; zur strukturellen Kopplung zwischen Recht und Politik in der Verwaltung, S. 434 ff.

II. Rahmenbedingungen einer verständlichen Sprache

1. Gesetzessprache

Gesetze müssen viele Fälle regeln. Ihre Sprache muss darum so allgemein und abstrakt sein, dass viele Einzelfälle darunter gefasst sein können. Ganz konkrete Anschaulichkeit ist allenfalls um den Preis sehr umfangreicher – und damit auch unübersichtlicher – Gesetze zu erreichen.

„Der Gesetzgeber", der Autor der Gesetze, bleibt anonym und abstrakt. In der Gesetzgebung machen viele mit: In den Ministerien schreiben zumeist Fachleute die Entwürfe, in den Parlamenten beraten die Abgeordneten vor allem im jeweiligen Ausschuss. Juristinnen und Juristen sind nicht alle, wohl nicht einmal die meisten beteiligten Personen.

Nach § 42 Abs. 5 GGO der Bundesministerien müssen Entwürfe für Bundesgesetze sprachlich richtig und möglichst für jedermann verständlich gefasst sein. Sie sind grundsätzlich und möglichst frühzeitig dem Redaktionsstab Rechtssprache zur Prüfung auf ihre sprachliche Richtigkeit und Verständlichkeit zuzuleiten. Im Redaktionsstab beim Bundesministerium für Justiz und Verbraucherschutz (BMJV) sind sprachwissenschaftliche und rechtliche Kompetenz vertreten. Es wird beklagt, dass Ablauf und Geschwindigkeit der Gesetzgebung oft keinen Raum für seine Arbeit geben. Wird er nicht gefragt oder wird sein Rat nicht gehört, hat dies keine Folgen. Weiter entwickelte Prüfmechanismen dieser Art gibt es in anderen europäischen Ländern, zum Beispiel in der Schweiz und in Schweden.[9]

Ein zweiter, verbindlicherer Schritt, ist die Prüfung eines Gesetzentwurfs durch das BMJV bevor sich die Bundesregierung insgesamt damit befasst. Bei dieser Prüfung der Rechtsförmlichkeit muss ebenfalls auf sprachliche Richtigkeit geachtet werden.

Das Handbuch der Rechtsförmlichkeit des BMJV schreibt: „*Die Betroffenen sollen auf Grund der gesetzlichen Regelung in der Lage sein, den rechtlichen Rahmen ohne juristische Beratung zu erkennen und ihr Verhalten entsprechend auszurichten. Gerichte sollen anhand der Regelung entscheiden können. Die Grenzen von Verwaltungshandeln sollen nach Inhalt, Zweck und Ausmaß erkennbar sein. Insofern besteht eine enge Bezie-*

---

9 *Schröder/Würdemann*, ZRP 2007, 231 (232).

hung zum inhaltsbezogenen verfassungsrechtlichen Bestimmtheitsgebot.“[10]

Damit wird deutlich, warum eine Rechtsförmlichkeitsprüfung auch Sprachprüfung sein muss: Ein Gesetz, das zu unbestimmt oder widersprüchlich ist, kann auch verfassungswidrig sein. Die Unbestimmtheit wird bei Verfassungsklagen häufig thematisiert.[11] Das BVerfG hält Gesetze aber sehr selten für zu unbestimmt. Die typische Formulierung des Gerichts lautet:

> *„Das aus Art. 20 Abs. 3 GG folgende Bestimmtheitsgebot zwingt den Gesetzgeber nicht, einen Tatbestand mit genau erfassbaren Merkmalen zu umschreiben. Gesetzliche Vorschriften brauchen nur so bestimmt zu sein, wie dies nach der Eigenart der zu regelnden Sachverhalte mit Rücksicht auf den Normzweck möglich ist. Es genügt, dass die Betroffenen die Rechtslage erkennen und ihr Verhalten danach einrichten können (...). Will der Gesetzgeber eine typische Erscheinung des sozialen Lebens zum Gegenstand rechtlicher Regelungen machen, ist er nicht gezwungen, sie im Gesetzestext mit Tatbestandsmerkmalen zu definieren. Es genügt vielmehr, wenn er sie mit einem unbestimmten Rechtsbegriff kennzeichnet. Die Konkretisierung und Anwendung unbestimmter Rechtsbegriffe ist Aufgabe der Verwaltungsbehörden und der Fachgerichte.*“[12]

Das Gesetz darf abstrakt und unbestimmt sein. Konkret werden müssen Gerichte und Verwaltung, wenn sie den Einzelfall entscheiden. Daraus kann aber auch geschlossen werden: Je unbestimmter das Gesetz, desto genauer müssen Gerichte und Verwaltung benennen, warum sie das Gesetz so und nicht anders auf den Fall anwenden.

Die Zeiten, in denen Gesetzgebung bewusst als das Schreiben von Texten nur für Gerichte und Verwaltung verstanden wurde, sind vorbei. Den Personen, die an ihr mitwirken, ist klar, dass das Gesetz auch von den Bürgerinnen und Bürgern, jedenfalls ihrem interessierten Teil, verstanden werden sollte. Manchmal mischen sich deshalb auch Sätze in das Gesetz-

---

10 *Bundesministerium der Justiz*, Handbuch Rechtsförmlichkeit des Bundeministeriums für Justiz, 3. Aufl. 2008, Rn. 54.

11 Z.B. BVerfG, B. v. 01.11.2012, Az. 2 BvR 1235/11, NJW 2013, 365; BVerfG, Nichtannahmeb. v. 04.09.2009, Az. 2 BvR 338/09, StraFo 2009, 526; BVerfG, Urt. v. 17.11.1992, Az. 1 BvL 8/87, BVerfGE 87, 234; BVerfG, B. v. 18.05.1988, Az. 2 BvR 579/84, BVerfGE 78, 205; BVerfG, B. v. 07.07.1971, Az. 1 BvR 775/66, BVerfGE 31, 255.

12 BVerfG, Urt. v. 17.11.1992, Az. 1 BvL 8/87, BVerfGE 87, 234; BVerfG, B. v. 18.05.1988, Az. 2 BvR 579/84, BVerfGE 78, 205; BVerfG, B. v. 07.07.1971, Az. 1 BvR 775/66, BVerfGE 31, 255.

buch, die als Rechtsnormen wenig austragen, sondern für das Publikum geschrieben worden sind. Gesetze haben also sprachlich einen gespaltenen Charakter: Sie sollen allgemeinverständlich sein, zugleich aber sind sie Teil der juristischen Fachsprache und müssen es auch sein.[13]

Die zwölf Bücher des Sozialgesetzbuchs sind alle seit 1975 entstanden. Sie haben nicht die altertümliche Juristensprache aus dem 19. Jahrhundert wie StGB oder BGB. Die Sozialgesetzbuch-Kommission unter Leitung von *Hans F. Zacher* hatte ausdrücklich den Anspruch, dass ein modernes, übersichtliches, den Bürgerinnen und Bürgern zugewandtes Recht geschaffen wird.[14]

Trotzdem hat das SGB keinen guten Ruf wegen seiner Verständlichkeit. Viele Reformen haben viele Details hinterlassen, die Systematik ist kaum noch zu erkennen. Das SGB ist ein Beispiel dafür, dass es für die Verständlichkeit nicht nur auf Wörter und Sätze ankommt, sondern auch auf ihre Zusammenstellung und Systematik[15].

2. Verwaltungssprache

Wie sieht es nun mit der Sprache der Verwaltung aus? Auf den ersten Blick unterscheidet sie sich oft nicht von der Sprache der Gesetzgebung. Viele Bescheide kommen so daher: "Gemäß § xy wird ihnen gewährt…" Der Gesetzestext wird umschrieben und am Ende folgt eine Rechtsbehelfsbelehrung, in diesem Wort, und nicht ohne Verweis auf weitere Paragraphen.[16]

---

13 *Walter Otto,* Die Paradoxie einer Fachsprache in: Die Sprache des Rechts und der Verwaltung, 1981, S. 45; *Rudolf Gerhardt*, Die Sprache der Juristen, die Sprache des Rechts, ZRP-Rechtsgespräch m. S. Leutheusser-Schnarrenberger, ZRP 2012, 93 (93).

14 *Hans F. Zacher*, Das Vorhaben des Sozialgesetzbuchs, SDSRV 40 (1995), S. 7, 15.

15 Dazu mit Beispielen: *Gerhard Igl*, Regelungstechnik heutiger Sozialgesetzgebung, SDSRV 40 (1995), S. 29, 45 ff.

16 *Burkhard Margies*, Warum das Amtsdeutsch so beharrlich ist – und wie man es verändern kann in: Verständlichkeit als Bürgerrecht?, Eichhoff-Cyrus/Antos (Hrsg.), 2008, S. 257; *Heinz Fotheringham,* Die Gesetzes- und Verwaltungssprache im Spannungsfeld zwischen fachlicher Qualität und Allgemeinverständlichkeit in: Die Sprache des Rechts und der Verwaltung, Klett-Cotta, 1981, S. 107.

Doch ist zu fragen, ob die Verwaltung damit ihre rechtliche und kommunikative Aufgabe erfüllt. Es mag sein, dass die Rede von der vollziehenden Gewalt den Eindruck erweckt, die Verwaltung hätte nur nachzuvollziehen, was das Gesetz vorgibt. Doch das Gesetz im Einzelfall anzuwenden, ist mehr ist als bloßer Nachvollzug. Es wäre magisches Denken, zu meinen eine Rechtsbehelfsbelehrung sei nur richtig, wenn dieses Wort verwendet wird. Es kommt darauf an, ob effektiv belehrt wird, die Worte sind entsprechend zu wählen.

Die Verwaltung muss den Schritt von der allgemeinen Regelung zur konkreten Entscheidung gehen.[17] Jeder Fall, jeder Mensch ist anders und hat ein Recht darauf, dass die Behörden des sozialen Rechtsstaats gerade das Besondere erkennen, wenn sie das allgemeine Recht anwenden. Dabei kommt die Verwaltung so wenig mit dem Text des Gesetzes für ihr Handeln, Sprechen und Schreiben aus wie ein Musiker sein Notenblatt oder ein Koch sein Rezept nur vorlesen dürfte.

Dass die Verwaltung Spielräume hat und nutzen muss, ist im demokratischen Rechtsstaat legitim: Sie ist der vom Parlament gewählten Regierung verantwortlich oder steht unter ihrer Aufsicht. Hat der Gesetzgeber der gewählten kommunalen Selbstverwaltung in Kreisen, Städten und Gemeinden oder der sozialen Selbstverwaltung von Arbeitgebern und Versicherten Spielräume gegeben, sind auch diese im sozialen Rechtsstaat durch die Nähe zur Sache legitimiert.

Dass dabei Ehrenamtliche mitwirken, wenn Verwaltungshandeln konkretisiert und kontrolliert wird, erhöht die Anforderungen an verständliche Sprache. Es dient zugleich der Nähe zu den Bürgerinnen und Bürgern. Die Ehrenamtlichen in den Sozialausschüssen und Beiräten, Verwaltungsräten, Vertreterversammlungen und Widerspruchsausschüssen müssen zwar lernen, die Fachsprache der Verwaltung zu verstehen. Doch ist es nicht ihre Aufgabe, die Alltagssprache zu verlernen, sondern die Verbindung zwischen den Lebenswelten der Menschen und der Verwaltung aufrechtzuerhalten, gerade sprachlich.

Die Soziologie vermag in den Blick zu rücken, dass ein eigener Sprachgebrauch, der sich von anderen abhebt, Teil des Habitus einer Institution werden kann, also der Art und Weise wie sie ihrer Umwelt entgegentritt und den die Angehörigen der Institution verinnerlichen, so dass sie ihre

---

17 *Gerhardt*, ZRP 2012, 93 (93); *Margies*, Warum das Amtsdeutsch so beharrlich ist – und wie man es verändern kann in: Verständlichkeit als Bürgerrecht?, Eichhoff-Cyrus/Antos (Hrsg.), 2008, S. 260f.

soziale Position damit markieren und festigen, ohne weiter darüber nachzudenken[18]. Dass der Bürger etwas „begehrt", was die Verwaltung „gewährt" ist schon lange keine Gesetzessprache mehr. Wenn die Verwaltungssprache die Konkretisierung einer Sozialleistung höchst hoheitlich beschreibt, so drückt dies einen verfestigten Habitus und Vorverständnisse gegenüber Bürgerinnen und Bürgern[19] aus, die verändert werden können. Ist Sprache dabei unnötig schwer verständlich, um die Bürgerinnen und Bürger auf Distanz zu halten, überschreitet sie die Schwelle von der Fachsprache zur Sondersprache, die nicht mehr dem Gegenstand geschuldet ist, sondern der Sonderung dient.

In der Sozialverwaltung haben wir in den letzten Jahrzehnten Beispiele für die Veränderung von Sprache und Habitus erlebt. So bezeichnen Krankenkassen und Jobcenter die Versicherten und Leistungsbezieher oft als „Kunden". Rechtlich ist das (fast) falsch. „Kunde" ist zwar kein Rechtsbegriff, im allgemeinen Sprachgebrauch wird aber darunter eine Person verstanden, die eine freie Vertragsbeziehung hat oder anstrebt. Nicht wenige halten die Bezeichnung darum für unangemessen und irreführend, wenn es um Pflichtversicherte und Arbeitsuchende geht. Die Änderung war positiv gemeint: Es sollten Serviceorientierung und Freundlichkeit gestärkt werden. Doch kann es sein, dass mit der Fachsprache der Verwaltung auch deren Inhalte verschwinden. Nicht nur Richterinnen und Richter der Sozialgerichte beklagen, dass sie aus den Akten der Krankenkassen oft wenig zum Sachverhalt erkennen können. Auch Versicherte vermissen die gute alte Rechtsbehelfsbelehrung. Widersprechen sie trotzdem und bekommen Recht, dann heißt es nicht mehr „Abhilfe", sondern „Kulanz", was aber in die Irre führt: Auf Kulanz hat man keinen Anspruch, auf eine rechtmäßige Verwaltungsentscheidung schon.

Habitus und Sprache der Sozialverwaltung sind durchaus änderbar, wenn dies in der Organisation gewollt wird. Das Bemühen um eine auch in der Sprache weniger hoheitliche, stärker partnerschaftliche Sozialverwaltung, muss sich schon aus den Gesetzen ergeben, die immer deutlicher nicht hoheitliche Zuteilung, sondern gemeinsame Konkretisierung der Leistungen verlangen. Das gilt nicht für die Höhe von Renten und Arbeitslosengeld II, aber für alle Sach- und Dienstleistungen, die Teilhabe am Arbeitsmarkt, Gesundheit, Minderung von Behinderung und Pflegebedürftig-

18 *Pierre Bourdieu*, Sozialer Sinn, 1993, S. 97 ff.

19 Vgl. *Renate Mayntz*, Soziologie der öffentlichen Verwaltung, 1997, S. 241.

keit oder Hilfe zur Erziehung erreichen sollen. All diese Ziele können nicht gegen die oder ohne die Leistungsberechtigten erreicht werden, sondern nur mit ihnen. Entsprechend enthält das Sozialgesetzbuch das Gebot individueller Leistungen, Wunsch- und Wahlrechte und immer mehr Vorgaben für Ziel- und Eingliederungsvereinbarungen zwischen Behörde und Leistungsberechtigten (z.B. § 33 SGB I, § 9 SGB IX, § 15 SGB II, § 37 Abs. 2 SGB III). Nimmt man diese ernst, muss jeder Entscheidung gelingende Kommunikation vorausgehen.

Eingliederungsvereinbarungen sind keine privatrechtlichen Verträge.[20] Aber für sie muss erst recht beachtet werden, was im Recht für Verträge definiert wurde: Sie beruhen auf übereinstimmenden Willenserklärungen, die Partner müssen sich über das Gewollte verständigen.[21] Ist einer der beiden in einer stärkeren Position, weil der andere auf ihn angewiesen ist und überlegene Erfahrung hat, muss gelten, was der Gesetzgeber für Allgemeine Geschäftsbedingungen (AGB), zum Beispiel von Banken oder Versandhandel, festgeschrieben hat: *„Eine unangemessene Benachteiligung kann sich auch daraus ergeben, dass die Bestimmung nicht klar und verständlich ist*" (§ 307 Abs. 1 S. 2 BGB). Wenn an der Rede vom Kunden etwas dran sein soll, sollten Sozialrecht und Verbraucherschutzrecht in Zukunft mehr voneinander lernen. Textbausteine für Bescheide und Vereinbarungen könnten dann vielleicht, nicht anders als AGB, einer Inhaltskontrolle durch Verbandsklagen unterworfen werden, bei der auch die Verständlichkeit überprüft wird.

Verwaltungssprache sollte, zusammengefasst, zwischen Gesetz und Einzelfall, zwischen Norm und Wirklichkeit vermitteln. Sie ist berufen, den Menschen zu sagen und begründen, was in ihrem Fall richtig und falsch, Recht und Unrecht ist. Im Alltag sind wir nicht verpflichtet, im Gesetz zu lesen und es zu kennen. Das erledigt die Verwaltung für uns, wenn der Staat etwas von uns will oder wir etwas von ihm wollen. Es sind die Türhüter des Gesetzes bei der Gemeinde, beim Jobcenter oder der Unfallversicherung, durch die der soziale Rechtsstaat kommuniziert.

---

20 *Gagel/Peters-Lange*, SGB III, § 37, Rn. 7ff.
21 BT-Drucks. 14/6944, S. 31.

3. Gerichtssprache

Misslingt Kommunikation zwischen Bürger und Verwaltung, dann kann der Konflikt zum Sozial-, Verwaltungs- oder Finanzgericht getragen werden. Deren schriftliche Entscheidungen orientieren sich im Allgemeinen an den Gesetzen als ihrer Grundlage, im Besonderen vor allem am bereits von der Verwaltung aufgearbeiteten Sachverhalt.[22] Insoweit werden Gesetzes- und Verwaltungssprache neu zusammengeführt, die Gerichte fügen aber auch Eigenes bei, seien es die sehr fachsprachlichen Begriffe des Prozessrechts, seien es selbst ermittelte, den Rechtsuchenden erstmals präsentierte Ausführungen zum zu entscheidenden Einzelfall.

Bei Gericht können Bürgerinnen und Bürger erfahren, dass der allgemeine Sprachgebrauch die Grundlage für die wichtigste und vorrangige Methode der Rechtsauslegung sein soll, die Auslegung nach dem Wortlaut. Doch kann vermutet werden, dass Menschen verschiedene Inhalte und Erfahrungen mit einer Familie, mit dem Arbeitsmarkt und seinen üblichen Bedingungen, mit einem Haushalt oder vielen anderen Begriffen des Sozialrechts verbinden. Nun kann, bei Gerichten wohl noch mehr als bei der Verwaltung gefragt werden, ob schon Verständnis und Gebrauch der Sprache auch von der sozialen Stellung und Herkunft und dem Bildungsweg der Sprechenden abhängen.[23] Dass diese bei Berufsrichterinnen und -richtern am Sozialgericht anders sind als bei denen, die dort klagen, liegt auf der Hand.

Gerade die Sozialgerichte holen oft sozialmedizinische Gutachten ein. Hier trifft das Recht auf eine echte Fachsprache, das heißt auf viele Wörter und Wendungen, die primär der Kommunikation innerhalb einer Fachdisziplin, der Medizin, dienen sollen, hier aber zu einem anderen Zweck, nämlich der dem Anspruch nach allgemein verständlichen Begründung einer anderen Fachdisziplin, des Rechts, herangezogen werden. Die notwendige Übersetzung gelingt oft weder Medizin noch Recht, weder Verwaltung noch Gericht.

Wie in der Verwaltung wird auch bei den Gerichten der Professionalisierung ein ehrenamtliches Element beigegeben. Die ehrenamtlichen Richterinnen und Richter haben – bei festgefügter Rechtslage – nicht immer viel Einfluss auf die Entscheidung. Aber sie sind doch der erste Test, ob

---

22 *Bundesministerium der Justiz*, Handbuch Rechtsförmlichkeit des Bundesministeriums für Justiz, 3. Aufl. 2008, Rn. 54.

23 *Walther*, ZKM 2010, 7 (9).

die Hauptamtlichen ihre Entscheidung auch verständlich erklären können. Das trägt nicht wenig zur Bürgerfreundlichkeit gerade der Sozialgerichte bei.

Ob Juristinnen und Juristen – seien sie im Richteramt oder im Verwaltungsdienst – mehr oder weniger leicht fällt, ihre Erkenntnisse zu vermitteln, ist auch eine Frage der Ausbildung. Diese muss zunächst spezifisch juristisches Denken und damit auch Entfremdung von der Alltagssprache fördern.[24] Doch gehört es zu jeder Professionalität, über die Grenzen des eigenen Fachs hinaus sprachfähig zu sein. Seit wenigen Jahren benennt das Deutsche Richtergesetz als Schlüsselqualifikationen, die im Studium zu berücksichtigen sind, Verhandlungsmanagement, Gesprächsführung, Rhetorik und Kommunikationsfähigkeit (§ 5a DRiG).

4. Gesprochene und geschriebene Sprache

Wer würde Schulen nur nach den Schulbüchern, Medien ohne Fernsehen und Radio, Literatur ohne Theater, Medizin ohne Arztgespräch beurteilen? Mündliche Kommunikation, gerade wenn sie unmittelbar ist – und nicht über ein Call-Center läuft – ist oft entscheidend für das Verständnis. Auch Recht wird nicht nur geschrieben, sondern auch gesprochen[25].

Das beginnt in der Gesetzgebung: In den Ausschüssen und im Plenum von Landtag und Bundestag ist öffentlich über Gesetzentwürfe zu sprechen. Die Protokolle von Rede und Gegenrede sind eine wichtige Quelle, um bei der Rechtsauslegung das Gemeinte zu finden.

Die Verwaltung kann mit den Bürgerinnen und Bürgern sprechen, sie beraten, und anhören. Doch – und das könnte ein wesentliches Problem sein – finden viele Verwaltungsverfahren ganz oder fast ohne gesprochenes Wort statt.

Erst bei den Gerichten ist die mündliche Beratung wieder der Regelfall. Die Sozialgerichte können einen Erörterungstermin ansetzen, sie verhandeln in der Regel mündlich, wenn auch nicht immer mit allen Beteiligten. Neuerdings ermöglicht allerdings der Gerichtsbescheid auch hier ein Verfahren ohne persönliches Gespräch, wovon sehr unterschiedlich Gebrauch gemacht wird.

---

24 *Walther*, ZKM 2010, 7 (8).

25 Vgl. *Friedrich E. Schnapp*, Was Juristen aus Stillehren lernen können und was nicht, JA 2015, S. 130, 134.

III. Rechtliche Anforderungen an Sprache

1. Amtssprache

Die Amts- und Gerichtssprache ist deutsch[26]. Dies hat, anders als man vermuten könnte, keinen Verfassungsrang. Ist das im Widerspruch zu Art. 3 Abs. 3 S. 1 GG, wonach niemand wegen seiner Sprache benachteiligt werden darf?[27] Doch kein Staat der Welt kann alle Sprachen und ihre Sprecherinnen und Sprecher gleichbehandeln. So sorgt diese Grundentscheidung dafür, dass unsere Gesetze, Verwaltungs- und Gerichtsentscheidungen einheitlich in Hochdeutsch verfasst werden müssen.[28] Denkt man an frühere Jahrhunderte, in denen Römisches Recht schriftlich verhandelt und das Urteil dann mündlich in der örtlichen Bursprake verkündet wurde, sieht man den Fortschritt in einer gemeinsamen deutschen, das heißt ursprünglich „volkstümlichen" Sprache.[29]

Zu Recht schreibt *Rixen* zu § 19 SGB X, dass Amtssprache nur ein verständliches Deutsch ist.[30] Er definiert dies als Hochdeutsch, das dem durchschnittlich sprachkompetenten, also nicht juristisch vorgebildeten, insbesondere nicht sozialrechtlich ausgebildeten Bürger erlaubt zu verstehen, was die Behörde meint.[31] Aber woher soll die Behörde die durchschnittliche Sprachkompetenz kennen? Sieht man in der Verständlichkeit ein Gebot der Rechtsstaatlichkeit und der Effektivität von Behördenhandeln, wird die Behörde ihr Deutsch so wählen müssen, dass sie möglichst viele erreichen kann. Am besten gelingt eine individuell angepasste Sprachebene, wenn die Kommunikation auch einen persönlichen Anteil hat.

---

26 § 19 SGB X; § 82 a LVwG SH; § 23 VwVfG, § 184 GVG.

27 *Hans Ernst Duve/Hans-Armin Weirich,* Die Verständigung zwischen dem Bürger und den Juristen kann verbessert werden in: Die Sprache des Rechts und der Verwaltung, Klett-Cotta, 1981, S. 125.

28 *Bundesministerium der Justiz*, Handbuch Rechtsförmlichkeit des Bundesministeriums für Justiz, 3. Aufl. 2008, Rn. 68.

29 *Rudolf Wassermann,* Sprachliche Probleme in der Praxis von Rechtsetzung, Rechtspflege und Verwaltung in: Die Sprache des Rechts und der Verwaltung, Klett-Cotta, 1981, S. 133.

30 *Stephan Rixen* in: Diering/Timme/Waschull, SGB X, § 19, Rn. 4.

31 *Rixen* § 19, Rn. 4; so auch *Bundesministerium der Justiz*, Handbuch Rechtsförmlichkeit des Bundesministeriums für Justiz, 3. Aufl. 2008, Rn. 54.

Fraglich ist schon, wann und wie weit die Behörde im Interesse der Verständlichkeit vom Hochdeutsch-Gebot abweichen kann. Nicht wenige Kommentare äußern sich sehr restriktiv zu Mundart und Dialekt in der Behörde und haben dabei wahrscheinlich die dem Hochschullehrer oder Richter vertraute Situation des neu Zugezogenen vor Augen.[32] Für die Einheimischen kann aber Kommunikation in Amtsstuben und Gerichtssälen durch Dialekt erleichtert werden.[33] So sollte in Schleswig-Holstein im Lichte von Art. 9 Abs. 2 LV einer einvernehmlichen Nutzung des Plattdeutschen nichts entgegenstehen, wenn sie niemanden ausschließt.

Für andere Sprachen bedarf es einer eigenen gesetzlichen Grundlage, um abzuweichen, z.B. in Schleswig-Holstein das Friesisch-Gesetz[34]. Im Übrigen ist in einem immer engeren Europa über ein flexibleres Sprachenregime der Behörden und Gerichte zu sprechen, damit keine unnötigen Barrieren der Freizügigkeit entstehen.[35] Bei den Organen der EU selbst und ihrem Bürgerbeauftragten haben die Unionsbürgerinnen und -bürger nach der Charta der Grundrechte das Recht, sich in jeder der Vertragssprachen an sie zu wenden und eine Antwort in derselben Sprache zu erhalten (Art. 41 Abs. 4 GRChEU).

2. Barrierefreiheit und Zugänglichkeit

Modifiziert ist die einheitliche Amtssprache auch im Sinne der Barrierefreiheit. Gehörlose haben das Recht, mit den Behörden auf deren Kosten in Gebärdensprache durch einen Dolmetscher zu kommunizieren (§ 9 BGG). Für sinnesbehinderte, namentlich blinde Menschen müssen Dokumente in für sie lesbarer Form bereitgestellt werden (§ 10 Abs. 1 S. 2 BGG). Ab 2018 müssen Informationen in Leichter Sprache zur Verfügung gestellt werden (§ 11 BGG). Damit soll die gleichberechtigte Einbeziehung behinderter Menschen gegenüber Verwaltung und Justiz verbessert werden.[36]

---

32 *Rixen* § 19, Rn. 2; *Weber* in: BeckOK SozR, SGB X, § 19, Rn. 5.

33 *Mutschler* in: KassKomm Sozialversicherungsrecht, SGB X, § 19, Rn. 3.

34 Gesetz zur Förderung des Friesischen im öffentlichen Raum (FriesischG) v. 13.12.2004, GVOBl. Schleswig-Holstein, S. 481.

35 *Rixen* § 19, Rn. 6.

36 BT-Drucks. 18/7824, S. 22.

3. Beratung

Auskunft und Beratung sowie das Hinwirken auf zweckdienliche Anträge sind Aufgabe aller Behörden[37]. Dies setzt einen starken Impuls für individuelle und auch mündliche Kommunikation schon vor einem Verwaltungsverfahren. Wissen beide Seiten voneinander, was sie wollen und können, wird auch der schriftliche Teil der Kommunikation besser gelingen.

4. Amtsermittlung und Anhörung

Auch wenn niemand bei der Behörde Beratung, Auskunft oder Anhörung verlangt, kann sie von sich aus persönliche Kommunikation durch Anhörung und Erörterung als Teil der Amtsermittlung (§ 20 SGB X) einsetzen. Gerade wenn es um persönliche Bedarfe und Lebensverhältnisse geht, wird es sich um die am besten geeignete Amtsermittlung handeln. Mehr persönliche Erörterungen und Anhörungen wären sicher aufwändig und nicht ohne Umorientierung, womöglich auch nicht ohne mehr Personal möglich. Doch sind sie als Mittel zur besseren Kommunikation ebenso in Betracht zu ziehen wie verbesserte Formulare, Anschreiben und Bescheide.

5. Begründung

Ein Verwaltungsakt ist eine empfangsbedürftige Willenserklärung. Wird er nicht verstanden, ist er eigentlich nicht angekommen. Damit er verstanden wird, muss er begründet sein. In der Begründung sind die wesentlichen tatsächlichen und rechtlichen Gründe mitzuteilen, die die Behörde zu ihrer Entscheidung bewogen haben (§ 35 SGB X). Dies sollte die ausschließliche Nutzung von Textbausteinen in vielen Fällen ausschließen.[38]

---

37 § 25 VwVfG, § 83a LVwG und §§ 13-16 SGB I.

38 BSG, Urt. v. 24.02.1987, Az. 11b Rar 24/86, SozR 1300 § 35 Nr. 3; BVerwG, Urt. v. 14.10.1965, Az. II C 3.63, BVerwGE 22, 215; *Herbe* in: Ehrmann/Karmanski/Kuhn-Zuber, Gesamtkommentar Sozialrechtsberatung, SGB X, § 35, Rn. 3; *Waschull* in: Diering/Timme/Waschull, SGB X, § 35, Rn. 3; *Mutschler* in: KassKomm Sozialversicherungsrecht, SGB X, § 35, Rn. 9.

Wer Individuelles vorbringt, hat ein Recht auf individuelle Begründung, die sich nicht in auf den Fall gar nicht passenden allgemeinen Ausführungen verstecken sollte. Oft ist es gerade die schwierige Suche nach dem individuellen fallbezogenen Inhalt, die das Verstehen erschwert.

IV. Schluss

Das Recht steht einer verständlichen Sprache der Gesetze, der Verwaltung und der Gerichte nicht entgegen. Im Gegenteil: Es verlangt sie.

Das demokratische Gesetz muss in seiner Allgemeinheit so verständlich wie möglich sein, damit das Volk zugleich Autor, Adressat und Kritiker der Gesetze sein kann.[39] Die Probe des demokratischen Gesetzes ist die Anwendung durch Verwaltung und Gerichte. Gesetzgebung, Verwaltung und Rechtsprechung sind keine Angelegenheit alleine von Experten. Immer sind auch Nichtfachleute und Laien zur Mitwirkung berufen. Sie sollen nicht nur von Verständlichkeit profitieren, sie haben auch darauf zu achten, dass sie gewahrt wird.[40]

Die wichtigste Aufgabe für einen verständlichen demokratischen und sozialen Rechtsstaat hat die Verwaltung, wenn sie die Gesetze auf den Einzelfall anwendet und ihre Entscheidungen dabei mit den Bürgerinnen und Bürgern erörtern und sie ihnen gegenüber begründen muss. Dadurch erfahren die Bürgerinnen und Bürger, aber auch Regierung und Parlamente, welche Folgen die Gesetze haben, wenn sie auf die Wirklichkeiten der Gesellschaft treffen. Erst diese Wechselwirkung von Norm und Einzelfall ermöglicht fundierte Kritik und Weiterentwicklung der Normen.

---

39 *Bundesministerium der Justiz*, Rn. 54.

40 *Nussbaumer*, S. 309.

VI.
Soziales Recht in der Europäischen Union

Sozialrechtliche Dreiecksverhältnisse im Europäischen Wirtschaftsrecht

Eberhard Eichenhofer

I. Fragestellung

„Die Beschaffung von sozialen und medizinischen Dienstleistungen und Waren durch diejenigen, die als Sozialleistungsträger einem Sozialleistungsberechtigten hierzu gesetzlich verpflichtet sind und die mit dieser Beschaffung den Sozialleistungsanspruch einlösen, ruft in marktwirtschaftlichen Ordnungen Grundfragen auf, die das Verhältnis vom Sozialstaat und von der Marktwirtschaft tiefgehend berühren"[1] – so Gerhard Igl in seinem Versuch, dem „Wirtschaftsrecht des Sozialen"[2] Kontur zu geben. Ihm sind diese Zeilen gewidmet.

Ihm war und ist stets die operative Dimension des Sozialrechts bewusst. Sein wissenschaftliches Interesse zielt seit langem auf die Grundsatzfrage nach dem Zusammenwirken von Sozial- und Wirtschaftsrecht, die er begrifflich zu erfassen und gedanklich zu entfalten vermochte und Sozialstaat und Marktwirtschaft so verbindet. Ausgehend von seinem Interesse an Pflegebedürftigen und deren Schutz[3] sowie an den medizinischen Berufen[4] betont er, dass alle auf Dienste gerichteten Sozialleistungsansprüche

---

1 Gerhard Igl, Benötigt das Sozialrecht Regelungen zum Sozial-Wirtschaftsrecht?, in Franz Ruland/Bernd Baron von Maydell/Hans-Jürgen Papier (Hg.), Verfassung, Theorie und Praxis des Sozialstaats, Festschrift für Hans F. Zacher zum 70. Geburtstag, Heidelberg, 1998, 281.

2 Igl, Anm. 1, 282.

3 Gerhard Igl, Pflegebedürftigkeit und Behinderung im Recht der sozialen Sicherheit, Baden-Baden, 1987; ders., Pflegeversicherung als neuer Gegenstand sozialrechtlicher Regelung, in Klaus Sieveking (Hg.), Soziale Sicherung bei Pflegebedürftigkeit in der EU, Baden-Baden, 1998, 19, ders., Pflegeversicherung, in Ulrich Becker/Bernd von Maydell/Franz Ruland, Sozialrechtshandbuch (SRH), Baden-Baden, 2012 (5. Aufl.), § 18.

4 Gerhard Igl, (Hg.), Recht der Gesundheitsberufe, 2011; ders., Heilberufe in Bewegung – Entwicklungen bei den Gesundheitsfachberufen, in Stamatia Devetzi/Constanze Janda (Hg.), Freiheit – Gerechtigkeit – Sozial(es) Recht, Festschrift für Eberhard Eichenhofer, 2015, 226; ders./Welti, Gesundheitsrecht, 2014; ders. (Hg.),

wirtschaftlicher Organisation bedürfen und gesellschaftlich einzubetten sind. Ein solcher Blick auf das Sozialrecht überschreitet die administrative Beziehung zwischen Berechtigtem und Träger und macht es als Element von Wirtschaftsverkehr und -geschehen sichtbar.

Dieser Frage nachzugehen, wie soziale Humandienstleistungen[5] dem Berechtigten zugänglich werden, ist wissenschaftlich reizvoll, weil sie Sozial- mit Wirtschaftsrecht verbindet und sozialrechtliche Beziehungen nicht auf zwei Personen verengt, sondern Dritte darin stets und notwendig als einbezogen sieht. Zu Recht: Denn mit deren Verhalten steht und fällt der Erfolg jeder Leistungsgewährung. Um derartige Beziehungen zu erfassen, hat die Wissenschaft den Begriff "sozialrechtliches Dreiecksverhältnis"[6] geprägt. Wie beeinflusst das EU-Wirtschaftsrecht das sozialrechtliche Dreiecksverhältnis? Hierfür sind zu klären, was sozialrechtliche Dreiecksverhältnisse kennzeichnet (II), und wie sie in dem durch die EU geprägten Kartell- (III), Beihilfe- (IV) und Vergaberecht (V) behandelt werden.

II. Sozialrechtliche Dreiecksverhältnisse?

1. Sozialleistungsansprüche auf Dienste und Sachen – Gegenstand der Gewährleistung

Sozialrechtliche Dreiecksverhältnisse verdeutlichen, dass Sozialrecht zwar dem Berechtigten Dienste verheißt, aber Sozialleistungsträger diese selbst nicht erbringen, sondern sich Dritter bedienen und auf diese daher angewiesen sind. Der Anspruch auf soziale Dienste bedeutet die rechtliche Gewährleistung[7], dass ein außerhalb des Sozialrechtsverhältnisses stehender

---

Verbraucherschutz im Sozialrecht, 2011; Igl/Welti, Sozialrecht, 2007 (8. Aufl.), §§ 18, 24, 75.

5 Wolfgang Schütte, Sozialrechtliche Humandienstleistungen und rechtliche Betreuung, BtPrax 2006, 214.

6 Jochem Schmitt, Leistungserbringung durch Dritte im Sozialrecht, Berlin ,1990; Grundlage für diese Begriffsbildung sind die in §§ 115, 124, 127, 129 SGB V, 15 SGB VI, 19, 21 SGB IX, 78a SGB VIII und 75 SGB XII getroffenen Bestimmungen in Verbindung mit dem in § 33 SGB I formulierten Wunsch- und Wahlrecht des Berechtigten bei Erbringung sozialrechtlicher Sachleistungen.

7 Igl, Anm. 1, 287: “Infrastrukturverantwortung“.

Dritter dem Berechtigten erbringe, was der Sozialleistungsträger diesem versprochen hat und jenen dafür im Gegenzug honoriert.

Dieser Gedanke ist in § 17 I SGB I umschrieben. Der Leistungsträger muss dafür sorgen, dass der Berechtigte die ihm zustehenden Leistungen zeitgemäß, umfassend und schnell erhält. Der Träger erscheint primär als Kostenträger. Auf diese Weise wird die zwischen Berechtigten und Träger bestehende Zwei-Personen-Beziehung um die einen außerhalb dieses Verhältnisses stehenden Dritten erweitert.

2. Beispiele sozialrechtlicher Dreiecksbeziehungen

Die sozialrechtliche Sachleistungserbringung weist viele Beispiele derartiger Beziehungen auf. Sie sind in der Kranken- und Pflegeversicherung, Rehabilitation[8], Arbeitsförderung sowie Sozial- und Jugendhilfe zu finden. Die Krankenhaus-[9] sowie Heil-[10], Hilfs-[11] und Arzneimittelversorgung[12] beruht auf einer solchen Regelung der Zuständigkeiten zwischen Träger und Berechtigtem, weil Krankenhäuser, Heil- und Hilfsmittellieferanten oder Apotheken die geschuldeten Dienste oder Sachen erbringen. Auch die Rettungsdienste führen nach diesem Muster ihre Krankentransporte für die Krankenkassen durch[13].

Entsprechendes gilt für die ärztliche Behandlung[14], allerdings mit der Besonderheit, dass zwischen Krankenkassen und Leistungserbringer die Kassenärztliche Vereinigung eingeschaltet ist. Statt an den einzelnen Arzt leisten die Kassen global an die Kassenärztliche Vereinigung, die ihrerseits die Ärzteschaft autonom entgilt. Die dadurch eintretende Komplikation – welche die Beziehung zum Vier-Personen-Verhältnis macht – betrifft jedoch den Modus und Details der Abrechnung, lässt den Leistungsmodus gegenüber dem Berechtigten aber unberührt.

---

8 Axel Reimann, SRH, Anm. 3, § 28-68 ff; Igl-Welti, Anm. 4, § 75.

9 §§ 39, 112 SGB V U. Becker, in ders./Kingreen, SGB V, 2014 (4. Aufl.), § 39 Rn. 4 ff.

10 § 32 SGB V; Butzer, in Becker/Kingreen, Anm. 9, § 32 SGB V Rn. 19 ff.

11 § 33 SGB V; Butzer, in Becker/Kingreen, Anm. 9, § 33 Rn. 38 ff.

12 § 31 SGB V; Axer, in Becker/Kingreen, Anm. 9, § 31 Rn. 30 ff.

13 Constanze Abig, Die Rechtsstellung nichtärztlicher Leistungserbringer in der gesetzlichen Krankenversicherung, Berlin 2003.

14 §§ 170 ff, 82 ff SGB V.

In der Pflegeversicherung werden die ambulanten Pflegedienste[15], in der Arbeitsförderung die Maßnahmen aktiver Arbeitsmarktpolitik[16] – Qualifizierung, Bildung, Maßnahmen unter Aufwandsentschädigung[17] und Eingliederungen in den Arbeitsmarkt[18] – und in der Rehabilitation medizinische Eingliederungsmaßnahmen von den durch die Träger ausgewählten Einrichtungen für diese erbracht[19]. Die Sozialhilfe leistet Hilfe in Anstalten[20]: Heimverträge zwischen Hilfeempfänger und Heimträger realisieren den Anspruch auf Sozialhilfe durch Anstaltsunterbringung; gleichzeitig begründet die Sozialhilfebewilligung einen Schuldbeitritt des Trägers auf Seiten des Heimbewohners. Entsprechende Strukturen bestehen bei der Jugendhilfe für Pflegekinder[21].

3. Systematische Einordnung

Das „sozialrechtliche Dreiecksverhältnis" macht den Vorgang sozialrechtlicher Sachleistungsgewährung anschaulich und eröffnet so Einblicke in die rechtlichen wie wirtschaftlichen Beziehungen. Als rechtswissenschaftlicher Begriff erklärt er namentlich, wie die Rechtsverhältnisse zwischen den daran Beteiligten zu bestimmen sind. In dem Dreieck sind Berechtigter, Leistungsträger und Leistungserbringer[22] miteinander verbunden. Die sie verknüpfenden Rechtsverhältnisse lassen sich terminologisch als „Grundverhältnis" zwischen Berechtigtem und Leistungsträger, "Erfüllungsverhältnis" zwischen Berechtigtem und Leistungserbringer und „Abrechnungsverhältnis" zwischen Leistungserbringer und Leistungsträger bezeichnen.

---

15 § 69 SGB XI; Igl/Welti, Anm. 4.§ 24; LSG Hamburg, RDG 2012, 24.

16 §§ 7, 56 ff, 81 ff, 117 ff, 217 ff SGBIII.

17 § 16 d SGB II, Jenak, Arbeit gegen Mehraufwandsentschädigung, 2009; ders., SGb 2010, 8.

18 §§ 14 ff SGB II, 44 f, 257 ff SGB III.

19 BayLSG – 23.5.2010 - L 10 AL 207/11 – lässt offen, ob darin ein Dreiecksverhältnis liege.

20 BSGE 102,1; BSG FEVS 61, 534; BSG SozR 4-3500 § 75 Nr. 3.

21 §§ 1630 III; 1632 IV BGB, 43 f SGB VIII.

22 Vgl. dazu auch Igl, Anm. 1, 285 f; vgl. dazu auch Schnapp, NZS 2001, 337, 340 f. "Versicherungs-, Behandlungs- und Abrechnungsverhältnis".

Neben dieser Unterscheidung wird auch zwischen Kunde, Nachfrager und Anbieter differenziert[23]. Diese Begriffsbildung beansprucht die Rechtsbeziehungen im Hinblick auf die ökonomische Rollenverteilung der Beteiligten zu kennzeichnen. Ob diese Beschreibung den ökonomischen Tatbestand jedoch trifft, wird im weiteren Fortgang zu erörtern sein. Es erscheint jedenfalls zweifelhaft, ob diese Einordnung prinzipiell richtig ist. Denn die Kernfrage lautet: Von wem geht der Beschaffungsvorgang aus – vom Träger oder vom Berechtigten?

Ein erstes Bedenken gilt deswegen der Unterscheidung zwischen Nachfrager und Kunde: Was macht diesen zum Kunden, wenn nicht seine Nachfrage nach der Leistung? Dies fragt sich, zumal der Träger diese dem Kunden schuldet! Während also klar ist, wer die im Dreieck zu erbringende Leistung schuldet und wer sie erbringt, ist offen, wer sie nachfragt: Der sie letztlich vergütende Träger könnte nämlich statt als Nachfrager auch als Finanzintermediär begriffen werden, der dem Berechtigten seine Nachfrage ermöglicht, indem er die induzierten Kosten trägt. Es wird sich im weiteren Fortgang zeigen, dass von diesen unterschiedlichen Sichtweisen auf das Leistungsgeschehen erhebliche rechtliche Folgen abhängen.

Schwierig und umstritten ist schließlich die Frage, wie diese drei Beziehungen rechtssystematisch einzuordnen sind. Das Grundverhältnis findet seine Rechtfertigung in dem zwischen Berechtigtem und Träger bestehenden Sozialversicherungs- oder Sozialhilfeverhältnis. Der Träger ist dem Berechtigten zur Leistung verpflichtet, weil ein Versicherungsfall oder eine Bedarfslage eingetreten ist, weshalb der Träger dem Berechtigten die Leistung schuldet und dieser sie von jenem rechtlich beanspruchen kann. Dieses Grundverhältnis beruht auf dem Sozialrecht. Denn es verwirklicht den Anspruch auf Versicherungsschutz oder Fürsorge durch die Leistung, für die ein Dritter einzustehen hat.

Weit schwerer fällt die Einordnung des Erfüllungsverhältnisses. Gerade hierzu sind auch die Meinungen geteilt[24].Weil der Erfüllungsakt den Sozialleistungsanspruch tilgt, liegt es auf den ersten Blick nahe, ihn als einen bestimmenden Teil des Leistungsgeschehens zu betrachten. Der Dritte könnte deshalb als Erfüllungsgehilfe des Leistungsträgers angesehen werden[25].

---

23 Vgl. dazu auch Igl, Anm. 1, 285 f.

24 BGHZ 76, 259 einerseits; BSGE 77, 194 andererseits; Eichenhofer, SGb 2003, 365; Heinze, SGb 1990,173.

25 BSGE 77, 194, 200.

Dieser Deutung steht aber entgegen, dass der Leistungserbringer am Leistungsgeschehen als eigenständige Rechtsperson beteiligt ist, zwar mit dem Träger rechtlich verbunden, aber nicht als Teil von dessen Organisation. Er handelt nicht im Namen des Trägers, sondern im eigenen Namen. Er erbringt eine Eigenleistung; eine Fremdzurechnung kommt daher nicht in Frage.

Wird Erfüllung als eigenes Rechtsverhältnis zwischen Leistungserbringer und Leistungsberechtigtem begriffen, so ist ferner fraglich, ob auch dieser Vorgang dem Sozialrecht unterliegt. Weder Berechtigter, noch Leistungserbringer sind Inhaber öffentlicher Gewalt. Deshalb wäre ihr Rechtsverhältnis nach der für die Abgrenzung von privatem und öffentlichem Recht heute vorherrschenden Subjekt-Theorie[26] dem Privatrecht zuzuordnen, weil kein Träger öffentlicher Gewalt an diesem Rechtsverhältnis beteiligt ist.

Die Beziehung zwischen Patient und Arzt folgt ausdrücklich dem Privatrecht (§§ 630a ff BGB). Dies gilt nach den – allerdings eher diffusen – Absichtsbekundungen des Gesetzgebers auch für die Behandlungsleistungen für sozialversicherte Patienten[27]. Denn die Begründung der Behandlungspflicht hängt vom Konsens zwischen Behandler und Patient ab. Die Krankenbehandlung erschöpft sich deshalb weder in einem öffentlich-rechtlichen Vorgang, noch einem faktischen Geschehen, sondern wird auf Grund eines zwischen Behandler und Patienten geschlossenen Vertrages vorgenommen (§ 630 a BGB). Dieser ist deshalb so zu bestimmen, weil sich das öffentlich-rechtlich gewährleistete Wunsch- und Wahlrecht[28] ver-

---

26 Wolff/Bachof/Stober/Kluth, Verwaltungsrecht I, 2007, § 22 III Rn. 14 ff; Eberhard Schmidt-Aßmann, Das allgemeine Verwaltungsrecht als Ordnungsidee, 2004 (2. Aufl.), Kap. 6/12 ff: „Dem öffentlichen Recht geht es um die besondere Stellung staatlichen Hoheitsträger und ihrer Handlungsaufträge“ (Kap. 6-16).

27 Aus BT-Drucksache 17/10488, S. 9, 11, 13, 15, 18 f, 32 ergibt sich klar, dass der Arztvertrag (§§ 630a ff. BGB) auch für behandelnde und Patienten der gesetzlichen Krankenversicherung gelten soll. Nach Ansicht des Gesetzgebers, werde das Privatrecht aber durch das Krankenversicherungsrecht insoweit überlagert, als die Vergütungspflicht für den Patienten entfalle und an deren Stelle die Leistungspflicht der Krankenkasse trete (ebd., 19); ferner folgt aus § 630a Abs. 1 a. E. BGB, dass die Vergütung des Behandlers eines Patienten durch Dritte möglich ist; dies gilt als Hinweis darauf ‚dass auch die sozialversicherten Patienten in den Behandlungsvertrag einbezogen sind (Palandt-Weidenkaff, BGB, 2015 Rn. 1 vor § 630a, § 630a Rn. 2, 4, 6; vgl. zum Heimvertragsrecht BSG SozR 4-3500 § 75 Nr. 3; LSG Rheinland-Pfalz ZfSH/SGB 2011, 354.

28 § 33 SGB I.

wirklicht. Er schafft die Rechtsgrundlage für die Einwilligung des Patienten in den Heileingriff und legitimiert so diesen als rechtmäßiger Eingriff in die körperliche Integrität des Patienten. Verletzt der Leistungserbringer schuldhaft seine Pflichten, haftet er dem Berechtigten auf Schadensersatz wegen Verletzung der Vertragspflichten[29].Das Erfüllungsverhältnis unterliegt daher dem Privatrecht[30].

Das Abrechnungsverhältnis entgilt einen Akt privater Leistungserbringung. Die Honorierung geschieht aber durch öffentliche Mittel. Deren Vergütungssätze wie -grundsätze unterliegen den Geboten der Gesetzmäßigkeit der Sozialverwaltung (§ 31 SGB I) und Wirtschaftlichkeit = Sparsamkeit der Mittelvergabe. Die zwischen Sozialleistungsträgern und Leistungserbringern getroffenen Abmachungen sind regelmäßig als öffentlich-rechtliche Verträge gesetzlich ausgestaltet[31] oder durch die Rechtsprechung[32] so qualifiziert worden. Das Abrechnungsverhältnis ist daher als öffentlich-rechtlich = sozialrechtlich zu qualifizieren.

III. Sozialrechtliche Dreiecksverhältnisse im Kartellrecht

Das EU-Kartellrecht soll den Wettbewerb vor Verfälschungen durch Absprachen unter den Marktteilnehmern (Art 101 AEUV) bewahren oder die übrigen Marktteilnehmer vor der Übermacht eines Beteiligten (Art. 102 AEUV) schützen. Seine Regeln richten sich an Unternehmen, zu denen auch öffentliche Unternehmen gehören (Art. 106 I AEUV). Auch Finanz- und Dienstleistungsmonopole unterliegen dem Kartellrecht, soweit dies nicht „die Erfüllung der ihnen übertragenen besonderen Aufgaben rechtlich oder tatsächlich verhindert“ (Art. 106 II AEUV).

Seit Jahrzehnten wird über die Bedeutung des Kartellrechts für die sozialrechtliche Leistungserbringung debattiert – insbesondere ob Sozialleistungsträger Unternehmen sind. Die Antwort darauf ist nicht einheitlich; der kartellrechtliche Unternehmensbegriff wird nicht institutionell verstanden, sondern funktional[33]: Danach ist unternehmerisches Handeln auf das

---

29 §§ 630 h, 280 ff BGB.

30 BGHZ 47, 75; 76, 259; 97, 237; Eberhardt, AcP171(1971), 289; Schmidt-De Caluwe, VSSR 1998, 207; Bieback, NZS 1997, 393.

31 §§ 82 ff SGB V, 69, 71 ff SGB XI, 75 SGB XII.

32 BSGE 102,1 Rn. 15 ff.

33 EuGH Slg. 1991 I 1979 (Höfner und Elser) Rn. 21.

Angebot von Waren und Diensten gegen Geld ausgerichtet[34]. Es steht demnach nicht ein für alle Mal fest, ob ein Träger als Unternehmen tätig ist und so dem Kartellrecht unterliegt. Deswegen sprach manche EuGH-Entscheidung den Sozialleistungsträgern die Unternehmenseigenschaft zu[35], wogegen in anderen Zusammenhängen deren Unternehmenseigenschaft verneint wurde[36]. Dass diese Problematik besteht, zeigt auch Art. 106 II AEUV. Diese Bestimmung nimmt sämtliche Unternehmen aus dem EU-Wettbewerbs-, Beihilfe- und Vergaberecht aus, welche Dienstleistungen von allgemeinem wirtschaftlichem Interesse erbringen[37]. Der Anwendung des Kartellrechts auf Sozialleistungsträger kann daher entgegenstehen, dass diese keine Unternehmen sind[38] oder als Unternehmen Universaldienste erbringen.

Wie sozialrechtliche Dreiecksverhältnisse im EU-Kartellrecht behandelt werden, war Gegenstand der Entscheidung des EuGH vom 16. März 2004 in der Rechtssache „AOK".[39] Es ging darum, ob die Festsetzung von Festbeträgen[40] für Heil – und Hilfsmittel durch die Träger der gesetzlichen Krankenversicherung ein kartellrechtswidriger Missbrauch einer marktbeherrschenden Stellung sei. Dies verneinte der EuGH, weil die gesetzlichen Krankenkassen bei Festlegung von Höchstbeträgen ihre sozialen Aufgaben wahrnehmen und nicht außerhalb ihres sozialrechtlichen Betätigungs-

34 EuGH Slg. 1987 2599 (Kommission./.Italien), 2000 I 6451 Rn. 17, 74 ff (Pavlov), 2001 I 8089 Rn. 19 (Ambulanz Glöckner).

35 EuGH Slg. 1991 I 1979 (Höfner und Elser), 2006 I 2843 (Enivisorse) (Arbeitsvermittlungsmonopol); EuGH Slg. 1995 I 4013, 4028 (Fédération Francaise des sociétés d'assurance) (sozialversicherungsrechtliche Angebote auf privatem Versicherungsmarkt); EuGH 3.10.2012 – C-59/12 Slg I (BKK Mobil) (Kassenwettbewerb).

36 EuGH Slg. 1993 I 637 (Poucet); 2002 II 691 (INAIL), 2006 I 6295 (FENIN); 2009 I 1513 (Kattner), auch Sozialpartner dürfen Altersvorsorge-Monopole bilden (EuGH Slg. 1999 I 6025 (Brentjens); auch Bedarfsplanung ist danach statthaft: EuGH 26.9.2013 – Rs. C-539/11 (Ottica).

37 Art. 14 AEUV, Art. 36 EuGrCH, darunter fallen alle sozialen, kulturell Dienstleistungen, welche den wirtschaftlichen und sozialen Zusammenhalt sichern; König/Paul, in Streinz, EUV/AEUV, 2012 (2. Aufl.), Art 14 AEUV Rn. 27.

38 Leitentscheidung EuGH Slg. 1993 I 637 (Poucet); 2002 II 691 (INAIL), 2006 I 6295 (FENIN); 2009 I 1513 (Kattner), auch Sozialpartner dürfen Altersvorsorge -Monopole bilden (EuGH Slg. 1999 I 6025 (Brentjens); auch Bedarfsplanung ist danach statthaft: EuGH 26.9.2013 – Rs. C- 539/11 (Ottica).

39 EuGH - 16.3.2004 – Rs. C-264/01;306/01;354/01;355/01 – Slg. 2004 I 2493 (AOK).

40 § 36 SGB V vgl. Butzer, in Becker/Kingreen, Anm. 9, § 36 Rn. 3.

feldes handeln[41]. Die Festbeträge sicherten die Wirtschaftlichkeit der Sozialleistungsgewährung und dienten damit einem durch das Allgemeinwohl vorgegebenen, davon getragenen und dadurch auch gerechtfertigten Zweck[42].

Das Urteil stützt die Deutung, dass durch Festbeträge das Leistungsgeschehen statt durch die Krankenkassen, durch die Berechtigten gesteuert wird[43]: Festbeträge setzen Parameter für die vom Träger zu erwartende Kostenerstattung und sichern damit den Markt unter den Wettbewerbern, die auf dieser Basis um die Gunst der Berechtigten wetteifern. Wiewohl die Festbetragsregelung sich in der Zahlung eines Geldbetrages an den Berechtigten erschöpft, bleibt sie Sachleistung. Die Zahlung ist an die Beschaffung gebunden und wird damit nicht zur Geldleistung, weil diese die freie Verfügbarkeit über die gewährten Geldmittel voraussetzt. Festbeträge stellen dagegen sachbezogene Zuwendungen an den Berechtigten dar.

Eine ähnliche Problematik entschied der EuGH mit Urteil vom 25. Oktober 2001 in der Rechtssache „Ambulanz Glöckner"[44]. Hier war fraglich, ob ein Rettungsdienst mit Ausschlusswirkung von Wettbewerbern mit der Wahrnehmung von Rettungsfahrten öffentlich-rechtlich betraut werden darf. Der Gerichtshof bejahte dies. Der beauftragte Dienst sei zwar ein Unternehmen, von dem auch eine marktbeherrschende Stellung ausgehen könne; dessen Betrauung sei aber durch den Universaldienst-Charakter der Leistung letztlich gerechtfertigt. Schließlich befand der EuGH mit Urteil vom 2. Juni 2016[45], dass sich im Rahmen des Rabattgewährungssystems des § 130 a VIII SGB V ein Vergabeverfahren erübrige, wenn das öffentliche Recht den Leistungsberechtigten die Auswahl unter den zugelassenen Leistungserbringern eröffne und jene Berechtigten selbst die Auswahl unter diesen treffen. Unter dieser Voraussetzung beeinflusse nicht der öffentliche Kostenträger die Entscheidung über die Leistungserbringer, sondern unmittelbar die Leistungsberechtigten.

---

41 EuGH, Anm. 39, Rn. 51, 58, 63.

42 EuGH, Anm. 39, Rn. 56.

43 Janda, Arzneimittelrecht, in Ruffert (Hg.), Europäisches Wirtschaftsrecht, Baden-Baden, 2013, § 9-145.

44 EuGH - 25.10.2001 – Slg. 2001 I 8089 (Ambulanz Glöckner).

45 EuGH - 2.6.2016 – C-414/14 = NZS 2016, 542 (Falk./.DAK).

IV. Sozialrechtliche Dreiecksverhältnisse im Beihilfenrecht

Das EU-Beihilfenrecht (Art. 107-109 AEUV) soll den Binnenmarkt vor einseitigen Verfälschungen durch öffentliche Zuwendungen[46] an einzelne Wettbewerber bewahren und damit die Bevorzugung von Wettbewerbern durch die hoheitliche Vergabe von Subventionen oder gleichwirkenden Maßnahmen verhindern. Es soll namentlich ausschließen, dass andere dadurch benachteiligt werden, dass ihnen ein öffentlicher Vermögensvorteil nicht zufällt. Bestimmte öffentliche Zuwendungen – namentlich Regionalförderung in Gebieten hoher Unterbeschäftigung oder bei beträchtlicher Störung des Wirtschaftslebens – sind von dem Beihilfenverbot tatbestandlich ausgenommen (Art. 107 III AEUV). Für andere Zuwendungen ist die Kommission vor und an der Beihilfegewährung zu beteiligen.

Für das Sozialrecht stellt sich die Frage, ob für es und inwieweit das Beihilfenrecht bedeutsam werden kann. Die Antwort darauf fällt differenziert aus. Keine Bedeutung, da ohne Marktrelevanz und bloßes Zwei-Personen-Verhältnis, erlangt das einseitige gewährende Tätigwerden für Bedürftige[47]. Ihm stellt gleich, wenn der Staat öffentliche oder private Träger mit Finanzmitteln ausstattet, die diese an Bedürftige weiterleiten. Hier besteht zwar ein Drei-Personen-, aber kein sozialrechtliches Dreiecksverhältnis, weil die Leistung außerhalb von Marktprozessen bereitgestellt wird.

Unklar ist dagegen, wie die Bereitstellung öffentlicher Gelder an Leistungserbringer zu würdigen ist die von Trägern im Rahmen des sozialrechtlichen Dreiecksverhältnisses bedacht und vergütet werden. Zwar erfolgt in diesen Fällen die selektive Zuwendung öffentlicher Gelder mit der Wahrnehmung sozialer Aufgaben an die einseitig betrauten Einrichtungen.

In der Entscheidung des EuGH vom 24. Juli 2003 in der Rechtssache „Altmark Trans"[48] befand der Gerichtshof indessen, dass die Beihilfevorschriften nur eingeschränkt angewendet werden, soweit öffentliche Mittel für Dienstleistungen von allgemeinem wirtschaftlichen Interesse (Universaldienste) gewährt werden. Es ging in dem Rechtsstreit um die Frage, inwieweit ein deutsches Bundesland an Beförderungsunternehmen Zuwendungen erbringen dürfe, um den öffentlichen Personennahverkehr im ländlichen Raum auch bei nicht wirtschaftlicher Auslastung durch Fahrgäste auszugleichen. Der EuGH entschied: Solche Zahlungen seien auf Unter-

46 Eichenhofer, Sozialrecht der EU, 2015 (6. Aufl.), Rn. 396 ff.

47 EuGH Slg. 2001 I 9067 (Ferring./.ACOSS).

48 EuGH Slg. 2003 I 7747 (Altmark Trans).

nehmen mit gemeinwirtschaftlicher Aufgabe ausgerichtet und damit durch den gemeinwirtschaftlichen Auftrag des Landes gerechtfertigt Ferner sei die Zuwendung eine Ausgleichsleistung, weil ihr Betrag auf den durch den gemeinwirtschaftlichen Zweck ausgelösten Umfang beschränkt sei[49].

Diese Entscheidung hat auch für die Leistungserbringung im sozialrechtlichen Dreiecksverhältnis eine tragende Bedeutung. Ihre Regeln gelten etwa auch für Lohnzuschüsse an den Arbeitgeber als Eingliederungsmaßnahmen für Arbeitnehmer mit eingeschränktem Leistungspotential im Rahmen von Rehabilitation und Arbeitsförderung[50], aber auch für die Honorierung von Pflegediensten, Krankenhäusern, Anstalten für behinderte Menschen und Berufsförderungswerke. Das Beihilferecht gestattet die öffentliche Honorierung dieser Tätigkeiten durch die Leistungserbringer, soweit der gezahlte Betrag der Abgeltung der Gemeinlast dient und einzig die dadurch ausgelösten finanziellen Folgen ausgleicht.

V. Sozialrechtliche Dreiecksverhältnisse im Vergaberecht

Weil Sozialleistungsträger regelmäßig nicht unternehmerisch tätig sind, sondern eine öffentliche Funktion im Interesse des Gemeinwohls wahrnehmen, stellt sich die Frage, ob sie dem Vergaberecht unterliegen, falls sie zur Erfüllung ihrer öffentlichen Aufgaben sich der Dienste Dritter bedienen mittels privatrechtlichen Handelns[51]. Das Vergaberecht soll Wettbewerbsgleichheit unter Anbietern sichern und damit die öffentliche Macht der Verwaltung bei der Vergabe öffentlicher Aufträge rechtlich binden und so begrenzen.

Das Vergaberecht ist also nicht anzuwenden, wenn die öffentliche Hand ihre Aufgaben selbständig mit eigenem Personal erfüllt[52]. Bedient sich ein Sozialversicherungsträger, um seine Aufgaben zu erfüllen, dagegen der Dienste Dritter, ist dieses Verhalten grundsätzlich am Vergaberecht zu messen[53]. Dabei ist es für die vergaberechtliche Einordnung unerheblich, ob die Träger ihre Beziehungen zu den Leistungserbringern einseitig oder

---

49 Ebd., Rn. 87, 89 ff.

50 Eichenhofer, Anm. 46, Rn. 410.

51 Wolff/Bachof/Stober/Kluth, Anm. 26, § 22 II 3 d) Rn. 31 ff.

52 EuGH Slg. 2005 I 1 (Stadt Halle); 1999 I 8121 (Teckal).

53 EuGH Slg. 2009 I 4779 (Oymanns).

vertraglich regeln[54]. Keine Beachtung ist dem Vergaberecht zu geben, wenn für die Gewährung sozialer Leistungen ein allgemein zugänglicher diskriminierungsfreier Rahmen für Leistungserbringer geschaffen wird, innerhalb dessen für alle der Zugang an abstrakten Kriterien festgelegt ist und die Nutzer entscheiden, welcher unter den Leistungsanbietern zum Zuge kommt[55].

Das sozialrechtliche Dreiecksverhältnis ist daher aus dem Vergaberecht ausgenommen, wenn es dem Berechtigten – wie bei der medizinischen Versorgung (Arzt, Krankenhaus, Arznei-, Heil- und Hilfsmittel) oder bei Pflegeleistungen im Rahmen des pflegeversicherungsrechtlichen Angebots von Pflegediensten und -heimen auf der Basis eines dem Berechtigten zukommenden Wunsch- und Wahlrechts (§ 33 SGB I) – die freie Auswahl unter den zur Leistungserbringung zugelassenen Einrichtungen ermöglicht wie sichert und die erbrachten Leistungen nach allgemeinen kostengerechten Vergütungssätzen entgilt.

Sozialleistungsträger sind dem Vergaberecht hingegen unterworfen, wenn sie selbst als Einkäufer von Sozialleistungsangeboten auftreten und dabei im Hinblick auf Inhalte, Erbringungs- und Vergütungskonditionen der Leistungen Auswahlentscheidungen treffen, so etwa bei Rabattverträgen[56], Verträgen über die integrierte[57] wie Hilfsmittel-Versorgung[58] oder bei der einseitigen Zuweisung zu Einrichtungen bei Rehabilitation, Arbeits- und Berufsförderung[59],Sozial- oder Jugendhilfe Leitungsaufgaben erfüllen, insoweit Wettbewerber zum Zuge kommen oder unberücksichtigt bleiben.

---

54 EuGH Slg. 2001 I 5409 (Teatro alla Scala); 2005 I 8831 (Kommission /.Frankreich); 2007 I 385 (Aurox).

55 Vgl. die Beiträge von Kaltenborn, Welti, Hänlein, Rixen in Deutscher Sozialrechtsverband (Hg.), Beschaffung von Sozialleistungen durch Vergabe, 2011; Ziegler, Sozialvergaberecht, ASR 2009, 2008, 2010, 8 ff.

56 § 130 VIII SGBV; Janda, Anm. 43, § 9-148; Kaltenborn/Körsgen, Vergaberecht und mitgliedstaatliches Sozialrecht, in Schlachter/Heinig (Hg.), Europäisches Arbeits- und Sozialrecht, 2016, § 37 Rn. 15 f.

57 § 140 a SGB V; Kaltenborn/Körsgen, Anm. 56, § 37 Rn. 17.

58 § 127 SGB V; Kaltenborn/Körsgen, Anm. 56, § 37 Rn. 17.

59 § 45 SGB III; Kaltenborn/Körsgen, Anm. 56, § 37 Rn. 21 f.

VI. Fazit

Solange Sozialleistungsträger den Sozialleistungsberechtigten im Rahmen des Sozialleistungsrechts den Zugang zu sozialen Diensten in der Form sichern, dass der Berechtigte den Erbringer auswählt und der Träger ihn vergütet, ohne selbst auf die Auswahl einzuwirken, sind sozialrechtliche Dreiecksverhältnisses als Modus der Sicherstellung vom öffentlich-rechtlichen Gemeinwohlauftrag getragen und daher vom Kartellrecht ausgenommen, beihilferechtlich durch die Regeln über Universaldienste erlaubt und vergaberechtlich neutral. Ist der Leistungsträger aber bestrebt, das sozialrechtliche Dreiecksverhältnis nach eigenen Schwerpunkten und Prioritäten im Hinblick auf das Leistungsgeschehen und einzelne Leistungserbringer zu gestalten und trifft er im Hinblick darauf als Einkäufer oder Nachfrager eine Auswahl unter den Wettbewerbern, ist er dem EU-Wirtschaftsrecht umfassend unterworfen.

Die europarechtliche Koordinierung von Pflegeleistungen

Maximilian Fuchs

Ich widme diesen Beitrag Gerhard Igl, auch in Erinnerung an eine gemeinsame Zeit am Max-Planck-Institut für ausländisches und internationales Sozialrecht, als er über seinem opus zu Pflegebedürftigkeit und Behinderung saß. Angesichts der äußerst heterogenen Regelungen zur Absicherung des Pflegerisikos in den Mitgliedstaaten[1] bereitet die Koordinierung der Pflegeleistungen erhebliche Probleme. Im Folgenden sollen diese mit Schwerpunkt auf der Rspr. des Gerichtshofs der EU sichtbar gemacht werden.

I. Der sachliche Anwendungsbereich

1. Der Begriff der sozialen Sicherheit

Da Pflegeleistungen expressis verbis nicht in Art. 3 Abs. 1 VO 883/2004 aufgeführt sind, muss der Frage nachgegangen werden, ob eine Subsumtion unter den Begriff der sozialen Sicherheit möglich ist. Nach der Rechtsprechung des EuGH kann eine Leistung dann als Leistung der sozialen Sicherheit betrachtet werden, wenn sie erstens den Empfängern ohne jede auf Ermessen beruhende individuelle Bedürftigkeitsprüfung aufgrund eines gesetzlichen Tatbestands gewährt wird und sich zweitens auf eines der in Art. 3 Abs. 1 VO 883/2004 ausdrücklich aufgezählten Risiken bezieht.[2] Diese Voraussetzungen sind nicht anhand der nationalen Rechtsvorschriften zu prüfen, sondern nach objektiven Kriterien, die in einem unionsrechtlichen Rahmen festgelegt werden.[3]

---

1 Vgl. dazu treSS, Co-ordination of Long-term Care Benefits, Think Tank Report 2011.

2 EuGH, Rs. 249/83 (Hoeckx), EU:C:1985:139 Rn. 11; Rs. C-286/03 (Hosse), EU:C:2006:125 Rn. 37.

3 EuGH, Rs. C-78/91 (Hughes), EU:C:1992:331;Rs. C-503/09 (Stewart), EU:C:2011:500 Rn. 35.

Alle Leistungen der Pflegeversicherung, die in § 28 SGB XI aufgeführt sind, sind tatbestandlich näher fixiert und werden ohne individuelle Bedürftigkeitsprüfung gewährt. Deshalb erfüllen sie die erste Voraussetzung i.S.d. EuGH. Schwieriger vorzunehmen war die Zuordnung zu einem Risiko des Art. 3 Abs. 1 VO (EG) Nr. 883/2004. Erstmals hatte sich der Gerichtshof mit der rechtlichen Qualifizierung von Pflegeleistungen in der Rs. Molenaar zu beschäftigen.[4] In dem Rechtsstreit hatte Herr Molenaar, ein niederländischer Staatsangehöriger, sowie seine Ehefrau, eine deutsche Staatsangehörige, beide wohnhaft in Frankreich, aber beruflich tätig in Deutschland, die AOK verklagt, nachdem diese ihnen mitgeteilt hatte, dass sie, solange sie sich in Frankreich aufhielten, keinen Anspruch auf Leistungen der Pflegeversicherung geltend machen könnten. Sie beantragten beim Sozialgericht Karlsruhe, festzustellen, dass sie nicht verpflichtet seien, Beiträge zur Pflegeversicherung zu entrichten, solange sie nicht in den Genuss von Leistungen aus dieser gelangen könnten. Hinsichtlich des Anspruchs auf Leistungen beriefen sie sich dabei auf Art. 6 und Art. 48 Abs. 2 EGV a.F. (Diskriminierungsverbot und Freizügigkeit der Arbeitnehmer), wonach der Wohnsitz kein Grund für die Leistungsverweigerung sei. In diesem Sinne hat das Sozialgericht Karlsruhe die Frageeinem Vorlageverfahren überantwortet.

Der Gerichtshof analysierte sehr eingehend Struktur und Leistungsinhalte des deutschen Pflegeversicherungsrechts des SGB XI. Er bejahte die erste Voraussetzung des Begriffs der sozialen Sicherheit, und hierüber bestand auch unter den Verfahrensbeteiligten keinerlei abweichende Meinung. Anders war es mit der Risikozuordnung. Die Kommission war der Auffassung, dass die Pflegeleistungen zwar von der VO 1408/71 erfasst würden, jedoch nicht ausschließlich einem der in Art. 4 Abs. 1 VO 1408/71 (jetzt: Art. 3 VO (EG) Nr. 883/2004) genannten Zweige der sozialen Sicherheit zugeordnet werden könnten. Diese Leistungen wiesen mit den in den Buchst. a), b) und c) genannten Zweigen Krankheit, Invalidität und Alter gemeinsame Merkmale auf, ohne mit einem dieser Zweige strikt gleichgesetzt werden zu können.[5] Diese Auffassung teilte der EuGH jedoch nicht. Er war der Auffassung, dass Pflegeleistungen dem Risiko Krankheit zugeordnet werden können. Mit Bezug auf sämtliche Leistungen in § 28 SGB XI kam der EuGH zu der Auffassung, dass Leistungen

---

4 EuGH, Rs. C-160/96 (Molenaar), EU:C:1998:84.

5 Vgl. Rn. 18 des Urteils Molenaar.

dieser Art im Wesentlichen eine Ergänzung der Leistungen der Krankenversicherung darstellen, mit der sie auch organisatorisch verknüpft sind, um den Gesundheitszustand und die Lebensbedingungen der Pflegebedürftigen zu verbessern.[6]

Schwieriger gestaltete sich die Einordnung des Pflegegeldes nach österreichischem Recht. Die grundlegende Entscheidung hierzu ist in der Rs. Jauch ergangen.[7] Der Kläger, ein deutscher Staatsangehöriger, wohnte in Lindau, war aber in Österreich beschäftigt. Er beantragte Pflegegeld nach österreichischem Recht. Dieses ist seit 1993 durch das Bundespflegegeldgesetz geregelt, dessen Zweck es ist, pflegebedürftigen Personen in Form eines pauschalierten Zuschusses Betreuung und Hilfe zu sichern, um ihre Möglichkeit zu verbessern, ein selbstbestimmtes und bedürfnisorientiertes Leben zu führen. Betroffene haben Anspruch auf Pflegegeld jedoch nur, sofern sie ihren gewöhnlichen Aufenthalt in Österreich haben. Auch hier stellte sich also wieder die Frage, ob das Aufenthaltserfordernis koordinierungsrechtlich zulässig ist. Die Besonderheit des Falles bestand darin, dass das Pflegegeld in die Liste der beitragsunabhängigen Sondergeldleistungen i.S.d. Art. 4 Abs. 2 a VO (EWG) Nr. 1408/71 i.V.m. Anhang II a eingetragen war. Das hätte bedeutet, dass die Leistung nur in Österreich hätte gewährt werden können.[8] Die österreichische Regierung stand auf dem Standpunkt, dass wegen des Eintrags in den Anhang die Qualifizierung als beitragsunabhängige Sonderleistung feststehe, wobei sie sich auf einschlägige Urteile des EuGH berief.[9] Dem hielt der Gerichtshof entgegen, dass in diesen drei Urteilen die Natur der jeweiligen Leistungen als beitragsunabhängige Sonderleistung nicht in Frage stand.[10]

Die letztgenannte Überlegung führte den Gerichtshof zu der Auffassung, dass der Eintrag allein noch nicht eine abschließende Lösung erlaube. Vielmehr wählte er Art. 51 EG (jetzt: Art. 48 AEUV) mit dem darin enthaltenen Ziel der Herstellung größtmöglicher Freizügigkeit der Wanderarbcitnehmer als Ausgangspunkt einer Lösung. In dieser Vorschrift ist der Grundsatz der Exportierbarkeit von Leistungen verankert. Zwar stehe

6 Rn. 24 des Urteils Molenaar.

7 EuGH, Rs. C-215/99 (Jauch), EU:C:2001:139.

8 Diese Rechtsfolge ergibt sich nach dem geltenden Recht aus Art. 3 Abs. 3 i.V.m. Art. 70 Abs. 2 und 4 VO (EG) Nr. 883/2004.

9 Gemeint sind Rs. C-20/96 (Snares), EU:C:1997:518; Rs. C-297/96 (Partridge), EU:C:1998:280.

10 Rn. 17 des Urteils Jauch.

es dem Gemeinschaftsgesetzgeber frei, Vorschriften zu erlassen, die Ausnahmen vom Grundsatz der Exportierbarkeit vorsehen. Ausnahmevorschriften wie die in Art. 10 a VO (EWG) Nr. 1408/71 (Art. 70 Abs. 4 VO (EG) Nr. 883/2004) vorgesehenen seien aber eng auszulegen. Das bedeute, dass sie nur auf die Leistungen anwendbar sind, die ihren Tatbestand erfüllen. Es müsse deshalb geprüft werden, ob die im Ausgangsrechtsstreit in Frage stehende, im Anhang II a VO (EWG) Nr. 1408/71 aufgeführte Leistung eine beitragsunabhängige Sonderleistung darstelle oder unter Art 4 Abs. 1 VO 1408/71falle[11].

Diese Auffassung ist zutreffend. Andernfalls hätten es die Mitgliedstaaten in der Hand, durch solche Einträge die Voraussetzungen des Art. 70 Abs. 2 VO (EG) Nr. 883/2004 eigenmächtig zu bestimmen, mit dem Ergebnis, dass dann nach Art. 70 Abs. 4 VO (EG) Nr. 883/2004 Leistungen nur in ihrem Gebiet zu erbringen wären. Die Auffassung der österreichischen Regierung , wonach das Pflegegeld zu den sozialpolitischen Maßnahmen der Regierung gehöre und das Risiko der Pflegebedürftigkeit eine größere Nähe zum Risiko der Armut als zu demjenigen der Krankheit aufweise, ist vom Gerichtshof auch insbesondere im Hinblick auf das Urteil Molenaar zurückgewiesen worden.[12] Größere Schwierigkeiten bereitete die rechtliche Besonderheit, dass das österreichische Pflegegeld von den Trägern der gesetzlichen Pensions- und Unfallversicherung ausgezahlt wird. Allerdings führte diese Besonderheit nicht zu einer Verneinung der Zuordnung zum Risiko Krankheit. Denn der Bund hat den Trägern der gesetzlichen Pensionsversicherung, die in der nach den Rechtsvorschriften für die Sozialversicherungsträger zu erstellenden gesonderten Erfolgsrechnung nach diesem Bundesgesetz nachgewiesenen Aufwendungen für das Pflegegeld, die Sachleistungen, die Reisekosten, den vertrauensärztlichen Dienst und die sonstige Betreuung, den entsprechenden Nachteil an den Verwaltungsaufwendungen sowie die sonstigen Aufwendungen zu ersetzen. Das veranlasst den Gerichtshof, die Voraussetzungen einer beitragsunabhängigen Sonderleistung näher zu prüfen. Im Hinblick auf den vorbezeichneten Finanzierungsmechanismus war es von Bedeutung, dass die österreichische Regierung die für diese Ausgaben notwendigen Mittel im Bundeshaushalt durch Kürzung des Bundeszuschusses für die Pensionsversicherung freigesetzt hatte. Zum Ausgleich dafür wurde der von den

---

11 Rn. 21 und 22 des Urteils Jauch.

12 Vgl. Rn. 23 ff. des Urteils Jauch.

Pensionsversicherungsträgern geschuldete Beitrag zur Krankenversicherung um den Beitrag verringert, um den der Bundeszuschuss zur Pensionsversicherung gekürzt worden war. Das bedeutete, dass die Finanzierung des Pflegegeldes – ohne Änderung der Leistungen bei Krankheit, Alter oder Unfall – durch die Erhöhung der Krankenversicherungsbeiträge ermöglicht wurde. Die Verknüpfung mit den Krankenversicherungsbeiträgen werde – so der Gerichtshof – auch wenn sie nur mittelbar ist, dadurch betont, dass die Entnahme von Mitteln der Krankenversicherung beim Beitragsanteil der Einnahmen erfolgt. Damit sei das Pflegegeld beitragsabhängig.[13]

Anders könnte im Hinblick auf Pflegegeld nach regionalem Recht zu entscheiden sein. Diese Frage stellte sich in einem Rechtsstreit, den der deutsche Staatsangehörige Hosse, ein Grenzgänger, als Lehrer im Bundesland Salzburg beschäftigt, angestrengt hatte[14]. Es ging um das für seine schwer behinderte Tochter, die mit ihm in Deutschland lebt, nach dem Recht des Bundeslandes Salzburg vorgesehene Pflegegeld. Diese Leistung war in Anhang II Teil 3 der VO (EWG) Nr. 1408/71 als beitragsunabhängige Sonderleistung i.S.v. Art. 4 Abs. 2 b VO (EWG) Nr. 1408/71 eingetragen. Die Prüfung des Gerichtshofs erfolgte nach dem gleichen Duktus wie in den Rs. Molenaar und Jauch. Da das Pflegegeld nach dem Salzburger Gesetz darauf abzielte, die durch die Pflegebedürftigkeit der Begünstigten bedingten Mehraufwendungen und insbesondere auch die Aufwendungen, die mit der für sie notwendigen Betreuung verbunden sind, in Form eines Beitrags pauschaliert abzugelten, die Höhe des Pflegegeldes vom Grad der Pflegebedürftigkeit abhing und nach dem Zeitaufwand sich bemaß, stufte es der Gerichtshof als Leistung bei Krankheit ein.[15] Die Einstufung als Leistung i.S.v. Art. 4 Abs. 2 b VO (EWG) Nr. 1408/71 schied deshalb aus.

Eine besondere Problematik ergibt sich, wenn Pflegeleistungen im Recht eines regionalen Bereichs eines Mitgliedstaates vorgesehen sind und die Voraussetzungen einen Wohnsitz in diesem Gebiet oder andere gebietsbezogene Anknüpfungspunkte beinhalten. Ein solcher Hintergrund war Gegenstand eines von einem belgischen Gericht veranlassten Vorab-

13 Rn. 33 des Urteils Jauch.

14 EuGH, Rs. C-286/03, EU:C:2006:125.

15 Vgl. Rn. 39 ff. des Urteils Hosse.

entscheidungsverfahrens.[16] Konkret ging es um ein vom flämischen Parlament organisiertes und von der flämischen Gemeinschaft getragenes System der Pflegeversicherung. Der persönliche Geltungsbereich der Pflegeversicherungsregelung ist beschränkt auf Personen, die in den flämischen Sprachgebieten arbeiten und in einem anderen Mitgliedstaat als dem Königreich Belgien wohnen.

Bei der Prüfung des sachlichen Anwendungsbereichs verwies der Gerichtshof auf die oben besprochenen Entscheidungen Molenaar, Jauch und Hosse und kam zu dem Ergebnis, dass es sich um eine Leistung der sozialen Sicherheit handele und auch nicht um eine besondere beitragsunabhängige Geldleistung i.S.d. Art. 4 Abs. 2 b VO (EG) Nr. 883/2004. Das Hauptaugenmerk der Entscheidung lag deshalb auf der Problematik der Einschränkung der Ansprüche aus diesem Pflegeversicherungssystem auf den bezeichneten Personenkreis, womit Personen, die ebenfalls im Gebiet dieser regionalen Einheit eine Berufstätigkeit ausübten, jedoch im Gebiet einer anderen föderalen Einheit desselben Staates wohnten, ausgeschlossen waren. Hierzu erinnert der Gerichtshof an seine st. Rspr., wonach die Vertragsbestimmungen über die Freizügigkeit und die zur Durchführung dieser Bestimmungen erlassenen Maßnahmen nicht auf Tätigkeiten anwendbar sind, die keine Berührung mit irgendeinem der Sachverhalte aufweisen, auf die das Gemeinschaftsrecht abstellt, und die mit keinem relevanten Element über die Grenzen eines Mitgliedstaats hinausweisen.[17] Vor diesem rechtlichen Hintergrund mussten zwei Fallgestaltungen unterschieden werden.[18] Belgische Staatsangehörige, die eine Berufstätigkeit im niederländischen Sprachgebiet oder im zweisprachigen Gebiet Brüssel-Hauptstadt ausübten, aber in den französischsprachigen oder deutschsprachigen Gebieten wohnen und nie von ihrer Freizügigkeit innerhalb der Europäischen Union Gebrauch gemacht haben, können sich angesichts eines rein internen Sachverhalts nicht auf das Gemeinschaftsrecht berufen. Etwas Gegenteiliges lasse sich auch nicht aus den Vorschriften über die Unionsbürgerschaft herleiten. Allerdings gibt der Gerichtshof den Hinweis, dass die Auslegung der Bestimmungen des Gemeinschaftsrechts dem vorlegenden Gericht möglicherweise auch auf rein interne Sachverhalte nützlich sein könnte, wenn nämlich das Recht des betreffenden Mit-

16 EuGH, Rs. C-212/06 (Gouvernement wallon ./. Gouvernement flamand), EU:C:2008:178.

17 Vgl. die Rechtsprechungsnachweise in Rn. 33 des Urteils.

18 Vgl. Rn. 36 ff. des Urteils.

gliedstaats vorschreibe, dass jedem Inländer die gleichen Rechte zustehen, die einem Staatsangehörigen eines anderen Mitgliedstaats in einer von diesem Gericht für vergleichbar gehaltenen Lage kraft Gemeinschaftsrechts zustünden.[19] Bedenklich ist dagegen die flämische Regelung im Hinblick auf solche Arbeitnehmer oder Selbstständige, seien es Staatsangehörige anderer Mitgliedstaaten als des Königreichs Belgien, die im niederländischen Sprachgebiet oder im zweisprachigen Gebiet Brüssel-Hauptstadt eine Berufstätigkeit ausüben, aber in einem anderen Teil des Sprachgebiets wohnen, als auch belgische Staatsangehörige, die sich in der gleichen Situation befinden und von ihrem Recht auf Freizügigkeit Gebrauch gemacht haben. Für diesen Personenkreis gilt, dass nach der st. Rspr. sämtliche Vertragsbestimmungen über die Freizügigkeit den Gemeinschaftsangehörigen die Ausübung beruflicher Tätigkeiten aller Art im Gebiet der Gemeinschaft erleichtern sollen und Maßnahmen entgegenstehen, die die Gemeinschaftsangehörigen benachteiligen könnten, wenn sie eine Erwerbstätigkeit im Gebiet eines anderen Mitgliedstaats ausüben wollen. In diesem Zusammenhang haben die Staatsangehörigen der Mitgliedstaaten insbesondere das unmittelbarste vom Vertrag abgeleitete Recht, ihr Herkunftsland zu verlassen, um sich zur Ausübung einer wirtschaftlichen Tätigkeit in das Gebiet eines anderen Mitgliedstaats zu begeben oder sich dort aufzuhalten.[20] In dem Wohnsitzerfordernis sieht der EuGH eine solche Beschränkung, weil Wanderarbeitnehmer und Selbstständige davon abgehalten werden könnten, eine abhängige oder selbstständige Erwerbstätigkeit in Belgien zu suchen, weil eine Wohnsitznahme in bestimmten Teilen des belgischen Staatsgebiets den Verlust der Möglichkeit mit sich bringen würde, in den Genuss von Leistungen zu kommen, die sie andernfalls hätten beanspruchen können.

§ 44 SGB XI sieht die Zahlung von Beiträgen der zuständigen Träger der gesetzlichen Rentenversicherung an die Pflegekassen im Hinblick auf die Tätigkeit von Pflegepersonen vor. Koordinierungsrechtlich wirft dieser Leistungstypus die Frage auf, ob im Ausland wohnende Pflegepersonen, die Personen in Deutschland pflegen, diesen Anspruch geltend machen können. Die Problematik war Gegenstand des Urteils in der Rs. Gaumain-Cerri.[21] Wegen der Akzessorietät der Rentenversicherungsbeiträge an

19 Vgl. die Rechtsprechungsnachweise in Rn. 40 des Urteils.

20 Der Gerichtshof greift hier auf die Grundsätze insbesondere in dem Urteil Bosman, Rs. C-415/93, EU:C:1995:463 zurück.

21 EuGH, Rs. C-502/01 und C-31/02 (Gaumain-Cerri und Barth), EU:C:2004:413.

Pflegepersonen zum eigentlichen Pflegegeld qualifiziert der Gerichtshof die Tragung der Rentenversicherungsbeiträge auch als Geldleistung der Krankenversicherung.[22] An diesem Ergebnis ändert sich auch nichts dadurch, dass – wie im Falle der Klägerin Barth – die Beiträge durch ein privates Versicherungsunternehmen[23] gezahlt werden. Das Wohnsitzerfordernis ist im Hinblick auf Art. 17 EG (Art. 20 AEUV) unbeachtlich.

II. Die Koordinierung der Leistungserbringung

1. Die Erbringung von Sachleistungen

Mit der koordinationsrechtlichen Zuordnung der Pflegeleistungen zu den Leistungen bei Krankheit gelten für die Leistungserbringung die Art. 17 ff. VO (EG) Nr. 883/2004. Für diese Vorschriften und die unterschiedlichen Konstellationen ist die Unterscheidung zwischen Sach- und Geldleistungen grundlegend. Der Begriff der Sachleistungen ist in Art. 1 v a) i) VO (EG) Nr. 883/2004 für die Leistungen bei Krankheit legal definiert. Die Vorschrift stellt klar, dass diese Begriffsdefinition auch für Sachleistungen bei Pflegebedürftigkeit gilt. Für die Erbringung von Sachleistungen gilt das Prinzip der Sachleistungsaushilfe. Das bedeutet, wenn der Wohnort oder der Aufenthalt sich in einem anderen Mitgliedstaat als dem zuständigen Mitgliedstaat befindet, dann erhält der Anspruchsberechtigte Sachleistungen vom Träger des Wohnorts bzw. Aufenthalts nach den für ihn geltenden Rechtsvorschriften für Rechnung des zuständigen Trägers, so als ob sie nach diesen Rechtsvorschriften versichert wären.[24] Demgegenüber gilt für Geldleistungen das Leistungsexportprinzip. D.h. der Träger des zuständigen Mitgliedstaates transferiert die Geldleistungen an den Ort des Wohnsitzes oder Aufenthaltes des Versicherten in dem betreffenden Mitgliedstaat.[25]

---

22 Rn. 27 der Urteilsbegründung.

23 Wie in § 44 Abs. 1 SGB XI vorgesehen.

24 Vgl. Art. 17 und Art. 19 Abs. 1 VO (EG) Nr. 883/2004.

25 Art. 21 Abs. 1 VO (EG) Nr. 883/2004.

2. Die Abgrenzung von Sach- und Geldleistungen bei Pflegebedürftigkeit

Das Leistungsspektrum im Falle von Pflegebedürftigkeit ist in den verschiedenen Ländern sehr heterogen und eine scharfe Trennung zwischen Sach- und Geldleistungen nicht einfach nachzuvollziehen. Im Hinblick auf die klare Entscheidung im Koordinierungsrecht führt aber an einer präzisen Qualifizierung der Leistungen kein Weg vorbei. Die Schwierigkeiten der Abgrenzung haben sich auch für die Leistungen der deutschen Pflegeversicherung gezeigt. In der Rs. Molenaar war der EuGH aufgerufen, über diese Abgrenzung im deutschen Recht zu befinden. Im Zeitpunkt der Entscheidung gab es noch keine Definition, wie sie sich jetzt in Art. 1 v a) i) VO (EG) Nr. 883/2004 findet. In der Vergangenheit hatte der Gerichtshof Sachleistungen insbesondere im Hinblick auf die Form der Kostenübernahme und Erstattung für Behandlungsleistungen gesehen, Geldleistungen sollten im Wesentlichen den Verdienstausfall des kranken Arbeitnehmers ausgleichen.[26] So ließen sich auch viele der Leistungen der deutschen Pflegeversicherung, die, sei es im häuslichen oder stationären Bereich, dazu dienen, die notwendigen Maßnahmen der Pflege durchzuführen, als Sachleistungen einordnen. Schwieriger war die Rechtsnatur des Pflegegeldes nach § 37 SGB XI zu bestimmen. Die deutsche Regierung (ähnlich die schwedische) hatte den Standpunkt vertreten, dass es sich um Sachleistungen der Krankenversicherung handele. Bei Erlass des Gesetzes sei das Pflegegeld auch als eine Sachleistung der Krankenversicherung bezeichnet worden.

Dem folgte der Gerichtshof nicht, auch wenn er nicht übersah, dass auch das Pflegegeld bestimmte Kosten decken soll, die durch die Pflegebedürftigkeit verursacht worden sind, und nicht einen Verdienstausfall des Pflegebedürftigen ausgleichen. Dennoch hob er aber als entscheidungserheblich Merkmale hervor, die das Pflegegeld von den Sachleistungen der Krankenversicherung unterscheiden. Dazu gehört einmal die periodische Zahlung des Pflegegeldes, zweitens handelt es sich um einen festen Betrag, der von den Ausgaben unabhängig ist, die der Begünstigte tatsächlich bestritten hat, um für seinen täglichen Lebensunterhalt aufzukommen, und drittens verfügt der Begünstigte bei der Verwendung des Pflegegeldes über weitgehende Freiheit, insbesondere was die Auswahl der Pflegekraft betrifft. Danach zählt das Pflegegeld zu den Geldleistungen der Kranken-

26 Vgl. Rn. 31 des Urteils Molenaar.

versicherung. Es muss nach heutigem Recht gemäß Art. 21 Abs. 1 vom zuständigen Träger exportiert werden.

Sachleistungen des deutschen Pflegeversicherungsrechts müssen vom Träger des Mitgliedstaates des Wohnsitzes oder Aufenthalts des Pflegebedürftigen erbracht werden. Welche Schwierigkeiten dabei auftreten können, zeigt die Entscheidung in der Rs. Chamier-Glisczinski.[27] Der in Deutschland wohnende und in der Pflegeversicherung versicherte Kläger Chamier-Glisczinski wollte seine Frau in einem Pflegeheim in Österreich unterbringen. Dass die vollstationäre Pflege nach § 43 SGB XI eine Sachleistung darstellt, stand außer Frage. Die Sachleistung wäre deshalb von einem österreichischen Träger zu erbringen gewesen.[28] Das österreichische Recht kennt aber keine Sachleistungen bei Pflegebedürftigkeit. Da es aber nach den koordinationsrechtlichen Vorschriften auf das Recht Österreichs im konkreten Falle ankam, haben die Kläger keinen Anspruch auf Erbringung der vollstationären Pflege in Österreich.[29] Koordinationsrechtlich ist damit der Fall eindeutig zu beantworten. Der Gerichtshof setzt aber noch eine bedeutende Anmerkung hinzu. Aus dem koordinationsrechtlichen Ergebnis darf nicht die Schlussfolgerung gezogen werden, dass es dem zuständigen Staat Deutschland verwehrt wäre, einen weitergehenden sozialen Schutz zu gewähren. Eine solche Forderung verböte sich schon im Hinblick auf Art. 42 EG (Art. 48 AEUV).[30]

Das vorlegende deutsche Gericht hatte noch eine Prüfung dahingehend verlangt, ob sich nicht ein Anspruch gegen den deutschen Träger der Pflegeversicherung aus Primärrecht, konkret Art. 18 EG (jetzt: Art. 21 AEUV), also der Regelung über die Freizügigkeit der Unionsbürger, ableiten lässt. Der wesentliche Aspekt, der zur Verneinung eines über Art. 21 AEUV begründeten Anspruchs führte, entnahm der Gerichtshof dem Art. 42 EG (Art. 48 AEUV). Die darin vorgesehene Koordinierung anstatt einer Harmonisierung der Rechtsvorschriften der Mitgliedstaaten akzeptiert die materiellen und formellen Unterschiede zwischen den Systemen

---

27 EuGH, Rs. C-208/07, EU:C:2009:455.

28 In dem Verfahren war konkret strittig, ob hierfür – nach den heutigen Vorschriften – Art. 17 oder 18 als Rechtsgrundlage dienten. Der EuGH konnte die Frage offen lassen, denn das Problem der Sachleistungserbringungen war nach beiden Vorschriften das gleiche.

29 Vgl. Rn. 53 des Urteils Chamier-Glisczinski.

30 Vgl. Rn. 56 des Urteils. Neben zahlreichen anderen Entscheidungen verweist der EuGH auf das bekannte und in der Interpretation umstrittene Urteil in der Rs. Bosmann, C-352/06, EU:C:2008:290 Rn. 27 ff.

der sozialen Sicherheit der einzelnen Mitgliedstaaten und folglich zwischen den Ansprüchen der dort Versicherten. Damit kann Art. 21 AEUV einem Versicherten nicht garantieren, dass sein Umzug in einen anderen Mitgliedstaat hinsichtlich der sozialen Sicherheit, insbesondere in Bezug auf Leistungen bei Krankheit, neutral ist.[31]

Schwierigkeiten bereitet der Export des Pflegegeldes an Rentner, die in Deutschland pflegeversichert waren, aber in ihr Heimatland zurückkehren. Für diesen Fall sieht § 26 Abs. 2 SGB XI die Möglichkeit der Weiterversicherung vor, allerdings muss der Antrag rechtzeitig gestellt werden. Mit einer solchen Problematik hatte sich der EuGH in der Rs. da Silva Martins zu beschäftigen.[32] Der portugiesische Kläger da Silva Martins bezog Rente nach portugiesischem Recht und im Hinblick auf seine frühere Tätigkeit in Deutschland eine Rente nach deutschem Recht. Da er pflegebedürftig war, verlangte er von der deutschen Krankenkasse, bei der er zuletzt kranken- und pflegeversichert war, Pflegegeld. Dies wurde ihm im Hinblick auf seinen Wohnsitz in Portugal versagt. Das BSG sah das Problem in der Anwendung von entweder Art. 28 oder Art. 27 VO (EWG) Nr. 1408/71[33] und legte dem EuGH eine entsprechende Frage vor.[34] In seiner sehr ausführlichen Begründung kam der Gerichtshof zu dem Ergebnis, dass Art. 27 VO (EWG) Nr. 1408/71 anwendbar sei, wenn der Wohnstaat Geldleistungen bei Krankheit im Falle der Pflegebedürftigkeit vorsieht. Der Gerichtshof legte deshalb dem BSG die Verpflichtung auf, zu prüfen, ob solche Geldleistungen im portugiesischen Recht vorgesehen sind, so dass dann auch ein Anspruch nach deutschem Recht nicht gegeben wäre.

Doch verfolgt der Gerichtshof eine abweichende Überlegung, die im konkreten Fall zu einem anderen Ergebnis führt.[35] Angesichts des Fehlens von Vorschriften in der VO (EWG) Nr. 1408/71, die sich speziell auf das Risiko der Pflegebedürftigkeit beziehen, könnte unter Umständen wie denen des Ausgangsverfahren Art. 27 VO (EWG) Nr. 1408/71 im Licht der mit der VO (EWG) Nr. 1408/71 verfolgten Zwecke unter Berücksichti-

---

31 Rn. 84 und 85 des Urteils.

32 EuGH, Rs. C-388/09, EU:C:2011:439.

33 Nach geltendem Recht Art. 23 und 24 VO (EG) Nr. 883/2004.

34 Außerdem hatte es Zweifel, ob nicht Art. 15 Abs. 2 VO (EWG) Nr. 1408/71 (jetzt Art. 14 Abs. 2 VO (EG) Nr. 883/2004) einer freiwilligen Versicherung entgegenstand. Der EuGH lehnte die Anwendbarkeit des Art. 15 VO (EWG) Nr. 1408/71 im vorliegenden Falle ab. Vgl. Rn. 56 f. der Urteilsbegründung.

35 Vgl. dazu Rn. 69 ff. der Urteilsbegründung.

gung der Besonderheiten der Leistungen, die das Risiko der Pflegebedürftigkeit betreffen, gegenüber Leistungen bei Krankheit im eigentlichen Sinne auszulegen sein. Diese Auslegung wird anhand von Art. 48 AEUV unternommen, dessen Zweck die Herstellung größtmöglicher Freizügigkeit für die Wanderarbeitnehmer beinhalte. Zwar könne diese Vorschrift, da sie nur eine Koordinierung und keine Harmonisierung der Rechtsvorschriften der Mitgliedstaaten vorsehe, nicht garantieren, dass wegen der materiellen und formellen Unterschiede zwischen den Systemen der sozialen Sicherheit ein Umzug in einen anderen Mitgliedstaat hinsichtlich der sozialen Sicherheit, insbesondere in Bezug auf Leistungen bei Krankheit neutral sei. Eine Verschlechterung durch das Recht des zuständigen Mitgliedstaats könne aber mit Primärrecht nur vereinbar sein, wenn die fragliche nationale Regelung den betreffenden Erwerbstätigen im Vergleich zu Personen, die ihre gesamte Tätigkeit in dem Mitgliedstaat ausüben, in dem diese Regelung gilt, nicht benachteiligt und nicht dazu führt, dass die Beitragsleistungen erbracht werden, denen kein Anspruch auf Gegenleistung gegenübersteht.[36] Wenn wie im Falle des Klägers dieser die Mindestbeitragszeit für die Inanspruchnahme von Leistungen im Pflegefall in Deutschland zurückgelegt hat, dann wäre der Verlust des Anspruchs auf mit diesem System verbundene Leistungen verlöre nicht mit dem Zweck von Art. 48 AEUV vereinbar. Ein ehemaliger Wanderarbeitnehmer, der nach Abschluss seiner beruflichen Laufbahn wieder in seinem Herkunftsmitgliedstaat wohnt, würde gegenüber Rentnern benachteiligt, die eine Altersrente nur eines Mitgliedstaats beziehen und ihre gesamte berufliche Laufbahn in nur einem Mitgliedstaat zurückgelegt haben, bevor sie während ihres Ruhestands ihren Wohnort in einen anderen Mitgliedstaat verlegen. Wenn – so das Ergebnis des Urteils – Portugal Geldleistungen bei Krankheit auch für Pflegebedürftigkeit vorsieht, diese aber hinter dem Leistungsniveau Deutschlands zurückbleiben, so muss Art. 27 VO (EWG) Nr. 1408/71 dahingehend ausgelegt werden, dass der Unterschiedsbetrag zwischen den beiden Leistungen zu gewähren ist.[37]

---

36 Vgl. Rn. 73 der Urteilsbegründung mit Bezugnahme auf frühere Rechtsprechung.

37 Vgl. Rn. 83 der Urteilsbegründung.

3. Die Antikumulierungsvorschrift des Art. 34 VO (EG) Nr. 883/2004

Die Vorschrift des Art. 34 ist erst durch die VO (EG) Nr. 883/2004 eingeführt worden. Der Verordnungsgeber sah es als erforderlich an, spezifische Bestimmungen vorzusehen, die ein Zusammentreffen von Sachleistungen bei Krankheit mit Geldleistungen bei Krankheit ausschließen, wie sie Gegenstand der Urteile in den Rs. Molenaar und Jauch waren.[38] Der Tatbestand des Art. 34 VO (EG) Nr. 883/2004 ist erfüllt, wenn Geldleistungen nach Art. 21 oder 29 VO (EG) Nr. 883/2004 exportiert werden und gleichzeitig Sachleistungen vom Träger des Wohn- oder Aufenthaltsortes erbracht werden. Unter Modifikation des Verbotes des Zusammentreffens von Leistungen nach Art. 10 VO (EG) Nr. 883/2004 soll bei Bezug der Sachleistung die Geldleistung um den Betrag der Sachleistung gemindert werden, der dem zur Kostenerstattung verpflichteten Träger des ersten Mitgliedstaats in Rechnung gestellt wird oder gestellt werden könnte.[39]

III. Reform der Koordinierung der Pflegeleistungen

Am 13. Dezember 2016 hat die Europäische Kommission einen Vorschlag zur Änderung der Koordinierungsverordnungen vorgelegt.[40] Danach soll im Wege der Überarbeitung ein kohärentes System für die Koordinierung der Leistungen bei Pflegebedürftigkeit geschaffen werden, indem ein eigenes Kapitel in die VO 883/2004 aufgenommen wird, eine eigene Begriffsbestimmung eingeführt und eine Liste dieser Leistungen erstellt wird[41]

---

38 Vgl. Erwägungsgrund 24.

39 Zur Durchführung der Bestimmung s. Art. 28 VO (EG) Nr. 987/2009.

40 KOM(2016)815 final.

41 Zu den Einzelheiten des Vorschlags s. KOM(2016)815 final, Kapitel 1a, Art. 35a-c.

Europäische Sozialpolitik in der Defensive? Die Begrenzung existenzsichernder Leistungen für Unionsbürger durch das Gesetz vom 22. Dezember 2016

Andy Groth

I. Einleitung

„Es kann nicht sein, dass jemand innerhalb der EU nur umziehen muss, um volle Sozialleistungen eines anderen Landes zu erwerben – obwohl es ein leistungsfähiges Sozialsystem auch in seinem Herkunftsland gibt". Diese Aussage der sozialdemokratischen Bundesarbeitsministerin *Andrea Nahles* vom 14. Februar 2016[1] und ihre politische Umsetzung mit dem Gesetz zur Regelung von Ansprüchen ausländischer Personen in der Grundsicherung für Arbeitsuchende nach dem SGB II und in der Sozialhilfe nach dem SGB XII vom 22. Dezember 2016[2] ist es wert, in dieser Festschrift reflektiert zu werden – auch wenn der Beitrag sich nur schwer einem der Generalthemen zuordnen lässt. Dies gilt schon deshalb, weil kaum ein anderes sozialpolitisches Feld im letzten Jahr so leidenschaftlich beackert worden ist wie die Grundsicherungsberechtigung – vornehmlich – osteuropäischer Unionsbürger. Der Beitrag will gleichzeitig in Erinnerung rufen, dass der Jubilar, dessen Name wie kaum ein anderer mit der sozialen Pflegeversicherung verbunden ist, seit Jahrzehnten stets einen Blick für die Hilfe zum Lebensunterhalt gehabt[3] und es sich zur Aufgabe

1 Gegenüber den Zeitungen der Funke-Mediengruppe, online im Internet unter http://www.derwesten.de/politik/nahles-will-sozialhilfe-fuer-eu-auslaender-per-gesetz-stoppen-id11563033.html, recherchiert am 1.2.2017.

2 BGBl. I S. 3155.

3 Vgl. *Igl*, in: *Bieback* u.a., Arbeitsgruppe „BSHG-Reform", Vorschläge zur Fortentwicklung des Sozialhilferechts, 1991, S. 21 ff., 96 ff. und 106 ff.; die Reformvorschläge der Arbeitsgruppe zielten dabei auf die weitgehende Gleichbehandlung von Ausländern am Maßstab des Territorialitätsprinzips und standen damit in deutlichem Gegensatz zu den heutigen Regelungen im SGB II und SGB XII, vgl. *Birk*, a.a.O., S. 102 ff.

gemacht hat, die Sozialhilfe im europarechtlichen Kontext zu beleuchten.[4] Er soll zeigen, dass – ganz im Sinne der Philosophie des Jubilars – das Sozialrecht nicht ohne seine sozialpolitische Dimension erfasst werden kann.

II. Vorgeschichte

1. Erhöhung der Leistungsanforderungen für EU-Ausländer im Zuge der Osterweiterung

Mit Einführung der Grundsicherung für Arbeitsuchende zum 1. Januar 2005 schloss § 7 Abs. 1 Satz 2 SGB II[5] zunächst – anknüpfend an § 120 BSHG – nur diejenigen erwerbsfähigen Ausländer mit gewöhnlichem Aufenthalt in der Bundesrepublik Deutschland vom Arbeitslosengeld II aus, die leistungsberechtigt nach § 1 AsylbLG waren. Erwerbsfähige Unionsbürger hatten unter den Voraussetzungen des § 8 Abs. 2 SGB II grundsätzlich unbeschränkt Anspruch auf SGB-II-Leistungen. Mit dem Gesetz zur Änderung des Zweiten Buches Sozialgesetzbuch und anderer Gesetze[6] und mit dem Gesetz zur Umsetzung aufenthalts- und asylrechtlicher Richtlinien der Europäischen Union[7] wurden im Zuge der Osterweiterung die Leistungsvoraussetzungen für Unionsbürger mit Wirkung vom 1. April 2006 bzw. 28. August 2007 sukzessive verschärft. Ausgeschlossen von Grundsicherungsleistungen sollten fortan u.a. auch Ausländer sein, deren Aufenthaltsrecht sich allein aus dem Zweck der Arbeitsuche ergab (§ 7 Abs. 1 Satz 2 Nr. 2 SGB II [im Weiteren: a.F.]). Im Gegensatz zum dreimonatigen Leistungsausschluss für Unionsbürger, die das voraussetzungslose Aufenthaltsrecht nach Art. 6 RL 2004/38/EG wahrnehmen wollten (§ 7 Abs. 1 Satz 2 Nr. 1 SGB II), sollte dieser Leistungsausschluss zeitlich unbegrenzt wirken.

---

4 *Igl*, in *Oetker/Preis*, Europäisches Arbeits- und Sozialrecht – EAS, B 9300 Sozialhilferecht, Stand: 11/2005.

5 In der Fassung des Kommunalen Optionsgesetzes vom 30.7.2004 (BGBl. I S. 2014).

6 Vom 24. 3.2006 (BGBl. I S. 558).

7 Vom 19.8.2007 (BGBl. I S. 1970).

2. Rechtsprechung des EuGH zu den Leistungsausschlüssen im SGB II

Der sich bald dagegen formierenden europarechtlichen Kritik ist der *EuGH* indes nicht gefolgt. Bereits in der Entscheidung vom 4. Juni 2009[8] verneinte der Gerichtshof die Unvereinbarkeit des Leistungsausschlusses mit Art. 18 Abs. 1 AEUV (ex Art. 12 EGV), obwohl frühere Positionen durchaus anderes nahezulegen geeignet waren.[9] Er verlangte aber immerhin noch nach einer Auslegung der in Art. 24 Abs. 2 RL 2004/38/EG geregelten Ausnahmen vom Gleichbehandlungsgrundsatz im Lichte des aus Art. 45 Abs. 2 AEUV (ex Art. 39 EGV) abgeleiteten Verbots, Unionsbürgern, die eine tatsächliche Verbindung zum Arbeitsmarkt des Aufnahmemitgliedsstaats begründet haben, von finanziellen Leistungen auszunehmen, die den Zugang zum Arbeitsmarkt erleichtern sollen. Bereits in der *Dano-Entscheidung*[10] hat er davon insoweit Abstand genommen, als er die Leistungen zur Sicherung des Lebensunterhalts in der Grundsicherung für Arbeitsuchende uneingeschränkt als Sozialhilfeleistungen i.S. des Art. 24 Abs. 2 RL 2004/38/EG und nicht mehr als arbeitsmarktbezogen angesehen hat. Er hat zudem – entgegen seiner bisherigen Rechtsprechung[11] – bei wirtschaftlich inaktiven Unionsbürgern eine Berufung auf das Gleichbehandlungsgebot vollakzessorisch an ein auf der Freizügigkeitsrichtlinie fußendes Aufenthaltsrecht geknüpft.[12] In der auf Vorlagebeschluss des *BSG*[13] ergangenen *Alimanovic-Entscheidung*[14] schließlich hat der *EuGH* seine neue harte Linie auch auf wirtschaftlich aktive Unionsbürger und damit in einen für den Markenkern der Europäischen Union (Arbeitnehmerfreizügigkeit) sensiblen Bereich hinein erstreckt. Er hat festgestellt, dass der Gleichbehandlungsanspruch aus Art. 4 VO (EG) Nr. 883/2004 bzw. Art. 24 Abs. 1 RL 2004/38/EG Regelungen eines Mitgliedsstaats nicht entgegenstehe, nach der Staatsangehörige anderer Mitgliedsstaaten, deren Aufenthaltsrecht zur Arbeitsuche wegen begründeter Erfolgsaussichten fortbestehe (Art. 14 Abs. 4 lit. b RL 2004/38/EG), dauerhaft und ohne kon-

---

8 *EuGH*, Urt. v. 4.6.2009 – C-22/08 u.a. <Vatsouras und Koupatantze> – info also 2009, 217.

9 Vgl. *EuGH*, Urt. v. 20.9.2001 – C-184/99 <Grzelczyk> – DVBl. 2001, 1662 und Urt. v. 7.9.2004 – C-456/02 <Trojani> – DVBl. 2005, 630.

10 *EuGH*, Urt. v. 11.11.2014 – C-333/13 <Dano> – NJW 2015, 145.

11 Vgl. noch *EuGH*, Urt. v. 19.9.2013 – C-140/12 <Brey> – NZS 2014, 20.

12 Dazu *Groth*, jurisPR-SozR 2/2015 Anm. 1.

13 *BSG*, Beschl. v. 12.12.2013 – B 4 AS 9/13 R – ZFSH/SGB 2014, 158.

14 *EuGH*, Urt. v. 15.9.2015 – C-67/14 <Alimanovic> – NJW 2016, 555.

kret-individuelle Prüfung von Sozialhilfeleistungen ausgeschlossen würden.

Dass der *EuGH* verteidigungsfähige Eckpfeiler für das Fundament einer europäischen Existenzsicherungsordnung so vorbehaltlos geräumt und – mit wenig überzeugender bis konstruierter Begründung[15] – gar darauf verzichtet hat, den zeitlich unbefristeten Leistungsausschluss vom Erfordernis einer individuellen Prüfung des Einzelfalls abhängig zu machen, dürfte dem allgemeinpolitischen Kontext zuzurechnen sein. Im September 2015 stand das Brexit-Votum im Vereinigten Königreich noch vor der Tür. Es bedarf wenig Phantasie, in dieser Entscheidung auch eine goldene Brücke für die Briten zu sehen, ihnen die Abschottung ihres Sozialsystems gegen osteuropäische Zuwanderer auch ohne EU-Austritt zu ermöglichen.[16] Es ist mehr als eine Randbemerkung wert, dass die Preisgabe freizügigkeitsrechtlicher Standards den Brexit letztlich nicht hat verhindern können.

3. Höchstrichterliche Rechtsprechung in Deutschland

Das *BSG* hatte eine Positionierung zu § 7 Abs. 1 Satz 2 Nr. 2 SGB II a.F. lange vermeiden können. Im Falle eines französischen Staatsangehörigen machte 2010 der Gleichbehandlungsanspruch nach Art. 1 EFA die Auseinandersetzung mit § 7 Abs. 1 Satz 2 Nr. 2 SGB II obsolet.[17] Im Falle einer schwangeren bulgarischen Staatsangehörigen gelang es Anfang 2013, aus § 7 Abs. 1 Satz 3 AufenthG – ohne Vorliegen eines entsprechenden Aufenthaltstitels! – ein anderweitiges Aufenthaltsrecht (wegen bevorstehender Familiengründung) abzuleiten.[18] Erst nachdem die Bundesregierung im Dezember 2011 einen Vorbehalt zum EFA für das SGB II erklärt hatte,[19] sah das *BSG* im Dezember 2013 im Fall *Alimanovic* zur Vorlage an den *EuGH* keine Alternative mehr, machte dann aber im Vorlagebeschluss keinen Hehl aus seiner Auffassung, dass § 7 Abs. 1 Satz 2 Nr. 2 SGB II a.F. gegen europäisches Recht verstoße.[20] Die Entscheidung mag auf wahrer Rechtsüberzeugung des Senats beruhen, ihr Grundton lässt aber auch

15 Kritisch auch *Janda*, ZRP 2016, 152.
16 Ähnlich *Lenze*, NJW 2016, 557.
17 *BSG*, Urt. v. 19.10.2010 – B 14 AS 23/10 R – BSGE 107, 66.
18 *BSG*, Urt. v. 30.1.2013 – B 4 AS 54/12 R – BSGE 113, 60.
19 BGBl. II (2012) S. 144.
20 *BSG*, Beschl. v. 12.12.2013 – B 4 AS 9/13 R – ZFSH/SGB 2014, 158.

auf ein gewisses taktisches Kalkül schließen: Ein *Luxemburger* Nein zu § 7 Abs. 1 Satz 2 Nr. 2 SGB II a.F. hätte der Debatte ein vorläufiges Ende gesetzt und *Kassel* eine anderenfalls zwangsläufige Auseinandersetzung mit nationalem Verfassungsrecht erspart.

Bereits im Februar 2010 nämlich hatte das *BVerfG* in der *Regelsatz-Entscheidung* aus Menschenwürdegarantie (Art. 1 Abs. 1 GG) und Sozialstaatsprinzip (Art. 20 Abs. 1 GG) das Grundrecht auf ein menschenwürdiges Existenzminimum abgeleitet.[21] Den Menschenrechtscharakter hat das Gericht in der *Asylbewerberleistungs-Entscheidung*[22] nochmals besonders betont. Bei der Ausgestaltung existenzsichernder Leistungen sei eine pauschale Differenzierung nach dem Aufenthaltsstatus nicht zulässig. Das Grundrecht dürfe migrationspolitisch nicht relativiert werden. Insgesamt sei das menschenwürdige Existenzminimum in jedem Fall und zu jeder Zeit des Aufenthalts in Deutschland sicherzustellen. Auch für den Bestand des § 7 Abs. 1 Satz 2 Nr. 2 SGB II a.F. mussten diese Rechtssätze zum Problem werden. Deshalb stand nach dem Plazet des *EuGH* zum nationalrechtlichen Leistungsausschluss in der Sache *Alimanovic* eine Richtervorlage zum *BVerfG* (Art. 100 Abs. 1 GG) im Raum, wobei diese erst zulässig ist, wenn das vorlegende Gericht die Unmöglichkeit einer verfassungskonformen Auslegung des für verfassungswidrig erachtete Gesetzes hinreichend dargelegt hat.[23]

III. Die Entscheidungen des BSG vom 3. Dezember 2015

1. Drei Lösungswege – ein Ziel

Die Entscheidungen des BSG vom 3. Dezember 2015 sind nur im Lichte dieses Konflikts zu verstehen. Mit ihnen hat das Gericht ein Gesamtkonzept vorgelegt, um einerseits der Europarechtskonformität des § 7 Abs. 1 Satz 2 Nr. 2 SGB II a.F., andererseits aber auch dem Grundrecht auf ein menschenwürdiges Existenzminimum Rechnung zu tragen. Zur Zielerreichung sind dabei je nach Sachverhalt drei unterschiedliche Lösungswege verfolgt worden.

---

21 *BVerfG*, Urt. v. 9.2.2010 – 1 BvL 1/09 u.a. – BVerfGE 125, 175.

22 *BVerfG*, Urt. v. 18.7.2012 – 1 BvL 10/10 u.a. – BVerfGE 132, 134.

23 Vgl. nur *BVerfG*, Beschl. v. 22.9.2009 – 2 BvL 3/02 – BVerfGE 124, 251.

Im Falle eines griechischen Staatsangehörigen, dessen nach kurzzeitiger Beschäftigung in Deutschland für sechs Monate nachwirkendes Aufenthaltsrecht als Arbeitnehmer (§ 2 Abs. 3 Satz 2 FreizügG/EU) beendet war, hat das *BSG* – da der Vorbehalt zum EFA für das SGB II wirksam erklärt und § 7 Abs. 1 Satz 2 Nr. 2 SGB II a.F. europarechtskonform sei – Ansprüche nach dem SGB II verneint. Der Leistungsausschluss im SGB II – interpretiert als ein solcher dem Grunde nach (vgl. § 21 Satz 1 SGB XII) – eröffne jedoch den Weg ins SGB XII. Hier seien zwar auch Ausländer von Leistungen ausgeschlossen, sofern sich ihr Aufenthaltsrecht allein aus dem Zweck der Arbeitsuche ergebe (§ 23 Abs. 3 Satz 1 SGB XII [im Weiteren a.F.]). Diese Vorschrift finde jedoch keine Anwendung, da sie dem Gleichbehandlungsgebot aus Art. 1 EFA zuwiderlaufe, zu dessen Signatarstaaten auch Griechenland gehöre. Der griechische Antragsteller habe deshalb Anspruch auf Hilfe zum Lebensunterhalt wie deutsche Leistungsberechtigte.[24]

Im Falle einer rumänischen Familie, die sich – nachdem ein Gewerbe angemeldet aber nicht betrieben worden war – mit dem Verkauf von Straßenmagazinen durchschlug, hat das BSG diesen Lösungsweg variieren müssen, weil Rumänien – wie viele andere osteuropäische Mitgliedstaaten der EU – nicht zu den Signatarstaaten des EFA zählt. Obwohl die Kläger nicht einmal über ein Aufenthaltsrecht zum Zweck der Arbeitsuche verfügten, greife im Wege eines Erst-recht-Schlusses der Leistungsausschluss des § 7 Abs. 1 Satz 2 Nr. 2 SGB II a.F. Auch hier sei allerdings der Weg ins SGB XII eröffnet. Der dortige Leistungsausschluss (§ 23 Abs. 3 Satz 1 SGB XII a.F.), der zugunsten der rumänischen Antragsteller nicht durch Art. 1 EFA überbrückt werden könne, schließe Ermessensleistungen nach § 23 Abs. 1 Satz 3 SGB XII jedoch nicht aus. Das Ermessen sei bei Verfestigung des Aufenthalts, angenommen nach einer Aufenthaltsdauer von sechs Monaten, dahingehend auf Null reduziert, dass Hilfe zum Lebensunterhalt in voller Höhe zu gewähren sei.[25]

Im Fall *Alimanovic* schließlich – es ging um eine schwedische Staatsangehörige, die in Deutschland immer wieder einmal kurzzeitig erwerbstätig war und sich mit schulpflichtigen Kindern hier aufhielt – hat das *BSG* einen Hinweis des Generalanwalts[26] im Verfahren vor dem *EuGH* aufge-

24 *BSG*, Urt. v. 3.12.2015 – B 4 AS 59/13 R.

25 *BSG*, Urt. v. 3.12.2015 – B 4 AS 44/15 R – NJW 2016, 51.

26 *EuGH*, Schlussanträge des Generalanwalts vom 26.3.2015 – C-67-14, Celex-Nr. 6214CC0067, Rn. 117 ff.

griffen: So komme es in dieser Situation nicht notwendig zu einem Leistungsausschluss nach § 7 Abs. 1 Satz 2 Nr. 2 SGB II a.F., weil der Klägerin und ihren Kindern ein anderweitiges Aufenthaltsrecht aus Art. 10 VO (EU) 492/2011 erwachsen könne. Das daraus für Kinder von (ehemaligen) Arbeitnehmern folgende Recht, unter den gleichen Bedingungen wie die Staatsangehörigen des Aufnahmemitgliedstaats am allgemeinen Unterricht teilzunehmen, begründe in Ansehung der *EuGH*-Rechtsprechung ein eigenständiges Aufenthaltsrecht auch für den betreuenden Elternteil.[27]

2. Kritik und Reaktionen

Man mag dagegen dogmatische Einwände ins Feld führen. § 21 Satz 1 SGB XII hat konzeptionell eine Scharnierfunktion zwischen dem für einen grundsätzlich erwerbsfähigen Personenkreis bestimmten SGB II und den für erwerbsunfähige Personen bestimmten Leistungen im SGB XII und sollte nicht dem Zweck dienen, Arbeitsmigranten, die nach § 7 Abs. 1 Satz 2 Nr. 2 SGB II a.F. von Arbeitslosengeld II ausgeschlossen waren, ins SGB XII zu überführen, zumal dort mit § 23 Abs. 3 Satz 1 SGB XII a.F. ein gleichartiger Ausschlusstatbestand normiert war.[28] Viel spricht zudem dafür, dass der Ausschlusstatbestand des § 23 Abs. 3 Satz 1 SGB XII a.F. auch die Ermessensleistungen nach § 23 Abs. 1 Satz 3 SGB XII einbeziehen sollte.[29] Dennoch ist es nachvollziehbar, dass sich das *BSG* zur Abwendung des drohenden Verstoßes gegen ein vom *BVerfG* mit höchstem Verfassungsrang ausgestattetes soziales Grundrecht für die verfassungskonforme Auslegung entschieden hat.[30] Deren Grenzen sind – da § 21 SGB XII als auch zu § 23 Abs. 1 Satz 3 SGB XII schon früher namhaft im Sinne des *BSG* ausgelegt worden waren[31] – nicht überschritten. Umso beeindruckender ist, dass sich gerade an diesen Entscheidungen ein beachtli-

---

27 *BSG*, Urt. v. 3.12.2015 – B 4 AS 43/15 R – NZS 2016, 472.

28 Vgl. *Groth*, in: BeckOK Sozialrecht, 43. Edition, Stand: 1.12.2016, § 31 Rn. 3 f; vgl. *Lenze*, NJW 2016, 557.

29 Eingehend *Bernsdorff*, NVwZ 2016, 633, 635.

30 In diesem Sinne auch *Greiser*, jM 2016, 156, 159.

31 Zu § 120 BSHG (Vorgängervorschrift zu § 23 SGB XII) in einer allerdings älteren Fassung s. *BVerwG*, Urt. v. 10.12.1987 – 5 C 32/85 – BVerwGE 78, 314.

cher Teil der Instanzgerichte mit bisher unbekannter Vehemenz abgearbeitet und dem *BSG* reihenweise die Gefolgschaft verweigert hat.[32]

Erschreckend ist die Reaktion großer Teile der (zumeist sachkenntnisarmen) Öffentlichkeit, wobei sich der Shitstorm – teilweise in seriösen Massenmedien kommuniziert[33] – bezeichnenderweise in erster Linie an der die rumänische Familie betreffenden Entscheidung abgearbeitet hat. Dass zeitweise – so wird kolportiert – die Sicherheitsvorkehrungen beim *BSG* verschärft werden mussten, weil sich der Volkszorn unmittelbar in Drohungen gegen die beteiligten Richterinnen und Richter entlud, gibt einen Eindruck vom inakzeptabel rauen Klima, das im Deutschland der Flüchtlingskrise im Spätherbst 2015 geherrscht hat.

IV. Gegenmaßnahmen – Das Gesetz vom 22. Dezember 2016

1. Die Bestimmungen im Überblick

Auf die Politik, das zeigen bereits die einleitenden Ausführungen der zuständigen Fachministerin, sollten die Reaktionen nicht ohne Wirkung bleiben.[34] Bereits im April 2016 ist ein Referentenentwurf vorgelegt worden, der auf Revision der *BSG*-Rechtsprechung angelegt weitgehend der späteren Gesetzesfassung entsprochen hat. Am 7. November 2016 ist der Regierungsentwurf eingebracht[35] und am 22. Dezember 2016 verabschiedet worden.[36]

Mit den Regelungen des § 7 Abs. 1 Satz 2 Nr. 2 lit. a und b SGB II n.F. bzw. des § 23 Abs. 3 Satz 1 Nr. 2 SGB XII n.F. werden Ausländer von Leistungen zur Sicherung des Lebensunterhalts sowohl im SGB II als auch im SGB XII ausgenommen, die kein Aufenthaltsrecht haben oder – wie bisher – deren Aufenthaltsrecht sich allein aus dem Zweck der Arbeitsuche ergibt. Zusätzlich nehmen § 7 Abs. 1 Satz 2 Nr. 2 lit. c SGB II n.F.

32 Statt vieler *LSG Niedersachsen-Bremen*, Beschl. v. 16.3.2016 – L 9 AS 1580/15 B ER m.w.N.; vgl. bereits *SG Berlin*, Urt. v. 11.12.2015 – S 149 AS 7191/13 – NZS 2016, 117 (Ls.).

33 Vgl. nur *Fleischhauer*, S.P.O.N. –Der schwarze Kanal: Seid umarmt, ihr Rumänen!, online im Internet unter http://www.spiegel.de/thema/spon_fleischhauer/archiv-2016025.html, recherchiert am 26.1.2017.

34 Zu Reaktionen aus der Politik auch *Wunder*, SozSich 2016, 198, 201.

35 BT-Drucks. 18/10211.

36 BGBl. I S. 3155.

bzw. § 23 Abs. 3 Satz 1 Nr. 3 SGB XII n.F. nun auch Ausländer von Leistungen der Grundsicherung für Arbeitsuchende und der Sozialhilfe aus, die ihr Aufenthaltsrecht allein oder neben einem Aufenthaltsrecht nur zur Arbeitsuche aus Art. 10 VO (EU) Nr. 492/2011 ableiten.

Die Neufassung der Leistungsausschlusstatbestände wird flankiert durch Regelungen des § 23 Abs. 3 Sätze 3 ff. SGB XII n.F., die ausgeschlossene Ausländerinnen und Ausländer grundsätzlich auf so genannte Überbrückungsleistungen auf dem Niveau der Leistungen nach § 1a AsylbLG für einen Monat verweisen und damit ein Ausweichen auf die Ermessensleistungen nach § 23 Abs. 1 Satz 3 SGB XII verhindern (sollen). Nur in besonderen Härtefällen sind Leistungen auch über den Monat hinaus möglich.

2. Verfassungs- und europarechtliche Bewertung

§ 7 Abs. 1 Satz 2 Nr. 2 lit. a und b SGB II n.F. sind – man mag dies als Befürworter einer sozialintegrativen Unionsbürgerschaft bedauern – europarechtskonform. Der *EuGH* hat den Ausschluss arbeitsuchender Unionsbürger nach § 7 Abs. 1 Satz 2 Nr. 2 SGB II a.F. für durch Art. 24 Abs. 2 RL 2004/38/EG gerechtfertigt erachtet und hatte bereits in der *Dano*-Entscheidung[37] im Wege eines Erst-recht-Schlusses den Ausschluss derjenigen Unionsbürger goutiert, die sich in einem anderen Mitgliedstaat ohne materielles Aufenthaltsrecht aufhalten. Er wird daran festhalten (müssen).

Deutlich problematischer ist die Vereinbarkeit des Regelungswerks mit Art. 1 Abs. 1 i.V.m. Art. 20 Abs. 1 GG. Prägende Rechtssätze der *BVerfG*-Entscheidung vom 18. Juli 2012 scheinen ihr entgegenzustehen. Aus den Gründen spricht allerdings unübersehbar Verärgerung über die gesetzgebenden Organe, angesichts der *Regelsatz-Entscheidung* aus Februar 2010 im Hinblick auf die Asylbewerberleistungen so lange untätig geblieben zu sein. Inzwischen ist das gesamtpolitische Klima ein anderes. Dennoch ist problematisch, dass Unionsbürger ohne Aufenthaltsrecht, die sich – nachdem sie die Übergangsleistungen bereits erhalten haben – weiterhin in Deutschland aufhalten, auf Dauer keine Leistungen zur Sicherung des Lebensunterhalts erhalten sollen und – zumindest, solange sie die Verlustfeststellung (§§ 5 Abs. 4, 7 Abs. 1 Satz 1 FreizügG/EU) nicht aktiv betrei-

37 *EuGH* (Fn. 10).

ben – damit sogar schlechter stehen als geduldete (§ 1 Abs. 1 Nr. 4 AsylbLG) oder vollziehbar ausreisepflichtige Ausländer aus Drittstaaten (§ 1 Abs. 1 Nr. 5 AsylbLG). Diese Differenzierung ist wohl auch an Art. 3 Abs. 1 GG zu messen[38], könnte aber deshalb gerechtfertigt sein, weil Unionsbürger im Gegensatz zu Asylbewerbern und Geduldeten auf einen Aufenthalt und Existenzsicherungsleistungen im Inland wegen einer echten Rückkehroption nicht unentrinnbar angewiesen sind.[39]

Dieser Aspekt kann auch zu einer Neubewertung im Hinblick auf Art. 1 Abs. 1 i.V.m. Art. 20 Abs. 1 GG Anlass geben, zumal die bisherigen *BVerfG*-Entscheidungen lediglich die Höhe der Leistungen bei bestehendem Leistungsanspruch dem Grunde nach (so genannter Höhenstreit) betrafen[40], während *BSG*[41] und *BVerfG*[42] bereits in anderem Zusammenhang betont hat, dass existenzsichernde Leistungen dem Grunde nach nicht voraussetzungslos zu gewähren sind.[43] Gegenüber den bisherigen strikten Regelungen des § 7 Abs. 1 Satz 2 Nr. 2 SGB II a.F. können die Überbrückungs- und Härtefallleistungen durchaus geeignet sein, das Existenzminimum bis zur Ausreise hinreichend zu sichern und damit einer Grundrechtsbeeinträchtigung vorzubeugen.[44] Ausgemacht ist die verfassungsrechtliche Zulässigkeit damit aber sicherlich nicht.

Europarechtlich hoch problematisch bleibt der neue Leistungsausschluss für Personen, die ihr Aufenthaltsrecht auf Art. 10 VO (EU) Nr. 492/2011 stützen können. Die Vorschrift gewährt Kindern von (ehemaligen) Arbeitnehmern nicht nur ein Recht auf Teilnahme am Schulunterricht. Vielmehr haben sowohl das Kind, also auch der Elternteil, der die elterliche Sorge tatsächlich wahrnimmt, aus dieser Vorschrift ein Recht auf Aufenthalt,[45] ohne dass dieses Aufenthaltsrecht davon abhängig wäre, dass beide über ausreichende Existenzmittel oder einen umfassenden Krankenversicherungsschutz verfügen würden.[46]

---

38 *Bernsdorff*, NVwZ 2016, 633, 638.

39 *Greiser*, in: jurisPK-SGB XII, 2. Aufl. 2014, Anhang § 23 Rn. 121; vgl. auch *Thym*, NZS 2016, 441, 444; *Ulmer*, ZRP 2016, 224.

40 Dazu *Bernsdorff*, NVwZ 2016, 633, 635 f.

41 *BSG*, Urt. v. 9.3.2016 – B 14 AS 20/15 R.

42 *BVerfG*, Beschl v. 7.7.2010 – 1 BvR 2556/09 – NJW 2010, 2866.

43 *Ulmer*, ZRP 2016, 224; vgl. auch *Thym*, NZS 2016, 441, 444.

44 Krit. allerdings *Wunder*, SozSich 2016, 198, 204.

45 Vgl. bereits *EuGH*, Urt. v. 17.9.2002 – C-413/99 <Baumbast und R> – NJW 2002, 3610.

46 *EuGH*, Urt. v. 23. Februar 2010 – C-310/08 <Ibrahim>.

Die weitergehende Frage, ob Personen, denen ein solches Aufenthaltsrecht zukommt, existenzsichernde Leistungen europarechtskonform verweigert werden dürfen, ist vom *EuGH* ausdrücklich noch nicht entschieden worden. Da er zuletzt davon ausgegangen ist, dass der Gleichbehandlungsanspruch aus Art. 4 VO (EG) Nr. 883/2004 auch für SGB-II-Leistungen gilt, dürfte es wesentlich auf das Vorhandensein einer Schrankenregelung ankommen. Als solche ist Art. 24 Abs. 2 RL 2004/38 EG bezogen auf das aus Art. 10 VO (EU) Nr. 492/2011 folgende Aufenthaltsrecht an sich nicht einschlägig.

Unter Bezugnahme auf indifferente Ausführungen des *EuGH* in der *Alimanovic*-Entscheidung[47] nicht ganz unvertretbar erscheint zwar die Argumentation, dass der Gleichbehandlungsanspruch nach Art. 24 Abs. 1 RL 2004/38 im Anwendungsbereich dieser Richtlinie dem allgemeinen Gleichbehandlungsanspruch vorgeht und ein Unionsbürger deshalb Gleichbehandlung nur verlangen kann, wenn ihm ein Aufenthaltsrecht speziell aus dieser Richtlinie – also als Arbeitnehmer, Selbständiger oder Arbeitsuchender – erwächst.[48] Dazu passt, dass der *EuGH* die Schlussanträge des Generalanwalts vom 26. März 2015[49] nicht aufgegriffen und Art. 10 VO (EU) Nr. 492/2011 in seiner Entscheidung mit keinem Wort erwähnt hat.

Demgegenüber hat der *EuGH* allerdings bereits entschieden, dass Art. 10 VO (EU) Nr. 492/2011 autonom gegenüber unionsrechtlichen Bestimmungen ist, die die Voraussetzungen für die Ausübung des Rechts auf Aufenthalt in einem anderen Mitgliedstaat ausdrücklich regeln, und seine Anwendung insbesondere nicht von der Einhaltung der in der Art. 7 RL 2004/38 EG genannten Voraussetzungen abhängig gemacht werden darf.[50] In Anbetracht der aus Art. 10 VO (EU) Nr. 492/2011 folgenden Verpflichtung der Mitgliedsstaaten, die Bemühungen zu fördern, „durch die es diesen Kindern ermöglicht werden soll, unter den besten Voraussetzungen am Unterricht teilzunehmen" wäre das Aufenthaltsrecht allein nicht mehr als eine leere Hülle, wäre damit nicht auch eine soziale Mindestabsicherung verbunden.

---

47 *EuGH* (Fn. 14), Rdn. 49 f.

48 So *LSG Rheinland-Pfalz*, Beschl. v. 11.8.2016 – L 3 AS 376/16 B ER.

49 *EuGH* (Fn. 26).

50 Vgl. *EuGH*, Urt. v. 23.2.2010 – C-480/08 <Teixeira> – NVwZ 2010, 887.

3. Sozialpolitische Bewertung

Werden wie hier verfassungs- und europarechtliche Spielräume maximal ausgelotet, sollte sich im Rahmen einer Risikoanalyse die Frage nach dem sozialpolitischen Ertrag stellen. Stellt die Leistungsberechtigung arbeitsuchender EU-Ausländer wirklich ein so großes Problem dar, dass es sich lohnt, Grundwerte des vereinten Europa über Bord zu werfen? Um zum Eingangszitat der Ministerin zurückzukehren: Darf es wirklich nicht sein oder sollte es sich im Gegenteil nicht vielmehr von selbst verstehen, dass existenzsichernde Leistungen strikt nach dem Territorialitätsprinzip gewährt werden? Wären echte Probleme nicht vielleicht sinnvoller aufenthaltsrechtlich durch Verlustfeststellung (§§ 5 Abs. 4, 7 Abs. 1 Satz 1 FreizügG/EU) und Abschiebung zu lösen.[51] Und wenn es um diejenigen gehen soll, die „nur umziehen", um Sozialleistungen zu erhalten: Warum wird dann in § 7 Abs. 1 Satz 2 Nr. 2 lit. c SGB II n.F. auch der Leistungsanspruch ehemaliger Arbeitnehmer mit einem Aufenthaltsrecht nach Art. 10 VO (EU) Nr. 492/2011 beschnitten? Hier erscheint das Missverhältnis zwischen dem Risiko einer Schlappe vor dem *EuGH* – mit entsprechendem Schaden für das Image Deutschlands als Motor der europäischen Integration – und dem vermeintlichen Ertrag besonders augenfällig, geht doch der Gesetzentwurf selbst von nur ca. 1.000 Betroffenen und veranschlagten Minderausgaben von lediglich 7,5 Mio. €/Jahr aus.[52] In diesem Betrag, der ob seiner Geringfügigkeit im BMAS in keinem Finanztableau auftauchen würde, ein Problem zu sehen, ist wohl dem Zeitgeist entsprechend nur aus der normativen Kraft des Postfaktischen zu begründen.

Auch die Zuordnung der Überbrückungsleistungen zum SGB XII muss hinterfragt werden. Immerhin will das Gesetz den Schutz der Kommunen bewirken, die infolge der *BSG*-Rechtsprechung für den Lebensunterhalt erwerbsfähiger EU-Ausländer aufzukommen haben.[53] Warum erfolgt dann keine Rückführung der Leistungen ins SGB II? Angesichts der verfassungsrechtlichen Gradwanderung des Gesetzgebers ist zu erwarten, dass die Sozialgerichte zumal im einstweiligen Rechtsschutz zu einer großzügigen Auslegung der Härtefallregelung gelangen werden. Die Zeche dafür werden die Kommunen zahlen müssen. Die Systementscheidung für das

---

51 In diesem Sinne auch *Janda*, ZRP 2015, 152, 154; vgl. bereits *Kirchhof*, NZS 2015, 1, 4.

52 BT-Drucks. 18/10211, S. 2, 12.

53 BT-Drucks. 18/10211, S. 1, 11.

SGB XII bewirkt zudem eine Differenzierung zwischen westeuropäischen Unionsbürgern, denen nach dem SGB XII wegen Art. 1 EFA unbeschränkt Hilfe zum Lebensunterhalt zu gewähren ist und Unionsbürgern aus vornehmlich osteuropäischen Staaten, deren Leistungsansprüche tatsächlich auf Überbrückungsleistungen beschränkt werden. Es kann der unschöne Eindruck entstehen, dass diese Differenzierung zwischen erwünschten West- und unerwünschten Ost-Unionsbürgern durchaus billigend in Kauf genommen worden ist.

Die Fragestellungen offenbaren den Bedarf an wissenschaftlich fundierter Sozialpolitikberatung gerade in Zeiten, in denen Fakten für die politische Entscheidungsbildung immer mehr an Bedeutung zu verlieren scheinen. Umso schmerzlicher ist, dass insbesondere die Universitäten zunehmend auf sozialrechtswissenschaftlichen Sachverstand verzichten. Auch das Institut für Sozialrecht und Sozialpolitik in Europa, dem der Jubilar lange Jahre vorstand, gibt es an der Rechtswissenschaftlichen Fakultät der Christian-Albrechts-Universität zu Kiel inzwischen nicht mehr.

Sozialtourismus in Europa: Mehr Wunsch als Wirklichkeit?

Beatrix Karl

Der EuGH hat sich in den letzten Jahren in den Entscheidungen *Brey, Dano, Alimanovic* und *Garcia-Nieto* mit der brisanten Frage auseinandergesetzt, inwieweit die Mitgliedstaaten den Unionsbürgern Zugang zu ihren Sozialsystemen gewähren müssen. Diesen Urteilen ist gemeinsam, dass es jeweils um Unionsbürger gegangen ist, die sich in einen anderen Mitgliedstaat begeben und dort Sozialhilfeleistungen beantragt haben, die ihnen verweigert worden sind. Während die Urteile *Brey* und *Dano* noch viele Fragen offen ließen, brachten die Urteile *Alimanovic* und *Garcia-Nieto* wichtige Klarstellungen. Darauf wird im Folgenden näher eingegangen.

1. Die Urteile Brey und Dano oder die Phase der Unsicherheit

Aus den Urteilen *Brey*[1] und *Dano*[2] geht hervor, dass EU-Ausländer hinsichtlich der Sozialhilfeleistungen nur dann gem Art 24 Abs 1 RL 2004/38/EG[3] wie Inländer behandelt werden müssen, wenn sie die Aufenthaltsvoraussetzungen der UnionsbürgerRL erfüllen. Könnten Personen, denen kein solches Aufenthaltsrecht zusteht, derartige Leistungen unter den gleichen Voraussetzungen wie Inländer beanspruchen, würde dies nach Auffassung des EuGH dem im zehnten Erwägungsgrund der UnionsbürgerRL genannten Ziel zuwiderlaufen, eine unangemessene Inanspruchnahme der Sozialhilfeleistungen des Aufnahmemitgliedstaats durch EU-Ausländer zu verhindern[4].

Da Herr *Brey* und Frau *Dano* sich im Aufnahmemitgliedstaat länger als drei Monate und kürzer als fünf Jahre aufgehalten haben und dort auch

1 EuGH 19.9.2013, C-140/12, *Brey*, EU:C:2013:565.

2 EuGH 11.11.2014, C-333/13, *Dano*, EU:C:2014:2358.

3 RL über das Recht der Unionsbürger und ihrer Familienangehörigen sich im Hoheitsgebiet der Mitgliedstaaten frei zu bewegen und aufzuhalten; Abl L 158/77 vom 30.4.2004.

4 EuGH 11.11.2014, C-333/13, *Dano*, EU:C:2014:2358, Rn 74.

nicht erwerbstätig waren, hätten sie für die Erlangung des Aufenthaltsrechts über ausreichende Existenzmittel verfügen müssen (Art 7 Abs 1 Buchstabe b RL 2004/38/EG). Im Urteil *Brey* lässt der EuGH den bloßen Umstand, dass der wirtschaftlich nicht aktive Unionsbürger angesichts der geringen Höhe seiner Rente zum Bezug einer Sozialhilfeleistung berechtigt sein kann, für die Ablehnung des Vorliegens ausreichender Existenzmittel nicht genügen. Er sieht darin bloß einen Anhaltspunkt dafür, dass der Betroffene nicht über auseichende Existenzmittel verfügt, um die Sozialhilfeleistungen nicht unangemessen in Anspruch zu nehmen. Erforderlich sei eine umfassende Beurteilung der Frage, welche Belastung dem nationalen Sozialhilfesystem in seiner Gesamtheit aus der Gewährung dieser Leistung nach Maßgabe der individuellen Umstände, die für die Lage des Betroffenen kennzeichnend sind, konkret entstünde[5]. Es soll ua die Höhe und die Regelmäßigkeit der verfügbaren Einkünfte, der Umstand, dass diese Einkünfte die nationalen Behörden zur Ausstellung einer Anmeldebescheinigung bewogen haben, und der Zeitraum, in dem dem Antragsteller die beantragte Leistung voraussichtlich gezahlt werden wird, berücksichtigt werden. Im Übrigen kann es zur genaueren Beurteilung des Ausmaßes der Belastung, die eine solche Zahlung für das nationale Sozialhilfesystem darstellen würde, von Bedeutung sein, den Anteil derjenigen Empfänger dieser Leistung zu ermitteln, die Unionsbürger und Empfänger einer Altersrente in einem anderen Mitgliedstaat sind[6]. Dem vorlegenden Gericht trägt der EuGH auf festzustellen, ob die Gewährung einer Leistung wie der Ausgleichszulage an eine Person in der Lage von Herrn *Brey* geeignet erscheint, eine unangemessene Belastung des nationalen Sozialhilfesystems darzustellen[7]. Daraus lässt sich ableiten, dass der EuGH die Unangemessenheit des Leistungsbezugs sowohl individuell als auch systembezogen verstanden wissen will[8].

Das Urteil *Brey* ist meines Erachtens aus zweierlei Gründen verfehlt. Zum einen übersieht der EuGH, dass in Art 7 Abs 1 Buchstabe b RL 2004/38/EG keine Rede von einer „unangemessenen" Inanspruchnah-

---

5 EuGH 19.9.2013, C-140/12, *Brey*, EU:C:2013:565, Rn 63 f und 72.

6 EuGH 19.9.2013, C-140/12, *Brey*, EU:C:2013:565, Rn 78.

7 EuGH 19.9.2013, C-140/12, *Brey*, EU:C:2013:565, Rn 79.

8 S *Rebhahn*, Der Einfluss der Unionsbürgerschaft auf den Zugang zu Sozialleistungen – insb zur Ausgleichszulage, wbl 2013, 605 (610); *Karl*, Neues vom EuGH zum Recht auf Zugang zu den nationalen Sozialsystemen, in Aschauer/Kohlbacher (Hrsg), Jahrbuch Sozialversicherungsrecht 2015 (2015) 75 (75 ff).

me von Sozialhilfeleistungen ist. Dennoch spricht er davon, dass diese Bestimmung „das Aufenthaltsrecht für einen Zeitraum von mehr als drei Monaten davon abhängig macht, dass der Betroffene das System der ‚Sozialhilfeleistungen' des Aufnahmemitgliedstaats nicht ‚unangemessen' in Anspruch nimmt"[9]. Eine ausdrückliche Anknüpfung des Aufenthaltsrechts an eine nicht unangemessene Inanspruchnahme von Sozialhilfeleistungen des Aufenthaltsmitgliedstaats findet sich in der UnionsbürgerRL lediglich in Art 14 Abs 1, der sich aber nur auf das Aufenthaltsrecht von bis zu drei Monaten bezieht. Hat der Aufnahmemitgliedstaat von der in diesem Fall bestehenden Möglichkeit des Ausschlusses der Sozialhilfeleistungen (Art 24 Abs 2 RL 2004/38/EG) nicht Gebrauch gemacht, ermöglicht es ihm diese Bestimmung zumindest bei unangemessener Leistungsinanspruchnahme das Aufenthaltsrecht und damit auch Sozialhilfeleistungen zu versagen.

Windisch-Graetz[10] vertritt hingegen die Auffassung, dass Art 14 Abs 1 RL 2004/38/EG und damit die Prüfung der Unangemessenheit der Leistungsinanspruchnahme kraft Größenschlusses auch auf längere Aufenthalte anzuwenden ist. Dagegen spricht, dass der EU-Gesetzgeber für die beiden Aufenthaltsrechte unterschiedliche Systeme vorgesehen hat. Bei einem Aufenthalt von über drei Monaten hat zur Feststellung, ob die für die Begründung eines Aufenthaltsrechts notwendigen ausreichenden Existenzmittel vorliegen, eine Berücksichtigung der persönlichen Situation der Betroffenen und damit eine individuelle Prüfung zu erfolgen (Art 8 Abs 4 RL 2004/38/EG). Im Falle eines kürzeren Aufenthalts ist eine solche Prüfung hingegen nicht vorgesehen. Vor dem Hintergrund, dass die Mitgliedstaaten von Unionsbürgern nicht verlangen dürfen, dass diese für einen Aufenthalt von bis zu drei Monaten im Hoheitsgebiet des jeweiligen Mitgliedstaats über ausreichende Mittel zur Bestreitung des Lebensunterhalts und eine persönliche Absicherung für den Fall der Krankheit verfügen, bezeichnet es der EuGH im Urteil *Garcia-Nieto* für legitim, dass den betreffenden Mitgliedstaaten nicht auferlegt wird, während dieses Zeitraums die Kosten für sie zu übernehmen[11]. Damit kommt zum Ausdruck, dass hinsichtlich der Erbringung von Sozialhilfeleistungen an Unionsbürger für beide Aufenthaltsstufen unterschiedliche Konzepte gewählt wurden, die

9 EuGH 19.9.2013, C-140/12, *Brey*, EU:C:2013:565, Rn 72.

10 Zugang zu Sozialleistungen unter Berücksichtigung des Aufenthaltsstatus, DRdA 2015, 444 (445).

11 EuGH 25.2.2016, C-299/14, *Garcia-Nieto*, EU:C:2016:114, Rn 45 ff.

aber das gleiche Ziel verfolgen, nämlich die Möglichkeit des Ausschlusses der Gewährung solcher Leistungen. Dies spricht dagegen, mit dem Kriterium der Angemessenheit der Leistungsinanspruchnahme ein Element des Konzepts für Aufenthalte von bis zu drei Monaten zusätzlich zur Prüfung der ausreichenden Existenzmittel auch auf längere Aufenthalte zu übertragen[12].

Zum anderen ist das Urteil *Brey* auch deshalb verfehlt, weil sich auch die vom EuGH zur Beurteilung der Unangemessenheit der Leistungsinanspruchnahme verlangte Einzelfallprüfung, ob die Gewährung einer Sozialleistung eine Belastung für das gesamte Sozialhilfesystem dieses Mitgliedstaats darstellt[13], nicht aus der UnionsbürgerRL ableiten lässt[14]. Wie *Rebhahn*[15] zutreffend ausführt, ist zu bezweifeln, inwieweit diese Individualbetrachtung überhaupt relevant sein soll, kann doch die Leistung an Einzelne für sich betrachtet das Sozialsystem nie gefährden[16]. Auf Kritik stößt auch die mangelnde Administrierbarkeit einer solchen Beurteilung[17].

Es ist daher zu begrüßen, dass der EuGH im Urteil *Dano* auf die Prüfung, ob der Betroffene das System der Sozialhilfeleistungen des Aufnahmemitgliedstaats nicht „unangemessen" in Anspruch nimmt, verzichtet. Er verlangt nur, dass bei der Beurteilung, ob ein Unionsbürger über ausreichende Existenzmittel verfügt, um ein Aufenthaltsrecht nach Art 7 Abs 1 Buchstabe b RL 2004/38/EG in Anspruch nehmen zu können, eine konkrete Prüfung der wirtschaftlichen Situation jedes Betroffenen vorzunehmen ist, ohne die beantragten Sozialleistungen zu berücksichtigen[18]. Auch von einer umfassenden Beurteilung der Belastung des nationalen Sozialhilfesystems in seiner Gesamtheit ist keine Rede.

---

12 *Karl,* Klarstellungen des EuGH betreffend den „Sozialtourismus" in: Aschauer/Brameshuber (Hrsg), Jahrbuch Sozialversicherungsrecht 2017 (2017) 49 (53).

13 EuGH 19.9.2013, C-140/12, *Brey*, EU:C:2013:565, Rn 72.

14 Sa *Felten*, Zugang zu Sozialleistungen für Unionsbürger und Auswirkungen auf ihren aufenthaltsrechtlichen Status, FABL 1/2014-II, 1 (7); *Karl* in Aschauer/Kohlbacher, Jahrbuch 89.

15 Wbl 2013, 610.

16 Sa *Windisch-Graetz*, Zulässige Differenzierungen bei der Gewährung von Sozialleistungen, ZAS 2014, 204 (207); *Fuchs*, Freizügiger Sozialtourismus?, ZESAR 2014, 110; *Peyrl*, Die Auswirkungen der Urteile des EuGH in den Rs Brey und Dano auf die österreichische Rechtslage, DRdA 2015, 308 (310).

17 *Felten*, FABL 1/2014-II, 6 f; *Windisch-Graetz*, ZAS 2014, 334.

18 EuGH 11.11.2014, C-333/13, *Dano*, EU:C:2014:2358, Rn 80.

Nach den Urteilen *Brey* und *Dano* stellte sich daher vor allem die Frage nach dem Modus der Beurteilung des Vorliegens ausreichender Existenzmittel. Umstritten war aber auch, ob die Aussage im Urteil *Dano*, dass ein Mitgliedstaat gem Art 7 RL 2004/38/EG die Möglichkeit haben muss, „nicht erwerbstätigen Unionsbürgern, die von ihrer Freizügigkeit allein mit dem Ziel Gebrauch machen, in den Genuss der Sozialhilfe eines anderen Mitgliedstaats zu kommen, obwohl sie nicht über ausreichende Existenzmittel für die Beanspruchung eines Aufenthaltsrechts verfügen, Sozialleistungen zu versagen“[19] eine Beschränkung auf „gezielten Sozialtourismus“ bedeutet.

2. *Die Urteile Alimanovic und Garcia-Nieto oder die Phase der Klarstellung*

Das am 15.9.2015 ergangene Urteil *Alimanovic*[20] unterscheidet sich von *Brey* und *Dano* dadurch, dass Frau *Alimanovic* und ihre Tochter als Arbeitssuchende freizügigkeitsberechtigt waren. Es stellte sich daher die Frage, ob ein automatischer Leistungsausschluss arbeitssuchender Unionsbürger mit dem Europarecht vereinbar ist. Der EuGH hat entschieden, dass die Mitgliedstaaten Unionsbürger auch dann von beitragsunabhängigen Sozialleistungen ausschließen dürfen, wenn diese arbeitssuchend sind und aufgrund dessen ein Aufenthaltsrecht haben[21]. Eine Gleichbehandlung mit den Angehörigen des Aufnahmemitgliedstaats hält der EuGH in Bezug auf Sozialhilfeleistungen nur während eines Zeitraums von sechs Monaten nach der letzten Beschäftigung für geboten. Dazu beruft er sich auf Art 7 Abs 3 Buchstabe c RL 2004/38/EG, wonach einem Erwerbstätigen, der sich bei unfreiwilliger Arbeitslosigkeit dem zuständigen Arbeitsamt zur Verfügung stellt, seine Erwerbstätigeneigenschaft für mindestens sechs Monate aufrechterhalten bleibt. Während dieser Zeit behält er im Aufnahmemitgliedstaat sein Aufenthaltsrecht nach Art 7 dieser RL und kann sich daher auf das in Art 24 Abs 1 RL 2004/38/EG verankerte Gleichbehandlungsgebot berufen[22].

---

19 EuGH 11.11.2014, C-333/13, *Dano*, EU:C:2014:2358, Rn 78.
20 EuGH 15.9.2015, C-67/14, *Alimanovic*, EU:C:2015:597.
21 EuGH 15.9.2015, C-67/14, *Alimanovic*, EU:C:2015:597, Rn 56 f.
22 EuGH 15.9.2015, C-67/14, *Alimanovic*, EU:C:2015:597, Rn 53.

Ein Unionsbürger hat aber auch dann ein Aufenthaltsrecht, wenn er zur Arbeitssuche in den Aufnahmemitgliedstaat eingereist ist, solange er aktiv und nicht völlig aussichtslos Arbeit sucht (Art 14 Abs 4 Buchstabe b RL 2004/38/EG). Auch dieses Aufenthaltsrecht begründet einen Anspruch auf Gleichbehandlung mit den Staatsangehörigen des Aufnahmemitgliedstaats hinsichtlich des Zugangs zu Sozialhilfeleistungen. Allerdings kann sich der Aufnahmemitgliedstaat auf die Ausnahmebestimmung des Art 24 Abs 2 RL 2004/38/EG berufen, um dem betreffenden Unionsbürger die beantragte Sozialhilfe nicht zu gewähren. Einem Unionsbürger, dem nur aufgrund seiner Arbeitssuche ein Aufenthaltsrecht zusteht (Art 14 Abs 4 Buchstabe b RL 2004/38/EG), kann gem Art 24 Abs 2 RL 2004/38/EG vom Aufnahmemitgliedstaat nämlich jegliche Sozialhilfeleistung verweigert werden[23].

Klarstellende Funktion kommt diesem Urteil zum einen insoweit zu, als der EuGH unter Bezugnahme auf das Urteil *Dano* betont, dass ein Unionsbürger hinsichtlich des Zugangs zu Sozialhilfeleistungen nur dann eine Gleichbehandlung mit den Staatsangehörigen des Aufnahmemitgliedstaats verlangen kann, wenn er sich dort auch rechtmäßig aufhält. Nur so könne nämlich gewährleistet werden, dass eine unangemessene Inanspruchnahme der Sozialhilfeleistungen des Aufnahmemitgliedstaats durch EU-Ausländer verhindert wird[24]. Während die Möglichkeit des Leistungsausschlusses im Fall *Dano* jedoch Unionsbürger betroffen hat, die von ihrer Freizügigkeit allein mit dem Ziel Gebrauch gemacht haben, in einem anderen Mitgliedstaat Sozialleistungen zu beziehen, ist es in *Alimanovic* um Unionsbürger gegangen, die – mehr als sechs Monate nach Ende der letzten Beschäftigung - mit begründeter Aussicht auf Erfolg Arbeit gesucht haben. Der EuGH stellt somit klar, dass sich die Möglichkeit, Unionsbürger vom Sozialleistungsbezug auszuschließen, nicht bloß auf den „gezielten Sozialtourismus" beschränkt[25]. Anders als im Urteil *Dano* wird hier aber nicht an ein fehlendes Aufenthaltsrecht, sondern an die Ausnahmebe-

---

23 EuGH 15.9.2015, C-67/14, *Alimanovic*, EU:C:2015:597, Rn 56 ff.

24 EuGH 15.9.2015, C-67/14, *Alimanovic*, EU:C:2015:597, Rn 49 f.

25 *Farahat*, Der Umbau der europäischen Sozialbürgerschaft: Anmerkungen zum Urteil des EuGH in der Rechtssache Alimanovic, VerfBlog, 2015/9/16, http://www.verfassungsblog.de/der-umbau-der-euopaeischen-sozialbuergerschaft-anmerkungen-zum-urteil-des-eugh-in-der-rechtssache-alimanovic/.

stimmung des Art 24 Abs 2 iVm Art 14 Abs 4 Buchstabe b RL 2004/38/EG angeknüpft[26].

Zum anderen hat das Urteil *Alimanovic* auch bezüglich der vom EuGH im Urteil *Brey* vorgenommenen Beurteilung der Unangemessenheit der Leistungsinanspruchnahme eine Klarstellung gebracht. Wie oben ausgeführt worden ist, hat der EuGH im Urteil *Brey* für die Feststellung, ob die Sozialhilfeleistungen des Aufnahmemitgliedstaats nicht unangemessen iS von Art 7 Abs 1 Buchstabe b RL 2004/38/EG in Anspruch genommen werden, eine umfassende Beurteilung der Frage verlangt, welche Belastung dem nationalen Sozialhilfesystem in seiner Gesamtheit aus der Gewährung dieser Leistung nach Maßgabe der individuellen Umstände, die für die Lage des Betroffenen kennzeichnend sind, konkret entstünde[27]. Hingegen hat der EuGH im Urteil *Alimanovic* festgestellt, dass die einem einzigen Antragsteller gewährte Hilfe schwerlich als „unangemessene Inanspruchnahme" eines Mitgliedstaats im Sinne von Art 14 Abs 1 RL 2004/38/EG eingestuft werden kann. Eine solche Inanspruchnahme könne nämlich den betreffenden Mitgliedstaat nicht infolge eines einzelnen Antrags, sondern nur nach Aufsummierung sämtlicher bei ihm gestellten Einzelanträge belasten[28].

Aber auch darüber hinaus lehnt der EuGH eine individuelle Prüfung, wie sie insb für die Beurteilung der geforderten ausreichenden Existenzmittel notwendig ist, ab. Er begründet dies damit, dass die RL 2004/38/EG, indem sie ein abgestuftes System für die Aufrechterhaltung der Erwerbstätigeneigenschaft schafft, das das Aufenthaltsrecht und den Zugang zu Sozialleistungen sichern soll, selbst verschiedene Faktoren berücksichtigt, die die jeweiligen persönlichen Umstände der eine Sozialleistung beantragenden Person kennzeichnen, insb die Dauer der Ausübung einer Erwerbstätigkeit[29]. Das im Fall der Arbeitssuche vom EuGH judizierte Abstellen auf einen Zeitraum von sechs Monaten nach Beendigung einer Erwerbstätigkeit, in dem der Anspruch auf Sozialhilfe aufrechterhalten bleibt, ermöglicht es den Betroffenen, ihre Rechte und Pflichten eindeutig zu erfassen. Folglich hält der EuGH dieses Kriterium für geeignet, bei der Gewährung von Sozialhilfeleistungen ein erhöhtes

26 *Karl* in Aschauer/Brameshuber, Jahrbuch 51.

27 EuGH 19.9.2013, C-140/12, *Brey*, EU:C:2013:565, Rn 64.

28 EuGH 15.9.2015, C-67/14, *Alimanovic*, EU:C:2015:597, Rn 62; 25.2.2016, C-299/14, *Garcia-Nieto*, EU:C:2016:114, Rn 50.

29 EuGH 15.9.2015, C-67/14, *Alimanovic*, EU:C:2015:597, Rn 59 f.

Maß an Rechtssicherheit und Transparenz zu gewährleisten und zugleich im Einklang mit dem Grundsatz der Verhältnismäßigkeit zu stehen[30]. Wird dieser Zeitraum von sechs Monaten überschritten und wird dem Unionsbürger, dem nur aufgrund seiner Arbeitssuche ein Aufenthaltsrecht zusteht (Art 14 Abs 4 Buchstabe b RL 2004/38/EG), gem Art 24 Abs 2 RL 2004/38/EG vom Aufnahmemitgliedstaat jegliche Sozialhilfeleistung verweigert, beruht der Ausschluss von der Leistungsgewährung nicht auf dem fehlenden Aufenthaltsrecht, sondern der Ausnahmeregelung des Art 24 Abs 2 RL 2004/38/EG. Anders als im Urteil *Dano* kann daher eine individuelle Prüfung, ob der Betroffene über ausreichende Existenzmittel verfügt, entfallen[31].

Gleiches gilt für den Fall, dass der Aufnahmemitgliedstaat unter Berufung auf die Ausnahmebestimmung des Art 24 Abs 2 RL 2004/38/EG während der ersten drei Monate des Aufenthalts die Gewährung von Sozialhilfe ausschließt. Darum ist es im Urteil *Garcia-Nieto*[32] gegangen, mit dem der EuGH seine mit den Urteilen *Dano* und *Alimanovic* eingeläutete bzw gefestigte Rechtsprechungspraxis fortgesetzt hat. Die für den Aufenthalt von bis zu drei Monaten geltende Ausnahmebestimmung des Art 24 Abs 2 RL 2004/38/EG, die es den Mitgliedstaaten erlaubt, Unionsbürger vom Sozialhilfebezug auszuschließen, sieht der EuGH im Einklang mit dem Ziel der Erhaltung des finanziellen Gleichgewichts der Systeme der sozialen Sicherheit der Mitgliedstaaten[33].

Mit dem Urteil *Garcia-Nieto* wurde auch das für Aufenthalte bis zu drei Monaten relevante Verhältnis zwischen der Einräumung der Möglichkeit des Ausschlusses von Sozialhilfeleistungen (Art 24 Abs 2 RL 2004/38/EG) und der Anordnung, dass Sozialhilfeleistungen nicht unangemessen in Anspruch genommen werden dürfen (Art 14 Abs 1 RL 2004/38/EG), geklärt. Der EuGH hat es für zulässig erachtet, dass der Aufnahmemitgliedstaat den Anspruch auf Sozialhilfeleistungen ausschließt, und hat ungeachtet des Art 14 Abs 1 RL 2004/38/EG eine individuelle Prüfung abgelehnt[34].

---

30 EuGH 15.9.2015, C-67/14, *Alimanovic*, EU:C:2015:597, Rn 61.
31 *Karl* in Aschauer/Brameshuber, Jahrbuch 54.
32 EuGH 25.2.2016, C-299/14, *Garcia-Nieto*, EU:C:2016:114.
33 EuGH 25.2.2016, C-299/14, *Garcia-Nieto*, EU:C:2016:114, Rn 45.
34 EuGH 25.2.2016, C-299/14, *Garcia-Nieto*, EU:C:2016:114, Rn 46 ff.

Die von *Peyrl*[35] vertretene Auffassung, dass ein genereller Ausschluss nicht erwerbstätiger EWR-Bürger in den ersten drei Monaten des Aufenthalts den europarechtlichen Vorgaben widerspricht, ist daher nicht haltbar. Vielmehr widerspricht diese Auffassung dem klaren Wortlaut des Art 24 Abs 2 RL 2004/38/EG. Auch im 21. Erwägungsgrund der RL wird festgehalten, dass es dem Aufnahmemitgliedstaat überlassen bleiben sollte, zu bestimmen, ob er anderen Personen als Arbeitnehmern oder Selbständigen, Personen, die diesen Status beibehalten, und ihren Familienangehörigen Sozialhilfe während der ersten drei Monate des Aufenthalts gewährt[36].

Wie *Peyrl* sieht auch *Windisch-Graetz*[37] in der Einräumung der Möglichkeit des Ausschlusses von Sozialhilfeleistungen (Art 24 Abs 2 RL 2004/38/EG) und der Anordnung, dass solche Leistungen nicht unangemessen in Anspruch genommen werden dürfen (Art 14 Abs 1 RL 2004/38/EG) einen Widerspruch. Meines Erachtens besteht dieser Widerspruch jedoch nicht, wenn man Art 14 Abs 1 RL 2004/38/EG, der auf die unangemessene Inanspruchnahme von Sozialhilfeleistungen abstellt, dahingehend interpretiert, dass er sich nur auf jene Fälle bezieht, in denen ein Mitgliedstaat von der in Art 24 Abs 2 RL 2004/38/EG eingeräumten Möglichkeit des Ausschlusses von Sozialhilfeleistungen keinen Gebrauch gemacht hat. Sieht ein Mitgliedstaat davon ab, Unionsbürgern während eines Aufenthalts von bis zu drei Monaten einen Anspruch auf Sozialhilfe zu verwehren, ist eine unangemessene Inanspruchnahme dieser Leistungen ein Grund für den Verlust des Aufenthaltsrechts. Räumt der Aufnahmemitgliedstaat hingegen den Unionsbürgern während der ersten drei Monate ihres Aufenthalts keinen Anspruch auf Sozialhilfe ein, so ermöglicht es eine solche Regelung den Betroffenen, ihre Rechte und Pflichten eindeutig zu erfassen. Sie ist daher nach Auffassung des EuGH geeignet, bei der Gewährung von Sozialhilfeleistungen ein erhöhtes Maß an Rechtssicherheit und Transparenz zu gewährleisten und steht zugleich im Einklang mit dem Grundsatz der Verhältnismäßigkeit[38]. Eine Unangemessenheit der Leistungsinanspruchnahme kann in einem solchen Fall wohl nur dann von Relevanz sein, wenn Sozialhilfeleistungen erschlichen werden[39].

---

35 Europarechtliche und fremdenrechtliche Fragen der Mindestsicherung, in: Pfeil/ Wöss (Hrsg), Bedarfsorientierte Mindestsicherung (Loseblatt-Slg) 171 (175).

36 *Karl* in Aschauer/Kohlbacher, Jahrbuch 83 f.

37 ZAS 2014, 205.

38 EuGH 25.2.2016, C-299/14, *Garcia-Nieto*, EU:C:2016:114, Rn 49.

39 *Karl* in Aschauer/Kohlbacher, Jahrbuch 83 f.

Daraus lässt sich Folgendes ableiten: Art 7 Abs 1 Buchstabe b RL 2004/38/EG macht das Aufenthaltsrecht für einen Zeitraum von über drei Monaten nicht davon abhängig, dass der nicht erwerbstätige Unionsbürger das System der Sozialhilfeleistungen des Aufnahmemitgliedstaats nicht unangemessen in Anspruch nimmt. Nach dem Wortlaut dieser Bestimmung kommt es einzig darauf an, ob der Betroffene über ausreichende Existenzmittel verfügt, so dass er während seines Aufenthalts keine Sozialhilfeleistungen des Aufnahmemitgliedstaats in Anspruch nehmen muss. Dementsprechend verlangt der EuGH im Urteil *Dano*, dass bei der Beurteilung, ob ein Unionsbürger über die für ein Aufenthaltsrecht nach Art 7 Abs 1 Buchstabe b RL 2004/38/EG notwendigen ausreichenden Existenzmittel verfügt, eine konkrete Prüfung der wirtschaftlichen Situation jedes Betroffenen vorzunehmen ist, ohne die beantragten Sozialleistungen zu berücksichtigen[40]. Das Erfordernis einer konkreten Prüfung der individuellen Situation folgt schon aus Art 8 Abs 4 RL 2004/38/EG, wonach die Mitgliedstaaten keinen festen Betrag für die Existenzmittel, die sie als ausreichend betrachten, festlegen dürfen. Vielmehr muss die persönliche Situation des Betroffenen berücksichtigt werden.

Wie aus den Urteilen *Alimanovic* und *Garcia-Nieto* folgt, ist eine solche individuelle Prüfung der Existenzmittel jedoch dann obsolet, wenn ein Mitgliedstaat unter Berufung auf Art 24 Abs 2 RL 2004/38/EG - und damit losgelöst von der Frage nach dem Aufenthaltsrecht - von der Möglichkeit des Ausschlusses der Gewährung von Sozialhilfe an Unionsbürger Gebrauch macht[41].

3. Conclusio

Entsprechend der EuGH Judikatur kann ein Unionsbürger hinsichtlich des Zugangs zu Sozialhilfeleistungen nur dann eine Gleichbehandlung mit den Staatsangehörigen des Aufnahmemitgliedstaats verlangen, wenn er sich dort auch rechtmäßig iS der UnionsbürgerRL aufhält. Diese Anknüpfung an das Aufenthaltsrecht ist vor allem dann von Relevanz, wenn der Aufenthalt länger als drei Monate und kürzer als fünf Jahre dauert[42]. In diesem Fall ist das Aufenthaltsrecht davon abhängig, dass der nicht erwerbs-

---

40 EuGH 11.11.2014, C-333/13, *Dano*, EU:C:2014:2358, Rn 80.

41 *Karl* in Aschauer/Brameshuber, Jahrbuch 57.

42 S EuGH 11.11.2014, C-333/13, *Dano*, EU:C:2014:2358.

tätige Unionsbürger über ausreichende Existenzmittel und einen umfassenden Krankenversicherungsschutz verfügt (Art 7 Abs 1 Buchstabe b RL 2004/38/EG). Zur Beurteilung, ob die vorhandenen Existenzmittel ausreichend sind, hat eine konkrete Prüfung der wirtschaftlichen Situation des Betroffenen zu erfolgen, ohne die beantragten Sozialleistungen zu berücksichtigen. Entgegen dem Urteil *Brey* ist hingegen nicht zu prüfen, ob ein Unionsbürger die Sozialhilfeleistungen „unangemessen" in Anspruch nimmt und die Gewährung einer Sozialleistung eine Belastung für das gesamte Sozialhilfesystem dieses Mitgliedstaats darstellt[43].

Hält sich der wirtschaftlich nicht aktive Unionsbürger hingegen kürzer als drei Monate im Aufnahmemitgliedstaat auf oder sucht er – ausgenommen während eines Zeitraums von sechs Monaten nach der letzten Beschäftigung – aktiv und nicht völlig aussichtslos Arbeit, hat er zwar ein Aufenthaltsrecht, der Mitgliedstaat kann aber gestützt auf Art 24 Abs 2 RL 2004/38/EG die Gewährung von Sozialhilfeleistungen versagen. Die wirtschaftliche Situation des Betroffenen spielt dabei keine Rolle[44].

43 *Karl* in Aschauer/Brameshuber, Jahrbuch 57.

44 S EuGH 15.9.2015, C-67/14, *Alimanovic*, EU:C:2015:597; 25.2.2016, C-299/14, *Garcia-Nieto*, EU:C:2016:114.

Sozialleistungserbringung im Open House-Modell zwischen Vergaberecht und Sozialrecht

Margarete Schuler-Harms

I. Einleitung

Aktuelle und grundlegende Fragen des Gesundheits- und Krankenversicherungsrechts haben Gerhard Igl immer wieder beschäftigt.[1] Zu den aktuellen Entwicklungen zählt eine Entscheidung des Europäischen Gerichtshofs aus 2016 zu von Arzneimittelrabattverträgen im Modus der Open House-Vergabe.

II. Der Streit um den Open House-Vertrag in der Arzneimittelversorgung

Eine Krankenkasse hatte Rabattverträge zum Wirkstoff „Mesalazin" europaweit allen interessierten pharmazeutischen Unternehmen für eine Laufzeit von zwei Jahren zum Abschluss angeboten. Eine Nachverhandlung des Angebots war ausgeschlossen, ein jederzeitiger Abschluss während der Laufzeit möglich. In der Literatur firmiert eine solche Gestaltung v.a.[2] unter dem Begriff des „Open House-Vertrags".

Eines der angesprochenen Unternehmen begehrte die vergaberechtliche Nachprüfung[3] mit der Begründung, das einseitige Rabattangebot unterfalle dem Vergaberecht, welches eine konkrete, Exklusivität der Leistungserbringung begründende Auswahlentscheidung erfordere. Die erste Vergabekammer des Bundes bejahte grundsätzlich die Anwendbarkeit des Vergaberechts, hielt aber die geschlossenen Verträge aufgrund der europawei-

---

1 Zuletzt: Igl/Welti, Gesundheitsrecht – Eine systematische Einführung, 2. Auflage 2014.

2 Dasselbe ist gemeint mit: Open House-Modell oder –Verfahren, Open Book-Vertrag, Mehrpartnervertrag oder offener Rahmenvertrag.

3 Nach § 107 Abs. 1 GWB a.F, seit der Änderung des GWB m.W.v. 18.04.2016 § 160 Abs. 1 GWB.

ten Ausschreibung für wirksam.[4] Das von der Krankenkasse und dem rügendem Unternehmen angerufene OLG Düsseldorf setzte das Verfahren aus und rief den EuGH um Vorabentscheidung an.[5] Mit seinen Vorlagefragen suchte das Gericht um Klärung der Einschlägigkeit des Vergaberechts und – für den Fall, dass diese verneint würde – um Klärung der (primär-)rechtlichen Anforderungen an den Abschluss solcher Vereinbarungen nach.

Die rechtlichen Beurteilungsmaßstäbe ergeben sich aus §§ 69 ff. SGB V und aus dem Vergaberecht. § 130a Abs. 8 SGB V ermächtigt die Krankenkassen zu Vereinbarungen von Arzneimittelrabatten mit pharmazeutischen Unternehmen, in deren Konsequenz nicht rabattierte Arzneimittel mit identischem Wirkstoff durch die Apotheke zu substituieren sind, wenn die ärztliche Verschreibung dies ermöglicht (§ 129 Abs. 1 Nr. 3 SGB V, „aut idem“). Rabattvereinbarungen sollen für eine Laufzeit von zwei Jahren erfolgen. Bis 16. April 2016 enthielt § 130a Abs. 8 Satz 8 außerdem folgende Regelung: „Verträge nach Satz 1, die nicht nach Maßgabe der Vorschriften des Vierten Teils des Gesetzes gegen Wettbewerbsbeschränkungen abgeschlossen werden, werden mit Ablauf des 30. April 2013 unwirksam.“ Die allgemeine Verweisung für Verträge zwischen Krankenkassen und Leistungserbringern findet sich in § 69 Abs. 2 Satz 4 SGB V a.F.: „Die Vorschriften des Vierten Teils des GWB sind anzuwenden.“[6]

Vergaberechtlich waren die RL 2004/18/EG,[7] der Vierte Teil des GWB in seiner bis 18.04.2016 und die Vergabeverordnung (VgV) in ihrer bis 10.02.2016 gültigen Fassung einschlägig.[8] Die VgV nahm bis zu ihrem Außerkrafttreten u.a. Teil A der VOL/A in Bezug, die ihrerseits verfah-

---

4 Bundeskartellamt, Beschluss vom 20.02.2014, VK1-4/14.

5 OLG Düsseldorf, Beschluss vom 29.08.2014, Az. VII-Verg 13/14, Verg 13/14, PharmaR 2014, 472 bzw. NZS 2014, 822.

6 Heute § 69 Abs. 3 nach Änderung durch das Zweite Gesetz zur Änderung des Buchpreisbindungsgesetzes vom 05.08.2016, BGBl. I, 1937: „Auf öffentliche Aufträge nach diesem Buch sind die Vorschriften des Teils 4 des Gesetzes gegen Wettbewerbsbeschränkungen anzuwenden.“ Die Änderung steht in Zusammenhang mit der Einführung eines vereinfachten Vergabeverfahrens für Dienstleistungsaufträge in § 69 Abs. 4, vgl. BT-Drs. 18/8260, S. 6.

7 RL 2004/18/EG des Europäischen Parlaments und des Rates vom 31.03.2004 über die Koordinierung der Verfahren öffentlicher Bauaufträge, Lieferaufträge und Dienstleistungsaufträge, ABl. EG 2004, L 134, S. 114, berichtigt im ABl. EU 2004, L 351, S. 44.

8 BGBl. I, S. 170, mit späteren Änderungen.

rensrechtliche Anforderungen an Leistungsbeschaffungen im Einklang mit dem EU-Vergaberecht regelte. Das sog. Kartellvergaberecht hat 2016 eine grundlegende Neuordnung erfahren: Die Richtlinie von 2004 wurde durch die RL 2014/24/EU[9] abgelöst und diese durch tiefgreifende Änderungen im GWB sowie durch eine Neufassung der VgV umgesetzt.[10] Die Bezugnahme auf die VOL/A in der VgV ist entfallen.

Streitig war, ob das Vergaberecht auf Vereinbarungen wie die vorliegende überhaupt anwendbar war und welche Folgen dies bejahendenfalls haben würde. Eine Meinung[11] qualifizierte das gewählte Verfahren als besonderes Zulassungsverfahren unter zulässigem Verzicht auf Exklusivität,[12] dessen vergaberechtliche Zulässigkeit wie im Falle von § 127 Abs. 2, 2a SGB V unbedenklich sei.[13] Das Verfahren helfe in der Übergangsphase nach Auslaufen eines Arzneimittel-Patents den „First mover-Vorteil" bei der Markteinführung von Generika zu vermeiden, und es gewährleiste im Falle umsatz- und margenschwacher Arzneimittel eine breite Versorgungsbasis.[14] Auch die Patientencompliance werde mit offenen Rabattgestaltungen gefördert.[15]

---

9 RL 2014/24/EU des Europäischen Parlaments und des Rates vom 26.02.2014 über die öffentliche Auftragsvergabe und zur Aufhebung der Richtlinie 2004/18, ABl. EU 2014, L 94, S. 65.

10 Art. 1 des Gesetzes zur Modernisierung des Vergaberechts (Vergaberechtsmodernisierungsgesetz – VergRModG) vom 17.02.2016, BGBl. I, S. 203.

11 „Bedeutung des Open-Book-Verfahrens – Positionspapier der DAK, abrufbar unter https://www.dak.de/dak/download/Positionspapier_der_DAK-Gesundheit_zum_Open-Book_Verfahren-1489634.pdf (zuletzt 12.11.2016); BKartA, 2. Vergabekammer des Bundes, Beschluss vom 21.01.2015, VK2-113/14; LSG NW v. 28.01.2010, L 21 KR 69/09 SFB, unter Bezug auf Rixen, GesR 2006, 49 (55); Byok, GesR 2007, 553 (556); Knispel, GesR 2009, 236 (238 ff.); Czaki/Freundt, NZS 2011, S. 766 (767); allgemeiner Zimmermann, NZBau 2010, S. 739 (740 ff.). Sehr deutlich schon BT-Drs. 16/10609, 52 zu § 69 SGB V.

12 § 99 Abs. 1 GWB a.F. bzw. § 103 Abs. 1 GWB n.F.

13 Schweitzer/Becker, WRP 2012, 382 (386 f.).

14 Ausführlich und instruktiv Schweizer/Becker, WRP 2012, S. 382 (386 f.); mit Bezug auf „patentverlängernde" Arzneimittelrabattverträge Ulshöfer, PharmaR 2015, S. 85 (91); vgl. a. DAK Positionspapier (Fn. 11), unter 3.

15 DAK Positionspapier (Fn. 11), unter 3.

Die Gegenauffassung [16] verneinte die konstitutive Bedeutung der Selektivität für den Begriff des vergaberechtlichen Auftrags unter Verweis auf den Wortlaut des § 99 Abs. 1 GWB a.F. und auf § 3 EG Abs. 4 c) VOL/A, der eine Vergabe ohne Teilnahmewettbewerb ermöglicht, wenn die Leistung aus besonderen Gründen nur durch ein bestimmtes Unternehmen durchgeführt werden kann; hier sei die fehlende Exklusivität zwar für die Rechtsfolge, nicht aber für die grundsätzliche Einschlägigkeit des Vergaberechts relevant.[17] Auch Abgrenzungsschwierigkeiten zwischen solchen Vertragsgestaltungen einer- und der vergaberechtlichen Rahmenvereinbarung andererseits wurden ins Feld geführt[18] und es wurde darauf hingewiesen, dass § 127 Abs. 2, 2a SGB V für die Hilfsmittelbeschaffung eine Ausnahme begründe, die die regelhafte Geltung des allgemeinen Vergaberechts bestätige.[19] Problematisiert wurde auch die einseitige Preisbildung der Krankenkasse ohne Wettbewerb.[20]

Das OLG neigt zur Verneinung der Einschlägigkeit des Vergaberechts, sofern – wie im zu entscheidenden Fall – eine öffentliche Ausschreibung durchgeführt und auf Verhandlungen mit einzelnen Wirtschaftsteilnehmern verzichtet wurde.[21] Schon in einer Entscheidung aus dem Jahr 2012[22] hatte es, wie vor ihm der Gesetzgeber[23] das LSG Nordrhein-Westfalen,[24] sog. Zulassungsverfahren außerhalb des Vergaberechts im Gel-

16 BKartA, 1. und 3. Vergabekammer des Bundes, Beschlüsse vom 10.06.2011, VK3-59/11 u.a.; Rundschreiben des Bundesversicherungsamts vom 14.09.2014, abrufbar unter http://www.bundesversicherungsamt.de/fileadmin/redaktion/Vergaberecht_Sonst_Ang_SV/20140917_Arzneimittelrabatte_130a_SGB_V.pdf (zuletzt 12.11.2016); Gaßner/Stroemer, NZS 2014, 811 (812 m.w.Nw.); Ulshöfer, PharmR 2015, S. 85 (89); wohl auch Czaki, NZBau 2012, 350 (351 f.); ferner Weyand, Vergaberecht, 2009, Rn. 1458/3.

17 Gaßner/Stroemer, NZS 2014, 811 (812 m.w.Nw.).

18 Csaki, NZBau 2012, 350 (352).

19 Gaßner/Stroemer, NZS 2014, 811, 813.

20 Csaki, NZBau 2012, 350 (351); BKartA, 3. VK des Bundes vom 10.06.2011, VK3-59/11.

21 Die Bundesregierung schloss sich in ihrer Stellungnahme vom 11. 12. 2014 vor dem EuGH offenbar der Auffassung des OLG an, vgl. Bundeskartellamt, VK Bund, Beschluss vom 21.1.2015 – VK 2-113/14, unter II.1.b)(3).

22 OLG Düsseldorf, Beschluss vom 11.01.2012, VII-Verg 57/11, NZS 2012, 504 (505, Rn. 10 f.).

23 BT-Drs. 16/10609, S. 52 zu § 69 SGB V.

24 Beschluss vom 28.01.2010, L 21 KR 69/09 SFB.

tungsbereich des § 130a Abs. 8 SGB V für grundsätzlich möglich gehalten.

III. Die Entscheidung des EuGH vom 2. Juni 2016 – C-410/14

Der EuGH[25] gibt eine klare Antwort: Die Auswahl eines Angebots (Selektivität) und somit eine Bevorzugung eines Auftragnehmers (Exklusivität) ist mit dem Begriff des „öffentlichen Auftrags" im Sinne der RL 2004/18/EG untrennbar verbunden.

Der Gerichtshof argumentiert mit dem Zweck des europäischen Vergaberechtsrahmens, durch Koordinierung der mitgliedstaatlichen Verfahren auf Unionsebene die Interessen von Wirtschaftsteilnehmern zu wahren, die Waren oder Dienstleistungen öffentlichen Auftraggebern grenzüberschreitend anbieten. Die Gefahr einer Bevorzugung einheimischer Bieter oder Bewerber bei der Auftragsvergabe durch öffentliche Auftraggeber, der die RL 2004/18/EG entgegenwirken solle, sei eng mit der Selektivität des Vertragsschlusses und der Exklusivität der Leistungserbringung verbunden. Da es hieran im vorliegenden Fall fehle, bedürfe es der Unterwerfung unter die „präzisen Regeln" der Richtlinie nicht.[26]

Er verweist zweitens auf den Wortlaut des Art. 43 Abs. 1 Buchst. e der RL 2004/18/EG, wonach der in jedem Verfahren anzufertigende Vergabevermerk – im Wesentlichen – „den Namen des erfolgreichen Bieters und die Gründe für die Auswahl seines Angebots" umfasst.[27]

Drittens zieht der Gerichtshof die Definition des „öffentlichen Auftrags" heran, die erstmals in die RL 2014/24/EU aufgenommen wurde. Art. 1 Abs. 2 der Richtlinie zählt zu den Begriffsmerkmalen der „Auftragsvergabe" die „Auswahl" des oder der Wirtschaftsteilnehmer, von dem oder denen im Wege eines öffentlichen Auftrags bestimmte Lieferungen oder Leistungen erworben werden sollen.[28] Die Definition ist zwar nicht unmittelbar einschlägig, kann aber herangezogen werden, weil mit der erstmaligen Definition des Begriffs „Auftragsvergabe" keine Änderung

25 EuZW 2016, 705.
26 EuGH v. 02.06.2016, Rs. C-410/14, Rn. 34 ff.
27 EuGH v. 02.06.2016, Rs. C-410/14, Rn. 39.
28 EuGH v. 02.06.2016, Rs. C-410/14, Rn. 40.

verbunden ist, vielmehr das Unionsvergaberecht von jeher durch ein Wettbewerbselement gekennzeichnet war.[29]

Viertens grenzt der EuGH den Open House-Vertrag von der vergaberechtlichen Rahmenvereinbarung ab,[30] also der Vereinbarung zwischen einem oder mehreren Auftraggebern mit einem oder mehreren Wirtschaftsteilnehmern zu dem Ziel, die Bedingungen für die Aufträge, die im Laufe eines bestimmten Zeitraums vergeben werden sollen, festzulegen, insbesondere in Bezug auf den Preis und gegebenenfalls die in Aussicht genommene Menge (Art. 1 Abs. 5 RL 2004/18/EG). Vertragsrechtlich handelt es sich um Vorverträge, die selbst keine Auftragsqualität haben, aber wegen ihres engen funktionalen Zusammenhangs mit dem spätestens im zweiten Schritt erfolgenden Zuschlag durch den öffentlichen Auftraggeber den vergaberechtlichen Bindungen unterworfen werden.[31] Bei der wirkstoffbezogenen Open House-Rabattvereinbarung erfolgt die Auswahl nicht durch die Krankenkasse und auch nicht durch den Arzt, sondern durch die Apotheke, die ihre Entscheidung an eigenen, von der Kasse nicht vorgegebenen Kriterien ausrichten kann.[32]

Die zweite Vorlagefrage nach den primärrechtlichen Anforderungen an Open House-Verträge behandelt der EuGH knapp. Soweit der Vertragsgegenstand ein eindeutiges grenzüberschreitendes Interesse aufweise – was sich bei Rabattvereinbarungen mit Arzneimittelherstellern unschwer bejahen lässt – kommen die Grundregeln der AEUV, insbesondere die Grundsätze der Nichtdiskriminierung und der Gleichbehandlung der Wirtschaftsteilnehmer sowie das sich hieraus ergebende Transparenzgebot zur Anwendung.[33] Aus letzterem leitet der EuGH die Erforderlichkeit einer Bekanntmachung ab, die es dem Adressatenkreis ermöglicht, von Ablauf und

29 OLG Düsseldorf v. 13.08.2014, NZBau 2014, 654 (656); knapper EuGH v. 02.06.2016, Rs. C-410/14, Rn. 25.

30 EuGH v. 02.06.2016, Rs. C-410/14, Rn. 41.

31 Art. 32 RL 2014/28/EG bzw. Art. 33 RL 2014/24/EU.

32 EuGH v. 02.06.2016, Rs. C-410/14, Rn. 41. Deshalb ist das bei Gaßner, NZS 2016, S. 767 (769 f.), und Gaßner/Strömer, NZS 2014, 811 (Fn. 5), genannte Beispiele der Beschaffung von Druckerpatronen durch die Verwaltung ohne weiteres als vergaberechtlich relevante Rahmenvereinbarung zu qualifizieren, der typischerweise Auswahlentscheidungen der einzelnen Behörde folgt, weshalb auch ein mit allen Anbietern geschlossener Vertrag als Rahmenvereinbarung dem Vergaberecht unterfällt und dessen Anforderungen (z.B. keine Möglichkeit des nachträglichen Beitritts weiterer Wirtschaftsteilnehmer) zwingend genügen muss.

33 EuGH v. 02.06.2016, Rs. C-410/14, Rn. 44.

wesentlichen Merkmalen des Verfahrens „gebührend Kenntnis zu nehmen“.[34] Im Übrigen sieht das Gericht einen „gewissen Gestaltungsspielraum“ der Mitgliedstaaten beim Erlass von Maßnahmen zur Gewährleistung der genannten Grundsätze.[35]

IV. Die Einordnung des Open House-Arzneimittelrabattvertrags in das System des deutschen Sozial- und Vergaberechts

Im deutschen Sozialrecht der Leistungserbringung ist der Open House-Vertrag schon lange und aus gutem Grund bekannt und gebräuchlich, denn er passt sehr gut auf die dreiseitig angeordneten Leistungsbeziehungen zwischen Sozialleistungsträgern, Versicherten und Leistungserbringern. Die hier in Frage stehenden Rabattverträge binden mit den pharmazeutischen Unternehmen einen weiteren, an den Leistungsbeziehungen nur mittelbar beteiligten Akteur in die Preisbildung ein.[36] Rabattverträge im Open-House-Verfahren waren seit der Einführung des § 130a SGB V im Jahre 2003[37] üblich und wurden vor Einführung des § 69 Abs. 2 S. 4 GWB neben anderen Vertragsgestaltungen (dem Selektivvertrag für einzelne Arzneimittel oder Wirkstoffe auch dem sog. Portfolio-Vertrag über das gesamte Produktangebot eines Herstellers) praktiziert.

Seit 2009 regelt § 69 Abs. 2 S. 4 SGB V als Rechtsgrundverweisung[38] die Anwendbarkeit des Kartellvergaberechts für bestimmte Verträge zwi-

---

34 EuGH v. 02.06.2016, Rs. C-410/14, Rn. 44 f.

35 EuGH v. 02.06.2016, Rs. C-410/14, Rn. 44.

36 Einen instruktiven Überblick über die Preisregulierung bei Arzneimitteln, in der Rabattverträge nur ein Systemelement sind, bieten Schweitzer/Becker, WRP 2012, S. 382 ff., 533 ff.; Axer, Arzneimittelregulierung als spezifische Regulierungsform, in: Astrid Wallrabenstein (Hrsg.), Braucht das Gesundheitswesen ein eigenes Regulierungsrecht?, 2012, S. 83 (93 ff.). Zum System des § 130a Abs. 8 SGB V vgl. statt vieler Axer, in: Becker/Kingreen (Hrsg.), 4. Aufl. 2014, § 130a Rn. 19; Engels, in: Berchtold/Huster/Rehborn (Hrsg.), 2015, § 130a Rn. 15.

37 Gesetz zur Sicherung der Beitragssätze in der Gesetzlichen Krankenversicherung und in der Gesetzlichen Rentenversicherung (Beitragssatzsicherungsgesetz) vom 23.12.2002, BGBl. I, 4637.

38 Vgl. amtl. Begr. zum AMNOG, BT-Drs. 17/2413, S. 27; Beschlussempfehlung und Bericht des Ausschusses für Gesundheit zum Entwurf eines Zweiten Gesetzes zur Änderung arzneimittelrechtlicher und anderer Vorschriften vom 27.06.2012, BT-Drs. 17/10156; Ebsen, in: Berchtold/Huster/Rehborn (Hrsg.), 2015, § 69 Rn. 35.

schen Kassen und Leistungserbringern. Die öffentliche Auftraggeberschaft der Krankenkassen steht seit der Entscheidung des EuGH in Sachen Oymanns zwar fest.[39] Das Sozialrecht ordnet jedoch nicht jede Leistungsbeziehung unter Beteiligung der Krankenkassen als vergaberechtliche Beschaffung ein. Hierzu bedarf es vielmehr schon bisher einer Konstellation, in der die Krankenkasse unter im Wettbewerb stehenden Anbietern eine Auswahlentscheidung trifft. Fehlt diese Wahlmöglichkeit, etwa weil die Vertragspartner gesetzlich festgelegt sind (wie beim Hausärztevertrag nach § 73b Abs. 4 SGB V) oder weil Mitbewerbern ein Beitrittsrecht zum jeweiligen Vertrag eingeräumt wird (wie bei Hilfsmittelverträgen nach § 127 Abs. 2, 2a SGB V), ist die Leistungsbeziehung ausschließlich sozialrechtlichen Bindungen unterworfen.[40]

Für den Arzneimittelrabattvertrag hat der EuGH den Spielraum des Unionsrechts präzisiert und damit Rechtsklarheit auch im Sozialrecht geschaffen. Seine Auslegung hat mittelbaren Einfluss auf das Verständnis des § 69 Abs. 2 S. 4 (heute Abs. 3) SGB V. Bislang war offen, ob die Frage der Selektivität „in generalisierender Auslegung der entsprechenden Tatbestände" zu klären war[41] oder ob auch ein gewillkürter Verzicht auf Selektivität im Einzelfall aus den Bindungen des Vergaberechts führte.[42] Die erste Auffassung scheint im Erwägungsgrund 4 der RL 2014/24/EU Bestätigung zu finden, wonach „Fälle, in denen alle Wirtschaftsteilnehmer, die bestimmte Voraussetzungen erfüllen, zur Wahrnehmung einer bestimmten Aufgabe – ohne irgendeine Selektivität – berechtigt sind, wie beispielsweise bei einer Auswahl durch den Kunden oder bei Dienstleistungssystemen nicht als Auftragsvergabe [...], sondern als einfache Zulassungssysteme (z.B. Zulassungen für Arzneimittel oder ärztliche Dienstleistungen)" verstanden werden sollten. Der EuGH hält aber offenbar Zwischenformen zwischen dem generalisierten Marktzutritt mittels eines „Zulassungssystems" und dem durch Selektivität geprägten „öffentlichen Auftrag" für denkbar. Für den in Rede stehenden Open House-Vertrag spricht er von einem „Zulassungsverfahren zu einem Vertragssystem", dessen

39 EuGH Beschluss vom 11.06.2009, Rs. C-300/07, NJW 2009, 2427.

40 So Ebsen, in: Berchtold /Huster/Rehborn, § 69 Rn. 38; unter Bezug auf v. Langsdorff, in: Sodan, Handbuch des Krankenversicherungsrechts, § 15 Rn. 44 ff.

41 Ebsen, in: Berchtold/Huster/Rehborn, § 69 SGB V, Rn. 38, unter Bezug auf den typischen Anwendungsfall in § 127 Abs. 2, 2a SGB V.

42 Zimmermann, NZBau 2010, 739 (741 f.).

Ausgestaltung (unter Beachtung punktueller primärrechtlicher Bindungen) er den Mitgliedstaaten anheimstellt.

V. Anwendungsbereich des Open-House-Vertrags

Die Klärung des Auftragsbegriffs durch den EuGH wie auch die Klarstellungen in der RL 2014/24/EU dürften für das gesamte öffentliche Beschaffungswesen von Bedeutung sein.[43] Besondere Relevanz haben sie für das Sozialleistungserbringungsrecht, in dem das Open House-Modell seinen begrifflichen Ursprung und seinen Hauptanwendungsbereich findet.

Typisch für das Open House-Modell ist eine Vertragskonstellation, in der sich die öffentliche Hand auf eine Eignungsprüfung beschränkt und auf eine konkrete Angebotsauswahl verzichten darf. Das ist schlechterdings nur in einem Leistungsverhältnis denkbar, in das neben der öffentlichen Hand und ihren Vertragspartnern dritte Personen mit eigener Entscheidungsfreiheit eingebunden sind. Solche Dreiecksverhältnisse sind für das Sozialleistungsrecht typisch[44] und von der vergaberechtlichen Rahmenvereinbarung, wie gezeigt, verhältnismäßig leicht abzugrenzen.

Auch im Bereich von drei- oder mehrpoligen Leistungsbeziehungen ist das Anwendungsfeld des Open House-Modells recht schmal. Sozialrechtliche Marktzutrittsentscheidungen, wie die arzneimittelrechtliche Zulassung, die berufsärztliche Approbation oder die sozialrechtliche Zulassung als Leistungserbringer, fallen in die Kategorie der „Zulassungssysteme", welche nicht zwingend, aber häufig, öffentlich-rechtlicher Natur sind. Ins Verhältnis zu setzen ist der Open House-Vertrag auch zur vergaberechtlichen Konzession, d.h. nach Art. 5 Nr. 1 der RL 2014/23/EU einem entgeltlichen Vertrag zwischen einem oder mehreren (öffentlichen) Auftraggebern und einem oder mehreren Wirtschaftsteilnehmern über die Erbringung einer Leistung, bei dem die Gegenleistung (auch) im Recht auf Nutzung des erstellten Werks oder der vertragsgegenständlichen Dienstleistung besteht und bei denen typischerweise das Betriebsrisiko bei den Konzessionsnehmern verbleibt. Auch Konzessionen weisen eine Leistungsbeziehung im Dreieck auf, da der Konzessionsnehmer das gewährte Recht auf dem freien Markt „verwerten" soll und möchte; im Unterschied zum

43 Brackmann, NZBau 2014, S. 529 (530).

44 Grundlegender Burgi, NZBau 2008, S. 480 ff.; Otting, NZBau 2010, S. 734 (736 ff.).

Open House-Modell wird die Konzession aber selektiv vergeben und ein Nutzungsrecht eingeräumt, welches dem Konzessionsnehmer einen exklusiven Wettbewerbsvorteil verschafft.

Die Einordnung von Verträgen als „Open House" kommt im Recht der Erbringung von Sozialleistungen hiernach dann in Betracht, wenn außerhalb eines Zulassungssystems für die Leistungserbringung ein Zugang zum Leistungsabruf durch Dritte eingeräumt werden kann und dieser Zugang nicht exklusiv gestaltet wird.

VI. Weitere Rechtsfolgen

Open House-Verträge sind, soweit ihr Gegenstand „ein eindeutiges grenzüberschreitendes Interesse aufweist", den Grundregeln des Unionsprimärrechts, insbesondere den Grundsätzen der Nichtdiskriminierung und der Gleichbehandlung der Vertragspartner sowie dem „sich daraus ergebenden" Transparenzgebot unterworfen. Indem der EuGH den Mitgliedstaaten einen „gewissen Gestaltungsspielraum" bei der Ausgestaltung der Bindungen einräumt,[45] schafft er für Open-House-Verträge eine ähnliche Rechtslage wie für die sachverwandte vergaberechtliche Konzession. Für die Frage, wann ein „eindeutiges grenzüberschreitendes Interesse" angenommen werden kann, kann eine Orientierung an den Schwellenwerten des Vergaberechts, konkret: an den Berechnungsgrundlagen für Rahmenvereinbarungen, erfolgen.[46]

Eine nicht unbeträchtliche Gefahr für die Kalkulation der Unternehmen resultiert aus dem Umstand, dass beim Open House-Vertrag der Preis – im Falle des § 130a Abs. 8 SGB V mithin der Rabatt – durch den Sozialleistungsträger einseitig vorgegeben wird. Die 3. Vergabekammer des Bundes hatte das Preisangebot in mehreren Entscheidungen aus dem Jahr 2011 zur „ureigenste(n) Aufgabe des Bieters" und die Entscheidung über den Abschluss eines Rabattvertrags zur Angelegenheit „freie(r) unternehmerische(r) Entscheidung" erklärt.[47] Soweit braucht man vielleicht nicht zu gehen, zumal eine der Sicherung von Versorgungssicherheit und Beitragssta-

45 EuGH v. 02.06.2016, Rs. C-410/14, Rn. 44.

46 Der Wert eines Open-House-Vertrags dürfte nach dem geschätzten Gesamtumsatz ohne MWSt. für Arzneimittelausgaben während der Laufzeit der Rahmenvereinbarung berechnet werden.

47 BKartA, 3. Vergabekammer des Bundes, VK3-59/11, II.2.b)aa).

bilität dienende staatliche Regulierung der Arzneimittelpreise zwingend mit einer Einschränkung der freien unternehmerischen Entscheidungen verbunden ist. Im Geschäftsverkehr, auch dem zwischen Unternehmen, ist die Preisgestaltung einer Seite etwa im Falle von standardisierten Leistungen auch gar nicht so ungewöhnlich. Eine Grenze bildet Preismissbrauch auf beiden Seiten. Sozialleistungsträger, wie die Krankenkassen, sind bei funktionaler Betrachtung öffentliche Unternehmen und als solche den allgemeinen vertrags- und wettbewerbsrechtlichen Bindungen unterworfen. Eine AGB-Kontrolle der einseitig bekannt gemachten Vertragsbedingungen dürfte wegen der Geschäftserfahrung der Unternehmen kaum in Betracht kommen, aber immerhin eine Prüfung nach § 307 Abs. 1 BGB möglich sein, ob die vorgegebenen Preise (bzw. Rabatte) die Vertragspartner unangemessen benachteiligen. Einschlägig sind auch Art. 102 AEUV und § 19 Abs. 2 GWB, die Missbrauchskontrolle im Falle der Marktmacht von Sozialleistungsträgern ermöglichen, und das Verbot wettbewerbsbeschränkender Vereinbarungen oder Verhaltensweisen aus Art. 101 Abs. 1 AEUV bzw. § 1 GWB. Es empfiehlt sich vor öffentlicher Bekanntmachung eines Open House-Angebots eine Erhebung von Preismargen im Wege der Markterkundung durch die Sozialleistungsträger.

Open House-Rabattverträge betreffen Rechtsbeziehungen nach § 69 SGB V, die § 51 Abs. 3 SGG von der Zuständigkeit der Sozialgerichtsbarkeit nur ausnimmt, sofern es sich um Streitigkeiten in Verfahren nach dem GWB handelt. Kartellrechtliche Streitigkeiten fallen hiernach in die Zuständigkeit der Kartellbehörden gegen deren Entscheidung das zuständige OLG anzurufen ist. Im Übrigen führt der Rechtsweg aber vor die Sozialgerichte, denen es folglich obliegt, ggf. mit Hilfe des EuGH, das Kriterium der „Selektivität" sowie das „eindeutig grenzüberschreitende Interesse" im Bereich der Open House-Gestaltung näher zu konkretisieren.

VII. Fazit

Das Sozialleistungserbringungsrecht bleibt weiterhin im Einflussbereich des Unionsrechts, das jedoch seinerseits den Spielraum der Mitgliedstaaten auf dem Gebiet der Sozialpolitik respektiert. Die durch deutsche Gerichte veranlasste Rechtsprechung zum Open House-Modell stellt die nationalen Gestaltungsräume in erfreulicher Weise klar. Das Setting von Instrumenten zur Sicherung der Beitragsstabilität im Bereich der Leistungserbringung hat sich hierdurch verlässlich erweitert. Dieses Setting findet seine Grenze aber weiterhin am Ziel des Binnenmarktes und am Rahmen des Vergaberechts, das für selektive Vertragsgestaltungen weiterhin einschlägig bleibt.

VII.
Gesundheits- und Pflegeberufe

Konzertierte Aktion zur Entbürokratisierung der Pflegedokumentation und Entlastung für die Pflege – die Implementierungsstrategie

Elisabeth Beikirch

Zum Hintergrund

Im Rahmen der über ein Jahrzehnt geführten Debatte zur Entbürokratisierung der Pflege spielte das Thema Pflegdokumentation schon immer eine herausragende Rolle. Bereits der ‚Runde Tisch Pflege' thematisierte 2005 in der Arbeitsgruppe Entbürokratisierung die vielfältigen Anforderungen an die Pflegedokumentation. In einem begleitenden Gutachten im Auftrag des BMFSFJ zur Identifizierung von Entbürokratisierungspotenzialen in Einrichtungen der stationären Altenhilfe in Deutschland' wurden von einem Kompetenzteam (W. Göpfer-Divivier, U. Mybes und G. Igl) u.a. auch zum Thema Entbürokratisierung der Pflegedokumentation umfangreiche Merkmale der Über- und Unterdokumentation sowie diverse Schnittstellenproblematiken identifiziert und Empfehlungen für Veränderungen ausgesprochen.

Im Zeitraum von 1996 bis 2010 gab es auf Bundes- und Landesebene an die 10 Modellvorhaben (Leitfaden/Musterdokumentation/Standards etc.) zur Entbürokratisierung der Pflegedokumentation, die fachlichen und rechtlichen Aspekte standhalten und der Praxis Anhaltspunkte und die (gewünschte) Sicherheit insbesondere gegenüber den verschiedenen Prüfinstanzen geben sollten Im Ergebnis konnten aber alle diese Initiativen leider keine dauerhafte Wirkung in der Praxis erzielen, obwohl sie extern bergleitet und zum Teil auch juristisch bewertet und evaluiert wurden.

Tabelle 1 : Aktivitäten auf Bundes-und Landesebene zur Entbürokratisierung der Pflegedokumentation

Aktivitäten auf Bundes- und Landesebene zur Entbürokratisierung der Pflegedokumentation im Zeitraum 1996 – 2017	
Forschungsbericht 261 im Auftrag des BMAS, 1996	Die Bedeutung des Pflegeplanes für die Qualitätssicherung in der Pflege
Projekt im Auftrag des Bayerischen Sozialministeriums, 2003	Entbürokratisierung der Pflegedokumentation einschließlich Rechtsgutachten
Projekt im Auftrag des Sozialministeriums Rheinland- Pfalz	Musterdokumentation für den stationären Bereich 2004, (2. Auflage 2008); ambulanter Bereich 2006, (2. Auflage 2011)
Modellvorhaben im Auftrag des Sozialministeriums Schleswig-Holstein, 2004	Das schleswig-holsteinische Modell: Vereinfachte Pflegeplanung und -dokumentation einschließlich Rechtsgutachten
Medizinischer Dienst des Spitzenverbandes Bund der Krankenkassen (MDS), 2005	Grundsatzstellungnahme Pflegprozess und Pflegedokumentation
BMG und BMFSFJ, Runder Tisch Pflege, AG III Entbürokratisierung, 2005	Empfehlung zur Entwicklung einer Leitlinie oder Expertenstandard zur Pflegedokumentation
Gutachten im Auftrag des BMFSFJ Identifizierung von Entbürokratisierungs- potenzialen… (2006)	Umfangreiche Empfehlungen zur Entbürokratisierung in der Pflege durch ein Kompetenzteam u.a. auch zur Pflegedokumentation
Berufsgenossenschaft für Gesundheitsdienst und Wohlfahrtspflege (BGW), 2006	Entbürokratisierung - ein Märchen wird wahr Diskurs mit zentralen Akteuren aus Politik, Verbänden, Praxis und Wissenschaft zum ‚Kooperativen Aufsichtshandeln' und Dokumentation
Modellvorhaben im Auftrag des Sozialministeriums Nordrhein-Westfalen – Näher am Menschen, 2007	Referenzmodell, Teilberichte 4 und 6: Grundsätze zur Ausgestaltung verbesserter Formen der Dokumentation anhand von vier Schwerpunkten
Arbeitsgemeinschaft Entbürokratisierung Pflegedokumentation in Hamburg, 2007	Erstellung eines Pflegedokumentationsmodells für das Land Hamburg
Initiative Neue Qualität der Arbeit, inqa.de, 2010	Handlungshilfe für die Praxis: Entbürokratisierung in der Pflege mit Schwerpunkt Pflegedokumentation und Qualitätsmanagement
Arbeitsgruppe im Auftrag des Sozialministeriums in Rheinland-Pfalz, 2011	Aktualisierung Musterdokumentationen für ambulante und stationäre Pflegeeinrichtun- gen
Initiative des Leiters des Kreisverwaltungsreferats der Stadt München(FAQ) in Zusammenarbeit mit der Katholischen Stiftungsfachhoch- schule München, 2012	Reduzierung des Dokumentationsaufwands in der stationären Altenhilfe (Redudok)
Bericht der Bundesregierung Erfüllungsaufwand im Bereich Pflege (Statistisches Bundesamt), 2013	Umfangreiche Erhebungen zu Kosten und Aufwand von Antragsverfahren in der Pflege, u.a. eine Analyse der jährlichen Kosten für die Pflegedokumentation in ambulanten und stationären Pflegeeinrichtungen (SGBXI)

Aktivitäten auf Bundes- und Landesebene zur Entbürokratisierung der Pflegedokumentation im Zeitraum 1996 – 2017	
Bundesministerium für Gesundheit (BMG) Beauftragung einer Ombudsperson zur Entbürokratisierung der Pflege, 2011/2014	Entwicklung Lösungsstrategien u.a. Fokus Pflegedokumentation und Praxistest ‚Strukturmodell' zur Effizienzsteigerung der Pflegedokumentation in 5 Bundesländern
Pflegebevollmächtigter der Bundesregierung in Zusammenarbeit mit den Einrichtungs- und Kostenträgern und den Ländern, 2015/2017	Bundesweite Implementierungsstrategie zur Entbürokratisierung der Pflegedokumentation in ambulanten und stationären Pflegeeinrichtungen der Langzeitpflege (SGB XI)

So war es nicht verwunderlich, dass sich im Jahr 2011 der damals amtierende Bundesgesundheitsminister erneut mit massiven Forderungen zu bekannten Themen der Entbürokratisierung in der Pflege konfrontiert sah. Es bestand ein breiter Konsens bei allen zentralen Akteuren darüber, dass die Pflegedokumentation u.a. in Folge des Pflegeweiterentwicklungsgesetzes (PfWG 2008) ein überbordendes Ausmaß im Pflegealltag angenommen hatte. Insbesondere die Positionen von Pflegeeinrichtungen und Prüfinstanzen standen sich in punkto einer angemessenen Dokumentation fast ‚unversöhnlich' gegenüber. Es herrschte diesbezüglich eine Stimmung des allgemeinen Misstrauens untereinander.

Es wurde eine Ombudsfrau zur Entbürokratisierung der Pflege vom BMG eingesetzt, die in ihrem Zwischenbericht als zentrales Problem im pflegerischen Alltag einen völlig überbordenden Dokumentationsaufwand in ambulanten und stationären Einrichtungen der Langzeitpflege (SGB XI) unter folgenden Aspekten identifizierte:

- Fehlende Übersichtlichkeit und Orientierung zur Steuerung des Pflegeprozesses (Methoden/Instrumente) und Vertrauen in die Fachlichkeit der Pflegenden sowie Sicherstellung der Kommunikation im Team zur Situation des Pflegebedürftigen.
- Offene Fragen (und Mythen) zum notwendigen Dokumentationsumfang aus haftungs- und vertragsrechtlichen Aspekten, insbesondere im Kontext des Risikomanagements und Regressforderungen sowie Nachweispflichten (stationär) zu durchgeführten Leistungen (sog. ‚angstgetriebene Pflegedokumentation').
- Unterschiedliche Auffassungen der Vertragsparteien zu Konzepten der Transparenz im Leistungsgeschehen gegenüber Kostenträgern und Verbrauchern und Verfahren der internen Qualitätssicherung.
- Anforderungen an die Pflegedokumentation im Rahmen der externen Qualitätssicherung gemäß SGB XI und der Heimgesetze der Länder.

Die Ursachen hierfür waren vielfältig und sowohl durch trägerinterne als auch externe Faktoren bestimmt. Sie gingen einher mit der Umsetzung mehrerer zentraler politischer Entscheidungen mit Auswirkungen auf die Pflegedokumentation: die Föderalisierung des Heimrechts, die Neuausrichtung der Externen Qualitätssicherung (QPR) und die Koppelung mit Vorgaben zur Qualitätsberichterstattung (Transparenzkriterien/Notengebung) im SGB XI sowie der Einführung von Expertenstandards des DNQP und den Anforderungen des Gesetzgebers zur Wahrung von Lebensqualität, Selbstbestimmung und Individualität pflegebedürftiger Menschen.

Eine Erhebung des Statistischen Bundesamtes (2013) ergab, dass Pflegekräfte rund 13 Prozent ihrer Arbeitszeit pro Schicht allein für die Pflegedokumentation aufwenden. Die jährlichen Kosten für die Pflegedokumentation in Einrichtungen der Langzeitpflege (SGB XI) wurden in Höhe von ca. 2,7 Milliarden Euro beziffert. Davon entfielen allein in der stationären Pflege rund 1,9 Milliarden Euro auf Einzelleistungsnachweise.

Der enorme Umfang der Pflegedokumentation verringerte die Zeit für die direkte Pflege und Betreuung und belastete die Pflegefachkräfte in ihrem beruflichen Alltag erheblich. Es musste dringend ein Lösungsweg gefunden werden, da dieser Missstand die Arbeitsbedingungen und die Motivation der Pflegenden beeinflusste und damit auch die Attraktivität der Arbeit in der Langzeitpflege maßgeblich beeinträchtigt wurde. Ein Befund, der angesichts des Fachkräftemangels in der Pflege, von erheblicher Bedeutung war.

Verständigung auf ein Konzept zur Entbürokratisierung der Pflegedokumentation, Beteiligung aller Akteure und politische Unterstützung

Voraussetzung hierfür war die im Laufe des Jahres 2013 erreichte Verständigung auf ein einheitliches (fachlich und juristisch belastbares) Konzept einer schlanken Pflegedokumentation (Strukturmodell), in Zusammenarbeit mit fachwissenschaftlichen Experten und Praktikern aus der Pflege. Hierin wurden die Ergebnisse vorausgegangener Initiativen einzelner Bundesländer und anderer Akteure einbezogen. Es wurde schnell deutlich, dass es diesmal zusätzlich gelingen musste, diesen Konsens in Form einer ‚Konzertierten Aktion' mit allen zentralen Akteuren durch ein bundeseinheitliches Vorgehen abzusichern und dass Jeder einen Beitrag im Rahmen seiner Verantwortung dazu leisten musste.

Nachdem sich das Strukturmodell in einem Praxistest (09/2013 bis 02/2014) bewährt hatte, wurde von den Einrichtungs- und Kostenträgern das Konzept einer Implementierungsstrategie mit einer einheitlichen Kommunikations- und Organisationsstruktur auf Bundes- und Landesebene für eine flächendeckende Einführung beauftragt und in dem eigens für dieses Projekt etablierten Lenkungsausschuss beschlossen (16.12.2014). Der Pflegebevollmächtigte der Bundesregierung sagte hierfür seine volle politische Unterstützung zu. Unter dem Motto: ‚Mehr Zeit für die Pflege' startete in Zusammenarbeit mit den Einrichtungs- und Kostenträgern und den Prüfinstanzen eine der bisher größten bundespolitischen Aktion zur Entbürokratisierung der Pflegedokumentation.

Mit der Einrichtung des Projektbüros Ein-STEP (**Ein**führung des **Str**ukturmodells zur **E**ntbürokratisierung der **P**flegedokumentation) im Auftrag des Pflegebevollmächtigten der Bundesregierung nahm das Projekt seit Beginn des Jahres 2015 deutlich an Fahrt auf. Bis Ende 2016 hatten sich bundesweit rd. 43% ambulante (4.870) und stationäre (5.580) Pflegeeinrichtungen zur Teilnahme an der Implementierungsstrategie beim Projektbüro angemeldet.

Der Lenkungsausschuss auf Bundesebene und 16 Kooperationsgremien auf Landesebene steuern und begleiten die praktische Umsetzung mit dem ausdrücklichen Ziel, sich zu gegenseitigen Fragen und regionalen Ereignissen zur Umsetzung der Entbürokratisierung der Pflegedokumentation systematisch zu verständigen. In den Gremien sind die Einrichtungs- und Kostenträger, die freigemeinnützigen und privaten Verbände, die Medizinischen Dienste (MDS/MDK), der Prüfdienst der PKV, die Heimaufsicht und die oberste Landesbehörde sowie Bildungsträger vertreten.

Abb. 1.: Relevante Akteure in den Kooperationsgremien der Länder im Rahmen der Implementierungsstrategie

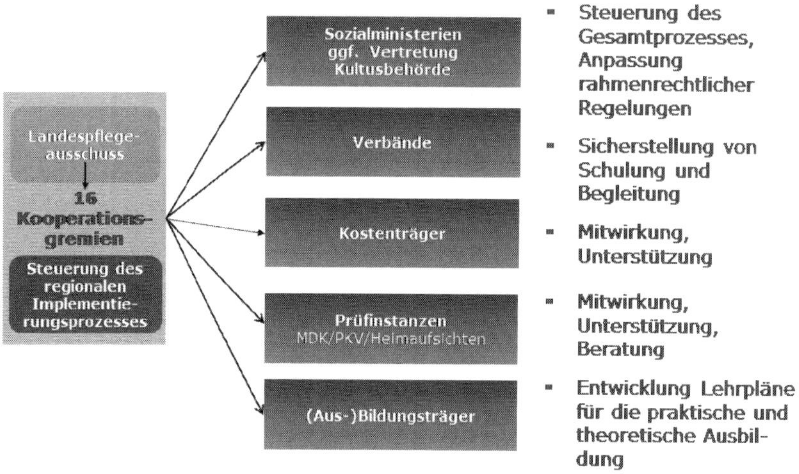

Strategie zur Unterstützung der Pflegeeinrichtungen sowie Aufbau von Expertise in den Verbänden durch das Projektbüro

Wesentliche Ziele galten in der ersten Phase dem Aufbau von bundesweiter fachlicher Expertise mittels Schulung von Multiplikatoren in den Verbänden. Auf der Grundlage zentral erstellter Informations- und Schulungsunterlagen und eines zweitägigen Schulungsprogramms wurden rd. 750 Multiplikatoren, überwiegend Pflegefachpersonen, in unterschiedlichen Funktionen und aus verschiedenen Institutionen (Bildungsträger/ Referenten der Verbände /Pflege- und Qualitätsmanagement, Juristen) in das Konzept des Strukturmodells sowie in die Vorbereitung und Planung der Einführung eingeführt. Diese unterstützen und begleiten die Pflegeeinrichtungen vor Ort. Vierteljährliche Reflexionstreffen mit den Regionalkoordinatorinnen (erfahrene Pflegefachkräfte mit Leitungserfahrung) des Projektbüros Ein-STEP, an denen viele der Multiplikatoren aus allen Bundesländern teilnahmen, schafften Raum für Informations- und Erfahrungsaustausch untereinander und dienten der Klärung fachlicher Fragen. Zusätzlich konnte individuelle Beratung und Unterstützung durch die Regionalkoordinatorinnen in Anspruch genommen werden.

Information und Schulung unter Einbezug aller relevanten Akteure

Für die Medizinischen Dienste, den Prüfdienst der PKV und die Heimaufsichten wurde in Zusammenarbeit mit den jeweiligen Institutionen eine breite Informations-und Schulungskampagne durchgeführt (2015), um einen hohen Informationsstand zur Pflegedokumentation gemäß Strukturmodell bei den Prüfern zu erreichen. In der Folge wurden von den Medizinischen Diensten ‚Ergänzende Erläuterungen für Qualitätsprüfungen in Pflegeeinrichtungen nach den Qualitätsprüfungs-Richtlinien (QPR) bei Umsetzung des Strukturmodells zur Effizienzsteigerung der Pflegedokumentation' für die Prüfteams erarbeitet, mit dem Projektbüro abgestimmt und sowohl beim MDS als auch auf der Plattform von Ein-STEP online gestellt. Dies wurde von den Trägerorganisationen als ein wichtiger Beitrag zum Abbau der oben erwähnten ‚Misstrauenskultur' gegenüber den Prüfinstanzen und für beide Seiten als ausgesprochen hilfreich, im Hinblick auf den angestrebten fachlichen Dialog auf ‚Augenhöhe' bei Prüfungen angesehen.

Das Erfordernis von Information und Schulung bestand in hohem Maße auch für die Hersteller von Dokumentationssystemen mit dem Ergebnis, dass ein technischer Leitfaden, das ‚Anforderungsprofil für die Abbildung des Strukturmodells in Dokumentationssystemen', in Zusammenarbeit mit Praxisvertretern, dem Projektbüro und den Verbänden (FINSOZ e.V./ DVMD e.V.) entwickelt wurde. Dieser wurde in der zweiten Jahreshälfte 2015 der Fachöffentlichkeit zur Verfügung gestellt.

Mit dem Abschluss aller dieser vorbereitenden Maßnahmen waren die Voraussetzungen geschaffen, Schulung und Begleitung für die registrierten Pflegeeinrichtungen sowie einen fachlichen Austausch zur Entbürokratisierung der Pflegedokumentation bundesweit zur Verfügung stellen zu können. Damit war auch die Grundlage gelegt, dass sich ein möglichst einheitliches Verständnis zu der neuen Dokumentationspraxis entwickelte und in den Gremien ein Austausch hierzu stattfinden konnte

Abb. 2.: Schulung relevanter Zielgruppen im Rahmen der Implementierungsstrategie

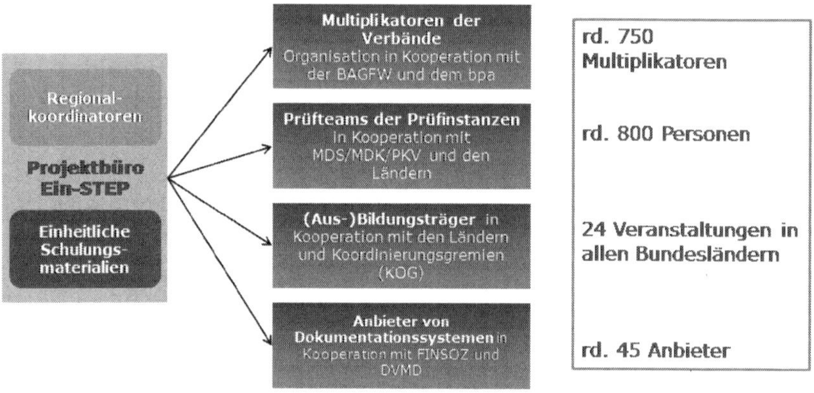

Eine eigens für das Projekt eingerichtete Kommunikationsplattform auf der Homepage bei Ein-STEP stellte aktuelle Informationen, Diskussionsforen zu inhaltlichen Fragen, Schulungsunterlagen und Materialien zum Downloaden für die Pflegeeinrichtungen, Bildungsträger und Hersteller von Dokumentationssystemen bereit.

Regelungen des Gesetzgebers und Beschlüsse der Selbstverwaltung für eine effiziente Pflegedokumentation

Eine juristische Expertengruppe unterstützte von Anfang an mit hohem Engagement (ehrenamtlich) das Vorhaben und gab zu grundsätzlichen Fragen aus haftungs- sozial- und berufsrechtlicher Sicht im Kontext Pflegedokumentation entsprechende Stellungnahmen ab (sog. ‚Kasseler Erklärungen'). Dieser unabhängige Sachverstand war mehrmals in schwierigen Phasen des Projektes ausgesprochen hilfreich. Es war zugleich Ausdruck der großen Aufmerksamkeit die diese Strategie auch in juristischen Kreisen erfahren hatte und u.a. darauf ausgerichtet war, zusätzlich durch einschlägige Publikationen einen Beitrag zum Gelingen des Vorhabens zu leisten.

Zusätzlich hatte der Gesetzgeber zur Einordnung der Pflegedokumentation neben weiteren gleichwertigen Faktoren im Rahmen von Qualitätsprüfungen folgende Klarstellung in das SGB XI (PNG 2013) aufgenommen: „Bei der Beurteilung der Pflegequalität sind die Pflegedokumentation, die Inaugenscheinnahme der Pflegebedürftigen und Befragungen der Beschäftigten […] sowie der Pflegebedürftigen […] angemessen zu berücksichtigen" (§ 114a Abs. 3 SGB XI).

Mitte 2014 wurde durch einen als Presseerklärung kommunizierten Beschluss der Vertragspartner nach § 113 SGB XI festgestellt, dass eine Pflegedokumentation entlang der Prinzipien des Strukturmodells mit den geltenden „Maßstäben und Grundsätzen zur Sicherung und Weiterentwicklung der Pflegequalität" sowie den Qualitätsprüfrichtlinien (QPR) des Spitzenverbands Bund der Pflegekassen vereinbar ist. Dies bedeutete konkret, dass es sich bei dem Strukturmodell um „[…] eine praxistaugliche, den Pflegeprozess unterstützende und die Pflegequalität fördernde Pflegedokumentation […]" handelt, die „[…] über ein für die Pflegeeinrichtung vertretbares und wirtschaftliches Maß […]" nicht hinausgeht (§ 113 Abs. 1, Satz 4 Nr. 1 SGB XI).

Eine Überprüfung landesrechtlicher Regelungen zu den Anforderungen an eine Pflegedokumentation ergab, dass auch diese einer Einführung des Strukturmodells in der Langzeitpflege nicht entgegenstehen.

Im Jahr 2016 (PSG II) erfolgte auf Initiative des Pflegebevollmächtigten der Bundesregierung eine weitere Klarstellung des Gesetzgebers zur Nutzenstiftung der Zeitersparnis: „[…] zeitliche Einsparungen, die das Ergebnis der Weiterentwicklung der Pflegedokumentation sind […], führen nicht zur Absenkung der Pflegevergütung, sondern wirken der Arbeitsverdichtung entgegen […]" (§ 113 Abs. 1 Satz 6 SGB XI).

Der Gesundheitsausschuss des Deutschen Bundestages stellte schließlich im Herbst 2016 im Rahmen der Beratungen von Änderungsanträgen (hier § 113, Abs. 1 Satz 3) zum PSG II fest: „Mit dem Strukturmodell wird der Praxis nun erstmals eine verlässliche, das heißt mit den Kosten- und Einrichtungsträgern sowie den Prüfinstanzen konsentierte und hinsichtlich wichtiger Rechtsfragen geprüfte Richtschnur zur angemessenen und sachgerechten Gestaltung der Pflegedokumentation an die Hand gegeben. Auf dieser Grundlage kann überflüssiger Dokumentationsaufwand erheblich reduziert werden, ohne fachliche Standards zu vernachlässigen, die Qualität der pflegerischen Versorgung zu gefährden oder haftungsrechtliche Risiken aufzuwerfen"

Die neue Pflegedokumentation: Personzentriert, zukunftsgewandt und übersichtlich dokumentieren

Das Strukturmodell zur Neuausrichtung der Pflegedokumentation eignet sich sowohl für stationäre als auch ambulante Pflegeeinrichtungen der Langzeitpflege. Die Dokumentationspraxis wird auf einen vierstufigen Pflegeprozess (WHO-Modell) und eine systematische Berücksichtigung der Perspektiven der pflegebedürftigen Person ausgerichtet. Sie basiert auf vier Elementen: die Strukturierte Informationssammlung (SIS®), den Maßnahmenplan, das Berichteblatt und die Evaluation. Diese bauen logisch aufeinander auf und stehen untereinander in Bezug.

Abb.3.: Die vier Elemente des Strukturmodells zur Entbürokratisierung der Pflegedokumentation

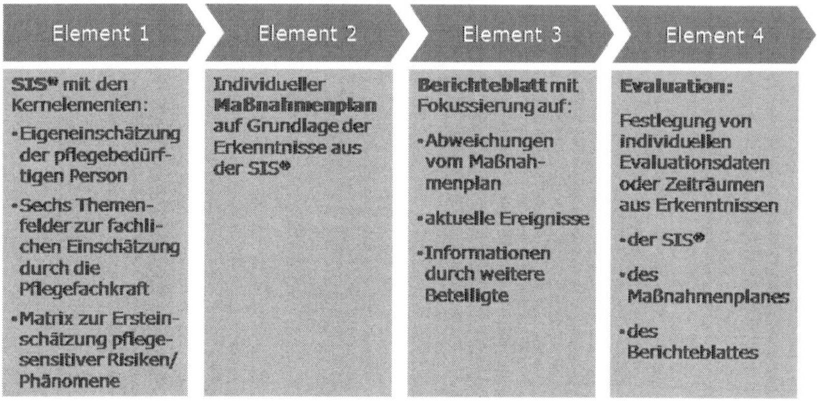

Die SIS® ist kein Formular, welches getrennt von den anderen drei Elementen angewandt und in bestehende Dokumentationssysteme eingefügt werden kann. Die hierin enthaltenen Themenfelder sind in Anlehnung an die Module des neuen Begutachtungsinstruments entwickelt worden, um u.a. die Orientierung der Pflegeeinrichtungen auf den neuen Pflegebedürftigkeitsbegriff (2017) zu unterstützen. Zusätzlich enthält die SIS® eine Risikomatrix zur Ersteinschätzung pflegerischer Risiken der pflegebedürftigen Person (Initialassessment).

Auf der Grundlage der gemeinsamen Situationseinschätzung aus der Perspektive der pflegebedürftigen Person, der fachlichen Sicht der Pflegefachkraft und ggf. weiterer Beteiligter (insbesondere bei kognitiv eingeschränkten Menschen) erfolgt ein Verständigungsprozess aller Beteiligten zu Art und Umfang der Pflege und Betreuung. Daraus abgeleitet erfolgt im Sinne der Pflegeprozesssteuerung die Erstellung des individuellen Maßnahmenplanes.

Für die Verlaufsbeobachtung steht im Strukturmodell das Berichteblatt zur Verfügung. Hier gilt das Prinzip, bei der Dokumentation auf akute Ereignisse oder Abweichungen der geplanten grundpflegerischen Versorgung und Betreuung zu fokussieren. Es bedarf knapper Leistungsbeschreibungen (z. B. in Form von Verfahrensanleitungen/Standards/Leitlinien) durch das interne Qualitätsmanagement sowie des Nachweises, dass die Pflegenden im Rahmen der Einführung davon Kenntnis erhalten haben. In der stationären Pflege kann somit auf Einzelleistungsnachweise für regelmäßig wiederkehrende Abläufe dieser Maßnahmen verzichtet werden.

Der Satz:' ...was nicht dokumentiert ist, gilt als nicht erbracht', wurde somit (erneut) deutlich relativiert. In der ambulanten Pflege kann auf Einzelleistungsnachweise zu Abrechnungszwecken nicht verzichtet werden. Behandlungspflegerische Maßnahmen bedürfen aus haftungsrechtlichen Aspekten ambulant (ärztliche Verordnung) wie stationär (ärztliche Anordnung) grundsätzlich weiterhin der Einzelleistungsnachweise.

Der eigentliche Effekt dieser Dokumentationspraxis ist nicht nur die Reduktion von „Schreibaufwand", sondern besteht darin, dass akute oder schleichende Veränderungen schneller als bisher erkannt werden. Die Aufmerksamkeit wird frühzeitig auf eine sich abzeichnende Veränderung des Hilfe- und Unterstützungsbedarfs der pflegebedürftigen Person und eine notwendige Evaluation von Maßnahmen gelenkt. In der Folge können dadurch auch frühzeitige Hinweise für einen Antrag zur Überprüfung des bisherigen Pflegegrads aufgezeigt werden.

Zusammenfassend kann festgestellt werden, dass bei sachgerechter Anwendung des Strukturmodells, der Aufwand für die Pflegedokumentation erheblich reduziert werden kann ohne fachliche Qualitätsstandards zu vernachlässigen oder haftungsrechtliche Risiken aufzuwerfen

Vorbereitung und Rahmenbedingungen für die Umsetzung das Strukturmodells

Mit Beginn der Umstellung ist ein größerer zeitlicher und organisatorischer Aufwand für die Pflegeeinrichtungen zu erwarten, bevor sich ein routinierter Umgang mit der neuen Pflegdokumentation entlang des Strukturmodells einschließlich der gewünschten Zeitersparnis tatsächlich einstellt. Es bedarf daher eines einrichtungsindividuellen Konzeptes zum Vorgehen (Projektplan, Steuerungs-/Projektgruppe) sowie der systematischen Schulung aller Mitarbeiter(innen). Darüber hinaus sind eine wirtschaftliche Einschätzung sowie eine Entscheidung zu möglichen Investitionen bei der Umstellung der Pflegedokumentation (Dokumentationssystem, Schulungsaufkommen, personelle Ressourcen) erforderlich. Besondere Aspekte und zeitliche Ressourcen gilt es bei der gleichzeitigen Umstellung auf eine EDV gestützte Dokumentation zu beachten.

Paradigmenwechsel in der Dokumentationspraxis - Förderung der Fachlichkeit, Entlastung und Motivation sowie Zeitersparnis

Das Konzept des Strukturmodells zur Entbürokratisierung der Pflegedokumentation ist keine Musterdokumentation und es besteht keine Verpflichtung diese einzuführen. Es obliegt der Geschäftsführung sowie des Pflege- und Qualitätsmanagements, sich für diese Alternative zur bisherigen Pflegedokumentation zu entscheiden und durch ein konsequentes Vorgehen (Schulung, Reflexion, engmaschige Begleitung) die Effekte des Strukturmodells auszulösen: Stärkung der Fachlichkeit, Orientierung und Übersichtlichkeit sowie größere Aufmerksamkeit gegenüber den Pflegebedürftigen. Dies bedeutet nicht nur die Reduzierung von überflüssigem Dokumentationsaufwand, sondern geht auch, wie bisherige Erkenntnisse zeigen, mit einer erhöhten Arbeitszufriedenheit und Motivation der Pflegenden einher. Pflegeeinrichtungen berichten, dass der Nutzen für Pflegebedürftige und Pflegende mittel- und langfristig den Aufwand der Einführung der neuen Pflegedokumentation überwiegt.

Strukturmodell, Pflegebedürftigkeitsbegriff und Begutachtungsinstrument

Im Zusammenhang mit den Neuerungen des PSG II werden verstärkt (wieder) Fragen in der Praxis aufgeworfen, die schon einmal den Dokumentationsaufwand erheblich beeinflusst haben: Inwieweit muss für die Begutachtung durch MDK/Medicproof die Pflegedokumentation entlang der Logik des neuen Begutachtungsinstrumentes ausgerichtet sein? Ist es nicht sinnvoll, die Strukturierte Informationssammlung (SIS®) durch die Kriterien und Module zu ersetzen? Dies steht zusätzlich in engem Zusammenhang mit der Anpassung oder Etablierung eines Pflegegradmanagements (PGM) in den Pflegeeinrichtungen. Das Projektbüro Ein-STEP stellt in Abstimmung mit dem Lenkungsausschuss und dem BMG in einem Thesenpapier folgendes fest:

Die Strukturierte Informationssammlung und das neue Begutachtungsinstrument haben für die Arbeit der Pflegeeinrichtungen unterschiedliche Funktionen. Die SIS® kann nicht durch das neue Begutachtungsinstrument ersetzt werden (Pflegeprozess). Eine fachgerechte Pflegedokumentation gemäß dem Strukturmodell stellt alle relevanten Informationen zur Verfügung, welche zum einen die Einrichtung benötigt, um einen veränderten Hilfebedarf zeitnah und zuverlässig zu erkennen und dient zum anderen den Gutachtern des MDK/Medicproof als ergänzende Informationsquelle im Rahmen einer Begutachtung.

Durch das Konzept des Strukturmodells zur Unterstützung einer personzentrierten Pflege kann die Intention des Pflegebedürftigkeitsbegriffs unmittelbar von der pflegerischen Praxis aufgegriffen werden. Zu den Synergien eines effektiven Pflegegradmanagements (PGM) auf Basis einer Pflegedokumentation nach dem Strukturmodell hat das Projektbüro zusammen mit einer Expertengruppe zusätzlich einen Leitfaden für die Pflegeeinrichtungen mit praxisnahen Hinweisen entwickelt (siehe Thesenpapier und Leitfaden PGM auf www.ein-step.de).

Strukturmodell und Altenpflegeausbildung

In eintägigen Veranstaltungen für Schulleitungen und das Lehrpersonal wurde zum Strukturmodell informiert und Anregung gegeben, wie sich dieses Konzept in die theoretische und praktische Ausbildung integrieren lässt. Zusätzlich wurde in den Kooperationsgremien der Länder mit den zuständigen Behördenvertretungen erörtert, welcher Handlungsbedarf im Hinblick auf Rahmenlehrpläne und landesrechtliche Regelungen, insbesondere im Kontext von praktischen Prüfungen, besteht. Alle Bundesländer haben hierbei ihre Unterstützung zugesagt, dennoch gibt es bundesweit zum Stand der Anpassungen in der theoretischen und praktischen Ausbildung sehr unterschiedliche Rückmeldungen. Es ist erfreulich, dass sich einige Ausbildungsträger bereits mit erheblichem Engagement und Innovationskraft den Neuerungen stellen, vom Konzept des Strukturmodells als zukunftsweisende Dokumentationspraxis überzeugt sind und entsprechende Anpassungen für die theoretische und praktische Ausbildung erarbeiten und umsetzen.

Zusammenfassung und Ausblick

Die konzeptionelle Anpassung des Strukturmodells an die besonderen Anforderungen der Tages- und Kurzzeitpflege wurde 2016 jeweils in einem getrennten Praxistest erprobt. Die Ergebnisse liegen in Form von Leitfäden seit Ende März 2017 vor, entsprechende Schulungen der Multiplikatoren der Verbände sind erfolgt und die Implementierung in diesen Versorgungssegmenten ist in vollem Gange.

In der auslaufenden Legislaturperiode 2017 wie auch in der vorausgegangenen sind weitreichende Anstrengungen zur Entbürokratisierung der Pflegedokumentation unternommen worden und das Strukturmodell ist aus dem pflegerischen Alltag vieler Pflegeeinrichtungen nicht mehr wegzudenken. Diese insgesamt positive Bilanz verkennt nicht, dass es auch Kritik am Strukturmodell selbst aber auch der Implementierungsstrategie gibt. Hiermit gilt es, sich weiterhin konstruktiv und im Zusammenhang mit den Ergebnissen einer laufenden Evaluation durch den GKV-SV, deren Ergebnisse im Herbst 2017 vorliegen, auseinanderzusetzen.

Die vorbehaltlose Unterstützung der Politik sowie das vertrauensvolle Zusammenspiel zwischen den Einrichtungs- und Kostenträgern, dem MDS, den Prüfinstanzen, den Ländern sowie die Verständigung auf eine zentrale Steuerung, um ein bundeseinheitliches Vorgehen zu gewährleisten, waren entscheidende Faktoren für den bisherigen Erfolg dieses ersten bundesweiten Entbürokratisierungsprojekts in der Pflege. Hierdurch konnten gleich mehrere Themen der Entbürokratisierung im Kontext der Pflegedokumentation systematisch bearbeitet und grundlegende Fragen geklärt werden.

Es bedarf der erhöhten Aufmerksamkeit aller Beteiligten, diese Ergebnisse auf Bundes- und Landeseben zu festigen. Hierbei wird es ganz wesentlich auch auf die weitere Begleitung der Einrichtungen und Dienste, auf weitere Schulungen zu einzelnen fachlichen Themen bei der Umsetzung des Strukturmodells und die Entwicklung der Fachlichkeit sowie die Zusammenarbeit aller an der Pflege und Betreuung Beteiligten ankommen.

Insbesondere sollten bei der Umsetzung der vielfältigen neuen gesetzlichen Regelungen (Ergebnisindikatoren, Personalbemessungssystem, Assessment Lebensqualität etc.) Synergien auf der Grundlage einer „schlanken“ Pflegedokumentation zur Voraussetzung gemacht und eingefordert werden. Bei der Umsetzung der Pflegestärkungsgesetze tragen alle Beteiligten die Verantwortung dafür, dass der mit dem Strukturmodell eingeschlagene Weg einer praxisnahen, pflegefachlich fundierten und bürokratiearmen Dokumentation nicht verlassen wird. Jetzt muss es gemeinsames Ziel sein, dass Dokumentationsverfahren mit dem Strukturmodell zu verstetigen und im Implementierungsprozess auftretende fachlichen, juristischen und organisatorische Fragen unter den Beteiligten weiterhin zu klären, damit eine „überbordende“ Dokumentation endgültig Vergangenheit wird.

Literatur

Bachem (2016): Weniger ist mehr, Dank Strukturmodell: rechtssicher effizient dokumentieren IN: Heilberufe Spezial Pflege im Recht, Springer Medizin, April 2016, Seite 25-28.

Bachem, Börner, u.a. (2014): Notwendiger Umfang der Pflegedokumentation aus haftungsrechtlicher Sicht IN: Die Sozialgerichtsbarkeit, ESV, 61. Jg., Ausgabe 03, S. 130-132.

Beikirch (2016): Das Strukturmodell - ein fachlich und juristisch belastbares Konzept der Pflegedokumentation und die Strategie zur Umsetzung im Rahmen der Entbürokratisierung der Pflege. IN: Rechtsdepesche für das Gesundheitswesen, G & S Verlag, Köln, 13. Jg., Juli/August 2016, S. 168-173

Beikirch, Nolting, Schulz (2016): Strategie Entbürokratisierung- Pflegedokumentation neu denken. IN: Heilberufe Spezial Pflege im Recht, Springer Medizin, April 2016, S. 16-19.

Beikirch, Team Ein-STEP, (2016): Strukturmodell: Strategie umgesetzt - Ziele erreicht? IN: Altenheim, Vincentz, 55. Jg., Ausgabe 12, S. 16-20

Beikirch, Roes, Entzian (2014): Reset Pflegedokumentation IN: Altenheim, Vincentz, 53. Jg., Ausgabe 5, S. 16-21.

Beikirch, Nolting, Wipp (2017): Dokumentieren mit dem Strukturmodell. Grundlagen-Einführung-Managemnet.Vincentz Verlag, Hannover.

Bundesministerium für Familie, Senioren, Frauen und Jugend (2006): Identifizierung von Entbürokratisierungspotenzialen in Einrichtungen der stationären Altenpflege in Deutschland; Abschlussbericht des Kompetenzteams im Auftrag des BMFSFJ: W. Göpfert-Divivier; U. Mybes; Prof. Dr. G. Igl,

Bundesministerium für Gesundheit (Hg.) (2014): Praktische Anwendung des Strukturmodells – Effinzienzsteigerung der Pflegedokumentation in der ambulanten und stationären Langzeitpflege

Bundesministerium für Gesundheit (Hg.) (2014): Anlagenband zum Abschlussbericht, Allgemeine Erläuterungen zur praktischen Anwendung (ambulant/stationär) des Strukturmodells, der Strukturierten Informationssammlung (SIS®), zum Verfahren der Risikoeinschätzung (Matrix) und der Maßnahmenplanungen, Berlin 2014.

Drube (2016): Erfolg und Stolpersteine in der Praxis, Entbürokratisierung gelungen? IN: Heilberufe Spezial Pflege im Recht, Springer Medizin, April 2016, S. 29-31.

Hausmann, Ernst, Seger (2015): Welche Auswirkungen hat das Strukturmodell „Effizienzsteigerung der Pflegedokumentation" auf die Qualitätsprüfungen nach § 114 SGB XI IN: Gesundheits- und Sozialpolitik, Nomos, Baden-Baden, 69.Jg, Ausgabe 6, S. 40-51.

Jorzig, Börner (2015): Notwendiger Umfang der Pflegedokumentation aus haftungsrechtlicher Sicht IN: Sozialrecht aktuell, 19. Jg., Ausgabe 1, S. 17-19.

Roes (2014): Fachlich, übersichtlich, praxistauglich IN: Die Schwester Der Pfleger, Biblio med, 53. Jg, Ausgabe 7, S. 694-698.

Statistisches Bundesamt (DESTATIS) (2013): Erfüllungsaufwand im Bereich Pflege, Antragsverfahren auf gesetzliche Leistungen für Menschen, die pflegebedürftig oder chronisch krank sind, Projektreihe Bestimmung des bürokratischen Aufwands und Ansätze zur Entlastung, März 2013.

Weiß (2015): Pflegedokumentation- Was sagt das Berufsrecht? In: Die Schwester Der Pfleger, Bibliomed, Melsungen, 54. Jg., Ausgabe 5, S. 80-83.

Der neue Pflegebedürftigkeitsbegriff – eine Win-Win-Situation für Pflegebedürftige und Beschäftigte in der Pflege?

Stephan Brandenburg

I. Einleitung

Der Jubilar hat sich in den vergangenen Jahren im Rahmen seiner umfangreichen wissenschaftlichen Tätigkeiten intensiv mit Themen aus dem Rechtsgebiet der Sozialen Pflegeversicherung befasst.[1] Dabei hat er sich auch wiederholt mit der bisherigen Definition der Pflegebedürftigkeit auseinandergesetzt.[2] Ein weiterer Schwerpunkt seiner Arbeiten bezieht sich auf das Recht und die Qualitätssicherung im Bereich der sozialen und medizinischen Dienstleistungen.[3]

---

1 Exemplarisch: *Igl*, Pflegeversicherung, in: *Maydell/Ruland/Becker* (Hrsg.), Sozialrechtshandbuch, 5. Aufl., Baden-Baden 2012, S. 929 ff.; Bisherige Erfahrungen und Defizite der Pflegeversicherung und die Reform 2008 – aus sozialrechtlicher Sicht, in: *Bieback* (Hrsg.), Die Reform der Pflegeversicherung 2008, Berlin 2009, S. 41 ff.; Das Gesetz zur strukturellen Weiterentwicklung der Pflegeversicherung, in: NJW 2008, S. 2214 ff.; Prüfung von Wirksamkeit und Wirtschaftlichkeit von Pflegeleistungen, in: SGb 2008, S. 1 ff.; Internationale und europäische Dimensionen der Langzeitpflege, in: *Igl/Naegele/Hamdorf* (Hrsg.), Reform der Pflegeversicherung – Auswirkungen auf die Pflegebedürftigen in die Pflegepersonen, Hamburg 2007, S. 70 ff.; Die Zukunft der Pflegeversicherung vor dem Hintergrund von Bedarfen, Entbürokratisierung und Finanzierbarkeit, in: *Klie/Buhl/Entzian/Hedtke-Becker/Wallrafen-Dreisow* (Hrsg.), Die Zukunft der gesundheitlichen, sozialen und pflegerischen Versorgung älterer Menschen, Frankfurt a.M., S. 55 ff.

2 Exemplarisch: Pflege aus rechtswissenschaftlicher Sicht – Die BSG-Rechtsprechung, ihre Folgen und der Dialog mit der Wissenschaft, in: Grundlagen und Herausforderungen des Sozialstaats, Denkschrift 60 Jahre Bundessozialgericht, Berlin 2015, S. 119 ff.; Weiterentwicklung der Pflegeversicherung – Nach der Reform ist vor der Reform, in: Die Reform der Pflegeversicherung 2008/2009, Sozialrecht und Sozialpolitik in Europa, Band 12, S. 41 ff.; Pflegebedürftigkeit, Pflege und Pflegebedarf im rechtlichen Verständnis, in: Beiträge zum Recht der sozialen Dienste und Einrichtungen, Heft 66, Köln/München 2008, S. 1 ff.

3 Exemplarisch: Rechtliche Stellung von Fachkräften in der Pflege – Anforderungen und Veränderungsbedarfe, in: *Greulich/Hellmann/Korthus/Thiele* (Hrsg.), Management Handbuch Krankenhaus, Heidelberg 2012, S. 1 ff.; Kriterien und Strukturen

Es liegt daher nahe, beide Themenfelder miteinander zu verknüpfen und sich an dieser Stelle mit den Auswirkungen des neuen Begriffs der Pflegebedürftigkeit auf die unmittelbaren Erbringer sozialer Dienstleistungen im Bereich der Pflege – die Beschäftigten in der ambulanten und stationären Pflege – zu befassen.

Am 1. Januar 2017 – während der Erstellung dieses Beitrags – ist Art. 2 des Zweiten Pflegestärkungsgesetzes (PSG II) in Kraft getreten.[4] Wesentliche Bestandteile der damit einhergehenden Änderungen im Bereich der Sozialen Pflegeversicherung sind die Einführung eines im Vergleich zur bisherigen Rechtslage erweiterten Begriffs der Pflegebedürftigkeit (§ 14 SGB XI n.F.) sowie die unmittelbar damit verbundene gesetzliche Einführung eines neuen Begutachtungsassessments – NBA (§ 15 SGB XI n.F.) zur Ermittlung des Grades der Pflegebedürftigkeit.

Mit dem PSG II hat der Gesetzgeber vorrangig das Ziel verfolgt, eine Verbesserung der Versorgungssituation pflegebedürftiger Menschen sowie einen erweiterten Leistungszugang für hilfebedürftige Menschen im Rahmen der Pflegeversicherung herbeizuführen.[5] Zu den Auswirkungen der gesetzlichen Neuregelungen auf die zukünftige Arbeitssituation der Beschäftigten in der ambulanten und stationären Pflege wurde hingegen bisher lediglich in den Eckpunkten zur Umsetzung des Koalitionsvertrages für die Pflegereform der Bundesregierung aus dem Jahre 2011[6] die Erwartung geäußert, dass die *„Verbesserung der Rahmenbedingungen – insbesondere im Leistungsrecht –* [...] *sich auch positiv auf die Arbeitsbedingungen* [in der Pflege] *auswirken*“ werden. Darüber hinaus finden sich solche Hinweise – soweit ersichtlich – weder in den Gesetzgebungsmaterialien zum PSG II noch in der wissenschaftlichen Diskussion zum neuen Pflegebedürftigkeitsbegriff. *Prof. Dr. Igl* hat sich anlässlich eines Vortrags im November 2011 hierzu mit den nachfolgenden Worten zunächst noch abwartend geäußert:

---

der Qualitätssicherung in Kranken- und Pflegeversicherung: Gesetzliche Vorgaben und Ausgestaltung, in Qualitätssicherung im Sozialrecht, Bundestagung des Deutschen Sozialrechtsverbandes e.V. 2011 in Erfurt, Berlin 2012, S. 81 ff.; Rechtliche Stellung von Fachkräften in der Pflege, in: Management Handbuch Pflege, Heidelberg 2011, S. 1 ff.

4 Zweites Gesetz zur Stärkung der pflegerischen Versorgung und zur Änderung weiterer Vorschriften vom 21.12.2015 (BGBl. I, 2424, 2438 ff).

5 Vgl. BT-Drs. 18/5926, 1.

6 http://www.aerzteblatt.de/archiv/115616.

> „Die anstehende, aber leistungsrechtlich noch nicht umgesetzte Erweiterung des Begriffs der Pflegebedürftigkeit kann auch Auswirkungen auf die Arbeit der häuslichen Pflegedienste haben, denn damit soll auch eine Abkehr von der Ideologie der Minutenpflege bewirkt werden. Aber es ist heute mangels leistungsrechtlicher Umsetzung noch verfrüht, Spekulationen darüber anzustellen, […].“[7]

Diese Überlegung soll hier wieder aufgenommen werden und untersucht werden, ob sich aus der aktuellen Reform des Pflegebedürftigkeitsbegriffs auch Verbesserungen für die Arbeitssituation der Beschäftigten in der Altenpflege ergeben können; oder anders (zeitgemäßer) formuliert: Kann die Umsetzung des neuen Pflegebedürftigkeitsbegriffs in der Praxis eine Win-Win-Situation für die Pflegebedürftigen *und* die Beschäftigten in der Pflege herbeiführen?

II. Der bisherige Begriff der Pflegebedürftigkeit und die Kritik

Nach der bis zum Inkrafttreten des PSG II geltenden Rechtslage galt als pflegebedürftig im Sinne der Sozialen Pflegeversicherung, wer wegen einer körperlichen, geistigen oder seelischen Krankheit oder Behinderung für die gewöhnlichen und regelmäßig wiederkehrenden Verrichtungen im Ablauf des täglichen Lebens auf Dauer, voraussichtlich für mindestens sechs Monate in erheblichem oder höherem Maße der Hilfe bedurfte.

Bereits mit der Einführung der Sozialen Pflegeversicherung im Jahre 1995 wurde diese verrichtungsbezogen Pflegebedürftigkeit als zu eng und zu einseitig somatisch orientiert kritisiert.[8]

Wegen der nahezu ausschließlichen Ermittlung des Pflegebedarfs anhand des Zeitaufwands der erforderlichen Hilfestellungen, wurde das bisherige System oftmals überspitzt als „*Minutenpflege*“ bezeichnet.[9] Auch

---

7 *Igl*, Pflege aus (sozial-)rechtlicher Sicht: Entwicklungen, Trends und Perspektiven für Pflegedienste und Versicherte, Vortrag auf der 20. iSPO-Fachtagung für Leitungskräfte von häuslichen Pflegediensten „Heute tun, woran andere erst morgen denken: Häusliche Pflege von der ‚Gründerzeit‘ bis 2025“, Meißen, 16./18. November 2011, S. 12.

8 *Pick*, Was ist Pflegebedürftigkeit? – Aus Sicht des MDS, in: *Igl/Naegele/Hamdorf* (Hrsg.), Reform der Pflegeversicherung – Auswirkungen auf die Pflegebedürftigen und die Pflegepersonen, Münster 2007, S. 62 ff.

9 Vgl. Bericht des Beirats zur Überprüfung des Pflegebedürftigkeitsbegriffs vom 26.1.2009, S. 45.

wurde wiederholt darauf hingewiesen, dass weder Aspekte, wie Kommunikation und soziale Teilhabe noch der Bedarf an allgemeiner Betreuung, Beaufsichtigung und Anleitung, insbesondere bei Menschen mit eingeschränkter Alltagskompetenz ausreichend Berücksichtigung gefunden hätten.[10] Das Bundessozialgericht hatte in einem Urteil aus dem Jahre 1998 auf eine Ungleichbehandlung der Hilfebedürftigen mit kognitiven Einschränkungen im Vergleich zu Versicherten mit körperlichen Funktionsdefiziten hingewiesen.[11] Nach Auffassung des für die Pflegeversicherung zuständigen 3. Senats war diese Ungleichbehandlung nur deshalb (noch) nicht als verfassungswidrige Überschreitung des gesetzgeberischen Ermessens zu bewerten, weil das Gericht dem Gesetzgeber bei der Einführung der neuer Sicherungsform "Pflegeversicherung" zur Beurteilung des Umfangs der Pflegebedürftigkeit zunächst eine gewisse Erfahrung in der praktischen Umsetzung zugebilligt hat.

Das BVerfG sah eine solche Ungleichbehandlung hingegen durch sachliche Gründe gerechtfertigt.[12] Die Pflegeversicherung sei lediglich als „*Teilabsicherung*“ anzusehen. Der Gesetzgeber habe sich in nicht zu beanstandender Weise dafür entschieden, dass der Bedarf an allgemeiner Betreuungs- und Hilfeleistung nicht die Pflegebedürftigkeit begründen soll. Die strenge Verrichtungsbezogenheit gewährleiste, dass der leistungsberechtigte Personenkreis einfach und schnell festgestellt werden könne.

Trotz dieser gerichtlichen Entscheidungen wurde sowohl von Sozialrechtlern wie auch von Sozialpolitikern nahezu einvernehmlich festgestellt, dass der bestehende Pflegebedürftigkeitsbegriff zu Gerechtigkeitslücken führe, die dringend zu schließen seien.[13]

III. Der neue Begriff der Pflegebedürftigkeit ab dem 1. Januar 2017

Ausgehend von der Erkenntnis eines Reformbedarfs wurde im Jahre 2006 vom Bundesministerium für Gesundheit ein Beirat zur Überprüfung des

---

10 Eine Zusammenfassung der Kritikpunkte findet sich bei *Udsching*, Strukturelle Probleme der Pflegeversicherung, in: *Bender/Eicher* (Hrsg.), Sozialrecht – eine Terra incognita, Festschrift 50 Jahre saarländische Sozialgerichtsbarkeit, Saarbrücken 2009, S. 87, 89 ff.

11 BSG, 26.11.1998 – B 3 P 13/97 R – SozR 3-3300 § 14 Nr. 8.

12 BVerfG, 22.5.2003 – 1 BvR 452/99.

13 Vgl. *Udsching*, Festschrift 50 Jahre saarländische Sozialgerichtsbarkeit, S. 90.

Pflegebedürftigkeitsbegriffs mit dem Ziel eingesetzt, „*konkrete und pflegefachlich fundierte Vorschläge und Handlungsoptionen für einen neuen Pflegebedürftigkeitsbegriff und ein damit korrespondierendes, bundesweit einheitliches Begutachtungsinstrument*“[14] zu erarbeiten. In seinem Bericht,[15] der im Januar 2009 vorgelegt wurde, sprach sich der Beirat sowohl für einen neuen Begriff der Pflegebedürftigkeit als auch für die Einführung eines pflegefachlich fundierten NBA als neues Begutachtungsinstrument aus. Ein anschließend eingesetzter personell nahezu identischer Expertenbeirat hat in einem weiteren Bericht im Jahre 2013 noch einige offene Detailfragen geklärt, die Vorschläge aus dem Jahr 2009 aber grundsätzlich bestätigt.[16]

Die Vorschläge wurden schließlich vom Gesetzgeber aufgegriffen und weitestgehend in den drei Pflegestärkungsgesetzen aufgenommen.[17] Wobei sowohl der neue Pflegebedürftigkeitsbegriff als auch das neue NBA Gegenstand des PSG II waren.

Nunmehr gelten Personen gem. § 14 Abs. 1 SGB XI n.F. dann als pflegebedürftig im Sinne der Sozialen Pflegversicherung, wenn sie aufgrund von gesundheitlich bedingten Beeinträchtigungen ihrer Selbständigkeit oder ihrer Fähigkeiten nach Maßgabe der im Gesetz abschließend festgelegten Kriterien in den definierten Bereichen auf Dauer, voraussichtlich für mindestens sechs Monate, der Hilfe durch andere bedürfen. Dieser Hilfebedarf muss auf den in § 14 Abs. 2 SGB XI n.F. abschließend beschriebenen Kriterien beruhen; andere Ursachen für einen Hilfebedarf bleiben auch weiterhin außer Betracht. Vorausgesetzt wird auch, dass die Betroffenen ihre körperlichen, kognitiven oder psychischen Beeinträchtigungen bzw. ihre gesundheitlich bedingten Belastungen oder Anforderungen nicht selbständig kompensieren oder bewältigen können.

---

14 BT-Dr. 18/5926, 108.

15 Beirat zur Überprüfung des Pflegebedürftigkeitsbegriffs, Bericht des Beirats, Bundesministerium für Gesundheit, Berlin 2009: https://www.bundesgesundheitsministerium.de/fileadmin/Dateien/Publikationen/ Pflege/Berichte/Bericht_des_Beirats_zur_UEberpruefung_des_Pflegebeduerftigkeitsbegriffs.pdf.

16 Expertenbeirat zur konkreten Ausgestaltung des neuen Pflegebedürftigkeitsbegriffs, Bericht des Expertenrats, Berlin 2013: http://www.bundesgesundheitsministerium.de/fileadmin/Dateien/Publikationen/ Pflege/Berichte/Bericht_Pflegebegriff_RZ_Ansicht.pdf.

17 Zur historischen Entwicklung und zum Gesetzgebungsverfahren, siehe *Rothgang*, Die Einführung des neuen Pflegebedürftigkeitsbegriffs – die erste große Pflegeversicherungsreform, in: Sozialrecht aktuell – Sonderheft 2016, S. 18 ff.

Die Pflegebedürftigkeit wird nach der Schwere der Beeinträchtigungen der Selbständigkeit oder der Fähigkeiten einem der in § 15 Abs. 3 SGB XI n.F. beschriebenen fünf Pflegegrade zugeordnet. Diese Zuordnung erfolgt nunmehr unabhängig davon, ob der Schwerpunkt der gesundheitlich bedingten Beeinträchtigungen im körperlichen, kognitiven oder psychischen Bereich liegt.

IV. Was bedeutet der neue Pflegebedürftigkeitsbegriff für die Beschäftigten in der Pflege?

Die Umsetzung des neuen Pflegebedürftigkeitsbegriffs hat einen umfassenden Paradigmenwechsel zur Folge, der sich auch auf die Arbeitsweise und -abläufe der professionell Pflegenden auswirken wird.

> „Der beschriebene Paradigmenwechsel von der Maßgeblichkeit des Umfangs des Pflegebedarfs zur Feststellung des Grades der Beeinträchtigung der Selbständigkeit zwingt zur Aufgabe tradierter Denkmuster.“[18]

Mit der Einführung der Pflegeversicherung 1995 wurde in den stationären Einrichtungen und ambulanten Pflegediensten die Pflegestruktur verändert und Aufgaben und Arbeitsabläufe in einem Mix aus Bezugspflege und Verrichtungsorientierung organisiert. Die professionell Pflegenden erlebten einen Kulturwechsel, der die Durchführung, Ausbildung und Vergütung der professionellen Pflege verwandelte. Dies war bereits ein erster Paradigmenwechsel.

So haben die Ausbildungen in der Altenpflege entsprechend auf die Anforderungen reagiert und den leitenden verrichtungsbezogen Ansatz als Grundlage pflegerischen Handelns vermittelt. Curricula entwickelten sich auf der Grundlage des Modells der Aktivitäten und existentielle Erfahrungen des täglichen Lebens (AEDL). Dieses Modell diente auch dem Medizinischen Dienst der Krankenkassen als Begutachtungsgrundlage. Auch wenn durch eine theoriegeleitete, ressourcenorientierte Sicht auf die Pflegebedürftigen die Ganzheitlichkeit der Pflege sichergestellt werden sollte, wurde vor allem in der ambulanten Pflege durch die Fragmentierung der Pflegeleistungen in Leistungskomplexe auch die ganzheitliche Betrachtung des Pflegebedürftigen wieder aufgeben. Die anleitende, aktivierende

18 Bundesministerium für Gesundheit (BMG): Umsetzungsbericht des Beirates zur Überprüfung des Pflegebedürftigkeitsbegriffes vom 20.5.2009, S. 44.

und ressourcenorientierte Pflege spiegelte sich in den zeitlichen und monetären Kontexten der ambulanten und stationären Pflege kaum wieder.

Mit der Einführung des veränderten Begutachtungsverfahrens zum 1. Januar 2017 werden neben den körperlichen auch die psychischen und kognitiven Einschränkungen gleichermaßen berücksichtigt. Der benötigte Pflegeaufwand orientiert sich künftig nicht mehr an Pflegeminuten (was den Begriff „*Minutenpflege*" im besonderen Maße beflügelt hat), sondern an den Fähigkeiten und am Hilfebedarf des Menschen.

Der neue Pflegebedürftigkeitsbegriff und das neue Begutachtungsverfahren (NBA) ersetzen den Faktor Zeit durch das Kriterium der Selbstständigkeit, beziehungsweise das Ausmaß der Beeinträchtigung. Der neue Pflegebedürftigkeitsbegriff geht zwangsläufig mit einer neuen Stufensystematik einher.

> „Die Bedarfsgrade entsprechen weder inhaltlich noch in ihrer Abstufung dem heutigen *Pflegestufensystem. Das bedeutet, dass die heutigen Richtwerte für den Personalbedarf nach der Einführung eines neuen Pflegebedürftigkeitsbegriffs nicht mehr verwendbar wären und durch andere Orientierungswerte oder eben ein Verfahren zur Personalbemessung ersetzt werden müssten.*"[19]

Die umfassende und aktivierende Pflege, die den Kern der Pflege ausmacht und von Pflegefachpersonen als handlungsleitend und sinnstiftend gesehen wird, bietet eine Chance. Die Veränderungen, die die Selbstständigkeit von Pflegebedürftigen durch den Einsatz des ganzen Spektrums pflegerischer Unterstützungs- und Betreuungsangebote fördern, können auch die Professionalität der Pflegefachpersonen unterstützen und „*revitalisieren*". [20]

---

19 Grundlagen der Personalbemessung in vollstationären Pflegeeinrichtungen Abschlussbericht der wissenschaftlichen Begleitung zum Modellprojekt: „Entwicklung und Erprobung von Grundlagen der Personalbemessung in vollstationären Pflegeeinrichtungen auf der Basis des Bedarfsklassifikationssystems der Referenzmodelle" Projektträger: Diakonisches Werk der Evangelischen Kirche von Westfalen Wiss. Begleitung: Institut für Pflegewissenschaft an der Universität Bielefeld Verfasser: *K. Wingenfeld* unter Mitarbeit von *A. Ammann* und *A. Ostendorf*, Bielefeld, 6.7.2010; Studie im Rahmen des Modellprogramms nach § 8 Abs. 3 SGB XI gefördert vom GKV-Spitzenverband, S. 9.

20 Behr/Dielmann/Höfert/Huneke/Kähler, B./Neumann/Selg/Stiller-Wüsten, Positionspapier: Raus aus dem Abseits – Empfehlungen zu einer Refokussierung auf den Kernprozess der Pflege, in: Behr (Hrsg.), Aufbruch Pflege, Wiesbaden 2015, S. 61.

Die Motivation vieler Pflegefachkräfte für ihren Beruf ist die Einschätzung, dass die (alten-) pflegerische Tätigkeit in sehr hohem Maße sinnvoll ist. Sie empfinden ihre Arbeit als wichtig und dies erfüllt sie mit Stolz. Um dieses Potential nutzbar zu machen, benötigt die Pflege gute Arbeitsbedingungen.[21]

Der Bedarf an individualisierter Pflege wird in den kommenden Generationen zunehmen. Diese erhöhten Anforderungen und Erwartungen, die an die Pflegefachpersonen gestellt werden, bieten die Möglichkeit den Kernbereich der Pflege zusammen mit den Pflegebedürftigen und den an der Pflege Beteiligten aufzubauen. Somit erhalten die professionell Pflegenden neben der Verantwortung wieder mehr Gestaltungsspielräume für qualitativ hochwertige Pflege. Untersuchungen belegen, dass ein höherer Gestaltungsspielraum die Arbeitszufriedenheit erhöht und die Arbeitsbelastung entschärfen kann.[22]

Der Erfolg des neuen Pflegebedürftigkeitsbegriffs hängt maßgeblich von seiner Einführung und Umsetzung ab. Die Rahmenbedingungen zur unterstützenden Begleitung und Anleitung der am Pflegeprozess beteiligten Professionen zu schaffen, kommt eine besondere Bedeutung zu. Die BGW hat im Jahr 2010 während der Erarbeitung des neuen Pflegebedürftigkeitsbegriffs durch die Expertenkommission der Bundesregierung, durch eine Befragung von Pflegefachpersonen deren Erwartungen, Befürchtungen und Unterstützungsbedarfe erfragt. *„Mehrheitlich begrüßten die Teilnehmer die Neufassung des Pflegebedürftigkeitsbegriffs, äußerten aber gleichzeitig ihre Unsicherheiten bezüglich des Umsetzungsprozesses. Diese finden ihre Begründung vor allem im derzeitig noch viel zu geringen Informationsgrad der Pflegebranche sowie in Negativerfahrungen vergangener Reformen.*“[23]

---

21 *Ciesinger*, Soziale Wertschätzung als Treiber für Qualität und Innovationskraft, in: *Ciesinger/Fischbach/Klatt/Neuendorff* (Hrsg.), Berufe im Schatten - Wertschätzung von Dienstleistungsberufen; Berlin 2011, S. 10 – 14.

22 *Gregersen/Vincent-Höper/Nienhaus*, Führung und Gesundheit – Welchen Einfluss haben Führungskräfte auf die Gesundheit der Mitarbeiter, in: *Nienhaus* (Hrsg.), RiRe – Risiken und Ressourcen in Gesundheitsdienst und Wohlfahrtspflege, Heidelberg 2014, S. 240, 245 f.

23 Berufsgenossenschaft für Gesundheitsdienst und Wohlfahrtspflege – BGW/GPD: Evaluation des Informationsstandes und der Erwartungen sowie Befürchtungen bei Einführung des neuen Pflegebedürftigkeitsbegriffs. 568 Interviews mit Beschäftigten der Pflegebranche aller Hierarchieebenen. „Altenpflege Kongress 2010“ am 23./24.3.2010 (https://www.bgw-online.de/SharedDocs/Downloads/DE/Arbeitssic

Interessant an den Aussagen der Teilnehmerinnen und Teilnehmer ist ihre Einschätzung, dass die verwaltungstechnischen Anforderungen nicht die größte Herausforderung sein werden, sondern vielmehr die Bewusstseinsänderung innerhalb der Pflegebranche und Gesellschaft reflektiert und angepasst werden muss. Das Leistungsrecht betrachtend erwarten die Befragten, dass der Kernprozess der Pflege spürbar honoriert und nicht ausschließlich über die Dokumentation legitimiert wird.[24] *„Die Motivation und die Überzeugung für die Umsetzung der Pflegereform entstehe, so die Teilnehmer, im Wesentlichen durch eine auf allen Ebenen stimmige Beziehung untereinander, die durch gemeinsame Verhaltensnormen, Zielsetzungen, umfassende Information, gleichberechtigte Kommunikation und einem Zugehörigkeitsgefühl geprägt wird.*“[25]

Neben Veränderungen im Leistungsrecht halten sie aber noch weitere Veränderungen für nötig, um den neuen Anforderungen gerecht zu werden. Es bedarf auch einer Anpassung der Aufgaben, Zuständigkeiten und Rahmenbedingungen für die notwenige Vernetzung der am Pflegeprozess beteiligten. Diese Grundlagen sind immanent, um die geforderte Flexibilität der unterschiedlichen Pflegeleistungen (Hilfe-Mix) zu gewährleisten. Dann, so konstatieren die Befragten, wird es möglich sein, den Sinn des neuen Pflegebedürftigkeitsbegriffs auszuschöpfen und umzusetzen.[26]

Damit die Umsetzung des neuen Pflegebedürftigkeitsbegriffs gelänge, müssen laut Auswertung der Teilnehmeraussagen, die Zielsetzungen, die Informationen und die gleichberechtigte Kommunikation im Vordergrund stehen. Eine besondere Verantwortung den Prozess zu gestalten, haben hierbei die Pflegeunternehmen, die Führungskräfte und die Pflegenden selbst. Für die politischen und finanziellen Rahmenbedingungen zu sorgen, obliegt den Sozialversicherungsträgern, Verbänden und der „Politik“.[27]

herheit_und_Gesundheitsschutz/Aktionen_und_Kampagnen/Stimmen-aus-der-Pflegepraxis_Download.pdf?__blob=publicationFile).

24 Ebenda.

25 Ebenda.

26 Ebenda.

27 Ebenda.

V. Fazit:

Prof. Dr. Igl[28] stellte schon 2008 fest, dass die Pflegeversicherung den wichtigsten Beitrag zur Professionalisierung der Pflege geleistet und damit wesentlich zur Anerkennung der Leistungserbringung in der medizinisch-pflegerischen Versorgung beigetragen habe. Im Gefüge des Pflege-Versorgungs-Mixes warnte er aber ebenfalls davor, dass die Notwendigkeit des Einsatzes qualifizierter beruflicher Fachlichkeit aus monetären Gründen nicht gesehen würde. Diese Prämisse, die sich aus der Ergänzung der häuslichen Pflege durch Angehörige, Ehrenamtler und Nachbarn ergibt, schwächt die professionelle Pflege und ihre Kernkompetenz. Ob das Pflegestärkungsgesetz II eine Win-Win Situation sowohl für die Pflegebedürftigen als auch für die Pflegefachpersonen mit sich bringt, ist noch nicht vollständig abzusehen.

Die Evaluation des NBA „*Erfassung von Versorgungsaufwänden in stationären Einrichtungen (EVIS)*“[29] hat die Grundlagen für zukünftige Evaluationen gelegt.

> „Wenn der neue Pflegebedürftigkeitsbegriff die Entwicklung eines umfassenderen und teilhabeorientierten Pflegeverständnisses unterstützt, können künftige Evaluationen mögliche Veränderungen in der Versorgung aufdecken.“[30]

Den tatsächlichen Versorgungsaufwand innerhalb der neuen Pflegegrade und die Realität der Leistungserbringung sowie die zu beurteilende Pflegequalität zu betrachten, gäbe Auskünfte über die Auswirkungen der Reform für die pflegebedürftigen Menschen nach ihrer Einführung. Eine solche Evaluation ebenfalls zu nutzen, um zu überprüfen, ob sich durch eine veränderte Leistungserbringung auch die Arbeitszufriedenheit und die Auswirkungen auf die Arbeitsbedingungen der Pflegefachpersonen positiv verändert haben, gäbe Aufschlüsse darüber, inwieweit der gedachte Handlungsspielraum und der Bürokratieabbau sich auf die Reduktion psychischer Belastung ausgewirkt haben.

Unbenommen bleibt aber, dass die versorgungspolitische Wahrnehmung der Pflegeberufe eine Aufwertung erfährt, der Handlungsspielraum

---

28 *Igl*, Weitere öffentlich-rechtliche Regulierung der Pflegeberufe und ihrer Tätigkeit, München 2008, S. 84.

29 *Rothgang* u.a., Versorgungsaufwände in stationären Pflegeeinrichtungen, Schriftenreihe „Modellprogramm zur Weiterentwicklung der Pflegeversicherung“ des GKV-Spitzenverbandes, Bd. 13, Berlin 2015.

30 *Rothgang* u.a., Versorgungsaufwände in stationären Pflegeeinrichtungen, S. 94.

der Pflegefachpersonen erhöht und die Arbeitszufriedenheit positiv beeinflusst wird.

Die Reform und der Wandel innerhalb der Pflegebranche hat nun eine andere Bedeutung als in der Vergangenheit. Aufbauend auf den Erfahrungen sind neue erste Weichen für einen Strukturwandel gestellt worden. Der gesamte Prozess sollte teilhabeorientiert umgesetzt werden. Hier können die Pflegefachpersonen selbst eine große innovative Kraft sein. Es sollte letztlich das wesentliche Ziel sein, die stationären und ambulanten sowie auch alle neu entstehenden Wohn- und Pflegeformen und deren Beschäftigte im anstehenden Paradigmenwechsel zu unterstützen. Dazu gehört es, die Unsicherheiten und Orientierungsschwierigkeiten bei den Pflegenden zu parieren und abzufedern, damit die Pflegefachpersonen ihren Beruf gesund und bis zum Eintritt in das Rentenalter ausführen können.

Am 22.6.2017 hat der Bundestag das Pflegeberufereformgesetz verabschiedet.[31] Mit dem Ziel, zukünftig einen universelleren Einsatz der Pflegefachkräfte zu ermöglichen, sollen die bisherigen Berufsausbildungen in der Altenpflege, der Gesundheits- und Krankenpflege sowie der Gesundheits- und Kinderkrankenpflege zu einem einheitlichen Ausbildungsberuf zusammengeführt werden. Ob im Rahmen dieser vereinheitlichten Ausbildung, die zur Umsetzung des neuen Pflegebedürftigkeitsbegriffs in der Praxis erforderlichen Kompetenzen in einem ausreichenden Maße vermittelt werden können, bleibt abzuwarten.

31 BT-Dr. 18/7823.

Alles was (R)recht ist. Innovationsstau in der Gesundheitsbildung in Deutschland z.B. im Bereich Physio-/ Ergotherapie

Heidi Höppner

I. Persönliche Worte und ein Plädoyer für den interdisziplinären Dialog

Meinen Beitrag für die Festschrift zu Ehren Gerhard Igls anlässlich seines 70ten Geburtstags möchte ich mit persönlichen Worte beginnen. Gerhard Igl und ich kennen uns fast 10 Jahre aus verschiedenen Arbeitskontexten. Zu Beginn waren dies die von der Robert Bosch Stiftung eingerichteten Expertengruppen zu Themen wie *Kooperation der Gesundheitsberufe*[1] oder *Gesundheitsberufe neu denken - Gesundheitsberufe neu regeln*[2]. Wir sind gemeinsam aktiv im Verein zur Förderung eines Nationalen Gesundheitsberuferates. Dieser setzt sich ein für die Initiierung eines öffentlichen Dialogs zum Zwecke der Versorgungsqualitätsverbesserung durch adäquate Ausbildung für professionelle Gesundheitsarbeit.[3]

In den letzten Jahren führte uns die Evaluation und Erprobung primärqualifizierender Studiengänge im Bereich der Physio- und Ergotherapie sowie der Logopädie und des Hebammenwesens zusammen. Verbunden haben uns auch Fragen nach Bedingungen kooperativer(er) Berufsausübung unter Berücksichtigung der Ausbildungen, wie z.B. zuletzt unser Beitrag zum *unvollendeten Projekt Kooperation und Integration im deut-*

---

1 Robert Bosch Stiftung 2011. Memorandum Kooperation der Gesundheitsberufe. Qualität und Sicherstellung der zukünftigen Gesundheitsversorgung. Stuttgart: Robert Bosch Stiftung. http://www.bosch-stiftung.de/content/language1/downloads/memorandum_kooperation_der_gesundheitsberufe.pdf.

2 Robert Bosch Stiftung 2013. Gesundheitsberufe neu denken, Gesundheitsberufe neu regeln. Grundsätze und Perspektiven - Eine Denkschrift der Robert Bosch Stiftung. Stuttgart: Robert Bosch Stiftung. http://www.bosch-stiftung.de/content/language1/downloads/2013_Gesundheitsberufe_Online_Einzelseiten.pdf.

3 Verein zur Förderung eines nationalen Gesundheitsberuferates e.V. http:// www.nationalergesundheitsberuferat.de.

schen Gesundheitswesen.[4] Darin geht es um Anreize und Bedingungen von Zusammenarbeit und Ausbildung der Gesundheitsberufe[5]. Gerhard Igl hat sich auf die Fragen aus dem Feld Gesundheitsbildung(spolitik) eingelassen und das Thema Gesundheitsrecht in den letzten Jahren verstärkt zu *seinem* Thema gemacht.

Ich persönlich profitiere im Dialog mit ihm von meinem Public Health Studium an der Medizinischen Hochschule Hannover (1994-1996) und von einem sozialwissenschaftlichen Studium an der Hochschule für Wirtschaft und Politik in Hamburg (1990-1994), wo ich hervorragende Juristinnen und Juristen und die Denkweise in den Rechtswissenschaften kennenlernen konnte. Das Berufsfeld der Physiotherapie/Krankengymnastik (seit 1994 gilt die Berufsbezeichnung Physiotherapeut/in) kenne ich seit meiner Ausbildung 1980-1983 sehr gut. Inzwischen arbeite ich 15 Jahren zusammen mit einem überschaubaren Kreis von Aktiven als *Strukturbildende* für die Akademisierung der Therapiewissenschaften in Deutschland. Ich bin Professorin für Physiotherapie (PT) (2002-2012 FH Kiel) sowie seit 2013 an der Alice Salomon Hochschule Berlin. Hier handelt es sich um einen interdisziplinären Studiengang Physio-/Ergotherapie - primärqualifizierend (für Beginner) und additiv (für Berufserfahrene). 2003 kamen die Vertretenden der seit 2001 neu gegründeten Studiengänge (vorwiegend additive oder ausbildungsintegrierende/-begleitende Studiengänge) Therapie erstmalig als Koordinierungskreis zusammen. Daraus entstand 2006 der interdisziplinäre Hochschulverbund Gesundheitsfachberufe e.V.[6]. Von 2007 bis 2012 war ich im Vorstand und von 2008 bis 2012 erste Vorsitzende des HVG e.V. In dieser Zeit begegnete ich Gerhard Igl.

Zu den Gesundheitsfachberufen gehören lt. BMBF die Pflege- und Heilberufe (Physio- Ergotherapie und Logopädie) sowie die Hebammen.[7]

---

4 Brandhorst/Hildebrandt/Luthe (Hrsg.) (2017). Kooperation und Integration – das unvollendete Projekt des Gesundheitssystems. Heidelberg: Springer Verlag.

5 Höppner/Igl (2017): Arbeitsteilung Gesundheitsberufe. Änderungen in den Aufgabenstellungen der Gesundheitsberufe und der Arbeitsteilung zwischen ihnen. in Brandhorst et al.. S. 467-487.

6 Hochschulverbund Gesundheitsfachberufe e.V. http://www.hv-gesundheitsfachberufe.de.

7 Zum Begriff Gesundheitsfachberufe siehe Bundesministerium für Bildung und Forschung. Empfehlung Forschung in den Gesundheitsfachberufen – Potentiale für eine bedarfsgerechte Gesundheitsversorgung in Deutschland. 29. Sitzung des Gesundheitsforschungsrates am 8. Dezember 2011, http://www.gesundheitsforschung-bmbf.de/_media/GFR-Empfehlung_Gesundheitsfachberufe.pdf.

Diese *Baustelle in der Gesundheitsbildung,* z.B. die Einführung einer Modellklausel für die Primärqualifikation an Hochschulen in die Berufsgesetze der Gesundheitsfachberufe[8], steht beispielhaft für gegenwärtige Herausforderungen, die nur interdisziplinär zu bewältigen sind. Will man eine breite Wirkung in der Gesellschaft erzielen und Innovationen voranbringen, braucht es neben der Fachexpertise auch eine systemische Sicht auf die Probleme sowie eine interdisziplinäre Arbeitsweise. Voraussetzungen sind Kenntnisse über bestehende Strukturen und mögliche *Stellschrauben für Entwicklungen.* Kennerinnen und Kenner des Feldes sind sich einig: Im Bereich der Gesundheitsbildung sind keine Revolutionen zu erwarten. Viel zu komplex sind die Einflussfaktoren sowie die zu antizipierenden Effekte von Veränderungen und viel zu divergent sind die Interessen der Stakeholder. Innovationstreiberinnen und -treiber brauchen einen *langen Atem*, ein Verständnis für komplexe und tradierte Sachverhalte, die Vision eines Ziels, Kommunikation und gutes Konfliktmanagement, machtvolle Strategien, überzeugende Argumente und eine gute Vernetzung mit den relevanten Treiberinnen und Treibern in diesem Veränderungsprozess. Interdisziplinarität und Interprofessionalität sind dafür Voraussetzungen.

II. Initiierung von Hochschulausbildung in der Physio- und Ergotherapie in Deutschland

In der ersten Dekade der Institutionalisierung von Hochschulbildung der Gesundheitsfachberufe konnte in Deutschland vieles bewegt werden. So ist nicht nur ein dynamischer Zuwachs an Studiengängen in den letzten 15 Jahren[9] (siehe HVG) zu verzeichnen, sondern auch die Profilierung von Hochschulen für Gesundheit z.B. in Bochum. Bedeutende Expertengremien zeigten Interesse an neuen Möglichkeiten einer bedarfsgerechter(en) Versorgung unter bewussterem Einbezug und Nutzen des Beitrags der Gesundheitsfachberufe. Die Herausforderungen sind deutlich: in Ausbildung,

8 Gesetz zur Einführung einer Modellklausel in die Berufsgesetze der Hebammen, Logopäden, Physiotherapeuten und Ergotherapeuten Vom 25. September 2009. Bundesgesetzblatt I Nr. 64 2.10.2009.

9 www.hv-gesundheitsheitsberufe.de/studiengaenge.php und www.hv-gesundheitsfachberufe.de/wer-wir-sind/Mitglieder/.

in Gesundheitsversorgung und -forschung.[10] [11] [12] Es gelang, Verständnis und Akzeptanz dafür zu schaffen, dass die Erwartung an die hochschulische Etablierung von Physio- und Ergotherapie über eine reine *Bachelorisierung* hinausgehen muss. International sind ein Studium (Bachelor, Master), Promotionen und Forschung durch studierte Therapeutinnen und Therapeuten seit Jahren guter Standard. Die konsequente Umstellung der Ausbildung in der Schweiz und in Österreich (von der berufsfachschulischen auf die hochschulische Ausbildung) vor gut 10 Jahren verstärkt die aktuelle Bilanz eines *deutschen Sonderweges* und lässt nach der jetzigen und künftigen Anschlussfähigkeit von in Deutschland ausgebildeten Therapeutinnen und Therapeuten fragen.

Akademisierung dient jedoch nicht einem Selbstzweck. Es geht um Qualitätssicherung der Heilmittel und die Attraktivität der Berufe. Konkret braucht es die Weiterentwicklung der Berufe vor dem Hintergrund neuer wissenschaftlicher Grundlagenerkenntnisse, Nachweise der Effektivität und Effizienz ihrer Leistungen und die Stärkung ihrer aktiven und bedeutenden Rolle in der Mitgestaltung und Steuerung neuer Versorgungsprozesse (z.B. Versorgung im ländlichen Bereich, in der Begleitung von Lebensphasen mit gesundheitlichen Risiken, Digitalisierung, Angebote vor dem Hintergrund der Verknappung von Fachkräften etc.). Die Expertenberichte bestätigen: Angesichts demografischer Entwicklungen werden begleitende Prozesse von chronisch Kranken quantitativ und qualitativ bedeutender. Physio- und Ergotherapeutinnen und -therapeuten erweitern die ärztliche und pflegerische Perspektive und liefern einen wesentlichen Beitrag zu einer qualitativ hochwertigen, interprofessionellen Versorgung. Ziel der Hochschulen ist, künftige Therapeutinnen und Therapeuten mit Kompetenzen auszustatten, die sie befähigen, den Herausforderungen einer Gesundheitsversorgung und Gesellschaft im u. a. demografischen

---

10 Sachverständigenrat für die Begutachtung der Entwicklung im Gesundheitswesen 2007, BMBF Gesundheitsforschungsrat 2010, Wissenschaftsrat 2012, Robert Bosch Stiftung 2012 und 2013.

11 Heinrich Böll Stiftung (2013) Wie geht es uns morgen „Wie geht es uns morgen?“ - Wege zu mehr Effizienz, Qualität und Humanität. Berlin: Heinrich Böll Stiftung. https://www.boell.de/de/content/wie-geht-es-uns-morgen.

12 Ewers M, Grewe T, Höppner H, Huber W, Sayn-Wittgenstein F, Stemmer R, Voigt-Radloff S, Walkenhorst U. (2012) Forschung in den Gesundheitsfachberufen. Potenziale für eine bedarfsgerechte Gesundheitsversorgung in Deutschland. Konzept der Arbeitsgruppe Gesundheitsfachberufe des Gesundheitsforschungsrates. Deutsche Medizinische Wochenschrift 2012; 137 (Suppl 2), 29-76.

und epidemiologischen Wandel, z.B. Multimorbidität, Zunahme an chronisch Erkrankten, verändertes Krankheitsspektrum u.v.m., interprofessionell gerecht zu werden. Die Voraussetzung dafür ist ihre Professionalisierung durch Akademisierung. Es braucht jedoch die adäquate Ausstattung für Ausbildung und Strukturen für Wissenschaft und Forschung. Nur so kann eine wirkliche Akademisierung und Disziplinwerdung und der Anschluss an internationale Entwicklungen bzw. um gleichwertige Partnerschaften im Gesundheitswesen gelingen.

Eine rein berufsfachschulische Ausbildung, wie dies auch die meisten (auch beruflichen) Verbände und Expertengremien in Stellungnahmen bestätigen, reicht heute nicht mehr aus. 10-20 % eines Jahrgangs – so der Wissenschaftsrat (WR) 2012 – sollen in Zukunft über einen akademischen Abschluss verfügen.[13] Aktuell beträgt die Akademikerquote durch die primärqualifizierenden Studiengänge in diesen Berufen ca. 2-5 % [14] [15] Der größere Anteil der Absolventinnen und Absolventen hochschulischer Programme hat sich bisher in additiven, ausbildungsintegrierenden/-begleitenden Studiengängen qualifiziert. Angesichts der Planungsunsicherheit für Hochschulen, die sich durch die aktuelle Verlängerung der Modellphase um weitere vier Jahre noch verstärkt, und die begrenzten Ressourcen für Primärqualifikation an öffentlich finanzierten Hochschulen, werden die präferierten Studiengänge zwar empfohlen, sie sind jedoch in Deutschland nicht ohne Neuordnung von Zuständigkeiten umzusetzen.[16] [17] Die Empfehlungen des WR sind 2017 quantitativ marginal und nur in Modellen eingelöst. Ein Masterplan für die Umsetzung von 10-20 % ist nicht zu erkennen.

---

13 Wissenschaftsrat. (2012). Empfehlungen zu hochschulischen Qualifikationen für das Gesundheitswesen (Drs.2411-12). Berlin: Wissenschaftsrat.

14 Junge (2016). Das „ZDF“ der Ergotherapie. Zahlen, Daten und Fakten rund um die Ergotherapie in Deutschland. Therapie lernen. Zeitschrift für Lehrende und Lernende, 5 (5), 26-36.

15 Höppner (2016) Innovationsstau in der Gesundheitsbildung(spolitik): Die Modellklausel in den Berufsgesetzen zur Primärqualifikation an Hochschulen. ergoscience, 11(4): 165-167.

16 Höppner (2016) Hochschulische Ausbildung in der deutschen Physiotherapie: Ein konsequentes Ja zur Primärqualifikation – jetzt! physioscience 2016; 12(03): 119-121.

17 Hochschulverbund Gesundheitsfachberufe HVG e.V.. Empfehlungen und Stellungnahmen zur Primärqualifikation vor dem Hintergrund der Modellklausel an deutschen Hochschulen. http://www.hv-gesundheitsfachberufe.de/grundsatzpapier/empfehlungen-zu-modellstudiengaengen/.

> "Der Wissenschaftsrat ist vor diesem Hintergrund der Auffassung, dass eine Weiterentwicklung der für die Gesundheitsfachberufe üblichen Ausbildung an berufsbildenden Schulen nicht ausreicht, um die erforderlichen Fähigkeiten und Kompetenzen zu vermitteln. Der Wissenschaftsrat empfiehlt daher, das in komplexen Aufgabenbereichen der Pflege, der Therapieberufe und der Geburtshilfe tätige Fachpersonal künftig an Hochschulen auszubilden. Die hochschulische Ausbildung sollte in erster Linie in Form von primärqualifizierenden, patientenorientierten Studiengängen mit dem Ziel eines zur unmittelbaren Tätigkeit am Patienten befähigenden Bachelor-Abschlusses erfolgen."[18]

III. Es zu können heißt nicht es auch zu dürfen: zur doppelten Bedeutung von Kompetenz

Innovation braucht beides: Neue Therapeutinnen und Therapeuten, die den Wandel in ihrem Arbeitsfeld und vor dem Hintergrund des demografischen Wandels verstehen und mitgestalten[19], sowie die Umsetzungsbedingungen und Anerkennung neuer Kompetenzen im konkreten Handlungsfeld. Angesichts der Ausdifferenzierung von Wissen und Fertigkeiten/Fähigkeiten in der Gesundheitsversorgung "*möge die Richtige/der Richtige das Richtige richtig tun.*"[20] Im deutschen Gesundheitssystem ist die *Arztzentriertheit* ein wesentliches beschreibendes Kernkriterium.

Gibt es nun einen Zuwachs an benötigten Kompetenzen in anderen Berufen, dann heißt es auch, die Voraussetzungen für ihre Anwendung zu schaffen. Bildung ist der Schlüssel für Veränderung. Doch, die Absolventinnen und Absolventen treffen gegenwärtig auf einen Arbeitsmarkt, der alles beim Alten lässt. Zum Doppelbegriff von Kompetenz: Reine Kompetenzerweiterung bedeutet noch lange nicht, auch kompetent im Sinne von – es zu dürfen bzw. dafür bezahlt zu werden – zu sein. "Recht reagiert auf Entwicklungen" so Gerhard Igl in unseren Diskussionen. Fakt ist jedoch, dass gegenwärtig durch veränderte Ausbildung nicht ein z.T. wenig belastbares Ordnungsrecht (s.u. Zitat Igl), sondern vielmehr das Sozialrecht vor-

---

18 Wissenschaftsrat 2012, S. 8.

19 Sottas/Höppner/Kickbusch/Pelikan/Probst (2013). Umrisse einer neuen Gesundheitsbildungspolitik. Zürich: Careum. http://www.careum.ch/working-paper-7

20 Höppner (2010) : Möge die Richtige/der Richtige das Richtige richtig tun. Die Bedeutung der Akademisierung für einen Rollenwandel von PhysiotherapeutInnen im Versorgungssystem. Vortrag auf Hauptstadtkongress Medizin und Gesundheit. Forum Physiotherapie. Berlin. 06.05.2010

gibt, was zur Anwendung im Gesundheitssystem kommen kann. Das Sozialrecht ist hier aktuell eine Restriktion, therapeutische Tätigkeiten autonomer ausüben zu dürfen. Mit dem Heil- und Hilfsmittelgesetz (HHVG) vom Februar 2017 ist die sogenannte Blankoverordnung als Modelle in allen Bundesländern vorgesehen[21]. Dies meint, dass Ärztinnen und Ärzte zwar weiter die Diagnostik und Verordnung von Heilmitteln vornehmen; allerdings können die Heilmittelerbringenden dann die Auswahl des Therapieverfahrens, die Frequenz der Behandlungstermine sowie die Dauer der Behandlung selbst festlegen. Die Meinungen, ob dies ein erster Schritt auf dem Weg zum Erstkontakt – zum Direktzugang für Patientinnen und Patienten zu den Leistungen der Heilmittelerbringenden (indikationsbezogene Aufhebung des Delegationsverfahrens) – sein wird, gehen aktuell auseinander.

> "Um zu erproben, ob die sogenannte 'Blankoverordnung', bei der die Heilmittelerbringer unter bestimmten Bedingungen selbst über die Auswahl und die Dauer der Therapie sowie die Frequenz der Behandlungseinheiten bestimmen, für eine Überführung in die Regelversorgung geeignet ist, wird in jedem Bundesland ein Modellvorhaben durchgeführt."[22]

Das Beruferecht für die Regelung der Berufsausübung im Gesundheitswesen sowie die Partikularinteressen der Verbände und der Berufsgruppen selbst sind in Deutschland an Komplexität kaum zu überbieten. Kein Wunder also, dass dieses *Mammutprogramm* gern von einer Legislaturperiode in die nächste geschoben wird – wie es den Aktiven im Herbst 2016 rund um den Vorschlag einer Verlängerung der Modellklausel um sogar 10 Jahre (Aug. 2016) und letztlich 4 Jahren erschien (Dez. 2016).[23] Die Evaluationen zeigten 2015 gute Ergebnisse, doch sind aktuell bis 2020 neue Evaluationskriterien zu berücksichtigen.[24] Waren die Hochschulen und Länder mit den Evaluationen der ersten primärqualifizierenden Studiengänge auf sich selbst zurückgeworfen, erwarten alle, dass jetzt das Bundesministerium für Gesundheit eine verantwortliche Rolle übernehmen

21 https://www.bundesgesundheitsministerium.de/ministerium/meldungen/2017/februar/hhvg.html.

22 Entwurf HVVG 2.11.2016.

23 Hochschulverbund Gesundheitsfachberufe / HVG e.V. (seit 2009) Diverse Positionspapiere der Hochschulen oder auch die Pressekonferenz der IB Hochschule und Alice Salomon Hochschule Berlin am 9.1.2017 zur Verlängerung der Modellklausel zur Einrichtung von Primärqualifikation an Hochschulen.

24 Pflegestärkungsgesetz III Bundesgesetzblatt Teil I 65 vom 28.12.2016 ab Art 17 a ff.

wird. Das Modell läuft dann also dann 12 Jahre! Dies heißt, weitere vier Jahre die Nachfragenden nach Studienplätzen zu ermutigen, dass es sich lohnt, neue Wege zu gehen. Ein mühsamer Weg. Wie lange – bitte – dauern in Deutschland Modelle? Und, wer trägt dafür Verantwortung? So wird nur mühsam die Stellung der Gesundheitsfachberufe im internationalen Vergleich in Deutschland verbessert. Wir sind auf einem Pfad nachholender akademischer Entwicklung mit dem Schlusslicht: Deutschland.

Leitend für das Beispiel interdisziplinärer Zusammenarbeit sind folgende Fragen:

- Wie bekommt das Gesundheitssystem in angemessener Anzahl qualifizierte Gesundheitsfachleute, die es braucht?
- Und, welche Rolle kommt dem Recht im Kontext von Veränderungen in der gesundheitlichen Versorgung und in der Ausbildung zu?

Alles was (R)recht ist.

Recht hat die Funktion der verbindlichen Regelung, einer Ordnung und Zuverlässigkeit für jeden. Juristische Regulierungsfragen für notwendige Veränderungen in der Gesundheitsversorgung stehen Innovationen aktuell – so das Beispiel der Einführung von Hochschulausbildung – immens im Wege. Daher wünschen sich jene, die für die Neuausrichtung von Ausbildung zum Zwecke einer veränderten kooperativeren Versorgungspraxis stehen, interessierte Juristinnen und Juristen, die durch ihre Fachkompetenz helfen, konkrete Vorschläge für die Politik und Verwaltung vorzubereiten. Ein Beispiel:

> "Die Ausbildung bei den Heilberufen ist dabei durch Bundesgesetz und Bundesrechtsverordnung aufgrund der Gesetzgebungszuständigkeit des Bundes geregelt (vgl. Art. 74 Abs. 1 Nr. 19 GG). Nicht alle Heilberufsgesetze der anderen als ärztliche Gesundheitsberufe enthalten gesetzlich definierte Ausbildungsziele. Solche Ausbildungsziele fehlen im Hebammengesetz, im Logopädengesetz und im Ergotherapeutengesetz. Für ein Heilberufegesetz sollte es selbstverständlich sein, dass dort für den jeweiligen Beruf Ausbildungsziele formuliert werden.[25] Dies ist auch verfassungsrechtlich erforderlich, denn die Formulierung einer Rechtsverordnung für die Ausbildungs- und Prüfungsanforderungen bedarf einer inhaltlich bestimmten ermächtigenden Gesetzes-

25 Gesetzlich definierte Ausbildungsziele fehlen im Hebammengesetz, im Logopädengesetz und im Ergo-therapeutengesetz.

grundlage, die auch die Ausbildungsziele enthalten muss (Art. 80 Abs. 1 Satz 2 GG).“[26]

IV. Kostproben der juristisch relevanten Fragen aus dem Praxisfeld

Als juristische Laiin hatte ich oft eher nur ein Gefühl von *Unge-Rechtigkeit und* von *Schieflagen* in der Regulierung durch Recht im Kontext Gesundheitsbildung und Gesundheitsversorgung. Ohne konkrete Fragen formulieren zu können war dies jedoch mein Ausgangspunkt für den interdisziplinären Dialog mit Gerhard Igl. Die vielen juristisch (hoffentlich) interessanten Fragen gebe ich jetzt vertrauensvoll an die verehrte Leserschaft dieses Buches und hoffe auf eine Resonanz in z.B. Promotions- und interdisziplinären Graduiertenkollegs unter Einbezug der Gesundheits- und Rechtswissenschaften. Ich stehe für den Dialog gern zur Verfügung. Mein Quasiwunschzettel.

Aus dem Praxisfeld der Physio- und Ergotherapie ergeben sich aktuell folgende Fragen:

- Ist es nicht *ungerecht,* dass Gesundheitsberufe, z.B. die Therapeutinnen und Therapeuten die Ausbildung (und selbstverständlich die Weiterbildung) selbst zahlen müssen? Die finanzielle Verantwortung für Ausbildung hat sich in den letzten 30 Jahren verändert und kommerzialisiert. Vor dem Hintergrund der Daseinsvorsorge brauchen wir Gesundheitsberufe aller Couleur - doch, die Zugangsbedingungen und ihre Anerkennung (auch monetär) sind medizindominiert. Wie steht es um Gerechtigkeit und öffentlichem Interesse im Kontext von freier Berufswahl für die Arbeit in der Gesundheitsversorgung?
- Welche Schritte sind notwendig, die Berufsgesetze in einem angemessenen zeitlichen Rahmen zu verändern, damit Innovationen nicht ausgebremst und der aktuelle Spirit der Modellstudiengänge nicht versiegt?
- Wer trägt die Verantwortung für den Innovationstau in der Gesundheitsbildung(spolitik)? Und, wie entfalten Treiber dieser Entwicklungen auch nachhaltig Wirkung?
- Was braucht es, damit der neuen Kompetenz(en) auch eine gesetzliche Regelung der Kompetenzausübung (SGB V) folgt. Wäre ein Heilberu-

26 Höppner/Igl 2017 S. 477.

fegesetz ein Weg und, was wäre angesichts der Dynamik in dem Feld juristisch zum jetzigen Zeitpunkt ggf. überreguliert?

- Braucht es Kammern der Therapeutinnen und Therapeuten, die die Interessen systemkonform und analog zu den Ärzten und bald Pflegenden umsetzen? Oder, gibt es andere Institutionalisierungsformen?
- Welche Implikation hat EU-Recht im Kontext nationaler Gesundheitsbildungspolitik?
- Wie steht es um die divergierende Logik von traditionellen Berufsbildungsregelungen und Hochschulrecht? Wer wird hier tätig, die Denkweisen und Verantwortung der Gesundheitsressorts und Wissenschaftsressorts zusammen zu bringen?
- Wie korrespondieren die Kompetenzen des Bundes und die der Länder hinsichtlich der Verantwortung für Ordnungsrecht – hier Beruferecht?
- Was wären die Voraussetzungen, den Gesundheitsberufen neben der Gewährleistung von neuen Kompetenzen auch zu mehr Verantwortlichkeit im Gesundheitssystem zu verhelfen. Kompetenz in diesem Verständnis meint also auch mehr Autonomie und legitimierte Handlungskompetenz. Diese Frage knüpft an an die Diskussionen um Delegation und Substitution (Direktzugang zu Heilmittelerbringern i.d.R. im Bereich der Physiotherapie diskutiert) ärztlicher Leistungen.

V. Ausblick und Erwartungen an Innovationen

Eine Vollakademisierung erscheint in Deutschland aktuell nur für die Hebammen erreichbar. Hintergrund für diese Einschätzung ist jedoch nicht das Ergebnis der Evaluation, sondern die Anpassung deutschen Rechtes an eine EU-Richtlinie. Die Entscheidung des Gesetzgebers im Dezember 2016 über die Verlängerung der Modellphase bis 2021 ist angesichts des vorliegenden Berichts inhaltlich nicht nachzuvollziehen. Es wird jedoch deutlich, dass die Novellierung der Berufsgesetze in den letzten Jahren für die Berufe in Modellvorhaben nicht vorbereitet wurde und der Föderalismus in Bezug auf Bildung und Versorgung hier hemmend wirkt. Für die Hochschulstudiengänge sind die Ressorts Bildung und Wissenschaft und für die Berufsausbildung die Ressorts Soziales und Gesundheit – teilweise auch Kultus – zuständig. Die Bundesgesetze müssen also auf Landesebene umgesetzt werden. Die Verlängerung der Modellphase um vier Jahre soll hier die hierfür notwendige Zeit bringen. Diese Zeit muss jedoch intensiv genutzt werden.

„Übereinstimmend kommen alle Auswertungen zu dem Ergebnis, dass es dauerhaft wünschenswert und machbar ist, primärqualifizierende Studiengänge für die vier beteiligten Berufsgruppen einzurichten. Die Mehrheit der Auswertungen spricht sich für eine Teilakademisierung aus. Gleichzeitig solle die fachschulische Ausbildung erhalten bleiben. Voraussetzung dafür sei allerdings eine Umgestaltung der gesetzlichen Ausbildungsregelungen.“[27]

Bildung ist der Schlüssel – Bildung ist jedoch nicht alles. Die Stellung der Angehörigen von Gesundheitsberufen hängt ganz wesentlich von ihrer Ausbildung ab.

„Die in mehreren Bundesländern durchgeführten Modellvorhaben[28] zur hochschulischen Qualifikation bei den Therapie- und Pflegeberufen sowie bei den Hebammen und Entbindungspflegern haben die Sinnhaftigkeit, Notwendigkeit und auch die Realisierbarkeit eines solchen Bildungsweges für diese Berufe unter Beweis gestellt. Wenn sich hochschulische Ausbildungen mit entsprechenden Kompetenzvermittlungen für einige andere als ärztliche Heilberufe durchsetzen, können sich künftig im Verhältnis zu den Ärzten und in der Leistungserbringung im Rahmen der Gesetzlichen Krankenversicherung neue Konstellationen des Leistungszugangs, der Leistungserbringung und der Kooperation zwischen den Heilberufen ergeben, in denen nicht mehr die Unterordnung aller Heilberufe und ihrer Tätigkeiten unter die ärztliche Direktive das alleinige Handlungsmuster ist“.[29]

Neben dem Auftrag, die nächsten vier Jahre zu nutzen, die Rahmenbedingungen für Hochschulstudiengänge zu schaffen, sind die Auswirkungen der Verlängerung aktuell nicht abzuschätzen.

„Die Verunsicherung im Berufsfeld und für potenzielle Studieninteressierte zieht sich in die Länge. Was ist nun zukünftig der wegweisende Weg in den Beruf? Der `Spirit´ für Veränderung ist gefährdet. Pioniere (auch Studierende und Absolventen) brauchen einen ´langen Atem`. Beharrende Kräfte im Feld werden möglicherweise durch die politische Entscheidung gestärkt hervorgehen.“[30]

---

27 BMG Presseerklärung. Kabinett beschließt Bericht zu Modellklauseln zur akademischen Erstausbildung von Hebammen, Logopäden, Physiotherapeuten und Ergotherapeuten. 17.8.2016 https://www.bundesgesundheitsministerium.de/presse/pressemitteilungen/2016/3-quartal-2016/modellvorhaben-gesundheitsberufe.html.

28 Begleitforschung zum Modellvorhaben in Nordrhein-Westfalen: http://www.mgepa.nrw.de/mediapool/pdf/pflege/20150528_Abschlussbericht-Beruferechtliche-Begleitforschung-Prof-Igl.pdf.

29 Höppner/ Igl 2017 S.

30 Höppner (2016), S.

Bis 2020 braucht es jetzt konzertierte Aktionen, um hinderliche Faktoren, wie z.B. die konkurrierenden Systemlogiken im sekundären und tertiären Bildungsbereich, noch stärker ins Bewusstsein zu bringen. Zudem liegt es jetzt in der Verantwortung der Berufsverbände und der Politik/Verwaltung, Berufsgesetze/Heilberufegesetze zu formulieren, die spezifisch genug sind, das Berufsziel und die Tätigkeiten von Hochschulabsolventinnen und -absolventen zu sichern. Sie sollten jedoch auch nicht zu eng formuliert sein, damit der Dynamik im Bildungs- und Versorgungssystem Rechnung getragen wird.

Inflationären Tendenzen einer Zweiklassenbeschreibung der Tätigkeiten in den Berufen – traditionell Ausgebildete und hochschulisch Ausgebildete – ist entgegenzuwirken. Die verantwortliche Finanzierung von Hochschulausbildung für den Gesundheitsbereich gilt es zu klären. Wie seit 30 Jahren im Bereich der Berufsfachschulen, obliegt Bildung in diesen Bereichen häufig den Marktgesetzen von Angebot und Nachfrage und die Qualitätsstandards sind bundesweit sehr divergent. Eine öffentliche Verantwortungsübernahme und Finanzierung für Gesundheitsausbildung – ob Medizin, Pflege oder Therapie – gilt es hier zu vertreten. Die Aufgabe muss daher sein, Grundlagen zu schaffen, damit Kompetenz (*es zu können*) und Kompetenz (*es zu dürfen*) besser zusammenpassen.

VI. Was sind die Bedingungsfaktoren für einen gelungenen interdisziplinären Dialog?

Ich ende wieder mit persönlichen Worten. Stellvertretend für viele Kolleginnen und Kollegen aus meinem Feld bin ich Gerhard Igl sehr dankbar, ihn als so engagierten und kompetenten Kollegen an unserer Seite zu wissen. Zurück zum Ausgangspunkt, unserem interdisziplinären Dialog und damit der Möglichkeit einer gemeinsamen Gestaltung und Vorbereitung neuer Möglichkeiten in der Gesundheitsbildung an Hochschulen und im flankierenden Recht zu schaffen, bilanziere ich wie folgt.

Warum hat unsere Zusammenarbeit geklappt? Die Aufforderung zu einem Beitrag in einer Festschrift für Gerhard Igl, hat mich darüber reflektieren lassen. Hier mein Ergebnis – exemplarisch für die Zusammenarbeit eines Juristen und einer Sozial- und Gesundheitswissenschaftlerin.

1. Kommunikation und Interaktion – wobei Sympathie dieses immens erleichtert!
2. Kontinuität und organisatorischer Rahmen für diesen kreativen Dialog gewährleisten
3. Das Verständnis für ein Ganzes auf beiden Seiten
4. Offenheit für die Perspektive des Anderen
5. Anerkennung der Kompetenz und Respekt für die Perspektive des Anderen
6. Interesse und Offenheit für Problemlösungsmöglichkeiten, die erst aus den verschiedenen Perspektiven erwachsen
7. Ein gemeinsames Ziel – eine Vision – ein erlebter Auftrag und die Annahme dieser Aufgabe

In diesem Sinne hoffe ich noch auf viele Jahre der gemeinsamen Arbeit.

Pflegebildung – historische Determinanten, gegenwärtige berufsrechtliche Festlegungen und mögliche Wirkungen in Bildung und Praxis

„Ich vermisse das interdisziplinäre Gespräch“, G. I. passim
„Hier ist ein Angebot“, J.K. und B.D. in concreto.

Johannes Korporal und Bärbel Dangel

1. Historische Bezüge der frühen Pflegeentwicklung

Man könnte von einer Art ‚Achsenzeit‘ für die Pflege ausgangs des vorletzten und zu Beginn des letzten Jahrhunderts sprechen[1] und würde damit zum Ausdruck bringen, daß in diesem Zeitraum landesweit und übergreifend Ansätze einer Grundlegung (Kausalzusammenhänge, Totalaspekte; K. J.) der Disziplin ‚Pflege‘ und des Berufs in Theorie, Bildung, versorgender Praxis und Organisation erfolgten oder erkennbar wurden.[2] Einige Jahrzehnte nach der stürmischen Entwicklung der Medizin,[3] die neben der natur- und sozialwissenschaftlichen Fundierung auch die Verberuflichung, vor allem der Ärzte, aber auch die Institutionalisierung der Praxis, die normative Grundlegung und die sozialrechtliche und einrichtungsbezogene

---

1 Den Begriff der Achsenzeit prägte Jaspers in mehreren Arbeiten. Jaspers, Karl: Einführung in die Philosophie. München (Pieper) Sonderausgabe 2004, S. 75-82. Derselbe: Vom Ursprung und Ziel der Geschichte. Zürich (Artemis) 1949, S. 18-42.

2 In den USA etabliert sich die dreijährige Ausbildung, erste Lehrstühle für Krankenpflege wurden eingerichtet und eine Hochschulqualifikation der Pflegefachkräfte diskutiert. Dock, Lavina L.: Geschichte der Krankenpflege. Berlin (Dietrich Reimer) 1913, S. 139-292. 1910 wurde ein fünfjähriger Lehrgang (Studium und Ausbildung in Kliniken) mit dem Abschluß eines Bachelor in Krankenpflege an der Universität Minnesota eingerichtet. Seymer, Lucy Ridgely: Geschichte der Krankenpflege. Stuttgart (Kohlhammer) 1936, S. 188-190. Die Berufsorganisation der Krankenpflegerinnen Deutschlands (B.O.K.D.) wurde 1903, 1904 der International Council of Nurses (ICN) gegründet.

3 Rosen, George: Was ist Sozialmedizin? Analyse der Entstehung einer Idee. In: Lesky, Erna (Hg.): Sozialmedizin. Wege der Forschung. Darmstadt (Wissenschaftliche Buchgesellschaft) 1977, S. 283-354.

Strukturierung in Staat und Verwaltung beinhaltete, kam eine zögerliche und punktuelle Entwicklung für die Pflege in Gang.

Drei wesentliche Dimensionen sind in der geschichtlichen Entwicklung der Pflege dieser Zeit erkennbar: Erstens eine *empirische*, beziehungsweise *wissenschaftliche Fundierung* des praktischen Pflegehandelns,[4] zweitens *Bildung, Ausbildung* und *Verberuflichung* und drittens die verbandliche *Organisation* und ihre Integration in jeweils differente gesellschaftliche Kontexte. Trotz internationaler Analogien der Entwicklung, deuteten sich bereits hier *strukturbildende nationale Besonderheiten* an.

An drei Beispielen sollen unterschiedliche Ansätze der deutschen geschichtlichen Pflegeentwicklung verdeutlicht werden: Erstens: Angebunden an die „Verhandlungen der Versammlungen Deutscher Naturforscher und Ärzte“[5] entwickelte eine Gruppe von Ärzten an der Charité, vor allem

4 Dies reicht historisch auf Florence Nightingale zurück. Die genannten Kriterien betreffen zugleich weitestgehend offene Fragen der Fundierung der Handlungskonzepte, der gesellschaftlichen Handlungsgrundlagen und der Institutionalisierung der Pflege, die bis heute nur ansatzweise geklärt sind. Hinsichtlich des Ansatzes von Pflege bei Nightingale kann man an den konzeptuellen Rahmen Virchows anknüpfen: Nightingales Arbeiten läßt sich entnehmen, dass es hinsichtlich der Definition von Pflege einen nicht exakt begrifflich definierten Kern pflegerischer Handlungskompetenz gab, der Medizin gegenüber fachlich und instrumentell eigenständig, nicht krankheitengebunden war, und dessen empirische Grundlegung sich durch Erfahrungen und Reflexion in der Gemeindepflege und in der Empirie auf die Pflege der Verwundeten im Krimkrieg stützte. Sie setzt Instruktionen des Arztes eigenständig um, hat eine eigenständige Organisationsform, ist funktional differenziert von der Leitung der Einrichtung, der Bereichsleitung, Pflegefachkraft, Pflegekraft bis zur Schülerin, so Nightingale, McDonald, Lynn: Florence Nightingale. At First Hand. London (Continuum) 2010, S. 107, 108. Und so *deutlich divergierend* auch in den nationalen und internationalen Ansätzen der Pflege. Dieser emanzipatorische Ansatz Nightingales hat keinen Eingang in die Entwicklung der Pflege in Deutschland gefunden. Je heterogener die Diskussionen um die Ausbildung nach Form, Inhalt und Dauer in der Folge verliefen, desto wahrscheinlicher wurde eine Tendenz zu einem ärztlichen Hilfsberuf.

5 Schipperges, Heinrich: Rudolf Virchow. Reinbek (Rowohlt) 1994, S. 103-112. Die Naturforscherversammlung hat 1822 im Geheimen begonnen. Virchow hat von 1847 bis 1901 die Verhandlungen auch mit einer Vielzahl von Beiträgen geprägt. Virchow, Rudolf: Über die nationale Entwickelung und Bedeutung der Naturwissenschaften. Rede gehalten in der zweiten allgemeinen Sitzung der Versammlung deutscher Naturforscher und Ärzte zu Hannover am 20.9.1865. Berlin (Hirschwald) 1865.

Martin Mendelsohn,[6] ab 1890 die *wissenschaftliche Krankenpflege* als Fachgebiet der Medizin. Die Ärzte etablierten eine Disziplin, die alle Kriterien eines wissenschaftlichen Fachs ‚Krankenpflege' über mehr als zwei Jahrzehnte hinweg erfüllte.[7] Pflegefachlich basiert und stärker auf Bildung orientiert entstanden zweitens nach 1912 als erster *Versuch einer akademischen Ausbildung* im Bereich Pflege die auf Initiative Agnes Karlls zurückgehenden Kurse für Krankenpflegerinnen. Die „Kurse für Führungskräfte" an der Frauenhochschule Leipzig zielten auf die Vertiefung und Erweiterung der fachlichen und „allgemeinen" Kenntnisse, um die Krankenpflegerinnen für eine Tätigkeit als Oberschwester oder Oberin und für „die sozialen Aufgaben der Schwestern" zu qualifizieren (Fürsorge, Tätigkeiten bei Versicherungen und Kassen, als „Fabrikschwestern und Krankenbesucherinnen"[8]). Nach 1921 änderte sich die Trägerschaft der Hochschule, die Kurse wurden umgewandelt in die „Wohlfahrtsschule" und den „Oberinnenlehrgang".[9] Eine dritte Orientierung zeigten *gewerkschaftsnahe, betriebliche* und *gemeindliche Organisierungen* und *Verbände*, in denen zunehmend auch Pflegekräfte und andere Berufe arbeitsortbezogen

---

6 Auch Ernst von Leyden, Paul Jacobsohn, Georg Liebe und andere. Mendelsohn, Martin: Die Stellung der Krankenpflege in der Wissenschaftlichen Therapie. Rede gehalten in der Oeffentlichen Sitzung der Versammlung Deutscher Naturforscher und Aerzte zu Duesseldorf am 23.9.1898. Leipzig (Thieme) 1898. Als Fachbegriff für die Wissenschaftliche Krankenpflege führte Mendelsohn „Hypurgie" ein. Mendelsohn, Martin: Hypurgie. In: Eulenburg, Albert (Hg.): Encyclopädische Jahrbücher der gesammten Heilkunde. Berlin (Urban&Schwarzenberg) 1899, S. 162-238. In mehr als zwei Jahrzehnten der Zeitschrift „Wissenschaftliche Krankenpflege", in Hand- und Lehrbüchern wurden Erfahrungen und Forschungsergebnisse veröffentlicht und auf Tagungen und Kongressen erörtert.

7 Hochschullehre, Forschung, angeleitete Praxis, wissenschaftliche Karrieren, Zeitschriften, Monographische Publikationen, Tagungen und Kongresse. Hinsichtlich der Beendigung dieser Entwicklungen gehen die quellengestützten Auffassungen auseinander.

8 Elster, Ruth: Der Agnes Karll-Verband und sein Einfluß auf die Entwicklung der Krankenpflege in Deutschland. Ein Beitrag zur Geschichte der Pflegeberufe und eines Berufsverbandes. Frankfurt/M. (Mabuse) 2000, S. 21-23. Sticker, Anna: Agnes Karll. Die Reformerin der deutschen Krankenpflege. Wuppertal (Aussaat) 1977, S. 219-221.

9 Interessanterweise finden sich hier bereits die Orientierungen auf Leitung und Lehre, die zu Beginn der neunziger Jahre Ausgangspunkt der Akademisierung der Pflege im vereinten Deutschland wurden.

agierten, die sich 1904 zum ,Verband der Staats- und Gemeindearbeiter' zusammenschlossen.[10]

2. Strukturelle Grundlegung von Ausbildung und Beruf

Die Ausbildungen in der Pflege kamen im Streit der unterschiedlichen Verbands- und Trägerinteressen und im Gesetzgebungsprozeß nicht voran. Ein Ausbildungsgesetz für die Strukturierung einer einjährigen Ausbildung wurde nicht verbindlich, die Ausbildungsgegenstände waren wenig bestimmt, und es gab Tendenzen, die Rolle der Ärzte in der Ausbildung zu stärken.[11]

Die ersten Regelungen zur Krankenpflegeausbildung traten am 1.6.1907 in Preußen aufgrund des Bundesratsbeschlusses in Kraft.[12] Auch wenn die erste beruferechtliche Regelung keine Verpflichtung zur Umsetzung beinhaltet, so enthält sie bereits Kriterien, die für die weitere Entwicklung der pflegeberuflichen Gesetzgebung Kontinuität haben, und zwar hinsichtlich Struktur und Inhalt: Die Prüfung liegt in der Hand von Ärzten, einer von ihnen ist beamteter Arzt, ein weiterer ein „Lehrer einer Krankenpflegeschule". Die Prüfungskommission wird von der Landesbe-

10 Wolff, Horst-Peter und Wolff, Jutta: Krankenpflege: Einführung in das Studium ihrer Geschichte. Frankfurt (Mabuse) 2008, S. 182. Wolff, Horst-Peter und Wolff, Jutta: Geschichte der Krankenpflege. Basel (Recom) 1994, S. 204-205. Hadamitzky, Gisbert: „... sich nach obszönen Sachen geradezu drängen ..." – Der Gemeindearbeiterverband und das freie weibliche Pflegepersonal bis 1914. www.pflegegeschichte.de; Zugriff am 27.2.2017. Damit entstand in Verbindung mit anderen Berufen eine frühe gewerkschaftliche Organisationsform, die auch für ,weltliche' Pflegerinnen und Pfleger, die insbesondere in kommunalen Krankenhäusern arbeiteten, offen war.

11 Vorschriften über die staatliche Prüfung von Krankenpflegepersonen. Bundesratsbeschluß vom 22.3.1906. Rechtsprechung und Medizinalgesetzgebung. Beilage zur Zeitschrift für Medizinal-Beamte. Nr. 9, 5.5.1906, S. 61-65.

12 Im Bundesrat wurde am 22.3.1906 ein Antrag zur Einführung von „Vorschriften über die Prüfung und Anerkennung von Krankenpflegepersonen" gestellt. Die Regelung wurde in den Bundesländern mit Ausnahme Bayerns umgesetzt. Wolff, Horst-Peter: Vergleichende Geschichte der medizinischen Berufsbildung. Eine Einführung für Lehrkräfte der Medizinalberufe. Basel (Recom) 1994, S. 105. Wolff: Horst-Peter und Wolff, Jutta: Krankenpflege ..., a.a.O., S. 189-193. Kruse, Anna-Paula: Berufskunde II: Die Krankenpflegeausbildung seit der Mitte des 19. Jahrhunderts. Stuttgart (Kohlhammer) 1987, S. 84 ff.

hörde bestellt.[13] Es sind konkrete Voraussetzung für die Zulassung zur Prüfung geregelt, die sich in den gegenwärtigen Regelungen spiegeln.[14] Die Prüfung findet als mündliche und praktische Prüfung statt. Interessant ist, daß im Rahmen der praktischen Prüfung eine differenzierte Zuständigkeit festgelegt wird. Sie wird vom an der Krankenpflegeschule lehrenden Arzt abgenommen, die im Rahmen der Prüfung selbstständige Pflege eines Kranken wird unter die Aufsicht der „für den Kranken verantwortlichen Pflegeperson" gestellt.[15]

Hinsichtlich der Inhalte der Prüfung lassen sich Konsistenzen für die folgenden Krankenpflegegesetze feststellen; Themenbereiche sind:[16]

- Anatomie und Physiologie,
- Allgemeine Krankheitslehre mit den zugehörigen Symptomen (Schwerpunkt Infektion),
- Einrichtung der Krankenzimmer entsprechend der Gesundheitslehre,[17]
- Krankenwartung,[18]
- Krankenbeobachtung, verstanden als Bericht für den Arzt und Ausführung ärztlicher Verordnung,
- Mitwirkung bei ärztlicher Untersuchung und Behandlung,[19]
- Handeln bei Notfällen,

---

13 § 2 der Vorschriften über die staatliche Prüfung ..., a.a.O., S. 61.

14 Wolff: Horst-Peter: Vergleichende ..., a.a.O., S. 105. § 5 der Vorschriften über die staatliche Prüfung ..., a.a.O., S. 61 f. Gleichwertigkeit zur Zulassung ist ausdrücklich bei Sanitätsunteroffizieren gegeben, die nicht länger als ein Jahr aus dem Dienst ausgeschieden sind, bei vorliegender mindestens zweijähriger „einwandfreier" Dienstzeit. § 6 der Vorschriften über die staatliche Prüfung ..., a.a.O., S. 62.

15 §§ 12 und 14 der Vorschriften über die staatliche Prüfung ..., a.a.O., S. 62, 63.

16 § 13 Vorschriften über die staatliche Prüfung ..., a.a.O., S. 62, 63.

17 Hier ist ein eindeutiger Bezug auf Florence Nightingale, bzw. Mendelsohns Heilmittel der Krankenpflege gegeben mit: Lüftung, Beleuchtung, Heizung, Wasserversorgung, „Beseitigung der Abgänge". § 13 Vorschriften über die staatliche Prüfung ..., a.a.O., S. 62. Nightingale, Florence: Bemerkungen zur Krankenpflege. Frankfurt/M. (Mabuse) 2005, S. 23.

18 Mendelsohn versteht „Krankenwartung" als Dienstleistung, die aufgrund von Krankheit eingeschränkten Kranken nicht selbständig erbracht werden kann. Krankenwärter und Krankenwärterinnen führen diese Maßnahmen im Rahmen alltäglichen Verrichtungen und Lebensgewohnheiten aus. Mendelsohn, Martin: Hypurgie ..., a.a.O., S. 163.

19 Vor allem der Wundbehandlung; ausdrücklich aufgenommen ist auch die Lagerung und Versorgung, Notverband, Unterstützung bei Operationen, Betäubung, Vorbereitung des Verbandmaterials und der Instrumente.

- Pflege bei ansteckenden Krankheiten und Prävention,
- Erkennen der Todeszeichen und Versorgung der Leiche,
- Gesetzeskunde,
- allgemeines berufliches Verhalten, Schweigepflicht, Berücksichtigen des „Seelenzustands“ und
- Säuglingspflege bei „weiblichen Prüflingen“.

Die Inhalte der Prüfung spiegeln sich im Entwurf eines Planes „für die Ausbildung der Krankenpflege“:

1. Kenntnisse von Anatomie, Physiologie: Vorgänge im Körper, soweit für Krankenpflege erforderlich, verstehen; Kompetenz, Sachverhalte (Wunde, Schmerz, ...) beschreiben zu können in ihren Erscheinungen,
2. Grundsätze der „allgemeinen Gesundheitslehre“,[20] allgemeine[21] und spezielle Krankenpflege, Ausführung ärztlicher Anordnungen,[22]
3. Anleitung „zu scharfer Krankenbeobachtung“ und „Belehrung“ über die jeweils möglichen Handlungen zur Linderung,[23]
4. Vermeidung, Übertragung von Krankheiten,
5. Hilfestellung bei der Wundbehandlung und ihren Kontexten und
6. Notfallhandeln bei plötzlich auftretenden akuten Situationen.

Insgesamt ist die „Vorschrift“ strukturgebend für die weiteren beruferechlichen Regelungen und folgenden Novellierungen. Einzig die Aufnahme und Ausführungen zur „Gesundheitslehre“ und täglich in Kompensation für den Kranken durchzuführende pflegerische Handlungen binden die damalige Diskussion der Hypurgie und darin eingeschlossen das Konzept der Pflege von Nightingale ein.

---

20 Entsprechend Nightingales, bzw. Mendelsohns „Aufzählungen“.

21 Entsprechend Mendelsohns Verständnis von Krankenwartung.

22 Hier wird auf das Erfordernis der Demonstrationen und Übungen ausdrücklich hingewiesen, wie auch von der „Beschreibung der einfachsten Formen der Geräte und Apparate auszugehen“ ist. Vorschriften über die staatliche Prüfung ..., a.a.O., S. 64.

23 Ausdrücklich ist darauf zu achten, daß die Grenze der Hinzuziehung des Arztes beachtet wird.

3. Berufestrukturelle staatliche Einordnung

Noch vor dem ersten reichseinheitlichen Berufsgesetz von 1938 erfolgten entscheidende Grundlegungen der Pflege- und Gesundheitsfachberufe zu Beginn des Nationalsozialismus im Vereinheitlichungsgesetz.[24] Es half, die nationalsozialistische Natalitäts- und Bevölkerungspolitik zu bahnen, und stellte das spätere Gerüst der berufsgesetzlichen Ausgestaltung für die Pflegeberufe dar. Die gesetzliche Einrichtung einer Reichsärztekammer schrieb für die approbierten Ärzte (Bestallung) einen nicht eingeschränkten Berufsvorbehalt fest, der sich auf die Ausübung der gesamten (unbestimmten) Heilkunde erstreckte[25] und gleichzeitig Regelungen zum Ausschluss abhängig tätiger Fachpersonen traf.[26] Damit werden Fragen der überberuflichen Delegation aufgeworfen.[27] Überlegungen zu einem Vorbehalt für die Pflege oder weiterer Berufe fanden keine Realisierung.

---

24 Gesetz über die Vereinheitlichung des Gesundheitswesens vom 3.7.1934. Reichsgesetzblatt, Teil I, Nr. 71 vom 3.7.1934, S. 531-532; und drei Durchführungsverordnungen von 1935; fortgeltend, nicht als Gesetz der Bundesrepublik bis zur Ablösung durch Länder-Gesundheitsdienstgesetze, beginnend Mitte der siebziger bis Ende der neunziger Jahre. Gesetz zur Verhütung des erbkranken Nachwuchses vom 14.7.1933. Reichsgesetzblatt, Teil I, Nr. 86 vom 25.7.1933, S. 529-531; und Durchführungsverordnungen 1933-1936. Diese mit der Privilegierung der Ärzte verbundene reichsweite Deprivilegierung der Pflege als zu- und nachgeordneter Hilfsberuf mit definitiver aufsichtlicher und institutioneller Zuordnung quasi im Nebenschluß (Heilhilfsberufe) ist auch in der einschlägigen Literatur wenig präsent. Labisch, Alfons und Tennstedt, Florian: Der Weg zum Gesetz über die Vereinheitlichung des Gesundheitswesens vom 3.7.1934. Schriftenreihe der Akademie für Öffentliches Gesundheitswesen in Düsseldorf. Band 13.1 und 13.2. Düsseldorf (Eigenverlag) 1985.

25 Reichsärzteordnung vom 13.12.1935. Reichsgesetzblatt, Teil I, Nr. 137 vom 14.12.1935, S. 1433-1444; und Durchführungsverordnungen 1936-1939.

26 Von der Heilkunde waren Personen ausgeschlossen, „die unter der Leitung oder der Aufsicht eines Arztes tätig werden." Reichsärzteordnung § 2 (2). Reichsgesetzblatt I Nr. 137 vom 14.12.1935, S. 370. Zum Begriff der Heilkunde: Igl, Gerhard: Gesundheitsberufe neu regeln. Rechtsexpertise. In: Robert Bosch Stiftung (Hg.): Gesundheitsberufe neu denken, Gesundheitsberufe neu regeln. Grundsätze und Perspektiven. Stuttgart (Eigenverlag) 2013, S. 236-431; Heilkunde: S. 287-291.

27 Delegation auf Fachpersonen bei vertikaler Arbeitsteilung. Igl, Gerhard: Welche rechtlichen Möglichkeiten und Grenzen bestehen in Bezug auf interdisziplinäre Kooperation und Aufgabenverschiebung unter den Gesundheitsberufen? Stuttgart (Robert Bosch Stiftung) 2010, S. 24-32. Bohne, Kerstin: Delegation ärztlicher Tätigkeiten. Frankfurt (Lang) 2012, S. 1-74 und 248-267. Achterfeld, Claudia: Aufgabenverteilung im Gesundheitswesen. Rechtliche Rahmenbedingungen der Dele-

Die dritte Durchführungsverordnung zum Vereinheitlichungsgesetz regelt die grundlegenden beruferechtlichen Normen der nichtärztlichen Gesundheitsberufe und unterstellt sie der ärztlichen Anordnung und Aufsicht in den neu geschaffenen Strukturen des kommunalen oder staatlichen Gesundheitsdienstes. Auf dieser Basis ergingen 1938 die ersten Berufegesetze für Hebammen und Krankenpflege.[28] Mit dem Krankenpflegegesetz von 1938 wird Krankenpflege Bestandteil ärztlicher Behandlung und als Assistenz des Arztes definiert, ‚reine' Pflegetätigkeit wird als Gegenstand der Krankenpflege ausgeschlossen.[29]

4. Kontinuierung in der Nachkriegsperiode. Oder: Nicht denken, sondern machen: Geregelte Krankenpflege nach 1945

Das Krankenpflegegesetz von 1938 besteht in der Bundesrepublik weiter bis 1957.[30] Es ist ausgesetzt, die Notwendigkeit einer Neuregelung ist erkannt, um die nationalsozialistische Ideologie und ihre Ziele zu entfernen. Im Rahmen der Diskussion um die Novellierung wird erörtert, inwieweit neben dem Schutz der Berufsbezeichnung als Berufszulassung auch die Berufsausübung geregelt und geschützt werden sollen. Die Notwendigkeit wird gesehen, allerdings mache dies eine Definition von Krankenpflege erforderlich. Dies sei nicht möglich, weil es sich bei der Krankenpflege

---

gation ärztlicher Leistungen. Heidelberg (Springer) 2014, S. 39-72, 93-108, 221-242.

28 Das Krankenpflegegesetz von 1938 war bis zur Novellierung des Krankenpflegegesetzes 2003 im wesentlichen strukturgebend über alle Novellierungen der Zwischenzeit hinweg.

29 Gesetz zur Ordnung der Krankenpflege vom 28. September 1938. Reichgesetzblatt Teil I Nr. 154 vom 30.9.1938. Erste Verordnung über die berufsmäßige Ausübung der Krankenpflege und die Errichtung von Krankenpflegeschulen (Krankenpflegeverordnung – KrPflV) vom 28. September 1938. Reichsgesetzblatt Teil I Nr. 154 vom 30. September 1938. Zweite Verordnung über die berufsmäßige Ausübung der Krankenpflege und die Errichtung von Krankenpflegeschulen (Ausführungsverordnung) vom 28.9.1938. Reichsgesetzblatt Teil I Nr. 154 vom 30.9.1938. Dritte Verordnung über die berufsmäßige Ausübung der Krankenpflege und die Errichtung von Krankenpflegeschulen vom 28.9.1938. Reichsgesetzblatt Teil I Nr. 154 vom 30.9.1938.

30 Deutscher Bundestag: Gesetz über die Ausübung des Berufs der Krankenschwester, des Krankenpflegers und Kinderkrankenschwester (Krankenpflegegesetz) vom 15. Juli 1957. Bundesgesetzblatt Teil I Nr. 31 vom 18.7.1957, S. 716-719.

um eine umfassende Tätigkeit handele. Die Problematik der definitorischen Abgrenzung wird aus den Begriffsbestimmungen der Ausführungsverordnungen zum Krankenpflegegesetz von 1938 hergeleitet. Die Notwendigkeit eines Schutzes der Berufsausübung wird auch im Rahmen der folgenden Novellierungen[31] diskutiert, aber bis 2003 zeichnen sich die Gesetze zur Krankenpflege durch die Fortschreibung des „Bewährten" aus.

5. Konsequenz des Versäumnis der nachholenden und äquivalenten Institutionalisierung

Mit der Inpflichtnahme für die unmittelbare Versorgung wurde auch die Strukturdiskussion um die Pflege und eine angemessene Institutionalisierung in die Latenz verschoben. Die Retraditionalisierung der verbandlichen Strukturen (gemeinnützig, privat, gewerkschaftlich) trug ein übriges dazu bei, eine politisch und gesellschaftlich unproduktive Pluralität zu fördern und damit Selbstbestimmung und Mitwirkung zu relativieren. Stellenwert und Weg zur Einflussnahme auf angemessene gesellschaftliche Präsentanz blieben lange aus, mündeten sporadisch in Initiativen zur Kammerbildung, die alsbald versandeten, und führten zur informellen Strukturbildung und Vertretung (dpr, Landes-Pflegeräte, Registrierungskampagnen), die gut gemeint, aber wenig politikfähig und wirksam sind. Erste Gutachten zu vorbehaltenen Aufgaben für die Pflege erbrachten zunächst wenig Konkretes und Umsetzungsfähiges zu diesem Thema.[32] Informelle Beteiligungen ersetzen gegenwärtig das gleichberechtigte Mitwirken in der Willensbildung und Versorgung.

---

31 Entwurf eines Krankenpflegegesetzes. Drucksache 4/2550, S. 5.

32 Igl, Gerhard: Öffentlich-rechtliche Grundlagen für das Berufsfeld Pflege in Hinblick auf vorbehaltene Aufgabenbereiche. Eschborn (Eigenverlag) 1998. Derselbe: Weitere öffentlich rechtliche Regulierung der Pflegeberufe und ihrer Tätigkeit. Voraussetzungen und Anforderungen. München (Urban und Vogel) 2008. Im wesentlichen bestätigt Igl die Ergebnisse seines ersten Gutachtens, kommt allerdings vor dem Hintergrund einer stärkeren Berücksichtigung des indirekten Beruferechts und seiner Weiterentwicklung zu anderen Schlussfolgerungen: So befürwortet er nun eine Kammerbildung, was zu einem wichtigen Referenzpunkt in der Diskussion und der weiteren Entwicklung wird.

6. Folgen des beruflichen und institutionellen Übergangs in die Bundesrepublik

Grundlegende Elemente prägen die fortgeschriebenen Strukturen auch nach dem Zweiten Weltkrieg. Vor dem Hintergrund eines fehlenden gesellschaftlichen und fachlichen Diskurses, einer Notwendigkeit der Sicherstellung der unmittelbaren Versorgung unter großem Handlungsdruck und der teilweisen Fortgeltung der Reichs-Rechtsmaterien in unklarem rechtlichen Status sprach vieles für einen ‚lautlosen Übergang', der die Strukturen unter geänderten Rahmenbedingungen im wesentlichen und über lange Zeit invariant beibehielt: Die Reichsgesetzgebung und die durch sie begründeten belasteten Einrichtungen werden durch die Alliierten abgewickelt.

‚Öffentliche Gesundheitshilfe', ergänzt um karitative Wohlfahrtspflege, sind die Bereiche von Gesundheitsdienstleistungen, die wesentliche Funktionen der Prävention und Versorgung, insbesondere im ambulanten Bereich, tragen, bis sie einerseits in den siebziger Jahren unter dem subsidiären Motto ‚ambulant vor stationär' in die Reichsversicherungsordnung geregelt werden und andererseits die kirchengebundenen Wohlfahrtsstrukturen aus Mangel an Fachkräften der Kirchen oder Orden und wegen mangelnder Finanzen ‚verdämmern'. Zwei interdependente Entwicklungen in den siebziger und achtziger Jahren sind für die Pflege von Bedeutung. Sie vollzogen sich eher am Rande der Entwicklung, sind kaum verbandlich und wissenschaftlich beobachtet und ohne Konsequenzen für die Pflegebildung geblieben: Der Generationenwechsel der Fachkräfte im ambulanten Versorgungsbereich (Hebammen und Pflege),[33] der in der sozialrechtlichen Regelung der ambulanten Pflege zugleich ein normativer Umbruch und eine institutionelle Neuorientierung war,[34] nämlich ein Verantwortungsübergang für die Pflege auf die zunächst gemeinnützigen, später

33 Damit ‚stirbt' eine regional wirksame, breit angelegte und zum Teil hochkompetente kranken- und gemeindepflegerische Arbeit, die mindestens zu wesentlichen Anteilen jenseits und übergreifend zu Regelungen und Strukturen der Versorgung stattfand.

34 Korporal, Johannes: Häusliche Kinderkrankenpflege – Alternative zur stationären Behandlung. In: Oppl, Hubert und Weber-Falkensammer, Hartmut (Hg.): Lebenslagen und Gesundheit – Hilfen durch soziale Arbeit. Frankfurt/Main (Diesterweg) 1986, S. 226-244.

auch auf die privaten Träger der ambulanten Versorgung.[35] Fachliche Verantwortung für Leistung, Ausgestaltung, Entwicklung und Steuerung geht – meist mit nur marginaler Beteiligung der Fachexpertise – auf die Träger über, und das Sozialrecht korrespondiert mit zunehmend fachneutralen Rechtskategorien. Fachverbände sehen hierin keinen Auftrag zur Verantwortungsübernahme oder Gestaltung, und Wissenschaft und Forschung blenden diesen Versorgungsbereich weitgehend aus. Beides sind Aufträge für die Gegenwart: Integration pflegerischer Versorgungskonzepte unter fachlichen, bildungs- und sozialstrukturellen Gesichtspunkten und Initiierung von Versorgungsforschung.

7. Berufsrechtliche Neuorientierung – Sachstand der Regelung und Reflexion der Entwicklung

Hundert Jahre nach dem Vorschlag der ersten gesetzlichen Regelung der Pflegeberufe kommt es in den letzten Jahren zu einer an einigen Punkten weiterentwickelnden Novellierung. Seit einem Jahr liegt der Beschluss der Bundesregierung zum novellierten Pflegeberufsgesetz vor,[36] eine Gegenäußerung des Bundesrats, eine erste parlamentarische Beratung und eine Anhörung in den Ausschüssen für Gesundheit und Familie, Senioren, Frauen und Jugend haben stattgefunden.

Die verfassungsrechtlichen Voraussetzungen haben sich nicht geändert, insofern bleibt es beim Berufszulassungsgesetz auf Bundesebene, das einen ersten explorativen Schritt der Praxisregelung durch Berufsvorbehalt enthält.[37] Der Gesetzentwurf regelt eine sogenannte generalistische berufsfachschulische Ausbildung, was meint, dass die Pflegeberufe in einem neuen Ausbildungsgesetz *einheitlich und gänzlich neu fundiert* werden

---

35 Beikirch, Elisabeth und Korporal, Johannes: Ambulante Pflege: sozialrechtliche, strukturelle und ökonomische Rahmenbedingungen und Entwicklung. In: Rennen-Allhoff, Beate und Schaeffer, Doris (Hg.): Handbuch Pflegewissenschaft. Weinheim (Juventa) 2000, S. 611-637.

36 Gesetzentwurf der Bundesregierung. Entwurf eines Gesetzes zur Reform der Pflegeberufe (Pflegeberufereformgesetz – PflBRefG) vom 9.3.2016. Drucksache 18/7823.

37 Zusammenfassend soll nur kurz kommentierend auf einige innovative Anteile eingegangen werden und nicht auf Fragen der Finanzierung, Ausstattung, des Übergangs und der Aufsicht.

sollen.[38] *Erstmalig* finden sich in einem Pflegegesetzentwurf Regelungen für eine hochschulische Qualifikation. Das Gesetz definiert vorbehaltene Tätigkeiten für Funktionen des Pflegeprozesses und der Evaluation und Qualitätssicherung, wobei nicht festgelegt ist, ob sich letzteres auf den Pflegeprozess als fachliches Instrument oder sozialrechtlich geregelte Sicherung bezieht.[39]

Zugrundegelegt ist eine umfassende Zielbestimmung der Pflege und eine Umsetzung in kompetenzielle Anforderungen,[40] die neben dem Pflegeprozess weitere grundlegende Kompetenzbereiche der praktischen Pflege beinhaltet. Die praktische Ausbildung wird hinsichtlich der einbezogenen Versorgungseinrichtungen verbreitert, nicht in „trockenen Tüchern" ist das Anleitungsniveau auf Höhe des Ausbildungsziels für die Hochschulbildung. Für die Lehrerbildung werden Ausbildung *und* pädagogische Masterqualifikation zugrunde gelegt mit der Ausnahme der Einrichtungsleitung. Modellvorhaben der Länder müssen dies in Rechnung stellen. Die Zugangsvoraussetzungen zur berufsfachschulischen Ausbildung werden – gegen die qualifikatorischen Anforderungen – stufenweise abwärts definiert, die Qualifikation zur Ausübung selbständiger Heilkunde wird durch erweiterte Verfahrensregelung entsprechend der Richtlinie für beide Bereiche nunmehr erfolgreich eingeschlossen.[41] Regelungen zur hochschulischen Ausbildung auf Bachelorebene definieren Ziele der Ausbildung, Durchführung des Studiums und Prüfung. Die Hochschulbildung soll primärqualifizierend[42] erfolgen und verantwortet werden, Studienkonzepte

38 Dieser Aspekt stellt auch den wesentlichen Konfliktstoff dar, da Träger der Altenhilfe der Justierung der Qualifikation, den finanziellen Konsequenzen und den normativen Folgen widersprechen und dies mehrheitsrelevant parlamentarisch zur Wirkung bringen.

39 Igl, Gerhard: Welche rechtlichen Möglichkeiten und Grenzen ..., a.a.O., S. 28-32. Der hier geregelte Vorbehalt wäre nach Igl ein ‚prioritärer Vorbehalt', aber doch wieder auch nicht, weil er eigentlich ein ‚fachlich-instumenteller Vorbehalt' ist, der arbeitsrechtlich wirksam abgesichert wird.

40 Sie entsprechen den kompetenziellen Anforderungen der EU-Richtlinien 2005/36/EG und 2013/55/EU.

41 Beschluss des Gemeinsamen Bundesausschusses über eine Richtlinie über die Festlegung ärztlicher Tätigkeiten zur Übertragung auf Berufsangehörige der Alten- und Krankenpflege zur selbständigen Ausübung von Heilkunde im Rahmen von Modellvorhaben nach § 63 Abs. 3c SGB V (Richtlinie nach § 63 Abs. 3c SGB V) vom 20.10.2011.

42 Curricular organisiertes wissenschaftliches Studium in Theorie und Praxis, vermittelt durch Hochschullehre unter Einschluss einer geringen simulativen Qualifikati-

werden durch die zuständige Landesbehörde im Akkreditierungsverfahren geprüft. Hochschulbildung weist ein erweitertes Ausbildungsziel auf, das hinsichtlich der kompetenziellen Ausformulieren heterogen, mehrdimensional, teils nicht dem Bachelorniveau entsprechend ist und spätestens im Rahmen der Ausbildungs- und Prüfungsverordnung reformuliert werden sollte.[43] Den Studienabschluss stellt eine akademische Prüfung dar, die hinsichtlich der berufszulassenden Qualifikation intern eigenständig und an die Kompetenzregelungen der berufsfachschulischen Regelungen gebunden ist.[44]

Die hochschulische Bildung stellt insgesamt einen Rahmen dar, der die durch Kompromiss ermöglichten und begrenzten Innovationen unter Bedingungen angemessener Ausstattung umzusetzen gestattet. Hinsichtlich vieler klärungsbedürftiger Fragen (z. B. erweiterte Kompetenzen) wird es auf die Vereinbarungen zwischen den Hochschulen und den Verwaltungen ankommen. Vermutlich vertan sind die Chancen auf Äquivalenz und vergleichbaren Rahmen der berufsfachschulischen und der hochschulischen Bildung, des Verweises auf eine moderne berufspädagogische Orientierung wie auch auf ein bereichsübergreifendes System der Qualitätssicherung der Ausbildungen, das einige Probleme der Umsetzung relativieren könnte.

---

onsphase. Übergangsfristen für ausbildungsintegrierende Formen sind inakzeptabel lang.

43 Korporal, Johannes und Dangel, Bärbel: Stellungnahme zum Entwurf eines Gesetzes zur Reform der Pflegeberufe (BT-Drucksache 18/7823), Berlin (unveröffentlicht) 2016.

44 Dangel, Bärbel und Korporal, Johannes: Die novellierte berufsgesetzliche Regelung der Pflege – Struktur und mögliche Wirkungen. Gesundheits- und Sozialpolitik 70 (1): S. 8-18, 2016.

Qualität in der Langzeitpflege

Heinz Rothgang

1 Einleitung

Noch 1993 bezeichnete Gerhard Igl die Defizite in der Qualitätssicherung bei der Pflege alter und behinderter Menschen als „ein verschwiegenes sozialpolitisches Problem" (Igl 1993: 31). Eine breite Debatte über die Qualitätssicherung in der Medizin hat in Deutschland erst Mitte der 1980er Jahre begonnen (Igl 1999: 4). Aufbauend hierauf wurde die „Pflegequalität" auch in der 1994 neu eingeführten Pflegeversicherung thematisiert, allerdings zunächst lediglich indem der gemeinsamen Selbstverwaltung die Aufgabe übertragen wurde, „gemeinsam und einheitlich Grundsätze und Maßstäbe zur Qualität und Qualitätssicherung der ambulanten und stationären Pflege sowie für das Verfahren zur Durchführung von Qualitätsprüfungen" zu vereinbaren (§ 80 SGB XI). Ein Vergleich mit der geltenden Fassung des SGB XI allein zeigt schon, welchen Bedeutungszuwachs das Qualitätsthema im Normengeflecht der Sozialen Pflegeversicherung seitdem erfahren hat: Nicht weniger als 14 Paragraphen umfasst das Kapitel XI des SGB XI, in dem die „Qualitätssicherung und Sonstige Regelungen zum Schutz der Pflegebedürftigen" inzwischen gebündelt sind.

An diesem Bedeutungszuwachs des Qualitätsthemas in der Langzeitpflege hat Gerhard Igl entscheidenden Anteil genommen, als Wissenschaftler, aber auch als Vorsitzender der Bundeskonferenz für Qualitätssicherung im Gesundheits- und Sozialwesen e.V. (BuKo), die insbesondere in der ersten Dekade dieses Jahrhunderts durch eigene Memoranden (BuKo 2000, 2002) und von ihr initiierte Gutachten (Bieback 2004; Ollenschläger 2007) wichtige Impulse für die Gesetzgebung gesetzt hat.

Nach Vorstellung der grundsätzlichen Ansätze zur Qualitätssicherung und zum Qualitätsmanagement (Abschnitt 2), wird in diesem Beitrag die Entwicklung der Sozialrechtsnormen in der Langzeitpflege in Deutschland skizziert (Abschnitt 3), um vor diesem Hintergrund auf die Potentiale aktueller sozialrechtlicher Regulierung einzugehen und zu diskutieren, inwiefern darin ein schlüssiges Gesamtkonzept erkennbar ist (Abschnitt 4). Der Beitrag schließt mit einem Fazit, in dem die Entwicklungen der sozialrechtlichen Regulierung seit Einführung der Pflegeversicherung bis heute systematisiert werden (Abschnitt 5).

2 Regelungsansätze zur Qualitätssicherung und -entwicklung

In Bezug auf die Beeinflussung der Qualität können vier verschiedene Regelungsansätze unterschieden werden: die externe Qualitätskontrolle (Abschnitt 2.1), das interne Qualitätsmanagement (Abschnitt 2.2), der Qualitätswettbewerb (Abschnitt 2.3) und die qualitätsorientierte Vergütung (Abschnitt 2.4).

2.1 Externe Qualitätskontrolle

Der älteste gesetzlich geregelte Ansatz zielt auf die Qualitäts*sicherung* ab. Ziel hierbei ist, die Einhaltung normierter Standards zu überprüfen und deren etwaige Nichteinhaltung zu sanktionieren. In diesem Sinne waren (Mindest) Qualitätsstandards schon vor Einführung der Pflegeversicherung insbesondere im Heimgesetz und den diese konkretisierenden Rechtsverordnungen wie der Heimmindestbauverordnung und der Heimpersonalverordnung normiert und wurden von der Heimaufsicht geprüft. Dieser Ansatz weist zwei zentrale Limitationen auf: Erstens ist er statisch: Gesetzte Standards können überprüft werden, Anreize zur dynamischen Weiterentwicklung der Pflegequalität entstehen dabei aber nicht. Zweitens setzt die Überprüfung von Qualitätsstandards deren Existenz voraus. Bei Einführung der Pflegeversicherung wurde diesbezüglich gleich mehrfach auf den „allgemein anerkannten Stand medizinisch-pflegerischer Erkenntnisse“ (§§ 11, 28, 69 SGB XI)[1] Bezug genommen. Allerdings war ein solch „allgemein anerkannter Stand“, der für Zwecke der externen Qualitätskontrolle zudem gerichtsfest sein muss, zumindest bei Einführung der Pflegeversicherung nicht vorhanden, sondern musste erst noch entwickelt werden.

---

1 Inzwischen (Stand: März 2017) wird hierauf zusätzlich auch in den neu geschaffenen §§ 53c, 113a und 124 SGB XI Bezug genommen.

2.2 Internes Qualitätsmanagement

Die über die Qualitätssicherung hinausgehende Qualitäts*entwicklung* ist Ziel des internen Qualitätsmanagements, das damit die Lücke füllen kann, die externe Qualitätskontrolle in Bezug auf die dynamische Entwicklung von Pflegequalität aufweist. Qualitätsentwicklung muss somit – so auch die Gesetzesbegründung im Entwurf des Pflege-Qualitätsstärkungsgesetzes (S. 2) – aus den Einrichtungen selbst erfolgen. Dieser im Kern *interne* Prozess kann aber durch Auflagen zu strukturellen Voraussetzungen des Prozesses gefördert werden, durch monetäre Anreize im Sinne von Pay-for-performance (P4P) oder durch Möglichkeiten, die Kennziffern für die Qualität werbewirksam zu veröffentlichen, um so Wettbewerbsvorteile zu erlangen. Förderlich ist dabei, wenn sich Einrichtungen mittels wohldefinierter Indikatoren im Rahmen eines benchmarking-Ansatzes mit anderen Einrichtungen vergleichen können, dabei eigene Schwächen entdecken und diese beheben können, um so zu einer Entwicklungsspirale in Richtung auf höhere Qualität beizutragen.

2.3 Qualitätswettbewerb

Wettbewerb ist ein Mechanismus, der sehr effizient zu Qualitätsverbesserungen und zu einem Ausscheiden von Anbietern minderer Qualität im Markt führen kann. Allerdings ist Pflege ein Erfahrungsgut, bei dem sich die Qualität der Leistungserbringung für den Verbraucher erst nach der Inanspruchnahme zeigt, teilweise sogar ein Vertrauensgut, bei dem die Qualität der Leistung auch nach deren Erbringung vom Konsumenten nicht beurteilt werden kann. Ein funktionaler Qualitätswettbewerb erfordert deshalb, dass die Informationsasymmetrie zwischen Anbieter und Konsument weitgehend aufgehoben werden kann. Die systematische und gezielte Nutzung von Wettbewerbsprozessen zur Qualitätssicherung und – soweit dies den Präferenzen der Nachfrager entspricht – Qualitätssteigerung setzt daher Instrumente zum Abbau dieser Informationsasymmetrien voraus. In diesem Sinne haben sich – als marktinterne Lösungen – Siegel und Zertifizierungen sowie Sekundärmärkte für Information entwickelt, die Einrichtungen bewerten, aber auch gesetzliche Initiativen zur Schaffung von Pflegenoten und Qualitätsindikatoren.

2.4 Pay for Performance

Ein weiterer Mechanismus zur Qualitätssteigerung besteht in einer Vergütung der Pflegeeinrichtung in Abhängigkeit von der Qualität der dort erbrachten Leistungen. Seit einigen Jahren wird auch in Deutschland unter dem Stichwort Pay-for-Performance diskutiert, ob und wenn ja wie qualitätsorientierte Vergütungsbestandteile eingeführt werden können und sollen (Veit et al. 2012). Mit dem Krankenhausstrukturgesetz (KHSG) vom 10. Dezember 2015 (BGBl. 2015 I, S. 2229) wird im Krankenhaussektor die Möglichkeit geschaffen, qualitätsabhängige Vergütungsbestandteile einzuführen. Zwar unterscheiden sich die Pflegesätze zwischen den Pflegeheimen erheblich, jedoch sind diese Unterschiede vor allem dem jeweiligen historischen Erbe geschuldet und korrelieren allenfalls schwach mit der Pflegequalität (Rothgang et al. 2012; Mennicken 2013; Pick 2013). Eine systematische Berücksichtigung von Qualitätsmerkmalen ist dagegen (noch) nicht Vergütungsbestandteil.

3 Gesetzgeberische Aktivitäten seit Einführung der Pflegeversicherung

Bei Einführung der Pflegeversicherung wurde Pflegequalität vor allem ordnungsrechtlich im Heimgesetz und sozialrechtlich in § 80 SGB XI thematisiert.[2] Im Heimgesetz ging es dabei ausschließlich um die *Sicherung* der *Struktur*qualität und auch die in § 80 SGB XI geforderten „Grundsätze und Maßstäbe“ bezogen sich ausdrücklich auf Qualitäts*sicherung*. In den 1996 von der gemeinsamen Selbstverwaltung verabschiedeten Grundsätzen und Maßstäben wird dabei zwar auf Struktur-, Prozess- und Ergebnisqualität abgestellt, die Regelungen zur Strukturqualität weisen dabei aber den höchsten Konkretisierungsgrad auf, während die Ergebnisqualität nur am Rande thematisiert wird. Diese Regelungen wurden zunehmend als unbefriedigend angesehen. Angestoßen durch die inzwischen breiter geführte Debatte[3] und Veröffentlichungen wie dem Berliner Memorandum der BuKo hat die 1998 neu ins Amt gelangte Bundesregierung eine Gesetzesinitiative gestartet, die zur Verabschiedung des „Gesetzes zur Qualitätssicherung und Stärkung des Verbraucherschutzes in der Pflege (Pflege-Qua-

2 Auf haftungsrechtliche Regelungen und Fragen des Berufsrechts wird in diesem Beitrag nicht eingegangen.

3 Vgl. Igl et al. 2002 für einen Überblick über den Diskussionsstand zu dieser Zeit.

litätssicherungsgesetz – PQsG)" vom 9. September 2001 (BGBl. I, S. 2320) geführt hat.

3.1 Pflege-Qualitätssicherungsgesetz

Auch wenn der Name des Gesetzes anderes nahe legt, erfolgt im Pflege-Qualitäts*sicherungs*gesetz eine erste Ausweitung des Regelungsgegenstands auf die Qualitäts*entwicklung*. So werden die Akteure der gemeinsamen Selbstverwaltung im neu gefassten § 80 Abs. 1 Satz 1 SGB XI nunmehr aufgefordert, „Grundsätze und Maßstäbe für die Qualität und die Qualitätssicherung der ambulanten und stationären Pflege *sowie für die Entwicklung eines einrichtungsinternen Qualitätsmanagements*, das auf eine stetige Sicherung und *Weiterentwicklung der Pflegequalität* ausgerichtet ist", zu vereinbaren. Dabei wird erneut die Rolle der Strukturqualität gestärkt, indem die Vertragspartner im erweiterten § 75 Abs. 3 Satz 1 SGB XI nunmehr verpflichtet werden, „entweder 1. landesweite Verfahren zur Ermittlung des Personalbedarfs oder zur Bemessung der Pflegezeiten oder 2. landesweite Personalrichtwerte zu vereinbaren." Die zentrale Neuerung des Gesetzes liegt allerdings in der Verpflichtung der (teil)stationären Einrichtungen zum Abschluss einer Qualitäts- und Leistungsvereinbarung (QLV), in der insbesondere Merkmale der Strukturqualität festgelegt werden (§ 80a Abs. 2 Satz 2 SGB XI). Zudem werden im neu geschaffenen Elften Kapitel „Qualitätssicherung, Sonstige Regelungen zum Schutz der Pflegebedürftigen" weitere Normen gebündelt, die insbesondere zusätzliche Verpflichtungen der Einrichtungsträger beinhalten. Im Kern weist das PQsG damit eine starke *Kontrollorientierung* insbesondere bezogen auf die Qualitäts*sicherung* der *Struktur*qualität auf. Konkrete Maßnahmen zur *Weiterentwicklung* der Pflegequalität fehlen dagegen. Da die Effekte des PQsG allgemein als unbefriedigend angesehen wurden (Klie 2002: 33), wurde 2008 ein weiterer gesetzgeberischer Schritt zur positiven Beeinflussung der Pflegequalität unternommen.

3.2 Pflege-Weiterentwicklungsgesetz

Im Pflege-Weiterentwicklungsgesetz (PfWG) vom 28. Mai 2008 (BGBl. I, S. 874)[4] werden die §§ 80 und 80a SGB XI gestrichen. Die Gegenstände der Qualitäts- und Leistungsvereinbarungen werden als § 84 Abs. 5 SGB XI in die Pflegesatzvereinbarung integriert, die weiteren im Elften Kapitel gebündelten Regelungen zur Qualität zum Teil erheblich verändert. Die wesentlichen Neuerungen beziehen sich auf die Einführung von Expertenstandards[5] und die veränderte Rolle der Qualitätsprüfungen.

Gemäß § 113a Abs. 1 Satz 1 SGB XI „stellen die Vertragsparteien die Entwicklung und Aktualisierung wissenschaftlich fundierter und fachlich abgestimmter Expertenstandards zur Sicherung und Weiterentwicklung der Qualität in der Pflege sicher." Dabei dienen die *Expertenstandards* nicht nur der Konkretisierung des allgemein anerkannten Standes der medizinisch-pflegerischen Erkenntnisse bei, sondern entwickeln diesen auch weiter und tragen damit über die Qualitätssicherung hinaus zur Qualitätsentwicklung bei.

Grundlegend verändert wird die Rolle der *Qualitätsprüfungen*. Wurden diese zuvor lediglich unregelmäßig und in großen zeitlichen Intervallen durchgeführt, ist ab dem 1.1.2010 eine mindestens jährliche Prüffrequenz vorgesehen (§ 114 Abs. 2 Satz 1 SGB XI). War es den Prüfinstanzen zuvor verboten, die Prüfergebnisse zu veröffentlichen, wird es den Landesverbänden der Pflegekassen nunmehr auferlegt sicherzustellen, dass – basierend auf den Ergebnissen der Qualitätsprüfungen – „die von Pflegeeinrichtungen erbrachten Leistungen und deren Qualität, insbesondere hinsichtlich der Ergebnis- und Lebensqualität, für die Pflegebedürftigen und ihre Angehörigen verständlich, übersichtlich und vergleichbar sowohl im Internet als auch in anderer geeigneter Form kostenfrei veröffentlicht werden" (§ 115 Abs. 1a Satz 1 SGB XI). Diesem Gesetzesauftrag folgend werden seit dem 1.7.2009 auf Grundlage der Qualitätsprüfungen der MDK (und seit 2012 auch des Prüfdienstes der Privaten Krankenversicherung) Noten für die Qualität von Pflegeleistungen vergeben und im Internet veröffentlicht. Damit wird erstmals der *Qualitätswettbewerb durch informierte Konsumenten* gezielt als weiterer Regelungsansatz genutzt.

4 Vgl. für eine Darstellung und Bewertung des PfWG auch Igl (2008a), Igl/Naegele (2007) und Bieback (2008).

5 Vgl. Igl 2008b sowie die entsprechenden Beiträge in Igl et al. 2014.

Allerdings sind die den Pflegenoten zugrunde liegenden „Pflege-Transparenzverordnungen“ auf erhebliche methodische Kritik gestoßen (vgl. Igl 2011; Bonato 2011; Hasseler & Wolf-Ostermann 2010). Zudem diskriminieren die Pflegenoten kaum und entfalten so nur einen geringen Verbrauchernutzen (Sünderkamp et al. 2014). In Reaktion darauf ist es zu einer Neufassung der Transparenzvereinbarungen gekommen, die zum 1.1.2014 (stationär) bzw. zum 1.1.2017 (ambulant) in Kraft getreten sind. Gleichzeitig wurde beschlossen, die Pflegenoten mittelfristig durch ein anderes Verfahren zu ersetzen.

3.3 Pflege-Neuausrichtungsgesetz

Diesbezüglich werden die Vertragspartner im Pflege-Neuausrichtungsgesetz (PNG) vom 23. Oktober 2012 (BGBl. I, S. 2246) aufgefordert, in ihren Vereinbarungen auch die Anforderungen „an ein indikatorengestütztes Verfahren zur vergleichenden Messung und Darstellung von Ergebnisqualität im stationären Bereich, das auf der Grundlage einer strukturierten Datenerhebung im Rahmen des internen Qualitätsmanagements eine Qualitätsberichterstattung und die externe Qualitätsprüfung ermöglicht“ zu regeln (§ 113 Abs. 1 Ziffer 4 SGB XI). Bemerkenswert ist dabei erstens die explizite Hinwendung zur *Ergebnis*qualität. Zweitens sollen die Indikatoren sowohl dem *internen Qualitätsmanagement* als auch der *externen Qualitätsprüfung* dienen und bekommen damit eine doppelte Bedeutung.

3.4 Zweites Pflegestärkungsgesetz

Im Zweiten Gesetz zur Stärkung der pflegerischen Versorgung und zur Änderung weiterer Vorschriften (Zweites Pflegestärkungsgesetz – PSG II) vom 21. Dezember 2015 (BGBl. I, S. 2424) wird der Übergang vom System der Pflegenoten auf ein Bewertungssystem angekündigt, das auf *Ergebnisqualitätsindikatoren* beruht. War den Vertragsparteien im „alten“ § 113 (Abs. 1 Satz 4, Ziffer 4) SGB XI lediglich auferlegt worden, „*Anforderungen zu regeln* … an ein indikatorengestütztes Verfahren zur vergleichenden Messung und Darstellung von Ergebnisqualität im stationären Bereich“, ist von den Vertragsparteien nunmehr gemäß dem neu gefassten § 113 Abs. 1a Satz 1 SGB XI „insbesondere das indikatorengestützte Verfahren zur vergleichenden Messung und Darstellung von Ergebnisqualität im stationären Bereich, das auf der Grundlage einer strukturierten Datenerhebung im Rahmen des internen Qualitätsmanagements eine Qualitätsberichterstattung und die externe Qualitätsprüfung ermöglicht, *zu beschreiben*". Im neuen § 113b Abs. 4 SGB XI wird dazu dezidiert vorgeschrieben, welche Schritte die Selbstverwaltung bis zu welchem Termin unternehmen muss, damit das neue indikatorengestützte Verfahren zum Ende des Jahres 2018 die Pflegenoten ablösen kann. Entsprechend sind 2016 zwei Ausschreibungen zur „Entwicklung der Instrumente und Verfahren für Qualitätsprüfungen" für den stationären und ambulanten Sektor erfolgt und wurden entsprechende Aufträge an Wissenschaftler im ersten Quartal 2017 vergeben.

4 Potentiale der derzeitigen Regelungen

Um einzuordnen, wie erfolgversprechend die neuen Regelungen sind, wird nachfolgend zunächst auf die beide Instrumente eingegangen, auf denen derzeit die größten Hoffnungen ruhen: die Expertenstandards (Abschnitt 4.1) und die Qualitätsindikatoren (Abschnitt 4.2). Anschließend wird das Zusammenwirken der vorhandenen Regelungsansätze thematisiert (Abschnitt 4.3).

4.1 Möglichkeiten und Grenzen der Expertenstandards

Expertenstandards legen Rahmenbedingungen fest, die die Pflegequalität bei häufigen Pflegephänomenen (z. B. Dekubitus, Inkontinenz, Schmerzen, Stürze) verbessern sollen. Sie zielen dabei regelmäßig auf Struktur-, Prozess- und Ergebnisqualität ab. Seit dem Jahr 2000 (Expertenstandard Dekubitusprophylaxe) wurden unter Federführung des privaten Deutschen Netzwerks zur Qualitätsentwicklung in der Pflege (DNQP) insgesamt 8 Expertenstandards entwickelt. Seit Inkrafttreten der entsprechenden Normen des PfWG haben die Vertragspartner der gemeinsamen Selbstverwaltung nach § 113 SGB XI die „Entwicklung und Aktualisierung wissenschaftlich fundierter und fachlich abgestimmter Expertenstandards zur Sicherung und Weiterentwicklung der Qualität in der Pflege" sicherzustellen (§ 113a Abs. 1 Satz 1 SGB XI) und dazu am 30.3.2009 eine entsprechende Verfahrensordnung verabschiedet. Der Expertenstandard „Förderung der

Mobilität“ ist der erste Standard, der entsprechend dieser Verfahrensordnung beauftragt wurde.

Seit Mitte der 2000er Jahre werden Expertenstandards zunehmend kritisiert (Meyer et al. 2006). Wenngleich sich einige Kritikpunkte, wie die Unklarheit über die Bindungskraft der Standards oder der fehlende freie Zugang zu den Standards durch das PfWG erübrigt haben, bleibt vor allem ein zentraler Kritikpunkt gültig, nämlich die bislang fehlenden Wirksamkeitsnachweise der Expertenstandards in Bezug auf nutzerrelevante Outcomes.

Diese Problematik zeigte sich auch bei der modellhaften Implementierung des ersten gemäß der Verfahrensordnung von 2009 entwickelten Standards, des Expertenstandards zur „Förderung der Mobilität“, bei der auch die Wirksamkeit in Bezug auf Ergebnisparameter betrachtet wurde. Zwar erwies sich der Standard als praktikabel und vergleichsweise unaufwändig, ein Wirksamkeitsnachweis konnte in der cluster-randomisierten Studie allerdings *nicht* erbracht werden (Görres et al. 2016).

Das zeigt ein zentrales Manko der derzeitigen *Verfahrensordnung*, die nach der Erarbeitung des Expertenstandardentwurfs (Ziffer 5.2 der Verfahrensordnung) und der Durchführung einer Fachkonferenz (Ziffer 5.3) zwingend die modellhafte Implementierung des Expertenstandards (Ziffer 5.4) vorsieht. Nicht vorgesehen ist dabei die Möglichkeit, dass ein Thema zwar als (sehr) relevant einzuschätzen ist, die Sichtung der nationalen und internationalen Literatur im Rahmen des evidenzbasierten Prozesses aber keine wirksamen Interventionen zur Beeinflussung des Pflegephänomens aufdeckt und im Entwurf des Expertenstandards daher keine konkreten Empfehlungen ausgesprochen werden können. Derzeit ist dennoch eine modellhafte Implementierung zwingend vorgeschrieben. Notwendig wäre dagegen die Einführung eines Zwischenschritts in die Verfahrensordnung, der die Prüfung und Bewertung der Erkenntnisse aus der Entwicklungsphase des Expertenstandardentwurfs zur *Wirksamkeit von Interventionen auf Ebene der Pflegebedürftigen* zum Gegenstand hat. Bei heterogener Studienlage und nur schwachen Hinweisen auf Wirksamkeit, wäre dann auf eine modellhafte Implementierung zu verzichten und stattdessen eine themenspezifische Forschungsförderung einzuleiten.

4.2 Möglichkeiten und Grenzen der Qualitätsindikatoren

Die gesetzlichen Neuregelungen des PSG II zielen auf die Einführung eines indikatorengestützten Verfahren zur Bewertung der Ergebnisqualität ab, wobei der Gesetzgeber in § 113b Abs. 4 Satz 2 Ziffer 1 Buchstabe a SGB XI ausdrücklich fordert, dass „insbesondere die 2011 vorgelegten Ergebnisse des vom Bundesministerium für Gesundheit und vom Bundesministerium für Familie, Senioren, Frauen und Jugend geförderten Projektes ‚Entwicklung und Erprobung von Instrumenten zur Beurteilung der Ergebnisqualität in der stationären Altenhilfe' und die Ergebnisse der dazu durchgeführten Umsetzungsprojekte einzubeziehen sind".

Mit den gesundheitsbezogenen Indikatoren von Wingenfeld et al. (2011) wird nur ein Teil der gesundheitsbezogenen Ergebnisqualität berücksichtigt und nicht gesundheitsbezogene Ergebnisaspekte bleiben gänzlich unthematisiert. Wie die von der gemeinsamen Selbstverwaltung beauftragte Studie zur „Modellhaften Pilotierung von Indikatoren in der stationären Pflege (MoPIP) zeigt, in der die Wingenfeld-Indikatoren erprobt wurden, sind diese- Indikatoren grundsätzlich geeignet, die jeweils angesprochenen Aspekte zu messen – allerdings ergeben sich Anpassungsnotwendigkeiten im Detail. Zudem kann die Reichweite des Instruments durch Einschluss weiterer Indikatoren gesteigert werden. Vor allem macht die MoPIP-Studie aber klar, dass die bei fünf Indikatoren vorgenommene Einteilung der Bewohner in zwei Risikogruppen allein kein angemessenes Verfahren der Risikoadjustierung darstellt. Notwendig ist vielmehr eine statistische Risikoadjustierung unter Berücksichtigung einer Mehrzahl von Einflussgrößen (Rothgang et al. 2017) bei allen Ergebnisindikatoren. Nach Einführung einer statistischen Risikoadjustierung und einer Überarbeitung der Bewertungssystematik können die Ergebnisindikatoren jedoch einen Beitrag leisten – aber mit durchaus begrenzter Reichweite und bislang nur im stationären Bereich.

4.3 Zusammenwirken der vorhandenen Regelungsansätze

Wie die obige Darstellung zeigt, hat sich die sozialrechtliche Regulierung der Pflegequalität seit Einführung der Pflegeversicherung intensiviert. Dabei wurden bestehende Ansätze nicht durch neue *ersetzt*, sondern *ergänzt*. Es stellt sich nun die Frage, in welchem Verhältnis die jeweiligen Regelungen zueinander stehen und ob sie sich sinnvoll ergänzen oder konterkarieren.

Externe Qualitätsprüfungen zielen zunächst auf Qualitätssicherung, nicht aber -entwicklung und müssen daher durch *internes Qualitätsmanagement* ergänzt werden. Externe Qualitätsprüfungen können dabei Qualitätsverbesserungen in den Einrichtungen anstoßen (Pick 2013: 2017), während im Rahmen der Qualitätsentwicklung erzielte Fortschritte in den „allgemein anerkannten Stand der medizinisch-pflegerischen Erkenntnisse" eingehen und diesen aktualisieren können. Hierzu muss das eingesetzte Prüfinstrumentarium als lernendes System konzipiert sein, das laufend weiterentwickelt werden muss, um neue pflegewissenschaftliche Erkenntnisse etwa in Form von Expertenstandards zu integrieren (ebd.).

Das Verhältnis des *Qualitätswettbewerbs* zu externer Qualitätsprüfung und internem Qualitätsmanagement ist konfliktträchtiger. Qualitätswettbewerb bedarf aufgeklärter Konsumenten, die sich anhand öffentlich frei verfügbarer Indikatoren zur Beschreibung der Pflegequalität der Einrichtungen informieren können. Werden hierzu die Qualitätsindikatoren verwendet, die dem internen Qualitätsmanagement dienen sollen und für externe Qualitätskontrollen eingesetzt werden, besteht die Gefahr, dass Einrichtungen – wie bei den Pflegenoten geschehen – vor allem die Dokumentation in Bezug auf diese Indikatoren optimieren, nicht aber die Pflegequalität. In diesem Fall verlieren Indikatoren ihre Funktionalität, wenn sie zur Außendarstellung der Einrichtungen eingesetzt werden.

Hinzu kommt, dass die von Wingenfeld et al. (2011) vorgelegten gesundheitsbezogenen Indikatoren zur Pflegequalität zwar pflegefachlich begründet werden können, ihre Gegenstände für die Nutzer aber von nachgeordneter Bedeutung sind (Görres & Rothgang et al. 2017). Es ist daher zu diskutieren, ob die nach § 113b SGB XI zu entwickelnden und zu implementierenden Qualitätsindikatoren eher für das interne Qualitätsmanagement als für einen Qualitätswettbewerb genutzt werden sollten und der Qualitätswettbewerb auf anderen Informationen zu begründen ist.

Eine *qualitätsorientierte Vergütung* wird für Pflegeeinrichtungen derzeit noch nicht prominent diskutiert. Angesichts der Entwicklung im Krankenhaussektor ist eine entsprechende Diskussion für die Zukunft aber durchaus zu erwarten. Auch für diese Diskussion wäre es wünschenswert, die Wechselwirkungen zu den anderen Regelungsansätzen von vorne herein immer mit zu denken.

5 Fazit

Seit Einführung der Pflegeversicherung hat es erhebliche Veränderungen in Bezug auf die Rolle von Qualitätssicherung und -entwicklung, die dabei beteiligten Akteure, die Rolle von Struktur-, Prozess- und Ergebnisqualität und die Regelungsmechanismen gegeben.

Beschränkte sich die Pflegeversicherung bei ihrer Einführung auf die Qualitäts*sicherung*, erfolgte schon im PQsG ein Bekenntnis zur Qualitäts*entwicklung* – ohne dies allerdings durch entsprechende Instrumente zu hinterlegen. Mit Pflegenoten, Expertenstandards und Ergebnisqualitätsindikatoren sind inzwischen *Instrumente* hinzugekommen, die aber gleichzeitig der externen Qualitätssicherung, der internen Qualitätsentwicklung und dem Qualitätswettbewerb dienen sollen und damit tendenziell überfordert sind. Zu prüfen ist daher, ob die zu entwickelnden Indikatoren vor allem Instrument zur Qualitätsentwicklung oder – insofern sie veröffentlicht werden – vor allem Instrument für den Qualitätswettbewerb sein sollen.

Hinsichtlich der beteiligten *Akteure* dominierte zunächst die Qualitätskontrolle von außen. Mit zunehmendem Bekenntnis zur Qualitätsentwicklung rückten dann die *Einrichtungsbetreiber* in den Vordergrund. Im PQsG wird diesbezüglich ausdrücklich in einer neu eingeführten Norm (§ 112 SGB XI) die – eigentlich selbstverständliche – Verantwortung der Einrichtungsträger für die Pflegequalität hervorgehoben. Für die sozialrechtliche Regulierung hat sich inzwischen durchgesetzt, die *gemeinsame Selbstverwaltung* mit der Ausarbeitung von Regelungen zu betrauen, mit der Drohung der Ersatzvornahme durch das BMG, das auch die Rechtsaufsicht hat. Tatsächlich sind einige Verhandlungen in der Selbstverwaltung äußerst zäh und haben – etwa in Bezug auf die Pflege-Transparenzkriterien – eher unbefriedigende Lösungen auf dem kleinsten gemeinsamen Nenner erzeugt. Dies ist möglicherweise auch darauf zurückzuführen, dass das Ministerium von seiner Möglichkeit der Ersatzvornahme nur zögerlich Gebrauch macht.

Eine Entwicklung ist auch in Bezug auf die Aufmerksamkeit zu erkennen, die den *Qualitätsdimensionen* in den sozialrechtlichen Regelungen zuteil wird. Stand ursprünglich die *Struktur*qualität im Vordergrund, haben sich die Gewichte inzwischen hin zur *Ergebnis*qualität verschoben. Auch wenn diese Verschiebung grundsätzlich zu begrüßen ist, zeigt der Katalog von Wingenfeld et al. (2011), in dem erkennbar bedeutsame Gegenstände als „Prozessendpunkte" der Ergebnisqualität zugeschlagen werden, um die damit verbundenen Prozessindikatoren als Ergebnisindikator umdefiniert einschließen zu können, wie problematisch eine ausschließliche Festlegung auf Ergebnisindikatoren ist. Sinnvoller wäre eine rechtliche Regelung, die das Indikatorenset stattdessen auch auf Prozessindikatoren ausdehnt.

Eine Ausweitung lässt sich auch bezüglich der genutzten *Mechanismen* zur Beeinflussung der Pflegequalität erkennen. Die ursprünglich ausschließlich auf Qualitäts*kontrolle* fixierte Perspektive wurde schon bald um Qualitäts*entwicklung* durch *internes Qualitätsmanagement* erweitert. Vor einer Dekade kam dann die Nutzung des *Qualitätswettbewerbs* hinzu. Die hierzu entwickelten Pflegenoten sind in der Praxis aber gescheitert, und auch ob die Ergebnisqualitätsindikatoren, die in Zukunft für eine Berichterstattung eingesetzt werden sollen, ihren Zweck erfüllen, ist ebenfalls zweifelhaft: Zum einen dürfte eine Nutzung dieser Indikatoren für eine öffentliche Berichterstattung deren Funktionalität für internes Qualitätsmanagement negativ beeinflussen und zum anderen sind die pflegefachlichen Indikatoren für die Nutzer von geringem Interesse. Andere Ansätze, die sich stärker auf die Lebensqualität von Einrichtungsbewohnern beziehen, sind für Qualitätswettbewerb womöglich geeigneter.

Noch keine systematische sozialrechtliche Nutzung erfahren derzeit Ansätze zur *qualitätsorientierten Vergütung*. Nachdem für den Krankenhaussektor diesbezügliche Möglichkeiten geschaffen wurden, ist es allerdings naheliegend, dergleichen auch für Pflegeeinrichtungen zu diskutieren. Gerade im Kontext des Qualitätswettbewerbs wird zudem deutlich, dass die Möglichkeit individueller *Beratung der Pflegebedürftigen* – auch darüber, welche Einrichtung den individuellen Bedürfnissen am besten gerecht wird, – ein Element sein kann, dass bei der Qualitätsdiskussion bislang noch unzureichend genutzt wurde.

Insgesamt wurde die sozialrechtliche Regulierung von Maßnahmen zur Sicherung und Entwicklung der Pflegequalität somit erheblich ausgebaut. Ein von Gerhard Igl (2007) angemahnter in sich geschlossener Ansatz ist aber 10 Jahre später immer noch nicht zu erkennen, so dass auch für die Zukunft Weiterentwicklung sowohl notwendig als auch zu erwarten sind.

Literatur

Augurzky B; Borchert L; Deppisch R; Krolop S; Mennicken R; Preuss M; Rothgang H; Stocker-Müller M; Wasem J (2007): Gründe für die Höhe der Heimentgelte in den stationären Pflegeeinrichtungen in NRW. Wissenschaftliches Gutachten im Auftrag des Ministeriums für Arbeit, Gesundheit und Soziales des Landes Nordrhein-Westfalen. Endbericht. Essen: Rheinisch-Westfälisches Institut für Wirtschaftsforschung (RWI).

Bieback K-J (2004): Qualitätssicherung in der Pflege im Sozialrecht. Rechtliche Möglichkeiten einer Institutionalisierung der Qualitätssicherung, herausgegeben von der Bundeskonferenz zur Qualitätssicherung im Gesundheits- und Pflegewesen e.V. Verlag C.F. Müller, Heidelberg.

Bieback, K-J (Hrsg.):Die Reform der Pflegeversicherung 2008. Münster: Lit-Verlag.

Bonato M (2011): Kritik an der Methodik der Pflege-Transparenzberichte. Gutachterliche Stellungnahme im Auftrag der Diakonie Rheinland-Westfalen-Lippe. Münster. URL: http://www.diakonie-rwl.de/kurzlink/bonato-gutachten-pflegenoten/

Braun B; Greß S; Rothgang H; Wasem J (Hg.) (2008): Einflussnehmen oder Aussteigen? Theorie und Praxis von Selbstverwaltung und Kassenwechsel in der GKV. Berlin: edition sigma.

BuKo [=Bundeskonferenz zur Qualitätssicherung im Gesundheits- und Pflegewesen e.V.] (2002): Neue Chancen für eine Weiterentwicklung der Qualitätssicherung. Memorandum November 2002 der Bundeskonferenz für Qualitätssicherung im Gesundheits- und Pflegewesen e.V.

BuKo [=Bundeskonferenz zur Qualitätssicherung im Gesundheits- und Pflegewesen e.V.] (2000): Berliner Memorandum der Bundeskonferenz zur Qualitätssicherung im Gesundheits- und Pflegewesen e.V, in: Beiträge zum Recht der sozialen Dienste und Einrichtungen (RsDE), Heft 44: 41-53.

Görres S; Rothgang H; Neubert L; Seibert K; Stolle C; Schmidt S; Bendig J; Brannath W (2016): Modellhafte Implementierung des Expertenstandard-Entwurfs „Erhaltung und Förderung der Mobilität in der Pflege" (ExMo). Abschlussbericht. Bremen.

Hasseler M; Wolf-Ostermann K (2010). Wissenschaftliche Evaluation zur Beurteilung der Pflege-Transparenzvereinbarungen für den ambulanten (PTVA) und stationären (PTVS) Bereich. Berlin, 21.7.2010, https://www.gkv-spitzenverband.de/media/dokumente/pflegeversicherung/qualitaet_in_der_pflege/Pflegenoten_Endbericht_Beirat_u_WB_2010_07_21.pdf

Igl, Gerhard (1993): Rechtliche Fragen der Qualitätssicherung bei der Pflege alter und behinderter Menschen, in: Beiträge zum Recht der sozialen Dienste und Einrichtungen (RsDE), Heft 21: 31-45.

Igl G (1999): Rechtlicher Rahmen der Qualitätssicherung in der Medizin nach dem SGB V, in: Zeitschrift für Gerontologie und Geriatrie 32. Jg., Heft 1: 3-10.

Igl G (2007): Qualitätsanforderungen in der Langzeitpflege: Wie hat eine rechtliche Rahmenordnung auszusehen? – Eine historische, rechtliche und rechtspolitische Analyse –, in: Die Sozialgerichtsbarkeit (SGb), Heft 7: 381-394.

Igl G (2008a): Das Gesetz zur strukturellen Weiterentwicklung der Pflegeversicherung, in: Neu Juristische Wochenschrift (NJW) 31: 2214-2219.

Igl G (2008b): Fachliche Standards und Expertenstandards für die Pflege im System der Qualitätsentwicklung nach § 113a und § 113b SGB XI, in: Beiträge zum Recht der sozialen Dienste und Einrichtungen (RsDE), Heft 67: 38 ff.

Igl G (2011): Intransparenter Wirrwarr bei den Transparenzberichten? In: Beiträge zum Recht der sozialen Dienste und Einrichtungen (RsDE), Heft 73: 47 ff.

Igl G; Naegele G (2007): Strukturelle Weiterentwicklung der Pflegeversicherung – nach der Reform ist vor der Reform, in: Zeitschrift für Geriatrie und Gerontologie, 41. Jg., Heft 2: 79–80,

Igl G; Schiemann D; Gerste B; Klose J. (Hrsg.) (2002): Qualität in der Pflege. Betreuung und Versorgung von pflegebedürftigen alten Menschen in der stationären und ambulanten Altenhilfe. Stuttgart: Schattauer.

Klie T (2002): Recht und Qualitätssicherung in der Pflege alter Menschen. Gesetzliche Rahmenbedingungen und Rechtswirklichkeit, in: Igl G; Schiemann D; Gerste B; Klose J (Hrsg.) (2002): Qualität in der Pflege. Betreuung und Versorgung von pflegebedürftigen alten Menschen in der stationären und ambulanten Altenhilfe. Stuttgart: Schattauer, 19-34.

Mennicken R (2013): Preise und Qualität in Pflegeheimen – Erste empirische Ergebnisse für Deutschland, in: Das Gesundheitswesen 75. Jg. Heft 2: 99–101.

Meyer G; Berg A; Köpke S; Fleicher S; Langer G; Reif K; Wylegalla C; Behrens J (2012): Kritische Stellungnahme zu den Expertenstandards in der Pflege: Chancen für die Qualitätsentwicklung nutzen, in: Pflegewissenschaft, Heft 1: 34-38.

Ollenschläger G. (2007): Institutionalisierung der Qualitätsentwicklung in der Pflege und Betreuung. Gutachten für die Bundeskonferenz zur Qualitätssicherung im Gesundheits- und Pflegewesen (BUKO-QS). Berlin: BUKO-QS.

Pick P (2013): Qualität in Pflegeheimen, in: Rebschläger U; Schulte C; Osterkamp N (Hrsg.): BARMER GEK Gesundheitswesen aktuell. Berlin: BARMER GEK: 204-221.

Rothgang H; Müller R; Unger R; Weiß Ch; Wolter A (2012): BARMER GEK-Pflegereport 2012. Siegburg.

Rothgang H; Görres S; Fünfstück M; Seibert K; Schmidt S; Brannath W; Hasseler M (2017): Modellhafte Pilotierung von Indikatoren in der stationären Pflege (MoPIP). Abschlussbericht zum Forschungsprojekt. SOCIUM Forschungszentrum Ungleichheit und Sozialpolitik, Bremen. Online verfügbar unter https://www.gkv-spitzenverband.de/pflegeversicherung/qualitaet_in_der_pflege/indikatoren_fuer_ergebnisqualitaet/indikatoren_fuer_ergebnisqualitaet_1.jsp [07.07.2017].

Schiemann D; Moers M; Büscher A (Hrsg.): Qualitätsentwicklung in der Pflege. Stuttgart: Kohlhammer.

Sünderkamp S; Weiß C; Rothgang H (2014): Analyse der ambulanten und stationären Pflegenoten hinsichtlich der Nützlichkeit für den Verbraucher, in: Pflege, 27. Jg., Heft 5: 325-336.

Veit C; Hertle D; Bungard S; Trümner A; Gansk V; Meyer-Hofmann B (2012): Pay-for-Performance im Gesundheitswesen: Sachstandbericht zu Evidenz und Realisierung sowie Darlegung der Grundlagen für eine künftige Weiterentwicklung. Gutachten im Auftrag des Bundesministeriums für Gesundheit. Düsseldorf: BQS Institut für Qualität & Patientensicherheit.

Wingenfeld K; Engels D; Kleina T; Franz S; Mehlan S; Engel H. (2011): Entwicklung und Erprobung von Instrumenten zur Beurteilung der Ergebnisqualität in der stationären Altenhilfe. Abschlussbericht. Herausgegeben vom Bundesministeriem für Familie, Senioren, Frauen und Jugend. Bielefeld, Köln.
URL: http://www.bagfw.de/fileadmin/user_upload/Abschlussbericht_Ergebnisqualitaet_.pdf.

VIII.
Soziale Sicherung in anderen Ländern

Die 24-Stunden-Betreuung in Österreich

Michael Ganner

I. Einleitung

Der Pflegesektor hat in den letzten 25 Jahren eine ebenso dynamische Entwicklung erfahren wie der Anteil hochaltriger und pflegebedürftiger Personen an der Gesamtbevölkerung: Sie haben jeweils kontinuierlich zugenommen und sind zu einer ständig präsenten Konstante im gesellschaftlichen und rechtlichen Diskurs geworden.

Mit dem Pflegegeld in Österreich 1993 und der Pflegeversicherung in Deutschland 1995 wurden erstmals einheitliche finanzielle Unterstützungssysteme für den Fall der Pflegebedürftigkeit im Sozialrecht geschaffen. Zuvor gab es freilich schon Unterstützungsleistungen für bestimmte Formen von Behinderung. Die Pflegegeldsysteme in Österreich und Deutschland wurden im Laufe der Zeit verfeinert, erweitert, an geänderte Verhältnisse angepasst und durch zusätzliche Instrumentarien ergänzt. Als solche zu nennen sind hier für Österreich einerseits arbeitsrechtliche Möglichkeiten, wie die Pflegekarenz, Pflegeteilzeit, Pflegefreistellung und Familienhospizkarenz, und auf der anderen Seite sozialrechtliche Angebote, wie die sozialversicherungsrechtliche Absicherung der Pflegepersonen, die Ersatzpflege und die 24-Stunden-Betreuung. Bei ersteren handelt es sich um Ansprüche auf vorübergehende Reduktion oder Aussetzung der Arbeitszeit bei teilweiser Lohnfortzahlung, bei letzteren um finanzielle Unterstützung zur Finanzierung der Pflege.[1]

Im Gesamtsystem der Pflege deckt die 24-Stunden-Betreuung in Österreich nur einen kleinen Teil ab. Von den derzeit rund 460.000 Pflegegeldbeziehenden werden ca. 15 % (ca. 70.000) in Heimen und 85 % (390.000) zu Hause versorgt. Von jenen, die zu Hause versorgt werden, werden wiederum ca. 52 % (240.000) nur von Angehörigen, 27 % (125.000) von ambulanten Pflegediensten und nur 6 % (25.000) von 24-Stunden-Betreuun-

1 Siehe dazu *BMASK* (Hrsg.), Österreichischer Pflegevorsorgebericht 2014, Wien 2015, S. 16 ff; *Ganner*, Grundzüge des Alten- und Behindertenrechts, 2. Auflage, Wien 2014, S. 79 ff.

gen versorgt.[2] Die 24-Stunden-Betreuung spielt eine beträchtliche Rolle in der Betreuung dementer Personen: rund 40 % der Betreuten haben eine entsprechende ärztliche Diagnose.

II. Entstehung und Verbreitung der 24-Stunden-Betreuung

Unter 24-Stunden-Betreuung wird die zeitlich durchgehende – also Tag und Nacht sowie 365 Tage im Jahr – extramurale Versorgung von pflegebedürftigen Personen verstanden. Die Dienstleistungen werden in der Regel von ausländischen, häufig fachlich nicht qualifizierten Personen in der Wohnung oder dem Haus der pflegebedürftigen Person erbracht. Die 24-Stunden-BetreuerInnen – es sind ganz überwiegend Frauen (zu 93 %) aus Osteuropa – wohnen selbst im Haushalt der betreuten Person und sind mehr oder weniger durchgehend, also 24 Stunden am Tag, abrufbereit. Häufig dauert eine Betreuungsperiode einer Betreuerin zwei Wochen. Diese Form der Betreuung oder Haushaltshilfe wird schon lange praktiziert. Sie erfolgte vor dem Jahr 2007 in Österreich fast immer auf illegaler Basis, weil arbeitsrechtliche und insbesondere Arbeitnehmerschutzbestimmungen nicht eingehalten wurden. Zudem haben die Auftraggeber und die BetreuerInnen zumeist gegen das Sozialversicherungsrecht, das Berufsrecht und das Ausländerbeschäftigungsgesetz verstoßen.[3]

Die Regelung der 24-Stunden-Betreuung ist am 1. 7. 2007 in Kraft getreten. Das Pflegeübergangsgesetz sah bis 30.6.2008 eine Übergangsregelung vor, wonach von der Erfüllung bestimmter Vorgaben bis dorthin abgesehen wurde (Amnestieregelung). Um Rechtssicherheit für alle Beteiligten zu schaffen, wurde ein Modell entwickelt, das die Inanspruchnahme der 24-Stunden-Betreuung auf legaler, qualitätsgesicherter und auch leistbarer Basis ermöglichen soll. Dennoch muss davon ausgegangen werden, dass nach wie vor viele Betreuungsverhältnisse nicht den gesetzlichen Regelungen entsprechen. Es gibt für diese Form der privaten Versorgung auch keine den Heimgesetzen entsprechenden Bestimmungen. Zwar greifen berufsrechtliche Regelungen, die zB. vorgeben, welche Pflegemaßnah-

2 Statistik Austria; s. http://www.statistik.at; BMASK (Hrsg.), Pflegevorsorgeberichte, Wien 2011-2014; s. https://www.sozialministerium.at/site/.

3 Ausführlich dazu *Kreimer*, Care und Migration am Beispiel der 24-Stunden-Betreuung in Österreich, in: *Ulrich/Neuwirth* (Hrsg.), Zum Verhältnis von Reproduktion, Erwerbsarbeit und fairer Budgetpolitik, Linz 2015, S. 139 ff.

men von wem ausgeführt werden dürfen, sowie strafgesetzliche Bestimmungen (etwa hinsichtlich von Freiheitsbeschränkungen). Eine wirksame Kontrolle dieser ist aber nicht möglich.

Die rechtlichen Regelungen verwenden für das, was allgemein als 24-Stunden-Betreuung verstanden wird, den Begriff *24-Stunden-Betreuung*, wenn im Rahmen des Hausbetreuungsgesetzes Arbeitsverhältnisse eingegangen werden, oder den Begriff *Personenbetreuung*, wenn die Betreuung nach der Gewerbeordnung als selbstständiges Gewerbe angeboten wird. Art und Weise der Betreuung sind regelmäßig gleich. Ganz überwiegend wird die 24-Stunden-Betreuung von den AnbieterInnen aus sozialversicherungs- und steuerrechtlichen Gründen als selbstständige Auftragnehmer nach der Gewerbeordnung angeboten.

Faktisch ist die 24-Stunden-Betreuung bzw. Personenbetreuung aber ein Erfolgsmodell: die Kosten sind deutlich geringer als bei stationärer Versorgung – diese betragen bei höchster Pflegestufe in der sozialhilferechtlich mitfinanzierten Basisversorgung bis zu 6.300 € monatlich –, betagte Menschen können in den „eigenen vier Wänden" den Lebensabend verbringen und die persönliche Betreuung geht weit über das Maximum von ca. 3 Stunden pro Tag in stationären Einrichtungen hinaus. Voraussetzung ist aber, dass entsprechende Wohnmöglichkeiten auch für die BetreuerInnen vorhanden sind. Probleme treten freilich auch regelmäßig auf: Die berufliche Qualifikation der Betreuenden ist für die tatsächlich oft erforderlichen Pflegeleistungen nicht ausreichend[4] und mangelnde deutsche Sprachkenntnisse verhindern fallweise die notwendige Kommunikation usw. Darüber hinaus ist einerseits die arbeitsrechtliche Behandlung der Betreuenden hinsichtlich der Arbeitszeit und des Arbeitsschutzes insgesamt bedenklich und andererseits oft auch der in der jeweiligen Arbeitssituation vorherrschende persönliche Umgang einem regulären Arbeitsverhältnis an sich nicht entsprechend. Zudem werden durch die Abwanderung von Pflegekräften in den Herkunftsländern Arbeitsmarktprobleme geschaffen oder verstärkt.[5]

---

4 Nur ca. 20 % haben eine Gesundheits- und Krankenpflegeausbildung. Das Bildungsniveau an sich ist aber hoch: über 50 % Abitur und 24 % Hochschulabschluss.

5 Vgl. *Krispl*, Drei Jahre Förderung der 24-Stunden-Betreuung durch Bund und Länder – eine Bilanz, Österreichische Zeitschrift für Pflegerecht (ÖZPR) 2011/39, S. 45; *Schmidt/Laichsenring*, Der österreichische Weg der 24-Stunden-Betreuung und seine Wirkung auf Qualität und Qualitätssicherung, Soziale Sicherheit 1/2016, S. 15 ff.

Seit 2007 haben in Österreich 169.000 Personen das Gewerbe der Personenbetreuung angemeldet.[6] Mit Stand 31.10.2015 bestanden 76.669 Personenbetreuungsgewerbe, davon waren 56.816 aktiv und 19.853 ruhend gemeldet. Die Zahl der aktiven Personenbetreuenden hat sich seit 2011 fast verdoppelt. Hinsichtlich der Nationalität der PersonenbetreuerInnen zeichnet sich eine starke Übermacht von slowakischen (31.276, Ende 2014) und rumänischen (27.024, ebenfalls Ende 2014) Betreuenden ab. Danach folgen Ungarn (4.136), immerhin auch Österreich (1.586), Polen (1.466), Bulgarien (1.425), Kroatien (743) und die Tschechische Republik (704).

Nicht alle 24-Stunden-Betreuungen oder Personenbetreuungen werden auch finanziell gefördert und nach wie vor entsprechen viele nicht den gesetzlichen Vorgaben. Daher fällt die Zahl der Anbieter und derjenigen, die finanziell gefördert werden, auseinander. Die Zahl der Bezieher von Förderung betrug 2014 19.300 und ist kontinuierlich von 2008 mit 2.970 beginnend angestiegen. Die Förderungen werden aber nicht unbedingt während des gesamten Jahres bezogen. In der Regel beschäftigt ein Förderungsbezieher gleichzeitig zwei Personenbetreuende, die sich im Zwei-Wochen-Rhythmus abwechseln. Ebenso wie die Zahl der Bezieher von Förderungen, sind die öffentlichen Kosten für die 24-Stunden-Betreuung gestiegen, nämlich von 41,2 Mio € im Jahr 2009 auf 122,9 Mio € im Jahr 2014. Darin nicht enthalten sind die privaten Kosten, welche von den pflege- und hilfsbedürftigen Personen und ihren Angehörigen aufgebracht wurden. Die Dauer der 24-Stunden-Betreuungen beträgt im Durchschnitt 18 Monate.[7]

III. Finanzierung der 24-Stunden-Betreuung

1. Allgemein

Die Finanzierung von Betreuungs- und Pflegeleistungen obliegt primär der betroffenen Person, die über Einkommen (zB. Pension), familiäre Un-

---

6 Die Daten stammen aus den Pflegevorsorgeberichten des Bundesministeriums für Arbeit, Soziales und Konsumentenschutz (BMASK) sowie aus informellen Broschüren der Wirtschaftskammer Österreich. Diese finden Sie auf den entsprechenden Homepages: https://www.sozialministerium.at/site/ und https://www.wko.at/.

7 Vgl. auch BMASK (Hrsg.), Pflegevorsorgebericht 2011, S. 17.

terhaltspflichten und Einsatz des eigenen Vermögens den Aufwand zu bestreiten hat. Bei Vorliegen von Pflegebedürftigkeit wird von den Pensionsversicherungsanstalten nach einem 7-stufigen Modell Pflegegeld in der Höhe von 157,30 € pro Monat in der Pflegestufe 1, also bei einem monatlichen Pflegebedarf von mindestens 65 Stunden, und maximal von 1.688,90 € pro Monat in der Pflegestufe 7 – bei einem Pflegebedarf von monatlich mindestens 180 Stunden, ausbezahlt. Dabei handelt es sich um einen Zuschuss zu den pflegebedingten Mehraufwendungen, nicht jedoch um eine vollständige finanzielle Deckung der durch Pflege und Betreuung entstehenden Kosten. Das österreichische Modell des Pflegegeldes ist steuerfinanziert, beruht also – im Unterschied zum deutschen – nicht auf dem System der Sozialversicherung, und steht jedermann einkommens- und vermögensunabhängig zu.

Bei der 24-Stunden-Betreuung handelt es sich um die zusätzliche finanzielle Förderung von Arbeitsverhältnissen, die zur ganztägigen Betreuung pflegebedürftiger Personen in den eigenen Wohnräumen eingegangen werden. Die entsprechenden Regelungen hinsichtlich der finanziellen Förderung durch öffentliche Mittel finden sich im Bundes-Pflegegeldgesetz (BPGG). Demnach besteht kein Rechtsanspruch, vielmehr „können nach Maßgabe der dafür zur Verfügung stehenden Mittel aus dem Unterstützungsfonds für Menschen mit Behinderung (§ 22 des Bundesbehindertengesetzes) Zuwendungen an pflegebedürftige Personen oder deren Angehörige gewährt werden" (zB. § 21 b BPGG). Bund und Länder teilen sich die Kosten im Verhältnis 60 zu 40.

Eine Förderung im Rahmen der 24-Stunden-Betreuung ist grundsätzlich nur möglich, wenn zumindest Pflegebedürftigkeit der Stufe 3 vorliegt und die Notwendigkeit einer 24-Stunden-Betreuung gegeben ist. Ab der Pflegegeldstufe 5 wird in der Regel von der Notwendigkeit einer solchen Betreuung ausgegangen. Bei Beziehern von Pflegegeld der Stufen 3 und 4 ist die Notwendigkeit einer 24-Stunden-Betreuung durch eine (fach)ärztliche Bestätigung oder durch eine Bestätigung anderer zur Beurteilung des Pflegebedarfs berufener Experten nachzuweisen. Bei einer nachgewiesenen Demenzerkrankung genügt der Anspruch auf Pflegegeld der Stufen 1 oder 2, wenn ein ständiger Betreuungsbedarf vorliegt (§ 1 Abs. 2 HBeG).

Die finanzielle Förderung der 24-Stunden-Betreuung wird unabhängig vom Vermögen der zu betreuenden Person gewährt. Das monatliche Einkommen der pflegebedürftigen Person darf jedoch 2.500 Euro netto nicht übersteigen. Diese Einkommensgrenze erhöht sich für jeden unterhaltsberechtigten Angehörigen um 400 €, für einen behinderten unterhaltsberechtigten Angehörigen um 600 €. Pflegegeld, Versehrtenrenten (Unfallrenten) oder vergleichbare Leistungen, Sonderzahlungen, Familienbeihilfen, Kinderbetreuungsgeld, Studienbeihilfen oder Wohnbeihilfen zählen dabei nicht zum Einkommen.

Der Antrag auf Gewährung eines Zuschusses zur Unterstützung der 24-Stunden-Betreuung kann beim Bundessozialamt (bei jeder Landesstelle) gestellt werden.

2. Nach der Art der Betreuungsverhältnisse

Je nach der Art der vertraglichen Gestaltung des Betreuungsverhältnisses gibt es unterschiedliche Fördermöglichkeiten. Bei zwei unselbständigen Betreuungsverhältnissen in Form von Dienstverträgen beträgt der monatliche Zuschuss 1.100 €. Liegt nur ein unselbständiges Beschäftigungsverhältnis vor, beträgt der Zuschuss die Hälfte, also 550 € pro Monat, jeweils zwölf Mal jährlich. Für zwei selbständig erwerbstätige Betreuungskräfte beträgt der Zuschuss 550 € monatlich. Für nur eine selbständig erwerbstätige Betreuungskraft kann ein monatlicher Zuschuss in Höhe von 275 € gewährt werden, wiederum zwölf Mal jährlich.

Das Betreuungsverhältnis kann also in einem unselbständigen Dienstverhältnis mit der pflegebedürftigen Person, einem Angehörigen oder einem gemeinnützigen Anbieter (Dienstvertrag) oder in einer selbständigen Erwerbstätigkeit der Betreuungskräfte (Werkvertrag) bestehen.

Bedingung für die Anwendbarkeit des Hausbetreuungsgesetzes (HBeG) und damit für die Förderwürdigkeit ist, dass

- nach einer Arbeitsperiode von höchstens 14 Tagen eine ununterbrochene Freizeit von mindestens der gleichen Dauer gewährt wird und
- die vereinbarte Arbeitszeit mindestens 48 Stunden pro Woche beträgt und
- die Betreuungskraft für die Dauer der Arbeitsperiode in die Hausgemeinschaft der zu betreuenden Person aufgenommen wird (Wohnraum und volle Verpflegung; § 1 Abs. 2 HBeG).

Um eine durchgehende Betreuung zu gewährleisten und um die (arbeits)rechtlichen Vorgaben des HBeG zu erfüllen, müssen mindestens zwei Betreuungspersonen eingesetzt werden.

IV. Arbeits-, gewerbe- und berufsrechtliche Grundlagen

Die arbeits- bzw. gewerberechtlichen Spezialnormen für die 24-Stunden-Betreuung sowie die Personenbetreuung bilden das Hausbetreuungsgesetz (HBeG) und die Gewerbeordnung (GewO 1994). Die Standes- und Ausübungsregeln für PersonenbetreuerInnen finden sich in einer Verordnung zur Gewerbeordnung.[8]

Die Gewerbeordnung legt rudimentär fest, welche Tätigkeiten im Rahmen des Gewerbes der Personenbetreuung ausgeübt werden dürfen. Es handelt sich dabei vorwiegend um Haushaltstätigkeiten und um Unterstützungsmaßnahmen zur Bewältigung des Alltags (§ 159 GewO). Unter dem Titel „Qualitätssicherung für die Personenbetreuung" bestimmt § 160 GewO, dass die Betreuenden zur Verschwiegenheit über alle ihnen in Ausübung ihres Gewerbes anvertrauten oder bekannt gewordenen Angelegenheiten verpflichtet sind. Das gilt aber nicht, wenn und insoweit die betreuungsbedürftige Person oder deren gesetzlicher Vertreter ausdrücklich von dieser Pflicht entbindet. Zusätzlich müssen die BetreuerInnen mit der betreuungsbedürftigen Person oder deren gesetzlichem Vertreter eine Vereinbarung über Handlungsleitlinien für den Alltag und für Notfälle abschließen und ein Haushaltsbuch führen. In diesem sind sämtliche für die betreute Person getätigte Ausgaben sowie die jeweils erhaltenen Geldbeträge (zB Bargeld, Überweisung) einzutragen. Dieses ist über einen Zeitraum von zwei Jahren aufzubewahren.

Das Hausbetreuungsgesetz regelt grundsätzlich „die Betreuung von Personen in deren Privathaushalten", und zwar sowohl in der Form der selbständigen als auch der unselbständigen Erwerbstätigkeit.[9] Betreuungskräfte müssen demnach jedenfalls das 18. Lebensjahr vollendet haben und das jeweilige selbst- oder unselbstständige Rechtsverhältnis kann mit der zu betreuenden Person oder einem Angehörigen dieser Person, aber auch mit einem gemeinnützigen Anbieter sozialer und gesundheitlicher Dienste eingegangen werden.

---

8 Verordnung des Bundesministers für Wissenschaft, Forschung und Wirtschaft über Standes- und Ausübungsregeln für Leistungen der Personenbetreuung, BGBl. II Nr. 278/2007 idF 396/2015.

9 Nach wie vor strittig ist in vielen Einzelfällen die arbeits- und sozialrechtliche Situation der 24-Stunden-BetreuerInnen, nämlich ob es sich im Einzelfall um eine selbständige oder unselbständige Betreuungsperson handelt. Die sozial- und steuerrechtlichen Folgen sind gänzlich andere.

Für das Arbeitsverhältnis zwischen Betreuungskräften und zu betreuender Person oder Angehörigen gilt – mit Ausnahme der §§ 5 und 6 Abs. 1 bis 3 – das Hausgehilfen- und Hausangestelltengesetz (HGHAG).[10]

Hinsichtlich der Arbeitszeit wird normiert, dass diese einschließlich der Zeiten von Arbeitsbereitschaft in zwei aufeinander folgenden Wochen 128 Stunden nicht überschreiten darf. Allfällige über diese Höchstgrenze hinausgehende Zeiten der Arbeitsbereitschaft, die die Betreuungskraft vereinbarungsgemäß in ihrem Wohnraum oder in näherer häuslicher Umgebung verbringt und während der sie im Übrigen frei über ihre Zeit verfügen kann, gelten aber nicht als Arbeitszeit. Die tägliche Arbeitszeit ist durch Ruhepausen von insgesamt mindestens drei Stunden zu unterbrechen, die auch frei von Arbeitsbereitschaft bleiben müssen. Davon sind mindestens zwei Ruhepausen von 30 Minuten ununterbrochen zu gewähren. Darüber hinaus dürfen Arbeitnehmer/innen während jedes Zeitraumes von 24 Stunden insgesamt weitere zehn Stunden nicht in Anspruch genommen werden.

§ 7 HBeG normiert ausdrücklich, unabhängig von allfälligen berufsrechtlichen Vorgaben, die Pflicht zur Verschwiegenheit über alle in Ausübung der Tätigkeit bekannt gewordenen oder anvertrauten Angelegenheiten, soweit die Betreuungsperson nicht davon befreit wurde oder sich nicht eine Auskunftsverpflichtung aus gesetzlichen Bestimmungen ergibt.

Berufsrechtliche Qualifikationen sind für Betreuungskräfte nur sehr eingeschränkt vorgeschrieben. Zur Berufsausübung berechtigt ist demnach:

- jeder Angehörige eines Gesundheits- und Krankenpflegeberufs oder eines Sozialbetreuungsberufs;
- wer eine Ausbildung hat, die im Wesentlichen derjenigen eines Heimhelfers entspricht;
- wer seit mindestens sechs Monaten die Betreuung (im Sinne des HBeG oder gem. § 159 GewO 1994) nach den Erfordernissen einer sachgerechten Betreuung des Förderwerbers durchgeführt hat und
- wer auf Anordnung eines Angehörigen des gehobenen Dienstes für Gesundheits- und Krankenpflege oder eines Arztes tätig wird.[11]

---

10 BGBl. Nr. 235/1962.

11 Nach einer Umfrage in einem Caritas-Verein erhielten zwei Drittel der dort tätigen PersonenbetreuerInnen in ihrem Heimatland keine Ausbildung oder Schulung im Umgang mit demenzkranken Menschen; vgl. *Harm/ Hoschek*, Personenbetreuung,

Primäre Aufgabe der Betreuungskräfte ist die Hilfestellung bei der Lebensführung (Haushalt, Mobilität, persönliche Anwesenheit, Beaufsichtigung). Zusätzlich wird ihnen die Möglichkeit zur Durchführung bestimmter pflegerischer Tätigkeiten eingeräumt, die sonst qualifizierteren Berufsgruppen vorbehalten sind (§ 3 b Gesundheits- und Krankenpflegegesetz). Dazu zählen bspw. auch die Unterstützung bei der oralen Nahrungs- und Flüssigkeitsaufnahme sowie bei der Arzneimittelaufnahme, die Unterstützung bei der Körperpflege, die Unterstützung beim An- und Auskleiden, die Unterstützung bei der Benützung von Toilette oder Leibstuhl einschließlich der Hilfestellung beim Wechsel von Inkontinenzprodukten. Diese Tätigkeiten dürfen aber nur im Rahmen des Privathaushalts und auf der Basis einer gültigen Einwilligung durch die betreute Person selbst oder durch die gesetzliche Vertretung oder den Vorsorgebevollmächtigten erfolgen. Zudem bedarf es einer Anleitung und Unterweisung durch einen Angehörigen des gehobenen Dienstes für Gesundheits- und Krankenpflege. Die Betreuungsperson muss darauf hingewiesen werden, dass sie die Übernahme solcher Tätigkeiten ablehnen kann.

Der Angehörige des gehobenen Dienstes für Gesundheits- und Krankenpflege muss sich vergewissern, dass die Betreuungsperson über die erforderlichen Fähigkeiten verfügt. Dies ist ebenso wie die Anordnung der Maßnahmen sowie die Anleitung und Unterweisung zu dokumentieren. 24-Stunden-Betreuungskräfte sind verpflichtet, die Durchführung der angeordneten Tätigkeiten ausreichend und regelmäßig zu dokumentieren und die Dokumentation den Angehörigen der Gesundheitsberufe, die die betreute Person pflegen und behandeln, zugänglich zu machen. Zusätzlich müssen sie der anordnenden Person unverzüglich alle Informationen erteilen, die für die Anordnung von Bedeutung sein könnten, insbesondere die Veränderung des Zustandsbilds der betreuten Person oder die Unterbrechung der Betreuungstätigkeit.

Betreuungskräfte sind jedenfalls zur Verschwiegenheit über alle in Ausübung ihrer Tätigkeit bekannt gewordenen oder anvertrauten Angelegenheiten verpflichtet, soweit sie nicht davon befreit wurden oder sich nicht eine Auskunftsverpflichtung aus gesetzlichen Bestimmungen ergibt (§ 7 HBeG). Die Tätigkeit der Betreuungskräfte wird stichprobenartig (im

---

in: *Höfler/Bengough/Winkler/Griebler* (Hrsg.), Österreichischer Demenzbericht, Wien 2014, S. 61.

Auftrag des BMASK durch das Kompetenzzentrum der SVA der Bauern) überprüft.[12]

Die Standes- und Ausübungsregeln für PersonenbetreuerInnen, also solche, die selbstständige Gewerbetreibende sind, untersagen das Aufsuchen von Privatpersonen zum Zwecke der Akquirierung von Kunden sowie die Entgegennahme von Leistungen ohne gleichwertige Gegenleistung („Geschenkannahmeverbot"). Zusätzlich haben die BetreuerInnen mit den Kunden – das können auch Angehörige der zu betreuenden Person sein[13] – einen Betreuungsvertrag zu schließen, der im Sinne der Transparenz Leistungen und Kosten detailliert anführen muss. Sie müssen die Grundsätze der Sparsamkeit, Wirtschaftlichkeit und Zweckmäßigkeit beachten sowie die erbrachten Leistungen dokumentieren. Es gilt insofern Ähnliches wie für die Vermittlung der 24-Stunden-Betreuung (s. unten).

Die 24-Stunden-Betreuungskräfte spielen auch bei der Begutachtung im Verfahren zur Feststellung des Pflegegeldanspruchs eine Rolle: bei ihnen sind in diesem Falle Informationen der Betreuungskräfte zur Beurteilung der konkreten Pflegesituation einzuholen und zur Verfügung gestellte Betreuungsdokumentationen und Haushaltsbücher zu berücksichtigen. Diese Informationen sind auch im Gutachten anzuführen (§§ 23 ff Richtlinien für die einheitliche Anwendung des Bundespflegegeldgesetzes).[14]

V. Eigenes Gewerbe und Standesregeln für die Organisation von Personenbetreuung

2015 wurde durch die Änderung der Gewerbeordnung (§ 161) und mittels Verordnung[15] die gewerberechtliche Trennung von PersonenbetreuerInnen und Vermittlungsagenturen vorgenommen[16] und es wurden für Vermitt-

12 Bei den im Jahre 2012 durchgeführten Hausbesuchen wurde in ca. 99 % der Fälle eine ordnungsgemäße und gute Betreuungsqualität festgestellt; BMASK (Hrsg.), Pflegevorsorgebericht 2012, S. 23 f.

13 Dann wird ein (echter) Vertrag zugunsten Dritter geschlossen.

14 *Greifeneder*, Das ärztliche Gutachten als Grundlage der Pflegegeldeinstufung – Die aktuelle Rechtslage, ÖZPR/125, S. 138 (139).

15 Verordnung des Bundesministers für Wissenschaft, Forschung und Wirtschaft über Standes- und Ausübungsregeln für die Organisation von Personenbetreuung; BGBl II 2015/397.

16 Mit der Änderung der Gewerbeordnung wurde das Gewerbe „Organisation von Personenbetreuung" neu geschaffen.

lungsagenturen Standesregeln festgelegt.[17] Grund dafür waren Missstände, die bei nicht professionellen Vermittlern von PersonenbetreuerInnen regelmäßig auftraten (mangelnde Transparenz, mangelnde Schriftlichkeit, „Schwarzarbeit").

Vermittlungsagenturen werden nunmehr zur Transparenz hinsichtlich der Leistungsinhalte und der Kosten verpflichtet und es werden Mindestinhalte von Organisationsverträgen (Vertrag zwischen Agenturen und Personenbetreuenden) und Vermittlungsverträgen (Vertrag zwischen Agenturen und Kunden/betreuten Personen) vorgegeben. In den Verträgen bedarf es der transparenten Darstellung der Leistungsinhalte, etwa auch hinsichtlich der Unterstützung bei der An- und Abreise von Personenbetreuenden, der Unterstützung bei der Bereinigung von Konflikten zwischen vermitteltem Personenbetreuer und betreuungsbedürftiger Person oder der Unterstützung bei der Organisation der Vertretung im Verhinderungsfall.

Beide Verträge bedürfen der Schriftform, Name und Anschrift der Vertragspartner sowie Beginn und Dauer sind anzuführen. Hinsichtlich der Entgelte sind Fälligkeit und Höhe, aufgegliedert nach den einzelnen Leistungsinhalten, im Vertrag festzulegen. Die Zahlungsmodalitäten sowie die Angabe, ob der Vermittler Inkassovollmacht für den Personenbetreuer hat, sind ebenfalls zwingend in den Vertrag aufzunehmen. Auflösungsbestimmungen für die Verträge sind ebenfalls schriftlich im jeweiligen Vertrag festzuhalten. Diese enden jedenfalls mit dem Tod der betreuten Person oder des Personenbetreuers. Weiters ist im Vertrag eine Person anzugeben, die in einem zeitlich angemessenen Ausmaß erreichbar ist und als Ansprechpartner des Vermittlers fungiert.

Vermittler trifft eine Aufklärungspflicht gegenüber Interessenten, einerseits über die Tätigkeiten, die PersonenbetreuerInnen verrichten dürfen, und andererseits über die angebotenen Leistungen und Kosten; dies auf Verlangen auch schriftlich. Vermittler müssen vor Abschluss des Vermittlungsvertrages den Betreuungsbedarf und die Betreuungssituation der betreuungsbedürftigen Person vor Ort erheben und prüfen, ob der im konkreten Fall für die Vermittlung vorgesehene Personenbetreuer den festgestellten Betreuungsbedarf decken kann. Die Ergebnisse dieser Erhebungen und der Prüfung sind zu dokumentieren und der betreuungsbedürftigen Person und dem Vertragspartner, sofern sich dieser von der betreuungsbedürfti-

17 Ausführlich dazu *Staudinger*, Langzeitpflege in der neuen Legislaturperiode, ÖZPR 2014/6, S. 12; *Rudda*, Reform der 24-Stunden-Betreuung, ÖZPR 2015/109, s. 172; *ders*, Soziale Sicherheit 3/2016, S. 114.

gen Person unterscheidet, auf Verlangen zugänglich zu machen oder abschriftlich auszufolgen. Auch die auf der Grundlage des Vermittlungsvertrages erbrachten Leistungen sind regelmäßig zu dokumentieren und dem Vertragspartner auf Verlangen zugänglich zu machen oder abschriftlich auszufolgen.[18]

Die entsprechende interne Evaluierung der Durchführung dieser Verordnung soll im Jahr 2021 erfolgen.[19]

VI. Fazit

Die 24-Stunden-Betreuung hat sich nicht nur in der Praxis durchgesetzt, sondern wurde im Rahmen der Gewerbeordnung und mittels Hausbetreuungsgesetz auch rechtlich aus der Illegalität herausgeholt. Es kam dadurch zu der gewünschten Annäherung des „law in books" an das „law in action". Durch zusätzliche Standesregeln für Betreuende (2007) und Vermittler (2015) wurde immer wieder auftretenden Missständen begegnet: Aufgrund des „Geschenkannahmeverbots" für Betreuende kann seither bspw. das familiär meistens sehr unerwünschte Abwandern größerer Vermögenswerte zumindest manchmal rückgängig gemacht werden. Und es wurden Mindeststandards für Leistungstransparenz durch den verpflichtenden Abschluss entsprechender Verträge und für die fachlichen Qualifikationen der BetreuerInnen festgelegt. Auch wenn die 24-Stunden-Betreuung nur für einen kleinen Teil der pflegebedürftigen Personen in Betracht kommt, ist sie derzeit aus der Pflegelandschaft nicht wegzudenken.

---

18 Vgl. *Greifeneder*, Pflegegeld – Einfluss und Rechte der Pflegenden im Begutachtungsverfahren, ÖZPR 2011/64, S. 79.

19 *Rudda*, Reform der 24-Stunden-Betreuung, ÖZPR 2015/109, S. 173.

Looking to Germany... from the UK

Caroline Glendinning

Introduction

I was delighted in 2006 to be invited by Alan Walker and Gerhard Naegele to contribute to a conference and wider research endeavour supported by the Anglo-German Foundation. The task was to collaborate with Gerhard Igl on a comparison of long-term care in both countries. Our resulting book chapter (Glendinning and Igl 2009) described in detail the funding and organisation of care in UK and Germany, eligibility and assessment arrangements, the scope of long-term care benefits and services, markets and the supply of services.

Our comparison found little evidence of policy convergence and strong elements of path dependency in each country's developments. Working with Gerhard significantly increased my understanding of the legal underpinning of German long-term care insurance and its embedding in German citizenship. This was manifest in universal entitlements; a national assessment framework; a single ring-fenced budget with a rational approach to pricing and costs; and linked entitlements for family carers. On the other hand, the UK had stronger mechanisms for local service planning and commissioning and individual care management. My personal view was that these advantages are significantly outweighed by the principles of rights, entitlement, equity and sustainability built into German long-term care insurance; I have long argued that these principles should underpin UK reforms (Glendinning 2007).

This view has strengthened over the past decade with a growing UK crisis in social care. Especially in England, social care is highly fragmented and facing a funding crisis, in addition to underlying demographic pressures. Without ring-fenced funding and the legal protection of entitlements, budgets have been cut and individual disabled and older people have lost or are unable to access essential care and support. Particularly in England, there will be growing variations between local authorities in levels of care services, as equalising central government grants are replaced by local business and domestic property taxes. Indeed, local revenues may prove to be inversely related to local need and demand. The remainder of this chapter analyses these developments.

Demographic pressures

Gerhard Igl and I found similar demographic trends in Germany and the UK. In the UK, numbers of people aged 65-plus are expected to rise by 49% between 2015 and 2035. Numbers of people aged 85-plus will rise three times as fast, by over 122%, and numbers of older (65+) people with severe disabilities will rise by 74% during this period. In addition, the numbers of people aged 18 to 64 with severe learning disabilities are expected to rise by 65%, while numbers of people with physical or sensory impairments will increase by 4.7% (Wittenburg and Hu 2015). At the same time, projections of the supply of informal care for older people suggest a considerable shortfall because of decreases in numbers of older people with children (Pickard et al 2012).

A fragmented system

Responsibilities for supporting disabled and older people and family carers are split between the National Health Service (NHS); local authorities who fund social care – primarily help with activities of daily living; and social security benefits for the extra costs of disability and care (currently the responsibility of the Department for Work and Pensions - DWP).

Fragmented structures and budgets

Health-related services (nursing, therapies) are funded from general taxation and provided free of charge through the NHS. Local authorities are responsible for funding care for disabled and older adults in residential homes and domiciliary settings and supporting family carers. Until now, local authority funding (and hence funding for social care) has come from a mix of central government (ie general taxation) grants and local business and property taxes. Local authorities have considerable discretion over how they meet needs for social care so, despite some standardisation of assessment processes and eligibility thresholds, levels and patterns of services can vary between localities. DWP social security benefits for disability or care are allocated through separate assessment and eligibility systems.

Individual disabled and older people also make significant contributions to the costs of their care. As well as assessment of need, eligibility for publicly funded social care also depends on income and assets. People with assets over £23,250 (primarily the value of an owner-occupied home) are wholly ineligible; those with assets below this level normally pay income-related charges towards the costs of their care. Two-fifths of older and disabled care home residents fund the entire cost of their care; a further 14% 'top up' local authority funding with additional private payments. Some 70,000 people living at home pay for all their personal care and a further 200,000 privately purchase help with instrumental activities of daily living such as shopping and cooking. The parallel private economy of home care is valued at £1.1billion (Humphreys 2013).

Fragmentation between countries

Since 2000, responsibilities for health and social care policies and budgets have devolved to the separate governments of England, Scotland, Wales and Northern Ireland. Scotland in particular has diverged significantly from the other three countries and removed all user charges for personal care services and specialist equipment for older people (COSLA/Scottish Government 2010).

Fragmentation between providers

Since 1993 there has been large scale marketisation in social care and a massive shift from local authority to private (charitable and for-profit) provision. Initially local authorities split into provider and purchaser functions. Subsequently private provision of both residential and domiciliary care was encouraged, with the aim of stimulating improvements in service quality, efficiency and innovation through competition for large local authority contracts (Lewis and Glennerster 1996). Social workers became 'care managers', responsible for conducting individual assessments and purchasing care from the provider organisations with which the local authority had contracts (Means et al., 2003).

In 1992, the private sector supplied only 2% of English domiciliary care (home help) contact hours; by 2013 this had increased to 89%. Additionally, 92% of English nursing and residential care home places for older people are now supplied by private and voluntary sector providers (Humphries 2013).

Since 2000 consumerist choice-based policies have aimed to devolve command over social care resources to individual service users themselves. English local authorities are now required to offer personal budgets (PBs) – individual funding allocations - to all those eligible for social care, which they can use to purchase customised services in line with individual preferences. By 2014, 81% of people receiving local authority-funded social care had PBs. Only a minority take the PB as a cash payment and employ their own care workers; in the vast majority of cases (particularly older people), PBs are held and managed by local authorities on behalf of service users and used to fund local authority-commissioned services.

Family carers are major providers of care. However, policies and support for carers are equally fragmented. Local authorities are responsible for assessing carers' needs (including needs relating to training, employment and social participation) and providing support, most commonly in the form of funding for a break from care-giving; DWP is responsible for the UK-wide Carers Allowance, an income maintenance benefit to replace earnings lost because of care responsibilities and the Department for Business, Innovation and Skills (BIS) is responsible for policy and regulations covering care-related leaves from paid work.

Reforming social care law and funding

Major reforms to English social care law were enacted in 2014. Two main drivers lay behind these reforms.

First, in 2011 there was a comprehensive, independent review of adult social care law in England and Wales. The review noted that law was still based on the 1948 National Assistance Act; this did not reflect subsequent major demographic and social changes. The review recommended consolidating existing legislation into a single law, underpinned by the overarching principle that social care should promote individual well-being (Law Commission 2011).

Secondly, in 2010 a Commission of Enquiry was established to devise a more equitable and sustainable system of individual care funding. This was in response to long-standing concerns about the potential catastrophic costs of expensive residential care requiring an older person to sell a home to pay for care (and hence reduce their potential inheritance).

The Commission recommended limiting the amount an individual is required to pay towards their social care over their lifetime to between £25,000 and £50,000. Any costs above this would be met by the state. The asset threshold for those in residential care, beyond which no local authority funding would be given, should increase to £100,000 (Commission on Funding of Care and Support 2011).

Both sets of proposals were brought together in the English Care and Support Act 2014, implemented from April 2015.

The 2014 Act requires social care services to promote wellbeing, including a wide range of economic, physical, mental and emotional outcomes. The Act places new duties on local authorities to: provide services to prevent, delay or reduce needs for care; promote integration between social care and health services; provide information about care options and how to access these; and promote effective local care markets and the supply of high quality care by provider organisations. Family carers were given the same rights as the people they care for to assessment of their support needs.

The Act also created a new framework for paying for care, originally due to come into effect from April 2016. In major modifications of the Commission's proposals, the 'cap' – the lifetime maximum an individual must pay towards their care – was set at £72,000 (not the recommended £25,000 to £50,000).

The care cap proposals extended to social care the same principle of state protection from catastrophic costs that the NHS in effect provides in respect of health care. However, the redistributive effects were to be small (Humphries 2013) and they generated no overall increase in funding for social care services. Subsequently the Government announced the postponement of the funding reforms till after 2020; there is now considerable scepticism that they will ever be implemented (Lowe 2015).

Social care and austerity

Funding for social care has not just failed to keep pace with demographic demand, but since 2010 has been severely curtailed, as austerity-driven Government policies have hit local authority budgets particularly hard.

Austerity 1: Coalition Government 2010 - 2015

The 2010–15 Conservative-Liberal Democrat Coalition Government cut public expenditure with the aim of eliminating an overall spending deficit. Given the political popularity of the NHS, health services funding was increased by 19.3% in England, from £97.5 billion in 2010/11 to £116.4 billion in 2015/16, although even this was insufficient to keep pace with rising demand from a rapidly ageing population (NHS England 2014, Kings Fund 2014).

On the other hand, local authority funding – and hence funding for social care – received no such protection; indeed, the Coalition Government imposed severe cuts affecting social care. Between 2010/11 and 2014/15, there was a total cut of £4.6 billion in adult social care funding, equivalent to 31% of the 2010/11 net budget (ADASS 2015). Although numbers of people aged 65-plus in England grew by more than one million between 2005/6 and 2012/13, spending on social care services for older people fell by £1.2 billion (15.4%). During the same period, the number of people aged 65-plus receiving local authority-funded social care services dropped by more than a quarter, from 1,231,000 to 896,000 (Age UK 2014).

Austerity 2: Conservative Government 2015 -

These measures were followed by further draconian cuts to local authority budgets announced soon after a new Conservative Government came to power in May 2015.

Again NHS spending was to some extent protected. Overall, total health spending in England is expected to rise by £4.5 billion in real terms between 2015/16 and 2020/21 – equivalent to an annual 0.9% increase. However, much of this additional funding will be absorbed by current budget deficits among NHS health service providers; the NHS is expected to struggle to maintain current patterns and levels of services, let alone keep pace with demographically-driven rising demand.

Again funding for social care received no such protection. A cut of £0.5 billion was expected in 2015/16. Despite rising demand, 400,000 fewer adults were expected to receive social care services in 2015/16 than 2009/10; many of those still eligible received less care. Taking into account continuing demographic trends, an additional £1.1 billion would be needed to maintain the same level of social care services in 2015/16 as the previous year (ADASS, 2015).

In autumn 2015 the Conservative Government announced its public spending plans to 2020. These again hit local authorities – and hence social care - particularly hard. Additionally, the plans also represented a major shift in responsibilities for funding social care, from central to local government; and a retreat by central government from its historic role in ensuring individual local authorities have adequate resources to meet local needs despite variations in local tax-raising capacity. Since 2013 English local authorities have kept half the money they raise from local business taxes; the remainder is sent to central government and redistributed to reduce regional and local inequalities. The autumn 2015 spending statement announced that local authorities will retain increasing proportions of local business taxes but receive £6.1 billion less in grants from central government by 2019/20 (Harris 2015).

In addition, from 2016 local authorities can increase residential property taxes by up to 2% a year, on top of any other increase. This additional 2% 'precept' is to be used only for social care services. The Government estimated that if all local authorities raise the full 2% each year, an additional £2 billion a year would be generated for social care by 2020. However, a survey of local authorities found that only £380m was raised by the precept in 2016/17 (ADASS 2016), mainly because individual local authorities froze their underlying local residential property tax base rates.

A further measure announced in autumn 2015 has also had a damaging impact on social care budgets. As part of a package of measures intended to cut spending on in-work social security income maintenance benefits, increases in the legal minimum wage (termed the 'National Living Wage' - NLW) were announced. The NLW is being phased in between 2016 and 2020. Front-line care workers are one of the largest groups of low paid employees, so the NLW is significantly increasing care providers' wage bills.

The impacts of austerity

Against a backdrop of rising demand for long-term care, there is growing concern about the adequacy of funding, particularly in England (ADASS 2015, 2016). Analysts, professional leaders and commentators all report a major crisis in the sector; this is also increasing NHS pressures as people cannot be discharged from hospital because of a lack of social care services (CQC 2016)

Total funding from central government to local authorities in England is expected to fall by 56% between 2015/16 and 2019/20, on top of the 37% cut experienced from 2010–2015 (Age UK 2015). The gap between social care needs and resources is expected to reach at least £2.8bn by 2019, with spending on adult social care falling to 0.9% GDP (Humphreys et al 2016), in contrast to the OECD average of 1.6% GDP spending on long-term care (Franklin 2015).

Moreover, changes in sources of local authority revenue – particularly the increased role of local business rates and the 2% local property tax 'precept' - leave local authority budgets much more dependent on their local tax base. This raises significant concerns about the equitable distribution of social care funding, given widening regional inequalities (particularly between north and southern England), and therefore whether some local authorities will be able to generate sufficient revenue to meet local demand. Local authorities with higher numbers of poorer older people, and thus higher demand for publicly-funded social care, will be able to generate much lower levels of revenue (Franklin 2015). Moreover, decisions to levy the 'precept' are influenced by local politics. Even in its first year, 8 of the 151 English local authorities chose not to levy the 'precept'; 2 levied it below the 2% maximum; and 10% of local authority social care directors were not confident the revenue raised by the 'precept' would be fully allocated to adult social care (ADASS 2016).

Austerity impacts: access to services

Between 2009 and 2013/14 26% fewer older people received local authority-funded social care. Numbers of people aged 18-64 getting help also fell, but not by as much (Humphreys et al 2016).

In England domiciliary services have been hardest hit. Between 2009/10 and 2013/14, spending on home care was cut by 19%, resulting in a 30% decrease in numbers of people receiving local authority-funded home care (Humphreys et al 2016). Home care services are increasingly allocated just to those at the highest risk of admission to residential care (Mortimer and Green 2015). Over the same period spending on meals-on-wheels was cut by 47%, leading to a 61% reduction in numbers of recipients. Spending on day care dropped by 30%; numbers of people aged 65-

plus using local authority-funded day care fell from 95,145 to 59,300. Numbers of older people receiving help with aids and adaptations also fell by 83,945 (Mortimer and Green 2015).

Despite the 2014 Care Act duty to promote wellbeing, all these services are closely associated with prevention, wellbeing and support for family carers. Indeed, there was a further 4% cash terms reduction in spending on preventive services in 2016/17 compared to the previous year (ADASS 2016).

Austerity impacts: unmet need

Access to publicly funded social care in England is now highly skewed, with eligibility restricted to those with the highest needs and only a small proportion of those needing help with personal care actually receiving this through local authority-funded services or PBs. Since 2008/09 the numbers of older people receiving local authority-funded care has fallen by 30%; by 2015 there were 0.5 million fewer people (of all ages) receiving care than in 2008/09 (Franklin, 2015). Between 2010 and 2015, more than 400,000 older people were unable to access the care they needed because of cuts in services (Nuffield Trust 2015).

Now an estimated 870,000 people aged 65 to 89 in England have one or more personal care needs unmet. Almost a third of older people who have difficulty performing an essential activity of daily living - getting out of bed, washing, using the toilet - receive no help from paid care workers or family carers (Age UK 2014). Another study estimated that in 2012/13 there were 1.86 million people aged 50-plus in England with unmet care needs – an increase of 120,000 since 2006/07 (Franklin 2015). Women, people aged 85-plus and non married people are at greatest risk of having unmet care needs (Mortimer and Green 2015).

The significant shortfall in coverage of local authority-funded social care services contributes to a growing private care market, with increasing numbers of people assessed as having insufficiently severe needs and/or income or assets that are too high instead purchasing social care services from their own resources (Baxter and Glendinning 2014).

Austerity impacts: family care-givers

Increasing responsibilities are falling on family care-givers. Across the UK, numbers of carers increased by 11% between 2001 and 2011 (Carers UK 2014). A survey of 4,500 family carers found 48% struggling to make ends meet financially; 82% reported caring had had a negative impact on their health; and three-quarters expressed concern about the impact of caring on their health in the future (Carers UK 2015).

Large numbers of unpaid carers are themselves elderly; in 2014 20.5% of older people were themselves carers. Older carers provide more intensive care than family carers in general; over a third of older carers care for 20+ hours a week and more than a quarter care for 50+ hours a week (Mortimer and Green 2015).

Carers have also failed to benefit from the new rights in the 2014 Care and Support Act. Many local authorities actually carried out fewer carers' assessments in the year following implementation of the Act than the previous year. In a recent survey of disabled people and carers, over half reported the help received from their local authority had been reduced or not kept pace with inflation; two thirds felt more isolated and 44% reported struggling to make ends meet (Revitalise 2016). One in five carers providing 50-plus hours of care per week have no support for this role (CQC 2016).

Austerity impacts: local care markets

The funding shortfall is having an increasing impact on organisations providing both residential and domiciliary care services. Each local authority negotiates the levels of fees paid to its local providers of social care services; there are no standard rates. For several years local authorities have frozen their fees or increased fees below inflation (NAO 2016). Cuts in levels of individual PBs also reduce demand in local care markets. Over half English Directors of Adult Social Care reported in 2015 that care provider organisations in their area were facing financial difficulties (ADASS 2015). Payments to providers increased in 2016 in 82% of English local authorities primarily because of the introduction of the NLW and corresponding increases in staffing costs (ADASS 2016); these pressures will continue as the NLW is phased in.

Care providers themselves report increasing problems in recruiting and retaining staff. Nursing vacancy rates (mainly in homes for older people and people with severe learning disabilities) are 9%, with a 55% increase in the use of temporary, agency staff to fill permanent staffing shortfalls (Brindle 2015).

Reflecting these challenges, the quality of social care is often poor. The Care Quality Commission (the English care registration and inspection body) found 28% of the services it inspected in 2015/16 needed improvement (CQC 2016).

Most seriously some providers can no longer sustain viable businesses; others are withdrawing from local authority contracts and concentrating their business on private purchasers who can be charged higher fees. Some two-thirds of English local authorities are affected in this way; in a third at least one home care provider ceased trading in the first half of 2016 and in half at least one residential or nursing home provider ceased trading, affecting over 6000 people. Additionally, in over a third of councils one or more home care provider withdrew from a local authority contract, as did a residential or nursing home provider in a fifth of local authorities (ADASS 2016).

Conclusions

Social care in the UK – particularly England – is in crisis; this has developed rapidly since 2010. Against a background of rising demand, two successive governments have reduced funding for local government services, of which the most significant element is adult social care. The prospects for the years up to 2020 are increasingly grim.

Within this deteriorating context, recent policy and practice aspirations – particularly the emphasis on prevention, the promotion of choice through personalized funding allocations and the 2014 Care and Support Act – seem unlikely to be realized. As the size of individual PBs are squeezed, options to spend these limited resources in different, more creative ways, are reduced. The new legal responsibilities of local authorities to delay and prevent needs for care are also unlikely to be met, as local authorities struggle to support even those currently with the highest levels of care needs. Although family carers have secured some public recognition and rights, these risk being eroded by public expenditure constraints. Moreover, carers have only limited rights to employment-related measures to help them combine paid work and care-giving and minimal income protection if they are unable to continue.

Major threats to the viability and wider capacity of local care markets seem likely, as do risks to the quality of care in both residential and domiciliary services. More care provider organisations are likely to opt out of local authority contracts and concentrate on private purchasers who can be charged higher fees. Over the coming years, the ability of care providers to recruit, train and retain staff and provide good quality care seems increasingly fragile, as they struggle to meet increased wage bills. Any restrictions on the employment of EU and/or non-EU migrants following the UK's exit from the EU, will further affect recruitment of care workers, the viability of providers and the quality of care.

Shortfalls in social care services have immediate knock-on effects on the NHS, especially the acute hospital sector. Numbers of people who cannot be discharged because of the lack of appropriate social care services are increasing (CQC 2016).

Shifts in sources of funding for social care, from central government grants to local business and domestic property taxes, herald a retreat from the notion of social care as a universal or equitable service, with (approximately) similar eligibility thresholds and levels of provision across England. In future, access to social care, levels of PBs and types of services will depend increasingly on local tax bases, political decision-making and priorities. This is incompatible with any notion that access to publicly funded support to counteract the disadvantages of disability and old age is a basic citizenship right.

The aftermath of the Scottish Independence Referendum (not to mention the future of Scotland post-Brexit) offers Scotland increased potential to continue its policy divergence from England and contemplate wide-ranging simplification of the multiple funding streams currently contributing to long-term care. In future, long-term care policies, funding and levels of services across the UK are likely to become significantly further residual, fragmented and localized. The importance of learning from the experiences of German long-term care has never been greater.

References

ADASS (2015) *Budget Survey 2015,* http://www.adass.org.uk/budget-survey-2015 downloaded 8 June 2015.

ADASS (2016) *Budget Survey 2016*, London, Association of Directors of Adult Social Services.

Age UK (2014) *Older people with care needs not getting crucial help,* http://www.ageuk.org.uk/latest-press/archive/older-people-care-needs-not-getting-help 8 June 2015.

Age UK (2015) *Consultation Response Spending Review 2015,* London: Age UK www.ageuk.org.uk/professionals/policy 25 November 2015.

Baxter, K. and Glendinning, C. (2014) *People who fund their own social care: Scoping Review,* SSCR 2619, SPRU, University of York.

Brindle, D. (2015) The outlook for social care is grim – unless more workers are recruited, *The Guardian* 18 November 2015, http://www.theguardian.com/society/2015/nov/18/social-care-workers-increased-demand-unpaid-care 4 January 2015.

Carers UK (2014) *Facts about Carers: Policy Briefing*, Carers UK London downloaded 8 June 2015.

Carers UK (2015) *Carers Call for More Support,* http://www.carersuk.org/news-and-campaigns/press-releases/carers-call-for-more-support-as-new-figures-reveal-worrying-impact-of-caring 8 June 2015.

Commission on Funding of Care and Support (2011) *Fairer Care Funding – the Report of the Commission on Funding of Care and Support (Dilnot Report),* London: Stationery Office. Available at: http://webarchive.nationalarchives.gov.uk/20130221130239/http://www.dilnotcommission.dh.gov.uk/our-report 9 June 2015.

CQC (2016) *The State of Health Care and Adult Social Care in England 2015/16,* London: Care Quality Commission, www.cqc.org 15 October 2016.

Franklin, B. (2015) *The End of Formal Adult Social Care Funding: A provocation by the ILC-UK,* London: Centre for Later Life Funding.

Glendinning, C. (2007) Improving Equity and Sustainability in UK Funding for Long-Term Care: Lessons from Germany, *Social Policy and Society*, 6 (3): 411 – 422.

Glendinning, C. and Igl, G. (2009) Long-term care in Germany and the UK, in A Walker and G Naegele (eds) *Social Policy in Ageing Societies,* Basingstoke: Palgrave Macmillan.

Harris, J. (2015) Will the rot stop when even the parks are flogged off? *The Guardian* 27 November 2015.

Humphries, R. (2013) *Paying for Social Care: Beyond Dilnot*, London, Kings Fund.

Humphreys, R., Thorlby, R., Holder, H., Hall, P. and Charles, A. (2016) *Social Care for Older People: Home Truths*, London, Kings Fund

Kings Fund (2014) *No escaping the financial challenge facing the NHS: our response to NHS England's Five Year Forward View*, http://www.kingsfund.org.uk/press/press-releases 16 December 2015.

Law Commission (2011) *Adult Social Care*, HC941, London, Stationery Office

Lewis, J. and Glennerster, H. (1996) *Implementing the New Community Care*, Buckingham: Open University Press.

Lowe, S. (2015) *Care cap delayed,* http://ageukblog.org.uk/2015/07/20/care-cap-delayed/?itv=1078503&itc=0&ito=8155 26 July 2015.

Means, R., Richards, S. and Smith, R. (2003) *Community Care: Policy and practice* (3rd edn), Basingstoke: Macmillan.

Mortimer, J. and Green, M. (2015) *Briefing: The Health and Care of Older People in England 2015,* London, Age UK.

NHS England (2014) *NHS five year forward view*. London, NHS England.

Nuffield Trust (2015) *The Spending Review: what does it mean for health and social care?* www.nuffieldtrust.org.uk/publications downloaded 18 December 2015.

Pickard, L., Wittenberg, R., Comas-Herrera, A., King, D. and Malley, J. (2012) Mapping the future of family care: receipt of informal care by older people with disabilities in England to 2032, *Social Policy and Society* 11 (4): 533-545.

Revitalise (2016) Care-act-fails-in-first-year-finds revitalise-study, http://revitalise.org.uk/news. 7 June 2016.

Wittenberg, R. and Hu, B. (2015) *Projections of Demand for and Costs of Social Care for Older People and Younger Adults in England 2015 to 2035*, PSSRU Discussion Paper 2900, downloaded from www.pssru.ac.uk/pdf/DP2900.pdf 17 October 2016.

Krankenversicherung in Frankreich: von Bismarck zu ... Obama?

Francis Kessler

Im Spannungsfeld von Traditionen, EU-Einigungsprozessen[1] und globalen Entwicklungen haben die Debatten um den "Umbau des Sozialstaates" ein neues Stadium erreicht. Eine Politik der Individualisierung und Privatisierung hat sich nicht nur zum sozialpolitischen Leitmotiv entwickelt, sondern auch zum Umbau des Sozialschutzes und Sozialrechts geführt, für die sich der Jubilar immer wieder interessiert hat[2]. Diese Umwandlung soll hier an Hand der Krankenversicherung in Frankreich, einem Land und einem Recht, mit dem sich Gerhard IGL seit seiner Doktorarbeit, am damaligen Max-Planck-Institut für Sozialrecht[3], aber auch nach seinen Berufungen auf Lehrstühle im „hohen Norden Deutschlands" wissenschaftlich auseinandergesetzt hat, dargestellt werden.

1. Merkmale der Krankenversicherung in Frankreich

Das gesetzliche Krankenversicherungssystem in Frankreich kennt eine umfangreiche Selbstbeteiligung der Versicherten.

a) Allgemeines

Die Krankenversicherung in Frankreich ist vom Versicherungsgrundsatz geprägt und knüpft für das sogenannte allgemeine System (*régime général*) an die Arbeitnehmerschaft des Versicherten an. Nach Artikel L.

---

1 Igl (Hrsg.), *Einführung, Europäische Union und gesetzliche Krankenversicherung, ZSR* 8-9/ 1999.

2 Igl, *Einführung* in Igl, Nägele (Hrsg.), *Perspektiven einer sozialstaatlichen Umverteilung im Gesundheitswesen*, München und Oldenburg, 1999, (Soziologie und Sozialpolitik, Band 13).

3 Igl, *Pflegebedürftigkeit und Behinderung im Recht der sozialen Sicherheit - Eine rechtsvergleichende Untersuchung für die Bundesrepublik Deutschland und Frankreich*. Nomos, Baden-Baden 1987.

311-3 des französischen Sozialgesetzbuches (*Code de la sécurité sociale*) kommen auch besonders schutzbedürftige Personen in den Genuss der Leistungen des allgemeinen Systems, so z.B. Studenten, bestimmte Geschäftsführer einer GmbH, Feuerwehrleute, Präsidenten eines Vereins oder Sportschiedsrichter bei der Ausübung ihrer Tätigkeit usw.

In der Landwirtschaft unterfallen Arbeitnehmer und Selbständige einem eigenen System der sozialen Sicherheit, der *Mutualité sociale agricole,* deren Leistungen aber denen der Krankenversicherung des allgemeinen Systems angeglichen sind[4]. Auch die Sachleistungen der Krankenversicherung der Angehörigen der „*régimes spéciaux*", der Sondersysteme besonderer Berufsgruppen, wie z.B. der Staatsbeamten, der Beamten der anderen öffentlichen Dienste und des Krankenhauswesens, der Angestellten der Bahn, des Elektrizitätskonzerns EDF, der Seeleute usw. sind ebenfalls dem allgemeinen System angeglichen. Das eigenständige System der nicht in der Landwirtschaft beschäftigten Selbständigen (*Régime social des indépendants*) gewährt Leistungen nach dem Versicherungsgrundsatz, die im Prinzip geringer sind, als die des *régime général*, obwohl sich das Leistungsrecht des Systems der Selbständigen immer mehr diesem allgemeinen System annähert[5].

Ein sogenannter „allgemeiner Krankenversicherungsschutz" (*couverture maladie universelle*, im Folgenden CMU) versichert jede Person, die in keinem bestehenden Krankenversicherungssystem versichert oder mitversichert ist, unabhängig von ihrer Situation im Übrigen im allgemeinen System, dafür aber mit einer Bedarfsprüfung[6]. Die CMU ist in eine Basisversicherung und eine Zusatzversicherung unterteilt. Voraussetzung sowohl für den Versichertenstatus, als auch für den Leistungsbezug ist der Aufenthalt in Frankreich und das Einkommen. Durch das Gesetz zur Finanzierung der Sozialen Sicherheit von 2016 wurde die Bedarfsprüfung in der CMU abgeschafft, und die CMU wurde in *prestation maladie universelle* (PUMA) umbenannt[7]: nichterwerbstätige Personen haben Anspruch auf Übernahme ihrer Behandlungskosten, wenn sie seit mindestens drei Monaten ständig und rechtmäßig in Frankreich (einschließlich Guadelou-

4 Art. L. 621-3 Code de la sécurité sociale (im Folgenden CSS).

5 Kessler, *Droit de la protection sociale*, Paris, Dalloz 2015 S. 25 ff.

6 Kaufmann, Krankenversicherungsschutz für alle Einwohner in Frankreich, *Soziale Sicherheit*, 2000 S. 120.

7 Z.B. Tabuteau, La protection universelle maladie (PUMA): une transfiguration législative de l'assurance maladie, *RDSS* 2015. 1058.

pe, Französisch-Guyana, Martinique, Sankt Barth und Sankt Martin) wohnen. Der Versicherungsschutz erstreckt sich auf ihre mitversicherten Angehörigen (*ayants droits,* Ehegatten, Lebenspartner, unterhaltsberechtigte Kinder, Verwandte aufsteigender Linie bis zum dritten Grad, wenn der Versicherte für ihren Unterhalt aufkommt usw.). Diese Regel wird stufenweise bis 2020 abgeschafft, Die bis jetzt mitversicherten Personen werden dann individuell als „Nichtarbeitende" in der PUMA versichert werden. Je nach Einkommensniveau sind sie gegebenenfalls verpflichtet, Beiträge zum allgemeinen Krankenversicherungsschutz *protection universelle maladie* (Puma) zu leisten.

b) Insbesondere: das Prinzip der Kostenerstattung, aber nicht nur

Die Behandlungsleistungen werden in der Regel nach dem Kostenerstattungsprinzip gewährt. Von den stationären Krankenhauskosten abgesehen ist der Versicherte hiernach in vollem Umfang vorleistungspflichtig; er rechnet die erbrachten Leistungen direkt mit dem Leistungserbringer ab, die Erstattung der Behandlungs- und Arzneimittelkosten erfolgt nach Vorlage der vom Leistungserbringer gezeichneten Belege. Dieses Verfahren wird immer mehr durch eine elektronische Übertragung der Abrechnungen vom Leistungserbringer an die Kasse ersetzt.

Ein anderes wichtiges Merkmal des Leistungserbringungsrechts der französischen Krankenversicherung sind die Eigenanteile. Nur für etwas mehr als 30 chronische Krankheiten, z.B. Diabetes, trägt die Krankenversicherung die Kosten in voller Höhe. Die Befreiung vom Eigenanteil wird für diese Langzeitkranken zukünftig an die Bedingung geknüpft, dass ein vom behandelnden Arzt in Zusammenarbeit mit dem Vertrauensarzt der Krankenkasse erstelltes, vom Patienten unterschriebenes Versorgungsprotokoll (*protocole de soins*) eingehalten wird.

Abgesehen von diesen Fällen verbleibt dem Versicherten im Prinzip ein prozentueller Eigenanteil bei jeder medizinischen Leistung, dessen Höhe in erster Linie von der Art der medizinischen Leistung abhängig ist. Vor dem Hintergrund einer wesentlichen Verschlechterung der Finanzlage der Krankenversicherungssysteme wurde das Gesetz vom 13. August 2004 über die Krankenversicherung verabschiedet, das eine stärkere Begrenzung der Ausgaben im Gesundheitswesen (*maîtrise médicalisée*), eine effizientere Verwaltung des Systems und eine Erhöhung der Einnahmen ermöglichen soll[8]. Unter anderem bezweckt das Gesetz eine stärkere Koordination der Gesundheitsversorgung bei gleichzeitiger Übertragung von mehr Verantwortung auf die Patienten und die Vertreter der Gesundheitsberufe. Einige der Maßnahmen bedienen sich des Mittels der finanziellen (Eigen)Beteiligung, um bei den Patienten eine Verhaltensänderung zu bewirken. Seit dem 1. Januar 2005 ist der nationalen Vereinigung der Krankenkassen (*UCAM*) das Recht eingeräumt, den Eigenanteil der Versicherten der Höhe nach unterschiedlich festzulegen. Für die Versorgung durch niedergelassene Ärzte und medizinisches Hilfspersonal können Eigenanteile zwischen 30 und 40%, für Medikamente zwischen 35 und 65%, für Analysen und/oder Laboruntersuchungen in Höhe von 40%, für Krankenhausbehandlungen bis zu 20% und für medizinische Hilfsmittel in Höhe von 35% festgelegt werden.

Es wurde auch eine pauschale Eigenbeteiligung (*participation forfaitaire*) in Höhe von 1 € für Konsultationen sowie für medizinische und naturmedizinische Leistungen in Höhe von 0,50 € je paramedizinischer Leistung und pro Medikamentenpackung, 2 € je medizinisch indiziertem Transport bis maximal 4 € pro Tag, bis zu einer jährlichen Höchstgrenze von 50 € pro Person eingeführt[9]. Anders als die in der Vergangenheit eingeführte Zuzahlungspflicht und die Krankenhaustagespauschale enthalten diese Bestimmungen einen Mechanismus, der die Zusatzversicherungsträger davon abhalten wird, die Übernahme dieser Pauschalbeteiligung anzubieten. Mit dem Gesetz zur Sozialversicherungsfinanzierung im Jahr 2006 wurde ein Eigenbeitrag für Leistungen ab Koeffizient 50 (d.h. ab einschließlich 91 €) eingeführt, die bis dato vollständig zurückerstattet wurden. Artikel R.322-8 *Code de la sécurité sociale*, hat den Eigenanteil pauschal auf 18 € festgelegt. Sind im Laufe eines Krankenhausaufenthalts mehrere Leistungen betroffen, ist der Pauschalbeitrag nur einmal fällig.

Für Patienten wurden Anreize geschaffen, sich auf einen behandelnden Arzt (*médecin traitant*) festzulegen, der sie im Rahmen eines koordinierten Versorgungsablaufs (*parcours de soins coordonnés*) begleiten und anleiten wird. Entscheiden sie sich dagegen, müssen sie finanzielle Nachteile in Kauf nehmen, da die Kostenübernahme durch die Basissysteme geringer ausfällt und die Ärzte, die sie ohne Überweisung direkt aufsuchen, um

8 Kaufmann, Krankenversicherung in Frankreich. Reform und Kontinuität, *ZFSH/SGB* 2005 S. 515.

9 Dies gilt nicht für Schwangere, Kinder unter 16 Jahren und Anspruchsberechtigte in der ergänzenden CMU.

sich behandeln zu lassen, die Tarife innerhalb gewisser Grenzen überschreiten dürfen.

c) Die Finanzierung: Beiträge und sonstige Finanzierungsquellen

Insgesamt erfolgt die Finanzierung der gesetzlichen Krankenversicherung heute aus fünf unterschiedlichen Quellen.

Den Beiträgen von Arbeitnehmern und Arbeitgebern, eine generalisierte Sozialabgabe, die "*contribution sociale généralisée*" (CSG), Abführungen aus unterschiedlichen Verbrauchssteuern (Tabak, Alkohol, Kraftfahrzeugsteuer), speziellen Steuern auf bestimmte Aktivitäten der Pharmaunternehmen (z.B. auf Werbung), der staatlichen Kompensation von Beitragsausfällen aus Steuermitteln.

Mit der schrittweisen Umstellung von der Beitragsfinanzierung auf die CSG ist es gleichsam automatisch auch zu einer Erweiterung der Einnahmebasis der gesetzlichen Krankenversicherung gekommen. Die Umstellung betrifft ausschließlich die Versichertenseite, so dass mit der Umstellung auch ein Umverteilungseffekt bei den Finanzierungslasten auf die Versicherten verbunden war. Es sind die Versicherten, die – auf dem Wege dieser Umstellung – für den anhaltenden Anstieg der Ausgaben der gesetzlichen Krankenversicherung herangezogen werden.

Daneben wird die Einnahmebasis der unterschiedlichen gesetzlichen Kassen innerhalb der diversen Regime der allgemeinen *sécurité sociale* ggf. über eine Mittelumverteilung erweitert. Die Aufgabe der Umverteilung und damit des Ausgleichs zwischen den Kassen liegt dabei in den Händen der Finanzierungsagentur ACOSS (*Agence centrale des organismes de sécurité sociale*).

2. Private Zusatzkrankenversicherung: zwischen Segmentierung und Regulierung

Die private Zusatzkrankenversicherung hat in Frankreich eine lange Tradition. Eine Besonderheit bestand darin, dass neben Individualversicherungen auch Kollektivversicherungen für Arbeitnehmer und ihre Angehörigen bestanden. Letztere sind neulich durch den Gesetzgeber bevorzugt worden, aber nur für die Arbeitnehmer des privaten Sektors. Letztere kennen eine lange Tradition der Regulierung, die sich aber in noch unbekanntem Maß vervielfältigt hat.

a) Private Krankenversicherung: eine traditionell wichtige Säule

Die hohen Selbstbehalte habe dazu geführt, dass 80 bis 90% aller Berufstätigen zusätzlich über eine freiwillige private Krankenzusatzversicherung verfügen.

Die Eigenanteile, mit Ausnahme der pauschalen Beteiligung in Höhe von einem Euro, den die Zusatzversicherer nicht übernehmen dürfen, können durch individuelle oder Gruppenversicherungen versichert und abgesichert werden.

Den Markt der Zusatzversicherungen im Gesundheitswesen teilen sich die Versicherungsgesellschaften (*sociétés d'assurance*), Versorgungseinrichtungen gemäß dem *Code de la sécurité sociale* oder dem *Code rural* (*institutions de prévoyance*) oder Versicherungsvereine auf Gegenseitigkeit (*mutuelles*) untereinander auf.

Die mit den einzelnen Organisationsformen verbundenen Unternehmen stehen in einem harten Konkurrenzkampf untereinander.

Oft wurden Gruppenversicherungsverträge von Arbeitgebern im Rahmen von Einzelarbeitsverträgen oder im Rahmen von Branchen- oder Firmentarifverträgen für die Arbeitnehmer und deren Familie abgeschlossen.

Seit 2006, werden die sozialen und steuerlichen Anreize für Arbeitgeber und Arbeitnehmer einer solchen Gruppenkrankenzusatzversicherung nur noch in jenen Fällen gewährt, in denen die entsprechenden Versicherungsverträge Elemente der Verantwortungsübertragung auf die Versicherten enthalten.

Die Einkommensschwächsten erhalten im Rahmen einer Zusatz-CMU (*CMU complémentaire* oder CMU-C) Leistungen der Zusatzversicherung, die von einer Krankenkasse oder einer der drei Arten der privaten Zusatzversicherer getragen werden, aber dann von einem staatlichen Sonderfonds erstattet werden.

b) Flexecurity „à la française“: Pflichtprivatversicherung mit komplexer staatlicher Regulierung

1. Als Flexecurity-Mechanismus gedacht

Nach dreimonatigen Verhandlungen in Jahr 2012 über eine Reform des Arbeitsmarktes, an denen die Arbeitgeberverbände und alle fünf gesetzlich anerkannten Gewerkschaftsverbände teilgenommen hatten, drängte die Regierung auf eine Übereinkunft. Am 11. Januar 2013 unterzeichneten auf Gewerkschaftsseite die CFDT, die CFTC und die CFE-CGC schließlich eine Vereinbarung mit den Arbeitgebern.

Die Arbeitsmarktreform umfasst im Wesentlichen Gesichtspunkte einer verstärkten *«flexecurity»*. Die Unternehmen können künftig leichter Arbeitszeiten und Vergütungen an veränderte Rahmenbedingungen anpassen sowie interne Umsetzungen und betriebsbedingte Entlassungen vornehmen. Im Gegenzug wurden die kollektiven und individuellen Arbeitnehmerrechte gestärkt. Insbesondere wurde eine Pflicht zu einer kollektiven Zusatzkrankenversicherung auf alle Beschäftigten ausgedehnt.

Am 14. Juni 2013 wurde das Gesetz *„Loi de sécurisation de l'emploi“* (Gesetz zur Sicherung des Arbeitsmarktes) verkündet. Dieses Gesetz übernimmt zum großen Teil den Inhalt des Tarifvertrages, der am 11. Januar 2013 durch die Sozialpartner auf nationaler Ebene unterzeichnet worden ist, und reformiert mehrere Aspekte des französischen Arbeitsrechts.

Das Gesetz vom 14. Juni 2013 sah vor, dass alle Arbeitnehmer des Privatsektors bis zum 1. Januar 2016 eine solche Zusatzkrankenversicherung erhalten sollen, die zu 50% vom Arbeitgeber finanziert wird. Um dieses Ziel zu erreichen wurden drei Phasen eingeplant:

- Bis zum 30. Juni 2014 sind die Sozialpartner auf Branchenebene für die Umsetzung dieser Regelung zuständig.
- Ist bis zum 30. Juni 2014 kein Ergebnis auf Branchenebene erreicht worden, wird die Verhandlung ab dem 1. Juli 2014 auf der Unternehmensebene fortgeführt. Dies geschieht dann zwischen Arbeitgeber und repräsentativen Gewerkschaften.
- Wenn zum 31. Dezember 2015 auch auf Unternehmensebene keine den gesetzlichen Anforderungen entsprechende Betriebsvereinbarung abgeschlossen worden ist, müssen die Unternehmen ab dem 1. Januar 2016 die Zusatzkrankenversicherung einseitig einführen.

Seit dem 1. Januar 2016 gilt also in Frankreich eine obligatorische betriebliche Krankenversicherung. Dadurch sind Arbeitgeber nun verpflichtet, ihren Mitarbeitern eine betriebliche Zusatzkrankenversicherung anzubieten. Die Beiträge müssen zu mindestens 50 Prozent vom Arbeitgeber übernommen werden.

Wer bereits vor Januar 2016 im Unternehmen angestellt war, kann nicht zum Abschluss der Versicherung gezwungen werden. Neue Mitarbeiter werden mit etlichen Ausnahmen auch pflichtversichert.

Es gibt vier Möglichkeiten, eine Entscheidung für die Art der betrieblichen Krankenzusatzversicherung zu finden:

Durch Flächentarifvertrag kann ein Industriezweig allgemeine Normen und einen Versicherer empfehlen[10]. Auch durch einen Betriebstarifvertrag (der aber eher Großunternehmen betrifft, bei denen sich der Unternehmer mit den Gewerkschaften und den Gewerkschaftsdelegierten auseinandersetzt) kann eine Zusatzkrankenversicherung organisiert werden.

Seltener, aber auch möglich, sind Abstimmungen in denen alle Arbeitnehmer im Entscheidungsverfahren miteinbezogen werden, wobei die Mehrheit der Stimmen in diesem Prozess gewinnt. Der Arbeitgeber verpflichtet sich, die Versicherungsbedingungen vor der Abstimmung genauestens zu erklären und Protokolle aufzubewahren.

Last but not least gibt es die einseitige Entscheidung durch den Arbeitgeber. Dieser direkte Weg wird von kleinen und mittelständischen Unternehmen bevorzugt. Der Arbeitgeber trifft die Entscheidung zwar alleine, doch er muss den informativen Austausch mit den Arbeitnehmervertretern bzw. der gesamten Belegschaft gewährleisten und muss dies bei Kontrolle der Behörden auch belegen können, beispielsweise durch Abzeichnung oder Empfangsbestätigung.

2. Als streng reguliert umgesetzt

Die gesetzlichen Eingriffe in die Krankenversicherungsverträge haben eine lange Tradition: So sieht das Gesetz Nr. 89-1009 vom 31. Dezember 1989[11] für den Bereich der Kollektivversicherung einen Mechanismus vor, der verhindert, dass einzelne Arbeitnehmer aufgrund bestehender Gesund-

---

10 S. Verfassungsrats-Entscheidung Nr. 2013-672 DC vom 13. Juni 2013.

11 Loi n° 89-1009 du 31 décembre 1989 renforçant les garanties offertes aux personnes assurées contre certains risques.

heitsprobleme bezüglich des Versicherungsschutzes schlechter gestellt werden. Das Gesetz bezweckt einen besseren Vorsorgeschutz gegen gewisse (gesundheitliche) Risiken. Nach Art. 1 Loi no. 89-1009 sind u.a. die Risiken „krankheitsbedinge Arbeitsunfähigkeit“ und „Invalidität“ sowie „Todesfall“ vom sachlichen Geltungsbereich umfasst[12]. Art. 2 Loi no. 89-1009 sieht vor, dass kein Ausschluss einzelner Arbeitnehmer aufgrund des Gesundheitszustandes zulässig ist. Der Versicherer muss entweder die ganze Belegschaft versichern oder die Versicherbarkeit generell ablehnen: Es entfällt die Möglichkeit einer Risikoselektion. Als weitere vorteilhafte Regel sieht Art. 4 des sogenannten „Evin-Gesetzes“ vor, dass der Versicherer Arbeitnehmern, die aus einem Kollektivvertrag austreten, eine Weiterversicherung zum gleichen Tarif ohne Probezeit und ohne medizinische Überprüfung des Gesundheitszustandes anbieten muss.

Ein weiterer Vorteil für den Beschäftigten besteht darin, dass dieser sogar noch ein Jahr nach Beendigung des Arbeitsverhältnisses die gleichen Leistungen beanspruchen kann. Voraussetzung dafür ist, dass man nicht wegen groben Verschuldens entlassen worden ist und Arbeitslosenunterstützung erhält; diese Weiterversicherung gilt solange man Arbeitslosengeld bezieht, aber maximal zwölf Monate.

Dazu hat der Gesetzgeber einen minimalen Versicherungsschutz, der vom Arbeitgeber nicht unterschritten werden darf.

Bei Einführung der betrieblichen Krankenzusatzversicherung können bestimmte Sozialabgaben- und Steuervergünstigungen gewährt werden. Für Arbeitgeber ist die Beteiligung sozialabgabenfrei und als Belastung zu betrachten, dementsprechend wird sie vom steuerpflichtigen Gewinn abgezogen. Für Arbeitnehmer wird die Beteiligung vom steuerpflichtigen Einkommen abgezogen. Seit 2013 wird jedoch die Beteiligung des Arbeitgebers zum Gehalt des Arbeitnehmers hinzugefügt und ist dementsprechend steuerpflichtig.

Allerdings erfolgen diese Begünstigungen nur, wenn die Krankenzusatzversicherung „verantwortungsbewusst“ (*contrat responsable*) ist, d.h. sie muss bestimmten qualitativen Mindestkriterien entsprechen.

12 Vgl. dazu Igl (Hrsg.) *Verbraucherschutz im Sozialrecht Sozialleistungsberechtigte als Verbraucher, Nutzer und Mitgestalter sozialer Leistungen: Auf dem Weg zu einem eigenständigen Verbraucherschutz im Sozialrecht*, Nomos Verlagsgesellschaft 2011.

Die Regierung hat bestimmte medizinische Leistungen zu einem Mindestpaket zusammengefasst. Jeder betriebliche Kollektivversicherungsvertrag muss zumindest diese Dienste anbieten.

Um als „verantwortungsbewusste Krankenzusatzversicherung“ zu gelten, müssen folgende Kriterien erfüllt werden:

- Uneingeschränkte Übernahme der Krankenhauszuzahlung für Aufenthalte in öffentlichen Gesundheitseinrichtungen, ausgenommen Pflegeheime
- Die Eigenbeteiligung der Versicherten wird von der betrieblichen Krankenzusatzversicherung zu 100% zurückerstattet.
- Der „verantwortungsbewusste Vertrag“ übernimmt somit auch für die Grundtarife von Arztbesuchen und Behandlungen, die von der gesetzlichen Krankenversicherung zurückerstattet werden, die vollen Kosten.
- Die Abdeckung der Kosten für augenärztliche Behandlungen ist in mehrere Staffelbeträge gegliedert. Die Erstattungsober- und -untergrenzen schwanken zwischen 50 und 800 Euro, je nachdem welche Korrekturstufe für die Augen vorliegt. Die Kosten für Sehhilfen werden zu höchstens 150 Euro übernommen – und das auch nur einmal alle zwei Jahre.

Es gibt drei Gruppen von Ärzten, die ihre Preise ganz unterschiedlich festlegen (siehe oben). Leistungen der Ärzte der ersten Gruppe werden von der (betrieblichen) Zusatzkrankenversicherung zu 100% übernommen. Ärzte der zwei anderen Gruppen setzen höhere Arzthonorare fest. Kosten, die durch Leistungen dieser Ärzte entstehen, können seit 2017 allerdings nur noch zu 100% des Grundtarifs übernommen werden.

c) Segmentierung der Zusatzkrankenversicherungen

Nicht nur Selbständige, sondern auch etliche Kategorien von Arbeitnehmern – insbesondere prekäre Arbeitsverhältnisse, befristete Arbeitsverträge bis zu 12 Monaten, Ausbildungsverhältnisse oder eine Teilzeitstelle in der der Eigenanteil zur betrieblichen Krankenversicherung 10 Prozent des Bruttoeinkommens überschreitet – sind nicht pflichtversichert. So sieht das Sozialversicherungsfinanzierungsgesetz für 2016 die Einführung eines „Gesundheitsschecks“ (*chèque santé*) vor: Der Arbeitgeber muss diesen Arbeitnehmern mit den ungesichertsten Arbeitsstellen einen Zuschuss für eine individuelle Zusatzkrankenversicherung in Höhe seines Beitrags zur kollektiven betrieblichen Versicherung auszahlen.

Für die ausgeschlossenen Rentner – nach einem Jahr der pflichtgemäßen Weiterführung des Versicherungsschutzes – hat der Gesetzgeber eine Zertifizierung der Zusatzkrankenversicherungsverträge für Senioren, die am 1. Januar 2017 in Kraft hätte treten sollen, initiiert. Die Zuteilung der Zertifizierung zielt auf die Identifizierbarkeit derjenigen Verträge, die zu erschwinglichen Preisen für ältere Menschen angepasste Garantien anbieten[13]. Doch die Versicherer haben sich gesträubt, in einen solchen Prozess einzutreten. Das Problem bleibt.

Der minimale Versicherungsschutz der betrieblichen Zusatzkrankenversicherung reicht bei genauem Hinsehen nicht komplett für eine ganzheitliche Abdeckung der Gesundheitskosten aus. Auch die Familienmitglieder fallen nicht in den Geltungsbereich der Pflichtzusatzversicherung. Daher bieten Versicherer die ergänzende private Krankenzusatzversicherung (eine sog. „*sur-complémentaire*") an. Konkret bedeutet dies, dass jeder Mitarbeiter parallel zu der gesetzlichen Krankenversicherung und der obligatorischen betrieblichen Krankenzusatzversicherung eine weitere private Krankenzusatzversicherung abschließen kann. Hier haben jedoch die privaten Versicherungsdienstleister das Sagen über den Preis – auch haben sie das Recht, Klienten abzulehnen.

3. Fazit

François Fillon, Spitzenkandidat der Konservativen Partei zu den Präsidentschaftswahlen 2017, hatte angekündigt, die staatliche Krankenversicherung auf «*schwere und langfristige Erkrankungen*» begrenzen zu wollen. Die private Krankenversicherung kommt vielleicht aus ihrer Rolle als Zusatzversicherer heraus, um Grundversicherer zu werden: Die juristischen Grundsteine dafür sind gelegt, dass der Staat nicht mehr als Träger des Gesundheitswesens fungiert, sondern private Anbieter für das Management der tagtäglich benötigten Dienste und Leistungen verantwortlich

13 Vgl Igl, Kriterien und Strukturen der Qualitätssicherung in der Kranken- und Pflegeversicherung: Gesetzliche Vorgaben und Ausgestaltung, in: *Qualitätssicherung im Sozialrecht*, Bundestagung des Deutschen Sozialrechtsverbandes e.V. 13./14. Oktober 2011 in Erfurt, Erich Schmid Verlag, 2012 (Schriftenreihe des Deutschen Sozialrechtsverbandes Bd. 61) S. 81.

werden. Es fehlt jedoch zu diesem Plan die erste Säule der Pflegeversicherung zur Absicherung gegen besonders schwere gesundheitliche Risiken wie zum Beispiel der Langzeitpflege, langwieriger bzw. dauerhafter Behinderungen oder psychiatrischer Erkrankungen[14].

Die neue Regierung hat jetzt diese Umwandlung zu bestätigen oder eine neue Reform zu initiieren.

14 Igl et al., Long-term Care for Older Persons, Conference organised by the Luxembourg Presidency with the Social Protection Committee of the European Union, Luxembourg, 12 and 13 May 2005, *Bulletin luxembourgeois des questions sociales*, 2005 S. 9 ff.

Menschen mit Behinderungen und ihre Teilhabe am Arbeitsleben nach türkischem Recht

Yasemin Körtek

Es ist mir eine große Freude an der Ehrung von *Gerhard Igl* teilzunehmen. Das Recht von Menschen mit Behinderungen gehört zum wissenschaftlichen Tätigkeitsbereich des geschätzten Jubilars. Der Beitrag, der ihm zu seinem 70. Geburtstag gewidmet ist, hat das Recht von Menschen mit Behinderungen in der Türkei zum Gegenstand.

I. Einführung

Menschen mit Behinderungen gelten in der türkischen Rechtsordnung als besonders schutzbedürftige Personengruppe. Der verfassungsrechtliche Hintergrund ergibt sich aus Art. 61 der türkischen Verfassung (TV).[1] Diese Norm fasst diejenigen Personengruppen zusammen, die im Hinblick auf ihre soziale Absicherung besonderen staatlichen Schutzes bedürfen.[2] So verpflichtet Art. 61 Abs. 2 TV den Staat, alle Maßnahmen zu treffen, um den Schutz von Menschen mit Behinderungen und ihre Teilnahme am Leben in der Gesellschaft zu gewährleisten.

Bei der Regelung der Angelegenheiten von Menschen mit Behinderungen ist der türkische Gesetzgeber auch durch völkerrechtliche Verträge gebunden. Solche völkerrechtlichen Verträge erlangen mit ihrer Ratifikation den Rang eines einfachen Gesetzes (Art. 90 Abs. 5 TV) und sind in der Rechtsanwendung wie auch der Rechtsprechung zu beachten. Von besonderer Bedeutung in diesem Zusammenhang ist die Konvention über die Rechte von Menschen mit Behinderungen (UN-BRK), die die Türkei am

1 In diesem Beitrag verwendete Rechtsquellen können entnommen werden unter: http://www.mevzuat.gov.tr. Die dargestellten Normen werden sinngemäß übersetzt.

2 *Özbudun*, Türk Anayasa Hukuku, 16. Aufl., İstanbul, 2016, S. 148.

30.3.2007 unterzeichnet hat. Die Ratifikation der UN-BRK ist mit Gesetz Nr. 5825 vom 3.12.2008 erfolgt.[3]

Das Gesetz über Menschen mit Behinderungen vom 1.7.2005, Gesetz Nr. 5378 (BehG),[4] hat die Funktion eines Rahmengesetzes. Zu seiner Durchführung und Umsetzung sind zahlreiche Verordnungen erlassen worden.[5] Eine grundlegende Reform erfolgte mit Gesetz Nr. 6518 vom 6.2.2014:[6] Der türkische Gesetzgeber hat sich an der UN-BRK orientiert, mit dem Ziel, das türkische Recht an deren Vorgaben anzupassen. Hervorzuheben ist vor allem die geänderte Zwecksetzung des Gesetzes. Nach alter Rechtslage hatten die vorgesehenen Rechte vor allem die Vornahme von solchen Maßnahmen als Ziel, die zur Behebung von behinderungsbedingten Beeinträchtigungen in Bereichen wie Bildung, Rehabilitation, Beschäftigung und soziale Sicherung geeignet waren, um die Teilnahme von Menschen mit Behinderungen an der Gemeinschaft zu ermöglichen (Art. 1 BehG a.F.). Anknüpfungspunkt war das Vorliegen einer Behinderung und die damit verbundenen Einschränkungen. In Anlehnung an Art. 1 Abs. 1 UN-BRK steht nunmehr die Wahrnehmung von Grundrechten und Grundfreiheiten im Vordergrund, die zu fördern und zu sichern ist, damit die gleichberechtigte volle und wirksame Teilnahme am Leben in der Gemeinschaft gewährleistet wird (Art. 1 BehG). Um eine gleichberechtigte Teilnahme am Leben in der Gemeinschaft zu erreichen, wird der Fokus insbesondere auf den Schutz vor Diskriminierung wegen einer Behinderung sowie der Förderung der persönlichen Mobilität gelegt.[7] Vor dem Hintergrund des Art. 19 UN-BRK wird zudem die Bedeutung der Einbeziehung von Menschen mit Behinderungen in die Gesellschaft gesondert

---

3 Resmi Gazete (Amtsblatt, im Folgenden: RG) vom 18.12.2008, Nr. 27084. Das Fakultativprotokoll hat die Türkei mit Gesetz Nr. 6574 vom 3.12.2014 ratifiziert (RG vom 12.12.2014, Nr. 29203).

4 RG vom 7.7.2005, Nr. 25868 (Engelliler Hakkında Kanun), zuletzt geändert mit Gesetz Nr. 6567, RG vom 26.11.2014, Nr. 29187.

5 Leistungen für Menschen mit Behinderungen sind in verschiedenen Gesetzen normiert. Vgl. allgemein zum Thema *Körtek*, in: von Maydell/Pitschas/Pörtner/Schulte (Hrsg.), Politik und Recht für Menschen mit Behinderungen in Europa und Asien, 1. Aufl., Baden-Baden, 2009, S. 245 ff.; *dies.*, Grundsicherung im Alter und bei Behinderung im türkischen Sozialhilferecht, Soziale Sicherheit 2011, S. 333 ff.

6 RG vom 19.2.2014, Nr. 28918 (Aile ve Sosyal Politikalar Bakanlığının Teşkilat ve Görevleri Hakkında Kanun Hükmünde Kararname ile bazı Kanunların ve Kanun Hükmünde Kararnamlerde Değişiklik).

7 Begründung zu Gesetz Nr. 6518, Nr. 31853594-101-763-3450 vom 26.6.2013, S. 57 (zu Art. 67).

herausgestellt:[8] Zu verhindern ist die Isolation und die Absonderung vom Leben in der Gemeinschaft. Menschen mit Behinderungen steht ein unabhängiges Leben in der Gemeinschaft unter den gleichen Bedingungen wie für andere Menschen zu. Ein Zwang zu einer besonderen Wohn- und Lebensform ist unzulässig. Der Zugang zu individuellen und, sofern ein Bedarf besteht, zu gemeinschaftsbasierten Unterstützungsdiensten ist hierbei zu gewährleisten (vgl. Art. 4/B BehG).

Dieser Beitrag gibt einen Überblick über das Recht für Menschen mit Behinderungen im Hinblick auf ihre Teilhabe am Arbeitsleben. Im Vorfeld der Darstellungen zu den einschlägigen gesetzlichen Vorgaben und in diesem Zusammenhang den Beschäftigungspflichten von Arbeitgebern wird auf den Begriff der Behinderung sowie das Diskriminierungsverbot eingegangen.

II. Behinderungsbegriff und Diskriminierungsverbot

Die grundlegende Reform des BehG mit Gesetz Nr. 6518 vom 6.2.2014 hat die Neufassung des Behinderungsbegriffs und des Diskriminierungsverbots zur Folge.

Nach alter Rechtslage lag eine Behinderung im Sinne des Gesetzes dann vor, wenn eine Person von Geburt an oder später aus einem beliebigen Grund ihre körperlichen, geistigen, seelischen, emotionalen sowie sozialen Fähigkeiten in verschiedenen Graden verloren und aus diesem Grund Schwierigkeiten bei der Teilnahme am gesellschaftlichen Leben sowie bei der Erfüllung der alltäglichen Bedürfnisse hatte und Schutz-, Pflege-, Rehabilitation-, Beratung- und Hilfeleistungen bedurfte (Art. 3 Buchst. a BehG a.F.). Der türkische Gesetzgeber übernahm mit dieser Begriffsbestimmung das medizinische Modell, demzufolge Behinderung als persönliches „Problem" interpretiert wird ohne Berücksichtigung gesellschaftlicher und umweltbedingter Faktoren. D.h. wegen gesundheitlicher Defizite wird die Teilhabe am Leben in der Gemeinschaft beeinträchtigt und daher besteht ein Bedarf an spezifischen Unterstützungsmaßnahmen. Dabei wurde die soziale Komponente außer Betracht gelassen, was einen Widerspruch zu den Regelungen der UN-BRK, die in der türkischen Rechtsordnung nach bereits erfolgter Ratifikation Gesetzesrang besitzt,

8 Begründung zu Gesetz Nr. 6518, S. 58 (zu Art. 69).

darstellte.[9] So wird bereits in der Präambel der UN-BRK herausgestellt, „dass Behinderung aus der Wechselwirkung zwischen Menschen mit Beeinträchtigungen und einstellungs- und umweltbedingten Barrieren entsteht, die sie an der vollen, wirksamen und gleichberechtigten Teilhabe an der Gesellschaft hindern".

Die Neufassung des Behinderungsbegriffs übernimmt die Vorgaben der UN-BRK und schafft mit Aufgabe des medizinischen Modells sowie Übernahme des Wechselwirkungsansatzes ein neues Verständnis von Behinderung im türkischen Recht: Eine Behinderung im Sinne des Gesetzes liegt vor, wenn die gleichberechtigte, volle und wirksame Teilnahme an der Gesellschaft durch beschränkende Umweltbedingungen beeinträchtigt wird, weil körperliche, geistige, seelische sowie sensorische Fähigkeiten einer Person gemindert sind (vgl. Art. 3 Buchst. c BehG). Die Feststellung der Behinderung und ihres Ausmaßes, wie auch ihre Einstufung erfolgen nach internationalen Vorgaben (Art. 5 BehG). Das Verfahren ist in einer Verordnung zu regeln (DVO).[10]

Ein Vergleich mit Art. 1 Abs. 2 der UN-BRK zeigt, dass nach der gesetzlichen Definition eine „langfristige" Funktionsstörung nicht explizit verlangt wird. Die Folgerung, dass auch „vorübergehende" Beeinträchtigungen den Tatbestand der Behinderung erfüllen können, ist jedoch nicht zu ziehen. Denn aus Anhang 2 der DVO ist zu entnehmen, dass bei der Beurteilung des Grades des jeweiligen Funktionsverlustes nur „dauerhafte Störungen" („kalıcı bozukluklar") zugrunde zu legen sind.[11] Des Weiteren enthält das Gesetz keine besonderen Regelungen für Menschen mit Schwerbehinderung oder knüpft bestimmte Rechte an das Vorliegen einer

---

9 Vgl. *Ünal*, Özürlülerin Sosyal Güvenlik Hakları, 1. Aufl., İstanbul, 2012, S. 31, 33, 175.

10 Verordnung zur Feststellung des Grades der Behinderung und der Ausstellung von Berichten des Gesundheitsausschusses, RG vom 30.3.2013, Nr. 28603 (Özürlük Ölçütü, Sınıflandırması ve Özürlülere Verilecek Sağlık Kurulu Raporları Hakkında Yönetmelik).
Bei der Beurteilung des Vorliegens einer Behinderung ist die von der Weltgesundheitsorganisation erarbeitete Klassifikation zugrunde zu legen (International Classification of Functioning, Disability and Health, ICF), vgl. Art. 5 Abs. 1 DVO; Gesetzesbegründung zu Gesetz Nr. 6518, S. 58 (zu Art. 70).

11 Die Angabe des Grades der Behinderung erfolgt dabei in %. Anhang 2 der DVO hat die ähnliche Funktion wie die Anlage zu § 2 Versorgungsmedizin-Verordnung im deutschen Recht.

Schwerbehinderung an.[12] Der Begriff einer „schweren Behinderung" („ağır özürlü") ist dem türkischen Recht aber nicht unbekannt. Nach der DVO ist die Eigenschaft als Person mit Schwerbehinderung zu bejahen, wenn der Grad der Behinderung von mindestens 50% und darüber hinaus vom zuständigen Gesundheitsausschuss festgestellt wurde, dass die betroffene Person die Verrichtungen des alltäglichen Lebens nicht ohne die Hilfe Dritter bewältigen kann (Art. 4 Buchst. a DVO). Schließlich wird die drohende Behinderung nicht erwähnt, so dass fraglich wäre, ob Menschen, denen eine Behinderung droht, nicht in den Anwendungsbereich des Gesetzes unterfallen. Nach der gesetzlichen Zielsetzung sind zwar die notwendigen Regelungen zu treffen, um den Eintritt von Behinderungen zu vermeiden (Art. 1 BehG). Die Maßnahmen im Zusammenhang mit einer drohenden Behinderung, wie beispielsweise die rechtzeitige Feststellung einer solchen, soll aber das Gesundheitsministerium ergreifen. Adressaten sind hierbei nicht Erwachsene, sondern Neugeborene, Kinder und Jugendliche (vgl. Art. 11 BehG). In der Folge können die gesetzlich normierten Rechte wohl dann Anwendung finden, wenn eine Behinderung bereits eingetreten ist, was aus dem Gesetzeswortlaut der jeweiligen Vorschriften gefolgert werden kann.[13]

Hervorzuheben ist neben der Neufassung des Behinderungsbegriffs die neue Regelung zum Diskriminierungsverbot, die dem Gesetzeszweck dahingehend, Menschen mit Behinderungen die gleichberechtigte Teilnahme am Leben in der Gemeinschaft zu gewährleisten, geschuldet ist. So ist jede Art von Diskriminierung wegen Behinderung verboten (Art. 4/A Abs. 1 BehG). Es sind angemessene Maßnahmen zu ergreifen, um die Gleichbehandlung zu sichern und etwaige Diskriminierungen zu beseitigen (Art. 4/A Abs. 2 BehG). Bereits in Art. 10 Abs. 3 TV ist ausgeführt, dass Maßnahmen, die u.a. zum Schutz von Menschen mit Behinderungen ergriffen werden, keinen Verstoß gegen den in dieser Norm geregelten Gleichheitsgrundsatz darstellen. Diese verfassungsrechtlich zulässige „po-

---

12 Anders im deutschen Recht (§ 2 Abs. 2 SGB IX), beispielsweise der Sonderkündigungsschutz für Menschen mit Schwerbehinderung und Menschen, die einem schwerbehinderten Menschen gleichgestellt sind (vgl. §§ 2 Abs. 3, 68 Abs. 3, 85 ff. SGB IX). Das türkische Recht kennt einen solchen Sonderkündigungsschutz nicht. Ein Diskriminierungsverbot wegen Behinderung besteht aber auch im Arbeitsrecht (vgl. Art. 5 Abs. 1 Arbeitsgesetz), so dass eine Kündigung nicht auf eine Behinderung gestützt werden darf. Bei Verstoß gegen das Diskriminierungsverbot ist die Zahlung einer Geldstrafe vorgesehen (Art. 99 Buchst. a Arbeitsgesetz).

13 „Engelli" kann sinngemäß übersetzt werden als „Person mit Behinderung".

sitive" Diskriminierung[14] wird einfachgesetzlich in Art. 4/A Abs. 3 BehG aufgegriffen: Sondermaßnahmen mit dem Ziel, Menschen mit Behinderungen zu ermöglichen, von Rechten und Freiheiten voll und gleichberechtigt Gebrauch zu machen, sind nicht als Ungleichbehandlung und damit als Verstoß gegen den Gleichheitssatz zu werten. Der Verstoß gegen das Diskriminierungsverbot wegen Behinderung wird schließlich nach Art. 122 des türkischen Strafgesetzbuches[15] mit Freiheitsstrafe von einem bis zu drei Jahren geahndet.

III. Teilhabe am Arbeitsleben

Nach den Zahlen der Bevölkerungsforschung von 2011 leben in der Türkei 4.882.841 Menschen mit mindestens einer Funktionsstörung. Die Erwerbsquote, bezogen auf die Gesamtbevölkerung, wird mit 47,5% beziffert. Die Erwerbsquote von Menschen mit Behinderungen liegt dagegen bei 22,1%.[16] Folglich bedürfen Menschen mit Behinderungen bei Aufnahme einer Beschäftigung, wie auch Beibehaltung eines Arbeitsplatzes, besonderer Unterstützungsleistungen. Vor diesem Hintergrund haben die Regelungen zur Teilhabe am Arbeitsleben mit Gesetz Nr. 6518 wesentliche Änderungen erfahren.

Das Recht auf Berufswahl einschließlich der Ausbildung im gewählten Beruf ist zu gewährleisten, indem die Förderung durch Dienste der Berufsberatung und Berufsorientierung weiterentwickelt und ausgebaut werden:[17] Neben den erforderlichen Maßnahmen zur Berufswahl und Berufsausbildung sind Habilitations-, Rehabilitations- sowie Bildungsprogramme auf Grundlage der durch das Ministerium für Arbeit und Soziale Sicherheit durchgeführten Arbeits- und Berufsanalysen zu entwickeln. Dabei können die Habilitations- und Rehabilitationsdienste durch öffentliche Einrichtungen, wie auch durch natürliche und juristische Personen ausgeführt werden. Näheres wird in einer Verordnung geregelt (vgl. Art. 13 BehG). Des Weiteren ist zu verhindern, dass Menschen mit Behinderungen bei ihrer Teilhabe am Arbeitsleben diskriminierenden Regelungen

14 *Özbudun*, S. 158.

15 Gesetz Nr. 5237, zuletzt geändert mit Gesetz Nr. 6706, RG vom 5.5.2016, Nr. 29703.

16 TÜİK, Bulletin vom 6.6.2015. Zu entnehmen unter: http://www.tuik.gov.tr.

17 Gesetzesbegründung zu Gesetz Nr. 6518, S. 60 (zu Art. 74).

ausgesetzt werden, indem u.a. Chancengleichheit hergestellt und erforderliche Vorkehrungen am Arbeitsplatz getroffen werden.[18] So schreibt das Gesetz vor, dass erforderliche Maßnahmen einschließlich der Verbesserung von Förderleistungen zur Aufnahme einer selbständigen Tätigkeit und Weiterentwicklung der Berufsberatung mit dem Ziel der dauerhaften Beschäftigung zu ergreifen sind.

Die Eingliederung in Arbeit sowie den Verbleib im Arbeitsleben betreffend wird zudem das allgemeine Diskriminierungsverbot in Art. 4/A BehG näher konkretisiert: Unzulässig ist jede diskriminierende Maßnahme im Zusammenhang mit einer Beschäftigung. Jede Art von Ungleichbehandlung zum Nachteil erwerbstätiger Menschen mit Behinderungen ist zu unterlassen. Für Personen, deren Teilhabe am Arbeitsleben wegen Art und Schwere ihrer Behinderung erschwert ist, sind „geschützte Arbeitsplätze" („korumalı işyerleri") vorgesehen, deren Status wie auch Organisation und Aufsicht in einer Verordnung[19] geregelt werden (vgl. Art. 14 BehG). Nach der gesetzlichen Definition handelt es sich hierbei um Arbeitsplätze, die vom Staat technisch wie auch finanziell unterstützt werden und bei denen das innerbetriebliche Arbeitsumfeld gesondert organisiert wird. Ziel ist es, Menschen mit geistiger oder seelischer Behinderung, deren Eingliederung in das Arbeitsleben erschwert ist, berufliche Rehabilitation und Beschäftigung zu bieten (Art. 3 Buchst. i BehG). Um diesen Status zu erlangen, muss ein Betrieb nach Art. 4 Abs. 1 und Art. 14 Abs. 1 der anzuwendenden Verordnung mindestens acht Personen beschäftigen, die das 15. Lebensjahr vollendet haben sowie bei der türkischen Arbeitsverwaltung gemeldet sind und bei denen ein Grad der Behinderung von mindestens 40% wegen geistiger oder seelischer Behinderung festgestellt wurde. Menschen mit Behinderung müssen dabei mindestens 75% der Gesamtbelegschaft im Betrieb darstellen. Die staatliche Unterstützung besteht insbesondere in der Gewährung von Zuschüssen zu den Einkünften der beschäftigten Personen mit Behinderung (Zusatzart. 1 Arbeitsgesetz[20]) und der Übernahme

18 Gesetzesbegründung zu Gesetz Nr. 6518, S. 61 (zu Art. 75).

19 Korumalı İşyerleri Hakkında Yönetmelik, RG vom 26.11.2013, Nr. 28833. Diese Betriebe können mit Werkstätten für behinderte Menschen im deutschen System verglichen werden.

20 Gesetz Nr. 4857, zuletzt geändert mit Gesetz Nr. 6715, RG vom 20.5.2016, Nr. 29717.

der Versicherungsbeiträge zur Arbeitslosenversicherung (Art. 49 Abs. 1 S. 3 Arbeitslosenversicherungsgesetz[21]).

In organisatorischer Hinsicht ist die zuständige Behörde für die Gewährung von Leistungen zur Eingliederung in Arbeit die Anstalt für Arbeit (İŞKUR).[22] Die hierbei zu beachtenden Prinzipien und allgemein das Verfahren werden in einer Verordnung (EinglVO) geregelt.[23] Grundsätzlich müssen sich arbeitsuchende Personen bei der İŞKUR melden und registrieren lassen (Art. 4 Abs. 1 EinglVO). Arbeitsuchende mit Behinderung müssen ihre Behinderung entsprechend nachweisen, damit sie als solche geführt und die spezifischen Beratungs-, Förder- und Vermittlungsdienste in Anspruch nehmen können (Art. 4 Abs. 2 EinglVO). Anzumerken ist, dass der Behinderungsbegriff der EinglVO nicht dem neuen gesetzlichen Behinderungsbegriff angepasst wurde, sondern die alte, gesetzliche Definition beibehält, diese zudem um das Erfordernis konkretisiert, dass zusätzlich ein Verlust körperlicher Funktionen von mindestens 40% festgestellt worden sein muss (Art. 3 Buchst. e EinglVO).[24] Dahinter könnte die Überlegung stehen, dass erst ab einem Behinderungsgrad von 40% die Eingliederung in den oder der Verbleib am Arbeitsmarkt als beeinträchtigt angesehen wird.

Nach den Zahlen der İŞKUR wurden im Jahr 2015 insgesamt 20.455 Menschen mit Behinderungen in den Arbeitsmarkt eingegliedert. Zudem wurden 269 Maßnahmen zur beruflichen Rehabilitation und Berufsausbildung durchgeführt, an der insgesamt 2.812 Personen teilgenommen haben. Schließlich wurden 286 Projekte zur Aufnahme einer selbständigen Tätigkeit mit insgesamt 10,296 Mio. Türkische Lira (TL) gefördert, die insgesamt 419 Menschen mit Behinderungen in Anspruch genommen haben.[25] Im Zeitraum Januar bis April 2016 wurden die von 80 Maßnahmeträgern

21 Gesetz Nr. 4447, zuletzt geändert mit Gesetz Nr. 6663, RG vom 10.2.2016, Nr. 29620.

22 Vgl. Art. 3 Gesetz über die Türkische Anstalt für Arbeit, Gesetz Nr. 4904 (Türkiye İş Kurumu Kanunu), zuletzt geändert mit Gesetz Nr. 6715, RG vom 20.5.2016, Nr. 29717.

23 Yurtiçinde İşe Yerleştirme Hizmetleri Hakkında Yönetmelik, zuletzt geändert mit Verordnung vom 6.8.2014, RG vom 6.8.2014, Nr. 29080.

24 Es darf die Frage aufgeworfen werden, ob der Zugang zu behinderungsspezifischen Förderleistungen in einer untergesetzlichen Norm eingeschränkt werden kann, wenn das Gesetz selbst als Voraussetzung einen Behinderungsgrad von mindestens 40% nicht vorsieht.

25 Vgl. Tätigkeitsbericht İŞKUR für das Jahr 2015, S. 32, 37, 40.

angebotenen Projekte zur beruflichen Rehabilitation, Berufsausbildung sowie Projekte zur Anpassung an und Unterstützung am Arbeitsplatz genehmigt. Hierfür wurden ca. 4,7 Mio. TL zur Verfügung gestellt. Zusätzlich wurden 125 Personen bei der Aufnahme einer selbständigen Tätigkeit mit bis zu 36.000 TL unterstützt.[26]

IV. Beschäftigungspflichten von Arbeitgebern

Die Teilhabe von Menschen mit Behinderungen am Arbeitsleben wird nicht nur durch staatliche Fördermaßnahmen unterstützt, sondern auch mit Beschäftigungspflichten für Arbeitgeber, die im Arbeitsgesetz ihre Grundlage haben und in der EinglVO konkretisiert werden.

Während für öffentliche Arbeitgeber als Beschäftigungsquote vier Prozent vorgegeben ist, müssen private Arbeitgeber drei Prozent der im Betrieb vorhandenen Arbeitsplätze mit Menschen mit Behinderungen besetzen.[27] Voraussetzung ist, dass im Betrieb des jeweiligen Arbeitgebers mindestens 50 Arbeitnehmer beschäftigt werden (Art. 30 Abs. 1 Arbeitsgesetz, Art. 10 Abs. 1 Buchst. a EinglVO). Die in Frage kommenden Arbeitsplätze müssen zur Besetzung mit Menschen mit Behinderungen geeignet sein, was bei Arbeiten unter Tage oder unter Wasser nicht der Fall ist (Art. 30 Abs. 4 Arbeitsgesetz, Art. 19 EinglVO).

Ein Arbeitgeber, der der Beschäftigungspflicht nach Art. 30 Abs. 1 Arbeitsgesetz unterliegt, soll bei der Einstellung grundsätzlich die Arbeitsverwaltung einschalten. Innerhalb von zehn Tagen ab Antrag eines privaten Arbeitgebers auf Vermittlung sind dem Arbeitgeber geeignete Arbeitnehmer zu benennen. Der Arbeitgeber wiederum hat im Anschluss innerhalb von 15 Tagen geeignete Bewerber – entweder aus den Bewerbungen, die ihm die İŞKUR vorgelegt hat, oder aus den Bewerbungen, die im Internetportal der Arbeitsverwaltung gelistet sind – auszusuchen und seine Wahl entsprechend zu begründen (vgl. Art. 15 EinglVO). Jede Art und Form der Diskriminierung wegen Behinderung ist verboten und wird mit Freiheitsstrafe zwischen einem und drei Jahren geahndet (vgl. Art. 17 EinglVO i.V.m. Art. 122 Strafgesetzbuch). Sollte ein Arbeitgeber im privaten

---

26 Pressemitteilung İŞKUR vom 21.4.2016, zu entnehmen unter: http://www.iskur.gov.tr.

27 Die Aufnahme in den Beamtendienst betreffend vgl. Art. 53 Beamtengesetz, Gesetz Nr. 657. Die Beschäftigungsquote liegt bei 3%.

Sektor Menschen mit Behinderungen ohne Vermittlung der İŞKUR eingestellt haben, so muss er innerhalb von 15 Arbeitstagen ab Beschäftigungsbeginn eine entsprechende Mitteilung machen, damit die Registrierung erfolgt. Anderenfalls findet eine Berücksichtigung bei der Erfüllung der Beschäftigungsquote nicht statt (vgl. Art. 13 EinglVO).

Als Anreiz zur Erfüllung der gesetzlichen Beschäftigungspflichten hat der Gesetzgeber die Übernahme des Arbeitgeberanteils der Beiträge für die Sozialversicherung normiert. Diese Regelung gilt auch zu Gunsten von Arbeitgebern bei geschützten Arbeitsplätzen sowie Arbeitgebern, die der Beschäftigungspflicht in Art. 30 Abs. 1 Arbeitsgesetz nicht unterliegen, aber dennoch Menschen mit Behinderungen beschäftigen oder die Beschäftigungsquote überschreiten und damit mehr Menschen mit Behinderungen beschäftigen als sie nach gesetzlicher Vorgabe müssten (vgl. Art. 30 Abs. 6 Arbeitsgesetz). Voraussetzung ist jedoch, dass der Arbeitgeber seine Verpflichtungen nach den sozialversicherungsrechtlichen Vorschriften erfüllt, d.h. die in seinem Betrieb beschäftigten Arbeitnehmer ordnungsgemäß bei der Anstalt für Soziale Sicherheit angemeldet und den Arbeitnehmeranteil der Beiträge zur Sozialversicherung ordnungsgemäß abgeführt hat. Um von dieser Regelung Gebrauch machen zu können, bedarf es in formaler Hinsicht eines entsprechenden Antrages bei der Anstalt für Soziale Sicherheit und des Nachweises der Beschäftigung von Menschen mit Behinderungen, der für jedes Jahr mit den entsprechenden Formularen der Arbeitsverwaltung zu führen ist.[28]

Bei Nichterfüllung der Beschäftigungspflichten wird für jeden Monat der Zuwiderhandlung eine Geldbuße festgesetzt (Art. 101 Arbeitsgesetz), die für das Jahr 2017 2.295 TL beträgt. Von dieser Verwaltungssanktion sind öffentliche Arbeitgeber nicht ausgenommen. Über die Verwendung der eingetriebenen Geldbußen entscheidet eine hierzu eingerichtete Kommission nach den in der diesbezüglichen Durchführungsverordnung normierten Verfahren.[29] Grundsätzlich sind die Gelder zur Finanzierung von Projekten zur Eingliederung und Verbleib am Arbeitsmarkt einzusetzen (vgl. Art. 30 Abs. 7 Arbeitsgesetz).

Als Folge der Erfüllung bestehender Beschäftigungspflichten waren im Jahr 2015 im öffentlichen Sektor insgesamt 10.696 und im privaten Sektor

---

28 *Tuncay/Ekmekçi*, Sosyal Güvenlik Hukuku Dersleri, 18. Aufl., İstanbul, 2016, S. 191.

29 RG vom 9.1.2014, Nr. 28877.

insgesamt 84.370 Menschen mit Behinderungen in Arbeit, während in den Beamtendienst insgesamt 40.655 Personen aufgenommen wurden.[30]

V. Abschließende Würdigung

Die Rechte von Menschen mit Behinderungen betreffend ist mit dem Erlass des BehG im Jahr 2005 ein wichtiger Schritt unternommen worden. Mit der grundlegenden Reform im Jahr 2014 hat der türkische Gesetzgeber den Versuch unternommen, die Vorgaben der UN-BRK in das türkische Recht zu übernehmen. Von besonderer Bedeutung ist das neue Verständnis von Behinderung. Die gesetzlichen Regelungen zur Teilhabe am Arbeitsleben sind allgemein gehalten, die untergesetzlichen Normen konkretisieren die Leistungen nicht ausreichend. Denn es bleibt insbesondere fraglich, ob Menschen mit Behinderungen ihre Rechte erkennen und entsprechend geltend machen können. Die zukünftigen Entwicklungen bleiben daher abzuwarten.

30 Vgl. Ministerium für Familie und Sozialpolitik, Statistik der Generaldirektion für Dienste für Menschen mit Behinderung und ältere Menschen (Engelli ve Yaşlı Hizmetleri Müdürlüğü), Juni 2016, S. 1-3, zu entnehmen unter: http://eyh.aile.gov.tr/
Seit 2011 sind die Angelegenheiten für Menschen mit Behinderungen dem Ministerium für Familie und Sozialpolitik zugewiesen.

Migration und Absicherung bei Pflegebedürftigkeit in Portugal – der Fall da Silva Martins[1]

Hans-Joachim Reinhard

I. Einführung

Bislang musste sich der Europäische Gerichtshof bislang nur in sehr wenigen Fällen mit der Absicherung von Migranten bei Pflegebedürftigkeit beschäftigen[2]. Dies verwundert deshalb etwas, weil –anders als etwa im Bereich der Alterssicherung- die Absicherung bei Pflegebedürftigkeit in den Mitgliedstaaten der Europäischen Union völlig disparat geregelt ist. Kreis der Berechtigten, Zugangsalter, Erbringung von Sach- oder Dienstleistungen, weitgehende Vollabsicherung oder Teilabsicherung, Finanzierung durch Steuern oder Beiträge, organisatorische Anbindung an das Gesundheitswesen mit Ergänzung durch Fürsorgeleistungen (vor allem in den mittel- und osteuropäischen Staaten), Verpflichtung der Kommunen zur Leistungserbringung (skandinavische Länder) oder Sozialversicherungssystem mit Ergänzung durch die Sozialhilfe (Deutschland) –es finden sich kaum Übereinstimmungen. In einigen Ländern (etwa Italien, Spanien, Vereinigtes Königreich, Belgien) existiert überdies eine Aufsplitterung in regionale Zuständigkeiten. Gerade in den südlichen Ländern der Europäischen Union haben die finanziellen Schwierigkeiten und das Anwachsen der Haushaltsdefizite dazu geführt, dass der Ausbau der sozialen Sicherung bei Pflegebedürftigkeit nicht in dem Maße weiterbetrieben werden konnte wie dies angestrebt worden war. Andererseits sind diese Länder im Bereich der Absicherung bei Pflege auch längst nicht so wenig entwickelt, wie dies aus einer manchmal etwas überheblichen Sicht aus dem Norden der Union angenommen wird.

---

1 Die Erstellung dieses Beitrags wurde unterstützt durch die EU-Kommission im Rahmen des HORIZON 2020 Grant Agreement No 649565, Social Investment in Long-Term Care (SPRINT).

2 Zuletzt EuGH, C-433/13, SuP 2015, 740 - Kommission gegen Slowakische Republik.

Das portugiesische System der Absicherung bei Pflegebedürftigkeit wurde deshalb gewählt, weil es außerhalb des Landes weitgehend unbekannt ist. Anders als das Nachbarland Spanien, welches ein in einem eigenen Gesetz verankertes, regionalisiertes Sicherungssystem aufgebaut hat, zog Portugal die stärkere Anbindung an das Gesundheitswesen vor. Überdies knüpft die Auswahl an eine Entscheidung des EuGH[3] an, die das Verhältnis von deutscher Pflegeversicherung und dem portugiesischen System der sozialen Sicherheit betrifft und die Situation von rückkehrenden Migrantinnen und Migranten – nicht nur nach Portugal, sondern in alle Länder mit niedrigen Leistungen bei Pflegebedürftigkeit- erheblich verbessert. Dennoch ist das Urteil, soweit ersichtlich, in Deutschland aber auch in Portugal weitgehend unbekannt geblieben. Die Gründe liegen vermutlich in einer verfahrensrechtlichen Besonderheit, die Einfluss auf die praktische Umsetzung hat.

Der EuGH hatte bereits zu entscheiden, ob die Pflegekasse verpflichtet ist, Sachleistungen im Ausland zu erbringen, wenn bei einem Wegzug aus Deutschland der neue Wohnsitzstaat (hier: Österreich) solche Sachleistungen bei Pflegebedürftigkeit in seinem System nicht vorsieht.[4] Der EuGH verneinte dies, weil Leistungen bei Pflege koordinationsrechtlich dem Risiko der Krankheit zuzuordnen seien,[5] weshalb Sachleistungen vom Wohnsitzstaat erbracht werden müssten. Dies gelte selbst dann, wenn die Sachleistung im Wege der Kostenerstattung durch Zahlung eines Geldbetrages abgegolten wird. Im Ergebnis verschlechterte sich die finanzielle Situation der Klägerin deutlich, was durch eine Rücksiedlung abgefangen werden konnte, wodurch ihr als Wohnsitzinländerin wieder ein Anspruch auf Leistungen zustand.

---

3 EuGH, C-338/09 ZESAR 2012, 32-41 – da Silva Martins gegen Bank Betriebskrankenkasse –Pflegekasse, Anm. *Osterholz/Mettig,* 41-47; *Reinhard,* EuGH zum Export von Pflegegeld ins Ausland, ASR 2011, 222-225; *Bernsdorff,* Pflege-Versicherungsstatus von Doppelrentnern nach Rückkehr in den Mitgliedstaat ihrer Herkunft - Zugleich ein Beitrag zu den Grenzen der Beurteilungskompetenz des EuGH im Vorabscheidungsverfahren, VSSR 2015, 195-212.

4 EuGH, C-208/07, ZESAR 2009, 438-447 - von Chamier- Glisczinski.

5 So grundsätzlich bereits EuGH C-160/96, NJW 1998, 1767-1769 - Molenaar.

II. Der Fall da Silva Martins

Für den Portugiesen da Silva Martins war der Rückzug nach Deutschland, um den Anspruch auf Leistungen wieder aufleben zu lassen, keine Option. Er gehörte zur Generation der ersten „Gastarbeiter" mit einem für diese Gruppe typischen versicherungsrechtlichen Schicksal. Der kurzen Erwerbstätigkeit im Heimatland folgte eine jahrzehntelange Erwerbstätigkeit in Deutschland, mit dem Wunsch bei Erreichen des Rentenalters ins Heimatland zurückzukehren. Das Verfahren des Klägers steht damit stellvertretend für tausende von vergleichbaren Schicksalen in einer Zeit, in der in der Bundesrepublik gerade die 50. Jahrestage der Anwerbeabkommen mit den süd- und südosteuropäischen Staaten gefeiert werden[6]. Diese angeworbenen Arbeitnehmer haben über viele Jahre ihre Pflichtbeiträge zur Pflegeversicherung entrichtet und sollen nun im Alter –so auch die Argumentation des Klägers- leer ausgehen. Für ihn war dies besonders unglücklich, weil er anscheinend zunächst gar nicht wieder dauerhaft in Portugal bleiben wollte, sondern bei einem Besuch in seiner Heimat überraschend so schwer pflegebedürftig wurde, dass eine Rückkehr nach Deutschland mangels Transportfähigkeit nicht in Betracht kam.

Das Gericht beschäftigte sich zunächst mit der Möglichkeit der freiwilligen Weiterversicherung,[7] da die Versicherungspflicht grundsätzlich nur bei Beschäftigung oder Wohnsitz bzw. gewöhnlichem Aufenthalt im Inland besteht[8]. Die freiwillige Weiterversicherung ist zwar eine Möglichkeit, das Versicherungsverhältnis weiterzuführen, wenn das Pflichtversicherungsverhältnis wegen eines Wegzugs ins Ausland endet. Allerdings ist diese freiwillige Versicherung für Migranten nicht zielführend. Denn die Leistungen ruhen, solange der Versicherte sich im Ausland aufhält[9]. Das Pflegegeld[10] oder das anteilige Pflegegeld[11] ist nur für einen vorübergehenden Aufenthalt von bis zu sechs Wochen im Kalenderjahr weiter zu gewähren. Bei einem dauerhaften Wegzug von Migrantinnen und Migranten nutzt die freiwillige Versicherung nichts, weil sie zwar Beiträge entrichten müssten, aber nicht in den Genuss von Leistungen kämen. Die frei-

6 Das Anwerbeabkommen mit Portugal wurde am 17.3.1964 geschlossen.
7 § 26 SGB XI.
8 § 1 Abs. 2 S. 1 SGB XI iVbm. § 5 SGB V, § 3 SGB IV, § 30 SGB I.
9 § 34 Abs. 1 S. 1 SGB XI.
10 § 37 SGB XI.
11 § 38 SGB XI.

willige Weiterversicherung ist auch nicht für diesen Personenkreis der dauerhaften Migration gedacht, sondern für Personen, die vorübergehend, etwa wegen Studiums oder Erwerbstätigkeit, ins Ausland gehen und die Vorversicherungszeit von mindestens 2 Jahren innerhalb der letzten 10 Jahre vor Antragstellung[12] erfüllen wollen.

Unabhängig von der Sinnhaftigkeit der freiwilligen Versicherung im Einzelfall musste der EuGH zunächst das Konkurrenzverhältnis von Pflichtversicherung und freiwilliger Versicherung lösen. Es gilt das Prinzip der Einheitlichkeit der Versicherung[13], wonach der Versicherte nur dem Recht eines Mitgliedstaates unterliegt und eine Pflichtversicherung einer freiwilligen Versicherung vorgeht. Besteht im Zuzugsland, hier Portugal, eine Pflichtversicherung, gilt für Migrantinnen und Migranten allein das dortige Recht. In Portugal ist das Risiko der Krankheit nicht durch eine gesetzliche Krankenversicherung abgedeckt; die Gesundheitsversorgung wird durch einen steuerfinanzierten nationalen Gesundheitsdienst (Serviço Nacional da Saúde) gewährleistet.[14] Dieser ist aber funktional einer Pflichtversicherung gleichgestellt, so dass er als Pflichtsystem einer freiwilligen Weiterversicherung vorgehen würde. Konsequenterweise käme dann portugiesisches Recht zur Anwendung mit der Maßgabe, dass der Kläger auf die Leistungen des portugiesischen Gesundheitsdienstes verwiesen wäre, welcher besondere Leistungen bei Pflegebedürftigkeit nicht vorsieht. Eine freiwillige Weiterversicherung in Deutschland nach § 26 Abs. 2 SGB XI wäre somit ohnehin ausgeschlossen.

Dieses, für den Kläger nachteilige Ergebnis konnte oder wollte der EuGH nicht beibehalten. Obwohl er im Urteil Chamier-Glisczinski[15] zu dem Schluss gelangt war, dass ein Wegzug zu einem Rechtsverlust bei den Ansprüchen gegen die Pflegeversicherung führen kann, griff er das Argument auf, dass der Kläger jahrelang Beiträge entrichtet und zweifelsfrei einen Leistungsanspruch nach deutschem Recht erworben hatte. Diesen konnte aber nach seinem Wegzug wegen der europarechtlichen Qualifikation der Pflegeversicherung als Risiko bei Krankheit nicht mehr weiter realisieren. Der EuGH führte im weiteren aus, dass diese Möglichkeit einer Verschlechterung des Wanderarbeitnehmers dann nicht in Betracht

12 § 33 Abs. 2 S. 1, 2 SGB XI.

13 Art. 15 Abs. 1, Art. 13 VO 1408/71; Art. 11 Abs. 1, Art. 14 VO 883/2004.

14 Decreto-Lei 11/93, de 15 de Janeiro, zuletzt geändert durch Lei 82-B/2014 de 31 de Dezembro.

15 Vgl. Fn. 4.

komme, wenn Leistungen aberkannt würden, die allein nach dem Recht eines Mitgliedstaates gewährt werden. Zudem dürften Wanderarbeitnehmer nicht schlechter gestellt werden als Arbeitnehmer, die ihr ganzes Erwerbsleben im zuständigen Mitgliedstaat zurückgelegt haben.

Die Richter gelangten daher zu einer differenzierenden Lösung. Sie bleiben bei ihrer grundsätzlichen Auffassung, dass die Pflegebedürftigkeit dem Risiko der Krankheit zuzuordnen sei[16]. Allerdings setzt die Konkurrenz von Pflichtversicherung und freiwilliger Weiterversicherung eine Kongruenz der Leistungen voraus. Diese ist nach Auffassung des Gerichts teilweise nicht gegeben. Der portugiesische nationale Gesundheitsdienst deckt, wie auch das SGB V, die Leistungen bei Krankheit im *eigentlichen* Sinne ab. Der EuGH hielt es nicht für mit dem Zweck des Art. 48 AEUV vereinbar, wenn der Kläger sämtliche beitragsfinanzierten Leistungen verlieren würde, nur weil er Anspruch auf Leistungen bei Krankheit im *eigentlichen* Sinne hat.

Das Gericht definiert aber nicht, was eine Krankheit im *eigentlichen* Sinne sein soll. Aus der Diktion des Urteils ergibt sich jedoch, dass es sich um ein kurzfristiges Risiko handelt. Hingegen sind Leistungen bei Pflegebedürftigkeit grundsätzlich nicht auf eine kurzfristige Zahlung, sondern auf Dauer angelegt. Diese fallen aberin den Leistungsbereich der deutschen Pflegeversicherung. Angesichts dieses unterschiedlichen Sicherungsziels sah der EuGH unterschiedliche Anwendungsbereiche zwischen deutschem und portugiesischem Recht als gegeben an und hielt eine freiwillige Weiterversicherung nach deutschem Recht neben einer Einbindung in den portugiesischen nationalen Gesundheitsdienst für zulässig. Er legte Art. 27 VO 1408/71 im Hinblick auf Geldleistungen, die die Pflegebedürftigkeit betreffen, so aus, dass ein Anspruch auf Leistungen bei Krankheit im eigentlichen Sinne nicht zum Verlust des Anspruchs auf Geldleistungen führen, wenn die Anspruchsvoraussetzungen allein nach dem Recht eines Mitgliedstaates, hier Deutschland, erfüllt sind. Auf die Notwendigkeit einer Antragstellung bei einer freiwilligen Weiterversicherung und eines eventuell fehlenden Antrags ging das Gericht geflissentlich gar nicht ein[17], ebenso wenig auf Fragen einer möglichen Verfristung des Antrags.

---

16 So inzwischen Art. 34 VO 883/2004.

17 Ein Antrag nach § 26 Abs. 2 SGB XI könnte aber von den deutschen Behörden durch Umdeutung des Antrags auf Weitergewährung der Leistungen bejaht werden. Selbstverständlich müsste der Kläger dann die angefallenen Beiträge nachentrichten.

III. Die Absicherung der Pflegebedürftigkeit in Portugal

Portugal hat keine eigenständige Pflegeversicherung.[18] Gleichwohl ist selbstverständlich auch in Portugal das Risiko der Pflegebedürftigkeit ein gesellschaftlich drängendes Problem geworden und sozialpolitisch nicht unbeachtet geblieben[19]. Auf der Ebene der Dienstleistungen wurde das Netz professioneller Dienste ausgebaut[20], bei den Geldleistungen ist die Alters- bzw. Invaliditätsrente involviert. Der Gerichtshof hatte sich deshalb mit dem portugiesischen Rentenrecht auseinander zu setzen, da nach den europarechtlichen Vorschriften Portugal zuständig ist, weil der Kläger von dort eine, wenn auch kleine Altersrente aus seiner Erwerbstätigkeit vor der Migration nach Deutschland bezog.

Er hat den Kläger nicht allein auf die portugiesischen Leistungen verwiesen, macht aber selbst keine Ausführungen zum portugiesischen materiellen Sozialrecht, sondern überlässt die Recherche dem vorlegenden BSG. Der EuGH dürfte zumindest geahnt haben, dass die portugiesischen Leistungen wohl unter den Leistungen nach dem SGB XI liegen, denn er hat ergänzend ausgeführt, dass bei einer Differenz der Unterschiedsbetrag vom zuständigen Staat, hier also Deutschland, gezahlt werden muss.

Praktische Schwierigkeiten, wie von der deutschen und britischen Regierung angeführt, ließ der Gerichtshof nicht gelten. Im Zeitalter des Datenaustausches dürften sie handhabbar sein, zumal die Pflicht zur Zahlung des jeweiligen Differenzbetrages seit vielen Jahren bei den Familienleis-

---

18 *Joël/Dufour-Kippelen/Samitca,* The Long-Term Care System for the Elderly in Portugal, ANCIEN, ENEPRI Resarch Report No. 84, June 2010; Ministerio do Trabalho e da Solidaridade Social, A dependência: o apoio informal, a rede de serviços e equipamentos e os cuidados continuados integrados, 1ª ed., Outubro 2009; *Gonçalves Leite,* Gestão da qualidade de vida e da dependência em idosos institucionalizados nas organizações do terceiro setor, Vila Real 2011; Governo do Portugal; Secretário do Estado Adjunto do Ministro da Saúde, Cuidados Continuados Integrados em Portugal Continental, Abril 2014.

19 Vgl. zur Entwicklung *Vergho,* Soziale Sicherheit in Portugal und ihre verfassungsrechtlichen Grundlagen, Baden-Baden 2010.

20 Durch Decreto-lei N.º 256-A/2007 wurde PARES (Programa de alargamento da rede de equipamentos sociais – Programm zum Ausbau des Netzes sozialer Einrichtungen) eingeführt. Daneben sollten SADs (Serviçio Apoio Domicilário – Häuslicher Unterstützungsdienst) und ADIs (Apoio Domicilário Integrado – Integrierter häuslicher Unterstützungsdienst) ausgebaut werden. Obschon das PARES-Programm internationalen, insbesondere europäischen Vorgaben entsprach, musste es 2011 gekürzt werden, was zu einem Anstieg der Wartelisten führte.

tungen existiert. Problematisch kann eventuell eine mögliche unterschiedliche Einstufung in die verschiedenen Grade der Pflegebedürftigkeit sein, da diese im portugiesischen und deutschen Recht anders definiert werden. Das BSG blieb es erspart Recherchen zum portugiesischen Recht durchführen, denn der Kläger ist kurz nach der für ihn positiven Entscheidung des EuGH seiner schweren Krankheit erlegen und seine Rechtsnachfolger haben das Verfahren nicht weitergeführt. Wegen des fehlenden Endurteils ist der Fall trotz seiner erheblichen Besserstellung für Migranten in Deutschland kaum bekannt geworden. Nach Auskunft der Sozialverbände beeinflusst dies die Praxis erheblich, da angeblich viele Pflegekassen die Vorgaben des EuGH nicht umsetzen. Entsprechende Ansprüche von MigrantInnen werden zunächst als unbegründet abgeschmettert. Erst im Klageverfahren wird der Anspruch zugestanden, weshalb es keine Urteile der unteren Instanzen und damit auch keine Nachweise in den Fachzeitschriften gibt. Sollte diese Vorgehensweise angesichts der hohen Zahl von älteren rückkehrenden Migranten tatsächlich zutreffen, würde dies eklatant gegen den Grundsatz einer gesetzmäßigen Verwaltung verstoßen.

1. Geldleistungen

a) Rentenbeziehende

Während das deutsche Rentenrecht familien- oder situationsbezogene Zuschläge abgeschafft hat, berücksichtigt das portugiesische Rentenrecht die individuelle Situation des Versicherten.[21] Zum einen gibt es für einen unterhaltsberechtigten Ehegatten *(cônjuge a cargo)* einen Zuschlag von 36,95 EUR monatlich, zum anderen wird bei Pflegebedürftigkeit ein Zuschlag zur Rente *(complemento por dependência)*[22] gewährt, wenn die Hilfe einer anderen Person *(assistência de outrem)* benötigt wird.

Die Pflegebedürftigkeit wird festgestellt im Hinblick auf Fähigkeit des Betroffenen selbständig die notwendigen Dinge des alltäglichen Lebens auszuführen, wie etwa Haushaltsführung, Mobilität und persönliche Hy-

---

21 Zum portugiesischen System der sozialen Sicherheit *Reinhard,* Soziale Sicherheit in Portugal, Soziale Sicherheit 1991, 22 – 25 ; *ders.*, Portugal: Das schnelle Altern eines jungen Wohlfahrtsstaats, ZIAS 1994, 229 - 239.

22 Decreto-Lei 265/99, de 14 de Julho 1999 da complemento por dependência; Portaria n.° 764/99, de 27 de Agosto.

giene. Die Begutachtung erfolgt durch MitarbeiterInnen der Segurança Social.

Der 1. Grad (1° grau) wird Personen zuerkannt, die nicht selbst die unverzichtbaren Tätigkeiten zur Befriedigung der Grundbedürfnisses des täglichen Lebens verrichten können: Tätigkeiten mit Bezug zur Ernährung oder der Fortbewegung oder der persönlichen Hygiene.

Der 2. Grad (2° grau) wird Personen zuerkannt, denen der 1. Grad zugesprochen wurde und die zusätzlich bettlägerig sind oder die unter schwerer Demenz leiden.

Der prozentuale Zuschlag richtet sich nach der Höhe der Sozialrente (Pensão Social), einer Grundrente, die an alle Personen gezahlt wird, die nicht über ein bestimmtes Einkommen verfügen. Steigt die Sozialrente, steigt auch der Zuschlag. Der Prozentsatz selbst ist zum einen abhängig vom zuerkannten Grad, zum anderen vom System, welches die Alters- bzw. Invaliditätsrente zahlt:

	Allgemeines System (Regime Geral)		Sondersystem der Landwirtschaft, Nichtbeitragsbezogenes System und gleichgestellte Systeme	
1. Grad	50%	101,68 EUR	45%	91,51 EUR
2. Grad	90%	183,02 EUR	85%	172,85 EUR

Die Zuschläge wurden seit 1.1.2010 wegen der Finanzkrise kaum erhöht[23], werden aber 14mal jährlich (Sonderzahlung im Juli und Dezember) ausgekehrt. Sie werden aufgrund der Sparmaßnahmen für den 1. Grad nur dann gezahlt, wenn die Höhe der Rente nicht mehr als 600 EUR beträgt.

23 Maßgebliche Größe ist der Indexante dos Apoios Sociais (IAS), der wegen der Finanzkrise seit 1.1.2009 bei 419,22 EUR lag und 2017 erstmals auf 421,32 € erhöht wurde.

b) Invaliditätsrente bei besonderen Erkrankungen[24]

Personen, die dauerhaft erwerbsunfähig sein und bei denen ein schneller Verlust der persönlichen Autonomie aufgrund einer Erkrankung[25] zu erwarten ist, erhalten eine höhere Invaliditätsrente[26].

c) Geldleistungen für informelle Pflege

Für Kinder und Erwachsene, die keine Rente beziehen, aber der Hilfe einer anderen Person bedürfen, kann ein *Subsídio por assistência de 3ª pessoa*[27] von 101,68 EUR gezahlt werden. Entscheidend ist die Situation der pflegenden Person. Diese muss mindestens 12 Monate versicherungspflichtig beschäftigt gewesen sein. Die zu pflegende Person darf kein Einkommen über 406,70 EUR beziehen. War die Pflegeperson nicht versicherungspflichtig beschäftigt, darf das Einkommen der zu pflegenden Person 168,53 EUR und das Familieneinkommen 631,98 EUR nicht übersteigen. Bei Unterbringung in einer zugelassenen Einrichtung entfällt der Zuschlag.

d) Koordinationsrechtliche Bewertung

Mit seiner Entscheidung hat der EuGH die Situation der Rückkehrer erheblich verbessert. In der Tat ist es für die Betroffenen schwer nachvollziehbar, weshalb sie aus einem System, in das sie jahrelang Pflichtbeiträge in erheblicher Höhe eingezahlt haben, keine Leistungen im Heimatland beziehen können – und das in einer persönlichen Situation, die durch die Pflegebedürftigkeit ohnehin schon schwer genug ist. Da nun die erste Generation der „Gastarbeiter“ in ein Alter kommt, in dem die Pflegebedürf-

---

24 Lei n° 90/2009 de 31 de Agosto aprova o regime especial de protecção na invalidez.

25 Familiäre Amyloid-Polyneuropathie (FAP), Machado Joseph-Krankheit, HIV, Multiple Sklerose, Krebserkrankungen, Amyotrophe Lateralsklerose (ALS), Parkinson, Alzheimer, seltene Krankheiten oder sonstige Krankheiten mit schnellem Autonomieverlust.

26 Der Multiplikator beträgt 3% (statt 2%) der Berechnungsgrundlage je Versicherungsjahr.

27 Decreto-lei 133-B/97, de 30 de Maio, Decreto-lei 133-C/97, de 30 de Maio.

tigkeit wahrscheinlicher wird, kommen auf die deutsche Pflegeversicherung Mehrausgaben zu. Es handelt sich allerdings nicht um zusätzliche Ausgaben im *eigentlichen* Sinne, um die Terminologie des EuGH aufzugreifen. Denn nach der bisherigen Rechtslage haben die Rückkehrer den deutschen Pflegekassen Ausgaben erspart, die bei einer Beibehaltung des Wohnsitzes im Inland zweifelsfrei angefallen wären. Die größte Gruppe der Migrantinnen und Migranten kann sich aber auf dieses Urteil nicht berufen[28]. Ebenso bleiben pflegebedürftige Personen außen vor, die keine Rente beziehen.

Mit der Differenzierung zwischen „eigentlicher" Krankheit und „uneigentlicher?" Krankheit, also Pflegebedürftigkeit vollführte der EuGH einen dogmatischen Eiertanz, weil er auf den Katalog der in der Verordnung 1408/71 aufgeführten Risiken beschränkt war. Die Aufspaltung des Risikos der Krankheit war allein dem Umstand geschuldet, dass das Koordinationsrecht der gesellschaftlichen Entwicklung hinterherhinkte und die Pflegebedürftigkeit nicht eigenständig regelte. Aber auch in der Nachfolgeregelung Art. 34 VO 883/2004 ist das Risiko der Pflegebedürftigkeit koordinationsrechtlich (bislang) nur unzulänglich kodifiziert.

2. Dienst- und Sachleistungen

Pflegebedürftige benötigen nicht nur Geld- sondern vor allem Dienst- und Sachleistungen. Neben dem Zuschlag bei Renten besteht aber noch eine Reihe von Unterstützungsleistungen bei Pflegebedürftigkeit[29]. Leistungserbringer sind meist staatliche Institutionen, aber auch NGOs, karitative Einrichtungen und zugelassene private Träger.[30] Der Nutzer hat grundsätzlich ein Wahlrecht zwischen den zugelassenen Anbietern. Eine Mindestversicherungszeit oder ein Mindestalter ist nicht erforderlich. Behinderte Kinder und Erwachsene erhalten aber erst dann Leistungen, wenn sie die Unterstützung einer dritten Person für mindestens 6 Stunden benötigen.

---

28 BSG 25.2.2015, B 3 P 6/13 R zum Wegzug in die Türkei.

29 http://www.seg-social.pt/documents/10152/27234/apoios_sociais_adultos_deficiencia.

30 Decreto-lei 101/2006, de 6 de Junho, Cria a Rede Nacional de Cuidados Continuados Integrados.

a) Unterstützung zuhause (apoio domiciliário)

Sie dient der täglichen Unterstützung, den persönlichen Bedürfnissen, der Reinigung, Bereitstellung von Mahlzeiten, Begleitung bei Arztbesuchen usw. Sie wird ohne zeitliche Begrenzung gewährt.

b) Pflegefamilien (famílias de acolhimento).

Vorübergehende oder dauerhafte Integration älterer Personen oder behinderter Erwachsener entweder in Vollzeit oder in Teilzeit (maximal 3 Personen) in Pflegefamilien, die dafür sorgen, dass die Grundbedürfnisse, einschließlich medizinischer Versorgung gesichert sind.

c) Teilstationäre Pflege

- *Centro de noite* für ältere isoliert lebende Menschen, die während der Nacht (18-8 Uhr) Unterstützung benötigen;
- *Centro de dia* für ältere Menschen für mindestens 8 Stunden tagsüber;
- *Unidades de dia e de promoção da autonomia* für 8 Stunden täglich zur Förderung der Autonomie;
- *Centro de actividades ocupacionais* für erheblich behinderte Personen;
- *Forum sócio-ocupaciona*l zur Beschäftigung von Personen mit geringen geistigen Einschränkungen;
- *Centro de acolhimento temporário* für die vorübergehende Aufnahme behinderter Kinder und Jugendlicher bis 18 Jahre;

Grundsätzlich besteht keine zeitliche Begrenzung außer bei Tageszenten und Zentren für die Förderung der Autonomie, wo es auf den Erfolg der Maßnahme ankommt. Vorübergehende Auffangzentren können maximal 6 Monate in Anspruch genommen werden.

d) Unterbringung in Einrichtungen

- *Estruturas residenciais para pessoas idosas* sind für ältere pflegebedürftige oder von Pflegebedürftigkeit bedrohte Menschen;
- *Estruturas residenciais para pessoas com deficiência* richten sich an über 16jährige mit dauerhaften oder vorübergehenden Behinderungen;

- Der *Lar de infância e juventude* dient dem dauerhaften Aufenthalt bis zum 18. Lebensjahr;
- Die *Unidade de vida apoiada* nimmt Personen mit dauerhaften geistigen Beeinträchtigungen auf;
- Die *Unidade de vida protegida* ist gedacht für Erwachsene, die an erheblichen psychologischen Problemen leiden;
- Die *Unidade de vida autónoma* soll Erwachsene mit erheblichen psychologischen Problemen, die noch über ein gewisses Maß an Autonomie verfügen, unterstützen;
- Die *Unidades de convalescença* gewähren medizinische Rehabilitationspflege nach Krankenhausaufenthalt;
- Die *Unidade de média duração e reabilitação* bietet in Zusammenarbeit mit dem Krankenhaus für medizinische Rehabilitationspflege und soziale/psychologische Unterstützung;
- Die *Unidade de longa duração e manutenção* ist für soziale Unterstützung und Versorgungsbehandlung von Personen mit chronischen Pathologien eingerichtet;
- In *Unidades de cuidados paliativos* werden im Krankenhaus ernsthaft erkrankte Personen aufgenommen.

Die Dauer ist grundsätzlich nicht beschränkt, außer bei den vier letztgenannten Einrichtungen, bei denen der Zustand der Nutzer entscheidend ist. Bei den mittelfristigen Rehabilitationszentren ist die Höchstaufenthaltsdauer auf drei Monate begrenzt.

e) Sonstige Sachleistungen

a) Das *Sistema de Atribuição de Produtos de Apoio*[31] umfasst die freie Zuerkennung Hilfsmitteln für Behinderte oder vorübergehend behinderte Menschen.
b) Die *Intervenção Precoce* soll behinderten Kindern bis zu 6 Jahren oder einer ernsthaften Verzögerung der geistigen Reife helfen.

31 http://www.seg-social.pt/documents/10152/14429740/Sistema_Atribuicao_Produtos_Apoio_SAPA.

f) Kostenbeteiligung

Bezieherinnen und Bezieher der Sozialrente und der Mindestsicherung haben keinen Kostenbeitrag zu leisten. Im Sozialversicherungssystem und beim Nationalen Gesundheitsdienst variiert die Eigenleistung in Abhängigkeit vom Familieneinkommen und dem Grad der Pflegebedürftigkeit.

IV. Schlussbemerkungen

In näherer Zukunft wird man angesichts des demographischen Wandels nicht umhinkommen, die Pflegebedürftigkeit koordinationsrechtlich ausführlicher zu regeln. Im Grundsatz wird immer eine enge Verbindung zum Risiko der Krankheit bestehen bleiben, weshalb es Sinn macht für Sachleistungen auf den Wohnsitzstaat abzustellen. Hingegen haben Geldleistungen eine gewisse Nähe zur Invaliditätsrente. Daher erscheint es angebracht, diesen Teil den rentenrechtlichen Bestimmungen zuzuordnen. In einer Änderung oder Ergänzung der Verordnung sollte daher stärker zwischen Sach- und Geldleistungen differenziert werden. Ein revidierter Art. 34 VO 883/2004 sollte die Rechtsprechung des EuGH koordinationsrechtlich umsetzen[32]. Mit der Differenzmethode hat das Gericht verhindert, dass Migrantinnen und Migranten übermäßig privilegiert werden, indem sie Anspruch auf die volle Leistung nach dem Rentenrecht ihres Heimatstaates und nach deutschem Pflegeversicherungsrecht haben. Die Differenzmethode ist, wie die Familienleistungen zeigen, rechtlich problemlos zu lösen. Ungewöhnlich ist nur, dass zwischen zwei völlig unterschiedlichen Versicherungszweigen verrechnet werden müsste.

32 Inzwischen liegt ein Vorschlag der Kommission zur Einführung eines eignen Kapitels 1a „Leistungen bei Pflegbedürftigkeit“ vor (Art. 35a-35c) VO 883/2004, vom 13.12.2016 (COM 2016) 815 final, vgl. dazu Stellungnahme der Bundesarbeitsgemeinschaft der freien Wohlfahrtspflege e.V. vom 29.5.2017, www.bagfw.de/veroeffentlichungen/stellungnahmenpositionen.

Pflegeversicherungen in Südkorea und Deutschland: Rezeption des deutschen Sozialrechts in Ostasien

Wolfgang Schütte

I. Gerhard Igl und Ostasien

Bei Recherchen zu Pflegeversicherungen in Ostasien stieß ich vor einigen Jahren in einer japanischen Fachzeitschrift auf eine profunde englischsprachige Darstellung der deutschen Gesetzgebungsgeschichte von Gerhard Igl und Heinz Rothgang.[1] Es gibt nicht viele deutsche Autoren, die in der internationalen Fachpresse zu globalen Aspekten der Sozialpolitik und des Sozialrechts publizieren und den internationalen Sozialrechtsdialog von Deutschland aus auch zu außereuropäischen Regionen wachhalten. Gerd Igl hat das Thema Pflege seit seiner umfassenden rechtsvergleichenden Studie zum deutschen und französischen Sozialrecht[2] stets auch unter internationalen Aspekten betrachtet. Die völkerrechtlichen Bezüge des Sozialrechts wurden in vielen seiner Beiträge angesprochen. Seit langem ist er auf internationalen Kongressen präsent, u.a. in der International Association of Gerontology and Geriatrics (IAGG), deren 21. Weltkongress in diesem Jahr in San Francisco stattfindet.[3]

Mit diesem kleinen Bericht möchte ich das fruchtbare internationale und rechtsvergleichende Engagement des Jubilars würdigen.

---

1 Rothgang/Igl, Long-term Care in Germany, The Japanese Journal of Social Security Policy Vol. 6 (2007) Nr. 1, S. 54 ff.

2 Igl, Pflegebedürftigkeit und Behinderung im Recht der sozialen Sicherheit. Eine rechtsvergleichende
Untersuchung für die Bundesrepublik Deutschland und Frankreich. Baden-Baden 1987.

3 21st IAGG World Congress 2017.

II. Pflegeversicherung in Südkorea

Es ist eine bemerkenswerte Geschichte: Als die Regierung des südkoreanischen Präsidenten Kim Dae Jung 1998 antrat, begann sie der Reihe nach die bestehenden Sozialgesetze zu überprüfen und ihre Geltung und ihre Leistungen auszuweiten. Südkorea sollte sozialpolitisch Schritt für Schritt auf den Stand westlicher Industrienationen gebracht werden. Zunächst wurden die Gesetze zur Arbeitslosenversicherung (1998), zur Rentenversicherung (1999) und zur Krankenversicherung (2000) reformiert.[4] Schon 2001 fand sich auch der Gedanke einer Pflegeversicherung auf der Agenda des Kabinetts Kim Dae Jung, eng verknüpft mit dem Wunsch, die Kosten der Gesundheitssysteme und insbesondere die der gesetzlichen Krankenversicherung (National Health Care Insurance, NHCI) zu begrenzen. Parallel hatte Japan im Jahre 2000 seine Überlegungen abgeschlossen und eine staatliche Pflegeversicherung (Long-term Care Insurance, LTCI) per Gesetz eingeführt und sich dabei auf das deutsche Modell bezogen. In Deutschland war nach fast 20-jähriger Debatte das Gesetz zur Einführung einer Pflegeversicherung 1994 beschlossen worden und 1995 und 1996 schrittweise in Kraft getreten. Sozialpolitiker in Korea schauten in den Jahren zwischen 2001 und dem Gesetzesbeschluss im Jahre 2007 auf Japan und Deutschland, wie sich schon vor 2000 die japanische Aufmerksamkeit auf Deutschland gerichtet hatte. Viele Besuchergruppen reisten von Ostasien nach Europa und Japan, es gab einen regen internationalen sozialpolitischen und sozialrechtlichen Gedankenaustausch. Das koreanische Gesetz wurde 2007 beschlossen[5], die Implementierung begann dann unter der Präsidentschaft von Lee Myung-bak 2008.

Einige Gemeinsamkeiten und Unterschiede bei der koreanischen, japanischen und deutschen Pflegeversicherung; die Daten entstammen überwiegend der OECD-Studie „Help Wanted“ von 2011:[6]

In allen drei Ländern ist die Pflegeversicherung als Pflichtversicherung auf gesetzlicher Basis eingeführt worden und bezieht die gesamte Bevölkerung in den Versicherungsschutz ein. Die Beitragslast liegt in Japan und Südkorea bei den Versicherten, allerdings steuert der Staat über Steuermit-

---

4 Won-Sub Kim, Institutionalisierung eines neuen Wohlfahrtsstaates in Ostasien? Eine Fallstudie über Südkorea, Diss. Bielefeld 2006, S. 248 ff.

5 ACT ON LONG-TERM CARE INSURANCE FOR THE AGED, Act No. 8403, Apr. 27, 2007 (Englische Fassung).

6 OECD, Help Wanted, 2011.

tel 40 Prozent (Japan) bzw. 20 Prozent (Südkorea) zu den Ausgaben bei. Auch Deutschland hat sich für eine Finanzierung überwiegend aus Versichertenbeiträgen entschieden; formell sind die Beiträge zwischen Arbeitgebern und Arbeitnehmern hälftig aufgeteilt, mit der Streichung des Buß- und Bettages als gesetzlichem Feiertag wurden die Arbeitgeber aber teilweise finanziell entlastet; Steuermittel spielen hierzulande eine geringe Rolle.

Leistungsberechtigt sind in Japan die Älteren ab 45, in Südkorea die Alten ab 65, in Deutschland alle Pflegebedürftigen ab dem ersten Lebensjahr. Die Indikationsstellung erfolgt in allen drei Ländern über die Activities of Daily Life (ADL), jedoch scheint diese Messlatte sehr verschieden gehandhabt zu werden. Es kommen nämlich beispielsweise bei den Älteren ab 65 Jahren sehr unterschiedliche Bevölkerungsanteile in den Genuss der Pflegeleistungen: In Deutschland sind es 11 Prozent in Japan gar 17 Prozent in Südkorea aber nur 1,7 Prozent der Menschen ab 65 Jahren.

Damit korrespondiert in Südkorea eine relativ dürftige Finanzausstattung der Pflegeversicherung: Tatsächlich werden dort lediglich 0,3 Prozent des Bruttosozialproduktes (GDP) für die staatliche Pflegeversicherung bereitgestellt, dagegen in Japan 1,5 Prozent und in Deutschland 1,3 Prozent. Nimmt man die relativen Finanzaufwendungen zum Maßstab, so scheinen Japan und Deutschland sozialpolitisch auf ähnlichem Niveau zu agieren. Südkorea hat im Vergleich zu diesen beiden Ländern wohl erst einen Einstieg in eine soziale Sicherung im Pflegefall geschafft. Das wird auch darin deutlich, dass in Südkorea, anders als in Japan und Deutschland, nur geringe Leistungen für ambulante Dienste bereitgehalten werden; die allermeisten Mittel fließen in stationäre, außerfamiliäre Versorgungsformen.

Die Übernahme sozialrechtlicher Strukturelemente aus Deutschland erfolgte bei der Pflege also weder in Japan noch in Südkorea 1 zu 1. Abweichungen zeigen sich auch in der Implementierung: Japan setzt auf eine starke kommunale Steuerung und auf Sachleistungen; in Korea werden über die Leistungen im Wesentlichen Heimplätze dort finanziert, wo familiäre Ressourcen nicht verfügbar sind; Deutschland überträgt die Gewährleistungsverantwortung an überregional agierende Pflegekassen und eröffnet individuell Wahlfreiheit bei den Leistungen.

Ich will mich im Folgenden etwas genauer mit diesem auf den ersten Blick überraschenden globalen Ideenaustausch beschäftigen. Nationale Besonderheiten im operativen Sozialrecht der drei Länder werde ich eher vernachlässigen.

III. Rechtstransfer in Zeiten des Imperialismus'

Heute, zehn Jahre nach dem Start der Koreanischen Pflegeversicherung und mehr als 20 Jahre nach dem deutschen Gesetzgebungsverfahren, wird der hier beschriebene Modelltransfer in der internationalen sozialwissenschaftlichen Diskussion als ein Beispiel für globale politische Lernprozesse und grenzübergreifende Einflüsse in der Sozialpolitik benannt.[7] Im Nachhinein könnte man diesen Rechtstransfer[8] als eine Begleiterscheinung einer fortschreitenden Globalisierung ansehen, ein Mosaikstein einer rechtskulturell immer stärker vernetzten Welt. Das klingt nach positiv konnotierten, globalhistorischen Trends: Modernisierung, Fortschritt, Vernetzung, Interaktion, Lernen.

Dabei waren die Anfänge alles andere als idyllisch; sie waren auch wenig verheißungsvoll. Die Übernahme deutscher Gesetzbücher in Korea ist ganz wesentlich auf die japanische Okkupation zu Beginn des letzten Jahrhunderts zurückzuführen. Nach seiner handelspolitischen Öffnung um 1860 war Japan mit dem eigenen Rechtssystem zunächst eher an Frankreich orientiert, *die* führende europäische Macht um die Mitte des 19. Jahrhunderts. Doch dann wurde in Japan nüchtern abgewogen, welche europäische Wissenschafts- und Rechtskultur als Referenzrahmen dienen sollte. Nach dem Kriegserfolg von Preußen über Frankreich 1870/71 und der Gründung des Deutschen Kaiserreiches war die Entscheidung gefallen: Deutschland schien stärker und damit besser zu sein.[9] So entwickelte sich nach 1871 ein reger wissenschaftlicher Austausch zwischen Deutschland und Japan in den Natur-, Ingenieur- und Rechtswissenschaften. Und so kamen das deutsche Zivil- und Handelsrecht nach Japan, später folgten auch Teile des öffentlichen Rechtes, u.a. des Sozialrechts.[10]

---

7 Campbell, Ikegami, Kwon, Policy learning and cross-national diffusion in social long-term insurance: Germany, Japan and the Republic of Korea, International Social Security Review, Vol. 62, 4/2009.

8 Die Terminologie ist in der rechtsvergleichenden Literatur uneinheitlich. Kischel spricht von Rechtsübernahme (legal transplants), in: ders., Rechtsvergleichung § 2, Rn. 34 ff. Manche sprechen von Rechtsrezeption.

9 Landes, Wohlstand und Armut der Nationen, 1998, S. 383 ff.

10 Korean Legal Research Institute, Einführung in das koreanische Recht, Heidelberg 2010; darin: Sang-Yong Kim, Geschichtliche Entwicklungen und Charakteristika des koreanischen Rechts, S. 1 ff.

Bis zur japanischen Besetzung hatte Korea nur mit China diplomatische Beziehungen. Mit der Okkupation Koreas durch das japanische Militär[11] begann 1905 eine 40-jährige bedrückende Herrschaft Japans über Korea, deren Folgen bis heute nicht vollständig bewältigt sind. Zu einer nachhaltigen Versöhnungspolitik haben sich beide Länder bislang nicht durchringen können. Und einen ostasiatischen Wirtschaftsraum, der der EU vergleichbar wäre, findet man in Ostasien nicht.

Nach der vollständigen Annektierung um 1910 hat Japan dann viele seiner Gesetze ohne Änderungen auf die damalige Kolonie Korea übertragen; so das Zivilgesetz, das Handelsgesetz und das Strafgesetz. Als Südkorea nach dem Krieg 1953 zunächst sehr langsam ein System sozialer Sicherung aufbaute, griff man erneut auf die Rechtstradition zurück, deren Pfade in der Zeit der japanischen Okkupation gelegt worden waren. Man adaptierte auch in Korea das kontinentaleuropäische Vorbild und führte als zentrales Vorsorgemodell das unter Bismarck in Deutschland entwickelte System der staatlichen Sozialversicherungen ein, noch immer in Anlehnung auch an Japan. Mit der Pflegeversicherung ist es im 21. Jahrhundert nicht anders gegangen: Die deutsche Gesetzgebung wurde 1994 abgeschlossen, das Gesetz in den Jahren 1995 und 1996 schrittweise umgesetzt.[12] Die japanische Diskussion begann 1993 (Gold Plan), eingeführt wurde die Pflegeversicherung im Jahre 2000. Die koreanische Diskussion begann 2001, der Gesetzesbeschluss datiert vom April 2007, die Implementierung begann ab Juli 2008.[13]

Die Geschichte des imperialistischen Zeitalters und die Folgen einer (erzwungenen) Öffnung ostasiatischer Länder für internationalen Austausch in Ökonomie, Kultur und Recht stellen einige nützliche Daten und mentalitätsgeschichtliche Erkenntnisse bereit, um notwendige historische Randbedingungen dieses Rechtstransfers zu erfassen. Man ahnt, warum eine Politik, die im Medium des gesetzten Rechts daherkommt, viele ältere Koreaner an die Zeiten der Fremdherrschaft erinnert.

---

11 Protektorat seit 1905, Kolonie 1910-1945.

12 Zur Gesetzesgeschichte in Deutschland eine Darstellung in Englisch: Rothgang/Igl, Long-term Care in Germany, a.a.O.

13 Soon-man Kwon, The Introduction of long-term care insurance in South Korea, Eurohealth Vol 15 No 1, p. 28 f.

IV. Erklärungsmuster 2: Demografie

Wenn in Europa, in Japan und in der Republik Korea fast gleichzeitig das Thema Pflege auf der politischen Agenda erscheint, dann liegt es nahe, nach ähnlichen gesellschaftlichen Kontexten der Rechtsentwicklung zu suchen, um gesellschaftliche Ursachenbündel zu identifizieren. Üblicherweise werden in sozialpolitischen Diskussionen die demographischen Entwicklungen genannt, die in allen drei Ländern zu einer schnellen Alterung der Gesellschaften führen und neue Lösungen in der sozialen Sicherung verlangen.[14]

Aus politikwissenschaftlicher Sicht ist das nicht ganz plausibel. Denn in den Jahren nach 2000 hatten Deutschland und Japan eine mehr als doppelte so hohe Altersquote (Anteil der Jahrgänge 65+ an der Gesamtbevölkerung) als Südkorea. Zu unterschiedlich sind auch die von den nationalen Parlamenten bereitgestellten finanziellen Ressourcen, als dass die ähnlichen demografischen Trends direkt als Ursachen für die politischen Entscheidungen zu Pflegeversicherungen dingfest gemacht werden könnten.[15]

Demografische Prozesse, wie die Verschiebungen bei den Alterskohorten und Urbanisierung, mögen in allen drei Ländern eine Art „Grundrauschen" erzeugen, auf das sich die Politik als Problemlöser berufen und aus dem sie Legitimationen für ihr Handeln, hier für eine Ergänzung im System der sozialen Sicherung, beziehen kann. Politische Reaktionen zeigten sich erst, als die Demografie sichtbare Rückwirkungen auf andere politische Handlungsfelder erkennen ließ. In allen drei Ländern waren es das Gesundheitssystem und die kommunale Sozialhilfe, die sich vermehrt mit pflegebedürftigen älteren Menschen zu befassen hatten, mehr als beide Systeme verkraften konnten. Ihre jeweiligen Kernleistungen waren auf diese Personengruppe nicht ausgerichtet, vor allem ihre finanziellen Grundlagen gerieten durch den demografischen Wandel unter Druck.

Die Welt der Politik ist eine recht eigene. Es sind weniger die *tatsächlichen* gesellschaftlichen Probleme, die ihr Handeln bestimmen. Die Auslagerung der Pflegeprobleme in ein neues Sicherungssystem Pflege wurde meines Erachtens in Deutschland und Japan ganz wesentlich durch Folge-

---

14 Zu soziostrukturellen und politikwissenschaftlichen Erklärungsansätzen globaler wohlfahrtsstaatlicher Entwicklungen: Castle e.a. (Ed.), The Oxford Handbook of the Welfare State, 2012.

15 Bevölkerungsdaten der UN: http://esa.un.org/wpp/.

wirkungen demografischer Veränderungen in *bestehenden* Gesundheits- und Sozialhilfesystemen befördert, weniger durch eine direkte Thematisierung der Lebens- und Bedarfssituationen von älteren Menschen. In Südkorea scheint die Verbindung von demografischer Entwicklung und politischer Agenda noch indirekter zu sein. Noch ehe die demografische Alterung dramatisch einsetzte, war das Parlament mit einem Lösungsmodell zur Stelle. Was wie politische Vorsorge aussieht, erscheint bei näherem Hinschauen aber eher eine Angstreaktion der älteren Generation.

V. Implementierungsmuster 1: Familienstrukturen

Demografische Verschiebungen lösen länderspezifische, teils sehr unterschiedliche Effekte aus. Wenn man die Wirkungen der Pflege-Gesetze rekonstruieren möchte, scheint die Interaktion mit traditionellen Familienstrukturen und -bildern besonders einflussreich und damit erklärungsrelevant zu sein.

Dazu eine kleine koreanische Familiengeschichte, wie sie mir von einem Kollegen erzählt wurde:

Eine Frau von 84 Jahren, seit 20 Jahren verwitwet, lebt allein in ihrem Haus in einem Reisanbaugebiet nahe der Westküste Südkoreas zusammen mit einigen Katzen und Hühnern. Nun zeigen sich Vorboten einer dementiellen Erkrankung, die Selbstversorgung ist lückenhaft, Nahrungs- und Flüssigkeitsmangel stellen sich ein, die Mobilität ist eingeschränkt, eigene Einkäufe sind nicht mehr möglich. Die nächsten Nachbarn wohnen über einen Kilometer entfernt. Die Kinder, drei Söhne und eine Tochter, alle zwischen 50 und 60 Jahren, leben mit ihren Familien in der Hauptstadt 100 Kilometer entfernt. Sie kümmern sich an den Wochenenden um die alternde Mutter, die gerne in ihrem Haus verbleiben möchte. Alle sind sich aber einig: Das Leben in der eigenen Häuslichkeit ist nun nicht mehr möglich, eine Entscheidung über einen Wohnortwechsel oder über eine Rundumbetreuung vor Ort ist drängend.

Die alte Frau hat Zeit ihres Lebens auf dem Lande verbracht. In ihren Kindertagen war sie eingespannt in den Landwirtschaftsbetrieb ihrer Eltern, der den japanischen Invasoren unter Zwangsarbeitsbedingungen zu billigem Reis verhalf. Ihr Ehemann machte sich in den frühen 1960-er Jahren des vergangenen Jahrhunderts als Transportunternehmer selbständig; die Familie wurde wohlhabend. Die drei Söhne konnten im Ausland studieren, lebten mit ihren koreanischen Frauen und den gemeinsa-

men Kindern zeitweise in den USA und in Westeuropa, kehrten dann nach Südkorea zurück und arbeiten heute in akademischen Berufen. Die Tochter heiratete einen Beamten, der vor einigen Jahren verstarb. Alle Kinder leben mit ihren Familien in der Hauptstadt, die Enkelkinder sind inzwischen überwiegend erwachsen.

Im „Familienrat", vom ältesten Sohn unter den Geschwistern einberufen, stellen sich nun (2014) mehrere Lösungsvarianten wie folgt dar: Traditionell obliegt die Pflege in koreanischen Familien den Schwiegertöchtern, die nach ihrer Heirat in die Familie des Ehemannes übersiedeln; alle drei haben viele Jahre im Ausland verbracht und sind nicht erwerbstätig; sie lehnen ein pflegerisches Engagement für die Schwiegermutter jedoch ab, weil es nicht mehr in die Zeit passe und ihren städtischen Lebensstil stark verändern würde. Ein Heimaufenthalt, finanziert durch die Pflegeversicherung, kommt für die Kinder mehrheitlich ebenfalls nicht in Betracht; leistungsberechtigt wäre die Mutter schon, doch die Söhne sind gegen eine Antragstellung, denn der Antrag würde den kommunalen Behörden und der örtlichen Gemeinschaft offenbaren, dass die drei Söhne ihre Mutter nicht mit eigenen Ressourcen versorgen mögen; in einer ländlichen Gemeinde in Südkorea ist dies noch immer eine Frage der Ehre, zumal alle drei Söhne/Brüder gute Einkommen beziehen. Bleibt die verwitwete Tochter/Schwester: Ihre Schwiegereltern sind – wie ihr Ehemann – verstorben, sodass ihre Familienverpflichtungen gegenüber der Familie des Ehemannes erloschen sind; sie wird als Verantwortliche bestimmt, gegen finanzielle Entschädigung überwiegend durch den ältesten Bruder, der auch den Großteil des väterlichen Erbes erhalten hat (entgegen der gesetzlichen Regelung, die eine Gleichberechtigung unter den Kindern als gesetzliche Erbfolge vorsieht). Die Tochter/Schwester folgt dem Rat ihres ältesten Bruders und nimmt die Mutter in ihre Wohnung in der Hauptstadt auf.

Eine solche biografische Annäherung löst eine Reihe weiterer Fragen aus. Offenbar trifft eine nationale Gesetzgebung auf sehr unterschiedliche „Welten". Die Pflegeversicherung wirkt auf - oft sehr spannungsreiche - familiäre Mikrostrukturen ein und wird dort als eine mehr oder minder akzeptierte Entscheidungshilfe und finanzielle Entlastung angesehen; die „Regie" aber übernimmt sie in Südkorea zumindest derzeit nicht. Oder: *noch* nicht?

In Südkorea scheinen sich die Vorstellungen von einem gedeihlichen sozialen Miteinander so rasch zu wandeln, dass man gut daran tut, nach den Lebens- und Glücksvorstellungen in den *jeweiligen* Generationen zu fragen. Viele ältere Menschen fühlen sich um den Lohn des Einsatzes für die eigenen Eltern betrogen; sie müssen resigniert zur Kenntnis nehmen, dass sich innerhalb von ein/zwei Generationen die Ideen und Werte zum familialen Zusammenhalt erodiert sind und sie nun ihr Alter ohne verwandtschaftliche Unterstützung bewältigen müssen. Die Selbstmordraten bei Älteren und Jugendlichen liegen im internationalen Maßstab sehr hoch.[16]

VI. Implementierungsmuster 2: Die Rolle des Rechts

Auf der Ebene gesellschaftlicher Makrostrukturen fällt auf, dass alle drei Länder zwar über das Medium des Parlamentsrechts breitenwirksame wohlfahrtsstaatliche Entscheidungen treffen, dass aber mit rechtlicher Steuerung doch etwas sehr Verschiedenes gemeint sein kann. Die kleine Familiengeschichte lässt ahnen, dass die koreanischen Akteure einem gesetzlichen Versprechen wenig Vertrauen schenken. Dazu haben sie allen Anlass. Denn im koreanischen Sozialrecht übernehmen Sozialgesetze zunächst nicht die Aufgabe, Individuen mit subjektiven öffentlichen Rechten auszustatten. Stattdessen sollen Rechtsnormen politische Programme in eine für Verwaltungen verbindliche Handlungsstruktur übersetzen, indem sie Finanzströme und Zuständigkeiten regulieren. Bei der Gewährleistung sozialer Unterstützungsleistungen durch kommunale Kommissionen dominiert ein eher paternalistisches Denken. Wenn auch rudimentäre Strukturen einer gerichtlichen Kontrolle von Verwaltungsentscheidungen durchaus existieren[17], so prägen sie doch nicht das Bild der südkoreanischen Sozialrechtskultur.

Das lässt die Vermutung wachsen, in Südkorea spiele ein vom Parlament beschlossenes gesetzliches Regelwerk eine andere Rolle als hierzulande. Wir sind in Mitteleuropa seit den Zeiten des Spätabsolutismus vor 200 Jahren darauf trainiert, staatlich verordnetes Recht, also geschriebene Gesetze, als höchste Autorität anzuerkennen. Seit der Aufklärung steht „uns" die Berufung auf einen göttlichen Willen zur Legitimation politi-

16 World Health Organization WHO, Suicide Rates. Data by Country: www.who.int.

17 Gegen Ablehnungsbescheide der Pflegeversicherung gibt es die Möglichkeit, sich bei der örtlichen Sozialverwaltung zu beschweren. Eine eigene Sozialgerichtsbarkeit existiert nicht, gerichtlich landen Streitigkeiten um die Pflege bei der allgemeinen Verwaltungsgerichtsbarkeit.

schen Handelns nicht mehr zur Verfügung. Dass man die Ahnen verehrt, hat „uns" die Christianisierung schon vor mehr als 1000 Jahren ausgetrieben, teilweise gewaltsam. Im heutigen westlichen Parlamentarismus fließen die angelsächsischen Vorstellungen einer parlamentarischen Demokratie mit den kontinentaleuropäischen Ideen von Rationalität, Legalität und Legitimität des Gesetzes zusammen.

In der traditionellen ostasiatischen Regierungskultur und Geschichte entdecken wir Europäer ein recht ambivalentes Verhältnis zum geschriebenen Gesetz und zum Recht als Handlungsmaßstab.[18] Im traditionellen Konfuzianismus hat die Steuerung des Sozialverhaltens durch Gesetz eigentlich keinen Platz. Hier wirken vielmehr Moral, Erziehung und Vorbild, damit die Menschen das Gute lernen und im Alltag verwirklichen. Das gilt für Staat und Familien gleichermaßen. Die Ausrichtung auf die Ahnen und Alten lässt auch keinen Raum für das voluntaristische Element, das dem europäischen Gesetzesbegriff innewohnt. In der alltäglichen Wertschätzung sind Moral und Tradition dem Gesetz übergeordnet.[19]

Auch in Südkorea war der moralische Konfuzianismus lange Staatsideologie und Leitidee der Familienbeziehungen. Die Idee eines Rechtsstaates (rule of law) ist in Ostasien historisch neu, ein Import der amerikanischen Besatzungszeit und ein Effekt des vertraglich geregelten internationalen Warenaustausches nach dem Zweiten Weltkrieg. Ebenso neu ist ein staatliches Engagement bei der Gestaltung privater Beziehungen, wie etwa der Pflege alter Menschen.

Quasireligiös geprägte, traditionelle Familienbande, die bei Krankheit und Pflegebedürftigkeit einen Kanon von Verhaltenspflichten auslösen, sind nicht verschwunden. Die Idee eines staatlichen allgemeinen Gesetzes zur Regulierung der Pflege alter Menschen hat in Korea also mächtige Konkurrenten, insbesondere in einer starken Bindung der Familienmitglieder untereinander auf der Basis eines im Lande bei den mittleren und älteren Jahrgängen noch immer tief verwurzelten, im Alltag präsenten traditionellen Sozialmodelles.

18 Darimont, Alterssicherung in China vor dem Hintergrund konfuzianischer und marxistischer Lebensvorstellungen, China Analysis, Universität Trier 2011.

19 Korean Legal Research Institute, Einführung in das koreanische Recht a.a.O.; darin: Sang-Yong Kim, Geschichtliche Entwicklungen und Charakteristika des koreanischen Rechts.

VII. Schlussbemerkung

Transnationale Rechtsbewegungen im Sozialrecht lassen sich sinnvollerweise nur im Kontext der jeweiligen Landesgeschichte rekonstruieren. Damit ist eine beschreibende, erklärende und deutende Rechtsvergleichung angewiesen auf Informationen und Forschungsergebnisse zur politischen Ereignisgeschichte, zur Kultur- und Sozialgeschichte und zur Geschichte und Soziologie der Sozialstrukturen, Mentalitäten und Traditionen im betreffenden Raum.[20]

Ohne interdisziplinäre Dialoge wird man die Phänomene der Globalisierung nicht auf den Begriff bringen; das wird schon aus dieser kleinen Betrachtung der koreanischen Pflegeversicherung deutlich. Dem Jubilar fühle ich mich verbunden in seinem Anliegen, das diesem Band als Motto dient: Rechterkenntnis und Rechtsanwendung sollten und müssen sich auf interdisziplinäre Dialoge einlassen.

---

20 Siehe die Bündelung historischer Räume als Rechtskulturen bei Kötz/Zweigert, Einführung in die Rechtsvergleichung, 3. Aufl. 1996. Stärker fachdisziplinäre Abgrenzungsfragen akzentuiert: Kischel, Rechtsvergleichung a.a.O.

IX.
Varia

„Das Judenthum in der Musik." Anton Grigorjewitsch Rubinstein (1829 – 1894) „A la mémoire d'un grand artiste"

Wolfgang Heine

Ich lernte Gerhard Igl 1980 frühen Frühjahrs kennen. Bernd von Maydell, der baltische Freund meines ob seiner Phantasie, zugewandten Liberalität und hilfsbereiten Menschlichkeit von seinen Schülern geschätzten Doktorvaters, des Soziologen, Bevölkerungs- und Verkehrswissenschaftlers Rainer Mackensen, Sohn des Riga-Gent-Posen-NSDAP-Volkskundlers und reGermanisierenden Alfred-Rosenberg-Günstlings Lutz Mackensen, hatte mich an Hans Zacher empfohlen. Er promoviert vom „Remigranten"[1] Hans Nawiasky, Sohn des litauischen Opern- und Liedsängers Eduard Nawiasky. Habilitiert von ihm, gemeinsam mit dem Schmitt/Huber/Larenz/Koellreutter/Krüger/Forsthoff- „furchtbaren Juristen"[2] Theodor Maunz, bayerischer Kultus- und Wissenschafts-Minister zu dieser Zeit. *Adenauer-Republik*. Eine, die währt[3].

Es ging um eine Mitarbeit an dem nach längerer Vorbereitungsphase zu gründenden Max-Planck-Institut für ausländisches und internationales Sozialrecht. Tatsächlich jedoch traf Politik auf Musik. Zacher war kurzfristig verhindert. Gerhard vertrat ihn. Er 1947, ich 1949 „nachgeboren". Wir verstanden uns, auf Anhieb. Beide frankophil. Beide Stipendiaten der „Studienstiftung des Deutschen Volkes". In Kunst, Kultur, (Klavier-) Musik verliebt. Und beide traditions-Bewusst. Auch hinsichtlich des ‚Bruchs': von 1945/49[4].

---

1 Unter soziokulturellen Aspekten: Maren Köster und Dörte Schmidt (eds.), Man kehrt nie zurück, man geht immer fort. Remigration und Musikkultur. München 2005.

2 Ingo Müller, Furchtbare Juristen. München 1987.

3 Jörg Friedrich, Die Kalte Amnestie. NS-Täter in der Bundesrepublik. Neuausgabe Berlin 2007. Als Kommentar: Eike Geisel, Die Wiedergutwerdung der Deutschen. Berlin 2015.

4 Maunz war Mitglied des Herrenchiemseer Konvents. Dazu Erich Weinerts bissiges Gedicht von 1946 „Die Hakenrune".

Gerhard hat mich, mit guten pragmatischen Gründen, davor bewahrt, nach München zu ziehen. Stattdessen ging ich, wiederum dank von Maydells, zum Verband Deutscher Rentenversicherungsträger, nach Frankfurt am Main. Seitdem sind wir befreundet geblieben. Ich habe meinen Klavier-, meinen Geigenkasten nach meinem Abitur für immer geschlossen. Gerhard präludiert auf den Tasten seines Flügels, *in camera*, heut‘ noch. S*ecret discret: Charme de la Bourgeoisie*. Ihm, und diesem Charme, sei dieser Essai gewidmet. Wie‘s titulum, ein Zitatenschatz, es verrät: eine Collage. In paradoxer, weil regelhafter Gestalt: als ein Sonatensatz, mit Haupt- und Nebenthemen. *Um zu erinnern*. An den Komponist, Pianist und Dirigenten Anton Rubinstein. Einen russischen Juden[5].

I. Introduktion

Millionen Platten, Noten werden, bis heute, von seinen Hits[6] gehandelt, verkauft: ohne ihn zu gewahren. Frank Sinatra, Sarah Vaughan, Mario Lanza haben ihn in glamourösen Nachtklubs, riesigen Concert Halls gesungen[7]: ohne um ihn zu wissen. Doch galt er, selbst in den USA, nach dem frühen Rückzug seines Freundes, lebenslang kritischen Ratgebers, des 18 Jahre älteren Franz Liszt, aus der konzertierenden Öffentlichkeit als bester, kenntnisreichster *Klavierinterpret*, den die Welt gesehen, gehört, erlebt hat.

Seine Auftritte, Programme waren Legion, und Legende: „Er sah aus wie Beethoven und spielte wie Beethoven, brachte das Klavier zu vulkanischen Eruptionen und war durchaus nicht immer ein disziplinierter Spieler. Falsche Töne, zerrissene Saiten – das alles spielte keine Rolle. Wenn sein Publikum nach Hause ging, war es erledigt und hatte das Gefühl,

---

5 Wenn ich „Jude“ oder „jüdischer Abkunft“ sage, dann nicht im Sinne von Sartres (wohl-zuverstehendem) Dictum, Jude sei, wer dafür gehalten werde („Der Antisemit macht den Juden“, in: Überlegungen zur Judenfrage, Politische Schriften, Bd. 2, Reinbek 1994, p. 44), sondern, religionshistorisch korrekt, gemäß der halacha: Jude ist, wer eine jüdische Mutter hat oder zum Judentum konvertiert, damit im engeren, und weiteren, Sinn von § 5 der Ersten VO zum Reichsbürgergesetz vom 14.11.1935 (Reichsgesetzblatt I 1935, 1333 f.).

6 Vor allem: der „Mélodie“ in F op. 3 Nr. 1 von 1852, so bekannt wie Rachmaninovs cis-moll-Prélude oder Griegs „An den Frühling“.

7 „If You are But a Dream“, 1942 komponiert auf R.s Klavier-„Romance“ op. 41 Nr. 1, berühmt geworden durch Frank Sinatras Studioaufnahme von 1945.

einem Naturereignis beigewohnt zu haben. Der Russe mit den dicklichen, häßlichen Händen war dem allgemeinen Urteil nach der größte Pianist seit Liszt, und seine Ähnlichkeit mit Beethoven war psychologisch ein großer Vorteil für ihn. … Liszt nannte ihn ‚Van II‘.“[8]

Als *Komponist* ‚verwestlichte‘ er die russische, ‚russifizierte‘ die westeuropäische Musik. Wurde zum *forerunner* der ost-, der westeuropäischen Moderne. 1869, mit Vierzig, Ritter des Vladimir-Ordens, damit, ganz ungewöhnlich, als jüdischer Kaufmannssohn zum Adel erhoben, 1877 Chevalier de la Légion d'Honneur, und 1891, drei Jahre vor seinem Tod, Ritter des preußischen Ordens „Pour le Mérite“ für die Wissenschaften und Künste, war er, wie Beethoven, ein Titan: an Energie, assimiliert-jüdisch-bürgerlicher Durchsetzungs-, (Er-) Leidensfähigkeit, an schöpferischer Einbildungskraft. Dabei so cholerisch, so impulsiv-explodierend, so zart-zärtlichster Regungen fähig wie Van I.

In rund 45 Jahren kompositorischen Wirkens schuf er – neben vielfachster akademischer, konzertanter, dirigentischer, projektierender, publizistischer und Reise-Betätigung – mehr als 500 Werke. Darunter: 12 weltliche, 7 „geistliche Opern“/Oratorien; 5 Dramatische Szenen/Kantaten; 6 Sinfonien; 5 Konzertouvertüren; 5 Sinfonische Dichtungen; 1 Ballett; 5 Klavierkonzerte; 1 Violin- und 2 Cello-Konzerte; 4 Konzertstücke für Violine oder Klavier und Orchester; 3 Violinsonaten; 1 Bratschensonate; 2 Cellosonaten; 9 „Salonstücke“ für Violine, Cello, Viola; 10 Streichquartette; 1 Streichquintett, Streichsextett; ein Bläserquintett, ein Bläseroktett; 5 Klaviertrios; 1 Klavierquartett; ein Klavierquintett; 5 Klaviersonaten; rund 220 kleinere, größere Stücke für das Pianoforte; mehr als 200 Lieder; dazu Suiten, Chorgesänge und Transkriptionen. Das gesamte Gattungswesen abendländischer Musik. Davon, auf russischem Boden, als Russe, in Etlichem, gattungsgeschichtliche Spuren legenden, zum ersten Mal[9].

---

8 Harold C. Schonberg 1964, zitiert nach der dt. Übersetzung „Die großen Pianisten“, München 1972, p. 251.

9 Die erste große Klavier-, die erste Cello-, mehrsätzige Viola-Sonate; das erste Klavierquartett, mehrsätzige Klavierquintett, erste Streichquintett, Streichsextett, mehrsätzige Bläserensemble; das erste Klavier-, Violin- und Cellokonzert; die erste Sinfonische Dichtung, Konzertphantasie, auch für Solo/Orchester; das erste Oratorium; ER, nicht Tschaikowsky, begründete mit seinen Sinfonien die russische Sinfonie-, mit seinen Klaviersonaten, Streichquartetten, Barkarolen dort deren Tradition: die fälschlich „Tschaikowsky-“ heißende, korrekt „Rubinstein-“ zu benennende „Schule“ der russischen Musik.

Dominierte, zusammen mit seinem Bruder Nikolai, zwei Generationen russischer Pianisten und Komponisten, für die beider Technik Pflicht, die Beherrschung ihrer Kompositionen Kür, der Besuch ihrer Konzerte Offenbarung war. Schuf *KlangMuster*, *Ausdrucks-* und *ArgumentationsFiguren*, die andere übernahmen, ihn, dadurch, überdauerten. Vieles am heute *uns* „typisch" erscheinenden Tschaikowsky-, Skrjabin- und Rachmaninov-, dem Liadov-, Arensky-, Glasunow-*Sound*, so mancher Tanejev, Brahms, manch' Fauré-Vorsichhin-Träumerei: Das war ER – der dank seines vielfach verflochtenen Netzwerks berühmteste, gestaltungsmächtigste, bis in die spätere ‚Trivialmusik', die *heure bleue*, nachwirkende russische Komponist der zweiten Hälfte des 19. Jahrhunderts.

Konnte, dank seines *FormBewußtseins*, Alles. Mit jeder Komposition neu sich erfindend, spielerisch experimentierend. Sich abgrenzend, darin, von seinen Sukzessoren, deren auf bruchlose Identität setzender, geglätteter Personal-Stil, deren „Marke", ihre, in diesem Sinn, Monotonie (u.a. seines bekanntesten Schülers Tschaikowsky) ihn anödete. Wirkte schulbildend, jede ‚Schule' verachtend[10]. Gründete Konservatorien, verdammte die „Kunstindustrie"[11]. Schrieb, darum, je älter er wurde, manchmal wie Bruckner, wie, antezipierend, viel Jüngere: Dvořák, Elgar, Busoni, Reger, Strawinsky, Zemlinsky, Korngold – das *fin de siècle*. Wie es das Gehäuse tradierter Tonalität nie verlassend, nur: dessen Schwellen ausreizend, dies, freilich, zum Äußersten. War, gleich Schönberg, ein „konservativer Revolutionär", in seinen Kompositionen *à la hauteur du temps*, darum weit darüber hinaus.

Verständlich, dass er, in *seiner* Zeit, zunehmend erratisch, als ein „Eklektiker" erschien … und, als er, erblindet, starb, der Wahrnehmung entschwand, *ein no-name* geworden ist. Jeder hört ihn, keiner kennt ihn. Allenfalls sagte man: „*C'est du Rubinstein*", und meinte Kitsch.

---

10 . „Der Phonograph kann eine musikalische Ausübung verewigen – Künstler, seid auf Eurer Hut! … die ‚grande bohème' existiert nicht mehr, die Künstler sind ‚gentlemen', die Künstlerinnen tugendhaft. …Die Holzbude, die aus der Gesellschaft Ausgestoßenen, die Fantasten, die Lüderjane, das war … die goldene Zeit der ausübenden Kunst." (R., Gedankenkorb, Leipzig 1897, p. 66, im Folgenden zitiert: GK). „La Bohème". Ein Puccini-/Leoncavallo-Außenseiter à la Henri Murger.

11 GK 10; R., Erinnerungen (ER), Leipzig 1893, p. 92: „Das Conservatorium … wurde eine Fabrik musikalischer Kräfte.".

Erst seit der Jahrtausendwende[12] scheint das Interesse an ihm wieder gewonnen zu haben: nicht auf Kammermusik- und Konzertpodien, die, dank stromlinienförmig-akademischer Ausbildung und CD-medien-hype-gesteuerter Aufmerksamkeit, vermeintliches Interesse bedienen, tatsächlich: es manipulieren, deshalb das immergleiche Repertoire in immergleich-‚neuen‘ Nuancen gourmandhaft repetieren. Nein, in *secret-discreten* Print-Medien: dem geschmackvoll-kennerischen, dem *Gourmet*-Publikations- und Platten-Druck.

Vieles von Rubinsteins Werk liegt aufnahmetechnisch noch brach: 8 der 10 Streichquartette, etliche weitere Kammermusiken, mindestens ein Drittel seiner Klaviermusik, die meisten seiner Lieder, die meisten der Opern und Oratorien. Doch viel, und sei‘s in vereinzelter Einspielung, ist erschienen – auf kleineren Labels geringerer Auflagen, deren, handelt es sich um Bestseller, Wiederverkaufswert schatzbildnerische Höhen erreichen kann. Es gibt, mittlerweile, eine weltweit kleine, nicht unfeine Rubinstein-Gemeinde: des Einspielens, Hörens und: *des Sich-Erinnerns*.

Aber nicht: *des Vergleichens*, des komparativen *Verstehens*. Mir bekannt aus der neueren Literatur sind wenige Auseinandersetzungen, die sich dem widmen[13]. Es existiert zu Rubinstein, bis heute, keine *sine ira et studio* rekonstruierte Wirkungs-, keine Rezeptionsgeschichte. Einen Forschungsantrag des Lehrstuhls für die Geschichte der Jüdischen Musik an der Weimarer Musikhochschule Franz Liszt, dazu, hat sich die „Deutsche“ (sic!) Forschungsgemeinschaft zu fördern geweigert. Nur, folglich, Geschicht(ch)en. Und jede Menge Narrative, die ihm schaden. Ihnen entge-

---

12 In Düsseldorf wurde 2002 die Rubinstein-Akademie gegründet, der von R. 1895 einst initiierte Wettbewerbs-Preis 2003 dort wieder aufgelegt.

13 Jeremy Norris, The Russian Piano Concerto, Vol. I: The Nineteenth Century. Bloomington 1994 (p. 21 ff.: The Piano Concertos of Anton Rubinstein); Larry Sitsky, Anton Rubinstein. An Annotated Catalog of Piano Works and Biography. Westport 1998; Annakatrin Täuschel, Anton Rubinstein als Opernkomponist. Berlin 2001; Philip S. Taylor, Anton Rubinstein. Bloomington 2007; Diethard Schlegel, Anton G. Rubinstein. Baden-Baden 2010; Matthies Andresen, Die Charaktere aus Goethes Wilhelm Meisters Lehrjahre bei Anton Rubinstein und Hugo Wolf. Frankfurt/M. 2012; Nina Galushko-Jäckel, Russische Romanzen in der zweiten Hälfte des 19. Jahrhunderts. München 2015 (zu R. p. 335 ff.).

genzutreten: Auch das gebietet (so, wie die „ulitsa Rubinsteina" Sankt Petersburgs heut' hippster Treibsand ist) „Erinnerung"[14].

II. Exposition

Juden hatten es schwer im Zarenreich. Und Musiker auch. Erst recht, wenn sie beides waren.

Wer zur mosaischen Religion sich bekannte, musste bestimmte Gebiete bewohnen (dünn besiedelte, oder durch kriegerische Akte hinzuerworbene), musste, der ihm zugewiesenen Gnade halber, doppelt so hohe Steuern zahlen wie „Christen", durfte nur „freie" Berufe ausüben, die andre nicht wollten: den Landwirts-, Handels- oder Krämer-, den Schnapsbrenner- oder Pfandleiher-Stand. Die öffentliche Laufbahn blieb ihm verwehrt. Ungünstigsten Falles *dient* er: als Kanonenfutter. Jüdische Kinder ab Zwölf werden zwangsrekrutiert. Wer sich, hingegen, christianisieren ließ, bekam es besser. Konnte nach Petersburg oder Moskau ziehen, den Zugang zu bürgerlichen, vor allem: *Ton-angebend* aristokratischen Kreisen suchen.

Musiker, entstammten sie keiner reputierlichen Familie, waren der gesellschaftlichen Hackordnung nach gleichfalls das Letzte: oft Leibeigne in der Kapelle eines Fürsten, oder musikalische Hausdiener, wie, später, Claude Debussy bei Nadeshda von Meck, der Mäzenin Tschaikowskys, oder untertänige Ohrwürmer, die launige Inventionen der Herrschaft in kompositorische Formen und Formeln zu gießen Mühe walteten. Musiker ‚von Rang' wiederum hatten ‚andere' „Berufe". Den Beruf des Musikers gab es in Russland nicht. Sie lebten vom eignen (oder der Familie) Geld, oder gehörten dem Adel an und verwalteten ihre Güter. Nur bei Hof konnten sie reüssieren, sofern ihnen nicht westeuropäische Musiker (Deutsche, Österreicher, Franzosen und Italiener) vorgezogen wurden.

Das ändert sich erst mit Rubinstein, dem ersten russischen Berufsmusiker. Anton (mit zweitem Vornamen seines Zeugers Gregor) Rubinstein, Sohn einer schlesischen, damit, seit Friedrich des Großen Eroberungen, preußischen Mutter, einer Jüdin, geborene Löwenstein, deren Familie nach

---

14 „Bekanntlich war es den Juden untersagt, der Zukunft nachzuforschen. Die Thora und das Gebet unterweisen sie .. *im Eingedenken*." (Walter Benjamin, Geschichtsphilosophische Thesen, in: Siegfried Unseld (ed.), Walter Benjamin. Illuminationen. Frankfurt/Main1969, p. 279).

Odessa gewandert war, und eines wolhynisch-ukrainisch-jüdischen Vaters, wird am 16. November 1829 julianischen Kalenders in Wechwotinez (Moldavien) geboren. Als der Großvater, Roman Rubinstein, ein Kaufmann, seine Familie anderthalb Jahre später taufen lässt, um der erdrückenden Steuerlast zu entkommen, zieht man nach Moskau, wo er und sein Sohn rasch Ansehen, bescheidenen Wohlstand erlangen.

Alexandre Villoing, Sohn vor der Französischen Revolution geflüchteter Emigranten, gefragtesten Klavierpädagogen der Stadt, wird die musikalische Erziehung des begnadeten Achtjährigen anvertraut, die er *gratis*, desto mehr engagiert unternimmt. Die erste Komposition, „Ondine", eine lyrische Klavieretüde, sofort veröffentlicht im bedeutenden jüdischen Buch- und Musikverlag Schlesinger, entsteht mit Dreizehn. Da war er schon zwei Jahre lang mit seinem Lehrer durch Westeuropa getourt. Villoing präsentiert das elfjährige Wunderkind in den Salons wie Leopold Mozart seinen Wolfgang. In Paris hört Rubinstein den gefeiertsten italienischen Tenor seiner Zeit, Giovanni Battista Rubini, lernt auf dem Klavier von dessen bel-canto-*factura* singen. Konzertiert mit Jacques Offenbach (1819 – 1889) als Cellist, begleitet den Geiger Henri Vieuxtemps (1820 – 1881), Fortsetzers der belgischen Violinschul-Tradition seines Lehrers Charles de Bériot, deren überragendsten Vertreter, Eugène Ysaÿe (1858 – 1931), er auf spätren Tourneen accompagniert wie Vieuxtemps' Nachfolger am Pariser und Brüsseler Konservatorium, Henryk Wieniawski (1835 – 1880), den Rubinstein an ‚sein', das Konservatorium in Petersburg berufen wird.

Chopin lässt Anton sich vorstellen. Franz Liszt rät seinem Lehrer, ihn nach Deutschland zu bringen, um des Knaben musikalische Ausbildung dort zu vertiefen. Das wird, in Berlin, auf Empfehlung der Juden Felix Mendelssohn und Giacomo Meyerbeer, bei dem jüdischen Juristen und Bach-orientierten Musiktheoretiker (Samuel) Siegfried Wilhelm Ritter von Dehn (1799 – 1858) geschehen, hochrenommiertem, vordem akademischen Lehrers Michail Glinkas (1804 – 1857), ‚Vaters', wider Willen, der ersten „national-russischen" Schule.

Nach Konzerten in Amsterdam und Den Haag folgen Köln, Bonn, Baden-Baden, Frankfurt, Augsburg, München auf den Programmen. Und Ende 1842 erreichen sie Wien, dann London, wo Anton Queen Victoria vorspielt, wieder zurück nach Paris, konzertierend in der „Hauptstadt des 19. Jahrhunderts", vor der damaligen Klavier-Elite Europas: darunter Liszt, Chopin, Leopold de Mayer. Danach Schweden, Norwegen, Berlin und

Breslau, mit schwierig bis schwersten Piècen von Bach, Händel, Beethoven, Schubert, Chopin, Liszt; von Sigismund Thalberg, Friedrich Kalkbrenner, Henri Herz, Adolph Henselt – vier letztere die neben (in Konkurrenz zu) Liszt begehrtesten Klaviervirtuosen der ersten Hälfte des 19. Jahrhunderts, in deren, besonders Thalbergs (1812 – 1871), Tradition der Jüngling fortfolgend pianoforte-*technisch* komponieren wird.

Rubinstein distanziert sich von Liszts oft klanghascherisch-überverzierten Gestaltungsmitteln, den manchen Mals unmotiviert, desto affektierter erscheinend abrupten Themen-, Sequenz-, Harmonie-Wechseln, vom egozentrisch eingesetzt, drum aufgesetzt wirkenden, rasender Läufe garnierten Oktav-Gedonn're: *dem Pomp*. Das sind für ihn ‚künstlich', nicht ‚künstlerischen' Ausdruck, Eindruck schindende Formeln – die zu den eigenen, bisweils brachial-brutal-zupackend filigrane Texturen missachtenden, *immer fließenden*, wenn er es wollte orchestral-überwältigend, mit repetitiven Akkord-Ballungen, gebrochenen Tremoli-Formungen schwebende, fliegende Klangflächen erzeugenden, jedwede chromatische Alteration sinnlich-ausreizenden Mitteln querstehen. So, wie zu seinen weit-schweifenden, doch, im Vergleich, einfach, Schubert'sch, zu Herzen gehend gestalteten, wehmütig umspielten Melodienbögen.

Es sind die weiterentwickelten Gestaltungsmittel Liszts einzig wirklichem Kontrahenten Sigismund Thalberg, dem Rubinstein seine (fast eine Stunde währende) Klavier-*Fantaisie* e-moll op. 77 widmen wird. Nicht aus deutsch-französischer *Romantik*, die 1850, nach 20 Jahren schon, endete: aus der via Simon Sechter (1788 – 1867), dem Kompositionslehrer Schuberts, Henselts, Bruckners, und der von Johann Nepomuk Hummel, in dessen Wiener Zeit, an den Österreicher Thalberg vermittelten, *späten Klassik* stammen Rubinsteins „Wirkung" erzeugende Mittel des Repertoires, die er mit Hilfe von Dehns Kontrapunkt-Künsten zum eignen gestaltet, mit denen er Russlands Musik prägt.

Es ist, vor diesem Hintergrund, kein Zufall, dass Rubinstein den 3. Satz seines 1. Klaviertrio op. 15 Nr. 1 (aus 1851) als Variationen über „Die Krähe", dem 15. Lied aus Müller/Schuberts „Winterreise" D 911, veröffentlicht im Todesjahr des Komponisten, formiert. Und ebenso kein Zufall, dass der Beginn des Adagio seines 2. Klaviertrio op. 15 Nr. 2, wie ersteres gleichen Jahres entstanden, die Eröffnung von Schuberts (damals unbekanntem) Meisterwerk, der C-Dur-Fantasie für Violine und Klavier D 934 (posthum publiziert 1850 bei Diabelli in Wien), als Thema paraphrasiert. Der zeitliche Zusammenhang indiziert Empathie.

Im Andante des 3. Klaviertrio op. 52 wiederum, das Rubinstein Junis 1857 zu London uraufführt, verbindet er eine, spätere Tschaikowsky-Elegien vorwegnehmende, Melodie mit einem Bach-Choral-Zitat. Denn am 3. Februar 1857 war Glinka in gleichsam den Armen Dehns gestorben. Das Andante ist – bis heute unerkannt – ein Epitaph. So, wie der Variationen-Satz in op. 15 Nr. 1. Wer das negiert, wird Opfer unsinniger, auf ‚alte Tradition" fixierter, das Neue im Alten verkennender, Rubinsteins *genius* diskreditierender Ein- und Zuordnungen[15]. Was die Verarbeitung seiner Wirkungsgeschichte, bis heute, behindert[16].

III. Durchführung I

Am Samstag, dem 28. August 1869, unterbricht Rubinstein seine Rückreise von einer nord-west-europäischen Konzerttournee, um in München an den Feierlichkeiten zu Goethes 120. Geburtstag teilzunehmen. Anwesend sind, an weiteren Celebritäten:

- *Franz Ritter von Liszt* (1811 – 1886), als Komponist der „ungarischen Rhapsodien", der sinfonischen Dichtung „Mazeppa", der Mazeppa-Etüde umschwärmter Geist des auf Glinka sich berufenden, national-russisch inspiriert sich begreifenden „mächtigen Häuflein der Fünf" (den, wie sie sich nannten, „Novatoren": Balakirev, Borodin, Cui,

---

15 Wie eine Rezension vom 14. März 1876 des „Badenblatt": „Im Ausgangspunkt seines Styls schließt er sich, merkwürdig genug, am meisten der Mendelssohn'schen Schule an; … In der Klaviertechnik steht er durchaus auf Liszt'schem Boden." (cit. bei Schlegel, Rubinstein, p.56 f.) Zutreffender der Rubinstein-Fan, Musikkenner und Liszt-Schüler Hans von Bülow 1859: „Rubinsteins Styl ist Beethovenscher als der Mendelssohnsche, durchsichtiger als der Schumannsche" (cit. l.c., p.56).

16 „… erwies sich Rubinsteins Festhalten bzw. rückwärtige Orientierung an Vorbildern wie Robert Schumann, Felix Mendelssohn-Bartholdy oder auch Giacomo Meyerbeer als anachronistisch." (Täuschel, Rubinstein, p. 192). Oder: „… deren musikalische Unterschiede noch durch die konservative Haltung Rubinsteins der Entwicklung der Lied-Kompositionen gegenüber verstärkt wird" (Andresen, Charaktere, p. 221). Irreführend auch die Tschaikowsky-Fixierung der Monographie Dorothea Redepennings: Geschichte der russischen und der sowjetischen Musik, Band 1: Das 19. Jahrhundert, Laaber 1994, mit gravierenden Falsch- und Fehlurteilen zu dessen, nicht Rubinsteins, Bedeutung für die russische Musikentwicklung (cf. z.B. l.c., p.107, p. 281, p. 351).

Mussorgsky, Rimski-Korsakov), der ersten „neu-russischen Schule“, die dem, vorgeblich, dekadenten ‚Westler‘ Rubinstein opponiert.

- Der aus Schwabach bei Nürnberg gebürtige Pianist und Komponist *Adolph Ritter von Henselt* (1814 – 1889), der, mit einem Stipendium des bayerischen Königs Ludwig I. begabt und 1832 in München bei seinem ersten Auftritt stürmisch gefeiert, seit 1839 als Hofpianist der Zarin, später Inspektor des Musikunterrichts in russischen Lehranstalten über Jahrzehnte hinweg die *éminence grise* der russischen Klavierpädagogik wird.
- Der französische Komponist und Pianist *Camille Saint-Saëns* (1835 – 1921), bei dem, Ziehvater Gabriel Fauré's in frühen Pariser Jahren, Rubinstein haust, mit dem er befreundet bleibt, den er zu dessen Zweiten – dank einer gänzlich Rubinstein'sch gehaltenen, überwältigenden Einleitungskadenz rasch berühmt gewordenen – Klavierkonzert g-moll op. 22 angeregt hat, das unter seiner Stabführung 1868, mit dem Komponisten am Flügel, jüngst uraufgeführt worden war.

Sie alle wohnen einer Voraufführung von „Rheingold“ bei, dem Auftakt der „Ring“-Tetralogie. Kurz zuvor war des Antisemiten Wagner Pamphlet „Das Judenthum in der Musik“ erschienen, in 2. revidierter, erweiterter Auflage. Er hatte sie seiner Gönnerin, der polnischen Pianistin und Kunst-Mäzenin Gräfin Marie Muchanoff (1822 – 1874) zugeeignet, die zehn Jahre lang einen Pariser Salon unterhielt, als dessen regelmäßige Gäste Liszt, der ewige Schnorrer Richard Wagner, Heinrich Heine, Alfred de Musset, Théophile Gautier, Stanislaw Moniuszko, Begründers der polnischen Nationaloper, und (der ‚Russen-Pole‘, ‚Halb-Franzose‘) Frédéric Chopin hospitierten. 1860 schenkt sie Wagner die – damals – horrende Summe von 10.000 Francs, vor wiederholtem Bankrott ihn zu retten. Ihr hatte Rubinstein fünf Jahre davor die dritte, seine Lieblings-Klaviersonate op. 41 F-Dur dediziert, weshalb er, von späterer „Hauptstadt der Bewegung“ aus, seiner Freundin, der baltischen Baronesse Edith von Rahden, folgende Zeilen geistreich-hellsichtig zukommen ließ:

„Haben Sie Wagners Broschüre über das Judenthum in der Musik gelesen, die er Mme Mukhanova gewidmet hat? Die arme Frau – welch‘ zweifelhaftes Kompliment. Ich denke, er ist reif fürs Irrenhaus. Gerade jetzt, wo alle Theaterdirektoren die größten Anstrengungen unternehmen, seine Opern auf ihre Bühnen zu bringen, ihm fast jedermann … aufs Eifrigste Gunst und Interesse erweist, zu einer solchen Zeit Verfolgung zu predigen – man kann es kaum glauben. Es wird soweit kommen, dass ihn, *diesen*

Messias der Kunst, die Juden ans Kreuz schlagen wollen, um glaubensvoll ihrer Tradition zu gedenken. Man müsste lachen, wär‘ es nicht dermaßen trostlos."

Wenig später zurück in Petersburg vollendet er sein Opern-Oratorio „Der Thurm zu Babel" op. 80, uraufgeführt in Königsberg 1870. Wagners Sinnenverwirrung mündet in der Sprachenverwirrung der Völker, in, darum, *tötendem Schweigen*, von der Ouvertüre genannten Opus‘ in erschütterndes *lamentoso* gefasst. Gerade da, wo Nationalsozialisten Territorien besetzt und umgebracht hatten: Da durfte Rubinsteins Name nicht mehr genannt, sein Werk nicht mehr aufgeführt werden – wie des, seines Advokat-Status halber, konvertierten Juden Heinrich Heine, Kosmopolit, ähnlich wie er. „Die Unkenntnis der Sprachen bewirkt das Mißverstehen der Nationen untereinander; man urtheilt anders, wenn man sich gegenseitig verstehen, aussprechen kann."[17]

„Unkenntnis der Sprachen". Warum ist sub specie „Wirkungsgeschichte", gerade der Rubinsteins, damit der russischen Musik des 19. und 20. Jahrhunderts, *vergleichendes (Noten-) Lesen und Hören* als ein *vergleichendes Verstehen* so wichtig?

Um 1822 schreibt Michail Glinka (1804 – 1857), da war er 18, vier „Variationen über ein eigenes Thema" F-Dur. Die dritte Variation ist eine Nocturne von zweieinhalb Minuten Dauer. Zweieinhalb Minuten lupenreinen Chopins! *Der* ist zu dieser Zeit 12. *Spiritus rector* des Gedankens war der irische Pianist und Komponist John Field (1782 – 1837), Schüler des Opernkomponisten Tommaso Giordani, dann des pianoforte-Virtuosen und Komponisten Muzio Clementi in London, der ihn, obgleich für seine Unterrichtung entlohnt, unschöner Weise mehr als Putz-Lumpen und vorführend-anpreisenden Verkäufer seiner Klaviere eigener Fabrikation, als ‚Lehrling für alles‘ betrachtet denn als *Scholaren* mittelalterlichen Sinns.

Auf einer Marketing-Reise, die Meister und Schüler nach Petersburg führt, nabelt Field sich ab, und bleibt – als umschwärmtester, teuerster (und versoffenster) Virtuose der Stadt. Glinka nimmt, bei ihm, drei Stunden, die der vermögende Vater bezahlt, bevor Field die Kapitale 1821 gen Moskau verlässt. Bis dahin hatte er, vorbereitet durch Tommasi und Händels Londoner wundersame Kastraten-Opern, zehn diesen Engelsstimmen, diesem *bel canto* der italienischen Schule, die Petersburgs Oper der Zeit

17 GK 97.

dominiert, abgelauschte „Nocturnes“ komponiert, die, wie seine weiteren, die von Chopin bestimmten.

Fields begabtester Schüler, der 14 Jahre ältere Königsberger Karl (Charles) Mayer (1790 – 1862), wird, nachfolgend, Glinkas Lehrer und engster Freund. *Er* macht ihn zum *russischen Chopin*. Von dorther holt sich der junge Rubinstein, der Glinka verehrt wie kaum einen anderen, die eignen chopinesken[18], von ihm, von Alexander Aljabjev (1787 – 1851), von anderen russischen, mit Heine zu sprechen, *romanzeros* der ersten Jahrhunderthälfte die eignen melodramatischen Töne. Eine breitere Chopin-Rezeption[19], sie findet ab etwa erst 1860 statt, und das auch nur, weil Russland als Russe ihn sah. (Wie Glinka, bis zu seinem Tod in Berlin, keine Note von Schumann gehört, gelesen hat.)

Die zweite Quelle: der Preßburger Johann Nepomuk Hummel (1778 – 1837), Schüler Mozarts und dessen Konkurrent Antonio Salieri, Haydns, auf dessen Empfehlung hin, Nachfolger beim Fürsten Esterházy, geschätzter Wiener Freund Beethovens und Vorgänger Liszts als Hofkapellmeister zu Weimar, den Glinka bis an sein Lebensende verehren wird wie Rubinstein ihn. Glinka spielt 1822, zum Abschluss seiner schulischen Ausbildung am Petersburger Adelsinstitut, Hummels Klavierkonzert a-moll op. 85 aus 1816. Es wird, bis ins Detail, die Schablone für des jungen Chopin – Friedrich Kalkbrenner gewidmetem – Warschauer Konzert e-moll op. 11: tausendfach aufgeführt, eingespielt, „reproduziert“, und immer spielt Hummel mit…

… kaum einer weiß, hört es. Wie bei Rubinsteins Nachfolgern. Konsequenz der „Höhenkamm“-Phantasien einer spätest ab 1933, der Großen Zeit der „Selektion“[20], weltweit auf highline und highlight, auf *canones*

---

18 An *einer* Stelle war R. Chopin nahe wie nie: 1851, im 2. (lyrischen) Hauptthema des 1. Satzes seines 2. Klavierkonzerts – eine wehmütige Liedmelodie einminütig-verzaubernder Dauer, wie sie Chopin nur einmal geschafft hat: 1838, mit „Frühling“ (wiosna), auf Verse seines nach Paris emigrierten Freundes Stefan Mitwicki. Posthum publiziert 1857, als op. 74 Nr. 2, von ihm als „Andantino g-moll“, von Liszt als 2. der „chants polonais“ für Klavier transkribiert. R. konnte sie nicht kennen, kannte sie doch.

19 mit Balakirev. Die Chopin-Assoziationen in Henselts grausam schwer zu spielenden 24 Klavier Etüden op. 2 und op. 5 der späten 30er-Jahre dürften ihn. den glänzenden Pianisten, dabei beeinflusst haben.

20 Fred K. Prieberg, Musik im NS-Staat. Frankfurt/Main 1982. Wer, nach dieser Zeit, „auswählt“, muss sich der historisch-politischen Bedeutung seiner Wahl *moralisch bewusst sein.*

fixierten Musik-Ausbildung, -Wissenschaft und -Rezeption, einer, die sich in Theorie und Praxis „Großmeister" definiert und andre zu „Kleinmeistern" verkommen lässt. Rubinstein bleibt, trotz seiner westeuropäischen Quellen, die er *mit allen* russischen Komponisten vor ihm teilt, gleich Glinka ein, ob beider Erkundungsreisen, Ost mit West verbindender, in Abgrenzung zu Wagners Antisemitismus provokativ sich selbst so benennender, *russisch-jüdischer* Komponist.

Darin liegt sein Verdienst: ein *interpres*, Mittler zu sein, der sich als ‚zurückgebliebener' „Polack" und ‚angepasster' byzantinischer „Christ" Luthers *sola scriptura* verweigert: „Den Juden bin ich ein Christ, den Christen ein Jude; den Russen bin ich ein Deutscher, den Deutschen ein Russe, den Klassikern ein Zukünftler, den Zukünftlern ein Retrograder u.s.w. Schlußfolgerung: ich bin weder Fisch noch Fleisch – ein jammervolles Individuum."[21]

IV. Durchführung II

Rubinstein verdankt seine Karriere dem russischen Adel. Doch dieser verdankt musikalischen Abglanz *ihm*. Mag man Van I, seiner sympathisierenden Nähe zu 1789 wegen, als erstes zum vollen Bewusstsein seiner selbst gekommenes, bürgerlich-kunstgestaltendes Individuum, als ein *Unteilbares*, deswegen nicht Unterwerfbares bezeichnen: Rubinstein, dies „jammervolle Individuum", ist dessen Vollender. ER ist der zweite, der *eigentlich* bürgerliche Held der Musik des 19. Jahrhunderts: ein sein jüdisches Schicksal[22] ertragender, deshalb *tragischer Heros*, der, grade deshalb, und *gegen es*, mit seinen, wie Beethoven, fünf Klavierkonzerten Allen unüberhörbar klarmacht, was es bedeutet, ein *russisch-jüdischer* Musiker, Künstler, Pianist, ein ICH[23] zu sein.

---

21 GK 96 f.

22 Wenn die Zarenfamilie von „unserem Rubinstein" sprach, dann mit dem Unterton, den man dem „unser" in Petersburg gab: „Wir mögen keine Juden, nur Rubinstein.". Erinnert mich an Gerson von Bleichröder, dem öffentlich gehuldigten, hinter verschlossenen Türen verachteten jüdischen Privatbankier, engsten Beraters, Konflikt-Auskehrers Bismarcks in allen finanz-staatswirtschaftlichen Belangen: Fritz Stern, Gold und Eisen. München 1977; ergänzend Peter Gay, Freud, Juden und andere Deutsche. Herren und Opfer in der modernen Kultur. Hamburg 1986.

23 Zu dessen Verfallsgeschichte im Spiegel der Sozialtheorie und -philosophie des späten 19., frühen 20. Jahrhunderts: Wolfgang Heine, Methodologischer Indivi-

Mit diesem Anspruch tritt er auf: „Rohan sagt: ‚Roi ne puis, Prince ne daigne, Rohan je suis.' – Ich sage: 'Dieu ne puis, Roi ne daigne, *Artiste* je suis'."[24] Der Herrscher aller Reußen lädt Rubinstein ein, vor ihm und seiner Familie zu spielen. Er erscheint, pünktlich, des Abends, neun Uhr. Niemand ist da. Man soupiert noch, lässt letzte Nachspeisen reichen. Rubinstein absolviert sein vorgesehenes Programm, für sich alleine, und geht.

Der Art sind seine Instrumentalkonzerte, und seine Kammersonaten. Man betritt eine Bühne, dominiert sie, lässt das Auditorium fasziniert, doch irgendwie ratlos zurück. Da kommt ein Geiger aufs Podium und lässt in einer klassischer Manier gestrickten Violin- oder Viola-Sonate, die die Geduld der Zuhörer fordernde 40, gar 50 Minuten in Anspruch nimmt, vom Klavier-Partner gestützte *Kadenzen* oder *notierte Improvisationen* erklingen! So mancher Satz tönt wie einer eines Violinkonzerts. Das hatte es bislang, und weitere Jahrzehnte, nicht gegeben: Stars wie Vieuxtemps, Wieniawksi oder Ysaÿe, die sie aufgeführt haben, kollegial gezollte Reverenz. Wie oft wird Rubinsein in seinen Stücken für piano solo diesen notiert-improvisierenden, diesen *narrativen Stil* zum Einsatz bringen, um wie Beethoven, der beste Improvisator der Zeit, dem Publikum Geist (des ingeniös-variierten Einfalls), De- und Re-Konstruktion (der Form), Macht (über das Instrument) zu demonstrieren.

Auch seine Orchester-, in der er sich, gleich seiner Kammer-Musik, als Lautmaler, Farbenzauberer, Impressionenkünstler erweist, ist, ob apollinisch, dämonisch gestimmt, bei aller Lyrik *augusta triumphans.* Rubinsteins Zweite etwa, Franz Liszt gewidmete „Ozean"-Sinfonie: in ihrer 1880er-Letztfassung mit sieben Sätzen plus allen Wiederholungen gespielt von 80 Minuten Dauer vergleichbar den (bis dato wenigen, wenig bekannten) Monumental-Sinfonien Bruckners. Und folgt man der Überlegung, dass Mozart in seinen Klavierkonzerten die Trennung des Individuums (Solo) von der Gesellschaft (Orchester) allegorisch auszudrücken erlaubte, geht bei Rubinstein ohne „Solist" nichts[25].

---

dualismus. Zur geschichtsphilosophischen Begründung eines sozialwissenschaftlichen Konzeptes und ihren methodologischen Konsequenzen. C. Menger. J. A. Schumpeter. M. Weber. F. A. v. Hayek. K. R. Popper. Würzburg 1983.

24 GK 7 (Hervorhebung R.).

25 Selbst „ein Orchester braucht nicht aus großen Künstlern zusammengesetzt sein, es muß *‚ein großer Künstler'* sein" (GK 127).

Es war Beethoven, der im 5. Klavierkonzert op. 73, einer Kardinal-Erzherzog Rudolph von Österreich, dem Widmungsträger der „Hammerklaviersonate", zugeeigneten ‚Heroica', nach einem die Zuhörerschaft einstimmenden Fanfarenstoß mit pianistischer Brillanz *den Solisten* eröffnen lässt. Prägnanter, noch, in der „Fantasie für Klavier, Chor und Orchester" op. 80, mit ihren *sofort zu Beginn* ins Klavier gestampften, oktavierten Akkorden und einer folgend virtuos ausgelegten, mehrminütigen Kadenz. Erst dann setzt das Orchester, zögerlich, ein, folgt, im Bilde zu bleiben, dem Individuum zögerlich die Gesellschaft, bevor sie, im Dialog, die Melodie zu „Freude schöner Götterfunke" aus späterer „Neunter" zu intonieren beginnen.

An diesem Gestus orientiert Adolph Henselt sein einziges, das erste wirkliche, *den Solist in den Mittelpunkt rückende* Virtuosen-Klavierkonzert des 19. Jahrhunderts[26]. Rubinstein wird dies mit den seinen der ganzen Welt vorstellen. Während die andrer, der Hummels, Fields, Ries', Moscheles', Kalkbrenners, Pixis', Herz', Chopins, das von Field diktierte Schumanns, das von ihm inspirierte Griegs, selbst die beiden rhapsodischen Liszts, bei allen *techné*-fordernden Passagen im kommentierenden Einander-Übernehmen von Stimmen und Stimmungen, im dialogischen Wechsel, Verflechten des Vor- und Nachgeschehens die *Integration* von Solist und Orchester versuchen, darum „sinfonisch" wirken wollen, bestimmt, mit Rubinstein, die *dynamis* vorantreibende Aktion des *Könners* – des Komponist als uniloquem Solist – das Forum, die *agorá*, die *rostra* mit ihren Überredungs-, Überzeugungskünsten. Weltweit existiert, seitdem, bis Mitte des 20. Jahrhunderts, kaum ein Klavierkonzert, das diesem Muster sich entzöge. Was wir dabei erleben: ist Rubinsteins Werk.

Schon bei den drei Klavierkonzerten Tschaikowskys. Schon seinem Ersten, dem fälschlich als *erstem russischen* Virtuosen-Konzert des 19. Jahrhunderts deklarierten op. 23. Anton hatte einen jüngeren Bruder, Nikolai Grigorjewitsch Rubinstein (1835 – 1881), deshalb keinen eineiigen, doch eine Art zweieiigen Zwillings: der, von beiden, (noch) bessere Pianist, der ebenfalls komponierte, aber nicht so brillant, nicht so rasch, derart vielfältig und reichhaltig wie's alter ego, gleichwohl organisationspolitisch gleich begabt, gleich durchsetzungsfähig. Das sorgte für Konflikte. Beide

---

26 In f-moll op. 16 von 1844/45, publ. 1847. 1850 folgt R.s 1. e-moll, op. 25.

hatten bei Dehn in Berlin, gleicher Zeit, ihr akademisches Rüstzeug erworben, beide waren sie neidisch aufeinand‘, doch kooperierten, weil unausgesprochen einander bewundernd, Hand in Hand[27].

Das alles entlud sich auf Peter Tschaikowsky (1840 – 1893). Der Jurist begann, nach einem Interludium im Staatsdienst, bei Anton in Petersburg Komposition und Instrumentation zu studieren. 1862 hatte Rubinstein dort, mit Unterstützung der kaiserlichen Familie, basierend auf Vorarbeiten Henselts das erste russische Konservatorium zur Ausbildung von Berufsmusikern gegründet. Vier Jahre später das Moskauer, unter der Leitung des Bruders. Als Tschaikowsky abgeschlossen hat, mittellos ist, empfiehlt Anton ihn Nikolai, der zugewandtest sich um ihn kümmert, ihn kleidet, behaust, bewirtet, als Lehrkraft.

1874 – Antons fünf Klavierkonzerte sind dieser Zeit publik – schreibt Tschaikowsky sein b-moll-Konzert, das Nikolai, dem Wohltäter, dediziert werden soll. Er spielt es ihm vor, erhält rabiate Abfuhr. „Unspielbar, trivial, vulgär“, worauf es, schlussendlich, dem Komponisten, Pianist und Dirigenten Hans von Bülow (1830 – 1894), Ex-Schwiegersohn Wagners, gewidmet ward. Die Geschichte wird oft erzählt, der Grund für Nikolais Reaktion nie: *die Eifersucht.* Nikolai erkannte, sofort, die Handschrift des Bruders[28], und beide führten es später auch auf. Nicht Liszt[29], A. Rubinstein ist dessen inspirierender Meister.

So viel zu unseliger „Rezeptionsgeschichte“. Eine, die Antons verfälschen half. Eine, die er besser kannte, als er im 7. Récital seiner „Historischen Konzerte“ von Tschaikowsky den „chant sans paroles“ op. 2 Nr. 3, die „romance“ op. 5 erklingen lässt: Stücke, die *den* Tschaikowsky-Sound und *dessen* Ruhm begründen sollten, abgelauscht, u.a., Rubinsteins zwei „Mélodies“ op. 3, dessen erster und dritter Klavier-„Barcarolle“.

---

27 Anton hat seine *Fantaisie* für zwei Klaviere op. 73 Nikolai gewidmet, die sie zusammen aufführten.

28 Ulrich Niebuhr, Der Einfluß Anton Rubinsteins auf die Klavierkonzerte Peter Tschaikowskys, in: Die Musikforschung 1974, p. 420 ff.

29 Wie gerne behauptet, z.B. von Kenneth Hamilton, After the Golden Age. Romantic Pianism and Modern Performance. N.Y 2008, p. 231.

V. Reprise

Tschaikowsky selbst war es, der den Nachruhm Antons unterminierte. Als dessen Bruder in Paris 1881 einer Leberzirrhose erliegt, widmet Tschaikowsky ihm sein großes, einziges, im Klaviersatz hoch-anspruchsvolles Klaviertrio a-moll op. 50, mit der Grabesrose *„A la mémoire d'un grand artiste"*. Das war schiere, nur psychoanalytisch nachvollziehbare[30] Provokation. Nikolai war der bessere Pianist, doch die kompositorische ‚Stammzelle' eines von Anton, sein, *kryptisch in memoriam Dehn*, Drittes, vielgespieltes, B-Dur, op. 52.

Und wie Tschaikowsky, so Brahms. Rubinstein hatte für „Plagiate" Verständnis – galt's doch *in Russland* als Ehre, von einem anderen Komponisten benutzt, zitiert, imitiert, be- und verarbeitet zu werden, und sich, auch, dazu zu bekennen. Nicht aber für die von „Papa Brahms", dessen VorlagenSuche bekannt war. Er, der überaus eitle, ungefähre Altersgenosse Rubinsteins (1833 – 1897), vier Jahre jünger, drei Jahre länger lebend als er, war ein guter, nicht sehr guter, insofern irgendwie zurückgesetzter, dem Ego schadender Pianist: gemessen an denen, die, wie Rubinstein, (viel) mehr konnten, gemessen an den selbst-überhebenden Ansprüchen, die er mit seinen Klavierkompositionen setzte, deren technische Maßstäbe er oft mühsam nur einlösen konnte.

Daran, und der Musik, war schon die Präsentation seines Ersten Klavierkonzerts op. 15 1859 in Leipzigs Gewandhaus gescheitert. Nun sollte, zwei Jahrzehnte später, ein die Niederlage kompensierendes, hochvirtuoses, den inzwischen namhaft gewordenen *Komponisten als Pianist in den Mittelpunkt* stellendes Zweites folgen. Was lag da näher, als sich mittlerweils eingeübter, publikumswirksame Erfolge versprechendcr Pfade zu bedienen: Rubinsteins meistgespieltem, als *das* Virtuosenkonzert der Zeit geltendem 4. Klavierkonzert op. 70 aus 1864. Vergleicht man die Struktur bloß des ersten Satzes von Brahms op. 83 nach Themen-, Melodien-, Tutti-Einsatz, Dialog-, Durchführungs-Gestaltung und Kadenzen-Plazierung mit Rubinsteins ‚Schablone', fällt das Ergebnis für des ersteren Nachruf ungünstig aus[31].

30 Im Sinne von: Anton als Bruder und lebenslanger Ersatz-Vater Nikolais, Nikolai als Mäzen, Anton als Über-Vater Tschaikowskys, der um Antons Gunst warb, von ihm jedoch kleingemacht wurde.

31 Der letzte Satz dann bedient sich, bis ins *détail* von Holzbläser-Figuren, bei dem Scherzando-Muster von R.s 2. und 5. Klavierkonzert.

Was ist der Unterschied zu Hummel/Chopin? Dass, im hochmütig tradierten Kanon, Hummel größer, Brahms kleiner wird. Chopin zählte Hummel nebst Mozart, Beethoven zu den „großen Autoren“, den „klassischen Meistern“, Schubert widmete ihm seine letzten drei Klaviersonaten. Brahms kannte nur sich. Wie in den lyrischen Passagen seiner 4. Ballade aus op. 10, entstanden 1854, im Vergleich zu denen aus Rubinsteins 3. Etüde op. 23 von 1839/40, die Brahms sich von Rubinstein abschaut. Wie bei seiner 1., dreisätzigen Cello-Sonate e-moll op. 38 aus 1866 im Vergleich zu Rubinsteins 1., dreisätziger Cello-Sonate op. 18 aus 1852, für jeden Laien unüberhörbar am jeweils zweiten, tänzerischen Satz.

Rubinstein, einmal gefragt, warum er in seinen zahlreichen *récitaux*, besonders den großen „Historischen“ von 1885/86, die in sieben Präsentationen den HörÜberBlick boten übers gesamte Klavierschaffen seit William Byrds Shakespeare-Zeit, nichts von ihm zu Gehör gebracht habe, antwortete: Der Mann verdanke ihm viel, ohne dazu zu stehen. Stattdessen verunglimpfte Brahms, wovon er profitierte. Rubinstein dirigierte ihn, aber spielte ihn öffentlich nie. Seine Violin- und Cello-Sonaten, seine dem Geiger Joseph Joachim, Brahms‘ Mentor, gewidmeten *trois morceaux de salon* für Violine und Klavier op. 11 von 1854 nehmen ihn vorweg. Nicht der Tschaikowsky-Schüler Sergej Iwanowitsch Tanejev, seiner vier Sinfonien wegen so genannt, *Rubinstein* ist der Russkij Brams[32].

Hört man das in seiner Zeit ‚akademisch‘, deshalb weder für Salon noch Konzertsaal bestimmte, irgendwie trostlos klingende, daher nur *privatem* Ergötzen dienende vierte der sechs Préludes op. 24 von 1854, die Brahms‘ anderem Mentor, Clara Schumann, gewidmet, selbst die bizarren Tonmeistereien des jungen Robert hinter sich lassen; das 4. Prélude: eine in sich kreisende Abfolge übermäßiger, verminderter Intervalle, die sich in lyrische Intermezzi ‚aufzulösen‘ scheinen …

Hört man Rubinsteins Vertonung von Puschkins „Der Rabe“ op. 78 Nr. 11 aus 1868 mit ihren hart, schrill dissonanten Martellato-Schlägen, Engführungen, und vergleicht sie mit jener Handvoll den späten Mussorgsky, mit ihm das 20. Jahrhundert vorwegnehmenden, geradezu irrSinnig klingenden Liedern, die der als Opernkomponist bekannt gewordene

32 Tschaikowsky schätzte Brahms nicht. Eine Brahms-Rezeption fand in Russland lange nicht statt. Tanejev hat, als Pianist, das d-moll-Konzert op. 15 1875, 16 Jahre nach dessen Uraufführung, das erste Mal dort gespielt.

Freund-Schüler Glinkas, Alexander Dargomyzhsky (1813 – 1869), in seinem Romanzen-Schaffen hinterließ …

… dann liegt der Auftakt zur musikalischen „Moderne" nicht in West-, er liegt in Ost-Europa. Umso irritierender, wenn die fünf „Novatoren" sich heißenden Rebellen Rubinstein (wie Tschaikowsky, Rachmaninov oder Skrjabin) verwestlichter Kompositorik ziehen. Nicht nur, dass Dargomyzhky von gleichen, von ‚westlichen Wurzeln' zehrte, dass Rubinstein manch' ‚russisches' Kolorit seiner Musik *beider* – der Novatoren wie seiner – *educae* Aljabjev und Glinka verdankt: Es ist die unverhohlen *antisemitische Prägung* dieses Neuerer-Kreises, die unbeschadet ihrer aufs ‚Eigne' reflektierenden Initiativen zu einer nach außen sich abgrenzenden, binnen-differenzierten All-Unions-, einer ‚großrussischen Musik' die Zurückweisung emotional grundiert. Es ist ihr national-imperiales Geltungsgehabe, das Rubinstein abstößt …

… „im Osten" seinem Ruf trotzdem am meisten schadet, obgleich seine Gestaltungswirkung bis hin zum Futurismus reichen wird[33]. „Der Westen" wiederum wird ihm „mangelnde Russizität", zugleich die nicht hinlänglich scheinende Adaption an den Kanon von *dessen* Musikkultur vorwerfen. Dabei nahm Rubinstein deren *oriental gestimmte* Weiterentwicklung voraus[34]. Er war, auf seine Selbsteinschätzung bezogen, ein „Retrograder" *und* „Zukünflter", genau diesen Sinns: ein Mann der Tradition *und* ihrer Bildung.

VI. Coda

Gustav Mahler hatte für den Wiener Opernherbst 1899 die (prächtigst, entsprechend kostenaufwendig gestaltete) k.u.k.-Premiere von Rubinsteins Oper „Der Dämon" der des „Corregidor" seines ‚arischen' Studienfreun-

---

33 Der australische Musikologe und Pianist russisch-jüdischer Abkunft Lazar „Larry" Sitsky ist der mir bekannt Einzige, der dies gewahr wurde. Stellte seiner zweibändigen Anthologie des russischen Futurismus (Deshevov, Lourié, Roslavaets, Mosolov u.a.) R.s „thème et variations" op. 88 von 1871 voran (Label MOVE, MD 3328).

34 Man höre nur den arabesken 2. Satz seiner Ozean-Sinfonie (letzter Fassung), mit über 200 Inszenierungen Europas damals *meistaufgeführte*, der streckenweise an Passagen aus Debussys „Pelléas et Mélisande" gemahnt. Zur Rezeption russischer Musik in der französischen: Inga Mai Groote, Östliche Ouvertüren. Russische Musik in Paris 1870 – 1913, Kassel 2014.

des Hugo Wolf vorgezogen. Jüdischer Abkunft, konnte Mahler Hofoperndirektor erst werden, nachdem er sich zum österreichischen Staatskatholizismus bekehrte, was die antisemitisch gestimmte Presse nicht honoriert hat. „Wenn Herr Mahler Korrekturen anbringen will, dann soll er sich *Mendelssohn und Rubinstein* dazu wählen … aber unseren (sic!) Beethoven … fein in Ruhe lassen."

Ich rechne „Der Dämon" und seinen weiteren großen Opern-Erfolg, „Die Makkabäer" entgegen anderweit konsentierter Einordnungen zu Rubinsteins „geistlichen Opern": „Das verlorene Paradies", „Der Turm zu Babel", „Sulamith", „Moses", „Christus". Sieben alttestamentarisch-symbolisch geprägte Sujets mit der irdischen Passion eines Aramäers als deren Beschluss, dem Rubinsteins Tod folgte. Die „geistliche Oper" sollte der Schritt vom „Oratorium" in Kirche, Konzertsaal zur „Bühne", der agorá, rostra *des* „Glaubens" sein. Dafür ein „geistliches Theater" errichtet werden: mit eigener Architektonik, deren drei (voralttestamentarische) Dimensionen Himmel, Erde und Hölle auszudrücken, mit einem eigenen Ritus, der Aufführenden, Anteilnehmenden besondre Verhaltensmaßregeln abzuverlangen, in dieser Weise *Alle* zu „Wirkenden", zum großen, *ungeteilt* dem „*individuum*" korrespondierenden, „Ganzen" zusammenzuschließen sie bestimmt waren. „Stimmung erwecken", so Rubinstein, „Stimmung, ich möchte sagen, geistlicher Art, ist Ziel und Zweck."[35]

Doch nicht um ihrer selbst. Die fünf Novatoren, Volkskundler, Antisemiten, die sie sind, setzen aufs *Ursprünglich-Archaische*, Rubinstein, der *archaisch-progromen-verfolgte* Jude, auf „des Volks" kultivierend-sozialisierende Erziehung. Zu Zeiten, als die Franzosen Henri Bergson und Émile Durkheim die „*mémoire collective*", die *faits sociaux* positivistisch fixieren, insistiert er in einem Kantisch-sozial-demokratischen Sinn *auf Veränderbarkeit*, dem erhebbaren Volks-Bewusstsein, einem von ‚bildender' Kunst: „Das Theater muss höher stehen und das Volk zu sich hinaufziehen."[36]

Mögen Wagners Pläne zur Errichtung eines „Festspielhauses", *dessen* re-Germanisierend-antisemitischen Ziels und Zwecks, es gewesen sein, die

---

35 Tanejev widmete sein Oratorio von 1890 „Orestaia" nach Aischylos R. Die „Wiederentdeckung der griechischen Antike" fand nicht erst mit Debussy, Strawinsky, Ravel in Frankreich statt. Sie, alle drei, schrieben ihre dementsprechenden Werke für die „Ballets Russes" des Impresario Sergej Djaghilev.

36 ER 122; auch p. 119, 120 und 123.

Überlegungen seines Kontrahenten Rubinstein angeregt haben: Man darf seine Jugend im Reformjudentum Berlins, mit dem seine Mutter verwandt war, die *haskala*[37] nicht vergessen: die jüdische Moses-Mendelssohn-Aufklärung und ihrer Gefolgsleute, die der Familie Rubinstein das materielle Überleben, den Söhnen die Fortbildung dort ermöglichten. Solch‘ Impressionen vergessen sich nicht[38].

Ihrer muss man *eingedenken*, um die Tragweite der Konzeption zu verstehen: nach der Zerstörung des Zweiten Tempels im Jahre 70 christlicher Zeit einen Dritten Tempel zu bauen[39], der durch szenische Gestaltung, Bild, Wort und Musik im „Jetzt“ den synästhesierenden, den *messianischen* Blick *auf die Zukunft in der Vergangenheit* öffnet[40]. Bleibt Rubinstein ein geschichtsphilosophischen Sinnes „geborener Jude“: *weltimmanent-,* nicht *transmundan*-eschatologisch, wie‘s Christentum, reflektierend.

Rubinstein diffamieren, ihn zu vergessen heißt deshalb, das Judentum *diffamieren*, in eins damit, gerade bei ihm[41]: die *germanische allmende*,

---

37 Dazu William Hiscotts kenntnisreiche Monographie: Saul Ascher. Berliner Aufklärer. Eine philosophiegeschichtliche Darstellung. Hrsg. v. Christoph Schulte und Marie Ch. Behrendt. Berlin 2017.

38 Bezeichnend, dass R. zur Finanzierung seiner „Geistliches-Theater“-Pläne u.a. die Jüdische Gemeinde zu Paris anging.

39 Übereinstimmend mit den Synagogenbauten des Reformjudentums des 19. Jahrhunderts, die in der „Reichskristallnacht“ des 9./10. November 1938 verbrannten.

40 Weshalb der stete „Konservatismus“-Vorwurf gegen R. fehl gehen *muss*. So, wie beim Juden Schönberg: „Es gibt ein Bild von Klee, das Angelus Novus heißt. Ein Engel ist darauf dargestellt, der aussieht, als wäre er im Begriff, sich von etwas zu entfernen, worauf er starrt. … Der Engel der Geschichte muß so aussehen. Er hat das Antlitz der Vergangenheit zugewendet. Wo eine Kette von Begebenheiten vor uns erscheint, da sieht er eine einzige Katastrophe, die unablässig Trümmer auf Trümmer häuft und sie ihm vor die Füße schleudert. Er möchte wohl verweilen, die Toten wecken und das Zerschlagene zusammenfügen. Aber ein Sturm weht vom Paradiese her, der sich in seinen Flügeln verfangen hat und so stark ist, daß der Engel sie nicht mehr schließen kann“, notierte, die Schicksale Rubinsteins und Schönbergs indirekt kommentierend, Walter Benjamin auf der (für ihn tödlich endenden) Flucht vor der nationalsozialistischen „Selektion“ (l.c., p. 272 f.). Zum spezifischen Konservatismus Schönbergs – Fortschritt als Tradition versus Fortschritt als Utopie – Reinhard Ermen, Musik als Einfall. Hans Pfitzners Position im ästhetischen Diskurs nach Wagner. Aachen 1986, p. 79 ff., 87 ff. Auch Rubinstein zählt zum Bestand des Diskurses.

41 ER 105: „Wahres Verständnis für hohe Tonschöpfungen existirt aber nur in Deutschland.“ Ders., Die Musik und ihre Meister, Leipzig 1891, p. 29: „daher ich,

die Weide, die allen gehört, den aufs *Allgemeine* gerichteten Besitz – nicht's „Eigentum" – von „Kunst" *vergessen*: sein jüdisch-assimiliert-republikanisches Erziehungs-, sein Aufstiegs-, sein Bildungs-Ideal. Doch nicht der „Assimilation" – der *eigenen* jüdischen autonomía wegen[42]! Einer, an die Nichts heranreichen soll. *In camera.* Lasst mich: „In Frieden"[43].

---

der ich in der Instrumentalmusik allein das Ideal meiner Musik erblicke, die Musik eine *deutsche* Kunst nenne." (Hervorhebung R.).

42 Wie mein Berliner Freund Jay Kieborth, brillanter Psychoanalytiker und amerikanischer Jude, bemerkte. Dazu Heine (sub Daniel Mühlinghaus), Martin Bubers Schrift „Das Problem des Menschen" und die Wirklichkeit heute, in: Werner Licharz (ed.), Lernen und Lehren im Jüdischen Lehrhaus. Arnoldshainer Texte Bd. 38, p. 68 ff. Frankfurt am Main 1985 (zum „ganzen Menschen" der jüdischen Lehrtradition).

43 Prophet Micha 4,4: „Sie werden ein jeder unter seinem Weinberg und seinem Feigenbaum sitzen, ohne daß einer sie aufschreckt."

Autorinnen und Autoren

Susanne Armbruster, Dr. PH., ist Abteilungsleiterin bei der Kassenärztlichen Bundesvereinigung in Berlin.

Minou Banafsche, Dr. iur., ist Juniorprofessorin für Sozialrecht an der Universität Kassel.

Elisabeth Beikirch hat die fachliche Leitung des Projektbüros Ein-STEP c/o IGES GmbH in Berlin und war Ombudsfrau zur Entbürokratisierung der Pflege (07/2011 bis 03/2014) im Auftrag des Bundesgesundheitsministeriums.

Karl-Jürgen Bieback, Dr. iur., war Professor für Arbeits- und Sozialrecht an der Universität Hamburg und an der Hochschule für Wirtschaft und Politik (HWP).

Eckhard Bloch, Dr. iur., ist Justiziar der DAK Gesundheit und Rechtsanwalt in Hamburg.

Stephan Brandenburg, Dr. iur., ist Hauptgeschäftsführer der Berufsgenossenschaft für Gesundheitsdienst und Wohlfahrtspflege (BGW) in Hamburg und Honorarprofessor der Universität Osnabrück.

Judith Brockmann, Dr. iur., ist Juniorprofessorin für Arbeitsrecht mit sozialrechtlichen Bezügen und rechtswissenschaftliche Fachdidaktik an der Universität Hamburg.

Andreas Büscher, Dr. Sc./Health, ist Professor für Pflegewissenschaft an der Hochschule Osnabrück.

Bärbel Dangel, Dr. phil., ist Professorin für Pflegewissenschaft an der Akkon Hochschule für Humanwissenschaften und Vorstand der Dekanekonferenz Pflegewissenschaft.

Volker Eckhoff, Dr. iur., ist Professor am Fachbereich Rentenversicherung der Fachhochschule für Verwaltung und Dienstleistung in Schleswig-Holstein, Reinfeld.

Eberhard Eichenhofer, Dr. iur., Dr. h.c., war Professor für Sozialrecht und Bürgerliches Recht an der Friedrich-Schiller-Universität Jena.

Dagmar Felix, Dr. iur., ist Professorin für Öffentliches Recht und Sozialrecht an der Universität Hamburg.

Thomas Flint, Dr. iur., ist Richter am Bundessozialgericht und lehrt an der Universität Hamburg.

Harry Fuchs, Dr. phil, ist Berater in der Sozial- und Gesundheitspolitik und lehrt an den Hochschulen Düsseldorf und München.

Maximilian Fuchs, Dr. iur., war Professor für Bürgerliches Recht, Deutsches und Europäisches Arbeits- und Sozialrecht an der Katholischen Universität Eichstätt-Ingolstadt.

Christine Fuchsloch, Dr. iur., ist Präsidentin des Schleswig-Holsteinischen Landessozialgerichts. Sie ist Richterin des Landesverfassungsgerichts Brandenburg.

Michael Ganner, Dr. iur., ist Professor für Bürgerliches Recht und Grundlagen der Rechtswissenschaft an der Universität Innsbruck.

Caroline Glendinning is Emerita Professor of Social Policy at the University of York.

Stefan Görres, Dr phil., ist Professor an der Universität Bremen und leitet die Abteilung Interdisziplinäre Alterns- und Pflegeforschung am Institut für Public Health und Pflegeforschung.

Andy Groth, Dr. iur., ist Richter am Schleswig-Holsteinischen Landessozialgericht.

Christian Grube, Dr. iur., ist Rechtsanwalt in München. Er war Vorsitzender Richter am Verwaltungsgericht Hamburg.

Silke Hamdorf, Dr. iur., ist Richterin am Sozialgericht Kiel.

Friedhelm Hase, Dr. iur., ist Professor für Öffentliches Recht mit dem Schwerpunkt deutsches, europäisches und internationales Sozialrecht, Verwaltungsrecht an der Universität Bremen.

Wolfgang Heine, Dr. phil., ist Rechtsanwalt in Berlin.

Heidi Höppner, Dr. rer. pol., ist Professorin für Physiotherapie mit dem Schwerpunkt Förderung von Gesundheit und Teilhabe an der Alice-Salomon-Hochschule Berlin.

Beatrix Karl, Dr. iur., ist a.o. Professorin an der Karl-Franzens-Universität Graz und Abgeordnete des Österreichischen Nationalrats.

Francis Kessler, Dr. iur., ist Professor an der Université Paris 1 Panthéon-Sorbonne und Rechtsanwalt in Paris.

Thomas Klie, Dr. iur., ist Professor für öffentliches Recht und Verwaltungswissenschaft an der Evangelischen Hochschule Freiburg im Breisgau und Rechtsanwalt in Freiburg und Berlin, sowie Privatdozent an der Alpen Adria Universität Klagenfurt/ IFF Wien.

Karl-Heinz Köpke war Leiter der Abteilung Sozialpolitik beim Deutschen Gewerkschaftsbund Nord in Hamburg und Versichertenvertreter u.a. in der Renten- und der Arbeitslosenversicherung sowie der Bundesarbeitsgemeinschaft für Rehabilitation.

Yasemin Körtek, Dr. iur., ist Professorin für Rechtswissenschaften mit dem Schwerpunkt Sozialrecht an der Hochschule der Bundesagentur für Arbeit (HdBA) in Mannheim und Rechtsanwältin.

Johannes Korporal, Dr. med., war Professor an der Alice-Salomon-Hochschule Berlin und ist Vorstand der Dekanekonferenz Pflegewissenschaft.

Martin Krasney, Dr. iur., ist Leiter der Rechtsabteilung des GKV-Spitzenverbandes in Berlin und Rechtsanwalt in Berlin.

Peter Kummer war Vorsitzender Richter am Bundessozialgericht.

Ursula Lehr, Dr. phil., Dr h.c., war Professorin für Gerontologie an der Ruprecht-Karls-Universität Heidelberg und Bundesministerin für Jugend, Familie, Frauen und Gesundheit. Sie ist stellvertretende Vorsitzende der Bundesarbeitsgemeinschaft der Seniorenorganisationen.

Matthias Meinck, Dr. PH., ist stellvertretender Leiter des Kompetenz-Centrums Geriatrie des GKV-Spitzenverbandes und der Medizinischen Dienste der Gesetzlichen Krankenversicherung, Hamburg.

Gerhard Naegele, Dr. rer. pol., war Professor für Soziale Gerontologie an der Universität Dortmund.

Mathias Nebendahl, Dr. iur., ist Rechtsanwalt und Notar, Fachanwalt für Arbeitsrecht, für Medizinrecht und für Verwaltungsrecht in Kiel und Honorarprofessor an der Christian-Albrechts-Universität zu Kiel.

Andreas Plate, Dr. PH., LL.M. (Münster), ist Rechtsanwalt mit Schwerpunkt Medizinrecht in München sowie Bonn und Rechtsexperte bei der Gesellschaft für Internationale Zusammenarbeit – GIZ – im Projekt mit der Rechtsabteilung des Vietnamesischen Regierungsbüros.

Olaf Rademacker ist Richter am Bundessozialgericht.

Johannes Reimann, Dr. iur., ist Referent für Soziales, Jugend, Familie und Arbeit beim Schleswig-Holsteinischen Landkreistag.

Hans-Joachim Reinhard, Dr. iur., ist Professor für Sozialrecht und Privatrecht an der Hochschule Fulda.

Ingo K. Richter, Dr. iur., war Professor für Öffentliches Recht an der Universität Hamburg und Direktor des Deutschen Jugendinstituts in München. Er ist Honorarprofessor der Eberhard-Karls-Universität Tübingen sowie Lehrbeauftragter an der Universität Paris-Nanterre.

Heinz Rothgang, Dr rer. pol., ist Professor an der Universität Bremen und leitet die Abteilung Gesundheit, Pflege und Alterssicherung im SOCIUM-Forschungszentrum Ungleichheit und Sozialpolitik.

Franz Ruland, Dr. iur., war Geschäftsführer des Verbands Deutscher Rentenversicherungsträger und Professor für Öffentliches Recht mit dem Schwerpunkt Recht der Sozialen Sicherheit an der Gottfried Wilhelm Leibniz-Universität Hannover. Er ist Honorarprofessor der Goethe Universität Frankfurt am Main. Er war von 2009 bis 2013 Vorsitzender des Sozialbeirats der Bundesregierung,

Frank L. Schäfer, Dr. iur., LL.M. (Cambridge), ist Professor für Deutsche Rechtsgeschichte und Bürgerliches Recht an der Universität Freiburg.

Margarete Schuler-Harms, Dr. iur., ist Professorin für Öffentliches Recht, insbesondere Öffentliches Wirtschafts- und Umweltrecht an der Helmut-Schmidt-Universität/ Universität der Bundeswehr Hamburg. Sie ist stellvertretende Richterin des Hamburgischen Verfassungsgerichts.

Wolfgang Schütte, Dr. iur., war Professor für Sozialrecht an der Hochschule für Angewandte Wissenschaften Hamburg.

Reza F. Shafaei, Dr. iur., ist Rechtsanwalt in Hamburg.

Oliver Tolmein, Dr. iur., ist Rechtsanwalt in Hamburg sowie Lehrbeauftragter an der Georg-August-Universität Göttingen.

Peter Trenk-Hinterberger, Dr. iur., war Professor für Arbeits- und Sozialrecht an der Otto-Friedrich-Universität Bamberg.

Peter Udsching, Dr. iur., war Vorsitzender Richter am Bundessozialgericht. Er ist Honorarprofessor an der Universität Osnabrück.

Helmut Wallrafen ist Geschäftsführer der Sozial-Holding der Stadt Mönchengladbach.

Susanne Wallrafen ist Projektleiterin des BMBF-Projekts Urban Life+ in Mönchengladbach.

Felix Welti, Dr. iur., ist Professor für Sozial- und Gesundheitsrecht, Recht der Rehabilitation und Behinderung an der Universität Kassel. Er ist ehrenamtlicher Richter am Bundessozialgericht und Richter des Landesverfassungsgerichts Schleswig-Holstein.

Johannes Zacher, Dr. rer. pol., ist Professor an der Fakultät Soziales und Gesundheit der Hochschule Kempten.